U0106903

形上史論

修訂版　上部

譚家哲

責任編輯　胡瑞倩
裝幀設計　麥梓淇
排　版　肖　霞
印　務　龍寶祺

形上史論　修訂版（上部）

作　者　譚家哲

出　版　商務印書館（香港）有限公司
　　　　香港筲箕灣耀興道三號東滙廣場八樓
　　　　http://www.commercialpress.com.hk

發　行　香港聯合書刊物流有限公司
　　　　香港新界荃灣德士古道 220-248 號荃灣工業中心 16 樓

印　刷　中華商務彩色印刷有限公司
　　　　香港新界大埔汀麗路 36 號中華商務印刷大廈

版　次　2023 年 11 月第 1 版第 1 次印刷
　　　　© 2023 商務印書館（香港）有限公司
　　　　ISBN 978 962 07 4689 5
　　　　Printed in Hong Kong

版權所有　不得翻印

目次

形上史論 上部

本論

序

　　一如儒學之於中國，形上學乃西方思想價值之源頭。由於現實，人們從不對如此思想價值質疑，更沒有探討其究竟。此為我所願望：從形上史之回溯，重新反省其根據、重新評估其價值誤向。雖非能全部，然所討論哲學家已足夠代表、並已清楚表明如此真理形態與立場。無論未來是否只採納西方思想所認許價值與對錯，人們始終應知曉其源起，並明白其非為正確。

　　西方及人類歷史方向之錯誤，在其超越性向往。所謂超越性，指種種在人類之上駕馭着人類存在之事物與價值。這些事物或價值，如宗教神聖性與哲學形上性，都非本於、甚至對反人性而有。藉由形上學，世間事物，從政治經濟至知識藝術，都以一超越形態呈現，並塑造及規約着人類存在，使人類從屬其下。形上學既是事物超越性之基礎、亦孕育着人類存在其種種超越姿態：悲劇性宗教、形象性藝術、技藝性世界、物質性世俗、法律制度性統治、規範性道德；工具性理性、思辨與概念性思惟、物性格知識、構造性科學；內心性精神、主體性自我與意識、求為至高性之生命自我、生物性心理與本能、僅只為

自然之人性；神性超越性真理、現象先驗性經驗、政治經濟性
生存現實、對立與否定性價值、咎責與罪惡感之社會、耗費與
破壞性之生產生存方式、權力形態之人際關係、虛無主義式之
存在與價值⋯⋯。形上學證成以上幻相之真理，「存有」之思對
人類思惟影響深遠，故非只特殊學科，而是人類存在超越姿態
之所由，從法律至資本經濟均如此。此研習哲學及形上學必須
之原因。

　　超越性所對反，是人性。其問題故先在對人性價值扭曲與
否定，以「神性」「物性」為真理、以「自我」與「競爭」塑造存在、
以強力而非以德行為行事之道、以政治法制性去民性之平實[①]，
造就存在之壓迫與奴役。智術之假象抹殺人對其人性之自覺，
由是遺忘自身之為人。若體系之嚴謹仍只觀點、數學之必然仍
可與存在關懷無關，如是可明：理性無以為絕對，思想亦不應
以理性為最終關懷。

　　因人可歸結為「人性」與「智思」兩面，有關「人存在」之學
問實中國人性道與西方形上學二者而已。一如文與藝術，藝術
由技藝與意念而多變，文只求為物事與人性之一體；人性但求
本然、智思則求無窮。中國經學故定在人性，一切一致如一，

---

① 　若政治只助長人其自我、若「民主」只使人民如同上位者地欲望與講求權
　　力，喪失人民人性平實性，如此政治始終虛假。政治理想非只講求上位者
　　之是與非，更在百姓本身之真偽。一如孝悌應為人民道義而非國家福利，
　　人性直義而非國家正義始是存在德行。若獨裁之惡明顯，民主之善往往假
　　象。明顯之惡不如假象之善有害而持久。在求為善惡之際，更須先在乎真
　　與偽。

西方智思則似多變而無窮。人性與智思雖背道而馳，然我所期盼，實亦人性之思而已。

　　人類存在之真偽，全由其向往定奪。向往人性與文、抑向往現實與世俗價值，此人類之所以真偽。存在是否美與意義充實，純然由此。

　　對人性存在之向往，始見於我們古代中國。對這樣古代之景仰與跟隨、復返中國文化，故非因其為中國，更因唯一地人性真實而已。

＊

　　至於方法：學問對我而言，應有對其歷史徹底通透、及對經典典籍之細微閱讀。唯如此，概念觀法之原由、方向、淵源與演變始具體而落實，思想道理之是非價值，亦始由深入而得以朗現。真實作者都必有一定客觀對象：或現實實在、或存在根本道理，閱讀故不應孤立文字、不先從存在觀察反省。對人類存在關懷，始能對文本切實明白而通達。人所謂客觀，往往只眼前而已。僅只黑白視覺者，對一色彩縱使盡其客觀描述，仍未能為實。客觀性故非只眼前事實，更是事情背後「整體」之真實，此強調文本背後對象之原因。唯如此，思想始得達其平實真實性，而事情道理亦因平常常態而為真實。

　　最後，謹以此著述獻給一切喜愛真實思想之朋友。

二零二零年一月十九日冬序

說明

　　這次修訂，除增添尼采一章及一些備註外，主要亦文字及理路之大幅度修正。為求清楚明白，一些篇章以引號""加強意思重點。《形上史論》因扣緊文本討論，讀者故需參照文本同時閱讀，以求明確。

前言：人性與超越性

　　哲學，特別形上學，均以超越者或形上者為對象。為何有超越者？讓我們從人類世界說明。

　　人類存在本有上與下這樣向度。若上者非從德行使人心服而只為強弱關係，實人類一切惡之所由：惡與強弱之不平等直有關。於如此上下強弱壓迫中，唯有超越對方而居上地主控、或不能時求為逃脫而超越，否則無以免去其傷害。故在見夜空之浩邈無涯，如此超越之感，必為心所向往。貝多芬晚年作品便往往如此，其喜悅多麼由超越而致。若存在不能返回人性而踏實，由敬重、和睦及情感而見人倫之美，對超越性向往，將是必然結果。對現實之惡求改變，故唯二途：或承認人性善而力行德行教育，由人性之重立與回歸而致善；或視現實之惡無可改變，人亦無其性善可能，因而在人世現實外他求"其他"善與真實。此後者、其所言真理，由對反人世而為形上、為超越者，而人世相對下，只落為全然虛假虛妄，絲毫無真理性可能。於歷史中首次提出這樣形上觀法，為巴門尼德。其以「存有之真」與「人世假象」作對比，為形上超越性真理之首立。

1

我們必須清楚這兩種立場差異：縱使中國傳統亦以人世為無道，然始終仍以「人」為存在唯一終極，不他求真實，善亦唯由人性[1]，無能在人性外言善。相反，若必須於超越者身上求為真理，因而真理唯由智思思辨始得達，這樣立場始終對人世甚至人性否定，否則本無另求真理之理由。如是對超越性向往，使人及人性再無佇立可能，亦無以對人作為人有所幫助與改變：超越性所喚起，更是人與人之對立與外在而已，其對人類歷史影響故深遠。

中國傳統非不知超越性之可能，天之高遠明白有超越味，孔子故說：「大哉堯之為君也。巍巍乎唯天為大，唯堯則之。蕩蕩乎民無能名焉，巍巍乎其有成功也，煥乎其有文章」（《論語‧泰伯》）。堯面對天之「巍巍乎」、其超越性，雖亦效法而「則之」，然其目的仍只為百姓作為人之善，故從道與人性之「文」其彰顯而致力，始終不以超越者與人性對立、不以二者為一真一偽，此所以孔子以「天道」與「性」並視為一[2]。屈原同樣，縱使有神人，然二者仍由德行而為一，非希臘神人之對立。巴門尼德及西方不同：其所求為超越者，是為對反及對立人世人性而有，故實求為在人類外其他真理，以此貶抑人類自身；言人性惡、以人性必然惡是由這樣心態而致，否則就算眼前人類行為多麼惡，是無以以此為性惡之理據：行為本有無窮原因，非必能歸咎於人性故。子貢甚至說：「紂之不善，不如是之甚也，是以君子惡

---

[1] 因而：人性即善，善即人性。

[2] 「夫子之言性與天道（⋯）」（《論語‧公冶長》）。

居下流，天下之惡皆歸焉。」（《論語‧子張》）

人性所以不能為惡，因「性」本不應從行為之決定基礎言。「性」只感受上普泛性向，為人人相近而一體時之性向[①]，故為"人性"，如人有對異性愛慕之情、有對父母或親愛者之思念、有與人和睦之喜悅、有求為受人尊敬之心、有對受苦者哀矜與惻隱之情等等。正因如此，善與不善直由"人性"感受定奪：合乎人性性向感受者為善、相反人性性向感受者為惡；無論善抑惡，其所本感受須人人一致相同。如是感受，因從人人普泛之心言，故不能為個人而主觀。相反，若從行為之決定因素言「性」，因見行為多由自我自私而惡，故自必言「性惡」；然此實已忽略了在此中感見之先，忽略了其時所謂善惡實仍由人普泛感受所感這一事實。從感受言之「人性向」，故非必「行為作為」之決定因素，人可違逆其性向感受而行為故，而此所以為惡所在。以"人性"為惡故自相矛盾：既知善惡行為須由自由意志而致、又以行為有一決定基礎（人本性）；既知行為有無窮原因、又硬歸咎於獨一本性；既見行為有善亦有惡、然又以「本性」唯只惡；甚至，於認為「智思」始為「人所以為人」[②]所在，然又不把人行為之惡歸咎於「智思」而另歸咎於「人性」……，如此種種，明只求為對「人」貶抑而已，故必須從「性」或「人性」言惡，否則無以"窮盡地"低貶人其價值與地位。「性惡論」故必伴隨「超越論」而

---

① 　故「性相近也，習相遠也」：性使人與人相近，習性則使人與人相遠如對立。
② 　「理性動物」或「理性存有者」。

生，為「超越論」所衍生；神與人被視為必然對立故[①]。

若對人作為人言人性始本然真實，那求為超越者或超越性實求為對「人性真實」對立而對反；如此心態，都本只欲望超越者而已，實無必須如此[②]。求為超越性，故本只人類欲望、求為超越時之欲望[③]。如此欲望，與求為強弱關係中之強者欲望一致，只人自我求為至高者而神化那樣，仍只出於蔑視人性平凡平實真實之心。

超越性因本完全外於人類存在，在歷史中故只能先由純粹思想虛構、由思辨而致，「智思」由是成為人類唯一真理性能力，而"人之為人"亦由此定奪，成就西方智思傳統。超越性（如巴門尼德「存有」）起初因對反人世現實，故形成絕對二分，為後來哲學種種二分之本：本體與現象、知性與感性、心與物……。然因人類唯活於人世，超越者故始終不能與現實無關。自柏拉圖始，超越者以對物與技藝知識提升之「理形」、及以規範人類作為之「法律」，落實於人世，為如希臘神靈般超越姿態駕馭着人類。縱使已為人世存在一部份，然超越性仍以一不可逆轉姿態或地位存在：無論法制抑資本，其地位絕對，不為人類可逆轉，人只能屈從其下。知識，就算被證明為錯誤，仍以物性實證性（科學科技）而絕對，為真理之代言人。於人，則以「自我」

[①] 屈原於歷史中故獨特：以神人由德行而為一。

[②] 人所有惡，須由改過而致善；若他求善，始終於人只無濟於事，人之惡無由此而去。「子貢曰：君子之過也，如日月之食焉。過也，人皆見之；更也，人皆仰之。」（《論語·子張》）

[③] 萊維納斯稱此為「形上欲望」，見《整體與無限》第一章。

4

姿態越過人倫與人性，求為欲望盲目之自由與權利。連破壞或污染地球環境之物質，都以前所未有姿態形成一種超越垃圾：小者如塑膠、大者如輻射廢料……。存在因而處處充斥着超越性，唯人及人性屈居其下而已。從古悲劇始，人類便在悲劇命運必然性下，無能人性地自主自由。無論神靈（宗教）、形象、技藝、物質、理性、精神、知識科技、主體自我、至高性、潛意識本能、自然、經驗現象、政治、法制、經濟、規範、權力、現實性、社會性、生存方式、虛無主義式無真理價值……，人類存在之一切，莫不對人言為超越，無可逆轉或轉化，唯人及人性至卑微而已。人類藉由智思為自身所制造存在，故只種種枷鎖。連求為「自由」一口號，事實上只替自身造就盲目而無法掙脫如自由競爭下之勞役而已，以「自由」為名所造成競爭壟斷之事實而已，如民主黨派政治與權力，實與治理之道絲毫無關那樣。社會故始終為階級社會，非「里仁」而各盡其力。由形上，存在故而等級化，其等級甚至只為一種超越性等級，無可踰越。價值再非從人性而使生命活潑，只更窒息存在意義與向往，如今虛無作風與自我麻醉那樣。正因超越地去人性，故形上價值終究虛無，人類是無法由虛構構造而得其生命者。

所謂哲學，實求為使種種事物超越化而已、立超越性為唯一真理價值而已，其落實，先在以物性知識與法制為主。縱使為批判，哲學始終仍絕對化其對象，因而所見仍只超越性，非回歸對人性明白。哲學如是之理性姿態，既理性化超越性、亦滋養着現實中超越性之發展。超越性始終只力量之延伸，而形上真理與對象，亦始終只絕對力量者之確立，為權力意志對象。

此形上學之真實，其現實意義。

西方思想縱使似盡力回歸人及其真實：從宗教轉向物現實世界（先蘇）、從理形理想落實為個體實體（亞里士多德）、從物提升為神靈心靈（普羅丁與基督教哲學）、從神之位格轉化為人類「我思」之主體性（笛卡爾）、從物學宇宙開啟人文自然世界（十八世紀與盧梭）、由形上本體之批判重立經驗世界為「現象」（康德）、從現象現實性見理性精神意義（黑格爾）、由對絕對精神之批判落實於勞動生產與人類現實困苦（馬克思）、由現實奴化之超拔求索心靈之大自由（尼采）、由物質世界更見人性本能為根據（佛洛伊德潛意識）、甚至由人對向人（他者）而如知重返人倫禮之對向性（萊維納斯）……，然如是種種，雖似越形自覺地回歸以「人」為本，始終如漸近線，無法與人之真實接觸。究其原因，雖似回歸人之世界與存在，然所沒有放棄或改變，唯「超越性」一姿態或樣態：無論所言為何，哲學所見所論，始終只為超越性事物。故縱使為倫理之「面對面」，仍只對向一如神性之「他者」：在「我」「你」或「我」「他」之間，無以言人性而「性相近」。人故唯因「我思」（自我）而為人、經驗界仍必須由超驗證成、精神始終絕對、自由之人亦唯"超人"、人之一體性也只"酒神"精神、心之一切亦唯"潛意識"……。對人世之回歸，故實只「超越性」之拓展而已。若非由正視人性，回歸《詩》《書》傳統，否則思想無論怎樣，是無以對人及人性肯定、無以對人性明白而為正道。

中國先秦儒學故不求為形上。其所向往人類存在，只以德行為上下，人亦唯立於禮之和、敬、與情感中，既獨立亦一體，

非以力量相互對立與超越。所體現於外之「文」（人文制作），始終因人性而「後」「素」，再非外在形象或超越欲望。超越性是無以使人感見平實平和之美善，無以致人類存在人性地美麗。古代對超越性之不是早已察知。古詩：「日出而作，日入而息。鑿井而飲，耕田而食。帝力何有於我哉」所歌頌故只人性平實存在、一真正德性之存在。再非力量文明，而是與人性心一致、並具有王者之風人類存在之懿美。

遠古超越性

從遠古言，超越性基本有兩形態，由希臘及希伯萊傳統所代表：一者試圖統攝及涵蓋一切而為超越：「整體」，另一則強調一不可被涵蓋的超越者或「他者」作為超越性：「無限」。因均求為超越，故二者始終極端。兩思想傳統故而從來對反。[①]

超越性於西方文明始終源起於宗教，於古希臘，即以神話形式呈現，由神靈及形象世界（如藝術）構成。向往「神性」而非「人性」，從這遠古而奠立。哲學後來傳統，因與古埃及傳統

[①]　沒有理性整體即無所謂超越、無「他者」超越性便亦無理性整體之需要。德里達故引 James Joyce 說：「Jewgreek is greekjew。Extremes meet」。見 *L'écriture et la différence*，Éditions du Seuil, 1967, p 228。

結合^①，故以「物」知識理性^②之超越性，對立並取代傳統宗教世界。

若超越性從內涵言對反人性，那從位階言則對反此世：人類存在之「世界」。希臘及希伯萊這兩種超越性，故體現為從上或從根本統攝「世界」（希臘式形上真實）、或從超離「世界」言形上（希伯萊）。前者回歸世界^③，後者則遠去。「世界」因而為形上學中心，形上真實只相對「世界」而有：或為「世界性」、或為「超世間」；兩者因而始終一體兩面。形上學故實為建基於「世界」之思想。如中國儒學只求為人與人倫、以人及人性真實為本，其思想故非求為「世界」，此其所以與形上學背道而馳。

若「存有」指認一切形上真實^④，那希臘與希伯萊之對反即為：對「存有」之知與思、與對「存有」之愛與信仰。知識與情感雖人類與事物關連起來時之兩種形態，但把知與愛視為「對存

---

① 希臘傳統可分為古希臘及希臘哲學兩時期。前者包括神話至悲劇一階段，後者則屬公元前五世紀城邦興起時期。希臘哲學為結合古埃及精神而對古希臘傳統反抗，為藉一外來文化對立自身本土精神傳統者。

② 理性實只依據物之「是其所是」而有，為一種從事物真理性言之理性，與人性理性無關。

③ 希臘超越性因由駕馭世界而言形上，故實為「世界」之一種形上延伸：「世界」本身之形上性。

④ 因而「存有」與「人」即為人類思想有關至真實者之兩種終極對象。「存有」從其超越性對反人倫或人性平實性，代表著一切在人之外對立「人」之真實。神作為存有，只從超越者之最高典範言。人類根本問題故是：人之外之「存有」為真、抑「人」本身為真？人類努力應對向存有，如知識與信仰，抑對向人而為仁之努力？這決定人類問題之一切。

有之知」與「對存有之愛」，這已為知與愛之虛假：知識非為人類而「利仁」，而對存有之愛 [1] 使人類渴求在人倫外之存在意義；二者均由「存有」之至高性失卻人類存在平實真實而為虛假。知識若為對物無窮追索欲求、愛若引導人類情感遠去人，這樣知識與愛，都失去其以人為本之真實與意義。希臘與希伯萊兩傳統，於人類歷史，故只為成就哲學（知識外在力量）與宗教（情感內在力量）而已。在「人」、「世界」、「神」三種存有間，哲學與宗教都先以在「人」外之「世界」與「神」為真實，「人」只落為偽。由是，對人及人性否定，這於西方思想為必然。

　　希臘之超越性統一一切，無法接受異己與不可知者；希伯萊之超越性則向往遠去一切 [2]，求索完美永恆之「一」並與之結合。一者「整體」，另一者「（一體）無限」，二者只人類欲望與夢想，非存在平凡真實。[3] 兩者甚至一體地排斥其他一切可能：在覺察知識不是時，人類只轉向宗教，如同初期由宗教轉向知識那樣。人類存在只擺動於兩者間，無法回歸對人之覺醒。

---

① 《古約》只求人對神愛，藉此為神所特選，非從神對人之愛言。

② 因而超越一切。

③ 「整體」與「無限」表面相反，然二者同為追求與夢想。一者源於物，如物類般求統一世界及一切；另一源於人，但求索人神極致之一體。無論統一抑一體，均只欲望夢想而已。唯物不為意志所左右，故須理性進行；人神之一體不同：在無法以愛一體時，必須意志無條件順從，因而可超越理性而為盲目信仰信念（非理性）。

第一章　古希臘

古希臘與形上學之源起：思與表象

　　類如哲學宏觀式思想，是從見人類存在現實作為表象或現象始誕生。人類面對如現象般存在驚訝，引發「思」之誕生。縱使由於外，「思」因與人心境心況無法分離開，作為觀法，故仍屬心靈自身內在事。如理性，也只「思」之一種心況模式，若從真實言，人對其自身作為人之自覺，實較理性更為真實。

　　哲學中世界形上形下之二元性、如此思想，實伴隨神話中神靈與人類兩世界而生①。像後來柏拉圖理形與感官世界之二分，亦源於此。所謂神靈世界，所指先為神與神間之事，而神靈實現象性事物之反映。神靈此上界社會之獨立性，使後來哲學中形上界可能，均為現象般超越性之表徵。差別唯在：一者作為生命（神靈），另一者作為無生命之物（柏拉圖理形），前者成

---

① 　非只神與人，神話實由神靈世界與人類世界構成。對古希臘言，如同人類社會，神靈是一上界社會，非只神靈而已。

就藝術，後者成就知識[1]。

希臘神靈故非只如希伯萊耶和華那樣，只代表一人格主動意志，而是有着可被觀看之客體性理想形象。神靈所以必須從上界社會言，因一切超越地偉大或大者，只能以純粹客體方式呈現，能及手者，如身邊人與物，只渺小而已。神聖性故須借助純粹客體呈現方式使自身偉大，此「表象」及形象所由產生。神聖性、形上性，與純粹客體性、形象性、藝術性、表象性、甚至戲劇性（悲劇舞台），其源起實一。由於「真實者」只能"形上地"呈現，故「表象」一模式變得必然。遠古人類故借助表象性客體，以求遠去人類行動世界，形上性與超越性、「思」（noèsis），由是而生。若縱使是神意志與命令，一旦如人與人關係直接，是無以成就形上真實者。哲學以「表象」為世界存有基本模式[2]，因而既遠去人類及手存在[3]，亦使真理與真實轉向唯表象可及之形上超越者。人與人、甚至人與物此及手性，西方至萊維納斯（Lévinas）與海德格爾始再察覺，但已二千多年後之事。

以眼前世界為表象是說：世間事物指向另一世界事物作為真理，非本身為真。若非此另一世界，眼前一切再無真實性可能。「真」故由現實地真轉化並提昇為形上性「真理」。眼前世

---

[1] 「物」此自身世界，或為對比感性界之「知性界」（intelligible world），或為對比現象界之本體界（noumena）。

[2] 「存有」一般言，指認事物之最終真實。這裡是說：「表象」一模式實為「世界」之真實，由是既低貶眼前事物世界、又確立形上界其作為"真理"之地位。

[3] 人與人關係無表象可能，非表象之事。

界由作為另一世界之表象始有其價值,一如藉由藝術形象,存在始得其生命那樣。世界之為表象,故使其對向之超越者顯見;畢竟,超越者唯由表象始能顯見、亦唯超越者始需被表象,眼前人物無須表象,然亦因而無超越性可言。表象與超越性故一體兩面,不可分割。唯作為表象,此世始有神聖性可能,其超拔於只為世俗存在由此。

「世間事物有神聖或超越向度」這樣立論,是哲學、藝術與科學共同盼求之真理,否則若只為無生命或低等生命,物不可能高於人類而為存在價值。唯作為神聖性之代表、反映着形上真實,物(知識與藝術形象)始有高於人類之價值可能。真理能落於物而非在人,是由這樣機制而產生。形上學「表象」這一觀法,故使真理轉向物而遠離人。從這點言,表象問題實為哲學之根本,由表象而及之超越性,始為絕對而不可逆轉。超越者故唯由表象甚至假象、由標榜為純粹客體而客觀,為超越地絕對。哲學言「摹倣」、「映象」、「表象」、「現象」甚至「假象」,其原因在此。縱使如「資本」這樣經濟上超越體,實仍需表象性以維繫,此即市場對資本其獨立性之投機性猜測、一種經濟上之"思辨",否則資本只落為貨幣,無如 1 = 100、或 100 = 1 這樣神話可能。馬克思故以此為資本之拜物教,其為超越地絕對由此。世界中一切超越者,均亦由是而得其超越性向度,藉由「表象」、「現象」、「形象」甚至「假象」而得達其可能。

哲學所探究,因而實即表象與所表象超越者兩者間問題與關係而已。當今哲學以「他者」取代超越者,其問題仍然。而所謂真理,實指此表象與超越者兩者間關係。若非由於表象,本

沒有超越義真理可能。知識之能高於一切活動而獨特，甚至位居於德性實踐之上 [1]，原因實由此。

如何從世間存在開啟一超越的神性向度，此即全部真理問題；哲學所以為哲學、人類所以為人類，所求實亦如此。哲學因而與宗教無異，所求仍為超越者而已。法律、藝術、科技、資本等 "超越性真理"，故構成一種人世間現代神話與宗教。

縱使哲學家們察覺「物」之超越性非是 [2]，他們仍只能訴求於表象，從一種自身存在之「現象」求索，如康德與現象學，始終不離物現象。就算人知解構，仍實基於「他者」與「假象」這樣超越者格局而有，沒能明白其中虛假，更無能返回平實存在之真實。確實如此：世界已為哲學所超越化，似無能言平實存在。然若非求為神聖性，人類不應致於此。

哲學觀法故不外「物世界」與「神」，不外「表象」與「超越者」，「人」問題始終闕如。時至今日，人類仍以求索超越性而存在，甚至遠離地球地。神聖性故實為西方文明之源頭，而神化或聖化實其唯一價值與方向。於人類，唯中國傳統知不求索神性，其對人素樸平凡存在之肯定，是我們在西方表象與超越性千變萬化思想中所不應遺忘者。

---

[1] 此蘇格拉底「知識即德性」一公式其歷史意義。《論語》相反說：「子夏曰：賢賢、易色。事父母能竭其力，事君能致其身，與朋友交，言而有信，雖曰未學，吾必謂之學矣。」（〈學而〉）

[2] 於哲學史中，這體現為對「物自身」超越性之質疑。

赫西俄德與古希臘神話世界

希臘早期已達異常發展階段，而思亦具有民族時代之完整性。若撇開荷馬傳統，公元前八世紀赫西俄德已有對人類存在境況系統而完整的反省。其反省固然有以傳統為背景，然再非只由於風俗習慣，而具有個人反省之高度。赫西俄德主要撰寫《神譜》與《農作與時日》兩部著作。前者系統地整理及傳述古希臘口傳神話，特別對宙斯統領之奧林波斯神系作歌頌，後者則對人間世論說。二書之設計一在神靈世界、另一在人類世界，二者反映赫西俄德思想之完整性。

赫西俄德所處時代，是農業轉移至鐵冶煉之手工業時期，即生存技術（technique）之求獨立化。技術之獨立化與後來城邦興起，都同反映希臘即將遠去其神話傳統時代。希臘神話非迷信。迷信是以宗教方法取代生存物質之理性真實而有，然希臘神話則是古希臘人對"人類存在"看法之表達，與物質生存無關。①

---

① 我們已習慣把一切與物質實証性無關者視為虛構。然虛構若撇開構造性不言，形態仍有四：幻想、神話、寓言、與信仰。差別非在虛構，而在人對其意識：「幻想」乃人意識其為虛構時之虛構，因而完全不真實，純然由人自己而已。幻想之相反為「信仰」：縱使對象非在眼前，信仰仍視其對象為絕對真實並純然客觀。「寓言」雖明知為虛構，然目的在事情之真實、求傳達出正確而真實道理，雖方式虛構，然對象仍真實。「神話」相反，其真實非在對象，在人自身感受而已。神話透過神靈故事，描繪出人心中

若人類存在始終為「人」與「物」兩面，從赫西俄德《農作與時日》所見，故為古希臘之存在觀。總結為兩點[1]：

1. 有關物生存方面，赫西俄德以農耕為人類應有生存方式。在農耕與工藝技術兩者間，問題非先是物質之經濟方式，更是人類存在心態與境況。農耕仍有所依賴神靈之給予，因而為一種接受性方式，非如手工藝，為人類自主一切條件者。普羅米修斯盜火[2]故事、及五個種族神話最後沉淪時期以「黑鐵」命名，均反映古希臘對鐵器帶來轉變之否定看法。從生存言，赫西俄德所否定的，是人類求自主獨立之欲望，其所

人之理想（形象）。一如文學所有真實，神靈故非信仰對象，其非為迷信由此。「幻想、神話、寓言、信仰」四者因而為：幻想為純然人主觀虛構（表達方式與對象均虛構）；神話表達人自身真實（其神靈對象內容雖虛構，然感見真實）；寓言求為事情道理之真（表達方式雖虛構，然對象內容真實）；唯信仰始純然以對象為真實（表達方式與對象雖如幻想並虛構，然均被視為真實）。

[1] 在《農作與時日》一書中，赫西俄德主要講述兩個神話：少女潘多拉故事、及五個族類。前者在《神譜》中重提。潘多拉故事針對生存問題而發，所涉為農耕抑手工藝技術這兩種生存模式之抉擇，即「物」方面問題。五個族類則試圖解釋人類及人倫存在中誕生之原因，即我們所說「人」之問題。人類存在問題確實可歸結為這兩方面，而赫西俄德是自覺地從古希臘立場作回答。

[2] 火乃鐵器冶煉之元素，為手工藝之代表。在普羅米修斯宰牛以偽獻給宙斯故事中，牛象徵農耕，宰牛除代表人類把生存最重要工具祭獻給神靈外，更代表人類放棄農耕之決心。在奧林波斯神系中，發明種子種植的是 Demeter，掌管農藝及主管火與鐵冶煉的是 Athena（雅典娜）及 Hephaestus。普羅米修斯所代表的，故非技藝之發明，而是技藝之社會化，即技藝從神至人轉化時期。

期盼，為人能安守其份。[1] 赫西俄德非純然否定技藝。從奧林波斯神系主要由生存技藝及文藝兩種神靈構成可看到，他對技藝仍正面肯定，唯技藝只應屬神靈所有，不應為人類所追求及發展。赫西俄德明顯看到，人類一旦有生存技術之自主獨立性，將是其無止盡欲望之起點，亦一種超越之惡之誕生。超越之惡是說，惡非只單純人性間事，而是來自人類求超越的欲望，一種無確定對象、無具體理由或形式、普遍地彌漫於全部存在中者。從人神間對立言，超越之惡非與二者本性（神性與人性）差異有關；若非對一外在事物（火）有所爭、若非人類有對自主獨立性甚至自我超越化之欲求，本是沒有爭鬥可能。超越之惡故非人性自然所是，而是由對物超越性欲求與佔有而生、由人類求超越其人性本性所致，因而自上覆蓋人類存在整體，無人能免。農耕生存方式因無絕對佔有可能，始終仍有待天意，故無超越性欲望可能。鐵器時期相反：縱使人類能自主獨立，然由相互超越，人類反而「沒完沒了地」日夜勞累、善與惡不分、父子朋友兄弟間人倫之道義完全喪失、存在純然黑暗而絕望。如是處境非單純由於人性，而是由於物在存在中之超越介入。潘多拉故事更明白指出，人類存在之惡與痛苦、由潘多拉帶來之惡，正是技藝

---

[1]　柏拉圖亦把國家中階層之安守其份視為所謂正義。差別只在：赫西俄德是從人類存在態度、而柏拉圖之安守其份則只從國家言。前者安於神靈下，後者安於國家下；前者對反求超越之欲望，後者則形構社會分工時所有本份。

或由絕頂技藝所製造出來之工藝品。[1] 後來視物質及科技為唯一真實的哲學傳統，因而必須對惡另作解釋：推卸一切在人性本身上[2]，並力圖指出：唯在人性與人世存在外，始有他世善之可能。

2. 若人類存在在神話思想下為對物技藝或手工藝否定，在人倫理道德方面，神話對奧林波斯神系的肯定，除表示文明中正義可戰勝一切原始自然邪惡外，作為以神靈宗教而立之倫理觀，更藉着神靈之不可見性，規勸人類時刻警惕一種無形的賞善罰惡 —— 由神靈而致之正義。人類德行與善，先從自我克制而來。自我克制明顯針對人類欲望之過度（hybris）而發。因而德性與倫理，在古希臘人眼中，仍只環繞欲望、或作為欲望之反面而言而已。德性非從人自身之立或從人性之仁言，故非與人自覺成人之努力有關。德性與倫理仍只外致，是對外在超越者之反應，為人對神靈之態度，非人自覺為人之德行，甚至非建基於為人之事情上。赫西俄德五個種族時期，為對人類惡之分析：「黃金期」由人神和睦一體

---

① 自潘多拉出現於人類世界而帶來種種惡時，我們不應忘記，潘多拉本身為眾工藝神所製造出來至為完美的作品 —— 神靈的工藝品。因而潘多拉實象徵工藝技術在人類世界所帶來之惡。種種惡亦隨此而生。潘多拉因而標示此超越之惡。而之所以致此，歸根究柢，非神靈惡、非技藝不善，而是人類試圖擁有本只屬神靈所有之技藝，即人類求索如神靈般存在之欲望。換言之，人類對存在之一種過份追求。Hybris（過度）對古希臘人言，實為一切惡之根源。

② 因而哲學觀法只能主張人性惡，並視人類欲望為人類本性，如佛洛伊德性欲理論那樣。因若非如此，實無以對惡解釋。

而至為美好幸福。[1] 惡始於「白銀期」，雖非惡直接發生，然是惡之根本，而此由對神靈不敬始。[2] 敬神於古希臘是德性唯一基礎，落在生活中即「明智」(phronèsis)，為存在最高智慧。在對神靈不敬後，惡直接以「暴力」體現:「泰坦族時期」。「不敬」與「暴力」故分別為心靈與身體惡之面相。暴力其為力量，反映以下一事:在神話觀法下，一切實都與神靈有關:「不敬神」從與神靈關係言，而「力量」(「暴力」)實神靈最大特色。神靈除「不朽」外，便也只「力量」而已。[3] 同樣，以「勇」為「英雄族類」對抗邪惡暴力（泰坦族）之德性，亦是順承此神性而言而已，與人倫德行真實無關。以德性為勇、只相對暴力、只從人外在甚至現實存在言，都誤導

---

[1]　人神和睦一體即喻人之自我克制，因而亦人與人最美好時期。

[2]　這點值我們深思。從《論語》對人性分析可見，人性正面存在心態有三:敬、和、與情感。情感自然，和本人人喜悅，唯敬因與對方是否可敬有關，故不會把不敬視為自己問題。人故易由不敬而不善，此孔子所以教人先從「脩己以敬」(〈憲問〉)始。赫西俄德把惡及心之敗壞歸源於不敬，其洞見深遠。心有所敬若是人德性之本，那如「犯上作亂」，實亦由於上位者無可敬而已，其決定人民百姓善惡之心由此。故赫西俄德或古希臘轉向從對神靈之敬言:惡若由於不敬，實源起於人類求為超越之心思與欲望。對超越性欲望，這始終是人類惡之根本。老子言淡泊，因而直是超越性欲望之對反。人類不敬而求超越、不和而爭、無情而創傷三者，故亦人類存在全部惡所在。古代禮所求，實亦敬、和與情感之實現而已。

[3]　神靈之「正義」，不應本為神靈所有。正義基本上只相關財物與損失傷害，故更在人與人之間，本非屬神靈事。力量之所以歸屬神靈，因人類力量多只一種無力，非如神靈般力量完美。神所以為神，故也只「不朽」與「力量」兩者而已。人類追求永恆不朽與現實力量，都只求為神化而已。

人類應有德行。孔子故說:「驥不稱其力,稱其德也。」(《論語・憲問》)[1] 神話這些觀法,終究而言,因而只從「人欲為神」觀存在一切,以如此人類欲望為前提,以人類欲望為神話。「神靈」這一種想法,大概源起於兩原因目的:一為人類於命運前求其心安與慰藉,另一為對人類行為之規限限制。為利益而求禱於神,應為有「神靈」概念事後之事,非其概念本初。以命運歸溯於神意旨,這確實最能安心。至於作為人類行為之規約,這在城邦法律制訂前,則為對人克制最有效方法。[2] 古代所謂「明智」所指亦此:在敬重神靈心態下,人對自我之克制。古代這明智,故以神人不可踰越為前提:人只應作、只應想人之事,不應圖超越(或神化)自身。亞里士多德相反提倡:「在一切可能內,全力爭取不朽。」(《尼各馬科倫理學》第十卷,第七、八章)明智於亞里士多德中故轉移指人於生活中之一種實踐智慧,與神靈無關。古希臘與後來哲學精神之全部差異,故在敬神而居下、抑力求自身神化這人與超越性間關係而已。(請參閱附論論文:〈神倫與人倫〉)。

希臘對「物質技術」與「人倫理」這存在兩面,其觀念演變可圖示如下:

---

[1] 亦參考「子路曰:君子尚勇乎?子曰:君子義以為上。君子有勇而無義為亂,小人有勇而無義為盜。」(《論語・陽貨》)

[2] 「神靈」概念雖足以使人對自身行為反省克制,然這非純然正確,徒只限制而已,無法教人人性正面努力。

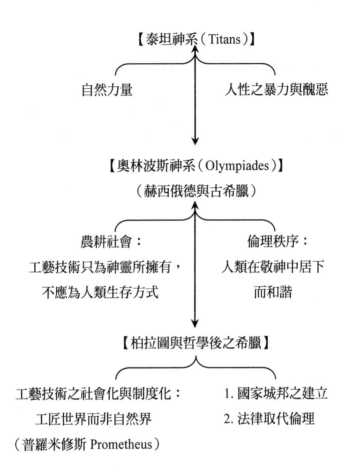

【泰坦神系（Titans）】

自然力量　　　　　人性之暴力與醜惡

【奧林波斯神系（Olympiades）】
（赫西俄德與古希臘）

農耕社會：　　　　倫理秩序：
工藝技術只為神靈所擁有，　人類在敬神中居下
不應為人類生存方式　　　　而和諧

【柏拉圖與哲學後之希臘】

工藝技術之社會化與制度化：　1. 國家城邦之建立
工匠世界而非自然界　　　　2. 法律取代倫理
（普羅米修斯 Prometheus）

　　若上述所見為神話對古希臘物質與人倫存在兩面之影響，那
神話世界本身作為一種人類存在形態，應怎樣理解？我們分三點
說明：一、神靈所代表意義及其所形成之（世界）存在形態；二、
古希臘世界與存在；三、古希臘人如何面對（在世界外之）「他
者」。一明神明所是並由這樣存在者所衍生之存在形態；二言古
希臘世界基本樣貌；而三有關「他者」問題，是源自西方思想均

排斥人於存在中之根本性；[①] 其思想所形成世界，對人言既外在亦限制，為存在上一種封閉性。西方思想求超越性、求在世界外之「他者」，原因與此有關。「他者」顯「世界」之封閉性，亦為其反面。然事實是，這作為「世界」之反面，實人（作為存在根本）而已。能越過世界及其封閉性者，唯人而已。[②] 唯不承認人之根本性，又知不能止於世界，西方故始有「他者」之名與探究。一切西方思想，因而都有「他者」問題在，唯顯與隱而已：求遠去世界時顯，求統攝世界時隱。「他者」問題始終為一切形上學所必須。

以上為古希臘神話作為存在形態所有方面。

一、古希臘神靈與世界存在形態

神話世界簡言之也就是古希臘人之世界。希臘神明分為兩類：主要及次要神明。主要大神有：宙斯 Zeus、赫拉 Hera、波塞冬 Poseidon、哈得斯 Hades、得墨忒耳 Demeter、科瑞—佩耳塞福涅 Core-Persephone、阿波羅 Apollo、阿耳忒彌斯 Artemis、雅典娜 Athena、赫斯提亞 Hestia、墨提斯 Metis、赫耳墨斯 Hermes、赫費斯托斯 Hephaestus、阿瑞斯 Ares、阿佛羅狄忒 Aphrodite、狄俄倪索斯 Dionysus。

次要神明有：大地女神蓋亞 Gaea、天神烏剌諾斯 Uranus、

---

① 神話於以神靈為根本，明顯亦如此。

② 我們說過，超越者與世界實一體兩面，或世界為超越者所統攝、或超越者只相對世界言超越，二者均與世界存在有關。從超越性求索「他者」，故只為誤向。

海波之神蓬托斯 Pontus、瑞亞 Rhea、克羅諾斯 Cronos、時序女神忒彌斯 Themis、忒堤斯 Thetis、醫藥與治療之神阿斯克勒皮俄斯 Asclepius、畜牧之神潘 Pan、力大無比堅韌不拔的赫拉克勒斯 Heracles 等。

主要次要神明之分，與其說在文明與自然之間，不如說在神聖性與非神聖性之間。如掌管醫藥的阿斯克勒皮俄斯，雖為神靈，但其所掌管疾病之事，只人類而非神靈之事，其價值地位故不高。同樣，忒彌斯雖掌管秩序、時序，但這仍只從人世間與自然秩序時序言，甚或只是家庭內部規律、只人倫事，非存在更大事，故為次要。如此可明白，對如赫拉克勒斯般勇猛與力量，都只歸屬人類形態下之勇猛與力量，非神性之勇與力。作為天地之神之烏刺諾斯與蓋亞，也只此人世間義天與地、此人世間義萬物之母而已，故屬次要神明。

古希臘非如中世紀那樣，純因創造而飆昇神靈、更沒有從「造」或「作為」之偉大性定奪價值；位階之定奪，只與其自身所代表事情有關。主要神明所代表，是屬神之事、神聖事；次要神明所代表，是人世間事，與神聖性無關。從神靈之主次故可看到，對古希臘人言，何屬神聖、何非神聖。故縱使孕育了奧林波斯整個神系（主要大神），瑞亞與克羅諾斯仍非屬主要大神，創造與孕育神聖者本身非必神聖[①]、創造與孕育兩事本身非神聖故。如是，森林與畜牧之神潘，其喜悅與恐懼，都只人世義。

那麼，從主要大神，我們可見古希臘怎樣的一種神聖性？

---

① 這使我們想到，生育耶穌的若瑟與瑪利亞，也只凡人而已。

我們簡略列表如下：

宙斯 Zeus：正義

赫拉 Hera：生殖性、女性

波塞冬 Poseidon：破壞性的負面力量

哈得斯 Hades：晦暗之所

得墨忒耳 Demeter：得獲、成果

科瑞—佩耳塞福涅 Core-Persephone：神秘性

阿波羅 Apollo：純淨、淨化性、形象、美（文明的）

阿耳忒彌斯 Artemis：淳淨之自然、文明之先、自由無約
　　　　　　　束性

雅典娜 Athena：文明之智慧與實踐力量

赫斯提亞 Hestia：凝聚性、積聚性、中心性、內化性

墨提斯 Metis：巧智

赫耳墨斯 Hermes：向外性、動態性、傳達、交換、穿透性、
　　　　　　　超越性、變易性

赫費斯托斯 Hephaestus：工匠性、技術性、工藝之美、魔
　　　　　　　變性

阿瑞斯 Ares：戰鬥性、野蠻力量、盲目力量

阿佛羅狄忒 Aphrodite：愛、欲望、誘惑力

狄俄倪索斯 Dionysus：他者、真假混同、表象性、戲劇性、
　　　　　　　毀滅區分之力量、原始無分別性之
　　　　　　　一體存在

從以上大神可看到，古希臘視為神聖世界者，乃種種精神

性、精神力量或精神形態。其內容與次要神靈所代表內容實同樣源自人類世界事物，唯差別在：一者純屬人或人類形態之事，甚至只為物事，無超越人類平凡性時之超越向度；另一者（主要大神）則在人類上、對人類有所駕馭。古希臘神聖性應從這駕馭性言。像愛與欲望等人類現象，從其永恆地駕馭並支配着每人生命及人類生命，故超乎人之上而為神性。神靈對古希臘言，非一信以為存在的個體上帝、非一個體自我，而是人類存在中種種無法跨越、無法駕馭的力量。從這點言，神話世界之形上性較只作為個體之上帝真實多。

「存在」於古希臘人眼中，判分為二：神性的與平凡人性的、具有精神形態之力量與只是單純物質力量、具駕馭性與非具駕馭性力量，簡言之，高於人類之恆久力量抑不是一種力量。古希臘世界與其精神狀態故是一種力量世界與精神狀態。[①] 如是神聖性其本質在力量，而古希臘人所向往的，也只力量所體現之神聖性而已。[②] 如此形上性，既是此世中真實、又是對人類言

---

① 從力量而觀表示：這時觀法，非以道正事，因而始有以愛欲及巧智等同為神性者。

② 西方所言「力量」，全是「超越力量」。無論是支配性力量、抑如當今福柯（Michel Foucault）所言權力之微分，都同然為超越的。【權力或力量微分所指是：舉政治為例，今日世界政治，其權力非一人獨攬，甚至可微分在所有人身上、為人民所同然支配。民主政治故非從德性言，只求為泛力量權力化而已。】在古希臘，力量之超越性仍須由於實力，非如後來可只由於地位。從超越性言力量，力量即人類無法對抗逃避。甚至，力量是唯一一種力量，其他一切非是。中國思想非如此：力量既非超越、強弱亦無絕對性，「亢龍」亦有「悔」。正由於非為超越，故中國始有對力量運作

為超越的。

　　古希臘這對世界事物作為超越力量之形上觀法、及崇尚如此形上力量為神性，雖必引至人神分格而無可跨越[1]，甚至有以如此支配力量不應為人類所碰觸，否則便如俄狄浦斯 Oedipus 那樣，於以人力試圖跨越人之有限性時，終只難逃悲劇命運。這樣觀法雖見力量對人類之危害，然從力量觀一切，始終非如後來哲學或我們現今之世界觀，只為物事所役。立力量為神明表示，古希臘以生命力之表現為存在之本、以精神力量為美與大，非如後來哲學，以物始為根本。由於力量仍單純相對人言，故從「力量」觀一切始終仍接近人性。非如物，只「在其自身」而已。從人類而非從物角度觀，存在若非德行，便也只力量而已。[2]

　　古希臘這從「力量」而非從「物」觀一切，本身實已是一種

　　予以研究（兵法與碁法）。力量之「道」因而有二：或從其「正」言（如「為力不同科」），或縱使在強弱爭鬥中，仍應知何時退、何時讓等爭走界限之道。正因非為超越唯一，縱使不從德行言【在中國，德行如同力量，同樣有力，甚至更有力，因非強人，故更使人心服】，力量仍非如此絕對而有力。像在碁思惟中可往往看到，表面上極有勢力之地仍可被乘虛而入、被巧妙之思點殺。中國故沒有對力量崇拜，因反見力量之限制。力量非一切，只世間中一事而已。同具力量者，可未必以力量姿態呈現。力量因而非絕對、更非超越。以超越性構思力量只使人無可逃避，然若只視為世間一物，人始終在力量之上，如庖丁解牛，對種種超越之「大」仍可瓦解；或如碁術古著所授（如《忘憂清樂集》、《弈學會海》、《官子譜》等），於已圍地中仍可點殺破解。存在能有所境界，故是於力量中能對力量（現實）有所超越者。

①　此即前述「明智」之德性。

②　西方思想錯誤之原點，因而亦在以力量而非以德行為道。

神性。① 我們今日以古希臘神聖性為「神‧人‧獸」三者不分狀態，或最低限度如在狄俄倪索斯、阿耳忒彌斯等神靈中所見原始獸性，實只是古希臘對原始生命力之肯定。這能超越一切界限之力量生命力，其本質直為神性本身、為生命力之滿溢體現，其力量無所懼怕與屈服，亦不受制於任何現實，至死不渝。如理性那樣對利害有所計量，這只是後來以「物」為本之事，非古希臘神性性格。

古希臘如此神性存在除為力量生命力體現外，作為神性，對人世平凡言，始終為仰視對象、為一種形上性。由如此仰視，「觀見」故優先於一切其他存在活動，為真理之方式與媒介。希臘對形象、藝術、甚至戲劇之重視，源起於此。前述「表象」之為世界存在模式，亦由如此對形上性觀見而產生。哲學後來之「理形」、西方對知識之重視，實仍順承「觀見」之真理優位性而有，始終為西方存在姿態之本。②

從古希臘此力量神性之存在觀，我們很難想像，繼之而來的，是與生命力量正好對反之「物」存在觀。「物」這一觀法源起於古埃及，為崇尚古埃及之哲學家引進於雅典希臘。無論是古希臘抑古代中國，嚴格言，眼中都不以物質世界為根本。二者差異一在神性另一在人性，而「物」除作為「器」外，鮮有自身本然重要性。以「本性」甚至「本質」、「實體」觀物，這在哲

---

① 哲學承續古埃及而來「物」之存在觀，因而實為奴隸性格。

② 順帶一提，同樣遠古之《周易》，以「臨」「觀」二卦為一體，非獨厚「觀見」一事，此見「觀見」本無必特殊地優位。

學出現前，是不可能理解的。先蘇哲學提出物之存有地位，甚至以之為生命之本，是在人性可能觀法外，一突兀之存在觀。也由於物質，精神性轉移為相對物質之「純然思想觀念性」，既非從力量生命力、亦非如中國所言之「文」，而落為純然抽象之「思想活動」。①

　　哲學精神下之「物質觀法」其源起故複雜。一方面為對抗古希臘生命力量之神聖性，但另一方面又由繼承「觀看」本身之神性，始能於（無生命）物中，豎立物之超越地位、以「物」或思辨虛構之「存有」為形上"對象"。「物」非如人對人或人對神，其無所意識本只無所對，甚至只為海德格爾所言「上手」之使用關係。若非由於「觀看」②，物無其獨立存有可能。「觀看」使物置身於我們外，如一獨立存有；非但再與人生活無關，甚至只為人類所思（noèsis）、所觀（theôria）對象而已。柏拉圖「形」之既為 eidos 又為 ideas，正是物這「觀」與「思」兩面。物這一「觀念性」③，是全部西方哲學及西方歷史對真實之構想。古希臘神靈因神性而被觀看，而物則由被觀看而轉化為神性。在古希臘生

① 「文」始終落實於存在而具體，或為禮樂、或為詩文情志之事，鮮如思辨，隨其對象而抽象甚至虛構。

② 海德格爾之「手前」存在。

③ 中文「觀念性」一詞很好，既有「觀」又有「念」兩意思。存有故從思惟觀照始立。觀照無論作為知識對象（柏拉圖、亞里士多德）、抑作為思惟形式與方法（笛卡爾）；無論作為主體先驗構成素（康德）或精神內涵（黑格爾）、抑作為天地神人互為參透的映照遊戲（海德格爾），都擺脫不了思惟及「觀照」所含表象之超越性。海德格爾雖批評柏拉圖以手前性觀物，然實仍未出其外。

命力化世界後，物由思惟靜觀而立為超越真理，人類存在之後也只為「物」之歷程及「觀念」所主導而已。

若力量由本然強弱而有上下之分，那物之能為上、為超越觀看對象，非從力量之高下、而是從「在其自身」這超然特性言。能「在其自身」如存有、實體，由其高遠於人世、無須參與其中如力量般比試、更在變動動盪或好壞善惡相對外始終保有自身持存永恆與獨立性，如宙斯父克羅諾斯（Cronos）般退隱於界外，唯如此超然，對哲學來說，始為真正形上。形上性故由神性力量轉移至物存有，一種在人類世間事事偶然外之獨體必然性。古希臘超越性在比試駕馭中，哲學之超越性則在「在其自身」中。這「在其自身」，因而隨着哲學之物存在形態，為日後整個西方文明最根本價值、為一切價值之本，從物至人至神均如是。①

於此，前曾述「表象」，更可見其真實：作為物世界之提昇，哲學「表象與物自身」一關係，一方面以作為「表象」提昇本無價值之物世界，以眼前"事物"，表象更高在其自身之"真實"；而另一方面，則以（物之）「在其自身性」取代「力量」之神聖性。然之所以為「表象」，因所表象者，唯如物般死寂之真實；若為神靈，由於神靈仍能主動，其顯示應為「形象」，非「表象」。此形象與表象之差異：一者仍帶來生命力量、甚至為生命力量之體現，另一只指向那在其自身者，其真理性只在自身身上，與觀者生命無關。

由物自身這樣超然性，人亦相對地轉化為個體自我，因唯

---

① 如今日所言「人權」，或法律前所言「人格性」，實一種「在其自身」。

在「自我」而非人倫關係中，人始能獨立其自身，為一「在其自
身」。若仍在人與人或神與人高下間，是無終極個體可言。此希
臘神明未及希伯萊上帝之原因，唯後者始本然為自我主體故。[①]
我們甚至可看到，若存在不能離對象而活，作為「個體」，其對
象也只「物」，如柏拉圖所仰觀理形，非「人」亦非「神靈」。唯
物之在其自身始與觀者成一獨立內在完整關係，使我為「我」或
「我思」。[②]「物自身」唯後來由「主體自我」所完全取代，始漸近
地回歸至人身上。那時，「主體與表象（現象世界）」而非「表象
與物自身」，成為哲學新的存有觀。若把古希臘包含在內，西方
思想史故即由「神」至「物」至「人主體」之存有歷程。

　　神話一方面表述了在人類社會及自然存在中種種大現象，
亦另一方面表述了人類存在最終真實：在神靈把持下之公平及
秩序。然以火、戰事、愛欲等力量為大現象，實已偏向於物事，
雖非後來工藝形成之實物，然始終為「物」之原形，故已鋪砌了
後來西方物之文明。

　　西方由古希臘神性生命過轉至物之存在模態，以物取代生

---

① 古希臘不重視「個體性」、不從「自我」觀人或神。就算不從酒神精神之一
　體言，縱使如日神般個體，仍只從形象言而已，換言之，從顯見於外而非
　從「在其自身」言。英雄行為亦非由於自由意志，由力量之果敢而已。法
　律刑罰亦非針對個人責任而懲治，只求為國家整體秩序而設而已。

② 與物一體、主客一體，使人轉化為「個體主體」而完整，再非作為人而紛
　雜。哲學以如此一體取代酒神之一體，否則，人只落為在人與人間而不能
　自己。

命，值人類深思。若非由過度對生命求索肯定，死亡將不會隨即而來。物之存在形態只為人類帶來死亡而已，而此，直至今日始為佛洛伊德所明白指出：存在更根本在死亡本能，非在生命甚至愛欲上。（見《超越快樂原則》一書）。

藉由神話，古希臘建構出一類似超越精神力量般存有狀態與世界、揭示出「世界」之神性。神話只古希臘人心中世界之投影，雖為心靈所寄望，然非信仰對象、非奴化人類之宗教。希臘神靈是一上界社會，仍屬世界內。「世界」亦由此而為超越地神性，非只俗世而已，神亦參與並存在其中。

從作為「人形象」，神話（神靈）仍保有其人性的一面，並以此放置在人類眼前：上界與下界非二，而是一體共在：神靈在人類身旁、在人類世界中。

在神靈與形象兩者間，是形象更為重要，為生命所對並寄懷。與其說神靈形象化，不如說連神靈亦不得不形象化。形象作為古希臘獨特存有觀法，非如偶像只求為對不能體現者之暫時替代，而是「體現」本身所顯見之奇蹟、那吸引並攝握着人心靈之「觀見」，如活生生「顯現」之神聖與神奇。形象故為古希臘人對存在之至高肯定。神性只在看或看得見中、是「顯現」本身（之神聖性），簡言之，形象。古希臘式生命感，故是由形象而賦予並體現。

古希臘形象雖為神性，然在哲學剝奪其神性後，如在柏拉圖中，便有對藝術及其形象之嚴厲批判，形象於落為世俗摹擬

時，「觀看」模式所剩，亦唯「公開」或「公共性」而已。[1] 此「形象」始終對西方文明之制約：藉由「觀看性」，既成就現實存在之「公共性」、亦孕育着知識之客觀性，二者都以「能觀見」為基礎。哲學後來之「普遍性」，亦源起於此。

無論形象抑公開性或普遍客觀性，都同是一種「向外」之存在模式。這樣模式，在西方歷史起着巨大影響。西方文明實即一種「向外」存在模式而已。由形象、表象、公共性、以至理性、知識客觀性等，莫不只「外在性」之延續。連心靈內心於西方也仍只向外而已，或對向神靈、或如「此在」那樣，始終只能對向存有而立。由外在性，西方是沒有真正人格主體、沒有人倫內在性可能，「我思」仍只能"對向"世界對象而已。

如是外在性，使人類由外於自身為人而無法真實，甚至由向外求有所超越而不能單純回歸於存在之平凡，使世界失去其人性可能。西方世界，在人內心不見作為人之自己，在外不見人之作為人。內只自我，而外只種種私我，都只社會性公共現實而已。這一切，都源起於形象所帶來存在向度上之影響。然人類應純然內在，或作為人格主體、或在家庭人倫情感中；應以此內在人性擴展於外，非以外在性為存在根本。世界應在人與人性內，非人在世界中，如海德格爾所以為。若有所世界，亦不能「遠人」而為超越。

這建基於、及成就外在性之古希臘世界是怎樣的？

---

[1] 公開或公共性，先由能否為人所看見定奪。此公開或公共性之本。

二、古希臘世界

亞里士多德稱人為「政治動物」，實已反映古希臘人世界之一根本特色。作為「政治」是說，古希臘人之存在先外在地共體，縱然此時共體性非後來之法律城邦而是由上界神靈社會（希臘宗教）共在參與性所形成。人之作為人、其存在之一切努力，先是為成就一在社會中種種職能份位之理想性、成就一在社會共體中之「完人」而致力。無論作為公民、宗教者、軍人、經濟人、觀眾聽眾，無論是社會中哪一種形式階層，人成為徹底的人只意味致力於其在社會他人眼中那自己外在顯而易見、如形象般之存在。這形象性存在，就是每人自己生命之全部。如此，古希臘之理想人格，非從我們今日之自我個體性言。自我個體之世界主要從擁有言，人各為其私而活。這樣私我世界，始於上帝之創造。正因天地萬物為上帝及為人類所統治與擁有，故「擁有」始為人類活在世上之理想與模式、為人我有別時之關係。希臘世界非由上帝創造，神靈本即世界、亦只存在其中，非以創造世界為本。

希臘共體外在性非由種種自我組成，但也並非如今日群眾那樣平庸無差異。雖沒有從本性上言之普遍性，然人各是一理想型。如同神靈非涵攝着人類而為普遍者那樣，希臘式「共性」非從涵攝言，相反，共性只由各別事物（人）解去其自身自我私下性（個體性）始成就，因而各各是作為典型而存在。典型是在絕對普遍性與純粹個體性兩者間，既如普遍地為人人所見、但亦特殊地突出獨立，不沉沒在普遍性下。世界中一切如是各各

"特殊地""共在"。這樣共在性，非只在人類社會，更先在人神間。世俗與神聖、自然與超自然、人類與神靈，均非截然地劃分開，彼此始終相會地混合着：一方面共在、另一方面又各是其所是。這樣共在性，為共在性最高典範，如神人和平共處之黃金時期那樣。

宗教基本上有幾種樣態：一在生活邊緣，而生活有其自身獨立性，如我們中國傳統及現代世界；另一深入於生活，既架構着生活、亦為其主要部份，此古希臘與中世紀宗教。後兩者差異在：中世紀上帝之超越性使宗教只能是精神性的，其教義與信仰均只精神性，因而宗教於世間生活，只起着精神對立世俗物質生活之作用，生活如是保有其自身獨立性，為宗教之反面。古希臘不同。神靈之共在使宗教非只精神意義，更是日常生活本身的：非只生活中一事，而是其全部事。生活中一切事均與宗教及神靈有關，如人類與神靈生活在一起一樣。生活因而由此全面神聖化。若神聖性為西方最高價值，那古希臘世界將是人類可能世界中至高者，因是神靈們本身之世界故。[①]

對這希臘式世界，我們分以下四點總結：

1. 神話方式所體現宗教，為世界性而非人格性。宗教雖同本為人所製造，然古希臘人把宗教聯繫於其對世界之興趣，藉此

---

① 作為客體世界存在，古希臘如此宗教世界是其中可能之至善者。然其善只從「世界」角度、非從人本身言。宗教之善只能（作為世界）客體地言，非能直從人自身主體言（人獨立地面對人時之善）。宗教世界之善來自神靈，非來自人本身。而若神靈是存在中之至高者，那如古希臘般宗教世界自然亦是「世界」中之至高者。

歌頌世界存在，因而成就了一獨一無二的世界——神聖世界或世界之神聖性。這點從價值言，雖為西方首次遠離人自身價值，偏向單純對世界之肯定，然因世界同為神性世界、非我們今日現實世界，故其作為世界，從「世界」一觀點言，至為美善。

2. 由於神靈與世界一體，人之美善亦只能從世界、非從個人言。人故唯有遠離自我進入世界努力，成就世界而非個人自我之美好，始能真正分享如神靈般幸福。作為同一地存在於同一世界中，人與神及人與人唯有分享着共同世界之善——世界秩序、法則、自我控制、各盡其職份所達致之完美、美與和諧，始能有絲毫善之可能。世界義之完美與和諧，是存在幸福之唯一可能與前提。幸福非能為個人所獨自擁有，此神性從世界言之意義。

3. 那麼，在古希臘，神如何與人類結合？神人之結合，明顯非能透過單純人之活動、非由日常生老病死或勞動生產等純屬人類事達致。神靈之存在模態應如遊戲般，與生存勞累無關。故唯有透過節慶，神與人始達成其結合。古希臘宗教事因而均在慶典中舉行。節日對古希臘言重要，因其時為神靈生命時刻，非人事的。古希臘人故以游行、歌唱、舞蹈、合唱、競技、游戲、共同享食獻品、宴會等等活動使神靈進入凡間，並建立人神之接觸。如此神性性質活動，帶給人們存在上美惠與歡樂，從中體會和諧一致，亦遠去種種現實中分裂：既使生命活潑起來、亦使人與人、人與神交織在一

起，成就一超越自我之世界，如酒神精神那樣。①

4. 那麼，最後，怎樣解釋人類勞動？人為何努力？古希臘人不以奴役想像其義務，相反，人所以努力，正由於自由。古希臘人一意地認定自身如神靈般自由，其努力故由一己選擇，非受任何強制。韋爾南說：「為讓成功回報努力，在戰爭中如同在和平時，為了獲得財富、名譽、優越，為了讓和諧籠罩城邦、美德深入人心、智力充滿心靈，每一個個體必須獻出自己的一份力；他應不遺餘力地開始並繼續其作品。在人類事務的整個領域中，為成功而着手努力，堅持不懈，是每個人的份內事。恰如其份地完成使命，人就會有最好的機會確保得到神的恩寵。」② 古希臘人故非以個人得獲為成就，以客體所能成就為努力而已。這點與古代中國一致，唯一者基於神並致力其所是、另一者基於人並致力人之所是。

雖如上述，然因由神人現實上無法跨越、人死後也沒有甚

---

① 這樣至高和諧，也一曾為《尚書·堯典》所描述：「帝曰：『夔，命汝典樂，教冑子：直而溫、寬而栗、剛而無虐、簡而無傲。詩言志，歌永言，聲依永，律和聲。八音克諧，無相奪倫，神人以和。』夔曰：『於！予擊石拊石，百獸率舞。』」這樣存在真實，與古埃及正相反：後者甚至以人類現實勞役生活延展至死後神性世界本身。

② 韋爾南（Jean-Pierre Vernant）《神話與政治之間》〈希臘人〉194—195 頁，三聯書店，2001 年 1 月第一版，北京。

麼靈魂不滅可期盼[1]、於世界中人亦無其「自我」可堅持、神性亦無「我·你·他」之位格性，無論人抑神，因而只能透過眼前外在世界、非能有"作為人"之自我肯定與價值。如此肯定與價值，明顯亦與人性道義無關。

甚至，因人神差異非從本性內容、而只是德性或力量程度之差異：人類生命會死亡、其青春會衰老、其勇猛有怯懦之時刻、其力量有所疲乏、其善無法去除惡、其快樂無法遠去痛苦、其美麗無法不轉瞬即逝……，故神與人這樣差距，非只使兩者高下有別，更對人類有事實上之低貶：因人類卑下狀態非由於世界本身，故現實狀態之不達理想，單純只人類自身問題。雖所處世界一致，然神人事實上之差距，只更使對人作為人徹底地否定。

三、古希臘與「他者」問題

「他者」問題，為我們時代哲學特別關注。我們曾指出，哲學除希臘傳統外，亦有其反面希伯萊傳統。希伯萊傳統質疑的是知識理性及其所帶來之統一與封閉性。哲學在黑格爾中，由辯証法「否定之否定」，把「他者」完全收攝於概念理性歷程中，成就一完全封閉之理性體系。故自馬克思至今，都致力揭示這理性封閉性假象，並指出：真理非能單純理性地掌握，而理性

---

[1] 靈魂不滅看法始於蘇格拉底，亦是導致其被處死原因之一。主張靈魂不滅對古希臘人言嚴重，因如此主張，視眼前世界與存有只一種錯誤，非至高而神性。這樣立論故已改變了古希臘全部世界觀。

亦非就是真理；問題因而全繫於理性之外之「他者」。

西方「他者」多從希伯萊思想中超越性言。希伯萊超越性非如理性那樣超越地涵蓋一切，而是從遠去「世界」而為超越。①古希臘雖沒有哲學後來由城邦基礎所形成的理性，但神人公共共在這樣的一種神聖世界，因始終為理念，故仍然只屬理性。古希臘這樣理性世界故仍有「他者」問題在。

古希臘「他者」以三種方式呈現：酒神（狄俄倪索斯）、阿耳忒彌斯、戈耳工。韋爾南把酒神與戈耳工視為縱向的他者：酒神向上、戈耳工向下；兩者均遠去世界神聖性這一中心。阿耳忒彌斯不同。阿耳忒彌斯是橫向的，其所面向之他者為野性、動物性。酒神所代表他者，為與神靈合而為一時無我之狂喜與醉狂狀態。這與神靈合一之境界，非只"在世界中"與神靈共在時之神聖。與神共在時之神聖為「聖化」（hieros），而與神靈結合為一時之神聖則為「神化」（hosios）。前者仍與世界同質，後者始與世界異質，因而為他者。戈耳工所代表之他者則不同。從戈耳工身上看到的，是下界之恐懼、可怖、混沌，簡言之，死亡。

從古希臘神性世界所有理性言，構成「他者」，確唯野性、

---

① 「世界」與「理性」必然結合在一起。縱使希臘"哲學傳統"所發展的為形上學，然形上學之超越性並沒有對反世界，反而只是世界的延續，如柏拉圖理形仍以世界事物為內容那樣。形上學內容，如希臘神靈內容一樣，始終為世界性。基督教上帝雖本身非世界，然仍以世界得救為對象，故未出世界圖像。理性即此世界性之真理基礎而已，故源自希臘，為向往「世界」存有、以「世界」為最高真實之一種人類文明。

酒神狂喜、及死亡三類非理性而已。若如是，那古希臘人怎樣面對這些他者？在回答這問題前，讓我們先把「他者」問題更清楚地說明。

人類存在本有形形式式多種多樣事物，這多樣多元性是否能收攝於單一原理下？若「否」而差異性無法共同一致，存在便沒有一最終真理或原則可能；若「是」而同一一致性由最高原則以箝制方式達成，同樣沒有真理可能：凡以力量統攝必為偽故。他者問題因而直接衝擊着真理問題。就算存在事實上沒有他者，因人類基本上是一種向他或「面對面」存在，非能如物封閉在其自身中，故問題仍然存在。古希臘之回答，是上兩種立場外之第三種：由差異事物各相互一致、自由地求共同而達致同一。[①] 讓我們解釋。

古希臘他者雖有三，然他者問題更先在「面對面」這一關係

① 孟子在〈滕文公上〉第一、四及五章提出第四種最為正確之回答，其關鍵首先在：有關「他者」及怎樣面對「他者」等論說，都起因於人類之智思制作，如以法律權力等規限並箝制對方，此「他者」問題所以起。然在人類智思差異性外，像人性與道（二者實同一），本然實為萬物所同；其善（真正善，即無以一己想法定奪對方時之善）更對任何他者言始終為善、非為惡。善若真實為善，應本然唯一而無害。此孟子對「道一」之說明。在其中，本應沒有「他者」這樣問題。至於萬物之差異性，除非以「善」面對，是不應以任何人類自制思想或理由對事物差異性求同一或或統一的。問題因而全出於人類自身之智思制作，以為此能統一一切，非順承事物及人本性，以善對待：既承認差異（他者）事實，亦見善（唯一）之可能。如是始去人類智思制作之獨裁有限性、始是他者問題之關鍵與真正回答：問題非出於「他者」或存在本身，出於人類智思制作之未為善而已。

38

上。「面對」即我們前述「觀看」問題。希臘人怎樣觀看？在面對面中，當眼睛盯着對方時，眼睛只會朝對方最好部分觀看，換言之，同樣朝其眼睛觀看。[1] 然從對方瞳孔所見，實非對方，而是自己（之影子），對方瞳孔為鏡面故。人本然無法看見自身，故唯藉由他人，始能看見自己。我在他人眼中所看到的，故實非他人而是自己。一切對象因而只是我看到自己時之鏡子而已。然問題是，古希臘人沒有自我，其全部存有只公開、公共性這一面，無由擁有所構成之私密性與自我性。在面對面中所見，故非對方之「自我」；此亦古希臘之觀看看不到對方之原因：無論自己抑對方，均本無我故。那麼，在鏡像中古希臘人看到甚麼？非這自我個體，而是我所已經成為的、那使我超越了自我之事物或狀態。舉柏拉圖愛情為例，在情愛之面對面中，所見非兩人之自我，而是其美。情愛中之自我因已成為美始為對方所愛[2]，故我從其眼中所見，非我作為自我、而是我作為美本身。在古希臘面對面中，人與其他者由對看而相互提昇，各超越其自我而進入一種同一性、相互自由地由一體而成就更高真實。其同一性故自然並自由地達致，絲毫無所強迫、更非一種箝制統攝。

　　在前論及古希臘世界時，古希臘世界之所以理想並神性，

---

[1]　若是他者，對其觀看不會只如物般視察：若是真正他者，他者必會回觀，如對望、對看那樣。因而對他者之觀見或面對，必亦自然順其觀看本身觀看，此始為對他者之觀。

[2]　其眼中之我正是此美。

正由各各走離其自我個體之執着、融入（溶入）對方始形成。[①]
希臘式觀看是沒有他者作為他者自身，但也沒有我們自己之自
我封閉性，更沒有以自我對異己者之統一與箝制，一切只朝向
更高理想典型而存在。理形與神靈般永恆性、典範性亦由此而
生。柏拉圖稱這樣提昇為向上辯証。

　　從以上「面對面」之描述可以看到，他者所有對立性，非他
者本然所有，只由各各之「自我」所致而已。古希臘之所以能去
如此問題，正由於其世界去人之自我，使一切自由地歸屬共體
下，無所分裂。西方之後所以有他者問題，故出於以自我為本：
或如哲學強調主體性、甚或如基督教上帝之位格性，都只種種
以自我為本之立場，如是他者問題顯得必然，自我間必然對立
故。古希臘之去自我，故是由世界之共體性達致；雖所成如神
性般存在，然始終只訴求人類自身能遠去現實性、回歸神性時
自動自發之理性。然這一切，一如人類智思制作那樣，始終只
為思想上之理想，換言之，若非純然由想法上之自覺與改變，實
難致此。若非由神性地理性，於人（作為人）是再無如此基礎的。
問題因而是：人類是否"本然"有一致同一之基礎？若有，他者
問題便不成立；若沒有，他者問題將為必然。

　　這樣基礎，明顯在「人性」。人能去自我而又非訴求於其他
外在原因，如古希臘之神性般理性、從世界求一致共同之理想

---

① 希臘面具非用以隱藏，而相反是用以為顯示：顯示人更真實的一面，那非
　自我而為我所欲見更真實的自己這一面。這面相亦明顯正為他人（他者）
　所欲見者。如是之面對面，自然成就一體性。

狀態，那也只能回歸確切本然之人性始可能。唯人性始在人作為自我外、作為人時更根本事實。而在這裡，人與人本一體同一，無他者之對立與分裂。唯如西方般不承認人性根本性，他者問題始顯得嚴重。像古希臘之解決法實仍未為理想，因那成就一致一體之世界，始終只以分工為關鍵、只由各盡其份始能達致，然這樣世界若從旁觀看，實已雷同理性對人之規限、限制、甚至箝制，否則人本然難有如此一致性可能。問題始終在此時「一致同一」只為從"世界"、非從「人」言。而此對人類言終究外在，如各各民族因有其自身世界而差異那樣，是無法以神性強加在人人身上者。若非真有以人性為內在基礎，沒有任何外在機制能去除自我，達成在人與人間之一致。「人性」而非「世界」，其一致同一基於人性共同"性向與感受"之同一，在和、敬、情感及禮文「居後」之美，是人與人間"性向"而非現實分工安守其份之事，後者因事物或能力之差異實無從言真正同一。前面註中孟子所提立場亦正如此，《論語・學而》中「富而好禮、貧而樂」所言亦如此：存在中現實差異性（富與貧），實唯由人能「好禮」與「樂」始能言一致，否則無以能言共在。是否能共在取決於人之態度，非其份位。孔子「性相近」（〈季氏〉）點明這一切：用「相近」言「性」，既已含個體之分異，亦見「性」因由內故使人「近」，故既無必為「他者」、亦無須外來箝制以達同一。此始為他者「面對面」問題之真正解決，非求為絕對理性或神性世界，求為人性地禮與樂而已。

那麼，若非從面對面，那從古希臘酒神（狄俄倪索斯）、阿

耳忒彌斯、戈耳工三者所顯他者問題，其解答應如何？這些非只面對面之他者，其為他者，明顯只從超越性言。

首先戈耳工之他者如死亡、可怖等事實。誰與戈耳工目光直視直對便會轉化為石頭，因而對如死亡般他者，是不應亦不能直視。孔子故亦同樣教誨說：「敬鬼神而遠之」（《論語・雍也》）；亦說：「未知生，焉知死」（《論語・先進》）。

阿耳忒彌斯（野性甚至野蠻性）之他者則不能侵犯。阿耳忒彌斯之報復可怕，其勇猛剽悍而殘暴，故亦只能遠離，不能即近。上述兩種他者（野性自然與死亡可怖）固然在相當程度下顯見於現實世界，然其呈現，須由種種如喪禮或祭祀等儀式接近，非能赤裸地直對。

無論人因有面對面故有他者、抑如由死亡可怖性與自然野性而有他者，這些他者都為一切文明所具有、甚至非能離開現實存在言，因而作為他者都非極端。酒神不同。作為他者，酒神一方面是古希臘獨特現象，甚至可說為涵蓋古希臘之存在問題，為古希臘存有形態之核心；而另一方面，酒神作為他者無法以存在事情解釋：既非死亡之可怖、亦與自然野性或人與人面對面等事實無關。縱使可與酒醉或性欲有關，然這些事情本只日常、非有他者意涵。雖伴隨酒神宗教現象，然不能視為酒神特有精神。那酒神精神為何？酒神精神確然與古希臘獨特存在精神有關，甚至可說為是古希臘存在真實之集大成。古希臘存在，一方面以神靈同然存在於世界中，另一方面以共體一體性為世界存在理想，非以自我位格為根本。然縱使如此，神人始終分格、非真實地一體；同樣，縱使世界力求共體一體，人與人作

為個體始終分離着。此外，男與女、夫與妻、人與獸、自然與文明、奴隸與自由人等等事實仍明顯於存在中分隔開；因而對這力求一體性之古希臘人來說，若不能終究地實現世界存在切實之一體，存在始終為痛苦：或不能達致夢寐以求理想而痛苦、或甚至事物之分離、界限、個體性所造成之對立，本身即罪惡與痛苦之源，如人神對立所造成悲劇那樣。

這夢寐以求世界一體性之理想明顯不能在平素世界中實現，然古希臘人始終期盼，這樣理想最低限度能在宗教時刻中實現，故形成在節日慶典中，隨着醉狂而有之酒神宗教現象；其中對一切界限之突破，往往體現為集體放任性欲；因而對旁觀的現實理性言，為一種非理性現象，此其所以為極端地他者，甚至從高於理性所能掌握明白言，為他者之超越性體現，亦酒神宗教往往被視為源自異邦之原因 —— 其現象似極不理性故。

若撇開其根源或是否理性不談，酒神精神重點有四：一為他者問題之焦點，而存在中表象性、戲劇性、觀看性、以致虛假、假象性及超越然，全繫於此；二為一體性之最高理想；三為神人獸之結合混同；而四為至高生命力量之肯定，如此生命力量，為古希臘至高真理。作為他者問題之最高代表，是由於酒神現象體現人類存在藉由表象而求索突破或超越性，為人類自我神化之體現：存在中一切真理性，必須由表象而立，因神聖性唯由此始顯見；人類盲目追求自我表象，因而致存在於虛假虛偽，全與此有關。亦由此，人類以突破一切界限或封閉性為本（超越性欲望），而此往往名為對現實世界限制之突破，然

實亦「現實」之構成而已。這一切，起因於「世界」或「物事」本只為外在，因而對反人類其內在人性。「世界」（對人其人性言）作為「他者」，故引致人感世界之對立限制性，而求超越。從超越性言他者，故既現實地根本而必然，然其為問題始終為人類所虛構。

酒神精神之其他三點，則與古希臘本身存在觀有關，亦因而不能視為對人類言為必然。這三點可歸納為「一體性」與「生命力」這兩酒神核心特性。無論從世界存在共體性理想、抑從神人甚至神人獸存有之一體性言，古希臘視為最高真理之「一體性」，相對人類及現實存在之對立分裂言，確實是一種理想。共體之一體性是從「存在」言；神人獸之一體性則是從「存有」言。萬物「存有」上之差異本必然紛雜，各為個體，故原始地必然分離；這點無可避免，為存有本然事實故。至於從「存在」言之一體，因明顯基於前者差異性而於存在關係上更求一致同一，故為現實（可行）理想。這樣理想，可以古希臘共體世界方式達成，亦可以中國古代從禮樂言之人文方式達致，均存在一體和睦和諧之體現，為存在應有理想。[1] 縱使古希臘能於世界現實達成共體一體，然這樣理想是無法擴展至存有地步，使人與人、人與神、神與獸、甚至個體與個體間，能完全混同同一。從存在一體性推進至存有一體性故已超乎現實、甚至只為一種超越欲望，

---

[1] 古希臘從“世界現實”求一體，中國古代則從人性共同性求一體，二者其差異唯在此。然人性（如情感）確然內在地同一，世界存在作為外在本差異，無其同一性可言。其一體性故只為“理性”觀念而已。

此從一體性言酒神精神所以過度之原因。存在一體性至神人獸無所分界、因而解放至性欲放任狀態、以醉狂為背景、以求徹底一致混同，如此精神，已顯見古希臘所求一體性之未是：從"世界"言之共體一體性，始終未為人性^①；其對人一般理性之規限與定形，始有以對存在求超越之酒神宗教事實，為心靈未能安於共體存在時所有表現。

由於酒神宗教求存有一體混同非能為人類現實所實現，故尼采於《悲劇之誕生》後，鮮有所採納。其後期所稱酒神，故是從（神性）生命力極致體現這方面言，為一種對生命無條件之肯定、一種生命（生活或生存）意志。一體性若不能真實地或現實地實現，對生命極致肯定則仍可。「一體性」與「生命力」兩者，故一者外在、另一者內在，一者為形式、另一者則為內在真實。「一體性」只酒神體現時方式，其內在真實本質，則在生命力、非在一體性上。一體性如是只生命感促成之方式甚至假象而已。縱使體現形式不再可能，酒神精神其精神仍可繼承，此尼采一生所貫徹思想。

「神性生命力」一如「一體性」，與古希臘思想與存在形態一致。若「一體性」源自古希臘世界之共體一體，那酒神至高生命力同亦源自古希臘視神靈為力量這一觀法；差別唯在：力量始終順承現實所是，唯生命力則更可越過現實而有。從存在現實言之力量，我們說過，應只為神靈所有，若落於人類現實間，多只轉化為暴力與權力；而從這點可反見力量之不是：力量若只

---

① 從人性言之一體性，主要亦情感、敬、與和睦而已，非能為混同。

為神靈所擁有仍可真實，若轉化為暴力與權力則必偽。故對力量本質若求為改變，使其為善而非惡，那力量之外在性唯轉化於內、從作為生命力量言，始為力量其可能善所在。力量與生命力，一從外在、另一從內在言。若如西方始終以力量而非以德行為存在真理，那除非從生命力而非從力量言，否則無以使如此觀法能為正確。尼采從生命力觀一切、以遠古古希臘為生命力滿溢之民族、以之為一切價值之源頭，其原因在此。如酒神一體性為"極致"混同而非只現實共體性，酒神之神性力量亦須為生命力滿溢肯定之極致狀態，非只一般所言生命力而已，此從酒神言生命力之意思。

酒神極致之生命力是怎樣的？如同酒神一體性為超越（一切界限）那樣，極致之生命力亦超越一切。一般生命力若只從見正面甚至光明事物始激發，那生命力之滿溢、其超越狀態則相反：縱使於無比負面狀態與事物前，生命力仍能保持肯定性，不為絲毫負面性所屈服，此所以酒神生命之肯定力為超越性力量。如此肯定力，於古希臘中故體現為悲劇、為對存在現實痛苦與醜陋甚至黑暗之至高肯定，其對存在之肯定，由自身生命力、非由對象之光明正面而致。因為至高肯定，故無論處境多麼坎坷，酒神生命力都無所逃避而能直對。此所以尼采以酒神為最高真理，無論怎樣痛苦事實，都為酒神所敢直對，既非如基督教般對世間罪惡存在怨尤、亦非如樂觀主意般藉理性對世界存在構造以圖迴避。不過，我們仍應分別清楚，酒神這無視負面性之生命滿溢，非為刻意製造罪惡、醜陋或負面性而有；正確言，酒神生命力超善惡而為神性獨立性，非為敢於製造罪惡或醜陋

始為生命。古希臘人之創制悲劇，是為酒神或酒神般英雄之眼前體現[1]，非為見悲劇本身。悲劇只為酒神之示現化；悲劇前身故直為酒神頌，非亞里士多德所以為，為對悲劇逆轉故事之樂趣而有。酒神生命力之真理因而極致而超越，既非現實、亦非虛構地理想。如是酒神精神，故為古希臘在世界共體理性聖化存在一真理外，為「他者」真理之表徵：一種能直對痛苦之真理性與生命力、一種超越之真理或神化狀態。（亦請參閱下面尼采形上學「《悲劇之誕生》與希臘文明源起」一節）。

從古希臘縱使有如此理想之共體存在而仍有如酒神之他者可見，以"世界"存有為終極始終有所限制：無論是怎樣的世界或世界性，「世界」這樣存有始終有所封閉，故必然引致對「他者」之求索。

韋爾南曾問：「一個附屬於其恆久性和同一性的人類集團，是如何處理這以不同方式呈現的他者這問題呢？從跟自身不同的另一個人（l'homme autre），到人之外之他者（l'autre de l'homme），那人們無力去說或去想的絕對的『他』（absolument autre），那人們稱為死亡、虛無或混沌的『他』？」[2]他者問題因而（如上所述）有兩面："他人"之作為他者、及從"世界"（甚至現實存在）其另一面言之絕對他者。

---

[1] 希臘悲劇中英雄為酒神之具體形象體現。

[2] 韋爾南《神話與政治之間》〈眼中的死亡〉59頁，三聯書店，2001年1月第一版，北京。

對這兩他者問題，儒學怎樣看待？

對如死亡，孔子不語，多談也沒有甚麼意義。若連活生生人倫之道也無知，談論死亡這樣他者毫無意義。其他如文明外之野性或非理性，孔子立場仍否定：「子不語：怪、力、亂、神」（《論語・述而》）。人類是由《詩》、禮、樂而教化，三者亦人成人唯一途徑，因而非能同等地肯定其反面。這樣禮樂傳統，是否因而如西方城邦政治理性那樣極權？並非如此。違背事物本性、強加其身始為「極權」。他者問題其源起實有所原因：西方對人類存在看法，始終以存在為唯一參照，因而偏向世界、甚至偏向物形態真理，從不以人性為本；其所建構世界，與人性之立無關，既不從禮、亦不講道。對世間之昏亂無道，西方故只能求諸超越地統治。然統馭人類之事物，無論甚麼，都與人性無關，其極權是從此言。柏拉圖城邦政治理性如此、古希臘亦如此。去除自我、投身於世界公共性、敬神而明智、公正正義並勇毅、盡其社會份位及自我克制……，這一切德性從內容言雖正確，然其為善，只世界義之善，非求為人"作為人"之立、更非對人性要求有所自覺，只一公共世界意識、由對神靈之自覺而致而已。真實之人性德行，唯從人面對人而立。縱使較後來國家理性為善，然古希臘仍只以世界與神靈之理想為法，對人作為人言始終無以教導。是如此非單純以人道為本，故始終有他者問題，始終有以外於人之根據為根據故。

作為結論故可說，「他者」一問題，始於真理或真實非以人性為本。而在西方傳統內，他者問題雖似必然，然始終受着哲學視野所限，只知從"超越世界"這方向求索（他者），不知回歸

人性這對"世界"言之真正他者。就算是萊維納斯，於知他者在他人身上，仍把「面對面」只視為人其主體自我之超越，非作為或回歸於"人"、而是作為"存在者"，非人與人之面對、而是存在者與存在者之面對，故雖為道德、然仍非與人性有關。從"存在者"之超越性言，這實已為哲學對「存在」根深蒂固之執着，故始終不離社會正義、責任承擔、甚至宗教性；只為如宗教般、從超越性言他者之面對面，與單純人面對人所應致力德行無關。萊維納斯所以為他者，如是仍多麼在哲學背景中、非在人與人間，如他所以為。

他者問題實主要從兩問題而來：極權性、與存在之向外性事實。唯獨回歸以人性為基礎，否則無論以甚麼為真理，都終為極權，非順承人性本來故。至於向外性，因順承人性而面對為唯一能無所設定、始終敞開之面對，故於作為人，也再無其他更善面對可能。仁實亦此而已，故以惻隱之心為端。其他一切求同，無論是以社會風俗習慣、宗教認同、公德典範、抑法制規限，由於只人種種想法、或不離一己想法主觀片面之不實、甚至往往由對對方之設定①而起，故始終有所閉限，非對向他人而敞開。人既不能毫無所是、毫無原則地面對，以為一切外在者均為他者；但亦不能任意設定地面對，無論以法制理性或道德之名……；故唯順承自身之為"人"、順承人性之善，如忠恕般地面對，始為真正敞開。人亦只人，非他者；他者雖為他者，

---

① 如人必為自私、功利、懶惰、好為惡等等。亦可參考康德所言人性所有三種惡之傾向，見下「康德道德與人性惡論之關係」一節。

然「仁」[1]始終無不善。能對他者亦立與達，無論甚麼，如此面對始能為道。

人是活在他人他者間，然唯不離棄其本有人性而面對、不離棄自身之為人，其一切面對始真實。遠去人之作為人，無論此時他者為何，已置人於不善。人唯作為人而面對、唯以仁面對，其面對始盡善之可能：人始終只人而已，非神或他者。若非作為人，無論以何形式理由，面對將無以真誠真實。對鬼神之他，故只能敬而遠之而已，是無須為其為他者而努力 ── 人作為人，其「他者」先在人（他人）而已。對如是他者而努力，始人作為人之義。

人與他人，這是人性全部關鍵，亦人作為人之存有。在「仁」己立立人、己達達人中，已含寓一切他者問題與真實。仁如是而深邃。非無他時之愛（欲），而是在我與他之間、"作為人"而立與達，人性而非超越之努力。如是「他者」始使人亦真實，如使人自己更真實的仁者賢者那樣。

---

① 對人作為人之立與達。

第二章　先蘇自然哲學

在古希臘神話世界後，（希臘）哲學怎樣誕生？

　　古希臘世界從仍未強調或突顯物之地位言，雖基本上仍屬人之世界，但從以下幾方面，已漸漸步向哲學之誕生。首先是，在人類上構建一神靈神聖世界，已使單純存在引向超越性，使人類失去以人性為根本基準，造成其他真理之可能。縱然是人倫德行，都只相對神靈言，非人類自己人倫人性之事。其次是，縱使未直接對物有所肯定，然把現象世界種種超越力量立為神靈，已可視為對事物現象世界之一種肯定：現象之超越性先行地替物之超越性準備位置。其三是，神靈作為一種力量存有者，使力量為存在主要模式，德行因而邊緣化；後來法律這力量模式，作為由宗教轉移至世俗時之一種力量模式 —— 政治性，始得以可能。存在之政治化，取代存在之人文化 —— 那基於人性而作之人文教化。最後其四是，現象在表象層面上之生命力（表象之神聖性）、形象之完美、外在競爭作為存在意義，都指向存在意義以世界表象之生命力、及人與人相互超越之生命力為本，非從為人之努力中立人之價值與存在意義。超越與競爭只帶給

一方孤獨另一方失落，非相互生生之美與喜悅；而外在地建立之一切價值感，終亦只會在人內心中感到虛無。人類歷史朝向虛無主義沉淪，因由失去從人自己、及從人倫關係內在佇立之意義與價值而已；價值若只為外在，虛無主義是免不了的。

以上幾方面，都為先蘇及後來哲學所持續。差別唯在：古希臘世界仍從對生命肯定而形成，而先蘇哲學已把世界存有轉向物。生命與死亡如此兩面，為西方思想所首先關注。固然，若非神靈，一切始終會死，死亡從這點言似更基本。然縱使會死，生命者仍先肯定生命高於死亡；故古希臘或一切正常人類世界，均以生命為本。世界對古希臘言，故或是如神靈般生命滿溢、或是如形象[①]之生命感；一者自身生生不息、另一者使人生生不息，如藝術於人類中生命感那樣。古希臘雖已有這去人、轉向物之傾向，然基本上仍否定物與死亡；唯源自埃及「物死亡」之哲學傳統不如此：哲學對立生命，始終以死亡為本：先蘇故對立神話時期，而柏拉圖則對立希臘悲劇世界。若古希臘仍視一切物現象為具有生命的神靈，先蘇則視一切生命為物、為死物。[②]其階段如下：

---

① 　從物方面言。
② 　生與死兩面，後來亦形成哲學兩大傳統：觀念主義（心）與唯物主義（物）。哲學總史雖由物之存有走向人之存有，然往往仍在生命死亡兩者間擺動。

泰利士

　　泰利士（Thales）以水為萬物生成之本原。亞里士多德《形上學》說：「在那些最初進行哲學思考的人們中，大多數都認為萬物的本原是以質料為形式，一切存在着的東西都由它而存在，最初由它生成，在最終消滅時又回歸於它。實體則處於底層，只是表面承受各種作用而變化，人們說這就是存在着東西的元素和本原。正是因為這個緣故，他們認為既沒有任何東西生成，也沒有任何東西消滅，因為同一本性永遠持續着。（…）這派哲學創始人泰利士說是水（因此他認為大地浮在水上），他之所以作出這樣的論斷，也許是由於看到萬物都由潮濕的東西來滋養，就是熱自身也由此生成，並以它來維持其生存（事物所由之生成的東西，就是萬物的本原）。這樣的推斷還由此形成，由於一切事物的種子本性上都有水分，而水是那些潮濕東西的本性的本原。」（DK A 12）[①] 從亞里士多德這描述可清楚看到，當泰利士以水為萬物之本源時，其意非在水抑其他物質這物質差異上，而在「物質」與「生命」兩者間，因而是以物質為生命之本、生命亦由物質而生成：「由於看到萬物都由潮濕的東西來滋養」。水為萬物之本之意思在此。問題因而非在水抑其他物質，而在萬物之本在生命抑在非生命物質這兩者差異上。正因如此，泰

---

① 《亞里士多德全集》第七卷，《形而上學》卷一第三章，苗力田譯，中國人民大學出版社，1993 年第一版。

利士有關靈魂這生命體故說：「亞里士多德和西庇阿斯說，他（泰利士）通過磁石和琥珀所表現的跡象，賦予那些無生命的東西以靈魂。」（DK A 1）[1]「有人說靈魂彌漫在整個宇宙中。可能正是由於這個緣故，泰利士才認為萬物都充滿了神。」（DK A 22）[2]「泰利士說，神就是宇宙的心靈或理智（nous），萬物都是有生命的並且充滿了各種精靈（daimones），正是通過這種無所不在的潮氣，一種神聖的力量貫穿了宇宙並使它運動。」（DK A 23）[3]萬物之所以有生命或是靈魂、萬物之所以充滿了神、神之所以就是宇宙的心靈，「正是通過這種無所不在的潮氣」（水），而始運動起來、活起來。自泰利士始，生命、靈魂、神靈三者均由"物質"形成。這是哲學擺脫神話世界的第一步，其承接者是阿那克西曼德。

阿那克西曼德

阿那克西曼德（Anaximandros）指出，萬物的本原為「無定」（to apeiron）[4]。「無定」非作為一事物、而應作為對「物之為物」進

---

[1] 《古希臘哲學》，第 8 頁，苗力田主編，七略出版社，台灣。

[2] 同上。

[3] 同上。

[4] 苗力田翻譯為「無定」，亦可翻譯為「無限」。但無論哪一種譯法，意思應從無定形理解。「界限」在古希臘往往從形之界限理解，「無限」故是無「形」之界限。

一步理解。這時所謂對物理解，非於物中有所發現，而只相對神話世界指出：物非如古希臘形象那樣，有「形」之限制；物（質）"無限"及"無定形"，更非有形象。「『無定』決不是單一和單純的物體，它既不是像人們所說的那樣，存在於各種元素之外而各種元素卻從它那裡生成，也不是單純的。人們之所以把它看作是無規定的東西，而不是氣和水，為的是不讓氣和水由於無規定而滅亡。這些元素是互相反對的。例如，氣是冷的，水是濕的，火是熱的。如果其中之一沒有限定，其他元素就都要滅亡了，因此人們說，『無定』與它們不同，它們都是從無定中產生的。」（DK A 16）[①] 無定之所以為無定，因它並非氣或水這類定形事物。這裡所謂定形，非指在空間中固定形狀之形，而是一如理形般之「類」—— 類型或形象。水是一「形」、氣亦是一「形」；而「無定形」是針對這「形」及其界限而說。之所以提出無定形為萬物之本，其原因在於：物物間之對立與差異，實即形與形、類與類之對立與差異；因而物物之存在，亦由各各之界限、各各之限制始致；若失去其界限、失去其形而為無形，即再無此物，亦同即滅亡：「由於無規定而滅亡」。同樣，若其中一者無限定，其他事物亦相對言無所限定，故同即滅亡：「如果其中之一沒有限定，其他元素就都要滅亡了。」這兩點說明：從生滅言，物物之「形」非如此根本，只於存在中相對地形成而已。事物（物質）"無定形"狀態，始更為根本。「形」始終生滅，唯「無定形」始不生不滅，為「形」形成之本。這立論同於否定古希臘視「形」（形象）為至

---

① 《古希臘哲學》，第 11 頁，苗力田主編，七略出版社，台灣。

高根本；故就連是物，一旦落為一物（一形）時，就算是水、氣等元素，都再非根本，其無定形狀態始是。

阿那克西曼德這一立論，非針對「物」，而是針對「形」，針對古希臘式的存有。由此，亦首次指出物質「無定形」這一特點與根本性，以此「無定形」反對古希臘「形」之真理性。「形」只相對地生滅，非永恆的。若泰利士由生命轉向無生命物，阿那克西曼德則更由物質之無定形，對立古希臘「形」（形象性）之真實：真實者應無限無定形，如物質般為無形之潛在托底、萬物隱晦之根源。真實非「形」、「形」非真實。此阿那克西曼德向物（質）之推進。

阿那克西美尼

阿那克西美尼（Anaximenes）是阿那克西曼德門徒，對阿那克西曼德「無定」，阿那克西美尼進一步說，「無定」是「氣」。無定之作為本原是「氣」：「兩人都認為自然的基礎是單一的並且是無定的。但阿那克西美尼卻認為它不是無限制的而是有限制的，他說它就是氣，實體由於凝結和疏散而互不相同，氣蒸發就生成火，凝結時就變為風，然後形成雲。再凝結就化為水，繼之是土，最後變成石頭，從這些事物中生成其餘一切。他也認為運動是永恆的，並說變化也是由此生成的。」（DK A 5）[1]甚至，「他

---

[1]　《古希臘哲學》，第15頁，苗力田主編，七略出版社，台灣。

認為氣並不是眾神所造，相反，他們卻是來自氣。」（DK A 10）①
若阿那克西曼德已指出物質無定形這一存有事實，那阿那克西
美尼所試圖說明的，是萬物生成與變化如何由物質而可能這一
事，換言之，從無定形物質生成定形萬物時之真理，其關鍵在物
質"能組合"這一特性上。透過"分與合"種種差異性，有定形
萬物甚至神靈由此而生成。稱之為「氣」，非因氣為元素，而是
因氣表徵出無定形物質可分合時之特性，為對萬物生成之解釋。
換言之，物質非只因無定形而根本，更由其組織、結合之可能，
結構着萬物。這是物質更深一層特性與真實。物質其組構性、
及萬物由此而形成，如此立論，始於阿那克西美尼。如康德所
言主體構成素這類存有組合，亦本於此。

先蘇哲學中泰利士、阿那克西曼德、阿那克西美尼三人若
直接相關物質之真理性或根本性立論，那克塞諾芬、赫拉克利
特、巴門尼德三人則從另一方向遠去古希臘，使哲學確定下來。
克塞諾芬從神學、赫拉克利特從理性（logos），而巴門尼德最後
確立哲學作為哲學獨特對象 ——「存有」。哲學定形於巴門尼
德，一切後來哲學，莫出其外。②

---

① 同上，第17頁。亦參考：「阿那克西美尼說本原是無定的氣。正在生成的、
已經生成的和將要生成的都由此產生，眾神和神聖的東西也不例外，其餘
的東西又從它們生成。」第16頁。（DK A 7）

② 我們可觀察到，在後來柏拉圖以事物理形為最高真實時，這是因巴門尼德
「存有」（柏拉圖解譯為「本質」）確立後之事；若之前，事物之「形」無法
為根本。換言之，泰利士等三人有關物之研究，是從物質本身特性言，非

克塞諾芬

　　克塞諾芬（Xenophanes）思想以對希臘神靈駁斥為主，即以一神反對神話多神、及以神為唯一最高真實；二者始於克塞諾芬：「譴責赫西俄德和荷馬，反對他們關於神的說法。」（DK A 1）①「（⋯）但當他凝視整個天空時，他說『一』是神。」（DK A 30）②「常人們認為神有生成，穿衣說話，有着軀體如同常人。唯一的神，在所有神祇和人中最偉大，無論是形體還是思想都和有死之物不同。他永在同一處所以永無運動，在不同時間到不同地方對他是不合適的，他毫不費力地用理智的思想主宰一切。（⋯）他全視、全思、全聽。」（DK B 23-26）③

　　從以上有關神的討論可清楚看到，克塞諾芬視為唯一的神，是理性而非神話學的。從理性建立的神，其特色有三：1. 獨一；2. 全面（即既非世間形象、亦非物世界地變幻）；及 3. 非擬人化或人格性，而是理性思想性。神特性因純由理性推導出，故獨立於任何宗教教義，為神概念之理性推演。

　　神作為對反世間事物之超越者，其所具有特性，實一切理

從事物作為物體言，後者已為物之「形」（本質），非如物質廣泛特性根本。由「存有」之建立，物質始再次能定形於事物身上而為知識。知識能有所確立，故由「存有」始；物質之提出，只方向轉變而已。

① 　《古希臘哲學》，第 75 頁，苗力田主編，七略出版社，台灣。
② 　同上，第 76 頁。
③ 　同上，第 76 至 77 頁。

性超越者所具有特性。因而克塞諾芬這唯一的神，即"從理性角度"言，超越者之第一次體現。古希臘神靈之超越性，始終只宗教想法，非純粹理性制作。而從"純粹理性"而立之超越者，始見於克塞諾芬這唯一的神①。從純粹理性言之超越者，其特性有三：1.「一」(獨一、最高統一)或絕對性；2. 普遍性(非個體地特殊或可變)；3. 知性、思想性②。絕對性(一)、普遍性、及思想性(知性)三者，為後來哲學真理之標誌，無論其對象為神抑為物。由理性建立之一切真理，均以此三者為標準。此哲學世界及其"理性"所由立之根據。

當我們特別強調"純粹理性"時，這是因為，人類思惟本無必然為純粹理性；而純粹理性之推論或推演，亦只"依據概念本身"達致而已，如先驗地或如數學演繹般，非與存在價值之考量有關。對人類言，無論思惟抑真理，本都無必為純粹理性之事；無論如古希臘對存在之理想期盼、抑古代中國以人性價值為本，其對存在真理之思考，都非為純粹理性之事；始終，人作為人言之真既非必然絕對、其情事亦不可能盡普遍、而人性更非單純地知性。以純粹理性為訴求之哲學思惟，雖從理性角度言為必然絕對，然始終只為一種角度，非思惟自然必如此。從這點言，於歷史中，這「純粹理性思惟或思辨」，仍有其證立之必須，

---

① 古希臘超越性仍只宗教式世界觀，泰利士等所言物質亦只一種思想取向，唯克塞諾芬之神始是純粹理性制作。物質雖直在眼前，然始終未為純粹知性"對象"故。

② 縱使為力而非只知性，仍屬心靈或精神性質。

而這先見於克塞諾芬，為後來赫拉克利特及巴門尼德所繼續。

　　克塞諾芬之神學思想，從立「神＝超越者」這角度言雖極重要，然其以超越性為絕對、普遍、及知性三種理性訴求，其影響及意義更鉅。後來赫拉克利特之「理性」（logos）及巴門尼德之「存有」，縱使未必為神靈，然始終不出絕對性、普遍性、知性三種訴求外。我們甚至可說，康德主體性真理，亦由「我思」（超驗統覺）之絕對、普遍性與作為心靈知性三者而立而已。從神學言超越真理雖為本，然能為超越真理者，非只神而已。克塞諾芬對超越者之"理性"訴求，故較其神學意義更鉅。從理性訴求言之超越者或超越真理，其判準因而不外絕對性、普遍性、知性三者而已。

　　然作為"超越者之訴求"又是說，如神外於世界存在那樣，神之屬性（如永恆與無限）與世間事物屬性無關，後者只偶然地變化、非永恆而無限。這是說，構成超越者之絕對、普遍、與知性三者，正因只為超越者特有，故對世間事物或人類存在言，又非為其真理判準，從這點言故屬純粹理性制作與訴求。對一物言為絕對普遍未必對另一物言亦為絕對普遍、對物理知識言為絕對普遍非亦同對人言為絕對普遍；絕對性與普遍性故只"超越地"外於事物世界，既只由自身而立、亦只由於純粹理性，與確定存有者內在本性無關。如此絕對性與普遍性故多造成極權；作為超越者而外於所涵攝對象、其與對象內在本性無關，如法律與人性之無關那樣，縱使作為理性而絕對普遍，然從人性角度言，理性始終非人之一切，其本身更不能視為人性，故如此真理始終偶然，於歷史中，亦仍有待求立；此克塞諾芬、赫拉克

利特、巴門尼德三人所致力者。其為必然只從哲學歷史角度；
若對人性言，唯人性始為必然而普遍，理性始終偶然而已。

最後，有關克塞諾芬自身，其思想固然仍可單純從其個人所
說研究，如其繼承泰利士等有關物論看法，把生成與成長視為由
土與水所構成等等 [1]，然其思想真正關鍵，始終應在其神學理性
之建立。雖對克塞諾芬自身言，其神學只為求對反古希臘神靈
形象，但作為真正貢獻，如此神學已對理性思惟模式訴求立下根
基。從這純粹理性對超越性之創立言，後來之赫拉克利特及巴門
尼德，始能以理性思惟對反世間意見而為超越，並奠立真理與虛
假性之差異與分辨：唯超越性為真，世間一切只偽。克塞諾芬顯
然意識到自身如此創舉，故說：「既無人明白，也沒人知道，我
所說的關於神和一切東西是甚麼，因為即使有人碰巧說出了最完
滿的真理，他也不會知道，對於一切，所製造出來的不過是意見
罷了。」「把這些意見看作和真理相似吧……」（DK B 34-35）[2]

赫拉克利特

如同克塞諾芬，赫拉克利特（Herakleitos）思想貢獻非在其

---

① 「有生成和成長的一切東西是土是水。」（DK B 29）「因為我們全都由土和
　水生成。」（DK B 33）「克塞諾芬認為，大地正在和海水混合，隨著時間的
　流逝，大地被潮濕所溶解。」（DK A 33）等等。《古希臘哲學》，第 78，
　79 頁，苗力田主編，七略出版社，台灣。
② 《古希臘哲學》，第 79 頁，苗力田主編，七略出版社，台灣。

對物質性「火」之議論，而在其視理性（logos）為超越地共同，因而非人世間意見之自相矛盾與不確定這一觀點上。赫拉克利特殘篇多對世間意見批評與諷刺，藉此揭示世間變幻不定之非真理性，以對比理性共同時之真理性。通常，人都把赫拉克利特思想定位在「變化」上，以之對比巴門尼德存有之不變，這非完全正確。在表面變化背後，赫拉克利特其實肯定一種整體共同之「理」，其在萬物表面轉化與生滅中，仍始終恆常、為萬物所共同。正從這點言，一切強調特殊性或特殊個別存有者之真理，對赫拉克利特言，都非正確：「這個『邏各斯』（Logos），雖然永恆地存在着，但是人們在聽見人說到它以前，以及在初次聽見人說到它以後，都不能了解它。雖然萬物都根據這個『邏各斯』而產生，但是我在分別每一事物的本性並表明其實質時所說出的那些話語和事實，人們在加以體會時卻顯得毫無經驗。另外一些人則不知道他們醒時所作的事，就像忘了自己睡夢中所作的事一樣。」[1]（DK 1）赫拉克利特中之「人們」，即指古希臘世界中之人們。「所以，必須遵守這個共同的東西。儘管邏各斯乃是共同的，但許多人卻似以自己的智慮[2]（phronèsis）生活着。」[3]（DK 2）對赫拉克利特言，其實連生活中智慧（phronèsis）都應是共同、非個人的：「智慧（phronèsis）是人人共同的。」（DK 113）

---

[1] 《赫拉克利特著作殘篇評注》，屈萬山主編，陝西師範大學出版社，1987年第一版，第 20 頁。

[2] 古希臘由敬神而致之明智。

[3] 《古希臘哲學》，第 25 頁，苗力田主編，七略出版社，台灣。

而「如果不聽從我而聽從這邏各斯，就會一致說一切是一，這就是智慧（sophos）。」（DK 50）當赫拉克利特說：「這個世界對一切存有物都是同一的，它不是任何神所創造的，也不是任何人所創造的；它過去、現在和未來永遠是一團永恆的活火，在一定的分寸上燃燒，在一定的分寸上熄滅。」①（DK 30）或「火的轉化是：首先成為海，海的一半成為土，另一半成為旋風。……〔土〕化為海，並且遵照着以前海化為土時所遵照的邏各斯。」②（DK 31）時，赫拉克利特心中萬物之變幻，實是依據着理（邏各斯）而進行，非真有所無定地變幻。正因理超越於任何個體上，故「不是任何神所創造，也不是任何人所創造」，並「在一定的分寸上燃燒，在一定的分寸上熄滅」。火因而實非作為一物元素言，而是作為此萬物共同之理其在萬物中之體現、作為那表徵一切變化性之根源與原理。用古希臘形象化語言說，即：「萬物在火之燃燒中，受火之審判和處罰。」（DK 66）正義或公正，這古希臘神明存在之道，因而更應為邏各斯本身之道，不應為任何特殊神靈或存有者所掌握。事物若不依順遵守這萬物之理，將非正義：「太陽不越出它的限度；否則那些愛林尼神 —— 正義之神的女使 —— 就會把它找出來。」③（DK 94）不只萬物及其變化須從屬共同而超越之理下，連一切對立，都共同從屬於「一」之下，

---

① 《赫拉克利特著作殘篇評注》，屈萬山主編，陝西師範大學出版社，1987年第一版，第 44 頁。
② 同上，第 46 頁。
③ 同上，第 110 頁。

因而實仍是一種和諧而已，甚至是同一的：「結合既是，整體的又不是整體的，協調的又不是協調的，和音的又不和音的，從一切產生一又從一產生一切。」（DK 10）「他們不了解如何相反者相成，對立造成和諧，如弓與琴一樣。」（DK 51）「看不見的和諧比看得見的和諧更好。」[1]（DK 54）「上升與下降之路，是同一的。」（DK 60）「海水最潔淨又最骯髒。對魚來說，它是能喝的和有益的，但對人來說，既不能喝又有害。」（DK 61）「不朽的會死，會死的不朽：不朽者隨會死者之死而死，會死者隨不朽者之生而生。」（DK 62）因而「在同一的河流中，我們既踏入又不踏入，我們在又不在。」（DK 49a）[2] 赫拉克利特所關注的，因而非眼前事物之同一性，而是在事物背後、甚至在眼前對立事物背後之「和諧」與「同一」，即我們所說超越之「一」。稱為同一或和諧，可見其絕對性；稱為共同，可見其普遍性；而稱為邏各斯（logos），可見其知性或智性。三者都非眼前世間、而是超越的，隱而不為世人所知見的。

若克塞諾芬順承古希臘神學傳統而言哲學欲樹立之超越性，而赫拉克利特進一步從達成此之理性言超越性，因而確立哲學理性與思惟其超越性地位，那麼，巴門尼德最後則從哲學

---

① 同上，第 72 頁。
② 這並非如通常所說，一切恆變而無同一性，而是：「同一」與「變」是同一的，「從一切產生一又從一產生一切」，「在同一的河流中」，「我們既踏入又不踏入」。

特有對象——「存有」——完成哲學之誕生，這時存有仍是超越的。「超越性」、「理性與思惟之超越性」、「思惟對象之超越性」三者，因而分別為克塞諾芬、赫拉克利特及巴門尼德三人哲學所創立。

巴門尼德與古希臘真理問題

在討論巴門尼德（Parmenides）思想前，讓我們先簡述古希臘時期之真理問題。

在未為哲學專有權利前，真理本亦屬日常生活範圍內事。於古希臘，真理（alètheia）以三種方式見於生活，為三種人所掌握：一為「信念」（pistis），為預言或占卜家所有；二為「正義」（dikè），為君主或權力權威者所有；三為「說服」（peithô），為詩人所傳頌。

日常生活中全部真理都只以「信念」方式呈現：醫生之診斷、對他人之忠告、所見所聞，都莫不是信念、相信而已。這非缺點，實不得不如此。很多事情，縱使追究下去，仍無法水落石出。如占卜預言般真理，更無是非可言。信念因而是日常真理唯一模式，亦柏拉圖以知性對反信念之原因：後者只感性世界中錯誤，前者始知性世界中真理。至於「正義」，其為真理，是從人與人共體存在言，其小者在訴訟紛爭間、其大者則在國家與人類存在中。信念在有哲學知識前，為世界事物真理，而正義則屬人及人類存在事。

至於詩人所傳述真理，是在兩者上，其對象非世間事物亦非會死之人類，而是不朽神靈與英雄。正因對象如此，故其模式針對過去，非如正義針對現在當下、或如信念之針對未來（未發生事情）。從這過去性言，真理更屬詩人事：「真理」（alètheia）一詞，原為 a-lèthès，意指「不遺忘」。所以以不遺忘言真理，因對神靈傳說與人類故往累積教訓，其要在不遺忘而已。

　　對我們今日言，「真」對反「虛假」。但在古希臘，作為「不遺忘」，「真理」其反面是「遺忘」，非虛假性。「虛假」由另一詞 "pseudès" 指認，意指欺騙、錯誤。古希臘因而實以兩詞分言「真」與「偽」，而這顯示，「真」與「偽」本屬不同層次，非同一事之兩面。「真」非屬世俗事、非世間的；而世間所有，只「欺騙」（pseudès）與「不欺騙」（apseudès）而已。真理，詩人之真理，因而具有一特殊地位，非只如正義或信念那樣，而是另一義更高之真，非在世間一般是非對錯真偽間，而是在世間與超世之間。哲學真理之超越性，亦根源於此。

　　若哲學真理其超越性立於理性知性上，那麼，古希臘由詩人而來之真理，在未有理性共性前，以甚麼為根據？詩人真理，作為對神靈超越性之不遺忘[1]，以說服力為根據（詩語言之說服力 peithô）。從內容言，詩固然以歌頌傳述神靈英雄事蹟為對象，但從詩作為詩言，詩語言由其感染力而為真理。之所以有如此感染力，因直是對人心之一種感動，「說服」是就此而言。我們不應輕看詩之感動性：真實之感動，不能只虛有其表；若非真

_____

[1]　而這是存有層面之一種真理，非世間的。

實，是無以能感動的，偽裝無以真實地感動故。明白藝術與詩之讀者，必明感動所需真實性，特別當對象內容非在眼前，其高遠對一般世俗言，更難有所感動。而從心之真實性言，唯越是真實事物，始能對心有所感動。在詩語言中，感動性因而直就是真理，此所以說服力（peithô）為真理基礎。其真理非在物，而是心之真理故。

能具有如此感人真理者，詩人故為神靈所啟示，非其作為人自身可具有；詩之傳誦亦使真理不被遺忘：—— 如此而詩語言使真理恆存，亦為此真實本身。失去詩語言，如同失去記憶，真理再無以可能。詩所傳誦神靈與英雄們之不朽、由詩所顯褒貶，給予人們其所是之光輝與光明（真理）。詩因以真理神靈 Alètheia 之名而作歌頌，如是故必然真實、亦不會為世人所遺忘。此詩根源上之形上性。赫西俄德《農作與時日》以「時日」教誨人不忘農耕，亦教人由不忘神靈時間而得以真實。同樣，巴門尼德所以以詩篇形式撰寫，亦源自此古希臘真理傳統。巴門尼德詩篇本身更多次提及真理之「說服力」：如殘篇 1 當巴門尼德被女神們引領至正義女神門前，為使正義女神開啟日夜之門，女神們以溫柔細語『說服』她。又於巴門尼德驅車直進時，親迎的女神告戒他說：「你應通曉一切事情，無論是那說服人之真理（alètheiès eupeitheos），抑是會死者（常人）的意見（doxas），那無真理可言之意見。」有關真理，巴門尼德仍用「說服力」一詞，因真理之為真，由說服力而致而已。因而在殘篇 2 開首指出真理之路時，真理之路亦同是說服力之路，說服力始終伴隨真理故：「第一條路〔告訴我們〕：是，並，不可能不是，這是說

服力之途，因〔說服力〕伴隨着真理。」柏拉圖後來所以對詩人猛力攻擊，因詩人所代表的，正是真理本身，而這是哲學所欲取代的。

巴門尼德以真理（至真實對象）為「存有」，非為任何人性理解內之世間事物。詩開首直言巴門尼德心遠去世間一切事物與知見之期望，如是遠去黑暗而直奔光明，至正義大門之前……。詩中所言，因而均來自神靈；詩中思想，均亦神靈思想，非人類的。巴門尼德全部思想，因而均是神靈邏輯，是建立在知性（noèsis）上之思惟，非人類世間智慧（明智 phronèsis）。這樣思惟，「是即是」、「不是即不是」，不可能「是而不是」、或「不是而是」。「是而不是」或「不是而是」，這是思惟中之歧義性。

甚麼是思惟中歧義性問題？若世界只有人類、只有人類與事物、因而只有人類理解之模式，那是沒有思惟理解上歧義性可能。固然人與人溝通可有歧義，但這樣歧義非能為絕對、更非根本地必然。古希臘不然。一旦在人類上有神靈，我們是無法假設，神靈之知見與理解、與人類之知見與理解必然相同。神靈語言與人類語言往往相反或相對，因而無論所面對為寓言、神論、甚或只是事情與說話，我們都無法單一終極地確定其意旨。赫拉克利特名言：「在德爾斐神殿裡發佈神論的大神，既不明說、也不掩蓋、而只意會暗示（oute legei, oute kryptei, alla sèmainai）」（DK 93），正是就此歧義性之根本事實言。[1] 希臘悲

---

[1]　儘管人以赫拉克利特為隱晦，赫拉克利特與巴門尼德一樣，應是反對歧義

劇甚至全然是基於這歧義邏輯而形成。正因歧義性非只偶然、非只文體形式、而是存有上根本事實，故對古希臘人言，存在唯藉明智始可能。而「明智」如索福克勒斯（Sophocles）所言：「明智在一切事物中是幸福的首要條件。人絕不應犯對神靈不敬之罪行。驕橫者之大言不慚必遭受命運之禍殃。只有隨着歲月，人才學會明智。」（見《安提戈涅》Antigone 結尾）在神人歧義下，唯不大言不慚、不自以為是而安守作為人之份位，人始能避免命運之不幸。這存有上之根本歧義性，使理性單一理解與真理性不可能，亦哲學必須對立悲劇之原因，求為理性其理解力至高真理肯定故。這也是為何，在古希臘中，存在不能單純依靠理性。存有之非單純一致、事之往往與願違，縱使無法知性地理解、甚至自相矛盾而悲劇，人仍不得不接受，堅強地活下去。存在歧義性使人超拔於理性之上而堅強、使人類存在非止於所得幸福、甚至使人世非只求為一人之世界、世界亦非只人理解下之世界，如是而超越性始可能、人自身亦始有更高超越性可能。悲劇使世界不只為利益計量之理性世界、使語言開啟其另一面、使超越性直下活生生地在世界中。歧義性問題後來透過存有之類比、一義抑歧義這樣問題再次在中世紀中出現。不過，中世紀神人之歧義性，只為對人類有關神之理解質疑而已，非如古希臘，因神靈始終參與世界，歧義性直為世界或存在中事，因而與人世悲劇有關。

　　表面上，語言作為語言本身本無歧義性可能。文字中一意

性而向慕「一」與共同性的。

思就只此意思，縱使有比喻隱喻，意思仍不會同時為自身相反之事。語言能作為溝通工具，縱使有誤解，其本身仍不可能本質地為歧義事物。西方或古希臘有如此歧義性，故非單純出於語言本身，而是源於「神靈與人類本無一致性」這樣存有觀。存有之歧義性是從此而言。由神人對反，故人類或世界中事，往往非人類所能理解支配，致使人心欲望、其心意與後果往往相違而逆轉。人對其自身心意與所思甚至無法通透明白，自身對自身言全然歧義，如此存在處境，是歧義性根本意思。當然，於古希臘，這樣事實被解釋為人類自大與過度：人類越是一意地執持自我，其對反與逆轉越大；越是自信地肯定，越是自身無法掌控；越是清楚不過，越是不能看透而盲目。人類悲劇都如是由人在歧義無知中發生。

存在如此歧義性，使語言本身獨立為一物，再非單純溝通工具或媒介。因語言同亦為神靈所有，非獨人類之事，故語言之意思可外於人類。若連語言與意思都外於人類、非只如人所理解，如此語言與意思，因而實為存有上獨立事物，非單純人類心靈或思想所有。語言如是非只語言、非只表達媒介，而是一種存有、甚至一種與真理及虛假性有關之存有。語言作為真理之所，由此而形成。其後柏拉圖以理形同為語言意式（idea），也是從語言這既是存有、亦是真理之向度而始有。一方面，真理與虛假性非只世間中人與物之事；另一方面，連真理本身亦隨着語言之獨立存有而為獨立對象，甚至落入語言本身中，為哲學後來以真理為語言或思惟獨立對象之原因，如巴門尼德之「存

有」、或柏拉圖之「理形」那樣。[1] 由語言獨立化與對象化，真理故以獨立事物姿態體現、一種超越世間事物時、另有其自身之獨立物。其為物又因本自語言，非由世間實物所致，故其為對象，唯心思所能對[2]；而其真理性正在：非再如語言般歧義而無真理性（「是亦不是，不是亦是」），而是：是不能不是：「來吧，我將告訴你，請你傾聽並牢記心底，只有那些研究途徑是可以思想的（noèsai）：一條路〔告訴我們〕：是，並，不可能不是[3]，這是說服力（peithous）之途，因〔說服力〕伴隨着真理。另一條路〔告訴我們〕：不是，並，必然不是[4]，而我要告訴你，這是一條學無所得之途。」（巴門尼德 殘篇 2）。

"思惟"之真理性[5]，自古希臘始，是真理問題之全部關鍵；

---

[1] 哲學後來所言「實體」「物自身」等等，從一種獨立事物存有狀態言真理，非以真假為世間中事物之真假，這樣的真理傳統，亦源起於語言為獨立事物這一事實。在人類存在中，若非語言，一切只還原於物體與勞作，沒有在身體與實物世界外其他獨立事物可能。語言既是在實物世界外第一件獨立事物，其表象與反映一切，又更加強其獨立性，如理形般在一切事物上，為另一世界。語言如此獨立性，既使真理在實物世界外而為獨立對象，亦使上述語言歧義性可能，若非獨立，語言是無本然歧義性可能的。

[2] 換言之，真理唯語言（思想）作為「對象」中事，與人類一般作為無關。

[3] 這亦可譯為：「有，並，不可能沒有。」同樣下句故為：「沒有，並，必然沒有。」見 *Etudes sur Parmenide*, sous la direction de Pierre Aubenque, tome 1, le Poeme de Parmenide, p.18, Vrin, 1987, Paris.

[4] 意為：是者亦必然不是，此「不是」之意。

[5] 真理唯透過思惟而言。

而這是因為，真理始終為超越性①所定奪。若非如此，真理本無須單純落為思惟甚至純粹思惟（思辨）之事。真理本應直接從人類存在中真與偽言，非先語言（理解上）之事、非古希臘歧義性問題。從語言（思惟）言已表示：真理已非在人類存在中，人類存在已無真理性；因唯思想可及存在外之超越性，故唯在思想表象中，始有真理可能。真理與思惟這必然結連，是源於對存在真理性之否定而致，非因思惟為唯一知識能力。事實上，離開思惟，如「仁者安仁」（《論語・里仁》），仁亦可作為真理而有所安。對我們言，思想外仍是有真理可能，非唯超越者（如神靈或存有）始為真理。

以思想（語言）為真理居所之西方傳統，對此問題，有三種立場：一古希臘、二智者（sophists）、三哲學。三者中唯哲學對此問題肯定，堅持思想（語言）是真理之所；其他兩者，均對此問題否定。②

古希臘不以語言為真理，非如古代中國那樣，跳脫超越真理這樣傳統，而是在這樣傳統內，對真理（單一而不歧義真理）保持一否定態度，因而實否定一切單一性真理可能。存在本身無單一真理、無單一事實；神有其世界與真理、人亦有其世界與自以為真理，語言之歧義性非唯在語言、更在真理本身：是國抑家、是權力抑宗教、是人抑神……？由真理對象本無法單

---

① 於古希臘即為神靈。

② 中國傳統亦不重視語言作為特殊力量：「君子欲訥於言而敏於行」（《論語・里仁》）、「道可道，非常道」（老子《道德經》）。

一，悲劇精神只能活在這樣如無真理般世界中，由此反顯人精神力量之充沛滿溢，為酒神精神所是。

悲劇精神是由無單一真理對象故而語言非真理之所，相反，智者（辯士 sophists）雖同樣以語言非為真理之所，然是由以語言本身直為真理、直是真理之定奪，如同詩語言或政治演說之說服力量那樣，故在單純說服力背後，是無（亦無需）對象之真實性，是從這樣意思，故而語言（"既是"亦）"非"為真理之所。非存在本身無真理，而是真理只任隨人之巧智、為說服力或雄辯所定奪。語言仍乘載着真理，唯此時真理非再真實而已。高爾吉亞（Gorgias）有關語言便有這樣論述：語言是一獨立事物，非指涉他物之符號（因而無指涉真實事物）。語言根本不傳達任何事物內容。向對方說話，只向對方發聲、給予對方語言，沒有因此而喚起或指涉事物。語言只由事情引起，非語言喚起（言說）事物。若非事物本在，語言根本無法喚起事物，它只喚起其自身而已。[1] 對辯士言，語言從不以真理為目的，它只藉游說而使對方相信，或帶給人樂趣、或安慰人憂慮、或為使人感到驚訝等等。[2]

悲劇以真理完全超越人而無真理：真理非在人類能力內，而人所能表象者無真理可言；而辯士以真理為任隨人自身游說力量而無真理：一切可為真、亦可為偽。面對這種種真理立場，

---

[1] 吵架中語言便如此。

[2] 語言只從自身力量、非從對象真理言。

我們不應忘記，應先對真理問題切實反省：

人類所以有真理問題，因存在非能只是存在，而必須真實地存在。快樂若非真實快樂、愛情若非真實愛情、世間中一切若不真實，都明顯無意義。如康德便說，大自然中夜鶯之歌若只由人摹擬，只會破壞一切美感；柏拉圖故亦深惡痛絕一切摹倣。一切必須真實；似真而實不真事物，只會對存在破壞。存在非以不存在為反面，以不真實地存在為反面而已。若從遠古哲學詞彙言，真實地存在、存在事物之真實性與真理性、「存在」在其真理性中，這即「存有」。「非存有」因而非不存在，不真實地或虛假地存在而已。

若古代中國不從表象性言真理，真與偽直在人類日常作為、在人倫人性關係、在為人為事、及在人自身人格之真實性中，那西方不同。當古希臘人無自我地投入一神聖世界，藉世界共在與公開之真實性而真實，這樣世界觀與悲劇精神非有所矛盾。神聖世界並非一屬人而人性世界，其所有真實，只從典範或形象言。古希臘人之一切努力，最終只求為成就一己為典範，換言之，一典範或形象性努力[1]。如神靈之真實直在形象中，人之真實同樣亦只在形象中、在公共地觀見之形象中。然從形象言真理，始終仍有所未是：非但「人不知而不慍」（《論語・學而》）這樣主體人格之真理性非能為形象，甚至從形象性本身，所見與後來哲學從思想表象（超越對象）立真實性無異：在形象背後，

---

[1] 形象於此仍從事情之真實言：「君君、臣臣、父父、子子」；非如我們今日形象，只一種表面而已。

始終不承認人類存在其人性微不足道努力與真實；若非形象地光明，存在便一如悲劇或酒神精神所示，本身為無真理者。[①] 酒神精神正是由洞見日神形象世界之非真理性而誕生：在一切形象或摩耶面紗背後，存在現實始終毫無真理性。正是如此恐怖，使古希臘人投入形象這「表面」之創制[②]，以日神夢幻方式求自我幻象化。形象之神性世界故只"視為真實（幻象）"之一種真實，以形象化解存在之無真理而已。無論神靈抑神話，只為虛構之真理、不真實地真之一種真實。非有一真實世界，所有的，只一表象義上之真實世界而已，一"真實世界"之表象與形象而已，終究而言，非真實的。希臘形象世界之真實性與悲劇無真理之精神，故始終仍一致：一者從真理之真實言，另一者從無真理之真實（事實）言。無論有無真理，對古希臘言，有真理與沒有真理，從最終言，實只同樣一樣而已。問題因而在如何求為存在生命感，非求為真實。真理同時既真亦假、虛假性（虛構性）同時既假又真[③]，這古希臘面對真理之態度、真理其如一切存在事物那樣歧義，是古希臘超越或跳脫真理之獨特方法，既超越又不超越、既似中國傳統知知性或表象性真理之不是，但又始終停留在這樣真理狀態中，因而明以神靈神話這樣虛構為真理，然正因其為虛構又知其事實非為真實。古希臘因而非如後來哲

---

① 形象是從這點言，與悲劇酒神精神有關。

② 尼采故說，古希臘這樣「表面」，是深邃的，與我們今日之表面不同。見《喜悅的學問》二版序。

③ 真非單純真，假亦非單純假。

學傳統那樣；因若嚴格區分真與假，反為真理所勞役。真理之
同明為虛構虛假，這樣真理始終非對人有所盲目勞役。在能平
實地返回人性世界真實（真理）前，古希臘這不為真理勞役之真
理狀態，是至為真實的。古希臘神話世界、這以虛構方式體現
之真理世界，因而相較西方其他真理世界，更是真實；而這，是
從存在而非單純從事物本身之真理性言。

於此，我們應對真理與虛構性關係作一較為深入反省。這
真理與虛構性關係，既深遠亦複雜。本來，一切真理應直從人
性存在平實地言，然在西方，真理都轉向超越性，因而必須為虛
構、從虛構性立。虛構性其大者為：神話、宗教、神學、哲學、
知識科技、法律政治制度、資本經濟模式、甚至文學藝術（若為
對超越性表象的話[1]）。虛構性其小者則如：存有、理形、實體、
「我思」之主體、超驗性、辯証法、各種觀法與主義、連解構亦
如是。這一切一切，都非平實地真實：或都只為構造性、或因
為超越而對反平實存在，如科學技術那樣。問題是，人類這種
種超越虛構，仍可由心態態度區分為二：或明知虛構而制作；
或相反，視虛構為唯一真實而自欺地虛假；前者如古希臘，後
者始自哲學，至今日世界仍然。

虛構性能立主要有三原因，舉古希臘為例，古希臘以神話
為真理這樣虛構性，反映以下三點：一、因所期盼真理過於理

---

[1] 事物非因為構作製造便必為虛構，仍有視乎其製造是否與超越性有關：人
類求為對超越性創制，如此始形成虛構甚至虛假。如文學藝術，若非求為
對超越者表象，仍未能算作虛構，只制作而已。

想，而這往往求為存在整體理想（如神人和諧共在、伊甸樂園、
理想國、共產經濟、平權平等社會……），非單純人類自身之立，
故無法從現實（世界）中實現，因而不得不虛構。而古希臘於此
是因求為存在之神性而過度理想。二、如古希臘以形象立真理，
始終有求為人類自身之真實（神靈仍以人形象為形象）；故縱使
知其構造本身虛假，然其虛構性始終與人之真實性有關，非純
然地虛假。三、縱使純然虛構，形象作為形象本身始終有其如
真理般價值，如形象本身之完美性與真實性、其對人生命力之
激發或生命感之賦予、為心靈可寄懷之對象等等原因，使縱然
為虛構之事物，仍有其自身真理意義可能。以上三點實即：一、
虛構性有其不得已在；二、虛構性甚至在相當程度下反映或仍
有所真實，故非純然虛構；而三、縱使明為虛構，然因自身價
值甚至真理性故非純然虛假。縱使虛假而未為真實，虛構性及
人類虛構存在，由以上三點，仍有其原因可本，亦往往為虛構性
持續之原因。雖然三者並非與單純虛假事物同語，然若人類能
平實地存在，不從虛構求存在意義與滿足，其存在始至為真實
而不自欺。[1] 滿足於幻象本身之真實性而妄顧自身之真實，人類
如此地求虛構性始終留有遺憾，亦人類所求快樂只帶來更大痛
苦之原因。[2]

---

[1] 若溯源於人類自身，虛構性則或源起於人類有求超越性之欲望、或源起於
人類始終不離「怪力亂神」之好，即人類本然自欺欺人一事實。
[2] 人類對超越性之求索若因眼前存在有所痛苦不得已，始終，這從虛構性所
得之短暫滿足，只帶來更深遠痛苦而已，非真能長遠地解決。

古希臘與後來哲學雖同為在表象（虛構）層面言真理，然二者差別在：古希臘形象始終於世界公開、外在、實在地體現，如藝術、戲劇甚至建築建造，然哲學所言表象，則純然內化於思惟，使真理轉化為單純知性上之真理，因而對眼前世界存在有所否定。真實之轉向思惟、真理之知性化、知性之真理化[①]，這即哲學，而這與從人性平實存在言真實性相去至遠。於此我們始明巴門尼德在歷史中特殊意義與位置。赫拉克利特雖成就從（超越）共同性言理性真理性，然理性作為媒介，始終並非對象：既非人性平實存在、亦非古希臘形象世界；因而除非哲學能有其對象，否則，真理無以真實地建立；真理始終必須從對象、非能單純從媒介言。然困難是，若非眼前世界、又非如形象這樣實在構造物，思惟怎能有其自身對象、怎能有對象可能？這從思惟自身言之對象、這對思惟言唯一具有真理性之對象，即巴門尼德「存有」。哲學由如是獨特對象始真正誕生與完成：

「來吧，我將告訴你，請你傾聽並牢記心底，只有那些研究途徑是可以思想的（noèsai）：一條路〔告訴我們〕：是，並，不可能不是[②]，這是說服力（peithous）之途，因〔說服力〕伴隨着真理。另一條路〔告訴我們〕：不是，並，必然不是[③]，而我要告訴

---

① 唯知性始見真理。

② 這亦可譯為：「有，並，不可能沒有。」同樣下句故為：「沒有，並，必然沒有。」見 *Etudes sur Parmenide*, sous la direction de Pierre Aubenque, tome 1, le Poeme de Parmenide, p.18, Vrin, 1987, Paris.

③ 意為：是者亦必然不是，此「不是」之意。

你，這是一條學無所得之途。」（巴門尼德 殘篇 2）

若古希臘或任何否定真理可能之立場必稱「是亦不是，不是亦是」，因而歧義，那真理若能為絕對，必立於以下判斷：是不能不是。引文中「是」與「不是」對立性兩途所以關乎真理而非其他問題，因殘篇 1 末段已清楚指出，所涉問題為真理問題：「你應當通曉一切事物，那具有說服力之真理不可動搖之核心，及那些會死之人（常人）之意見（doxas），其中全是無真理性之信念（pistis）。」換言之，對巴門尼德言，「是而不能不是」本身是真理，亦為達致真理之途，而「不是」則非真理，亦只會引至無真理。甚麼是無真理？巴門尼德接着並終結殘篇 1 說：「你還要學習這些事物：那些 "看來如此"（假象）① 的事物，橫跨一切事物之整體，是怎樣地似具有真實（dokimôs）存在的。」② 所謂無真理狀態，非甚麼都沒有、非單純沒有真理，而是一種 "有" 之狀態，唯所有只是假象而已；而假象之為假象，因其似真。巴門尼德更強調說，這一假象狀態或現象，非只局部在某些事物上如此，而是橫跨一切事物整體，無一物不是假象。正由其全面性，假象故更似真實；否則，若真與假並存，假無法似真。所謂無真理，非單純沒有，而是有假象；一切均假象，故無真。我們不應忘記，悲劇精神同亦這樣說：在人類世界中，根本無真理。

---

① Appearance, 希臘原文為 ta dokounta。這是假象或現象這哲學概念的第一次出現。請注意，上言之 doxas，此 ta dokounta，及之後之 dokimôs 三詞均同一語根。

② 本句另一譯法為：「…怎樣假象在所有方面似真實事物，…」。

單就這點言，巴門尼德與希臘悲劇精神一致，唯取法不同而已：一者肯定假象、另一者否定；一者以假象背後無真、而另一者（巴門尼德）以假象背後有真（另一途徑）。前者止於假象而活，後者必須超越假象另求真實。[1] 對悲劇精神言，存在之真理性唯從超越真假價值始得。若堅持真假區別，存在無法全面地被肯定。問題因而只是：因假象而全面地對存在否定，抑求為對存在全面肯定而接受假象性這樣差異而已。哲學對假象之全然否定，故為對「是而不是」或「不是而是」不能接受。因而只能說：「是〔即是〕，不可能不是」。但眼前存在明顯地是如假象般「不是而是」或「是而不是」……；人類縱使極盡全力突破，世間終究也只能如此，無法於世間中能成就一「是即是」之絕對狀態。因而對哲學言，若人與其世界永只假象，那真實唯在一切外、在假象或現象外、在那「是」而只能「是」之「存有」中。「存有」在歷史中之出現，非由有存有而致[2]，亦非由如神靈般虛構而致；這一切「有」，只世間義之「有」，與思惟無關。[3]「存有」之「有」非如是。若「存有」須由詩說服力誕生，其真理性（真實性）再非在眼前（感官之「有」），故唯思惟可及。「唯思惟可及」意思

---

① 假象於古希臘與在巴門尼德中所指不同：古希臘以形象虛構為假象（幻象），因而現實存在仍為真實，為酒神悲劇所面對；巴門尼德及哲學相反，以我們現實世界反為假象，虛構的純粹思惟世界始為真實。真假世界之顛倒，故唯始於哲學而已。此馬克思稱為頭足倒置。

② 非由於「存有」確為一實在事物。

③ 世間義之「有」從眼前手觸及事物之「有」言，即單純以感官便可感見，故為柏拉圖稱為感官世界；因無須思惟必然參與，故與思惟可無關。

是說，言「存有」者，其心非單純求人世間存在之真，如中國古代那樣。求人世間存在之真，其心仍然切實；若所求非再世間地切實，縱使為真理，其心已為欲望（真理欲望），再非單純求真實之心。[①] 古希臘構造神靈形象作為存在真實時，其心已如神靈般，超拔於世界上。亦由如是形上之心，始見存在整體為虛假。雖如此，古希臘仍求具體實行，以形象改造世界。哲學不同：雖同樣由形上觀點與欲望發出，因而見眼前一切為整體地虛假，然哲學初始時不求改造世界、不求具體作為，而退居純粹思惟內求索思辨真理，一種放人類世界不顧而在其自身之真理。

「存有」作為真理是怎樣的？「存有」之邏輯是：無論眼前世界事物多麼虛假，因而「是亦不是」、「不是亦是」，然始終，若遠去對象這虛假事實，「是」本身始終應為「是」、「非」本身始終應為「非」；從「是」與「非」本身言，（即純然作為思想所思內容言），是即是、非即非。能是非混同，這只由於對象如是，

---

① 本於欲望者，不可能單純守於真實性，必有所構造虛構。求真理之心所以必然為欲望，因唯對存在視為整體地虛假始有求超越之必須。而視存在一切（整體）為虛假之心，嚴格言，其本身已是虛假的：存在縱使多麼虛假虛偽，然真實始終在其中，如人性人倫便是；存在中一切，無法純然整體為虛假。若非從一形上角度、從對真理欲望之角度，是無以言存在純然為虛假的。無論哲學抑古希臘，於此故均為形上欲望而已：一者求索思辨之「存有」、另一者求索神性形象之構造。西方所求真理因單純對反虛假性而有，故其真理都只欲望地虛構。從真理之為理想、純粹甚至絕對，便已見其心為欲望性格。存在中真實，是無從理想、純粹、或絕對性言。真理之作為神靈形象、理形、本質、神、簡單體、先驗形式或絕對理念……，這一切西方真理，因而均只欲望對象，非為真實。真實是無法如此真理性的。

非由於「是」「非」作為思想概念本身如是。若連作為概念「是」與「非」意義可混同，我們將連這樣概念或語言也失去，說世間存在「是亦不是」、「不是亦是」便再無意義。真必為真、不能為假：像這樣邏輯，本極簡單，唯由對象之虛假性（「是亦不是」、「不是亦是」）始致忘懷了。像語言之歧義性，這實只是「所說（事物事情）」之歧義性，非語言作為概念本身歧義。若連語言本身歧義，連意思將也無以形成，那時語言再非語言，也無從言歧義與誤解。像「是即是」「不是即不是」這樣道理，雖無顧眼前世界所是、或非求為世界應有真實，然從其自身或從純然思想本身言，這樣道理至為基本。問題只是：我們應對向世界對象（事情事實）而說、因而語言只為勾勒對象事實，抑離開對象及其虛假性、從思惟自身而說、並求其真理？前者自下（世界）而上（真理之求索），後者自上而下。前者真理順隨感官所見所聞，後者唯從思惟本身推論而致。這就思想自身所作推論，即 noèsis：理性或知性思惟；若思想只順隨感官所見所聞而作、因而只是人於存在中之謀慮，那時思想只為 phronèsis：人之思惟或實踐智慧（明智）。人類思惟，非因同為思惟故只一；思惟順承對象、與思惟在其自身，可本然極不相同，柏拉圖故稱前者為 dianoia，後者為 noèsis（見《理想國》線喻）。思想能為一，這只主體建立後之事。那時，思想因依附在主體身上、為「我思」所有，故唯一。未有「我思」前，思惟不同之用，使其完全不一。正因思想本為用於世間存在，故對純粹思惟之提出，縱使其本身亦為真理，始終須藉「說服力」（peithô）而立，而這點，是巴門尼德及所有哲人均清楚的：哲學思惟與世間之距離，始終須引

介（propédeutique），無法自然地立，其對象與世間現實無關故。

哲學如此簡明真理：「是即是」、「非即非」，無論多麼真實，始終只如思惟守則，非有所對象。然若運用於世間所有虛假性中，一如惡魔對笛卡爾欺騙那樣，縱使一切虛假，笛卡爾仍可肯定「我在（我存在）」為真；同樣，縱使世間存在一切虛假，其存在始終為真實。[①] 這樣結論，非針對世間事物所是言，而是從純粹思惟角度所得之真理。若從事物所是言，因其為虛假，故確實「是亦不是」、「不是亦是」；然若從其存在（存有）本身言，縱使為虛假，其有只能為有，不能為沒有。前引巴門尼德殘篇2：「是，並，不可能不是」（及「不是，並，必然不是」兩途），若譯作「是，並，不可能不是」，這只弱式譯法，其強式為：「有，並，不可能沒有」。（同樣，「不是，並，必然不是」只為弱式，其強式為：「沒有，並，必然沒有」）。其差別在：譯為「是」只從事物所是言，而事物所是確然可不是，此「假象」之意思，亦歧義性所由出，不知其事究竟為何故；然若譯為「有」，因縱使為假亦不可能為沒有，故「有」為強式：非從事物所是，而從其存在（自身存在）言而已。巴門尼德句因求為對反歧義性故有譯為「是」之意，然從哲學純粹思惟立場言，其所欲指出更是「有」、「存有」。換言之，若從存有（或存在）提問，無論是否為假象、無論所「是」為甚麼，其「有」始終為「有」，非能為無。穿破所「是」而及之「有」、「存有」，唯思惟（純粹思惟）始能；一般思惟只在乎事物是甚麼、是真抑假，而鮮從其存在（存有）觀。然

---

① 虛假事物本身之存在為事實。

從後者始見純粹思惟之真理、及其獨特對象。殘篇 3 與 4 故接着說：「…思想與存有，這是同一之事。」[①]「…縱然不在〔眼前〕，仍視之為赫赫在思之前。」於平常，思想只思是與不是：是神抑是人、是真抑是假等等。思因而不離人觀點，亦頂多為智慧，非為真理。智慧只相關人自己，非關乎事物其存有自身。存有之思不同。由穿破事物所是而及其存在，開啟出事物自身無關人類時其自身存有問題；非相對人而言之所是，而是在其自身而言之所是，就算這樣存有與人類再無關係仍然。純粹思惟故再非以世間事物為對象，更非為人而思。這純粹思惟所見，故多於、亦超越平素所見；巴門尼德故說：「由肢體所見（phroneei）的事物是對所有人及每一人言是同樣的，但思想（noèma）則更多。」（殘篇 16）……。

若事物所是可有生滅，其存有則無可生滅：神可擬人、人可永恆化為神；然人與神之「存有」永只能同一：人是人、神是神，存有無所謂轉化；可轉化者唯個體而已，非事物其自身所是之存有。存有始終為一，永恆如一，非眼前事物對象地生滅。事物之存有由非為生滅而永恆：縱使人類全然滅亡，人其所是（存有）始終一致如一，無所生滅。事物可有源起，然其存有（所是）則無從源起：「因為你在哪裡尋找它的來源呢？它是怎樣生成，並在何處生成呢？我不容許你說或想它是從無而來；這甚

---

① 本句正確意思為：「…思想與〔思〕存有，這是同一之事。」因而若不以存有為思之對象，知性之思不可能。請參閱殘篇 8‧34-36：「思與思『是』（存有），是同一事情。若沒有思想表達於其中之存有，是找不到思的。」

至是不可說、不可想的：『不是』。」等等（殘篇8）。存有、存在之有，使「是而不是」之道理不可能。最低限度，已揭示另一可能、另一條真理之路、另一種真理。「存有」這無生滅之對象就在這樣情況下誕生。然這又是多麼遠去我們之所是、多麼遠去我們眼前真實。

無論對神靈形象之思與虛構、抑對存有之思與虛構，所關懷若始終與人之真實性無關，無論此時對象以何理由理據而真，都只由追求真理之欲望而致而已，非真求為存在中人之真實。人類一切虛構，無論終多麼真實，從這點言，始終虛假：或「是亦不是」地虛假、或「是不能不是」地虛假。真實在人而已，都非在神靈抑存有上。存有之「是不能不是」，終亦「是亦不是」而已。

讓我們在這裡總結人類早期真理問題。

自西方早期，真理三種型態（古希臘、古埃及或哲學、希伯萊）已確定下來。三種真理都共同基於一前提而發生，即人類存在虛假。古希臘順承這虛假性並進一步肯定，從神話與藝術形象之虛構虛假性中創造真理，直接肯定表象之生命力，從中建立世界之真實性。古希臘之真理型態因而是藝術的。這樣真理所以驚人，因它無視虛假，並從中轉化為真，體現人類自身力量──虛構之創造性力量。神靈從這點言，仍只是摹擬人類所有力量之真實而已；換言之，縱使非直對人作為人之真實，古希臘之真理，始終仍相關人類自身而言，求其神性地提昇而已。

古埃及或哲學真理型態不同。這建基在「物」身上之真理，所求索真理與人類無關，為一種事物在其自身時之真理。這樣真

理故為知識，非藝術創造。如此般客體性真理，必否認虛構性，因而對虛假性無以接納。雖只人其虛假面而非真實面，古希臘始終仍求為對人肯定；哲學非如此，於求索絕對之「是即是，不是即不是」時，哲學對人全然否定，另立物或存有為真理。因與人之真實性無關，這樣真理無法回歸於人類世界，因而縱使不停以知識改造着世界，世界（人類存在）始終虛假。若古希臘因形象而外在，哲學更甚，以現象上或現象外之物自身為真理。從外在性立真理，真理對象必須是永恆、不變，否則無以立。此所以哲學對一切可變性或腐朽性均視為虛假，可變性無以為真故。

希伯萊所求真理非如此外在，甚至對外在性有所懷疑與否定，因而與人仍息息相關。從內在言真理，因而無論形象抑物、無論藝術抑知識，均非真理所在。對外在置以徹底懷疑與否定，自必失去一切外在依靠，這時真理，如宗教所示，唯從內在信念而立，其所求真理對象，亦只能為如上帝般，由內在性而立生命意義，再無求於人世存在所是。如此內在力量，往往超越理性，既非求創造、亦非求知識之真。這樣真理，雖摒棄外在性而轉向於內，然始終非停駐在人性或人身上，而是從內轉向上、求內在地超越一切……，因而仍有所外在：超越地外在而已。

無論是形象典型之不朽、或知識對象在其自身之不變、甚或信念盟約之永恆固定，西方三種真理型態，都以真理為不可變易。人類因其可變性故無真實可能。古代中國相反。是否真理、是否需言真實，非只由真理應有形式定奪，更先應在乎真理之意義與價值。若必須談論真實性，應從人類之真實性談起，是不應捨本求末，徒因真理形式而求一種在人類外、其他種真

實。人應以人為第一對象，其一切責任與努力應先在此。縱使確有其他真理，都不應以為根本而求索。何況對這樣其他真理之追求，會使人類更加虛妄。人之真實因從努力言，故與變不變無關。努力非事物，不能從不變性定奪。《論語·為政》因而把人之真實性問題從人存在型態（居上與居下、群體與個體）、人之作為、人之理解、人之個體自我、及人類整體等等方面論述，都非把真理問題定在一種存有物身上，或以一特定真理形式決定其取向。真實性問題故非一種「有即有」、「沒有即沒有」問題，而是有種種程度、種種可能、種種情況。縱使涉及相對性，仍不會因而不真。真實與否，往往先在人自己、在其心，非必然客觀上之真與假。相反，真理縱使絕對，如數學或先驗真理，對人未必為必然。人是否真實，可與這樣真理無關；故非如海德格爾以為，唯對向「存有」人始能真實。正好相反，對向「存有」而不對向人，此人類虛妄首先原因。人非從外在真實而真實，從人自己真實而已（或作為人、或從其人性）。孟子故說：「無是非之心，非人也。」（《孟子·公孫丑上》第六章）真實與否，故終應先從人心言而已。

無論如何，哲學「存有」真理，經由巴門尼德，確實誕生了。

蘇格拉底

先蘇哲學因而一步一步遠去古希臘世界，朝向另一種世界邁進。從物之提出、物質特性、共同理性、知性思惟與其對

象──「存有」──之發現，至蘇格拉底把古希臘視為神人世界中重要的道德實踐亦視為知識而非人敬神而明智之德行努力[1]，甚至宣稱人亦靈魂不滅，因而與神靈同樣永恆不朽，其知性同亦可獨立地達致真理，因而把古希臘從人言之智慧轉變為知識這物性形態，非如之前先蘇哲人們那樣，基本上仍不直接碰觸古希臘宗教中神人份位，而是首次突顯人與神幾近對等之地位，並放棄古希臘生活中宗教性而以人類知識取代……；這種種改變，確實對古希臘人而言，大逆不道。蘇格拉底故因其靈魂不滅論及以知識毒害當時青年人這兩條罪狀而被處死。尼采說蘇格拉底對知識之完全信任相對悲劇精神言為樂觀主義，其公式為「知識即德性，罪惡僅僅源於無知，有德者即幸福者。」[2]這表面似正確之公式，實偽化了人類德行之真實：1. 知識並非德行，德行非與知識有關。2. 人類罪惡非單純因無知而產生，反而知見越強，其惡越大；孔子故說：「性相近也，習相遠也。唯上知與下愚不移。」(《論語・陽貨》) 3. 德行正非求為幸福，此德行所以偉大。蘇格拉底這公式，基本上仍只賦予知識及其

---

[1] 有關蘇格拉底「知識即德性」中知識，固然非自然知識，而是古希臘「認識你自己」時對自身心靈之認知、一種修身或「務己」(epimeleia heautou)。然這一修己始終是一種伴隨知識的實踐。這時德性，是從心靈更高精神狀態言，類同一種主體之形成。不單只這樣靈魂實踐非單純「為人」之德行，其目的更非只為減少自身錯誤而達明智、或求為自身心靈平靜而智慧，它更與知識甚至純粹知性有關：透過種種沉思、默想死亡、人生等，為純粹思惟性質。見 Michel Foucault 與 Pierre Hadot 之分析。

[2] 見《悲劇之誕生》第 14 節。

進路（logoi sokratikoi，蘇格拉底式對話）一最高地位而已：知識即德行、無知即無德，並從結果言，知識即幸福之源。這樣賦予知識（而非德行努力本身）一種至高價值與重要性，實與德行之真實背道而馳。《論語》故反面地說：「賢賢、易色。事父母能竭其力，事君能致其身，與朋友交言而有信，雖曰未學，吾必謂之學矣。」（《論語‧學而》）對知識如此肯定，使西方後來純以知識為取向，以此取代人類德行努力，這一切，均自蘇格拉底始。自此以後，知識不再只是人類存在中一局部活動，而是駕馭人類一切存活與真實。知性活動在先蘇哲人中，仍只世間外（另）一獨立事；然由蘇格拉底始，知識涵蓋世間一切，為柏拉圖提供創造"理想國"之可能。使知識延伸至人本然存在，非只以物或「存有」為對象，蘇格拉底固然可說洞見存在中最重要問題 —— 人類自身，然正是如此，其扭曲最大。若連德行都須與知識有關，這已代表，哲學真理已完全涵蓋人類存在：人類平素世界既已為知性世界所取代、而物之真理亦凌駕人其真理地位。哲學其功能、其作為"唯一真理"這樣地位，於是而完成。

第三章　柏拉圖形上學研究

　　哲學經歷先蘇時期，其方向已確定下來。這對象性思惟，從內容方向言，為物，而從模態言，為存有。存有之思，是理性地知性。不過，縱使對象內容與模態兩方面都有定向，然「物」與「存有」兩者仍未結合起來。一由於「物」（物質性）仍未為真實具體事物，而二，「存有」雖使知性具有真理性，然這真理形態仍未落實於具體對象中，因而雖知性地（noetical）真實，然仍未為「知識」（epistèmè）。在歷史中使兩者結合起來、因而既使知識可能、亦使「物」落實為世界中事物，換言之，使我們世間事物提昇至存有地位、並成為知性知識對象，因而使「物」具體地與「存有」這真理形態結合起來，這哲學真理之首次定形，全在柏拉圖身上。

　　我們通常認為柏拉圖把世界一分為二：理形與感性界，因而有所謂分離問題，但事實是，分離問題自有哲學以來便伴隨哲學，柏拉圖反而在哲學史中第一個解決這樣問題，使「物」與「存有」結合為「理形」。所謂「理形」或「形」（eidos），即世間事物在其本質（ousia）或「存有」中。也因「存有」落為事物之存有，故此時「存有」，亦隨物之多而多，成為「本質」。本質雖非依從

個別物、而是從物類之差異性言，然本質始終為一物其類之所共同，因而是作為單一、同一者呈現。作為在事物偶然樣態背後之同一性，本質因而重複着「存有」與世間紛雜假象這關係或模式。

「存有」落為事物本質這轉向，一方面，見哲學自柏拉圖（或蘇格拉底）始，已形世俗化，非如巴門尼德之仍繼承古希臘精神性甚至神聖性這樣傳統。縱使理形仍為精神仰觀對象，然其結合於世間事物這事實，使這樣仰觀已再無故往精神性，因而引發後來亞里士多德思想全面世俗化之可能：單純從知識學門，而非從知性精神性言。此世俗性格，至普羅丁返回精神性「太一」而後止。

柏拉圖理形對存有之世俗化，若反面地觀，亦仍可視為一種提昇：世間事物之提昇。此時，人世間不再單純如巴門尼德等先蘇哲人那樣，純然虛假無真實。理形作為世間事物本質，首次以哲學方式使世間事物具有真理性；唯此時真理，只從物言，非從人類自身或宗教神靈言。理形作為世間物之真理性，使世間事物體現為超越者。是從這點言柏拉圖仍保有精神義之形上性，非如後來亞里士多德，雖創制「形上學」（metaphysics）一詞，然由於一切落為世間事，其所言 metaphysics，只能作為「在 physis 之後」（meta-physics）而非「之上」理解。從此，因只為世間事物之真理，真理只落為世俗義，非形上精神義、非為心靈或精神所能寄懷。故在柏拉圖中，世俗世界雖首次具有超越性，然因只從事物、非從人或神靈言，超越性亦相反地，首次落為現實地世俗。形上學因而＝世間事物之超越性而已。

柏拉圖哲學較之前所有思想更為現實地全面。撇開知性思惟以事物知識為定向外，對世界存在「物」與「人」兩面，柏拉圖以「工藝分工」及「法律政制」分別為物質與人類存在基礎。後來亞里士多德有關人類活動三分：「理論」（theôria）、「創制」（poièsis）、及「實踐」（praxis）[1]，源起於柏拉圖這物知識、工藝制作、及法律城邦三者，亦西方之後歷史開啟出之世界模式。這模式一在物質知識、二在國家社會政治制度、而三在物質技術（科技）文明之創制。無論哪一方面，都以「物」與「超越性」為形態與向度。舉法律為例，法律一方面既超越人性、亦不以人倫為依歸，而另一方面，更只運作於財物權利間，連人類自身，也只物化地從權利與功能責任、非從人性事實而觀。古代中國所主張非如此。「知」非唯對物之知識，更是對人道之明白、以「務民之義」[2]為智；共體存在則非從國家法律制度，而是由人倫人性內在關係之禮[3]而立；創制則非先從物制作，而是從「文」（人文德性）創制言。

　　柏拉圖一方面把世界物質事物提昇至超越地位（理形＝超越之物），因而使世俗存在以工匠制作為中心、心靈知性活動則純然以求取物理知識為務，而另一方面，無論工匠制作抑理形知識，都本於摹倣，非如古希臘及其形象藝術世界，縱使為虛構構造性，所促進仍首先是人類之創造力，非摹倣。只作為摹倣者之

---

① 見亞理士多德《形而上學》第六卷第一章。
② 《論語・雍也》：「樊遲問知。子曰：務民之義，敬鬼神而遠之，可謂知矣。」
③ 人與人之敬、和與愛（情感）。

人類，其世界地位及因而真理性自然降低。如於《理想國》卷十中以工匠對比於藝術，以前者摹倣為真、後者摹倣為偽[①]，實明白指出人類及其活動之一切，均以摹倣為本質；而此中，如藝術所有創造性，明顯為柏拉圖所否定排斥。於柏拉圖所立世界，故可見人類歷史由創造性轉變為摹倣性（知識性）之時刻。一如神靈其最高者只為工匠神（demiurge）[②]，「工匠」這人類樣態，亦為柏拉圖心中人類理想。希臘學學者 Pierre Vidal-Naquet 曾說，工匠是柏拉圖世界中之英雄。唯透過這樣形象，世界才徹底物化，無論出自人手、抑從為人所歸向之「理形真理」言。[③]

理形論與『存有』一詞

有關柏拉圖形上思想，是不能不先從「理形」這問題說起。理形問題雖複雜，但其"作為世間事物"這樣內容，為我們已清楚。唯必須討論的是，因理形在柏拉圖中同是「意式」（idea），即事物其意念或觀念性之一面，故為何這"作為事物超越性"之

[①] 嚴格言，柏拉圖沒有稱工匠制作為摹倣。然因實物制作始終從屬理形下，故我們仍暫統稱為「摹倣」，以與「創造」對反。

[②] 見 *Timaeus*。

[③] 以工匠制作而非以藝術創制為中心，已顯世界存在之世俗化傾向。世俗化傾向故非只見於亞里士多德，實已先見於柏拉圖。縱使理形仍為形上，然實已遠去古希臘神靈之神聖性，如同說，一旦物品（而非神靈）居上為存有或理形，人類世界與存在實只世俗而已。

理形，同以語言或概念形態出現 [1]？理形作為事物之超越性，同亦是「語言」之超越性。若物之超越性順承先蘇「物」之發展而來，「語言」（或意式）之超越性則可視為順承赫拉克利特與巴門尼德對「思惟」之知性化與超越化而來。思惟與語言無以分離開，思惟之超越化同亦語言之超越化。「語言」之所以具有超越性，由有「存有」（或「是」）一詞而致。從這點言，「存有」一詞確實關係哲學之誕生與可能，一切超越性全繫於此。

從內容言，哲學固然以「物知識」為對象，以此高於人類自身。然物世界若非有其"超越向度"，是無以高於人類而為真理的。以物世界為知識之哲學，若非其對象有如此超越向度，必也只落為一世間活動，非有其特殊真理地位可能。哲學所求"對象"之超越性 [2]，非如宗教中神靈之超越性。神靈縱使超越，仍始終只某些超越世間之事物而已，"世間本身"此時仍非超越的，而我們用以討論神靈之語言，基本上仍只日常語言，非超越語言。世間事物若能為超越，故唯從言說世間事物之"語言"其超越性求索。故若沒有"透過語言"、透過一"超越性語言"，現實世界本身無論怎樣，不可能有其超越向度，所有，唯某些特殊超越對象（如神靈）而已。現實世界故藉由語言之超越化始同亦超

---

[1] 嚴格言，理形與意式均非我們今日所謂觀念或概念。我們之觀念或概念，是從「我思」思想之內在性言。在收攝於「我思」前，無論語言、觀念抑概念，均具有外於人心靈超越之位置，如為神靈同所具有，非獨人類之事。若明白這點，仍用觀念與概念稱理形與意式並不構成問題，畢竟，理形與意式確實有語言這一向度。這樣向度，是我們正欲討論的。

[2] 因而藉此成就哲學自身為一種（面對世界存在之）超越觀法。

越化。換言之，語言本身之全面超越化，使世間存在之超越向度可能。亦從這對象之超越向度，哲學始為真理，形上學亦因此而為真理基礎。巴門尼德「存有」雖指向如此方向，然“語言之超越化”完成於柏拉圖，此即其「理形論」。我們通常只以理形論為柏拉圖個人理論而不明白其歷史意義與地位，然若了解理形作為語言之形上性、並由此使形上學作為知識真理可能，如此始對理形論之出現有公允理解，否則世間一般事物是無以具有真理地位，而形上學亦無以能作為具體知識而真實。事物與形上學，二者之超越真理性，故由「理形論」奠立。形上學作為學問（Science 科學 —— 分科之學），故由柏拉圖始立。

語言如何成為超越、語言如何超越化？

假若語言中字詞均只指涉事物，或只表達語法或其他具體意思，如此語言（詞彙）不會成為超越。要使語言為超越，必須使語言在單純指涉事物外有其自身真實。但語言怎能不只單純指涉事物而有其自身真實？除非語言不只由事物語彙構成，而有其自身本有詞彙，並且，如此詞彙在語言中其根本性與重要性遠較一般事物詞彙為重要，亦使語言因而脫離作為單純事物之語言。哲學史中持續對先驗概念或範疇之討論，其中問題，即此語言之超越性或先驗性問題。假若有這樣先驗因素，而語言又是我們思惟唯一工具，那這些結構着語言之因素，將同樣結構着事物世界，並且，由如此語言而顯之真理，隨着語言自身所特有真理性，不再只是世間事物、而是超越的。事物之「詞」，作為「名」與作為「概念」或「觀念」，其差異在此。「概念」非只一物之名，而是“透過語言”（即透過語言自身因素）對事物所理

解者，換言之，"透過語言"而見有關事物之真實。

語言這些因素，並非一些與事物無關之另類事物，而是一切事物其"思想或語言上"之基礎。舉例說，中國古代語之「仁」「義」等詞，雖亦非一般事物字詞，但其作為詞彙，與一般事物詞彙無關，就如同「鬼」「神」這些詞彙與一般事物詞彙無關那樣。語言之先驗因素不同。這些概念不只有自身意思，它們更是組織着其他一切事物之概念，"解釋着"事物其所是，如「本質」、「實體」等等。藉由這樣概念，一般事物詞彙得以成為概念，即得以作為語言概念這樣的一種真理而確立。若非透過思惟或語言自身之"真理要素"，單純世間事物，對哲學思想言，無法真實。哲學思惟是概念之思惟，哲學之世界是"概念"之世界，而在哲學或知識中之事物，是"概念化後"之事物。真理知識因而是"概念化後"之真理知識，若非如此，是無以為知識真理的。

這些使語言觀念化或概念化的先驗因素、這些甚至使世間事物觀念化或概念化的先驗因素，歸根究柢，只源於一概念、一詞而已：「存有」或「是」。這詞本身沒有具體對象，但加之於任何其他字詞上，都可使任一字詞游離其單純意思，但又如回歸這字詞"更根本"意思那樣，因而在單純「名」外、在人使用語言外、在人對事物單純而直接之思考外，"引導着"人之思惟，更由這樣思惟，構架起另一種真理。舉例說，「人」本是我們都明白的字詞，縱然對人有所思考，但都並非對人這事物自身「是」甚麼之思考；故這樣追問「是甚麼」的思考，正由於「是」這純語言先驗詞素始可能。因而我們始問「人"是"甚麼？」如既不知人是甚麼，又是問一有關「人」這事物必然而內在（「是甚

麼」之）問題，非任何外在偶然問題。就算如「人性」這樣問題，仍只是對事實中人性之觀察與體驗，非與思惟自身構架「是其所是」（本質、存有）時所求內容相同。故說「人是理性動物」時，其中繫詞「是」字因而與一般「柏拉圖是人」或「這枝筆是黑色」等繫詞「是」字意思不同。後者只是事物內容間偶然之指認，而前者已越過單純事物內容，有對「人」"作為概念""本質性構架"，非經驗上之指認而已。事實上，由「人」與「理性動物」二者本亦偶然內容可見，此時若非由「是」字特殊附加之"先驗意思"，是無以成就「人是理性動物」句其本質意義與特殊性的。繫詞「是」字這由思想自身意思所提供之先驗性，因而使單純作為「名」與更作為「概念」這差異區分開來。其區別非由於事物本身，而是由附加在繫詞上之先驗意思本身。事物由此而概念化。「理性動物」因而是在特殊觀法下，思想（體系）所給予「人」其超乎經驗偶然所指認事實、為人之所以為人而特殊者。像「本質」（「是」）這樣意思，因而是由人自己、為思想體系自身、所表達於語言中的，非單純事物本身。

這透過「是」而使事物"概念化"之過程，純由希臘文 einai「是」一詞形成，非人類語言普遍之事、更非在所有語言中均有之意思[1]。古漢語「是」一詞便無此義。從這點言，einai「是」及

---

[1]　勾勒事物單一本質之繫詞「是」，非只一般既「是這」「是那」時「是」之意思。事物必有眾多面相，於眾多面相中特舉一本質，如此本質必然為超越，本質唯超越所有偶性始為本質故。把事物「特性」區分為「本質與偶性」這樣二分，因而實是由繫詞「是」所透顯、為思想自身之先驗意思。

on「存有」① 一詞是獨特的。其在印歐語系之出現，改造了以此語言而思之一切思惟與事物。一方面使語言本身之功能與意義改變，另一方面也使我們對事物之理解方式改變。語言縱使是人類藉以表達其意思之工具，但單純作為工具本不應因語言自身而改變其對象，語言始終應以對象為依歸，如是語言亦「名」而已。此時，語言之指涉單純指認其對象，非更對對象改變性地確定，如以「人」即為（只為）「理性動物」那樣。西方語言不同。在"本質性繫詞"指認下，其詞非只名，而更是"物自身"之名，使事物有着一單一真實，因而為「概念」。如是事物在事物世界上、有着自身另一獨立真實，柏拉圖理形或意式指此。事實上，事物之"真理"在西方都是透過體系或理論始形成，因而非單純事物本來的。而形成這一思想或語言獨立真理層面、使語言與思想結構起來、成為一自身獨立的真理世界，歸根究柢，即此連結性繫詞「是」而已②。作為連結一切詞組之繫詞，一旦其意含有所改變，必影響我們對事物之觀法。語言雖基本上仍由事物之「名」所構成，但由於受着繫詞觀法上之改變，故其所說，實已是「觀念」自身層面之事，非對象事物本身。所說因而是事物之"真理"，非事物而已。作為真理，提問因而只為"本質"之提問，所針對只為事物之"概念"，非其作為事物時之一切。在如此語

---

① on 是希臘文 einai（是）之現在分詞。

② 繫詞所繫，為思想觀念與事物，非只物物間本然關係。若從物物間連繫言，則應說為是物物概念間之連繫，非物物本身具體之連繫。這物物作為種種概念之連繫，即體系。

言下，世界已是思惟（模式）下之世界，非世界事物本身。此所
以西方與中國傳統下之真理極不相同：中國所言真理仍在世間，
而西方所言真理則超世間。仍在世間是說，各由其主張不同而不
同，如主張仁義禮智、抑主張兼愛，然超世間真理非只所主張事
物（道理）不同，更從其所「是」之不同而爭論立論：如事物"是"
理形抑"是"實體、"是"雜多抑"是"辯証中概念，⋯⋯。真理
因而均從事物背後更深層所「是」言，非直從世間眼前所有言。
事物其真理之超越性由此而立。所言為其「是」（存有）而已，非
現實中真實。中國思想因而非觀念化的，其語言亦只直接，無絲
毫事先之觀念與觀法。所求知，只事物種種事實，非求其所「是」
獨一之本質[①]。縱使以體系方式呈現，其體系性仍只由物事實所
構成，非由本質概念構築而成。所以為構築，因事物是由本質位
階層次之確定而致者，亦隨本質重點與觀法角度之不同而不同。
當然，事物本質之改變必然帶來新的視野，亦使人類想法有所推
進、創造着種種理論世界；世界亦在這樣思想想法之支配下不
斷改變。如是言，思想與其所思世界（真理）相互推進着，相互
成就對方，形成西方模式下理論與觀念支配之世界。

我們不應以為，非以「本質」思惟便無法真實。不單一地
把人理解為「理性動物」，仍可於人類存在中深入地體驗人及人
性其真實的。聆聽樂曲固然可從勾勒其本質[②]而理解，但不求
其本質概念而單純沉浸在樂曲種種元素及變化中各別地感受與

---

① 物在中國知識中雖仍有種種特性，但沒有「本質」這種獨一性。

② 如視為夜曲、為船曲、為搖籃曲等等。

領悟，這仍是一種真實理解，甚至往往更真實。觀念化固然有觀念相互推進之方式，但非觀念化（非本質地觀念化）而於事物內在真實地理解，往往更貼近事物真實，非只求化約或總體地掌握而已，而是具體而細微精細地窮盡。對事物這兩種理解，所見實是兩種不同真實：一種只本質觀念地、另一種則由具體細微而真實。中國對事物之理解及認識方式正如此。其對人及人性、對人類存在之道、對事物性質特性（如人身體或本草）等等之理解，都在對對象本身真實作全面觀察考察與反省後，求為其「道」之真實，非以本質觀念判定而求自身體系或理論之構築。縱使如當代德里達，以為能藉解構脫離理性總體概念式思惟、離開體系而求索「他者」，始終，解構仍只能順承概念構築本身之推演而推進，因而並沒有在概念理解外、對事情本身真實作反省理解。對西方思惟此先驗構築固然應徹底摒棄（瓦解、解構），但對事物真實之觀察而明白，這樣真實更有所必須。「理論」對現實真實之低貶固然與人類所需真實無關[1]，然解構所作努力，以為從「他者」重立一切，始終與單純而真實致力（如「務民之義，敬鬼神而遠之」）無關。

人們可能以為，理形世界只柏拉圖個人哲學而已，事實並非如此。理形世界不單只為西方思想模式，它更是西方世界模式：一種由觀念所維繫之世界、一種觀念界。這樣世界，最終立於「存有」（繫詞「是」）上。從這點言，「存有」確實是西方最後真實。雖似無所指，然正因無所指，故各各思想之特殊觀點

---

[1]　現代政治主張便如此。

始能滲入，形成外於世間之先在形上性。世間之形上性，非由如鬼神般在世界外事物而為形上，而是由「思」自身理性形上性所造成。巴門尼德「…思想與〔思〕存有，這是同一之事」（殘篇3）於形上學史中多麼是創舉、多麼發人深省。西方思想及形上學[1]，全繫於「是」一詞而已。中國儒學的「道」，因而非能視為形上（學），形上學只與"世界"之形上性或觀念化有關，非一二事物之是否形上。柏拉圖理形世界、世界事物之理形化，是其第一例。正因如此，喜好現實之亞里士多德，在鑽進現實時，確見現實之多面性非如觀念那樣單一，故常說類如「某某字詞有多種意思」之話，如「存有有多種意義……」[2]、「實體至少有四種最主要的意思，如果不是更多的話」[3] 等等。不過，亞里士多德仍然無法單純返回現實真實，其所關注始終為「實體」、「存有」、甚至「存有作為存有」（to on è on）而已。

　　造成柏拉圖理形論另一原因與古希臘語言觀有關。古希臘真理透過詩人語言而呈現。對創立另一種真理之哲學家言，問題因而是：怎樣確立語言之真理性？怎樣的語言才真實？若詩之真理性由說服力而立，使語言立為理形，這是柏拉圖對古希

---

[1]　每當思想與存有（是）以新的方式等同時，便是形上學嶄新階段。故在笛卡爾「我思」與「我在（是）」（「我思故我在」）等同中，形上學便由客體存有論轉化為主體存有論。又於黑格爾把概念總體等同存在時，主客體形上學階段因而告終。

[2]　《形而上學》卷四第二章、卷六第二章、卷七第一章等等。

[3]　《形而上學》卷七第三章。

臘語言觀之回應。語言一方面超越而獨立於人心感受[①]，另一方面其本身即是物（理形），非只人溝通工具。語言因而有其自身真理性，非來自詩人、亦非與神靈有關。「理形」意即：語言非只"語言"，而是一種「實是」（存有），非詩或神靈意思。理形為事物之真實；亦由理形，事物為唯一種真實；詩語言及其真實非是。作為思之對象，理形是思其知識真理性之源。而以理形為對象，更實言思想以其自身為對象、以其透過事物"觀念"所構築之世界對象為真理而已，如是真理仍是純粹思惟的，透過事物觀念語言所反映而已、作為觀念時其自身之真理性而已。「思惟＝存有」，這是說，唯思惟作為思惟始是真理性的。而作為對象是說，語言再非歧義，更非人主觀片面性。故唯當人能分辨每一概念及其內容自身、從每一概念"自身"而思（從本質認知而構思），人始能有所真理。真理由屬神轉而為屬人；人不再需要依賴詩人傳述，而能單純在自己中、透過理性語言，得見（theôria）真理。

這屬人之真理，單純落於對語言觀念之思，非只透過語言、而是語言自身的。對話只是對此語言自身真理之確立，非透過語言對真理之傳遞。真理是人人可自行確認的、公開的，非只能從詩人接受地而來。在古希臘與在柏拉圖中，語言作為單方面傳遞與聆聽、與作為雙方面對話，標誌着兩種真理時代：非由人可立之真理、與由人而立之真理。古希臘真理之在語言中，

---

① 觀念對希臘人言非在我們頭腦中，而是外在地客觀存在，為人所仰觀。見 Deleuze, Guattari *Qu'est-ce que la philosophie?* Les Editions de Minuit 1991。

這是詩所有真實性：求為訴諸人心感受。真理於柏拉圖落為對話面對面之公開性，其目的是為指出：語言非言詞感人或雄辯技巧，而應是（事物）觀念之界定與掌握、是客體客觀而非主體主觀之事。由語言達致之真理，是公共及公開的、人人可能參與的、非獨詩人天賦能力。

真理之公共公開性雖似客觀，然實隱含一有關真理本身之危機。若唯詩人始有，人對真理之要求仍高，必須伴隨特殊智慧能力故。相反，若真理為人人參與並言說之事，如是真理已世俗化、已落為世俗人之事，其為真理，也只世俗性格真理，甚至只關乎世俗而非精神神聖事[1]。這樣真理，故多從屬人愛惡、意欲、及世俗想法與價值，更往往只涉及群黨利益。理形之超越性本應與世俗性無關，然正因所以為超越的只是物事，故其本性始終與人世俗存在尤關。古希臘智慧對人之立仍有所期盼；今以物為真理，雖作為物似客觀，然只喚起物性價值而已，從終究言，只利益之事。這亦反映在柏拉圖以一切（包括理形）須從屬「善」之下時，本以為「善」將至為客觀，然柏拉圖所謂「善」，實也只「好」（agathon 好處益處）而已。[2] 物化與世俗化，永連結在一起。物在其自身雖無世俗與否，然一旦落於人類世界，物也只世俗利益之物，其精神意義始終難擺脫現實。這從公共公開性之典範 ——「法律」與社會輿論便可得悉：作為公共事

---

[1] 理形雖為超越，然其內容只世間事物，故只世俗性而非神聖。

[2] agathon 通常翻譯為「善」，但在柏拉圖中，其意思明顯為「好」而非「善」。見後討論。

本應至為客觀真實，然它們所有道理，從根本言擺脫不了利益。

　　理形論可總結為以下四點：1. 理形使觀念世界可能，成就了思惟自身真理性[①]，因而更遠去人類存在（感性世界）真實之「道」。2. 理形使真理導向「物」真理，使「物」成為超越者。3. 由理形對話式語論，真理同亦公共化與世俗化。人為真理之裁判者[②]，真理亦人裁定之真理而已。[③] 4. 雖表面為對話，然觀念之超越性，使語言再非關乎人與人自身，而是透過辯論或推論，形成單純論述與建構，為觀念體系技藝之物事知識。

《理想國》之形上體系

　　有關柏拉圖形上學思想，我們分析扣緊《理想國》進行。思想中關鍵性問題，須從體系開展時脈絡尋，否則無以分辨其主要因素與次要因素。《理想國》雖只柏拉圖前期作品，然於柏拉圖思想中最為代表性，其內容亦完整甚至有意體系性。我們下

---

① 理形作為思想對象，是純粹思想之完全體現。觀念本身已是物自身，非只事物始有其自身。由是而思想體系與理論之獨立建構性可能。柏拉圖理形論因而標示思想之純粹建構並獨立性。

② 真理非只事情之真實，亦由人人語言所判斷。

③ 真理非如古希臘，在人之上而神性地歧義，而是物性地絕對單一、甚至與利益尤關。

面仍會對其晚期思想作一說明。^①

　　《理想國》表面上為對理想城邦或國家之建立。但若明白國家政治實人類存在根本模態，我們不難理解，為何柏拉圖必須從國家理論建立其體系。這樣基礎，一方面涵蓋人類存在種種面相與層面（法制、宗教、道德、人性、人倫、教育、藝術、生存技藝、知識等），而另一方面，政治又是存在理想與真理實現在人世最直接手段與方法^②；對柏拉圖而言，甚至是形上世界落實

---

① 柏拉圖早期大部份對話錄都似無結論反詰法之展示，然實不然。柏拉圖對話錄主要有兩類：有結論與無結論。無結論的（如早期大部份對話錄）是「破」的寫作法，有結論則是「立」的寫作法。早期無結論對話錄，是對古希臘世界觀之「破」，如 *Lysis* 即為對古希臘視為人類存在連結力量 philia 之「破」，由對 philia 親和力之破，始有《理想國》「正義」之「立」。【在 *Protagoras* 對話錄普羅米修斯神話中，柏拉圖仍以 aidôs 與 diké 為城邦所需兩種聯結力量，然在《理想國》中，只保留「正義」，因 aidôs 與 philia 在古希臘中有著內在意思上關連：aidôs 指一種人對人內在責任或道義感，如子對父母、或同伴間之道義，因而與 philia 作為一社會性、人類存在上之親和力有密切關係。見 Emile Benveniste, *Le Vocabulaire des Institutions indo-européennes*, Les Editions de Minuit, Paris, 1969。古希臘世界是以如此親和力為基礎，唯柏拉圖始單一地提出「正義」（國家而非神靈正義）並以之取代 philia。後來亞里士多德在《尼各馬科倫理學》中始重提 philia 作為城邦連結力量，視之為較正義更為根本。】而柏拉圖後期「破」的對話錄，如 *Parmenides*，則是對柏拉圖自身前期之破（特別其受巴門尼德思想影響之處），藉此成就其晚期觀法。柏拉圖似不引至結論之對話錄，因而都只「破」的寫作法。對如此體系性柏拉圖而言，是不應有不能達致結論之無力的。若有，也只策略而已。

② 在西方，政治，從其理念言，是把理想中真理實現在世間之唯一途徑；存在之真與偽，故全繫於此。

在此世最根本方法。國之為理想，正顯示其為理論真理之實現，更為形上真理模式所塑造。[1]

《理想國》始於對正義之討論，正義問題亦古希臘宗教核心問題。從古希臘至柏拉圖，甚至從整個西方思想史言，正義都為世間存在其理性文明之本；特別從政治方面言，正義更是全部社會可能德性之本，因而亦是存在德性之本[2]。事實上，正義實即真理在現實存在中之化身，如聖子與聖父關係那樣。《理想國》從正義引入國家對神話之限制，清楚表明了柏拉圖對古希臘宗教世界之對立。之後便是有關人之討論[3]，從人之教育問題對文學形式、音樂、繪畫、體育等方面作規範，由此提出國家治理與統治者問題。在柏拉圖對心中理想國家其德性及種種方面論述後，《理想國》中部始進入哲學討論，因而引進柏拉圖形上世界其哲學之論述。

柏拉圖形上體系主要分為四部份：一、論哲學家，或論知識與意見之存有差別；二、論善之超越性（太陽喻）；三、論知性

---

[1] 理形之超越典範性，與法律之超越規範性同一。形上真理之模式始終是現世實踐模式唯一基礎與樣本。

[2] 無論法律抑倫理道德，或從行為實踐言之一切方面，全基於此。不過，這只西方思而已，正義在中國思想非如此重要。原因很簡單，就算正義是一存在德性，它仍非從人作為人或人性言時之德性，因而沒有從根本解決人類問題。中國之「義」非正義，而是從致力於人存在需要言而已，非從「平等」、「平均」、「對等」等利益方面言。中國之存在德行——仁義禮（智），更是本於人性而真實的。

[3] 無論喜歡與否，人之問題必須面對。故在神學後，柏拉圖即進入有關人之討論，並從教育等方面，述說其對人之塑造。

界與感性界、論兩種知性（線喻）；四、論人之真偽（受教育者與
奴隸），並論真理與虛假性（洞穴喻）。柏拉圖形上學，主要就在
以上四部份中。之後便是哲人政治家之教育①、國家構造、政治
體制及政制性格等問題之論述；由此亦碰觸到人心理欲望及幸福
快樂等問題。而在這一切後，《理想國》再返回古希臘問題，以
工匠制作對比（對立）詩人創作，論詩文藝摹倣與心靈間關係。
在結束前最後述說心靈或靈魂不滅，並以「厄洛斯」神話地結束。

若洞穴喻可說為是柏拉圖形上學基礎部份（知識與意見、太
陽喻及線喻）之總論，那柏拉圖形上思想，就在以上三部份中。
論知識與意見述說甚麼始是真實事物或知識對象，因而實即「理
形」之論說；太陽喻提出一超越的「善」作為存有最高依據，因
而實即論真理作為真理之本；而最後，線喻部份首次清楚地劃
分兩個世界及其各有層面，因而亦首次提出「映象論」作為感性
界或可見世界其虛假性之原因。真理之對象、真理所以為真理
之根源、及真理與虛假性之差別，這三問題，構成柏拉圖有關形
上真理討論之三方面。② 現讓我們對《理想國》這三部份作分析。

一、論知識與意見

在這論知識與意見部份中，柏拉圖透過對哲學家（哲人政治
家、愛智者）本質之討論，引入理形論及知識與意見之分別。所

---

① 因而亦即哲學教育或心靈轉化問題。
② 我們也可把這三個部份從存有論角度理解，如下：存有之對象物（理形）、
存有之根據（善）、及世界之存有結構（知性世界與感性世界之二分）。

謂哲學家，歸根究柢，正是從對理形之認知而有真知識者。而所謂意見（doxas），都是把對錯只關連於世間事物時所以為之知識或智慧。一切知識，縱然表面上系統性，若一旦只以世間事物為對象，便只意見或信念而已。[1] 在討論正義問題時，如 Cephalus 把正義關連於財富物質、Polemarchus（與 Simonides）把正義關連於人與人愛惡之情、Thrasymachus 把正義關連於權力、Glaucon 雖較體系性地論述正義[2]，但也只把正義視為世間現象，對正義之討論只從快樂及行為者心態言，而最後 Adimantus 則藉文藝（詩）與神話說明不正義是人性的（連神靈都接受不義之人之奉獻）、而正義只表面而已，甚至，正義的生命不如不正義來得快樂容易等等，故他們有關正義之討論，因仍只從屬世間人性與現實，均意見信念而已，非對正義之真正認知（知識）。[3]

---

[1] 在柏拉圖中，知識與意見是對立的，一者真而另一者偽。然在蘇格拉底另一學生齊諾芳尼（或譯作克塞諾封 Xenophon）中，意見（doxas）沒有貶義。此時，真理與意見之差別，只在其對象上，一者為不可見事物，而另一者為可見事物。意見並非相對真理而為假，只各對象不同而已，一者以形上事物為對象，另一以世間事物為對象，兩者同樣客觀。而在柏拉圖中，有關意見，主要有以下幾點看法：1. 意見如摹擬欺騙那樣，只表面吸引，但非真實。2. 意見為在存有與非存有之間，因而既真亦偽，此其似真之原因。（見下面討論）3. 意見為對一不準確世界之不準確知識，為一種隨機應變的世俗知識，故往往歧義、偶然、變幻不定。4. 狹義地言，意見指在政治活動中之抉擇。這時意見，是隨著城邦及政治興起而針對其現實時之一種知見。這種知見，故對立一切與價值及宗教（哲學）真實有關之知識。

[2] 如研究正義之根源等問題。

[3] 請注意，這對正義意見之論述，在《理想國》中，既完整亦全面：Cephalus 如神聖般地沉默，代表著古希臘；Polemarchus 一般對話地，代

若從真正知識言，是不應把正義問題單純關連於人自己、不應從正義與不正義對每人自己所有好處壞處、及其眼見表面觀點角度而觀，而應離開個人及世俗好壞原因，從正義自身而觀，換言之，從正義單純作為城邦構成與建立這客觀方面而觀。這始正義自身，為正義之本質 ① (ousia) ②，及其真正知識。從事物在

表世俗意見；Thrasymachus 爭辯反駁地，代表著政治立場；Glaucon 與 Adimantus，一系統理論地、另一文學地，各代表知識份子與文人（詩人）。從這樣人物安排，可見柏拉圖對此問題之處理有意地完整與全面。又：若非由於理形知識，縱使有所事實理據，一旦對象為世間事情，均只意見或信念而已，非因事實理據便為知識。

① 正義之本質為：人在國家內，各盡其份、各擁有屬己事物。做自己份內事只從國家分工功能、非從人其人性實現言。正義因而只是國家作為超越根據時之事，以理性而非以人性為依據。柏拉圖這正義本質相較其他人言確實似更為理性，然細想，無論 Cephalus 從財富、Polemarchus 從人之愛惡、Thrasymachus 從權力、Glaucon 從世間如快樂或心態現象系統地、Adimantus 從人性對正義作討論，撤開柏拉圖所以為理性，確實與正義於人類世間中事實問題更有關係、更具體地真實。縱使柏拉圖以為從理性或純粹思惟所見為知識，然以上各人所言正義問題，始終扣緊人類現實，縱使有國家法律作為依據，上述正義現象之偏頗始終存在於人世間，故非如柏拉圖以為，各人所見只為主觀意見，與事實無關。於此可明白所謂理性或純粹思惟知識所有之虛假性；而此有二：一為縱使為理性知識而似更為客觀，然世間事實亦另有其更客觀之一面；理性知識所言只理想，意見所見反而往往更是事實。二為如柏拉圖所以為更理性地正義，然事實上也只鞏固著國家之絕對權力而已，絲毫未見為真正正義，如其以國家立場而瓦解家庭，以孩童為國家所有、非屬父母，又或如其對悲劇詩人之排擠等等，如此種種，清楚顯示理性所以為真理性多麼只是片面意見，因缺乏人性為根本基礎故。類如這些理性思惟之極權性，為我們今日明白地批判。純粹思惟之真理性，故非如所以為真實。

② Ousia（「本質」或後來亞里士多德「實體」）在希臘語中指不可見財產、財

其自身而知識者，即哲學家。哲學家以研究哲學和政治技藝（政治領導）為內容，以事物自身為知識模態或對象；而所謂事物自身，即與個別事物及人觀點角度無關者。愛智（philo-sophia）或

富，與 chrèmata 相對。Chrèmata 指由金錢買賣而來可見之貴重財物，如鑽戒等。但人真正財富，如地產家產，都非眼可直見，只為世代所承繼，非個人眼見之物。這不可見但更真實財富，即 ousia。「本質」與「實體」，都同取此不可直見但更真實之含義。若從知見（知識）言，ousia 之知見並非一種單純看見（感官事物之見），而是 theasthai，即與 theama（spectacle），thea（contemplation）等同一語根者。「舞台」theater 與「理論」theory（希臘文之「看」）都與此字根有關。換言之，對 ousia 之「看」，非其對象單純在眼前全部呈現，而是如在看舞台劇那樣，在一時態開展中跟隨地看。辯証法與對話之行進便如此：在逐漸開展過程中見其對象內容。Ousia 之不可見性，故只從當下言，非不能辯証地、或在時間展開地見。這在時間開展中之見，在時態上即為「完成式」或「過去完成式」（perfect tense）。Ousia 之真理、哲學所言真理，都是一種「過去完成式」真理，非現在之「有」。真理（alètheia 非遺忘）與時態因而連結在一起。希臘神話和哲學世界，都對此過去完成時態重視。真理非當下，而是歷經時間（經驗）、歷經生命、在事情過去及完成後，始真正呈露。如在歷史中、如在死亡終結時。默想死亡，這是本然真實的。康德由重現與確認而成之超驗、黑格爾精神現象之 Erinnerung、普魯斯特（Marcel Proust）之 à la recherche du temps perdu，都是過去完成式的。借此機會順帶一提，西方語文都受時（時態）空（主詞之實體性）所組織著，時空涵攝一切。中國語文非是。中國文字只代表義而已，是無任何形式性詞素規範著文字原始的「有」，沒有超越的時空因素作為存有原始的規定性。空間性與時間性這字詞之存有模式，因而為西方存有之超越基礎、為物之模式，使存有整體化並隸屬其下。又：中國文字因為象形，語言似直在眼前，故字字獨立而見於前。西方語文非象形，意思只隨聲音行進而領悟。真理對中國言，仍可直見於眼前世界，而對西方，真理唯在開展中、非能直見於眼前。中國之平實與西方存有之隱秘，與此語文本身差異似有關。

真正智慧，因而非愛看、愛聽、愛幹實務；非相對美麗聲調、色彩、形狀、以及一切由之組成的形象及藝術品，如古希臘人那樣，而是對美本身之思想與喜愛。獨立地探討理形、並對事物真實整體地求索，此為哲學家所是。[1] 而理形或事物本質，即存有（to on）:「知識天然地與『有』相關，知識就是知道『有』和『有者』的存在狀況。」（《理想國》477b）[2] 而「意見就是知識和無知兩者之間的事物了。」（478d）。眼前一切事物，無法單純是一而不同時是其反面；故美之事物或多或少帶有醜、正義亦必含不正義在:「這些事物都太模棱，以至無法確切決定，究竟是還是不是；還是，既是又不是，或既不是，也非不是。」（479c）

柏拉圖這有關知識之立論是突破性的。回想巴門尼德，無論存有抑思，都只是針對古希臘真理而有之另一立場，仍未能具體作為知識而真實：存有雖指認那在其自身真實者，然與世間事物無關，無確定所指；而思仍只純粹思惟，非有關事物時

---

[1] 若返回現實角度，哲學家能否真實，是從其人性格以下八點定奪：1. 對「知識」及「真實」、非對世間事物之愛；因而以求知並學習為所好。2. 對真實之愛是整體性質、非只局部，故不能有所偏私。3. 愛與惡落在真理與虛偽間：對真理愛、對虛偽厭惡。4. 其所欲求為心靈之快樂，非身體財富等慾望。5. 其心靈非狹隘或庸俗，既神性亦人性。也不懼怕死亡，或有所懦弱或膽怯。6. 正直而溫和文雅，非野蠻孤僻。7. 善於學習，有好的記憶力。8. 既有鑒賞力、亦同時優雅，此其節度所在。柏拉圖所言哲學家是否真實，最終故非由對象，而是由以上八點特色定奪。換言之，若非其人本身真實，單純對象之真實性終仍無濟於事。

[2] 亦參考:「知識與『有』相關，知識的目的在於認識『有』的狀況。」《理想國》478a。

之知識。柏拉圖雖仍以存有為對象，然存有作為事物之在其自身或是其所是（本質 ousia），已與事物連結在一起；是事物之自身，非單純存有。以往「是」與「不是」為兩個世界，然今「是」與「不是」或真與偽已落於事物中，是事物之真與偽，二者甚至與事物內容狀態有關。所謂事物之自身或非自身，即其單純是或多少有點不是、單純美或多少有點醜；「不是」甚至即既是美又是不美、既不是美但也非不是美等等。虛假性故非從不同事物言，亦非從事物組合言，而是事物作為自身時之既是又不是，由此形成理形與現象這樣二分，「是」與「不是」非再是無關的兩個世界之事。

事物世界因而多重，其真假亦有不同程度，甚至可有如「理形 —— 實物 —— 摹擬」[1]等事物不同存有等級或狀態。由於存有與事物結合，事物不再單純虛假 —— 其若為自身時，是真實的；而存有，也只是事物之自身而已，非有作為「存有」時更高獨立真實。事物除作為事物外，更有着一種等級 —— 存有或真實性等級。存有只是其最高者，即事物作為自身時之是其所是狀態，其他便即界乎存有與非存有間之種種狀態、事物不同程度之虛假性。事物這一真假程度狀態，即「存有等級」[2]。事物之不同狀態，只其真理性或存有等級，故非如後來亞里士多德所認為，在

---

① 見下面「柏拉圖摹倣論」一節。

② 《理想國》477b 與 478a 提及存有者之存在狀態（或譯作「狀況」）時，所指應為事物之存有狀態：其作為理形（在其自身時之本質狀態），與作為偶性時之狀態；換言之，存有等級。

「人」理形與「人」個別偶然外還須有辨認兩者為同一時「人」之
作為第三者（因而無窮後退）。若如是，「人」之作為理形與作為
個別偶然再非同一事物之不同狀態，而根本是不同事物。理形
與個別狀態間只事物之不同真理性狀態而已，故只同一事物，
非兩種不同事物，如實物與其水中倒影為不同狀態那樣。若視
為不同事物，已失去狀態或存有狀態等級差異這樣觀念。

　　柏拉圖提醒人注意的，正是事物除內容差異外，更有存有
等級上之差異。這存有等級差異，為形上學對物（存有者）基本
觀法。形上學全建基在這存有等級上，形上性亦正由不同存有
等級致而已，非獨立為一物。存在者之真實性等級等同其完美
性，故存有等級亦為完美等級（degrees of perfection）。對象非
只是事物，而是：事物或對象本身亦有其真實性與完美性、有
其存有等級。哲學所以為哲學而非科學，正由所對非只事物，
更是其存有等級，換言之，其真理與價值性。存有等級後來隨
着康德對形上學批判，始由對象之存有價值轉移至主體身上。
而之前，真理只從事物之存有等級言。事物因非如人生命有昇
進可能，故若非從存有，是不可能有真實性上高低差異之可能。
存有這樣樣態、其真與偽時之存在狀態，使真理向度可能，亦
由之而有形上學：事物在其現實狀態（現象界）外更有其形上真
實（本體界）可能。康德雖把事物只視為雜多而非存有，然故往
存有真實，只轉移於主體自身，形成主體二分為經驗主體與超
驗主體二者。存有之二重化始終存在，它始終是形上學基礎。
主體之二重性，始終只事物世界經驗與超驗之二分；因作為人
自身言，無論人或人性，都無等級差異可能、都無從人性言真

偽之二重性可能，人非事物，無從言存有等級故。

於此可明白，巴門尼德把哲學對象定在存有上時，其意義實為：對向存在整體，是有一真理等級價值訴求可能。存在非只存在，是更有真理性或真實性等級差異的。而此時之真理性，若非從存有、若非從「是」其所「是」[1]，若非從人以外[2]之「在其自身」這樣特性，是無以有如真理性這樣等級可能。柏拉圖以知識為以「事物在其自身」真實性為唯一對象，因若非如此，是無其他真理性可能。柏拉圖形上學，故為「在事物世界中」思存有而已、思事物之存有狀態而已：「知識天然地與『有』相關，知識就是知道『有』和『有者』的存在狀況。」（477b）

二、太陽喻：最高善

若理形論使思想與物知識世界得以初步定形，因而首次使哲學世界具體地取代古希臘世界，這透過理形論成就之知識與真理、這存有之最高價值，始終不能迴避一更根本問題，即為何這一切是善的？若「存有」是從存在事物最高真實言，「善」則是從我們人類角度言，價值上之最根本價值。善就算非從人之善而是從存在之善（好）言，善始終是對人類言，最根本價值。柏拉圖故仍必須回答，為何像理形這樣形上學，對我們人類存在言，是善的。有關善（甚麼是善？）一問題，為太陽喻一節所討論，而這，是西方哲學史有關善第一次明確討論，其意義重大。

---

[1]　巴門尼德之「是即是，不能不是」。

[2]　即不只以人性為價值。

　　善問題主要有兩面，人之善與事物之善。後者必歸結為存在之善。通常所謂善之問題，多指後者。柏拉圖所討論的，也是存在之善，非人德性或人之善一問題。①

---

①　我們借此機會，略為討論善與人之關係這一問題。首先，人往往以為，人是否善與人性是否善有關，然實正由於人性善，人始有惡之可能。就算人不善，仍清楚有對善不善之覺識、仍知什麼是善、什麼為不善；否則，其所作為者，再無以言善與惡，禽獸便如此。人所以為惡，往往與其存在之不仁不義有關；相反，人中之一切善，實也只其人性而已，是沒有在人性內容與感受外、其他善之可能。故依從人性者善、逆人性者惡。人之善惡，故由人性（之善）而判分。對善內容上之理解，因而與對人性內容上之理解一致同一。【有關人性善惡問題，我們將在康德人性惡論及尼采對人性批判時再作討論。】此外，有關人之善，應分別以下四概念或層面：道、德行、人性、及善。圖示如下：

道	德行
人性	善

　　「道」與「德行」是人作為人所可能致力之最高真實：「德行」從人自己方面、而「道」則從人類存在客觀方面。至於「人性」與「善」，則是人人基本的，因而非從其所致力言。此時，「善」如同「德行」一樣，是從人自己方面言。故人是否善良，這是其人自己之性情與自覺，是相關於人自己而言的。「人性」則不同。「人性」如「道」一樣，是從人客觀面言。雖為人人所有或所是，然是人作為人時之客觀事實，如人有情感、人希望受人尊敬、人喜愛和睦等等。這些性情，是人人作為人時共同所有，非個別性情，故為「人性」。「道」是基於「人性」而廣及存在整體而言的，因而亦人類所應致力之最終真實。人於成就「道」之真實時，於自身，往往需要「德行」上之努力，不能只是個人性情之善良而已。單純善良固然是一種美德，但仍未必為道，因向外在事物，仍需類如理解、明白等努力，非單純品性善良便足夠。故對子張問善人之道，孔子之回答是：「不踐跡，亦不入於室。」（《論語・先進》）意思是：若不依據古人之道，縱然具有善

因為存在之善，善故為真理而非德行問題，而這，明顯須從存在整體之善切入，標誌着存在全部理想，為一理論其所憧憬世界之所向與所由；換言之，從（世界）存在言之存有真實。

太陽喻中善之問題由這樣判斷開始：「善的理念是最大的學問。」（505a）為甚麼？因連「正義及其他一切事物只有透過它才是有用的和有益的。」（505a）① 請注意，在平素，人若能明白正義，這樣的人已算十分真實；縱使如此，柏拉圖仍感不足，原因在於：惟透過善，事物才有用及有益。這是說，善之為善，是從用處益處言，即從存在之客觀好處、非從事物自身（如正義）或人自身之是否善、或人是否感到快樂言（505b）。也因從存在整體善，故「善」高於一切事物、高於事物之「存有」，並決定此後者② ：「知識對象不僅從善那裡得到可知性，也從善那裡得到它

之品性，仍未必為正道。「道」與「德行」，故須靠人進一步努力，非單純人性或品性之事，因涉及他人及人類存在事情故。單純從人角度言，「德行」與「道」故始終較「善」更為重要，因問題往往非單純善能解決：「善人為邦百年」雖「可以勝殘去殺」，但唯「王者」，始能「世而後仁」（《論語‧子路》）。

若從人一方面言「道」與「德行」為終極，那從存在一面言問題似不同：存在因只為 "物事" 對人之關係，而物事無所謂「道」與「德行」，故此時「善」始是終極，亦西方所以不以人自己及其德行努力為終極之原因，所考慮多在物事事情故。從存在言善，「善」故始為終極。連人性是否善，往往也只順承存在而問而已。然始終，人之問題較物事問題更為根本，此西方對善（廣義之善）問題討論所以誤向之原因。

① 「擁有一切而不擁有善，理解一切而不理解善，你認為這有好處嗎？」505b。

② 若善只從事物之善言，這樣的善，最終只能相對於人言而已，非絕對而超

們自己的存在和本質（alla kai to einai te kai tèn ousian），但是善本身不是本質（ouk ousias ontos tou agathou），而是在尊貴與力量上超越本質的（all eti epekeina tès ousias presbeia kai dynamei hyperechontos）。」（509b）正因如此，故善多麼「神奇地誇張[①]（daimonias hyperbolès）！」換言之，善之為善、其與一切事物最大不同處，在其超越性及在其超越之給予性。不單只超越事物及其本質（ousia 事物之「存有」）、不單只超越知識真理，它更給出存有或事物之本質，因而使知識與真理可能。從這點言，善所以為善、善所以為絕對善，因它使「存有」存有。如是而善為善，亦必然超越一切：善給予「存有」，並使真理可能。

善之超越事物及其本質，如同太陽能使萬物生產、成長並得到滋養因而超越事物那樣；同樣，善超越事物之理形，因後者從善那裡得到它們的存在與本質（存有）；而善超越知識與真理，因不單只善較兩者更美，它更如太陽那樣，照耀萬物並使眼睛能看見，故善給予知識對象以真理、亦給予知識主體以認知能力，因而是知識與真理之原因（508e 至 509b）。有關這樣超越的善，我們分以下幾點討論：

（一）、「善」之超越性：「善」一旦超越事物本質與存有時，如此

越。絕對而超越之善意味：善再非從屬人之善，而是超越一切、並唯從存在整體言。故問題更是：這樣之善是怎樣的？若非相對於人，為何此時之善仍能稱為善？

① 或不可思議。

超越性同於說，世界事物無一是善、無一本然具有善這樣素質。「善」非能在世間事物中找到，甚至非從事物之理形與本質中找到。「善」只能在一切存有（理形）與非存有（世間事物）外始有，是從這點言為超越一切；而世間中一切，既非善亦無善。此外，若「善」甚至超越本質與存有，這是說，「善」超越其自身作為本質存有，即：「善」超越「善」之作為自身、超越自身之作為本質，如是「善」非我們通常理解之善、其意思與本質非在此。[①] 這超越其自身之「善」，其自身故非如本質那樣，只從自身言。「善」故非一種封閉在其自身內之事物，非存有或本質，而是在存有與本質封閉性上者。換言之，「善」非在其自身而是向他的。「善」使事物有用處、有益處，因而成就事物相互之間，非事物之只是其所是；故既給予知識對象其存在與本質（存有）、亦給予知識對象以真理、更給予知識主體以認知能力。固然，我們不認為柏拉圖所言「善」及其所給予事物之相互性是真實地善，頂多只如他自己說，乃一種用處與好處，然若連柏拉圖自身都明白「善」這特殊性：其超越存有封閉性（自身性）因而使事物走離自身、相互間敞開（而這就是善），那為何柏拉圖仍以理形為真實？理形不就是在其自身事物？而善

---

① 一般所言之善，其本質即以太陽為比喻而言之善（見下一點）。「善」超越太陽是說：連太陽及其善，也只比喻而已，非「善」之真實。真實的「善」超越於一般所言之善，非如我們人類所以為。

不正是那不只在其自身者？是理形不善、抑善不真？應在其自身、抑不應在其自身？應存有、抑應超越？[1] 若貫徹柏拉圖對「善」與「存有」關係之觀法，其回答應為：「善」確實超越於存有與事物上，因而存有所有者，唯真而已、非本身為善。換言之，知識真理之價值，只從其真、非從其善言。真與善二者非同一價值，二者作為價值範疇亦分離開。由這分離可見，世間事物或存有、存在的一切，其事實（「真」）是：各各只在其自身，如人人各只為其自我那樣，這是存有及存在之本然；而「善」從這點言正好相反：「善」非在其自身或求為自身而封閉，「善」向他而敞開，如此價值，因而超越一切、在一切甚至在存有之上。「善」超越「存有」，如萊維納斯所見。從這樣洞見言，無論萊維納斯抑我們中國，都本然地贊同。善敞開而不封閉、自我封閉者無善，這是存在應有之本。存在若作為存有地封閉，「善」必超越存有甚至存在。若柏拉圖意唯此，其「善」之超越性是深邃地正確。然柏拉圖非如此：其所言「善」之超越性，更應從「善」之超越世間一般善（之意思）此意義言。善因而並非事物或人之善、非人類從其主觀狹隘所求之善，而應在這人性所求上、另有「善」更高之真實，如非從人性感受、而從國家

---

① 萊維納斯正如此閱讀柏拉圖「善」之超越性。對萊維納斯言，哲學史中有兩次對封閉總體性之超越：一為柏拉圖「善」對存有（事物存有）之超越、另一為笛卡爾「無限」一意念對主體我（我之存有：「我思故我在」）之超越。

極客觀之面向言時那樣。換言之，若仍只停滯在人與事物間而言善，如此善對柏拉圖言實非善；善更應如「存有」超越存在那樣，在一切之上；是從這樣意思，「善」超越一切、超越一切人性存在，為存在[①]之根本。「善」超越本來單純意義之善，非可感可見。人性存在唯從可感可見言，此其所以非真實。正因真正「善」非可感可見，故柏拉圖只能以太陽為喻，再無法另說明、無法直說。正因如此，對我們這些非柏拉圖主義者們來說，「善」正由於如此純然地知性、只相關於知性世界而必然，非感性地與善本來單純意思有關，故如此「善」只純然理論，非（對我們作為人性言）有所真實。這是超越之「善」所有第一層意思與後果。

(二)、「善」本身意義內涵：太陽雖確實使萬物光明、使我們眼睛得以知見、又是事物其成長與滋生之原因，然太陽非能直視、甚至並非與我們直接接觸關連之一般事物，故以太陽為喻，確實有超越之「善」之意味。但問題是，這樣超越之善，非獨太陽所有，日、月、星、辰、雨、露等等天澤，從非作為世間一般事物言，都超越地善，為天地對人之一種恩澤。今柏拉圖獨舉太陽為喻，所求故非只言天地恩澤般所有之善，而確實為求索一與一般事物完

[①] 如國家（理想）存在，非人性存在。如是可見，國家（理想國）對柏拉圖言，非從人性存在自然演變而來，而是對反人性自然存在始有，此其所以 "理想"，亦其所以為超越與形上。

全不同之超越性，藉此突顯一種超越的「善」或「善」之
超越性。對他而言，「善」若非超越，其義只由世間定奪，
非唯由哲學知性而立。然就算接受柏拉圖比喻而肯定一
種超越之善，善之內容仍無必須如柏拉圖所以為；柏拉
圖所給予超越的「善」之內容是：1. 一切知識對象從「善」
那裡得到它們的「存在與本質」(存有)。2.「善」給予知
識對象以「真理」，亦給予知識主體以「認識能力」，因而
是知識與真理之原因。撇開比喻，超越之「善」所以為善
在：1. 知識對象之"存在"與本質；2."知識"與真理。
問題就出在這裡：為甚麼善就是這些內容？為甚麼這些
事物是善的？超越之「善」這兩種內容，若簡化言，即「存
有」之存在及其作為知識之真理性。前者從「存有」本身
之存在、後者從我們對「存有」之知識言。「善」因而始
終只關聯於「存有」言而已，非與人世事物有關。世間事
物存在，若必須同樣溯源於一「善」作為根源，亦「太陽」
而已，非作為比喻，而作為實物，因太陽正是那使事物生
長存在、亦使我們眼睛得以觀見事物者。如是而超越之
「善」為「存有」之「善」，太陽之善則為存在(世間事物存
在)之善。一者形上地言，另一者世間現實地言。因而當
柏拉圖用太陽為比喻時，他確實已知道，從世間事物角
度言時，甚麼是真正的善。而這也就是如天地無私對萬
物的化育。生生之德與明德兩者，確實是天地對世間萬
物可有最高之善。人若能效法此天地之善，也是人自身

可有最高善。^①而柏拉圖，於明知太陽善之真實而仍在其上立一超越的最高「善」，並反以此具體而真實之善（太陽對萬物之化育）只為比喻、只為「『善』的兒子」（506e），柏拉圖心中所有，始終只是順承理形之知性世界及存有模式而言「善」而已，只是從成就知識、真理，單純為「存有」而言「善」而已，非為世間存在。縱然「善」非只知識真理而亦涉及存在，然本質其存在之生成，只從知識對象（理形）、非從一般事物言。「善」在柏拉圖中，仍先以作為知識基礎而為善，甚至只為"形上真實"之基礎。柏拉圖之「善」，因而只蘇格拉底「知識即德性」之一種存有化，前者從萬物存有、後者從人行為言。從人層面言，縱然「知識即德性」未必為正確，但最低限度，所說的仍是德性，因而善基本上仍是一般義。今從萬物存有層面言，已假設我們接受知識世界之真理性及其價值，否則超越之「善」非想像中當然。如此之「善」，若具體言，頂多只依據事物本質求取最大用處益處，如有關正義得到最正確知識、知其用處益處而已。然問題始終是：為何假定正義已是最正確、最善之道？為何人類存在必須立於知識而非德行或人性？為何「善」不從化育言？為何後者反而只是「善」之比喻？柏拉圖超越之「善」一立論，出發點故非在「善」，在「存有」而已。超越之「善」，故也只形上之求索而已，非真正善。

---

^① 《論語・泰伯》：「子曰：大哉堯之為君也！巍巍乎唯天為大，唯堯則之。」

（三）、「善」對世間之影響：除以上兩點外，「善」一理論亦在世間活動中造成價值上、甚至真偽上之分別。在「理論・實踐・製造」（theôria-praxis-poièsis）三種活動中，不言而喻，最為肯定的明顯是理論活動，這一點至後期始終沒有改變。柏拉圖一向把技藝（technè）分為兩類（見《智者篇》219a）：生產性與獲取性。前者包括農藝畜牧、製造物品、及摹倣三者，後者則包括學習認知、商貿、爭鬥、狩獵四者。從認知活動被排列於獲取活動之第一位，可見柏拉圖對知識活動（mathèsis）獨有之肯定。至於實務性活動之人，在《理想國》中，與喜愛次要技藝者同屬一群。[1] 事實上，如政治家這類表面上實踐性的人，在柏拉圖眼中，都歸屬知識專業而非實務者。[2] 而有關製造活動，縱然製造確實有多種方面，但在柏拉圖中，最基本的仍主要為兩類：物品生產與製造、詩人與藝術之摹倣。前者可延伸至工匠神（dèmiourgos）—— 世界宇宙之製造者[3]；而詩人則相反，為神話世界之製造者。兩者差異在：

---

[1] 《理想國》476b：「我這裡一定要劃一條線把兩種人分開來。在那一邊是你說過的看戲迷（philotheamonas）、藝術迷（philotechnous）、愛幹實務的人（praktikous）；在這一邊是我們所討論的這種人。只有這邊的這些人才配叫做哲學家。」

[2] 見《政治家篇》259d：「所以國王的技藝比較接近理論知識，而非接近體力勞動或一般的實務工作（praktikès），是嗎？（…）那麼你同意我們既可以說政治技藝和政治家，也可以說國王的技藝和國王，這些術語是可變換的，因為它們實際上是相同的，是嗎？」

[3] 「工匠神」作為宇宙製造者之提出，其中一原因為對立古希臘及赫西俄德

工匠依據理形（因而知識）而製造，其製造有所自我限定，並對外在事物之真實性有所肯定；詩人不同，詩人只依據形象，因而對對象真實性有所否定，所成就唯主觀內在想像與幻象，非事物本身。前者與事物自身及同一性有關，後者則是事物表象幻象變化及永不相同之一面。若唯理形本質始與「善」有關，那只有工匠制作始為善，詩人制作非善。柏拉圖「善」之理論，除使真理立於理形外，亦區分出世間活動之善不善與真偽。

那麼，柏拉圖有關「善」之論說，總的來說，其問題在哪裡？我想，主要在「善」之超越性與「善」之知性或知識性兩點上。這兩點往往連結在一起：超越的「善」，是知性的（柏拉圖及普羅丁等）、明智及理智的（亞里士多德）、理性的（康德）。「善」之超越性使「善」不再是世間意義之善，因而亦使世間之善非真實的「善」。若善本為人於存在中最為追求者，那超越之「善」只導引人類超越地求索一切，遠去本應致力之人性善。超越之「善」同於說，人世無善。

以大自然為本、人只應於大自然中被動地農耕這一種存在樣態。若連宇宙世界也只工匠神制品，那大自然根本不存在。宇宙只工藝品而已，非自然而然的。世界如此全盤技藝化，亦工藝對農耕社會之全盤否定。大自然想法，至盧梭始復有。對大自然與人性之肯定，於盧梭，是透過對人為知識世界之否定而達致。在這之前，知性主導一切，使事物無法擺脫知性規律而以自然姿態呈現。故唯在對知性有所否定後，自然本性始得以呈現，而此往往從感性感知、非從知性觀念言。

　　柏拉圖「善」之超越性，表面上雖未單純為後來西方思想所繼承，然實決定着西方有關善之看法：無論哪一思想家，都再無對人及人世之善有所肯定。亞里士多德雖為反對柏拉圖「善」之超越性的第一人，而發現：善本有多種意思與方面；但正由於缺乏一典型性意思，善在亞里士多德中又落於過份世俗化，因而「榮譽、明智、快樂」等「都同樣是善」，「它們的原理卻各不相同。所以，善並不是由單一理念而形成的共同名稱。」（《尼各馬科倫理學》1096b）儘管亞里士多德在世間眾多善中仍把幸福視為最高善 [①]，撇開最高幸福在亞里士多德中為理智生命這一點不談 [②]，若單純從世間倫理生活言，亞里士多德所謂幸福 [③]，嚴格言，仍只是從生活活動中外在地求得的「好」而已 [④]，非真實地以人性之善為善。從幸福而言善，善也只存在上之好與不好而已，非真實的善。至康德，始有從善意（善之意志）言善；但仍可惜，善之意志只從我們從屬道德律或道德理性而言，因而只責任性質，非直與人心或人性有關。從理性主體言善，善仍是超世間的；用康德之詞，即超感性的。柏拉圖「善」之超越性，因而始終為西方「善」之根本模式。也正因為超越，「善」不單只非世間人性義或以世間為沒有「善」，「善」更造成人類對超越性

---

① 《尼各馬科倫理學》1097b：「幸福是終極的和自足的，它就是一切行為的目的。」

② 見《尼各馬科倫理學》卷十第七章。以理智生命為最高幸福，明顯仍是柏拉圖「善」為知性之延續。

③ 那合於德性的現實活動、善的生活或善的行為。

④ 這點與柏拉圖從用處益處言「善」相同。所謂善，實「好」而已。

之欲望，而從這點言，更使人遠去其人性自身之事。「善」故往往只為人所追求之事，如幸福、或如對知識真理之追求，非人性其所是。[1] 無論從何意義言，西方之「善」始終是超越的，非人性世間的；而人與世間，因而是無其本屬真正善之可能。

作為最後總結，對為何「存有」是「善」一問題，我們只能這樣回答：由於真正的「善」非世間義，故非我們從世間立場能如此單純地理解。「存有」之「善」是從「善」之超越義言，非從世間義言。而這是：如同太陽化育世間萬物，「善」化育理形，使其為真亦使其存在。若理形為萬物所本，這更為理形所本之「善」，因而多麼超越地「善」。全部論據，因而仍只在理形之真理性上，「善」只類比世間之善（太陽）、並取代其地位而已，非在其自身確實善的。其之所以為最高"善"，因與理形及「存有」有關而已、因"化育"這樣最高事物而已。此其仍為"善"之"意思"，仍從世間義之"化育"言故。

就算「善」之意思仍從"化育"言，就算真有如此化育，我們仍可問：為何對存有之化育即為最高"善"？這問題終究無可證明說明。問題不單只在為何存有是"善"，問題更先在：為何一切須先從理形或存有言起？為何先是形上而不是此世？為何不只是人而已？對這樣根本問題，為線喻一節所討論。關鍵非只在為何「存有」是真實，而更在：為何世間事物存在是虛假。[2]

---

[1] 康德善之意志是從理性存有者言，非從人性或人言。因而仍非人其所是者。

[2] 「存有」或理形何以為真理之本，像這樣問題本已在第一節「論知識與意見」中討論，其回答明顯是：理形因為事物在其自身，非偶性地在他者間，

126

三、線喻：論知性界與感性界、並論知性與映象

在提出形上事物其存有世界，及在以超越之「善」證成這樣世界之價值後，柏拉圖進入第三部份，從形上形下或知性感性兩世界之定位初步完成其形上觀法。如我們所指出，理形之證成必須由其反面（——對感性界予以否定）達致，因而如何說明感性界為虛假、及其虛假性如何反見理形界之真實性[1]，便成為理形論這樣形上學之完成。線喻這一部份（《理想國》509d至511e）因而一方面為柏拉圖世界圖像之完成——兩個世界及其中所有層次，而另一方面則以理形之真實，既說明感性界之虛假性、其作為映象這一事實，及又說明數學之知性與哲學（知識）知性之差異，以此完結其有關哲學知識之方法論。線喻這一部份因而為柏拉圖首次對感性界作為映象之提出與說明。

線喻分為四段，對應世界四個層面及其相應認知模態。這四層事物自下而上為：映象、實物、數學物體、理形（本質性事物）。而從相應認知模態言，則為：想像[2]（eikasia）、信念

故為真理及知識之本。然我們在這裡所問非只如此，而是：縱使為真理，因如此真理為超越於人世間，從我們人世間言，故仍可不置理會。那為何我們必須從超越真理言起，非能止守於人世？像這樣問題，須從對人世本身否定始，否則，縱然已指出「存有」為超越地「善」，是仍未能說明何以必須對這樣超越真理有所肯定。此即線喻一節所討論。

[1] 理形與感性界雖為兩個不同異質世界，然因二者由真實與虛假這樣價值關連起，因而對二者之說明，必須由相互共同之參照達成；此即理形與映象關係。前者在其自身，後者反映他物（毫無自身）。由此，理形說明映象、映象亦說明理形。

[2] 或譯為「猜想」。

（pistis）、理智（dianoia）、與理性（noèsis）。把存在事物之最低層級指認為映象（images），在《理想國》中，始見於此。這裡因而亦首次為於哲學思想中，對此世作存有解釋或定位，並以「映象」一樣態存有地解釋虛假性，視對反真理之虛假性為「映象」。

「映象」為感官或想像力所面對事物，其內容包括事物之種種反映，如陰影、鏡象反映、水中倒影等。映象甚至包含一切事物之表象面。在柏拉圖中，eikasia 是與 phantasia、doxa、phainomena 同屬一系意思詞組，均為相對「存有」之真而言現象表象面之不真者。唯這些詞組：eikazein、eikasia、dokein、doxa、phainein、phainomena 等在柏拉圖前 [1]，雖仍意指事物映象，甚至作為認知行為言時，同樣運用類比、比較、摹擬等手法以期達致對不可見或隱蔽事物之表象，但在他們當中，這些詞組全無貶義：事物之表象或映象與事物本身同樣真實，其雖只為事物之一面，但仍然真實。至巴門尼德及柏拉圖，這些與映象或現象有關詞組始被視為虛假，其為事物之一面，始從"偽化"其真實面言，因而只是"似真"而已，非同樣真實或顯示真實。對古代而言，映象所以能被肯定，因映象所反映事物是隱蔽的，大多為神聖或不可思議地神奇事物；柏拉圖自身便以太陽為「善」之"映象" [2]：太陽作為映象，顯示多麼超越地神聖之事物——「善」。從這點言，縱然太陽只是眼前事物，然其作為他

---

[1] 如在克塞諾芬（Xenophanes）、赫拉克利特、希羅多德等。

[2] 柏拉圖亦用 eikôn 一詞於太陽身上：太陽是善之 eikôn，見《理想國》509b。

物之映象，因此時映象如是地呈現（phainein）其對象，故仍是真理性而非虛假。事實上，若從映象單純相似地反映周圍事物這方面言，這樣反映仍無法使其不真實，兩者仍相似故。之所以柏拉圖能視映象為虛假，因柏拉圖用了另一比較，把相似者（映象）與其所相似事物間關係（比例），相比於意見世界與知識世界這一真假關係。[①] 以意見與知識相似而不真這一事，回頭說明映象相似時之不真實性，因而在映象與意見兩者間，實又作了一如映象般之比較關係。若非從知識與意見這存有真實性差異，就連柏拉圖，是應無法說明映象必然為虛假。事實上，柏拉圖明白古希臘映象之真實性，故曾作這樣比喻：「你認為瞎子和下述這種人有甚麼明顯的區別嗎？他們缺乏對事物實在（存有）的知道，他們心靈裡沒有任何清晰的原型（paradeigma），因而不能像畫家看着自己要畫的東西那樣地注視着絕對真理，不能總是心懷這種原型，對這個世界上的事物進行精確的思考（…）。」（484d）柏拉圖故明白映象本有之真實性。映象之虛假，非由於映象自身，而是由於另一更真實知識對象之發現而已：事物或「存有」之在其自身這一發現而已。而柏拉圖之所以對映象世界如此深惡[②]，因它們使人盲目、使人對理形知識真理盲目。而這

---

① 《理想國》510a：「你是否願意說，可見世界的這兩個部份的不同比例相當於不同程度之真實性或不真實性，因而其中之相似者與其所相似者之比，正如意見世界與知識世界之比呢？」

② 《理想國》485c：「〔哲學家〕永遠不願苟同一個『假』字，他們憎惡假，他們愛真。」

正是相反太陽與「善」之使人見。[①]映象之所以虛假，歸根究柢，因而只由其僅只映象而已，非事物自身。映象故非因其相似性、或因其所表象為不可見者而假；映象所以假，由其本身只是映象、非物自身故假。映象對柏拉圖，因而非從其相似性或表象關係言，而是從其為一種事物樣態、一種只是作為「映象」時之事物，非在其自身者。這確實是映象之為映象特有之存有狀態，一種對反物自身之存有狀態。[②]柏拉圖否定映象之原因，因而是由映象之他者性，其在事物類別中之最為他者。至於映象之相似性與表象性，則非為柏拉圖所否定者。因而我們可說，映象地位之低貶，是從存有等級而致、是從相關及相對於「存有」而致。在哲學史中，映象及想像力能重獲特殊地位，同樣只由其於存在中具有存有性的創發力量，而非只是重現他者。這想像力之創發性，始於笛卡爾與康德，為感性界回復其存有地位之唯一途徑。這些是我們以後課題。而在柏拉圖中，感性界之被否定，也只由「映象」這一存有狀態而已。

若單從《理想國》作為完整體系言，柏拉圖兩個世界之立論，始見於線喻一節。太陽喻及其前論意見與知識等章節只鋪設其條件，唯在線喻有關映象之論說中，始是感性界或可見世界其存有問題之展述。若可見世界（感性界）由映象及映象所反

---

① 這點柏拉圖在洞穴喻論說。

② 映象作為他物之映象，其所是正在自身外、在他者身上，因而實已游離自身。從這點言，映象正對反那作為事物自身之理形。

映之實物構成，而映象是由與意見 [1] 相比始不真實，那感性界真實與否，同樣全關係於知識其範圍與限度這問題上；即：知識能否以感性界為對象這一問題。若回答肯定，那感性界（甚至映象）可是真實，若否定，感性界及映象將不能真實。從這點言，知識不單只為事物認知之事，它更決定着事物（如感性界與映象）之存有及其真偽。

　　柏拉圖有關兩種知識 [2] 之討論、及感性界是否能確立為知識對象這樣問題，是後來笛卡爾及康德所面對首要之存有論問題。對這樣問題，柏拉圖有怎樣的說明？知性世界及知識其劃分是這樣的：「把這個〔知性〕世界分成兩部份，在一個部份中，人的靈魂被迫把可見世界中那些本身曾被摹傲的實物作為映象，作為基設（hypotheseôs）[3] 出發進行研究，但不是從基設上升到本源（archèn），而是從基設下降至結論；而在另一個部份中，人的靈魂則朝着另一方面前進，從基設上升到高於基設的本源，並且不用在前一部份中所使用的映象，而只用意式（eidesi），完全依據意式來進行研究。」（510b）柏拉圖的問題是：除非感性界對象也可為知識對象，否則感性界不可能被視為真實。真實與否，只由知識決定，是沒有在知識外其他真實性意思的。然問題是，

---

[1]　因而相關於知識問題。

[2]　理性認知與理智認知，即哲學知性與數學知性。

[3]　這並非我們今日方法論上的「假設」，而是指在一研究中視為起點的「對象」基礎，故我們暫譯為「基設」；Leon Robin 在其法譯柏拉圖全集中注為 "des positions de base"。 見 *Platon Oeuvres complètes*, l'Édition de la Pléiade。

知識歸根究柢是我們人類此世中知識，因而不得不與世間事物有關。就算是柏拉圖、就算知識對象是理形，仍必須以現世事物為出發點（為基設），否則知識對我們人類言毫無意義。柏拉圖故仍必須以感性界對象為知識基設；一切知識亦必須從現世事物出發。縱使如此，仍可有兩種不同方向或結果：一為由實物作為起點，但並非上升至事物本源，而只下降至結論；另一則上升至高於事物起點、並達事物本源。前者為數學知識，後者為哲學真理。知識均以世間事物為起點這一點始終無可質疑；唯問題是：若為真知識，是應上升至事物本源而不應只止於事物、不應只以這樣事物只求歸結為結論。①

柏拉圖這有關哲學與數學差異之討論，源起於數學亦一種純粹知性認知，為後來視為先驗知識者；因而必須與理形純粹真理區別開來。其次是，縱使數學為先驗，然表面上仍與感性事物有關，如幾何圖形便為視覺對象，因而柏拉圖仍必須回答，這似與感性界有關知識，若同又為先驗，是否說，感性界亦有先驗知識可能，換言之，亦為純粹知性對象，後者非只「存有」或理形而已？

數學與哲學這兩種純粹知性知識，有着以下一種對反狀態：數學似直接與感性圖形形體有關，但終究言反與感性界事物無關；哲學雖求為如「存有」、理形之純粹，然終究所在乎，為感性界事物內容（如正義甚至人物等本質）。數學之先驗雖與感性

---

① 「本源」所指與物自身（「存有」）意不同：前者從事物之最終、後者只從事物是否其自身言；前者從事物總體、後者從事物個別言。

界混同一體，然始終獨立其事，不沾上感性事物內容；哲學雖直以排斥感性虛假性為務，然始終不離感性界內容。此其兩者性質上之對反，亦二者差異所在。

柏拉圖怎樣說明數學這知性活動？若以上升至本源與歸結為結論為二者差異所在，那這樣差異性是怎樣的？所謂上升至本源意指單純（完全）以意式（理形）而思，而歸結為結論則指其思之過程是以事物為映象。兩者差異在「意式」與「映象」兩種（存有）模態上。兩種知識都始於實物，然一者單純思實物之意式、在意式中而思，而另一者則以實物為映象。①

當數學（特別幾何學）從世間事物（圖形形體）作為起點時，其思惟過程是以事物為映象而思。把事物當作映象而思是說，雖此時思惟沒有停駐在這些事物本身上、非以事物其切實內容為對象、因而所謂事物之作為映象所說是：因「映象」意指指向他物、非求為自身所是，故縱使數學始於感性界，然感性界對數學言始終非其所對對象，故只映象而已、借助其為映象達致數學所求自身先驗知識而已，其對感性界本身毫無興趣，故感性界中一切，對數學言，只為映象、非物自身。但正因如此、正因非以感性事物為對象而另有其自身所求立論，數學所能立論，反而沒有因對反感性界而成就一種形上真理；其為知識，故始終如在世界（感性界）事物旁、在其周邊、始終與事物無關，更遑論能為事物之形上真理。此數學歸結為結論之意思：即歸

---

① 上升與否，全繫於是否把感性事物視作唯一而已、是否把映象視為唯一而已。

結為自身所求結論而已、借感性事物為映象而已，一切從始至終實與感性界絲毫無關。正因如此，雖感性事物對數學言為映象，然數學所達致真理，始終只是自身所求結論，其純粹性故非形上性，因與"事物"之在其自身無關故。由此可明白，所謂「以映象」而思，其意是說：縱使哲學明知感性事物非在其自身，然這樣思惟，因以「在其自身者」之真理為真理，故縱使所面對事物非在其自身，然仍視如在其自身地思惟，故始能得出如理形或本質之知識，否則，若因事物非在其自身便不以在其自身方式對向地思，是無以得出絲毫在其自身知識的。後者即數學所為，亦數學以感性事物為映象時之意思，即根本不以如此事物為在其自身、或有在其自身可能，因而一切只映象、只為借用時之事物、其為事物只指向他者（數學所求結論），絲毫非求為自身（本質）所是。這是數學以感性事物為映象之意思。哲學相反。縱使感性事物非在其自身，哲學仍一以貫之地、以「在其自身」方式思一切，從來非以「映象」方式而思，因而所得非純粹思惟自身所求結論，而是與「在其自身」有關時之真理 —— 形上或存有真理，此哲學「在其自身」方式思惟之特殊。數學因非以「在其自身」方式而思，故無所上升，只得出結論而已。哲學雖亦始於感性事物，然由所思方式為在其自身，故縱使相關於非在其自身者（感性事物），仍有上升可能。「以映象」與「以意式（在其自身）」而思，其差異在此。「以映象」本不求為上升，故始終只結論；唯「以意式」而求為在其自身，始有上升至本源（事物本源）可能。雖同為純粹知性，「以映象」與「以意式」其差異在此。

　　以事物為映象仍有另一意思：「以映象」此時非只從方式、而更是從內容言。作為映象之事物，所指為如幾何感性圖形等形體。然對如此形體所成就知識，始終只相關形體而已，只為幾何知識而已，與事物（感性事物）無關。此時所謂映象，為圖形形體事物，非感性界一般事物。對感性事物之知見若只為信念（pistis）而虛假，那對形體之知，因此時非視之為事物而只為映象，故仍可有所"知"，非如感官知見只為"信念"那樣。然數學如此知識，始終不離映象（圖形形體）範圍、不離圖形形體內容，其知故與事物（感性事物）內容無關，更與「存有」之知無關。①用後來康德說法，數學雖為先驗，然始終只與時空有關，後者因為現象形式，故數學知識仍只現象之知，非物自身或超驗之知。這樣知識雖非等同信念，但始終非與事物有關，更非是物自身（「存有」）之知。

　　幾何作為真理雖與感性事物無關，然其對映象（圖形形體）作為知識對象之肯定，始終給予映象相當地位；換言之，感性事物從存有言作為理形之映象，單就其為映象言，透過數學映象知識，可能仍有作為映象獨特真理可能，非只物自身存有始有。數學縱使只環繞感性世界，然仍可能給予感性世界作為映象時其真理性可能。最低限度，映象雖非真理，但仍能顯示真理、仍具有相當真理意義。數學因而已肯定事物之作為映象，肯定映象作為

---

① 換言之，數學作為知識方法雖知性（因而亦可算作技術 technè），但其內容對象都因為圖形形體，故不離感性範圍，沒有「突破與超出這些基設，因此不能向上活動而達到本源。」511a。

知識模式，並只是透過映象而思，非外於映象而思。無論這樣真理是否真實，最低限度，它已使思想忘卻（事物之）物自身、忘卻更高本源，只浮沉在映象間而思。這樣思惟，對哲學或柏拉圖言，非真正的思。真正思惟，應回歸與尋找事物本源（archè），非只是"透過"思惟（dia-noia）、在映象間尋找其所欲結論。我們因而可說，若感性事物是理形之映象、若意見是知識之映象，那理智之思（dianoia）實是理性之思（noèsis）之映象而已。全部關鍵始終在「映象」，在其給出真理（數學真理）可能時之可怕力量。事實上，連柏拉圖自身思惟，往往仍援用映象，「太陽」之於「善」便是。這一點連柏拉圖自身仍無法終究避免。

於此，我們對柏拉圖有關映象思惟作一總結，歸納為以下兩點[1]：1. 從對象方面言，映象思惟把實物圖形（或實物與圖形）視作已知、絕對的基設，不再說明；其推論只為達成結論，非求為說明這些事物本身。故可說，映象思惟把基設視為本源，不再對基設說明。正因如此，映象思惟反而無法脫離基設一層面，無法上升至本源。不單只如此，因實物圖形更可有其如在鏡中之映象，而相對如此映象言，實物圖形明顯更為清晰重要（511ab），因而更似真。[2] 2. 從思想本身方面言，映象思惟雖運用實物圖形，但其思惟確實是純知性，與這些實物圖形（感性性

① 見《理想國》510b 以下。

② 柏拉圖文本意思本是：縱然實物本身亦有其自身映象，因而其存有非全然就是映象，從這點言，它們是清晰而重要的……，縱使如此，都仍不應把這些基設當作本源地研究。

質）無關；實物圖形只是其思惟過程中之映象而已，為這樣思惟視為映象而已。縱使如此，這樣思惟始終沒有回歸本源，故不能算作真正理性（nous），只理智（dianoia）而已。

以上兩點之結論故為：無論從對象內容抑從思惟本身，映象思惟縱使可是純知性之思，然始終非理性思惟、亦非真理性，因沒有以本源而只以映象為對象、其思又沒有最終回歸至本源故。從這點言，本源較知性性質更重要、更是真理之決定因素。真理歸根究柢言，為對象是否「本源」抑「映象」而已 ①，非在知性模態上。換言之，在對象而非在心靈（靈魂）狀態（pathèmata, affections）上。

那麼，當柏拉圖提出映象思惟時，其意義何在？首先，映象思惟所指，唯數學而已，即與事物本源無關之純知性思惟。柏拉圖借此以區別哲學真理與其他可能真理。若單純以實物（感性界）為對象，如古希臘思想，只意見，非知性思惟或知識。相反，數學知識雖不以本源為對象，然因只把實物圖形視為映象，故由非止於實物圖形而可進入純粹思惟。儘管如此，這些技術仍非知識，因一方面沒有上升至本源或以本源為對象，而另一方面又借用感性實物及映象作為思惟模式。若柏拉圖提出映象思惟目的為指出真理最後關鍵在「本源」對象而非在知性模式或心靈狀態，那對原初問題 —— 知識能否以感性界為對象，其回答便與認知模式無關、與認知模式是否知性抑感性無關，而單純

---

① 像後來亞里士多德把事物本源歸還感性事物本身，這是柏拉圖始料未及。從事物本身言之本源，即亞里士多德所謂「原因」（aitia）。

在對象是知性抑感性這更根本問題上。感性界因而注定不能成就真知識；甚至所謂知識，只由對象決定、非由認知模態決定。這實即巴門尼德殘篇3：「…思想與〔思〕存有，這是同一之事」，或殘篇8·34-36：「思與思「是」（存有），是同一之事。若沒有思想表達於其中之存有，是找不到思的」之意思與延續。這點是後來哲學所共同：如在康德中，知識是由對象（經驗對象）決定；縱然是理性，在其對象無經驗客觀有效性時，都無法為真知識。若如是，問題再一次是：為何感性事物不能為知識對象？為何以感性事物為對象並非知識？

我們前面說過，哲學與數學兩種知性其主要差異在於：一者以感性對象為本源，另一者以感性對象只為映象。對上述問題之回答，其關鍵應在此。感性對象之所以不能為知識，因其既非本源又只為映象；二事（既非本源、又為映象）實同一。但問題是：感性對象非本然即為映象，故若非如是，是仍有知識可能。事實上，感性對象先以實物呈現，更有其水中、鏡中倒影（映象）。柏拉圖全部問題因而在：如何說明（全部）感性事物均只為映象，無論是實物抑實物所有映象（水中、鏡中倒影）均然？如何說明感性事物其存有樣態也只「映象」、非物自身？如此提問始見柏拉圖在這世界分層中特別提出數學之真正意義。

在這存有論結構中提出數學這種知性，目的非為低貶數學為非真理、亦非只由兩種知性對比始能顯哲學思惟模式之所是，而是：唯透過數學始能指出，感性事物全也只映象而已。換言之，由數學把感性事物全視作映象，始突顯感性事物實只「映象」一事實，而這非由哲學使然——在哲學外、在其他知性思

惟中，本已如此。

數學知性於其面對感性界，只以之為「映象」而不以之為物自身是說：撇開理形，所有對象本來也只感性事物而已，非有其他；然因數學本身為純粹知性而非感性，故於對向感性對象時，也只能把它們視作映象而用，非能視為同等知性。感性界無以以物自身樣態呈現於純粹知性前，其似物自身，也只從感性感官角度、非從知性角度言。數學因為知性，故只能視如此對象為「映象」而用，非為物自身知識。而哲學縱使以感性事物為基設、縱使如後來康德所言始於經驗，然哲學（之先驗）始終須另有其對象（理形），非只停駐在感性映象上，如數學。

數學雖非如哲學為真理，但作為技術，仍客觀真實、更屬知性世界。數學之只能視感性事物為「映象」一事，故極其客觀；感性事物之為「映象」，由是客觀地證成。數學因而證明，感性事物確然也只「映象」而已，非物自身；特別當數學本求停駐在如此事物身上，不更求本源，此時事物若仍只「映象」，那感性事物之只為「映象」而非物自身是確定的。純粹知性之運用於感性事物上，若非如哲學那樣持守物自身本源這純粹真理狀態，而單純落於感性內，那所唯一可能成就的，亦只數學這樣技術而已、一種只能以對象（感性事物）為「映象」這樣知識而已。故縱使是純粹知性，若範圍在感性對象身上而不求索物自身本源，其結果只是：這時對象只能是「映象」而已、非能為物自身。如是說明，感性界與知性界確然二分，縱使試圖跨越，仍無法使感性之「映象」素質轉化為知性（在其自身）。此點由數學證明。用後來康德說法，縱使已為"先驗"形式，時空仍只"感性"之

事、非"知性"事物。

　　感性事物只為「映象」一事，非出於數學之任意，而是感性事物本然如此，由數學始突顯而已。從數學可見，感性事物（如感性圓形）作為映象，只即近幾何有關圓形之普遍真理，沒有感性圓形能完全符合完美圓形之界定。圓形因而二重地為映象：或直為感性圓形物而為圓形映象、或縱使為圓形本身，其作為圖形而非物，始終只為「映象」而非物自身。由數學所見，故為世界存有徹頭徹尾之「映象性」。感性世界為「映象」而非物自身世界，由此證成。若非由數學，世界之「映象性」不易顯見。數學如是確是辯証法之引路，甚至是哲學家其教育之先行部份。①

　　作為結論故可說，縱使為純粹知性，若一旦只停駐在感性對象身上而思，不求物自身本源上升，其所得也只種種結論而已，非存有真理；而相對地，感性事物若只停駐在其現狀狀態而不上升至存有本源，也只「映象」而已。由此可見，感性事物作為感性事物（非物自身），其存有狀態也只「映象」，非能為其他，而這是由數學"純粹知性"所揭示；因儘管為純粹知性，若非求為物自身，由感性事物作為感性事物所得，也只其"作為映象"而已，非其他。由是而理形本源與感性映象世界之兩層得以證成。感性事物若非作為物自身存有，極其所是，也只「映象」

---

① 　數學從這點言，即把「心靈從朦朧的黎明轉到真正的大白天，上升到我們稱之為真正哲學的實在」、「把靈魂拖著離開變化世界進入實在世界的學問」。《理想國》521cd。

而已。由是而感性界作為感性事物，因其極致狀態也只「映象」，故必然虛假，非能有如理形存有之真理性。真理不能單純停駐於映象（感性界）狀態而得，而必須上升至存有本源，因唯理形存有始為真理，非能同以感性界為真實。

感性界本身雖分為映象與實物兩層，然其整體仍只映象、不同層次映象而已。由感性界整體作為映象一事實之證成，線喻之結語故為：「現在你得承認，相應於這四個部份有四種靈魂狀態：最高一部份是理性，第二部份是理智，第三部份是信念，最後一部份是想象。請你把它們按比例排列起來，從它們分有清晰明確之程度，對應其對象分有真理和實在性之程度。」（511e）柏拉圖兩個世界，是由這樣過程而確立。其方法是：由「存有」在其自身性指出「映象」之他者性，再由數學實踐指出感性事物之只為「映象」，由是而知性與感性或理形與映象二分世界證成。

從柏拉圖可看到，知性與感性世界之劃分與出現，都與知識真理問題有關。是從對知識索求始分出兩個世界。此時所謂知識，非我們一般對眼前事物世界之認知，而是透過「存有」所成就之知。嚴格言，科學知識雖源自經驗，但其所求索，仍與日常認知模態不同。「存有」模態之知，使知識求索更高，非止於日常，因而其功能完全改變：轉變為對事物世界之支配，由支配而根本地改變着世界，甚至回頭支配改變着人類，使人類遠去其本然人性真實，開創着無數存在可能。此所以「存有」世界在柏拉圖中早已與數學連成一體。若「道」之思仍只為人類自

身,「存有」之思不同:「存有」之思求更高,遠離眼前世界。如本質,雖似回到事物自身,然實只使事物遠去其單純直接所是(偶性),因而使事物及存在分裂(二分)。就算後來康德力圖從主體與現象關係結連感性與知性,始終,存在之分裂無法彌補:或在道德理性與感性對立中(康德)、或在辯証進程層層否定中(黑格爾)、或在資產與無產階級鬥爭中(馬克思)、或在潛意識本能之對立中(佛洛伊德)……,分裂沒有因此而終結。存有之「是」始終否定一切而使一切對立。其否定是存在上的、是存在事物間價值上之否定與對立,非基於道理而有之是非善惡。「存有」視對方為「非有」,此存有二分世界模式之無道。

在結束柏拉圖前期[①]形上學問題前,我們仍需補充一點:知性界與感性界二分雖在哲學史中都透過「存有」知性化達致、感性之為感性都只由相對知識中知性始有,但對感性之低貶,仍可另有一理由;這理由亦一直為哲學史所援用,即感性或感官作為認知能力未為清晰與準確。事實上,當柏拉圖在線喻作總結時,他已提到這點:「請你把它們按比例排列起來,從它們分有清晰明確之程度,對應其對象分有真理和實在性之程度。」(511e)[②]感性之模糊性,這是從來對感性低貶之原因。[③]感性界

---

① 這裡所指前期,非柏拉圖學者所指前期。我們沒有把柏拉圖分為多個時期,只從柏拉圖自身體系分為前後兩期而已。其受蘇格拉底影響之最早期,我們認為無須獨立開來對待。

② 線喻本來就是按照清晰晦暗程度劃分,見509de。洞穴喻亦同樣以清晰與模糊性作為比較之理由,見520c。

③ 力圖捍衛感性正面性之康德,故不得不替這長久被貶之感性能力作辯護。

作為映象固然不真實，但其被低貶原因，是其模糊性 [1]。感性之模糊性，從線喻至洞穴喻，都構成受批評原因。然問題是，從存有知性化而言之感性、與由模糊性而言之感性，其意義差異在哪裡？這一差異，在存有論與知識論之分別上。模糊性只是知識論上之問題，存有之知性化則是存有論問題。從存有論言感性，是把感性相對知性存有，因而作為映象狀態而言，非與是否模糊有關。（映象或摹倣性是從事物存有樣態、非從認知言。）

其實，不獨感性具有存有與知識兩面，一切與真理有關之問題，在哲學中，都可從存有與知識兩角度觀。舉笛卡爾為例。當笛卡爾說明錯誤之發生時（《沉思集四》），他用的是兩種原因：一為意志力之判斷超過有限之理解力，因而產生錯誤，如只見穿着衣服似人之物體走過便判斷為「人」在眼前走過；作肯定之意志力此時之判斷，實超過理解力事實上所提供之資訊。若追問這樣錯誤之源起，即在意志力之無限性與理解力之有限性這一差距上。但若從存有論解釋錯誤之原因，則須歸咎於人其存有之不完美性上。人作為一種不完美之存有者，必然有所錯誤。這是從存有論角度而作之解釋。知識論對錯誤之解釋只由於事實如此，但存有論對錯誤之解釋則是對存在事物其根本價值之看法、從事物立一存有上之價值差異，如以物始有客觀真理性而人只具主觀片面性，或相反以人始為存在之本，神與

見《實用人類學》第一章。

[1] 從模糊性言「感性」，明顯偏向於知性或知識。正確言，「感性」應從人甚至從人心角度言，故為「感受」，與是否模糊無關。

物均非是等等。這些價值上之根本差異,即存有等級之差異。存有上之真偽,故非單純事實上對與錯,而是觀法上更根本之價值取向。哲學所言真與偽、事物之真與偽,大都是存有上的。人類存在確實不能沒有存在方向,因而存有上真與偽,始終根本而決定性。

事物自身、超越之「善」(太陽喻)、知性與感性界(線喻)三部份,可說是柏拉圖形上學主要構成部份。接下來之洞穴喻,撇開其為這三部份總論外[1],其目的主要有二:一為分辨兩種人,即有真理之人(受教育者)與對真理盲目之人(未受教育者)。也從這"對人"之二分,揭示對應兩個世界時之兩種不同生活。而這是兩個世界具體化下來時之補充說明。除這一目的外,透過洞穴比喻,柏拉圖把哲學中真理與虛假性問題,從其落實於人類現實中所發生現象作一解釋性論述。這論述嘗試說明以下現象:為何具有真理者反顯得盲目無知、為何無真理性則顯得似真、其中人性之真偽、及上升至真理與回途於人世時艱難甚至痛苦之過程、其心境與遭遇等等面相。人性對虛假性之習慣、真理之多義性[2]這種種真理在現實中之問題,是柏拉圖洞穴喻主要問題。柏拉圖雖以知識單純為對形上世界之認知,但他確實同時處處顯示其對人類現實及人性現實之深入理解;如在洞穴喻中,便對真理

---

[1] 「現在我們必須把這個比喻〔洞穴喻〕整個兒地應用到前面講過的事情上去,把地穴囚室比喻可見世界,把火光比喻太陽的能力。……」517b。

[2] 在這裡故可看到柏拉圖對古希臘真理歧義性或多義性之解釋。

之現實狀態作透視性分析。洞穴喻因而可視為是真理之預備教育（propédeutique）。柏拉圖怎樣解釋他自身對這現實之知見，這樣知見是意見抑真理，這點我們只能存疑了。

柏拉圖摹倣論：牀喻

在結束《理想國》前，柏拉圖以卷十對古希臘文藝作批判，為柏拉圖着名以摹倣論論說文藝、及以牀喻說明三重存有狀態的篇章。「三重存有」即：居上之「理形真實」、居中之「實物制作」、居下之「藝術摹擬」。如下圖：

理形真實

↑

實物制作

↑

藝術摹擬

卷十雖明顯為對文藝之批評，但從全書結構觀，卷十究竟佔怎樣地位？其為何安排於書末最後？若太陽喻、線喻等為柏拉圖形上學陳述，因而為知識真理之奠定；若洞穴喻進而言此知識真理於現實中所將遇有境況及人世是非顛倒狀態，因而見世俗人所有虛假，為君主與奴隸等人之分野，而之後所陳述有關教育及種種政治制度明為「理想國」（理想國度）之建構，那全

書最終部份（卷十），應是對「現實世界」本身之勾勒，而正因為形下感性世界本身，故落為最終討論部份。因為對現實世界之勾勒，故有對古希臘現實世界之批判[1]；後者因主在文藝創作，故對現實之勾勒，同亦為對文藝（在傳統現實世界）之批判。然在傳統現實世界批判外，是應相對地見柏拉圖心中現實世界之構成或所是。

相對柏拉圖理形形上世界之「現實世界」、柏拉圖體系中「感性世界」應是怎樣的？一言蔽之，為工匠工藝分工世界。卷十所以從制作活動這具體實踐言，是為指出對比知識真理（知性活動）而有之感性現實世界。這後者，即工匠分工世界。除教育及政治制度等構建外，生產制作活動，因而至為現實、亦至為形下。「正義」落實在現實物生產世界中，為各盡其所是、各盡其所能這樣生存狀態。其穩定性是由柏拉圖本質論（理形論）所鞏固，如靈魂各部份有其性向所是那樣，智者統治、勇毅者為軍人等等，人能力亦應順承其本質之不同構成國家分工結構，一切依據本質定奪，為法律所執持。這就是柏拉圖心中簡明的理想現實，其中有關人之一切，均由理性與本質裁決，絲毫無人主觀甚至感性（人性）可能。階級之上下份位，都純只本質本性客觀之事，非為人欲所能圖。這樣秩序從秩序言確然理想，唯必須接納一點，即不顧人性、不顧個體存在生命與期盼之自由，換言之，絲毫不從人作為人考慮，一切只從順國家所裁決……；

---

[1]　哲學所求真理多為形上或理論理想性，故面對現實存在，多只批判而已，此至今日批判理論仍然。

146

若能接受這樣極權世界，那人類存在確有一種秩序可能。我們今日世界，表面上承繼柏拉圖理想國所有制度事物，唯非如柏拉圖那樣以理性本質結構起來，而是各各因素散佚着：既表面有法律制度、然又有着物生產甚至壟斷、但在一切背後又放任着人欲及其非人性之行為作為，絲毫無教育之真實，一切隨機地利益、或漫無目的漫無價值地自由放任……，如是社會或人類存在狀態，鮮能不亂；用柏拉圖所言，即既無本質理性、更無以「善」為超越導向，此我們今日世界與柏拉圖理想國之差距。若難於接受一先驗而命定的本質世界，那唯有如古代中國那樣，從人性禮樂教化致力，成就一真實的人文或文之世界，否則，在物欲利害與權力關係中，存在只欺詐爭鬥而非理性而已。柏拉圖當然求為確立哲學與存有真實，然其知性世界理論，確又是物質世界之唯一秩序依據，否則無理性之為所欲為、這樣虛假自由，是無能於現實存在有所成就的；所有唯一混亂世界而已，非理想國。

柏拉圖這建基在理性規範性之國度，其單純現實方面也只工匠物質制作與生產；無論從人類創作（創制 poièsis）抑從生存所需言，現實其所是亦工匠分工而已，別此而無他。而工匠制作所以仍真理性，因仍仰視於事物理形之真實。相反於此，如古希臘般以文藝為存在制作與價值所在、以人類生命唯環繞於此，這樣人類現實或存在，對柏拉圖言至為虛假。卷十故以工匠制作與詩人文藝制作為對比，言現實制作上之一真一偽。二者同為存在現實所求樣態，一以物生產、另一以人生命價值為導向。以工匠制作與文藝制作相比，因而非純然偶然。然亦正由此，

更可為柏拉圖借以說明其心目中（在現實存在中）真與偽之辨。

在三層存有中「實物」與「理形」關係，非如一般柏拉圖詮釋者認為，為兩種摹倣之比較。柏拉圖沒有以「摹倣」稱工匠制作，摹倣只獨「文藝制作」之事。以摹倣為對虛假性之說明、以摹倣或映象為虛假，這是存有論上之觀點，非只以模糊性對感性真實性作否定而已。柏拉圖摹倣論因而是其存有論之正反面：一者言知性界（「理形」）之所以真、另一者言感性界（「映象」）之所以假。

柏拉圖對文藝之批判，是其對古希臘存在模式之批判。藝術在古希臘中非只是存在活動之其一，而是其世界全部領域。以政治為存在模式之《理想國》，因而是以新興世界之名，對故舊世界模式作批判。古希臘文藝世界，撇開其特殊方式不談，本來仍是以人心教育為主，非如政治對人之規限，與人心自覺性無關。縱使古希臘以形象之文而非以禮為文，所重只生命感與生命力而非人性，然作為文，始終針對人心而非只制度，此古希臘重視詩創作之原因。縱然柏拉圖不知詩之所以然，但實仍是清楚地知其然的：「詩人的創作是真實性很低的；因為像畫家一樣，他的創作是和心靈的低賤部份打交道的。因此我們完全有理由拒絕讓詩人進入治理良好的城邦。因為他的作用在於激勵、培育和加強心靈的低賤部份毀壞理性部份，就像在一個城邦裡把政治權力交給壞人（…）」（605b）「（…）你自己應當知道，實際上我們是只許可歌頌神明或讚美好人的頌詩進入我們城邦的。如果你越過了這個界限，放進了甜蜜的抒情詩和史詩，那時快樂和痛苦就要代替公認為至善之道的法律和理性原則成為

你們的統治者了。」（607a）「哲學和詩歌的爭吵是古已有之的」（607b）。對柏拉圖言，詩因而不只遠去真理，甚至破壞真理。

《理想國》卷十先言繪畫，後言詩文學。前者以「摹倣」（mimèsis）甚至「摹擬」（phantasmatos，eidôlon：simulacre）為本質，亦柏拉圖對這「摹倣」或「摹擬」概念之提出。之所以先言繪畫，因唯有如此，始能自然地解釋「摹倣」或「摹擬」概念；詩文學是難以從這樣概念說明，其所涉在人心，非只事物映象，故難從文學言「摹倣」「摹擬」；繪畫於此則直下明顯。卷十重點應在對文學批判，因文學（詩）於古代為真理之代言人故。繪畫只為「摹倣」或「摹擬」概念提出之準備，藉以說明映象所以為虛假而作。

「摹倣」一概念，是為解釋以下四點而必須：1. 何以文藝制作有別於一切其他制作；其關鍵在摹倣：文藝以摹倣制作，然真實制作並非摹倣，摹倣性制作非真實（實物）制作。2. 何以文藝制作有如真理姿態；其原因主要在：文藝制作所以似真，因摹倣之舉非求為實物制作，只求為如表象地揭示，藉由逼真性顯示其揭示真理之能力。3. 何以文藝制作為虛假；其回答明顯在：縱使為一種揭示，正因只由摹倣而致，非另有真實，故摹倣作為揭示只虛假，其揭示只求為摹倣、非有所真實。4. 事物為有真與偽（本身與外表）兩面姿態：透過摹倣一事實，我們明白可看到，事物之存有確然兩面：其真實的一面、及摹倣所對向的另一面；換言之，「在其自身」與「作為外表」兩面，摹倣所對向為後者，此其所以虛假。

「摹倣」概念如是地解決真與偽之差異性。2 與 3 兩點為從

制作上、而4則為從事物存有面相，對真與偽（事物真理性）判分之關鍵。「摹倣」一概念如是承擔着極重要功能：透過「摹倣」，文藝之真落為只是「似真」而已，此亦虛假所以為虛假之意思。[①]「真」本身因而亦分為確然真與似真二類。真理所對反者，故非只是一般錯誤，而是另一"稱為真理"之錯誤。若我們對二者不採取任何對錯立場，那二者將只為一真理與另一真理之對立[②]，非一真一偽。

透過摹倣，柏拉圖達成似真而實虛假這樣稱為「摹擬」（simulacre）之真理性問題，亦我們今日思想常關注概念。「摹擬」作為摹倣，非只單純摹倣，更是摹倣對象之真理性，因而為涉及真理性之摹倣。當藝術摹倣求產生錯覺地逼真時，這時所涉真理性，非只逼真而已，更由於逼真之技巧非再是平凡，故見「藝」之超越性真理地位。文學同樣。文學所求真理，非只在逼真，而是透過逼真，揭示存在種種超越負面性真理、及由之而顯人特殊格力之神性。是如此神性為真理，非真理只為一般事物知識之事。柏拉圖當然知文學所求真理在後者（人之神性或神性之人），然始終，若非有所逼真，文學或藝術是無以"說服"人而立如此真理的。對文學，柏拉圖故仍是從其求逼真時之摹倣處下手，從摹倣（摹擬）而作批判，並指出文學實亦摹倣而已、其真理只建基在一逼真之表面性上而已。

摹擬之虛假性，可從以下幾方面說明：

---

① 換言之，不求似真，是無以所謂虛假的。
② 哲學真理與文藝真理性之對立。

1. 摹擬由於只求事物表面，故不知真實（理形或物自身）所在。

2. 更進一步，正因摹擬求似真，故其所對只能是事物之表面、其虛假的一面。似真性所能及亦唯此而已：非事物之真實，而是其表面之一面。

3. 真理或事物之真實只有一，此真理之客觀性所在。摹擬所具有多樣化或多姿多采，故必然虛假。甚至，

4. 摹擬往往能如鏡像般複製一切。然唯神能全面地制作，人不應能如此。摹擬者之全能，故必然偽。

5. 最終言，真理只在理形本身，而這非人類能制作。人類一切制作，是無以能稱為真理者。連實物制作亦只依據理形而已，非能為真理（理形）之制作。摹擬故由自以為真實、自以為真理制作而更虛假。

以上為柏拉圖對「摹擬」及文藝之批判。

若我們暫不從柏拉圖或哲學知識立場而從一般角度言，藝術或文學之真理性，與下列問題有關：文藝本身之意義與真實性、文藝引申之教育功能、文藝之美感或美學、文藝與心靈或與心靈真偽之關連、及最後，文藝與人自身真偽（美）之關係。從以上方面可見，若言文藝之真理性，是可總歸為人心興立之種種方面，這是文藝最初亦最根本意義。當然柏拉圖最終亦必須就這些方面討論，但在這一切前先提出對文藝"作為摹擬"之批判，這是因為，柏拉圖縱使力求從物知識方面建立真理，然實仍知道，人自身興立這樣真理性始終重要。但若單就人真理性方面討論，柏拉圖立場未必優勝於古代文藝，或最低限度，只顯

示為（文藝論）另一可選擇立場而已，非真與偽之差別。然有着摹擬問題則直接可從制作方面指出文藝制作過程之虛假性，單就這點，便可奠定文藝之虛假性，無待其對人之意義是否真實。甚至，透過對摹擬之討論，柏拉圖更可透示其自己之真理觀，其對事物「在其自身」及「作為表面」這存有二分之觀法，藉以確立知識真理性其地位。

那麼，摹擬是否如柏拉圖所言如此虛假？這問題是複雜的，它既扣緊文藝之意義與價值，亦是人類有關真理之核心問題，至今仍然。從某一義言，柏拉圖所指出，確實是至我們今日世界為止，世界事物由摹擬而越形虛假這一事實。這時之摹擬，確然破壞着真正價值，使人類存在泛虛假化，一切只以似真或摹擬姿態呈現。但另一方面，文藝雖為摹擬而非求為物品制作，然作為作品，所成就的反而是獨一無二之物，換言之，作品作為作品，正由其獨一性故非如一般物品般從屬理形本質之下。如是表面由摹擬而致之作品，實於物品中更是「在其自身」者：每一件作品均獨一無二故。作品所有表面“摹擬性質”，因而實越過或刻意超越其所摹倣者，從這點言，作品實正為超越一般所謂真理而有。摹擬借由回歸對象之真理性而實“解散”其真理，真理在摹擬自身，非在其所摹倣之對象上。若工匠制作仍依據理形之真理，那摹擬正相反，雖表面仍似摹倣，然實已“去”（所摹倣）對象之真理性，並自立為真理。摹擬這一特點，均落在所有摹擬身上，無論其為善抑為惡。我們可細想，縱使是為製造虛假物品之摹擬，從長遠言，其為物品必終取代原先所摹倣事物，使其真理性或價值失去，不會只停留在作為摹擬地步。沒有錯，

世界可能因摹擬而價值降低、失去真理性，但這正是摹擬所求開創之局面：一旦有摹擬，世界無法退回本初之真理樣態，真理只能隨着摹擬而轉化，縱使是一種沉淪仍然。正因求為對反傳統，當代故樂見摹擬，因唯在摹擬手中，（傳統）真理始能被超越而瓦解。像逼真性一現象，如我們已多次指出，實非求為逼真而已，更是為其中技藝如神化（神性）之體現。透過顯示技藝之神性或高超，制作故藉摹擬超越原初事物及其真理，示技藝為更高（真理），非（所摹倣）物品之真理性為高。事實上，科技知識及制作正是如此而超越理形、超越真理之定形或定論化。柏拉圖自己是明白這點的，故多次以哲學為過往悲劇的取代性摹擬，甚至在《理想國》結束前，摹擬神話文學而制作。[1] 若細想，事實上，人為甚麼摹擬？如柏拉圖早已指出，一個會製造真實事物的人，是不會、亦無須只進行摹倣的（《理想國》599b）。若非低級的藉摹倣嘲笑戲弄，那摹擬必然有更深目的：在表面接受、認同甚至重複下，求顛覆或超越對方。這是摹擬唯一意義與事實，其背後含具無法單純另立真理，故在有所受制或有不得已前提下，仍求超越之可能。這亦揚棄（aufheben）之意思。作為手段[2]，摹擬只求接近對方，或為對方接受，是出於現實考慮，如逼真性之能使眾人動容那樣，如是摹擬確然似有着陰謀在，非單純真理之立，而只是真理間之鬥爭。當柏拉圖批評文

---

[1] 見《理想國》最終部份厄洛斯神話。

[2] 無論是為嘲笑而摹倣、抑深遠地推翻，摹擬作為手法只求從眾、為眾所接受並能接近，否則是無摹擬之必須。

藝時，便明指出摹倣如此譁眾並求僭越之事實。

若撇開摹擬是否手段這樣問題，當柏拉圖批評摹擬時，他明顯犯着視一切表面為虛假這樣錯誤。實質若只從表面求，這明顯錯誤，但並不代表，一切表面（或表面作為表面）必然錯誤。故《論語》便有「文猶質也，質猶文也」（〈顏淵〉），並要求文與質二者必須同等成就：「文質彬彬」（〈雍也〉），非能以外表即為次或為錯誤。我們必須分辨，呈現於表面之事物（如文或禮）是一種，體現為內在（如實質）者又是另一種。嚴格言，各是一種自身、亦各有其表面可能；甚至，表面所有之虛假，非必為摹倣而已[1]，亦可有如「紫之奪朱（…）鄭聲之亂雅樂」（〈陽貨〉）那樣僭越與壞亂。中國以文質稱事物之兩面，與柏拉圖以「在自身」為真而「在表面」為假這樣的劃分，更明白事物所是、更不落入存有設定之主觀二分上。從這結論言，無論柏拉圖之求索存有與本質，抑摹擬者以為藉摹倣而踰越顛覆，都其實假定了「自身」與「表面」這樣存有二分為對確，以這樣二分為存有事物唯一並根本姿態，而這樣觀法本身明顯錯誤。

如尼采所言，古希臘確然善於運用映像、表象與摹倣等，但並非如柏拉圖所以為，只為摹倣事物之外表或表現。如舞台之上演、其中英雄等形象，均是神靈之示現，唯藉舞台表演而示現而已。從中，古希臘人反觀自己並觀見日神及酒神原始自然驅力，是從這意義言一切文藝表象為對「自然」摹倣（imitation of nature）。摹倣只是神靈之現世呈現，非為對事物自身之摹倣。

---

[1]　如「巧言令色」便是。

154

這樣摹倣因而是一種構造，為使神靈示現或為對不可觀見者之觀見而設之表象，非為任何事情、事物本身，如柏拉圖所以為。從這點言，文藝之摹倣，對古希臘言，雖似表面，然其作為表面，較柏拉圖所言物自身更高，神靈本高於事物故。

若西方文藝仍借助這樣表面而體現，因而仍有摹倣問題在，中國所言「文」、及由之而文學，便再沒有如此摹倣問題。「文」直是人性懿美之體現，與事物表面之摹倣無關。無論禮作為「文」、抑文學（如《詩》）作為「文」，均直從其素雅美善言，與物品事情或摹倣性無關。如是可見，言摹倣者，所對本只為形上真實：或為由理形所引至之物自身、或為古希臘求索之神聖界，都因超越地形上而必須藉摹倣體現。中國人性雖仍有待禮文以體現，然因與形上性無關，故實無從言摹倣或摹擬，後二者始終對向超越者：或以在其自身之超越者為上、或藉摹倣而超越（如摹擬）。在摹倣或摹擬背後，始終為超越性而已，其虛妄由於此，與是否表面而不真實絲毫無關。

若撇開摹倣或摹擬問題，從文藝本身真理性言[①]，問題始終是：文藝本身意義與真實性、文藝之教育功能、文藝之美感與美學、文藝與心靈真偽、及文藝與人自身真偽（美）這幾方面。以上方面可總歸為人心之興立，這是文藝最初亦最根本意義。

柏拉圖對文學本身之質問，主要有四點：

一、一切文藝，因非為知識真理，故而無用。柏拉圖指出，詩人

---

① 　特別是文學，因真理性問題先在文學，非在藝術。

若有真知，是不會從製造摹擬而感滿足。因實物制作始終高於摹擬、甚至高於歌頌；能製造實物者，是不會只求制作摹擬而已。像這樣批評，明顯重複一般人以現實為價值，對文藝作低貶。對如此質疑之回答，亦明白在對文藝意義之理解上：縱使非作為知識，文藝實有其更重要意義，而此相關人心靈言而已，非從實物效用言。柏拉圖並非不知文藝此對人之意義，故在後面質疑便立即討論如此問題。雖然如此仍提出這樣問題，實只為重申知識真理之重要性，以此真理對反一切其他宣稱為真理者而已；甚至，連文藝制作，本亦應基於知識而有。對哲學立場言，知識涵蓋一切、凌駕一切制作而絕對。文藝若有真理性，也只能從是否為真知識言。而具有真實知識者，其成就必見於現實；人所以為人崇敬亦由於此，非在摹擬虛假之能力上。對荷馬，柏拉圖故質問：荷馬能指揮戰事？能治理城邦？能對人有所教育？這樣質問似表面明白，然若三事均非文學所有意義，[1] 那如是質問，對文學而言實外在；換言之，柏拉圖仍只如摹傲者那樣，外在地觀看事物（荷馬文學）而已，非有所真實。作為結論，文學之真理性明顯非在作為知識，後來荷爾德林故稱文學所有真理性為「智性直觀」，為在一般知識上更高遠之洞見與智慧，非知識能及。柏拉圖以知

---

[1] 對人有所教育雖是文學意義，然從當下成就判定人其作為是否真實，這與世俗從現實成就判定價值毫無差異；事實上，從歷史言，荷馬確然被人崇敬地偉大、其影響亦深遠，故柏拉圖之質問實終不成立。

識為最高，只主觀偏狹而已。

二、若前一質疑仍屬外行，那自第二質疑起，柏拉圖則從文學
內在提問，而此首先是文學美之問題，這是文學首先價值
所在，亦文學所有外表。柏拉圖所指出詩的魅力：韻律、
音步、和聲（rhythm，metre，harmony）等從語言而致之
色彩美，雖為詩文學首要技法、亦構成文藝美之表面，然
其美之真實，非在此，更在這些成素中細微之特殊性，而此
每個詩人、每個音樂創作者均不同，非單純因運用韻律、
音步、和聲便足以為美，始終仍有待其特殊運用中所達境
界。若如柏拉圖那樣，統一地以這樣因素為假象、為外表，
這始終不明其真正感受。甚至，如柏拉圖所言，詩人語言之
美，只是對無知羣眾所感美之摹倣，因而有謏眾取寵之嫌，
這只是把虛假詩人與真正詩人混同而已，只是從表面把兩
者視同如一，不加分辨，自犯表面性這樣錯誤而不知反省。
若真是柏拉圖、若真有對事物自身之真實有所求知，是不
應作如此膚淺錯誤的。更奇怪是，當柏拉圖舉笛子使用者
與笛子製造者而言前者始具備知識而後者非是，以之低貶
一切制作者時，作為音樂家之笛子使用者，正是柏拉圖本所
欲批評之文藝從事者，其他人，包括樂器或物品制作者在
內[1]，都相對其藝言為不知者。柏拉圖故不應對詩人有所批
評，如知其藝究竟那樣。事實上，這樣比喻涉及以下幾點：

1. 物品之專業者始具有相當之知識，一般使用者只有感受，

---

[1]　因而亦包括柏拉圖在內。

非其知識；2. 縱使相對專家言，製造者仍可有製造上之專業知識與技能，非獨從其事者始有；3. 笛子使用者實即音樂制作者，故類同於詩人，唯差異在：音樂有樂器（物品），語言沒有。以笛子使用者具有音樂真知，是否應同樣以詩人具有詩藝真知？不應反以詩人只為實物製造者而貶抑？4. 若事物之是否善單純依據使用性而判定、使用性為事物美善最高標準、為事物目的所繫，那縱使是柏拉圖，仍不應對文藝之使用或目的下判斷。若只以為實物效益性始為使用性，這只是一般現實利益心而已、一種功利主義而已，對如文藝之使用與目的是毫無真知的；如此對詩文之使用，連只愛好詩文之羣眾亦不如，其非文藝之使用者故。以使用性駁斥，除非把一切使用性限定在功利實物使用之範圍內，否則不應以文藝只為美之表面，無真實使用。故最後，5. 若以美為事物表面，與使用性無關，這只如以知識之真取代一切智性直觀之真那樣，無視美對存在所有深邃意義，以為物質使用性始是存在唯一意義，如以笛子制作者之現實性，無視笛子音樂其美之意義而制作。音樂之美與意義在笛子使用者身上體現，非在任何實物制作者或實物製造上。柏拉圖雖啟現實價值對文藝批評之先河，然正於此，反顯其對文藝如摹倣者表面之知見、為對文藝真實之無知者。

三、柏拉圖對文學之批評雖表面，但由知識真理性至美感，確見柏拉圖是一步一步扣緊文學核心，從這點言，柏拉圖仍是顯出其對文學之明白。第三個批評更是，因文學之意義直對向人心靈，非如前第二點以為在使用之效益上。有關

文學對人心靈之善問題，柏拉圖首先指出：人心靈其實有兩部份，一主觀、另一客觀；一為感受、另一為知性或理性。柏拉圖這對理性、感性之劃分，是日後哲學傳統對感性低貶之始，至康德而後止。對柏拉圖言，詩只對向人心靈中脆弱而假象幻象部份，非計算精準之知性部份。悲劇所顯心靈，為自我矛盾、自我分裂、非一致而能自我克制之心靈。人由理性始自我克制，非由情感，此所以理性高於情感，後者為文學所對向。由情感而致之痛苦悲歡，始終無濟於事。柏拉圖之推論是小心翼翼的：先指出感覺之幻象性，再進而指出所謂（感性）心靈，也只是對苦與樂之感受，而這樣心靈，是自我分裂、自我衝突、以致無法統一一致；在這之後，柏拉圖更似深明人心與人自立這重要關連而說：人在他人、法律前始有自我克制，若單純在獨自情感中，人將喪失理性，其悲歡與作為無理性。人理性平靜狀態無以能摹倣；能為詩人所摹倣，只人心靈低賤部份、其非理性的一面。柏拉圖在這裡所舉作為痛苦感受，是人私下由不幸而至之悲痛，故始有在他人及法律前克制之可能。對柏拉圖言，世事之不幸，若不得知其結果，也只能盡理性冷靜地解決，不應無理性地悲歡。然文學如悲劇所言之悲痛實非只此。若不從痛苦指向形上喜悅這方面言，酒神所體會痛苦，非一般世間之不幸，而是「存在本然一體性」由個體主義而致之分裂，是如此分裂為存在中痛苦，與個人幸與不幸無關。悲劇由類如神性般事件與故事，勾勒酒神存在一體時之喜悅；其中痛苦與喜悅，是形上而非世

間的。作為英雄所受痛苦，故反顯其人超拔佇立時之偉大，絲毫沒有由自怨自艾而分裂。悲劇並沒有對（世間）痛苦摹倣，反而是在形上觀法下、對存在痛苦之構造，藉由痛苦而智性地觀見形上喜悅。柏拉圖所言心靈，故只世俗地卑下、在幸與不幸中計較，與文學所言超乎世間理性時之形上性無關。柏拉圖所見，只求譁眾取寵之群眾戲劇，非文學之真實。文學甚至可不只從悲劇言而另有其素雅之一面，文學心靈亦可如是地高貴，均非柏拉圖所描述之必然。

四、若以上種種理由只關涉文學自身，那文學對人其人格之敗壞、因而能腐蝕最優秀人物，這明顯是文學或詩歌最大罪狀。柏拉圖列舉此批評於最後，一方面因教育（或敗壞）人類，這是文學最終意義；但另一方面，這樣理由與文學作為自身無關，故列最後。在這一批評中，柏拉圖進一步表示他對文學實質之明白：感動人、打動人心靈、因而帶來喜悅，是荷馬或悲劇所吟唱之英雄苦難。柏拉圖刻意撇開英雄及其事之偉大性，而等同平素生活行為（事小時）之忍耐品格而以英雄只為婦道行為。甚至，對他人憐憫、或替人設身處地地感受，只養成我們自己同樣行為習慣，如從喜劇中只學會插科打諢那樣，悲劇因而只如喜劇般卑下。柏拉圖絲毫不見憐憫或替人設身處地感受時人格之高尚，而此正與喜劇所有人格反比。於此明白可見，柏拉圖所求人格，非人性人格；故在憐憫後，更舉情愛為例說：應當讓這樣情感枯竭。柏拉圖所求理性之立，非人作為人之自立，只盲目於理性下、單純為盲目理性所支配、至無人性地步

而已。雖似見人之軟弱，然所求非人性之立，只盲目於理性與法律而已；此柏拉圖對人錯誤之構想，亦其對文學批評最根本原因。若前一批評只涉及文學所言情感，本批評則更言文學背後之人（人格），故而與教育有關。

以上為柏拉圖對文學批評之整理。作為結論，我們應說，柏拉圖對文學之批評，實如我們今日對大眾媒體甚至藝術之批評那樣，以之只為愉悅娛樂、只求為譁眾取寵，與人德性之立背道而馳。唯柏拉圖錯誤在於，以文學即為如此媒體，故所批評表面而外在。一般媒體固然如此，然文學始終由其深度而立，非只表面之事。哲學與文學之對立，為樂觀理想與見存在深層真理之差異、理性幻想與人智性直觀、或最終言，法律或國家理性與人性之差異。對人求理性之改造，非單純求為人性之立，此哲學從來錯誤，其不明人性真實在此，至尼采仍然。若柏拉圖以靈魂不滅因而如神性般不朽，無須英雄對死亡之克服而偉大崇高，這只是哲學之幼稚與自大。人畢竟是人，本非為神靈而永恆；其亦有人性情感之真摯，非徒為理性動物。

以上為柏拉圖摹倣論及其對文學批評之簡述。

柏拉圖美學思想

形上學「世界」之三種基本模式：一為世界單純為映象或現象，「物自身」或「存有」只相對於此言而已，甚至在康德、黑格

爾中，只為一負面概念。二為世界是知性與感性二分；諸如心物二元等二分，都根源於此。三即為世界三分為「意式‧實物‧摹擬」[①]，如上述牀喻一章所言。世界單一化為現象（表象或映象）、世界二分為知性感性或心物、世界三分為觀念、實物與摹擬，一者單純從世界本身所是言、二者從世界由人與物基本構成言、而三者則更考慮在人與物外，更有屬人本身之創制，是由這樣創制之真假而形成的一種有關世界存有之形上觀。特別當人類此時所製造，若非實物而是如文藝般宣稱為真理之事物，這樣事物究竟為真抑為假？具有真理地位抑僭越真理？若撇開文藝或對現實之批判，這即上述牀喻對形上學「三重存有」所關注問題。

無論從物自身（理形）抑知識心，觀念論都以真理落於觀念一面，現實實物作為複製只能為現象，其多而非獨一，是無以為如物自身「在其自身般」真理性的。然藝術摹擬性創制正相反：藝術作品作為實物反而唯一或獨一無二，此時一切摹倣只贋品，非作品本身。把畫家繪畫視為對實物摹擬或對觀念表達都只把這樣表象引回觀念下而已，只視其非真理性而已。然藝術作品之為物，非從摹倣他物言，其獨一無二性，始真正在其自身，甚至非本質概念之實現，而是連觀念都無法窮盡或解釋之「在其自身物」。正由這原因，藝術作為表象突破了觀念界，使觀念失去其窮盡真理之可能，甚至使觀念不再能作為最終及唯一真理。繪畫或藝術這超乎一切觀念外之特性，在觀念主義下，縱使明知

---

① 「三重存有」。

不應該及不可能，始終仍以觀念解釋。康德在《純粹理性批判》討論純粹理性的理想時便說：「理性的理想就是如此。它必然總是依據確定的概念，並作為行動或作為鑒賞判斷的規則與原型。想像力的產物則完全不同。沒有人能夠說明它們，或者給它們作出一個可理解的概念來；正如勾劃（Monogrammen）那樣，與其說形成一種確定的意象，毋寧說形成的只是一些無規則可確定的、從種種不同的模糊經驗而來的圖像。這些正是畫家與相士們宣稱在他們腦子裡的表象，作為他們的創作或他們的鑒賞判斷之不可言喻的影象。這樣的表象可以稱為——雖然不十分正確——感性的理想，因為它們——縱然無法提供可以說明或加以檢查的規則，是可能經驗直觀不能達致之模型。」[①] 若理性的理想仍依據概念，感性的理想與真理則突破概念；概念與知性都無法說明，甚至只是這些表象或映象之附從而已，非如實物，只依據觀念而有。若對理形之直觀為知性，對「感性物自身」之直觀[②] 則是感性。藝術真理對知性真理如此破壞性，因而是觀念世界之反面。柏拉圖以摹擬或摹倣稱之，實只是把這樣真理與事物，從屬觀念及其實物世界而已。藝術中寫實主義與今日所謂觀念藝術，因而都只背叛藝術原有特殊真理性。

　　若真理一直以來都為知性真理所佔據，藝術創造只落為摹擬之虛假，這另類真理，隨十九世紀美學存有觀，將成為對反觀念論之未來方向；「摹擬思惟」無真理（去真理）之真理，將帶人

---

① A570 ／ B598。

② 這裡「直觀」一詞取其原有真理義，非康德經驗義之直觀。

類進入另一極端，而這早已為柏拉圖三分世界所命定。西方歷史[1]，因而是一由觀念世界轉向藝術表象世界之歷史；或最低限度，是一突破觀念統攝性之歷史。自尼采後，傳統真理由於虛構變得虛假，"真理"再無法以單純真理姿態呈現，故顯得只如摹擬：對以往真理之一種摹擬。

這一轉向，並非能只以知識轉向美學性存在解釋；美學出乎意料外，實為柏拉圖所肯定。對立知性故並非美學，而是藝術；甚至尼采唯從"希臘悲劇"始得其洞見。並非只求為對美（理性）而極端盲目地一味求醜陋，而是，真理不能逃避醜陋與虛偽之事實，必須敢於面對如此事實，非只自言美與理性而已。

若柏拉圖以美學摒棄藝術及悲劇之醜陋或虛假性，亞里士多德更甚。從《詩學》（創制學 poièsis）而切入，非只圖以美學取代藝術而已，更直接從對藝術之分析去其神性真理性，使藝術落為世間一般快感享受，再無崇高性。[2] 亞里士多德因而無須如柏拉圖那樣，視藝術之摹倣只為重現，而更可是一種創制，然其創制因只為虛構[3]，故再非客觀真理，頂多只是人類世間情事之反映。其真理再無如科學之實物對象，甚至非如政治學或倫理學以國家及幸福為目的，頂多只是對人自身行為之寫照，無論是如悲劇偉大之錯誤、抑如喜劇之愚蠢。如是虛構其目的只求為樂趣，頂多只是一種淨化。正如柏拉圖把文學視為對心低賤

---

[1] 西方歷史實亦形上學史而已。

[2] 有關亞里士多德《詩學》，我們在討論尼采一章再作備註。請參閱。

[3] 如戲劇上演。

部份之描寫，亞里士多德以悲劇非為表象人[1]而只是對行動（劇情情節）之表象，這明顯是哲學對人之再一次閃躲，以理性計量心為唯一知性與善。無論柏拉圖抑亞里士多德其實都很清楚，詩與悲劇其對象唯人及人心而已。[2]

---

[1] 人格之神性。

[2] 有關詩之真理性，《詩學》這樣說：「從上述分析可清楚看到，詩人的職責不在於述說已經發生的事，而在於述說在可然或必然的事態中可能發生的事。歷史學家和詩人的區別不在於是否用格律文寫作，而在於前者記述已發生的事，後者述說可能發生的事。因而，詩是較歷史更富哲學性、及更高貴的，因為詩述說普遍的事，而歷史卻只記載特殊事件。所謂『普遍的事』，指可然地或必然地，某一類人可能會說的話或會做的事。詩要表現的就是這種普遍性，雖然其中的人物都有名字。」（《詩學》第九章）亞里士多德這有關詩之目的與真理性之說明，仍是依據柏拉圖普遍性與特殊性之劃分。唯柏拉圖把普遍與特殊只用在事物真理、鮮用在人事行動，從不以變動為真實。亞里士多德表面對詩之肯定，始終只限於事件行動與情節，而這是帶有虛構性安排的。無論情節對象、抑戲劇快感或淨化目的，都終歸源於人有摹倣本能及由摹倣得到快感這兩原因（《詩學》第四章）。人這摹倣本能，實是學習之一種方式，由看到、體驗到而學會。不過，對柏拉圖及亞里士多德言，這樣學習對人而言非本質性，社會與教育規範始是。對古希臘來說，詩非以行動為學習對象；情節與行為只背景，其中所顯是人格與道。行動與情節只詩表面，性格與人格始神性。就算古代中國，詩仍是人心志懿美之體現，為興發此心對懿美之向往而有，非為任何故事情節本身。亞里士多德故明顯仍是對詩真理性有所扭曲。以詩目的為快感，這是多大的一種世俗價值觀法。以世俗義言詩，縱使表面給予藝術虛構性一真理地位，然始終遠去藝術在古希臘中之真理性：神性化或神格化一切人與事，並使人看到，存在神性的一面始是存在唯一依據與價值、始是存在之生命肯定與動力。

若藝術本然突破觀念，美則不然。縱使非與知識有關，美由於基於人心，始終仍可與知性或心靈有關。柏拉圖對美學之反思主要從兩方面言：一、美為存在整體事，特別應從國家整體之美言。主要見於《理想國》。[①] 二、美亦可從個體言。此時之美，與人心靈及性格之美有關。而心靈之美，又特殊地見於對美之愛、見於愛之充滿（以愛為動力）、及見於教養（如音樂教育）與對真理之愛（哲學）。此主要見於《會飲篇》及《斐德羅篇》。我們這裡只能對柏拉圖美學思想作一簡述。

當柏拉圖把藝術視為摹倣因而虛假時，他期盼美必須與事物之真結合在一起，甚至希望美能成為世界美好之動力。使世界更美好，這對柏拉圖言，即使世界存在更真實。美是從這點言與真關連起。藝術若只從事作品製造、甚至只摹倣而非真實地制作，此所以對柏拉圖言不得不把藝術視同虛假。古希臘亦視藝術與真理有關，唯與柏拉圖在「真」見解上有所差異而已：柏拉圖之真從"現實存在"言；理形因為物世界事，故其真仍屬現實。[②] 相對於此，古希臘之真則從神性理想言，為存在神性理想或超越性之真、非現實之真。若柏拉圖以美為人類存在美好時之動力，這時之美，必須與人類心靈相關，因在萬物中，獨心靈是創制之源、亦是行動之根本。若非由心，行為與製造只能虛假虛偽，如求為利益時那樣，毫無價值上之美善。

甚麼是從美言之心靈或靈魂？怎樣始看到從美與創制言"心

---

① 亦包含《大希庇亞篇》。
② 此知識作為真理時之特點。

靈"之存在？心靈，這也就是「愛」。若沒有愛，人及其創制也無以言心靈。[①] 使心靈成為心靈，唯愛而已。人與事物均如是。若愛使心靈為心靈，那甚麼使心靈有愛？甚麼使愛發生？使愛發生，唯「美」而已。在美前，愛慕生。由愛慕向往，人與物始呈現心靈之真實。無美便無所謂愛，否則也只自私佔有慾而已，非愛之真實。從美之體現，始見愛之真實。性慾般快感因與美無關，故非真正愛。美由是本於心靈，由愛而體現。無愛便無美，無美亦無愛。美因而再非感性快感或愉悅、更非只是對象內容之觀賞；若非心靈有所主動、見心靈之愛，否則無美之可能。人故若不向往美，是不會有真正愛之可能。同樣，人若沒有真正愛，亦不會真正美。心靈之美在其愛，心靈之有所愛在其對美之向往。此柏拉圖美學基礎。

　　愛是怎樣的一種動力？在人類及萬物中，唯愛一動力使人走離自身迎向對方並與之結合。其他一切動力，都為己而自私，甚至由佔有而分裂對立。獨美之愛如此動力再無分裂對立，因佔有慾望也只醜惡而已，非美。愛之走離自己、非為自己而擁有，如「君子成人之美」，是實現美時唯一途徑。

　　那甚麼是美？柏拉圖每次提及美都強調美之自身，這是說，縱使從具體事物言，美也只能是事物走離自身回歸存在整體時之狀態、一種從個別回歸美自身時之辯証歷程[②]，如愛一動力那

---

① 　心靈於此非指人實體（靈魂），而是從創制言時背後或內裡之動力，為事物成就過程中真實性之本。

② 　美之上昇歷程如下：從個別美之形體體會美，並孕育美妙言辭 → 從多個

樣；否則，若各是其私自，事物將由相互分裂而無以言美。美故非事物各自時之素質，而是一種存有狀態：萬物在其靜穆中之和諧、秩序、一體、一致之境象。如此一體和諧而靜穆，對等於人中之愛，一種心靈之一體無間，非各各自私而分裂。美故是萬物在其自身及各是其本性時之存有狀態。美之自身若非從理形、而是從萬物言，正是萬物由一體所呈現存在之平靜。

這回歸整體所是之美，因而實為「真」之體現、為在存在事物（感性界）中，「真」唯一體現。在美中所見，故為「真」本身之感性實現。唯人對美之愛是對如此"整一之美"之愛，其愛始真實，否則也只個別欲望而已，非愛。同樣，唯美以這走離自身迎向對方之愛為動力，始有整一和諧靜穆可能，否則，美無法整體、亦無法平靜。

存在平靜之一體和諧，這亦理形般之永恆存在。美因而是永恆在感性中之體現，而愛所成就永恆，非事物擁有或持續，而是萬物一體融合、無所分裂而永恆。永恆故非神性之不朽或人自身之永恆化；對柏拉圖言，心靈本來不朽，實無所謂超越死亡而不朽。心靈所企求永恆性，因而只能是心靈求其在感性界

美之形體明白美之普遍性，為一"形式"，非只從屬個體下，因而不再對個體執著 → 明白心靈之美較形體美更美更真，並不朽不變 → 從心靈而實現制度之美 → 由制度創制而向往學問知識之美 → 從學問之美最終向往美這最高學問，由此孕育最優美崇高之道理，並喜悅於其中（凝神觀照美整體與本體，這是生命最終境界）。對美本身之觀照，亦可理解為依據美之理形對萬物與存在整體觀照；畢竟，事物之理形，實為心靈觀照事物時所依據者。美作為理形，故為心靈特有之真理，非先為事物所是。

中之不朽。而這，亦生殖與創制而已。然因美與愛均指向存在整體而非個別個體，創制故非只藝術作品，更是社會制度及國家法律，甚至是知識與德性之實行。這始是愛真正不朽努力，為美在此世中具體地成就之美好。若非由於美、若非以愛為動力，人類創制與作為也只醜陋而已。

愛與美之努力，因而創制地結合理形與感性界，為理形感性體現時之動力。理形與感性界之關連，再非在那不可能之「分有」（participation）上，而在兩者外、作為第三中介之心靈上，換言之，在心靈愛之力量及其對美之向往。心靈有二：一為從宇宙存在言之「宇宙心靈」（見《蒂邁歐篇》），而此即大自然事物存在之根據，工匠神依據理形所塑造出之秩序世界；二為人類心靈，而此即人類種種創制之根本，特別是社會存在制度與法律。愛感性地向上，美知性地往下；兩者使知性與感性（兩個世界）結合起來，如愛人與情人之結合那樣。從知性界言為真，從感性界言則為美。[①]

美除了是知性界與感性界之結合外，她更是那在感性存在中使人類心靈向往知性真理之途徑。當美是在感性界中對存在整體平靜和諧之靜觀時，這一「靜觀」（theasthai），同也就是在知性界中對真理之「思惟」（theôria）。美之靜觀或觀賞，是真理思惟在感性界中之對應。美之靜觀引導並促使（形成）我們領悟純粹思惟之真實。她就是此思惟而已，只不過在感性存在中體現出來而已。美與愛因而與求真之知性思惟同一。對美之愛神，

---

① 而善是在兩者之上使其真及使其美者。

也就是對智慧之愛者，換言之，哲人而已。對美之愛與對理形真理之愛，因而一體。理形之靜穆永恆，亦美在此世中之靜穆永恆，萬物一種總體和諧之真實。美作為理形之感性存在，故是萬物自身存在之真實、及人由依據理性而有之創制。

柏拉圖藉由知性，對人類感性安立，以知性美之愛欲（erôs）為感性唯一真實。美（感性體現）如此真理性，使美學自始便為美學形上學，如古希臘藉藝術成就其藝術形上學（形上神性）那樣。柏拉圖這從知性與真理言之美學，雖未能如從人性言美學真實[①]，然已是西方美學之楷模，因如後來康德，其主體性美學是無能從存在整體美言，而此始為美學最高真實，無論如「里仁為美」美之存在極致、抑「盡善盡美」美善一體而極致。美學最終應從存在言，非只主體自由而已。唯柏拉圖此美與真連結之美學形上學，因無法脫離知性，故無法在知性之人外，單純回歸人格之懿美或人性之美，此其缺憾。（請參考我們〈懿美與美〉一文）。

[①] 唯從人性，由美所體現之善，始得到本然定案，否則若如柏拉圖，無論從至高善抑單純從理性秩序言美，都非美究竟依據，亦無從涵攝美所有領域可能，如從人格所言懿美、或從主體言鑑賞之自由。柏拉圖美學形上學，雖從形式言已達致與人性所求美一致，如從靜穆和諧言美，然若非由人性而只從理性，如此靜穆和諧未能回歸人類真實（如「里仁為美」或桃花源般人性理想）而仍顯得外在；此從理性知性言美所有限制。

普羅丁美學形上學備註

我們在這裡對普羅丁美學思想略作說明，為對柏拉圖甚至希臘世界觀之總結，亦可一見中世紀思想之源頭。

人們都因理形論或柏拉圖對知性肯定而以這類思想「唯心」，然無論古希臘藝術形象、抑柏拉圖理形，希臘時期思想都實沒有遠去物質世界。縱使藝術多麼精神性，如此精神性始終唯透過形象始能體現；同樣，無論柏拉圖理形多麼知性，仍實以工匠世界為依歸。理形無論多麼高遠，仍由美學感性落實[①]；而物質或自然世界，始終為形式提供實體。如是自然所提供物質，仍為藝術形象與工匠制品之本。希臘時期之精神性，因而始終由物質實現。

然稍加對中世紀觀察，神（上帝）作為心靈對象與寄懷，絲毫不能有所物質或形象；如此純然精神性，始是希臘心靈之對反：心靈由對立（對反）物質而為精神，非精神由物質而體現。這樣精神性，始見於普羅丁，為精神性或靈修性（神修性spirituality）之本。希臘世界雖有形上學之體，然形上學之實由普羅丁啟始，為純然精神世界之建立，遠去而非如柏拉圖那樣，始終仍回歸現實世界。

對普羅丁言，存在之惡非由於人類本性或無知（如無理性或真理時之惡），而是由於物質：純然物質只醜而已，其本身非美；甚至，物質為形上惡之根源。若回顧柏拉圖，心靈只介乎美醜善

---

① 美於柏拉圖中故仍落實於感性，甚至使感性亦有真理性可能。

惡間，由缺乏美善而對美善渴求；心靈雖由向往美善而不朽，然非如普羅丁，心靈直下即為美本身，甚至為真理本身。於普羅丁，故見人類思想首次回收於人類心靈自身，以心靈為價值與真實，非再由世界事實而外在。美學亦因返轉於心靈之美而外於形象。

若形式於希臘須結合於物質（亞里士多德之物質因）始為真實，在普羅丁中相反，形式越遠去物質越是真實。這時真實性，是從形式純然作為自身言，物質只不得已事實而已。縱使對希臘人形式因由想像故較實在事物更完美，然對普羅丁，形式是由作為心靈物、非由為與物質結合時之本質而被肯定。心靈與物質對反[①]，這首見於普羅丁，為人類思想首先對心靈自身關注：既為人類及主體性之提昇、亦成就真正精神性及靈修之意思。

對普羅丁言，美學所探討，不應只現象或表現中之美，而應是那自身為美者。一般事物之美因在呈現中始有，故非在其自身。在其自身而終極之美，故須以自身為美者為依歸。普羅丁沒有如柏拉圖那樣只從美之理形言美自身；理形本非從美言，故不應視為本身即為美之事物。能本身為美者，唯那在美麗事物前、能因美而有所感動之「心靈」；真正美者[②]，實那感動於美之心靈本身而已，非其所感動事物，後者之美只在表現中、非如心靈本身在其自身中。對普羅丁言，真正能在其自身者，故非事物或理形，而是本然有內在性之心靈本身。理形與物自身作為自身存有故只虛說，唯本然內在之心靈，其作為自身始實說。普羅丁更進地對

---

① 非只形式與物質對反。
② 那在其自身為美者。

美作解釋：心靈之所以在美前感動，這是因為其本性為美；美實即心靈本性，故在（事物之）美前，心靈所見，唯其自身所是、其本性而已。在美之感動前，心靈故應感受到其自身此一內在感動，而知美實是心靈本身之感受，非對象之事；如此而知美實即有所感動之心靈本身，非其他。心靈對美之愛（感動），故是心靈自身之美之體現、一美之心靈之體現，非先是外在事物之事。心靈所向往之美越是高尚，其心靈自身之美越是高尚。而向往心靈自身之美者，故至為懿美：其所向往為自身之美、自身之真故。

從對象之美所觀見者，因而唯二：一為從事物形體美中返見心靈內在之意念及其美，因畢竟，縱使為形式，仍是作為心靈感受而感見、為心靈所向往；其美在心靈感受中，非在事物身上。若換以心靈另一處境，同一事物可再不感受為美；美始終是心靈事，非對象事。二則為他人及其人格作為對象所見之美，而此非只一行動或言辭，而是其人之心靈。從他人心靈之美更見一切心靈（包括我們自身在內）之美。心靈之高尚、正直、潔淨、勇毅、穩重、平靜、理智……，諸如這一切美，其感見反顯我們自身必亦同然、同樣地美麗。

心靈於事物前這一反觀，因再非對向感性事物本身，故為一種直觀、一種知性或智性直觀。人故唯對其自身心靈始有如此直觀可能，其他直觀始終只感性而已。一切智性直觀，如後來笛卡爾「我思」「我在」，故必然反身性。而若是思惟思辨，則本身非直觀性可言。如是對美之直觀，較藝術直觀更為懿美，其所觀見為"自身"之懿美故。於物體（作品）所體現，作為映象，故非所摹倣事物，更是人自身心靈內在所是。一切作品對

象，故是「鏡像」，由之所見為心靈自身真實，非對象。

心靈故非只為事物（人）實體，更是一種內在性。內在性由觀照而產生。存有非只知性感性二分而已，更是內在外在地判分開。若非從一反照言，內在性無以建立。而內在性之建立，自然排斥一切外在性，以其再非為真實。內在性雖孤寂，然始終懿美而正面，非由外在而分化、非因外在（現實）而晦暗。

靈修心靈之自返，故本真。美好再非從外在言，而直是心靈自身之善。普羅丁所成就，故是內心收斂默然時之美、一精神與內心力量之美與崇高。心靈之美，如高尚、正直、潔淨、勇毅、穩重、平靜、理智等等，均為人遠去及擺脫物質羈絆時所有之美，為在形式美感外美之自身，如太陽之光明那樣，既非物質形式、更是心靈內在感受本身所向往。

遠去物質性，這是心靈之淨化。心靈若對美無所感動，這只其心靈不美不善而已。觀見故非唯藉眼睛感官之看，更由心靈內直觀達成；美如是、善與真亦如是。由作品之高貴崇高，所見故為德行與心靈之美。美終究言故非直下可見，唯心靈努力於自身真實時始可能感見直觀者。美故為心靈歷程所創造，非事物外在屬性。心靈由對自身內在努力、一種內在創造與立，始實現心靈自身之真實，其美亦由此而致。由於心靈為本，而心靈所是為美，故善亦唯由如此心靈之美而立，非在心靈外而有所謂善本身，如柏拉圖至高善所以為。

從普羅丁思想可見，其所求真理，雖仍本於人類言，然事實所求，已為如亞里士多德純然反身於內之至高神靈，絲毫非有所外在，更遑論為在現實中人之存在。強調心靈與內心，此普羅

丁所以獨特，亦其重立人價值之基礎，唯過於偏倚於內心而已，未明人仍由外在之立始真正懿美。

　　普羅丁精神性因從美言，而美醜（精神與物質）之對立，始終保有心靈自身之肯定與光明，非如中世紀，其精神性從善言，因善與惡對比，神與天國之善將使人類及其現實世界落為負面，負面性故多伴隨中世紀世界觀，亦神所以必須救贖之原因，非如普羅丁心靈能內在自己而美。

　　從普羅丁，故見希臘（古希臘與希臘哲學）之仍扣緊世界存在，從世界存在立一切，非見心靈為人之本。後者為中世紀所繼承，亦中世紀思想之所本。

柏拉圖晚期形上學

　　柏拉圖前期思想，可總結如下：現實存在為以法律及工匠分工為基礎的城邦政治世界；而於形上學，柏拉圖則首次把巴門尼德「存有」與「現象」真假二分模式 [1] 具體地運用於現實世界，藉由「映象」之虛假性，達成真假二分在各層面中之展開與應用。《理想國》中線喻，則借數學把感性物體視作「映象」一事實，說明現實世界中物體均虛假。若非由於數學，物體縱使為感

---

[1]　在古希臘中，真假非二分地對立。神性"虛構"世界是唯一真實存在。在如此世界外，沒有另一真實世界可能。故使真假二分地對立起來、形成兩個世界之二分，只由哲學觀法所致。

性，仍無必為虛假。在「理形」與「映象」二分後，洞穴喻把真假二分運用在人類身上，而成兩類：具有真理性與處在奴役狀態虛假之人。人之虛假性，非從人本性、而是從人所面對對象言。面對虛假對象為虛假、面對真實對象為真實。因而若只把目光定在眼前實物世界（映象），人也只能虛假而已。古希臘以「形象」為對象，此其所以對柏拉圖言必然虛假。《理想國》最後以牀喻，言現實存在中製造活動真假兩面：工匠制作真實，文藝創制因只為摹倣摹擬故而虛假；一切求摹擬之心靈，必然虛假故。以上三比喻，把真理（知識）、人、及現實存在三面，單純以存有「在其自身」之真理性貫徹地形構出一「真」「偽」二分之世界圖像。哲學世界非生命力亦非人性世界，唯知識始為真理。無論柏拉圖理想國有否實現，以知識及以政治法制理性為真理模式，至今仍主導着人類存在。柏拉圖形上學，其影響極為深遠。

縱使如此，柏拉圖形上學於晚期仍有所轉變。

除《法律篇》外，柏拉圖晚期，從對話人物結構觀，計劃着一「三部曲」寫作方案，如下：

第一組　《智者篇》　　　《蒂邁歐篇》（*Timaeus*）
第二組　《政治家篇》　　《克里底亞篇》（*Critias*）（未完成）
第三組　《哲人篇》[1]（佚）　《赫謨克拉底篇》（*Hermocrates*）[2]（佚）

---

[1] 見《智者篇》217a，《政治家篇》257a。
[2] 見《克里底亞篇》108b。

　　以上三組，各由一篇純理論討論、及一篇具體應用（或現實歷史說明）所構成。三組各有核心主題，為柏拉圖晚期哲學之整體規劃：《智者篇》論「存有」與「現象」之構成，為對真與偽（智者）之存有論論着；《蒂邁歐篇》則從具體宇宙構成作為對應說明。《政治家篇》對政體作研究，亦論政治家本性；《克里底亞篇》則具體地論述政治與城邦史。最後一組，從篇名猜測，內容應為對真理或哲學真理本身之論述，也同論及哲學家其人；《赫謨克拉底篇》則應為具體地對哲學史及哲學現實存在之說明。

　　無論從柏拉圖晚期着作或直接從他說話，都可看出，柏拉圖此時十分在乎「感性世界」或「現實」中真實性問題。這明顯因亞里士多德對現世之關注與肯定，使柏拉圖對兩個世界之分裂問題無可逃避。若亞里士多德哲學直指向變化世界，其物理學甚至對變化作解釋，柏拉圖是無法不正視這樣問題。晚期柏拉圖思想重點因而全在這裡：如何轉化「理形論」使之亦能解釋變化世界，因而使理想能落實下來。在這試圖回歸現實世界之過程中，我們甚至可看到，柏拉圖晚期往往以「人」為問題重心，如真假問題非如前期只從「理形」與「映象」討論，更是從人自己之判斷言；像這樣把問題由客體轉向人主體，是連亞里士多德亦未有。柏拉圖晚期三部曲以「智者」、「政治家」、「哲人」而非從對象事物如「存有」與「現象」、政制與政體等命名[①]，已明顯顯示這「人」之轉向。無論如何，我們實無法不驚歎柏拉圖思

---

① 　如《法律篇》或《理想國》便如此。

想之周全細密。

　　柏拉圖晚期思想最大改變在哪裡？若「理形」是柏拉圖前期形上思想核心，晚期改變自必落在理形一概念上。若理形為靜觀的真理對象，為一在其自身因而割離現象世界之存有，那晚期柏拉圖針對理形多用了一概念：genos，我們暫譯為「族類」。「族類」一概念在柏拉圖早期思想中已存在，唯未廣泛運用而已。一如「本質」，「族類」雖亦是過去已完全存在（過去完成式），但它與歷史進展、與事物之根源或系譜有關，揭示出每一事物之過去、其來源、其出處本來、其族類或家族 ①。「族類」一概念因而實已不再從理形靜態地觀見事物本質，而是從發生、生成、變化世界之動態歷程觀、從過去已完成之偶然發生觀、從現有事物之根源及來源觀。理形作為「族類」，雖所涉仍是事物本質所是，然是從其來源、其在變化中之根本、其從源起根源之「類」言；既有本質及是其所是、亦可解釋及關連於變化與發展，因而同時可應用於變化世界並接受這樣事實。藉由「族類」，事物於變化世界中仍能"歸類"為本質與本源、仍保有理形之實，唯是從過去根源、來源、構成，非從事物在其自身言。前期辯証法對事物之界定、以矛盾回駁、及種種藉類比而作之証明，在晚期中，轉變為一種「分類法」或「類別法」。從「分」「類」中追溯根源，以尋回其「類」；這是《智者篇》及《政治家篇》所強調方法。

　　柏拉圖這「族類」思想明顯繼承古希臘神話學之系譜思想。

---

① 　「家族」一詞同亦 genos 一字。

系譜在希伯萊及埃及中，本是神人或皇族奴隸二類之分類而已，然在古希臘，如赫西俄德之五個族類[①]，族類不再只是二分性劃分，更是種種性格、存在境況、心態、根源等之分類；換言之，是對存在一切對象所作整體性分類。這作為一切事物基礎之範疇，不只具有階級或教育、血源上之等級意義，它更是事物成其為如此時之基礎與基素，因而仍是本質性、仍與事物之「實是」根源有關，非只階級或社會地位之價值觀而已。如相關存在，《智者篇》便首次提出五個族類[②]之說法，即「存有」、「靜止」、「運動」、「相同」、「相異」。五者是一切存在與一切事物根源性範疇或基素。雖仍只知性，然不能不說，「範疇」這構成素之思惟模式，早已在柏拉圖晚期提出。

若「族類」概念取代「理形」，那「交織」（symplokè）這類與類之「結合」（koinônia）活動則取代以往「分有」或「參與」（methexis）一概念。晚期柏拉圖對種種交織之研究，是為進一步明白交織若用於事物深層存有時，在理論上將會遇到的問題。晚期柏拉圖世界圖像，是由種種根源性族類其交織所生成之一種世界，非只在其自身理形與感性之分割世界。由族類之交織，嘗試解決現實存在中一切"生成"問題。如政治在《政治家篇》，再非政體或法律制度、或建基於貧與富、善意與被強迫、依從法律與對立法律等政體制度建立問題，而是對族類或"人形態"

---

① 金、銀、銅、英雄、黑鐵。見《農作與時日》一書。

② 或譯作「種類」。

之建立 ①。政治先是"人種"或人性之"製造"與建立，既從政治家（國王）其人之族、亦從人民百姓之塑造；透過特殊通婚，編織出國家之網；既達成神性結合、亦達成人性結合，使人與人之聯繫織造成一統一、自然地和諧、人性地友愛、公民間緊密地聯結在一起的國家。自君王族類至人民族類之聯繫，《政治家篇》故是人族類與交織而成之一種新政治學。

在族類與交織思想下，柏拉圖怎樣處置存有與映象問題？如此問題為《智者篇》主題。《智者篇》從追擊智者其虛假性問題着手，由此引入真與假、存有與映象、及現象等問題。柏拉圖在 239d 放棄前期以映象與摹倣性作為虛假性之解釋，原因在於，映象所對向（所摹倣）真實，始終只（事物之）「形」而已。柏拉圖後期為了說明變動世界不得不改造「理形」概念，故連帶對虛假性或現象假象性之解釋，不再能以「映象」「摹倣」說明。239e 以智者自稱盲目無珠為理由，否認不知映象為何物，以逃避由映象而致對虛假性 ② 之哲學界定。柏拉圖於此故嘗試離開前期映象論，重新說明虛假性、錯誤、與假象。為達成這一目的，柏拉圖甚至不得不放棄巴門尼德及形上學根本論旨：「是，並，不可能不是」或「有，並，不可能沒有」，因這樣論旨，使「存有」與「非有」截然二分，無法"交織"一起。柏拉圖反而全力証明：「非有或不存在事物在某些方面有（存在），存有或存在事物在某些方面非有（不存在）」（《智者篇》241d）。為何如此？原因也很

---

① 即回溯至人本性、性格、教育等形態。

② 因而對智者及其虛假性。

簡單。因若堅持巴門尼德原先論旨，縱使可分辨真與偽，仍未能把這真與偽應用於變動世界、未能從形成過程中說明真與偽。以往，一旦與"變動"或"形成"有關，便不可能是真理，後者只能是"在其自身"之「存有」，不能離異自身而仍真實。這時所謂真理，是從「存有」角度言之至為理想、為存有價值等級之至高者，猶如人們說上帝就是真理那樣。這存有義純粹在其自身之真，正由於這樣高度，無法與現實世界接合、無法為形成過程中之真與假、無法說明或分辨此世中真與偽。為說明此世中真假，真假必落於生成中言：在某種生成狀態下為真，而在別的生成狀態下則為假、為錯誤；如由哲學家口中所說的為真，而從智者辯士們口中所說的則為假。這一真理論必須照顧"真與假之生成過程"，從生成過程說明真假，非在生成過程外只求指認真與假其存有等級差異而已。晚期柏拉圖，故必須摒棄形上學、摒棄從存有等級言之真理。理形論者在《智者篇》中只被視為唯物主義者之反面而已；兩者之錯誤在於：他們都只從「存有」或「存在者」言真理，一者以「理形」為真、另一者以世界中「物體事物」為真，兩者都只從事物所是、其存有言真，不知真應在生成中，非能單純作為「存有」或「事物」言而已。真假故非「哪些事物是真、哪些是假」這樣問題，而是「在怎樣情況下，同一事物形成真而在別的情況下形成假」這樣問題。縱使非為哲學史對柏拉圖之理解，我們仍必須說，柏拉圖晚期確已突破前期形上學形態，建立了另一種形上學，唯後來哲學史沒有察覺而已。在形上學剛誕生如此早期中、在建立形上學全盤基石之柏拉圖中，同一個柏拉圖實已突破「存有」之真實及其優位性，「存有」只落

为五「類範疇」①中之其一。而同時，與「存有」對反之「非存有」，那作為虛假性之解釋者，在追尋偽之為偽之《智者篇》中，隨「存有」地位之下降，轉化為「相異」（thateron）：相異於「存有」而非其對反。②「相異」使一切（包含至高者③）相異於「存有」，因而始成為「非有」。換言之，「非有」非一自身存有，而是由「存有」透過相異過程而致者，因而在歷程變化中始出現，非根本的。「非有」之出現，只由相異於「存有」、相異於事實因而虛假，非一種根本存在的假。「非有」之"存有"，只「相異」而已。

如是，我們應怎樣理解柏拉圖晚期對「存有」之看法，從而明白其與形上學之關係？

撇開巴門尼德不談，形上學始於把「存有」應用在世界事物上，並因而造成在事物背後或之上另一事物世界層面（理形、實體、甚至上帝等形上體）。然在柏拉圖晚期中，當「存有」被視為只是一「類範疇」（genos）時，「存有」再非直接從事物身上形成「理形」等形上體，而只是哲學家在其理性思惟中所關注與參照者。柏拉圖說：「哲學家始終是依據着存有之形而思想」（《智者篇》254a）。請注意，「理形」或「存有」再非從事物本身（事物之在其自身）說，而是作為哲學家於其思事物真理時，所參照或依據之類範疇。哲人之思所以真，非因直見「理形」，而是因

---

① 族類或種類，genos。
② 相反於「相同」但相異於「存有」。「當我們說『非存有』時，我們並非指某些與『存有』相反的東西，而是指與『存有』相異者。」《智者篇》257b。
③ 類範疇。

其有關事物之思，是參照並依據着類範疇（如「存有」之作為類範疇）而進行；一般思想所以錯誤，因不如此參照類範疇而已。類範疇此時是思惟真理性之依據；而哲學家之思惟，其所以真，因他除依據類範疇外，更進一步地對類範疇本身問題作思考，如哪一類範疇可與哪一類範疇結合、又與哪一類範疇不能結合等等。這對類範疇本身之思，柏拉圖稱為「辯証法」，為學問中之最高者。（見《智者篇》253c）哲學作為哲學（辯証法），因而非只思事物之真理，更先思事物真理所由之根源，即事物作為總體存有時其總體之所是（類範疇），非個別物之所是（理形）。「存有」、「靜止」、「運動」、「相同」、「相異」五者，是事物總體更深層真理，非只從個別事物之所是言。用後來形上學之區分，晚期柏拉圖形上學，非再只是特殊形上學（對存在者之思），而是一般形上學（對存有本身之思——存有論）：思存有其所是、思存在者總體時之種種存有樣態：如「存有」、「靜止」、「運動」、「相同」、「相異」，五者為一切事物其所是之源頭、一切事物之"存有"。

　　這樣對"存有"作為根源之思，確實較前期深邃多。若比較「理形」與「類範疇」差異，理形作為類是從事物本身言，而類範疇作為類，則是從思想本身方面言。前者客體，後者主體（思想者）。非作為思想者其主體之所是[①]，而是作為其「思」之所是，即單純作為思想進行時之參照。「思存有」因而非思一作為對象之存有，而是依據「存有」作為範疇而思。存有由「理形」轉化

---

① 　主體若作為對象，實仍只是一種客體而已。

為「類範疇」，因而亦是一種主體化過程。存有再非作為客體對象、再非作為形上體，因智士們辯說再無眼睛故。思之是否真實，在是否"依據"「類範疇」而已，與對象"本身"無關。

在這無形上體之形上學中，真理直在「陳述」（logos）中。當柏拉圖說，「走」「跑」「睡」或「獅」「鹿」「馬」三詞縱使連在一體也形成不了陳述時（《智者篇》262bc），若以最嚴格方式理解這說話，應是說：真實存在的，非之前以為個別之實物及其理形，這些詞並不能顯示任何真實存在事物或事實。[①] 真理之最小單位，應如「人學習」這由名動詞結合而成之單元，是在陳述（logos）中始有之真偽，非「人」「牀」等單純名詞或物自身可有之真偽。因畢竟，真假對錯必繫於「陳述」，非在陳述外有所謂真假對錯。單純名詞本身根本沒有指認任何具體事實，因而無真偽可言。不單只真理再非落在任何單純客體對象事物身上，而只在思想陳述上、在邏各斯上，甚至，連事物本身，再非只如具有單純本質的一種存有物，而是一結合物體、一複合體，正確言，一特殊而具體的對象事物[②]。事實上，事物如語言（文詞符號）一樣，有些可相配合、有些不可，而若真實陳述只在詞與詞複合體而非在單詞內，那事物之為事物，不可能再是單純在其

---

① 「這兩個例子表明，不把動詞與名詞結合起來，就無法表示任何（…）存在者或不存在者之存有。」《智者篇》262c。

② 稱為複合體並非說是由兩個或多個事物組成，而是說它非一單純在其自身事物，而是由如「人」與「存在」結合而成之「人存在」這樣複合體。對柏拉圖言，存在事物再非任何如理形般在其自身事物，而是「人存在」、「人學習」這樣事物（「人」）。

自身,而必然是複合的。

柏拉圖在晚期中確實成就一全新世界圖像。不單以往在其自身理形之真理性轉化為相互結合的類範疇之真理性,連「存有」亦再不以一特殊優位地位出現,因而與作為「相異」的「非有」同等地位、同等真實:「還能聲稱不美比美麗具有較少的存有嗎? —— 無論如何都不能。(…)當『相異』的性質的某個部份與『存有』的性質的某個部份相互對立時,這對立 —— 若我們可以這樣說的話,具有不少於『存有』自身所有之存有;因它〔『相異』〕並非表達『存有』之相反,而只是表達與『存有』相異而已。(…)它因而並非在存有上低於其他真實存有嗎?我們現在是否可大膽地說,『非存有』也是具有其自身本質的事物,(…)『非存有』過去是,現在也是『非存有』,……」(《智者篇》258abc)換言之,在真理與在萬物間,柏拉圖完全放棄存有等級、放棄從真實性等級言真與偽差別,因而再無「存有」與「非存有」根本對立 [1]、再無知性之真對立感性之偽、亦更無作為存有之「理形」對立作為非存有之「映象」。

柏拉圖晚期之真理觀是怎樣的?若真與假非再在事物上、若存在事物再無存有上之高低與真偽,那真與偽將全落在「陳述」或「邏各斯」上、在「思」本身,非在對象之存有等級。再無

---

[1] 我們說過,柏拉圖晚期放棄以「映象」或「摹倣」解釋虛假性,但仍保留著「存有」與「非存有」之對立作為解釋。我們於此始明白,「存有」與「非存有」之對立雖仍是虛假性之解釋法,但意義已大不如前,因此時「非存有」,只是「相異」而已,非如以往為真正對反存有之「非存有」。

存有等級是說，一切事物在真理性上都平等，無必然真與必然假。柏拉圖晚期形上學因而實再無任何形上性，事物世界亦再無等級、無上下高低、無必然真必然偽。如此世界，其歸宿再非在作為真理之「存有」上、再非環繞「存有」而形成，甚至，再非環繞於「物」，而是環繞於「人」。非環繞作為存在者之人，而是環繞其知性能力、環繞在人中之真理能力，簡言之，「邏各斯」（logos）。從前期至晚期，除是「理形」轉向「類範疇」（族類）外，更是「存有」轉向「邏各斯」、事物客體轉向認知主體（其真理能力）之一種形上學。這時主體只從心靈認知能力、非從自我位格言。位格性主體，如「我思」，是後來之事，必須經歷基督教神學始有。柏拉圖的認知主體故仍是希臘式，為客觀非自我性，因而非「我思」，而單純是「思」而已，甚至非內在心靈上之思，而是直在體現中之「陳述」。「陳述」即在體現中之「邏各斯」。「邏各斯」非如以往「存有」或「存有之思」那樣，必然真理性；亦非如以往知性那樣，必然是對存有真實者之知。此時之思，非從「知理形」或「思存有」而為知性，其所思對象，也只任何可能事物而已。因而真與假之差異，非在對象之真偽上，而是：真也只是述說（任何）事物之如其所是，假則是述說相異於事物之所是（《智者篇》263b）。故若面對一「坐着的人」一事實而說「有一坐着的人」，如此陳述即為真，其相反即為假。真假只此而已。這在特殊具體陳述中之「邏各斯」，雖為真理之所源，但本身再無優位性。若「存有」也只是一類範疇，與「非有」（「相異」）同等，那「邏各斯」同樣，既可為真、亦可為假。原因很簡單，「相異」這一類範疇，可與「陳述」結合故（《智者篇》

260c）。以前線喻中心靈之四層狀態有本質真偽之別，今若連至高之邏各斯也無真理優位性，心靈四層狀態將反倒過來，非從真理性由下至上，而是從源起由本至末言而已。本真則真、本偽則偽。這時表象關係非對外在者之表象，而是：外在地體現之表象，也只內裡之表露而已。以往表象為表象外在者，今表象為表象內在者、為內在一層一層向外體現，非一層一層向外向上體現。這前後期心靈四層狀態，其對應可列表如下：

《理想國》線喻	《智者篇》
noèsis ↑	↓ logos
dianoia ↑	↓ dianoia
pistis ↑	↓ doxa
eikasia ↑	↓ phantasia

以上四層，在《理想國》中由對象之差異故一層一層上昇、向上表象，然在《智者篇》則層層下降、外者表象內者。其關係為：語論或陳述（logos）從其述說某一事物而為真假（界定見前）；思惟（dianoia）也只語論或陳述，唯差別在：思惟是心靈與自身無聲對話，而陳述則思想發於聲音而已（263e）[1]；意見（或譯作「判斷」doxa），即心靈自語（dianoia）而有所肯定否定

---

[1] 在 logos 與 dianoia 兩者間選擇 logos 為本，一由於 logos 具有較深傳統重要性，另一由於希臘始終只以外在世界為主、非以內心思惟為主。希臘沒有自我內在性，故對柏拉圖言，觀念本也只外在仰觀之理形對象，知性感性都同只外在能力。因而內在思想，對柏拉圖言，也只對話收回於內、自己對自己對話而已，畢竟對話始是根本。

者（264a）；最後，幻象（phantasia），即心靈狀態中意見在（透過）感覺中之呈現（264a）。因思惟、意見及幻象三者都同根源於陳述，故都隨陳述之真偽而真偽。「（…）思惟是心靈與自身之對話，意見是思惟的結論，幻象是感覺與意見的結合。因這些狀態以陳述為源，它們因而必定有些及有時是假的。」（264ab）「邏各斯」可為假，而相反，「意見」與「幻象」亦可為真，這已完全非以往的柏拉圖了。我們可說，在再無形上真理對象這狀態下[1]，真與假只落為經驗事物在其陳述與判斷中之真假而已。晚期柏拉圖不只突破前期形上學，更突破形上學本身。[2] 若不把經驗事物之是非對錯視為真理，那柏拉圖晚期是無真理的，一切都只從現實實踐之好壞言而已，再無形上價值或真實。除非，這樣真理是留待《哲人篇》論述，然這是我們無法想像的。《哲人篇》之缺佚可能非只偶然。哲人若在《智者篇》中也只那「按照類範疇進行劃分，不把同一理形用於不同的理形，或把不同的用於同一的」（253d）[3]，那能從這樣辯証法仍能形構出形上真理，這實不可思議。無論如何，形上學在柏拉圖後仍繼續下去，非從這晚期再出發，而仍是接續其前期。而晚期柏拉圖，亦隨着《哲人篇》之缺佚而隱沒。

有關柏拉圖形上學，我們暫以此為結束。

---

[1]　類範疇非形上對象，只是對存在總體所是之判斷而已，非本身為對象。

[2]　對形上學否定，柏拉圖以對巴門尼德這父親之弒殺為喻，見《智者篇》241d，258c。

[3]　同樣參考 253d 及 259de。

第四章　中世紀形上學研究

　　有關真理，希臘哲學雖似探求甚麼為真：神靈、水、火、存有、理形、實體，然從如此內容之不一且無一定定向，如此真理探索，非在說明真理或真實「是甚麼」、何物為真，而更先是：真理或真實應是怎樣。無論古希臘神靈、泰利士之水、巴門尼德之存有、或柏拉圖之理形……，都非只為肯定其事物之真實性，而更為指出，於他們心中，真實者應是怎樣的。特別古希臘神靈因明為虛構而不存在，故其意更應只在真實「應是怎樣」，非在「是甚麼」。從這點言，希臘思想於真理問題既自由亦理想，非如我們今日地現實。正因如此，現實世界於希臘中往往被視為只具有虛假性（現象），非他們心中之真實。而真實縱使非現實地在眼前，仍因其理想性而為真理；如此真理，始為希臘人所肯定。真理之所以形上，與如此理想價值向往心態息息相關。[1]

---

[1]　不過，仍應指出，思想之自由固然從創造性言重要，但真實仍須是真實，不能過於理想。希臘哲學終結於亞里士多德並非偶然，其哲學之現實世俗味已遠去希臘原本精神。柏拉圖晚期亦然。故若從希臘整體觀，神話學

在中古及在宗教教義下，由"至真實者"被確定或限定為基督教「上帝」時，一切真理之問，只轉化為對此一「最高存有者」（神）之提問，再非自由地為每人心中真理之理想。神（上帝）之存在因而限制了人對真實性之反思與認定。上帝之真理形態，亦使真理轉移為問「甚麼是至真實者」，非再「真理應為怎樣」。若後來笛卡爾之問題為「如何確定真理」[①]，因而所問與真理基礎與判準有關；若康德進而問「真理如何可能」[②]，而尼采更問「為何真理」甚或「如何遠去"真理"」，那真理在哲學史中，明顯有下降趨勢。其歷程如下：

1. 真理應怎樣（真理之理想）？（希臘）
2. 甚麼是至真實者？（中世紀）
3. 如何確定真理為真？（笛卡爾）
4. 真理如何可能？（康德）
5. 為何追求真理？（尼采）
6. 如何虛擬真理？（當代）

從這樣歷程而觀，西方對真理之探討，表面似嚴肅，然背後多麼任意。這與真理源頭之不真實性不無關係。我們亦可從這

（mythos）確較哲學理想，因而可說，現實性於哲學早已潛伏，應為哲學根本本性。

① 或「我如何確定某些被指認為真理之事物確實是真的」？

② 「如何可能」明顯較「如何確定」更甚。「如何確定」只確定性問題而已，然「如何可能」則帶有質疑其可能性之意味。

一事實看到，神話世界、形上真實、宗教之上帝等等既遠去世間真實、亦帶有思想上虛構性，無論其連帶創造的文明價值多大，始終從非為真實言，於人類存在努力中，多麼誤導。

　　形上學基本問題主要有兩大類：一為其體系所求形上真實本身問題[1]，二為在此形上真實下對世界之看法。中世紀以神為最高真實一形上學進路亦明顯如此。有關神自身問題，其最高亦最困難者為三位一體問題[2]；而有關在神哲學觀點下所開啟之世界，即《神學大全》問題。三位一體既與基督教（天主教）教義有關，亦往往為哲學家對神之最高思辨反省、為神本身作為形上真實時之奧義問題。單純哲學理性固然以神存在及其屬性問題為本，然因基督教為中世紀歷史之思想基礎，故三位一體更是形上學不可或缺問題，構成中世紀形上思想核心。至於《神學大全》問題[3]，主要是從神作為最高存有與天地萬物中存有物

---

[1]　這除了探討形上真實本身問題外，亦含人怎樣對此形上真實有所認知問題。

[2]　神之存在與屬性（如神之知性與意志等）均未如三位一體此神學奧義深邃而困難。

[3]　《神學大全》問題是 Petrus Lombardus 為考驗修習者神哲學知識而擬定之一連串神學問題。對這些問題之回答（撰寫），反映作者對神哲學之全盤見解、為作者體系所在。如聖多瑪斯之《神學大全》，其內容如下：

　　卷一：一、論神；二、論三位一體；三、論創造；四、論天使；五、論「六日」工作；六、論人；七、論神性主宰。

　　卷二：一、論終極；二、論人之行為；三、論習慣；四、論法律；五、論恩寵；六、論信、望、愛；七、論實踐與瞑想之生活；八、論

關係之問題；為存有者（創造者）與其他存有者（受造物）問題，非「存有與存有者」間存有論問題。故非存有之「理」、非事物之本質與規律，而是神作為一存有者之行為作為、其所創造世界之善、以這樣善為存有之理。有關《神學大全》問題，我們不打算在這裡進行討論。

「三位一體」與形上學位格問題

三位一體所指為聖父、聖子（耶穌）與聖神（或聖靈）。三者作為神是一，[①] 但祂們間又是三位，非同一位神。然困難是，怎樣是既一又三？[②] 三位一體怎樣可能？應怎樣理解？神這三位一體，已超越理性邏輯所可接受。若神為最高存有，那從三位一體而見之存有，是怎樣的？

在《古約聖經》中，當摩西遇耶和華上帝而問其稱呼時，耶和華之回答是：「我永是那永是者」（Èhiè ashèr èhiè！）[③]。問題

　　生存狀態。

　　卷三：一、論基督之化為肉身；二、論聖事；三、論復活；四、論死後之事。

① 基督教是一神，非多神。

② 如同一個體人，又同是三個個體。

③ 《古約聖經・出埃及記》3,14。法譯為 "Je suis celui qui est (suis)"，André Chouraqui 則譯為 "Je serai qui je serai" 或 "Je serai: je serai"。原因在於，希伯萊語只有完成、未完成兩種時態，而無過去、現在、未來三種時態，Chouraqui 故以 serai 一未來形態代譯 èhiè 這未完成時態。這未完成式之「我是」，代表著永恆將至之意思。然因希伯萊從無西方「永恆」一

是，最高存有為何以這姿態出現？為何「我永是那永是者」為最高存有之名？

首先，「存有」一名作為指認最高真實，無論其所指是甚麼，其內容或意思本都只從人理性可及之最終真實言，因而如巴門尼德說：「思想與思存有是同一之事」[①]。除非存有非只事物存有，而是在其自身之其他事物，如優越因（eminent cause）或如神或惡魔那樣，與事物所是異質，因而無法從事物推度得知，否則，存有作為本質，始終應為人可理解。因物始終在世界內、在我們眼前，存有作為物之形上性，無論多麼超越，故應為我們人類理性可理解。以「存有」命名此最高者，因而意味無論形上抑形下之一切，都在理性理解範圍內。此亦巴門尼德之意。「存有」作為名、一切名，莫不就是一種理解：「人」、「神靈」、「花朵」均為其物之理解，其稱謂同為一物之是其所是。今耶和華以「永是那永是者」為自身之名，意在說：我之所是，非一般存有之所是，因而是超越的、甚至超越於一切存有之上，非在可理解性範圍之內。

在「我永是那永是者」中，宜注意以下兩點：一、這稱謂（名）是耶和華給予自身者，其為名所指認為耶和華之「我」，非一物，故沒有顯示其是甚麼（本質）。[②] 二、在「我永是那永是者」

觀念，故 Chouraqui 認為其意思應為指認那純粹超越者（la Transcendance pure）。見 *Nouvelles Clés — Entretien avec André Chouraqui*。2005。我們用「我永是那永是者」意譯這難於翻譯的神之名。因其永是，故是超越的。

① 見前有關巴門尼德之討論。

② 「我永是那永是者」與「神」作為名稱極不相同：前者只純粹名而已，後者始顯示「是什麼」時之觀念。

中，「永是」所言之存有，非事物之存有、也非存有本身，而相反，所欲指出為：存有即我，我即存有。非言我就是「存有」，如以「存有」為先在之事物[①]；而是說：所謂存有，若有的話，也只「我」而已。換言之，「我永是那永是者」或任何類似「我是存有」之陳述，其唯一意思只是說：所謂存有，即「我」而已。

耶和華上帝以此命名自身時，這是哲學史中非常重要轉變；這轉變只由希伯萊傳統成就，希臘傳統不能。其為轉變，即由物存有至「我性」存有之轉變。所謂「我性」，非指「我」作為人或作為神這事實，而是單純指「我」這一位格（person）。「我」這從位格言之存有，是存有中屬神之至高者，是神性存有，亦西方藉神性對「自我」之提昇。希臘存有從物是其所是言，位格義存有則從「我」性言。位格之「我」獨一無二：縱使我與你均同是人，然唯我是我，你與他都非我。言我是「人」，只指認一事物而已，作為事物，與同類者同類，亦分享着共同本質。然作為「我」不同。「我」只能獨一，亦不成類，也不指認任何事物：我只是「我」，不必是人，也不必是神；無論是人是神，與「我」這位格無關。「我」因而超越一切事物之作為事物，亦與從事物言之存有層面毫無關係。事物始與事物有關，「我」作為位格言，與物無關。與「我」有關者，唯「你」與「他」（作為位格）而已。物與物是一存有層面，

---

① 若如此，將再無任何意義。因此時實假設我們已知存有是什麼。然存有若非從任何事物而是從「我」言，而「我」又非一般已知事物（「我」之「是什麼」仍有待知曉），那「我是存有」一陳述實無所說，「我」是什麼仍未知曉故。

「我‧你‧他」是另一存有層面，兩者無接觸或關連。

希伯萊及基督教神哲學所開啟的，是對希臘本質義存有之超越；這一超越，同為對知性及理性知識之超越。在基督教神哲學中，對本質之超越主要有二：一為三位一體、另一為神之層層外化。前者是「位格」對「本質」之超越，本質因而再非終極，位格始是。後者即在本質或實體內，對本質與實體本身達成「轉化」；而此即神之化成肉身（作為人之耶穌）、及耶穌在最後晚餐中由祝聖聖體聖血達成人之化成為物 ①（麵包等同耶穌身體、酒等同耶穌聖血）。若不把耶穌身體與血即視為人本身，最低限度，所達成的，是物物實體與本質之轉換 ②。這由神至人、人至物本質或實體轉化與超越，是對「本質」或「實體」本身之一種超越：耶穌確是人、是具有人之本質與實體，而麵包與酒又確是物、具有物之本質與實體，二者之"轉化"，因而是"本質與實體間"之轉化與超越，亦因而為對本質與實體本身之超越 ③。本質與實體之轉換 ④，在基督教外，於其他哲學傳統不可能發生，否則本質與實體將失去其意義。唯獨神可達成如此轉化，因無論本質抑先驗成素，都無法對神有所限定：神可在本質內轉化，亦可使本質轉化。神蹟或奇蹟之哲學意義在此。

「位格」對「本質」之超越一問題更甚。本質之相互轉化始

---

① 或物之化成為人。

② 身體與麵包、血與酒。

③ 本質作為本質本無可轉化，能轉化，故已為對本質本身之超越。

④ 本質與本質、實體與實體之轉換。

終仍在本質層面內，沒有動搖本質一層面（沒有在本質外提出另一更高存有層面）。「位格」之出現因而扭轉哲學史，哲學中主體性由是誕生。三位一體問題，故較神之化成肉身更具哲學意義。[1] 現讓我們對三位一體問題作一討論。

位格[2] 指在我、你、他關係中之人格性。人格性為物甚至動物所沒有，獨人或較人更高之生命始有[3]。從這點言，「位格」高於物「本質」。位格之本在「我」這一存有樣態。然我之能為我，已涵蘊「你」與「他」。單純在其自身而無「你」與「他」之「我」，根本無意義。「我」作為存有樣態，因而從始已非一在其自身之存有，也非一在種類下之個體，而是一種"原關係"，為一種先在的"關係性"、一種本質上是「關係」而非「在其自身」個體的存有狀態。「你」從內在言與「我」相關，而「他」則從外在言與「我」（及「你」[4]）相關。「我」作為「我」，因而存有上與「你」及

---

① 不過，萊布尼茲晚年給 R.P.Des Bosses 三十五封書信中，對本質或實體轉化（trans-substantiation）作哲學性研究，為 vinculum substantiale 一問題。見 Christiane Fremont, *L'Être et la Relation*, Paris, Vrin, 1981。這問題可視為康德 Verbindung 問題之前身。

② 位格，person（per-son），希臘文為 prosôpon。Prosôpon 一詞同解為「面具」。面具掩蓋人其自我，顯露出另一更接近角色本身、因而更理想地客觀的面貌。正從這點言，位格非用 prosôpon 一詞，而用 hypostasis。拉丁文 persona 也含面具之意；又因面具掩蓋著，故只能透過聲音而傳達（persona）。然無論如何，位格非與面具之意有關，而單純指我、你、他三者而已。

③ 因而位格往往被視為只對具有理性之存有者而言。

④ 因「你」與「我」內在相關，故對「我」而言之「他」，亦是對「你」而言之「他」。

「他」聯繫在一起。「我」故非一「在其自身」存有，更先是「在關係中」之存有。現象界事物雖也有因果（關係）維繫着，然畢竟從每個個體承托着不同因果關係言，個體始終獨立於關係。位格不同。「我‧你‧他」關係非先有各自存在而始有關係，「我‧你‧他」之位格性是一關係意識。當我們如在法律中說，人是一位格存有者時，人此時是從具有個體獨立性言。然問題是，這位格之個體獨立性，實已先在地假設更基層關係性始可能。「我」之獨立，只相對「你」與「他」始有，非在「你」與「他」外而言之一種獨立性。相反，那完全獨立在其自身之物，不會因其獨立性而具有位格，物根本沒有與任何存有者有一內在關係故；換言之，根本無「位」故。這從人而言人格之個體獨立性、那連在其自身物都無法具有之獨立性，因而只從作為「原關係」之存有狀態始可能。

那為何在三位一體中三位是一體？原因很明白：若位格關係只單純落在個體間，「位格性」始終不能是先在的，更不可能超越「本質存有」，因後於個體故。為使「位格」為最高存有樣態、因而高於本質，位格中「三位」不能從三個個體間關係產生，而必須"先於"個體之三，否則位格關係只是個體與個體間更進一步關係而已，如此便不可能為至高存有樣態。為表達位格之至高性、其超越本質與個體上時之根本性，「位格關係」故只能先在"一"存有者身上"純然地"呈現，不能在"多個"存有者之間。因而這體現位格先在性之存有者，只能既是一又是三。從存有者言是一，但從位格言是三。這即三位一體之形上意思。很明顯，唯至高及先在之神（上帝）始能是三位一體，因神為最

高存有故。作為存有樣態，「位格」最屬神。此所以耶和華以「我永是那永是者」這一位格自稱。若「位格」正是那超越本質及概念之存有樣態，而在一個體中又是那超過其本質與本性者[1]，那麼，對位格、本質（本性）、個體性三種樣態，我們可圖表其關係如下：

	【位格】	【本質或本性】	【個體性】
【聖父】	神之我性	神之本性	
【聖子】	神之我性	神之本性、人之本性	人之個體性
【人類】	人之我性	人之本性	人之個體性
【動物或物】		物之本性	物之個體性

我性本然地屬神，即「我永是那永是者」所以為神之名之原因。「我」是神性的。人所以為神之肖像，非從本質本性[2]、而是從位格言，即人因位格我性相似於神。如此而人有自我。人雖有我性獨立性，然因無神本性而只具人本性，故必然墮落。若生命樹類比為神之本質，知善惡樹則可視為神之自我位格；人因只具知識（自我）而再無永久生命，故必然墮落。[3] 這也說明，

---

[1]　神之為「我」超越其為神這一事物；我之為「我」亦超越我之為一個體人這事物。

[2]　否則，人便是神了。

[3]　人之墮落明顯也是一神學問題。墮落所指，為人失去其神性、失去其與神本然關係。墮落非只心靈下墮於感性界，更是心靈失去其神聖真實。因神本是形體之創造者，墮落故非由於形體，而是由人失去與神之結合與盟約。如是，墮落故是精神性。人類因眼前利益與滿足而失去與存有愛之關係、失去在存有整體愛之真實中、失去其靈性，如是心靈與存在狀態，即

對希伯萊傳統言，生命始是本性或本體，知識只形成自我而已。古希臘與希伯萊共同重視生命，故與後來哲學強調知識與主體自我正好相反。從歷史發展言，若形上史始於以「本質世界」為存有，中世紀至康德則轉而以「我性世界」為本，那自黑格爾後至我們當代，則可形容為「非我性」或「超我性」時代，既非「本質」又超「自我」（或非自我化）、既是非理性（非真理性）又是回歸物之無自我性。不過，這是以後之問題了。

從形上學角度言，「位格性」作為最高存有帶來哪些改變？首先，位格之出現，是形上學從「物存有」轉向「人存有」之第一步，若不從人言，最低限度，是一具有思想生命及位格性心靈。從這點言，「位格」總結了之前思想有關「主體」之準備。這準備，一在亞里士多德，另一在普羅丁。亞里士多德在柏拉圖後成就了「個體」真實性，並亦已有了最高個體 —— 神。中世紀可說把這最高個體位格化。而普羅丁則可說為是由柏拉圖、亞里士多德物存有世界過轉至「心靈」存有之中介。「心靈」作為最高存有①，嚴格言，始於普羅丁。在普羅丁中，神始為一"個體化""心靈"。而基督教亦對這樣精神心靈與太一"位格化"。

墮落。人心靈之靈性（spirituality），故是人面對其自身心靈時所有真實。這一真實，在西方，仍是以在人之上另一心靈（神之心靈）為對象始有。靈性或靈修性，因而為心對心、非心對物之關係，就算此時為物知識真理仍然。

① 這裡所謂心靈，非作為能力言之靈魂，而指如中世紀哲學之內心，如奧古斯丁《懺悔錄》那樣，為人面對上帝時之內心心靈。

「我・你・他」位格作為內在關係是說，我們與最高存有，是一在我你心靈間關係。非再只心靈對理形之仰觀或主客間認知，更是心靈與心靈間情感關係。這與他者一體共在關係，因對方為最高存有，故是「愛」。非向外物物之愛欲（erôs），而是心靈與心靈間內在之愛。然正因此時位格心靈為最高存有（上帝），心靈對向此最高存有時，有着兩種關係可能：1. 因為（最高）存有，故為理性認知對象；2. 因為位格心靈，故是情感與信仰對象。最高存有（神）作為「存有」使其普遍，然作為「存有者」[①]，神又是獨一地特殊，為如愛人與情人般地獨一。如是上帝既具有普遍性亦具有特殊性，使崇拜能理性真理性而非盲目、亦在知性關係外，有着對神具體愛之可能。因對象又是「存有」本身，故其愛純粹、普遍而無特殊限制。這普遍而無限制之愛，即「博愛」：「博」從存有之普遍性、而「愛」則從對象仍為具體特殊存有者言。無論是人類對神之愛、抑神對人類犧牲性之愛、甚或在神之下人與人相互之愛，從形上史言，都為對「存有」之愛，對「存有」之一種感性情感狀態。「存有」之感性情感化，始於此。這一情感，因非人倫人性情感，故可為理性接受，其對象始終為純粹「存有」故。這既智性亦感性之愛、這由純然知性轉變為感性情感狀態、由物轉變為人性格，始於「位格」。

西方文明中感性情感，確實大大地為「存有」而非人倫所塑造。如藝術中情感，都與基督教內心對神之愛或對超越者（超越性）之向往有關，因而都是形上、非人性人倫之美。其為感性情

---

① 而非如理形般為「類」。

感，為"超越的"感性情感（transcendental affections）。此西方藝術感性情感之真實。若正義也只一種「超越德性」，非人倫人性自覺努力時之德行，那西方文明下之價值與價值實踐，都只超越地形上，縱使回歸位格之人性真實仍然。此「存有」對西方及對人類所帶來影響。

若存有之位格化（「我性」之提出）是基督教神哲學形上思想核心，那當笛卡爾提出「我思」[①] 時，這在形上史中又是一大轉變。這轉變明顯在：位格關係中之「我」，轉化為主體「我」，因而為一獨一實體。主體「我」一方面不再面對（另一）心靈而只面對世界（物）[②]，重返知識而遠去情感關係，另一方面，「我」由神之「我」下降為人之「我」，人主體性地位由此確立並突顯。這些問題，我們留待笛卡爾時再作討論，只點出其間涵接而已。

中世紀神之直觀或知識問題

除三位一體位格問題外，中世紀神哲學對神直觀或知識問

---

① 「我思（或我懷疑）故我在」一陳述在笛卡爾前早已被提出。奧古斯丁《獨語錄》（*Les Soliloques*）、《論自由意志》、《論三位一體》、《上帝之城》等著作都已有提及。奧古斯丁 cogito 其目的主要為指出：正如真理已含藏在懷疑中，思想因而反映上帝，是我們重遇上帝之所、亦我們回返上帝真理之途。這樣「我思」，故與笛卡爾「我思」完全不同，後者只由思想推論至存在，非推論至上帝。
② 笛卡爾如是而重返希臘存有論。

題仍值得關注。有關神之直觀（vision of God），主要有兩種派別：一贊同其可能、另一否認其可能。兩種看法都有《聖經》為依據。我們不打算進入這神學論爭，不過，這問題也延展至笛卡爾後。如馬勒伯朗士（Malebranche）則認為有此直觀可能，而笛卡爾則否認。事實上，笛卡爾在此問題相當獨創，他首次提出：人類有關神，只具概念而已（見《沉思集三》）。然聖多瑪斯在《神學大全》中作較為緩和之解釋。聖多瑪斯分辨兩個概念：對神之知見與對神（本質或實體）之理解或掌握（comprehension）。他贊同前者否認後者：受造物之理解力無法與神之理解力相比，因而不可能掌握其本質。笛卡爾提出神概念時，也作同樣看法（見《沉思集三》）。這看似是一個很好的解決法，但從形上學角度言，實已帶來嚴重問題：若神代表「存有」及最高真理，那是否能對神有所知，重點非在神，而在人類之知識能力（知性）是否有限，不能對真理有所認知？當巴門尼德提出思即思存有時，哲學對這樣問題看法非常肯定。希臘傳統從不質疑這樣問題。原因在於：若世界像希臘那樣單純是一外在客體，這樣世界只有真假，沒有知識或知性限制問題。這樣限制，始於位格帶來之主體性。若單純是物，物知識只隨人類知性能力而昇進；事物之真實只反映人類知識之進步。無論哪一階段，物之真實都不會不為人類知性所理解。然若參雜主體及其表象能力，始會呈現如「表象」是否「物自身」這類知識極限性問題。"主體"與（事物世界）"存有"間，始終有着不可跨越之距離在。自笛卡爾後，當「主體」為存有中心，物世界是否能為知識對象便成嚴重問題（心物二元問題）。同樣，神作為既是位格主體又是最高存

有，神之超越性相較古希臘神靈歧義性言有過之而無不及，一由於其知性能力無限，二由其意志絕對，可完全在人類理解外，而三，古希臘始終以共體世界為本，神人均參與其中 ①，非神超絕地外於人類世界，而四，古希臘真理非單純指知識，亦有如藝術從人類存在言之真理性，非單純關乎神靈本身。中世紀位格我性使神之存有完全隱沒；如同在人類我性前，物自身完全隱沒那樣。這隱沒即「我永是那永是者」所言之純粹超越性，非只歧義或隱喻而已。問題故始終是，若人類無法認知神之存有，人類知性是否無真理性？對神之認知，故是形上學重要問題。

人與神這位格存有兩者間，從認知關係言，可有三種：神與人，或是一義、或是完全歧義、或是類比地認知。傳統稱三者為存有之一義性（univocity of Being）、存有之歧義性（equivocity of Being）、及存有之類比（analogy of Being）。這樣稱謂意思是說：「存有」一概念用在神與用在其他存有物其意思或是一義、或是完全歧義、或是類比的。換言之，神之存有與其他存有物存有其知性或理解究是一義（一致）、是完全歧義、抑是類比。舉「存有」概念為例，因這概念至為普遍亦至高。

主張歧義性者認為，人類知性無法理解或對神有所認知，其代表主要為神秘主義者，如五世紀之 Denys-d'Aréopagite。Denys-d'Aréopagite 為負面神學之創始；即有關神，我們只能負面地、不能正面地言說；只能說神不是甚麼、不是甚麼，不能說神是甚麼、是甚麼。這樣想法較屬於宗教多於形上學範圍，

---

① 　如以形象表象。世界故始終是一神靈世界，神靈與神性沒有隱沒於世界外。

我們暫且不論。

在中世紀較為被接受立場，為存有類比說法，以聖多瑪斯為代表。意思簡明：我們雖無法以有限認知如實地認知神，但也非完全不能認知；我們有關神之認知，是類比地進行：一切用在神身上之描述（名），因其意思本來自受造物，故只能視為不完全地對神之表象。如同一切受造物都表象神，只不完全地；同樣，一切名亦都表象神，不完全地而已。因不完全或不完美地，故非同義（synonymous）、亦非一義（univocal），而只是類比。一般言，一切名都首先關乎受造物，其應用於神故只是比喻或隱喻地用。至於非比喻或隱喻性之名，如「善」、「智慧」等，因萬物之善由神而來，故應先作為本質用在神身上；不過，這些詞之意思仍應只類比而已。「存有」一名用於神身上因而只類比而已，非同義的。神之存有與萬物存有，由兩者存有等級差異，故只能類比，非一義。

那麼，主張「存有」一義或同義[①]之看法怎麼說？這主張主要以 Duns Scotus 為代表。Duns Scotus 提出以下四個理由[②]：

1. 當我們說神是一無限存有因而與受造物這有限存有有所差別時，「存有」一詞在兩者身上須是一義，否則「無限」與「有限」這進一步劃分便毫無意義，其主語不同故。為使進一步

---

① 所謂概念之一義性是說：概念自身擁有一充份統一性，以至若它肯定又否定地述說一事物時，這將只會自相矛盾。如說神是「智慧」但其「智慧」又不是我們一般意思時，這將只會自相矛盾。概念之一義性，因而不能如類比那樣，既用又不用在神身上。

② 見 *Opus oxoniense*, I, dist. III, q.i。

劃分可能，兩者（「無限」與「有限」）共同主語（「存有」）須為確定。

2. 概念之產生，無論透過知性抑透過感性，都不能與這對象在意義上不一致。概念之產生與其對象不能只是類比地發生，「花」一概念不能與花這物只是類比關係，而必須一義。沒有任何概念本身能由類比關係而成。若「神」這概念只能類比地產生，那在此世，我們是不可能有「神」這概念的，因在此世，人類沒有任何關乎事物之概念是從與對象之類比關係而來故。

3. 對一主語若完全正確地理解，可使我們達致對其所有屬性作推論。若主語不為我們完全正確地理解，因而不能對其屬性作推論，那我們必須從正確地理解這主語着手，不能止於對一不完全確定主語下不完全確定述說，如類比那樣。

4. 屬性或概念不能用於神身上，只有兩種可能原因：或這屬性根本不應用在神身上、或當它用在神身上時，其意思與我們所理解不同。若是後者，我們根本不應對神有所述說，因這時所說，與我們所理解意思根本不是一致，說與不說都同然一樣而已。以上為 Duns Scotus 有關「存有」一義性之論証。

我們不應因 Duns Scotus 說「存有」一義便以為他必然主張自然知性可對神完全認知或可有所認知。並非如此。「存有」之一義性只對我們知性能力有所肯定而已，視我們中之簡單或純粹概念與神一義而已，至於確實是否有關於神之知識，這非單純概念本身意思問題，更是對象問題。因神在其自身本體非我們人類對象，故我們在此世仍未能如實地對神有所認知。那麼，聖多瑪

斯與 Duns Scotus 想法差異究竟在哪裡？聖多瑪斯類比是從對象客體思考；而從對象之存有方面言，確實神之存有與受造物存有不同。相反，Duns Scotus 以「存有」為一義時，他是從知性本身獨立性思考，視知性為一獨立事物，就算在神身上亦然。對聖多瑪斯而言，神之知性與其實體（本體）同一，其知性無需思辨，亦同時是事物存在之原因。人類知性之限制，使我們之知不能同時為對象之創造，知性必然後於其所知對象、必待對象被給予始然後能對它有所思（有所知）。人類之知性只知而已，非能創造其對象。神不同：因萬物之創造全出於神之手，故神無需"事後"被動地知其受造物。神之知性故同是創造的、同為事物存在之原因。康德後來稱這樣知性為「智性直觀」（intellektuelle Anschauung）或「本源直觀」（intuitus originarius），即「一本身亦給予直觀客體其存在之直觀」（《純粹理性批判》B72）。聖多瑪斯雖亦以神具有意志力，但其意志與知性一樣，都直就是神之本體，永遠相連一起而非獨立。後來史賓諾莎更以神為沒有及無需有意志，因而正與笛卡爾對反；在整個哲學史中，唯獨笛卡爾以神為具有一絕對意志，甚至高於任何邏輯或本質真理之上：對神而言，像「1 = 1」這樣必然命題，都再無其必然性[1]。Duns Scotus 雖未至於此，然以知性為一獨立真實、因而神之思非同為對象之創造，創造事物之意志力，在神中故獨立開來：意志獨立於知性能力，非相連在一起。存有一義性與類比性，所涉故為知性本身

---

[1]　這即笛卡爾與 Mersenne，Mesland，Arnauld，Morus 信中提及的永恆真理創造一問題。

之存有問題，特別在至高存有者身上，其知性能力之存有地位與樣態究竟怎樣？至高者意志能力之無限性，是否在真理知性能力之上，或最低限度獨立其外？從存有本身而非從人言，究竟知性之必然性抑意志之可能性為最終真理？這知性與位格存有間之問題，在柏拉圖與亞里士多德中不可能出現：哲學以「存有」為「在其自身」客體，必使知性凌駕意志，使意志從屬知性而為一體。後來哲學史因位格主體化，知性地位故必過轉至意志，如存有過轉至主體性那樣。存有一義抑類比問題因而為這樣過轉之首次出現。以往知性因客體對象而一義，今「存有」位格化使最高主體之知性成為問題？即知性之最高狀態、那"作為主體"之知性將會怎樣？明顯不會再單純依據客體。若「存有」一義把神之知性視如人類知性因而兩者「一義」，此時知性與對象存在相互獨立，創造只意志依據知性事後之事，如柏拉圖工匠神仍從仰視理形以製造；那在聖多瑪斯看法中，神由其為"最高主體"，故其知性模式與人類不同：神之認知同為對象之創造，非知性只能接受對象。這全新之知性可能：知性與對象非只接受性而更有其主動可能，將成為未來主體性所有知性模式。雖未必如神那樣創造其對象，但最低限度，人類作為主體，其知性與對象間應有相當主動成份在，不應只純然被動。主體在知性真理上之突破、知性之創發性，伴隨十六、十七世紀現代物理學，首次在笛卡爾形上學中建立起來，為其哲學之核心問題。隨着知性這一新形態，位格存有帶來之感性情感這一轉變，暫又被擱置起來。知性這一新形態，始見於笛卡爾「方法論」，即其早期《指導心靈探求真理的原則》。

第五章　笛卡爾形上學研究

笛卡爾形上學在很多方面都具歷史性。

1. 笛卡爾「我性」從人類之「我」言，因而首次成就人之主體性。

2. 笛卡爾主體我非「我・你・他」內在關係位格我性，而單純獨立地面對物世界。位格我性結合於物之真理，因而復興希臘存有論。

3. 在笛卡爾手中，「神・人・物」三種終極存有，前所未有地各以超越姿態存在、各為實體、有自身存在（存有上）之獨立性。

4. 從歷史言，笛卡爾把真理往經驗世界推進一步；自此，「存有」與「真」，等同「存在的」。

5. 笛卡爾替現代物理學首次奠定物質[①]之真理性。物質不單只本身亦具有本質，甚至可為數學所量化，因而具有知性真理之可能，非只感性而已。

6. 從主體我出發有關事物之知識，是創發性、非接受性的。

---

① 「物質」而非只世界「事物」。

7. 在笛卡爾中，亦首次出現對後來哲學傳統言、極為重要的想像力與意志力之優位性。

以上這些歷史突破，只相關形上學問題；其他如折光學、解釋幾何等成就，則不可計量。就連康德《第一批判》之問題，實已在《指導心靈探求真理的原則》（*Regulae ad directionem ingenii*）一書完整地看到，唯康德隱而不提而已。①

有關笛卡爾形上學，我們主要集中在代表前期之《指導心靈探求真理的原則》及代表後期之《沉思集》兩書作分析。

主體性之創立：《指導心靈探求真理的原則》

《指導心靈探求真理的原則》一書（以下簡稱《原則》）寫於 1628 年，為一未完成作品，在笛卡爾生前從未出版過。書計劃分三部份，每部份由十二條原則構成。第一部份討論簡單命題，第二部份討論可完全理解問題，而第三部份則討論不可完全理解問題。現今版本只有二十一條原則，非三十六條。而這二十一條原則中，最後三條只有原則本身而無注解。從這點言，《原則》一書應為笛卡爾沒有完成。所謂可完全理解問題，笛卡爾指如算數、幾何學那類本質真理；而不可完全理解問題，即

---

① 之所以這樣說，因康德較喜歡提及馬勒伯郎士（Malebranche），鮮提及笛卡爾；但這是十分奇怪的。

經驗科學與種種經驗知識問題[①]。若第二部份為「抽象」、而第三部份為「特殊」問題，那第一部份對簡單命題之研究，則屬「普遍」。這第一部份即所謂「方法論」。方法論，笛卡爾亦稱為「普遍知識」或「普遍科學」（Mathesis universalis）。這普遍科學，即笛卡爾之存有論。《原則》第一部份，因而為笛卡爾存有論之首次出現，然這問題相當複雜。

在傳統，形上學分兩門類：特殊形上學（metaphysica specialis）及一般形上學（metaphysica generalis）。特殊形上學研究最高存有者（如神）；因是特定存有物，故稱特殊。特殊形上學亦稱「第一哲學」[②]，因最高存有者亦必第一故。笛卡爾《沉思集》因所探討為神、心靈、與物體三種存有實體，故名為《第一哲學沉思集》（*Meditationes de Prima Philosophia*）。至於一般形上學，因以「存有」這一般概念而非以特定存在者為對象，故實等同存有論（Ontologia）。「一」[③]與「存有」因而為傳統形上學主要對象。形上學有此兩門，非代表一切形上學家其思想必有此兩門，而是說：形上學體系或思想，可以二者其一樣態出現。以笛卡爾為例，其《沉思集》是一特殊形上學進路之形上學，其中也可有對「存有」之看法與立場，然其主要或基本對象，仍先為「神」或「我」等特殊對象。相反，一般形上學也未必只能以

---

① 有關第二及第三部份內容之描述，見《原則》8 及 12。
② 「第一」一詞源自亞里士多德。
③ 「一」從最高存在者言。

「存有」為對象，「存有」也只代表至高、至普遍①概念範疇而已，因而若一思想從至普遍事物切入，這樣的形上思想，亦可視為是存有論形態。康德《純粹理性批判》，故亦為一存有論論著②。若笛卡爾《沉思集》為特殊形上學，那前期之《原則》，從所成就為普遍科學，故應為笛卡爾之存有論。

當我們說笛卡爾乃主體性哲學③之創立者時，對這樣判斷實應格外小心。哲學史中通常所謂主體性，在笛卡爾中，只由《原則》一書確立，後期之《沉思集》反而突破及超越此主體性立場。從這點言，《沉思集》非一主體性哲學體系，「我思，我在」中之「我思」（cogito），亦非一般意義之主體，因而不應從「我思」稱笛卡爾哲學為主體性哲學，除非這時主體性是從另一意義言。那麼，主體性哲學意指甚麼？哲學中之主體，主要從兩意思言：一從人類心靈之主宰性、決定性或主動力量言，另一從人類獨立自主自存性言。前者以康德哲學為典型，後者始於盧梭晚年《孤獨漫步者之遐想》。中國思想嚴格言只以後者為真正主體，人不應從對他人他物之決定性言主體故。不過，盧梭之自主獨立性仍非真實地獨立，這點我們討論盧梭時再說。至於從主宰

---

① 因而至涵蓋性。
② 「我們從狹義言之形上學，是由超驗哲學（Transzendentalphilosophie）及純粹理性的自然學（Physiologie der reinen Vernunft）構成。前者只考察相關乎一般對象而非〔特殊〕被給予客體之所有概念及所有原則體系下之理解力與理性（即存有論）；而後者（…）」A845/B873。康德這超驗哲學與純粹理性的自然學，因而對等一般形上學及特殊形上學。
③ 從人之主體而非從神之主體言。

或決定關係言之主體，視乎其內容仍可有多種；如以康德為例：三《批判》各別言一種主體性：《純粹理性批判》之主體性從知識與知性言，《實踐理性批判》從道德實踐之主體性言，而《判斷力批判》則從美感體驗之主體性言。因知性與對象關係一直為哲學視為主要問題（存有問題），故主體或主體性往往從這方面言，亦通常主體性之意思。若笛卡爾首次把神位格我性轉化為人之我性，因而為主體性哲學之創始，這一轉化在笛卡爾思想中，究竟是怎樣的？

《原則》一書在形構普遍科學時，試圖建立一方法藉以窮盡人類可能具有之知識，從而訂立人類知識之界限。像傳統形上學、神學、甚至道德哲學或倫理學等，都被排斥在知識界限外。問題是，笛卡爾所謂方法，非只是通常有關某對象事物所運用之方法，而是人類心靈自身於認知時之原則，因而方法實即知性本身其真理性之指導原則；是從主體心靈、非從對象言。換言之，是否達致真理，關鍵非在對象，而在心靈自身之方法。這涵蓋一切可能知識之心靈，因其知識體系是由心靈之方法架構起，故嚴格言，即從知性與知識對象關係言之心靈主體。笛卡爾《原則》一書即為這樣認知主體之建立。這時知識及其對象內容，因單純涵攝在主體內並為方法所窮盡並透明地掌握，故排拒一切超越或過於經驗性事物與事情，如傳統形上知識或倫理知識等。《原則》雖已提及神存在論証及心物二分 [1]，但從沒有

---

① 在原則 12，笛卡爾已說：「（⋯）我在，因而神存在；同樣，我理解，因而我具有一與物體區分開之心靈，等等。」

提及實體，亦不如《沉思集》那樣，進一步探索這些發現之形上意義。這普遍地涵蓋一切可能真理與知識的方法與體系，從其所成就是一切事物（而非某一特殊超越對象）之可能真理，故為存有論。存有此時非從對象、而從心靈知性之真理性與普遍性言，故為一主體性存有論。這鮮為人論及之《原則》一書，在歷史中意義是巨大的。《原則》與《純粹理性批判》可說是從知性主體言，兩大存有論論著。《沉思集》從這點言，反只是《原則》之對反。《原則》之似未完成好像表示，笛卡爾在洞見這前所未有主體性存有論當時，同時意識到另一更困難之形上學探索：即突破（《原則》）知識主體封閉與限制性，重返形上學（特殊形上學）、重構超越體及其真理、成就史無前例「神・人心靈・物世界」三者各自超越之真實與存在。《沉思集》這第一哲學之副題故為：「其中論証神之存在及人心靈與物體之實在區分」[①]。「神之存在」固然是超越的，但笛卡爾所強調心靈與物體之「實在區分」[②]，指心物兩者作為實體相互獨立之存在，因而為形上之超越獨立實體性。若《沉思集》最終仍達成事物之知識，這時知識所言物體，非再涵攝在主體心靈內，而是超越的。《沉思集》故不再為主體性存有論。其中「我思」，再非從知識或知性言之「我思」，而是回復中世紀意義下神之主體性，即笛卡爾獨創地以為

---

① 以上副題是 1642 年法文第二版的。法文 1641 年第一版的副題是：「其中論証神之存在及人心靈之不朽」。

② 因而非心靈對事物之涵蓋關係、非《原則》所言主體與對象關係。

之意志力 —— 神意志高於知性時之一種主體①。笛卡爾《沉思集》中「我思」，因如神主體性一樣，故驚訝地不是從知性、而是歷史首創地，以「意志」為模態出現之主體。而此遙指着尼采。這樣首創都在《沉思集一與二》中發生。而《沉思集三》於進入第一個超越對象（神）時，則重立存有等級（存有之完美度等級）這形上學根本觀法。以上突破與改變，都在《原則》與《沉思集》間發生。短短《沉思集》而經歷十年多始完成，故非沒有原因。從《原則》至《沉思集》，因而是從主體性存有論②至關乎「超越者」第一哲學之過轉。以為笛卡爾知性主體在《沉思集》「我思」中，因而是錯誤的。現讓我們對《原則》知性主體存有論作分析。

　　《原則》中第二第三部份處理具體知識問題，唯第一部份始是方法或普遍科學之基礎（知性主體存有論）。這部份十二條原則分三組，各以四原則構成。每組最後一原則（原則 4、8、12），為笛卡爾存有論之陳述。第一組（原則 1 至 4）為普遍方法之概論，第二組（原則 5 至 8）為方法之一般論述，而最後一組（原則 9 至 12）為方法之特殊論述。我們今對這十二條原則之主題作簡單說明，後始對笛卡爾存有論作整體論述。

原則 1　　因人類智慧一而相同，故應存在一有關一切事物之普

---

① 笛卡爾這神之主體，未見於中世紀典籍。我們這裡所言回復至中世紀，非言笛卡爾回復中世紀說法，而是說：笛卡爾此時只回復至從神言主體，非從人知性言主體。神之主體對笛卡爾言，是意志而非知性主體。

② 知性主體。

214

遍知識，不應以知識真理如特殊技藝般分割為多門
類。又因所有知識與學科連為一體，故心靈之學習，
應同樣以一共同理性（之成長）為目的，不應以追求個
別技能為務。[①]

原則 2 知識應以確定無疑，及完全能認知之事物為對象，不
應試圖以只能或然地認知之事物為對象。至目前為
止，唯算數與幾何確定無疑及無錯誤可能。之所以如
此，因算數與幾何所用方法為演繹（deductio）而非經
驗[②]，其所有對象既純粹又簡單，以致不因誤信經驗而
錯誤。[③]

原則 3 為達致確定無疑知識，理解力只有兩途：直觀
（intuitus）與演繹（deductio）。直觀「指的不是感
覺的易變表象，也不是進行不正確組合的想像力所
產生的錯誤判斷，而是純粹而專注的心靈的構思
（conceptus），這種構思容易而清晰，使我們不致對所
領悟事物產生任何懷疑；換言之，在一純粹而專注的
心靈中，單純由理性之光所產生的不容置疑之構思，
這種構思由於較演繹更簡單，故實較演繹更確實，儘
管演繹，我們前面說過，也是不會為人所產生錯誤。
因而，人人都能透過直觀看到他自身存在、他自身在

---

① 在這原則中，笛卡爾已把知識導向人類知性之一而非事物之多。
② 經驗與演繹為人類達致知識之兩途。
③ 原則 2 顯示知識確定性這知識之新模態。

思惟、三角形是以三條直線為界定，（⋯）」。

原則 4　Mathesis universalis 之提出，前三條原則之總結。（討論見後）

原則 5　此原則即笛卡爾「方法」之陳述：「為發現真理，全部方法只不過是：把心靈所觀看事物安排在秩序中（in ordine et dispositione）。而我們正遵行這方法，若我們把複雜及曖昧的命題逐級地化約為簡單命題，之後再從直觀所見最簡單命題出發，以同樣等級，嘗試上升至對一切命題之認知。」

原則 6　笛卡爾一開始便說，本原則含藏全部方法之主要秘訣，甚至是這論著中最為有用之原則。本原則指出兩點：一為所有事物都有一從演繹先後本末言系列上之排列，因而知識可從另一知識推演而得，從而可看到哪些知識與事物是最根本的。笛卡爾在這裡所教人，為怎樣透過演繹過程之先後，找到最為簡單及根本事物[①]。這些最為簡單及根本事物，笛卡爾稱為「絕對者」，而這包括一切從其自身性質而言純粹及簡單之事物，如獨存的、原因、簡單者、普遍者、單一者、相等者、相似者、直者等等。相反，那些相對於、關係於其他事物而言之事物，笛卡爾稱為「相對者」，諸如依附者、結果、組合的、特殊的、眾多的、不等的、不相似的、歪斜的等等。笛卡爾所謂秘訣，即為教人

---

① 　我們以下稱為「簡單體」（natures simples）。

怎樣在事物演繹關係中，分辨在一切事物中之最絕對者。

原則 7　在事物秩序之直觀與演繹外，本原則主要強調其所由最終得出之結論，是從「一切事物」這前提為條件，因而最後所得知識，必須由對相關事物之「充足歸納或列舉」達致，如此始能有一真實並確定的判斷。除直觀外，對相關事物之全部歸納，這是唯一在直觀外可有之確定性。不過，這一例舉或歸納，仍必須依據秩序進行。

原則 8　笛卡爾存有論之初步說明，人類知識極限之提出，前三條原則之總結。（討論見後）

原則 9　本原則與下一原則（原則 10）分別說明在直觀中之明見（perspicacitas）與在演繹中之聰慧（sagacitas）。明見由對平凡、容易、簡單、甚至微小事物而來。這些反較偉大事物更清晰事物，應是一切科學與知識演繹之本。笛卡爾舉例，說明科學知識怎樣可從與簡單平凡事物之類比而得，因而見簡單而清晰之平凡事物其典範意義。

原則 10　並同上一原則，笛卡爾指出：我們應先學會在平凡而簡單事物中之方法，即對其中所有秩序持續觀察與巧妙設想。人們都以為深奧而邏輯地辯証之哲理才是真理，而不知無論多深遠真理，都實從對平易簡單事物其秩序之觀察與設想而得。方法其本在此而已。

原則 11　繼前兩原則分別對直觀與對演繹作進一步說明外，本

原則說明兩者（直觀與演繹）結合時應特別注意事情：即盡可能在演繹與列舉（歸納）進行時，應使這過程達到一直觀狀態，由連續不斷及反複練習，提高心靈之直觀能力，使其能在同一時間內，直觀多樣事物，並能更深入地直觀到其中較複雜關係。

原則 12　笛卡爾主體性存有論之論說，《原則》第一部份之總結。（討論見下）

　　笛卡爾《原則》中主體性（心靈）存有論是怎樣的？首先，從以上原則可清楚看到，笛卡爾所提出及強調的，為"事物之秩序"。所謂方法，即基於"事物秩序"而作之探索；其目的很清楚：「〔方法〕指確定的、容易掌握的原則，透過這些原則，凡是正確地遵行這些原則的人，再不會把錯誤當作真理，（…）也能逐步地達致對一切可能達致事物之真實認識。」（原則4）笛卡爾接着說：「在這裡應特別注意兩點：永不把錯誤當作真理，及達致對一切事物之認知。」換言之，所謂方法，非只有關某些事物或知識所用之手段，而是與真理有必然關係、並同時涉及"一切"或"所有"事物之知識者。從與"所有"事物真理相關之方面言，方法因而為存有論。這存有論是怎樣的？笛卡爾怎樣看待存有（一切事物）？我想最為關鍵的，即事物中存在一"秩序"（order）這一新的存有觀。以往世界固然有種種層級，事物間也可有種種因果關係，世界甚至亦可呈現為一種具有目的性的圖像，但從沒有如笛卡爾那樣，從一"秩序"而觀。笛卡爾之「秩序」，非只一種目的性圖像，而是事物可化約為簡單體，再由簡

單體組合而成的一種世界圖像；換言之，一種由分析與綜合結構起來的世界。「秩序」是從事物之能化約為最簡單者，又從這些最簡單事物演繹出整體時之存有狀態。這一圖像，其關鍵因而在「簡單體」（簡單事物）一概念上。這也是為何笛卡爾視原則 6 如此重要。所謂「簡單體」[①]，除從直觀言最確定、清晰因而不會有絲毫錯誤可能之事物外，最重要的（而這點笛卡爾非常清楚），簡單不簡單，非從事物本身言、非客體本身上之簡單性，而是相對我們認知主體言而已：「因此，我們首先要說，當我們依據我們認知之秩序考察事物時，這並非如我們述說事物如在其自身真實存在情況那樣。（⋯）因此，因在這裡我們研究之事物只是那些由我們理解力所覺知者，故我們稱為簡單者，只有那些其認知是如此明白與清晰，以致心靈再無法把它們分割為更多對認知而言更清晰之事物。（⋯）我們其次要說，這些相對於我們理解力被稱為簡單之事物，（⋯）」[②]。不單只事物之簡單性並非事物本身之真實狀況，連所謂方法，除是對事物秩序之考察外，更可是由我們自身所設想：「（⋯）在這些微不足道事物上之所謂方法，一般而言，只是對在事物本身中、或是由我們巧妙地設想出來、之秩序之持續觀察：例如，當我們要閱讀一篇由未知文字構成之文章，從中當然我們看不到任何秩序，但我們

---

① 　即笛卡爾在原則 6 中稱為「絕對者」。

② 　原則 12，AT X，418，419。【這裡引用的 AT，指 *Oeuvres de Descartes*，publiées par Charles Adam et Paul Tannery，Paris，Léopold Cerf，1897 à 1913。頁碼亦為 Ferdinand Alquié 所編 *Descartes*，*Oeuvres philosophiques*，3 tomes，Classiques Garnier，Paris，1963 à 1973 所用。】

仍將鑄造出一種秩序，既可審核每個符號、每個字、每個句子可能有的所有推測，（…）」（原則 10）。正因無論簡單體抑方法中秩序都是從認知者言，由此形成的真理與知識，故是主體的、從主體角度而言的。很明顯，所謂在直觀中確定不移、明白清晰的「簡單體」，實對等傳統哲學中事物之「本質」。「簡單體」是由「本質」轉化過來之概念，唯差別在：一者從事物客體、另一者從認知主體言。笛卡爾對此是清楚的：在原則 6 指出簡單體之絕對性時，笛卡爾便已提及，由方法達致對事物秩序之排列，並非把事物依據「存有類型」或「範疇」而分類，換言之，非從事物「本質」或「存有類型」而分，而是依據對主體認知者言、直觀中之"簡單性"而作。笛卡爾這絕對與相對事物之劃分，因而是對傳統（事物之）存有等級之一種取代：以往從事物之存有（真實性）言，今從事物對認知者之"確定性"程度言。這主客體關係起來之真理，與單純從客體事物本身言之真理，因而極不相同。笛卡爾在原則 8 及原則 12 中試圖述說其全貌：從存在言，最根源的，非種種不同存有狀態或不同真實性程度的事物世界，而是人類自身理解力及直觀之對象。換言之，存有是由主體與客體關連起來的一種模式，存有由主客兩者構成。在這主客關連中，認知主體具有優位。笛卡爾說：「舉最顯要例子。若有人提出研究人類理性所能夠認知之全部真理這一問題，從以上這些原則明顯可看到，沒有任何事物可別於理解力而被認知，因有關一切事物之知識，都取決於理解力，而非相反[1]。」（原則 8）

---

[1] 即非理解力取決於對象。這即後來康德第一《批判》基本論旨。

正因主體認知能力優位，故真理之極限，全取決於人類自身，知識故不能超越人類知性所能。《原則》所探索，正是這對人類而言之全部知識而已，換言之，嘗試對人類心靈極限作決定，從而探索甚麼始是人類知識（見原則8）。原則8說：「若想把一切在宇宙中事物囊括在思想中，這其實並非一龐大之事（…）。（…）我們首先把與此相關之一切劃分為兩部份：或相關於能認知的我們、或相關於能被認知之事物本身。①」存有主客體之二分，即主體性存有論之誕生。原則12這《原則》第一部份之總結，即為對這主客兩面之具體論述。我們簡述如下：

認知主體主要由四個能力構成：理解力、想像力、感官、記憶。對真理知見雖主要由理解力負責，但實是由其他三個能力之協助達成。至於對象事物方面需考慮的，主要亦三事而已：哪些為直觀對象、如何由一事物演繹至另一事物、及對任何一物言，我們能作多少演繹。有關心靈能力，像後來佛洛伊德早期《科學心理學設計》（1895）對心靈模型構圖②一樣，笛卡爾對

① 笛卡爾這裡及在《原則》一書用「事物本身」一詞時，指的仍只是在我們認知關係中之簡單與複合事物，非如傳統那樣，從事物「在其自身存有」之超越性言。這後一種物自身，是不為笛卡爾所視為在人類知識限度內。
② 佛洛伊德對心靈之構造主要有三部份：外在知覺系統、記憶系統、意識系統。如下圖：

外來邊界（（ φ − − → ψ ← − − ω

知覺系統（φ）為對外來刺激之接受，記憶系統（ψ）即潛意識所在，而意識系統（ω）非指自我（ego），自我反而是由一部份 ψ 構成，是一長久形成的組織體，意識系統負責發送「真實性」（reality），其功能為辨別真實性與自內而來虛假之似真性，因而其功能是抑制性的；意識系統並沒有形成

心靈能力之勾勒其分項如下：1. 外感作用於對象，亦被動於對象，如蠟接受封印形象（figura）那樣。（我們稱此封印與臘之形象關係為「形象關係」）。這形象關係，應應用在一切感官上；一切感覺，都應以此形象方式設想。2. 外感官同樣無中介地，把這外來之運動或作用，直接傳達致「通感」（sensus communis）。3. 通感以同一形象關係，作用在想像力上。想像力是一種身體部份，形象在這身體部份之長久保留，即記憶。4. 行動能力（神經系統）起源於大腦想像力這身體部份，因而可解釋為何大多數動作之發生並無理性參與其中。5. 最後，認知事物之理解力為純粹精神性，故與身體完全分別開。無論它從通感（及想像力）接受形象、抑它作用在記憶與想像力及行動能力上，理解力都是同一能力。其為能力既主動亦被動：作用在通感時即感覺、作用在記憶中形象上時即回憶、作用在想像力上而形成新形象時即想像、單純在其自身中作用時即知性理解。以上這些能力，都既主動亦被動，相互間亦有所作用。以上為笛卡爾之心身圖像，亦為認知主體之結構。圖示如下：

理解力⟷想像力與記憶⟷通感⟷感官與行動
能力（神經系統）⟷外物

至於對象方面，亦分以下八點：1. 事物之簡單性是從我們

真實性，只使真實性正常無阻礙地運作而已。從這點言，佛洛伊德只視傳統哲學中之「我」為欲望主體之意識系統（ω），然「自我」≠意識。

認知主體方面言，非必源於對象本身。一物之形象性與廣延性這些簡單體，在事物本身中是結合起來之未分狀態，唯相對我們認知能力，我們始說一物是由簡單體所組成。簡單性不等同一般性。一般性可用於一切事物身上，故非簡單。2. 簡單體分為三類：純精神性、純物質性、及兩者之混合。純精神性如「我存在」、「我思」一類；純物質性如形象、廣延、運動一類；而混合的如「存在」、「統一」、「延續」（la durée）一類。笛卡爾補充說，負面事物如「虛無」、「靜止」等也可為簡單體。[①] 3. 簡單體因可完全被知，故不構成錯誤可能。4. 簡單體間之連結可以必然、亦可以偶然。如形象與廣延間之連結必然，物體與生命、或神存在與我存在[②] 間之連結則偶然。5. 我們只能對簡單體及由其所組成事物有所理解。6. 至於複合體，之所以我們能對它們有所認知，或因我們能從經驗得知它們是甚麼、或它們是由我們組合而成。在前一種情況中，若我們理解力所下判斷不超過直觀真實地所見，如此不會產生錯誤。如不以感官所看到事物即事物在其自身狀態，如此不會產生錯誤。至於後者，若我們明白組合而成事物是由我們自身產生，並僅止於此，那同樣不會有所錯誤。7. 事物之組合可由三個原因發生：或由於衝動、

---

① 康德早期撰寫了一篇《將負值概念引入世俗智慧的嘗試》（1763）論文，亦對負量作正面肯定。對負面事物正面肯定，是從存有回歸至經驗實在之一種指標；柏拉圖晚期對「非有」或「相異」（「他者」）之肯定，也是從走離單純「存有」這角度言。

② 笛卡爾說由我之存在推演至神存在是必然的，但由神之存在推演至我存在則偶然。

或由於猜想、或由於演繹。衝動指無理由之相信，其原因或由外來超越力量所致①、或由人自身自由之選擇、或由想像力聯想所致，前二者不引至錯誤，而後者則大多為錯誤。由猜想而來之組合，若我們僅止於作為猜想，也不會構成錯誤。最後，由演繹而來之組合，除非其時演繹不伴隨直觀，否則不會有所錯誤。

8. 至於演繹本身，能演繹的只有由詞句至事物、由果至因、由因至果、由相同者至相同者、由部份至部份、由部份至整體等等。

以上為原則 12 對認知主體與被認知客體（簡單體與複合體）兩面之說明。

總的來說，笛卡爾這「主體性存有論」是怎樣的？

若我們回想甚麼是存有論，可簡單地說，存有論即那探求事物世界或一切存在其至真實者；因無論哪一存有物，其真實性均在其存有（所是）上，故對事物真理之探究，即對存有之探究。存有論所述說，正是事物之存有是怎樣的、或這存有之模態是怎樣的。在希臘哲學時期，存有都從事物其更真實的一面構想；至中世紀始從至高（至真實）存有者這方面、從一特殊存有者言，因而再非從一切事物其各自之真實性言存有。存有論因而轉化為第一哲學。笛卡爾《原則》所提出的問題既非事物其存有之真實、亦非哪一存有者最真實，換言之，都非從事物本身之真實性言。笛卡爾之提問方式是：對人類而言，其可能之理性知識極限在哪裡？故往所有存有知識（神在內），因已超越

① 笛卡爾在這裡所指為由神而來之啟示。

人類理性，故均為笛卡爾所摒棄。存有論作為對事物存有之一般討論，在笛卡爾手中，因而轉化為對人類全部理性知識（真理）先行條件之討論：即在怎樣的世界存有結構中，人類知識真實地發生，其背後之存有架構又是怎樣的？這即為何笛卡爾提出認知主體與被認知對象（主客體）這一新的存有架構之原因。

在這一存有論中，存有再非從事物方面、也非從存有等級（完美性），而是從認知者與被認知對象這兩極言。這主客兩面之存有化，明顯偏向人主體性一面而非主客平行。表面上，在主客關係中之客體，作為對象，其真理不應為人所左右，但事實不然。在主客關係中，真實的是在"關係中"之事物，非事物自身。這關係性之所以如此優位，與位格中「關係」（而非實體）之優位性不無關係。在位格我性中，關鍵在我你關係，非在我你自身之所是。然在笛卡爾主客關係中，客體非位格，本只無關係性事物而已，故不應強調其關係性，仍應單純從是其所是言，不應從與人類關係言。如是我們始見主體性存有論之所以特殊。在這樣存有論中，作為知識雖仍針對事物世界及其真理，但這一切是以與我們人類關係為前提，而明知，從關係言，已非事物在其自身之真實了。因而如何說明或建立事物"在關係中"之真實性，便成為這樣存有論首要問題。換言之，須說明的是另一義之真理性：非事物在其自身，而是與我們關係時。

笛卡爾提出之回答實驚人。他放棄「在其自身」之真理，而試圖建立另一種（另一義）真理。若相對物自身真理"與主體關連"之真理顯得虛構不實，對笛卡爾言問題將是：虛構性如何能真？我們當然可反過來証明沒有物自身這回事，因而真理本不

應從物自身說；但這將多麼困難、多麼違反自然傾向與常識。笛卡爾沒有這樣作，連康德亦沒有這樣作[①]，儘管兩人之解答不同。無論是事物之「秩序」，抑直觀中不可能錯誤的「簡單體」，這些真實性構成素，在笛卡爾中，都只相對我們這認知者角度言，因而非事物自身。笛卡爾在原則 12 總論主客兩面時，都先提醒讀者一事，即：將說之內容，可以是虛構的。笛卡爾說：「(…)在我所能地簡略陳述，這已足夠了：對我的目的而言，為了獲取知識，怎樣的方式設想我們所有的能力是最有效的？你可不相信事情確實是這樣的！但誰能阻止你採用同樣的假設，若明白地這些假設沒有變更真理，而它們甚至使一切變得更清楚明白？」（原則 12。AT X，412）因而在之後有關認知能力之論述中，每次都以「設想」(concipiendum)一詞啟始。同樣，在說明簡單與複合體問題前，亦先如此說明：「(…)我們在這裡如同在前面一樣，必須承認某些可能不為人人所接受之假設；即使人們認為它們不比天文學家慣於用來描繪天文現象的那些假想圓更真實，也沒有甚麼關係，只要借助於這些假設，我們得以分辨任何事物之認識，怎樣是真實的、怎樣是錯誤的，就行了。」（原則 12。AT X，417）事實上，撇開《沉思集》不談，笛卡爾前期思想，都是由種種假設或假想構成。《原則》是以主體為基礎而作之知識存有論，而《論宇宙》(*Le Monde*)與《論人》(*Traité*

[①] 康德情形較複雜：非康德沒有否定「物自身」，而是，康德把事物與我們有關時之「我們」，提昇為超驗主體，非經驗之我或你，因而仍保有非從我你言事物之客觀性。

de l'Homme）則是依據主體有關物知識之可能結構 [①]，兩者都同基於假設與假想構成。我們是不難明白其背後原因。假若自中世紀後，存有不再從事物本身而轉變從神言，對笛卡爾，因神代表在任何真理上之最高意志 [②]，那我們（人類）是再無法從事物中確定最起碼之真實性。《論宇宙》第一章便再三論述感覺與事物間之完全差距，無法以感官表象即為代表事物之真實。這並非只是對感官真實性之質疑而已，而是刻意提出一種在事物與感覺兩者間「不相似性」（dissemblance）這種事物新的存有可能。笛卡爾舉語言為例：語言作為符號與其所指完全不相似，但這無礙其意指。笛卡爾更說：「若文字這由人制度而產生之意義功能足以使我們明白絲毫與語言無相似之事物，那為何自然界不能建立起某種符號，它使我們感覺到光，但這符號本身與這感覺間毫無相似性？」（《論宇宙》第一章。AT XI，4）這事物存有上之不相似性，非只偶然提及而已，它可說為是笛卡爾思想之核心想法。故在《折光學》第四章「論一般感官」中，笛卡爾重複說，在感覺映象（表象）與事物本身間，無需有任何相似關係。笛卡爾甚至說，越是完美之表象，越是與其所表象事物不相似。他舉繪畫為例：完美地逼真之繪畫，事實上是不相似其對象的，以橢圓代替圓、以平行四邊形代替方形、以顏料代替真實物質等等。完美之表象，正在其不相似（不摹倣）其對象這點上。事

---

① 　《論宇宙》與《論人》為笛卡爾之物學（physics），《原則》則為笛卡爾之形上學（metaphysics）。

② 　即那能改變一切真理之意志，如使 A ≠ A。

實上，若神為最高存有，我們怎能再要求，事物自身與我們對它們之知見兩者間，必相似地相同？除非神確實如此意願。神這種存有在歷史中之出現，使我們對事物之真理這問題完全改變了。我們無須也無法確知事物其自身（真理）是怎樣的，因而知識問題，由對象"本身"之真，必然及只能轉移為"對我們而言"之真，因我們所能思及所能保証者，唯此而已。事物本身存有之真，因而轉移為（我們）確定性之真。這是我們人類"主體性"唯一具有之真理模態。康德所以不會有笛卡爾這樣困難，因於康德，現象界作為"獨立存有真實"首次被確立起來；若沒有現象"本身"之真理性、若真理仍落在感官現象背後之"物自身"上，人類所能掌握，也只"對我們而言"之真理而已。因而對笛卡爾言，問題再次是：如何在不得物自身真理時仍能真？

對這問題，答案也只有一種可能而已：若世界事物在我們外[①]、若神在我們上，那有關這兩者，我們注定無從確定地得其真理。縱然如此，我們仍有一種真理可得，而這就是我們自己。所謂"主體之真理"是說，這並非只是關乎我們自己作為事物（人）時之真理，而更重要的，是關乎我們作為真理之認知者時"認知能力所具有"之真理。重點非在事物本身怎樣，而是主體之認知性其真實性怎樣。主體性（心靈）之真理性，這始是《原

---

① 我們說過，在希臘式世界中，人是在世界中而非在世界外，因而沒有所謂外在世界（external world）問題。同樣在康德中，主體與現象（世界事物）之關係是內存或內在的（immanent），非超越的。但在笛卡爾時期，位格性使「我」完全相異於事物世界，因而世界在「我」之外，超越地外在。

則》作為存有論之真正對象。人類心靈能夠怎樣的真理、從心靈而言之真理模態是怎樣的，這始是《原則》真正問題。

《原則》及《論宇宙》等作為「假設性設想」是甚麼意思？稱為「假設」是說，相對於事物自身而言，我們斷言清楚地知道事物並非就是這樣，但正因我們沒有作這樣決定性判斷，因而我們不會有所錯誤，就如同只對感覺而沒有對感覺所代表事物下判斷沒有錯誤那樣。從這點言，笛卡爾故多次強調假設之無危害性。特別當在這樣假設性知識中，假設所由立足，是直觀中至簡單事物、及依據直觀之明白清晰程度所產生之事物秩序。若相對我們認知主體言之知識對象（在方法理性下之對象）具有直觀確定性，而經驗中複雜事物無如此確定性，那這主客真實性差異落在客體面自然使客體二分為兩種世界：眼前實在的事物世界、與在"理性秩序中"之世界；前者現實或經驗地偶然，而後者縱使為"假設"，然對知識言仍必然與直觀地確定。在《論宇宙》中，笛卡爾稱前者為「舊世界」（l'ancien Monde）或「真實世界」（ce vrai Monde）[1]，後者為「新世界」（le nouveau Monde）。這虛構的真理或知識，嚴格言，非直關乎眼前歷史中偶然世界；這樣世界，反而應從《聖經》或神學教義解釋。笛卡

---

[1] 以對比由「假設」而成之虛構世界。這 "ce vrai Monde" 是 1677 年 Clerselier 之法譯。在法文中，形容詞一般均置於名詞後；置於名詞前時，再非單純客觀形容，而帶有主觀意味在。因而 le Monde vrai 與 le vrai Monde 意思上差別為：前者為從客觀言之真實世界，後者則只主觀地認為是真實之世界。換言之，我們這現實真實世界，只我們如此認為而已。對笛卡爾言，虛構世界始是真實。

爾之假設性真理，只針對人類自身理性言而已。這樣知識，是純知性的。稱為「假設」，因而非是對事物任意想像或猜測，而只是因其對象非一般認定為經驗地真實之事物而已：「假設」是相對這樣被視為"真實"或"事實"言而已。唯在脫離物質狀態①、透過不基於事物物質事實而作之「設想」，始能呈現從認知心靈所具有特殊真理樣態言，對象事物之"知性"、"理性"真實。換言之，在柏拉圖中從事物自身存有言之知性，在笛卡爾中轉化為主體在認知時本身結構特有之知性。事物之知性性質，非在其自身存有、而只在其是否符合我們知性所可能有之真理性。若不能符合，對我們認知者言，就算其在其自身或對神言多麼真實，對我們而言，仍只經驗地偶然而已，非（對我們而言之）真理。

作為主體、作為真理之決定者而非接受者，人類其存有地位似提昇了，但事實相反。以往人仍可試圖認知事物本身，今人也只能認知其自身所可能之那種真理而已；人類之知性，由能認知事物本身，下降至只能對自身探究；而這探究，由指導心靈其真理性這一原則方法所致。人類全部知識，也只其知識極限之確定而已，非客觀真實本身之認知。由方法所開啟之存有論、其作為知性時之真理，因而也只"人類自身"之知性而已。《原則》故為此知性本身之論述，而《論宇宙》則為在這樣知性真理下，對世界事物可能之"設想"；即在人類知性這種真理樣態

① 這裡所言物質，非物質作為思想對象或作為類，而是作為眼前事物實在性或事實性之原因。換言之，物質是事物其此在性之原因。

下，事物世界是怎樣的。「虛構」因而是說，那不從對象自身、而只從主體真理條件而說者。「虛構」只是相對於事物自身、從主體性真理之要求言而已，非任意偶然、非"虛構"的。換言之，相對事物自身，一切在主體知性之表象下者，均為「虛構」。知性表象之本質，因而為虛構性，非事物自身的。虛構性伴隨主體而生。直至「虛構性」轉化為「現象」，從客體面而非從主體言時，虛構性才告終。而這是康德以後之事。主體本身、心靈之知性，若只作為「我們」而言時，其存有事實只能是「虛構」。甚者如一場夢、或一種「神話」（fable）[①]。

笛卡爾這主體性知識，實伴隨現代物理學而產生。像伽利略提出「慣性原理」：「運動中物體若沒有受到任何外來作用力，物體會保持相同速度、沿着同一直線永不停止前進」，這樣定律都無法在眼前經驗中驗証。物理學基本上都由這樣定律構成；最低限度，是基於這類定律之相互修正形成。之所以是這類定律，因它們極簡單而又普遍[②]；其真理性具有笛卡爾所言之"簡單明確性"。換言之，是基於認知心靈之訴求、非基於經驗事實而產生。從這點言，是「假設」、「設想」或知性「構想」。

因「直觀」可見而「簡易」、由簡易而致「確定」、並以「秩序」完全掌控及普遍地說明，如此建立之知識與真理，是完全以人

---

① 笛卡爾很喜歡用 "fable" 一詞。其晚年（1647）由 J.-B. Weenix 所繪畫像中【Musée d'Utrecht 藏】，笛卡爾手拿著敞開的書，上面正寫著 "mundus est fabula"（世界就是神話）一語。
② 定律之簡單性是從形式言，非從應用言。

類知性方式為準繩。《原則》即為建立並說明此而作。知性因而由對客體本身認知轉移為認知主體模態之知性，以「簡明」、「秩序」等為真理最終動力（動機）。故連笛卡爾在描述主體結構時，都把種種能力間之相互作用簡化為「形象關係」[①]、把其間訊息傳遞統視為「形象」（figures），從而省略物質所有偶然性[②]；這明顯如傳統哲學知性一樣，唯差別在：雖非排斥感性界或物質事物真理，然仍明顯地排斥一切物質之複雜性與偶然性。從柏拉圖「理形」（eidos）至笛卡爾廣延形象之「形」（figures），只一線之差而已。笛卡爾雖與其前所有哲學家不同，從事物物質性（這是物理學之本）肯定世界事物，但此時"物質"，仍只作為形式言而已。這作為「空間」或「廣延」而言之"物質性"，因而在接受物質同時，實已揚棄物質之物性偶然性；哲學知性必然如此，物理學也如此。理形知識若因超越"現實"因而遠去事實真實，那笛卡爾主體知性，從無視客體對象自身言，亦同樣遠去事實真實。哲學追求真理之歷史，實只一步一步對真理不重視而已；因在這樣歷程中，哲學所發現，只另一種真理：由虛構構造（神話）而成之真理而已。

---

① 即封印與腦之形象關係。見前。

② 「形象」在心靈各能力間之傳遞，其過程如下：由外物至外感官是去除感覺質料（如顏色）時之「形象」；由外感官至通感再無任何「實在物」（être réel）；由通感至想像力、記憶力，則是無物體（sans corps）的純粹形象或意念；在想像力、記憶力與行動能力（神經系統）間，是無映象或意象之運動；最後，理解力是「純然精神性的，與肉體截然有別，有如血與肉、手與目。」以上明顯是層層知性化過程，物質在傳遞過程中不再存在。

　　"主體性真理"終極地言，實即主體自身對真理之創造：先由知性純粹地構造數學①、後由數學延伸至物理知識之構造。我們說過，對真理之創造而非仰觀，這是中世紀後神之事：神在直觀對象中同時創造其對象。若人類無法同樣在認知對象時，同時創造事物本身，最低限度，他仍可在認知同時，"設想地""虛構"事物之真理。神創造事物的存在，而人"設想地"創造其真理。從這點言，人之主體及其知性模式，在中世紀後，是神性的、類同或類似於神的。雖未為創造，但仍是設想地、構造地真的。

　　在這樣真理問題中，實再次突顯了歷來神與人類間之問題。以往因神不朽故人類無法與神靈相比，今人類已是某意義言之主體，支配着其自身真理，因而神人間之強弱問題再變得鮮明。事實上，當笛卡爾屢次從"人類能力所及"提問知識問題時，這明顯隱藏着人能力強弱之問題。碰巧，笛卡爾從來身體都帶有點虛弱，在少年求學階段，被學校允許不用早起上課。像命運對人捉弄那樣，笛卡爾之逝去，正因好學的瑞典女王克麗斯丁娜希望笛卡爾能清晨早起向她講課，引至笛卡爾因肺炎而逝世。笛卡爾在原則 4 中便曾明說：「至於我自己，我的脆弱是自己知道的，所以我決定在真理之探求中，堅決地遵行一秩序，從最簡單及最容易事物開始，除非再無剩下任何可欲求，否則不會考慮

---

① 　康德亦把數學視為一種先驗概念之構造。見《純粹理性批判》中「純粹理性的訓練」第一節：「純粹理性在獨斷運用中的訓練」A712 ／ B740 對數學與哲學之比較。

任何其他事物。」（原則 4，AT X，378-379）[1] 換言之，之所以必須以方法探求真理，歸根究柢，因人脆弱而已。之所以以主體性方式求知，因人脆弱，非因人強大（非因自主而自大）。若人真的更有所能，是應直知事物自身、應超越地知。正因人有限，故除由方法達致設想性知識外，其他一切，都非人力所及。不單只經驗事情無法確定地知，連人類自身道德問題，因所涉為非直觀對象，對笛卡爾言，故不應視為知識、更不應討論或探索。在《論方法》（Discours de la Méthode）第三篇中，笛卡爾故提出一行為或德行守則（une morale par provision）。這四條守則，對應西方歷來四種基本德行[2]，唯差別在：這些守則只從個人自己、非從人類整體言。四條守則如下：1. 服從風俗及國家習慣（等同正義）；2. 堅定無悔地行動及作為（等同勇敢）；3. 不貪圖及不隨欲望求索（等同節制）；4. 多見各類形生活方式，以能選擇其中最好者（等同智慧）。無論是知抑行，人都只能在自身虛擬真理中，除非有天真正科學能建立起來，而這從事物自身、非從我們主體言。這即笛卡爾《沉思集》之工作。若從知性言主體擺脫不了有限性與脆弱，那從意志言主體，因意志為神之存有，在人中亦如神一樣無限[3]，故從意志主體出發，人之超

---

[1] 在《沉思集》結束前（沉思 6）最末一句，笛卡爾重申人之脆弱性：「…必須承認，人的生命注定在特殊事情上常犯錯誤；因而最終而言，必須承認，我們的本性具有缺陷並且脆弱。」亦參考 Pascal 視人類為「會思考之蘆葦」一說法。

[2] 即柏拉圖之四德說：正義、智慧、勇敢、節制。見我們〈神倫與人倫〉一文。

[3] 意志於人為能力中唯一無限者。

越性始可建立起來，無論這時超越性是從人自身作為獨立實體、抑從對其他超越實體之認知言。而這即《沉思集》之源起。

主體與超越客體之重建：笛卡爾《沉思集》

從歷史方向言，《原則》一書前進，《沉思集》因其試圖回歸一在其自身實體世界（超越實體），故而後退[1]。然相對於傳統，《沉思集》首次創立物質之超越地位。以往，特別在普羅丁後，物質相對精神言，其存有等級至低。笛卡爾思想伴隨物理學興起，故肯定物質世界，唯在《沉思集》中，物質性物體以一“在其自身實體”姿態呈現、及超越地被證成。於《原則》，笛卡爾反只成就主體性內在世界，此時真理只等同直觀確定性，非如晚期《沉思集》，正為突破這樣主體而及一切存在者之“超越真實”。這超越性，即「存在」。[2] 在《沉思集》中，「真實」、「真理」

---

[1]　當我們這樣說時，我們是從後來哲學史中主體性崛起而言。若從當今萊維納斯（Emmanuel Lévinas）及猶太思想言，超越性較主體性更為重要。唯此時所言超越性，是從超越一切存有言，因而非實體義下之超越性、非存有本身之超越性。這種超越性，萊維納斯認為在哲學史中曾兩度出現：一為柏拉圖超越理形之「善」、另一即笛卡爾《沉思集》中「神」意念之無限性。若撇開「神」意念無限性不談，笛卡爾《沉思集》所言存在之真實性，是從傳統實體義言的，因而是歷史地過去。除非如我們下面對笛卡爾「存在」另一意義之分析，但這「存在」意義未必為笛卡爾所能明確地分辨出來。討論見後。

[2]　主體只從確定性言，故對「存在」只能存而不論。「存在」（如神或事物自

與「存在」三者因而幾近是同義語。能証明一事物"存在"（如能證明神存在），即其全部真實所在，亦即對其真理之認知。①

如同相對傳統哲學「存有」，物質事物在《沉思集》中得其超越存在真實，同樣，相對神之位格，「我」（這一位格）亦首次得其在神外之超越獨立性，非只在神內、非只從面對神言，更作為一在「我・你・他」關係外之實體。這時之我，也非只《原則》意義之主體；《原則》之主體性，非從超越性、非作為實體言。②《沉思集》有關「我思故我在」之証明，非主要為証明「我」之主體性，而為証明「我在」這「我」超越地「在」之事實，故《沉思集二》之結論單純為「我在、我存在」（"Ego sum, ego existo"），而無提及「我思」。③

但奇怪的是，「我」之超越地「在」之証明，正是透過我無法

身之存在）如傳統「存有」那樣，是超越義的。笛卡爾以主體性毀棄「存有」後，於言超越性時，只能訴諸於「存在」、非再能從「存有」言，如視知性為具有超越性那樣。在笛卡爾後，「存有」幾近不可能，亦明白只為形上學思辨而已；所有，故為「存在」義之「存有」，至海德格爾仍然。哲學由「存有」轉向「存在」，故可說為先見於笛卡爾，亦「我在、我存在」（"ego sum, ego existo"）之形上學意義。

① 傳統哲學世界未為主體性介入，故所問唯在「是什麼」這樣存有問題。今已有主體性對存在之質疑，就算能知「是什麼」再不代表真理。「是否存在」更為基本，亦使「是什麼」落實下來，故為事物首先真理所在。

② 《原則》一書故從無提及「實體」。

③ 當然，笛卡爾後來陳述方式為「我思故我在」（cogito ergo sum），但此時之思，完全沒有指向對事物認知、或如主體性時對客體之「設想」。在「我思故我在」中，「我思」單純指向「我在」而已；除了我之存在外，什麼都不能確定。「我思」如是是空洞的、非主體，只「我在」而已。

達致任何真理（《沉思集一》之普遍懷疑）這一事實達致；換言之，正是在完全放棄《原則》所成就之主體性始達致，（最低限度，是對這樣主體性存而不論而達致）。在《沉思集》起初中，心靈失去一切從認知言之真理性、失去一切知性內容、失去自我主體性。正因失去這一切，故必須向外尋索。此時一切都指向外，就連感官都指向外在世界之存在。因而問題之關鍵變為：這指向外在之超越性，是否能成立？[①] 事物存有在《沉思集》中，非先從是甚麼或從其內容、而都只從其「指向外在」這特性

[①]　對外在性及超越性之肯定，為笛卡爾晚期思想一大特色。無論在希臘抑在其他哲學時期，內在性幾近都為根本。古希臘世界雖是一外在共體世界，但因人無自我，故古希臘人直就在世界中、在城邦內，非有所謂外在（若有，已是「他者」問題）；中世紀因神至上，又因存有為位格關係，故人及世界同在神內；之後史賓諾莎更回復中世立場，神之無限包含一切、為唯一及獨一實體；康德主體性與現象界是一內在關係（immanent）；黑格爾辯証是一內化過程，絕對精神是一 Er-innerung（回憶歷程）；連佛洛伊德都只求回歸心靈過去、回歸內在潛意識本能……從這一切事實，可見在哲學思想中內在性多麼重要而根本。【內在性所以根本，因它是心靈或精神性之基本事實。】笛卡爾早期不用說，主體與知識客體間完全是一內在關係，絲毫外在性都被視為非知識、非能直觀地確定。唯《沉思集》不同。《沉思集》所建立的世界，完全外在：神、人、物三者各外在地獨立存在；其所有真理亦各自；它們間之超越性，是從相互獨立、非從相互超越言。當然，笛卡爾清楚知道，神、人、物三者非完全平等。神創造一切而高於其他兩者。但這沒有妨礙其他兩者為實體：神非受造（incrée），人與物則只為受造實體。之所以仍稱實體，因兩者之存在無需任何其他受造物幫助；其存在直從神來，非從他物而來，故其存在獨立。事實上，就算人與物由神而受造，然在討論它們時，笛卡爾都視它們為獨立事物而討論，絲毫不牽涉其他；它們所有真理，因而都是各自的。

言。思想或「我思」如是、感官如是、連「神」一意念都非先從其所是、「意念」亦非從其所言、而是從其"所指"言；換言之，從其「客觀實在性」（realitatis objectivae）言（見《沉思集三》）。「我思」離開其思之內容單純外在地指向「我在」、感官之自然傾向（impetus naturales）離開其感覺內容外在地指向事物之存在、意念離開其意涵藉着客觀實在性指向存在……，這一切，都說明笛卡爾此時思想，非思事物之所是，而是思「存在」、思是否有、思是否在我之外而有。這純然指向外之思惟是奇異的。思惟本應思事物之所是；思一物是否存在並非對此物之思、非嚴格言之知。若只是思神是否存在，這還好些，但若整本《沉思集》都只求為思存有者之「存在」而非其所是（存有），這確實不尋常。

思「存有」與思「存在」之差異在哪裡？思「存在」明顯有一根本意義，即若所思對象根本不存在，對其所是之思將毫無意義。從這點言，「存在」之思較「存有」之思更根本。傳統不先思「存在」而思「存有」，因唯神不在眼前而已，事物之存在從不構成問題。就算事物只現象而非物自身，我們只須問其作為現象是甚麼便是，無須問其存在。就算所對為虛假事物，所問仍應只「是甚麼」，非其是否存在①。今笛卡爾問「存在」，為甚麼？非事物不在眼前、亦非因事物虛假，而是一對「存有」更徹底之提問："事物存在"如此之「存有」是虛假的嗎？「存有」所涵蘊之「存在」，是虛假的？②……。笛卡爾這對「存在」之問，一如

---

① 因而面對摹倣，柏拉圖仍只問其「存有」，非其「存在」。

② 在事物存有中所涵含之「存在」是虛假的嗎？或更直接而簡單：「存在」是

其以普遍懷疑質疑一切知識那樣，非對各種知識其所以為虛假一一說明，而是從根拔起，質疑知識所依賴為源起之「感性」，其以為有對象存在本身為虛假。如縱使為最高存有（神），若不存在，其存有將毫無意義。對（傳統）「存有」之摒棄，因而非從對「存有」本身提問達致，而是從根拔起，指出存有及其真理實非根本，因「存有」也唯以「存在」為本而已，非如傳統以為終極。「存在」雖本身甚麼都不是、亦沒有內容實體，然反而多麼重要，甚至連「存有」也須以之為根本。確實，「存在」雖無其所是，但一旦有主體性角度可能（有主體性質疑之可能），其“事實”較「存有」更為重要。

當哲學史（存有論）從「存有」轉向「存在」時，這不單只表示一切形上價值將轉向“事實”甚至“現實”、從「現實存在」而再非從「形上存有」論說真理；甚至，這時所將揭示之真理，因「存在」非如「存有」光明，自必有其晦暗性，如笛卡爾主體性所有脆弱那樣。當然，笛卡爾雖有主體性之發現（《原則》），甚至《沉思集》所有提問之可能亦以主體性發現為背景，然始終，笛卡爾自己仍力圖走回傳統之路；故仍求從「存在」之證明，回復過往一切，無論是本質知識抑神之真理性、甚至實體之超越性。但無論怎樣，轉向「存在」，這是真理自“提問存在”始。笛卡爾普遍懷疑對着所有而問其「存在」，是這提問之創始。以往雖有提問神之存在①，但也因神非眼前而已。然自笛卡爾，對「存

虛假的嗎？這最後提問方式，涵蓋一切存在哲學。

① 神存在之存有論論證（ontological proof），因而是「存有」駕馭「存在」之

在」之提問擴展至存在中一切，因而其問達存有論地步，為對一切質疑，非只神或眼前不見者而已。縱使眼前清晰可見，我們仍可質疑其存在、我們始終對存在無知。當然，在笛卡爾身上，如此提問只倒退回傳統、求見超越實在性而已，故其「存在之問」確實無內容上之推進；但若從哲學史言，這樣提問，實已訂立哲學未來唯一方向，就算不從後來哲學對現實世界存在之關注、或不從存在主義等，類如海德格爾對「存有」或萊維納斯對 il y a，都實是對「存在」而再非對「存有」之思。二人對「存在」之思，再非如笛卡爾限定在主體有限性下，而廣及「存在」本身，為繼存有後更根本之存有論：「存在」因本身不受限於事物（存有），故其涵義可更深遠廣大，甚至更與人類本身有關。因主體有限性而提問存在，只及事物與知識；然從「存在」整體提問，所涉則可為對「存有」本身之質疑，如萊維納斯對「存有」或「整體性」質疑那樣[1]。思想一旦轉向「存在」，必定案於此，「存有之思」再不可能，所剩唯「存有」一名而已。

這由笛卡爾首次成就之「存有」向「存在」轉化，怎樣發生？「存在」之問，因伴隨主體有限性發生，故仍限定在事物（外在世界）存在上。因一切思惟均主體角度，而主體本身有限，其所見所感均限定在自身感受內，無法直知事物本身，故連所感見事物是否存在都實無能確定，始有如是「存在」之提問發生。

然若深究，「存有」向「存在」之轉化仍有問題在。若暫不

最後體現。之後，「存有」再無能如「存在」來得根本。

[1] 此時多見「存有」為一種根本錯誤或誤向。

區分現實與超越實體性兩種存在之不同，問存在問題，一般是以眼前存在始為真實者。換言之，於問存在時，其所重視價值實正與傳統（形上）價值相反。於傳統，眼前世界及存在為假，是從此意義而必須言「存有」，事物正由於作為「自身」而不落在世界或存在中，如是故思想為唯一真實。今相反。一旦思想感知只見為一主體之思想感知，其本然真理性完全失去，剩下的只是主觀假象，此時反而外在存在始為唯一真實，事物「自身」只從其（獨立或真實）存在言，非從其「自身所是」言。從存有言「自身」故正與從存在言「自身」對反：前者以（世界）存在為假，思想本身為真；後者以思想本身為假[①]，存在始為真。以往思想對立感覺，一者為真另一者為假；今思想一如感覺，亦可因主觀而假。主體所帶來"主觀假象性"，因而為轉向「存在」之根本原因。換言之，如我們今日，若以「存在」為真理或為唯一對象，這實代表，我們對人類所有感知，都已視為如主體有限性那樣地主觀而已、思想形態（ideology）而已。反形上學因而亦由反一切思想之真理性始，以之只為思辨，無其"於存在中"之真實。

但為何思想無法分辨真偽？笛卡爾本明知在故往傳統中，思想正是那唯一能分辨真偽者；不能分辨真偽唯感官及對向世間時之心靈而已。為說明思想無法分辨真偽，笛卡爾是不能從真偽作為價值言、不能從類如事物自身之真理、而只能從「存在」言：不管思想是否能分辨價值上真偽，最低限度，（在受強

---

① 此時思想只限定為「我」（主體）之想法而已，非代表外在事物而客觀。

大欺騙下），它明顯不能知事物存在與否[1]；一切可只幻覺、或一場夢……。笛卡爾這樣是證明了，但這樣證明，若非刻意突顯主體之有限性，實很有問題。因對價值之分辨，若非由我們人類自身，是再無依憑依據。依據外來權威更是荒謬，因我們根本無能判斷這樣權威是否欺騙。這點笛卡爾十分清楚。正因事物對錯真偽無一定、正因連對錯本身無絕對性，是非善惡之判定，若非由我們自身，其判別將無以可能；這點笛卡爾亦十分清楚，唯他採取放棄一切判別而已、不再承認人類有真理可能而已。若從價值傳統觀，人類對真理（是非善惡價值）之判別有兩途：一即我們古代中國以人性知善惡之傳統、另一即西方從思想依據物自身所是而對價值判別之傳統。確實，若不從人性感受言，能判別真偽與價值，亦唯思想在其純粹狀態而已[2]。笛卡爾放棄這樣可能實只表示對人類不再信任、不再信任思想能力，因而始稱為“主體”、為一以主觀為體之體[3]。但問題是，怎能徹底地說明人類無真理能力，若非不再從與人類自身相關方面，否則是無以達成如此說明的。然因人類對其自己事最應是最終裁判者[4]，故唯從外來、如從與人類感受無關之事物自身存在，否則無以剝奪人類此判斷能力可能。而這是從事物自身存在言之原因。正是這樣“從存在言之自身”，始能對反人類思想賴以判別

---

[1]　即不知其主觀所以為必同為客觀存在所是。

[2]　即不受感性欲望主觀所限。

[3]　康德後來所作努力，故為說明或建立主體之客觀真理性，從主體言客觀真理。

[4]　人性即就此而言。

真偽時所依據"於觀念中之物自身"[1]。故每當我們強調從「存在」言真偽時，我們應清楚明白其源起與意義，即以外於人類、或與人類感受無關方面言真理價值，始是從「存在」而非從「存有」言真理之真正原因。把故往形上學視為虛構地思辨，正是把其所思對象實體化，從這樣事物根本"不存在"而論證其為思辨；若非從"事物存在不存在"言[2]，是無以言思想其求真理努力為虛妄，甚至無以言「存有」之思必非對確者。若能，這唯當思想所言真理確違反人性而已，如過於盲目理性時之不人性（不仁）那樣；或除非如笛卡爾所言，從與人類本無關之"事物存在"，否則是無以言思想必非真確、或不能為客觀判準，[3] 真理應先對人、非對物言故。作為結論應說：若非由從"外在存在性"、或由視人類一切能力均主觀有限地虛妄，（二者實同一或相關），否則是無以能廢棄傳統之真理基礎。從「存有」轉向「存在」之思想，其代價巨大：可更善，亦可更惡，全在是否知回歸人性而已，此亦海德格爾與萊維納斯之所以分別。

　　若回歸《沉思集》本身，笛卡爾所以質疑一切存有事物之"存在"，非為証明它們存在，而是為指出：事物之「存有」在其「存在」，非在其「存有」；事物只作為"存在者"而存在，非作為"存有者"；事物應只作為存在物（存在者）而非作為存有物而

---

① 「存有」即由此言。

② 如神不存在、只虛構，其思想故為偽、只為思辨。

③ 當然，從「存在」言真理亦可如馬克思等扣緊人類存在、為人或從人性而言存在；否則，若只從外於人類時「他者」或現實之存在而言「存在」，只更誤導真理價值而已。

思；故，「存在」始是真理，「存有」非是……。這樣結論實順承主體性而有，更深遠而非只如《原則》從虛構構造性言而已。自此，一切存在者應從其作為存在中一部份、而非如傳統仍為具有自身本然"獨立所是"而思。未來世界故在科技下被構造，再無"存有自身"之必然。「我在」是為突顯此「在」之真理性，從這樣真理反觀「我」[①]，非只為証明我存在而已。「存在」因而是在「存有」及「主體虛構性」外，第三種真理模式。《沉思集》因而前所未有地開創出「存在」這未來真理傳統。在『超越地存在』一詞組中，重要的非只如萊維納斯所以為之「超越性」，更是「存在」這未來真理模態[②]。換言之，使主體性真理能完全立足為客體地真實，傳統存有論必須轉向：再不能從「存有」觀客體，而只能從「存在」觀。這時之存在論，因而彌補主體性真理限制，就如同對現象之建立彌補康德主體性真理限制一樣。為使主體性真理（直觀與經驗）能同為客體地真，必須有一重新對客體作為客體之論述，非作為「存有」、而是作為「存在」。這即《沉思集》在形上史中之意義。現讓我們對笛卡爾《沉思集》分析。

《沉思集》分六篇，為真理歷程之逐步開展。結構如下：
一、人類世界全部真理之動搖，全部真理之可能虛假。

---

① 故縱使知「我在」，仍未知「我」是什麼、未知「我」之存有；「我在」故非以「我」為存有者。
② 前面說過，《沉思集》較《原則》為後退。原因在於，連笛卡爾自己也把這「存在」真理從過去實體方式理解。但若從真理落為「存在」言，《沉思集》是歷史地原創、更是未來的。

二、某一真正真理（或真正真理存在）之確定：「我在」。

三、真理真實基礎之確定：神之存在。

四、真理形式之確定：「明白」「清晰」為真理判準。

五、真理內容一：本質或知性真理之確定 —— 數學及神本質之分析。

六、真理內容二：感性物真理之確定 —— 物質物體存在之分析。

《沉思集一》

　　《沉思集一》是一篇非常豐富並複雜作品。它始於對人類一切知識與學問其真理性檢驗，非一一具體地驗証，而是從根基徹底破壞，看是否能找到一確定不移基礎，作為真正知識與真理重建時之依據。這根基，指「感官」。笛卡爾並沒有對其他哲學家視為最高真實之事物質疑起，反而是對在哲學傳統中被視為不真實的感官質疑。這其中原因在於，感官世界所代表的就是眼前最直接真實，為從素樸日常立場言，真實性之本。哲學於其另立更高真理時，必然是對這眼前真實質疑，以之為偽。笛卡爾同樣作，似與任何其他哲學做法無異。但問題是，依據笛卡爾說法，他並非如其他哲學那樣，單純為質疑感官本身虛假性，而是為破壞一切其他知識之基礎而質疑感官。換言之，對笛卡爾言，一切知識，包括哲學在內，都其實共同以感官為基礎。若感官對哲學言本身非真實，那這基礎性從何而言？感官所以為基礎，非從真理性、而是從起碼之有、從「存在」言。即無論是真是假，

感官代表最原初存在；非從真理言原初，而是從"事實"言原初。當康德在《純粹理性批判‧導言》開首說：「我們一切知識都從經驗開始，這是沒有任何可懷疑的」，經驗作為知識之開始，所指，正是笛卡爾這基礎性之意思。換言之，「存在」確實從某一意義言，為一切的基礎；非從真理性、而是單純從發生或事實言。但問題是，感性經驗雖本身未必真，但它仍可是一切真理性之本。感性經驗所以不真，是從其所是、從「存有」角度言。但若從「存在」言、若感性事物根本不存在，一切真理根本不可能。無論是怎樣真理，都須先從「存在」（有）始，是相對於有而言真，不能相對於無（沒有）而言真。從存在言之"有"，無論這"有"是存有地真抑存有地偽，都始終根本。笛卡爾表面上與其他哲學一樣對感官質疑，但笛卡爾從感官所見，非其「存有」（是甚麼）之真偽，而是其是否「存在」這一根本性。笛卡爾從「存在」而非從「存有」看感官。換言之，非從感官之感性性質（康德仍如是）、而是從感官所指認之存在看。前者是一事物[①]自身所是，後者是一物（感官）其他者之指向性。[②]

　　我們說過，之所以能質疑存在根本之有與無，是從有主體

---

① 這裡所言之「感官」。

② 有關感性之虛假性，笛卡爾非從客體方面、而是從主體方面說明。如感性所以虛假，或由於人非理性（瘋子）、或由於夢境、或由於自我不完美。這均人自身狀態、是人之偽，非感性作為客體之偽。其偽亦只與存在有關（誤以感覺為存在），非與感性本身有關。《沉思集》全部有關真理問題，非關乎客體所是，而只為証說主體我是真實的，即非自我欺騙。此主體性真理之存有論，與客體真理或知識無終究關係。

自我後之事。「我」若非世界中一"物"，那連最起碼對存在之肯定都將失去。物使存在無容置疑；然若「我」非「物」，那存在將是可疑。當神位格使「我性」與「萬物」分離時，除非是無限創造力的神，否則存在將會不可能。一不具有創造存在力量之「我」，使存在問題突顯。存在問題之出現，故只從人之「我性」產生。這「我」，非靈魂自身存有，而是無自身存有時之一種有。在以往，心靈能力歸屬對象：巴門尼德中思想（noèsis）歸屬存有、柏拉圖理性（noèsis）歸屬理形。人之能力與對象存有無分。但在我性中，一切能力只歸屬於「我」，與對象無關。亦因與物無關，故我非存有上為有。從自身無所是（存有）或從能力非屬物言，「我」之存有為無。非完全無，而只指向他者（l'Autre 相異性）。非指向物，而是指向「存在」：「我」指向外、有待於外，此主體表象之意思。能力在希臘時期非為（主體義）表象，表象只從客體言，作為客體物存在，如映象或繪畫。客體義之表象表象另一事物[1]，如藝術表象神聖性那樣；然在主體中，表象只表象存在關係，其自身與另一存在者之關係，如紅色"一感覺"作為表象只反映另一紅色"事物"存在那樣，非紅色表象其他意義[2]。主體之表象，只表象「存在」而已、事物是否在而已。笛卡爾感官亦因而只"指向"存在。而存在上之有與否，即決定表象之真與偽。

　　若《沉思集》主體真偽由他物之存在決定，非由自身取決，

---

[1]　表象與被表象者存有地位不同。

[2]　如紅色代表崇高。這時表象，是客體義的。

那這與《原則》所言主體性真理不同：後者主體性決定着事物之真，真只對主體言而已，非「存在」決定着主體本身真偽。《原則》之主體故只作為「主體」言，《沉思集》之主體則作為「存在」言。主體所有知識，雖非關乎存有而是構造性，然仍是知性真理，仍對等地取代存有。但主體作為存在不同。再非與對象有關，而只關乎主體"自身"真理性而已。從直觀簡單性言真理（《原則》），只主體模式，非關乎主體自身。而從存在性言真理，則只關乎主體自身。主體自身真理，只能從存在言，主體"自身"真理從來只能如此。存在真理其意義亦在此，求知主體"自身"真理而已。《原則》因而也只成就"主體性模式"之真理，其為真理縱使構造性，實仍關乎客體。唯《沉思集》始首次成就關乎"主體自身"之真理。而這，非在其所思，而在其存在。我們可說，《原則》之「我」為「我思」，《沉思集》之「我」則為「我在」。而若有關我自身之真能從「我在」達成，仍然，因我有着種種以為之真理，故仍需滿足這一切真理欲求與期望、滿足我表象所以為。對神與對外物存在之証明，非為這些事物本身之認知，因若只是其"存在"之證明，這只能是對我自身真理性之滿足而言，與知識本身無關。存在証明沒有增加對神或對事物之認知，只使我更明白我自身存在處境而已、明白我是真抑偽而已。存在先於本質[1]，及存在先於存有[2]，故為《沉思集》所啟。主體性形

---

[1] 如「我在」先於我是什麼。見《沉思集二》。從這點言，我作為人或作為事物是從本質言，但我作為我，則沒有本質，只存在而已。

[2] 如「我在」，從論証言，先於作為至高存有之上帝。

上學，故非只"知性"主體而已，更是"存在性"主體。若前者為存有論，後者則為第一哲學。

若對感官質疑 [1] 是向「存在」轉向，那《沉思集一》由對感官三層懷疑構成：瘋子論証、夢之論証、神之論証。三者代表三種從負面言之主體狀態：低於理性或非理性狀態、理性但虛幻虛構狀態、及超乎理性狀態。對應這三種狀態，是三層存有事物：感官物、知性物（如數學或直觀事物）、形上物（如神）。

我們可看到，從第一論証開始，感官所以被質疑，非因其本身錯誤，而是因我們自身狀態。第一種狀態即當我們失去理性而變為瘋子。因人類確然可如此地非理性，故感官所表象事物，不能視為必然存在。事物存在不存在、虛假不虛假，故先繫乎人是否理性。由人類可能非理性，故存在可偽，至不存在地步。人（「我」）若虛構一切而不真實地存在，是可如非理性地虛假，事物因而可不真實地存在。人妄大地虛構一切，故只如瘋子般非理性。[2] 人可能對這看法有激烈反應而反駁說：他們是瘋子，而我是人……:「甚麼？那些是瘋子，若我也以他們為範例，我的荒誕程度也將不會小於他們。」笛卡爾對這些以為人不可能是

---

[1] 對感官質疑是說：感官以為存在的可不存在，此感官根本錯誤或錯覺。

[2] 於此，我不認為 Michel Foucault 對《沉思集一》之判斷公允。Foucault 認為笛卡爾以理性立場排斥瘋狂，事實不然。笛卡爾相反認為人類可以非理性。就算在人作為人時，仍可非理性。笛卡爾因而實沒有特殊地對瘋狂壓制或排斥。

非理性者之回答是：「然而，就算我在這裡只考慮我是人……」；就算是人，也會做出較瘋子更甚非理性之夢。人可以是妄自尊大而非理性、也可由其夢想而非理性。這一切，都由於人落在虛構性中，不正視存在之真實。笛卡爾更說，在這樣情景下，根本找不到明白而清晰的標記來分辨夢境與清醒狀態。換言之，在人類虛構世界中，實無法分辨甚麼虛構、甚麼真實。因而自我接受其虛構性及虛假性一事實，是其返回真實性之第一步；否則，若以為人只在真理中，這始終自欺而已，人無法由此而真實。無論我們是否接受感官或存在之虛假性，我們故仍不應就此否認其可能。唯正視這可能性，「我」始有真實性可能。因而笛卡爾接着說：「那麼就讓我們假設我們睡着了（…）」。換言之，在我們只是「我」時、在我們無法確知存在時，我們必須假設表象虛假，如夢境那樣，沒有指涉任何真實存在。

面對這無真理狀態，第一個反應即哲學（特別是存有論）對真理之肯定。笛卡爾在這第二個懷疑中（夢之論証），結構起存有論對真理之看法。在夢之論証中，笛卡爾透過與繪畫之類比，總結存有論對真理問題之回答。這存有論對真理之看法有二立場：一為以柏拉圖為代表之客體存有論、另一即為笛卡爾自己《原則》一書之主體性存有論。我們下面先以圖示表出；笛卡爾之推論過程，於圖中以數字次序顯示。圖示意思簡明，如下：

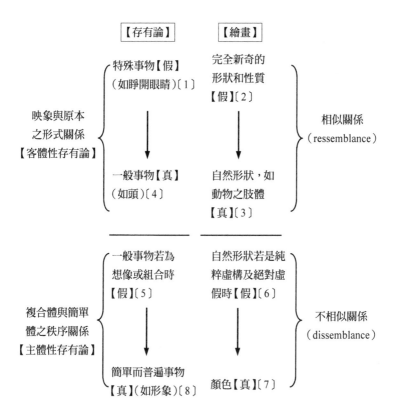

　　若柏拉圖以感官中「特殊事物」〔1〕（ces particularités-ci）為不真實，如同在繪畫中「完全新奇怪異的形狀和性質」〔2〕（formes bizarres et extraordinaires，formes et natures entièrement nouvelles）那樣，（笛卡爾特別舉希臘神話中塞壬 Sirenas 與薩提爾 Satyriscos 為例，明顯因柏拉圖正以希臘神話為虛假），那麼，無論這些事物多虛假，其所摹倣之事物原本〔3〕應是真實的。這原本即為如理形那樣的「一般事物」〔4〕（choses générales），對比於繪畫即怪異形狀所由摹倣之「自然肢體」〔3〕這樣原形本

身。笛卡爾清楚指出，這兩者間是一相似關係，如同繪畫是對實在並真實事物之摹倣（la ressemblance de quelque chose de réel et de véritable）那樣。這一摹倣關係，明顯在言柏拉圖存有論。笛卡爾之後繼續假設，而這假設則針對其自己前期主體性存有論而發：若我們認為這些「一般事物」〔5, = 4〕，由於它們實仍是複合事物因而也可能虛假，如同繪畫中無論多麼「自然的形狀」〔6, = 3〕仍可能虛構虛假，那最低限度，這些虛構虛假的形狀所用以構成的「顏料」〔7〕，仍是真實的。同樣，若「一般事物」〔5〕由於複合性而不真，那其所由出之「簡單體」〔8〕，如「形象、廣延、數量」等等必然真實。

　　對由存有論推論而至之真實，單純從存有論立場本身沒有問題。無論真實是甚麼，始終仍必有真實在。存有論觀點不置疑存在，只置疑是甚麼而已。但一旦不從存有論而由存在觀點，換言之，從「我」作為一存在者這觀點出發，我們則無法肯定任何事物存在，因而也無法肯定有關存有真理。縱使仍能肯定如「不能從無生有」、「同一事物不能同時存在又不存在」、「思想者於其思想時不能不存在」等永恆真理，然對笛卡爾言，這些永恆真理只是思想的，非在存在中或必屬存在事物。[1] 一旦從「我」之存在出發，我們無法就眼前事實而肯定任何事物存在。心物

[1]　「永恆真理」亦稱「共同觀念」（notion commune）或「準則」（maxime）。見《哲學原理》*Principia Philosophiae* I, 49。於此可見笛卡爾獨特論旨：連永恆真理都不能視為存在事物所必然；因而「存在」對笛卡爾言，可在必然真理外、超越理性必然性。此「存在」本身之超越性。

絕然二分故。① 當然，對神之「我」言，存在不構成問題，因一切存在為神所能創造。但對人則不然：人無法就眼前而肯定存在。若沒有神或我性的我，如希臘時期那樣，問題亦不會出現；此時「存有」與「存在」均直接，沒有因我性而外在化，更沒有超越存有之「存在」。存在由神問題始產生：神不只決定事物其存有，更決定其存在，而我們是無法得悉神之創造的。存在問題因而於神與我兩位格我性間產生：「我」作為主體其判斷若不涉及存在便無錯誤可能，然在神與我之間、在我作為有限我性中② ，「存在」普遍地被欺騙仍是可能的。此時之欺騙，非只事物其所是之欺騙、更可是事物其存在之欺騙。一般欺騙只與存有真假有關，然有而以為沒有、不存在而以為存在，除非是幻覺，否則便是我你位格間問題；此時之「你」，必較我強大至能欺騙存在者。存在問題雖始於「我」，然使我離開單純存有真理而進入存在判斷而錯誤，唯神始能。《沉思集一》故在夢之後，即以Deum esse（神存在）啟此。

神怎樣欺騙？非只不創造事物而使我判斷錯誤，這樣仍未足夠，因單純作為主體我可不產生錯誤。若我不作判斷，無論事物是否存在，神仍無法欺騙我。欺騙之產生，非只沒有存在，更須創造一會如此錯誤地下判斷的我；因而直接在我與神之間，非在事物是否存在這原因上。普遍欺騙所以產生，是在神創造我為一會自我欺騙者、是我本身這存有狀態，非只在存在上。

---

① 參考《哲學原理》I, 11 與 12。

② 因而可有在「我」外之他者或其他存在。

但正由於此，縱使我有自我欺騙事實、縱使我本身為一欺騙性存有，始終，我必須存在，神亦無法由使我不存在而（使我）受騙。就算是惡魔，都無法達成這樣欺騙可能。普遍欺騙所以可能因而只在我自身所是，非因欺騙者為惡魔。笛卡爾提出惡魔，故與欺騙無關。惡魔之提出，其意義複雜，這點我們下面再討論。

若普遍欺騙所以可能在神創造了一會自我欺騙的我，這代表，這一切出於祂意願及意志。笛卡爾說，這並不牴觸神之善良，因讓我偶而犯錯仍不會不善。故就算神創造一關於存在會產生普遍欺騙的我，由於我們無法企及神意思或意志，我們因而仍不能就此而說這牴觸神之善良。笛卡爾論証繼續說：若有人為使普遍欺騙不會發生因而否定神存在，以為沒有神便不會有此會自我欺騙的我，那笛卡爾對此之回答將是：無論是否是神，創造或製造我者越不完美（笛卡爾舉命運、宿命、偶然性、事物因果關係等為例），我不完美之可能性越大，因而會自我欺騙之可能性亦同樣越大。

論証至此，嚴格言已告終。換言之，中世紀神之出現，是存有論真理不可能之根本原因。位格存有，無論是神之無限力量、抑會自我欺騙而有限之我，「我性」這兩種存有狀態，使事物及存在真理可被質疑。

若神論証足以說明普遍懷疑，那為何笛卡爾提及惡魔？在明白指出真理及知識由我可能錯誤因而必須不再相信外，笛卡爾在提出惡魔一段前開首說：「但是，僅僅做了這些注意還不夠，我還必須當心把這些注意記住；因為這些舊的、平常的見解經常回到我思惟中來，它們跟我長時期相處的親熟習慣給了

它們權利，讓它們不由我的意願而佔據我的心，差不多成了支配我信念的主人。」換言之，若我會自我欺騙，我連這樣欺騙都難於擺脫，因欺騙我的並非他人他物，而是我自己。對我這樣的一種存有、一種同時是我又同時是非我的一種存有，無論這對立我而言之非我 ① 是由人類文明長久歷史習慣所形成、抑是由我用心不足而受自身非我支配，無論如何，正因這自我欺騙來自我自身，因而縱使表面上我感到沒有欺騙或錯誤發生、或沒有所以為存在而實不存在的事物，這明顯仍不夠。正因欺騙之力量源於我自身，並不為我所自覺（潛在於自我），故這清醒求真理之我，不再能相信其自己、不再能對自身所見任何單純真理給予絲毫信任及順從、甚至不再能相信自身任何推論，因這一切都可能是自我欺騙。故無論真與假、無論是否有真理及存在，為不再讓這非我之虛假性佔據及支配我求真之努力，我必須 "主動地" 自我欺騙，即假設沒有天、沒有地、沒有任何外物存在，換言之，我必須假設根本沒有真理 ②。正因如此，我必須假設有一惡魔欺騙我；為了不落入其欺騙，我視一切存在為不存在；以一主動自我欺騙方式 ③，對立我自我欺騙之事實可能 ④。

《沉思集一》全部推論，並非為得出一真實結論。其結論非在：因神故有欺騙可能，知性因而應懷疑一切。並非如此。

---

① 這非我亦可被視為那我不自覺之我，因而極端地言，即潛意識心理之我。
② 「假設」從《原則》對真理之假設轉變為《沉思集》對沒有真理之假設。
③ 即假設一惡魔、假設沒有天地、沒有存在等主動地自我欺騙。
④ 即我以為有真理、有存在時之一種（不自覺）自我欺騙。

《沉思集一》一切討論，最終也只為指出以下結果：假若有欺騙存在，應怎麼辦？在真理問題上若欺騙不可能單純是他者對我之欺騙[1]，而必須歸咎於我自我欺騙，那不再欺騙之唯一方法，非在任何知性認知或真偽分辨，而單純在我拒絕被欺騙之「意志」，即我主動地假設一切不存在這樣「意志」。自我此時非從知性、非從知性主體言，而是從「意志」言。以此「意志之我」自覺對抗知性而潛在的我。惡魔所指，實亦我而已，那在自我欺騙中不自覺地以為有真理存在之我而已。而我假設有這樣的我存在，因我非能知性地確定有抑沒有這樣的我存在；一切不為我所覺者（欺騙）本已在知性確定性外故。在我不能知性地確定任何對錯前、在我不能知性地確知我之所是（存有）前、在我不能知性前，我只能意志。非意志真，而是在真之外意志假、假設一切及知性為假。若從知性言普遍欺騙所以可能根源地在神意志或意願[2]，那能對抗這普遍欺騙，唯在我意志而已、在我決定放棄真理並視一切為假這樣意志而已。我的知性注定會有自我欺騙可能；故若我沒有知性、或不再順從知性，任何有關真理之欺騙不再可能發生、自我欺騙亦不再可能發生。神意志可創造一切存在；我的意志雖不能創造，但能否定一切存在。神意志在創造中而真，我的意志在否定（真理及其可能之欺騙）中

---

[1] 一方面，這因（存有）真理已為主體性、是由主體自身以方法決定，非外來被決定。但另一方面，若欺騙真是從客觀絕對地而來，尋找真理再無意義：無論怎樣，我已絕對地被欺騙了。故唯當欺騙是由於我自身，否則我將只會是絕對地被欺騙；此時，尋求真理再無意義。

[2] 創造一會自我欺騙之我。

而真。從「存有」至「存在」、從「物世界」至「位格我」，因而同亦為從「知性」至「意志」之過轉。主體由《原則》之知性狀態，過轉至《沉思集》中之意志狀態。《沉思集》在主體及真理問題上，因而史無前例地突破。[①]

　　表面上，《沉思集一》似只討論知識虛假性之基礎一問題而沒有具體地列舉任何內容。事實並非如此。若把笛卡爾提及過之事物列舉出來，從這些事物可能有之虛假性可看到，其內容層次相當完整，可分為六類，每類各二，如下：

一、感官與身體之偽：a、瘋狂[②]，b、人不理性時之偽[③]。
二、人心境之偽（如夢）：a、人欲望之偽[④]，b、人自以為自主之偽[⑤]。
三、事物基素之偽：a、物質基質之偽，b、知性對象之偽。

---

① 《沉思集一》有關欺騙之討論，除以上結論外，還有以下兩點可注意：一、一切欺騙之可能，必須建立在有限之自我上。人有限之「我」，因而為一切欺騙及假象之存有基礎。二、從存有論言，徹底否定性本身不可能：事物不存在之欺騙不能致連我亦不存在地步、我之偽已顯示真實、神亦不能創造絕對虛無，其自身已存在故。
② 由瘋子幻想所代表。
③ 由自以為理性（正常而非瘋子）之人所代表。
④ 由赤裸在牀象徵。
⑤ 由自主動作（搖頭、伸手）象徵。

四、超越性之偽（如神）：a、超越者之偽①，b、至高價值之偽②。

五、存在事實之偽：a、人被外在存在事實（如環境及根源）命定與決定時之偽，b、人自己本然不完美之偽。

六、人類習慣與傳統之偽：a、傳統習慣之偽③，b、人自身之偽④。

以上六類，一為非理性之偽、二為人欲望之偽、三為物理之偽、四為超越者之偽、五為現實性或事實性之偽、而六為人類文明及人自身之偽。

笛卡爾在《沉思集一》結束時說，面對人類真理之虛假性確實是一「非常艱苦與吃力的工作」，因而不知不覺地，人之怠惰都寧會選擇「像奴隸在睡夢中享受一種虛構的自由」那樣，害怕清醒過來。對「我思」所有努力之放棄、對「我在」真實意志之放棄，寧可在虛偽前舒適愉快而不願意在真理前痛苦，這一切似在說，人類過去這虛假狀態，正由於放棄自身真實的「我」、甘願淪為種種客體虛假真理之奴隸而已。在虛假性前之自主、與奴隸性地肯定虛假為真，人類全部真與偽，歸根究柢，亦此而已。《沉思集一》不只討論虛假性之基礎問題、不只指出虛假性之種種內容，最後甚至指出，人類於真理與虛假性中之處境與

---

① 宗教之偽，如全能之神對人類存在奴化與規限、及人對超越者崇拜時之偽。

② 如至高善對人之規限及人盲目追求至高價值時之偽。

③ 如由傳統與人世俗性、平庸性而來之盲目、慣性與頑固性之偽。

④ 如由人自己怠惰、不主動努力與自覺學習時所具有自身奴化之偽。

事實。人自身之怠惰與不思，故直是「我思」與「我在」之相反。[1]

《沉思集二》

《沉思集二》為對「我」之討論，是哲學史文獻中對人類「我性」第一次討論。「我性」指向「存在」，因而突破自希臘以來「存有」之優位性。「我在」之特殊在於，它既如數學或本質真理般直觀確定無疑，然又涉及存在，因而不只如數學般形式性，也非如本質那樣只涉及存有而不涉及存在。正因這特性，故在一切真理中，獨一無二。通常，能以直觀確定姿態呈現之真理，是不可能涉及存在的；但不以直觀確定性姿態出現，有關存在之一切判斷，又將無真理意義。因而像「我在」這樣真理，在真理史中實突破性：它突破存有或本質真理之"純然知性"而及"存在"。本來，在哲學史中，由"存有推論至存在"這樣真理先出現在神身上，神本質涵蘊存在[2]。若暫不討論這論証本身，我們

---

[1] 若把《沉思集一》視為由四個論証（瘋子、夢、神、惡魔）構成，那這四個論証實分別顯示人脆弱之四個方面，亦笛卡爾對人處境之反省。這四方面為：人之非理性、人之虛構性或夢幻性、人能力之有限性、及人自我欺騙之本性。除對象事物之虛假性外，《沉思集一》同時揭示人類自身由脆弱而有之虛假性。

[2] 存有論論証（ontological proof）。把這論証命名為「存有論論証」，是康德。見 Ferdinand Alquié，*La Critique kantienne de la Métaphysique*, Paris, PUF,1968。

仍可發現，神存有論論証與「我在」之差別在於：神存有論論証雖知性上必然，但非在直觀中當下確定。神這存有論論証，因而與數學直觀或其他本質真理同屬一類，都只概念分解或構造之事，非直接與存在有關，更非從存在言直觀確定 ①。「我在」不同，它既是存在的，亦是直觀的，非只概念分解而已。這從對存在直觀而言之真理，先於對其本質或存有之認知：在直觀到「我在」時，我對我所是一無所知。「我在」作為真理故奇異：在確知這真理時，我不知其是甚麼。

巴門尼德殘篇 3「…思想與〔思〕存有，這是同一之事」與笛卡爾「我思故我在」是存有論史上兩支柱：前者使「思」定在「存有」上，後者使「思」脫離「思存有」而歸結為「存在之確認」。由思存有至思存在之轉捩點，在「我」而已、由物至「我」而已。而這意味，在真理一事中，知識模態非必然、非唯一。當笛卡爾從「我思」歸結為「我在」時，不只「我在」並未被知識決定（是甚麼），就連「我思」其實也未被知識決定。「我思」此時只是「我在」之事實，作為存在事實言而已，非作為是甚麼或能力言。當「存在」突破「存有」而為真理時，連思惟本身地位也有所改變。以往「思」是思存有之思，隨着對象之真理性而真；今「思」只附屬在「我」身上而為「我思」而已，不就此而為真理。思惟作為「我思」，無論在笛卡爾抑在康德，都只未被確定（unbestimmt）。思惟單純作為思惟而無直觀對象，在康德中甚

---

① 數學真理也在直觀中，是數學概念在直觀中之構造，但非是存在的、非與存在有關。神之存有論論証雖與存在有關，但非從其存在言與直觀有關。

至被低貶。①

　　笛卡爾「思」與「在」②之等同，是原存在：最原始本初之「有」、一種一切未分前之「有」③。「我思」（或「我在」）因而是一絕對存在者、一在任何判分前未被決定狀態④。正因如此，「我在」故可在真與假、理性與瘋狂、虛構與真實、欺騙與無欺騙之前，不受如此二分制約。作為意志狀態，「我」是在真假、理性瘋狂、虛構真實、欺騙無欺騙之先。而這一切判分，由對象始產生，非單純在「我」本身。「我」因而只單純在自身中，甚至非作為對象認知中之主體性。形上學根源地，始於對這樣對象（「我」）之思。思之知性性質，亦由這樣對象形成。在笛卡爾中，形上學因而誕生於我對我自身之反思。由這反思，種種有關我之所是始逐漸呈現；存在真理亦始一步一步回歸存有真理。這過程分以下幾階段⑤：

①　不只純粹思惟被貶，連「我思」之真理性在康德與在笛卡爾中實相差很遠：「我思」作為事實在笛卡爾中能達致「我在」這真理，但在康德中，「我思」只一自限之「我思」而已，用康德話說，即：「（⋯）我意識到我自己，非如我對我自己呈現那樣、也非如我在我自身中所是那樣，而只單純是我在。」B157
②　透過「我」。
③　正因未分，故無知識上之差異性。
④　在巴門尼德中，「思想」與「存有」結合為一；而在笛卡爾中，「思想」與「存在」（「我思，我在」）則未被判分開。
⑤　以下 AT 頁碼，為 AT 1897 至 1913 年版：*Oeuvres de Descartes*，publiées par Charles Adam et Paul Tannery，Paris，Léopold Cerf，1897 à 1913。這頁碼亦為 Ferdinand Alquié 所編 *Descartes*，*Oeuvres philosophiques*，3 tomes，Classiques Garnier，Paris，1963 à 1973 所用，與北京商務印書

一、「我是甚麼？」即一「思想的東西」。（AT VII，25）

二、「甚麼是一思想的東西？那就是：一在懷疑、在理解、在肯定、在否定、在願意、在不願意、也在想像、及在感覺的東西。」（AT VII，28）

三、甚麼是思想本身？思想狹義地言，即「心靈之觀察」、「判斷之能力」。（AT VII，31）

四、「最後，關於這個心靈，換言之，關於我，我將要怎樣說呢？」（AT VII，33）

　　第一階段首次進入對我本質之確定。我們可注意到，這時所用之思惟，為一種觀察式思惟，即第三階段所謂「心靈之觀察」（mentis inspectio）。觀察意思是說，這時在思惟中之一切，包括思惟賴以可能之觀念，都必須是直觀的，否則便無確定性可言。笛卡爾舉例說：若把「我」視為就是「人」，這已遠去直觀確定性；「人」是一複合概念，可能由「理性」與「動物」兩概念構成，二者又可是複合事物，對其認知因而又無窮盡。若事物本質在柏拉圖中由事物所是確定，而在《原則》中事物則從分解至最簡單可直觀狀態確定，那《沉思集二》更要求這直觀簡單性非從任何可能對象而得，而必須是「在存在中」、非只在思惟直觀中而已。我們甚至可說，直觀縱然簡單，都不能算作直觀，仍未從「存在」言確定故。故唯「我」始是，一般對象非是。對最

_____

館龐景仁譯本所用 AT1956 年版頁碼不同。

原初者之本質確定，因而只從「存在」言。[1] 正因如此，故那從不與我分離、時刻在我眼前清楚意識到的身體及其活動，都不能算作「我」，因其存在無法確定故。[2] 換言之，我與非我（其他事物）其關鍵非在本質差異、非因我之為我本質在思惟而物之為物本質在廣延與形象，我與物之分辨非在「本質」認知，而在「存在」：我之存在確定、物之存在非是，因而我非物、亦非身體。我與物之判分，故在本質認知之前：不需知其是甚麼，唯從「存

---

[1] 如我們所說，西方真理只相關存在或存有，故笛卡爾寧可否認「我」是人而只接受"從存在直觀言"「我」只為一思想物。真理這樣條件（存在直觀性或存有本質性）實無必須如此：無須否認作為人時更重要人性之一面。笛卡爾其實清楚知道，從根本言，我是一意志主體而非知性主體；作為意志主體，我應先從意願、非先從認知言是否是人。就如同先有「我在」始有對我之知那樣，人應先意志（立志）成為人，並由此志向學習怎樣成為一真實的人。人之是什麼、怎樣始真實，是由一步一步學習始得，非先在知識。先在知識雖可是唯一地直觀確定，但在人類現實中未必真實。

我們借此機會對西方真理略作評論。西方真理都或由一定點（原理）出發並如邏輯與數學般演繹、或是向根源求索，都以為真理必須在絕對確定性這條件下始可能。對事物之認知可能如此，但並非代表一切真理必然如此。人作為人之真理、現實中道理，都非以確定性為模式。人類思惟甚至推算，亦未必如邏輯或數學般演繹性、以前提為定點。圍棋中思考無需這樣定點、也無必然確定性，都可在變化中發生與前進；而這樣思惟更接近現實真實而非構造性。笛卡爾有關「我」之思考，因而只見「我」為一知性對象，實未見「我」為意志之人。其所直觀到心靈，非事實上更真實的「心」；最低限度，那求索真理時之心及意志。若笛卡爾看到這點，那有關「我」之結論，不應只從認知時確定性言而已。

[2] 笛卡爾說：「我已認識到我存在，而我現在尋找，這個已經被認識到其存在的我是什麼。這個關於我自身之概念與知識，很確定地，並不依賴那些連其存在都未知之事物的；（…）」AT VII，27-28。

在之直觀確定性」區分而已。存在雖非事物本身、雖無法使我們對物有所認知，但它使我與非我判分開、為此判分之基礎。若「存有」問題本質上屬物，那「存在」問題則本質上屬我性：存有使物可能，存在使我可能；物之為物從存有、而我之為我則從存在言。

第一階段雖已指出我是甚麼，即一思想物，但這並非由知甚麼是思想而說。思想是甚麼這是第二階段後之事。我之為思想而非物體，單純因“我之存在”須伴隨思想、在思想中存在而已；我之所以非身體或物體，因“我之存在”與物體存在無關而已。我在思想中之「是」，因而是“存在之是”、非“存有本質”之是。

在從存在指認出「我」為一思想物後，笛卡爾沒有直接問甚麼是思想？這樣問很易又流於本質知識法。笛卡爾所問先為甚麼是思想物。這裡須注意，笛卡爾在《沉思集二》結束前雖已確定認知“思想是甚麼”，但他從不這樣提問。他只問：「我是甚麼」、「甚麼是思想物」、「關於這個心靈，換言之，關於我，我將要怎麼說呢」這幾個問題。換言之，縱使有關事物本質，笛卡爾從不以“本質提問法”問、從不把對象單純視為知識對象地問，如問「甚麼是思想」、「甚麼是物體」、「甚麼是心靈」、「甚麼是我」[1]。在「我是甚麼」後而問「甚麼是思想物」時，笛卡爾的回答

---

[1] 「什麼是我」與「我是什麼」兩者不同在：前者所問為「我」之本質；後者所問只「我」之事實、一種存在之問，如回答我是人、我是天使那樣。這

只是:「那就是一個在懷疑、在理解、在肯定、在否定、在願意、在不願意、也在想像、及在感覺的東西。」這回答仍然沒有回答「思想」其"本質"是甚麼,只"實然地"指出思想包含哪些心靈活動,而這些心靈活動與思想分不開來、或更正確地說,與我的思想分不開來:「難道在這些屬性上,沒有任何一個能與我的思想區別開來嗎,或與我自身分離開來嗎?因本來不是很明顯,是我在懷疑、在理解、及在欲求,因而在這裡不需為了解釋再多增加甚麼。」(《沉思集二》AT VII,29)一方面,這只是對思想所有屬性之觀察而非對其本質之確定;而另一方面,這觀察只對我自己思想言而已,非對思想作為一事物本身言。因而這階段結論只是:「從這裡,我開始對我是甚麼之認知稍微更明白及更清晰。」

在這階段後,笛卡爾進入第三階段。若從《沉思集二》標題言(「論人心靈之本性;及其較物體更容易認知」),第三階段始是全篇目的,因而在篇幅上,較其他為長。從標題可看到,笛卡爾確實試圖回答人類心靈是甚麼這一本質或本性問題。因而正由於能回答此問題,故能說心靈較物體更容易認知。心靈較物體更容易認知這目的本身有甚麼意義?是因笛卡爾提出「我」這心靈物因而不得不與物體之知識比較嗎?並非如此。若回想《沉思集》當初探求人類真理是否可能這目的,這與心靈物體兩

沒有涉及本質。同樣,問「什麼是思想」與問「什麼是思想的事物」差別與此相同。

者間孰更易認知無直接或多大關係。對《沉思集》如此歷史性創舉，《沉思集二》於此關鍵性部份而問一與傳統無關問題，這顯得奇怪。那這問題之重要性在哪裡？為何笛卡爾以此為標題與目的？原因實簡單。回想《沉思集一》結論，構成人類在真理上之全部錯誤，歸根究柢非在任何對象本身虛假，如傳統哲學視世界事物為虛假那樣，而在我們人類自己，特別在我們類同"非我"之「習慣」與「惰性」；若明白一切錯誤源於此原因，那真理之關鍵，再非在指出對象中甚麼始是真實，而在糾正我們本身在真理認知過程中之慣性。[①]《沉思集二》開首舉阿基米德為例時，確實必須有一支點才能把地球的慣性移離開其原來軌跡，同樣，「我在」之探求，目的非在發現（事物），而在改變人類於真理問題上之慣性。能改此，自然便是真理之達成了，非有其他。[②] 人類有關真理問題錯誤之慣性在於（《沉思集一》）：把外在事物視為真實、把外在知覺視為明白而清晰。對笛卡爾言，人類若不把外在事物視為真實，便不會有所欺騙與錯誤。指出心靈較物體更易知，因而是為再一次從正面改正此錯覺慣性而已。故結論說：「可是，當我考慮我心靈是多麼脆弱、多麼不知不覺地傾向錯誤時，我將不會驚訝。」「但因幾乎不可能如此快速地把舊有的意見去除，……」（AT VII，31 及 34）。換言之，一切問題都在糾正此不自覺錯誤的「我」、及人類其「我」長久慣常的錯誤

---

① 我們也可說，這已是前期《原則》之目的。

② 從這點言，笛卡爾主體性哲學連錯誤（或虛假性）都單純歸源於主體身上，非只真理而已。

266

意見而已，錯誤與外界事物本無關。

當笛卡爾舉蜜蠟一物體為例時，須注意以下五點：1. 無論蜜蠟多麼變動不定，笛卡爾從沒有因而說蜜蠟虛假無真理性。2. 我們是無法透過感官或想像力認知蜜蠟其所是。對其所是，反而只由心靈之理解力達成。3. 縱使從蜜蠟其所是之認知言，理解力較其他能力更真實，笛卡爾始終仍沒有因此說：我們對蜜蠟其所是已有知識；笛卡爾此時甚至根本沒有試圖真實地確定有關物體任何知識。此時蜜蠟之所是，只從眼前特殊蜜蠟之所是、非從蜜蠟之普遍本質言。4. 透過認知蜜蠟過程中所發現，是我們"心靈能力之差異"而已，非蜜蠟之知識。5. 若對象認知最後所發現只我們認知心靈本身，那對心靈本身之認知不應是先在地更清楚確定？

若明白以上幾點，那《沉思集二》究竟想得出甚麼結論？對標題中「人心靈之本性」，《沉思集二》作了怎樣的回答？

《沉思集二》所作之事情，主要亦二而已，即標題所列二事：1. 藉由對物體之研究發現心靈較物體更易知，從而改變人在真理尋找中錯誤之慣性。對物體之討論，因而非為確定任何有關物體之知識。2. 至於心靈方面，於「我在」確定後，《沉思集二》進而指出「我是甚麼」，即一思想物，並隨即略為說明甚麼是思想物。

那究竟甚麼是笛卡爾所謂心靈本性？心靈本性，也即思想而已。這回答似沒有說明甚麼，但實不然：當笛卡爾說「我」就是一思想物時，他想說的，是思想即心靈本性這一結論。這裡「思想」應包含種種心靈活動及狀態。問題是，從何言本性？若

從懷疑、理解、肯定、否定、願意、不願意、想像、感覺等種種"屬性"言思想，明顯是不能達致所謂心靈"本性"的。當笛卡爾探討蜜蠟而最後得出結論說：縱使在認知一感官物體時，我們有關此物之知識最終實只"意念"、非感覺或想像力中"形象"或"物體性"時，這時之"意念狀態"，是心靈（在面對物體或任何其他事物時）狀態。這"心靈意念狀態"，即心靈本性。若從認知能力言時，這狀態是理解力：一種心靈對其對象判斷或觀察（inspectio）能力。笛卡爾所以用「觀察」等詞形容心靈能力，因不想把"心靈意念"視如理形般在其自身事物，而只想指出：意念非獨指概念，更包括一切在知覺中形象，唯條件是：此時形象，非從作為大腦身體性物體痕跡、而是作為心靈（有關對象）認知言[1]。換言之，當笛卡爾說所謂思想物即想像、感覺、意願等等時，這些活動是心靈應用在這些官能時之狀態、是心靈"認

---

[1] 笛卡爾在《沉思集》第二組答辯後部份寫了一篇〈按幾何學方式証明上帝的存在和人的心靈與身體間之分別之理由〉的簡論，其開首定義部份便對「思想」及「意念」兩詞作了很清楚的界說：「一、所謂『思想』（pensée），我理解為，如此地在我們之內以致我們對之有直接認知之一切。因而一切意志活動、理解活動、想像及感官活動，都是思想。但我加上『直接』一詞，是為排除那些跟隨及依靠我們思想而來之事物：例如，意志的行動正確來說以意志為原則，但它們畢竟並非思想。二、所謂『意念』（idée），我理解為我們每一思想這樣的一種形式，透過對它的直接知覺，我們得到有關這些思想本身的認知。（⋯）因而在幻想中畫下來之映象（images），我不稱為意念。正好相反；當它們只是存在在身體的幻想部份，換言之，當它們是在大腦某部份被畫下來時，我不稱這些映象為意念，而只有當心靈應用在大腦這部份，而它們又提供心靈本身〔認知〕時，〔我才把它們稱為意念〕。」

知狀態"、非官能作為"身體物性狀態"。因而想像、感覺、意願等等活動，所指仍是心靈"在認知時"活動，非指"身體官能"活動。故為「思想」。思想之本性因而就在「意念性」上[①]，即藉意念而認知這一心靈狀態。笛卡爾在蜜蠟中所發現的，即此心靈之"意念狀態"、對象事物在心靈中以"意念"出現及被認知這一狀態。縱然是透過感官或想像，這些事物都只"作為意念"呈現在心靈前而已，非"作為物體物"。[②] 因而稱為心靈本性，是恐怕人因感官、想像力等身體及物體意味誤以為心靈確實有與物體接觸、是為刻意突顯想像力、感官等之"意念性質"、及一切事物一旦作為心靈知識對象時，這些事物只以"心靈意念狀態"呈現而發。心靈「本性」因而非傳統哲學之「本質」，非是其所是。"心靈本性"是為對比於"所有物體性事物"、非為區別心靈"作為一物"與另一事物間之"所是"而發。從這點言，「思想」與「廣延」兩本質特性，非從事物各別之是其所是、而是從存有總體所具有特性或本性而言。因而後來史賓諾莎直接把這兩本性（及其他未知本性）視為神這獨一實體之本質，非"事物"之本質；而他是正確的。這從存有或存在整體事物所劃分之本性，因而非任何一事物所獨有。而笛卡爾說心靈本性是思想時，應作這樣理解，即：「思想」非獨我心靈之"是其所是"，反而是：我或我心

---

① 思想本性故即「思想性」。解釋見後。

② 故《沉思集三》開首時總結地再說：「這些事物是什麼呢？是地、天、星辰、及所有透過感官所知覺到的事物。我在它們身上明白而清晰地知覺到什麼？當然不是別的，而只是在我心靈前呈現的這些事物之意念（ideas）或思想（cogitationes）。」AT VII，35。

靈是一思想物、從屬於這樣性質下。思想非內存於我而已；物之廣延亦非獨一物所有。之所以能發現這樣本性、之所以能對一切存在事物作總體存有上本性之分類[①]，在「我」而已。由「我」之存在、由對「我在」之直觀確定性，始能判分出"是我"與"不是我"、始有"思想"與"非思想"（物體性）存有原始判分可能。"心靈思想性"與"物體廣延性"之判分、其相互間之遠去，因而是形上學史嶄新軌跡。這問題我們留待康德再討論。

在《沉思集二》最後一階段中，當笛卡爾再問我們能怎樣說關於我們之心靈或我們自身時，他實已對自身是甚麼十分清楚了。之所以再一次問，也為指出對一切"外於我"事物之探究，都只是"對我自身"存在、及"對我自身"認知更明白清晰之証明而已。無論甚麼知識，只更基本地顯示我對我之認知；因而無論從存在抑從知識言，「我」始終最優位，是一切存在與存有最後指向者。非從事物其所是而指向，如摹倣指向被摹倣者那樣、非存有或物物間之指向，而是一種在外在性中對自身之覺醒。在這反身覺醒中，「我看見」與「我覺得我看見」[②] 相同。一切外在性，都非如我所以為，因而實只一種假象：我以為我在看而事實上並非如此。從這點言，思想或「想」（je pense voir 中之 pense）可是假象性的：它以為（它想）……。但就算是假象，

---

① 而非物物各自本質之確定。

② "Je pense voir" 三字為「我・想・看見」，應譯為「我覺得我看見」。意思為事實上我並沒有看見，只我以為我看見而已。

「想」仍多麼真、多麼明白清晰，以至於就算毫無真理、就算在普遍欺騙中，它之真仍多麼屹立不搖。假象性之能同時為真、思想欺騙狀態仍未能動搖其真理性，這歷史上前所未有；也替現象之真實性作了未來準備。無論事物是否存在，都仍指向「我思」這事實；無論「我思」其思之內容多麼虛假，都仍指向及揭示「我在」這一真理。思惟若不從其內容（「存有」）而只從其「存在」言，所揭示是多麼獨特真理：「我」只一思想物、及一切事物先只「意念性」存在。無論我抑事物，故都先只心靈"意念性存在"而已。

　　若《原則》主體性構想其對象，《沉思集》則找回對象首先真實：即若我們不盲目順從我們所以為，一切對象本也只心靈中"意念"而已。事物之"意念"狀態，非如《原則》中只由我虛設，而是從存在事實言之真實。從「存在」言，我之真實即一思想物；而從「存在」言，事物之真實亦首先是一思想物（意念）。二者都從事實言，非虛設的。因而真理最低限度，仍可從「存在」（之真實性）切入，非只能主體性地"虛構"。條件只是，一切真理此時必須立於「存在」、非立於「存有」，連事物之真理亦然，仍須首先立於"意念"之作為存在物[1]，非立於其存有「是其所是」內容；後者也只假象而已，我們根深蒂固慣性而已。故由「存在」，我們仍是可進入真理的。此《沉思集二》探討「我在」一存在真理時之原因。

---

[1]　此亦《沉思集三》用以探求真理之基礎：非從概念內容、而從意念之作為存在物。

《沉思集三》

《沉思集二》因得出「意念」在"存在"真理上特殊位置，故《沉思集三》全然進入對人心靈所具有意念之分析。對意念世界之分析，主要分兩方面：一為對意念作形態上分析，這為一種經驗分類法；另一為對意念存有等級之分類，而這為一種形上分類法。《沉思集三》主要分以下七個部份：

一、「明白」「清晰」作為真理判準之重提；對真理懷疑一問題之重述。

二、意念之經驗性分析。（AT VII，37 至 40）

三、意念之形上性分析。（AT VII，40 至 42）

四、對意念內容之分析。（AT VII，43 至 45）

五、神存在証明進路一。（AT VII，45 至 47）

六、神存在証明進路二。（AT VII，47 至 51）

七、對「神」一意念其來源之說明；《沉思集三》之總結。（AT VII，51 至 52）

讓我們對這七個部份作分述。

第一部份基本上只再次總述第一第二沉思。但問題是，當笛卡爾這次述說完因有普遍欺騙之可能，故不能確定任何外物真理，除非我們考察神存在一問題時，他便立即從第二部份一步一步朝向神存在問題前進。奇怪的是，《沉思集一》雖同樣得

出神普遍欺騙之可能，但沒有如《沉思集三》那樣立即進入對神存在之討論。為何有此差異？既然真理能否確定關鍵在神，為何笛卡爾在《沉思集二》時不直接處理這問題？原因在於：在《沉思集二》出現前，因沒有任何一真理能被確定，故此時主觀的「明白」「清晰」這真理判準毫無意義，不能因有這樣感受便以為應探討真理之可能。唯在《沉思集二》証明「我在」一真理後，而「我在」又確實是「明白」「清晰」，因而始有真理這主觀判準是否確然可信一問題。這問題牽涉到神之存在：因我們是由神所創造，我們本性中這真理判準，須在神存在証明後始有效力。換言之，「我在」使真理標誌（「明白」「清晰」）再度成為可能。

對笛卡爾來說，在我們人類中，嚴格言也只有一真理標誌：「明白」與「清晰性」。[①] 這明白與清晰性是主觀的、主體自身內的，為《原則》在探討主體知性時所歷史性地提出。以往，真理與否從對象之"知性程度"決定：越是知性之對象，其真實性越高、其真理性亦越大。這樣標準在笛卡爾後再不能成立，因此時物理學正對"物質性"求索真理知識可能，真理因而再不能限定在知性範圍內。康德因而提出另一判準，即「客觀有效性」（objektive Gültigkeit），相反地從是否符合經驗內容來決定知識之真偽[②]。而在笛卡爾中，真理這一主觀標誌因所涉為事物之客體性存在，在普遍懷疑發生後，明顯亦不足夠。神之存在從這

---

① 「明白」指對一事物本身之完全掌握，「清晰」則指一物與其他物間差異之完全分辨。

② 特別是知性知識之真偽。

點言，始是真理其真正客觀基礎，「明白」「清晰性」只其主觀標誌而已。[1]

《沉思集三》所以重提這問題，原因在於：我能自我欺騙或假想一切外物不存在，但我不能自我欺騙或假想"明白清晰"之事物並非"明白清晰"。縱使我能否定一切事物在其自身"存在"，但我不能否定"我心靈中所具有表象或意念"。正因這事實，《沉思集二》與《沉思集三》各出現一倒轉結構：在《沉思集一》中，我可自我欺騙有關事物之存在，而當我自我欺騙時，結果反而証明了我存在；相反，在《沉思集三》中，我不可能自我欺騙明白清晰不是明白清晰，唯神始能使這明白清晰不為真，結果反而証明了神存在。表面上只有被欺騙者始必然存在，事實不然，欺騙者亦同樣必然存在。若有關明白清晰之真理我無法自我欺騙，唯神能，那神是否存在，將是問題全部關鍵。換言之，《沉思集一》與《沉思集三》之問題本非相同。在《沉思集一》，一切未被証明，故所求索首先在「存在」。至《沉思集三》時，我已存在，故所求索的再非只存在，而是「明白」「清晰」這真理標誌是否真實，而這問題直接與"神存在"有關。

在進行神存在證明前，因「神」先是作為"意念"在我心靈中出現，而《沉思集二》又已証明了意念之優位性，故任何客體事物是否可能存在，只能透過對其意念之分析達致。神亦然。

---

[1] 不過，縱使只是主觀標誌，在我們人類中仍是唯一的；我們唯有透過明白清晰性確定一真理，別此無他法。明白清晰性始終是我們在認知時主觀所不得不有之基礎或條件。

此所以笛卡爾在第二及第三部份中，進入對「意念」之兩重分析。

　　第二部份為對意念之經驗性分析：分析其種類、來源及是否有錯誤可能。意念有三類：事物映象、意志行動或情感感受、及判斷。前兩者本身沒有錯誤與否一問題，唯判斷可有錯誤。判斷錯誤主要在兩點上：或以為事物之意念對應外物存在、或以為意念相似於外在事物。正因有這樣以為，故笛卡爾進而探討意念之來源，見其是否實源於外在存在。意念來源可有三：或與生俱來、或外來、或為我們製造。在這三種來源中，獨第二種可有問題，因我們認為這類意念既對應對象存在、亦與對象相似。索其原因，也主要有二：以意念與事物相似，這是自然傾向；而外來意念非為我們意志所能支配或轉移，故以為外物存在。自然傾向並非自然之光 ①，本身往往有所錯誤，如有關德性行為，自然傾向往往會引至錯誤那樣。至於不為我們意志所支配或轉移這另一原因，笛卡爾之回答是：在我們內，可能根本有另一能力不為我所覺識而產生這些意念，如在夢中，意念雖由我產生，但非為我意志所支配或轉移，因而不能以這理由認定外物存在。② 從以上分析，意念無法作為外物存在証明之

①　笛卡爾以自然之光與自然傾向為人兩種本能：前者為心靈之直觀（intuitus mentis），純然知性；後者為動物性的，如自我保存、肉體欲望等。見1639 年 10 月 16 日致 Mersenne 信。

②　這即潛意識本我 id（牠）。在「我在」誕生同時，笛卡爾亦已意識到潛在之我之可能。

依據。意念之經驗事實無法具有形上指向[1]故。那意念本身是否有其形上性這另一面？這為第三部所探討。

　　在第三部份中，笛卡爾提出著名的「客觀實在性」（realitas objectiva）一概念。其實，從「我思」推論出「我在」，這實是從「神」概念推論至其存在這存有論論証之變形，差別唯在：神之存有論論証雖知性地必然，但非"存在地直觀"，「我思」至「我在」始是。從結構言，「神」與「我」兩論証都是從思惟推論至存在，非如以往形上學，從存在推論至存有[2]。今在「客觀實在性」一形上概念中[3]，笛卡爾把從思惟推論至存在這一過程不只從「我思」之事實言，甚至應用於每一觀念（「意念」）上。觀念[4]不只具有意含內容、不只作為在思惟中觀念，而是"作為存在物"被看待。此時，觀念所具有意含或意指，其意指所指事物"必須存在"，或最低限度，有與所指事物"在實在性等級上"同等事物存在，否則無以解釋為何此觀念存在。舉「人」一觀念為例：「人」

---

[1]　即「外物」存在。

[2]　知性或思惟對象。

[3]　「客觀實在性」一概念在笛卡爾體系中，可說是使形上學再度可能之核心概念。笛卡爾雖視「我」之存在為實體性，但事實無必須如此：「我在」本身沒有涵蘊必為實體。故在笛卡爾體系內引回形上性、使意念（包括「實體」一意念）具有形上向度，唯「客觀實在性」一概念而已。雖已遠去存有，然「客觀實在性」引回形上義之『實在性』及完美度等級。轉化『實在性』一概念、使其再無存有等級差異、因而切實遠去客體性形上學，須留待康德始成就。

[4]　個別觀念，非思惟整體。

觀念所以可能，或因人確實存在、或有另一事物，其實在性等級高於或對等人之實在性等級，作為「人」觀念存在之依據。因而假若神存在，縱使人不存在，「人」一觀念仍然可能，神實在性等級高於人故。相反，物實在性等級低於人，物故不能解釋「人」這觀念之存在。每一觀念可從其"實在性等級"觀其存在，這即觀念之「客觀實在性」。當然我們可藉着其他觀念構造某一觀念，但無論如何，這觀念所有之客觀實在性，必對等或高於地在這些其他觀念中給出，否則這一觀念仍不可能。柏拉圖因觀念世界（理形）本身即存有，故沒有這樣問題；中世紀或史賓諾莎，因以觀念為神心靈中觀念、或直接把觀念視為神屬性，故都沒有這樣問題。但從笛卡爾這問題可看到，形上學作為形上學，除一方面由觀念或純粹思惟引起外，另一方面實由對事物有一"存有或真實性等級"這樣觀法所致。傳統中存有等級雖在笛卡爾已轉移為"觀念內容"之實在性等級，但畢竟仍與客體存在有關，故仍維繫着客體性形上學。要使這樣形上學不可能，除非實在性等級不存在。使這等級不再存在的是康德：康德一方面轉化「實在性」一概念之意含，另一方面又使這些"指向客體"之形上概念 [1] 全化約為主體中先驗概念（範疇）、為經驗構成及經驗概念所由起之依據。[2] 笛卡爾雖有心物之分，但沒有形上

---

[1]　如「實體」。

[2]　經驗概念之出現，是由概念去除了形上性而致。故感官再無"存在上"之指向性，一切只"經驗雜多"。之所以能如此，因對象只為與主體相對之"現象"而已，都非"物自身"，故再無這樣"客體存在"問題。

概念與經驗概念之分，因而沒有不指向外在存在之概念。不過，話說回來，形上概念在康德中所以不指向外，因康德主體從某意義言已是形上的；若非主體性具有建構現象界之"形上功能"，康德也無法解釋人類思惟中之形上概念，特別當此時概念，其實在性"高於"人所有實在性，如「無限之神」一概念便是。笛卡爾非沒有試圖把一切概念以人心靈之實在性解釋，唯如神「無限性」無法如此解釋而已，故須向外尋找其實在性依據。當康德把形上概念回立在超驗主體上時 [1]，這些概念並非以主體本身為依據；主體只是一超驗主體，非一實在主體。形上概念之實在性，在康德中，是藉由超驗感性論解答。超驗感性論提供一種"非經驗的直觀內容"（純粹直觀雜多）；藉由這樣內容，先驗概念始有其實在性可能。笛卡爾中解不開神之「無限性」，在康德中因而以時空之無限性解開。形上學從此再無法由"觀念"論證超越物自身之存在。若康德只達成把形上概念主體化，那對形上學之完全摒棄，有待馬克思始可能：即把真理由思惟之理論狀態轉化為實踐狀態這樣轉變。這問題只能留待以後再說。

那麼，對笛卡爾言，「意念」雖並不必然相似於對象、也不必然來源於外物，然意念所表象實在性等級，仍須以相等或更高之實在性解釋 [2]。每一意念有兩面：其"作為意念"之一面、及其

---

[1] 康德因而如柏拉圖有一觀念世界，唯其觀念世界是在主體中，非如柏拉圖在客體存在中。這點，我們於康德形上學時再論述。

[2] 從這點言，笛卡爾非如柏拉圖，以「映象」相似性指認「理形原本」存在。相反，他以「意念」所含實在性等級証明對等或更高實在性級之「事物存在」而已，縱使我們不知這事物本身為何物。

"意涵內容"這另一面。作為意念之一面，意念可單純被視為是心靈物，由心靈所生。這時，意念之「形式實在性」[1]，在心靈作為一"思想物"上。意念這兩面，笛卡爾舉「石頭」一意念作為解釋：「石頭」作為"意念"時，因意念與思想同形式，其「形式實在性」故在"心靈"這一思想物上。但作為"石頭"這意涵時，若這意涵確實來源自一"存在的"石頭，「石頭」意念之「客觀實在性」則從石頭（之形式實在性）而得，即從一存在的石頭而得。相反，若「神」因較「石頭」之實在性更高因而直接製造此「石頭」意念，沒有先製造一存在的石頭，「石頭」意念之客觀實在性則在神身上，非形式地[2]、而是優越地（eminenter）；「石頭」意念故由一優越因產生，非由形式因。

從意念意涵[3]之客觀實在性，我們故可由"意念"世界過轉（或推論）至"實在"世界。除非心靈中意念其客觀實在性都不高於心靈本身，否則在心靈外，必然存在另一較心靈實在性更高之事物。問題因而在，"心靈中意念"有無一其客觀實在性較「心靈」之實在性更高者？這即第四部份所探討問題。

在第四部份中，為了回答上列問題，笛卡爾對意念內容作了一全面分析。這裡所列舉意念，與第二部份所列舉意念不同。第二部份只單純對意念種類及來源作分類，這裡則對意念不同

---

[1] 即意念作為"意念"這一種事物形式。

[2] 非作為「形式實在性」。神非石頭，故與「石頭」形式不同。

[3] 所表象之"事物內容"。

"實在性等級"作分類。笛卡爾列舉為四：一、我自身；二、神；三、無生命物體；四、天使、動物、人。從意念之客觀實在性言，第四類可單純化約為第二第三類，為由這第二第三兩類組成。第四類事物故無必須存在，其他三類較為根本。[1]

　　「我自身」一意念在《沉思集二》已作分析[2]。「神」這意念將在第五及第六部份分析。餘下唯「物體」一意念。換言之，我們能否由「物體」一意念之客觀實在性推論至物體存在？物體主要有兩面：作為強度量（intensive Größe）之光暗、色、聲、味、冷熱等感覺，及作為廣延量（extensive Größe）之大小、廣延、形象、位置、運動、及實體、數、延續等。[3] 物體強度量因並不明白清晰，故其實在性低，不足以說明不為我心靈所造。至於具明白清晰性之廣延量，像實體、數、延續等意念因為心靈亦同具有，故不能歸結為物體自身必須存在之証明。至於廣延、形象等，雖非我心靈所具有，但因其作為屬性必須依附在實體下，其實在性故較實體為低。心靈雖非這些事物之"形式因"，然"作為實體"，仍可是其"優越因"。（《沉思集》至此 AT VII，44，45 始第一次說「我」是一「實體」）。

---

[1]　康德第一《批判》「超驗辯証論」正針對這三類事物其形上存在性而發：〈論純粹理性的謬誤推理〉對應「我自身」之存在、〈純粹理性的二論背反〉對應全部「無生命物體」之存在【物體總體（宇宙性理念）即為「世界」】、而〈純粹理性的理想〉則對應「神」之存在。

[2]　結論亦已証明「我存在」。

[3]　笛卡爾沒有把物體性劃分為強度量與廣延量兩類。我們劃分是依據康德而作。不過，物體性分為這兩方面，是哲學長久以來分法。

從這對物體意念客觀實在性之分析，我們故無法證明物體必需存在。這是第四部份結果。所剩唯「神」一意念，其客觀實在性能否涵蘊神存在？這即第五部份問題。

第五與第六部份分別為對神存在之兩種論証。若「我思」與「我在」[1]為至目前為止唯一已証真理，那神這兩論証，可說為一由「思」出發、另一由「我」出發；一者建立在「思惟」這事實上、另一者建立在「我存在」這事實上。笛卡爾雖在《沉思集五》討論本質真理時重提聖安瑟倫（St.Anselm）存有論論証，但對本質真理之肯定，必須在神存在証明後、因而「明白清晰」這真理判準確實為本質真理判準後始可能。若非如此，聖安瑟倫存有論論証不能單獨為神存在之証明。對笛卡爾言，神存在之証明故唯有二：一由「神」意念（特別是「無限性」一意念）之客觀實在性[2]、另一由「我」之存在。我們可說，這是笛卡爾取代傳統兩類論証之方式，前者取代聖安瑟倫論証，以另一種方式從「神」"意念"推論至神存在，後者取代聖多瑪斯五路，從「我在」而非從萬物存在推論至神存在。

從「神」意念之客觀實在性推論至神存在簡單：所謂「神」，指一無限、永恆、常住不變、獨立、全知、全能的實體，也是我與萬物之創造者。笛卡爾說，縱然我也是一實體，但因我只有限，故不能包含「無限性」這更大、更優越之屬性於我內。換言

---

[1] 或簡稱「思」與「我」這兩面。

[2] 即前述「思」之事實。

之，關鍵只在神無限而我有限。笛卡爾作了幾點說明：1.「無限」是正面而非負面意念、非從對「有限」之否定而致。我對我為有限之認知，也因先由知更完美事物，否則無以知自身為有限。[1] 2.「神」一意念不能為人所虛構，這是由其客觀實在性及明白清晰性使然。[2] 3. 神雖可為我們所"認知"，但不能為我們所"理解"。[3] 4. 人類只逐步在自我完善；完善對人類言只未實現之潛在可能，因而不能與神之完美相比，更不能為神之創造者。

至於從"我之存在"論証神存在，笛卡爾分析如下：1. 我不能為我自身存在之創造者，否則我便是完美的，即就是神了。2. 能創造自身為一"思惟實體"這一能力，絕不低於"獲取他物知識"之能力，因而我不能說，雖創造自身，但我仍有限、或我只創造了一有限之我。3. 我之存在是在時間中延續着。這延續性之"保持"、與"重新創造"作為能力實同等。若我感到我沒有持續下去之能力，這同於說，我沒有創造自身之能力。4. 無論

---

[1] 前面說過，笛卡爾《原則》曾把「虛無」、「靜止」等負面概念視為正面。但我之有限性非只一概念問題，更是一事實，因而確實應後於對完美事物之認知。若沒有更完美事物，是不會意識到自身之有限性的。

[2] 這備註很關鍵性，因後代對神之否定，都先從「神」為人類虛構而立論。神能否為人類所虛構，這實是問題之關鍵。笛卡爾立場有繫於「客觀實在性」是否必然。至於「明白清晰性」，笛卡爾以一切明白清晰事物均全包含在神內，因而神最為明白清晰。但為何一概念所包含之屬性，就算屬性存在，即代表這概念所指事物存在？康德就是從這包含之全稱性視這樣概念為虛構。換言之，若「可知性」對我們而言明白清晰，「全知性」這全稱化仍可虛構：神作為一切屬性之完美總集【從屬性言之最高等級】更是。

[3] 這點為笛卡爾對聖多瑪斯看法之重複。

誰創造我，它必須與神同等，即具有我心靈中神所有一切屬性；這樣事物也即神。它不能"無窮後退地"溯源於他物：我目前之存在，已喻其創造源頭之"存在"，非能無窮後退。這源頭也不能被設想為由"多個"原因組成，因單一性、簡單性、或不能分離性為完美性構成之屬性，為神所應有。其他如我之父母，明顯均不能為我存在創造之原因。①

以上為《沉思集三》論神存在之第五與第六部份。有關笛卡爾這些論証及其形上意義，我們留待康德時再論說。康德在前期 1763 年提出了歷史中最後一次有關神存在之証明，即〈証明上帝存在唯一可能的証據〉(*Der einzig mögliche Beweisgrund zu einer Demonstration des Daseins Gottes*) 一文。其內容（特別有關「實在性」一問題），與笛卡爾証明所涉形上問題相關，甚至可說直針對、或承接笛卡爾問題而有。在康德第一《批判》完全扭轉形上學前，康德「神之論証」是客體形上學最後體現。由客體形上學徹底地過轉至主體形上學，因而全在康德一人上；其中亦可看到過轉時概念想法上之關鍵。這些我們留待康德時再討論。

《沉思集三》最後一部份（第七部份），銜接回第二部份，指出「神」一意念之來源：既非從感官、亦非由我製造，而是與生

---

① 這是典型西方式思惟，即只從「我」作為一存在者及其構成素言。父母當然不能為"思惟實體"之創造者。然把「人」看成為「存在者」，實較把人看成為人更低；只一事物而已，非作為人。

俱來、由神印記在心靈中。正因如此，人與神相似：神所有屬性，以不同程度為人所具有。人故可從對自身之認知，推知神之所是，印記與印璽相似故。[1] 以上為《沉思集三》分析。

《沉思集四》

繼神存在証明後，《沉思集四》再回到真理問題上。這次差別在於：神之存在給予真理其"客觀基礎"，使明白清晰這真理主觀基礎有所依據，因而可重新討論真理與錯誤這原初問題。在進入這一問題前，讓我們先對《沉思集四》說幾句話。

《沉思集》在前三沉思都有歷史性創見，但自《沉思集四》後似不然，故亦鮮為人所討論。《沉思集四》似只重提中世紀以來

---

[1]　這當然是笛卡爾對基督教教義人神肖像關係之回答。不過，從笛卡爾本身思想之結構言，「我在」先於神而有之獨立性，突破人神肖像關係。笛卡爾形上學從來反對"相似性"，亦反對透過"相似性"尋索本源之作法，如柏拉圖摹倣論或從感官推論至事物存在這類論証。對笛卡爾言，越"不相似"始越是相似。（見前）。用在人神關係上，這將為下面一結構：由於人神相似之處為其位格我性，人相似於神因而應說：人相似於神之「我」；而由於神之「我」至為"獨立"，人相似於神時故應為對其"獨立性"之相似，換言之，人因相似（於神）反而"完全獨立"，甚至在神之外，為「我思，我在」這「我」從存在言之"完全獨立性"。從"我性""獨立性"作為相似點言，相似於神使我不相似於神，或：不相似於神始最相似於神。「我性」作為相似點，故正達成笛卡爾對相似性其不相似之理論。正因這不相似（或反相似）之相似性，「我思，我在」始得以從神位格我性誕生並獨立出來。

平庸問題，如若神全善，為何創造一會如此地犯錯之人類，等等。表面上看，笛卡爾之回答也非常平凡。我想，我們是不應如此看待《沉思集》最後這幾篇的。從編排言，《沉思集》確如我們前面所列結構，單純環繞真理問題構成。但從內容碰觸到層面言，《沉思集》既豐富而多面相：《沉思集一》論述並質疑過去哲學真理形態，因而有對哲學史或形上學史回顧味道；《沉思集二》則提出了「我」與「存在性」這前所未有之哲學視野；《沉思集三》除了神存在論証外，可被視為笛卡爾對形上思惟模式之確定，即「客觀實在性」一概念對形上學重新建構與總結；亦在這篇中，展示了笛卡爾心中有關形上學基本原理或構設，如實體、形式因、優越因、完美度等級、「虛無不具有任何性質」等形上原則。若《沉思集二》展示了形上學新方向，而《沉思集三》總論形上學本有基礎，那《沉思集四》除了討論真理與錯誤問題外，實可視為是對"人類存在狀況"之反省，類同同時期帕斯卡爾（Blaise Pascal）對人類存在境況之存在性（existential）反省那樣。我們曾說過，哲學或形上學主要也只兩類問題：一為對人類存在或世界反省，另一為對至真實者反省。嚴格言，前者始根本，後者只為解決前者始有，即由不同真實性，回答人類或世界存在應是怎樣。古希臘以神話（神靈宗教）及藝術之真實形構出其世界存在；而希臘哲學之誕生，從性格言，則反宗教而回歸世俗存在。神作為具有最高意志言，可無視事物存有，並顛覆人類世界真理與理性，因而本性上反哲學。哲學相反，以形構一政治性及知識性世界存在為主，求使世界存在以"理性知性"為模式。中世紀縱使有《神學大全》般理性世界，然由於基督教教義，始終

無法擺脫宗教特殊偏向。從這點言，由笛卡爾開啟之現代哲學，既須回到哲學單純理性無教義狀態，但又須保有神之存有地位，並在「理性」與「神」兩者間，求為安立一單純理性之世界與真理。《沉思集四》是從這點言而獨特。它所探討之"人類存在境況"，再非以原罪為前提，而是一可能單純理性狀況。同樣，《沉思集五》與《沉思集六》應為笛卡爾對過往本質真理之審訂、及對當代物理或自然知識之肯定。如是觀，《沉思集》每篇均有其獨特意義。

有關真理與錯誤問題，《沉思集四》怎樣說？

自《沉思集三》後，笛卡爾所運用形上原理，獨一地為事物實在性等級（「客觀實在性」）一原理。我們可見這原理在《沉思集四》之全面運用。有關錯誤，笛卡爾分別從負面及從正面兩種方式界定：從負面方式對錯誤界定即視錯誤為「不完美性」；這樣界定是形上的。相反，若從正面對錯誤界定，錯誤即為「缺乏」（privatio），而這是一知識論上之界定。但無論是哪一定義，都不離"實在性等級"這形上原理。《沉思集四》因而主要分為兩部份：對錯誤作為「不完美性」之討論、及對錯誤作為「缺乏」之討論，之後則為對錯誤及真理原則之總結。

在第一部份中，由於《沉思集三》已証神存在及其實在性等級高於一切存在者，笛卡爾故可依據"實在性等級"把存在者自上至下排列；這時"形上等級"（實在性等級）對應"明白清晰性"這真理認知等級；形上等級因而可作為知識真理判準之依據。笛卡爾構圖如下：

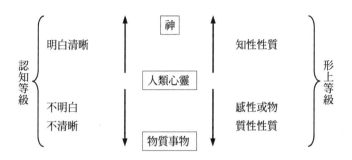

正因有這樣對應，笛卡爾故說這似發現一條引導我們由對「神」之認知至對「一切事物」認知之途徑。原因在於，一方面由於神給予我們判斷真偽之能力，而另一方面由於神不應有欺騙之意圖 ①，故神所給予人類之真理判斷能力（「明白清晰」這真理判準）不應有所錯誤。請注意，這是《沉思集四》最終結論；而在開首便提出來，代表餘下《沉思集四》全篇都只為對這結論討論而已。那為何這結論有問題？原因在於，若存在的也只有神、只有完美性，這不可能有錯誤發生 ②。但從經驗事實，我們確有犯錯時刻；且我們除「神」之外，同樣有「虛無」或「非存有」之意念。人之存在，因而實介乎「神」之完美性與「虛無」不完美性之間，此所以錯誤可能。

---

① 笛卡爾說：欺騙雖為力量之表現，但其心態脆弱而有缺陷。

② 意思是說：若神為一切總體，而神又至完美，存在不應有絲毫不完美可能。

神（無限完美）

|

我（無限錯誤之可能）

|

非存有（無限地遠去完美性）

　　笛卡爾這對錯誤之解釋，是形上的，即基於人處於「存有」（神）與「非存有」這"存有等級"間而形成的。此時，錯誤也即存有上之不完美性，具體地說，即人之認知能力非一無限能力，因而必然有所錯誤。笛卡爾這裡所描述人之存在處境：人介乎「神之無限」與「虛無之無限」間這一有限處境，與帕斯卡爾對人處境之描述不同。對帕斯卡爾言，人所處於其中之兩種無限：「神之無限」與「宇宙之無限」，都同是正面、同是兩種真正無限。正由於宗教與物質世界同等真實，為人之有限性無法達致，故人擺動於其中，自相矛盾：人無法單純以其中一者而活，但又不能無視它們。人之有限性更不能作為此兩無限之綜合者[1]，故注定從存在言矛盾。這一觀法，單純從人之觀點而非從形上存有者觀點而觀；是存在義（existential）而非存有義。從這點言，帕斯卡爾思想是單純人性、存在性（existential），非形上學、非從存有客體而言。笛卡爾雖亦在言兩種無限，但這兩種無限並

---

[1]　從這點言，後來康德「我思」能作為一切之最高綜合統一，相對這把人視為有限之傳統言，實不可思議。關鍵就在「無限性」問題上，即如何能把「無限性」內化於主體內，而這即康德時空論（〈超驗感性論〉）之創舉。

非同為正面：神其無限是、虛無或物性無限非是；因而縱使人有限，仍無需擺動其中，真理方向單一故。所以致此明顯單純由實在性等級。「存有或實在性等級」因而非只知識真理上問題，亦同是存在價值上問題。放棄形上等級，將失去存在意義與真實，這是摒棄形上學時必須面對的。帕斯卡爾在這點上首創性。而笛卡爾之所以仍為理性主義，因未對形上等級絲毫放棄。帕斯卡爾之困境，因而來自對形上等級之放棄，沒有以神統攝存在之一切[1]，又未能把存在價值單純放回人自身上[2]，因而存在注定悲劇性、而人亦矛盾不定。

形上等級作為對錯誤解釋（錯誤＝存在之不完美性）所以不足，因它雖指明其存有"事實"，但未能解釋其所以"發生"，故非對錯誤之正面分析。[3] 此所以笛卡爾進入第二部份，對錯誤提出知識論解釋，視錯誤為認知上「缺乏」、為能力而非只存有上之不完美。

從"能力不足"解釋錯誤發生這一知識論進路，在具體說明前，仍須通過形上學質問：若神為完美與全能，為何創造一有缺陷之人類能力？笛卡爾之回答仍跟隨傳統：一為正因人能力有限，故無法理解神之作為，特別與目的性問題有關時[4]；二為人

---

[1]　後來史賓諾莎在這點上較笛卡爾更甚。

[2]　如我們中國思想。

[3]　從這點可見，存有真實多只思想價值導向，非對事情具體分析或解釋。

[4]　這在亞里士多德中被視為幾近就是全部理性之「目的因」、這以「善」為最終依據的目的因，並沒有因負面事物之存在而被摒棄。負面事物之存在只再一次顯示人類理解能力之限制而已，並不代表神或世界事物確實不善。

應從存在整體而觀，不應只看局部好壞，特別當神之創造無限，整體絕非人類所能理解。於此可再一次看到形上學存有等級對一切提問之決定性力量。[①] 但無論形上等級（形上學）對「人」多麼否定，畢竟這是人類自身"理性"之回答，故非如帕斯卡爾，由未能理解超越者而不安。

那麼，構成錯誤之"發生"主要由於兩個能力：理解力與意志。說神之創造未善，因而須從這兩能力是否未善解答。這一解答為笛卡爾自身提出，非借助於傳統。而這有兩方面：一為從二者"自體"、另一為從二者之"運用"言。從自體言，理解力沒有絲毫錯誤，所有唯其知有限而已；然若所下判斷沒有超過所見[②]，理解力不會有所錯誤。至於意志自身，縱使是人，其意志仍無限、為一無限制性能力。單純從意志能力本身言，人與神無差異，亦人為神肖像之原因。[③] 固然，配合於其他無限能

世界或存有之善，故是從形上學、非從事實言。此亦形上價值觀法所以有問題：一因只為價值假象，事實未必如此；二因形上觀法對價值之肯定多只以存有為導向，如存有等級那樣，因而忽略人始是價值關鍵，多形成一種價值誤導。以形上思惟為基礎之西方，其價值觀因而始終有問題。

① 因在西方「人」之地位始終闕如，形上學從根本言，故為對存在事物給予一價值上等級。一旦有這樣事物等級，即有形上學。縱使是人，若有主人奴隸這樣等級而非從人自身善惡好壞言、若等級是「存有」或「存在」上的話，這已是形上學。正確是，「人」所以為最高真實，非從存有等級、而單純從"是人"言。若從"事物存在"而言主體，因與人性價值無關，都只形上學而已。

② 下判斷（肯定、否定）的能力是意志，非單純理解力。

③ 從肖像問題，可見以下幾點：一、人神之相似在意志這無限能力上；即「我思，我在」作為位格「我性」。二、相似是從無差異性言。三、因意志最近

力，神意志之作用必較人類為大；其無差異，只從意志作為肯定否定時之自由能力言而已。從意志本身言，人故是絕對自由與自主的。

笛卡爾於此順帶地對「自由」作說明。自由非指無強制性下之"絕對任意性"或"無所謂"，如人以自由為完全自主與任意那樣。真實自由應是由對事物之真與善完全認知明白後，意志自然甚至必然地、對這真與善之肯定。對真與善之認知越深，其意志之可能判斷越大、其自由越高；相反，越是無知、越對真與善無所謂，其判斷越局限、其自由越低。意志之自由故非單純意志本身事、非能單純從我性言，必須配合於事物之認知。意志雖為我，但自由與否則須從對象客體存在言。「自由」故是一種客體狀況，非人內在自身事。內在之我，故無所謂自由不自由。

若錯誤非在理解力本身、又非在意志本身上，其發生實在兩者間，即在意志無限而理解力有限這差距上。換言之，當意志所作判斷"超過"理解力"所提供"之對象內容 [1]，錯誤由是而生。把真理約束於確實範圍內，這是康德得之於笛卡爾者。

笛卡爾這有關錯誤之立論，再非從對象本身之真偽、而是從人之主體言。我們前面說過，主體性知識之本性，在知識取決於主體。此時所謂錯誤，只能從主體是否過份言。這非只言真

於神之無限性，意志必然在後來哲學中崛起。

[1] 換言之，判斷缺乏其應有對象內容。

理之對應論①。對應論只言判斷本身之真假，非言真理本身之真假（錯誤）。說感性界為假（錯誤），這是從客體事物本身言；同樣，把錯誤理解為人能力越過其應有限制，這是從主體本身之真理性言；差別只因此時所言知識，是主體性模態而已、是針對主體在知識中之主動構造而已。這時所有錯誤，為一切主體性知識所可共有者。笛卡爾這把錯誤視為能力之錯誤"運用"、而非由於能力"本身"缺陷，故與形上不完美性無關；只人類自己事、只其能力之"運用"，非存有本質或事實如此。

在結束討論前，笛卡爾最後回答一可能形上學質疑：即為何神不干預這判斷作用，使人不致錯誤，如給予人類一有關一切事物明白而清晰之認知能力、或使人永不忘記依據明白清晰之直觀始下判斷？笛卡爾之回答仍援用傳統，即：局部不完美性不等於整體不完美性；及：人其存有等級實不完美。故當人做到人特有之真理性時②，這時所顯，是人最大完美性所在。人這最大完美性，故在自我努力、改變自身，特別在真理追求上。人之怠惰（《沉思集一》結論），因而實為其"存在上之處境"；人所以不完美，其原因最終仍在此。

在哲學從神之真理回歸人之真理同時，笛卡爾所見，是人類怠惰及慣性所造成之虛偽。笛卡爾把「我思」視為人自身努力這點雖非如中國思想中「學」之根本性，但從努力改變自身這點言，實已是一種道理上之明白了。不過，把人類脆弱視為"奴

---

① 真理之對應論是說：判斷之是否真，在其是否對應對象。
② 如不妄下判斷、由努力改變自身慣性、切記真理條件與判準等等。

性”，這仍是西方長久看法。無論為甚麼而奴性，在西方思想中，始終是人性根本；西方向慕“存在獨立性”而非“人性真實”，由此而致。笛卡爾「我思」之自我努力，亦始終先為成就「我在」而已。

在結束《沉思集四》前，對笛卡爾於此所作總結，仍應稍加說明。《沉思集四》是為說明真理判準而有，即為說明何以「明白清晰」確實為真理判準。而這是因為：「明白清晰性」這本只為主體真理主觀判準，繼《沉思集三》証明“意念之實在性”必有對等真實、因而「神存在」這兩形上真理後，由於神不欺騙，故可成為真理之確定判準。這結論，我們說過，本應在《沉思集四》開首時便可定論。之所以有《沉思集四》之討論，因單從存有之完美性言，本不應有不完美或錯誤之可能，《沉思集四》正是為說明「非有」及「不完美性」而設。[①]「不完美性」之源，全落在“人之觀點”上。非在其存有，而在其“觀點”所見而已。畢竟，人之存有也是神之事，故仍完美。若從神之觀點看，是沒有不完美或錯誤可能的。笛卡爾《沉思集四》開首時所形構「神‧我‧非存有」三層存有等級，故實只“人觀點下”之形上看法；對神而言，根本無這樣存有等級：神眼中不可能有非存有在。形上學因而只是“人之觀點”，神沒有所謂形上。錯誤或不完美

---

① 《沉思集四》雖提出有關錯誤之發生原因與構成：「缺乏」這知識論解法為錯誤之形式性原因（raison formelle）；但始終貫穿全篇的，仍先是錯誤之“形上原因”這一面：「不完美性」為錯誤之客觀實在性這形上解法。後者雖非錯誤之直接解釋，但更是根本，為一切問題最終依歸。

性問題，故只"人之問題"而已、"人觀點下"始有之問題而已，非本然的。《沉思集四》因而只述說"人之觀點"、"其觀點下"之人類事實、及更重要的：何以能在這樣"有限觀點"下，仍能達致真理，此時真理判準在哪裡等等。這些問題，在神存在被証明前不可能發生。那時應如《原則》，雖有主體性，但沒有狹義形上性、沒有「客觀實在性」或"實體般"超越性。笛卡爾《沉思集》所形構之形上學，實只"人觀點下"之形上學而已，非如後來史賓諾莎，為形上學自體本身。以往形上學仍關乎對象客體而為形上學；然在主體性出現後，對主體而言之形上學，只"其眼中"形上學而已，非客體或存有本身。在《沉思集三》單純討論神時，仍未見此主體"主觀"形上觀點，神本身為全部存有、無限存有，不容觀點存在。然一旦涉及人或事物這類存有者時，形上學之"觀點性"立即出現，事物非如神存有充滿與絕對，故有人"觀點"可能。從外部觀，笛卡爾《原則》便明顯為一"主體性形上觀點"。《沉思集》雖涉客體性，然始終仍是"主體觀點下"之形上學。《沉思集四》對錯誤之討論，因而只是"從人觀點"言，非與存有本身有關；若有，也只關乎其中「人」之有限性與不完美性而已，換言之，人"有限觀點下"之「人」而已。非「存有」不完善，「人」不完善而已。

於此可明白，從思想史發展言，這即將進入問題之「人類存在」，在笛卡爾中，最後僅只由「無限存有」保証：神不欺騙，因而人類之錯誤非歸根究柢錯誤。錯誤與不完美、存在之負面性，只"人觀點"或人之脆弱而已。其有限性故首先在：其知性能力

有限而已。[1] 而當代所以為當代，故必由這最後保証之質疑始：
神並沒有存在……。

《沉思集五與六》

《沉思集五》與《沉思集六》分別討論「本質真理」與「存在真理」，前者涉及數學（幾何）及"神本質涵蘊存在"這兩類本質真理，後者為對感官而來"外物其存在"之討論，故見笛卡爾對「自然」之界定。兩篇可視為《沉思集一》之回答。

這兩篇我們不打算多作分析，唯應注意以下各點：

一、無論本質真理抑存在真理都非為人類意志所能轉移，故都存有地為對人類意志之否定。兩篇雖言真理內容問題，但實涉及意志之存有與事物必然性這形上問題。

二、《沉思集五》應視為"從主體觀點下"對「本質」之重新釐定。「本質」一概念主要經歷三次轉變：一作為事物在其自身之存有；二作為意念中既「明白清晰」又永恆不變者；三為一種反身性自身與自身關係。一見於柏拉圖，二見於笛卡爾，三見於黑格爾。

三、「本質」之標記為「明白清晰性」，而神之本質為一切"其他本質"之最終依據。這本質之真理，在《原則》主體性存有

---

① 　人雖因意志而無限，然人類意志之無限，始終受制於知性能力之有限，此"觀點"之所以產生。

論中由方法構成，而在《沉思集》中，則再無需"假設"以呈現，神為保証故。

四、在《沉思集六》中，首次出現想像力與事物存在關係問題，為後來康德哲學所繼續。想像力於《原則》雖有建構（構設性）功能，但無涵蘊存在之實在性。想像力有此實在性作用，始於康德；即時空（笛卡爾之幾何本質真理）之純粹想像力乃經驗存在之可能條件與形式這一關係所致。

五、笛卡爾所言「自然」[①]，正相反「本質」。而自然傾向，則相反理性。

六、以「客觀實在性」論証「存在」有二：《沉思集三》由我之"有限性"及神之無限性証其存在；及《沉思集六》由我之"被動接受性"及物體之主動性証外物存在。前者優越地（éminemment），後者形式地（formellement）。面對神，我是"有限者"；面對物體世界，我是"被動接受者"。因而從形上體言，「我們的本性（naturae）是具有缺陷及脆弱的」，《沉思集》以此確認而終結。

笛卡爾思想極為歷史性，是歷史之重要交匯點。於主體我性，笛卡爾圖融合一切：既朝向哲學之未來、又力圖保存過往。

---

① 所謂「自然」，即「神本身、或神在受造物中建立的秩序與安排」。這裡之秩序與安排，非從本質、而從（事物之）事實言；故所謂「我特殊本性（自然 naturam meam in particulari）」，指「神給予我的一切事物之總和（complexionem）」。

從建構知識之主體性至意志存在義（existential）之主體我、從客體真理之「存有」至「存在」、從神學至物理學、從知識問題至人類存在境況以至個人生命存在，簡言之，從思惟與「我思」至存在與「我在」，這一切對反面，都融合在笛卡爾思想中。笛卡爾既預示康德知識存有義之主體、亦預示如存在主義中從存在境況言之主體；既保留神學形上學之存有等級、又曾超越一切形上學真理；或從虛構構設言真、又由自我主動欺騙而超越真偽。這一切，都匯集在其思想內。除非我們體會這種種歷史面相，否則無以明白其思想究竟、更無以明白主體性哲學所含有事實：非「我思」而已，亦「我在」之存在性（existential）真實。有關笛卡爾形上學，我們討論至此。

第六章　史賓諾莎形上學略論

　　我們所以討論史賓諾莎，是為希望進入盧梭與康德等完全不同哲學時代前，看看笛卡爾主義脈絡下，可有怎樣完全不同、甚至相反的形上學可能。我們不會對史賓諾莎哲學作全盤討論，只勾勒其形上學基本特色而已。

　　史賓諾莎著作不多。他生平中唯一出版的著作為《笛卡爾哲學原理》一書。很多哲學史家認為史賓諾莎對笛卡爾哲學有所崇尚，我想並非如此。史賓諾莎所以彙編笛卡爾思想，單純是為哲學教材而已。笛卡爾哲學是當時新興哲學，史賓諾莎是為此目的而彙編此書。《笛卡爾哲學原理》一書同時附上〈形上學思想〉這對中世紀及之前形上學基本概念之整理，而從這樣編排，可見史賓諾莎原先計劃之完整性，沒有特別把笛卡爾哲學視為優於傳統哲學者。①

---

① 史賓諾莎〈形上學思想〉，可視為對笛卡爾前之形上學，迄今為止，最好的教材。它與基督教教義毫無關係，單純整理及陳展形上學基本概念。史賓諾莎後來如《倫理學》等寫法，表面雖似摹擬幾何推算，然實可視為對形

　　史賓諾莎此時正教導一學生（卡則阿留斯 Casearius）學哲
學。在致德‧福里（Simon de Vries）信[1] 中開首便說：「您沒有
理由去羨慕卡則阿留斯，因為再沒有哪人會像他那樣使我感到
沉重、或者使我更不信賴。因此我懇求您和所有朋友，在他尚
未達到成熟年齡之前，不要把我的觀點告訴他。現在他還太年
輕、太不一致、好新穎多於好真理。」史賓諾莎學者已確定，《笛
卡爾哲學原理》是為卡則阿留斯而彙編；如是信中所言思想上之
「新穎」，應指笛卡爾哲學。換言之，史賓諾莎從不視笛卡爾哲
學為真理。為甚麼會如此？我想這不只是思想理論看法之不同，
而是立場上更根本的對反：

　　綜觀史賓諾莎思想，從最早《神、人及其幸福簡論》、《知性
改進論》、至《倫理學》，都可看到史賓諾莎所關懷的，是人類幸
福。追求真理並非為真理本身，而是為人類幸福。倫理學而非
知識始是史賓諾莎最終關懷。而對笛卡爾言正相反：由於倫理
道德只實踐性、與經驗知識一樣無直觀必然性，故從不列入哲
學反省對象。正因這一原因，笛卡爾故只以四條德行守則作為
日常行為權宜之法，從不在其論著中討論倫理道德或人類幸福
等問題。[2] 偏向知識真理本身固然無可厚非，但在極度關懷倫

　　上學作為學問的"全盤整理"，既非在教義下、也非如《沉思集》、《純粹理
　　性批判》等以個人思想姿態而有之創作。哲學史中對形上學視如"客觀學
　　問"之思想整理，因而唯史賓諾莎與黑格爾二人而已。黑格爾思辨因過於
　　獨特，故實唯史賓諾莎一人而已。

[1]　史賓諾莎信集第 9 封。

[2]　笛卡爾所求的是知識之確定性，而史賓諾莎所求的，則是幸福之確定性。

理與德行問題的史賓諾莎眼中，笛卡爾哲學有着一完全不能被接受的地方，而這正正是笛卡爾哲學所以為笛卡爾之原因，這即「我思」一論旨。形上學轉向主體性知識形態這轉變、或中世紀神位格轉變至笛卡爾人類「我性」之出現，都是歷史中必然過程。但從關懷倫理學及人類德行這方面言，「我性」或「自我」之出現，是對人類德行至大之衝擊：「自我」至難成就德行、亦至難從屬神宗教下；笛卡爾《沉思集一》便曾懷疑一切，包括神在內；就算之後証明神存在，也從來對神學避而不談。正是這「我性」，為史賓諾莎所無法接受。[①] 故對笛卡爾的「我」，史賓諾莎始終保留着「人」。在《倫理學二》開首論及心靈中思惟屬性時，史賓諾莎不以「我思」、而直以「人有思想」為公則。這，在笛卡爾論及思惟時，是不可能發生亦不可能接受之事；因對笛卡爾言，宣稱「人有思想」，已毀棄一切從思惟言之"直觀性"了，更遑論為真理公則。

若史賓諾莎完全毀棄笛卡爾哲學基石，他自己哲學如何可能？不僅如此。對笛卡爾言倫理學如同經驗知識一樣，完全沒有明白清晰直觀真理性可能，那以"幾何方式"論証倫理學，這實是史賓諾莎對笛卡爾驚人之回答，如是說：笛卡爾視為直觀

見《知性改進論》「導言：論哲學的目的」。

① 史賓諾莎正是由去除「自我」及其"意志自主獨立性"成就倫理德性的。換言之，「自我」不能為德性之本。這看法，為後來盧梭所繼承。直至康德始以「超驗自我」（超驗主體）與「經驗自我」之二分解決「自我」這困境：「經驗自我」固然自我中心【見康德《實用人類學》】，但「超驗主體」則是理性的、可為道德之基礎。

的，對史賓諾莎正好相反；而笛卡爾視為不可能直觀的，在史賓諾莎中正是具有幾何真理之可能。史賓諾莎怎樣達成這不可能的形上學轉變？問題全部關鍵，就在笛卡爾之「我思」。

笛卡爾「我思」這主體真理誕生於對一切客體性真理之懷疑，「我思」之真正反面為「物」。笛卡爾哲學雖從給予物質一「廣延」之本質屬性在歷史中首次肯定物質真理，但從其哲學內部「我思」主體性之優位地位言，若非由於神，外物或物體是完全不可能為真理的。「我思」之存有與"物體"存有極端地相反，是實在地、存有地對反的。史賓諾莎體系之所以對立笛卡爾「我思」，正因史賓諾莎之倫理學是建立在"物性格"上、即建立在「我思」之正正反面上。倫理學基本上有四種形態：一為由國家（政治）、風俗或宗教等前提為基礎所構成之倫理學；希臘與中世紀倫理學屬此。此時之倫理，是從人面對國家社會、面對宗教與風俗等言。二為主體性或個體性倫理學：或如康德那樣建基在主體性上、或如斯多噶哲學（Stoïcisme）以個體修身或務己為主，都同是人自身面對自身而有之倫理學。三即為如萊維納斯（Lévinas）從人面對他人、或主體面對另一主體而言之倫理學。而四 —— 最後一種，即史賓諾莎倫理學：表面上似從人面對神言，但若明白在史賓諾莎中神也只一"物性格"的神、非"位格"神，那其倫理學再非類同前三種，以「人」為本位，而是從客觀必然性或「自然客體」（"物性客體"之必然性）而言之倫理學。四種倫理形態分別對應中國儒學所言德行之四個方面：一對應仁、二對應智、三對應禮、而四對應義。差別唯在，仁義禮智單純從人及人倫言，而西方四種倫理形態，則均建基在人

外之存有事實：或在超越的法與神權、或在超驗主體與超越的個體、或在超越之他者、或在物性格之自然超越性。

史賓諾莎建立在物性格之倫理學，是從物"無我性"或"無自我性"而言。亦正在這點，故與笛卡爾「我思」正反。若笛卡爾形上學形構出「心」(「我思」)與「物」兩極，笛卡爾所選擇的，是「心」或主體性一面，而史賓諾莎所選擇的，則是「物」及其無我性這另一面。史賓諾莎倫理學故從「無我」言。《倫理學》以幾何方式進行，既是物性地完全必然之行進方式、又表示純然客觀，絲毫沒有想法或構造上之主觀性；這明顯對反笛卡爾之「沉思」，是人思想或心靈內在之一種行進。從"主體性"這方面言，史賓諾莎是倒退的；但從"物性格"這方面言，史賓諾莎則是更前進的；其形上學首次達成完全物性格化地看"一切"，連神在內。這物性格觀法[①]，使心靈成為"心理物"；《倫理學》因而是哲學甚至思想史中，第一本心理學之出現。同樣，物性格也使神在歷史中，首次以一"無心"或"無我性"之姿態出現，此「神即自然」所由。史賓諾莎被猶太教放逐，與其思想這物化傾向不無關係。

建立在物性無我性之形上學是怎樣的？

首先，《倫理學》幾何方式之分部，各代表以下意思：

一、界說與說明（definitions and explications）：界說為史賓諾莎體系構思基礎。

---

① "物性格"因而對立「我」之"位格"。

二、公則（axiomes）與公設（postulates）：公則為必然真理，而公設為較不必然真理。

三、命題與補則，証明與繹理（propositions and lemma, demonstrations, corollaries）：四者為史賓諾莎體系之開展、其所論証之真理。

四、附釋（scholium）及附錄（appendice）兩者、連同序言（preface）在內，為史賓諾莎對其自身體系之詮釋、討論、及其對他人思想之論辯駁斥。[①]

當史賓諾莎否定笛卡爾自我主義時，他既否定神、我、物三者之"自我獨立性"、亦同時否定三者其各自之"自我性"。因而：

1. 去神之"自我"：神也只是一自然之必然而已，非一創造性意志或心靈。

2. 去人之"我性"、去「我思」之作為"自我意識"，因而還原人及意念（思想）作為"現象事物"之一種，與物體平行[②]。

---

① 德勒茲（Deleuze）指出，第四部份有別於前三部份可說為是另一本《倫理學》。前三部份是史賓諾莎思辨主題流暢之陳展，而第四部份則是一斷續的、爆裂性的第二版本，其中表達了史賓諾莎對當時視為正統思想之忿怒與否定，如潛意識般地內在。若前者是思辨之肯定（l'affirmation spéculative），後者則是倫理的喜悅（la joie éthique）。見 *Spinoza: Philosophie pratique*, Les Editions de Minuit, 1981。

② 心物（身）平行。所謂心物（身）平行是說：心靈若主動，身體亦主動；身

3. 去物之"我性"：即去物之"個體性"或個別獨立之「本質」，視物為一整一實體，個別物體只此實體之「樣式」，即實體表現時之樣態。

史賓諾莎之形上體因而如下：

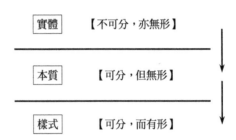

實體	【不可分，亦無形】
本質	【可分，但無形】
樣式	【可分，而有形】

三層存有中最根本的是「實體」，最外層的是「樣式」。「樣式」即我們眼前事物世界（現象界）。這事物世界之稱為「樣式」表示，眼前個別事物之"個體"狀態實非根本，只在體現中之一種"樣態"而已，非根本的。史賓諾莎這觀法前所未有：無論過往形上學多麼低貶感性世界事物，這些形上學在尋找更高真實時[1]，都實是依據並假設事物其"個體性"是先在事實，理形或實體只這在現象中"個體事物"背後之真實而已。同樣，雖為神所創造，受造物仍是"個體狀態"的。換言之，無論是形上界抑現象界，事物之存有基本上都是"個體狀態"：故神是個體、種種

體若被動，心靈亦被動。因而非單向地心靈能力主動而身體被動。
[1] 無論是理形抑實體。

類範疇都以個體作為其類之根本。西方形上學思想，無論最終真實是甚麼，都以"個體性"①為最根本事實：一切只由個體建構起來、或只是個體之更高真實；"個體"這樣態始終根本。

史賓諾莎「樣式」一概念，完全顛覆這假設：我們眼前世界事物，於其呈現時，固然都是個體事物，但這個體性現象，非根本的，非事物其真實狀態如此；各個個別的個體，都只"樣式"而已，非根本為個體。從形上角度言，現象界事物因都非個體，故無絲毫自我或自身性可能。"個體性"無須必為形上思惟所本，亦無必為存在事物根本樣態。作為「樣式」，事物可分而有形，但這只是屬性②之"個別體現"，其種種樣式而已。物體（個體）由廣延（屬性）之區分而致，意念（個別意念）亦由思想（屬性）之區分而致，都以「廣延性」與「思想性」為根本；其"個體性"只由區分而致而已。樣式之有定形，因事物只為有限事物。而事物之有限性，非因其為根本個體，只因由同類性質事物所限，如一思想（意念）為另一思想（另一意念）所限那樣；非因為個體故有限，只因為另一個體所限而有限。這些本非作為個體性事物的「樣式」，是「本質」或「屬性」之樣式，即以個體性方式呈現之「本質」或「屬性」。

當史賓諾莎稱「屬性」為實體之本質時，這時實體，非現象中事物之實體，如理形為個別事物實體那樣。相反，非實體是事物之實體，而是，事物是實體之樣式；非實體進一步述說樣

---

① 事物之個體性樣態。
② 指心、物屬性，如思想性及廣延性。雖為屬性，然因是實體之屬性，故較個體（樣式）更為根本。

式（個體），而是樣式進一步述說實體。若樣式之個體性非根本，同樣，屬性作為本質亦非事物[①]（樣式）之本質，而是實體之本質。本質不隨樣式而分，只述說實體而已。從這點言，屬性與實體實為一；唯差別在，"實體"從其自身言，而"屬性"則從我們對其（實體）理解言而已。無論是實體抑本質，都非為述說先在的事物個體，而是相反，事物個體只是實體之樣式而已。如此，本質於其非作為個體而言之本質，故無自我性。[②]

最後，「實體」雖為一，但非作為獨一個體姿態出現。實體包含一切，實即一切，故為自然，亦為神。但無論作為甚麼，實體都非作為個體出現，亦非述說如個體之神。稱神為自然，除了從物性格而觀外，明指神非一個體，無論從意志抑從心靈言均是。實體之無限，故非從能力或力量言、非從創造或意志言，而直從其自身非一個體事物故無限（無所受限）這方面言。由於非個體，其本質故非只一，而可是無限。史賓諾莎「實體」故不可分亦無形狀，非如「屬性」可分、更非如「樣式」有形。

史賓諾莎形上學全部觀念：實體、屬性與樣式，因而都非從個體自我性作為根本而構思。在其眼望之世界與形上界，都

[①] 個體事物。

[②] 這裡可看到，史賓諾莎有關「本質」之想法，是承襲笛卡爾之創舉。在笛卡爾中，本質再非個體事物間之區分（柏拉圖），而是統合為心與物兩類：是心與物之本質，非各別事物本質，因而為思想性與廣延性兩屬性。唯差別在，笛卡爾仍視本質為心物中"事物"共同之本質，因而仍假設個體性先在，而史賓諾莎則以本質為"神"（實體）之本質，事物只分屬或分享其下。

絲毫無自我性、都非個體。德性與"自然之必然性"一體，非在必然性外另有主體努力。這純然無自我之形上世界，故單純為物性之「自然」[1]。柏拉圖、亞里士多德以至笛卡爾雖都以物體世界為起點，然都只個體性地自我[2]。史賓諾莎在歷史中首次以無我性物之自然界為存有，非只始於物體、更非透過物體而見精神性或生命力，而直就在物之無我性格中而見存有。因而連精神與思惟或心靈之德性，也只從回歸物性無我性言。此無我性，為史賓諾莎《倫理學》觀法之根本，亦從這點言，是笛卡爾之正反。以往所有哲學，從觀法言，都從屬於作為個體之物世界，但史賓諾莎之觀法，則完全無視於這樣世界事實、無視於事物之個體自我：其所眼望世界，毫無個體。史賓諾莎形上觀法故如神眼中之觀法：非在世界下、而在世界上；既高遠崇高、亦物性格而非物個體。

由《倫理學》構成之體系，其閱讀法應分三角度：若求為史賓諾莎與其他體系之根本差異，應從上列第一、第二部份尋找；這兩部份含有其全部思想之根，宜應多加深思。至於其體系所具有想法與理論，可從第三部份直接閱讀。這部份主要亦命題而已；其他如証明或繹理，只輔助性、非根本的。而命題與命題間，可一氣呵成地閱讀。至於由附釋（scholium）及附錄（appendice）等所構成之第四部份，極為重要。這裡可見史賓諾莎對其他思想

---

① 即史賓諾莎「成自然之自然」（natura naturans）。

② 即史賓諾莎所謂「被成之自然」（natura naturata）。

之看法，因而使其自身思想更形具體。

《倫理學》內容分五個部份：一、論神。二、論心靈的性質與起源。三、論情感的起源與性質。四、論人的奴隸性或論情感的力量。五、論理智的力量或論人的自由。論神這第一部份先從論實體始，然後論神，繼而論由神而致之事物及神與這些事物間關係。實體、神、事物這三者為這部份主要思考對象，而其過程則涉及本質、存在、因果、及神之理解力、意志與力量這些形上學基本概念與問題。這部份所探討的，是"存有界自身"。第二部份由對意念與神之關係開始，繼而論及人之心靈、心與身、心身與外物、心靈對身體及外物之知識、最後則論真知識與錯誤知識。在這部份所涉問題，為意念世界與物體世界、人之心靈與身體等等從"人角度言之存有界"。第三部份論人類行為，其主動性與被動性、事物相互影響之力量、事物之存在努力（conatus）、心靈之力量、情感感受之力量、愛欲心理之力量、生命力量等等。這第三部份因而形構"存在世界及其中種種力量作用"的基本原理。若第三部份論述所有存在事物相互間力量與作用，其間行動之主動性與被動性等，那第四部份則專論"人類存在之現實狀況"，其處境、人類之自我奴役、其價值感、其感受、理性與情感之關係、甚麼是德行、人性、人類德性、德性與理性、最高善、激情與理性、國家與正義、自由人、心靈之力量與狀態等等，這些主題直是人類存在之問題與面相。最後一部份——《倫理學》第五部份，主在論述人心靈之真正自由，換言之，人類存在之至福、對神智性之愛、心靈真正滿足、存在之完美性等等。這一切均源自理性或明白清晰的知識對情感激情主動的控制與超

越，由對情感之轉化轉向神之愛。第五部份因而討論"人類可能之存在理想"，及"存在之最高真實與幸福"。

史賓諾莎《倫理學》縱然否定一切人類狹義心靈之自我觀法、否定一切從自我觀法而言之價值與世界真實而遠去人心，但畢竟，《倫理學》全部關懷，也只人心最終感受而已。心靈之平靜、滿足、真正自由，這實是回歸由中世紀開顯之位格情感感受之真實。差別唯在，非心靈在自我假象中之情欲世界，而是無我地、在回歸存有整體必然之真實中、心靈無自我時可有更高狀態與感受。史賓諾莎從這點言一如笛卡爾，同以心靈為主。唯非從心靈之自我與知識、而是從心靈之無我與感受這兩面言。正因無我，心靈故融合於物性，為自然之一部份，換言之，客體真實地、必然地、非主體虛構或非思想地。

史賓諾莎這形上觀法，確實驚訝。在指出人自我假象時，他甚至指出，連神作為一自我意志，也只人之投影而已；在費爾巴哈前，史賓諾莎早已指出人類以人之肖像創造神。史賓諾莎連根拔起一切過去人類探求真理之前提，表面上似形上地否定此世，事實上只極短視地以眼前事物之模態為存有樣態、以一己自我所見為天地萬物之所是；換言之，只一"所感"世界而已，非"所思"之真實世界。從這點言，人類連在形上思想中，都實受制於其感受或感性而已。形上思想達致史賓諾莎這樣高度，完全不建基或非始於有限世界，而直接在形上界發生，始於自因①、始於界說、始於神、始於「實體從其本性言先於其

---

① 即那本質涵蘊存在者。

affectio」① 這第一命題，這在人類思想史中，確實史無前例地、真實地形上。

我們好奇的是，形上學仍能怎樣繼續下去？對如此純粹、高度之形上學，還能怎樣超越？其限制在哪裡？這是我們默然等待的⋯。有關史賓諾莎形上學，我們簡論至此。②

---

① 我們不翻譯 affectio 一詞，因它本身應解為樣式、偶性【即亞里士多德之 patho】、性質、屬性，但也可含有感受（affectus）意思在內。感受（affectus）對史賓諾莎言，同時含有使行動力增強或減弱之作用、使身體得到更大或更少完美性，非單純客觀之感覺或表象。這感受上強弱效果，非一般感覺表象所有，故有別於 affectio 而用 affectus 一詞。但問題是，這兩詞仍是同一語根。為何史賓諾莎不用以往哲學之慣用語，如 attributes, qualities, accidents, modifications 等等，而另立 affectio 一詞，明知其所指也只「屬性」或「樣式」而已？史賓諾莎明顯有所意圖：在〈形上學思想〉第一部份第三章開首，史賓諾莎界定 affectio 時說：「存有作為存有，在其自身作為實體時，並不 affect（afficere）我們；⋯⋯」。換言之，存有作為實體時，並不直接以「實體」這方式讓我們感見、不以這方式讓我們認知。而讓我們感見認知到的，是以「屬性」或「樣式」這樣方式；因而這後者，為實體之 affectio，即實體 "在我們身上所感見" 之方式，其內涵即屬性與樣式。不直接用屬性與樣式而多用 affectio 一詞，正為指出這「所感」關係；雖單純為認知上之所感【史賓諾莎稱之為「思想上之區別性」（distinction de raison）】而非情感感受上之所感，然仍是從「感」（affectio, affectus, afficere）言。因而當史賓諾莎說：「實體從其本性言先於其 affectio」時，這實是說：形上無形無感者先於一切有形有感者、先於屬性與樣式。命題一故是自上而下地形上。

② 如同史賓諾莎對反笛卡爾，萊布尼茲形上學則對反史賓諾莎。光從史賓諾莎反對一切「個體性」而萊布尼茲連神也只視為一「單子」這點言，沒有任何存有者能超越地統一其他存有者，各各為單子、為觀點⋯⋯，這已是史賓諾莎思想之正反。不過，無論萊布尼茲抑馬勒伯郎士（Malebranche），我們都無法在這裡討論了。

第七章　盧梭形上學研究

　　盧梭標誌另一思想時代。這時代固然非盧梭一人獨創，但盧梭確實是其中最重要並具有代表意義者。若我們把盧梭抽離其時代而從歷史前後觀，盧梭之出現或位置突兀。在他之前是自希臘以來講論實體、屬性、現象等形上學體系，而在他之後則是由康德、黑格爾等開啟出來、與盧梭前形上學同屬一類之體系。獨盧梭似非屬這樣傳統。原因在於，在西方傳統中，唯獨盧梭返回人及人性，而其他，就算回歸人身上，都仍非以「人」之名而立論，只理性主體、絕對精神、無產階級、超人、本我、「此在」等等。盧梭在西方傳統中，因而獨一無二。[①] 能為哲學探討之對象，主要也只人及其存在（人類存在）、物質世界與知識、及在二者外之超越存有而已。在三者中，人及其存在對人類自身言明顯至根本。但西方思想從來不以人為真理，故有關人，只從其作為心靈時之種種能力言；而認知能力因涉及物與

超越者兩對象，故更具優位性。這是為何心靈作為認知能力或認知主體時，幾近為哲學有關人之全部及唯一切入點。笛卡爾與史賓諾莎雖試圖系統地討論人情感，但仍基本上從屬知識問題。康德後範圍雖擴大，甚至似全面，但始終仍只從人之心靈、其主體性、其精神性等方面，非直從「人」討論。唯盧梭不同。若撇開自傳性、文學性或其他如音樂、植物學等著述不談，構成盧梭主要哲學著作有四[①]：《論人類不平等的起源和基礎》[②]、《愛彌爾》、《社會契約論》及《孤獨漫步者之遐想》。其他與哲學有關作品，基本上環繞此四方面：《論人類之不平等》論說人類存在處境與事實；《愛彌爾》論說作為個體之人、其知性與道德能力等發展；《社會契約論》論說人群體社會狀態；而《孤獨漫步者之遐想》（以下簡稱《遐想》）則述說人作為主體時之存在。這四個方面，都直接環繞人作為人而言，其層面完整：一方面從人類之作為整體及作為個體、而另一方面從人類之作為群體及作為主體。前者在時間向度內，而後者在空間向度內。[③]

---

① 我們可能應視《新愛洛漪絲》（*Julie, ou la Nouvelle Héloïse*）為重要作品之一。其中所論，為家庭人倫這人存在意義真正根本。非只個體、社會、或人類存在整體。見簡良如〈主體與家——略論盧梭《新愛洛漪絲》〉。

② 以下簡稱《論人類之不平等》。

③ 縱使如此，我們仍須指出，盧梭所言人性，仍受著西方傳統制限，非能與中國所言人性齊等。盧梭人性因唯從自然狀態言，故與社會制度等存在對反、亦難於在後者中體現。中國所言人性，與是否為自然狀態無關；既無須對立人群體性存在、更無須對反文明：「文」正可為人性之體現，非必其反面。

盧梭與形上學

盧梭這求為人性之思想，與形上學關係怎樣？

十八世紀哲學特色在以經驗真理反形上學，求為實證而拒斥思辨。正因真理與知識均只從經驗而立，故以往形上學"根源"問題，一改而為歷史從發生言之"源起"。盧梭亦不例外。然盧梭與其時代所不同是：十八世紀雖對形上學批評，但大部份哲學家仍沒有擺脫傳統哲學問題及其提問方式，因而仍只在研究人類心靈及意念之源起等問題，如洛克、休謨、孔狄亞克[①]等。這些體系縱使不肯定實體，然仍在討論實體、仍以人即心靈能力，非直接對人類存在作反省。[②] 換言之，大部份十八世紀思想因求為對反形上學反而困囿在形上學內。獨盧梭不然。盧梭在《論人類之不平等》中討論有關語言起源時之自然狀態（自然人狀態）、與形上學概念無可想像之巨大差距時說：「這種分類命名的困難是不易解除的：因為要把事物歸屬在共同及種屬性的稱謂之下，是必須認識這些事物之屬性及差異，必須觀察

---

① 　Bonnot de Condillac，見其《論人類知識之起源》。

② 　從形上學史言，實體問題幾近就是形上學代表問題。笛卡爾《原則》作為形上學論著不提及實體，這是歷史創舉；但這只因笛卡爾正在提出主體性存有論而已。在歷史中再一次不關注實體問題，是盧梭；這是由於盧梭論說場域已完全改變：非只轉移至經驗、更是單純從政治、文明、教育、社會等人類存在問題切入。於盧梭，思想故首次離開知性心靈與實體這樣場域而轉移至人類存在現實：既指向存在哲學、亦為後來馬克思之先驅。

與定義，換言之，需要自然史（l'Histoire Naturelle）與形上學，而這是遠超於那時之人類所可能具有的。」(p.149)[①] 因而，「舉例說，他們如何想像或理解『物質』、『精神』、『實體』、『樣式』、『形象』、『運動』這些字詞，因連我們長久運用這些字詞的哲學家們，在理解它們時也感到困難，而且關連於這些字詞之意念因純然是形上的，他們不可能在自然界中找到任何模型？」(p.151)[②] 從引文可清楚看到，盧梭心中之傳統形上學、這對反自然的形上學，是心靈高度發展下之思想、是純從定義構成之學問：一方面非由經驗事物而來、另一方面是純然由思辨定義所構成；因而是在人類極度文明後之事。縱然形上學往往流於定義之爭，畢竟，盧梭清楚明白，傳統義下之形上學，其主要對象仍為心靈本身。因而當他述說完自然人之生理方面（l'Homme Physique）後，對自然人心靈方面之論述，盧梭仍稱之為形上與道德（le côté Métaphysique et Moral）(p.141)。換言之，盧梭把傳統形上學只視為探討心靈與思想之學問，因而只有關人研究之一部份、非其全部。

奇怪的是，十八世紀基於知識之經驗與觀察性雖對傳統形上學有所批判[③]，但從精神與理性、或從單純觀念外之道德、美

---

① *Rousseau, Oeuvres complètes*, Tome III, Bibliothèque de la Pléiade, Paris。參考《論人類不平等的起源和基礎》，李常山譯，北京商務印書館，1996年，第 93 頁。

② 參考《論人類不平等的起源和基礎》，李常山譯，北京商務印書館，1996年，第 95 頁。

③ 如盧梭一樣，形上學被視為只是定義與思辨之學問，無經驗根據。

學、情感、政治等實踐或行動領域言，在十八世紀思想中，哲學始終保持其特有地位。哲學由其過往形上學立論，轉移為一歷史人文、精神實踐意義下之理論分析；由作為心靈思想之學問，轉移為人其精神與歷史種種實踐表現之學問。盧梭對自然人、對愛彌爾之研究，都是人類精神與心靈源起與發展研究之一環。唯差別在：十八世紀思想肯定哲學科學而否定形上學，盧梭則反過來，於其否定整個人類知識文明（哲學科學）時，成就了前所未有之形上學：那單純以人為對象、一種人類學形態之形上學。原因其實清楚：十八世紀只以形上學為一學科門類而批評，如此批評並無單一確定所立，故構成不了形上學。盧梭相反。一如一切形上學起因於對虛假性之全盤否定，故真理另立而發生：巴門尼德以感性世界為虛假而立存有、柏拉圖以感官知識（意見）虛假而言理形、中世紀以俗世存在虛假而求索天國、笛卡爾因普遍懷疑始見「我思、我在」；盧梭同樣，正因求為對反虛偽之人類存在與文明，其「自然」之真理狀態便成為形上學。只批評形上學之十八世紀，因對象無此全面虛假性，故無求索一絕對真實之必需。一切形上學，故起因於對象全面虛假，並由求索絕對真實而形成。

　　盧梭對整個人類文明抱以否定態度，這是其時代所沒有。這樣負面看法，源自蒙田或更早之 Seneca，或盧梭前之 Fénelon。盧梭因所關懷為人之真實性[1]，故對立人類文明；亦由對立文明，故從種種意義之「自然」述說此真實：或從原始人之

---

[1]　故非如傳統哲學，所關懷首先是物或超越體之真實性。

自然狀態揭示人類文明進步之偽（《論人類之不平等》）、或從個體自然本性揭示人類外在世界與社會之偽（《愛彌爾》）、或從人於自然中所感真實揭示人類現實生存之偽（《遐想》）。[1] 盧梭有關人與自然之形上學，由此而生。

自然，無論作為客體[2]、抑作為人自身本性言[3]，本都無對立文明之意；文明故仍包含自然於內。此時所謂自然，是在理性認知下事物之本性與規律、非歷史中偶然性或相對性。[4] 換言之，自然本是從思想所見關乎事物自身之存有狀態而言。這從事物本性、理性普遍性、及經驗事實性而言之自然，縱使對反歷史與時代傳統風俗之偶然，始終沒有對立文明；文明本建立在理性對事物本性之探求故。盧梭義自然正與傳統相反。盧梭之自然雖也從事物自身本性或本然狀態言，但這事物本性是對立人類文明的[5]。

盧梭從何意義言能對立人類文明？十八世紀思想以經驗反形上學，只是形上與經驗[6]二者位置顛倒過來而已，始終仍在形上學二分構架內。盧梭不同。其所開創，為對人類文明前所未

---

[1] 即：人類存在、個體生命、及個人存在三方面。社會雖為自然所對反，但人類因不得不社會地生存、甚至社會性亦人本性之一，故《社會契約論》所言，正是社會取代自然時，於人中如自然般之正確律則。

[2] 亞里士多德之 physis、中世紀受造之自然、笛卡爾之物理與史賓諾莎之物格神等，都是從事物原本自身存有言。

[3] 如十八世紀常言之人之本性（human nature）。

[4] 自然法學理論因而對立歷史主義及實証法學理論。

[5] 正確說法應是：人類文明之所作所為，是相反甚至對立自然的。

[6] 知性與感性、本體與現象、永恆與時間。

有批判。[1] 而此正在：非只返回經驗，更是經驗（而非理論）地觀看一切，包括形上學及一切人類理性文明在內，由作為"實踐事實"而見其偽，非只對理論作批評而已。正因如此，作為唯一真實之「自然」，再非只經驗界，而是在經驗界中「真實」之代表。對人類思惟與知識作為實踐而非作為理論而觀，這是《論科學與藝術》（1750）之創舉。盧梭之「自然」若是他個人自己之形上學，那他對文明作為實踐之批判，則是後來思想視野之開創：西方後來思想故都轉向現象 [2]，並隨着形上學地位之失去，理性作為真理之權威亦被質疑。盧梭對人類文明之批判，是其他十八世紀思想所未及的。

對人類文明批判，其分析首見於《論人類之不平等》。從人之存有、人類歷史事實、文明本質與本性、至人類理性與知識之偽，為此論著首先對象。本著作故可視為盧梭有關人類現象之存有論。這現象之存有論，完全落於時間與歷史中進行。此時代表存有之真實，也在經驗時間內，非如後來康德及黑格爾，

---

[1] 盧梭這創立，如他自傳所說，是在 1749 年往訪狄德羅途中，看見第戎科學院的徵文題目：「科學和藝術的進步起了敗壞風俗的作用還是起了改善風俗的作用」而受到前所未有啟示而發生。盧梭自己說：「在讀到這個題目的一剎那間，我看到了另外一個世界，而我也變成了另外一個人。」（《懺悔錄》第八卷）盧梭思想起點，即在這對文明之批判上。

[2] 特別是現象中之人文世界，因物理界始終可單純作為理論而非實踐被討論。盧梭在西方歷史中之意義，因而亦代表由物理論轉向人文實踐這樣轉向。這轉向於盧梭先以人自身為定向；然後來思想，則順承固有物性格，從世界性、身體性、物質經濟、政治權力、藝術表象等等方面推進，遠去單純對人之關懷。

仍從思惟主體與精神言。這經驗中之存有，即從起源言之自然狀態。然因時間只單向前進，不能回頭，盧梭故唯從個體重申（重現）此人性自然真實；雖非從人類存在，然始終仍能從人言，此《愛彌爾》一書之所成。若必須從人類整體言，其唯一彌補方法，即《社會契約論》中「公意」所代表人群體之自然狀態 ①：透過社會契約達成一種法律與由公意代替之自然協調。至於每人自己在現實虛假性中之個體生命，則可作為主體而存在。主體之真實，為《遐想》一書所分析。若《論人類之不平等》為有關人類存在之存有論論著（人類存在之「一般形上學」），《遐想》則為人作為主體時之「特殊形上學」。此盧梭思想之體系。

我們以下對《論人類之不平等》及《遐想》兩書作分析。

〈給日內瓦共和國之獻詞〉：盧梭的理想國

《論人類之不平等》獻詞〈給日內瓦共和國之獻詞〉（Dédicace à la République de Genève）鮮為人討論。獻詞所言非當時日內瓦政府真實描述，而是盧梭心中理想國。盧梭心中理想國 ②，非由嚴苛理性法律所形成、也非否定現世之天國，而是由「感性的理

---

① 暫代自然之狀態；藉以不讓任何政權或政治體制能因其私自利益剝奪人民如自由與公共幸福等基本權益。

② 對盧梭言，理想國家非單純人力之事，而是有其客觀偶然因素在，故盧梭沒有堅持如此理想之實現。雖不堅持，然盧梭仍希望人心之主體性與主動性懷抱著這樣理想。理想雖未必為客體真實，但仍應為主體真實。

性」（raison sensible）^① 所成就之國家，其中人民或公民與國家關係，是一愛之關係。

獻詞由兩部份構成：前半部份從七個方面對一理想國家作討論，後部份則是盧梭對種種階層人之勸喻。

構成一理想國之七個要素為：

一、理想的國度：小國寡民。換言之，其治理沒有超過人之能力、每人對其應負功能與責任均自足、人與人能相互認識、亦知各自之好壞，最後，基於這樣人性社會，使公民間能以愛相對、非只對國土有愛。這第一條有關理想國度之看法，前所未有，亦一針見血地指出人類共體超越性之偽^②。國度之大小，表面上只地域大小問題，然實是共體存在「質」（真實性）之問題，甚至是共體能否人性之全部關鍵。除非統治者具有更高人性德性之覺識並以此統治，否則若只訴諸人之自發性，能保障人性的共體關係，亦唯一如「里仁」般之國度而已。從存在言，大國之超越性故是人性之對反，這在西方，至盧梭始有所明白。第一點故實深刻重要，它揭示了存在與人性之關係，而這是由地域大小所決定。人與人間之認識，是在人類自覺其人性前，唯一即近人性之現

---

① "Sensible" 一詞直譯雖為「感性」，但更是從通情達理、合乎人情而言。此為盧梭核心概念，其對嚴苛理性的修正。「感性的理性」所言，故實等同人性地理性之意。

② 共體之超越性是從權力力量形成的人類共體形態。問題故非在共體或人類之群居性，而在共體之非人性。共體之龐大只為顯示統治者之力量與權力而已，非為人類生存之真實與善。

實條件。

二、理想之政府：即以人民共同利益為唯一目的的政府（主權者）。而能致此，除非主權者與人民百姓上下一體，如同一位格（une même personne）那樣。

三、理想的法律：即保障人真實之自由者。其條件是：自上而下沒有任何一人能在法律之上或之外；而法律本身作為約束，既溫和亦忠實於人之善；因而人人甘願在其束縛之下，並能輕易地承受。[1]

四、理想的風俗與人民：理想之人民為從心態與教養言、自由而無奴性者，不會因長久壓迫而導至喪失了自主之人格。無論風俗抑人民，都應在自由、嚴峻、純正而健康的傳統下，培養為具有勇毅、熱愛、及具有智慧之獨立者。此為人民與風俗之理想。

五、理想的國家位置：沒有被侵略或防衛需要的位置；而這來自其既沒有會引起鄰國侵略野心的特殊性、亦自身沒有足夠侵略他國之力量。理想國家的位置，因而為完全自由而獨立之地理狀態。

六、理想的法制與行政者：立法權屬於全體公民，但並沒有隨意更改法律之權利；因而法律具有悠久歷史並神聖而可敬，

---

[1] 溫和的法律因而應如風俗一樣，為人人樂於承受。人在法律下仍感到自由。而自由非一種無約束之放任性，而是一種在承擔時不感約束與負擔之自由感。自由與約束故無必然矛盾，這是盧梭對法律與自由之人性觀法。這樣法律與人民承擔力之現實條件，有待一無戰事之形勢（見下第五點），否則人民之成長無以能輕易地承擔法律。

非能以改良為理由隨意更動。[①] 政府官員則是從公民中選舉出賢能者組成，因而是可敬的。縱然有所不睦，仍能各自保持節制、相互尊敬、並共同地崇尚法律。

七、理想的地理環境：氣候溫和、土地肥沃、美麗風景。

盧梭心中之理想國家固然十分理想，但這七點仍應視為國家之基本道理，非只從理想觀而已。國家之道，應由人性建立，非以宗教、法制力量或經濟利益為道。這時人性，是基於感受而言，如人民對國家、或人民間相互之愛那樣。感受性世界是世界形態中至美者[②]，特別當此是一人性感受時（故「里仁為美」）。盧梭這一從人性感受構想之世界，在西方國家論中，至為美麗。

〈獻詞〉下半部份則為對國家中種種類形人之勸喻，為盧梭對種種人道理之看法。主要有四：政府官員、人民百姓、女性、教士。這部份，我們不打算贅述。不過，其中仍有值得注意的地方，如：國家、統治者與人民《古約》式之神聖結盟、《新約》式愛之精神關係、國家之自我保存（conservation）、對心（Coeur）及良心（conscience）之聆聽、女性作為淳樸善良風俗之守護者、平凡人性之可貴等等。

現讓我們討論《論人類之不平等》。

---

① 法制之長久，除由不因一時利益而改變外，亦有賴地域之穩定與平靜。見前條。

② 「感受」非純粹理性、亦非激情。純粹理性雖有節度，但仍是力量性格；激情則為力量之無節制；兩者均非「感受」之非力量性，其不美在此。

《論人類之不平等》：人之形上狀態

《論人類之不平等》把人類歷史分為三個時期：自然狀態或原始狀態、前社會時期[1]、及社會文明時期。這三個時期在物質生活或身體活動方面都不相同。第二及第三時期所言社會，是從兩層次言：原始社會單純由人與人之結合而成，因而家庭為原始社會典範或模型；文明時期社會則由國與國組成，為一種由法律、主權、權力等建構而成之政治社會。後者正為盧梭所探討。

人類這三種存在樣態或階段因而可說為：一、人各在其自身之"原始時期"；二、人與人結合一起，但各自仍保有自身獨立性之"原始社會"；三、人與人結合一起，但失去各自獨立性、必須有所依從地存在；此即"政治社會"或文明狀態。

此第三種狀態，其所以為人存在最壞狀態，因人從依從易為奴隸，為存在上之虛假。這奴隸與自由狀態，實即形上學「在其自身」與「在他者中」[2]這根本價值取向，唯從人類存有言而已。從自由與奴役狀態而不從人倫言人性，這是西方思想有關人類存在問題之本，亦其主要錯誤：其視角始終為形上價值，非人作為人之真實。盧梭晚期在《遐想》中所討論主體性，所言故也只是：若人類社會虛假，人剩餘可能之「在其自身」狀態而已。

---

[1] 即人類自然狀態過後，開始有所發展、有所改變之時期。

[2] 見史賓諾莎《倫理學》第一部份公則一。

　　人類歷史此三時期非但物質生活不同，在人類心靈方面更相應地不同。三時期之心靈特色及狀態可列舉如下：

一、自然狀態之人類心靈：

1. 知性與感性情感一體。二者均來自需要；智慧亦來自需要而已。此時知性，為低等活動狀態。

2. 因心靈無所需，故無企圖心。

3. 沒有自身單純力量（努力與發展之力量）、亦無相互啟發或自我完善之力量與需要。

4. 無觀念性、無語言能力。

5. 無相互需求、亦無自尊心。

6. 無善無惡。

7. 無愛情亦無情慾。

二、前社會時期之人類心靈：

1. 由人與人接觸故產生新的知覺：大小、強弱、快慢、勇敢與怯懦。

2. 隨着知識之優越性，人產生自尊心，以自己為第一。

3. 對他人類比地推論，因而形成對人之結群與敵視。「相互性」、例如相互間之義務等觀念，產生。

4. 產生簡單的語言。

5. 由技術，人居住生活改變；家庭由此誕生。最初私有制形成。人與人間爭鬥亦隨此而發生。

6. 人類情感，如父子、夫妻間情感形成。

7. 隨着家庭分工，閑暇與舒適增多。人更多痛苦而少快樂。

8. 隨着地理環境（如島嶼）改變，民族或人群體生活形成。

9. 由對才能與美麗之覺識，人產生偏愛之情。愛情與嫉妒、歌舞之樂等誕生。

10. 在人與人比較中，虛榮、輕蔑、羨慕、羞慚等情感產生，使單純人群體之快樂轉變為不幸。

11. 由尊重感，開始產生禮讓意識。不讓、凌辱、報復等亦隨之誕生。人類仇殺開始，此為人互相傷害之原始原因。

三、社會文明時期之人類心靈：

1. 記憶力、想像力、自尊心、理性、智慧等全活躍起來並趨於完美。

2. 人之偽產生；而此有三：a. 自身之真實與外表分裂。b. 巧言令色之偽。c. 嫉妒心與偽善（損人利己之心）。

3. 快樂轉移為對他人之統治與生存上之優越感。

4. 憐憫心及公正心消失，法律與社會之偽由此而生。

5. 由於專制產生，人失去自由，因而亦改變自然本然本性。

6. 違反理性、違反幸福及道德的偏見誕生。

7. 文明＝新自然（野蠻）狀態。

《論人類之不平等・序》開首清楚說明，盧梭所研究主題為人。而有關人之自我認識，一如傳統，仍從心靈切入。人類一

切問題、文明之惡化，都與人心靈變質相關、都歸源於心靈本身。《論人類之不平等》一書雖似在描述人類存在種種方面，然其真正關懷，實只人類心靈而已。而序言有關心靈本身，所指出為以下四點：1. 心靈在社會環境中會有所變化。2. 心靈變化是朝着更壞方向前進，與原本狀態背道而馳。3. 人與人差異非來自本性或本然狀態，而只隨變化始產生。4. 心靈之本性狀態，為先於理性而有之感性；這後者由兩原理構成：自我保存及憐憫心。而在〈本論〉中，盧梭更指出一點：其所討論的人類不平等問題，非從人類自然或生理上不平等、而是從道德或政治上不平等言。這類不平等，無自然原因或根據，而純然由人設定、為特權性質，換言之，虛幻或虛假的不平等。[①] 以上為《論人類之不平等》基本論旨。

《論人類之不平等》分兩部份：第一部份為對人類自然狀態之研究，對應前述心靈第一階段；第二部份包含前述人類心靈之第二及第三階段。所以分為兩部份，意圖明顯：第一部份由於自然狀態本身不變，故對等傳統形上學之本體界或本體狀態[②]；第二部份因描述人類心靈及存在狀態之變化，故對等現象界[③]。

---

① 若盧梭稱自然的不平等為 "Physique"，那道德或政治上之不平等，從沒有自然真實根據因而虛幻言，可視為一種『形上』的不平等。

② 自然人之在其自身性，表現為獨立自足無所需要。因盧梭只從經驗界內部言本體與變化，故人之本體狀態（自然人），即存在上之獨立無所需。需要性為現象界中依賴性之本；「需要」（依賴性）故正對反「在其自身」。

③ 人這歷史現象兩階段，均由人之覺識始產生。第二階段始於人對他人之覺

人都以盧梭所描述自然狀態為虛構，非再在歷史中存在，然問題是：盧梭表面上確實似在虛擬自然人及其存在狀態，但盧梭所重視，非這原始自然世界本身，而是人類心靈之原始或原本狀態。對盧梭言，人類一切問題歸根究柢只其心靈問題；社會所以變質，都與人心靈改變有關，再無其他原因。研究原始人或原始自然狀態，只為探討人類在仍未改變前心靈之本性狀態；而這心靈自然狀態，是人類其存有真實性之本、其人性所在。討論自然人，故只為把人還原至其本然狀態而已、透過人之自然狀態呈現人心本然之真實而已。而所以從自然人狀態探討人心之真實，因對盧梭言，人心之敗壞純由社會造成。所謂自然狀態，故實即把社會性抽離而已。因而，社會是甚麼，將反過來決定自然狀態是甚麼。

若盧梭所探討非人類學中之原始人，而是人類心靈之原始狀態，這樣心靈，明顯與傳統哲學不同。傳統哲學視心靈（靈魂）於人中為唯一不朽、不可變易者，故與盧梭視心靈為在環境中變化已相矛盾。若如傳統形上學中具有真實性事物均不可變易，那心靈之自然狀態這樣真實，為何可變？心靈在傳統中所以不變，因心靈實是由多個能力或多個層次構成[1]，非單一的。因有多層次，故縱使其中一者錯誤而有偽，仍不代表其他層次非單純真理性。通常，心靈之真在其知性，其不真或不善在其感性或

識，而第三階段始於人對物質世界之覺識。這兩階段，都伴隨著人對其自我之覺醒。

[1]　如知性與感性；或如理解力、意志、想像力等等。

欲望。甚至，心靈所以不真，因受對象影響，非單純在其自身。盧梭對此問題看法完全相反。不單只人類心靈本性在其感性，甚至，這受外來影響、因而使心靈變質的，非人感性之心，而是其知性，特別當知性已達自我覺識（我性）、並延伸至物質世界而產生私有財產制時。[1] 有關心靈轉變之歷史性時刻，盧梭說：[2]

「人第一個情感就是對自己生存的情感；第一個關懷就是對自我保存的關懷。土地的產品供給他一切必要的東西，本能促使他去利用這些東西。飢餓以及其他種種欲望使他反復地經歷了各種不同的生存方式，其中之一促使他延續他的種類；而這延續種類的盲目傾向，由於缺乏任何內心情感（sentiment du coeur），因而只產生一種純動物性的行為。需要一經滿足，兩性便互不相識，而孩子本身一旦能夠離開母親獨立生存，也就與她毫無關係了。

原始人的情況就是這樣；這就是最初僅局限於純粹感覺、幾乎不能利用自然的稟賦、也決想不到向自然有所索取的那種動物的生活。（⋯）

由於人和其他事物（des êtres）以及人與人之間一再接觸的結果，在人的心靈中自然會產生對於某些關係的知覺。

---

[1] 「誰第一個把一塊土地圈起來並想到說：『這是我的』，而且找到一些頭腦十分簡單的人居然相信了他的話，誰就是文明社會的真正奠基者。」《論人類不平等的起源和基礎》，李常山譯，北京商務印書館，1996 年，第111 頁。

[2] 見《論人類之不平等》第二部份開首。

這些關係，我們用大、小、強、弱、快、慢、勇敢、怯懦等字，以及其他由於需要、並幾乎無意識地產生的類同觀念來表達。這些關係，終於使人產生了某種思考，或者可以說某種機械性的謹慎，這種謹慎會指示他為保障自身的安全而採取最必要的手段。

從這種發展中所產生的新的知識（les nouvelles lumières），使人加強了他比別種動物的優越性，而且也使人認識了這種優越性。（⋯）就是這人第一次對自身所作之觀察，使他產生了最初的自尊感（le premier mouvement d'orgueil）。亦就是這樣，在他還不大會分別等級的時候，在他想把自己那一類看作第一等的時候，他老早就準備把他個人列為同類中的第一等了。」

從引文，我們可看到關鍵所在：一、人心靈原初狀態是由種種感覺構成。這些感覺不伴隨自我意識，因而就算作為情感感受，仍無內心性。[①] 因無自我覺識，此時行動全是本能性質，非由反省達致，亦非思想概念性。二、人之始有觀念與思考，源於人與事物、及人與人之接觸；如此接觸亦同時使他對自身有所覺識，並對自身安全有所保護。三、思考與認識之增強，使人產生優越性等級之價值，亦使自我覺識感受化（情感化）為自尊心（l'amour propre）或自尊感；自我意識因而轉化為自尊心。

以上三點顯示心靈轉化之幾個方面：從本能狀態至意識狀

---

① 情感之內心狀態，即從自我言之情感感受。

態、從感覺至思考、從無自我至有我、及從感受之無我狀態至自我自尊心感受之出現。轉變之關鍵因而有二，一外一內：外者為與他人及他物接觸；而內者則為：心靈於受到外物與他人影響時，非再從感受 [1]、而是從自我覺識與意念 [2]、從反省並思考之我 —— 從「我思」而言。（換言之，心靈轉變由「我‧他」這樣意識產生）。成就自我之思，同時使我反省地、非本能純然主動地行。心靈真正被動性，因而在思惟與知性、非在感覺或感性上。「我」之形成，始有他人他物、始有被影響可能。若是無我，一切只本能而已；其獨立無對象性，是無被動影響可能的。

　　盧梭這有關心靈轉變之看法，其強調原始人心靈之無我性，與史賓諾莎一致。而本能從無意識狀態至自我有意識狀態、及主動被動性非單純從「感性」「知性」作為概念、而是從具體存在事實言，則前所未有；後者更是心靈可轉變之原因。若前述幾點為心靈變化關鍵，那心靈所以能改變，（而這又是盧梭與其他哲學看法所不同處），正因盧梭把心靈放回具體經驗，非以心靈為理論上先於或外於存在，如笛卡爾「我思」先行於存在那樣。正因純然從經驗觀，縱使心靈本無我地獨立，然如此形上真實，始終只是"經驗現象"、非存有、非心靈作為自身存有，故有演變或改變可能。縱使是形上真實，於盧梭，仍只在經驗現象中

---

① 感性之原初狀態仍可是人獨自在其自身狀態、仍可是純憑本能主動性而行事。

② 這時意念仍可是感性表象；然因再非單純感覺而是關係比較性質，故已涉及思考、為意念而非單純感覺。

始顯，此盧梭對形上真實具體經驗化之創舉。一方面使形上學甚至哲學再非虛構，一切必須返回經驗現象言，因而引致後來馬克思甚至尼采等哲學可能；而另一方面亦使其對傳統之批判具體而真實，非如笛卡爾，對真理之懷疑只表面形式而已，始終無改本質真理之地位。「原始人」這歷史上首次從「人」而言之形上真實、這作為形上真實之「第一人」，只從經驗現象而立、只是一經驗現象而已。[①]

盧梭這人之形上性，縱使必須返回經驗內部言，然始終與人性之人真實不同。盧梭並非沒有察覺這點：在《論人類之不平等》第二階段中，當人類發展至人倫狀態時，盧梭說：「這應該是最幸福而最持久的一個時期。對於這一點我們越加深思，便越覺得這種狀態極不易發生變革，而且也是最適合於人類的一種狀態。」（《論人類之不平等》120 頁）[②]人倫人性這黃金時期，無論對盧梭言多麼幸福真實，始終仍非人之形上狀態、非無我而從獨立在其自身言故。

那麼，有關這極重要人之形上狀態，盧梭怎樣論述？甚麼是人作為人言之形上性？這問題，盧梭仍援用傳統哲學心靈與身體二分方法討論：身體之形上性，主要也只從存在之完全獨

---

① 這點其實必然亦必須：若是從「人」言形上性，因人本只為經驗事物，故其形上真實只能從經驗內言。傳統以為超驗，也只是從"心靈"（我思）言而已，非從"人"言。這亦為何哲學從不以「人」為真實，非能外於經驗現象言故。

② 《論人類不平等的起源和基礎》，李常山譯，北京商務印書館，1996 年。下同。

立性言：一方面為體質與身體之獨立自足性、另一方面則為生存困難（如幼弱、老年、疾病等方面）中之獨立性：既無需生存技巧、又無需藥物或生存物品（如衣服與住處）、更無對享受需求。換言之，從生存方面言，身體本然獨立自足，此其形上性。[1]至於"人作為人"心靈或精神上之形上性，一如身體形上性那樣，從生存言；而這有兩方面：一為自我保存、另一為憐憫心；前者對自身，為自身之持續，對應傳統形上學之實體；後者對他者感受，對等 affectio（性質、屬性，感受）[2]。兩原則在《論人類之不平等》序言中已指出。[3] 自我保存原則主要從個體自身言，只關乎自我個體，故是一種自愛心（l'amour de soi）[4]。憐憫心則從人類（或有生命感受者）作為族類之保存言，盧梭說：「因此我們可確定地說，憐憫心是一種自然的情感，它調節着每一個人自愛心的活動，所以對於人類全體的相互保存起着協助作用。」（102頁）若我們不從心靈意識之感受而單從生物角度言，自愛心與憐憫心都同是（自我）保存原則而已。換言之，自然決

---

[1] 自然人之獨立自足無需要性，為其本體性。我們前面說過，「需要」是在經驗界中本體之反面。論証自然人之本體性或在其自身性，故即論証其無所需。此盧梭在這裡所作者。

[2] 見前史賓諾莎哲學詞彙。

[3] 「我相信在這裡可以看出兩個先於理性而存在的原理：一個原理使我們熱烈地關切我們的幸福（bien-être）和我們自己的保存；另一個原理使我們在看到任何有感受的存在物（être sensible）、主要是我們的同類遭受滅亡或痛若的時候，會感到一種天然的憎惡。」《論人類不平等的起源和基礎》，李常山譯，北京商務印書館，1996年，67頁。

[4] 見《論人類之不平等》盧梭附註15。

定着人類的，也就是其（自我）保存而已。然問題是，人作為人之自我保存與一般禽獸之自我保存有何差異？人其精神性之形上真實究竟怎樣？對這問題，我們須繞道略作說明：

若《論人類之不平等》為對人類存在文明及道德善惡虛偽價值之批判，那盧梭自己怎樣回答這些錯誤？盧梭心中理想人類（形上之人）是怎樣的？回答就在自然人或原始人這人類存在狀態上。（人之自然狀態即人之形上狀態）。若原始人身體主要在其獨立性及自足性上，那其心靈狀態是怎樣的？自然人心靈之精神性，是從對反知性作為一種動物性能力而言。若我們回顧傳統對心靈之看法，心靈主要有兩種形態：對立身體之心靈（柏拉圖、普羅丁、奧古斯丁、笛卡爾等）、及相關身體而言之能力（如亞里士多德）。前者視心靈為在身體外獨立自存之存有，後者則視心靈為從屬身體感官之能力。心靈之依附於身體器官，使認知、知覺可能。如對亞里士多德言，靈魂有三：攝取營養（植物）、感覺與運動（動物）、及思惟（具有理性能力者）；一是生之本、二是動之本、三是思之本。作為感覺能力，心靈同是想像力和欲望、快樂與痛苦之本。傳統對心靈之兩種看法，無論視心靈為精神性之體現、抑只是一種能力，都始終只是作為知性樣態而言。盧梭並非如此。作為第一個不把理性思惟視為真理能力之哲學家，心靈若只是知性能力，實與動物知覺能力相同，程度不同而已。① 盧梭因而視人類心靈之精神性，非再從

---

① 「一切動物，因都有感官，所以也都有觀念，甚至還會把這些觀念在某種程度上聯結起來。在這一點上，人與禽獸不過是程度之差。某些哲學家甚

與禽獸相同之認知能力言,而在其他,此主要有二:意志之取捨自由與自我完善化。有關二者,盧梭說:

「在人這部機器上,我恰恰看到同樣的東西,但有這樣一個差別:在禽獸的活動中,自然支配一切,而人則以自由主動者(agent libre)的資格參與其本身的活動。前者依據本能(instinct)決定取捨,而後者則透過自由行為(un acte de liberté)決定取捨。」(82頁)

「因此,在一切動物中,區別人的主要特點(la distinction spécifique)的,與其說是人的理解力(l'entendement),不如說是人的自由主動者的資格(sa qualité d'agent libre)。自然支配着一切動物,而禽獸總是服從。人雖然也受到同樣的感受(impression),卻認為自己有服從或反抗的自由;而特別是在對這自由之意識中,才顯出他心靈的靈性(la spiritualité de son âme):因為,物理學(la Physique)在某種意義上能夠解釋感官的機械作用和觀念的形成,但在人的意志力(la puissance de vouloir)或者勿寧說選擇力(de choisir),以及對於這些能力的意識方面,我們只能發現一

至進一步主張,這一個人和那一個人之間的差別,比這一個人和那一個禽獸之間的差別還要大。」《論人類之不平等》83頁。亦參考:「……野蠻人因而始於一些純動物性的能力:知覺和感覺是他最初的狀態,這狀態是他和一切動物所共同的。」《論人類之不平等》84頁。

些純精神性的行動（des actes purement spirituels），這些行動都不能用力學的規律（les Loix de la Mécanique）來解釋。

但是，儘管圍繞着所有這些問題的種種疑難之點，使我們在人與禽獸之間的區別上還有爭論的餘地，然而另外有一種區分二者的非常顯明的特質則是無可爭辯的，這就是自我完善化的能力（la faculté de se perfectionner）；這種能力，借助於環境的影響，先後地促進所有其他能力的發展，而且這種能力既存在於整個種類之中，也存在於個人身上（…）。」（83頁）

從引文可清楚看到，構成人與禽獸本質差異之精神性（spiritualité），在人之自由意志及其自我完善能力兩者上；盧梭從不以人類知性能力為其精神性。而意志自決與自我完善能力有一共同點：即走離自然之支配性，因而與禽獸服從自然之本能正相反。但亦由於此，縱使對自身有害，人類仍會違背自然本能與規律（見82頁），因而使人類墮入比禽獸還不如的狀態 [①]。這是說，人之為人，一方面走離自然與本能，而另一方面，可能朝向危害自身之方向前進。構成人之為人之本質，在遇着種種生存外部原因與偶然事件時，正是那使人類發展為在文明中之

---

① 「這種特殊而幾乎無限制的能力〔自我完善化能力〕，正是人類一切不幸的源泉；正是這種能力，借助於時間的作用使人類脫離了它曾在其中度過安寧而淳樸的歲月的原始狀態（condition originaire）；正是這種能力，在各個時代中，使人顯示出他的智慧（lumières）和謬誤、邪惡和美德，終於使他成為人類自己的和自然界的暴君，（…）」《論人類之不平等》第84頁。

人之兩個主要因素。①

　　然意志自決與自我完善化能力這兩本質，作為人之為人其精神性之論述，是相關自然人而言嗎？並非如此。盧梭這裡所言實是人類兩種圖像，讓我們圖表如下：

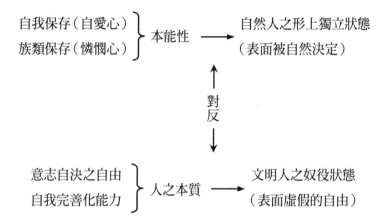

　　當盧梭進入對自然人心靈之探究時，他其實並沒有直接進

---

① 「我已經指明*完善化能力*、社會美德、以及自然人所能稟受的其他各種潛在能力，絕不能自己發展起來，而必須借助於許多外在原因的偶然會合。這些原因可能永不發生，而沒有這些原因，自然人則會永遠停留在他的原始狀態（constitution primitive）。所以，我還應把各種不同的偶然事件（les différents hazards）加以考慮和歸納，這些偶然事件曾經使人的理性趨於完善，同時卻使整個人類敗壞下去。在使人成為社會性時，卻使人變成了邪惡的生物，並把人和世界從那麼遙遠的一個時代，終於引到了今天這個地步。」《論人類之不平等》109頁。這些偶然事件，盧梭在《論人類之不平等》之第二部份開首便作討論。

入對自然人心靈之討論，反而先是對人本質作一般論述。換言之，這有關意志自由與自我完善化能力之討論，是對人一般本質、甚至是從人類之能發展為文明人這方面言，非針對自然人。人這文明性，是對反禽獸之為禽獸的地方，因而是人作為人之本質。這人之本質，盧梭在西方思想史中首次從自由意志及自我完善化而非從知性能力言。但問題是，人這兩本質正是從相反其本能而言，換言之，是相反人之自然本性而言的。固然，這兩本質是潛能地潛藏在人（自然人）身上，故若遇到外在偶然事件，是會發展起來而成就人類文明，無論好與壞。但這是說，人這兩本質，不應是自然人在其自然狀態所有；故自然人作為自然人，非由意志之自決行事、也無需自我完善，因自然狀態本身無所缺乏亦無所需要。自然人純由本能決定、純為自然所支配，或出於自我保存、或出於憐憫心。正因純由自然所決定與支配，故無自我及自我覺識、更無所謂自尊心。有關自然人之心靈，因而極其簡單，而這，盧梭在《論人類之不平等》第 84 頁 [1] 始討論。有關此，盧梭劈頭便說：「野蠻人（L'Homme Sauvage）在自然之支配下僅只服從於本能，或者，自然為了補償野蠻人在本能方面可能有的缺陷，賦予他一些能力，這些能力首先可以彌補他的缺陷，嗣後還可以把他提高到遠遠超過自然之上，野蠻人是因而始於一些純動物性的能力：知覺和感覺是他最初的狀態，這狀態是他和一切動物所共同的。願意（vouloir）和不願意，欲

---

① 即 Rousseau, *Oeuvres complètes*, Tome III, Bibliothèque de la Pléiade, Paris, p.142。

望和畏懼，將是他最初的，幾乎僅有的心靈活動（opérations de son âme），直到新的情況使他的心靈有新的發展為止。」（84至85頁）換言之，之所以盧梭論述人之本質[1]，非為說明自然人之心靈，而是為對比自然人心靈狀態始有，因而在論述這意志自決與自我完善化能力時，盧梭單用「人」字而不用「野蠻人」或「自然人」等詞。正因自然人純由自然本能所支配、並無需發展自我完善之能力、更無從需要意志之自決性，故自然人心靈極簡單，如引文所說，純然在自然支配下僅只服從於本能而已。盧梭之後所討論，直至憐憫心提出前，都只在從種種方面對自然人心靈之簡單性及獨立性作進一步論述而已，如自然人無需發展知性，因知性之發展實來自情感，而情感本身來源於需要，自然人無甚需求，故亦無知性發展之需要；自然人更無發展智慧之需要，亦無任何企圖心，既不需知識技術、亦不需思惟藝術，既無語言需求、亦無家庭人倫需求等等。因而「野蠻人在本能中即具有生活於自然狀態中所需要的一切；只有為了生活於社會中，他才對一有學識的理性（une raison cultivée）有所需求。」（97頁）如此，「在這種狀態中，既無所謂教育，也無所謂進步，一代一代毫無進益地繁衍下去，每一代都從同樣的起點開始。…」（106至107頁）

盧梭這裡有關自然人或自然狀態之論述，表面平平無奇，然深思下去，實是驚人：盧梭心中之原人——人在其本然完全無需求之獨立存在狀態，簡言之，人之形上狀態，實即禽獸

---

[1] 意志自由抉擇與自我完善化能力。

而已，非人。[①] 當盧梭在論及意志自由時說：「一切動物，因都有感官，所以也都有觀念，甚至還會把這些觀念在某種程度上聯結起來。在這一點上，人與禽獸不過是程度之差。某些哲學家甚至進一步主張，這一個人和那一個人之間的差別，比這一個人和那一個禽獸之間的差別還要大」（83 頁）[②]，他確實希望指出，自然人所具有之知性，與禽獸知性無異，因而與後來人類知性有極大差異。若從知性狀態與知識言，自然人因無所需要，故不會使人之本質有所發展；在情感方面，自然人所具有的，基本上也只憐憫心這情感本能而已，沒有其他情感與欲望需求。而有關憐憫心，盧梭清楚指出，是自然人與一切禽獸共同具有，非獨人類之事 [③]。至於其他情感，如情慾、自尊心、善惡、美感、偏愛等等，都是自然人所沒有。在這討論中單列舉憐憫心，因原始人仍未有任何其他情感感受可能，唯憐憫心是自然之一種情感，既內在亦本能性。

作為盧梭心目中之人 —— 形上之人，我們結論也只是：他只是禽獸而已，無論從知性狀態抑從情感狀態言。固然這並非

---

① 從某意義言，求索超人之尼采，所得是同樣回答：「我們已停止從“精神”、“神性”得出人類；我們把人置回禽獸中。我們視他〔人〕為最強的禽獸，因他最狡猾：其中一結果即為其精神性。」《反基督》節 14。

② 亦參考：「……野蠻人因而始於一些純動物性的能力：知覺和感覺是他最初的狀態，這狀態是他和一切動物所共同的。」《論人類之不平等》第 84 頁。

③ 見《論人類之不平等》100 至 102 頁。Rousseau, *Oeuvres complètes*, Tome III, Bibliothèque de la Pléiade, Paris, p.154, 155。

貶義，因當盧梭這樣論証時，他確實指出一事實：即自然或自然狀態、禽獸與禽獸性，都非醜陋或野蠻的。在自然狀態中，既沒有真正之不平等、亦沒有絲毫人類文明之暴力；既沒有虛偽、亦沒有狡詐；既沒有侵佔壓迫、亦沒有貧困與奴役。這些對西方文明之價值性判斷，盧梭實發人深省，其所本確實人性、基於人性感受與情感而發。唯問題只是，當盧梭試圖述說人類正確道理時，他太過而已，即單純以對反文明之方式構思，非本於他自己所已發現人之本質、更沒有從人覺識人性及覺識他人為人這人性基本事實出發，故縱使他已知人倫情感這階段為人類之黃金時期，然始終把他人之出現與接觸，視為自然人心靈質變之開始：非由於人而更人性，而是由於人而更不人性。這其中關鍵在哪裡？若翻閱盧梭或任何西方思想，我們都可看到，當人面對人或對人作為人有所覺識時，這覺識同時是對自身我性之覺識、是在自我覺識下始覺識他人為人。我們說過，把人直接等同自我，是西方傳統根本。以自我方式對人覺識，始終掩蓋着對人作為人這更真實之覺識，非只自我與自我間之相互尊重而已，更是相互之成人：「己立立人，己達達人」這人性關係。在人相互面對中，盧梭所形容的，或則由危害性所產生之謹慎戒備、或則就是這由自我意識而致之一種相互尊敬[1]，二者

①　「每個人都開始注意別人，也意欲別人注意自己。於是公眾的重視具有了一種價值。(…)人們一旦開始相互品評，而且一旦尊重的觀念(l'idée de la considération)在他們心靈中形成，每個人都認為自己有被尊重的權利，而且一個人不為人尊重而不感到損害，已成為不可能的了。」《論人類之不平等》第118頁。

均由自我而起、亦與自我有關。正因人與人覺識從一開始被視為伴隨着自我，自我與由自我延伸而致之私有制，都是人對人自覺後必然之事。換言之，把人之自私與自利解釋為由人對人之自覺性所引起，這對西方思想言是唯一可能。也因這人對人自覺時之本然缺陷，故憐憫心這具有德性意味之感受，也只能被視為是自然本能，與禽獸共同，非與人性有關。孟子在討論惻隱之心時，非這樣的。

憐憫心與惻隱之心問題

惻隱之心與憐憫心是否同一？孟子與齊宣王對話與孟子論四端之心這兩章節是問題關鍵性文獻 [1]。齊宣王不忍宰牛，確如

---

[1] 《孟子·梁惠王上》第七章：「……曰：臣聞之胡齕曰：王坐於堂上，有牽牛而過堂下者，王見之，曰：牛何之？對曰：將以釁鐘。王曰：舍之！吾不忍其觳觫，若無罪而就死地。對曰：然則廢釁鐘與？曰：何可廢也？以羊易之。不識有諸？曰：有之。曰：是心足以王矣。百姓皆以王為愛也，臣固知王之不忍也。王曰：然，誠有百姓者，齊國雖褊小，吾何愛一牛？即不忍其觳觫，若無罪而就死地，故以羊易之也。曰：王無異於百姓之以王為愛也。以小易大，彼惡知之？王若隱其無罪而就死地，則牛羊何擇焉？王笑曰：是誠何心哉？我非愛其財而易之以羊也，宜乎百姓之謂我愛也。曰：無傷也，是乃仁術也。見牛未見羊也。君子之於禽獸也，見其生，不忍見其死；聞其聲，不忍食其肉。是以君子遠庖廚也。王說曰：《詩》云：『他人有心，予忖度之。』夫子之謂也。夫我乃行之，反而求之，不得吾心。夫子言之，於我心有戚戚焉。……」

《孟子·公孫丑上》第六章：「孟子曰：人皆有不忍人之心。先王有不

他說，是出於憐憫心：一方面牛正在齊宣王眼前、另一方面確因感到牛將有痛苦，故迫不得已以羊代之。憐憫心是基於對象於感受上之反應。故事繼續說：百姓視王以羊代牛為偏愛，而孟子則明白王出於「不忍」之憐憫心。但問題是，雖明白王「不忍」之憐憫心，然孟子仍認為，齊宣王這一憐憫心與百姓所以為偏愛心實無差異：於牛羊間仍有所選擇已表示，這並非真正「隱其無罪而就死地」。若真是「隱其無罪而就死地，則牛羊何擇焉？」換言之，「不忍」之憐憫心與偏愛之心實同樣，各有其理由與原因而已。偏愛出於愛其財、而憐憫則出於不忍見眼前觳觫時之感受，二者始終有主觀成份在，以羊易牛便明顯如此。若真正對生命之愛非偏愛，是不應有所選擇；故「王若隱其無罪而就死地，則牛羊何擇焉？」當然，孟子後來安慰齊宣王說：「無傷也，是乃仁術也。見牛未見羊也。君子之於禽獸也，見其生，不忍見其死；聞其聲，不忍食其肉。是以君子遠庖廚也。」即：憐憫心仍可算是仁所用方法；而王有所選擇，也只因見牛未見羊已。孟子這樣安慰明顯反映出憐憫心之不足：其不足而偏，

忍人之心，斯有不忍人之政矣。以不忍人之心，行不忍人之政，治天下可運之掌上。所以謂人皆有不忍人之心者，今人乍見孺子將入於井，皆有怵惕惻隱之心；非所以內交於孺子之父母也，非所以要譽於鄉黨朋友也，非惡其聲而然也。由是觀之，無惻隱之心，非人也；無羞惡之心，非人也；無辭讓之心，非人也；無是非之心，非人也。惻隱之心，仁之端也；羞惡之心，義之端也；辭讓之心，禮之端也；是非之心，智之端也。人之有是四端也，猶其有四體也。有是四端而自謂不能者，自賊者也；謂其君不能者，賊其君者也。凡有四端於我者，知皆擴而充之矣。若火之始然，泉之始達。苟能充之，足以保四海；苟不充之，不足以事父母。」

正因只眼前感受反應故。

　　孟子沒有把人類德行或道德問題建立在憐憫心上；憐憫心亦非惻隱之心。請重讀孟子四端說。為說明「不忍人」仁心之本，孟子舉孺子將入於井一例。對孺子將入於井一事，有兩種事實：一怵惕之心、另一惻隱之心。前者只人所有驚怕反應，與德行無關，因而之後不再提及。然對惻隱這仁之本心，孟子解釋說，惻隱所以為惻隱，因其「非所以內交於孺子之父母也，非所以要譽於鄉黨朋友也，非惡其聲而然也。」最後一者「非惡其聲而然也」十分重要。朱熹說：「聲，名也」明顯錯誤。不單只重複前句意思，更失去孟子及中國儒學思想之深邃。「聲」在《孟子》中只解作聲音（見引得）。孟子句意是說：見孺子將入於井而有惻隱之心，非因不想聽到其所發出痛苦之聲。聲一問題在齊宣王一節中同樣出現：孟子安慰完齊宣王後說：「君子之於禽獸也，見其生，不忍見其死；聞其聲，不忍食其肉。是以君子遠庖廚也。」君子不忍聽見禽獸哀鳴之聲，故遠庖廚並不食其肉；這當然仍只是憐憫心，但惻隱之心不同：惻隱之心非出於不忍聽見哀鳴之聲、非出於對痛苦不忍時之反應，故非只憐憫心而已。那何是惻隱之心？首先，從「羞惡」、「辭讓」、「是非」三組名詞可見，詞都相對而成；「是非」不用說；「羞」對自身之不是、「惡」對他人之不是；「辭」對他人所給予、「讓」對自身所擁有。「惻」與「隱」同樣：若「隱」為「不想見到」，如「王若隱其無罪而就死地」中「隱」單純解「不想看見牛之無罪而往死地裡送」，那「惻」字應指在眼前不得不見到時內心之感受、那在事發旁之感受。然問題是，若非對痛苦而有之憐憫感受（「非惡其聲而然

也」），那是甚麼感受？為何而惻、為何而隱？

　　若齊宣王之「不忍」確只一種憐憫心、只不忍其觳觫、甚至非不忍（牛羊之）生命，那惻隱心所不忍，非只生命而已，更是人本身。當孟子說：「君子之於禽獸也，見其生，不忍見其死」時，請注意孟子所強調「之於禽獸也」幾字：因對象只禽獸，其至珍貴也只生命，故於禽獸也只欲見其生不忍其死而已。四端之心不同：此時對象為人，故所不忍非只禽獸般生命（其死），更是其為「人」。此段故以「人皆有不忍人之心」啟，非不忍死亡一事，而是因其為「人」故不忍。更重要的，是「人皆有」三字所言，非只言憐憫心之普遍性，所着重更是「人」自己本身；換言之，問題非由於對象，而是由於自己是人，故應有如此不忍心。如是結論故始能是：「無惻隱之心，非人也」。

　　無論惻隱之心抑其他四端之心，雖可因對象之不同而所不忍不同，但其根本完全非本於對象，而是本於人自己、本於人之所以為人、其人性心，非從對象而言之感受而已。齊宣王之感歎：「是誠何心哉？」實反映此一點。亦正因如此，故始為仁義禮智德性之本。若只單純所感而非心自己之事，在無所感時，人便無須是人。惻隱之心是人心自己之事；若是禽獸則期盼其生、若是人則更期盼其是人。惻隱故非由於「感」，而是由於自己心是人性心，有着種種不忍。惻隱之心故是基於人對自身及對他人作為人之自覺始有，非只對痛苦憐憫而已。其為感受，故在人性心懷上，非獨對痛苦憐憫而有之（禽獸）本能。①

① 　我們借此機會，對其他哲學家有關憐憫心看法略作陳述：一、亞里士多

對《論人類之不平等》之結語

　　盧梭所以不能盡擺脫西方對人想法錯誤，主要有兩原因：一為他仍如西方思想，把人覺識只從理性思惟言，因而只一自我而非人作為人這更真實覺識、非其自我對自身作為人之覺醒，故始終只禁錮在非真實人性之理性虛假性下。返回自然狀態，對盧梭言，故為唯一出路。二為盧梭未能擺脫西方傳統從存在境況觀人及人性，因而過於偏重生存與存在。而若從存在理想言，獨立自足與自由這（自然人）存在形上性，始終必為盧梭所欲結果。古希臘五個種族之黃金時期、《古約》伊甸園，都是從這樣存在理想言。若盧梭單純從人一事實求其善，非對立文明而從自然人求索，其方向將更正確。此時他應看到，形上在其自身之獨立性，非人基本真實。獨立性只應從主體面對自身生命言，不應如神那樣，為存在上之獨立自足。

　　不過，從關注人類及從揭示西方文明之偽這點來說，盧梭

德：憐憫心基本上由人懼怕自己同樣有如此痛苦而產生。憐憫心故只出現在中等人身上；若高高在上或一無所有者，是沒有憐憫心的。淨化（catharsis）故針對「恐懼與憐憫」而發，以崇高表象使之超越、使人自感其崇高偉大。二、笛卡爾：同情只一種觀看，非真正內心痛苦，故往往只更是優越感而已。三、史賓諾莎：單只同情或痛苦實無濟於事，更須理性地拯救。憐憫故仍只是一激情或被動狀態，非主動的。四、康德：憐憫只是一種痛苦狀態，人類不應無窮地延伸痛苦。五、尼采：憐憫為弱者之感受，亦同時貶低了人類。憐憫使人類喪失意志與力量。

所教人，實極感動。對如以下人性虛偽性之形容，我們確實無言以對⋯⋯。

「從社會地位（Conditions）和財產的極端不平等中，從多種多樣的欲望（passions）和才能、無益或有害的技術（arts）和膚淺的科學中，產生出無數的偏見。這些偏見都是同樣地違反理性、幸福和道德的。」（《論人類之不平等》第 145 頁）

「⋯⋯社會中的公民則終日勤勞，而且他們往往為了尋求更加勤勞的工作而不斷地流汗、奔波和焦慮。他們一直勞苦到死，甚至有時寧願去冒死亡的危險，來維持自己的生存，或者捨棄生命以求不朽。他們逢迎自己所增惡的顯貴人物和自己所鄙視的富人，不遺餘力地去博得為那些人服務的榮幸；他們驕傲地誇耀自己的卑賤，誇耀那些人對他們的保護；他們以充當奴隸為榮，言談之間，反而輕視那些未能分享這種榮幸的人們。」（147 頁）

「⋯⋯儘管我們有那麼多的哲學、人道、禮儀和崇高的格言，為甚麼我們總問別人自己是怎樣一個人，而從不敢拿這一題目來問自己。因此我們只有一種欺人而浮華的外表：缺乏道德的榮譽，缺乏智慧的理性，以及缺乏幸福的快樂。」（148 頁）

「一個孩子命令着老年人，一個傻子指導着聰明人，一小撮人擁有許多剩餘的東西，而大量的飢民則缺乏生活必需品，這顯然是違反自然法的，無論人們給不平等下甚麼樣的定義。」（149頁）

《孤獨漫步者之遐想》：盧梭主體性哲學

若《論人類之不平等》為盧梭有關人之存有論著，《遐想》這最後作品則論人之主體性。我們說過，主體性或從心靈之主宰性、主動性、決定性言；或從人存在之獨立性言；後者始見於《遐想》。《遐想》故為在沉淪與虛偽世界中，試圖找回人最後真實：人其自身所有主體性。

若盧梭前哲學都只從心靈本體或主體言人之真實，而《論人類之不平等》始首次把人放回歷史經驗中，從在其自身模態之自然人言真實，那此時之人，無論多麼自足無所需，始終仍需環境界定，此即自然。自然作為環境，是一切環境之本、為未受人類偶然改變前存在之原貌。在自然環境中，一切均各自獨立；而人是活在這樣環境而真。在《遐想》中，因主體仍是感性存在中主體，非實體本體或後來之超驗主體，故同樣須在自然環境下被界定。

從《孤獨漫步者之遐想》這書名，可看到三方面：遐想（rêveries）、獨自或孤獨（solitaire）、漫步者（promeneur）。三者意思如下：一、「遐想」：對主體之探索因是主體對自身作為主

體之探索，故不能以任何對象方式、不能以理性反思或沉思方
式進行；這些方式，只把所思者視為對象而已，非主體面對自
己。主體地想、那不涉及任何客體對象、自身對自身之「想」，
只能是遐想。遐想是人其自身對自身之隨想、順從自身感受與
角度而想，因而所揭示，是感受中之真、非客體對象義之真。
遐想亦非夢，因夢仍是對象性、是對對象之渴求，非自身對自
身的。二、「獨自」：主體之真實必須在孤獨或獨自中始顯露。
這孤獨狀態，在盧梭中，正由遠去社會、或被社會隔離所造成；
特別當全社會都一致對自己有所拒斥，人才徹底返回自身。然
藉着這樣隔離，人不再需要在人前作種種偽裝與虛偽，更得以
真實地呈現自己、及其主體。三、「漫步」：主體遐想並非單純
遠去生活活動時之空想、非一種思惟孤寂時之自思狀態，它仍
在日常生活中、是日常生活之一部份，唯這部份非與生活之任
何必需活動關連；生活中之必需活動，始終都與對象有關，非
遐想式無對象狀態。故唯在遐想中，對象是作為主體狀態呈現，
非作為客體自身的。漫步既是生活之一部份（因而非純思惟狀
態），又是最遠去生活中事情與事物之必需。漫步通常亦是在大
自然中，是人返回大自然之時刻，是人在其存在中、在其一切
活動中，最自由、最自己、最接近大自然、又亦保持其人性活
動之時刻。

　　對人作為主體之認知，因而是在這三條件下完成。《孤獨漫
步者之遐想》一書名，亦由此而命名。

　　若孤寂思想者唯神始是，那在人世間，能對等神狀態，唯在
遐想中孤獨漫步者而已。盧梭在《遐想五》中故說：「只要這種

境界〔「或是躺在隨波漂流的船上，或是坐在波濤洶湧的比埃納湖畔，或者站在流水潺潺的溪流邊獨自遐想時所常處的境界」〕持續下去，我們就和上帝一樣能以自足。」（68頁）[1]

一切有關主體之問題，也即「我」之問題。盧梭在《遐想一》開首便把全書主題簡單而直接地提出：「我是甚麼？」（que suis-je moi-même？）這問題之提出，非問「我」之概念是甚麼，而是由於真實存在的我已完全被世人隔離（或是由我遠離世界），以致不得不如此問：「我在世間就這樣子然一身了，既無兄弟，又無鄰人，既無朋友，也無可去的社交圈子。最願跟人交往，最有愛人之心的人竟在人們的一致同意下遭到排擠。（…）而我，脫離了他們及脫離了一切，我自己是甚麼呢？這就有待於我去探索了。」（1頁）這探索非對理論的主體我提問，而是對現實中我，特別當我被孤立起來時。這由失去世界而形成的主體我是怎樣的？

首先不得不說，《遐想》直針對笛卡爾《沉思集》而有。像在《愛彌爾》〈撒瓦雅副主教發願詞〉（La Profession de foi du Vicaire savoyard）中我們便可看到，盧梭往往直針對着笛卡爾而論哲學。笛卡爾《沉思集》開創了存在哲學，而存在真理是從「我」而言之真理。之前真理，或從客體存有、或從主體構設言，但都只相關（客體）知識，非從存在言真理。從存在言真理，如我之存在是否有意義、是否一真實生命；或人類存在是否有意

---

① 有關《遐想》之翻譯，我們基本上用徐繼曾譯本：《漫步遐想錄》，人民文學出版社，北京1994年。

義、抑只虛無沉淪等等，是從價值之真實性、非從知識之真言。盧梭有關人類存在之探索，與笛卡爾同時代之帕斯卡爾，所求索真理便是如此。而在笛卡爾中，有關「我」之存在真理雖仍以傳統知識真理為背景，然所求已非只事物知識[①]，而是從事物存在之真實性說明我目前這一種存在：一種相信神、相信必然真理、相信外物存在這一種存在想法與傾向，是真實的。非只為求事物本身真理，而是由事物真理使我之存在真實。《沉思集》因而非只在証明我存在，更是為証明這樣的我及這樣的存在是真實的，故為存在哲學之始。唯這時存在哲學，仍非從生命感、非從存在意義，而只從知識言我存在境況而已：由神及外物啟顯我存在境況之真實性而已[②]。然正在這點上，盧梭對反笛卡爾：對盧梭言，人及其主體一旦都只感性世界中存有，人存在之真實性不再只能與事物是否存在相繫而已，更須與這些事物本身其存在意義與真實相關：即與他人之真誠抑欺騙、與人類是否虛偽、與人類追求[③]與欲望之真偽、與存在是否幸福、與人本性是否真實地善良、與人內心是否焦慮不安等等相關；故非只是事物存在之証明，而是世界本身一切真偽之問題。盧梭這存在哲學，故較笛卡爾存在哲學更進一步。因此時主體是一人性感

---

①　我們說過，《沉思集》於論証存在時，沒有試圖論証任何對象知識，只論証事物存在或真實存在而已。

②　縱使非關乎客體知識本身，笛卡爾所探求主體存在之真理性始終仍客體性：「我」仍是在神與外物存在間客體地真。純然從主體自己言之存在真理，嚴格言，始於盧梭。

③　如知識作為實踐之真偽。

受主體，故主體是否真實只能從回答這一切問題達致。縱使非人性之全部面相、非如中國傳統更對主體自身人性有所要求，然始終仍必須從其感受之一切言。此盧梭之存在哲學。

《遐想》為一未完成作品。但我們仍可從目前十章中，看到盧梭對主體存在真理性之看法。《遐想》十章每兩章一組，其內容結構如下：

一、主體之「我」

二、在外在超乎我者（超越者）面前，主體之獨立性

三、主體與外在真理（知識）：真理之主體性

四、主體與內在真理（知己）：自我之真偽、自我欺騙（謊言）、自我之脆弱性

五、主體之想像力狀態與主體之至高幸福

六、主體之意志自由與主體之本性：行動與作為中之主體

七、主體與世界事物及其知識關係

八、主體自我之內心世界

九、主體在人與人間之感受與真實

十、主體在愛情情感中之感受與真實

《遐想一》：主體性 ── 我

《遐想一》與笛卡爾《沉思一》① 完全同構。《沉思一》為得出「我思，我在」從認知言絕對主體之真實性，故懷疑一切環

---

① 含《沉思二》。

繞主體之客體事物與知識。主體其真實性之達致，是在縱然全
面欺騙與虛假狀態下仍然可能。主體真理因而內在地絕對、不
可動搖而獨立。同樣，在《遐想一》中，迫害者就算能完全扭曲
真相、使人認定盧梭為萬惡之徒、甚至使盧梭肉體與精神承受
莫大痛苦①，然終究仍無法奪取作為獨立主體時內心之平靜②。原
因有二：一為不對抗而順從；二為在苦難頂峰時，由於痛苦與
絕望都不再可能增加，故反而使人再無不安與恐慌、使人一天
比一天更能忍受這不能變得更壞的處境、使人對痛苦變得毫不
在乎，如盧梭所說：「肉體的痛苦本身（la douleur physique elle-
même）不但不能增加我的苦楚（mes peines），反而使我忘掉精神
上所受的折磨。」（3頁）在順承外在一切而不對抗中、在痛苦感
受頂峰，人成為獨立主體。在對人類徹底絕望中、在眼見人類
世間仇恨如同長生不死、富於生命再生力地永恆不朽中，主體
反而得到一種在其自身之絕對性：既充份安定、又絕對寧靜。
由於對未來不再抱有絲毫希望、由於世上一切都已結束、由於
無所期待也無所畏懼，故如上帝一樣，泰然自若。「我在這塊大
地上，猶如在一陌生的星球那樣，我像是從我居住的星球掉下
來的」（7頁）；主體只獨自面對自己：「我將把我的餘生用來研
究我自己」（7頁）；「我要投身於和我的心靈親切交談這樣一樁

①　《遐想》多處提及人對盧梭之迫害。甚至，《遐想》與盧梭之迫害妄想錯亂
　　不無關連。但我們仍基本上從哲學意義解讀，不視其內容與盧梭個人身體
　　狀況有關。
②　主體正是那完全獨立於外在及外在性者。

甜蜜的事裡去，因為我的心靈是別人無法奪走的惟一的東西」（7頁）；「我的遐想純粹是寫給自己看的」（9頁）。「由於任何人間的世俗並短暫的利害都已在我心中泯滅，內心的精神生活（vie interne et morale）似乎反而更加豐富。對我來說，我的軀殼已不過是個累贅（un embarras）、是種障礙（un obstacle），我將盡可能早日把它擺脫。」（8頁）無論世間之欺騙多麼虛偽，「他們卻搶不走我在撰寫時曾有的樂趣，搶不走我對其中內容的回憶，搶不走我獨自進行的沉思默想（les méditations solitaires）」（10頁）。主體故能為自身之清白（無邪 innocence）而感到快樂，亦能在人世黑暗中安享餘年。笛卡爾主體在普遍欺騙中而真實，盧梭主體在世間存在極度痛苦中平靜快樂。兩者主體都從存在感受言：一者從存在真實性之感受、另一者從存在之痛苦感受言。從生命存在角度言，痛苦感受應較真理感受對主體言更根本、更重要、更是生命存在者。盧梭在摹擬笛卡爾時，因而同指出其主體之不足與不真實性。主體存在之痛苦感受，始主體存在之真正問題，由存在極端地引致者。

《遐想二》：主體與超越者（超越事件）[①]

不但人世間虛假性與痛苦感受無法動搖主體在其自身內在真實性，種種超乎主體之上、或在其理解可能外之事物與事件，都同樣無法滲透主體內瓦解其完整性。《遐想二》因而述說

---

① 　如同《遐想一》對應《沉思一與二》，《遐想二》對應《沉思三》。

在種種超越事件前，主體仍不受其影響而獨立。盧梭開首便指出，他計劃把自己在一般人不會遇見奇特處境中之平常心（l'état habituel de mon âme dans la plus étrange position où se puisse jamais trouver un mortel）說出來。[①] 為達成此，盧梭甚至埋怨他自己想像力已無法縱橫馳騁，致使他不得不只靠回憶。這些外在事件，無論小如一草一木罕有品種的發現，至如田野景象整體之感受，都映照着主體內在心境，無使其外在不能自己。盧梭之後開始述說幾件事件，即其所謂奇特事件；此有五：一為被大丹狗撞倒嚴重受傷；二為警察總監勒努瓦（M.Lenoir Lieutenant General de police）因此傷而對盧梭提出殷切效勞；三為女作家多穆瓦夫人（Madame d'Ormoy）對盧梭虛情假意地拜訪；四為人對盧梭所遇意外傷害謠傳為其死亡；五為有人蓄意偽造盧梭手稿期待他死後付印。述說這些事件，非因事件本身不可思議；於感性世界內，沒有事件本身奇蹟地不可思議。之所以對盧梭言為奇特，因超乎通常性（通常理解可能性）而已。超越性在盧梭這種返回現象之哲學中，再不能從本體世界、而只能從現象世界（人世）內言。主體與超越性兩者關係，在《遐想二》中，故只能透過五個故事表述；五者代表人世間中五種超越性（五種對等超越性之事物）：意外、無法猜透之神秘性（mystère que je

---

① 基本上，《遐想》一書並非主在述說奇特事情。盧梭這裡所言計劃故非真實。這更顯示，《遐想》一書非真實遐想之記錄【事實上內容亦非如此】，而是一有目的之論著。

cherchais vainement à pénétrer)、真與偽之顛倒①、謠言（le bruit public）、及無法詳知其細之離奇情況（circonstance encore plus singulière que je n'appris que par hazard et don't je n'ai pu savoir aucun détail）。② 這些事件所代表之奇異性為：被大丹狗撞倒事件雖傷重然仍毫無痛楚知覺，內心仍始終感受到星夜之甜美與自己生命之彷如誕生，既無自我亦無身體所屬，從心裡透顯出無可比擬奇妙的平靜。在警察總監事件中，警察總監之善意是如此地神秘，以致盧梭完全無法有所猜透。而在女作家多穆瓦夫人事件中，多穆瓦夫人虛假的情感奇異地顯如真實，而盧梭真實的直率反而顯如殘酷。至於謠傳盧梭死亡與偽造盧梭手稿事件，都是盧梭對大眾謠言、及對個別特殊離奇情況，無法窺透其中謎團者。對盧梭而言，所有這些神秘（mystère）與謎團（énigme），不可能出於偶然。盧梭說：「這麼多出乎意料之外的情況，所有我那些死敵都由於命好而步步高升，所有那些執掌國家大事的人，所有那些指導公眾輿論的人，所有那些身居高位的人，從所有那些暗中和我結仇的人中選出的對我進行陰謀

①　"C'est ainsi que la droiture et la franchise en toute chose sont des crimes affreux dans le monde, et je paraitrais à mes contemporains méchant et féroce, quand je n'aurais à leurs yeux d'autre crime que de n'être pas faux et perfide comme eux." Rousseau, *Oeuvres complètes*, Tome I, Bibliothèque de la Pléiade, Paris, p.1008 。

②　在述說完第五個故事後，盧梭說：「這些接踵而來的事件，再加上另外好些同樣令人震驚的情況」（《遐想》第20頁），這是說，在人世間中超越性，未必只五，也可有其他同樣令人震驚之超越情況。五者只例而已。

暗害的人，他們之間的協同一致（accord universel）是如此異乎
尋常（extraordinaire），不可能是純出偶然。（…）所有的意志，
所有的宿命，事態的一切演變卻都使這些人勾結得更緊；他們
那類似奇蹟似的協同一致（concours si frappant）使我無法懷疑這
陰謀的徹底成功是早就寫在神論（décrets éternels）上了。」（20，
21 頁）盧梭這裡所試圖說明的，實對等笛卡爾《沉思三》對神超
越者之論証，唯盧梭所用以說明神之存在，非萬物秩序之完美
性，而是世間所有惡之協同一致。這協同一致，超乎人力之上，
因而如同神論一樣，只能被理解為來自神之意願。不過，超越
性當它達致如此使人不安與無奈地步時，反使人平靜下來：惡
之超越與不可解性，使人徹底認命，並只能視為出於上帝考驗
之手。[1] 換言之，在絕對超越性前，主體仍是獨立地平靜與安
慰：或出於自身清白（innocent）之信心、或出於對神之信賴、
甚或單純出於無能為力時之認命。《遐想二》因而論証在超越性
面前，主體無怨無艾之狀態。

《遐想三》：主體與外在知識真理

《遐想三》論主體與外在知識真理之關係。從存在主體角度
論知識真實，主要為指出在知識真理中人自己之獨立性、及在
人主體獨立性中，知識真理可具有之意義。盧梭開首便否定一
切一般意義之學習，如知識所揭示真相之可悲、因太晚而無用、

---

[1] 「神是正義的，祂要我受苦難，但祂知我是清白的。」（Dieu est juste; il
veut que je souffre; et il sait que je suis innocent）。21 頁。

愚昧無知之意義、與人求取知識（哲學）時之種種虛偽等等。這一切，都因知識非單純與主體自身有關而引起。單純與主體有關之知識，應是「為了認識自己（pour savoir moi-même）而不是為教育他人」（24頁）而有；因而一生中全部學習，「幾乎沒有哪一項是我不能在原打算在那裡度過餘年的荒島上獨自進行的。」（24，25頁）① 至於知識之內容或目的，應是為「探索我生命的真正目的究竟是甚麼」（25頁），因而「我很快就不再為自己處世的無能而痛苦，因為我感到根本就不該在世間追求這個目的。」（25頁）這種與生命直接有關之知識，讓盧梭在其中體會可有之幸福：既「懷着甘美熱切的心情去探索（chercher avec une douce inquiétude）」（25頁）、又是一種「心向神往，然而並沒有明確目標的那種幸福」（26頁）。之後，盧梭開始以一轉化笛卡爾之方式，幾近字字相對應地，述說他對知識之看法：笛卡爾提及等待達至成熟年齡始檢視一切知識，盧梭同樣亦描述其四十之年在思想上需要的改革；笛卡爾希望找到確定不移之真理基礎，盧梭亦希望找到「我自己的哲學，以便今後餘生尚能遵循一條確定不移的處世準則。（…）我要把我的種種見解、我的種種原則一勞永逸地確定下來；讓我在餘生成為我經過深思熟慮後決心要做的那種人。」（29頁）；笛卡爾知識方案建基於一阿基米德點，而盧梭「在作出了任何人都從未進行過的最熱忱、最誠摯的一番探索以後，我終於選定了在一生中必須採取的觀點（je me

---

① 這些能「在荒島上獨自進行的」知識，可有如在隱遁中所作的沉思、對自然的研究、對宇宙的冥想等等。

décidai pour toute ma vie sur tous les sentiments qu'il m'importait d'avoir）」（30頁）[①]；盧梭甚至作出如笛卡爾前期《原則》之判斷：「人類理解力受感官的限制，不可能掌握全部永恆真理。因此，我就決定局限於我力所能及的範圍，不稍逾越。」（35，36頁）若笛卡爾視真理為基於明白清晰直觀所致、為理性而非感性自然傾向所確立，盧梭正相反：盧梭基點或原則對他而言，「為理性所接受、得到我心証實、因內心默許（l'assentiment intérieur）而帶有心平氣和（le silence des passions）印記的基本原則（principes fondamentaux）（⋯）。在一些超出人類理解力的問題上，根基如此扎實，聯繫如此緊密，經過如此認真的思考，跟我的理性、感情（coeur）[②]和整個生命（tout mon être）如此適合，得到我對任何別的理論所未曾給予的內心首肯（l'assentiment intérieur）的一整套理論（⋯）。」（32頁）換言之，對超出理解力之問題，笛卡爾仍必須以種種在知性意念中之客觀實在性[③]論証，但盧梭這裡明白說，連這樣真理都因與他生命契合一致、確定不移地首肯，因而「如果換了另外一種體系，我就根本無法活下去」（Dans tout autre système je vivrais sans ressource）（32頁）。

---

① 參考：「我就在每個問題上都抱定我認為最站得住腳、本身最可信的觀點（j'adoptai dans chaque question le sentiment qui me parut le mieux établi directement, le plus croyable en lui-même），（⋯）我的安全感也就是建立在這個不可動搖的基礎之上的。」31頁。

② 盧梭說：「假如我的感情（mon coeur）不來支持我的理性，我也會覺得是虛妄的（illusoires）。」34頁。

③ 意念之形上性。

笛卡爾未能從自然傾向肯定感官真理，但盧梭反而能說：「不，我看出我永恆的本性（ma nature immortelle）跟這世界的結構（la constitution de ce monde）以及主宰這世界的自然秩序（l'ordre physique）是契合（convenance）的，（…）我也發現了與自然秩序相適應的精神秩序（l'ordre moral）的體系，從中找到了為忍受一生苦難所需的支持。」（32 頁）

盧梭所以與笛卡爾有如此差異，因笛卡爾所求索真理是事物存在之真實（知識），而盧梭所求，是（自己）生命真理。一方面盧梭與笛卡爾主體不同，另一方面縱使涉及外在事物（自然秩序），盧梭所求仍只是主體真理：事物對主體生命而言之真、非客體本身之真；在這點上故與笛卡爾完全不同。真理在主體中，是使人無論在多大不幸與悲慘命運中，仍能得到幸福、或最低限度得到安寧。若明白清晰為客體真理之判準，那有關主體真理之判準，盧梭說：「沒有任何站得住的理由使我接受在陷入絕望時徒增苦難的那些見解，而拋棄在精力充沛之年，在思想成熟之際，經過最嚴格的審查，在除了認識真理之外別無他念的生活安定之時採納的那些觀點。」（35 頁）換言之，真理之為真，非取決於其自身，而是取決於其發生時生命時刻之真實性。在生命與生活中之真，決定真理之真偽。生命之真理故是德行而非知識。知識只虛榮心下之真理、是偽學者自以為了不起之真理，然「而耐心、溫馨（douceur）、認命（résignation）、合一（l'intégrité）、公正（justice impartiale），這些都是我們不愁被人奪走的財富，它可以永遠充實自己而不怕死亡來使其喪失價值。這就是我在晚年殘存的日子裡從事的惟一有益的學習。

如果通過我自身取得的進步，學會了怎樣能在結束此生時雖不比投入此生時更好一些——這是不可能的——，但至少更有道德（plus vertueux）的話，那我就深以為幸了。」（38頁）道德真理之所以屬主體，因它建基在可感之良心（conscience）上：「我的思想建立在我所能給它的最堅實的基礎上，它已完全習慣於安享我的良心提供的保護（à l'abri de ma conscience），……。」（36頁）

若笛卡爾之我仍有怠惰，盧梭主體之我則再無這人性脆弱，縱然「在精神委靡時，我也曾把得出我的信仰和準則的推理過程忘記過，但我決忘不了那為我良心和理性所贊同的結論。」（37頁）

《遐想四》：主體自身之真理性

《遐想四》繼前章，論主體內在對自身認知時之真理問題，即希臘格言「認識你自己」這一認知。盧梭從來重視這問題，故在《論人類之不平等·序》中便提出來。盧梭在處理人對其自身真理認知時，並非以一直接方式回答，如回答我是甚麼那樣。盧梭之處理更根本更深遠，因知己這樣認知，非單純知與不知問題，更先是人對其自己是否會自我欺騙；而答案明顯：人自欺欺人一事實本身顯明。盧梭所問，故非是人是否會自我欺騙，而是主體之我是否會自我欺騙……。人之真偽固有多方面：如為事之真偽、行為作為之真偽、價值向往之真偽等等；但作為主體，因主體從自身獨立言，故主體之真偽，非先從行為與價

值、而更先從主體是否會欺騙言。若欺騙嚴重，那虛假性之更輕為：主體作為主體，是否會撒謊？主體需要撒謊嗎？

真理可能無用，虛假性亦可以無害。真實撒謊因而須與效益有關：「把真相說出來這個義務僅僅建立在真相是否有效用這樣一個基礎上」（44頁）。但問題是，當利益或效用之立場不同時，誰來判定這效用？對這問題，盧梭提出一主體式解答法：「在所有像這樣難以解決的倫理問題中，我總是通過良心（ma conscience）的指引而不是通過理性的啟發（les lumières de ma raison）找到答案。道德的本能（l'instinct moral）從來沒有欺騙過我；它在我心中至今純潔如初，使我對它信賴無疑；雖然它在我感情衝動（mes passions）而輕舉妄動之際有時也曾默不作聲，但當我事後回憶時卻總能重新控制我的感情。也正是在這類時刻，我以來世最高審判者在審判我時的同樣的嚴厲來審判我自己。」（45頁）盧梭明顯非在這裡提出一客觀判準。但這裡所言判準，仍是人對其自身 [①] 言時，唯一客觀之依據 —— 主體真實面對自身時，唯一可能之依據。這明顯亦康德道德主體性之源頭。正因判準在良心自身，故對「甚麼才算作撒謊？」其回答最終必回到人心自身意圖：「只有說話的人的本意才能正確評價他所說的話，決定它含有幾分惡意或幾分善意。只有在有騙人之意（l'intention même de tromper）時說假話（dire faux）才是說謊（mentir），而即使是騙人之意也遠不是永遠和害人之心結合在一起的，有時甚至還抱有完全相反的目的。」（45，46頁）當假

---

① 換言之，作為主體自己時。

360

話必須與心意有關時，那怎樣的虛構意圖才算撒謊？盧梭的回答是：「一切與真相相違，但並不以任何方式有損公正的話（tout ce qui contraire à la vérité n'interesse la justice en aucune sorte）就只能是虛構（fiction）；我認為，誰要是把純粹的虛構（une pure fiction）看成是謊言而自責，那他的道德感（la conscience）簡直比我還要強了（plus délicate que moi）。」（48頁）[①] 不僅如此，就連不真實性（謊言）也未必與真實性（真正誠實）相違，盧梭心中誠實人故與社會一般誠實人不同：「我心目中的誠實人（homme vrai）跟他人的之所以不同就在於上流社會中的誠實人對不需要他們付出代價的一切真相是嚴格忠實的，但決不能超出這一範圍，而我心目中的誠實人是只有在他必須為這一真相作出犧牲時（quand il faut s'immoler pour elle）才如此忠實地事奉它。」（49頁）如同虛構一樣，真實的人與不真實性仍可並容，條件只是不要在要緊處不真實便是。若事情本身無所謂，「任何謊言都不是謊言。」（50頁）這不是謊言的謊言，如同不是虛假的虛構一樣，因而是主體可有之撒謊；即盧梭上述所言，在騙人時，「有時甚至還抱有完全相反的目的」（46頁）。正因謊言未必不是，盧梭故簡化其原則如下：「我把是否損害別人的利益和

---

① 盧梭這裡碰觸到一重要問題，即虛構性本身真偽問題。虛構若它不損公正、甚至與真理無關，這本身不構成問題。然若如神話或哲學思辨那樣與真理有關、有對真理扭曲，如此虛構，為中國傳統視為非真理甚至虛假者。《易》與《詩》之虛構，始終回歸道理本身。然西方虛構性多立於個人、多為個體觀點所造，非單純客觀真實。創造固然困難，然客觀地深入真實更是困難。

名聲作為界線，運用於任何場合，省掉了去精確權衡利害、區分有害的謊言和出於善意的謊言的麻煩；我把這兩種謊言都視作有罪，不許自己犯其中的任何一種。」(50頁)[1] 有關虛構之原則亦同樣：「在編故事時，我盡量避免編造謊言，也就是說，盡量避免有損於正義和真理，而只是一些對任何人以及對我自己都無關緊要的虛構。」(51頁)[2]

作為主體之謊言與虛構，若非由於事情之不要緊、又不是出於損人利己之心，所剩原因也只能出自自身之一種軟弱：「還是出於我的氣質的難以抗拒的最初衝動，在難以預料的瞬間，害羞和靦腆時常使我說些謊話，這裡並沒有意志的份兒，而是在意志力出現之前，由於有必要即刻作答而說出來的。」(51頁)換言之，從能依循良心行作之主體言，所以仍有謊言與虛構，歸根究柢也只兩原因：或由於事情本身毫不要緊、或出於靦腆這人性脆弱。後者可被視為一種瞬間下的失去自己、瞬間下的不主體，因而補救之道為：「犧牲我的利益和愛好也還嫌不足，還得為此而去掉我的軟弱和天生的靦腆。應該有在任何情況下都保持真實的勇氣和力量，決不讓任何虛構和編造的東西從奉獻

---

① 盧梭這從損害他人利益作為謊言之界線其實仍不明確；在很多時，為維護人倫關係，若單純只與利益尤關，仍不得不為對方而隱，故孔子說：「(…)其父攘羊(…)父為子隱，子為父隱，直在其中矣。」(《論語‧子路》)除利益外，人倫之傷害實更嚴重。

② 參考：「當我違反我明明知道的真相而說話時，那總是一些無關緊要的事，而且總是或者由於難以啟口，或者出於寫作的樂趣，決不會是出於自身的利益或是為了討好或損害別人。」57頁。

362

給真理的口中和筆下發出。」(58頁)

人類的為惡與過失，若非由於意志損人利己這虛假心，便只能是由於失去自身之主體性、在失去自己情況下，有違己心地發生。主體之心，始終是（良心）感受上真實之心，非必由於事情事實怎樣、亦非由於理性，純然只是主體心感受而已：「我所作的坦白，它的基礎更多的是正直感和公正感（sentiments de droiture et d'équité），而不是事實的真實性（la réalité des choses）；我在實踐中更多地遵循的是我良心在倫理道德方面所受的指引而不是抽象的是非概念。」(57頁)作為總結，人之虛偽，或由於其根本非主體，故在利害間自欺欺人；或由於其已具有主體之真實，但仍在某些情況下，特別在他人面前，出於自身脆弱而偽；雖仍是一種不主體狀態，不過非根本而已。若能堅定為主體，對盧梭言，始終真實。一切倫理真理，故是主體的。《遐想四》在討論主體自身真理性時，故同為倫理真理之討論。此真理主體性之另一面。

《遐想五》：主體之幸福

繼主體與倫理道德真理後，為主體幸福問題。主體之幸福，一方面是幸福中最真實者、另一方面亦是至高幸福。作為從主體言之幸福，這時幸福同樣不依靠任何外在條件與事物。著名的《遐想五》即針對這主體幸福感而討論。

1765年盧梭隱居聖皮埃爾島，島上體會到自身本性完全孤獨時特有之主體幸福感。孤獨狀態使盧梭「對世上所發生的一切

一無所知，忘掉它的存在，也讓別人忘掉我的存在。」（62頁）
盧梭問：「這到底是種甚麼樣的幸福？」（62頁）一言以蔽之，一
種閑逸的甘美滋味。盧梭描繪從每天早晨、至夕陽西下，甚至
暮色蒼茫以至晚飯後一天在恬靜中絲毫沒有虛慮的日子。一方
面心境完全閑逸，另一方面又在大自然萬千細微變化中所喚起
之心醉神迷及欣喜若狂。從外至內「都沉浸在沒有明確固定目標
的雜亂而甘美的遐想之中。這樣的遐想比我從所謂的人生樂趣
中得到的甜蜜不知要好上幾百倍。」（65頁）閑逸之所以甘美，
因它使人處在無絲毫勞動需要、但又非完全死寂之狀態。在這
無特定對象之狀態中，人只感受到自身、只感受到自身存在：
「使我無比歡欣地感到自我的存在，而無須費神去多加思索。我
不時念及世間萬事的變化無常，水面正提供着這樣一種形象，但
這樣的思想不但模糊淡薄，而且倏忽即逝；而輕輕撫慰着我的
平穩寧靜的思緒馬上就使這些微弱的印象化為烏有，無須我心
中有何活動，就足以使我流連忘返，以至回歸時還不得不作一番
努力，才依依不捨地踏上歸途。」（66頁）這樣幸福，非一轉即
逝的強烈樂趣，而是一種境界：「一種單純而恆久的境界，它本
身並沒有甚麼強烈刺激的東西，但它持續越久，魅力越增，終於
導人於至高無上的幸福之境。」（67頁）這主體境界，是一單純
從感受言之境界。感受由於都與外界事物相關，故都「隨之流動
變化。我們的感受不是走在我們前面，就是落在我們後面，它或
是回顧已不復存在的過去，或是瞻望常盼而不來的未來：在我
們的感受之中毫不存在我們的心可以寄託的牢固的東西。」（67
頁）若然，那心之感受如何找到其可持久寄託之對象？甚麼時候

我們始能說:「我願這時刻永遠延續下去」(68 頁)[1]?答案明顯不在對象上,因除自然界外[2],沒有人世間事物永久不變。這種境界,因而也只在主體自身身上、在自身對自身存在感上始能找到。主體無所匱乏、亦無所求之圓滿狀態,非由於已得到全部外在所需、非由於外來;它只是主體對自身存在之一種感受,從品嚐存在[3]始有。於此,「心靈無需瞻前顧後,就能找到它可以寄託,可以凝聚它全部力量(tout son être)的牢固的基礎;時間對它來說已不起作用,現在這一時刻可以永遠持續下去,既不顯示出它的綿延,又不留下任何更替的痕跡;心中既無匱乏之感也無享受之感,既不覺苦也不覺樂,既無所求也無所懼,而只感到自己的存在,同時單憑這個感覺就足以充實我們的心靈。」(68 頁)盧梭繼續說:「這不是一種人們從生活樂趣中取得的不完全的(imparfait)、可憐的(pauvre)、相對的(relatif)幸福,而是一種在心靈中不會留下空虛之感的充份的(suffisant)、完全的(parfait)、圓滿的(plein)幸福。這就是我在聖皮埃爾島上,或是躺在隨波漂流的船上,或是坐在波濤洶湧的比埃納湖畔,或者站在流水潺潺的溪流邊獨自遐想時所常處的境界。」(68 頁)這主體存在之感,是一種「排除了任何其他感受(affection)的自身存在的感覺(le sentiment d'existence),它本身就是一種彌足珍貴的滿足與安寧的感覺」(68 頁)。盧梭甚至說:「只要這種

---

① 　這後來尼采稱為永恆回歸之肯定。

② 　自然界為在其自身存有,故不變。

③ 　自身存在。

境界持續下去，我們就和上帝一樣能以自足（on se suffit à soi-même comme Dieu）。」（68頁）

要達到這種境界的條件有二：一平靜、另一想像力。平靜非指絕對寂靜，但也不能有過份激動。絕對寂靜只帶來哀傷，過度激動只把心靈引向外在事物，中斷平靜的遐想狀態。唯有處在平靜的想像狀態中，心才能藉遐想感受到自身及自身存在、才能夠安靜地單純面對自己。這時心之收斂與凝聚，使遐想無論在哪裡都可以進行，想像力之境界超乎一切現實上，使心停駐在其向往之處，故「甚至在見不到任何東西的單人牢房裡，我都可以愉快地進行這樣的遐想。」（70頁）或：「假如我設想我現在就在島上，我不是同樣可以遐想嗎？我甚至還可以更進一步，在抽象的、單調的遐想的魅力之外，再添上一些可愛的形象，使得這一遐想更為生動活潑。（…）我現在時常是更融洽地生活在這些形象之中，心情也更加舒暢，較真實地在那裡為甚。」（71頁）在這主體想像世界中，我們找回希臘形象之喜悅，甚至找到超越現實性時之形上根本。從來，主體與主體性都隱秘地根源於想像力。笛卡爾以之設想世界；康德以之建構世界；而盧梭則以之神游於（s'élancerait）世界之上並擺脫其束縛。無論正面抑負面，想像力始終都是主體與世界之關連，關鍵只在是哪一種主體而已：是面向世界、抑背向世界。然無論哪一種，所能借助的力量，亦唯想像力而已。

盧梭於聖皮埃爾島而有此主體至福體驗，因聖皮埃爾島在現實中如想像力一樣，天然地與世界其他部份隔絕。在這小島上，一切有如想像般美麗：「在那裡，到處都呈現出歡快的景

象（…），居民（…）都和藹可親，溫和體貼；在那裡，我終於能
（…）置身於最慵懶的閑逸之中（…）〔或〕縱橫馳騁於幻想之間
（…）。我連想像（fictions）與現實（réalités）之間的界限也確定
不了（…）」（70頁）。無論是事物景象抑是人、無論是我自身狀
態 ① 抑眼前世界狀態 ②，都如想像般存有、一種主體想像之美妙存
有境界。如同主體立於想像力中，同樣，主體之幸福也立於想
像力中，既在遐想中、亦在自身感受存在中。盧梭之「我思」與
「我在」，都在想像力感受內。在主體知識真理後，《遐想五》故
啟主體想像力之世界：從主體言之形上世界，並以此作為"想像
力之"主體狀態之表述。

《遐想六》：主體行為與作為之真實性

繼主體想像世界後，《遐想六》探討主體行為與作為之真實
性；此明顯應透過主體本性與意志自由討論。因涉及本性、意
志、與行為，故也與善良問題有關，如《遐想五》與主體幸福問
題有關那樣。《遐想六》所論述，是主體基於本性與意志自由所
作之行為，是真實且善良的；其中，本性與意志不但沒有構成
衝突，甚至相互一致。而這涵蘊，行為若非主體性，將虛偽且
不善。《遐想六》開首說：「我們所做的不自覺的動作，只要我
們善於探索，差不多全都可以從我們心中找到它的原因。」（72
頁）換言之，主體心中感受始終決定着其一切行為作為，就算似

---

① 閑逸與縱橫馳騁之幻想狀態。

② 想像與現實不可分狀態。

不自覺亦然。盧梭說：「做好事是人心所能嚐到的唯一真正的幸福。」（73頁）[1] 善事因而非先從義務強制性言；作為心感受，可單純為行為動機與原因。也因做善事本身是一種幸福感，故與人本性一致。若如是，為何人不做善事？若人不善非其主體自主而是由於生存種種不自主性使然，那作為主體之盧梭為何不做善事？這不有違其本性嗎？正是這一問題使盧梭展開其討論。

盧梭直接了當地指出：之所以不做善事，因原初善行往往因轉化為義務性甚至強制性故不為[2]。換言之，為善若有違人自我性，將為人所拒斥；此惡與自我（自主性）之必然關係與源起。故就算是義，若以強制方式呈現，仍有違本性，此強制所以為強制之意思與感受。盧梭甚至說，人們以道德為理由而作之強制，只使人掉進種種受他人操縱而不自由之圈套中，非真以善為目的，更非求人能自由地順從其本性而為善這一目的。現實中一切強制性，從為善這目的言，因而都只虛假。現實甚至利用人性，使人受制於社會中求索利益者，成為他們強制他人之途徑；如是，依據本性也可能成為強制之原因，而失去其真實。本性

---

[1] 這裡所言幸福，是從作為所感、非如《遐想五》從存在所感言。幸福有兩面：客觀存在（生活）的一面、及主觀感受這另一面。這裡所言故是後者。《遐想五》本應所涉為存在客觀面之幸福，然因人類未必有這樣幸福，故仍只能從主體自身感受言，而這是存在可有之至高幸福、一種存在客觀幸福之補償：「對失去的人間幸福的補償」。69頁。

[2] 「我自己所做的好事結果招來一系列的義務，變成了一種負擔；那時，樂趣就消失了。」74頁。

之真實，故只有在完全自由及出於自願情況下，始能真實。若被利用或轉化為對自身具有強制性義務，將再不能真實。盧梭所抗拒的，故非本性，而是一被強制之本性；這是其不為善之原因。

這樣說來，一被強制之本性，已非主體之本性狀態。而這代表，人之主體性實可受到他人所轉化。如此，從何言主體？關鍵在，善事中之主體是在人與人之間，非單獨自身；故除非能保持一種「默默無聞」（74頁）[1]，否則「一旦我這個人隨着我的作品而引人注目時 —— 這無疑是個嚴重的錯誤，叫我後來大大地吃了苦頭 —— 一切受苦的人或自稱是受苦的人、一切尋找冤大頭的冒險家、一切硬說我有甚麼崇高威望而實際上是要控制我的人，就統統找上我了。」（74頁）換言之，在人與人關係中，除非能保持一主體狀態，否則不可能本性真實地行為。[2]

然問題是，單純順乎本性而行不應算作美德，美德應是「當義務要求時能壓抑自己的天性，去做義務要求自己去做的事」（75頁）。然對盧梭言，在義務與心感受（mon coeur）兩者間，「前者很少能戰勝後者」（76頁）。主體甚至人所依循的，始終是其心：「一件事只要是帶強制性的，它儘管符合我的願望，但也足以使我的願望消失，使之轉化為厭惡之情」（76頁），「這裡已

---

[1] 這亦隱者之德性。

[2] 「人性中的一切傾向（tous les penchants de la nature），包括行善的傾向在內，一旦有欠謹慎，不加選擇地在社會上應用開了，就會改變性質，開始時有用的也時常會變成有害的。」74頁。

沒有甚麼真心誠意（la bonne volonté）」（76頁），「違心地去做好事反而會在我良心中深自責備」（76頁）。盧梭所質疑的，故是社會中由人與人義務所構成的一種德性：這若一旦具有強制性因而違反自然意願，對盧梭言，實已非德性。

法律中正義實起源於人與人間之一種 aidôs。[1] Aidôs 在古希臘中乃如禮尚往來[2]、一種在兩人間默認之責任或義務感。這種人對人之道義感，是在法律與正義發生前、是人與人在法律制度外一種內在關係：在父子間、在哀求者前之道義[3]。對 Gernet 言，希臘法律中正義，起源於此。[4] 同樣，盧梭在《遐想六》中論及施恩者與受惠者間之一種非明文但神聖的契約關係時，所指的也是如 aidôs 這一種義務感。盧梭甚至同樣說，在施恩者拒絕施恩時，「人們就認為是不公正的」（77頁）。換言之，盧梭所看到，為道義感與正義間之關連。不過，從主體心之真實言，盧梭明顯不認同這樣的責任關連，除非是出於完全自願：「這樣的一種拒絕畢竟也是出之我們的內心的（coeur）、是不願輕易放棄的獨立自主性的一種表現（l'effet d'une indépendance）。」（77

---

[1] 見 Louis Gernet, *Droit et Institutions en Grèce Antique*, Flammarion, Paris, 1982。

[2] 非必價值上對等。

[3] 故亦為個人道德或社會道德之原始體現。

[4] 柏拉圖在《普羅泰戈拉篇》重述普羅米修斯神話時，說宙斯送給人類 aidôs 與 dikè 作為城邦建立之依據。見 322c。此可見在正義外，aidôs 這道義之重要性。在柏拉圖早期仍未全面制度化【如後來《理想國》】前，故仍可見這人性痕跡。

頁）^① 不單只在強制性中之善事有違本性，事實上，在人與人相面對的社會中，是很難具有人天性獨立性之真實的：「別人對我的情感起了變化，我對別人的感情也起了變化。」（77 頁）「時代不同了，人也跟時代一起變了。」（78 頁）「也許，在不知不覺中，我自己也已經變得太厲害了：處在我這樣的境遇中，甚麼樣的本性又能不起變化？」（78, 79 頁）

若人的本性也隨着時代與社會而改變，那在人對人之行為中，仍有主體真實之可能嗎？盧梭之回答是：「我既不能為自己或別人做點甚麼好事，我也就避免去做任何事情；這種處境既是不由自主的，那也就無可指責了（innocent）；當我無需內疚而只憑天性驅使時，它也就給我帶來了一種溫馨的感覺（une sorte de douceur）。」（79 頁）「人們一旦不依本性辦事，那就如脫韁之馬，不受約束了。從此，我就對人產生了厭惡之情；他們的陰謀詭計使我避開他們，我也出自內心的意願，要求離他們更遠一些。」（80 頁）換言之，若人們已失去本性真實，此時主體在面對他人時，再無需以其本性真實面對；遠離便是；仍可從遠去人之虛偽保有自身之真實。這一遠去，甚至可使對人之反感漸漸淡去，回復天性對人之情感：「不管他們做甚麼，我對他們的厭惡也永遠不會發展成為強烈的反感的。（⋯）我覺得他們委實也夠可憐的。（⋯）我總覺得他們值得憐憫。」（80 頁）「我寧願躲開他們而不去仇恨他們。」（80 頁）「只要我在他們的心目中完完全全是個陌生人，那麼跟他們生活在一起甚至還會使我高

---

① 自我感與主體感故一線之差。

興。如果沒有強制而只按我的本性行事，如果他們決不過問我的事，我是還會去愛他們的。我會隨時隨地以毫無自私之心的善意（une bienveillance universelle et parfaitement désintéressée）去對待他們。」（81頁）只需我仍能是主體，無論對方是誰，我仍能主體地、依據本性地對待他們。這同於說，人類所以變壞，只因他們受到別人支配而不能自己；若人人都能自由，人類都將會是善良的。上帝所以全善，因祂隱而不見而已。故「力量和自由造就杰出之士，軟弱和束縛（l'esclavage）卻只能養成奴才（〔壞人〕des méchants）。」（82頁）若真的如上帝隱而不見，那此時主體至高無上：祂不被人看見，但看透一切他人。

　　這樣完全自由自主主體，將作甚麼？「只有一件：那就是看到普天下的人都心滿意足（tous les coeurs contents）。」（82頁）這看透人心的上帝，既不會全心去愛人類、也不會全心恨人類；於人類互相害人害己時，反倒只憐憫。而於我（主體）自身如孩童般歡暢時，我會創造奇蹟，那只根據我本性而來無私之奇蹟（82頁）。這是盧梭對上帝其主體性之解釋。

　　這樣的主體為何不為惡？盧梭的回答有二：蠱惑實「是對本性（la nature）和對我自己認識的不足」（83頁）；而且，「一個能力超群的人應該能擺脫人的弱點，否則他超於旁人之處事實上只能使他比旁人還不如，比自己在不具備超人力量時還不如。」（83頁）上帝由其全知與全能，故不會為惡：既知自身本性之一切、又無絲毫人類的弱點。

　　最後，若只能靠隱而不見始能在人與人面對中保持自身主體性，那除上帝外，還能有誰是主體？人能是主體嗎？盧梭在

結束時回答說:「在考慮一切後,我想還是乘沒有幹出傻事來之前就把魔環 ① 扔掉的好。」(83 頁) ② 若不再隱而不見、又不再躲藏自身,還能是主體?盧梭說:「至於我,讓他們看我好了,我正求之不得;然而他們辦不到:他們所看見的我永遠是他們自己塑造出來的那個讓‧雅克(Jean-Jaques),是他們按自己的心願(coeur)塑造出來的,(⋯)我要是為他們對我的看法而感到痛苦(m'affecter),那就是我的錯誤了:對他們的看法我不該產生任何興趣,因為他們所看到的並不是我自己。」(83 頁)作為人,盧梭仍能在眾人前隱沒,並保有其主體自由。關鍵只在:自己是否從心裡面對他人而已,非由於事實上之面對面。能不面對,主體始由其自由而回歸本性真實、始能真實地善良、真實地行善事。若行善在現世中幾近不能,那所謂自由、特別是人類所能有之自由,也唯是:"不做不想做之事"這自由之負面狀態或最低限度:「我從來就認為人的自由並不在於可以做他想做的事,而在於可以不做他不想做的事;這就是我一向要求也時常保有的那種自由。」(84 頁)然人類不如此(此其全部錯誤):以全力求為支配他人,就算對己毫無利益仍然。其以為自身之自由,就在支配他人,從支配中而感自由:「他們忙忙碌碌,東奔西跑,野心勃勃,不願看到別人享有自由,而只要他們能為所欲為,或者能操縱別人的所作所為,他們連自己有沒有自由也

---

① 　指吉端斯魔環(l'anneau de Gygès)。凡配帶這魔環者隱而不見。

② 　換言之,盧梭不自比為上帝之全知全能,因他若配帶上魔環的話,非如上帝絲毫無人類弱點,仍會藉此隱身而幹壞事。

不在乎了；他們一生所做的事也是他們自己反感的事，但為了能凌駕於別人之上，他們甚麼卑鄙的事也都幹得出來。」（84頁）這是對人類不主體性之最好描述。

盧梭之主體、這自在其自身而不面對面之主體，與後來萊維納斯在面對面中之主體，相差了兩個世紀。

《遐想七》：主體與外在世界之真實

《遐想七》開首說：「對長期遐想的回顧還剛開始，我就感到它已經臨近尾聲了。」（85頁）《遐想》雖未完成盧梭便去世，無從得知其完整計劃，但從《遐想七》這一語，仍可猜想出《遐想》所有篇幅，應與現有版本相差不遠。我們甚至感到，撰寫是有計劃地進行。《遐想七》繼《遐想六》而論主體在世界事物關係中之真實性，因而同為事物之主體樣態。主體與世界事物關係，盧梭開首便指出，這應是一種「消遣」（amusement）關係。「消遣」非指一般享樂，而是一種從知識言甚至能取代遐想之消遣：「另外一種消遣正在接替它，吸引我的全部精力，甚至佔去我進行遐想的時間。」（85頁）這裡消遣之對象，指的主要是植物學：「我這就以干草作為唯一的食糧，以植物學作為唯一的消遣（occupation）了。」（85頁）消遣相反於勞累工作；從這點言，遐想亦是一種消遣：「遐想使我的疲勞得以消除，使我得到消遣，而思考（réflexion）則使我精疲力竭，愁腸百結。」（87頁）從主體角度言，思考與知識、一切與事物有關活動，應有以下幾種性質：

一、一切活動應以樂趣心態進行，如在想像之徜徉翱翔那樣，欣喜若狂。事物應能提供純真樂趣，不應如工作那樣索然乏味或與幸福無關：「我也從沒有見過學問多了會對生活中的幸福有利的；我但求得到甘美簡單的消遣，可以不費力地享受，可以排遣我的愁緒。」（96頁）

二、「從事我感到樂在其中的消遣確係大大的明智之舉，甚至是種大大的美德：這是不讓任何報復或仇恨的種子在我心中萌發的一種辦法。」（86頁）換言之，從事知識非必從知識本身之價值言，亦可為主體心靈一種狀態，激起心靈遠去愁思之方法 ①，因而「我既不願把我的想像力使在痛苦的所見之物上，就只好讓我的感官沉湎於周圍事物的輕快甘美的印象之中。」（88，89頁）

三、事物與主體關係絕不能有利益或使用性關係存在：「把甚麼都跟物質利益聯繫起來，到處都尋求好處或藥物，而在身體健康時對大自然就無動於衷，這種思想從來就和我格格不入。我覺得我在這一點上與眾不同：凡是跟我的需要有關的東西都能勾起我的愁腸，敗壞我的思緒；我從來都只在把肉體的利益拋到九霄雲外時才能體會到思惟之樂的真正魅力。」（91, 92頁）「不，任何與個人有關的事，任何與我肉體的利害有關的事，都不會在我心中佔據真正的地位。」（92頁）

四、主體與事物對象間之關係，因而是一相互忘我而一體之美

---

① 故類如亞里士多德之淨化（catharsis）。

學關係:「只有當我處於忘我的境界時，我的沉思、我的遐想才最為甜美。當我跟天地萬物融為一體，當我跟整個自然打成一片時，我感到心醉神迷，欣喜若狂，非言語所能形容。」（92頁）這些對象，只會把主體帶回其美好回憶中、帶回其內心幸福感受中:「草地、河流、樹林、荒涼、特別是寂靜，還有在這一切之中感到的安寧，都通過這條鏈子不斷地勾起我的回憶。（…）它把我帶到安安靜靜的住處，帶到從前跟我生活在一起的淳樸和善的人們之中。它使我回憶起我的童年，回憶起我那些無邪的樂趣，使我重新去回味它，也時常使我在世人從未遭到的悲慘的命運中嚐到幸福。」（102頁）

由於以上原因，在所有學問中，能具有這主體意涵者，唯植物學一門而已，其他如物理學、化學、礦物學、動物學、天文學等等，都非與主體存在狀態一致，都可因為需要、或為客觀知識性成就、甚或因如工作般帶有勞累，故與主體自得自在感無關。①

《遐想八》：主體內心世界之真實

《遐想八》內容與《遐想一》相當重疊，這點盧梭自己已指

---

① 　盧梭不提藝術，可有以下幾種原因：一因藝術涉及技術，由磨練而有勞累在；二因藝術未必與自然對象有關，因而沒有與世界事物敞開交往；三因藝術為人類自身創作，故可有文明虛偽在。

出 [1]；這更說明《遐想》編排是依據目的進行，迫不得已故有所重複。盧梭於《遐想八》首句便已指出本篇主旨：「當我把一生經歷中各種境遇裡的心境（les dispositions de mon âme）沉思時……」（103 頁），換言之，繼主體與外在世界關係後，《遐想八》討論主體內心世界真實。所謂內心世界，主要包括以下幾方面：情感感受、存在心境、自尊心與自愛心、感官、及類同潛意識之內心衝動。無論哪一種狀態，主體心境其正確者，都應從獨立性言。這點在《遐想一與二》已說明過。有關《遐想八》所言內心狀態，我們不詳加說明，只歸納要點如下：

一、對自身情感言，當情感「不分散到那些不值得別人重視的人所珍惜的事上去時，並不分散到自以為幸福的人一意追求的事上去時，我就嚐到了更多的生活的甜蜜，也就當真多活了一些歲月。」（103 頁）「……只靠攝取我自身的養分生活，但我自身的養分是不會枯竭的」（104 頁）[2]。

二、存在心境之獨立性則在：「正視我的處境，絲毫不為所動；我既不掙扎，也不作任何努力，幾乎是無動於衷地看着我自己處在任何人也許都不能不望而生畏的境地中。」（105 頁）「我現在依然處在這樣的境地中，甚至陷得更深，卻得到了平靜和安寧；我過着幸福而寧靜的生活；我對迫害我的人

---

[1] 「這種狀態，我在另一篇遐想裡已經描寫過了。」116 頁。

[2] "Réduit à moi seul, je me nourris il est vrai de ma propre substance mais elle ne s'épuisc pas et je me suffis à moi-même…" Rousseau, *Oeuvres complètes*, Tome I, Bibliothèque de la Pléiade, Paris, p.1075。

在無休無止地給他們自己添增苦惱不免付之一笑，而我自己則保持內心的平靜，一心撲在我的花、我的花蕊、我那些孩子氣的玩意兒上，連想都不去想他們一下。」（105, 106頁）「這種變化從何而來？只有一個原因：那就是因為我學會了毫無怨艾地戴上必然加之於我的桎梏。（…）儘管我現在受到四面八方的壓力，卻能保持平衡，因為我不再依附任何東西，而僅僅依靠我自己。」（107頁）盧梭在面對命運時之心境與史賓諾莎一樣：「明智的人把落到他頭上的一切不幸都看成是盲目的必然性給他的打擊，他就不會有這樣缺乏理智的激動；他在痛苦時也叫喊，但不發脾氣；他在所遭到的不幸中只感到物質上的打擊，他所受的打擊儘管可以傷害他的身體，可打不中他的心。」（108頁）「我應該把我的命運中的一切細節都看成是純粹的定命（pure fatalité）的所作所為，應該把這定命假設為既無定向，又無意圖，也無倫理的動機」（109頁）。

三、至於自尊心（l'amour propre）或自負心（l'estime de soi-même）① 問題：「通過自省（en se repliant sur mon âme），通過把那些使自尊心變得苛刻的對外聯繫一刀兩斷，通過不再跟別人進行比較，我的自尊心也就以自己能潔身自好為滿足；那時，自尊之心就重新成為自愛之心（l'amour de moi-même），回到了自然本性的正常軌道（l'ordre de la

---

① 「自負心是有自豪感的心靈的最大的動力，自尊心則有豐富的幻想，可以把自己喬裝打扮，使人誤認為就是自尊。」109頁。

nature）之中」（110 頁），「不管我們處在怎樣的處境中，我們之所以經常感到不幸，完全是自尊心在那裡作祟。」（110頁）「對於不去想不幸的人來說，不幸就算不了甚麼。對一個在所遭到的任何傷害中都只看到傷害本身而不去看別人的動機的人，對一個在自己心中自己的地位不受他人的毀譽影響的人，冒犯、報復、虐待、委屈和凌辱都算不了甚麼。不管人們對我有怎樣的看法，他們改變不了我的存在」（110 頁）。

四、至於感官之支配，「只要一個對象作用於我的感官，我的感情就受它的影響；但是這影響跟產生它的感覺一樣，都是稍縱即逝的。」（113 頁）「然而有些感官可以覺察出來的傷害我還是很難躲過的（…），在這種情況下，我只能趕緊把它忘了，趕緊逃走。」（114 頁）

五、最後，有關「無法遏制這無意識的（involontaires）最初衝動（mouvements）時，我就不再費勁去加以遏制。（…）我就聽其自然」（115 頁），「在最初這陣發作聽其自然地過去以後，人們是可以清醒過來，恢復自制能力的（…）；我不再使出全力來作徒然的反抗，而等待着我的理性起而取得勝利的那一時刻，因為理性只在聽得進它所說的話時才會和我對話。」（115 頁）「我聽憑所有一時衝動（les impulsions）的支配，任何衝擊都會使我產生強烈而短促的反應；但衝擊一旦消失，反應立即中止，傳遞到心中的一切都不會持續下去。」（115 頁）這不自主的衝動，應指精神問題而言，亦盧梭對這問題的主體性解答。

《遐想九》：在人倫間之主體性

最後，《遐想九》為討論人倫或人與人間之主體性。主體作為獨立性言，在人與人面對間，似不可能，特別當盧梭晚期多從受人迫害這方面言與人關係。就算前期，若社會中人大都虛偽，在人與人間言主體性，仍幾近不可能。主體因獨立性故一方面對反人與人一起這樣事實，其真實性又另一方面與世間人之虛假性矛盾。然若撇開人類事實（現實），人與人關係仍是應有其正確道理，此即從主體角度言，人倫之道。這是盧梭在《遐想》結束前最後回答之問題。同樣，《遐想十》所以討論愛情，是從與人結合言主體所能有之獨立性。人倫與愛情關係放置全書最後，故見主體哲學之終結，亦顯《遐想》計劃之完整性。

盧梭怎樣解決主體與人倫之矛盾？怎樣在人倫中言主體？《遐想九》開始便指出，若從幸福這角度言，人類不可能有真正幸福：「幸福（le bonheur）是一種上天似乎並沒為世人安排的永久的狀態。（⋯）因此，我們今生爭取至上幸福的一切盤算都是空想。（⋯）我很少見過幸福的人（hommes heureux），這樣的人甚至根本就沒有」（117頁）。幸福是從客體方面言。然縱使沒有幸福，人仍可有滿足；而滿足則是主體的、是人自己內心之感受，與客觀無關。在上引「至上幸福的一切盤算都是空想」句後，盧梭故說：「還是讓我們在我們心滿意足（contentement d'esprit）時就盡情享受（profitons），竭力避免由於我們的差錯而把這份滿足的心情驅走。」（117頁）同樣，在「我很少見過幸福的人」句後，盧梭亦補上：「不過我時常看到心滿意足的人（des coeurs contents），而在所有曾使我產生強烈印象的東西中，這滿足的心情是最使我滿意的東西了。」（117頁）滿足感，這是主體在人與人間時，內心正確而應有之真實感受。這一感受，既屬自己內心、又是自己對人、及他人對自己，因而既是主體、又是人與人關係的。

從人而言之滿足感，所指為何？滿足感指與人在一起、或人面對人時，人對人之喜歡或友善所有之一種樂趣。盧梭說：「要是我還能在別人眼中看到和我在一起時愉快和滿意的心情，那麼我那雖短而甘美的感情的流露將是對我多少苦難和不幸的報償！啊！那時我就不必到動物身上去尋求人們拒絕向我投來的善意（bienveillance）的目光。」（122頁）換言之，人對他人本沒多少要求，唯希望對方喜歡自己或對自己有所善意而已。盧梭其實十分清楚，這裡所說的喜愛或友善，是人與人間表面甚至只是外表的一種感覺，因而說：「當我仔細思考我在這樣的場合所感到的滿足（volupté）到底是哪一種時，我發現這種滿足並不是出之做了甚麼好事的感覺（sentiment de bienfaisance），而更多地是看到流露喜色的笑臉（des visages contents）時的那種樂趣。這樣一種表情雖然深入我心，但我總覺得它的魅力純粹是感官方面的魅力。如果我不能親眼目睹別人由於我做了甚麼事而產生的滿意心情，儘管我確信他有那種心情，我也覺得只是得到了不充份的享受。我這種樂趣甚至是一種忘我的樂趣（un plaisir désinteressé），與我自己在其中所起的作用並無關係。」（127頁）雖然與自身之所是無必然關係，然在人與人平素相處間，仍十分必須：「對那些需要得到幫助的人，應該毫不遲疑地提供援助；

而在日常生活的交往中，就該憑天然的善心（la bienveillance naturelle）和禮貌（l'urbanité）行事，別讓任何帶有銅臭的東西來敗壞或改變這如此純潔的源泉。據說在荷蘭，連問人鐘點或請人指路都要付錢。把人情之常的這點最微不足道的義務（des plus simples devoirs de l'humanité）都要當成買賣來做，這樣的人也未免太可鄙了。」（132頁）不僅如此，「這雖只是一種感官的樂趣，其中卻含有一定的倫理道德。何以見得？因為當我明白壞人臉上的得意歡快的表情只不過表明他們的壞心腸已經得到滿足時，這同樣的面容不但不能使我愉悅高興，反而只使我痛苦悲憤得心如刀割。」（128頁）這對人表面上之喜愛或友善，由於只是每人自己被友善對待時之一種感受，故完全沒有相互間要求，人仍能各自獨立。人倫相處間故仍可各是主體，甚至有時可如在旁地無我，單純浮現人之歡樂：「群眾節日活動中到處都洋溢着滿意和歡快的心情。在這樣的活動中，貧困並沒有顯示出它可憎的形象，豪華也並不那麼咄咄逼人。幸福（le bien-être）、友愛（la fraternité）、融洽（la concorde）之感促使人們心花怒放，而在這純潔的歡快氣氛中，各不相識的人時常相互攀談，相互擁抱，相互邀請對方來共同歡享節日的歡樂。我自己用不着親自參加這樣的活動，就能享受這節日的歡樂。我只消從旁觀看，就能和別人一起同享，而在這麼多歡快的面孔中，我確信沒有哪一個人的心能比我的更加歡暢。」（127, 128頁）

《遐想九》因而主要為舉出種種在人與人關係中滿足、友善、與反此之例子而已。友善之感，因而為人與人間、各仍獨立之一種主體感受。

《遐想十》：主體之愛情

《遐想十》未完成，只存二、三頁而已；然主題明顯與愛情情感有關。《遐想九》與《遐想十》故分別為人表面與深入關係這兩面。在愛情情感中，作為主體之盧梭，所期盼，也即 "Je fis ce que je voulais faire, je fus ce que je voulais être"[1]，能「做我願做的事，做我願做的那樣一個人」（135 頁）。「使我這淳樸得如同一張白紙的心靈（mon âme encore simple et neuve）最好地體現它的本質（la forme），而且從此就永遠保持下去。」（135 頁）一方面，唯作為主體時盧梭始能有所愛[2]；但另一方面，愛又是盧梭「心之養料」。

以上為從僅存兩頁中，有關愛情中主體性所得知道理。

在結束盧梭形上學前，此刻仍想指出：可能有人以康德、柏拉圖為哲學最高代表；然從對人類意義言，在西方所有經典中，盧梭應首屈一指。縱使非學者，若求為西方經典，應從盧梭始作。有關盧梭，我們討論至此終。

---

[1] Rousseau, *Oeuvres complètes*, Tome I, Bibliothèque de la Pléiade, Paris, p.1099。

[2] 「嘈雜喧囂束縛扼殺我的感情，而寧靜平和則使之振奮激揚。我只有在心思集中時（me recueillir）才能有所愛。」135 頁。

第八章　康德形上學研究

　　於盧梭，形上性落於存在、在現象中，如「自然」這形上真實或「原始人」這人之形上性，是從現象世界言那樣[1]。從這點觀，盧梭在形上史中實突破。形上學由此角度可分為兩種形態：在現象界上、或對反現象界言之形上學，及直在現象界內之形上學。前者一直被視為形上學所是，後者則往往以反（傳統）形上學姿態出現，如盧梭或馬克思。於盧梭，落於現象中之形上（自然本性）被肯定，然落於現象中之形上——「資本」，在馬克思中則被否定。相反，康德與德國觀念論在形上學轉向現象世界時，力圖保有一在現象外之超越性、或求為對現象與本體更高統一。黑格爾確實從自身看到從現象界外言形上學之終結，唯我們不能以為在黑格爾後便無形上物：形上性落於現實中而已，更具體、更活躍地在現象中作用而已。若形上學在笛卡爾中由存有轉向存在、從客體轉向主體，而形上學於盧梭則由現象外形上轉向現象內形上、從物問題轉向人存在問題，

---

[1]　同樣，主體真實也是從生活存在言，非在現象界外或之上。

那康德及德國觀念論可說為仍承續前者[1]：一方面形上性仍立於主體並推向其極（觀念論）；另一方面，這從主體建立之形上性，是心靈形上性之最後嘗試，為知性與理性形上學最後一次體現。[2]

　　康德形上學一言蔽之，即主體性形上學。主體性形上學始於笛卡爾前期《原則》一書，其主體性從虛構、構設性立真理，因而未能回歸經驗事實。正是此原因，笛卡爾須另証明感官世界存在，好能替"由方法構設起來"之知識找到其實在依據，使主體客體一致。主客體在笛卡爾中所以始終分裂或二分，因對他而言之客體，仍是傳統義之客體，即一超越的、本體義的客體。《沉思集》所証明，正是主體中意念或表象，是與客體真實一致。不過証是証明了，但所証明出來之一致性，只由神不欺騙所保証，非主客真實地一致。笛卡爾主客之一致性，只一種"保証"而已，非事實。若求事實上一致，除非証明客體本身是符合

---

① 馬克思等當代哲學則承續後者。

② 之後，落入現象中之形上，如現象本身，千變萬化，非必以心靈形態出現，更未必為真理姿態。「形上體」隨著現象變得世俗化，「真理」亦隨著形上體之下墮而消失。尼采形容這無真理或無價值狀態之存在為虛無主義。不過，雖未必為真理，然對形上性（形上體）之反省始終支配著西方思惟，甚至仍受到"如真理般"肯定：尼采之超人、佛洛伊德之潛意識本能、海德格爾之存有、德里達之「他者」……。無論形上性被肯定抑被否定，形上學始終決定著西方思想，使人類價值受著形上義之真假引導，因而使人類存在仍籠罩在形上學下。形上學始終塑造著人類思想，亦決定其歷史方向。

或配合主體之真實的。傳統哲學是心靈符合或配合客體真理，心靈因而非以主體姿態呈現。笛卡爾心靈確實是主體，但其與客體只一種保証關係。至康德主體性，「主客體」始實在地一致。我們可簡略地把這主客關係圖表如下：

柏拉圖、亞里士多德：（心靈）	⟶	客體真實
中世紀： （心靈）	⟶	神之真實
笛卡爾《沉思集》： 主體	⟶	（神之真實）
笛卡爾《沉思集》： 主體	⟶	（客體事物真實）
康德： 主體之真實	⟵	客體事物之真實

柏拉圖、亞里士多德單純求索客體事物真實，無主體性；中世紀求索神之真實，亦非作為主體言；笛卡爾（《沉思集》）雖已建立主體，然其求索神之真實，也只從存在言而已，非從其客體性內容；同樣，笛卡爾主體亦未能達致客體事物真實，後者只由神保証而已。問題因而始終在：如何既能具有"主體"真實，又能達致"客體"事物世界真實？主體真理如何與客體真理一致？在主體性建立後，其能與客體真理一致，這樣結論最理想，亦代表哲學真理之終結。

這裡所言主客一致之理想，非能從現實中人與客體世界之一致言。現實中理想不可能達致，盧梭般主體與世界關係嚴格言仍非理想，主體只求安頓自身而已。哲學中主客一致理想，故只從知識或存有真理言，是一超越真理狀態，非現實之事。這樣理想，在康德、黑格爾身上完成。康德達成"主客體"之一

致性，既安立（經驗）知識之可能、又說明道德於主體之基礎 ①、更以美感感受為主體於客體世界中之最高自由與和諧。黑格爾甚至把一切看似對立之事物狀態統一在理性精神下，達成存在事物之最高統一。不過，二人所能作，也只是從思惟之超驗層面（康德）及從概念體系（黑格爾）成就這樣理想而已，若回歸現實，情況始終完全相反，此馬克思及當代批判哲學所激烈批評：德國觀念論所以為達致之最高真理性，從現實言最非真理。此哲學思想所以虛假。

返回理論本身，康德怎樣達致主客體之一致？若客體仍如神般超越，這樣客體怎能與我們主體一致？若主體方面無論怎樣都無法突破自身有限性而及客體 ②，那一致性之達成，唯從客體方面着手。若客體非超越客體、非物自身，而是現象，那主客一致說不定可能。之所以客體以往從超越物自身方面言，一因人類自感有限，非能為客體世界之創造者；二若客體非"在其自身"，那知識無從保証其客觀真實性。事物有真實性可能非能靠主體之主觀偶然，客體必須"在其自身"，此所以傳統言實體、言事物之超越性。然知識這客觀性是否必須從事物之作為"物自身"保證，抑還有其他可能？若知識能保証其為既"必然"亦"普遍"，縱使這時對象非實體本身，知識仍可視為客觀。對康德言問題因而在：知識之「必然性」與「普遍性」（客觀性）是否必須靠在其自身之客體始能保証？若對反本體（Noumenon）的是現

---

① 　主體非因落於現象世界中而無道德獨立性與自主性。
② 　超越之客體。

象（Phänomen），即事物呈現於、"相對於"主體（認知者）之狀態，那問題將是：相對主體而言之"現象"，可否非只主觀而亦有其"必然性"與"普遍性"、有其「客觀真實性」可能？若有，這時現象與主體有着怎樣的存有關係？這即《純粹理性批判》之問題。假若康德真能說明或提升"現象"至具有「客觀真實性」地步，這樣創舉前所未有。就連盧梭返回現象時，也只返回現象中之形上①而已，非現象本身為真。如是，康德在確立主體真理時，亦首次確立"現象"其史無前例之"真理地位"；雖非如「存有」真理地真，然仍是真實的，既「必然」亦「普遍地」真實的。

康德怎樣達成這現象之立？像這樣問題，須伴隨很多思想上轉變始可能。從"現象"言真實性，其真實性只能是"存在"上之真實性；若是存有義之真，其真理性必與對象之"在其自身"有關；現象所能達致之真，故只能是"存在"上之真，非存有上之真。我們討論笛卡爾時已看到，笛卡爾已達成「存有」至「存在」之轉變，唯笛卡爾所謂「存在」，仍只本體義、非現象義。現象（＝笛卡爾之表象或意念）若無本體存在，始終無法真實。若能從"現象本身"確立真實性，此時現象及其存在模態②，都必須有所改變，否則不可能為真實。換言之，除非有一現象義「存在」之真，否則現象不可能成為具有真實性之知識對象。康德哲學多於笛卡爾所成就的，因而是一"現象義"之「存在」，並以此

---

① 自然與主體。
② 現象中事物之模態。

「存在」取代本體義「存在」，達成本體形上學之完全揚棄[①]；更藉這樣存在，替知識找到其真實性。

為達成這樣轉變，必須有下列三點突破：

一、構成事物（內容）真實性之所謂「實在性」（reality），必須從原有存有等級[②]剝去其形上等級性，還原至一完全磨平之對象內容，否則不符合"現象義"之存在；從現象經驗言，沒有事物是能有存有等級的。非只返回存在，連「實在性」之意義亦須轉變。現象義之存在、其內容或實在性，故只能是一種單純給予（data 材料）、一種雜多。作為雜多，其實在性再無等級，康德故命名為「經驗雜多」。所謂現象及其存在，從內容對象言，因而純只經驗雜多而已，再非"物自身存有"。

二、除知識對象內容之實在性須轉變為經驗雜多外，現象本身之基礎亦必須改變：從原先依附於本體或以本體為基礎，今現象必須找到其自身獨立基礎與存在可能，既不依附本體、甚至因已為獨立，故可去本體之真實與需要；廢棄形上學[③]由此而可能。

三、天地萬物若再不以本體為基礎或根據、其為事物非本體事物，那它們以甚麼為基礎、為根據？作為現象而非本體，事

---

① 笛卡爾雖成就主體形上學，然其主體仍為本體、其存在仍本體義存在；其主體性哲學故非單純主體，亦未脫離客體性形上學時期。

② 如笛卡爾之「客觀實在性」（realitas objectiva）。

③ 對「純粹理性」作「批判」。

物唯以主體或主體性為根據。此時主體，非「我」或「你」，我們作為主體都同在經驗世界內、只經驗地偶然而無絕對性。笛卡爾「我思」也只如此而已。能作為一切[①]所依據者，「主體」概念必須轉化：非作為「我」「你」這樣主體，而是作為現象之主體，換言之，世界事物或一切存在"作為表象"時之主體。並非說此時主體如神一樣是（另一）個體[②]，非如是；稱為主體或主體性，所言是：萬物之存在，是內在相互間一體存在，非各自獨立而外在，後者為物自身或本體之意義與模式。從主體或主體性言存在，所言為事物現象本身"本只為表象"而已[③]，是作為現象"在相互關連下"而存在，絲毫無獨立性、亦非在其自身。因「表象」此時意思為從主體（認知者）而得，而現象又純然只作為表象而存在，故使現象以表象姿態被維繫一起，仍須藉主體為根據，在主體內被統一起來。世界因而為「表象」之現象，一體地統一在主體內（超驗統一），無需本體作為根據。此時，主體本身也只一表象而已，是不可能如神那樣為一實體。天地萬物之存在，"作為表象"，故都維繫在「我思」主體內、為一種「主體性模式」之存在。這時主體，雖非任何你我個體，然是基於人作為認知者（「我思」）模式而有；因事實上，縱使是唯我論，世界仍可在「我思」下整一地呈現，非只為

---

① 現象。
② 若如是，這與傳統以神為本體無異。
③ 此時「表象」只相關「我思」而言，非對向本體言。

片斷。以主體性為模式，現象世界因而可有其基礎在「我思」這模式上，即作為表象、非作為物自身。主體性因而是一種世界存在"模式"、維繫在「我思」內之世界存在，非再作為本體；現象亦無需再指向本體，一切純為表象而已。一切因而伴隨「我思」一表象而起、一切純為表象，再無需物自身。主體此時因再非我與你之主體，而是存在之主體性模式，故此時「我思」，為"超驗"主體、超驗統覺，我與你只經驗中主體而已；因在同一世界內，故都統攝在作為超驗主體之「我思」下，換言之，我們都只是在"主體性模式"下之存在，如世界萬物那樣①。使個體主體推向世界存在主體性模式、因而提昇主體之意義，為康德首創，亦其全部哲學所在。以「我思」為模式而非以本體為模式、以「表象」取代物自身，存在的一切，因而由客體性形上學徹底轉化為主體性形上學，一切以「我思」（模式）為基礎，非以本體或神為基礎。使人類全部理性活動"回歸世界存在"，不再妄求形上對象與思辨、使存在內化而非"外求"超越性，這一切，為康德哲學所立。此「主體性」一詞之意思。「我思」由此再非個體（實體），而是世界存在模式，對反本體而言之「主體性模式」。「我」而非「物」因而為本、為存在

---

① 作為「主體性模式」下之存在（現實存在）、作為表象而再非物自身，因而實弔詭地說：無論我與你或現象中事物，實無一為主體。道德主體故必須有其形上基礎，此「道德形上學基礎」之意思。不過，唯在「主體性模式」下，心靈於美感對象前始能自由遊戲，達成與對象間之主體存在。

模式之本，無論是從知識、從道德基礎、抑從美學存在言
均如是。存有從此而退場。

康德由去「實在性」之存有等級、現象之立、至主體性（超
驗主體性）哲學之完成，歷經三個時期。這三個時期分別為：[1]
一、 1763 年〈証明上帝存在唯一可能的証據〉[2]：對材料 data 作
　　 為唯一實在性之發現。此時，縱使是神，也只等同全部材
　　 料之總集而已。於此時期，康德亦達成「思想」與「存在」
　　 之劃分。
二、 1770 年《論感性世界與知性世界之形式及原則》[3]：對感性界
　　 本身（現象）"獨立基礎"（時空）之發現。此基礎在心靈上，
　　 非在本體界或物自身上。現象之真理地位亦由此而確立。
三、 1781 年《純粹理性批判》：對知性能力（理解力與理性）限
　　 制，因而使客體性形上學不再可能，此為「純粹理性批判」
　　 之意思。於此，康德亦完成其超驗主體性之結構，以「我思」
　　 為存在模式或依據，超驗哲學由之而確立。

---

[1]　有關康德著作，除《純粹理性批判》仍援用第一第二版（AB 版）頁碼外，
　　 其他以柏林科學院康德全集（*Kant's gesammelte Schriften*, herausgegeben
　　 von der Preussischen Akademie der Wissenschaften, Berlin）頁碼為準，標示
　　 為：II,83（全集第二卷第八十三頁）。

[2]　*Der einzig mögliche Beweisgrund zu einer Demonstration des Daseins
　　 Gottes*。

[3]　*De mundi sensibilis atque intelligibilis forma et principiis*。

1763年之〈証明上帝存在唯一可能的証據〉①

康德這篇鮮為人討論的論文，在形上學史中其實重要。自神為形上學基本對象後，一切形上學思惟都間接透過神這問題體現或構思。在笛卡爾中，神甚至是客體性形上學唯一基礎。人類是否有形上學可能，全繫於神是否存在、或繫於人是否能証明神存在。透過這一証明，故可反映此時形上學思惟之全部假設與特色。當康德提出其証明時，這不單只代表康德不認同傳統形上學思惟之假設與基本立場，甚至代表康德自己已有其在形上學中新之觀法；所涉及的，因而不只是一有關神存在之証明，而是康德自己形上學新的觀法。康德在形上學中新的觀法，就在「存在」這問題上。

我們說過，「存在」問題來自「存有」問題並與此相關。「存有」一詞與後來「實在」或「實在性」②一詞在希臘中其實是同一字。因而「存在」問題也是相關於「實在性」問題而言的。「存有」或「實在性」是形上學作為形上學獨一無二之核心字。正因事物可有實在性或真實性等級，故有其形上性可能。例如，當柏拉圖說牀有三態時③，這牀之三態是從其真實性言的。牀之存有，即指牀作為「在其自身」（「理形」）時之真實。在現象中「實

---

① 以下簡稱〈上帝存在証明〉。
② 「真實性」（reality）。
③ 作為「理形」之牀、作為「實物」之牀、及作為在繪畫「摹擬」中之牀。

物」之狀，非狀之真實，在繪畫中「摹擬」之狀，更非是。因而在這早期形上學中，事物之至真實者非作為"眼前存在事物"出現；存有非從"存在"言。正因如此，當我們討論笛卡爾時，我們才特別指出，在笛卡爾中，「存在」取代了「存有」。由「我」之誕生，使事物之真實性問題，由其不同存在模態[1]，轉而為相對「我」而言之模態，即我眼前之事物，是否在其自身真實地存在這一問題。因而事物之真實性，非先在其「是甚麼」這存有問題，而在其「是否在其自身存在」這存在問題。存在之真因而取代存有之真。不過，這在笛卡爾中所言之存在，仍是從事物在其自身時這一種「存在」意思言：「存在」之所以真，非因其作為"意念"在我們心靈中在、非因其出現在心靈中，而是從其在心靈外之存在言。笛卡爾之「存在」，故仍非指眼前現象之存在，而是指本體之存在。因而仍是形上學。笛卡爾由現象（之存在）[2]推論至本體之存在其方法為：從事物意念所涵蘊的客觀實在性作為推論依據，這時意念所具有之實在性，仍具有等級，即仍是一種存有義之實在性，因而可推論出形上或本體義之真實。一切問題，因而就單純在：究竟是否有這樣的實在性？

假若實在性並無存有等級，笛卡爾還能用「神」意念中之客觀實在性推論至神之存在？康德在這論文所嘗試的，是驚人的。他想証明的是：對如神這形上體之証明，根本不需把實在性視

---

[1] 如狀之三態。

[2] 即由心靈中之「意念」。

為具有存有等級①；從沒有等級之實在性，如經驗雜多這類無真
實性等級之實在性，也同樣可以証明神存在。若存有等級之實
在性是存有之痕跡，康德這証明表示：形上學根本不用立足在
存有上，單純無存有性之存在、單純作為經驗材料（data）的實
在性，都同樣可論証出形上學之真實，即神之存在。一旦有某
物存在，甚至，一旦有某物可能，即可証明神存在。②笛卡爾形
上學雖已完全轉向存在，但其客觀實在性一概念仍是從存有③而
言，因而實仍是從存有推論至存在。若康德証明成立，這代表
形上學根本不需立足在存有上。

　　康德証明很簡單：若我們假想「全部概念」這樣總集，這總
集所包含內容因而即為全部實在性。傳統神之証明只在這總集
中單取「神」一概念作為推論：或從這概念之本質④、或如笛卡爾
那樣，從這概念之客觀實在性，但都同樣是從「神」這單一概念
而作之推論。康德相反。康德不從「神」單一概念推論，而直接
把神視為全部實在性總集。此時之實在性，只是所有概念最終
材料（內容）上之依據而已，非任何具有等級意義之實在性。因
這樣最終物質基礎必須存在，否則我們眼前發生之思惟便由沒

①　康德說，在他的証明過程中，「沒有任何部份曾想及過完美性
　　（Vollkommenheit）這一種表達」等等。見〈上帝存在証明〉第一章考察四
　　第三節附釋。II,90。
②　「我們所提供有關神存在証明之基礎，只單純建立在這之上：某物是可能
　　的。」〈上帝存在証明〉第一章考察四第四節結束語。II,91。
③　因而笛卡爾仍有「無限實體」高於或大於「有限實體」這類存有等級。
④　如安瑟倫之存有論論証，從「完美性」必含「存在」而証神存在。

有任何內容而變得完全不可能；而因神正就是這全部實在性總集，故神必然存在。由於材料（概念內容）之實在性必須存在這點言①，康德故可結論說，神必然存在。康德文中神之論証，因而是從全部實在性總集往上反推，証明這「全部實在性總集」即「神」。這一種証明法故非如傳統那樣，從「神」一概念下推至其存在。由於全部實在性總集必然存在，故若反推成立、即若能証明這「全部實在性總集」即「神」，神自必然存在。我們在這裡將不會討論這反推過程，唯指出其階段如下：作為一切可能性基礎之實在性（存在）② 絕對必然 ③；這必然存在者是唯一的 ④；這必然存在者是單純的 ⑤；這必然存在者是不變和永恆的 ⑥；這必然存在者包含最高實在性 ⑦；這必然存在者是一種精神 ⑧；這必然存

①　否則便是「無」、一無所有、無任何（內容）存在。而這不可能。因在我們思想中所思之可能性，始終必須有存在事物作為內容依據，否則根本不可能有思想發生。這論証故是從思想作為可能性、推演至實在性（data 材料）必然存在之過程。我們未必知道最終是怎樣的實在性存在，但從「有」思想這事實，最低限度已証明「必有」實在性存在。而此時，神即此存在之實在性總集。

②　康德稱此為「所有可設想的東西的最終實在根據」（〈上帝存在証明〉第一章考察三第一節，II,82）或「一切可能性的最終實在根據」（〈上帝存在証明〉第一章考察三第三節，II,84）。康德亦稱此「最終實在根據」為「絕對必然存在者」。

③　〈上帝存在証明〉第一章考察三第一、二節。

④　〈上帝存在証明〉第一章考察三第三節。

⑤　〈上帝存在証明〉第一章考察三第四節。

⑥　〈上帝存在証明〉第一章考察三第五節。

⑦　〈上帝存在証明〉第一章考察三第六節。

⑧　〈上帝存在証明〉第一章考察四第一節。

在者是神^①。以上即康德從「一切可能性之實在基礎」反推至神之過程。

康德這論証有沒有成功証明神存在這點不重要，重要的只是在這論証過程中，他對形上學思惟基礎之看法。即放棄事物之存有性而只用存在性觀事物這一特點，因而連「神」之所是，也只種種作為事物內容材料之總集而已。用存在而不再用存有^②觀一切事物（連神在內），這樣轉變涵蘊甚麼？

在《純粹理性批判》中，康德說：「『是』^③顯然不是實在的謂詞，也就是說，它並非某物之概念，那能加在一事物之概念上者。」^④意思是：如「紅色」這概念，確實指認某種事物（紅色），故可加諸在另一事物上，如我們說：「這片樹葉是紅色的」。這時「紅色」這概念是「樹葉」這主語之實在謂詞。「實在」是說，是具有真實內容的，如「紅色」加在「樹葉」上，確實述說更多、增加「樹葉」這主語更多內容。然「是」（「存有」）並非這樣的一個謂詞，它非一實在性概念、非指認事物。當它作為謂詞加諸在一事物上時，並沒有增加其內容、沒有增添其實在性。

康德這著名論旨，是在 1763 年〈上帝存在証明〉這論文所發現並於開首即論說的。正因「是」並非一事物內容，因而就算它加諸在一事物概念上，不會增加這事物之內容。因而說「神

---

① 〈上帝存在証明〉第一章考察四第二節。

② 如「神」本質是什麼。

③ "Sein"：亦「存有」。

④ A 598/B 626。 "Sein ist offenbar kein reales Prädikat, d.i. ein Begriff von irgend etwas, was zu dem Begriffe eines Dinges hinzukommen könne."

存在」與說「神不存在」，有關「神」這一概念內容本身，絲毫沒有增加或減少。正因「神」這一概念之內容始終如一，故說神存在與不存在才有意思，否則若對「神」這概念有所增加，說神存在與不存在，所指已非同一概念、非同一事物了，就如多一屬性與少此屬性之事物非同一事物那樣。「是」與「存有」非一實在內容、非一事物、非一種實在性。這是康德論旨所有意思。

康德這論旨，怎樣針對傳統形上學？康德所用是 "Sein" 一詞；雖可譯為「存有」，但意思明顯是從「存在」言①。換言之，康德此時已把傳統「存有」一意思，轉化為「存在」。雖只針對「存在」言，但實亦可針對「存有」這意思而言。原因在於，傳統所言實在性有兩大類：從具體屬性內容言之實在性②、及從存有狀態言之實在性，後者即一事物之知性／感性、實體／偶性等存有狀態。從屬性內容言，一事物含有的屬性越多，其真實性越大、其等級也越高③；我們是從這意思說，具有無限性之神是最高等級實在，因無限性是從最多屬性這方面言。至於從存有狀

---

① 康德說：「當我們單純考慮一自在及自為之事物之設定時，『是』〔或『存有』〕實等同『存在』。」（"…sondern die Sache an und vor sich selbst gesetzt betrachtet, so ist dieses Sein so viel als Dasein."）〈上帝存在証明〉第一章考察一第二節。II,73。

② 即康德所謂的材料（data）。

③ 史賓諾莎《倫理學》第一部份命題九：「一物所具有的實在性或存在（存有）愈多，它所具有的屬性也就愈多。」史賓諾莎是從反過來這一方面說，但意思相同。

態這方面言時，無論此時是從「知性」抑作為「實體」（substance）這類概念言，所言的，其實都與一事物其存在狀態有關：知性（如本質）與實體性都同是從一事物其永恆持存這方面言，因而存在得越久、較短暫或只片刻存在更真實；換言之，存有或實在性等級，是從存在或存在狀態[①]言的。[②] 構成一事物其真實性之存有或實在性等級，因而只有兩種可能：或從其所具有屬性之多少、或從其存在狀態言。兩者構成一事物從形上等級言之存有或實在性。圖示如下：

實在性或存有等級 ｛ 「屬性」之多少

從時態言之「存在狀態」
（「知性／感性」、「實體／偶性」等）

　　康德論旨所反對的，也就是後者。即無論是怎樣的存在狀態、無論一事物其存在是從「本體」抑從「現象」、從「知性」抑從「感性」言、無論一事物是作為「實體」抑只作為「偶性」，這一切形上學對事物存在狀態所作區分，都無改一事物之概念、無改其概念內容，換言之，既不增加其所是、亦無改其存有或實

---

① 「知性／感性」、「實體／偶性」等因而實為一事物之存在狀態。
② 因而史賓諾莎說：「永恆，我理解為存在本身，當此時之存在是被理解為只能從一永恆事物之界說中必然地推出而言。」《倫理學》第一部份界說八。

在性。請注意：康德此時只針對「存在」（因而即只針對存在狀態），但沒有針對屬性內容之多少言。從屬性作推論，仍是有另一種形上學可能。而此即康德以「屬性總集」[1]為「神」所作之推論。換言之，康德此時只承認從屬性內容之多少、而不接受從存在狀態言一事物之存有。因而完全不從「完美性」或「存有等級」觀神與事物。而傳統形上學相反，正是基於存在狀態（完美性等級）對事物之真偽作論述。把「存在」不再視為實在性謂詞，其意義因而是：若連「存在」本身都不是一事物之實在性內容，那一切與存在狀態相關的，都同樣不能是一事物其實在性內容。而若存在狀態構成一事物之存有等級，那這是說，存有等級（完美性）並非一事物之實在性內容。這是康德對傳統形上學「存有」之徹底摒棄，較笛卡爾為甚。

摒棄「存有」這一概念，等於摒棄傳統客體性形上學之核心。若把「存在」理解為康德義毫無等級性之「存在」，那康德所言：「『是』〔或『存有』〕實等同『存在』」[2]，已總結康德全部立場。若連「存在」都不能是實在謂詞，那一切與存在狀態有關之概念[3]，都因而非實在謂詞，與事物之真實性（真假）無關。事物若仍有等級，唯從屬性內容之多少、從部份與整體言而已。而屬性內容，都全只材料（data）而已，即後來《純粹理性批判》所言之「經驗雜多」。

---

① 康德所言之材料 data。

② 〈上帝存在証明〉第一章考察一第二節。II,73。

③ 如實體、偶性、知性、感性、甚至「存有」本身。

　　康德這一觀法，可說為與後來「現象」之立有關。對比地我們可這樣說：若如傳統事物確有其自身、在其自身，那一物之「存有」所是確含具其存在性，因除事物所是外，再無所謂「存在」。然從「現象」角度言則相反：「現象」首先所指是存在，事物是否存在須從現象指出，與事物所是無關（於現象中，事物所是與是否存在無關）；故此時「存在」，只從在"現象中"之存在言；而"現象中"存在與否確非必然，亦與事物內容所是無關。以上二者公式為：「本體物自身世界：*存有＝存在*」；「*現象界：存有≠存在*」[①] 這樣論旨，因而明顯與視存在只為"現象中"存在有關。現象為唯一存在，因而已隱含在這樣論旨內，亦康德全部思想所在；對形上學批判，由此而可能。

　　康德這有關「實在性」概念之轉變，與形上學根深蒂固「思想與事物」或「思想與存在」二分觀法有關。表面上當柏拉圖劃分知性與感性、或笛卡爾判分心物時，思想與事物存在已被分割開來。事實不然。思想與事物存在真正分割開，在康德始真正完成。當笛卡爾提出心物二分時，心靈對他而言，仍是另一存在着的事物、一作為實體存在的事物。相反，物體所以為物體，非只是存在材料而已，而是一與心靈思惟有關之事物：一具有"本質"或"實體性"事物；事物之"本質"或"實體性"，實只是思惟對象、唯思想始能認知者。這樣事物，已非單純材料、

---

① 　不能從事物所是（存有）推斷出存在。

非感官對象，而是心靈對象、一心靈物、透過心靈始能顯露。換言之，至康德前，心物表面之判分實仍結合着，沒有完全分割開來：心是一存在物、存在事物其存有狀態又是思惟性質，非單純材料性。

於康德，心物始首次完全判分開：心靈只是純然思想、心靈中觀念也只是純然可能性，而心靈自身並非實體、也非靈魂。同樣，事物從存在言，也只是純然材料，甚至只是種種毫無本質性的「某物」(etwas)而已，即《純粹理性批判》稱為「雜多」者。[1]所謂雜多，指的是無本質、無實體性的純然給予物、一種單純存在的某物。

康德「存在並非實在謂詞」這一論旨，與其「思想與存在絕然分割」，因而一體兩面。從這點言，康德實已對立了形上學基本論旨：巴門尼德之「…思想與〔思〕存有，這是同一之事」或笛卡爾之「我思故我在」。二者都試圖把思想與存在結合起來。[2]

當康德在〈上帝存在証明〉提出「可能性」及「材料之給予」等概念時，康德實已不自覺地完成或假設了思想與事物存在之完全分割。故若沒有任何材料之給予或存在，思想及一切可能

---

[1] 事物仍有「標誌」或「特性」(Merkmale)，但沒有本質或本性。後者只能從"知性"言，非如「標誌」或「特性」，是從事物之"經驗"特性言。這「標誌」或「特性」概念，與「某物」(etwas)這一概念，同見於〈上帝存在証明〉及《純粹理性批判》。

[2] 正因結合起來，故事物與存在均有真實性等級。

性 ① 即等於零；如此，一切可能性不復可能。思想非一有其自身之存在者、非一實體；若沒有存在事物，思想因得不到內容，無從發生、「＝０」而不存在。

「事物存在非思想性」、與「思想非一存在事物」兩論旨，貫徹着康德全部哲學並為其首創。而傳統形上學所以可能，正由於沒有這思想與存在事物之徹底劃分；甚至相反，內裡實肯定二者之結合。所謂存有等級，實即把「思想」（或精神性）高於「物體」這一等級事實，投射在事物身上所形成的等級：越是知性事物越是真實、其存有等級亦越高。西方真理傳統，故實建立在思想之優位性上；無論存有、本質抑真實性，都只是思想性質，用康德說法，即只是思想範疇，非事物作為事物本有。若還原事物作為無等級材料，事物本身是無所謂真理性，因無本質、實體、存有等真實性等級故。同樣，此時思想本身、在材料外之思想本身，也相應地失去其在傳統中所有真理性：思想非直觀真理 ② 之能力，而只是基於材料之給予時、形式上之思惟功能，如後來《純粹理性批判》所言分析綜合等等功能。在思想與事物兩者同失去真理性向度、或在真實性失去其存有向度而落為單純存在與否那種真實性時，傳統形上學不得不告終結。因形上學正只在探求：從事物方面言，其思想素質所體現之真理性而已。

不過，形上學之終結仍非單能在〈上帝存在証明〉一階段

---

① 可能性是從可被思想思及這方面言的。

② 如存有、理形、本質、神。

完成。這階段仍在証明上帝存在、仍試圖提供這証明之基礎。甚至，形上學之告終，也非能在下一階段達成；《論感性世界與知性世界之形式及原則》一論文仍在討論「知性世界之形式及原則」故。至於《純粹理性批判》能怎樣達成此徹底改變，我們下面再作討論。這裡所言思想與存在絕然分割，是問題之開始而已。

若返回〈上帝存在証明〉，康德所以仍論証神存在，因此時仍未能解釋為何材料存在，即康德仍困囿於未能說明這給予如何可能；故神正是這給予之實在性總集，即「一切可能性或可思性之最終實在基礎」[①]。從這一結論可以看到，康德此時仍未能分辨現象與本體二者之獨立性，因而縱使事物世界已是存在而非存有，然康德仍把這存在世界視為本體，或最低限度，現象與本體仍然銜接着，非分別開來[②]。之所以未能這樣區分，因康德此時仍未能發現思惟之主動建構性[③]、未能明白思惟所思對象，只現象而非物自身。

康德這思惟與存在之絕然分割，視思惟非自身存在事物，及事物存在非思想性，實只是整個問題之一半而已。另一半，

---

① 見〈上帝存在証明〉第一章考察三。這「一切可能性或可思性之最終實在基礎」（"… der letzte Realgrund alles Denklichen…"，"… den letzten Realgrund aller Möglichkeit"），亦稱為「主要」或「第一基礎」："Hauptgrund"。見〈上帝存在証明〉第一章考察三第一節。

② 換言之，現象仍然是本體之現象，非有其自身獨立基礎。

③ 無論是使現象為表象界之「我思」、抑使現象有其獨立基礎之「時空」形式、甚至使知識對象可能之「範疇」等等。

其完成，須同時論說以下兩點：一、思想不單只非自身存在，它更不能認知任何在其自身存在事物；同樣，二、事物存在不只非思想性，其存在更不能為物自身、只能為現象。換言之，「存在與存有」，這只是問題之前一半；「存在與現象」[①]，這則是問題之另一半。這與現象有關之問題，是《純粹理性批判》問題，是在「現象」確立後之問題。而現象能被確立為有獨立性可能，是1770年《論感性世界與知性世界之形式及原則》這升等論文之發現。現讓我們討論這第二階段。

1770年之
《論感性世界與知性世界之形式及原則》

這在批判期前有關形上學最後一篇論文，第一次在哲學思想史上對「現象」作獨立肯定。康德在論文中提出下列新觀點：現象界（感性界）與本體界之分、感性能力與知性能力之分、感性"知識"與知性或理性知識之分、事物對象之雙重根源[②]、直觀、純粹直觀及智性直觀等概念之分別、「質料」作為提供雜多與「形式」作為組合功能之分別，因而繼之而有分析與綜合活動之分：前者分解至最簡單者、後者形成「世界」……。這些觀點，

---

① 或「存在與物自身」。
② 即：心靈一方面"接受"事物「質料」，但另一方面亦主動"提供"組合之「形式」。

都為《純粹理性批判》全部繼承。然論文中最重要的，莫過於現象界構成這一理論。從論文標題可看到，康德所處理，正是感性界與知性界其構成時背後之形式與原則這一問題。而在論文中，康德已提出《純粹理性批判》「超驗感性論」有關時空之全部論証[①]、及時空作為現象形式這一理論。

康德以時空為現象界（感性界）構成之形式這一理論，在形上學史中，是前所未有創舉。在康德前，現象或表象界只以本體或實體世界為其唯一依據，現象與表象只本體或實體之現象與表象而已，不可能有在本體界外獨立存在。正因如此，傳統哲學都否定現象界有真確知識可能。康德之發現正好相反。康德指出，現象界之形成，完全獨立於本體界，其背後另有根據。論文分五個部份[②]，有關現象界或感性界之形式這第三部份開首便說：「宇宙形式的原則，是含有一普遍連結的根據，憑藉它，所有實體及其狀態從屬於一個被稱為世界的整體。感性世界形式的原則，則是一包含着所有作為現象的東西其普遍連結的根據者。知性世界的形式承認一個客體的原則，也就是說某個原因，憑藉它，一切在其自身存在的事物被連結起來。但是世界，若被視為現象界時，也就是說，是與人精神中之感性有關時，除一種主體性形式原則外，它不承認其他的形式原則：這主體性

---

① 《純粹理性批判》除掉換時間與空間順序，以空間而非以時間先行，及簡化其中論証外，其他幾近全無改變。

② 題目如下：一、論一般世界這一概念。二、論感性事物和知性事物之一般區別。三、論感性世界形式之原則。四、論知性世界形式之原則。五、論在形上學中感性與知性知識之方法。

原則是心靈的一種法則，憑藉它，所有能為感官對象的事物（透過它們的性質），顯現為必然地從屬於同一個整體。（…）現象宇宙的這些形式性原則——絕對第一及普遍的原則，那同時構成在人類知識中所有感性事物之模式與條件者，一共有兩個：時間與空間。這正是我現在要說明的。」①

從引文可清楚看到，構成現象之形式原則一方面在主體、非在客體身上，而另一方面，這樣原則甚至是作為「根據」出現的；換言之，現象界有其自身根據，而其根據非在本體界上。現象的根據，即時空這兩形式性原則。視現象有其自身根據與原則，這是史無前例的。由於現象立於主體時空這兩形式或原則、而非立於本體界上，故現象界之形成，可說為完全獨立於本體界：其根據在人類主體心靈、非在本體界，是人心靈時空形式促成現象之為現象、非現象相關於本體而言為現象。

現象這獨立性，使有關現象之知識亦相應地獨立開來。在知性理性真理外，首次出現另一種真確知識：感官對象知識。康德在論文第二章 §12 中，用斜體字着重地說：「因而有一感性事物之科學」②。強調「科學」一詞是說，傳統認為感性事物（現象）不可能有真確知識，康德相反，由現象擺脫本體之依附關係，感性知識亦獨立開來，成為一種具有科學真確性之知識。康德甚至說，這種直觀知識，由於其直觀是本源（originarius）而非依附於他物，故「它提供了一極為真確的知識，且同時是一切

---

① 《論感性世界與知性世界之形式及原則》第三章第一節（§13）。II,398。

② "Sensualium itaque datur scientia"。第二章 §12。II,398。

其他知識（或科學）的最高確實性之模範。」①康德替現象尋得一在本體界外之獨立真實性、與他在人類心靈中替感性能力提供一別於知性之獨立真實性，是一體兩面。《純粹理性批判》之有「超驗感性論」，實顯示這一現象論在康德思想及哲學史中之重要性與原創性。一方面，由現象之獨立成就，事物可單純作為經驗事物而真實，因而本體事物之真實性，失去其原有地位，其真實性甚至可被懷疑，這是後來《純粹理性批判》所致力的。另一方面，在人心靈中，感性能力亦獨立開來；除有其自身建構之主動性外②，於知識回歸現象知識時，同亦為心靈其他認知能力之基礎，因現象中一切真實對象、一切直觀，只由感性能力接受進來而已，若非感性能力，其他認知能力便將失去其對象之可能。傳統以感性為虛假，獨知性能力真實，在康德中，一轉而相反：感性對象始唯一真實，因而一切其他認知能力，必須回歸於感性始能真實。

1770 年論文所以能確立現象，原因明顯在時空作為現象形式主體性基礎之發現，而這與「形式」一概念之理解有關。「形式」（forma）在古代中，為對希臘文 eidos，morphe，甚至 ousia

---

① 《論感性世界與知性世界之形式及原則》第二章 §12。II,398。康德甚至嘲諷地說：「從這裡我們可看到，在什麼意義下，那些從愛利亞學派得到啟發的思想家們，會認為應當否認現象科學知識之可能。」

② 即時空作為感性形式對現象作為現象之建構，因而現象之所以可能及其基礎，由物自身轉移至心靈主體上。這是現象所以能獨立地形成之唯一基礎。「超驗感性論」意義在此。

等詞之翻譯。「形式」此時非指認事物之外表形式，而是其內在原則；藉由這本質性原則，事物得以實現其本質。決定事物本質者為其「實體性形式」，非決定事物本質者則為「偶性形式」。「形式」一詞作為「模式」（schema）解，是後來之事，特別是在機械學及十七世紀邏輯學出現之後；此時，「形式」始用作形容外表形狀及物體之構造與結構。康德視「形式」為使事物形成整體性時之連結關係，是從這後一種意思而來。而之所以能以此意思取代傳統本質性原則，因事物於康德中，只為材料，其本身毫無實體性或內在本質性。正因如此，這些事物始必須以形式使它們成形、成為確定的事物。事物作為無內在原則之單純材料，是〈上帝存在証明〉所提出。唯康德那時仍未能從認知能力見任何連結可能，故未有「形式」一概念，亦神必須作為材料總集之原因。「形式」此時，只指思想中之可能性而已，非具有主動連結功能者。〈上帝存在証明〉中總集義之整體性，至 1770 年始為「形式」與「整體性」兩概念所取代。

　　現象確立所以可能仍有另一原因。縱使是〈上帝存在証明〉這前期，我們已可看到，康德對總體性或整體性特別關注。以上帝為材料總集便是一例。1770 年論文對「世界」概念之關注亦承此而有。感性知性之二分，是從各別對向一「世界」言[①]。而康德在意的，是使世界可能之連結問題，即世界中事物以何原則連結而成一「世界」這樣問題。若時空為感性界之連結形式，那本體界事物由甚麼連結為世界？物自身各各獨立，非如現象中事

[①]　感性對向感性界（現象），知性對向知性界（本體）。

物有必然關連；本體界物物間因而反只能是偶然關係，非如現象事物因無自身獨立性故其相互間關係必然。本體事物間偶然關係故唯以神為連結、為統一，在其連結下而成一世界 —— 本體界。這當然是康德安置神之位置，亦其那時對形上學之繼承，如〈上帝存在証明〉那樣。然從這論述中，始終可見康德對連結性或世界作為連結性之特殊關注。是這樣關注始使心靈之感性能力也被設想為有其主動連結性可能，後者為感性界（現象）獨立開來之關鍵。對象之雜多性與偶然性、思想或心靈能力之主動連結功能[1]、「世界」這樣整體性、及最後，對現象及感性之特殊關注，因而都促成現象界獨立性之確立。

於此更可看到，1770 年論文縱使已有對現象獨立性之確立，而現象中材料（所給予對象）亦絲毫沒有存有等級，然因感性與知性二分[2]，故始終如在〈上帝存在証明〉中那樣，神、本體界、甚至形上學仍然可能。這是說，單純現象或感性界之確立、或康德以上發現，仍無以能為對現象界獨一肯定、無以去形上學及其本體世界。後者之達成，唯由對知性能力之限制始可能，此即後來《純粹理性批判》之工作：使知性能力限定在感性範圍內，從而完全否定知性世界或本體界之可能。《純粹理性批判》能達成對本體界、物自身之摒棄，故非從現象之確立便足夠。現象確立是現象自身之事，與本體界無關。就算証明了現象之

---

[1] 「形式」之連結性。

[2] 感性對向現象、知性對向本體。

根據、就算說明存在無等級性，都不代表知性界不可能[1]。現象問題始終歸現象所有，知性問題始終必須在知性中解決；因而始有《純粹理性批判》。除非對理性及知性能力有所限制，否則無以摒棄形上學及其世界。換言之，現象與知性之位置必須互換：傳統現象必須依附於本體界，然今現象獨立開來；相反，傳統知性乃一獨立於現象外之能力，然今知性能力縱使仍有所主動，但其真理性必須依附於現象上、並以此為唯一範圍。在現象界成為獨立世界後，現象界更必須成為"唯一"真實世界。現象界之完全朗現，其獨一無二之真理性，因而只有待《純粹理性批判》始完成。現讓我們討論這過轉。

過轉至《純粹理性批判》

形上學所探求真理，都單純由思想達致。除透過純粹思想外，沒有其他方法或途徑。在未有主體出現前，思想仍無它的限制與定位，而能隨着對象自由地進行。一旦有主體，思想只落為主體之思想，因而有它所源自的範圍與限制。笛卡爾由於其主體，思想故必然面臨極限問題。此時假若仍有形上學可能，換言之，主體內思想有能達致對主體外客體事物之認知，無論

---

[1] 換言之，現象界之確立、存有作為存在、思想與存在終極地二分、感性能力之主動性、時空作為感性形式與原則等等發現，均仍未足以去除形上學中本體界。

這時推論過程怎樣，其過程可簡單圖示如下：

形上學是否可能，就在以上這一推論關係上。康德在〈上帝存在証明〉一文把這思想視為在觀念中所思內容之可能性，而說：要使這思想所思可能性能作為客體真實之推論，除非此時之思想可能性，是從其總體、非從任何一個別觀念言。這條件是針對傳統形上學推論而言，因傳統單從「神」一觀念便試圖推論至其存在及所有真實故。傳統這一種從單一觀念而作之推論，我們稱為「有限觀點」，即從有限的、局部的思惟內容便作推論。康德那時推論相反，是從全部思想所假設內容作為推論前提。這全部觀念內容，我們對反地稱為「全體觀點」。之所以康德認為全體觀點始能推論出客體真實，原因單純在：若從全體觀點言任何外在客體"都不存在"，我們主體內觀念或思想根本不可能發生。那麼，傳統又怎能基於單一觀念而推論？原因在於，此時所作推論，除是有限觀點外，還用了另一原理：即其推論是靠「邏輯可能性」而作之推論。舉例說，假若「神」定義為「最完美事物」，而「最完美事物」應涵蘊存在，否則不能算作完美，這時說神不存在便已是矛盾。這樣推論一方面從有限觀點，另

一方面基於邏輯可能性、藉着矛盾而進行。同樣，笛卡爾論証中神作為「無限實體」，若只根源於我們有限實體，亦邏輯上矛盾。這些傳統論証，故都從單一觀念（有限觀點）、非從觀念所有全體內容而作。康德之推論與此相反。康德依據全部內容總集（全體觀點），無需理會這些內容實際上是甚麼，以思想所有內容可能性作為事實，推論至客體存在。正因是"全體內容"之實在性，故可推斷為神。若只是某些內容，就算是「神」一觀念，如「飛馬」觀念那樣，是無法就此結論為必然存在；無任何觀念必然涵蘊存在故。全部觀念所以能涵蘊存在，故非由於其所有內容，由於其事實而已、思想之存在事實而已；故如「我思故我在」那樣，由有思想存在，故可推論至客體必然存在。縱使我們對客體其內容無所認知，觀念內容終究仍必須來自實在基礎，否則不可能發生。對傳統與康德各別之推論法，我們圖示如下：

傳統存有論論証：

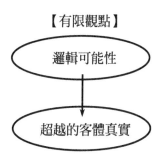

康德前期 1763 年存有論論証：

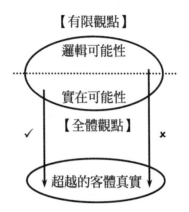

我們之所以對這問題加以論述，因這是《純粹理性批判》問題之關鍵。我們說過，縱使把存有轉化為存在、因而去掉事物實在性之存有等級，康德仍有客體形上學推論可能，這代表，《純粹理性批判》所作的，必先是對"康德自身"形上學之反駁。若1770年論文所成就現象界之獨立性外"仍有"本體界可能，那對客體形上學之徹底推翻，唯在《純粹理性批判》始能完成。而其方法就在於：對"康德自身前期"所提出形上學可能性反駁。而這關鍵在於：如何說明"縱使在全體觀點"下，思惟仍不可能達成對客體形上學之推論。

這樣陳述，只問題之一部份而已。若返回《純粹理性批判》自身所提問方式，問題實不僅如此。原因在於，康德前期仍未成就其主體性哲學；1770年論文已見主體性哲學之開始，但沒有認為認知主體之思惟不能達致客體形上學可能。此時甚至相反指出：「形上學有關感性和知性〔知識〕的所有方法，都首先涉及這一根本性原則：必須審慎地提防，不要讓感性知識特殊具有

的原則越過自己的界限，並且影響到知性的知識。」^① 若如是，那 1770 年論文與《純粹理性批判》之差異將在：1770 年康德仍未有「超驗」（transzendental）這概念。換言之，康德此時之主體能力，仍如傳統一樣、如笛卡爾主體一樣，是一客體地存在者。感性與理解力這些能力之分，只作為這樣主體其能力之劃分，因而像時空或純粹理解力^② 之概念，如：可能性、存在、必然性、實體、原因等等^③，雖已被視為非「天賦」或與生俱來，然仍只是「獲得的」。「天賦」與「獲取」這些詞彙，反映此時之主體仍是客體性的、如實體存在那樣。概念之為「天賦」，表示其仍有客體真實之可能。然從時空與現象之確立，主體確有其自身獨立性、已有主體真實可能，故在不欲把這些概念視為「天賦」時（即客體地真實），康德只能稱之為「獲取的」。唯此時「獲取」，非從經驗或任何客體得出，而是精神"對其自身"在運作時內在規律之一種抽取，因而是由自身反省而得之一種「獲取」。若是由精神對自身活動反省而獲得，這已暗示一種從"功能作用"而言之「主體性」之出現，唯這樣主體，仍只作為精神體而存在、仍是這樣精神體主體之活動而已。

　　明白這些後，那《純粹理性批判》與〈上帝存在証明〉在主體問題上之差異，如何影響對形上學知識摒棄這一問題？在〈上

---

① 《論感性世界與知性世界之形式及原則》第五章 §24。II, 411。

② 康德此時把形上學建立在「純粹理解力」這能力上。從理解力之仍有"純粹"可能，可見康德此時仍是求為形上學可能而思。

③ 見第二章 §8。II, 395。康德此時明顯未對這些概念作如範疇表之系統分析。

帝存在証明〉中，思想可能性因仍未劃分為「理解力的概念」與「理性的概念」，故問題只在是有限觀點抑是全體觀點這差異上。然在《純粹理性批判》中，一旦觀點（概念）之有限性與全體性是依據主體能力而分為「範疇」（「理解力的概念」）與「理念」（「理性的概念」）時，此時對等於全體觀點的，唯理性「理念」[①]而已；因而解決由"全體觀點"而致之形上學，應唯《純粹理性批判》中「超驗辯証論」部份。然問題是：對等"有限觀點"概念（範疇）之「超驗分析論」，難道因只"有限觀點"概念便無形上學錯誤可能嗎？在〈上帝存在証明〉中固然已說明"在有限觀點下"形上學推論不可能達成[②]，但若換作《純粹理性批判》中「範疇」一情況，範疇雖非如理念為條件總體，因而對等"有限或有定限"內容之概念，然是否因此便即無形上學（推論）可能？明顯非如此。

原因在於，於〈上帝存在証明〉，康德仍未有主體一理論，亦未有範疇這一種概念。〈上帝存在証明〉中之概念，仍未分為主體內先驗概念與經驗而來後驗概念，因而概念中之實在性內容，都只單純從外而來，非思想本有，故實在性有賴材料基礎之給予，換言之，有賴神。然當康德後來區分開思想中屬主體之概念（先驗概念或範疇）與來自經驗之概念、並且前者正就是傳統

---

① 理念是從作為條件之總體而言全體性（Allheit）或總體性（Totalität）。見《純粹理性批判》A 322 ／ B 379。

② 再次簡述其原因：在任何單一概念中，除非此時其內容之"實在性等級"成立，否則不可能涵蘊任何形上真實。形上真實正是這樣等級中之最上者故。然我們已說，康德由視內容只為「材料」，故已摒棄實在性等級之可能。

形上學之存有概念 [1]，那這些存有概念，當它們是作為對象可能性甚至經驗界建構之必需基礎時 [2]，依道理言，是應建構出一"對應其概念內容"之對象的，換言之，如「實體」一範疇，所使可能之對象，應就是"實體"，就算此時觀點是一"有限觀點"。意思是說，除全體觀點之「理念」有其形上學可能外，連本只是"有限觀點"之「範疇」，同樣亦有其形上學可能；原因在於，縱然有限觀點本不能推論至客體真實，然此時作為有限觀點之概念，是"使對象可能"之「範疇」，其"建構性功能"、加上其內容"與存有性"有關，故仍會成就存有上之真實。問題因而出於「範疇」這類概念之形態 [3]，與觀點"是否有限"無關。而在〈上帝存在証明〉一文，康德仍未有「範疇」這樣理論。

有關一切客體性形上學推論之摒棄，在《純粹理性批判》這階段，因而有二，而這對應概念之"有限觀點"與"全體觀點"：前者為如何使一般形上學（存有論）不可能；後者為使特殊形上學（理性自然學、理性宇宙論、理性神學）不可能 [4]。我們把《純粹理性批判》這立場圖示如下，而這對應前述兩圖：

康德《純粹理性批判》對形上學之觀點：

---

[1]　範疇即為傳統形上學有關存有之主要概念（存有論之基礎概念）；如下：統一性、多樣性、全體性；實在性、否定性、限定性；實體性與偶性、因果性與隸屬性、共體或交互作用性；可能與不可能、存在與不存在、必然與偶然。存有因而有四面相：量、質、關係、模態。

[2]　使經驗可能，這正是範疇之功能。

[3]　即其"存有內容"與"建構性功能"。

[4]　有關康德對形上學之劃分，見《純粹理性批判》A 846 ／ B 874。

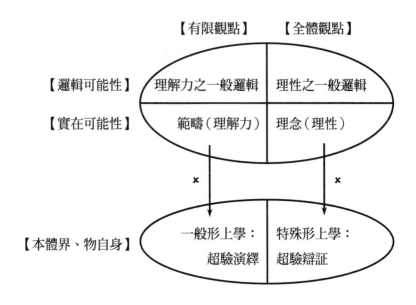

【有限觀點】　　　【全體觀點】

【邏輯可能性】　理解力之一般邏輯　理性之一般邏輯

【實在可能性】　範疇（理解力）　理念（理性）

【本體界、物自身】　一般形上學：　特殊形上學：
　　　　　　　　　超驗演繹　　　超驗辯証

　　這是說，《純粹理性批判》中「超驗分析論」這部份，揹負着兩種責任：一、它必須說明超驗主體是甚麼、其構造怎樣、因而從這主體性構設中，怎樣"說明經驗界之可能"。二、這使經驗界可能之主體性，怎樣不因其建構性建構出一"本體"世界。換言之，怎樣說明範疇之建構性"只與現象"、"非與本體界或物自身"有關；因此時所用範疇，本與本體之存有概念無異。對這問題之回答，即著名之「模式論」（Von dem Schematismus der reinen Verstandesbegriffe），也就是我們上述"有限觀點與形上學"這一問題。「超驗分析論」這反面功能或揹負責任，因而為"對理解力之限制"，如同「超驗辯証論」為"對理性限制"那樣。

　　在進行討論前，我們先把《純粹理性批判》總體結構簡略圖

418

示如下：

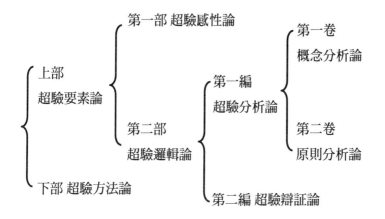

有關《純粹理性批判》總體結構之勾勒，其說明如下：

若撇開「超驗方法論」不談，《純粹理性批判》主要由「超驗
要素論」所構成。「超驗要素論」即從認知角度言主體與其可知
對象之全部層面與關係；因在西方思想中，存在首先是從知識
角度言，康德這裡有關認知主體與其對象關係之研究，故實即存
有論 ①：即從存在或存有，對一切「有」之分析。這裡所言「有」，
於康德，也只"現象"之「有」。理論上，康德雖無法直接說明本
體不存在，但如同我們無法証明神不存在那樣，本體界對康德

---

① 「我們從狹義言之形上學，是由超驗哲學（Transzendentalphilosophie）及純
　 粹理性的自然學（Physiologie der reinen Vernunft）構成。前者只考察相關
　 乎一般對象而非〔特殊〕被給予客體之所有概念及所有原則體系下之理解
　 力與理性（即存有論）；而後者（…）」A 845/B 873。

言仍事實地無，即從其體系內部理論需要言，本體界不存在①。

有關現象界基礎之說明，在「超驗感性論」這論空間與時間一部份。這部份一方面說明空間與時間乃心靈主體之感性先驗形式，因而實同時首次確立主體之存有論位置──「超驗主體」之意義及位置；而另一方面，藉着主體之超驗性②，首次確立「現象」之獨立實在性③。這點在1770年論文已基本完成，《純粹理性批判》只更完整、更準確地重述而已。

在「超驗感性論」後，即進入《純粹理性批判》最主要部份：「超驗邏輯論」。在傳統，心靈認知能力主要與感性及知性兩能力有關，康德也不例外：若「超驗感性論」為對感性能力之論述④，對等地，「超驗邏輯論」即為對知性之論述，而這由理解力、判斷力、及理性三知性能力構成。這三知性能力，一：透過概念作理解，二：透過判斷對概念及其原則進行運用，三：透過理性由條件推論至無條件者。理解、判斷及推理這三種思惟過程，因而為理解力、判斷力、理性這三知性能力之基本功能。

由於人類思惟都藉着概念進行、是一種概念化之思惟狀態，概念故可說為構成思想之本質。而從概念一角度觀，理解力即為相關"概念本身"之能力，判斷力則對概念及由概念而成原則之"應用"，而理性則是把概念尋求其"至無條件、至整全狀態"

---

① 無需存在。

② 主體「超驗性」正是本體界其「超越性」之反面。

③ 這，我們說過，是以空間與時間（感性先驗形式）為基礎而達致。

④ 並首次在歷史中指出感性亦具有"超驗"功能。

（因而成「理念」）之能力。在《純粹理性批判》中，三者其論述部份分別為：「概念分析論」、「原則分析論」[1]、及「超驗辯証論」。

問題是，「超驗邏輯論」部份所討論非"一般"概念；如同「超驗感性論」所討論為"先驗"形式，「超驗邏輯論」所討論為"先驗"概念。這是甚麼意思？若回顧笛卡爾，《沉思集》中主體是一作為客體言之主體；前期《指導心靈探求真理的原則》（Regulae）主體雖非與客體有關，然正因與客體無關，故此時所求真理，也只直觀自明虛構構設中之真理，與客體所是無關。《沉思集》客體義之真與《原則》主體義之真始終未能結合為一。這結合，至康德始成就。結合所以可能，因康德把本是超越本體義之客體轉化為"從現象言"之客體，此時現象，具有客體真理性。與此同時，主體非如《原則》從對立客體言，而是"完成（建構）客體"時之一種主體。

客體作為一在其自身獨立客體，在傳統中，都從兩方面言：一從其"在時空中"之獨立性、另一從其"作為實體"言。從時空言，因所謂另一者，基本上即在時空中之另一者；時空實構成我與另一者各自獨立存在之條件與事實，亦存在有限性之原因。時空故為客體"在其自身"之首先條件。

然除時空外，客體為獨立客體，亦由"作為實體"言。事物是作為實體、並具有實體一切關係[2]，始被視為客體地獨立。獨立之客體，即本體；既在其自身、亦為超越（transzendent）。

---

[1]　以上兩部份合成「超驗分析論」。

[2]　如因果性、共體交互作用性等等。

從以上可見，事物之"本體性"，一從「時空」、另一從作為「實體」言。若時空本身"在其自身地"存在，那時空中事物也必然為本體。同樣，若「實體」為事物之存有狀態，那如此事物亦必為本體。故若不欲承認客體為本體、不欲承認客體形上學可能，康德必須証明兩點：一、「時空」是主體、非客體的；換言之，只是「形式」，非客體地存在真實事物。二、「實體」只是主體「概念」，非客體對象本有之存有狀態。能証明這兩點，事物再不可能為物自身或本體。

　　把「時空」與「實體性」視為主體心靈自身所有是說：這些事物，是「先驗」的（a priori）。「先驗」字面意指先於經驗（因而來自主體自身）。對康德而言，一旦沒有物自身，能作為客體相對主體的，也即經驗現象而已。對主體而言外來者，也只經驗，再無其他。相反，若非從經驗而來，那也只能源自主體心靈自身；這樣事物，故為「先驗」[①]。時空作為感性事物之形式，因源自主體而非來自客體，故為先驗。其所以為「形式」，因非在其自身事物。同樣，「實體」因源自主體，非為事物本身，故只為概念。這些來自主體心靈自身之先驗概念，因一切概念均為理解力之事，故亦稱為理解力之先驗概念。理解力之先驗概念，因與一切事物之存有樣態有關，故為「範疇」（Kategorien）。構

---

① 　康德對「先驗」之解說為「普遍」與「必然」，這只相對經驗事物之「偶然性」言。不過，言「普遍」與「必然」之目的是為取代以往本體之客觀性、是為提供現象事物偶然性下真理性之可能。若主體這種種先驗要素確實為對象構成之條件，縱使對象只為現象事物，因主體要素具有「普遍性」與「必然性」，現象仍真實、仍可為知識對象。

成事物存有樣態 ① 之「時空」與「範疇」② 二者，從均為"先驗"言，
表示事物存有樣態非客體對象、而是主體自身之事；事物故只
為"現象物"、非物自身。

康德主體性哲學其意思就在這裡：主體所指為人之心靈。
稱為主體，因這時心靈，無論內部組成與能力怎樣，都確立在
「我思」③ 這最終根據上；是從「我思」作為最高根據而言主體
性。笛卡爾「我思」因只為自身「我在」真理之立，未為客體世
界之根據 ④，因而非主體性哲學之"完成"。

問題是，康德從何意義言能以主體為一切事物之根據？原
因在於，康德所謂「我思」，非一對立客體而言特殊之「我」、
其「思」也非只是意識中特殊活動 ⑤；康德之「我」，是一最高連
結（Verbindung）者、一在「我」意識下所能達致之最高統一 ⑥；
而「思」非只是具體之意識活動，更是在「我」之統一下，"思惟"
對"對象"之層層"連結"作用。事物處處體現「思」之作用、都
在層層連結關係樣態中，因而現象中事物，實已為思之連結性或
主體性之體現。主體性故非言我或你，而是現象事物所體現（在

---

① 感性與知性樣態。

② 「實體」等樣態。

③ 「自我意識」。

④ 神始是。

⑤ 如笛卡爾所說：此時此刻「在懷疑、在理解、在肯定、在否定、在願意、
在不願意、也在想像、及在感覺」等之種種具體意識活動。見《沉思集二》，
AT VII，28。

⑥ 「源起綜合統一」的「超驗統覺」（Apperception）。

「我思」最高統一下）之層層思惟連結作用。如是，事物再非物自身，而是主體「我思」樣式下之存有、一主體義或思想義之事物世界。《純粹理性批判》所述說的，即這樣的一種世界。而所謂「主體性」，所指即由事物所反映「我思」及思惟種種具有連結性之「超驗要素」。這些主體超驗要素，正是現象世界所以構成者。一切存在，故為"主體性"的。此康德主體性哲學之"完成"。

超驗感性論

「超驗感性論」目的在替現象提供獨立於物自身之基礎（康德在論証中常用「基礎」（Grund）一詞）。為達成此，康德直從「現象」與「時空」之關係討論。為何這樣？原因在於，眼前事物所以被視為來源於物自身，因它們「從時空方面」言"外於我們"。時空是事物呈現於我們前之媒介與方式，亦同是事物"外於我們"之原因。現象是以時空這樣"方式"呈現在我們前。時空因而為現象之"形式"。這裡所說的只是，時空是現象作為現象之"方式"，非現象作為現象之"基礎"。但問題是，只作為方式而非基礎仍然表示，現象另有其基礎在物自身上。然若物自身非現象之基礎，那現象還有怎樣基礎可能？如此可能性只有二：或就在時空上 [①]、或在其他我們不知原因上 [②]。若能直接証明

---

① 因時空就是現象呈現之方式、是現象之形式。
② 如以神為基礎。

時空"源於"我們心靈，這將表示，時空非只現象形式而已，更可是現象之基礎。原因在於：時空若為我們心靈之事，這代表時空這樣方式不再能被視為"物自身呈現"之"方式"，非後於物自身始有。此時，就算沒有事物存在，時空仍必然存在，因單純源於我們自己故。[1] 若時空為我們心靈所本有，就算其中沒有事物，仍可為我們所表象；正因如此，故不應只把時空視為"事物"之呈現方式，更應視時空為我們本有之形式；故在對象闕如時，我們仍可單純表象時空本身。正因我們可獨立表象時空，時空故非只現象形式，更可是現象之基礎：為我們所提供給對象、因而亦必然決定着一切可能對象之形式。是從這點言，時空為一切可能對象之"形式"、及為現象作為現象之"基礎"。

現象若有其基礎在我們心靈上，那現象是無需從其他原因更求其基礎。因而問題終究是：究竟時空是否源自我們心靈自身？源自我們自身是說，時空為先驗、非為外來。証明時空為先驗，因而是全部問題之關鍵。此「超驗感性論」之工作。証明時空為先驗同時涵蘊另一結論，即此時「我們」之主體，非是對立事物之"另一物"，而是成就現象為現象之主體、一超驗主體。這是「超驗感性論」涵蘊之重要發現。

時空論証有四[2]，其目的則可從三方面言：最主要目的為証

---

[1] 見「超驗感性論」時空論証二。

[2] 空間論証有四，時間論証有五，但基本上仍完全相同。差別唯在：空間只涉及"外在"經驗或現象，而時間則涉及"一切"經驗與現象（內與外）。我們這裡暫以空間四論証為主要說明。

明時空之先驗性；至第二版時，康德幾近以這一目的為唯一目的，因而命名這些論証為「形上闡明」①。時空論証之另一目的，為指出感性能力所具有之直觀真理性，因而前所未有地對感性之"建構功能"予以肯定。這些論証最後還有一目的：取代傳統「神」作為現象之基礎或創造者。

現讓我們從第一種目的重讀這四個論証：

1. 時空非為經驗概念，因一切經驗（其外在性）、包括感覺之外在性在內，已假設時空始可能（是外在的）；時空因而不能從經驗（之外在性）而來，反而是經驗（其外在性）可能之基礎。時空是一切經驗"外在性"之基礎，本身非能從經驗（外在性）而得。因非從經驗而來，時空故為先驗。

2. 我們可表象一無事物對象之時空，但無法表象沒有時空。因而對我們表象言，時空為必然，非如事物表象那樣，只偶然。從表象時空之必然性可見，時空故為先驗、非經驗地偶然。

---

① 「空間與時間是什麼呢？它們是實在的存在物嗎？它們只是事物的規定性或者關係嗎？若是事物之關係，是事物就算不被直觀也仍然於其自身所具有之關係嗎？抑還是說，它們僅僅是直觀的形式，因而是依附於我們心靈的主體構造，沒有這心靈的主體構造，這些謂詞就根本不能被賦予於任何事物上？為了澄清這一點，我們首先要闡明空間的概念。但是，我把闡明（expositio）理解為清晰地（儘管並非詳盡地）表象那屬於一個概念者；而一形上的闡明，則包含一對此概念*作為一先驗地給予者*之一種陳展。」A23 / B37。「為了澄清這一點，（…）則包含一對此概念*作為一先驗地給予者*之一種陳展」為第二版所加。但從這第二版所增添處更可清楚看到：這些論証之主要目的，為証明時空乃先驗地給予者。引文中之著重字體，為康德所強調。

426

3. 時空是被表象為獨一無二之時空、為唯一的。多個時空只其部份，非先於時空整體而有。時空作為整體先於一切部份，非由部份組成。時空之整一性，也非從任何事物作為部份所構成，而是"先於"一切事物概念，如是時空只能為先驗直觀。從其非能從所包含之事物（部份時空）構成，時空故為先驗，為"先於"其所包含者而存在。若由其他部份組成，則可為經驗。

4. 時空之無限性是從其"自身"言；概念之無限性則從其下含有無限多個個體可能言。若時空非如概念、而"在自身"表象中而無限，這表示，時空非從外來無限個體而得。從"自身"為無限言，時空故為先驗，經驗事物無一無限故。

　　以上為時空所以為先驗之原因。

　　至於第二個目的[①]，從論証一與二可看到，時空非從經驗或現象而來，反而是經驗與現象可能之條件與基礎。論証三與四則說明時空非概念、而是直觀。時空之既非經驗事物、又非概念，而是兩者中間之"感性先驗形式"表示：感性具有主動建構功能，既為現象基礎、亦具有直觀真理性；其真理性因從自身先驗形式而有，故又是數學般地自明（明白而清晰之直觀真理）。感性直觀或感性真理其直觀性之崛起，因而前所未有。

　　最後，若笛卡爾透過「無限性」論証神存在，康德相反指出：「無限性」本為我們心靈所有、為我們感性形式之無限，

---

① 感性能力所具有之直觀真理性。

非與任何客體事物有關、更無必須從客體而來。從論証對時空特性之描述甚至可察覺：作為現象基礎之時空，其所有特性如「神」屬性一樣；從屬性言，故已取代神地位。論証一說明時空之先驗性及非經驗性；論証二說明這先驗性是必然的，我們無法表象時空不存在；論証三說明時空獨一無二，它為直觀而非概念；論証四最後說明時空之無限，是從自身而言，故非只概念包含無限個體那樣。"先驗"而非從經驗而來、存在上之"必然性"、其"獨一無二"、其"自體無限"，以上這些特性，在傳統中，唯神獨有。今都在時空中証明出來，縱使非神，但實已取代神之功能與位置。故既是現象世界之"基礎"、其自身又"先於經驗"地"必然"、"獨一"而"無限"。

以上為「超驗感性論」之討論。

超驗主體之知性結構

於《純粹理性批判》開始，康德已清楚指出，心靈主體主要由「感性」與「思想」所構成。感性接受對象，其與對象關係為提供對象作為現象時之形式基礎（時空）。從這感性主動作用言，心靈已是一超驗主體。然超驗主體更重要及更複雜地方，非在「超驗感性論」，而在「思惟」作為超驗主體上。[①] 從「思惟」言之超驗主體是怎樣的？

① 「超驗邏輯論」部份。特別「概念分析論」這有關理解力範疇部份。

　　構成我們心靈，從認知方面言時，若非「感性」，也就是「思想」而已。所謂「思想」，並非指狹義之思想或知識認知，而是一切在"意識知覺"下者；此時心靈狀態，縱使沒有推理思辨，仍已是思想。思想主要由理解構成。所謂「理解」，即對我們眼前事物有一種確定的定斷；雖未必知其所以然，然最低限度，仍是知其然之一種明白，並由此知，故可以名言。理解故為語言之本。思想廣義言，故為藉概念（名）理解而已。我們甚至可以說，心靈主要由理解力構成。其他如想像力、理性推理、記憶力等，都只基於理解力而進行。沒有"對對象知覺"[①]，無所謂想像、推理、記憶。

　　除理解力外，心靈同時亦為一具有「我性」之自我意識。故在任何思想狀態中，一方面有由對象構成之理解、另一方面則有自我意識這一種知覺。思想故含「我」與「對象事物」這兩端。正因有「自我意識」，心靈中之一切，故可以主體姿態呈現。所謂主體，即基於「我」性或「自我意識」而言之心靈或思想狀態。

　　「超驗主體」則進一步指具有形成對象能力之主體。這時主體，非只認知對象而已，甚至具有"構成對象"之能力者。若思想有「概念理解」及「自我意識」兩面，那思想形成其對象主要亦兩方面：藉「理解力」、及藉「自我意識」兩者之作用。理解力可單純只是理解事物，非形構對象；自我意識亦可單純為自我意識，非對象形構性。然若從形構對象方面言，我們則稱這些能力為「超驗」。從感性"提供現象形式"言，感性稱為「超驗感

***

① 　理解往往是從對象方面言。

性」。同樣，理解力從參與對象形構言，因此時理解力之形構同為想像，故此時理解力（想像力），稱為「超驗想像力」。自我意識同樣，從對象形構性這方面言，故稱為「超驗統覺」。

若感性於形構對象時提供（事物"作為現象"之）「直觀形式」（時空），那理解力於形構對象時所提供為「先驗概念」（如實體性及因果性等），而透過超驗統覺所形成則為對象之"對象性"，即使一切對象統一在一"對「我」而言"之整體內。後兩者所成為「經驗」，非只「現象」。「現象」只感性能力之事，「經驗」則為思想或知性能力之事。

若從對象方面分析其構成，須從對象之構成素說起。對象分為「經驗對象」與「純粹對象」兩類。純粹對象主要由如數學等對象組成；這些對象沒有經驗內容（感覺質料）。相反，經驗對象則由種種感覺質料組成，其間差異主要亦質料之差異。事物質料非能造，故只為對象所提供。在認知過程中，接受這些質料之能力即為「感性」[①]。質料為最原始給予物、最原始的「有」；正因所「有」只質料，故不能從此推斷在質料外，更有物自身為根據。原始所有，從客體方面言，故唯層層雜多而已。

若經驗之為經驗"從客體方面言"為種種感覺質料，那無感覺質料之對象，換言之，非在經驗界或現象中"存在"之對象，這樣事物，也只時空中"數學對象"而已、"以時空為對象"[②]之

---

① 感性只總稱，其具體包括身體五官。
② 即在純粹直觀中。

對象而已。之所以只有時空能為這樣對象，因唯時空既感性亦純粹，既為直觀中對象、又無需經驗質料。數學對象故為我們依據概念在時空中"先驗地"構造出來者，非經驗地給予、或存在在經驗中。

除經驗質料與時空純粹形式外[1]，對象仍有兩面：一、實體性、屬性、因果性、交互作用性等方面，我們總稱為事物之「實體性」，即事物成為持存個體時之種種存有樣態。[2] 事物實體性或因果性等方面無法為我們所"直觀"到，實體只從事物之持存、因果只從事物與事物之接着發生等言；這些事物面相，非從直觀、而只從事物之構成一「經驗界」這方面言而已。因能成為"經驗界"，非只由感性形式與質料，更需事物作為實體個體及其相互間關係；而這些，若從主體方面言，即「思想」（知性）於對象構造中之參與，非只感性之事。若感性為"現象"之構成，那屬"經驗界"層面之事[3]，其構成需"知性"之作用。傳統哲學因以經驗界為原始給予，故以「實體」為根本，亦由之而視知性為能知識這樣對象之能力。事物之"實體性"，無論從客體抑從主體言，因而均屬知性之事。無論怎樣，實體性、因果性等內容，與「知性」而非感性有關。於康德建構性主體方面，故源自"理解力"之「純粹概念」（範疇），為"經驗界構成"之形式因素。此時所言形式，為思

---

[1] 二者均屬感性、非知性。

[2] 因果與交互作用為實體事物間所有關係。

[3] 現象作為"經驗界"之構成。此時所需為如實體個體間之因果與交互作用等。

惟知性所提供之形式，非直觀形式。若直觀形式（「時空」）使現象界可能，那思惟形式（「範疇」）使經驗界可能。若「時空」為事物之"感性"先驗形式，那「範疇」即為事物之"知性"先驗形式。

然除範疇為事物存有樣態外，對象事物之構成，最後仍需「對象性」這一方面。事物除「感覺質料」、「時空形式」、與「實體性」等樣態外，事物都必然作為「對象」、因而"在一意識整體性下"呈現。事物之「對象性」雖非事物本身、而是與我們意識有關之事，然這始終是事物呈現時之必然模態。「對象性」這模態，明顯由我們思想為一具有「自我意識」或「自我性」而起者：即由相對於「我」，事物始呈現為「對象」、為「我之對象」，亦在這「我」意識統一下，呈現為一"整體（整一）對象世界"。縱使有因果連結關係，然能在"整一世界"下存在，唯「我」使然。後者甚至是前者之條件。事物這"整體對象性"，康德稱為「超驗統覺」（「我思」）之事。因而從"對象性"與"整體性"言，「我思」亦參與於對象之形構中。

作為總結，對象之形構因而有四：1.感性質料、2.時空作為質料與形式、3.實體性等模態、及4.對象整體性模態。前二者為感性事、後二者為知性事。讓我們把這幾個方面列表如下：

超驗主體之形構能力		客體事物構成素
	質料（雜多）	【客體唯一給予】
超驗感性（直觀形式）——→	時空形式	【現象之構成】
純粹理解力（範疇：知性形式）——→	實體性、因果性等	【經驗界之構成】
超驗統覺（我思：主客模式）——→	對象性與整體性	

　　若對象之形構其基本結構如上，那這結構怎樣運作？這問題複雜。在準確解釋前，讓我們先簡化地說明。這簡化說明，為《純粹理性批判》「超驗演繹」第一版所述說。①

　　在「超驗演繹」第一版中，超驗主體形構對象之過程，透過「三重綜合」達成。超驗主體形構其對象雖層層不同，但運作模式只為「綜合」這一種活動；結構雖層次不同，但所對應，始終為（不同層次之）綜合活動；此主要有三：1. 直觀中「攝取」之綜合、2. 想像中「再生」之綜合、3. 概念中「確認」之綜合。分別如下：

一、對任何一物之認知（或「建構」，下同），對象所有雜多，須先為直觀所攝取。直觀對雜多之攝取，因是一綜合活動，故康德命名為「在直觀中攝取之綜合」。

二、攝取雖接受對象所給予雜多，然在攝取過程中，所攝取內容必須持續保留着，否則無法形成對象。對所攝取雜多之"保

---

① 所謂「演繹」，指的是證明純粹知性概念（範疇）確能應用在經驗雜多上，因而為知識可能之必需基礎或條件。這一證明，因而實為從「知性」至「感性」、甚或前述從「思惟」至「客體真實」之推論或推演過程。無論思惟抑知性，唯能關連於"客體對象"始能有知識或真理之成立。如此問題故極為根本。唯問題是：此時之思惟或知性是什麼？其所能有所關係之對象又是什麼？這樣對象對此時之康德言只能是由感性直觀所提供（給予）之對象（感性雜多），不能為超越之真理對象。這些前已多說。然始終，這由知性至感性之過程（即我們所說超驗主體對對象之形構或構造過程）仍須證明或具體說明。過程所涉問題並不簡單，「超驗演繹」第一版只簡化地說明而已，其正確陳述，有待第二版對「純粹知性」層次之分析始可能達致，請見下面討論。

留"，康德稱為「再生」（Reproduktion）之綜合活動。因是再生或重現活動，故屬想像力之事；想像力正是把已不在眼前事物"重現"之一種能力，由重現始得以保留，由保留而成為"一"物。如此綜合活動，康德故稱為「在想像中再生之綜合」。至此層次，對象雜多雖已保留着，然對象嚴格言仍未算形成。

三、被保留雜多若為一概念所"確定"、"確定"為一特定對象，對象始最終完成。概念如此對雜多之綜合，康德命名為「在概念中確認之綜合」。由這樣綜合，對象始真正形成。

　　任何對象之形成，必須有此"三重綜合"始可能。事物對象故是重重綜合（最低限度為三重）之結果，非原本即為單一事物對象，如實體那樣。

　　於此，需注意以下幾點：

1. 在概念確認之綜合中，所用概念"不必只一"；除範疇外，若對象為經驗事物，確認綜合仍需經驗概念，以確認經驗對象之所是。

2. 以上各層綜合，為"所有"對象所必須。差別唯在：純粹直觀對象所有雜多為「純粹雜多」（「先驗雜多」）[1]，而經驗對象更需經驗雜多作為內容。

3. 三重綜合所提及心靈能力，因非以身體器官為區分，而是隨

---

[1]　時空作為直觀所含有之雜多。因如此直觀為純粹，其所提供雜多亦純粹，故為「先驗雜多」。

其功能與作用劃分甚至命名，故如提供概念甚至範疇之理解力，於作用於"感性直觀"時，即為想像力；其時綜合，故亦稱為「想像力之超驗綜合」。其為能力實仍只理解力而已，非在理解力與感性外，別有一想像力。於對象形構中，心靈本只層層感性與知性綜合活動，特別提出想像力，非視之為一獨立能力，只為指出在具體運作中，知性與感性之關連而已。

4. 從意識結果言，所有綜合實"一體達致"，非各在意識中有其獨立運作或結果，如先有感性攝取，始有知性綜合。感性與知性之分，故是事後分解地說而已，非在意識中各自有所獨立。三重綜合故是分解地指出對象事物最終結果所需綜合而已。

作為總結，分為感性與知性之心靈先驗要素有三：時空、範疇、「我思」；而任一事物形成過程所需綜合亦有三：攝取之綜合、再生之綜合、與確認之綜合。

讓我們從「超驗演繹」第一版文本，說明上述對象形構過程。

如上指出，對象形構過程主要有兩面：事物作為「現象」、與事物作為「經驗界」對象這兩面。前者除由時空形式外，亦有範疇組一與組二之參與，所成為「直觀」作為對象，即廣義言之對象。至於「經驗界」或狹義言之對象，其形成更需範疇組三之作用與參與。①

---

① 知性能力（理解力）所具有建構性「純粹概念」（「範疇」）有十二，為建構

從理論言，攝取綜合與再生綜合所形成的，是現象中表象、只感性層面之表象，仍未有知性作用、仍未有概念於其中。康德在 A102 前後多次用「現象」一詞，及舉時空之再生為例，是其証明。正因如此，故事物之真正完成，在確認綜合上。

「在概念中確認之綜合」一節分為兩部份，各對應範疇之綜合及統覺之綜合：從 A 103 至 A 106 這第一段落為第一部份，而從接着的「所有必然性在任何時候都有一超驗條件作為基礎」一句至 A 110 之結束為第二部份。這兩部份差異在哪裡？在前一部份中康德指出：「再生綜合」之可能，是建立在此時之再生是在意識中呈現這事實，因而任何再生必然假設一使再生可能（及必然）之「概念」。這概念提供再生綜合其「統一」。問題是，這裡所言"概念"所指為何？因此時仍未離開「直觀」之形構問題，故其所指概念，撇開經驗概念外①，所指應是範疇組一（量）與組二（質）②。原因在於，康德於 A 105 清楚指出，這裡所言"概念"之統一功能，只為使"再生綜合"具有必然性者，因而這類概念，仍只是"直觀"形構過程中對象之條件，換言之，那以形構「直

對象世界所必須。此十二範疇分為四組，如下：1.「量」範疇：一、多、總體；2.「質」範疇：實在性、否定性、限制性；3.「關係」範疇：實體性與偶性、因果性、交互作用性；4.「模態」範疇：可能性（與不可能性）、存在性（與非存在性）、必然性（與偶然性）。

① 若是經驗直觀，其形構必需經驗概念。

② 當涉及純粹直觀時為「量」範疇，當涉及經驗直觀時，則需「質」範疇之參與。此時亦有範疇組一（「量」範疇）之參與。請注意：在 A 104 中所討論的「對象」，明顯所指為廣義對象，即「直觀」之作為對象。「超驗對象＝ X」於此故也只相對範疇組一與組二言。

觀」為功能之"數學性範疇"①。康德所舉例子，故為三角形。在接着的 A 106 中，康德再一次重複這點，唯此次以「物體」為例。在這例子中所言「規則」，是「"直觀"之規則」，因而其概念也只能是範疇組一與組二。我們故可說，至此「在概念中確認之綜合」一節第一部份，康德所成就，為那使「再生綜合」可能時"概念"（範疇組一與組二）之必要性。這些概念，是為使"再生"具有必然性者。

在「在概念中確認之綜合」一節第二部份中，所探討則是直觀（廣義對象）形成後，"範疇組三"進一步對這些事物所作連結②，從而使「經驗界」或「可能經驗」得以形成。正在這一階段中，「超驗統覺」之功能始被突顯。這階段重點如下：1. 在 A 106 第二段始，康德提出「經驗」及「經驗對象」問題；而這建立在範疇組三。（見「經驗的類比」）。2. 在 A 108 中，康德提出「必然再生」與「必然聯繫」這一劃分。前者依據範疇組一與組二，後者依據範疇組三。3. 在 A 108 最後幾句中，當康德劃分「必然再生」與「必然聯繫」所依據概念之不同後，他進一步再次討論「超驗對象＝X」一問題。康德說：「我們現在可以更正確地確定我們關於一般對象的概念。」（A 108）為何這裡如此說？若"對象"問題在 A 104-5 已提出，為何至此始"更正確地"研究這一問題？原因在於：這裡所言"對象"，是嚴格義、非廣義對象。康德說：「一切表象作為表象都有其對象，且自身

---

① 換言之，「量」範疇。
② 現象之必然「聯繫」（Zusammenhang）。

又能是其他表象之對象。」（A 108）這句顯示，康德之前所討論對象，只"表象"之作為對象、廣義對象。故康德所欲進一步討論之對象，則是由範疇組三作為法則所使可能嚴格義之對象，即在表象及現象義外之對象。康德說：「現象是唯一能被直接給予我們的對象，而那在現象中直接關連於對象者，稱為直觀。但這些現象並非物自身，而本身只是表象而已，這些表象又有其對象，這些對象因而不再能夠被我們直觀，故而可以被稱為非經驗性的對象，換言之，超驗對象＝X。」（A 109）這裡所說對象因外於表象，故不能再指廣義對象，而只能是（表象所指認的）"超驗對象"。「超驗對象」非即物自身，因唯此對象始使一切先驗概念及知識有其「客觀實在性」[①]，物自身是不能作為我們先驗概念之根據，其為「思想物」，反只建立在我們先驗概念上。物自身（本體界）與「超驗對象＝X」因而意義不同：「那我使一般現象與之關連的客體，是超驗的對象，亦即，那有關某物一般（Etwas überhaupt）之完全未確定的思想。這超驗對象不能叫作本體，…」（A 253）。

從這一討論可看到，事物構成其過程如下：直觀攝取種種雜多，而範疇組一與組二形成種種在現象中對象。這些廣義言對象只是現象中直觀事物。要使嚴格義對象[②]可能，須範疇組三作用，而此始為"經驗"與"經驗對象"之構成。此時所對應能

---

① 「……與一超驗對象之關連，換言之，我們經驗知識之客觀實在性……」A 109。

② 即經驗對象，那具有實體性、因果性等等內容之對象。

力，為「超驗統覺」；亦正由於是統覺之統一，故始有一與「我」這主體相對之「超驗對象＝X」，並由此統一而致經驗整體可能。"經驗界"中事物其聯繫，由此而完成。

我們今把範疇組與其對應能力與作用列表如下：

	量範疇	質範疇	關係範疇
認知能力	超驗想像力	經驗想像力	超驗統覺
綜合模式	純粹攝取與 再生：併合 ①	經驗攝取與 再生：併合	聯繫 ② ／ 聯結 ③ ／ 統一
被綜合雜多	純粹雜多	經驗雜多 （感覺）	經驗直觀／知覺
所成事物	純粹直觀 對象	經驗直觀對象 ／知覺	經驗界／ 經驗對象／自然

範疇組因而是一科層結構，對應着不同主體能力，亦產生不同綜合作用。範疇組一只形成純粹直觀；範疇組二更進一步形成經驗直觀（知覺）；唯獨在範疇組三中，始有經驗及經驗對象之產生，而此透過超驗統覺成就。因經驗界基本上已由前三組範疇形成，範疇組四之作用，故非單純為客體之連結，而是"事物對象"與"我們理解力"關係之連結。範疇組四之原則，因而全是其前三組綜合條件之一種重複。在這重複中，表象了

---

① Zusammensetzung。

② Zusammenhang。

③ Verknüpfung。

一對以上三組範疇之整體統一（綜合），因而更反映三組範疇之科層結構。康德說：「同樣的東西也將適用於一般經驗性思惟的公則，這些公則是一起地與單純直觀之綜合（現象的形式）、知覺之綜合（現象的質料）和經驗之綜合（這些知覺的關係）有關，……」（A 180 ／ B 223）又：「一般經驗性思惟之公則：1. 凡是與經驗的形式條件（按照直觀和概念）一致的，就是可能的。2. 凡是與經驗的質料條件（感覺）相聯繫的，就是實在的。3. 那與實在者聯繫並依據經驗的普遍條件而被確定的，就是必然的（必然地存在的）。」（A 218 ／ B 265-6）事實上，在「原則分析論」四組原則標題中[①]，範疇這科層結構已明顯地標示出來。四組標題為：1. 直覺之公則、2. 知覺之預定、3. 經驗之類比、4. 一般經驗思惟之公設。「直覺」、「知覺」、「經驗」、「經驗思惟」，這已清楚指出範疇於其應用時之科層結構了。

第二版「超驗演繹」中超驗主體之知性結構

我們曾說，《純粹理性批判》「超驗演繹」第一版有關超驗主體之「三重綜合」結構為簡化，原因在於，第一版只考慮主體對對象之形構作用，沒有顧及超驗主體本身之存有問題；然後者會左右前者。超驗主體之存有問題主要來源於兩點：1. 超驗主

---

① 康德指出他是謹慎地選擇這四個標題：「我謹慎地選擇了這些稱謂」（A 161 ／ B 200）。

體對對象之形構，不應能形構出物自身或本體事物，因而超驗主體形構對象之"一切功能"，須同時"自身限定"。從這點言，上述三重綜合及範疇之運用，明顯有問題。2. 超驗主體是一自發或源起（ursprünglich）之思惟主體，有其"從根源言"之"獨立性"。思惟之獨立性意味一事：以往，思惟雖也有種種心靈能力，但主要仍附屬在存在事物上；思惟嚴格言，自身沒有一存有結構。如在笛卡爾中，心靈雖是一獨立實體主體，但自身沒有如世界般存有結構。康德超驗主體不同，它是客體事物之"構成素"、本身亦提供種種客體所需"形式"，從這點言，世界或存有之全部"結構"，均落在主體上，客體只提供毫無形式之"雜多"而已。正因世界結構為思惟所有，而思惟又自發地獨立，對主體自身問題，故不再能只從客體方面觀，如視之為實體、或只為對象之建構，更需"從主體內"觀、從"思惟自身結構"觀。視主體只為對象形構之功能與作用，明顯不足夠。從主體源起獨立性對超驗主體作論述，是「超驗演繹」第二版之改進。其問題因而困難。

在進入問題討論前，我希望讀者再三清楚明白問題之關鍵：一般只視康德超驗主體為對對象（現象界）之建構，因而只從構成素、及只對超驗主體作一對象客體義之分析，以為沒有超驗主體"自身存有"問題。康德超驗主體雖非實體，但不代表「我思」並非獨立存在。康德「我思」仍是一"源起自發者"，即"在現象給予前"，「我思」或思惟"內在世界"已先在地獨立存在。

這由「我思」而起之純粹思惟內在世界或世界性結構[1]，我們稱為超驗主體之「知性結構」。康德雖為主體性哲學，然在主體內，實仍然保有一如理形般之知性世界，只內化於主體而成一獨立自存「知性結構」或「知性世界結構」而已。這知性結構是「超驗演繹」第二版之主要問題，亦我們分析核心。

「知性結構」或「知性世界結構」之內容如下：

「我思」及範疇"知性地"綜合（synthesis intellectualis）「"一般"雜多」而成一「"一般"對象」。給予這樣雜多的是"在思惟中所思"之「"可能"直觀」。因而純然在「我思」思惟內，已有一完整世界模式（知性世界）：既有雜多（一般雜多）、也有對雜多之綜合（知性綜合）、因而亦有所成對象（一般對象）。唯因一切都只在"純粹思惟"內進行，故無論雜多抑對象，均只為"未被確定"之「一般」或「可能」而已。

所謂「知性結構」，所指為在主體內，最深層而完整之結構。因為在主體內最深層，故只為純然思想性質，絲毫未為"任何"雜多所參與，連純粹雜多（時空直觀與雜多）亦然。作為結構雖已含有「綜合統一」、被綜合「雜多」、及由綜合而成之「對象」，然三者只從結構構造言，為結構之構成項，非確實具體發生之事，故只思惟內"結構"而已。從這點言，其內涵仍然空無一物，故以「一般」一詞以標示。「一般」所指，故非"涵蓋一切"具體

---

[1] 因思惟內在世界本身無經驗雜多，縱使源起而獨立，始終仍只一世界"結構"而已、非經驗世界"本身"。

對象言時之「一般」，而是單純"從思想自身角度"所思、如泛泛無所指而思之「一般」那樣。故「知性綜合對一般雜多進行綜合並成一一般對象」只一結構性描述、只一綜合時結構之面相，與真實綜合進行無關，絲毫無具體雜多被給予故、因而亦沒有成就任何真實對象故。「知性結構」故純只結構而已，此康德運用「一般」一詞所有意思。讀者故不應把「一般」視為涵蓋一切之意，以為其為綜合真有所發生。純粹思惟若沒有這樣結構，任何具體綜合均無以發生，一切最終由思想主導故。

　　讓我們深入討論康德這「知性結構」問題。

　　從超驗主體角度言，「我思」最為根本。若「我思」非作為"實體"而言根本，那其根本性只從作為"表象"言。這是為何康德在第二版（《純粹理性批判》「超驗演繹」第二版，下同）§16中，先行論述這樣的「我思」。①

　　「我思」有以下特點：

一、「我思」必須伴隨一切表象，否則不能"為我之表象"。由直觀所給予之一切雜多，因而最終"必然關連於"「我思」，否則便不能為我所直觀之雜多。

二、「我思」本身只是一"表象"，非一實體。但作為最源起

---

①　第二版始於 §15，非始於 §16。這是因為，在超驗主體內之一切行動，均只為「連結」（Verbindung）；故在進入討論前，康德先行論述「連結」一概念。「連結」這概念包含三部份：被連結者（雜多）、連結本身行動（對雜多之綜合）、及連結所得結果（綜合統一）。「連結」一行動，因而即是：對雜多之綜合統一。

（ursprünglich）者言，「我思」是一純然知性之自發行動，非源自感性。作為表象，「我思」並不表象「我」之作為一實體，因而並不假設「我」作為物自身之存在。「我思」這一表象，只表象自身"作為一表象"，這即「我思」"源起"之意思：其自身產生自身為一表象。①

三、「我思」統一一切；其自身既單一亦自身同一。因為對象形構性②，故是超驗。

一切問題從「我思」源起性產生：笛卡爾「我思」之根本性與康德「我思」之源起性不同：笛卡爾「我思」作為根源雖獨立，然只起點而已；笛卡爾從沒有否定一本體之客體世界，因而始終保留着客體獨立性之可能；其「我思」故只起點，非一切事物之根據。康德相反。康德不承認任何客體之獨立性、不接受任何本體真實；「我思」之根源性，因而非只就「我思」言而已，更是"一切表象"作為表象之根本。（換言之，一切客體，也只能、並必然"為表象"而已；在作為表象外，是無其本體真實可能）。當「我思」源起地產生自身為一表象時，這是說，「表象」這一存有樣態，實源自「我思」，非從被表象者（如本體界）或其他表象得其意思。表象作為表象相對「我思」、非相對物自身言。「表

<hr />

① 「我思」表象之自發性或源起性，因而對反實體之自因而言。前者純然主體性，後者則是客體地根本。

② 一切事物必須為「我」之對象始可能；從這點言，「我思」已是一切對象之條件、為對象"作為對象"之形構性。換言之，對象因「我」而為「對（象）」。

象」意思因而完全不同於「現象」；雖可指同一事物，然意義完全不同：「表象」意思從「我思」而得，「現象」則從客體呈現言；因相對客體，故始有康德從時空形式重立現象根據之可能。（換言之，借由時空之"先驗性"，說明"連現象"亦只立於主體，無須立於本體）。康德從「我思」源起性言表象，目的是為確立「表象」之完全獨立性。表象之獨立性與現象之獨立性不同：現象只從客體給予言，故限定在感性事物上；表象不同。表象包含一切，上自「我思」下至現象，無一不"作為表象"而存在；現象必然是表象，但表象不必然是現象。從超驗主體角度言，「表象」概念更為根本，其意思單純建立在「我思」上。若時空為"現象"形式，那「我思」即為"表象"之形式 [①]，兩者根據因而不同。若現象界假設事物之給予，表象界並不。表象若必須等同現象，除非「超驗主體＝Ｘ」等同「超驗對象＝Ｘ」，即把「我」亦視為一如實體之「他者」，使「我思」轉化為「他思」、「這物在思」等等，否則「表象」不可能等同「現象」。[②]

　　那麼，康德「我思」之源起性，其意義何在？

---

① 「…意識自身並不是一區分出一個特殊的對象〔指「我思」作為一特殊對象〕的表象，而是表象之一般形式；（…）」A 346 ／ B 404。

② 康德曾說：「透過這個能思惟的我，或者他（Er），或者它（物）（Es（das Ding）），所表象出來的，不是別的，而只是思想的一超驗主體＝Ｘ，（…）」A 346 ／ B 404。康德意思是說：人之以為「我思」為一存在實體，如一「他思」或「它思」，其實，「我思」也只能是一超驗主體＝Ｘ而已。我們這裡所說則倒轉過來：除非「我」亦是一「他」或「它」，否則「表象」不可能等同「現象」。

從存有論言，「我思」之源起性使"表象界"再不根源於客體而單純源起於主體。有關超驗主體，故不能只研究其對象形構作用，更須研究由「我思」所使可能之「表象界」是怎樣的一種知性世界，換言之，從「我思」主體所觀或表象之"世界"（表象界）是怎樣的。事實上，若知性自身源起而獨立，知性無必然關連於感性所給予。[①] 使知性必須關連於感性始有真確知識（如康德），除非知性有所自限（自限為只是純粹思惟，見下），否則無必然有如此關連。一源起自發之知性，其為知性之結構、及其所有源起之表象界，使我們不得不研究二者究是怎樣。

康德知性結構或表象界結構究竟怎樣？為何這形構表象界之「我思」，於其自發地形構其世界結構時，會形構出一如"表象界"之世界結構？為何自發之「我思」，其所形構會是一"似從外來"之"表象界"？回答在於：康德「我思」為一"自限"之「我思」。「我思」之"自限"從兩方面言：一為「我思」之自限為純粹思惟（單純思惟自身）；二為「我思」之自限為"表象"。康德在 §25 節[②] 中劃分三種「我」之樣態：在其自身之「我」[③]、在現象中之「我」、及作為自我意識或「我思」之「我」。「我思」之「我」，既非在其自身、亦非在現象直觀中，而單純是一作為思想之「我」。這三種「我」，亦即「我」作為能確定者（das Bestimmende）、被確定者（das Bestimmbare）、及不能被確定者，

---

① 這是傳統形上學思辨（知性獨立真理性）之所由。
② 亦參考 B 428-430，A 346 ／ B 404，及 B 422 註。
③ 即傳統作為實體言之「我」自身。

後者即一確定性行動（Aktus des Bestimmens）[1]。這確定性行動雖能為我存在之確定，但不能確定我為一自在之存在者、亦不能確定我為一在現象中之存有，我只能確定自身為一自發之思惟而已。換言之，從「我思」單純作為純粹思惟狀態言，我是無法達致對事實存在之我任何確定性可能，無論是時空感性下存在之我、抑如實體般存在之我。從「我思」之純粹思惟狀態，我無法推導出任何感性存在或性質，既無現象、亦不知物自身，後者雖似由思想而致，然實是基於感性傾向始有：若非先有感性之給予，本是無所謂物自身之存在，後者始終與感性時空中外來性有關。在「我思」作為自身源起之純粹思惟中，其眼前所見[2]只"從純粹思惟而言之表象界"而已；而這既"無任何感性具體性"、亦在"任何具體給予"發生之前。

若「我思」既非在現象中、又非在其自身，「我思」之自限因而是說：「我思」只是"思惟形式"在其自身狀態而已，「我思」源起地與任何感性對象或感性對象形構之可能性無關。「我思」既不相對任何具體對象而為「我思」、亦不創造或轉化自身為一對象，如後來德國觀念論之辯証思想那樣。康德「我思」只

---

[1] 因「我」非在其自身，亦非在現象中，故「我」再無如此內容；其為純粹思想言，只能是一無確定性之行動；如此思想行動因"求為確定"，故為一「確定性行動」。

[2] 用「眼前所見」一詞，只比喻而已。「我思」作為純粹思惟，無"眼"，後者只感性器官，與純粹思惟無關。笛卡爾「我思」仍是一「在感覺的東西」（AT VII, 28），但康德「我思」盲目無珠，最低限度，是閉著眼睛之思惟狀態，其純粹性由此。

一「我自身表象」、非一「我自身對象化」之「我思」。「我思」之純粹思惟狀態，因而不確定或未被確定；確定性唯由感性而致而已。這未被確定狀態，即康德用語中「一般」之意思。「我思」之「思」，因而首次對立「我直觀」、「我知覺」或「我知性地直觀」[①]；思惟單純只是思惟，再非笛卡爾「我思」之同是「懷疑、理解、肯定、否定、願意、不願意、想像、感覺」[②] 等等。若笛卡爾「我思」在意識自身時意識到自身為「懷疑、理解、肯定、否定、願意、不願意、想像、感覺」，那康德「我思」於其自身意識時，所意識到的，只為一負面「我思」；康德故說：「……我意識我自身，非如我對我顯現那樣，亦非如我在我自身那樣，而只是〔意識到〕我在。」（B 157）[③] 康德「我思」於其自我意識或自身表象時，所表象到為一既非是這、亦非是那的"負面狀態"。這負面「我思」所能意識到，也只「我」作為不確定者：「但我們能夠作為這門科學基礎的，卻無非是單純的、自身在內容上完全空洞的表象：『我』；關於這個表象，人們就連說它是一個概念也不能，它只不過是一個伴隨着一切概念的意識。」（A

---

① 智性直觀，intellektuelle Anschauung。

② 《沉思集二》AT，VII, 28。亦參考笛卡爾《哲學原理》I, 9；《沉思集》第二組反駁答辯，定義一。

③ "……bewußt，nicht wie ich mir erscheine, noch wie ich an mir selbst bin, sondern nur daß ich bin。"同樣參考：「我表象我自身，非如我是，亦非如我對我顯現……」（B 429）。"Dadurch stelle ich mich selbst, weder wie ich bin, noch wie ich mir erscheine, vor, sondern ich denke mich nur wie ein jedes Objekt überhaupt, von dessen Art der Anschauung ich abstrahiere。"

346 ／ B 404）又：「一個不確定的知覺在這裡意味着某種實在的
東西，它被給予，而且僅僅是為了一般的思惟而被給予的，因而
不是作為現象、也不是作為事物自身（本體），而是作為事實上
存在的某物，並在『我思』這命題中被表示為這樣一個某物。」
（B 423）

　　若笛卡爾「我思」從否定（懷疑）世界之真實性達致對「我
思」確實性之肯定，康德「我思」相反：透過對自身任何確定性、
任何 "知識" 可能性之否定，「我思」反而肯定了另一事實：一
切知識必然依賴 "外於"「我思」之根源、一給予實在確定性之
根源。這在「我思」外之知識根源，即感性直觀能力、及其所帶
來之經驗或感性雜多。一切知識確定性與真實性，都只能源於
後者。一旦思惟被貶為 "純粹思惟" 時，將同時失去一切確定性
可能。縱使未為對純粹理性批判，思惟之 "純粹狀態" 已失去一
切知識真理性可能。這是純粹知性真理性至純粹知性非真理性
之歷史轉變時刻，為馬克思對「思想形態」（Ideologie）批判之前
身。我們前面稱這為「思想」與「存有」（存在）之絕然分割。這
樣分割，貫穿康德思想全部時期。

　　康德這「思想與存在」、或「形式與內容」之絕然分割，使真
理本然價值，也隨着真理之經驗性而下降。[1] 若非第二及第三
《批判》重立主體價值及客體現象價值，哲學故往所向往 "存有
義" 之真理，將無以建立；一切只落為現實存在上（ontical）之

[1]　因思想只為純粹無真理性思想，而知識只由感性而給予，故一切可能真
　　理，也隨著感性經驗性而下降，再非如傳統真理之能形上。

經驗知識而已。

康德「我思」雖為自限之「我思」，然世界及其模式，完全建基於此、以此為本。由「我思」之自限為"源起表象"，「表象」之獨立性亦由此而生；連現象"作為表象"，也必須建立在、及根源於「我思」。我們於此仍須分別清楚：現象及經驗對象雖不可能在「我思」本身給出，否則「我思」便已是一智性直觀，[①] 然由於「表象」這存有形態是由「我思」源起，而一切事物最終均須"作為表象"呈現，故從「表象」這一存有形態言，一切事物必須根源於「我思」（作為「表象之形式」）。然正因「我思」自限為只是"表象"之「我思」，由「表象」其意思涵蘊一"外在被表象事物"、指向"「我思」外"之事物，因而，與「我思」源起同時，其「補面」[②] 亦相對地呈現。換言之，表象界雖由「我思」而起，然因「我思」自限為只是一表象，故表象界又"如在其外地"給予。此「我思」必須伴隨一切表象[③] 時，「伴隨」所有之意思。「我思」與其補面因而一體兩面、為一分析關係；「我思」作為綜合統一必然涵蘊被綜合事物之給予故[④]。

然問題是，因純粹思惟空洞無物，「我思」作為純粹知性自身無確定內容，故由「我思」而起之表象界，儘管似指向外，也只能為一不確定、以「一般」樣態呈現之一種存有：這時表象是

---

① 故實在地言時，現象與經驗事物須在「我思」表象外另有其根源；非必在物自身，而可單純由感性直觀而致。

② 相關物 Correlatum。見 A 250。

③ B 131-132。

④ 見《純粹理性批判》§16 與 §17。

「一般表象」、對象是「一般對象」(超驗對象＝X)。用一累贅方
式表達，即：透過不確定的「我思」，所綜合不確定的一般表象，
關連於不確定的對象──「一般對象」。超驗對象＝X只能對
應不確定「我思」對不確定「一般表象」所進行綜合行動始有意
義。超驗對象＝X因而只相對於「我思」之"表象"[①]、非相對"現
象"言。若本體界具有正面意義，這代表此時「我思」已非一自
限為表象之「我思」，而是一具有智性直觀、能直接表象物自身
者。除非「表象」非源於「我思」，否則其相應對象只能為超驗對
象＝X，換言之，表象非以"本體"作為對象。

　　從以上討論可看到，對康德言，人之有限性非如傳統那樣，
為人"感性存在"之有限性。感性固然是一有限能力，但在這之
前，更先是「我思」自限之有限性。也由「我思」自限為表象、
自限於表象界，故始有物自身之不可能。否則，像在1770年論
文，縱使已確立現象界之獨立性，始終，知性仍有本體知識可
能。關鍵故非在現象界及感性接受性上，而在知性是否一自限
之知性而已。

　　當「我思」自限為一「表象」時，表象界作為「我思」補面浮
現在其前。感性直觀雖為人類唯一真實接受對象之能力，但「我
思」面對表象界而有之接受性，先於感性接受性而為一切"接受
性"之先在結構或模型。這接受性因在純粹思惟內源起，故為一

---

① 從結構言，不是對象(超驗對象＝X)使表象可能，而是表象使超驗對象
　＝X可能。超驗對象＝X因而也只被思物而已。

切給予性、甚至直觀性之源起。一切給予性與直觀性因而源起於「我思」。非「我思」具有直觀能力，只是：「我思」給出直觀之意思，為直觀其「可能性」之基礎[1]。在感性直觀提供雜多前，由「我思」自限而起補面之被給予性，是直觀給予性其意思之本。這被給予性由「我思」自限而源起，故無假設對象之真實存在。康德稱此為「一般直觀」或「可能直觀」。正如「表象」使「現象」可能而非「現象」使「表象」可能，同樣，表象之給予性使現象給予性可能。這「一般直觀」或「可能直觀」，因只「我思」所思之給予性（直觀），故為不確定的「一般直觀」或「可能直觀」。縱使不確定，表象界始終由此而構成。雖完全發生在純粹思惟內，但已是表象界"結構"之完整呈現。

表象界之思想性或知性結構，含藏一切可能世界結構。若知識所需三重綜合[2]可簡化為直觀對雜多之攝取、概念對雜多之綜合、及由關連於「我思」而成對象之統一，那在純粹思惟下所發生之"知性"三重綜合、那為一切具體世界建構[3]過程前之純粹知性建構結構，其構造過程如下：

一、「可能直觀」對「超驗對象＝X」直觀，並提供其雜多：「一般雜多」或「一般直觀雜多」；

---

[1] 非直觀之"真實性"，只其"可能性"之基礎而已。前者在感性能力、非在純粹思惟內。

[2] 直觀中攝取之綜合、想像中再生之綜合、概念中確認之綜合。

[3] 知識所需三重綜合同亦對象構成之三重綜合，故為世界建構性。

二、思惟之「純粹概念」透過概念所思「知性綜合」（synthesis intellectualis）對上述「一般雜多」進行綜合作用；

三、純粹思惟之「知性綜合」把所綜合之「一般直觀雜多」關連於「我思」而對應地構成一「一般對象」如此統一。

以上三重綜合簡言為：「可能直觀」對「一般直觀雜多」攝取、「純粹概念」對「一般雜多」進行「知性綜合」、由「我思」之統一形成「一般對象」；三者構成一"在純粹思惟中"之三重綜合。[1] 由這在純粹思惟中三重綜合所構成之可能世界（表象界），不單作為純粹思惟狀態獨立存在，在康德晚年《遺著》（Opus Postumum）中，由它構成之理念體系，更是一切確定事物可能之根據。這一理念體系，只能是思惟主體或純粹思惟自身所創造，康德稱此為「超驗哲學」。

知性與「我思」，在仍未關連於任何感性直觀前，因而有一根源而源起的純粹知性結構。這一純粹知性結構其項目再一次整理如下：在理解力中"所思"之直觀為「可能直觀」；這可能直觀所給予的雜多為「一般直觀雜多」（Mannigfaltigen einer (gegebenen) Anschauung überhaupt）或「可能直觀雜多」（Mannigfaltigen einer möglichen Anschauung），我們簡稱這一雜多為「一般雜多」；這一般雜多作為"純粹思惟內"之雜多，並非

---

[1] 「超驗演繹」第一版所言三重綜合，是在純粹思惟外真實地發生。這裡所言在純粹思惟內之三重綜合，是前者之先行知性結構，如表象界是現象界之先行知性結構那樣。

由任何"感性直觀"所給予，而直是範疇"所思"雜多。依據範疇而對這些（純粹思惟中所思之）雜多所作之綜合為「知性綜合」（synthesis intellectualis）。由知性綜合於其關連於「我思」而形成之對象，為"在思惟中所思"對象：「一般對象」或「一般直觀對象」（Gegenstände der Anschauung überhaupt）。由這純粹知性結構所完成者，為「可能經驗之條件」或「（一般）經驗可能性之條件」（die Bedingungen der Möglichkeit der Erfahrung überhaupt），而非「可能經驗」本身。

以上之知性結構，為最內在而伴隨「我思」而源起。在這知性結構之外，仍有另外兩層結構：一相對時空之直觀與雜多（純粹雜多）、另一相對經驗事物及其雜多（感覺質料）。康德主體性結構，因而分為三層次；每層有各自之三重綜合，故合為九重綜合。由是世界始形成。時空層次有賴時空"純粹雜多"之給予、經驗層次有賴"經驗雜多"（感覺質料）之給予，二者故同為感性，有賴"確切"給予故。[①] 然唯最內在並源起之知性結構層，其雜多只概念（範疇）"所思"之"一般雜多"，非感性所給予者、更非有所確切、確定內容，故雖為先在結構，然不形成如時空或經驗之"確切"知識，故為"純粹思惟"之「表象遊戲」（Spiel der Vorstellungen）[②]。

至於在知性結構層外其他兩層結構，其構造與知性結構基本相同，三者差異唯在：知性結構只從"知性本身"言，而與時

---

① 或為時空之純粹雜多、或為經驗之偶然雜多。

② 見 A 155 ／ B 195，或 A 122 等。

空純粹感性有關之三重綜合結構則從"純粹感性"言，最後亦最外層之三重綜合結構則從"經驗界本身"之構成言①。若知性結構層所成為（一般）表象界、那時空層之結構所成為（一般）現象界、而最後經驗層之結構所成為經驗界。無論是時空抑經驗，其中三重綜合之運作必然齊備，同有對雜多之攝取與再生、然後有對雜多在概念中之確認、及最後藉「我思」完成對象。在任何"經驗"對象呈現中，以上三層三重綜合必已同時存在，一者重疊在另一者上。因時空為經驗雜多形式，故在任何經驗事物身上，不可能只有一層三重綜合②，必已有對時空本身純粹雜多之三重綜合在其內。同樣，縱使是時空之純粹雜多，其綜合已假設思想或概念之運作，故亦已有純粹知性之結構在。時空因為先驗，故可獨立於經驗，其三重綜合亦先行於經驗之三重綜合；然經驗必以時空為條件，並必假設後者。同樣，無論是時空抑經驗，其運作必然建基在純粹知性及其概念上，故均後於純粹知性及其結構，它們結構亦倣效後者，只為後者之"應用"（見後）。

　　若"經驗的"三重綜合所成就是「經驗」或「經驗對象」，那單純從"純粹"言之三重綜合③所成就的，康德稱為「可能經驗」：即其本身並非就是經驗，只是經驗可能之條件。故在"經驗"雜多仍未給予前，從「我思」至先驗感性（純粹三重綜合）全

---

① 　三者為純粹知性、純粹感性、及經驗界本身這三層構造。
② 　經驗對象之三重綜合。
③ 　純粹知性與純粹感性（時空）兩種三重綜合。

部過程所能成就的，換言之，在"先驗層次"盡所能完成的，也只「可能經驗」而已。由時空層所形成結構，我們故稱為「可能經驗結構」。這可能經驗結構如下：純粹感性直觀（時空）提供純粹雜多①；超驗想像力依據範疇對這些雜多所進行綜合為「形象綜合」（synthesis speciosa）；由「形象綜合」所形成對象為「可能經驗對象」（Gegenstände möglicher Erfahrung）②；最後，由這一結構所構成的，是「可能經驗」。可能經驗之成就，給予範疇其客觀有效性，因而正為「超驗演繹」之目的。③

如我們所說，純粹三重綜合可重疊或運用於"經驗"雜多上，此時所形成的，是「經驗對象」；「經驗結構」最終所成的，是「經驗界」或「自然界」。經驗界故是「可能經驗結構」運用在經驗現象上之結果。「可能經驗結構」因使經驗現象轉化為經驗界，故稱為「可能經驗」之結構。「可能經驗」結構加諸在經驗雜多上，即成眼前具體的「經驗界」。

康德主體性三層結構故應圖示如下：

---

① 純粹雜多之其他名稱為：先驗純粹直觀之雜多、先驗地給予之雜多、純粹直觀雜多。

② 亦稱為「可能直觀對象」（Gegenstände möglicher Anschauung）。

③ 「可能經驗結構」因已有時空這樣先驗雜多之給予，故其綜合已為確定的綜合，因而亦有確定對象，唯此時對象為在時空本身內之對象而已，如數學、如三角形。正因已有確定的內容，故此時綜合不再只是純知性內之綜合、不再是「知性綜合」而是「形象綜合」。康德用「形象」一詞，因此時所涉只時空之綜合，故為「形象」。又因此時綜合非只為純粹知性，故綜合由轉化為"想像力"之知性擔當，其綜合故為"形象綜合"。

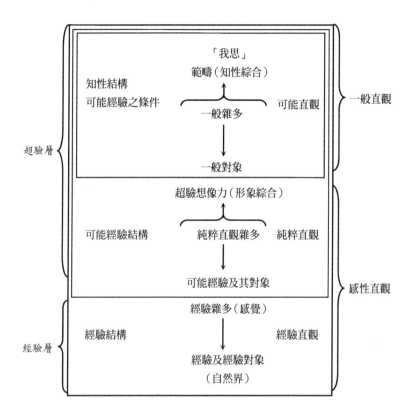

以上三層結構（三重綜合結構）均同構（isomorphe）。最上之「知性結構」或「純粹知性結構」最為獨立，因由「我思」源起故。其他兩層結構，則有待直觀之給予始可能：時空因仍為先驗，故仍相當地獨立；唯經驗層因有賴經驗雜多之給予，故無源起獨立性可能。三層結構從同構關係言，以最上層知性結構為本，因而都為一種由對雜多之綜合統一而形構對象這樣行動。三者差別故先在雜多之差異、然後在綜合統一性質之差異、最後則在對象之差異上。因純粹知性結構為本，故其他兩層均可

視為純粹知性結構之「應用」。「應用」（Anwendung）一詞為康德用語，為指純粹知性結構"應用"於具體給予直觀內容上[①]。「應用」一詞故非指在純粹知性結構"內"「綜合統一」這一行動。這在知性結構內由對「一般雜多」進行之綜合統一，康德用「從屬」（stehen unter）及「歸併」（bringen unter）兩詞，以對反「應用」（anwenden）及「規定」（vorschreiben）兩詞。後者所涉為在純粹知性結構外、其他兩層感性直觀下之綜合。以上為「超驗演繹」第二版所有結構。

知性結構文獻上之証明

現讓我們從「超驗演繹」第二版証說「知性結構」之存在。第二版「超驗演繹」主要分為十五節，由§13至§27。§13、14為導言，「超驗演繹」故始於§15。§15論一般連結。§16論源起統覺之綜合統一（「我思」）。§17、§18、§19三節進一步發展統覺之綜合統一問題，如綜合統一與對象、統覺之綜合統一與理解力之使用、主觀統一與客觀統一、及統覺之統一與判斷之邏輯形式等問題。我們須注意，在這幾節中雖然理解力之「純粹綜合」已被提出，但「範疇」一概念及其確定關連於直觀雜多之可能性仍未提出，因此，若「超驗演繹」主要對象為範疇，那儘管表面上似成立"統覺與直觀雜多"之關連，然我們仍可說，

---

① 　或為純粹直觀、或為經驗直觀。

「超驗演繹」仍未正式進行。首次明確提出"範疇"及其功能，是§20，其標題為：「一切感性直觀都從屬於範疇，而範疇乃唯一能使感性直觀雜多聚集在一個意識下之條件」。這節之結論因而亦為：「因此，就連一在給予直觀中之雜多也必然從屬於範疇。」（B 143）這結論表面上已達成「超驗演繹」所欲達到的結論，但事實不然。在緊接§20之「§21備註」（Anmerkung）中、在以一更明確方式重複上述結論後，康德接着說了以下一段話：「上述命題因而構成理解力之純粹概念之一種*演繹*之開始，在其中，因範疇*獨立於感性*而純然在理解力中產生，我就還必須抽掉如雜多在一經驗直觀中被給予時的那種方式，以便僅僅着眼於那由理解力透過範疇加到直觀中的統一。後面（§26）將會指出，從在感性中經驗直觀被給予的方式中，這經驗直觀的統一無非就是那範疇按照前面§20為一個被給予的一般直觀雜多所規定的統一，而因而，由此得以解釋範疇相關於我們感官的一切對象的先驗有效性，演繹的目的才完滿達成。」（B 144-145）

備註這段文字引發出一些重要問題：

一、一般認為「超驗演繹」若不始於§15，其終結也可在§20完成，因在§20中，康德已証明範疇與直觀雜多之關係。但為何康德反說在§20之結論中，超驗演繹"才開始"、其終結須待§26始「完滿達成」？事實上，康德的理解確實如此，因在§15至§25各節標題中，我們找不到「超驗演繹」一詞，唯在§26、即康德所言「超驗演繹」之「完滿達成」中，其標題才明確指認為「超驗演繹」。§26之標題為：「純粹理解力概念普遍可能的經驗使用之超驗演繹」（Transzendentale

Deduktion des allgemein möglichen Erfahrungsgebrauchs der reinen Verstandesbegriffe）。

二、更嚴重的問題是：若「超驗演繹」為研究範疇如何關連於感性直觀雜多，§20 所成立的結論，應是這「超驗演繹」之終結，但康德說其所以只構成「超驗演繹」之開始而非其終結之原因在於：在 §20 中所成就，只是範疇與『一般』被給予直觀雜多之關係，非範疇與『經驗』直觀之關係。這一原因，在 §26 開首再一次被提出，康德說：「（…）在*超驗演繹*中，則闡明了這些範疇作為一般直觀對象的先驗知識這可能性（§§20、21）。現在應當解說，透過*範疇*，對那些永只能在*我們感官出現* —— 而且不是按照它們直觀的形式、而是按照它們連結的法則 —— 的對象的先驗知識的可能性，因此也就仿佛是給自然規定法則，甚至是使自然成為可能者。」（B 159）若依據 §21 及 §26 所指出，§20 所完成的，因只範疇與「一般直觀對象」之關係，非「超驗演繹」所希望達成範疇與『感性』對象之關係，故只能被視為「超驗演繹」之開始而非其完成。但奇怪的是，在 §21 及 §26 所指出的，表面上好像與 §20 的結論矛盾，因 §20 的結論已是範疇與『感性』對象及感性直觀之關係，非只與『一般』對象及『一般』被給予直觀雜多之關係。我們如何解釋這矛盾？再者，若真如康德所說，§20 所成就，為範疇與『一般』對象之關係，那 §26 與 §20 之結論，無論多相似，仍應為不同結論；即：§26 根本不是 §20 的重複。

三、若如康德所說，§20 是「超驗演繹」之開始而 §26 是其終結，

那為何在這開始與終結間，插入 §22 至 §25 這四節如此長的討論？四節（特別最長的 §24）對「超驗演繹」之論証有何影響？對自 §15 至 §20 之語彙又有何本質上之形變？這四節若位於「超驗演繹」開始與完成間，那四節所討論的，是「超驗演繹」不可或缺之核心；即沒有四節之討論，「超驗演繹」不能完成。若如是，我們可進一步說，由四節語彙上之轉變，可使我們看清楚，為何 §15 至 §20 之「超驗演繹」只似是而非、及為何「超驗演繹」確實只能在 §26 始完全成就。換言之，要重新評估 §15 至 §20 似是而非的「超驗演繹」其所成、及其在 "真正" 「超驗演繹」中之位置，我們必須重新研究自 §22 至 §25 這四節。這樣研究將會使我們看到，§26 並非其前任何一節之重複；並在這一研究中，始能揭示純粹知性結構之存在及其本質。

在繼續前，讓我們先把最終結論說出來，好使討論能簡明。一般學者認為「超驗演繹」証明有兩路：自下而上、及自上而下；§16 至 §20 為下至上之推論，§21 為備註，§22 至 §26 則為自上而下之推論；二者方向不同，然結果同一，為証範疇與經驗雜多或感性雜多之關係。我們所說不同。不單只沒有兩路，甚至範疇作為先驗概念，根本無法直接關連於經驗直觀雜多。對所謂兩路，我們將指出，§16 至 §20 所討論，為上面所言「純粹知性結構」；這時雖似有綜合統一，然因純然在思惟內、在任何感性直觀仍未發生前，故實非範疇之超驗演繹。範疇之真正超驗演繹，如康德所說，始於 §22 或上述 §21，其完成在 §26。所

謂超驗演繹，實此純粹知性結構"應用"於感性直觀雜多這一過程。康德在備註所指出的 [1]，因而正確。問題因而為：如何正確理解備註 §21 前後兩部份？各代表甚麼綜合？各反映知性甚麼結構？其間詞彙有何差異？詞彙差異與超驗演繹在理論上有何關係？等等。

首先讓我們說明「純粹知性結構」在文獻上之存在。我們從「超驗演繹」§24 說起。康德在 §24 中劃分兩種不同綜合：「知性綜合」（synthesis intellectualis）與「形象綜合」（synthesis speciosa）。「知性綜合」是對"一般"直觀雜多之綜合，「形象綜合」則是對"感性"直觀雜多之綜合。前者是理解力作為"純粹知性能力""所思"之綜合 [2]，後者則是理解力作為"超驗想像力"對感性直觀雜多之綜合（見 B 151）。在知性綜合中所思之「一般直觀雜多」明顯非指（亦非包含）經驗雜多或時空之先驗雜多，後兩者同是感性（見 B 147）。然因理解力作為純粹思惟不能自身給予雜多，故其所思雜多，非從"給予"言真實的雜多（感性

---

① 「上述命題因而構成理解力之純粹概念之一種*演繹*之開始，在其中，因範疇*獨立於感性*而純然在理解力中產生，我就還必須抽掉如雜多在一經驗直觀中被給予時的那種方式，以便僅僅著眼於那由理解力透過範疇加到直觀中的統一。後面（§26）將會指出，從在感性中經驗直觀被給予的方式中，這經驗直觀的統一無非就是那範疇按照前面 §20 為一個被給予的一般直觀雜多所規定的統一，而因而，由此得以解釋範疇相關於我們感官的一切對象的先驗有效性，演繹的目的才完滿達成。」（B 144-145）

② 即在純粹思惟中所進行之綜合。

雜多），而是從「我思」作為"綜合統一"言所涵蘊雜多[1]；如同相對「我思」言之"對象"非真實給予之對象，而只"在思惟中所思"之超驗對象＝X那樣。在任何感性給予"真實"直觀與雜多前，「我思」作為一自發源起之表象，表象「我思」為一綜合統一；其時所言雜多，只"順承綜合"言而已，故只為一般雜多（所思雜多）。「我思」所思雜多與對象——「一般雜多」（「一般直觀雜多」）及「一般對象」[2]，因而空洞無確定性。此時一切只在純粹思惟內發生，故只為「一般」。「一般」一詞，純就純粹知性結構項目言而已，繼有：「我思」、範疇、知性綜合、一般對象、一般直觀或可能直觀、一般直觀雜多或一般雜多等等。純粹知性結構項目，因而是把「可能經驗結構」中項目知性化；後者如：形象綜合、超驗想像力、感性對象、感性直觀、感性雜多等等。「超驗演繹」§22 至 §25 四節，因而為對「知性結構」與「可能經驗結構」二者之劃分與研究[3]；二者關係或關連，即為「超驗演繹」。

　　「可能經驗結構」是具體事物或客體事物世界之形構構造，而「純粹知性結構」則是我們主體自身、從「我思」作為一自發源起之思惟在其主體狀態之結構；「超驗演繹」故為研究兩者之關係。§15 至 §20，與 §22 至 §27 無論表面上內容與結論多相似，然實完全不同，既非只解說上重複、亦非論証上下之兩路。

---

① 一種相對於「綜合」與「統一」言"所思"之雜多。

② 有關「一般對象」，請參閱 A 52 ／ B 75，B 128，B 148，B 150，B 158，A 247 ／ B 304，及 A 79 ／ B 105，A 93 ／ B 125-6，B 159，A 254 ／ B 309 等等。

③ 「知性結構」由 §16 至 §20，而「可能經驗結構」由 §22 至 §26。

那麼，在§16討論「我思」時，康德不是明白地說，「我思」是『一切』直觀雜多之綜合統一；為何我們說，「我思」之綜合統一只關連於"一般雜多"而不關連於"感性雜多"？這仍算『一切』嗎？這『一切』一詞，因而是問題全部關鍵。

首先，康德明白否定「我思」關連於"感性"直觀雜多之文獻有：§21，B 144-5；§24，B 153-4；§25，B 157兩處；§25，B 158；§26，B 161；§26，B 162注解。[①]請特別注意，康德在上列§24（B 153-4）中，對「*一般直觀*」加上斜體，同樣，在§25（B 158）中，對「*一般對象*」亦加上斜體。§26（B 161）更清楚：「*一般直觀*」與「*感性直觀*」均加上斜體以作區分。

從以上引文中我們可看到，康德實把"統覺"之綜合統一理解為"純粹知性"統一而非"實在的"綜合統一。若§15至§20確實只是對"純粹知性結構"之論述，那其中最主要論旨及結論如何解釋？這論旨與結論分別為：「一切直觀的可能性相關於理解力時之最高原則為：直觀的一切雜多都從屬於源起綜合的統覺之統一這條件。」（§17，B 136）「因此，就連一在給予直觀中之雜多也必然從屬於範疇。」（§20，B 143）怎樣解釋「"一切"直觀」或「"一切"雜多」都從屬"統覺"之統一這樣說法？這不是與「感性直觀」或「感性雜多」不從屬"統覺"這說法相互矛盾？我們分兩點說明：

---

① 亦可參考：B 163，B 164，A 156／B 195等等。

一、在康德詞彙中，形容統覺與雜多關係最一般用語為「關連於」（beziehen，Beziehung）一詞。除這較一般用語外，康德嚴格把「純粹知性結構」內關連關係與在「可能經驗結構」內關連關係清楚地劃分開：前者用「從屬於」（stehen unter）及「歸併於」（bringen unter）兩詞，後者只用「應用」（anwenden，Anwendung）一詞。所謂「從屬關係」指"一般"雜多或"一般"直觀雜多從屬於統覺之綜合統一或從屬於範疇這一種關係，但「從屬」不能解釋為"經驗"雜多從屬於統覺之綜合統一。至於「應用」，所指已非純粹知性結構內之關係，而是"純粹"知性結構"應用於""感性"雜多這一關係，由此形成「可能經驗結構」。簡化地言，即"理解力"應用於"感性"這一關係（超驗想像力問題），亦即所謂「超驗演繹」。翻開「超驗演繹」§15 至 §20 六節可發現，其中所討論，全是「從屬關係」；§21 這備注是分界線；之後 §22 至 §25 四節則為「應用關係」之研究。因有這樣劃分，康德故始特別強調兩種關係之差異。而唯在 §26 這完成階段，康德始合併兩種關係而討論。上引 §17 論旨及 §20 結論都清楚在言「從屬」，這關係至 §20 時更明確在標題中顯示出來：「一切感性直觀都從屬於範疇（…）」（B 143）。而在 §22 至 §25 中，唯一具有標題之兩節（§22 及 §24），都清楚指明是「應用關係」，§22 標題為：「範疇除了應用於經驗對象外，對於事物之知識別無所用」（B 146），而 §24 標題為：「論範疇在一般感官對象上之應用」（B 150）。

二、若從關係言明顯分為兩層關係，那麼，「一切感性直觀都從屬於範疇（…）」（B 143）中『一切』直觀雜多或『一切』感性直觀雜多中『一切』一詞所構成矛盾如何解釋？這是全部問題關鍵。在§16至§20有關雜多在意識中之綜合，此時之直觀雜多，往往加上「一切」這一泛指代詞。若「一切」一詞之反面或對反為「某些」，那此「某些」所指，非言在"我們感性直觀下"之『某些』雜多，而正是此『"我們"感性直觀下之雜多』。『一切』直觀雜多所對反的，是『我們的』感性直觀雜多，非後者中之"某些"感性直觀雜多而已。用更清楚說法：『一切』感性直觀雜多所對反的，是『我們的』感性直觀雜多。換言之，『一切』感性直觀雜多表面雖言『一切』，但其所言並沒有限定在"我們的"感性直觀雜多內，而這是因為：純粹知性是一源起自發而獨立之「我思」，對這樣純粹而單純之思想體言，其所思之一切，沒有限定在任何具體之感性給予內；唯對"我們作為人"言，始有如時空這樣特殊之給予能力（感性直觀能力），單純從思惟言，是沒有如此限定的。因而對思惟言之"一切"，實只一空洞無確切所指或所含之"一切"，其反面故指"我們的"這一特殊感性直觀及雜多，藉由後者始能有確切雜多之給予。『一切』（感性直觀雜多）所對反，故是『我們的』感性直觀樣態所提供之雜多。在開始討論純粹知性結構應用問題時，為區別「從屬」與「應用」兩種不同關係所涉雜多之不同，康德自§22始便明確地提出「我們的感性直觀」或類同區分以作區別。舉例說：「純粹理解力的概念則沒有這種限制，而

且擴及到一般直觀的對象，不管這直觀是不是與我們的直觀相似，只要它是感性的而不是知性的。但概念這超出*我們的*感性直觀之進一步擴展，對於我們來說是沒有任何助益的。因這只是空洞的概念，其對象之有曾可能與否，是我們無法透過它們而下判斷的，故它們只是沒有客觀實在性之純粹思想形式而已，因為我們沒有擁有任何直觀，能作為統覺之綜合統一 —— 這是這些概念所惟獨含有者 —— 能應用於其上，並如此確定一對象者。惟有*我們*感性的和經驗性的直觀才能給這些概念以意義和含義。」（B 148-9）「純粹理解力的概念僅僅透過理解力關連於一般直觀對象，而不確定這直觀是我們的還是其他的，只需它是感性的；但正因如此，它們僅僅是*思想形式*，透過它們仍沒有確定對象被認知。」（B 150）在這些引文中，我們所討論的問題完全被聚焦下來了。我們可明顯看到，§16 至 §20 所用「一切直觀雜多」，其意在指涉一切"可能的"直觀雜多，而不是"我們"直觀下之一切雜多。「一切直觀雜多」一詞，故等同「可能直觀雜多」或「一般直觀雜多」。正因如此，康德故把對這些雜多之（知性）綜合所得對象稱為一般直觀對象，即那不確定、不構成知識、及只是思惟形式之對象。若沒有『我們的』感性直觀，統覺之綜合統一便無法有任何『應用』可能，即無法有任何具體確定對象。這顯示出，§16 至 §20 所討論"從屬"關係，根本仍未涉及『我們的』感性直觀雜多；這幾節所討論的關係與結構，故只為"純粹知性結構"。正因如此，當『我們的』感性直觀雜多為問題焦點

時，其與統覺綜合統一之關係，再非用『從屬』言，而是為『應用』關係。因而我們不能把在 §16 至 §20 中提及的「一切感性直觀雜多」視為『一切"經驗"直觀雜多』或『"我們的"感性直觀雜多』；「感性的」與「經驗的」意義根本不同，前者泛指一切直觀能力之"接受性"，後者則直接指認"我們的"感性直觀：即透過時空兩感性形式對由感覺而來雜多（經驗雜多）之一種直觀。時空形式及其雜多雖亦來自我們主體故而先驗（既普遍亦必然）[①]，然若問我們何以只有這兩形式，非其他形式或直觀方式，這則完全偶然。換言之，時空這兩感性直觀形式只是『我們的』，非其他存有者必然同樣具有；因而縱使作為感性直觀形式（屬主體所有）而先驗，然對"純粹思惟"本身言，始終只屬"我們"（人類主體）所有而已，無必然如此。[②] 從以上討論可見，"從屬"關係只相對『一切感性直觀』之（一般）雜多言，而"應用"關係始特殊地針對『我們的』感性直觀雜多言，時空內感之雜多即其最純粹者。一切有關範疇之"應用"問題，故全關注在「內感」[③]而討論。正因如此，康德故不得不嚴格地區分「內感」與「統覺」。[④]

[①] 我們感性雖亦為主體一部份，然始終與知性不同。知性之源發性沒有同時包含此一特殊感性在內，故對這樣純粹知性言，"我們的"特殊感性始終如顯得外來。

[②] 請參閱 §21，B146；§17，B139 及 B155。

[③] 「內感」指"我們之"特殊感性直觀形式，故含時空兩者於內。

[④] 這兩問題，同見於 §24。

若「一切感性直觀雜多」這類用語為對反「我們的感性直觀雜多」而非包含此後者，這是說，康德在備注 §21 中所作之判斷，並沒有矛盾。從"應用關係"言之「超驗演繹」，確實始於 §21 之後，其完成在 §26。§26 之標題因而為：「純粹理解力概念之普遍可能的經驗使用之超驗演繹」。其開始故說：「(…) 在*超驗演繹*中，則闡明了這些範疇作為一般直觀對象的先驗知識這可能性（§§20、21）。現在應當解說，透過*範疇*，對那些永*只能在我們感官出現* —— 而且不是按照它們直觀的形式、而是按照它們連結的法則 —— 的對象的先驗知識的可能性，因此也就仿佛是給自然規定法則，甚至是使自然成為可能者。」（B 159）把「範疇作為一般直觀對象的先驗知識這可能性」視為 §§20、21 之結論，而把 §26 之演繹工作視為相關於「*我們感官出現*的對象」[①]，這對比再清楚不過。因而我們可斷然說，§21 之前與後非重複，其間詞彙項目不同故。§16 至 §20 所言只上述之"純粹知性結構"，而自 §22 以後，所討論則為（真正的）超驗演繹，即「純粹知性結構」之"應用於"『我們的』感性直觀雜多上。以上為「超驗演繹」之結構與說明。

---

① 斜體字為康德自己的。

康德純粹知性結構之存有論問題

康德這把傳統知性轉化為純粹知性結構，在形上學史中，代表或開啟出怎樣的意義？我們分以下幾點討論：

一、從「一切直觀雜多」之對反為「我們的直觀雜多」可看到：「一切」於康德，已萎縮為一毫無包含力之泛指代詞；其為「一切」非事實上包含一切，只完全不確定狀態並抽象而已；此時之個別與特殊，所含反而較「一切」為多。由於純粹思惟之表象狀態毫無確定內容、而「一切」又源起並依附於統覺，故「一切」必然空洞無物，具體確實之給予，因而無以能從「一切」言。如是「一切」故再不代表整全性。「整體性」（世界性）雖為康德哲學核心，然亦由康德而瓦解。若無論存有抑存在真實從來離不開整體性，那康德可說為對形上學真實求其完全解消。超驗主體性雖仍為形上學，但如是超驗主體明為傳統形上學之瓦解。同樣，「我思」雖為最高「統一」，然由於只純粹思惟而非實在統一，故仍為反形上學之舉。當今萊維納斯雖以笛卡爾「無限」為突破封閉性之「整體」，然其「無限」始終形上，以一形上取代另一形上而已[1]，

---

① 「無限」在笛卡爾中雖突破主體「有限性」與封閉性，然始終可"以整體姿態"出現：「無限」非無定限或只有限性之否定，更可是一「實在無限」（actu infinitum）（見《沉思集三》AT VII，47），如神之全知、全能為種種實在整

故非如康德，直視「整體性」為空洞萎縮，再不代表事實整體。於康德，個別具體存在故如雜多地微分，此其（在時空下之）"無限"。若非自限而萎縮，「無限」仍未能代表形上學之消滅、「他者」之思仍可為形上學滲透而重現「整體」故。

二、整體性於康德雖萎縮[①]，然形上學始終體現在超驗主體性本身上：主體始終仍超驗，即內在地、潛在地、作為構成素地、結構起客體世界。縱使客體再非一絕對整體，然無論時空形式、抑範疇作為概念統一，都實是對象之層層整體化或歸整體化作用。形上性只由超越性轉化為超驗性、由作為外在真實（實體）轉化為內在作用而已，並非徹底消失。「超驗」這內在形構性，雖突破存有與本質對事物之限定，然更是形構性、由瓦解為雜多而重新形構；事物由是更為「超驗性」所箝制。從為「超驗性」所形構塑造言，事物故落為「現象」，再非有其自身。此「現象」所由起。無論康德抑後來黑格爾[②]，一切存在只是現象之存在、現象之存有，再無事物本質或人存在之獨立性。此時之形上，無論康德之「超驗」抑黑格爾之概念辯証，都只從現象本身形態言而已，故或為共在性與相互性（空間）、或為死生與形變（時間）；均只現象姿態。縱使形上非如盧梭直落於現象中而仍為"在現象上"之超驗主體與絕對精神，然事物始終"全然現象化"、為"現

體性那樣。

① 　主體再非實體性主體、對象亦非實體性客體。

② 　甚至當今現象學。

象"模態。此康德所以為「現象哲學」之先行者。

三、康德除以「超驗」之形構性去傳統「超越性」以達成對對象更為嚴厲之箝制外，「一切」（整體性）之萎縮更清楚標示純粹思惟真理地位之轉變。由純粹思惟所造成「思惟」與「存在」之絕然二分，非使二者更有所提昇，反而是，「思想」與「存在」同時下降：客體實在性下降為經驗雜多（材料）、思想更下降為純粹空洞無確定性之抽象思惟形式或狀態，二者同失去其在傳統中原有真理性地位。哲學至康德、黑格爾雖似達成真理最高理想：主體與客體兩者相一致，然其嚴重代價是：無論主體抑客體，都再非真理性，只經驗義知識真實而已。客體只經驗現象完全磨平之材料、毫無真理性之雜多；雖使思惟具有知識客觀有效性，但也只經驗知識，再非使心靈精神與存在有所昇進之真理。主體亦然：主體既非在其自身之「我」、甚至非在現象中確定之「我」，而只是在存在真實性外之純粹思惟形式；雖為知識條件，但本身並不具有真理性。除經驗主義外，從"真理角度"言，康德是哲學史中最低微者。若非第二第三《批判》，一者從道德立主體真理性、另一從美學立客體真理性，康德哲學無法成就任何"真理性"。黑格爾雖似彌補康德缺陷，以《邏輯學》[1]取代「超驗邏輯」、重建純粹思惟真理性地位；以《精神現象學》或《精神哲學》[2]重建現象真實，再

---

① 《大邏輯》與《小邏輯》。

② 與《自然哲學》。

非只現象知識，而是現象中事物概念相互超越時所顯真理、事物對自身限制與缺陷（非真理狀態）之揚棄與提昇（辯証）所顯真理[①]，然黑格爾所揭示精神及其昇進歷程，始終只"現象"之歷程而已；其絕對精神之至高狀態（哲學），也只反身對自身作為絕對精神之認知而已，始終非能在"現象現實外"更有所是。甚至，從精神建立起來之超越性真理，相對現實而言，一如康德純粹知性那樣，純然虛構構造性，無法"從現實言"為真。精神及其現象雖一體，然二者完全偽化"現實"所有負面事實。《邏輯學》、《精神現象學》、《法哲學原理》、《美學》、《歷史哲學》、《哲學史講演錄》所達致思惟史無前例真理性，一旦返回現實，頓然見其非是。絕對精神之真理無以能立"屬經驗層次"之觀點，然我們只活在這樣觀點下、活在現實有限性中；而絕對精神及其真理，對這樣存在言，只偽化（合理化）其事實而已。

四、最後，除真理性之下降，康德於低貶思想為空洞形式性純粹思惟時，同亦低貶心靈所有真實；最低限度，低貶心靈其人性真實。作為知見直觀能力，心靈只一種機械運作、只進行種種綜合統一之連結活動、只攝取、再生、確認，如今日電腦般運作。以往心靈之靈性與崇高性，縱使在第二及第三《批判》中，也只能從空洞之自由言：或意志自由、或想像之自由遊戲，連崇高感也只一種相較力量與宏大言

---

① 若康德知性為無變化（形變）力量之綜合連結活動，那黑格爾精神之概念辯証則為具有生命內在昇進之形變力量。

之自我超越感而已，與對象內容之真實毫無關連。由純粹知性之空洞，存在價值亦隨之下降。人心對道之醒悟、對人性之體察，始終闕如。康德所言「超驗」，故實只「經驗」而已；「超驗」只「經驗」之條件、為"經驗性質"而已。如康德自己所言，其所好，始終為"經驗"而已。虛無主義實由此而形成。

康德對「一般形上學」之瓦解：模式論

明白「純粹知性結構」在歷史中造成影響後，現應回答康德如何限制理解力與理性兩知性能力，從而使傳統形上學不再可能。在討論康德前期時我們曾說，縱使有限思惟觀點未能推論至客體形上真實，然從全體觀點（整全性），仍是可有這樣推論。我們亦曾說，縱使証明現象有其獨立基礎，然 1770 年論文所言知性仍可獨立地以本體為對象。因而，知性是否能去本體知識，非在現象之確立，而在知性本身之自限上；這即《純粹理性批判》之工作。我們現欲討論的，正是這一問題。

《純粹理性批判》中超驗主體性，可說為在形上學史中，對客體形上學作完全批判者。如此批判非以懷疑論或經驗主義片面立場 [1]，而是在承認知性與心靈前提、藉此解釋形上學形成之機制，從而摒棄形上學。知性於康德，故既肯定亦否定。

---

[1]　二者非只對立形上學，更對立一切知識與心靈之知。

其肯定在：轉化知性為"經驗義"之知性 —— 超驗主體性；而其否定在：對知性限制，使形上學真理不可能。對知性之限制有兩方面：一對理解力、另一對理性；二者針對形上學之兩部門：一般形上學 Metaphysica generalis（存有論）及特殊形上學 Metaphysica specialis（第一哲學）。《純粹理性批判》故一方面透過超驗主體性，解釋經驗與先驗知識 ① 之可能，從而以最不形上學方式 ②，解釋「現象」之構成及其與心靈結構之關係。而另一方面，史無前例地對形上學（一般形上學與特殊形上學）作全盤批判。整本《純粹理性批判》，本身即可被視為對形上學整體批判之龐大著述：「超驗分析論」瓦解一般形上學（存有論），而「超驗辯証論」則批判特殊形上學之三門：超驗心靈論 ③、超驗宇宙論 ④、及超驗神學 ⑤：我、物體世界、神。

讓我們先討論康德對「一般形上學」（存有論）之瓦解。

康德這對存有論之批判很少為人注意，「模式論」因而往往難以理解。若把現象二分為形式與內容，這時內容主要也只經驗雜多這樣材料，而形式因非源自客體，故為主體所有種種連結機制；這些形式主要有三方面：「我思」作為"表象"形式、範疇作為"對象"形式、及時空作為"現象"形式。三種形式都以「連

---

① 如數學。
② 即再不假設任何形上實有，單純從經驗現象要素作解釋。
③ 康德之「理性心理學」。「超驗心靈論」為對反經驗心理學而有。
④ 以別於經驗科學之宇宙論。
⑤ 以別於教義下之神學。

結」方式進行。被連結事物（雜多）之最終統一亦有二：範疇使雜多成「對象」之綜合統一，及由從屬「我思」下全體事物成「一表象界」時之綜合統一①。

一般認為以上主體知性功能（「我思」與範疇），均"實在地""直接作用在"純粹或經驗雜多上；我們所說相反：主體知性功能並不②直接進行"實在"連結行動、並不③直接對感性雜多進行連結（綜合統一）。知性獨立源起使其與感性完全分割開，因而知性不能視為一能作用在感性之實在能力。固然，人類是從「我們的」感性始有所被給予，但純粹知性本身並不涵蘊此感性或任何感性存在。知性完全獨立於感性外這一事實，一方面使「超驗演繹」必需④，但另一方面，也間接對存有論瓦解提供可能⑤。所謂「超驗演繹」，即指純粹知性"應用"於感性這一問題。之所以有這樣問題，因知性與感性由相互"性質差異"⑥，故不可

---

① 在對象成為對象之統一中，「我思」是以「概念」姿態進行綜合統一。而單純從「我思」本身作為綜合統一言時，此時客體所呈現即為「表象界」。一切綜合統一，無論是「對象」抑「世界」，歸根究柢因而在「我思」上。

② 不能。

③ 不能。

④ 若知性為"實在能力"，換言之，非只為"純粹"知性，那「超驗演繹」無需存在。此時知性必然作用於感性雜多上，無其他方式可能。

⑤ 這點奇異：傳統形上學所以可能，正因知性獨立於感性，認知故不必限定在感性範圍內。康德相反，雖同樣肯定這一事實，然在感性外之知性，只空洞無所對象。如是獨立之知性，反使存有論不再可能；若知性仍能於感性而有"實在能力"（實在作用），那存有論將又再可能。討論見後。

⑥ 一者為知性（思惟），另一者為感性（直觀能力）。

能有任何"實在"作用與關連。知性不能"實在地"作用於感性
是說，知性是無以作用於任何經驗實在內容上、從而進行連結。
若能，這樣知性已非純粹知性。知性無論怎樣試圖接近經驗，
始終無法碰觸到經驗中個體事物或雜多。① 知性若能直接作用
於經驗，此時知性之功能，將會"實在地"在經驗中出現。舉一
例：若「實體性」、「因果性」等範疇有其實在功能，那呈現在我
們眼前的，將會是種種「實體」及其「因果」、為"本體"而非只
"現象"世界。知性這些功能故絕不應"實在地"作用於現象上。
正因如此，始有「超驗演繹」問題：即如何說明範疇與經驗對象
之關連。「超驗演繹」之解答關鍵在 §24 及 §26。② 康德這裡指
出，由範疇至經驗雜多，其過程如下：範疇只能作用在時空純
粹雜多上；由於時空為經驗之形式，經驗雜多故必需依據時空
形式；然因時空本身非只形式，其為直觀雜多本已含具綜合統
一於其內；其所含綜合統一又只能由範疇提供，再無其他可能，
故從屬時空形式下之經驗雜多，其綜合統一③，歸根究柢言，"也
只能（間接）來自範疇"，無其他可能。④ 請特別注意，所謂「超
驗演繹」，非為証明範疇之綜合統一"實在地"運用在經驗雜多
上，而只為証明：除範疇綜合統一外，是沒有其他能使經驗可
能之綜合統一。因而從屬時空下之經驗雜多，也只能隨着時空

---

① 見 A 655 / B 683，A 656 / B 684，A 658 / B 686。

② 如我們所說，§21 前只「純粹知性結構」之說明，非「超驗演繹」本身。

③ 使經驗可能之綜合統一。

④ 有關「超驗演繹」之証明，請特別參閱 §26，因這是「超驗演繹」之圓滿
　　完成。

之作為直觀、"從屬於範疇下"。從這點言，不只「一般雜多」知性上從屬於範疇，連『我們的』經驗雜多，都必然從屬範疇綜合統一下。這結論為「超驗演繹」所欲証明。使經驗可能者，故唯"範疇之綜合統一"而已。此時之從屬關係，已擴大言：非只"一切"直觀雜多從屬於「我思」，更是"我們的"感性雜多從屬於知性這一事實。「超驗演繹」所証明，故為以下一事實：使"經驗"可能之綜合統一，仍只"範疇"而已。「超驗演繹」所沒有証明，則為：知性與範疇並沒有"實在地"、"直接地"作用於經驗雜多上；經驗雜多之從屬範疇下，是由從屬於時空而致，故"只間接而非直接地"。「超驗演繹」所証明，唯此而已。至於其具體運作怎樣，即「模式論」[1]問題。

「模式論」因最終必須解決知性"實在地"作用於經驗雜多這一問題，故知性與感性之異質性，成為問題焦點。康德的解答如下：在「知性」與「感性」異質性間，作為知性概念之「範疇」，須先形變為「模式」（Schema），始能與感性有連結關係。能"實在地"對經驗雜多作連結，故非「範疇」本身，而是「模式」。

甚麼是「模式」？「模式」為「範疇」進行第一次連結時之產物、範疇之第一個產物。這時範疇所連結，是在感性雜多"被給予前"發生。範疇作為純粹知性，無論怎樣，都不能直接關連於任何感性雜多。從這點言，無論感性雜多是否被給予，都與範疇之作用無關。然若無感性雜多，範疇連結甚麼、怎樣進行連

---

① 「論理解力純粹概念之模式法」A 137 / B 176。

結？正因無真正雜多，故範疇之綜合統一始終不形成確定對象，其結果只是模式，即範疇所含"連結樣式"之體現、一種範疇作為"規則"體現時之模式。模式為範疇其連結方式之體現，非作為對象、而只是作為範疇其連結之樣式（模式）而已。如是，有一範疇即有一模式；每一模式自必亦來自一範疇。

　　模式怎樣形成？首先應清楚明白：「我思」及範疇等知性要素由於源起而獨立，故非只能視為現象及經驗可能時之先驗或超驗構成素，更可先視為"現行存在事物"看待，唯非作為現象或物自身，而是如康德所言「我思」單純作為"意識"之存在。作為存在而非只結構，知性有其行動可能。此時知性之行動，由於獨立於感性，故在感性直觀雜多被給予前先行。康德稱這連結行動為「理解力之行動」（Verstandeshandlung），或「純粹理解力之行動」（Handelns des reinen Verstandes）；他甚至稱此時主體為行動主體（das handelnde Subjekt）[1]。這一在純粹知性內之連結行動，雖無感性直觀雜多為對象，然必仍有被連結事物。因知性非直觀能力、非能以直觀創造其對象雜多，其唯一可能故是：於連結進程中，連結行動"本身""同時生產"被連結雜多。這裡所言生產非指創造，而只生產這"行動本身之作為雜多"，非一真實雜多。康德舉"在思惟中"劃一直線為例：在思惟中劃一直線這樣行動，縱使只是在思想內進行，但已是一綜合行動[2]。這

---

[1]　這樣行動明顯為「源起的」（ursprüngliche Handlung）。在 A 544 ／ B 572 及之後，康德把這一行動從其作為現象之因（causa phaenomenon）理解。

[2]　見 §24。

在思惟中理解力之"行動"，康德稱為理解力之「第一次應用」（B 152）；從其行動義，這時理解力故為"超驗想像力"（生產性想像力）。當康德在§24（B 154）以在思惟中劃線形容這一行動時，這純是為解釋理解力「行動」之意思。如此行動，非對確定雜多之綜合，只一在綜合"動作"①同時，既"生產"、又"確定"此雜多之一種行動。此時所謂生產其雜多，非生產一確實對象雜多，而只是在思惟行動中，表象"其行動本身"之雜多性而已，非確實對象之形成。又因此時行動在意識內進行，故同亦為一"在時間下"之行動；其涵蘊雜多，故為「時間」這一雜多性。時間實思惟內狀態。這發生在思惟內狀態之行動，因而是時間生產性的：既生產時間、亦綜合及確定時間。此時時間所表徵雜多，非真實雜多，只在意識進行中、"行動本身之雜多性"而已，故仍屬一般雜多：從思惟內狀態之存在、非從範疇概念內容言。如此"行動"，因都在思惟內進行，與外在存在無關，故如思想"對自身刺激"（wir innerlich von uns selbst affiziert werden），為「內感」之呈現。康德說：「理解力在內感官中所發現的並非雜多的諸如此類已然的連結，而是通過刺激內感官而生產了它。」（B 155）換言之，非先有雜多，而是在行動中自身產生這連結之雜多性。此時所產生者為何，「模式論」說得很清楚：「從這一切我們可看到，每一範疇的模式所包含和表象者：作為量的模式，在對一對象的相繼攝取中，就〔包含和表象〕時間本身的產生

---

① 在思想內劃一直線。

480

（綜合）（…）」（A 145 ／ B 184）[1]。這在思惟內之綜合行動，既綜合亦產生作為一般雜多之時間，並由此而形成模式。之所以為「量」，因這是範疇組中最基本者，一切其他範疇，必先假設量範疇，這點，我們在討論範疇之科層結構時已述說過。最基層故為時間之生產，而這為理解力最源起"行動"所首先達成。

讓我們對以上討論作一總括：「我思」因是一現行存在者，理解力之綜合故亦為一現行行動。作為純粹知性，綜合行動不能直接對感性雜多進行實在連結、亦不能創造任何確定雜多，只於綜合行動行進同時，生產"行動本身"之雜多性。因在思想內狀態中進行，行動故為"時間之產生"。理解力行動故是「時間生產性的」，其綜合進行同時即為時間生產性。非生產感性雜多，只生產時間作為含具一般雜多之形式而已。時間於此，作為內感形式，仍與思惟之知性性質同質。至此，一切仍在思惟內進行，未有感性直觀之參與。

若理解力綜合行動為依據範疇進行，不同範疇自然構成不同行動。因非再是概念狀態，行動本身又為規則性[2]，「模式」作為範疇內容之體現、作為把範疇所具有內容以時間所有雜多（一般雜多）體現，雖非範疇而只規則性行動，然因時間同為我們感性形式，故模式可替代範疇，為感性甚至經驗雜多綜合之"依

---

[1] 同樣參考：「量（quantitatis）的純粹模式，作為一個理解力的概念，是數；數是這樣的一個表象，它是對一個又一個（同質的東西）的連續相加的總括。因此，數無非是，一同質的一般直觀雜多之綜合的統一，透過它，我在直觀的攝取中，產生出時間本身。」（A 142 ／ B 182）亦參考 B 202-3。

[2] 行動本身為自身雜多之生產，故為規則、為模式。

據”，從而使經驗雜多“間接地”為範疇所連結；非如範疇本有內容，而是“以模式為內容”，換言之，“只時間樣式”、“非範疇樣式”。如是連結所成事物，再非“本體”，而只“現象”。

舉「實體性」一範疇為例：若「實體」範疇直接作用於感性雜多，由於這時連結“實在地”進行，故所成對象即為「實體」。範疇若有“實在”連結作用，其後果必如此。知性與感性異質故反而是一幸事。由於異質，範疇故無法直接對感性雜多進行連結，其連結行動只成「模式」、只為“對時間”（一般雜多）之確定。像「實體」範疇，所成故只（在時間中之）「持久性」（die Beharrlichkeit）一模式。透過這一模式，在現象中“實在地”所成者，只一“持久性”事物，非一“實體性”事物、非一“實體”。現象中之“實體性”，故只“持久性”而已；模式故為範疇“於現象中”之呈現[①]，其所成只為“現象”、非“實體本體”。如是而範疇“間接地”產生其作用，既有如實體般之持存者，但又非一確切實體[②]；而現象縱使以範疇綜合統一為基礎，然始終仍只“現象”而非“實體”，進行“實在連結者”為模式，非範疇本身故。以模式為中介進行具體綜合，此即「模式論」。

於此可明白康德知性結構之深遠意義：一方面，它在歷史

---

① 換言之，若傳統以物自身為現象之根據，那在主體性哲學中，代表主體主動性（連結性或建構性）之範疇，將取代物自身地位；模式此時即為“範疇本體”“於現象”之呈現。若傳統無法說明如何從物自身可致現象，那康德即從主體方面說明這關係如何可能、如何發生，而此即由「範疇」經「模式」而及「現象」這一過程，此「超驗演繹」及「模式論」所亦有意義。

② 在時間中之“持存性”，故為“實體”在時間中表現之模式。其他範疇倣此。

中首次成就對心靈運作之經驗分析（超驗分析）：知性結構之超驗性也只經驗意義，再非傳統心靈之形上意義。另一方面，透過知性獨立性，康德反而達成對存有論之瓦解。對康德言，存有論本質為對事物存有樣態（如實體）作種種論斷。而康德瓦解存有論之方法為：相反地指出，一切存有樣態也只知性範疇而已、非實在的。縱然知性概念仍為經驗之基礎，但它始終非以實在功能，而是透過在時間形式中之「模式」為存有樣式，成就事物之存有；事物故只"現象"、非"本體"。時空，特別時間，在康德中，因而具有雙重功能或意義：一為使現象具有其"作為現象"之「獨立基礎」；另一則為成就事物其"存有樣態"之「模式」；前者主要為空間之意義，後者則主要為時間之意義。①

---

① 時間與空間在形上學中不只是眼前時空兩事物，它們更有著深遠形上意義：時間、或從時間言之永恆，是「存有」本身之模態；空間則是「物」之模態。柏拉圖以永恆與變化標示理形與感性世界之存有狀態、笛卡爾以時間為心物所共同具有屬性、其以「我思」在時間中之持續性為神創造性証明、康德以時間為『一切』表象之形式，並為主體自身之存有模式、黑格爾以時間與歷史為精神之真理狀態、馬克思以勞動時間為價值之根源……，如此種種，可見時間在哲學史中，為最高真實者或最終實在者"本身"之樣態，因而為「存有」之樣態。相反，空間並非存有本身、而是「物」之存有樣態。哲學對空間之討論，主要集中在以下一問題上：空間為在此世中、「物體」具體存在或體現之條件或原因。柏拉圖故以空間為chora、為承受體或母體，用以解釋感官世界物體所以為摹擬或假象之原因；空間故為"物體事物"之存有樣態。物體事物由是由理形與空間兩者形成；空間於此，即「非存有」，為物體事物其虛假性之原因。笛卡爾相反：空間或廣延性乃物體之本質屬性，而這是說，一切有關物體之屬性，都必須是廣延、或假設廣延性。這是笛卡爾"量化"物體世界之方法，物理學由是而可能。從以上例子可見，空間乃物體甚至物質之存有樣態。康

康德雖沒有明白地說「超驗分析論」瓦解一般形上學（存有論），但從「實體」與「因果性」等轉移為範疇這點言，明顯可看到這樣立場。「模式論」在這問題中實擔當不可或缺位置。若沒有時間"作為中介"、為現象中物體事物之"存有模式"；若沒有以模式在現象中"替代"範疇，不單只一般形上學之瓦解不可

德視空間為主體感性形式，感官下世界故為「現象界」、非物自身，空間下物體因而無其自身存在。【康德固然時空兩者並用，但若單就現象中物體事物這方面、不考慮主體之形構方面，光空間便足夠使現象成為現象：証明「空間性」（物體之存有樣態）為先驗時，已足夠說明物體為現象而非本體。1770 年論文以時間先行，因此時仍有本體世界，時間作為包含一切事物關係之一「普遍的及理性的概念」，故先行於空間。但在《純粹理性批判》中，因再無本體界，而現象又為唯一問題，故空間先行於時間論証。單就物體言，空間論証始是物體界為現象界之關鍵。】空間故為現象作為現象之條件，亦為現象獨立性之確立。海德格爾在《存有與時間》中因以 Dasein 及其對世界之關切為重點，而 Dasein 又是在面對及承擔死亡時始能自身超越而本真，故自然地是時間而非空間成為問題。但在海德格爾晚期談論物本質時，其所視為物之本質，仍為如壺之虛空這空間性。如同柏拉圖，「虛空」是「無」，亦從承受及保持其他事物這關係言。差別唯在，柏拉圖否定此"非存有"之「虛空」而海德格爾予以肯定：在虛空這保持與承受中，聚集天、地、神、人。虛空作為物之本質，是讓他物在我內能居留者，空間因而是一切容納之本。若從虛空言思想，思想即是一種後退。唯在後退中、在相互映照中，（其他）存有始如其所地呈現。物之虛空性，在海德格爾中，因而是物體事物其"真實存有"之本。同樣作為承受性之空間，在柏拉圖中，由把事物拉離存有而變得不真實；但在海德格爾中，正由於空間（虛空）之退讓，事物存有始得以顯現。無論是事物之偽抑事物之真、無論是事物之量化抑事物之作為現象，事物存在姿態，都由空間而成就。空間雖非一物，然是一切物體事物其所是之本、其存有樣態。以上為時空形上意義之簡述。

能，連康德超驗主體性也將不可能，因此時範疇之綜合統一無以作用於感性事物，或若能作用，經驗界已非只現象，而是物自身或本體界。作為純粹知性「自發行動」之時間這一"存有樣態"，因而使現象只為"現象"而非本體。時間若一旦只為事物之"先驗形式"，必使存有論不可能，事物此時也只"現象"，非在主體外仍有其存有真實。而主體若只超驗主體性、只為客體之"構成素"；其實在作用也唯"透過時間"始能，無法自身反身地作用，使主體自身成為實體主體，或使客體成為本體，康德如此"純粹知性結構"（超驗主體性），故於歷史中首次使本體存有論不可能，無論從主體抑從客體方面言均如是。

回顧康德前期，康德在 1763 年已試圖宣佈一般形上學不可能，而這是透過說明「『是』不是實在的謂詞」一論旨而達成。由這一論旨，「思想」與「存在」首次絕然劃分開。也由這樣劃分，「思想」（主體）本身再非實體，「存在事物」也再無思想性、再無如「實體」或「本質」等概念（本體性）可能。如此，康德實已否定一般形上學之可能。唯那時康德沒有關注現象、沒有探求使"經驗知識"可能之知性及其作用，始終仍以"本體真理"為主軸。直至明白本體真理本身不真實時，康德始明白一切本體要素（如範疇與時間等），其在本體意義外、對"現象及其知識"之構成多麼重要。是在見如此知性功能之建構性、對其所形構為現象抑為本體，如此問題始浮現眼前：如何知性既為客體（現象）之建構，然又不再次引回本體身上？這樣問題，為「超驗演繹」及「模式論」所由起。由「知性」推演（演繹）至「存在」，這本是傳統存有論所是、一更複雜之存有論論証。唯傳統以存在為「實體」，而康

德以存在只為「現象」，其差異在此。如何限制此推演（演繹）所及唯"現象"、非"物自身"，此「超驗演繹」根本問題所在。亦由這樣推演之限制性，知性故為一自限之知性；其所能及客體，只現象、非本體。康德式存有論[①]（「超驗演繹」），因而是「知性」至「現象」之演繹，由此，「知性」推演至「本體」不再可能。本體存有論由是而瓦解；代之而為真理，也只現象及其知識而已。

康德對「特殊形上學」之瓦解

在「模式論」後，世間事物（現象）雖已不復能為本體，但是否仍有其他非世間內容之超越者可能？縱使世間事物之形上學（一般形上學）不可能，其他超越體之形上學（特殊形上學）是否仍可能？如在 1763 年論文，康德雖已指出一般形上學不可能[②]，然康德透過神作為一切實在性最終基礎，仍提出神存在之証明。換言之，縱然"有限觀點"無法作為形上學推論之依據，"全體觀點"則相反，由「整體性」所涵蘊超越性，形上學仍很難避免。從《純粹理性批判》命名為「純粹理性」之批判便可看到，由「整體性」（「理性」而非只理解力）所推演之形上學，其否証困難。在超驗構成素之分析後，康德仍須回答連前期亦無法回答之問題：怎樣瓦解整體性、從而使「特殊形上學」不再可能，

---

① 康德曾明白說，「超驗哲學」對等傳統存有論，見 A 845 ／ B 873。
② 因「存在」非一實在謂詞。

並由之達致對形上學之全盤毀滅？

　　若一般形上學之解消其關鍵在理解力之"限制"，那對特殊形上學之解消，其關鍵則在"對理性限制"。若前者在「超驗演繹」或「超驗分析論」，那後者（對整體性之解消）則在「超驗辯證論」。若理解力之形上學（若有）在其"實在"運用，同樣，整體性若有其形上學可能，亦必須為一在"實在"運作中之整體性，如理性由全體觀點（無條件性）、藉推論所成就之客體真實那樣。在「純粹知性結構」中把整體性化約為"無實在包含力"之「一切」雖心意上與對整全性限制意圖相同，但始終不能取代後者。前者只「純粹知性結構」內事，後者則為「理性」之「實在」運作。

　　若簡化言，理解力與理性之差異在：前者只成就在可能經驗內"條件化"之知識，後者則試圖打破"條件化"這一限制，成就一「無條件者」或一無條件化之知識。[1] 理解力所可能構成之錯誤（一般形上學）在於：在孤離於感性之給予時，純粹理解力嘗試由自身概念創造其對象知識[2]。而這點，由視知性為「純粹知性結構」因而與「存在」絕然劃分開、及藉由時間作為中介限制理解力之"實在運用"（超越運用），如是由理解力而致之形上學便不再可能。然追求"無條件者"之理性則不同：因若此時之"實在可能性"（實在運用）為"全體觀點"（理念），理性將無理解力之限制，"全體觀點"或"無條件者"本不應有所限制

---

①　參考 A 643-4 ／ B 671-2，A 307 ／ B 364，及 A 409-10 ／ B 435-7 等。

②　此時之對象為本體事物，即「理解力之存有物」（Verstandeswesen），見 B 306。

故。這點使康德感到「拮据」(Verlegenheit)[1]。康德感到拮据的原因不在理性之邏輯使用、而在其「實在使用」。理性之邏輯使用已為康德前邏輯學家所清楚界定。但怎樣限制理性這整全無條件性之"實在使用"、使不引致特殊形上學之可能？這是困難所在。

理性作為邏輯能力與作為超驗能力、與理解力作為邏輯能力與作為超驗能力，所構成四個領域，對等 1763 年由「有限觀點」及「全體觀點」對「邏輯可能性」與「實在可能性」劃分之四個領域。我們把二圖重疊圖表如下：

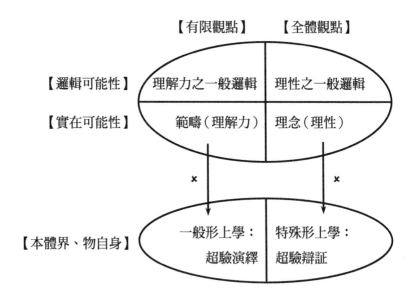

―――――――――――

①　見 A 299 ／ B 355。

　　《純粹理性批判》這四個領域所涉問題，實全是「演繹」問題。「演繹」都為針對"知性中概念"而言之演繹；而因知性有「理解力」及「理性」兩者，演繹故涉「理解力」及「理性」二者之概念：「範疇」與「理念」。雖針對「範疇」與「理念」二者，然演繹本身非只有二：對理解力概念（範疇）"其源起"之演繹，康德稱為（範疇之）「形上演繹」[①]（B 159）；而有關範疇之"實在使用"，則為（範疇之）「超驗演繹」。同樣，理性概念（理念）演繹也有二：理念之形上演繹及理念之超驗演繹。理念之「形上演繹」（理念之分類）並非導引回理解力之純粹概念或邏輯概念上，而是從理性自身之"邏輯使用"，對理性概念作分類。[②] 至於理念之「超驗演繹」，如同範疇之超驗演繹關乎一般形上學是否可能，理念之超驗演繹亦關乎特殊形上學是否可能。範疇必須有超驗演繹，否則經驗界不可能；正由此必需，故有「模式論」對範疇"實在使用"之限制；然始終，範疇仍須（透過模式作為中介）作用於經驗，否則後者根本不可能。亦由這中介之限制，一般形上學不可能。理念情形則如何？理念所以可能引致特殊形上學，非由於理性概念與現象有所關連，如範疇那樣。相反，理性作為追求「整全性」之能力，對一切條件項必求索其"無條件時狀態"而後止。因現象中一切必條件化，無條件狀態（超越一切條件之狀態）必同為超越現象、在現象外；雖未必為現象事物

---

① 　即把範疇導引回判斷表作為源起時之演繹。

② 　見 A 299 ／ B 356，及 A 321 ／ B 377-8。亦參考 *Prolegomena zu einer jeden künftigen Metaphysik* §43。

之存有樣態[①]、雖非作為現象事物之物自身，然始終是從現象事物"作為條件"所推論出之無條件者、那超越一切現象而無條件地絕對之形上者。所謂「條件」，指的是事件之一種"條件性關係"。而從範疇判斷表可看到，事物"關係"(「關係範疇」)主要有三：定言關係(Kategorische)、假言關係(Hypothetische)、及選言關係(Disjunktive)。因而從現象事物作為條件推論至無條件者也有三種可能，分別以以上三種條件方式達致。換言之，理性依據這三種條件樣態所推論至之"無條件者"有三：1. 從定言關係(如實體性關係)所推論出之無條件者為一無條件狀態"主語"、一作為"絕對統一"之「主體」；2. 從假言關係(如因果性關係)所推論出之無條件者為一從"現象事物序列"言之無條件狀態、一作為一切現象序列之"絕對統一者"之「世界」；3. 從選言關係(如共聯性或相互性關係)所推論出之無條件者為一從"一切可思對象"(事物)序列言之無條件狀態[②]、那作為一切可思對象其"絕對統一者"之「上帝」。「我思」作為絕對主體、「世界」作為一切現象事物之絕對總體、及「神」作為一切可思存在者之最高條件，這三者因而是理性在追求無條件者時所可能達致之三個理念。三者分別以不同方式超越現象之條件性，因而"超越現象"而成三"特殊形上體"。「特殊」意思是從其非作為現象事物一般存有樣態、而是自身作為"絕對無條件者"(特殊)言。三者因單純源於理性本身訴求，非與現象或可能經驗之形成有關，

---

① 如範疇。
② 一在思惟中所思對象其序列之無條件狀態。

故本身無需進行一如範疇般之超驗演繹、無需使理念落實於經
驗對象。如範疇般之超驗演繹只從關連於現象客體始有，而三
者因本為“超越現象”，故無需進行類似超驗演繹。[①] 正由於理
性對無條件者之訴求與現象可能性無關，因而三者無需進行如
範疇般超驗演繹，其無限制性使三者所形成形上學更難於消滅。
若欲使這樣形上學不可能，故只能針對理性其“無條件性訴求”
本身作質疑。

　　怎樣防止理性對無條件者之訴求？康德所提解決方法與其
針對範疇所提出「模式論」這解決方法類同。關鍵就在「中介」。
之所以理性能達致無條件者之形成，因它是從條件推論至無條
件者。若理性不能作如此推論、若條件至無條件者之過程亦“必
須中介”，因而使推論不成立，這將是防止特殊形上學發生之唯
一方法。然在理性無條件與現象條件性兩者間，哪有中介可能？
甚麼是兩者之中介？這能作為「理性」與「現象」間之中介，不
是別的，正是「理解力」。理解力作為中介限制理性，如同模式
限制理解力（範疇）那樣。若我們把前圖倒立起來[②]，便得以看到
其中關係。如下：

① 　見 A 336 / B 393，A 663-4 / B 691-2，及 A 787 / B 815。
② 　即前圖上部份作 45°度逆時針轉動。

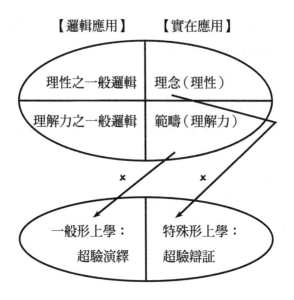

【邏輯應用】 【實在應用】

| 理性之一般邏輯 | 理念（理性） |
| 理解力之一般邏輯 | 範疇（理解力） |

一般形上學：
超驗演繹

特殊形上學：
超驗辯証

　　若理解力為中介，理性便不能跨越理解力而直接與現象條件化狀態有所關連、不能直接從現象作為條件推論至無條件者。問題故是：理性是否能以現象事物為（推論）對象，若能，這代表理性可由現象作為條件推論至無條件者，而這即理念之超驗演繹。若不能，這代表理性一如理解力，無法直接關連於現象事物。理解力作為中介指的是甚麼意思？意思其實簡單：理解力作為中介是說，理性只能以理解力為對象，如理解力以時間之雜多為對象那樣；理性無法直接以現象為對象、無法從現象作為條件推論至無條件者。康德說得很清楚，理念無法有適切對象作為對應；其唯一對象為理解力而已：「理解力對於理性來說構成一個對象，正如感性對於理解力來說構成一個對象一樣。使一切可能經驗性的理解力行動的統一成為系統的，乃是理性

的工作，就如理解力通過概念把現象的雜多聯結（verknüpft）起來並歸幷於經驗性的法則之下一樣。但是，理解力行動若沒有感性模式，是*不確定的*；同樣，*理性的統一*，相對於理解力應當系統地連結其概念時所隸屬的條件，及此理解力之連結所達致之程度而言，就其自身是*不確定的*。」（A 664-5 ／ B 692-3）[1] 理性之功能因而只能為：使由理解力所得之眾多知識，帶引至最高統一，從而成就種種原則[2]。理性之以理解力為唯一對象，因而解決理性以現象為對象這一困境。在理性與理解力間，因而是一"科層結構"：理性高於理解力、以理解力為對象，二者非平排各有自身對象之兩個能力。

理性之只能以理解力為對象，固然解決其超驗演繹之困難、亦使這樣演繹無須存在，終極地否定一切特殊形上學；然由理性形成之"假象"始終難免[3]。為揭示理性假象如何形成，除否定理性有其客觀演繹（超驗演繹）可能外[4]，仍需對理性之純粹使用進行一「主觀演繹」。這主觀演繹，於其取代理念之超驗演繹（客觀演繹）時，非即理念之形上演繹[5]，後者處理理念分類之來源。

---

[1] 同樣參考：A 302 ／ B 359，A 306-7 ／ B 363，A 326 ／ B 382-3 等等。

[2] 見 A 305 ／ B 361。

[3] 見 A 297-8 ／ B 353-4。

[4] 即上述以理解力為中介，使理性之客觀演繹（超驗演繹）不可能。

[5] 見前。無論理解力抑理性，基本上均有兩種演繹：形上演繹與超驗演繹。前者求索二能力所含概念之分類與源起，後者則探討二者概念之實在使用。我們所言為：理性雖不能有從客觀言之超驗演繹，然仍必須有其主觀演繹；而這主觀演繹並非即理性之形上演繹。從總體言，演繹因而有四：理解力之形上演繹與超驗演繹、理性之形上演繹與主觀演繹，後者取代理

取代理念客觀演繹之主觀演繹，是為瓦解理性在其純粹使用時、對條件化要求「整全性」或一“無條件絕對者”這樣訴求。所謂主觀演繹，正是把這一對無條件者之訴求導引回理性自身之“邏輯使用”上、及透過對這邏輯根源之剖解，支解理性所求整全性或無條件性；換言之，支解一全體觀點之「整全性」。這一支解使我們看到，理性所求「整全性」實根源於一“有限觀點”。也由整全性還原於“有限觀點”，特殊形上學所由可能之「整全性」，始真正瓦解。

　　康德怎樣說明理性之“主觀演繹”？在「超驗辯証論」開首，康德首先討論甚麼是超驗假象（「論超驗假象」）。接着他分別討論甚麼是一般言之理性（「論一般理性」）、及理性之邏輯使用（「論理性的邏輯使用」）。在這幾節後，康德立即進入對理性純粹使用之討論（A 304 ／ B 362）。就在這一節，康德提出我們上述問題之核心；這主要見於 A 306 ／ B 363 至 A 308 ／ B364 幾段，即從「理性在其推理中的形式和邏輯的程序已經給我們提供了充份的指引，透過純粹理性綜合知識的理性之超驗原則，應安立在怎樣的基礎上」一段起，至「但這一邏輯準則要成為純粹理性的一條原則，不能以別的方式，只能透過人們所假定的：若條件者被給予時，則相互從屬條件的整個序列也被給予（這是說，包含在對象及其聯結中），因而，這個序列本身是無條件的」這幾段。

　　在這幾段開首中，康德指出，純粹理性之超驗原則其基礎

　　性之超驗或客觀演繹。

或根源可透過理性之邏輯使用（即理性推理）找到。我們說過，這並非理性之形上演繹，因這裡所將討論，與理念之分類無關。其所討論，是求為透過對理性邏輯使用之分解，揭示純粹理性其超驗原則之功能。這幾段故為取替超驗演繹（客觀演繹）之主觀演繹所在。

「主觀演繹」分兩階段進行，康德以「首先」及「其次」兩詞分別開來。在第一階段中，康德再次重提理性與理解力之科層關係。這重複[①]討論表示，理性與理解力之層疊關係，是解決理性假象與瓦解特殊形上學不可或缺之方法，故列為一獨立階段再次重提。而由「其次」一詞始（第二階段），康德透過對理性邏輯使用之支解，揭示「無條件者」及一在全體觀點下之「整全性」如何出現。在這支解中，康德發現理性在其邏輯使用中有兩個不同功能：一為「理性在其邏輯使用中尋找其判斷（結論）之普遍條件」；二為「必須（憑藉一個上溯推理 Prosyllogismus）尋找條件的條件，無論多遠」（A 307 ／ B 364）。在第一種功能中，理性所求只是理性在推論（三段論）中大前提其條件之普遍性，這普遍性，因只是某一三段論大前提條件之普遍性，故只一"具有限制性"之普遍性[②]，不能為一"無條件"之絕對普遍性。這一理性功能，康德在「論超驗理念」時再次以類同詞彙提出，見 A 321-2 ／ B 378-9。而在這裡（A 321-2 ／ B 378-9），康德區分「普遍性」（Allgemeinheit ／ Universalitas）與「整

---

① 因 A 302 ／ B 359 已大略說了相同的話。

② 如「所有人」。

全性」（Allheit ／ Universitas），前者只一具有限制性之普遍性，後者始是無條件者之整全性（條件之整體性 Totalität der Bedingungen）[1]。問題是，如何由一"普遍條件"或一"條件化的普遍性"形變為一"條件之整體"？康德在這裡只指出，這一普遍性在直觀綜合中對應一"條件之整體"，但為何這樣對應可能？如何能由一"普遍條件"形變為一"條件之整體"、如何由一"特定條件之普遍性"形變為那"包含一切條件之整體性"？這形變即上述理性邏輯使用中之第二功能：在這功能中，透過一「上溯推理」（Prosyllogismus）進程，我們把大前提視為結論，進一步尋找大前提（普遍規則、普遍條件）之條件。（見 A 307 ／ B 364 及 A 331 ／ B 387-8）。換言之，在理性邏輯使用之第二功能中，我們把一條件形變為一被條件項，從而進一步找尋其條件。這一上溯過程可無終止，且亦是一分析進程、一邏輯原則（見 A 498 ／ B 526）。若把理性這兩種功能重疊在一起，我們便可得一「無條件者」之概念；因若把一"條件"之限制普遍性透過由"條件至條件"之上溯進程，我們必然要求一"包含一切（具有限制普遍性）條件[2]"之普遍性，即一包含"一切條件"之「整全性」，簡言之，一"無條件者"。這無條件者不能當下被給予，它只是上溯進程中、對無條件之追溯，非無條件者之當下給予。由理性邏輯使用兩功能所形成之邏輯原則，因而是：「為理解力有條件的知識，尋找那無條件者，藉着這無條件者，理解力的

---

[1]　條件之整體性明顯等同無條件者。

[2]　這些條件在上溯進程中被形變為被條件項。

統一得以完成。」(A 307 / B 364)至此，透過對理性邏輯使用之支解，康德說明「無條件者」或一「整全性」(全體觀點)之形成過程。把「無條件者」支解為兩個因素(有限制普遍性及無限制上溯進程)表示：無條件者之"整全性"實源起於一"具限制之普遍性"，因而"全體觀點"實只源起於"有限觀點"。無條件者因而不可能作為對象被給予，它只理性"邏輯使用之訴求"而已，非理性在其純粹使用時之"實在真實"。特殊形上學因而不再可能。

除對純粹思惟予以限制外①，康德亦第一個嘗試瓦解「整體性」之哲學家。康德沒有從"哲學真理"這人類訴求求其成就，只單純肯定及建立經驗知識；故《純粹理性批判》前所未有地對形上學真理作全盤瓦解。對一切可能構成形上學之要素，如「實體」或「整全性」等概念，在康德手中均萎縮為"純粹知性"內之因素而已；而純粹知性或純粹思惟本身亦萎縮於存在之外，因而不能作為純粹知性本身有其真理性。這對純粹知性之瓦解(純粹理性批判)，本身雖非正面真理之探索，然其所圖是歷史性地創舉。

有關康德《純粹理性批判》，我們討論至此。

---

① 即透過對「思想」與「存在」絕然分割開，使「思想」再無法直接與任何「事物存在」有關，因而更不可能成就事物之"本體存在樣態"。

第二《批判》與倫理道德之形上學問題

康德哲學，若非第二及第三《批判》，將沒有對等形上學之真理。第二第三《批判》雖非傳統義形上真理，然仍可視為"真理"之嘗試：第二《批判》立人作為主體之真理性、第三《批判》則立現象①之真理性，非從知識方面、而是從美學言②。這兩種真理，一為人對其自身、另一為人對感性事物；前者為人意志、後者為人情感感受之真理性。「人」於此只作為主體，非作為人性之人。西方從沒有以人性為人之真實。

現讓我們討論康德倫理道德③之形上學問題。

若康德第一《批判》後所剩唯現象事物與主體兩者，而現象事物在知識外之真理性主要也只在其美學性，那主體之真理，只能從其行動言，因唯在行為中之主體，是單純主體自身，不涉對象。在前面討論時，理解力純粹概念因為對象事物之存有樣態，其形上性隨事物只為現象而不可能；理性則相反。理性本非單純對象事物之能力，而是一對"無條件者"之訴求，雖從現象方面言理性亦無法"實在地"在現象中產生作用，然理性與理解力

---

① 在第一《批判》後，除現象外，再無其他客體事物可能。
② 知識只是事物本身之真理，然美學則是事物相對人而言。若事物本身再無形上真理可能，所唯可能，故只事物與人二者間之真理。從第二第三《批判》故可見，能具有真理性，唯人作為主體而已。此康德所以為主體性哲學。
③ 我們以「倫理道德」翻譯 Sitten 一詞。

及感性不同，其訴求本獨立於現象，故無論其意義抑作用，均無須限制於現象對象、甚至無須限制於知識問題。若理性求（對象）"無條件者"之特殊形上學為一種假象，那從主體方面求索無條件性，若非從主體作為"存在者"（實體）、而是從其作為"行動者"言，這則可能。在主體行為中之無條件性、一無條件之行為，這即"道德實踐"。唯道德實踐是無條件，其他一切行為與作為，均條件化，即為特殊目的與動機等條件而作。若理性無條件性能有其形上學，也只能在倫理道德這方面。而倫理道德由於是對實踐之"無條件性訴求"，即非在條件化現象中有所限制，故自然可為"形上性"。康德故命名其倫理道德思想為形上學：一由於倫理道德為無條件性、另一由於所探究確為倫理道德在條件化現象外[①] 之"基礎"。也唯有在倫理道德實踐中，理性始有其"純粹使用"可能；此時理性，非從理論（論理理性）、而是從實踐理性言，即「純粹實踐理性」。

在討論康德倫理道德形上學前，我們須注意一事：單就概念分析言，康德對道德基本概念之分析，十分準確精細，其錯誤只出於西方形上學前提之錯誤及幻覺而已。道德問題在眾多哲學問題中最屬人類自身問題，但在康德中，這最屬人自身之問題反而最具形上性，甚至必須藉由形上學始能立。在《純粹理性批判》後仍能確立形上真理，這固然應為哲學所肯定，但必須關連於形上學始能對道德有所確立，這樣道德真的是人類道德？人類道德（德行）若非形上，又應是怎樣？這問題是我們在討論

---

① 因而形上。

康德倫理道德形上學時，所須注意者。

純粹實踐理性之形上學是怎樣的？康德在《倫理道德形上學之根基》[①]一書把倫理道德形上學問題分為三層次：通俗的道德理性、倫理道德的形上學、及純粹實踐理性批判。三者各對應一核心概念或問題：義務、意志、與自由。「義務」乃一切道德行為之本質；「意志」為義務從能力言之基礎；而「自由」則為意志所以可能之條件。

一切道德行為，作為具有"在其自身"價值者，必然是由於義務，不能由於任何傾向（Neigung, inclination）而成就。這點非只依據或針對義務之內容而言，更須純粹出於義務本身之無條件性。除無條件性外，作為與一切人有關，道德行為亦必須具有"普遍性"，其對確性不能只屬個人。人因都活在世界中、從生存言都與萬事萬物有關，故其行為作為都具有目的、都出於動機、及為滿足種種主觀或客觀[②]傾向而有。從這點言，這些行為作為都不能視為"無條件"、都不能具有道德價值。若不能出於任何動機、目的與傾向，無條件性行為只能"單純基於"善之意志始可能；是單純由於意志自身，非由於任何傾向。道德行為因而"純然主體"，與客體或對象無關，更不涉任何目的或原因。這與客體對象目的之條件無關之意志，為一"絕對意志"。其

---

① *Grundlegung zur Metaphysik der Sitten*。
② 從道德角度言，一切在現實目的與動機下之行為，都屬主觀。康德不會用「客觀」一詞形容這些行為。作為在經驗界偶然性中之主體（因而非在其自身），主體之一切只主觀、非客觀。

行為由於非被經驗事物與條件所決定或影響，故單純是善的。用康德說法，唯善之意志為絕對地善；其他善，只在特定條件與目的下，故非絕對地善。這與經驗毫無關連並在其自身之意志，從其超越感性這方面言，因而是"形上的"。形上性之可能，故只從主體、不能從客體對象方面言。正因義務之無條件性落在意志本身，故作為行動之意志主體，始有形上向度可能；或：由道德無條件性之訴求，始有對主體作為"形上主體"（純粹意志）之要求；若主體都只經驗主體、若主體意志都只受着種種經驗欲求與傾向決定，如此道德將不再可能。道德所假設主體，只能不受制於任何經驗性，換言之，一形上主體與意志。主體之形上性非從存在、而只從行動言；換言之，從意志而非從知性或感性言。

若在道德實踐中意志不能為經驗所決定，那它依據甚麼為基礎？若自然中事物都依據法則而行作，那具有意志之心靈，除非同具有理性、並以此為法則，否則無以能對法則有所表象、更無以法則或原則為依據而行動。無理性之存在者，是不能有對法則之表象，並依據法則而行作。只依據主觀傾向與目的而行之意志，只主觀、非客觀，非依據理性所視為無條件地善之法則而行故。對主觀意志言，理性法則固然有如約束強制，然唯理性地行動之意志，始無條件並道德性。理性法則而非實在對象始是道德無條件意志之決定者，是意志對自身之決定者。理性與主體之自決，此為形上真實之唯一體現。意志這理性自決，從意志客觀方面言即法則，從意志主觀方面言即對法則之崇敬。同樣，意志於行動所採納原則若為主觀，康德稱為「格律」

（Maxime）；若為客觀，則為「法則」。因道德意志獨立於感性，故縱使客觀，法則仍無以有感性經驗作為內容、無法由經驗限定或確定。對法則之表象故唯：對自身採納為原則之"格律"，亦同時切願為（視為）一切行為之"法則"，如此始有對法則"具體表象"可能。故縱使只是我自身對目前具體事情所採納之主觀原則（格律），然若我心意亦視之為所有理性者在同樣情況與處境下均採納之客觀原則，如此對自身格律之要求，將使其格律亦成為法則。此從實踐理性言，為法則唯一之充份及充足性。人是否切願其主觀格律亦同時為客觀法則，這是格律與法則之差異。由這樣訴求，法則始可能具體地表象。

這樣法則之絕對性、這樣在其自身之意志、這樣純粹理性，故是唯一之無條件者、亦唯一無條件之善。人若以在其自身法則作為其意志之唯一決定原則、並依據這樣意念行為，是其道德性所在。正因人類意志可不依從這樣理性法則，故法則對人所有強制性，呈現為如命令般「令式」（Imperativ）。令式乃藉由客觀原則對人意志之一種命令；這樣命令亦可出自人所選擇目的或事情之客觀性；令式故可有兩類：或為「假然命令」（hypothetische Imperativ）、或為「定然令式」（kategorische Imperativ）。前者由於求為達致某一客觀目的所必須遵行之命令，否則這目的便無從達致，這時命令只為「假然命令」，即在條件關係必然性中之令式。後者始為道德命令（道德法則），既絕對、亦非條件化（故非假然令式）。如是道德始終仍以命令姿態呈現，其法則性與法律法則性相同。康德1797年《倫理道德

之形上學》^① 一書便把倫理道德形上學分為法律與倫理德性兩部份。除以人類道德實踐為形上性外，人類道德實踐更只以法律命令為形式。原因實在於：感性與非感性（超感性或形上性）這樣二分，除知識外，同亦制約着道德與實踐領域。在這樣二分下，作為感性經驗存在之人類，其實踐都只順從着主觀條件而非能客觀、都受制於感性原因與因素。正因如此，道德形上真理只能以定言命令這樣方式呈現。在實踐領域中，形上性與法律性因而結合在一起，如同自然存在是與法則結合在一起一樣。康德甚至說，神之意志根本沒有這樣問題，神非感性存在，只依據理性而行，根本無所謂主觀興趣。故對神或聖人之意志，是無需定言命令；唯人有此需要而已。定言令式從其作為實踐法則言，故命令着人類意志。在其面前，意志無可選擇。這對意志無條件性要求，是法則普遍性（universalitas）所在。其普遍性與由無條件所致之必然性，使道德為行為唯一真理性所在。

在第一《批判》中，理性無法由思辨^② 突破經驗界；但在實踐領域中，理性必須突破經驗界、必須有無條件性訴求，否則倫理道德無以立。倫理道德故為理性唯一"真理"場域。縱然如此，形上始終為形上，不能具有任何經驗內容、也不能在經驗中表象出來。對人之行為，康德故說：「應如此行動：藉着你的意志，彷彿你行為的格律應當成為普遍的自然法則那樣」^③。「彷

---

① *Die Metaphysik der Sitten*。

② 知識。

③ "Handle so, als ob die Maxime deiner Handlung durch deinen Willen zum

彿」（als ob），這是說，由於我們始終無法得悉這無條件理性法則本身、或始終經驗與形上兩界域無法重疊，故在感性界中一切行為之原則，縱使出於純粹意志之無條件性，畢竟只能視為一"彷彿如"無條件性之法則那樣。感性界中所有實踐，只能"如是"形上實踐之真實性那樣，非即此真實本身。在現實世界中，道德之真實無法"純粹地"實現。縱使康德已重立形上真實之可能，然這樣真實始終無法在此世中實現。

　　唯在實踐中、在實踐之意識自覺中，換言之，在人自身中，道德之真實始能體現。形上性之道德與經驗性之現實世界本無關係。人一方面確實與感性界有所關連，但另一方面，人透過知性對自身自覺為理性者，實亦獨立於感性狀態。這獨立於感性世界，即「自由」。意志之自由非不受制於任何事物，只不受制於任何外物或他律而已。自由之意志仍須有所依據、仍有其法則之必然性。沒有事物能無所法則；沒有心靈能無所理性。無法則之意志，＝空無。意志之自由，故既自由又須同時依從法則。故唯意志對自身頒佈法則、是自律之意志，否則自由無以可能。縱使感性界無所謂自由，然若非自律、若非有意志之自由自主，道德實踐無以可能。知性之獨立於感性界、其自發源起，為自由提供其可能。意志自由故為公設、為道德實踐所必須設定者。實踐理性由對道德形上真實（意志自由）之設定，必須越過感性界之限制。非確立從知識言之形上，而是從人類

---

allgemeinen Naturgesetze werden sollte。" *Grundlegung zur Metaphysik der Sitten*, AK IV, 421。

實踐訴求，給予意志自由如此形上真實性其必然性。否則，人類實踐無以有真實性可能。

康德這樣倫理道德之形上學有甚麼問題？

康德對道德看法，其問題就出在形上性、在「道德」與「形上基礎」這組合上。對人類感性存在，若非由一形上基礎、若無形上性之理性法則，康德無以確立道德之真實性。但人類在世中之德行實踐，是康德所言之「道德」？這樣德性，其基礎為形上基礎？對這樣問題，康德其實很清楚。

在論說倫理道德之形上學時，康德不停強調一點：道德是針對一切理性者、非獨人類。在《純粹理性批判》中，知性結構完全獨立於感性；其為知性，本無需與感性界關連。問題是我們人類所有唯感性直觀，知性若不應用在感性上，將無任何對象。縱使知性仍屬主體所有，然康德沒有把這能力視為單純人之能力。能代表人類的，唯感性而已。在道德形上學中同樣。道德之一切訴求及因素，如無條件性、義務、理性定言令式、道德或理性法則、一獨立自律的自由意志，這一切本質上都非屬人類及人性之事。從這點言，道德要素均只形上、非屬人類。

道德之形上性對反甚麼？讓我們先把結論說出來。從中國傳統言，德行之基礎在人類或人性真實性上。遠去人性，無以言德行。光從這點，康德道德便明顯非求為人性、非從人倫言德行。[①] 康德所言義務，只為對反人性（感性）之種種傾向。這

① 從知識真理言形上仍有其對象意思，但從道德（行為實踐）言形上，若非

些傾向與需要，都出自人之脆弱與不純粹性。縱使似依據理性法則而行，仍不能撤除可由我們潛藏、不能自覺之自愛衝動、或由連我們自己也無法完全透入之秘密動機而致。人性之一切，都只從經驗而來；道德所要求之無條件性，故只能從理性先驗性而得，非本於人性。康德明白地說，倫理道德之形上性，於人類中也只能視為一種「應用」，如範疇之應用在我們感性上那樣。康德更明白地說，道德之應用需人類學、心理學及種種經驗知識，不能再是純粹哲學、或是道德形上學（純粹道德）。道德法則所以為定言命令而對人構成強制性，因人意志都只主觀、都只順從自身利害關係與興趣，道德故須以法則姿態始能純粹。若非神意志，否則無以客觀純粹。嚴格言，故唯神意志始道德，人意志本性非是。於人，就算是「明智」及由明智而致之教誨，因始終與人存在幸福有關、為人性傾向，故都非道德性。幸福一概念既主觀亦個人，無法為行為之原則或依據；幸福甚至只想像力、非理性之事。康德表面雖已轉向主體，然其道德始終客體性、形上地客體性。人性之一切都只經驗，非形上地無條件。經驗中行作雖可有原則，但不可能有法則。道德任何法則，都不能從人性特殊構造推演，只能相對理性存有者言。唯藉由理性，這些法則始與人類有關。人類非因是人故有道德問題。從人自然稟賦而來者：人性情感與癖好、甚至那符合人類特殊之理性（如盧梭所言感性理性 raison sensible），頂多只主觀格律，都不能是純粹客觀法則。後者只能對立人性一切傾向與本

刻意對反人類行為或人性，便無其自身意思。

性構造。正由於此，法則始崇高、值我們尊敬。尊敬非對人或人類，而是對法則本身；因唯形上者始有崇高性可能，經驗無從言崇高。人世間一切，人包括在內，都無以與道德之形上性可比。若非由於理性如此形上性，沒有事物值我們崇敬。崇敬所對，唯超越及對立我們傾向與癖好者、並為命令着我們意志之法則、使我們對自身有所超越者。對人有所敬重，因而也只因其為道德法則之範例；而人類若被視為在其自身之目的，非由於人，單純由於為理性存有者、由存有整體而不只從人類觀而已。[1]

因而，康德所以須從形上學建立道德，因對他而言，道德所涉為"所有存有者"、非先人類之事。其形上由此。此時，道德只能從行為言[2]、為行為之原則與法則[3]。對康德及西方思想言，道德與法律故實一體兩面；一者內在、另一者外在；一者只以義務為動機、另一者則容許在義務外其他動機。然無論如何，倫理道德之法則，都只針對行為、並基於"所有存有者"而為道德。

中國古代對這樣問題看法完全不同。如以儒學為例，德行單純對向人類、並基於人性而有。中國故沒有像「道德」這樣單

---

[1] 有關道德形上性與人本性問題，請參考《倫理道德形上學之根基》第二部份。

[2] 行為為一切意志主體之事。

[3] 法則或法律，為針對行為可行與否之事。

一概念，更非單純從行為判定一切。中國所重視為「人」，而人有着多重面相，非只行為而已。

中國所言德行，先是人作為人之努力、成為真實之人時之努力，故先為其人而言。而從人與人關係言時，德行更如安人或孝悌，為致力於人倫所需、或對向人性感受與需要言；這些都非"所有存有者"之事，更與是否理性無關。因人均以人性為本，致力於人性需要始為德行首先所在；無論禮義、抑仁智均如是。仁義禮智如是始人類德行具體努力方向，非只求為抽象空洞之理性法則而已。德行之方向，唯以人道為本：既在人性能力範圍內、也只順從人性特殊性（如人倫）而有。德行只與人成人有關，非與神或理性者有關；德行更只人"對人性"之自覺，非一在其自身純粹意志。若非人性意志，單純善之意志也將無善，如康德道德也未見其對人性言為善那樣。

康德道德所以未能真實，正由於對立人性現實、以為有一形上道德法則與可能。一"形上道德"，始終只以存在為本、只從存在言法則，非以人為本、非從人而言德行。如一切形上學，「道德」之真實只能立於超越性上、只求為對反經驗之無真理性，如康德視人性只為主觀意欲傾向那樣。事實上，西方思想都在形上學場域內形成，因而都為二分。道德故仍只在超驗與經驗這樣價值二分下觀見，對人言實在之經驗性與人性現實，始終為純粹理性所貶抑。

此外，以個體意欲為人性，實只無視人倫及人更根本感受所在：不以人性所感善為善、不以人性所感善惡為善惡。人"作

為純然個人"確然偶然主觀，然此也只由於所對為「他者」^①而已、非相對所思念者言。然人性先是後者、是從自覺他人為人時而顯，非只個人自我之意欲。如此意欲，只人作為「他者」之意欲，非人性意欲。人故由更為人性始超越自我，非由超越自身人性而為道德。

道德故無須以「無條件」、「普遍」與「純粹」等概念為本、無須以與經驗對反之形上始為真實、更無須以知性與感性之二分為準則。若非回歸現實存在德性、若非復返人性，終也只泯滅真正道德（德行）而已。以人性單純主觀、以人應相對全部超越存有者言、以超越之存有整體始為客觀，如此也只主觀：超越之存有整體只思惟所思，絲毫無所真實故。

若從真實言，存在也只人類、及環繞人類之"存在"，不應環繞超越者言"存在"。縱使確有超越者，人之德行仍只應對向人、從人性言，非對向超越者。人倫情感等人性要素，因為人性本有事實，本身無所謂錯誤與主觀；既應承認人只一歷程之存有，其德行須由學習日漸而成，非以為能絕對命令；更可有「父為子隱、子為父隱」之人性傾向。有違人性，無論甚麼，已非能真實。

縱使言理性，仍應以人性為本。對康德理性無條件性，若以「人性」代入「理性」，始見其正確性。對人類而言，唯一無條件者，也只盡其一切努力成人、成為真實人性之人而已；其他一切，包括理性道德或法律令式，都實無其必然。

---

① 其他存有者、或他人作為其他存有者。

而善非只善之絕對意志，更有以人性始為善；善甚至只為如「切磋琢磨」（《論語・學而》）微漸之努力。單純理性法則意志無條件訴求，故非必求為真實地善對人。真實意志於善者，故非唯意志，更志向人倫及人世間善，並以此為志。單純善之意志仍空洞，不知善之所由故。從心志言，「志於道」故較「志於善」更為正確。非志於理性真實，更志於明白人存在應有道理。意志故以「志於道」（人性之道）為據。

康德由其主體性形上學訴求、由其只以先驗及純粹為真理、不再考慮存在現實之客觀、只承認意志主體之善為善、以對反任何客體義之善，如是種種，故非本身為善、更非真實。若知人性而言善，是不會以命令及法則為善、更不會志向於此。若非有對人及人性低貶，是不應只對法令及法則有所崇尚。「道之以政，齊之以刑，民免而無恥。道之以德，齊之以禮，有恥且格。」（《論語・為政》）對人性先行低貶始言道德法則，用孟子言，只「將戕賊人以為仁義」（《孟子・告子上》）而已。

若康德對人之尊敬也只對人作為理性主體之尊敬而對人性始終低貶，那有關人性，康德怎樣論說？若實踐主體為道德形上學所論述，那人性這另一面，若非人經驗性格[①]而是其本性之一面，主要見於康德《單純理性限度內之宗教》。道德形上學與這宗教論著，因而代表人其主體性與人性兩面。現讓我們討論後者。

___

① 見康德《實用人類學》。

康德道德與人性惡論之關係 ①

　　康德對人性之分析相當精微。若撇開經驗性格不談，與實踐哲學有關之人性問題，主要是人性善惡一基本問題。康德指出，若言性惡，這並非只因人會為惡（作惡之行為），而是因人之為惡是由其自由地依據不善格律而為，如此始能言人性惡。換言之，人惡與否，應從人本身、非從行為之善惡言。因是人自身善惡，故是從其意志所選擇行為格律觀，非單從行為本身之好壞觀。所謂人性，故指人作為自由行動者，非從決定人時之「自然傾向」言；若是人無可避免之自然傾向或性向，這樣之惡不能歸咎於人而言人性惡。故縱然言人性惡，仍須從其自由、非從任何自然傾向言。康德因而說，言人性善性惡其意思是：人類作為類，普遍地具有一潛藏行為基礎，使其自由選擇依從於善或惡之格律而行動，如此始能言人性善抑性惡。之所以為"潛藏基礎"，因若是人外在所知原因，這對行為之決定因素便已非人自由選擇、亦與本性無關。然若人只純然自由行動，無被決定之基礎，我們又將不能言"人性"之善惡。基礎之為"潛藏"基礎故說，我們無法追溯至一確定基礎的。一方面必須有一基礎，但另一方面由於行為應為自由，故本性基礎又不能是確定或已知，只能潛在。

　　如是，對康德言，人性向善稟賦與向惡傾向各有三。向善

---

① 　有關我們對人性善看法，亦請參考下面「尼采形上學研究」一章。

稟賦為：因生命而有作為動物之稟賦、因理性而有作為人之稟賦、及因責任而有作為人格者之稟賦。即：作為動物而有向往生命之善、作為人而有理性之善、及作為具有人格者而有負責任之善。向往生命之善之動物性本能有三：自我保存本能、生殖本能、及群居社會本能。理性稟賦則有由相互比較而形成平等及自尊之善，但也因而有相互超越與妒忌等不平等之惡。最後，負責任之理性人格則為人道德實踐之本、為道德法則之人格。以上三者為人性稟賦之善。

至於人性所有三種惡之傾向，由於惡只能從偏離道德法則格律這方面言，即唯自由地違背道德法則始為惡，故向惡之傾向，只為向惡之三種程度：一為人性之脆弱；二為人性之不純正；三為人性之惡劣與敗壞，其依從於惡之格律而行時本心之惡。三者為人性惡之三種程度或樣態。

明白上述分野後，所謂人性本惡是說：人一方面意識到道德法則並可自由地選擇這樣法則作為行為之格律，但另一方面，人又往往選擇違背這樣法則、寧依從主觀格律而行為。這樣現象，非只某個體之事，而是人類作為族類中之事，因而可稱為人性之惡而非只個人之惡。換言之，縱使人並非在其生存中被決定為自私自利地惡，然在完全自由狀態下、在對人類自由行為之觀察下，我們仍可經驗地得出人性本惡這樣結論。若性善性惡為自由之事故而形上，對人類性惡之確認，仍是經驗事實地達致。這是康德對人性惡所下判定。

有關康德對人性惡之判定，我們分以下幾點討論：

一、康德所謂善之稟賦，嚴格言，實非善或與善無關：動物性生命本能只存在之必須、只從生物（具有生命者）言；理性作為思惟能力只從（人）存在言，只康德心目中"人"所有善；道德法則之責任或義務感則只康德心目中"道德"之善、只從"一切理性存有者"言；以上三者其為善只存在之善、與"人性"或"人"之美善無關。無論是理性抑責任與義務[1]，都只對向存在、非單純就人（人性）本身所有言。這樣之善，故只由於客體。然當康德論人性惡時，則再非從客體方面、而是從人主觀面分析，因而為人類之脆弱、不純正、及敗壞三者。這三面都單純與人其行為抉擇（主觀意志或心）有關，非如善稟賦那樣，與存在方面有關。[2] 我們非說人必然善；只是說："人性"應有其獨特美與善。我們作為人所感動的，正是這一由人類自身人性而來之美善，如：人倫間情感與思念、"人作為人"時之人格性情、人由不忍人時之惻隱與辭讓甚至仁義禮智等德行……；順承這種種性向而有之德行，始為"從人性言"真實之善；後者非能單純由理性而致、亦與生存道德未必有關。是這樣人性或"人作為人"時始可能之美與善，非"理性者"、非"生存"之好，始為人性善之真實所在。然為何康德完全沒有察覺這些？為何康

---

[1]　生存本能更不用說，只與生存存在有關。

[2]　善稟賦第三方面——道德法則之責任或義務感，都只存在道德所必須，與理性存有者有關，為道德形上學所分析，與人類事實無關，非人性傾向。從康德把一者稱為「稟賦」、另一者稱為「傾向」已明顯看到，他實意識兩者之差異：一者客觀、另一者始屬人而主觀。兩者（善與惡）明顯不對等。

德只言人類惡之傾向而不言人性本亦有善之傾向？若非康德甚至西方對人或人性本然有所偏見、對人性一切予以否定，否則不應致此盲目地步，不見人作為人時人性之事實。

更不一致的是：為何康德把違悖道德法則這惡之定義直接視為人性傾向，而不同樣從存在客觀方面對如此惡作分析、說明造成如此惡（人性脆弱、不純正甚至敗壞）客觀之原因，如由上位者、生存現實壓抑、或社會敗壞風氣所造成，非人性之主觀？為何對人善惡之分析有如此大差距？若非單純為指向人性本惡這一論旨，是不可能再有其他原因。縱使只經驗之事，故康德仍視人性惡如此必然，甚至稱此惡為內在人性之根本惡。

二、有關人性，縱使善惡只能由經驗觀察而得，康德仍只視之為一無法析透之原初、潛藏、隱秘、甚至形上基礎[1]、為人主觀所有。原因在於：若作為人行為決定因素之人性基礎一旦為現實真實、直在眼前，如此本性決定性，將牴觸意志自由，使道德不可能。由於人本性與自由抉擇二者確似矛盾或對反，二者又不可或缺[2]，康德故寧把人性視為隱秘惡之基礎，而以善唯一地從人依從道德法則之理性抉擇言。如此以人本性為"隱秘"，其後果只使康德更無以對人性事實

---

[1] 人性之形上基礎，與倫理道德之形上基礎均同然形上：前者從人性、後者從理性自由言而已。

[2] 若沒有本性，將沒有所謂人性是否善惡問題。若沒有自由選擇，一切只為本性決定，亦沒有善惡可能。

有所明白。然以理性為善之根據，其錯誤除與西方二分思想有關，視「理性／非理性」、「知性／感性傾向」一方（「知性」「理性」）為正、另一方為非、只觀點構造性而非對世間公平平視一切外，強調道德之遠去人性（性惡），實更是為使道德脫離現象所有條件化、使其絕對而形上；如是道德只為理性存有者之道德、為絕對無條件訴求、並指向一形上主體[①]，如是道德將不再依從人性。然理性存有者或一純然基於形上之道德，其所重視，再非人類德行，只一獨立自主形上主體性[②]之道德。人性只構成如此形上主體之障礙，故既為惡之根本、亦為一切形上學對人性摒棄之原因[③]。然如此非人性道德，既對人德行無幫助、亦因而脫離現實及人性真實，後者唯在人性現象中始有。

三、因對康德言人性為隱秘基礎，非能從一般經驗所見惡說明，對人性惡，康德故不得不訴諸人類自然狀態中之野蠻性，故舉托富阿、紐西蘭和納維加脫群島上所發生滅絕人性之屠殺以見人性本惡。舉自然人為例明顯為回應盧梭。然野蠻人未必無思考能力；甚至，正由於其思想非文明理性思想始如此野蠻。野蠻人之暴戾故仍由於其迷信般想法而已，非由於本性。以野蠻性為人性，故只刻意對比理性與非理

---

① 在人性上之形上主體。

② 即不受任何現象（包括人性現象）制約之主體性。

③ 縱使知無法終究對"人"徹底否定，西方仍只從如主體「我思」、個體自我、超人甚或「此在」（Dasein）等對"人"作肯定而已，從未見對人性肯定。

性、刻意求為對反理性真理性而有。由於理性非只屬人類，由人類野蠻性所顯性向故為人類獨特、視為人性所在；一切在理性外之非理性，因而都歸咎於人性本性。康德舉野蠻人為例，是理性中心化對理性外一切之排斥，以非理性之"智思"即人性，如以人"習性"為人性那樣。這都是過於偏袒理性智思而對人類存在真實之不察。藉由野蠻性，康德因而使人性與理性對立落為理性與非理性這樣對立。然人性是野蠻性？甚至，人性只能是隱秘基礎、只能從基礎決定性而不能簡單地從性向言？這一切更深入分析，非康德從理性觀點所能切實平實地洞見……。

人性應怎樣說？《論語‧陽貨》：「子曰：性相近也，習相遠也。唯上知與下愚不移。」語雖短，但已含有全部問題回答。

人本性非任何不可知之形上基礎，只人類感受與行為中所見性向事實。[①] 人類自私而為惡，無論多麼為普遍現象，因只為個人利益、其事亦只眼前短暫一時，故非「性」而是「習」。人性作為人本性非如是：其為感受或所求，既非由於個體現實普遍性而是單純出於人類"作為人"自身性向、其為性向又於人類須

---

① 在討論人性時須先注意：不能從決定性或必然向善說「性」。反而應是：由性向始決定何者為（對人類言）善、何者為不善。以向善言性，仍留有對「善」為何物之不知。而以決定性言「性」，這明顯使善惡抉擇不可能，換言之，使善惡這樣價值不可能，一切只落為本能，而本能是無以言善惡的。「性」故只為從感受言所見性向，非從意志及欲望言之抉擇，二者與思慮而非單純感受有關。

長遠而非短暫一時，如人欲求家室安定、與欲求一時事物所有差異那樣。人類明顯有長遠與短暫性向之分、其所欲更有只為個體與亦為他人（「與共」）之別。人性與不是人性，應由此而分。人性故只從人與人（人倫）一面、非從個體生存方面言；前者始人性所在，後者由於生存外來迫不得已而致；縱使有如自我保存之必然性，然由非對向他人，故仍不能視為人性所在。人對人思念，如父母子女情感、或人期盼於他人之敬重、和睦與親愛，始為人類本性現象，與個體求個人利益等狹隘現象層次不相等。人性只從對向他人言、非從個己自我言，此自我保存所以只為本能、非為人性。縱使本性與個體性均同樣普遍、縱使人性善與個體求為生存利益而惡二者同為經驗事實，然從其事之長遠與短近言，一者為人性、另一者非是。人性與非人性是由此而分：由是否對人類言為共同真正善而致，非單純由普遍性決定。孔子對這兩類現象事實，一者稱為「性相近」、另一者為「習相遠」。「相近」與「相遠」所指為：人由人性而相近、由個體習性而相互遠去；使人相近者為「性」，使人相互遠去甚至爭鬥對立者非人性本性：人（作為人）無喜悅於其事故。縱使人性與人爭鬥對立之習性多麼同為普遍現象，然始終一者始人性、另一者非是；前者單純建立在人與人所有共同感受，因而鞏固着人倫禮樂；人習性則只個體好惡之事，往往因自我而分離人與人一體關係。[1] 人習性故只為個體從存在現實言時之自我保存，與人

---

[1]　西方雖不從人性，然始終明白人一體關係之重要，故從酒神精神求如此一體性。

性無關①。誤以習性為人性，實先由於不從人類真正善考慮而已，否則應能分別哪些為人性、為對人類善，哪些非為人性、非致人類善者。其實，縱使為理性，也只能透過人性考慮；故唯因只有對存在現實顧慮，始不再單純對人性肯定，並背離人性真實，否則，人性是人人確知並喜悅之善，致人與人相近之美與善。②人性故無須從隱秘性言，從「相近」「相遠」言便可；二者均普遍現象，與形上隱秘性無關。③上智者因知如是長遠與個己短暫之區別、知善對人，故能不移離本性。這一切，非單純能由理性智思而致，後者考慮唯在存在與現實、非先在人。

　　若性善（性）與性惡（習）其分別如此，那於人類性向外之智思能力、那與理性非理性、或自由抉擇有關之能力，在孔子中是以「智」（「上知」「下愚」）標出。移與不移（自由抉擇）故與「智」有關：下愚因無知，故不移。「智」除為理性自由抉擇之基礎外，更包含人一切心智；此時心智，往往可對反本性而作為，故「唯上知（…）不移」而已。④

---

① 若從保存言，人類一體或父母對子女之保存始人性所在；保存故不應只從"自我"保存言。

② 個體性情因只屬個體自身、非人人相近性向，故不能同視為人性。

③ 無論性善抑性惡，「性」（本性）都不應從決定性解，否則若性善便無惡之可能、性惡便無善之可能，而這明顯非事實。若不從必然決定性解，「性」亦無須視為隱秘基礎，可只視為由觀察、感受而得之性向。無論性善抑性惡，故都仍有自覺自由選擇可能，後者與「智」有關。

④ 在康德及西方傳統中，善唯以理性知性為根據，再無其他可能。此所以西方單獨重視知性與思惟。連道德，其依據也只在理性（道德理性）而已。然對中國傳統，善非應只在理性（智）、更應與人性有關。智可人性、亦

　　從上分析可見，康德所觀察唯有二，孔子所觀察則有三：康德只見人習性之惡及道德理性之善，而孔子所見：一為人本性及上智不移離人本性之善、二為人外來習性所造成之惡、而三則為人類智性（若非上智）對惡之助長，使人更偏離本性，終只相互遠離甚至對立。康德與孔子兩者觀察之差別在於：由於康德認定善只能出於人道德理性，故對人性（人習性）均視為惡，如經驗中人習性事實那樣。孔子相反，善本在人性性向之真實，而惡只由人心思（偏離本性時）所致，非人性原初。人類心思若非上智，往往為達成欲望而對自身人性性向有所違背。此時心思欲望所成即「習」。「習」與「性」因表面同樣長久甚至普遍，故使人誤認「習」為「性」而言性惡。性惡之"性"，實習性而已，非人性。若西方以"性"（「習」：世俗欲望之主觀傾向）移離知性真理，孔子相反：孔子以人智性始偏離人本性性向。「移」所指是心智可由生存計量移離本性一事。移與不移，與智程度與真偽有關。唯上智始不移而知回歸性與道而已，非順承智之所能與所欲而求索。因智思可移離本性，人類德行故最終仍與心智有關：由人是否知回歸本性決定。[①]

可違背人性；可利仁、亦可不利仁。若上智不移離人性，非上智之"其他智"則可由自以為是（自以為智）移離甚至對反本性。問題因而非在智，更在其所謂智是否對立人性。縱使如康德已以理性為道德基礎，然因對立人性本性，故實踐理性仍非真正善。

① 動物因缺乏自主自覺能力（智思），故純受本性驅使。人類不然。縱使為性向，性向仍有人性與生存習性之別，故人行為選擇仍可自由、仍有自覺獨立性可能。

性善抑性惡論，其中關鍵首先在是否對人及人性低貶這一心態①。人對作為人之自我否定、人「戕賊人」之心②，無論怎樣，都非正道所應為。在人本性與理智能力兩者間，本性始終應為根本，理智只進一步能力而已。③若問二者孰是孰非，就算接受西方以人性即人習性（壞的主觀傾向），事實上，理智亦同樣可造成罪惡，非獨習性如此；因而在兩者間，實無能偏袒理智而貶低人本性。惡之問題因而在「人習性」與人智思兩者間。人惡一事實始終不應歸咎於人性性向，其惡在「人習性」而已、在智思之誤用而已。以為理智甚至理性必善這樣立場故無可取；理智知性所造成大惡，從來明顯④；聰明若非善用而有道，更為敗壞、更使人相互間遠去。此孔子「習相遠也。唯上知與下愚不移」所含意思。

孔子與康德之差異，故在一者以人性為善⑤、以順承習性之智思為惡，另一者則以理性智思為善、以人性傾向為惡。二人實單純對反。以人性為德行所本時，其所要求，實德行必須回歸性⑥與天道之客觀性；以理性智思為善時，所要求反而是人主

---

① 因所涉直為「人性」而非人其他偶然性向，故實為對「人作為人」本身之否定。

② 《孟子·告子上》：「將戕賊人以為仁義」。

③ 西方則藉人與其他事物比較差異，得出「人為理性動物」這樣本質，從而偏袒理智能力，以此為（人之）根本。然這實只從外在比較、非從人自身性向所是（人性）言。

④ 此當代批判理論或反智傳統之所由，亦老子智慧所在。

⑤ 甚至從人性見善。

⑥ 人性性向。

體獨立於一切客觀性（性惡）而求自主。「人性」與「主體性」（服從理性無條件命令法則之意志），其背向如此。道德命令之無條件性，不能考慮任何對象（如人）之特殊或內容、不能基於人性內心感受與分辨，故純然法律或法則性主體意志。此時，道德再非從（對人言）德行、而只從意志絕對獨立性言。康德這對意志之要求，固然開啟後來西方哲學中意志之地位[1]，但道德之遠去人性德行，與西方思想形上性格一致。連在最與人自身有關之道德或德行問題，始終仍只以形上為基礎與形態。道德形上學，故既非人性、亦非從人性之德行言。

若非康德把善惡只視為意志自由（理性）之道德抉擇、否認人性應有本性，以上錯誤不應發生。人性善與自由主體之善不同。人性善只從"人作為人"之觀點言[2]、只人性客觀事實，非理性存有者個體之事。人性介乎理性道德法則與人主觀傾向（習性）兩者間；相對理性道德法則言似主觀，然相對人習性言則為客觀。如「父為子隱、子為父隱」一事實，實仍順從人性之道及人其存有所是（人倫親情）而致。人性道之客觀性，從不對立人及人性傾向；理性道德法則則無分別地對立人之一切、視從人而致之一切均主觀。對人作為人言，人性而非理性所有之善，始真實地善、亦人所以成人之關鍵。善故應如人性德行、如孝

---

[1] 在討論笛卡爾時已提及，主體始終以意志為主；從知識言主體，只起點而已。

[2] 這"人作為人"（而非作為理性存有者）之觀點，即康德所以為"主觀"者。

悌與仁、禮，非只求為社會現實存在時之理性法則而已。①

至於康德所提人野蠻性問題，中國傳統只視野蠻（「野」）為「夷狄」、只相對「文」（禮樂教化），非如西方，以為相對「理性」言。野蠻之惡非人性之惡，反而只因未受人性教化（禮樂教化）故而野蠻。相反，智思一旦背離人性，無論發展多高度，仍可一如野蠻性那樣；此盧梭所以批評現代文明（理性文明）為「新野蠻狀態」②。野蠻實人心思背離人性時之邪惡，非人性所有惡。以野蠻等同人性，這只以理性存有者為唯一真理，因而把理性外一切（如野蠻性）歸咎於人性而已。事實明顯非如此。在古代中國，人性由「文」而擴充體現；相反「文」之野蠻，是不可能為人性所在。若求為人性原始狀態，非應在野蠻人③，而應如孔子那樣，以「下愚」為例。「下愚」再非有心思聰明之偽、再非有由智性而致之惡，其所有，直接為人性本性而已。言「下愚不移（離本性）」，所說明正是：於非以思想想法主導行為之下愚者，始見人本性之單純，絲毫惡念也沒有；此時所見，唯人性所有善，非其他。孔子舉下愚為例，故較康德舉野蠻性深刻：非理性之野蠻④，只心思扭曲狀態，非人本性。以道德理性、抑以人性為善之基礎，其觀法差異故大。

---

① 若人性與純粹理性有所牴觸，如《論語・子路》所記：「葉公語孔子曰：吾黨有直躬者，其父攘羊而子證之。孔子曰：吾黨之直者異於是：父為子隱，子為父隱，直在其中矣」，仍是應以人性為正。

② 見《論人類不平等的起源和基礎》最終部份。

③ 野蠻人只另一種心思想法之人而已。

④ 及人智性所有惡。

　　若回歸問題之根本言，西方因以「存在」為本，故以人其性向只為主觀；客觀性純由存在決定。若以人及人性為本，那人類一切努力，應先在人而已、致力人作為人之真實而已[①]，非如以「存在」為本時，所致力在存在之改造上。

　　康德甚至西方道德之所以必然形上（而非人性），因在人性闕如時，意志所能無條件地服從的，只為理性依據存在事實所訂立之法則或定然令式，後者其能為客觀，因單純形上地理性。對西方言，純粹理性始客觀，人性及人類相反只主觀。然因理性所言客觀性，始終只人類自己創或制定，又在這樣制定中，對象非先在人作為人而在存在，故實始終只為人之想法（所欲）而已、一種主觀而已。如此想法，藉由說為形上始能被視為客觀，如柏拉圖城邦法律那樣。這樣客觀性，往往只對向現實，因而實只以現實為基礎，非在現實外有更高價值意義。無論西方法律抑道德，故仍只現實性格，無人性這更真實懿美。正因只源起於現實，與利益始終尤關，道德故無法成就真正德行。

　　人類歷史若任憑人類思想而發展[②]，始終都只偶然。物世界沒有終極必然性可能。此時道德規範，也只能順承其時存在狀態所需而改變，無根本終極性。然人之德行，撇開人倫方面不談，首先正為人對向存在所有「居後」態度，一種既不自大、亦不自我自居時之存在姿態。不以人之所能而為、承認一在人類

---

① 此始為人類生存意義。失去人倫人性，無論存在怎樣，也只虛無。縱使有其他種善可能，人仍應先致力於人本身善（人性之善），以此為存在目的。
② 換言之，非先依據人性。

智思外之「人」及「人性」真實，如此始為德行真實意義與源起。[①]
若非以努力人性或人倫為本，無論努力怎樣，始終與德行無關、
亦無以成就「人」之真實。使人類回歸「道」（人性之「道」）、使
自己「欲」之主觀性回歸人性[②]，此始為德行之根本意思：「仁」之
立人與達人，非其他從現實言之規範。人類「居後」[③] 故始是德
行真正基礎。就算周公，故孔子說：「如有周公之才之美，使驕
且吝，其餘不足觀也已。」（《論語・泰伯》）[④]

　　古希臘「明智」一概念正為指出：人必須從屬神靈下而不自
大、不自以為是，甚至，人應只做人（作為人）之事、想人之事，
不應踰越人之份位。是從這點言，古希臘對立後來哲學傳統，
後者求超越世界及超越人類事實。古希臘「明智」概念雖已朝向
德行方向，然置神靈於人類上，一方面仍間接助長超越性形態，
另一方面仍非對人性單純肯定。古希臘所重視德行，只環繞人
之自我，非如中國傳統先立足於人性上；至上者始終是神靈，
而神靈往往只力量，與人倫及其德行無關。從這點言，中國與
西方思想差異很大，其關鍵也在「天」與「神靈」概念之差異上。

　　「天」非人格意志，故非神靈；《論語》以「天」與「鬼神」區
分兩者。「天」代表一種最高客觀性、毫無人意欲之最高客觀

---

① 　西方以從屬至高存有（神靈）始有「居後」（居下）態度；然如此居下，始
　　終非對向存在或他人，故於後者前，始終未有德行本心。
② 　此孔子「七十而從心所欲，不踰矩」（《論語・為政》）之意：欲與心、主觀
　　性與客觀性一致，故「不踰矩」。
③ 　對向人與存在。
④ 　「驕」言自大，「吝」言佔有。一從人一從物言。二者均以己為主。

性，其為正道由此而立。神靈作為意志，因而也只主觀；唯最上因而超越一切而已、為一切所必須服從而已，其為權力或力量，始終不能視為純然客觀性之代表。無論古希臘神靈抑《古約聖經》耶和華，從其意志言，仍只主觀。中世紀基督教上帝雖從全知全能等屬性言一種最高實在性，因而如無意志，然其所代表客觀性，只存有（存在）屬性之最高等級，而這只人類「存有」思惟所涵蘊之客觀性而已，非具體從人類甚至人性言為客觀，故始終只人類思想事、存在與存有思想所言最高客觀性而已。史賓諾莎雖深明意志主觀性問題而以神為沒有意志，然如此客觀性，其結果也只「自然」與「實體」:「自然」從內容、「實體」從形式言。實體 [①] 不用多談，只思想構設，其為客觀性代表，只求為移離人性存在時之思想取向。至於「自然」，其客觀性在西方思想下也唯從物方面言。物之客觀性一方面仍有賴人類認知，受着人類心志目的（智思）所影響；另一方面，自然始終無法取代人類人倫這樣客觀事實，故如道家，縱使能回歸自然所有真實，然始終不能化約人類人性問題。天地四時之自然確然客觀真實，然始終不能視為取代人性人倫存在。唯人道對人類言，是唯一必然而客觀者。這一客觀性，從人自身言即「性」，而從存在整體言即「道」。「性」故非指經驗偶然屬性特性，而是人作為人所應有真實。如此真實，從存在整體言時 [②]，即「道」。「性」與「道」，一從人自己、另一從客體存在言，所指同一。「天」縱

---

① 「存有」、「存在」。

② 引申於存在整體。

使似超越，然其超越性只相對人類意志（欲望）與智思，為昭示於人，必須回歸此人性與道；特別上如天子，仍應以人民百姓為主體。實質地言，「天」故亦人民百姓而已、人性與人道而已，此所以孟子言「天視自我民視，天聽自我民聽。」(《孟子‧萬章上》)「天」實「人」之客觀真實；其為真實地客觀、非如神靈仍主觀，由此。「性」、「道」與「天」因而環繞「人」而為層層客觀性；人之居下，故唯從居於人道真實客觀性下、非居於他者超越性下言，後者仍只人智思之主觀意欲而已。「天」與人性，故為真正德行之本，神靈[①]與理性均非是，後者須回歸人性始為道。人類為自身制定之種種法則與規範，若非單純直是人性人倫之道，是不能算作德行、亦無法有德行之實：只主觀創制，非真實地客觀。而意志之真實，須從「志於道」(《論語‧述而》)言，如「我欲仁」(《論語‧述而》)之「欲」。

康德以為立理性為意志之法則、以為由此能達致普遍性與必然性，其所為，實正正否定人性客觀真實性、否定「道」而已。從性惡論至道德設準[②]，甚至德福一致如此純理論訴求，在在顯示其思想理性之主觀性而已。

對性善性惡、及對道德之人性抑形上基礎、對人性抑理性之立為人之真實，我們所言至此。

---

① 居於神靈下。
② 自由、靈魂不滅、上帝存在。

第三《批判》與美學形上學問題

康德第一《批判》沒有成就形上真理，第二《批判》雖建立從實踐主體自身言之形上性（倫理道德），然客體（形上）真理仍然闕如。是否有客體真理性可能[①]？這是第三《批判》潛藏問題。當然，此時所言真理性，明顯不能再從事物世界自身言，第一《批判》已說明其不可能。客體若有其形上真理性，故只能與主體有關。然若只能與主體心靈有關，這時客體，如何能有形上性？我們這樣提問，是從形上史角度，對第三《批判》含具之形上真理性考慮，甚至對美學其形上真理性考慮。那麼，美學與形上真理其關係在哪裡？

讓我們暫回到古希臘。古希臘之形上世界是透過藝術表象及形式而達致。藝術所表象之形上性，正是透過表象本身達致。此時之表象本身，是從具有生命力激素而言為形上。形上性故非從現象背後、而直接從表象本身言。正因如此，哲學必須對立藝術世界，求為在表象外（上）之形上性故。雖同求索形上真理，但哲學與藝術之方式正好相反：藝術肯定現象或表象本身，而哲學則否定現象並藉純粹知性，試圖建構一在現象外之形上世界。此所以柏拉圖明白對立藝術，而亞里士多德則從視為世俗意義而去藝術所有形上性或真理性。康德第三《批判》從這點言，其立場重要：一方面康德重建藝術於面對哲學時之位置，

[①] 非只第一《批判》所言 "知識"。

另一方面，此時藝術甚至美學，可具有形上真實性。全部關鍵就在藝術感性一問題上。

首先，感性對反知性，同為現象表象與物自身[①]之對反。藝術與哲學之對立，全聚焦在「感性」問題上。另一方面，因在康德中，純粹客體義之形上學不再可能，客體世界若有其形上真理性，必須與主體有關，換言之，即從「感性」言。此時之形上性，只能從現象立，非再能與知性本體界有關。無論是主體與客體關係、抑藝術與現象表象，關鍵都在「感性」。「感性」此時因再非從知識認知、而只是人主體自身與藝術生命力有關方面，故「感性」實同即「感受」或「情感」。康德三《批判》故確實對應俗謂之「知、意、情」三方面；第三《批判》（前半部份）為對情感感受之超驗分析。之所以似單純討論美學，因美學感受實人與對象客體感受關係中之最高真實，甚至如有形上般地位，特別當此時之主體與客體，可達至結合為一時之存有狀態。作為前兩《批判》橋樑（前兩《批判》本身實無需任何連結），第三《批判》是從在美學感受所能體現之主客一體關係而言為橋樑的，後者為存有最高狀態，故亦提昇了第三《批判》地位。正是這主客一體最高真實，使能在哲學知識樣態後，再次回轉至美學與藝術，甚至成就二者之終極地位。第三《批判》及美學是從這點言，為康德心目中最高存有狀態與真實，甚至為康德存有論終極。存有之美學化，深遠地影響後來之存有思想。

從美學而立之存有真實是怎樣的？若「感受」為主客關係之

---

① 哲學之形上世界。

唯一媒介，那康德怎樣分析「感受」問題？第三《批判》有關美
之分析分為四個契機；四個契機對應感受或情感分析之四層面，
簡列如下：

　　一、感受本身之分析——感受之分類。

　　二、人心靈心境（感受）之分析——心靈之普遍性。

　　三、事物與人之間之感受關係——目的性問題。

　　四、人與人之間之感受關係——共感問題。

　　在說明四者前，讓我們再次簡略把第三《批判》中，美學之
形上意義稍作說明。

　　第一契機所分析是感受之分類及其本質，換言之，感受之
客體面。[①] 感受歸根究柢是從主體滿足感（愉快與不快）這感受
關係言。愉快與否，為感受之本質。至於愉快與不快之類型，
則主要由對象決定；分三類：一由感官感覺引起、二由善引起、
而三由美之表象引起。無論哪一種，快與不快感都與生命力或
生命感（Lebensgefühl）有關。於西方，存在意義或從知性真理、
或從生命力（生命感）而立。前者屬知性界，為哲學所示；後者
屬感性界，源起於古希臘藝術。康德把感受視為生命感，已銜
接古希臘藝術傳統。換言之對康德言，存在生命感可由三種對
象引起[②]：或為感官感覺事物、或為善、或為美。三者所顯為主

---

① 　感受之主體面為第二契機所分析。

② 　固然，三者所構成之存在意義與價值不同。

體之心靈狀態①；其中所有判斷，與對象自身無關，故非知識、而是心感受，此其所以為感性（ästhetisch）。無論怎樣，從存在言，人都是受着其感受所決定。存在意義，故都與感受直接有關。本為存在意義之真理，若非能從客體本身，而須從人主體方面言，往往只為感受而已。生命故非只生存，更是感受，就算從生存言仍然如此。康德「生命感」一詞，所指為這樣事實。若知識達不到形上地位、因而不能為人類生命終極意義，那生命作為自身時（在其自身），其真理性只能從道德意志②求索；然若仍有求於與他物關係（主客一體關係），那也只有從感受求索：感受正為主客關連之唯一中介故。此時感受，正是生命感、生命之感受。若第二《批判》（倫理道德形上學）揭示人在其自身之真理性，那第三《批判》則指點出人類與現象關連時可有之真理性。因與客體一起，如是真理故亦現象存在本身可有之最高真實。美學感受因而是主客關係及客體本身③，所能有之最高真實。「在其自身」之最高真理在實踐主體，而「現象」之最高真理則在美學感受。此第三《批判》之成就與意義。

若非從人感受而仍從事物方面考慮，第三《批判》下半部有關目的論之討論仍然指出，縱使非作為知識，事物唯以人類為目的始有其真理性。縱使非與知識真理（物自身）有關，美感感受與事物之目的論始終以人類為依歸，非能指向他者為真理意義。

---

① 一者為現實生命，二者為德性生命，而三者為美學（自由）生命。
② 意志之獨立於現實欲望。
③ 因客體（現象）再無物自身真理性可能。

從現象存在言，主客一體始是存在最高狀態與真理，此第三《批判》根本所示。

若美之感受對比另外兩種感受（感官快適與善所引起之愉悅），這是因為，後兩者均涉及對象之「存在」，故與欲望有關。唯美感感受單純涉及事物“表象”，與“存在”無關，因而非為欲望，並為自由之體現。與事物“存在”有關之感受，縱使非為知識，然畢竟已涉存在，故非單純主體自身之事[①]。唯在美感感受中，當所涉只表象而非存在時，始純然與主體自身相關；此時客體非作為自身而存在，而是作為與主體一體時之客體；其真理性非與存在事實有關，亦非主客體在其自身時之形上真實，更非經驗生存偶然事實，而是主客體（在存在外）一種[②]一體真實、主體與現象表象在相互關係（相互表象）中之真實。既非從形上言之自身，又非在經驗偶然中之相互，而是在現象“表象”相互性中所體現之自身。如此真實，唯在美學感受或現象中始能體現。這時之相互性，只從感受言；其為客體，也只「表象」而非「存在」，因而對反現實之存在性，為在物自身形上真理外、另一種在其自身真理。以往哲學只知求索形上義之在其自身，不知現象也同樣可有一種“在其自身”。康德故非只以道德主體

---

① 道德實踐所以純為主體性，因與感受無關。若對象之善引致切望其存在，因而非單純自我實踐，如是仍為客體性、非單純主體性。

② 另一種，非單純主體或單純客體之「在其自身」，而是主客一體時之“在其自身”──“現象”之在其自身。此時，現象非從存在經驗偶然性、而是作為存有、作為現象可有之最高真實言。

之形上取代傳統客體義之形上①，更在第三《批判》中，前所未有地立一種對等形上真實之"現象"真實；這一切，唯從美學而立。形上真理性與現象真理性，再與客體知識認知無關，或從主體自身道德實踐、或從主客美感表象之一體言。前者主體地自由、後者更在現象表象中而自由。康德雖回歸古希臘道德與美學世界，然已非如古希臘從客體、而是從主體言。此時主體之真實性，為「意志」與「感受」之真實性；縱然非與理性知性全然無關，然此時知性，也只道德理性與美感判斷（審美），都與純然客體性無關。真理如是而主體性，非客體性。意志與情感之真理性，從而取代物知識真理。康德雖非回歸人之真實，但已回歸人之要素了。

第三《批判》論美學與藝術時，主要分為三部份：論美、論崇高、論藝術（「美藝」schöne Kunst）。三部份相對下面三方面：「美」標示主客體（現象）、在感受與表象關係內之一體關係；「崇高」則標示主客體在感受與表象間之超越（形上）關係②。二者作為感受與表象雖對反道德主體與知識客體各自之形上性而為在現象中之真理，然二者仍有一差別：前者是現象作為自然時之真理性，然在「崇高」中，所體驗為超自然之呈現。美與崇高縱使同為在現象中之感受與表象，然一者自然、另一者超自然③。前者主客內在一致，後者則主客相互超越。是從這點言，崇高為

---

① 後者即第一《批判》所批判者。
② 因而顯主體及現象各有之超越性。
③ 人於此體會其自身之形上性（神性），而自然亦顯其形上偉大性。

形上感受。這從感受與表象關係間所體現之自然內與超自然真理性[①]，因而是在現象真理中，主體與客體可唯一具有之真理性。表象感受所具有真理性，故唯二：或則為美（主客之內在一致）、或則為崇高（主客之相互超越）；無論哪一者，都只從現象言。

若「美」與「崇高」標示人其感性兩種真理性，那「藝術」這第三部份則離開單純主體感受層面，而從"事物"其存有真實言。此時事物之存有真實，明顯非從知識方面，後者只為知識，非能為存有真理。故若撇開意志與感受而從事物方面言，感性事物所能有之真理性，仍只能透過美學現象成立，換言之，作為藝術品。唯在美學關係或存有中，"事物"始有存有真理性可能。現象之存有真理，無論從感受抑具體從事物言，只能為美學化真理，無其他可能。由藝術作為物品所顯真理，仍然從主客一體言，而此在：代表客體之自然物、與代表主體之創制物（藝術品），在美學關係中，一致一體地、呈現出相互之真理[②]。

無論關係如何，事物始終指向主體，非指向客體（物自身）。事物之目的性或合目的性（Zweckmäßigkeit）是從此而言。唯對向主體而合目的，事物才能為存有真理。若目的性指向神或其他存有，如此真理性不可能。此感性事物其真理性之條件：與主體一致。

康德非只在知識領域否定客體形上學，在感性現象中，也

---

① 如是真理性，是在感受與表象間，非在主體或對象各自自身中。

② 從自然見藝，而從藝術見自然之美。

否定了其指向客體形上學之可能[1]。唯在主體自身、及在主客一體中，存有義真理始可能。或在道德中、或在美學感受中。此時，承載如此真理者為現象表象，非為物自身。無論怎樣，至康德，現象已非只現象、非以物自身為依歸；現象反而直作為現象而與主體一體，如在美學關係中；此始為現象所有真理性。從康德始，真理只見於主體[2]，不再立於客體自身，這是康德主體性哲學之結果。第三《批判》所最終成就者，仍然在此。

美之分析第一契機

現象中主客體一致之交接，就在感受性一概念上。感性是主客關係時之外在狀態，其內在狀態則從「感受」（Gefühl）言。無論外抑內，感受難於擺脫外來性。故在西方哲學傳統中，情感、感受都被視為被動、非能自主，故非主體作為主體之本質。在討論道德主體之自主獨立性時，康德故也是從對立一切感性傾向與感受之被動性言。從現實存在方面，人確實是一感受性存有。除非我們否定人類這一面、否定現象之模態，否則必須重新安立感受性。探討感受之獨立性這似矛盾之事，正為第三《批判》所首創。

---

[1] 有關「現象」之公式故是：「現象對向主體」，非「現象指向物自身」。

[2] 在在其自身之主體（道德主體）、及主客一致之主體。後者有二：事物作為表象與主體美學感受之合目的性，及事物作為存在與人其存在（人類幸福與文化）之合目的性。自然界這目的性體系，最終也只以人類存在、甚至人類道德性為目的，非能以其他客體為目的。

在美感感受中，康德所發現，正是在外來表象關係中，感受有完全獨立之可能（感受之主體性狀態）。感受之所以不能獨立，實由於「利益」或「興趣」（Interesse）而已。若美感感受獨立於一切利益與興趣，其為感受是主體的。我們說過在第一契機中，「感受」由對象之不同可分為三類。在三類感受中，唯美感感受與利益興趣無關。其他兩類（感官快適與道德愉悅）都與對象存在有關，因而有利益興趣在。從這點言，利益與興趣也實只兩類：或為感官快適欲望、或為道德的。

三種感受形態及其所有關係，可圖示如下：

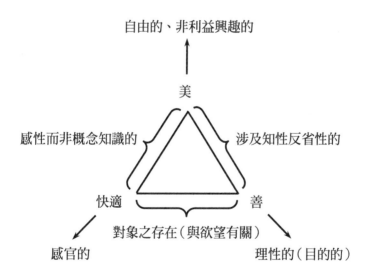

善之感受理性；作為意志之完全自決，對立一切感性傾向而形上。相反，快適感受單純感官，並純然自我，因而與主體知

性無關，從這點言，快適可在毫無理性動物身上出現，如同善之感受可在一切理性存有者（故非獨人類）身上出現那樣。這兩種感受，故非人作為人獨有感受。對康德言，人作為人獨有感受，應為美感。其他兩者雖為人所有，然非作為人之感受言。如我們已說過，康德及西方思想從沒有對人性正面想法，這裡所謂"作為人"，所指故只是一種既理性亦動物性之存有者而已。美感既感性、亦知性地反省性或觀照性（kontemplativ）。唯美感這既感性又知性之感受，作為感受能同時具有此相反或二重性格，故可視為人獨有感受；其他感受，非本質地具有此二重性，故非本質地只屬人類這一感性知性二重存有者所有。美這一感受，既具有感性知性性格、又不涉對象存在，既是現象表象、又完全無利益興趣因而自由。這奇特性格，故可視為現象存有所具有之真實性，然始終非從人性而言之真[①]。美感感受故只是在現象表象前，主客一體存在時之真理性，非從人性真理言。[②] 美學在康德中始終只存有性、非從人性言。

在第一契機結論中，康德說，鑑賞是在不帶有利益興趣下、對一對象表象藉由愉悅不悅感受所作之反省判斷。這是說，當我們依據自身愉悅不悅感受對一事物表象作反省判斷時，若此時判斷絲毫與對象利益興趣及存在性無關，這時判斷即鑑賞性。

---

① 從人性言之美，仍須既盡美、亦盡善，甚至不囿限於表象，亦及存在，如「里仁為美」（《論語・里仁》）所示。

② 當然，能達致與現象表象一體，而非與對象對立或抱有分裂拒斥感受，這本身已是人性所樂見，亦屬人性性格，唯不能以之即為人性所是而已。

康德甚至反過來說，所謂美，所指實即這樣的一種滿足。換言之，美並非事物本身屬性、更非依據某些概念而作之判斷與感受[1]，而是單純依據我們愉悅與否之感受言，唯此時之愉悅感受，與對象存在無關、亦與我們自身利益興趣無關，故非自我性格。於美感中，對象非作為對象、而我們亦非作為我們，兩者都再非"現實存在中"之存有者，而只是作為單純感受、作為單純表象或形式之存有。美使主體與客體均游離其現實存在，達致與對象一體之愉悅。雖非我之存在或對象之存在，然是在這兩者外，對「存在」本身[2]之愉悅、一種單純愉悅之存在感。美作為感受，故是存在性的：既非我或對象，而是在我們相互間，作為表象所有之愉悅感，與概念或現實存在無關。我們甚至可說，若一事物突破概念及現實存在性而使我們愉悅時，這事物便是美的。從這點言，現實存在（利益興趣性）必然醜陋；而概念本身亦無美可言。存在之美（美學性），因而單純只在現象感受中，一種既無利益興趣、亦無概念目的駕馭其上時之存在感；唯如此存在，始為美學性。對康德這美之說明，與其說美無利益興趣，不如說，無利益興趣即美。無利益興趣，故與現實無關。美指如此存有樣態，"無現實存在感"對存在（表象）之感受。

---

[1]　善之感受始依據概念：「善」之概念。又：正由於非概念性，故非能如觀念藝術，從觀念而作鑒賞判斷，如今日藝術評論所以為。

[2]　此時「存在」，只能是現象存在，因非我自身或對象自身之存在故。

美之分析第二契機

　　第二契機所討論，是感受之主體面，即對人心靈心境之分析，其中亦論及心靈感受或心境之普遍性。這有關人類心境（Gemütszustandes）之分析，在西方，也前所未有。若第一契機是從客體方面說明美，那第二契機則是從主體面說美。若從客體面言，美是一種無現實性之感受，因而能主客一體，那從主體面言，美即主體某種心境。這一心境，明顯應普遍；因無現實存在性、無利益興趣，這樣感受應與個體性無關。康德故在第二契機開首便立即說，美感感受之普遍性，其實可從第一契機涵蘊出。雖如此，然這樣普遍性因非客體或概念知識，故只屬主體，非從客體普遍性言。快適無真正普遍性；善感受之普遍性則來自「善」概念。如是，美感感受之普遍性從何而立？[1] 康德指出，這無概念之美感普遍性奇特，藉由它，人始發現主體心靈之特殊性，而這一般不為人所知。人心靈之特殊性，即人主體心境一問題。在第九節開首康德甚至說：「這課題之解決是鑒賞批判之鑰匙，因而值得高度注意。」（AK V, 216）

　　首先須注意，"感覺"所以非普遍，因感覺只基於感官能力而有，而感官本為經驗事物，故每人特殊而偶然。概念雖普遍，然由非基於感官，故與感性無關，不能作為美感普遍性之解釋。感受如何能普遍？感受若基於心境而有、是心境之感受，非如快適基於感官，如此感受則可普遍。一因所涉為人心靈而非偶

---

[1]　美感感受之普遍性，指美感愉悅感受之普遍性。因非與概念有關，故非言美感判斷中內容之普遍性，只單純感受之普遍性而已，與其他方面無關。

然片面感官能力，二因心境（感受）作為心靈狀態，為基於心靈構造而有，而心靈構造本身是一客觀事，故感受雖非客體地客觀，然仍可是主體地客觀，此時主體，非指感官偶然性，而是心靈其構造與狀態之客觀性。心靈狀態是客觀事，非如感覺只主觀事。

那麼，何謂心境？我們可對心境作怎樣分析？

首先，心境也是由對象所產生之一種感受狀態，然作為感受，與一般單純由對象引起之感受不同。一般感受只直接反應性，而心境感受除由對象引起外，更由心靈自身所引致。在美感感受中，感受固然由對象表象產生，然在這樣表象前，由對象喚起之想像力，使心靈進入一想像反省狀態。心靈想像力之馳騁，為其感受一部份。作為心靈（想像力）自身所產生感受，美感感受故可視為由對象與心靈二者所構成。在美感表象前，想像力對對象進行之想像，必也從屬概念理解下。無論理解能否完整達成，想像力始終不會停歇其想像、不會單純滿足於任何概念形容；因而在理解力與想像力間，沒有一完全結束狀態。想像力雖並不拒斥理解力之協作、雖不排斥任何概念對對象之理解，然始終不會止於理解、不會因理解終止其想像，其所感思與對象自身知識無關故。在美感表象前，理解力與想像力因而均進入一自由遊戲狀態。稱為自由遊戲，因此時對象絲毫無現實強制性、也無來自存在之任何利益與興趣。此時心靈之知性能力，無需為認知客體事實而失去其自身活動之自由。想像力一般須從屬理解力下始能成就真確知識，然在美感感受中相反，是理解力從屬想像力下、作為想像力之協助因素；兩能力

因而是自由地和諧，非如在知識認知中地從屬。在想像力與理解力協同下之"感受"，因而是一種自由感受、主動而非被動、主體心靈而非客體本身。之所以必然涉及理解力，因此時對象，非單純心靈之主觀遊戲，始終有客體真實性在，甚至為一種現象存在性 [①]。若單純為主體想像力"遊戲"，實無需客體、也無需理解。理解是由對象客體而需要，非由主體自身 [②]。無真實客體時之想像力遊戲，只單純主體而已，非美感美學存在。美感美學性存在，仍須真實客體，為主體客體各無自身現實性時之合一。主客之合一，亦想像力與理解力之合一；如是合一一致故自由和諧。心靈之自由和諧、由自由和諧所體現之心境，是存在地美麗愉悅。心境之真實因而非單純想像力內心狀態，也非心靈對向世界時之心情，而是在客體真實性前，心靈所有真實。[③]其他存在心情、心智、抑心態，都與現實有關，非美學性。真實心境故為心單純作為感受之心、在美學感受中所有真實狀態，而這先由心遠去現實存在始產生。在這樣心境中，心無對立或分離、亦無我性而普遍。心境如是而美。美所有愉悅，故非來

---

① 這裡所謂現象，非從事物知識、而從美感感受言。在如此感受中，主客一體，為現象存在之至高狀態。其為存在，既美亦自由。

② 如此亦已說明：若人對美之對象絲毫無所理解，因而根本不會喚起想像力之自由遊戲，如是將不會有美感感受。人理解越豐富，其想像力將越自由，其所體會之美感感受越是深刻真實。美感感受作為感受雖普遍，但不代表在不同生命體驗理解下（因而在不同想像力程度下），美感感受仍然一致。

③ 如此存在較現實存在更真實，為存在之存有真實性。存在（現象）唯在美學感受中始存有地真實。

540

自物，更來自主體心境本身、其能與（於）客體一體。在美中，主體再非只認知能力，更是能力協和一致時之心境。雖非人人平素心靈所有，然因再無自我，故普遍。其愉悅，反映心內在之協和一致、心內在之自由和諧。康德會說，是理解力、想像力、與感覺三者之自由和諧遊戲 ① 。美學審美所要求，因而是三能力之自由和諧狀態、心境超越現實時之狀態。唯在這狀態中，感受與存在始至為真實。此現象之美學存有。縱使只為一物、一山一水，然此時心境，將視此對象為存在本身。心物之一體，使此山水猶如全部世界、唯一真實之世界對象。在其前，心亦結算其自身全部真實與存在。

美之分析第三契機

　　第一契機透過無利益興趣（現實性）揭示現象之美學存有，因而安立現象表象之美學基礎；第二契機又確立了心靈主體美學心境境界之可能，故第三契機進一步探討，現象對象與主體間可有關係。客體事物與主體可有關係，基本上即目的性關係：事物如依據主體存在為目的。世界事物對人類言為種種在人類意圖下之目的，這是事物之基本樣態。然在這樣關係中，如何安立美及藝術？美與藝術都無確定目的、都無法納入事物與人之目的關係。美學性事物若對人言無目的，其意義在哪裡？與

---

① 　正確地說，心靈狀態是理解力與想像力二者之自由和諧狀態。然因二者之和諧是基於感覺而非基於概念而有，故可視為三者之和諧。三者在美感感受中非作為知識能力或從屬概念下，其為活動故自由、和諧而一致。

人關係為何？此第三契機所探討。

當事物以主體概念為其可能性之實在基礎時，如此事物即為一目的性事物，猶如此概念即為此事物產生之原因。在知識中，主體只認知其對象，然在目的關係中，主體即為對象存在（產生）之原因。目的因而指認一因果關係。在這樣關係中，意志（欲望能力）即為在主體中、產生此對象之根本能力。因而一切具有目的的事物，都相對意志言。然若一事物看似有一目的、如由一意志而發，但我們又無法確定此目的及此意志為何，如此事物，即為一具有目的性[①]但無（確定）目的的事物。具有目的的事物，對主體言是一種滿足。如上對感受之分析那樣，事物對主體目的性滿足有三：或作為快感、或因概念（想法）而滿足[②]。除兩者外，使主體感受愉悅（美）之事物，因無明確目的，故只能視為具有目的性；即這樣事物只具有一以主體滿足為目的的形式，但本身非有一確定目的者[③]。也因無特殊確定目的，故普遍；其滿足對一切人言共同。同樣，如此快感亦先驗。一般言，事物所產生快感都只經驗、無必然性；唯由善及美所致快感始先驗：一者因對應主體自由意志而發、與經驗事物無關，另一者雖與經驗事物有關，然因美感感受與對象存在無關、其快感非來自利益興趣而來自主體靜觀心境之自由與和諧，其愉悅故

---

① 合目的性。
② 這有二可能：或依據「善」、或依據「完美」之概念。前者從主體、後者從事物言。
③ 如無現實性那樣，美對人類言亦無一確定目的。

仍先驗。從這點言，美感感受與由對象引起之吸引性、刺激性等物質滿足不同（亦無關）。美感感受單純只合目的性而已、只與心境內在愉悅有關而已，不會與對象任何物質性快感有關。

美感感受只以對象形式所引起合目的性為原則，其判斷因而純粹，與物質性快感（吸引性、刺激性）無關。這裡所謂形式（Form），或為「形象」（Gestalt）、或為「演示」（Spiel）；一者從空間靜態、另一從時間動態言。二者為美感感受發生之原因；為從客體對象言，產生愉悅之形式（「形象」與「演示」）。從對象方面言，能稱為美，因而也只「形象」與「演示」而已。美學表象是不可能從物質性事物或事物概念而得。

形式於此非指形狀。形狀屬物概念，非美感所謂形式。從更大層面言，形式即現象之作為"現""象"。現象若只為物總體，如此現象只從屬概念下，如柏拉圖所以為理形。此時事物形式，也即概念而已，那在「形式／物質」二分下之「形式」。美感感受所言「形式」不同。此時形式非指物所反映概念，而是表象（在概念外）作為表象本身、那純然在感受中之現象 —— 對我們感受言原始而單純之"現""象"①，非"作為物"時之形式。從呈露（表象）言之形式，故非對反物質；物質也只概念形式之反面或補面而已、仍是從物概念而非單純從感受言。正因如此，在美感中物質性仍是一種形式、或作為形式出現，非只為物質。作為物之物質，不可能為美感感受對象，此時物質必與現實性

---

① 此即現象作為"現""象"自身。

或興趣滿足有關故。美感中形式[①]，與物構造無關，只純然呈現與感受，為在其自身義表象現象，非為物時之表象現象，因而可與之一體[②]。「形式」故為美感感受唯一對象。因非為物，故無完美性之訴求：完美性仍從物概念言故。完美性與物目的性有關。這時目的有二：一從物外在、另一從物內在言。前者即物之善或用途，後者為物之完美性。完美性即從物內在言、其是否達到最好狀態。無論內抑外，都只客體所有目的性，非美感中（主體）目的性。美感感受中之目的性，單純為喚起主體心境自由和諧狀態而有，非對象本身意義與目的。美感中「形式」因而無任何客體意義、無任何確定目的。若主體由道德實踐而自由，那在美學中，主體由非有確定目的而自由。美學雖非主體作為主體最高狀態[③]，然是主體在現象存在中最高狀態：在其中，一切體現為無確定目的然如有目的性地和諧一致。在美學中，存在得以證成。

因有這樣存在問題，康德故在第三契機最後兩節（16、17兩節）討論美之理想。康德首先區分兩種美：「自由美」（freie Schönheit）與「依附美」（anhängende Schönheit）。自由美即上述美感感受中所言美；其為自由，因無論主體抑客體都無任何概念與現實目的作為規限。依附美不同。依附美假設物概念及其

---

① 亦含物質之作為形式。
② 主體無法融於"物"中而與之一體。
③ 主體作為主體最高狀態在道德實踐；然這是主體之形上狀態、非現象存在中狀態。

目的。因涉目的，故有是否達致目的時善不善之問題。對康德言，與完美性或善有關之美，嚴格言，非屬美本身，也對美感無絲毫增減：完美不使美更美、美亦不會使物作為物更完美。康德甚至說，以完美性及善為考慮觀點，會對美感產生偏見。

然問題仍然是：就算美本身非善問題，美是否仍可有更高理想？首先，理想明顯從一物其所是之概念言。因美無概念規範，故不應言理想。若有，也只能從歷代經驗歸納而得，只一經驗上標準，非真正理想：物之多彩多姿，無法於美感立任何標準或理想。甚至，美之理想可能只為每人自己心中事，無法訴諸概念表達，只想像力所塑造示範性典範，非能視為美之真正理想。

那若撇開美感，單就理想本身言，事物是否可有理想？康德之回答是：唯人可有理想[①]，因唯人從其道德實踐言，有一在其自身之可能。其他一切事物，除經驗特性外，是不可能具有在其自身理想可能者。人道德之理想性[②]，若能在感官中以範例體現，將是美之理想。非從美言，而是從美與理想結合為一時之理想言；故非一物其美之理想，而是「美」本身之理想。這樣理想，故已超越美感本身範圍、已把美學引至存在之理想性，為美與完美、美與善之一體實現。此始為美學現象之更高理想。

康德上述所言，故即孔子所言之「盡善盡美」(《論語‧八

---

① 同樣，亦唯人始有完美性。

② 如理想德性人格。

份》)①。「盡善盡美」或「盡美未盡善」明顯顯示，美與善實屬不同領域，故始有盡美而未盡善之可能。不過，孔子與康德在這問題上仍有一根本差異：孔子以善為美更根本條件，甚至往往直接以善為美，如「里仁為美」（《論語‧里仁》）便是，而這明顯是從人性訴求言。康德相反。康德是以說明美之理想狀態為主，善只是達成此之途徑而已。正因如此，美之理想再非從一物所有美言。一物所有，也只「美之規範理念」（Normalidee des Schönen），非「美之理想」（Ideale der Schönheit）。美之規範理念指物類之中庸典型、其起碼條件、為此物類之正常樣貌、甚至為判斷時之標準，此為人們常誤以為美之典範者。物之理想美，頂多只從如此規範理念言。後者只是從經驗個例中撮取而得之最一般典型。若明白「美」之理想必與善有關，為「美」進一步可能，那仍唯在人類身上，始有如此理想可能；一般物種只有規範理念，無所謂理想性或完美性。就算一物能"完美地"體現其本質，由物物個別特殊性，其"完美性"只能單方面甚至片面，無法能作為存有物而完美理想。而因人正為自身存在終極與目的，其為一道德理性主體又可完美，故若能於人之感性形象中體現此道德理性者之理想，如體現一內心善良、純潔、堅強、平靜的人之具體形象，這是從「人」作為物類言，至為美

---

① 孔子所言「里仁為美」（《論語‧里仁》），即美與善結合時之理想；唯差別在：這理想非從個人、而是從人一體之美言。這樣理想，是存在性、非單純美本身。能與善結合，這時之美必然更美，最低限度從人性言，必然如此。

麗者。從美言，沒有任何物類其形象能有最美可能，唯「人」一
物類始是；因而從美感言，唯人類有一美之理想可能。

從美之理想一問題雖已碰觸到善或盡善這完美性問題，然
康德非從美感或美學現象"於存在中"所有更高可能言（即從存
在整體定位美），而仍只是於"美感表象中"求索是否有一種理
想美之體現可能，藉此解消「理想」與「美」之對立，故以唯在
「人」中，「理想」與「美」始能結合起來：非由於美，而是因人
作為物類有一理想可能。一"理想人"之體現，因而等同一至美
之人之體現。人這一物類，其美故可受其意念（理念）影響決定。
不過，縱然在人身上有此理想美之可能，始終，這樣鑒賞判斷，
已非純粹。

從終極言，康德始終仍視美學為完全獨立、獨立於善之外。
而在這點，與孔子「盡美矣，未盡善也」之要求不同。

美之分析第四契機

第一契機對感受作分類（快適、善、美），第二契機論感受
者心靈狀態（心境），第三契機論在主客感受關係中，客體以主
體為目的時其形態可怎樣（形式、完美性、理想）；最後在第四
契機所論述，為在美感關係中，人與人之「共感」（Gemeinsinn）
問題：除為普遍外，美感是否亦必然？快適有賴感官偶然性，
故無必然性可能；善感受因從客觀法則而來，有義務強制性，
故如知識客觀性般必然。那美感感受對一切人言亦必然？「必
然」是說，如人有認知能力，故知識對人言必然；非人必有知

識，而是若人行使其知識能力，知識對人言必然客觀，非主觀。是否必然，因而由能力之是否感性（感官性）取決。美感（感性）之能為必然，除非其能力如認知般，否則無以言必然性。

美感感受所以普遍，因對所有心靈言均有效。由每人心靈能力構造基本均一致，其為感受故普遍，非只屬一人或一感官狀態。然縱使普遍，美感仍未必必然。原因在於，必然性是從每人有關此感受都作同樣肯定或認定言：非只共同有此感受而普遍，而是人人均如此感受與認許（判斷）因而必然。言必然性故並非事實上人人必然如此判斷[1]，只美感感受應為客觀、為人人應同然如此感受而已。美感之必然性是從此言。

美感感受之必然性說明以下一重要事實：縱使非因概念而客觀，然人類內心感受，仍一致地共通，非只個人或私自。因而，美感判斷非只個人判斷，而有其客觀性在，縱使如此客觀性只從主體、非從客體立。能使美感判斷有其客觀必然性之主體基礎，為「共感」（Gemeinsinn）。感受之必然性，是以如此能力為依據，故非如感官般個人主觀。

康德怎樣証明使美學感受有其必然性之「共感」能力？「共感」是怎樣之能力？康德証明如下：在一般知識活動進行時，人心靈能力亦如在美感感受中，各能力同時起着活動。差別唯在：在知識活動中，各能力從屬概念下、為產生概念認知而進行；而在美感感受中，心靈能力則是自由地和諧，以心靈無現實性愉悅為結果，非求為認知。縱使在認知中，心靈能力（理解力、想

---

[1] 連知識問題因有偶然錯誤可能，故都非人人判斷一致相同。

548

像力等）仍必須相互協調。其協調比例可不同，然始終仍必須協調始能有所認知。然使能力按應有比例進行，非概念本身之事，而是心靈自身狀態、一種感受性狀態。使知識能力起着協調作用，就算只為知識而非美感判斷，實已有「共感」能力之必需，否則人與人間之認知過程，無法達成一致。非因概念與對象不同，而是若能力非同樣比例進行，認知仍無以達致客觀一致。康德是藉由知識活動亦同樣要求共感說明其存在。也因人人均有這樣共感（否則知識無以可能），故可以如此共感說明為何美感感受為必然，特別當美感感受正是心靈之協調狀態，非只感官感覺。美感感受亦為如此基礎、其感受共同基於共感而有，可解說其為感受之共通性與必然性。

若意志之客觀性立在道德理性、而美學感受之客觀性立在共感，那客觀性非唯知識始有，人實踐及感受亦同然具有，唯此時感受非單純建立在感官感覺便是。「感受」在人與人間因而可共通。美學感受由為心靈能力之自由協調達致，其為感受於人類故而客觀真實。由美學，現象亦有一從感受言之真實性與客觀性可能。其為自由而非現實，作為存有故更高。

崇高論

崇高問題在美學中特別，原因在於，美學乃主體與現象間最高關係，為現象存在之最高狀態。主體最高本體狀態在道德實踐；而落於現象中則為美學性存有。道德（善）與美兩者，故為形上與現象之最高存在真實。在四契機中美雖關連於對

象事物言，然在崇高論部份，為對比崇高，美則往往視為現象問題，康德故直接用「現象」而不用「對象」一詞，而這說明，康德是自覺美感感受之現象存有向度的。相對於此，崇高位置為何？康德在「崇高之分析論」第一節中（即第三《批判》第23節）最末一句說：崇高理論是審美判斷之一個補充（einen bloßen Anhang）而已；原因在於，崇高並非在自然中之一特定或特殊形式，而是想像力在面對自然表象時所引進者。美及其原則在我們之外，但崇高及其原則則在我們之內，故只是一補充而已；從現象言，美始是其最高存有形式，非崇高。那麼，怎樣定位崇高一問題？這須從歷史說起。

在美學傳統甚至西方文化中，崇高先行於美一問題。希臘悲劇清楚說明這點。一方面因古希臘表象直指向形上神聖性[1]，另一方面因有關人自身之表象，無論是悲劇英雄抑擬人形象之神靈，都從崇高而非從美言。崇高是形上或超越性之感性體現，故為向往超越及形上性之古希臘所特殊關注。這在表象中之形上性[2]，基本上只環繞人之形上性而有。人之形上性，因而實古希臘根本問題。藝術一切形象、古希臘悲劇，都環繞此一主題而有。藝術本身亦源起於此。正為對反存在此藝術性與形上性，始有柏拉圖"美學"之誕生。美由對立崇高始誕生，猶如哲學之現象世界[3]對立古希臘神靈世界那樣。康德雖沒有從歷史討論崇

---

[1]　這往往為崇高而非為美。

[2]　神靈之形上性包括在內。

[3]　哲學義之現象與形上世界，均從「物」言；非如古希臘世界始終從「人」言。

高問題，但他實仍清楚，崇高問題主要涉及兩點：一為崇高主要從人、非從自然界事物言；另一為崇高乃形上及超感性，非自然現象內感性。康德怎樣說明崇高？康德先把美與崇高作下列對比：

	美	崇高
1.	對象為在形式中受限	對象超越形式、無受形式限制
2.	想像力關連於理解力	想像力關連於理性或欲求能力
3.	正面性快感：想像力之自由遊戲、生命力與生命感之提昇	負面快感：崇敬與仰慕感、想像力嚴肅的激動運動狀態、生命力瞬間之停歇與再度激漲
4.	在形式中之合目的性；即為我們判斷力而美、滿足我們的	相反我們之判斷力，如在任何目的性外；亦超越我們之表象能力，似對我們想像力施以暴力
5.	可在自然界中	在我們心靈內

一、美之對象從形式言，因而為形式所限制；崇高相反，崇高超越形式，不受形式所限。美之對象為形式性對象，崇高之對象則無形式。[①] "無形式性" 故為崇高超越表象時所體現之形上方面。

二、美為想像力與理解力之關係。崇高因無限制，故其形上性格與理性一致。無論純粹抑實踐，理性及其理念均以整全性或無限制性為本。故在崇高中，想像力所關連的，非理

---

① 「形式」一詞承接前美之分析「形式」一詞意思。

解力，而是理性或欲求能力。

三、美感感受為心靈（理解力）一種靜觀反省狀態。在崇高中，心靈狀態則是一種激動運動。美感感受所以是靜觀，因想像力與理解力此時相互協調。然在崇高中，想像力與理性則對立相反：想像力既無法達致對象幅度，也無法達致理性及其意念之幅度；心靈因而往往擺動在想像力之「不及」與理性之「超出」兩極端之間，其為狀態因而激動動盪而非平靜。平靜之靜觀喜悅為生命感之源，激動狀態雖對心靈言為一種強烈感動，然這是由生命力量受阻礙與激漲擺動所引起。生命力之受阻與激漲，同即感性之停歇，故為形上超越性在感性中之體現。美若為"現象存在"生命力之源，崇高則為"形上"生命力之源，而此超越現象。因崇高之對象高於現象一切，故作為感受，崇高非單純正面愉悅，而是一種仰慕或敬仰感。

四、作為形式，美對我們心靈能力言為合目的性；美之形式如為我們心靈之喜悅而有，其對象使我們滿足。崇高相反。崇高並不對我們心靈言合目的；它甚至對想像力言如施以暴力：想像力之感性呈現對崇高對象言明顯不足。崇高因而對立目的性、對立一切現象與自然界事物。崇高這一對立性，因而開啟另一存有向度。此康德視為崇高與美至大差異。

五、由於一切感性呈現對崇高言為不足，未能達致崇高之向度，故唯人心靈自身及其理性理念始有崇高向度可能。在崇高感中，人遠去感性存在而轉向心靈中理性理念。由於理念

指向高於現象之事物，如此理念，從目的性言，故為崇高。美由合目的性故如一種藝技或藝術，其所本原則亦似屬客體、來自客體本身。崇高則由於超越現象，故作為現象，往往體現為混亂、無序、甚至瓦解狀態。對向崇高，我們不再從客體對象、而只從主體心靈求索其原則而已。

以上五點為康德對崇高之分析。

有關崇高之對象內容，主要也只二；二者故可視為形上性或神性之體現形態與性格。二者一為無限性、一為力量。康德稱前者為數學性崇高，後者為力學性崇高。

無限性乃一無可比較之「大」，一種絕對「大」。當理性對絕對整體有所期盼時，想像力將以其能力試圖朝向無限而前進。然想像力之不足以呈現無限性使我們感見，在想像力外，心靈本身似具有一超感性能力，其所對向對象（非感性事物），喚起我們能力超感性時之偉大性、其純然絕對之「大」。崇高因而非從對象、而從心靈自身樣態言。心靈超越一切感性向度，為崇敬或景仰感之所由起。所謂崇高，故即人對自身心靈超越感官時之感受。如是而崇高超越一切表象及表象性，此其所以「巨大」或「宏大」（kolossalisch）。以上為崇高作為「大」之意思。

至於由力量感所產生之崇高，這時所言力量，為對外來施惡暴力（Macht）抗拒時所體現之「強」或「強力」（Gewalt）。從自然力量超越人類生理體格更使我們感到，人類置生死於度外之精神力量，實較自然力量更優越、更崇高。心靈之強力，故始為真正力量感之崇高。

從康德美學（美與崇高之討論），我們可得出怎樣結論？從康德本身立場言，美與崇高介乎一般感性（現實世界之感性存在）與形上道德實踐主體兩者間。美是現象存在更高昇進；而崇高相反，為在感性界中指向形上真實者。康德在緊接「崇高分析論」之「總附注」中作了如下排列：

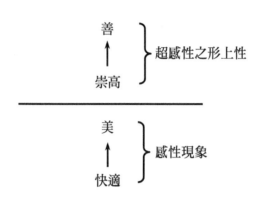

　　從這排列可清楚看到，康德唯以美與善兩者為終極真實：美從感性現象存有、而善則從超越感性之形上本體言；一者美學性、另一者倫理道德實踐性；一者為主體與客體之結合[①]、另一者則為主體在其自身時至真實形態[②]。崇高雖為形上真實在感性現象中之體現，然始終非此實踐形上真實本身；也非如美，為在現象存有中之真實性。從這點言，崇高確只"補充"；人心靈（道德主體人格）在感性中之體現。當代哲學因崇高反表象性

----

① 　主體在現象中、及現象本身至真實之存有形態。
② 　主體之形上存有。

特性而對之特別重視；然在康德中，崇高反表象性唯指向人自身形上真實而已，非由反表象而指向「他者」。無論「他者」抑人形上真實，對我們言，始終只形上，不同意義而已。

康德美學嚴格言非一有關美麗事物之經驗科目，而是形上學之延伸：即關乎"感性現象之存有向度"這樣形上問題。從康德分析可見，美是人在現象前之一種存在喜悅；這樣喜悅，建立在存在本身再無任何現實性。在美中，人與對象都同遠去利益、興趣等現實目的，其時喜悅故為美。也因再無現實利益所造成分裂，故人與人一體自由地和諧。「美」與「和諧」故幾近是同義語。美與淳樸有關，亦由淳樸實即無利益興趣而已。

康德這一美學分析，對中國傳統言，仍未盡真實。原因在於，西方美學一方面由於重視知性、另一方面由於轉向「物」與「現象」，縱然知美感愉悅為人心靈狀態，然如康德那樣，始終唯以心境為"想像力"與"理解力"之自由協調，並把美之對象只視為事物"形式"；前者使人類心靈知性化，後者使美感愉悅物化。非物沒有美，而是：人心靈更有人性作為原則。故喚起心靈和諧與喜悅、或與心靈和諧一致，應亦與人性有關，非只（物）形式而已。「美」一概念實有二[①]，康德所言只物性美、"知性反思"時之美，非人性義之美。物性美與人性美屬兩不同層面；縱使為物，仍可從人性感受之美言。此時縱使是對象表象層面，仍無概念或形式上規限，唯其合目的性，非只與認知能力、更

[①] 「美」非單一現象，亦無一本然單一美學義「美」之概念。

與人性一致，因而所喚起，為人性喜悅。如巧笑之「倩」或美目之「盼」（《論語・八佾》）[1]，這時之美，仍先與善感受有關。這時之善，非從現實存在、而是從作為人言。因不正視人性，西方故只從形式之美言，沒有人性之美；美學自由因而亦只從形式、非從人性感受言。然本於人性本身，始對人言更真實。若完全無規限、若單純從認知能力（想像力及理解力）言自由，其自由也只神之自由而已，非人性的。想像力及理解力之自由遊戲，故仍應以人性感受為前提。無論「倩」與「盼」個別美之體現、抑禮樂「文」美之實踐、甚至「里仁」從存在本身言之美，無一不從人性言。人性之美始美真正場域，形式只其延伸而已。

若美感不能離人性體驗、不能純從形式、不能只從客體而不從人性義之心靈言，那美感判斷仍能是純粹？仍能無利益興趣？問題仍必須回歸當初：甚麼是利益興趣？有利益興趣或有「善」概念，美之感受便不會是自由？若仍有，此時之自由又是甚麼？美感感受應從何而言自由？[2] 若是針對物形式與認知，「善」或任何概念必構成規限，此時概念來自人類自身，因而外於事物故。如此確會對事物之形式造成規限，無法讓認知能力任其自由遊戲。然若從人性感受言，人性感受之美無必須從形式之自由言。非不自由，只非從形式言自由，從人性及人心所感自由言而已。甚至更進一步，如巧笑之「倩」與美目之「盼」，

---

[1] 縱然從事物言，《論語》仍唯舉「巧笑倩兮，美目盼兮」為例。在「巧笑」與「美目」作為事物背後，仍先是人心（「倩」與「盼」）之美而已。

[2] 此處，「自由」是從心靈感受狀態、非從現實實踐言。

也可視為形式，如儀禮之文亦為形式那樣。此時形式，非從心靈能力之認知、而是從體現人性美而言。事物現象之形式固然可引起美感愉悅（自由遊戲），因人心靈確有知性反思之愉悅可能；然就連這樣形式之愉悅，仍可由於人性，人知性能力始終受着人性原則影響故。言反思而不言人性感受之愉悅，反顯得空洞，只反思時之遊戲與感覺，非真正感受。對人類言，人感受不能離其人性言，不能只是對形式之感覺，更必須是感動人心而使之喜悅之感受，美感感受仍然。美感感受之充實性[①]，故非只在形式，更在其人性限度。

那麼，孔子「里仁為美」（《論語・里仁》）之美學是怎樣的？我們簡略分幾點而言：

一、「里仁為美」為從人之美[②]、非從人之善切入。這人性之美，與古希臘或西方所言人之美不同。西方以人之美在其神性與超越性，非在其人性；人之美故多從崇高言。崇高開顯人之形上向度：人逾越其人性、開顯其神性時所具有之向度。「里仁」相反。一如禮樂之非玉帛鐘鼓（《論語・陽貨》），「里」平凡日常，其所顯美只人性人倫日常之美，非有所偉大。人性之美，無論是「里仁」、或「人不知而不慍」（《論語・學而》）時之主體人格、甚或禮「居後」時文之

---

① 《孟子・盡心下》：「充實之謂美。」

② 人之美，非人之崇高。

美[1]，都非從崇高言。

二、作為「己立立人，己達達人」之善，「仁」正是人在無自我之私時、一種無利益興趣之體現。康德只期盼在對象前無利益興趣之心，然在「里仁」中，孔子直接指出人無利益興趣時人性及人倫之美。其中自由，為人性的、非只形式而已。

三、「里仁」之美為"存在"之美，非事物或形式美。存在之美為美更高體現，由美與善結合一體所致，既盡美又盡善。存在之美非只一物或一現象之美，故更是人性訴求。美學作為存在之証成，於此始真實地朗現。若只偏向物性或現象表象之美，縱使可証成現象之存有意義，然始終無法成就美自身之充份意義與價值，更無法有從存在真實言，美之可能。康德及西方傳統故鮮從存在之美言；存在唯從形上言真[2]、或從現象言美，始終非如「里仁」，在人類存在本身。如是而現象始終只為形上，非如人類存在既現實亦人性。

　　康德美與善之分立，與孔子「盡美矣，又盡善也」（《論語・八佾》）時美與善之同立，深藏兩傳統差異。康德先驗地把善置於形上場域而與美對立，非因兩者本質不同，只感性與超感性（現象與本體）二元對立之延伸。單純從美學立場言，美必須在善外獨立；然若非從所屬領域，美與善各自之獨立性實無須過於強調。強調所以似必須，只由於康德以二者隸屬不同存有場

---

[1] 〈八佾〉：情感、和睦、敬重三種人性情懷，為禮人性美之本。
[2] 從客體存有，或如康德從實踐主體。

域而已：美屬現象、而善屬本體，故二者不言結合。若如孔子之以「里仁」結合着美與善，這是因為中國傳統只（直）關懷人類存在，非有現象與形上存有如此二分。能於存在盡美又盡善，這必然較只盡美更善更美；能從善中成就美，這較無能為善之美對人言更善更美。在無現象與本體如此劃分時，從人性對存在訴求言，善與美不應相互排斥而應結合一起。美故更應從存在言，如善那樣，不應只落為物形式或現象表象。能從存在言美，始美更根本意義。就算必須從現象事物方面言，仍只應視美為存在之延伸、以人性人倫之美為本、從人性德性延伸至事物身上；是基於人性感受、非單純基於認知能力之自由遊戲。美學所言自由，故應從存在整體超拔於現實言，如「里仁」那樣，在人性人倫中而自由。是從這點，「里仁」始真正美麗。若非把道德置於形上場域、以現象界中美不能同為善，康德無須不能言「盡美又盡善」。就算以人之理想可同為美，然始終，這只是個人，非從人類存在言。於西方，形上存有與現象始終分裂了（人類）存在故。

美與美學（美學史亦然）在西方因而均只形上：或為人之崇高而形上、或為物現象存有之美而形上，二者非能回歸人性存在之真實、非能為對現實存在之轉化。其美非人性地、只能形上地美[1]。人之形上與物之形上[2]，這即崇高與美，二者為形上感

---

[1]　純然無現實利益興趣時、由主體自由遊戲而致。

[2]　現象單純作為現象，非作為現實存在。

受之本。第三《批判》故也只繼實踐理性後，從人感受層面揭示一形上向度：在人自身道德之形上性後，指點出人與事物 [1] 其形上性之可能。若知性自第一《批判》後再無法如傳統有其形上向度可能，那由實踐及由情感感受所開顯的，仍是形上向度的。二者為康德形上學之場域。

自然之存有

在討論藝術之存有問題前，康德先論自然界之美學問題；一因這承續美與崇高問題 [2]，另一因藝術之存有正相關（相對）自然而言，故必須從自然界美學問題說起。於此故再可看到，形上學在美學中所起作用：美先落在自然身上，非先從人性人倫言。甚至，我們將看到，當康德試圖說明道德主體與現象層面存在連結時，如此連結只實現在道德主體與自然之間，非在人倫存在間。換言之，若美與善有一關連，這唯出現在道德主體（善）與自然（美）間，非在人倫之美中。從形上學言，唯自然界之美為美本然樣態，人之美非是。

康德怎樣從美學討論自然？讓我們稍對這問題作回憶。

於第一《批判》，自然只為經驗知識對象，因而沒有形上真理性可能。於第二《批判》，道德主體確有形上真理性，然此時主體是對立感性世界，因而無法有一主客一體之真理性。主客能一體之真理，我們說過，為第三《批判》工作。在美與崇高分

---

① 現象表象與自然界。

② 美與崇高主要從自然界、非從藝術言。

析中康德指出，主體從其美感感受 [①] 可與現象一體。此時現象，主要亦自然界作為表象，但也可包括一切從形式言之事物；唯這一切只作為現象形式，不能作為存在。換言之，主體與客體現象之一體，只能在感受與形式表象之間，不能在主體與現象作為存在之間。問題因而是，是否亦能在主體與現象存在間，有一主客一體可能？這即康德在自然與藝術這部份回答之問題。自然與藝術，因而仍在一存有向度而提出。正因所涉為主客一體問題，故對自然之探討，非從其在其自身本質方面 [②]、而是從自然作為存在與主體間關係這另一方面。是自然作為存在，非自然作為形式表象；是自然其存在與主體之一體，非自然作為在其自身時之認知問題。這從存在言之主體與自然一體關係，因存在所涉為利益興趣，故這裡問題，即主體（人）對自然之利益興趣問題。康德試圖從這問題，揭示從現象存在言，主客一體存有真實之可能。在下面，康德更進一步地試圖指出：主客之一體，非只在與自然關係間，更可在主體所創制之存在事物（藝術品）與自然（自然事物）兩者間。因而非唯在主體面，在客體面亦同樣有一從存在事物層面言、主客一體之可能。由是而完成主客一體之現象存有。

　　主體與自然從存在言之結合，首出於人對自然之興趣。興趣從對對象之存在方面言，非只形式感受。如此興趣有二：人對自然之經驗性興趣（§41）、及人對自然之知性興趣（§42）。經

---

① 美而已，非崇高。

② 如此方面屬第一《批判》範圍，為單純知識問題。

驗性興趣即人利用自然事物之美求達致個人在社會或社交中之虛榮目的，只求利用自然之美作為手段，非真對自然有所愛。如此興趣純粹是一現實經驗性問題，與現象之存有無關。若細心閱讀，康德是把這經驗性興趣歸之於人性（menschliche Natur），並以人意願接受理性法則時之知性狀態為對反此人性者。從此可見，康德實把人性等同存在中現實性，視人性為現實性原則。這明顯不對當。一因人性非現實地負面，更有其自身正面性在；二因所謂現實，也只從相對形上真理性始被扭曲低貶，若理解為人倫存在而非單純存活之現實性，縱使為實存存在，仍無須因非形上地真確而被低貶。康德及西方傳統一方面對人性負面地低貶，另一方面又以形上存有低貶現實存在，始無法見人性及現實存在[①]之真實性與根本性，並誤以為形上真實性始真理。這些我們已多說及，這裡不再贅言。

至於知性興趣，所以稱為知性，因此時興趣單純為對大自然景物其形式美之靜觀，絲毫無經驗現實性目的。然因此時人與自然關係非只感受、而更是興趣關係，故於人主體方面，非只一感受主體，更是一實踐主體。此時之興趣關係若為經驗性，其主體即為一現實主體[②]；若為知性靜觀興趣、無帶其他目的，此時主體將是一道德主體。於此故可找到，主體作為道德主體、與現象客體作為美學自然時之一種結合。如此結合，即道德形

---

① 此時現實存在非從存活之利益方面、而是從人倫之事實言。

② 即康德所謂人性主體。

上主體與美學性自然客體之結合。這時自然雖非在其自身 [1] 、而是在主體靜觀興趣下，然它實已體現了道德主體與現象客體之結合，從存在層面 [2] 言主客之真理狀態，非只美學感受中主客之真理關係。自然這一向度，故是自然之真正存有樣態，知識認知中之自然無能至此。

現讓我們把知性興趣簡略歸納為下列各點：

一、所謂對大自然之愛或興趣，非只指對自然美其形式之鑒賞，而是指對自然之存在有所期盼。對自然之愛好，非求索自然之作為修飾，而單純是對自然之一種靜觀、對自然美直接觀賞並親近時之一種興趣。

二、人對自然美之愛，同是其道德人格之顯示；唯自然之美可如是觀。人對藝術之愛不能具有同樣意義，頂多也只生命之一種激情，然不能視為道德人格之表徵。

三、對自然之興趣，只能是對自然本身之興趣，不能以任何偽造之自然取代。原因在於，對自然之愛非只對自然形式美之鑒賞，更是對自然作為真實自然（自然本身之存在）時之愛，故不能以自然之摹倣取代。

四、何以對自然之愛為道德的？美感感受之滿足並不建基於任何利益興趣；道德（善）之滿足雖引至興趣，然因道德意志對立一切感性自然傾向，故其本身並不建立在利益興趣上。

---

[1] 在其自身之自然即知識中自然。

[2] 因涉及興趣而非只美感感受。

縱使如此，道德主體仍有以下期望：期望其不依於任何利益興趣之滿足，能切實地於客體事物中呈現。因非為人類所製造，故唯自然本身能具有無利益興趣可能，一切人所製造事物，必有目的興趣利益在故。人因而自然地對自然此一"無利益性"感興趣，對一切在人為事物外自然而然（無利益興趣）事物感興趣。如此興趣，可說為是對"無利益興趣者"之一種興趣與滿足。正因所對為"無利益興趣者"，故如此興趣是道德的；對自然本身感興趣之人，其心靈故是道德的。我們故可簡略總結：在主客存在一體中之自然，其本質即此無利益興趣性；自然是從這點言為"自然"。

五、自然雖與藝術同為形式美，然自然始終不同於藝術：藝術無論作為自然之摹倣、抑單純為滿足我們美感而創造，其製造仍有目的、意圖、並明顯刻意。無論怎樣，藝術品於製造時，始終有目的、興趣、甚至有利益在，就算單純為滿足我們鑒賞能力仍然。故其存在，非如自然那樣自然地、無目的地有。縱然為單純美感感受，藝術品"作為物"，始終有着興趣；故與自然不同：縱使人類對自然美有感興趣，然非"作為物"、非作為特定對象，只一種性質："作為自然"這一性質而感興趣。

六、自然除作為鑒賞之美感對象外，是否仍有能滿足我們無利益興趣時之德性興趣？自然有否既能吸引我們、又同時在美感感受外之德性意義？這時對象，不能只具美之形式，更須在美之形式外有其感官吸引性；然這吸引性，又不能單純為感官快適之吸引，必須為心靈德性之吸引？在大自

然中，唯獨光色彩與聲音兩者，既本然是感官快感、又可
作為在美感感受中有德性意義者；換言之，即可被視為對
人言有意義者。鳥鳴之生命喜悅、光之光明等等，正為具
有德性象徵及意義之自然事物。非因為形式美，而是作為
具有感性（sinnlich）意義（Sinn）之自然事物。因自然本然
與德性連結一起，故如此事物之意義，為德性的：如光之
光明、如水之清透。在自然之美感感受中，人所體會，故
非只自然事物之形體美，更（由人對自然之興趣）是自然事
物所表徵之種種德性：如飄逸、高雅、清透、生命喜悅、
光明、剛毅、沉隱（山）等等。如是種種乃人於無利益之興
趣中，從自然景物所體會之德性美；而這非從形體、非作
為鑒賞，而是從吸引與意義言。人們對自然之德性興趣，
使自然對我們之德性亦似有所興趣[1]。我們從大自然中見德
性，大自然亦如德性地呈現在我們眼前。如此相互之興趣，
是相互德性之和諧一致。如此和諧一致、無目的之目的性、
無興趣之興趣、純然相互自由之遊戲……；如此般協和，
正為德性本身、及其美。此自然美與人德性美（物形體美與
人德性美）結合和諧之最高點；從自然言美與善結合之最高
點。這即主體作為道德主體、與自然作為美學現象客體之
一種結合，道德形上主體與美學性自然客體之結合。[2]

---

[1]　此自然之“意義”：對向著我們而開啟之興趣。
[2]　自然與人德性關係，可對比現實存在及其快適列表如下：

藝術之存有

有關藝術，第三《批判》主要分三方面討論：藝術之本質、藝術之產生（創造與天才論）、藝術之分類。

現實生存	德性
有興趣	無興趣
感官	心靈
宴樂	大自然
快適	美感
規限的	自由的

作為西方哲學家，康德於大自然中所感興趣者，只為大自然中孤離之事物，如「詩人所讚賞的，莫過於夜鶯在月色柔和而平靜的夏夜中，從一孤寂的叢林裡，發出她動人美麗的歌聲」一例（第三《批判》第42節。AK V, 302）所見。這在大自然中孤離之事物（或大自然自身從其孤離一面看），其所反映德性，只人作為個人心靈之美時之德性而已，即人作為孤離或獨立個體時之心及其美，如蕭邦《夜曲》。然大自然亦可呈現生命與生命間和諧之美，如《詩經‧關雎》雎鳩鳥之互愛。此時所反映德性，非只個體心靈，而是人倫和諧與情感之美麗。對自然美所感興趣，故亦由人所向往德性之差異而差異。康德所深愛，唯自然之單純作為自然這一面；然中國古代於自然所愛，乃自然中之倫常與人性、其人文這另一面。康德所見，為對反人類世界之自然；然古代中國所見，則是自然人性人文這另一面，即自然"非自然"或"非只自然"這另一面——自然之人文性質或人倫性質。這另一面，始自然與人文之真正和諧，亦人類德性至為美麗者。中國人所喜好，故是自然之人性倫常與人文性格，及人類生活中之自然性質與層面。中國人對「生活」之看法，正在把人類作為之一切，視作回歸自然或一種自然。自然故非孤寂，人亦非人偽地製造。人與自然，都同是自然而已、同是人性德性而已。淳樸的生活與人民，這一切是人倫及人文中之自然；同樣，自然中事物之相互一體，是人文（禮）德性之體現。

　　有關藝術本質，康德從三方面討論：分別為美術①與其他事物（第 43 節）、與其他種藝或活動（第 44 節）、及與自然之對比（第 45 節）。美術（藝術）之存有，就在第三方面顯現。

　　藝術品作為"物品"，在與其他"事物"對比時，這其他事物，康德借助柏拉圖《理想國》「牀喻」之三層事物存有②為範本。簡略如下：1. 正如「製造」非行動、實行，藝術品非自然物品。藝術之產品為「作品」，必須有人之自由、理性目的性在，而大自然之產品只為因果關係中之「果」（結果）而已。2. 藝術非知識物。知識所製作物件純由知識而有，然藝術創作是在知識理論外始有。3. 藝術品非手工藝物品。前者為在金錢外自身愉悅之遊戲，後者則只為生存財利而有之勞動工作物品。雖如此，藝術仍須具技術性，否則只純粹遊戲玩樂而已，非「藝」。③

　　藝術作為"藝"與其他種"藝"或活動之分野主要從兩方面

---

① 　康德用「美術」（schöne Kunst）一詞言藝術。為一貫性，我們仍援用「藝術」一詞。

② 　「意念‧實物‧摹擬」（Ideas — Nature — Art）。這於康德即為「知識‧自然物品‧手工藝」三者。

③ 　柏拉圖若透過摹倣關係把自然與藝術限定在理形下，因而無法肯定二者，康德相反：康德限制理性，使它約束在經驗範圍內，與其他事物（自然與藝術）一體共存，成就一統一的世界。除對理性觀念限制外（第一《批判》），康德更從藝術中見想像力之自由、其遊戲之無限制性，如此突破柏拉圖對藝術視為摹倣一看法。同樣，有關自然，康德亦從美學見自然無目的之目的性及其無興趣之興趣，故自然亦由其自在自由不再受觀念所限，反而為觀念所應合作、為觀念所應用唯一合法範圍。藝術及自然二者如是再非摹倣。「觀念‧自然‧藝術」三者因而一體共存。知性與感性如此結合，由想像力所使可能。

言：1. 藝術作為鑒賞力之事，與科學作為純然知性之事，二者對反。美不可能為知識理論對象（Wissenschaft des Schönen），亦不可能有美之科學（schöne Wissenschaft）。2. 他種藝之所以不同於藝術，因它們只從"藝"、非從"美"言。藝術之所以不同於他種藝，因藝術與心靈教養有關，非只感官或單純物性之藝。它種藝或為單純物性（機械性）、或為單純感官性（如交際中所需技巧）。因非知性樣式或與美本質有關，一般藝只"藝"而已，非藝術。藉由與科學及其他種藝對比，康德達成對藝術外在地界定，而此有兩點：1. 藝術是美的、感性表象的、鑒賞力而非單純認知或知識的。2. 藝術陶冶心靈、是教養、普遍地可溝通與傳達、為反省判斷及由反省而致之愉悅、非單純感官快適與遊戲。

有關藝術最重要者，為其與自然兩者之關係，而此為藝術之"存有"所在。若藝術之外在界定從與科學及其他感官物藝之對比而致，那藝術之內在界定，對康德言，則從與自然之關係而致。之所以如此，因美學至康德，已由理形之美轉向自然之美，故以自然為美學存有之最真實者，非以理形或其他技藝知識為真實。藝術之外在界定雖可從與科學（理形知性界）及他種藝（現實感性界）之對比而得，然藝術之內在或本質界定，只能從與美學現象中最真實之大自然關係以得。故在《判斷力批判》§45 節中，康德從藝術與自然之內在對比說明並界定藝術本質，其前 §44 節與科學及其他種藝之對比，只藝術之外在界定與說明而已。

康德怎樣內在地及本質地界定美或藝術？「美術」（藝術）

之本質界定，是從「美」（schön）及「術」（Kunst）① 兩方面言。兩者是從對比於自然而內在地說明。自 §45 始，康德故把美術之「製造」或「成品」（Produkt）對比於大自然之「製造」或「成品」，而之後，更把美術之「美」對比於大自然之「美」。無論在「製造」「成品」抑「美」，美術所以為「美之術」或「美之藝」，正在於她"像似"（zugleich scheinen"相似"）自然：美術之「制作」像似大自然成品，及，美術"所以美"，因像似大自然。同樣，大自然成品亦像似人為工藝成品，而自然所以美，亦因像似「藝」而已。這一「像似」（aussehen）關係，為從美學現象言，現象之為「現」「象」最終存有樣態，亦因而對等及取代柏拉圖之「摹倣」。這「像似性」有二方面：

一、「像似性」是從現象言，存有之和諧與統一最終模式。就算是極端地對立、無法和諧事物，其最終統一，仍可由「像似性」取代性地達致。若美感"感受"中主客一體於"存在"中即道德主體在大自然靜觀中與自然之一體一致 ②，那在藝術 ③ 與自然之相似關係中，更可達成「藝」（poïêsis）與「自然」之一體一致。現象之三層存有：作為感受、作為存在、及作為物品，因而都可藉由美學中「像似性」一模態，達成主與客、人與物世界（自然界）、知性與感性、感受與製造、美與藝等等層面之統一與和諧。事物與創制（poïêsis）一般

---

①　即「製造」（Produktion, poïêsis）。

②　而這是人與自然在德性方面之一體一致。

③　人為物品。

言都各自獨立甚至對立不同[①]，然由「像似」關係，事物可相互滲透、一體一樣、甚至統一起來：既在其自身、又不在其自身而在一體；這是康德「現象」在哲學史中首次之創立，亦為對「現象」之最高肯定。這「像似」或「如同」，因而是現象之為現象最終意義：它使事物既獨立、然又非如物自身地本體。現象始終為現象；於其中，一切既相異亦相似，更由相異相似而成就一體和諧，再無絕對分離與對立。藉由「相似性」，事物解消其本質或物自身之分離與對立，因而能融合在一起。相似性更因非規範地同一，故事物仍如在其自身那樣，自由無約束[②]。如是自由無約束，非對立工作或物性真實性時之純然遊戲。縱使虛構[③]，然其虛構始終真實；如神之遊戲，始終以世界真實為對象。此"創造"所有意思。在像似自然之創制中，事物不再各各在其自身，而如遊戲般自由和諧、回歸與自然一體之真實。大自然非野蠻的自然、而像似藝（文明與技藝性）；人為事物（文明與藝）又非只人為虛構般偽、更是自然地真。藉由美學中「像似性」，作為現象之事物世界統一起來，如遊戲般和諧，再非如現實地對立。人之作為（藝與藝術）若不像似自然，則造作而虛偽。自然若不像似藝，則失去其在現象存在中之真理性。「像似性」因而為現象其存有之真實，此「像似

---

① 人類人文創制，本更是極端地對反自然（狀態）而有。

② 約束從事物之本質或特性限定而來。

③ 創制（藝）之虛構性。

性」第一層意義。

二、除為現象存有真理性之根本，「像似性」更是「美」之基礎與
本質。無論自然美抑藝術美[1]，都以「像似性」為本：自然因
像似藝而美；藝術（與藝）亦因像似自然而美[2]。美因而是一
種現象、一種透過「像似性」而產生之現象。自然由自由地
像似藝而美；人為藝術亦由自由地像似自然而美。「像似性」
因而成就現象中美感，為美真實基礎。美內在之本質界定，
因而在「像似性」中：即在「自然」與「藝」相互像似性中所
呈現出來之景象或現象、「自然」與「藝」相互之內在自由和
諧。人類與物世界之美，也只由這樣「像似性」而立：人類
自然而然地、而物世界如是文明地……藉由相互像似性，
人類與自然這兩形上存有始和諧一致、始為美（現象之美）
之呈現[3]。由如是現象之美，存在始得其存有之究竟義。

自然只有一面，其「美」這一面，然藝術則有兩面，其「美」
與「藝」這兩面。自然之美故只在其像似藝，然藝術之為美術，
則須從兩方面言：一其美（因像似自然）、另一其藝（而此亦因
像似自然[4]而為「美之藝」或美術）。若把「美」與「藝」兩面分別

---

[1] 美因而實有兩種，非一種：自然美與藝術美非但不同，甚至本無絲毫共
通性。

[2] 即自然而然、毫無造作、毫無人偽之表現與突顯。

[3] 美故非從本體言，亦無其自身本質。作為現象美，美只由人藝與自然之相
似性和諧所達致，為如此和諧之體現。

[4] 自然而然。

歸源於自然與人為之藝，那自然與藝兩者之「像似性」，正是美感感性（aesthetics）與創造製造性（poïêsis）兩者之統一。

由於美既是知性反省判斷、又是感性愉快感受，「美」故統一知性與感性[①]；同樣，（美術之）「藝」亦同樣統一知性與感性，因既關乎「對象」事物、又同是「感覺」（感性或感官）之事；既全然準確（藝之準確性）[②]、又絲毫無所艱苦（藝術之遊戲性）[③]。因而無論「美」抑「藝」，均使主與客、人與物世界（自然界）、知性與感性、感受與製造、美與藝等等層面統一起來，使存在在美與藝中達致最高和諧而統一，此從康德言，為存在之最高真實。第三《批判》其終極或形上意義在此。

在結束康德有關藝術與自然之討論前，我們仍想補充幾點如下：

一、無論康德[④]抑後來黑格爾，都以存在之統一為終極絕對。康德藉美學從現象求事物之和諧統一，黑格爾則從精神概念求世界之大統一，二者差別唯在：黑格爾之統一由事物概念之「對立」構成，而康德之統一則由主客或人與自然藉「像似性」所達致和諧形成。存在對康德言為本然差異（雜多），而對黑格爾言則為「對立」「對反」。統一於兩者所以可能，

---

① 無論美術美抑自然美，均同樣有此統一意義：兩者均為知性與感性之一致統一。

② 身體性。

③ 智性。

④ 第一《批判》「我思」之綜合統一便如此。

因均從「現象」言故，若如傳統物自身或本體，是無以言統
一者。此德國觀念論於哲學所造成轉變。從現象言統一，
亦主要此兩種形態而已：或切實地從美學、或只能從概念
總體；現實存在始終無能言統一。

二、柏拉圖所言摹倣關係實是說：事物沒有真正（完全）摹倣可
　　能，藝術無法真實地（完全地）摹倣現實實物，現實界也無
　　法真實地（完全地）摹倣理形。若摹倣能完全，那或理形也
　　一如藝術般虛假、或現實界與藝術同如理形般真實。若三
　　者真實性不等，那其中摹倣不可能完全。而這說明，理形
　　與其他存有層級完全異質異性。然於康德，由真實世界立
　　足於自然、甚至為自然本身，而此時自然也只現象，非物
　　自身，故存有之差異性再非絕對；故縱使相互間摹倣未能
　　完全，然藉由「像似性」，事物仍能和諧地一致統一。「像
　　似性」非只“像似”而已，更直是真實本身：人為創制“如”
　　自然始真實、自然“如”藝始美[1]。「像似性」並無要求完全
　　體現對方所是；反而若完全一式一樣，如此摹倣只虛假，
　　沒有保存自身存有所是；現象中存在各各均等平等，無真
　　理性等級差異故。「像似性」因而使相互間共通，為一種和
　　諧合作關係；各各仍保有自身特殊性：藝術仍是藝術、自
　　然仍是自然，唯各於自身內、以自身方式，盡可能實現另
　　一者[2]。這盡可能實現、這「像似性」、這在自身內對對方之

---

[1]　非“如藝”之自然，只原始甚至野蠻而已。
[2]　藝術盡可能實現自然，如是自然地；自然亦如藝般體現，如藝般目的性。

肯定，反而提升了自己、使自己更美、更完美，更因而達致存在之一體和諧，使存在更美更善。後來黑格爾辯證法實基於此：事物從其自身內實現其反面對方。唯在辯證過程中，「實現」同亦自身消滅；非如康德，一切實現仍保有自己，故而更美更善[1]。美善由在自身中體現對方而為美善。美如是更完全、更包融、甚至更統一。現象非再是物自身，更向人主體性敞開；而人主體性也非再只主觀，更向物敞開而客觀。現象如此真實，為存在最高美善。此「現象」及「像似性」在康德哲學中之終極意義。

三、若相對柏拉圖對藝術之低貶，康德於言藝術之真實性時，必須一層一層把藝術與貶低之藝分離開，始能重現藝術之真實性。故在論藝與藝術（美術）之章節中[2]，康德作了三層淨化：把藝分離於工匠之藝、再把美術分離於其他種單純物性之藝[3]；如此始見一種既是知性、又是感性之藝：美之藝（美術或藝術）。從藝方面言，藝術之所以為最上，因非只物質甚至知性之事，而是知性與感性達致一致一體時美所有境地。其他種藝，無論工匠之藝抑知性物性之藝，都因無從徹底超拔於現實而較藝術為低。柏拉圖理形之知性狀態，於康德故一轉而為美術或美學性精神狀態。柏拉圖藉由「本

---

[1] 在現象中美學式之善為：現象相互一體和諧、無目的地目的性。善再非事物各自實現自身本質或本性，而是相互一體。

[2] 見本節討論初始。

[3] 即機械之藝與取悅感官之藝。

質性」對存有三分，然康德從「藝」（物質性）對物質現象三
分。若知性之淨化所得為理形，那由物性所作之淨化則反
而是藝術，其精神性高於知性之藝，已完全超拔於現實故。
從康德故可見：知性本體之極致若為理形（本質），那現象
之極致則在美學性存在，其具體為藝術。此作為本體與作
為現象其極致之差異：一在理形、另一在美。現象應有真
理性故非在知識，更在美感創造。我們把柏拉圖與康德之
三層存有淨化圖示如下，作為第三《批判》討論之結束：

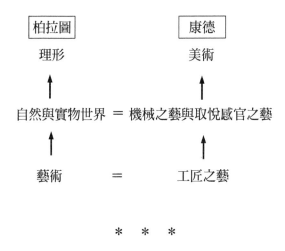

* * *

如是我們結束這長長有關康德形上學之討論。之所以以較
長篇幅討論康德，因每個哲學家問題重心與重要性均不相同，
篇幅長短是依據其問題所必須完整性而作。是否能簡略故有一
定。雖只輪廓，我們仍始終希望對形上學問題有所完整。康德
所標誌為主體性形上學與現象存有之確立，其重要性可想而知。

雖然如此，對第三《批判》我們實仍多所遺留未論，如「天才論」進一步把人（天才藝術家）與自然結合起來；又或藉感性意念（äesthetische Idee）[①]結合起物質性（物素）與心靈內在感受，使兩者在知性概念外有一不受任何概念約束之自由，如此而透過藝術，達致物質與心境之同一；或最後藉由藝術分類問題，對現象中遊戲性作肯定，以之為存在健康與生命力之本……；這一切問題雖從思想史或美學史言為重要，然作為形上學，上述對現象中層層主客一體存有境界之論述，作為對第三《批判》其美學形上學之說明已算充足。對其他後續問題，故不多論。

有關康德形上學，我們討論至此終。

---

① 作品之「靈魂」或「心」（Geist）。

第九章　黑格爾形上學略論 [①]

　　於黑格爾，傳統意義之形上學步入終結。馬克思後之哲學，大都不願承認自身為形上學。然因這些思想仍由超越性構架起，故對我們言仍為形上學，只場域轉移而已：由以往物自身與精神性形上學，轉移至在現象事物或存在間之形上學而已。始終仍是形上性格，而這是西方思想無法擺脫的。

　　黑格爾這最後傳統形上學，仍須從康德及傳統說起。

　　無論是客體性抑主體性形上學，真理始終由思想知性所立。於客體性形上學，真理是作為 "知性" 對象、非作為感性對象而有。而在主體性形上學中，主體則直接作為「我思」呈現。故在所有形上體系中，思想本身幾近就是真理之體現，只以種種不

---

①　有關黑格爾哲學，我們以其《哲學全書綱要》（*Enzyklopädie der philosophischen Wissenschaften im Grundrisse*）為主。一切章節符號（§）均指此書而言。《哲學全書綱要》由三部份構成：邏輯學（「小邏輯」）、自然哲學、精神哲學。黑格爾重要著作雖多，如《精神現象學》、《大邏輯》，然始終，《哲學全書綱要》為最成熟及最完整作品，因而最能代表黑格爾思想。

同形態而已：有時為思想對象，如理形、實體、神①，有時為思想者或思想本身，如「我思」、範疇、主體知性能力與結構。巴門尼德「思想＝存有」一定式，可說為界定形上學全部場域。「思想與存有」於轉化為「主體與客體」時，後者之一致一體，將是主體性哲學主要工作。康德哲學亦只這樣主客之層層統一。而康德所以能達致這樣統一，因此時客體再非對立主體之物自身，而是"現象界"。這樣形上學與之前形上學差異在於：以往思惟或知性與存有之結合"排斥現象界"，而今思惟與對象之結合（主客之結合）則"肯定現象界"；此時客體也只現象而已。如康德能達致思惟與現象之統一與結合，當然可說為由排斥物自身而致。因而在這兩種形態中，始終必須二選一：思惟與存有或主體客體之結合，或由"排斥現象界"、或由"排斥本體界"（物自身）而致，是無法同立二者的。主客或思惟與存有（存在）這一組概念，與現象與物自身（本體）這另一組概念，構成傳統形上學全部問題之構架。簡化地言，主體思惟或心靈所對為「本體」（存有）抑為「現象」（存在），這即傳統形上學首先問題。當然，主體是怎樣的主體、思惟是怎樣的思惟，都會隨着不同體系而改變。但無論怎樣改變，思惟對象是本體抑現象，始終為傳統形上學根本問題所在。

康德選擇「主體與現象」這一主客結合。此時如何從與"現象"關連中仍能確立"形上義"真理，對傳統形上學立場言非完全沒有問題："摒棄物自身"而選取現象之真理性，實同"摒棄主

---

① 總稱為「存有」、為「存有」之種種姿態。

體面之純粹思惟"[1]；而對傳統形上學言，無論物自身（本體）抑純粹思惟，都為"形上學"根本立足點："形上學"始終"對立現象"始誕生。哲學必須以形上學姿態出現，原因也在此。若純粹思惟於康德前所未有地無真理性[2]，那對黑格爾言，問題就首先在：如何在康德後，重立"形上學"真理，因這始終為西方知性傳統中、真理至高模式，經驗知識真理非是。問題似簡單，然實無比困難：非因形上真理與現實無關，更由於形上學本身訴求，而此可總歸為兩點，二者相互矛盾：

一、必須成立一種"形上義真理"，不能止於經驗偶然知識。而作為形上，形上義真理必然由一超越過程達致，非能單純由知見直接性而得。

二、作為"最高（統一一切）真理"，形上真理不應容許任何不能包含於其內之事物，因而終極言，不能容許任何排斥性。

以上兩訴求所以矛盾，因"形上超越性"一訴求基本分裂性，由它始有「現象＼本體」、「存在＼存有」等形上等級之劃分。正由如此劃分，始有形上學（形上真理）可能。而這正與真理必須包含一切、為"最高統一"這樣訴求矛盾。面對這一矛盾，過去形上學（連康德在內）雖都致力統一，但從不放棄真理之形上性，故只能選擇，未能平視一切。"現象"與"物自身"這根本對立始終致命，難有所統一。

---

① 這即"純粹理性批判"一工作。
② 若無現象對象對應，純粹思惟也只「表象遊戲」而已。

面對如此困境，黑格爾之解決法令人驚訝：對他而言，能統一一切而達致最高之形上真理，不應只能結合「現象與物自身」、「主與客」、「思惟與存有」等等對立而已，更須連在哲學史或歷史中曾發生真理也必須統一起來。客體性與主體性存有論等等都曾是哲學思惟歷程模式、都曾經真實，縱使他們間相互排斥，然仍應為最高真理所統一，不應有所排斥或否定。

若形上學所言真理如巴門尼德所見，為「思想與存有」之一致，那對黑格爾言，這時所謂思想，非唯指「我思」或心靈如此思想體之思想，而應包括人類思想之一切、為其內容之整體。若我們暫如黑格爾稱之為「精神」，那這思想整體再非任何特定存有物：既非笛卡爾「我思」、亦非康德主體性……；非任何思想體，而直就是全部思想概念之總體。黑格爾體系，因而為一由全部概念組成之體系。對黑格爾言，思想及其真理再非任何思想者對一對象於思中所得真理，而就是全部思想內容或概念所含真理。由於是全部內容，故其真理絕對。這時真理，由於再非思想對一對象之認知，而是全部概念本身所含內容，故既是思想自身、又是全部對象[①]。從這點言，黑格爾哲學並沒有主張任何事物：非對客體立論、亦非對主體確立，而只把一切思想概念之真理性展露出來。[②] 真理故再非事物真理，而是概念自

---

① 因在我們思想可知對象外再無任何其他可能對象，故思想本身所有內容，也即對象可有內容；客體對象內容無法多於思想內容故。

② 我們可這樣說：形上學或哲學史是一從「存有」至「思想」之歷史。「思想＝存有」為其完全定式，黑格爾再一次重複這樣定式而已。唯差別在：非從其抽象狀態、而是從哲學史所曾有全部具體內容言。哲學真理，也就由

身真理。舉例說，哲學在探討「存有」是把「存有」視作一物言，因而問「存有」是甚麼？然當黑格爾問「存有」時，「存有」對他而言只一概念、非一事物，其問故只問「存有」（在哲學體系中）作為概念時之意思，而此亦即其作為概念時、在"所有概念中"所擔當事實，而這是其作為概念時唯一具有之真理性[1]。又如「本質」一概念，傳統求其所指，視如一存在事物。然對黑格爾言，「本質」只「尺度」一概念於去其直接性而內化後之對等性概念。若「尺度」為「質」與「量」之統一、為質性之定量、為一物作為這樣事物之外在標準[2]，那「本質」則是一物作為此物時之內在標準、從其內在言之是其所是。概念（如「本質」）所指、其真理，故是從概念與概念間演繹或關係而得。柏拉圖問本質是問一物之是其所是，然黑格爾所問，唯此概念作為概念時之真理、其為真理時之意思或意義。其推演故只在概念間，非從事物具體存在方面言。我們可說，至黑格爾，哲學思惟歷經三種樣態：一為柏拉圖式求事物其所是之推論法；這樣推論，可伴隨各人不同前提與立論觀點。二為笛卡爾對經驗事物進行「分析」或「分解」，從複雜化約為簡單這一方法論。康德所用分解法[3]也屬此一分析性思惟。如對「現象」作分解時，即會有時間空間、範疇等現象構成素。此時對象基本上必須具體，否則若如黑格爾，

這全部內容構成而已。

[1]　「存有」作為概念故至為空洞，非至為真實。

[2]　即物從其外在直接存在性言"是其所是"之標準。

[3]　如「超驗要素論」或特別「超驗分析論」。

視「現象」只為概念，非實物對象，便無以進行分解可能。因而三：如黑格爾那樣視概念只為概念[1]；如此思惟，只會直從概念與其他（相關）概念間可有體系關係[2]，求得對一特定概念之理解。如此理解，與事物之是其所是或分解無關，只純然概念體系自身所思結果，非從實物對象有所得。如是，對黑格爾言，所謂「現象」，即在存在中本質之自身揚棄（§130）。現象是由「本質*必須呈現*」[3]得其意思與真實，是本質揚棄自身之（只）為本質，求自身體現時之狀態，故為"現""象"。這時之「呈現」非說在存在中之持存，而反而是，連存在都必須轉化為一"現象義"之存在。故從「本質」概念言「現象」，非言現象背後仍有本質在[4]，而是「現象」作為「本質」之呈現，是「本質」之揚棄其"自身"（其"在其自身"），而以一直接狀態呈現者。此時，從本質之作為「在自身中映現」（Reflexion-in-sich）言，其揚棄自身而體現之直接性，即「質料」之持存；而從本質之作為「在他者中之映現」（Reflexion-in-Anderes）言，則此時所體現直接性，為「形式」。[5]「本質」之自身揚棄故而成就「質料」與「形式」。在這呈現過程中，「本質」再非有、再非存有，只發展過程中之一者。這在發展過程中之"呈現"，即「現象」。因為本質之呈現，「現象」其意

---

[1] 換言之，視一切首先只為概念，非具體實物。

[2] 如黑格爾便以辯証法為概念間推演基礎。

[3] "Das Wesen muß *erscheinen*." (§131)。

[4] 若如是，現象仍只次等於本質，非本質更進之真理狀態。

[5] 質料如在自身中，形式則如在他物（質料）或其他形式關係中。

思故高於單純存在；非一般事物之存在，更是本質自身之體現。[1]
從這有關「現象」概念之討論可見，作為"實物"與作為"概念"
而思，是兩全然不同思惟。後者為黑格爾所獨特，即為對思惟
本身作為對象之思。柏拉圖等為對「存有」之思[2]，笛卡爾等為對
「現象事物」之思，而黑格爾則可說為對「思惟本身」之思。從這
點言，黑格爾實開啟了我們當代哲學思惟形態：直對哲學"作為
思辨"之思。

黑格爾這把一切事物單純作為概念而思，有以下幾點後果
或結論：

一、以往事物所以不能達致最終統一，因事物各仍是其自身、
有其自身之「體」，故終究無法統一。康德遠去傳統形上學，
本應遠去事物之「體」、單純肯定現象，然康德出於不想再
重蹈傳統形上學覆轍，故對思惟（純粹思惟）限制。這一把
純粹思惟限制在「我思」主體性下（「我思」雖非實體，然仍
是主體），雖仍以思惟為最高統一，然此時思惟只單純空洞

---

[1] 見 §131。

[2] 這是說，縱然柏拉圖在思一事物，如「正義」，然他既非把這一物作為事物
分解、亦非把這「正義」只視為概念關係而推演，而是把「正義」視為一物，
從其與他物關係而思，因而所涉為事物整體。如「正義」在國家中之功能、
及國家「正義」與其他種人世間「正義」之真偽等等。稱其為對存有之思，
意即謂對存有事物其關係之思。這樣思惟，可說為思惟中最基本者。其錯
誤往往只出於價值取向與觀點之錯誤、只由於未顧及或未盡全面真實、或
起點與結論未為深遠。稱這為對「存有」之思，只因希臘自始所重視為事
物之「存有」，所求也只事物其超越之理、非其人世間對人而言之理，故為
「存有之思」。然思本身無須必繫於「存有」。

形式，與對象內容無關，只綜合統一之連結關係，非從內容言統一。黑格爾不同：黑格爾既不把思惟視為主體、因而亦沒有把思惟限定在與客體事物內容對立之一種純形式性存有，他把思想直接視為那包含一切概念內容於其中、為概念或理念總體之精神。如此精神，既非任一事物、亦非康德義之主體。一方面事物因均只為概念，故再無自身之體，而另一方面，由於一切均只為概念，而概念非主體所有，故實無相對思想而言之客體存在。如此客體之存在，只相對一自限為心靈或主體之存有者始有。若思想非一"思想者"之思想，而是事物概念總體，而"事物"又無其自身之體，那主客二分再不存在。存在因再無「體」之對立性或外在性，故自然統一起來。此時統一，也只概念間內容之事，非「體」與「體」之事。如是概念總體，故為"精神"對"事物存在"之一種內化狀態。事物本有之對立性，也落為內化了之對立，甚至是一物與其自身之對立（辯証）。如此對立，因全在精神內發生，故無不可解。形上學所訴求之最終統一，故可在黑格爾中成就。此所以黑格爾為形上學（傳統主客體形上學）終結之原因。

二、事物作為"存在事物"[1] 與作為"概念"[2] 雖數量相等，然兩者觀法所帶來方法與結果完全不同：把事物看成事物研究雖具體真實，但無法達致對一切事物總體性肯定，後者

---

[1]　非黑格爾時之哲學觀點。

[2]　黑格爾觀點。

是形上學根本訴求：求一切存有事物總體性真理。然把事物看成個別地研究雖無法達致一真理之整體觀、因而實似片面，然個別事物所得真理因無窮無盡，故非有所封閉。黑格爾般總體性真理反而只一事後之事、只一事後之思（Nachdenken），非真理無止盡前進與開拓。總結性真理作為總結性始終無法有前進可能。

三、若撇開總體性真理是否封閉人類之前進，其本身是否有必然意義與價值？除卻自身哲學帶來觀法上突破外，每一哲學都在人類思惟中有所創見：柏拉圖使思想轉向事物本質之問、亞里士多德教人思事物之原因、笛卡爾奠立方法（思想）之分析性，求得最簡單直接構成素、康德更指出事物主體方面構成素之可能……；若從這樣貢獻言，黑格爾辯証思惟有何創見？其貢獻主要在思惟二元性之發現上：二元性本是西方存有模式，然這樣二元性仍未直接為思惟及概念本身之二元性；唯如黑格爾那樣在一切概念間演繹其二元性（辯証），否則仍無以說明思想本身為二元性質。黑格爾演繹因而重要亦嚴重。縱使康德發現思惟參與對象中、因而對知識有所影響，然因始終只是特定形式（如範疇），故仍未對對象內容有所改變或限定。黑格爾不同。思惟本身之二元性非只事物外在形式，更已決定事物內容本身、使世界事物二元地構架起來；事物再非有其本身而呈現，而我們更無法見事物之本身。黑格爾之發現故而致命。思惟非只如範疇般有其自身內容而參與於對象、始終有着我們與事物本身內容上之差異，思惟之二元性使對象再無其

自身、使人類思惟為一切、使存有二元地被構架並封閉起來。黑格爾使見西方構架性思惟之虛假，其真理之無法真實。當代哲學就在面對這一結論而發生。對黑格爾發現之回應，主要有兩類：一為在見思惟虛假性假象性後問，我們仍能怎樣？馬克思、尼采屬此。另一則仍試圖問，在假象性外，思惟仍能有其真理性？這另一種真理是怎樣的真理？我們怎樣擺脫思惟之二元性？海德格爾、德里達屬此。人類未來真理，故確實全繫於黑格爾之發現。今日無真理性之虛無主義，亦全繫於黑格爾對思惟真理這一發現。黑格爾之絕對真理因而同亦成就並開啟了無真理這一未來世紀。這是黑格爾形上學虛假性"唯一"真理性：包括黑格爾在內，一切過往真理均無真理性而虛構虛假。

四、若更具體探討黑格爾辯証思惟中真理與虛假性這一問題，可這樣說：思惟之二元性雖是思惟本身之虛假性，但這是黑格爾作為發現者所以真實的地方。至於黑格爾本人思想之虛假性，非在辯証這二元對立，而在「正」「反」兩階段後之第三階段，即黑格爾所謂之「思辨」階段[①]。在這階段中，對立達致統一。若從是否虛假這角度言，思辨階段這一統一性，是黑格爾個人思想虛假之地方；二元性之虛假，只為人類（西方）思想所共同，非黑格爾個人之事。換言之，

---

① 「正」「反」「合」三階段，黑格爾分別稱為「理解階段」、「辯証階段」、及「思辨階段」。「辯証」一詞因而有廣狹二義，狹義指正反合中之反，廣義則包含正反合三者。若為廣義，我們多用「辯証法」一詞以作區分。

在面對正反二元之虛假性時[1]，黑格爾做法非直視思惟之虛假性，而相反"更假象地"、從這虛假之前兩階段，藉辯証法總結及轉化為一具有"真理性"之第三階段（思辨階段）。後來歷史對黑格爾之批評，非在二元對立、而在「統一」這思辨階段上。事實上，當黑格爾把曾經存在之世界事物內容直接視為哲學真理時，這全部現實內容[2]所以具有真理性，非單純在這些內容本身，而在這些內容間所體現之辯証法關係，即由正反合所構架起之真理。其中「合」一階段，更是黑格爾義真理至關要時刻。正因這一切內容是藉由辯証法得其真理性，若把辯証法拿掉，頓時這些世界內容將毫無真理性，變得全然虛假。傳統哲學所以有形上真理可能，因其時體系中二元對立沒有解消，二者非平等對等，必有一真一偽之等級層次：如「知性／感性」、「心／物」、「神／人」等二分始終一者為真、另一者為假。今黑格爾把二元狀態視為片面，真理只落在統一，故而若把黑格爾個人之統一階段拿掉，全部現實內容將形虛假無真理性。我們故可說，絕對真理與絕對虛假只一線之差：在絕對真理背後，世界將純然虛假或變得虛無。全部關鍵，只在「統一」這最終階

---

[1] 黑格爾明知正反兩階段為虛假、為從真理言片面，否則黑格爾無須言思辨階段。

[2] 這裡所言「現實」為黑格爾義，即包含一切理論（哲學）與非理論之現實事物與實踐。黑格爾視「現實」為真理全部內容，故「凡是理性的，均是現實的（wirklich）；及凡是現實的，均是理性的」（§6）。如此「現實」，故亦包含藝術、宗教、與哲學於其內，非只我們所謂現實而已。

段而已。然我們已說，「統一」所以虛假，因只形上學對真理之總體性訴求，故為真理與思惟前進之偏限，對當代言，甚至顯得極權。[1] 而當代一旦不再接受黑格爾真理形態，其所面臨，將是無真理性之人類存在狀態。究其原因，只因西方把真理單純定立在形上真理上：或在二元對立、或在二元統一，因而一旦形上真理不再真實時，為真理所支配之世界將純然虛無無價值。

最後，讓我們對以上四點作一總體說明，以明黑格爾辯証法及其虛假性最終所在。

在辯証歷程中，任何事物在其有限狀態下之真理性屬一階段。因有限性必為其他事物所超越，其真理性故無法永恆或全面地真。此時之其他事物，是作為對立面言，否則無以言超越。對立面故屬另一階段，為真理歷程第二階段。兩階段都從有限事物言，即一切有限事物其真理歷程必如此：既有限地真、亦因為有限而不真，故必為它物所超越。然從最終精神角度言，事物之相互超越，並非兩事物之單純對立：事物無一為本體事物、無一不能與其反面相容。一物之對立面（另一物）嚴格言，為此物已含有、為其"有限性"之反面。真與不真兩面，始終非

---

[1] 對我們言，並非能前進必代表真理，人性永恆如一，無所從前進言。前進也只物事而已，而這是西方所視為真理之本。對中國思想言，物事無論前進與否，與真理（道）毫無關係：道在人、非在（任何）事物。若從侷限性言，在人與物二者間，故是物對人（之為人）之限制始非真理性，非物事無所前進便無真理。侷限應從對人、非從對物言。

終極性：一只言其作為自身時、另一則言其作為另一物時。然因真理必須從整體言，故一物其真理之究竟，既非在第一、亦非在第二階段。兩階段均非對整體有所顧及；故唯在如此顧及中，始能言一物之最終真理、其究竟。這第三階段，是一物歷經其反面之不真時、從"更大整體言時"之真實。這樣真理歷程，為一切事物所必然。真理辯証歷程故有三：事物在其自身之真、因有限性而顯反面者（超越者）之真、及在有限對立後顧及整體而見之真；一切事物之真理，必為這樣辯証歷程。

在這樣辯証歷程中，真與不真非一物其絕對之真與不真；一切事物故有真與不真之時刻、都既可真亦可不真。「真理」故非能從任何一物、而只能從一切事物其真與不真之整體言。這從整體言之真始為終極性：它肯定一切事物之真、亦肯定一切事物其有限時之不真；見一切不真者其仍真、及一切真者其不真；不真而仍真、真而可不真。真理故非排斥性，而是一種超脫單純真假外、對真理自身肯定之真理。這絕對義之真理，故超越一般義真理；一般義真理對絕對真理言，均有限而已。

在辯証三階段中，第一階段對等傳統物自身這一存有狀態，亦事物真理性之第一種形態。這傳統樣態，在康德後已不再可能：現象事物必迎向對方，並相互關連起，非在其自身。第二階段這由否定性所顯真理，即哲學傳統中「超越」關係所帶來真理性。把否定性等同超越性，是黑格爾所清楚，唯差別在：辯証超越性為內在（immanente Hinausgehen）、傳統超越性則外在。

內在是從一物對其自身之超越言 ① 。而辯証法這內在否定性意味兩點：1. 否定性（Negation）將取代「存有」之正面性而為形上學其超越性之新形態；否定性自今而後亦具有形上超越向度。2. 否定性將成為「存在」之主要動力與力量，形上性（超越性）再無須從形上本體而直接可從"現實世界與存在"中否定性言。形上因而更現實、更具體。黑格爾形上學故再無需本體，甚至無需主體，一切唯在現象內、一切只現實中事物之形上性而已。如此而現實存在與形上性結合為一：「凡是理性的，均是現實的（wirklich）；及凡是現實的，均是理性的。」（§6）藉由內在辯証，有限性至無限性之過渡，非再如希臘「神」「人」外在關係那樣不可能，而是如《精神現象學》中「精神」與「現象」之結合那樣統一起來。非只康德之「像似」，更直接是一體同一。

在傳統形上性仍未與"現實"結合起前，形上學所致力終極，始終為一種正面狀態。如康德美學存有論中主體與客體之一致一體，是主體與現象客體二者"均同時昇華"至一形上狀態：主體無利益興趣而自由、客體也在利益興趣外單純為表象，如是始有一最高和諧之境界或心境可能。正因此時主體與現象客體二者"均形上地真"而非現實地不真，故始有「和諧」這存有正面狀態。然在黑格爾中，因"形上性與現實"結合並統一起

① 「反之，辯証法卻是這樣的一種內在的超越，在其中，理解力確定性〔理解力概念之確定性〕之片面性和局限性、自身作為其否定呈現，而這始是其所是。所有有限之物，莫不揚棄其自身。辯証法因而構成知識進程中之動力靈魂（…）」「（…）有限之物都是在其自身與自身相矛盾的，並因而自身揚棄自身。」《哲學全書綱要》§81。

來，故此時之形上真實，反而非"形上"、而是"現實"。即：形上性（存有）之體現，非在和諧或其他正面現象，而在"相互否定與超越"中。黑格爾形上學確實現實、極現實；而現實之"形上性"因而在"否定性"作為一種存在力量上。形上真實性"就在"否定力量上、由否定性所產生。事物之存有故由否定力量所產生；否定力量亦為一切存在事物之生命。辯証法這否定性形上力量無可抗拒，故可比喻為上帝之力量、為上帝力量之表象。縱然「力量」非構成宗教意識之主要環節，然始終，如我們在討論古希臘思想時已曾指出，縱使「力量」非能窮盡「上帝」概念之深邃，然始終確為上帝其一本質。[①]

若第二階段為在真理歷程中真理之產生，那這以否定性達致之"結果"則為第三「思辨階段」（§82）。「思辨階段」為事物最終真理狀態；因經歷自身否定性，事物與其對立面統一起來，其真理再非在其自身，而是與反面結合之整體。之所以能結合，因其反面是由自身對自身之超越所致，其自身即等同反面。這結合正反兩面之第三階段，其結果有二：一為達致一統一之真理；另一為在正反兩者中，見二者所包含之肯定性與正面性。最終真理為肯定的這點不用多說，但真理從「統一」言，我們說過，始於黑格爾。一切哲學當然希望達致一最高統一，但這並非說：事物本身真理就在其作為統一上。如康德，唯「我思」始有統一性，其他事物就算有綜合性，仍未具有統一能力。黑格爾不同：事物都可各為一統一，結合着正反兩面；因而真理再

---

① 　見《哲學全書綱要》§81附釋一。

非在其自身，而在其作為統一上。「思辨」之意義，故為求得事物"作為統一"時之真理性。又因統一性必求為達致一最高或最終統一，故在事物種種統一中，必不能各自離散而更須統一在一整體科層關係中，如是始有一內在地達致最高統一之可能。「統一」在黑格爾中必然如此：「統一」非外在統一、非統一與自身無關事物，而是自身與自身反面之統一，其「統一」必然內在，亦由如此內在性故結集為一整體科層關係。

從辯証法三階段可見，西方及黑格爾思惟所以錯誤，首出於把事物看成為「在其自身」。非說事物必無其自身真實，而是：這樣真理不應為根本。中國從道及從人性言之真理便不如此。"事物"之在其自身對中國傳統言，無法具有真理這崇高地位；以物自身為真理故而虛假。思惟從哲學始初（如柏拉圖、亞里士多德）力圖建構這樣真理，為思惟假象性之本。這樣假象，與其說為思惟本身假象，不如說為人心之假象與虛妄，因這畢竟只思惟價值認定上之錯誤，非思惟本身錯誤，後者唯在二元對立上。

藉由黑格爾，更可看到：思惟二元性其根在「超越性」與「否定性」上。構成二元與二分觀法，為超越性及由超越性帶來否定性這一訴求。超越性是在限定對方中而言超越、是在對立對方其全部自身而言超越，其本身因而非針對對方某一具體，而是"觀念地"全體超越，二元對立由是形成。就算是如黑格爾那樣自身對自身之否定，這時否定，仍是"觀念地"整體。若是回歸具體真實，在事物相互間，是無以有如此絕對對立或超越與否定可能。二元性作為思惟模式，因而是一負面模式，非思惟正面時樣態。西方思惟這根本假象性，與其思惟之形上性格故一

致一體。其思惟與語言之形上性格，從繫詞「是」或「存有」即可見到。正因有如此是其所是，故始有超越與否定之可能。

　　若西方思惟二元性之假象來源於超越性這形上性格，那黑格爾本身思惟之假象來源自哪裡？問題同即：黑格爾中「統一」這（辯証法）最後階段，其假象性在哪？對黑格爾及一般理性言，假若兩事物對立，其最好解決即為把二者統一起來。之所以從統一言，因兩者作為事物各是其自身、各有其存在權利，都不應偏廢。黑格爾之否定性故也只能是「揚棄」，即在否定中而仍保留、非因否定而失去。否定而仍保留，是統一可能之前提。之所以必須保留、必須視每一事物為有其自身存在權利，明顯仍是基於「物自身」或「在其自身」觀法而有。第一階段事物之「在其自身」始終起着決定性作用、起着存有價值上之決定性作用，因而為存有根本模式。舉馬克思「異化」為例：馬克思「異化」本即黑格爾辯証法中外化或否定性這一階段：人由其生存活動（「正」），把自身財產、勞動等等異化為對立自身之事物（「反」）。除非超越人這異化狀態、回復人性或本性存在，否則人類困境無以解決。馬克思此時（1844年）對黑格爾之批評，非在異化或外化這否定階段、非在正反合之「反」[①]，而在「合」這最後階段。馬克思指出，若宗教為人類存在異化狀態，那黑格爾錯誤即在：明知宗教為異化仍在最終階段中保留這一狀態、並視之為真實。換言之，把「否定性」視為「揚棄」，在否定中仍保留所否定者（「合」），這是黑格爾錯誤之原因。對馬克思言，

---

① 　對這一階段，馬克思持肯定態度，並視為辯証法之正面意義。

既然異化或否定，應最終超越、不應再有所保留、不應視之為真實。之所以有黑格爾與馬克思看法上之差異，因對黑格爾言，辯証法所運用對象為一切可能事物，在物物矛盾與對立間，不應有所偏廢地肯定或否定。對任何對立之最好解決應是統一，盡可能兩者皆保留起來。然馬克思辯証法中異化，非用於存在事物本身，而單純用於人類問題，其關懷與黑格爾完全不同。用在人類身上[①]，確實不應保留任何對立人之事物或境況、使人類有所異化。黑格爾「合」所以假象地錯誤，因只從事物概念角度觀、以為一切存有均為平等。然從人類觀點觀，人與事情間無平等可言。於有所對立或相互否定，是不應平等地保留兩者、或試圖使兩者統一起來。「在自身存有」故不應高於「人之存有」而為更根本範疇。從這點言，無論「在自身存有」抑「統一」，都只人類思想形上化時之訴求而已，既非人性、亦非唯一[②]。正因

①　從人類非作為物言，馬克思確人道主義，較黑格爾正確。回歸於人，使馬克思明白形上學所以錯誤。馬克思對形上學及思想形態之批判，是本於對人真實問題之發現。在這點上，馬克思承接盧梭而越過康德黑格爾。

②　黑格爾在《哲學全書綱要》導言中、在§1指出哲學以真理（上帝、自然界及人類精神世界三者）為對象後，在§2中立即提出人之問題，並指明說：哲學可界定為對事物之思惟性考察；思惟於此不應理解為在人類一般活動中、那使人類有其人性、或表現其人性之思惟（如情感、直觀等）。這說明是全部關鍵所在：因若一旦與人及人性有關時，辯証法便不再可能、不再有其在存有上支配性地位。人也只人而已，是不能辯証的：既非單純在其自身、亦不能被否定而超越、更不可能與對立人性之一切超越性統一起來。如是黑格爾形上學，無論表面多麼現實，始終與一切形上學一致：始於對立人及人性而有。反黑格爾之費爾巴哈及馬克思（甚至後來尼采等），故都扣緊人之問題而突破。因在這裡，形上學之假象性與錯誤尤

這樣錯誤，故在「在自身」與「為他」這正反兩階段後，黑格爾立「在其自身與為其自身（為己）」為存有模式之最終階段。其中，「為己」是外化後之返回自身、是含有他者於自身內之回返。然這「自身」，與西方傳統一直以來之「自我」，仍是多麼支配性。

若總結，我們可簡單地說，西方思惟一旦定在「存有」及「在其自身」這模式上，其對世界存在之觀法，無法不假象。由「在其自身」至對「自身」之超越，這是必然過程：無論人性抑世界事物明顯非在其自身故。以「在其自身」為存有模式及價值，這是思想假象之源起。相對這「在其自身」虛假性，一切超越性故顯得必然。然始終，無論是康德道德主體之超越、抑黑格爾絕對精神統一[①]之超越，「在其自身」始終仍支配一切，唯以轉化方式而已。自馬克思始，哲學所必然面對的，故為這思惟或形上思惟之假象性。全部（未來）真理問題，全繫於此。

有關黑格爾，我們討論至此。

為突顯。

① 那在其自身及為其自身之最高統一。

附錄一：絕對精神哲學

在這附錄中，我們透過黑格爾絕對精神之三分，再次看「在其自身」一模式與其揚棄在黑格爾思想中所造成轉折。此外，更藉這絕對精神問題，觀看康德、黑格爾至尼采對形上性之處理與轉變，並以之對比我們中國古代對絕對精神問題之看法。

首先，何謂「精神」？精神非對立現實世界、而是對立一切自以為「在其自身」者言。思想以為自身在其自身，同樣，自然亦以為自身在其自身；精神非是。精神以非在其自身、以遠去自身時之一種自身呈現，如此距離使精神自身（思想主體），轉化為“對象”呈現。這以自身客觀地為“自身之對象”，是對自身最真實之認知。在這樣階段，始實現哲學及一切知識之最高目的：認識你自己（Erkenne dich selbst）。（§377）黑格爾說：這非人對自身作為偶然性、而是人對自身“作為精神”一本質之認識 ①。換言之，非作為人、而是作為精神。這時精神非第一階段之「思想」或「思想者」，而是一“作為對象”而言之精神，換言之，體現在客體世界中、並作為客體呈現之精神。精神故是從客體世界、及作為客體而認識其自身，非作為思想而認識。

這以自身作為客體對象而達致之自我認知有兩面：作為主體性精神、及作為客體性精神。主體性精神即精神之作為靈魂、

---

① 因而精神始終是存在最高真實。

意識、及作為（心理學之）主體性 [1] 這三方面。三者既非單純思想概念、亦非從人為創制言之精神。主體性精神之反面（對立面）為客體性精神，即精神之體現在對象式創制上，非在人自身身上。客體性精神故亦有三：法律、道德、及倫理風俗（家、市民社會、國家）。主體性精神從人自身方面、而客體性精神則從存在方面言，兩者各為客體性之一面。主體性精神雖可為對象，然非作為存在；客體性精神雖涉存在，然非作為精神本身。於此故可見，黑格爾是意識到存在非一切、非最後終極，反而，存在終極為在精神本身，後者是在一般存在之上者。存在因而只正反合三階段中之「反」而已，精神始是其「合」。絕對精神故非單純客體本身、非單純生存層面之事，而仍是作為精神本身自己：非"精神"之客體地體現、而是客體地體現之"精神本身"。

這樣之絕對精神有三方面：藝術、宗教、與哲學。三者相對存在事物（生存現實）言，既純然精神性、亦為精神之"體現"；另一方面，三者同超越於存在之上，使人類存在仍以形上性為終極。雖非不能體現在世間，然始終與直接生存層面無關。生存層面在客體性精神（法律、道德、及倫理風俗）一部份，而這是從精神角度言 [2] 之「存在」。然絕對精神則超越這樣現實性；雖仍在世並為人文之體現，但既非事物存在性、亦非以人性為本。絕對精神如西方形上學傳統那樣，為一純然超越之精神性。

---

[1] 心理義之主體性，主要從康德式主體性言，非我們今日反主體性義下之心理學。

[2] 從精神角度立。

雖從內容言（藝術、宗教、與哲學）為超越，但仍實現在眼前世界，這是黑格爾與其他哲學不同之地方。黑格爾之超越性，始終必回歸「合」之統一性，非能單純作為超越言。於傳統，形上超越性必然在經驗世界上：盧梭雖把形上（自然）置回世間，但這自然狀態仍外於現世，或在歷史時間之先、或在孤離世間之主體自身中；同樣，康德之超驗性雖回轉現象、從面對現象言超驗，然超驗始終仍為超驗、非經驗。甚至，縱使為實踐主體，主體仍從形上言道德。若落於現象，藝術與宗教之主體性始終形上；故非如黑格爾，縱使為終極之絕對精神，其形上性仍須體現於現實世界、仍須從「合」之體現言，非能單純在主體自身上。故對黑格爾言，連康德視為形上之道德主體，根本不存在。道德也只精神於存在上之體現，非有所主體地形上。作為對反經驗之形上主體，因如本體對反感性世界那樣仍為對反，故始終非世間的。如此形上性，故只為對立項之一面，或為「正」、或為「反」。然形上（絕對精神）於黑格爾中，雖仍為一種超越性，但是從統一、非從對立言。精神之作為形上真實，故（能）是世間的，是從統一世間而非在世間外而言形上，更非如康德從主體自身而言形上。

不過，黑格爾實仍有傳統義“形上”痕跡。在藝術、宗教、哲學三種絕對精神體現間，藝術先行於宗教。這是說，與感性現象一起之精神（藝術），是被超越感性之精神（宗教）所超越。宗教超感性之形上，仍在藝術感性形上之上。超感性在感性之上，這仍是傳統義「形上」之意思。正因如此，黑格爾故沒有明白藝術與美學所有更高形上性。縱使藝術與美學於黑格爾已為

精神，然始終仍只世間、始終只直接地感性，非如康德或後來尼采所發現，藝術與美學其形上性為超世間（康德）甚至超感性（尼采）。故對黑格爾言，藝術雖已屬絕對精神，然始終非最終甚至唯一真實；作為絕對精神，藝術仍只在其自身地形上（正），非如哲學之為藝術與宗教更高統一。如尼采之以藝術結合起「宗教（希臘宗教）與哲學（真理）」，這與黑格爾以哲學統一藝術與宗教正好相反：對尼采言，絕對精神之形上始終只傳統義，從超越感性言而已，非在哲學與理性上而"形上"。確實，從西方文明角度言，能為人其精神性所寄，也只藝術、宗教與哲學三者而已。在三者中，哲學由其高度思辨性非能為一般現實所能銜接；宗教雖較能現實，然其對象仍有虛構之虞，故無法能單純視為真實。於三者中，唯藝術無思辨或虛構之虞，其精神性故較能為人所寄；此在西方「藝術」與精神息息相關之原因[1]。從古希臘至康德第三《批判》，故都指向「藝術」之精神性作為依歸。尼采尤甚。藝術於尼采甚至更有所推進，其精神性與傳統全然不同：美學於傳統只從物事言，甚至只為「美」之精神價值；然尼采所見藝術，非從客體存在、而從人自身言，從人面對存在時自身力量與心境所體現精神性言。若日神精神為客體形象性美學，那更根本之酒神精神則為人自身之美學；是人借助存在悲劇所體現人自身精神力量之美。藝術從這點言，故對反宗教與哲學。

---

[1]　此處所言，非以「藝術」最為現實，只哲學真理過高，與一般現實活動無關；宗教雖能現實，但又未必盡真實；故唯「藝術」既能真實、又非思辨，故能為人一般精神所寄懷。

一者其對象虛構（神靈）、另一者其對象過於現實（物世界與存在）；二者都未如人自身作為對象根本。

尼采對西方文明全部精神價值之質疑固然非無道理，然我們仍可問：人自身精神性是否必須藉由藝術始能顯見？甚至，由藝術（如悲劇）所體現精神縱使與人有關，然是"人性"抑只"人存在"之精神性？如康德，縱使真實在人道德實踐，人其道德實踐始終只理性存在，非人性德行，其為道德仍只以存在原則為依歸，非以人性為依歸。如是縱使藝術或美學於尼采為與人有關，然因人始終只從存在、非從人性言，故藝術其所體現精神，始終只能如悲劇或酒神精神，為存在性，非能真實回歸於人及其人性。在這點上，西方始終與中國傳統不同。

中國傳統所本為人性。人之精神性因而先植根於人性，非以存在為依歸。從人心至人類創制[①]，莫不先以人性德行為道。從詩歌、禮文、鐘鼓之樂、至古樸恬淡靜遠清雅之美，莫不為人性德行其精神性之體現。此文雅其美學性所在。故若嚴格言，中國傳統沒有"藝術"。縱使如尼采回歸人自身，藝術始終如哲學與宗教，其精神性終究無法脫離存在，甚至必須透過物及其技藝性而顯；只在物之前提與氛圍下，非能如禮之直為人性體現。如是西方所言精神性，仍非人的、非人性的[②]，始終離不開物與

---

①　生活之種種層面。
②　如黑格爾「精神」，也只為「絕對精神」，非人性精神；只客體存在地體現，非體現於人自身間。

存在故。無論西方藝術多麼似為精神價值之體現[1]，然始終，由藝術所體現精神，只物與存在之價值而已，非人性之美與道[2]。無論西方抑黑格爾，若把人類精神終極立於藝術、宗教與哲學三者上，如是必隱含一危機：就算撇開三者之相互對立與否定，哲學仍由過於思辨而不現實、宗教由有所崇拜而未能盡真實、而藝術始終由未能擺脫技藝性（物質化）與創新追求故無能平實地回歸人性與人生活；三者所造成存在價值上之扭曲甚至崩潰，使人類面臨虛無狀態、無真實價值可言之存在狀態。由絕對精神之非人性精神，人類精神終究無以建立，存在只能物化及價格化，非能人性地平實。尼采雖力圖在虛無主義狀態下重立人之精神（人其存在意志與力量），然這始終只從存在、只相對存在，非終究從人自身言。因而藝術一如宗教與哲學，其價值或未能終究地真實、或只能被取代與忽略。

從黑格爾絕對精神之總結故可見，西方精神價值始終未是。人類真實存在、其精神寄懷，是無以以宗教、哲學、或藝術為終究依歸的。

---

[1] 特別當人不想從哲學或宗教立存在價值時。

[2] 中國詩與藝，非作為"藝術"，而是作為人性德行與道而呈現。故古琴作為器是人性的，太極拳作為武術是人性的。此藝之人性性格。西方之器與藝非是。

附錄二：《哲學全書綱要》「邏輯學」中 「存有學」與「本質學」兩部份解譯

邏輯學分三部份：存有學、本質學、概念學。所謂邏輯學，指對哲學純粹概念與範疇之研究。這一研究對等傳統存有論探究。存有論定立一切存有或存在最基本概念或範疇；如是概念，因而為哲學所特有。傳統哲學以這些存有概念為最高，亦為人類思想可達致最高認識。若越過這樣純粹概念，概念便只能與客體對象關連起，由對象而非由思想本身產生。與客體對象相關概念，或如「神」這樣超越客體、或如經驗事物這類經驗客體，然無論何者，最終仍只能透過存有概念而認識。存有範疇因而最根本，既必然亦普遍。哲學體系視為基本範疇者固然不一，但無論怎樣，無一體系能罷絕存有概念作為根本概念。哲學體系間相互差異，甚至可直接視為其對這些存有概念之解釋或處理。

黑格爾始於邏輯學，這是說，他始於存有論或存有範疇本身；換言之，始於思想自身概念，非始於任何客體對象。黑格爾所始，故為從哲學立場言最根本者。然問題是，哲學之視存有論及存有概念為最根本及最真實，非只因這些概念為最原始根本，而是因這些概念所指認對象內容最為真確。哲學視自身思想為最高真理，亦由以其所特有概念為最真確而已。如康德，於其發現時空與範疇為來源自主體或思想自身時之先驗形式與概念，便立即對這些概念形式進行演繹，從証明其客觀有效性而確立其真理地位。一切對如「存有」或「他者」之思亦復如是。

黑格爾在這點上反而似相反整個哲學傳統：表面上他以一切為概念推演並成就一「總念」哲學體系，然正因如此，純粹概念單純作為概念並非真理本身，只真理歷程之起點而已。作為第一階段，這些概念反而最片面、最抽象，只概念或精神之在其自身狀態，非客體所有真實，像「存有」這樣概念於黑格爾故最為空洞。黑格爾這一對純粹概念之觀法明顯如世俗現實。馬克思雖把黑格爾頭足倒置、把精神放回現實世界中，然這樣對哲學觀法，實可說已源起於黑格爾自身：存有論及其概念只與思惟自身有關、只為「邏輯學」，非精神於客體世界之體現。黑格爾對"絕對精神"之肯定明顯非對現實世界不重視。相反，黑格爾實較其前任何哲學更為現實：在現實世界內容外，再無其他立。雖然如此，把哲學基本概念視為"起點"，對我們言，始終仍是一種哲學傳統觀法，為哲學所特有。事實上，若非以"在其自身之思想概念"為起點，辯証法是無以推論出"精神"作為最高真實。我們故仍可說，以「邏輯學」為起點，這仍是哲學對「思惟」其真實、一種獨有之肯定。思惟對自身之否定與超越，只為思惟之"反面"，非即現實世界本身，因而只為自然界、為思惟單純作為思惟之正反。思想與自然如是都各自片面、都各缺乏對方所有。二者之進一步超越，即精神，是從這點言精神為最終真理。對純粹思惟之否定因而實非真實：作為辯証法之一環（正），最終仍由揚棄而肯定並提升。黑格爾反倒"思惟"，只重新把它作為"精神"立正起來而已。[①]

---

①   如是說，辯証法正為思惟最高假象：其所有否定，實只更肯定而已。精神

一、存有學

邏輯學始於「存有」一概念。「存有」這概念既為哲學史始點、亦為哲學思想最根本及獨一無二概念。[①] 黑格爾始於此，故不足為奇。黑格爾怎樣看待「存有」一概念、怎樣回答這起點問題？從黑格爾自身體系來看，黑格爾不應重視「存有」這樣概念，原因也很簡單：「存有」正是「思想」或「概念」之對反。黑格爾哲學為精神哲學，一切終必納入精神與概念內，單純的「有」或「存有」[②]，正對反概念其精神性來源。以「存有」為起始，因而必須解答以下兩問題：1. 何以「存有」為起點；2. 為何以這樣起點能引致最終結果，即絕對精神之呈現。

在討論「存有」之起初，黑格爾說：「存有只是在自身中之概念」（§84），這回答了以上兩問題，讓我們解釋：

（一）、一切起點應最為貧乏空洞、包含最少，特別當歷程為辯証歷程，其最豐富真實應在最後，非在最初。當然，黑格爾本身之思考，是只從一事"作為概念"而思。這從"作為概念"而思代表甚麼？讓我們舉黑格爾自己提出例子說明。黑格爾說，人通常以為眼前感性存在最為具體、最富內容，而這是因為其時意識實已離開了所對對象（感性存在），並把在感性存在中種種可能內容涵攝在「感性存在」這一概念與意識中，故以之為最豐富、最具體。然若

分析學之否定性（否認）由是而始有。

① 甚至是西方語文所以可能之原（語法）概念。

② 單純作為客體存在之存有。

只定在「感性存在」一概念，不妄想其中內容，這時「感性存在」作為概念只會顯得十分抽象、空洞無內容。換言之，在一般面對概念時，我們實沒有單純面對概念本身、沒有視之只為概念，否則，任何本似具體之概念，將立即顯得抽象與空洞。在任何一事之意識中，我們實已加上其他思想與意識，使這樣意識再非單一，而集許多內容。若是定在眼前而靜止，對象將十分空洞，而這即單純對向概念時之狀態。此外，若概念所包含對象越多，其作為單純概念時內容則越少；作為對象與作為概念從內容言因而反比。「存有」便是明顯例子。[①]「存有」從內涵言包含最廣最多，因而作為概念最為空洞貧乏，最無法從具體差別性（內容）見其確定性；然其空洞貧乏又非本然空洞貧乏，非作為對象內容亦如此空洞貧乏。正好相反。因「存有」作為「有」包含一切，其所涵蓋故最廣、作為總集最大。是從這點言「存有」能為起點：一方面作為概念最空洞貧乏，另一方面作為對象則又包含最多最廣。二者使「存有」最能為起點：既最貧乏而初、亦最廣大而首。[②]

---

① 「感性存在」所包含對象內容雖較「存有」更少，但作為概念則較「存有」更具體、更確定。相反，正因一切均為「存有」（有），「存有」概念雖包含最廣，然其確定性最少。這是為何在「存有」概念後，隨即而來即為「無」：「無」述說「存有」作為概念時之事實、其自身無任何確定性故。

② 相反，「精神」單純作為精神因非外在存在（存有）故內容似最少（包含最少），然作為概念則實最多。此所以「精神」為最終極。

（二）、何以「存有」作為起點能引致最終結果：絕對精神之呈現？當黑格爾說「存有只是在自身中之概念」（§84）時，這非只是說：「存有」如其他概念一樣為某一概念，而是說：「存有」就是「概念」、就是「概念」之為「概念」、就是「在自身中之概念」[①]。換言之，再非其他[②]。這單純作為概念之「存有」，其意義故非在包含一切事物，而是作為唯一直接單純標示「思想」或「概念」其存在這一真理。對黑格爾言，這即巴門尼德「存有」與「思想」同一之意思。本最非思想之「存有」，事實上最是純思之體現、是最純粹概念、或概念之在其自身。從這點言，「存有」作為思惟起點，與終點實同一。作為思惟起點之展開，故同是一種回歸，回歸於思想自身之作為精神。作為“概念之在自身”，「存有」故含具最終真理：“精神”這一絕對真理。

　　「存有」這兩事實，一方面使它為辯証之始，由極「有」至極「無」；另一方面，「存有」之無確定性，使“概念之在其自身”可能，其他概念由有確定性故無法突顯“概念之純粹自身”。從「有」至「無」說明辯証之存在與發生，而「存有」之「純思性」則說明辯証為“思想”之辯証、為從在其自身之純思至精神之辯証

---

① 「概念」在其自身中。
② 事實上，因「存有」內涵包含一切而最廣大，故由無所具體確定內容而更“只是概念”。

歷程。這一切,非直接從思想或精神本身出發、非思想對自身真理性之肯定;剛好相反,是從思想反面(「存有」)而致。如是而「思想」最終之真理性更無可置疑。「存有」故一方面是全部真理起點,但另一方面,這對傳統而言之最高真理,也只一起點而已。「存有」在黑格爾中,故已是一揚棄後結果:既以傳統為最高真理之本,但又達成黑格爾對「存有」空洞性之低貶,以現實世界中具體事物更為真理,傳統所言真理只抽象空洞而已。黑格爾這一結論,無論從(哲學)歷史抑從事實言均正確:「存有」除指向"哲學"之真理外,甚麼都不是。從黑格爾對「存有」如此洞見,我們更可看到,西方(哲學)全部真理,實只從一真理之設定點發生而已,非從具體事物之真實、非從真實而始。黑格爾雖明知「存有」不真實,然他仍然以之為真理起點。[1] 這是西方真理不真實之原因。無論肯定抑如黑格爾那樣否定「存有」,「存有」始終決定全部西方真理,而這點與西方語言「是」繫詞之偶然性不可分割。[2]

「存有」(Sein)由於無確定性,辯証地即「無」(Nichts)(§87)。統一「存有」與「無」兩者,為「變易」(Werden)(§88):「變易」即從無至有、從有至無。在「存有」、「無」與「變

---

[1] 起點問題因而非「從什麼而始」問題,而是為何有真理之起點、為什麼真理需起點。而答案是:真理因為超越,故無法直接而得,必須藉由中介始有。始點故為如此歷程之始點。黑格爾也無例外。

[2] 請參閱前「柏拉圖理形論與『存有』一詞」一節。

易」三者中，即已一（第一）辯証階段之完成。因辯証真理從統一者言，而「有」與「無」各因其為抽象致無真理性可言[1]，故「變易」作為統一始為第一個真理，並具體地真實。「變易」對向我們眼前世界，為一在眼前具體真實，非如「有」與「無」，只一抽象純思之概念而已。

「變易」作為「有」與「無」之過轉，只在「有」與「無」間而消逝，其反面故為「此在」（Dasein）（§89），為一固定存在、非再在「變易」中之"確定存在"。這確定存在，其體現即「質」（Qualität）。而作為一確定的質，即「某物」（Daseiendes, Etwas）（§90）。確定的存在因而從質言；一物之存在，也從作為物質言。

因「有」與「無」本初地連結在一起，「質」作為「此在」之確定性或體現，從亦含「無」或「否定性」於其內，即「實在性」（Realität）（§91）。「實在性」雖從「有」言，但從含具真實性之意思言時，實已包含「否定性」於其中：若無所否定，是不會有所謂真實之意思。「實在性」雖仍只為「此在」，但從含有「否定性」言，故為一更真實的「此在」。又因此時否定性是從「此在」之確定性言，故此時「否定性」不再是抽象的「無」，而是與「此在」同等之「某物」。換言之，此時「否定性」亦同樣作為「某物」體現。這「某物」，即為「他者」（Andersein）（§91）：「實在性」為一事物或想法之真實體現，其不真實體現故為另一確定而具體的「他者」。

---

[1] 這無真理性可從「有」等同「無」見。

從此點始，「質」（作為「某物」之確定性）因而亦是一「為他之物」、一種「為他存有」。而由「為他性」之出現，這時「質」之「自身」，作為面對「他者」言，即一「在其自身存有」。「在其自身存有」故是相對「他者」言。又因「他者」非與「在其自身者」無關，故「他者」即為「在其自身者」之「限制」。「某物」因「他者」故而有限、亦可變。（§92）

由有限與變易，「某物」可變易為「他物」（Anderes），「他物」亦可變易為「某物」，如此而無窮。這時「無限性」只物物間之否定或限制、只有限之否定，非真正無限。在這樣無限中，「某物」之有限仍然存在，無限只其被他物轉化而已；始終，兩者仍彼此間往復來回，沒有因無限而被揚棄。

在這往復來回中，在某物成為他物、而他物又成為他物時，某物在他物中得以返回自身。故在面對一他物時，某物實仍可作為他物面對此他物；以他物面對他物，故仍是某物之自身。在一切與他關係中，某物故仍是作為自身而體現。換言之，作為他物實仍是某物之自身，因而在轉化為他物時，某物實仍是返回自身中。這一返回自身，因不再受他物所限[1]，故是真正無限。這樣存有狀態，即「為己存有」（Fürsichsein）（§95）。用更簡單方式說：「為己存有」指一物其自身實已包含他物於內，非以為對立他物始是真正自身。「為己存有」一方面說：任何事物之自身實已包含他物於其內，而此時他者，是一已被揚棄之他者，因而再無對立。這樣之自身，為最真實之自身。

---

[1] 於他物仍是其自身故。

「為己存有」另一方面說：這時之自身，實曾走離自身而面對他者、曾作為一他者。這把他者之否定性亦含於自身內、或把他者揚棄後之「為己存有」，即「一」(Eins)（§96）。在討論此「為己存有」時，黑格爾說，「我」為最接近「為己存有」之例子；原因在於，自我這意識，一方面建立在對他人之意識上、但另一方面也正從這對他人意識回返於自身而言「我」。這回返於自身而言「我」，即「為己」。黑格爾故說，只有人是為己存有；一般動物只為他之存有、為他物而存在，非如「我」，其存在為自身。「我」固然是「為己存有」最恰當體現，然在此"物範疇"階段中，嚴格言「我」仍未出現。在這階段中之「為己存有」，故唯「一」而已。物從「質」之階段轉化為「量」階段，其關鍵故在「為己存有」一概念。「一」作為數，含其他數於其下：「一」含「多」。雖含「多」，「一」作為「一」始終在其自身；而作為自身：「一」無「多」。這既含「多」亦作為自身無「多」，「一」故為「為己存有」之表徵[1]。黑格爾稱這為「一」之無分別性（§96）。質之物世界只「為他存有」，數或量之物世界則為「為己存有」。數或量之存有樣態，故與物物存有樣態不相同。其不同如「我性」位格存有與物體存有不同那樣。在一般事物中，自身即自身、排斥即排斥。縱使有所轉化，仍不會有內在自身排斥之可能。若有自身對立，亦唯見於其形變為他物時而已，是不會既在自身又對立自身。然「為己存有」使這樣情況可能：「一」之對立「多」，

---

[1] 作為數，「一」包含其他數於其內，但作為「一」，又已把其他數揚棄了，故為「為己存有」。

非單純對立一他者。因既蘊涵多於自身內、但又非多而是一，故一之對立多，實是對立自身之為多之產生者。一既是多（中）之一、又是多之產生者及對立者。如是多既在其內、亦在其外。「一」既在其自身內、亦在其自身外；既是自身作為自身、又是自身對自身之排斥。從「一」所體現量之存有，故是一種"無己存有"、"虛之存有"；一種觀念性、而非如質那樣為實在性存有。在這樣存有狀態中，縱然在其自身，然這自身同亦為其他一切，其間無所分別[1]。「為己存有」故又是最無己：多中之一均與「一」同一故。「一」這自身內在排斥性[2]、及其由自身內在聯繫所成「多」，黑格爾用「斥力」（Repulsion）與「引力」（Attraktion）兩概念說明。（§97）

　　量之存有故非質之存有，前者虛而後者實。二者間為一種揚棄關係，量對質之揚棄：質為從「此在」而言之事物自己，而量為"無己存有"，故為量對質之揚棄。（§98）量非無亦非有，而是一對立"確定性"之存有狀態。若質為事物存有，量則為此物之外在確定性，其改變[3]無改於一物之自身。從這點言，量純粹而非實在，是被揚棄了之存有而非實在或此在存有。其中確定性（數量之確定性）均同樣一樣，非有所差別。作為毫無差別性，量即純量（reine Quantität）（§99）。純量從其自身同一言為連續，但作為自身排斥言又是分離。量既連續亦分離：作為「一」

---

[1]　一切數均由「一」所產生，與「一」無所差異。

[2]　因而產生多。

[3]　大小或多少之改變。

之連續使其連續，作為「多」之分離使其分離。量故既連續亦分離。（§100）

從量這排他特性，由量故形成「定量」（Quantum），即有限度之量（begrenzte Quantität）（§101）。量有三形態：作為純量、作為定量、及作為程度（Grad）。量這三種形態對應量之存有、其此在、及其為己存有三種樣態。而所謂定量，即「數」（Zahl）。數中所包含量之分離性形成「數目」（Anzahl），數中所包含量之連續性形成「單位」（Einheit）。（§102）對一定量言，因其限度（Grenze）即其整體，故若限度為多重（vielfach）即為外延量（extensive Größe），限度為單純（einfach）即為內涵量（intensive Größe），亦即程度（Grad）。（§103）

何謂「程度」？作為一種內涵量，程度關連於另一定量，如此始有所謂程度或不同程度。然這另一程度，實即此程度本身之另一定量。於程度中，這另一定量非作為與這程度無關之另一量，而直是這程度自身之另一量，如由冷至熱，是在同一程度中之不同量、不同程度，程度自身之另一量。如是程度作為自身時，本質地必然轉向其他定量。這一自身否定，使程度不再只一單純限度，而是一變易之限度、由一程度定量至另一程度定量之轉變。程度是在其自身中作為自身之外者，故或增或減。而這在自身內向外之前進、增減之程度進程，是一無限進程（progressus in infinitum ／ unendliche quantitative Progreß）。（§104）在《大邏輯》存有學部份中，黑格爾對「無限」或「無限進程」作了一最長篇幅討論。黑格爾反對視無限進程為真的無限：縱使一山還有一山高、或宇宙星空之無限引起敬畏與崇高

感，然始終，這對有限性之超越或形上超越性之體現，非一真實無限之體現。在宇宙偉大性前，若因其無限性而震攝，不如對宇宙法則有所崇敬；前者仍只一非理性的無限，後者始為理性無限。在無限前言感受，不如言宇宙法則來得現實真實；此再次可見黑格爾之現實性。《大邏輯》亦花了很長篇幅討論無限數與微積分中無限大與無限小等問題，這些我們不作討論。

於此可見，定量於其無限進程中、以無限為自身所欲達狀態，如此見於定量本身之超越性，亦只負面而已。然「無限」作為感受而非只為數量時，如此「無限」已非一定量，而是一種質。定量或量故再次揚棄其自身作為"量"，轉化為"質"。「無限」這一量，因而實同時含有「量」與「質」這兩種確定性；從這點言，它形成兩者之關聯。

這在量中之關聯（quantitative Verhältnis），即「量的比例」（§105）。比例非一定量與另一定量之關聯，而是：其數值是一"在關係中"之數值、非在其自身中數值。

"在比例中"之兩數仍是兩定量，其中"量與質關係"仍外在。量與質在定量關聯中成為真正統一，為「尺度」（Maß）（§106）。「尺度」為一質性定量（das qualitative Quantum）（§107），即一具有「質」特性之定量。尺度所以與質有關，因雖只為定量，然其為定量，是作為某物其所是之尺度而言，故為一與質有關之量。從作為事物尺度這方面言，尺度可視為存有之一種終極、一種絕對狀態，如說上帝為萬物尺度那樣。

在「尺度」一階段中，尺度作為質與量之統一，有兩方面可

能：一為「此在」事物附合尺度之規限①，尺度於此即規則；二為事物其定量之變化，引至其質也產生變化；這從量至質之變化，使其事物超出原有尺度，而為「無尺度」（Maßlose）狀態。（§109）事實上，量之本性不斷超出其自身；因而在尺度中之量亦不斷超出其自身（作為量），形成質之變化。質之變化雖超出其原有尺度，然這始終仍為另一質、為另一質所取代而已，因而始終仍是尺度性，為另一量與質統一時之尺度。質、量及尺度本身本來都直接，有一定關係，其直接性在質量互變中被揚棄而已。然始終，在質量互變被揚棄之尺度（無尺度），始終仍復歸一尺度，尺度始終仍與尺度結合。由質至量或量至質之無限進程，因而體現為一對尺度揚棄與重立之無限進程。（§110）

　　黑格爾在結束存有學部份前（§111），對存有學階段作了一簡略回顧：辯証歷程由存有與無、某物與他者間"否定之否定"，最後以質與量辯証而告終。存有作為質首先是一確定的此在，其對立面即為量。量此時乃一無分別性確定性。質轉化為量（§98），而量亦引至質變（§105）。量與質之統一為尺度。這在尺度內之質量互變，因兩者始終在尺度中真實地結合起來，故是一真實的無限。在尺度中，質在其自身是量、而量在其自身是質②。質量互變因而使質與量各回復其自身。

---

① 這並非說事物不能有所變化，而只是說，量之變化不造成質之變化而已，因而仍在尺度之規限內。

② 作為質之物，因在尺度內，故亦是一量。相反，在尺度內之一切量，從作為尺度言，都是質。

　　然在這尺度至尺度之揚棄與重立中，尺度原初直接性也被揚棄，因此時尺度之統一，是一涵攝了（包含着）存有及其各形態時之"自身關連於自身"之新階段。在這新階段中，本直接之存有 [1] 今在自身否定過程中以"自身關係於自身"這姿態呈現；其自身與自身關係因而間接、非直接 [2]。這自身與自身關係時之間接性或中介性，形變為「本質」（das Wesen），一種既直接 [3] 亦中介性 [4] 存有。事實上，尺度之"在其自身"即本質，在質量互變歷程中所顯示的，也只此尺度之「在其自身」而已。本質正是"在尺度中"之「在其自身」。外在地看時，事物只由質、量及尺度構成。這些範疇（連「尺度」在內），都只在過轉中，無一固定。這只在（現象）過轉中之範疇，因而以「本質」為根本，「本質」不再過轉故。在本質中，事物再非作為過轉事物、而是作為關係中之事物自身而言。在質、量、尺度一層面中，因一切均過轉消逝，故其間關係也只由我們反省達致，非對象本身的。然在本質階段中，事物因不再從消逝而從持續（本質）方面言，故其相互間關係從"自身確定性"言。在存有階段中，物物同在消逝中；然在本質階段中，再沒有他物作為他者之"對立與消逝"：一切莫非"關係"、莫非只關連於他者之關係，故也只"差異性"、非對立性。在本質中之過轉，故非消逝性過轉（過去），差異者

---

[1]　或存有及其直接性。

[2]　在自身否定中所形成之自身與自身關係。

[3]　由於自身與自身關連。

[4]　由於自身與自身否定。

始終仍在（其關係中）。故在存有階段中，一切形態只在其自身而直接，然在本質階段中，一切都在關係中而相對。（§111）

二、本質學

「本質」有從局部與整體辯証而來之兩面。從局部言，本質由尺度而來，其辯証如下：尺度因量變質變至其"無尺度"這一反面；因無尺度仍是一尺度，故在無尺度對尺度之揚棄中，所揚棄實只尺度之直接性而已，非真對尺度本身揚棄。此時，非以直接方式呈現之尺度，即「本質」。本質如是仍為質與量之統一體，非作為外在或直接尺度，而是作為內在或在其自身存在之「本質」。以上為從局部辯証言本質之產生過程。

至於從整體辯証言，「本質」為對「存有」否定之結果。從這角度言時，「存有」中一切形態：有與無、某物與他物、量與質等，其中關係都為辯証中之對反，非作為真正"關係"言時之關係。此外，存有階段中形態均為直接事物：有與無、某物與他物、質與量、一與多等等均如是。在這階段中，無一事物如本質那樣，非以直接方式呈現。本質階段中形態，或由於潛藏隱蔽而不直接、或由於作為關係而不直接，都只種種不直接形態而已。「本質」這階段故實為「存有」對其自身否定之階段，即存有揚棄其自身之直接性、揚棄一切直接性而進入自身與自身關聯之一種階段。這自身與自身關聯是說：這時種種形態均

為"關係體"。「關係體」非只關係[1]，其本身直為關係性形態：如同一與差異、內容與形式、實體偶性、因果、交互作用等等。因存有否定自身之直接性[2]，把自身轉化為非直接之自身[3]，「存有」故為"在自身中"之「呈現」；而「本質」也即"在呈現中"之「存有」：作為"自身"是「本質」，作為"呈現"則是「假象」。如是存有以自身為中介，形成本質這樣關係。（§112）

　　本質作為本質有以下特點：除上述關係性外，本質為一「*設置之概念*」[4]。這是說：本質本非一直接存有，而是一概念。然本質之作為概念，非在第三部份概念學中所言概念。概念學中概念為從整體言，而本質之為概念，只因非為直接呈現事物，而是一反身概念化狀態事物而已。在眼前存在中無一物為本質，從這點言本質只為概念、非存在事物。然作為概念，本質又非如第三部份概念學中概念那樣，具有作為概念時整體性之實。本質之為概念，仍是作為一存在事物、一被視為"存在事物"而言之概念；換言之，一「"設置"之概念」。這是「設置」一詞之意思。在反身關係中，存有之反身性因已脫離直接存在，故為一種「反思」狀態。本質之作為概念，是從這反思性而有。黑格爾把「反思」（Reflexion）光學上之意思與思惟上之意思等同起來。

---

[1]　如質與量都在關係中，但非作為關係體而言。

[2]　這時被否定之存有自身，呈現為具直接性之「假象」（Schein）。「存有」之直接性，在否定中故以「假象」之直接性呈現。而其真實一面，則是作為中介化了的（非直接的）、在自身中之「本質」形態呈現。

[3]　「本質」這一中介形態。

[4]　"Das Wesen ist der Begriff als *gesetzter* Begriff（…）"（§112）。

本質所具有反思，故與光學中反映或反射 ① 同一：即在反思中，如光學反映一樣，思惟不止於事物表面，而視表面只為現象、為呈現，更求索其內在隱藏真正之自身：「本質」。

這作為事物內在真實之本質，非對立其現象而體現，而是與之關連；換言之，唯在表現為現象時，本質始証實其為真正本質。本質與現象故不應視為對立關係。這在本質反省性中回返於自身，即「同一性」（Identität）。（§113）本質之同一性首先表現為（呈現為）與存有關連起，此時存有是作為外在者、作為非本質者而言。本質所以為本質，正由與此非本質者相關始為本質。本質故含藏否定性於自身內、含藏指向非本質者於其自身內；而這非本質者，是作為本質自身之假象呈現。然本質自身作為假象呈現，實即其自身與自身有所區別 ②。這在差異中被區別出來者，因實由自身與自身區別而致，故實為同一者，換言之，因本質為中介，故在其差異性中所區別出來的，實只是作為存有直接性呈現之同一者。因而在繼後之辯証歷程中，辯証歷程將呈現為直接性與間接性（中介性）二者間之聯結。在這樣關係中，「自身」既映現在「他者」身上，亦為「他者」所映現。因而在這階段中，「存有」呈現為一「反思存有」③ 狀態。（§114）這在映現或自身反思中之同一，與同一律中 A ＝ A 之抽象同一不同。抽象同一只是在直接性下之同一性，非在反身中之自身

---

① 由於反映，故有映像或呈現與假象。於此，「呈現」始與「本質」結合起來。

② 差異（das Unterscheiden）。

③ "…ein Sein der Reflexion…"。

與自身同一，後者如上帝或自我意識之同一那樣。這時之同一性，為揚棄了直接性後之同一，因而包含差異性於其內，如在映現中、或在反思後始出現之同一性那樣。黑格爾稱此為「與自身同一」（Identität mit sich）（§115）。當本質否定其自身或否定地自身關連於自身因而否定其自身所是時，這即「差異」（Der Unterschied）。（§116）「差異性」我們已說過，在本質之為本質或在區分出本質與現象時，已必然地在本質之自身同一中含有。本質與其在現象中之映現，故既同一亦差異。

「差異性」首先呈現為直接差異性：「差別性」（Verschiedenheit）。在差別中，各是其所是而不同於對方。這時之對方因而外在，其間差別是透過第三者之比較始達致。在這比較關係中，差別者若同一即「相同」（Gleichheit）、若不同即「不相同」（Ungleichheit）。以相同不相同言差別性是為說明其二者之差異為"外在地"直接。（§117）相同出現在不同事物間之同一處，不相同則是不同事物間之關係。無論相同抑不同，都是兩者映照在對方身上而發生。

相同與不相同往往彼此涵蘊着。在類同事物中見相同性或在不同事物中見不同性沒有甚麼不可思議，然在不同事物中見相同（異中之同）或在相同事物間見不同（同中之異）、因而突顯相同與不同兩者之涵蘊關係，這則別具真正意義。（§118）在相同與相異相互涵蘊關係中，外在差別性進展至另一狀態。在這差異性新的階段中，由於相同與相異相互涵蘊，此時差異性再非外在而是"本質"的、"在自身中"的。因唯在對立中始有本質性差異可能，故這時在自身中之差異性是說，差異非只偶然外

在，而是"內在地對立起來"。本質性差異故體現在正面性（das Positive）與反面性（das Negative）這樣關係上。在一物之自身同一中，這物與另一物之本質差異表現為此物其本質正面性同即為不是其反面性：另一者對它而言正與它如此差異；這時差異性，正以一不同於其自身之正面性而言者。換言之，差異性是正反兩面之差異性：是一即不能是另一、是此即不能是彼；各作為自身時正不是其反面；因而亦由自身之本質映照着反面者（對立面）之本質。對立面非任何一物，而是一特有之對立面，為本質所決定着。而這同於說，各自之自身亦由其對立面所決定着，是在這一正反關係中而被決定。這樣的差異關係，即「對立」（Entgegensetzung）。（§119）所謂「對立」，指的是在某物自身內包含有其反面事物。包含是說：正面者與反面者一方面各自獨立、另一方面兩者又與其對方（作為對立面）相關聯，因而包含對方於自身內。雙方各在其自身而同一，亦因對對方揚棄，故各是為己。

這相互對立或矛盾關係，在「根據」（Grund）中始得到解決。（§120）「根據」含有一物其一切同一性與差異性在內，為這樣之整體。之所以有此根據，因一物之所以為此物非單純在其同一性本質、非單純在其正面性或反面性之自身同一，而是因其已包含反面對方於其內、於反面對方中包含着自身。這包含對方本質於自身內之關係，即「根據」。所謂「根據」，即言一物之存有是在他物內，而這時他物，指的是與它同一、為其本質者。這樣的他物，即此物之「根據」。所謂根據，因而實即一物含有

他物之本質及其一切同一性與差異性於其內者 [1]。（§121）

　　從一物之根據，給出一物之「存在」（Existenz）。從上可見，本質揚棄其自身而致為根據。從更大角度言，這即本質揚棄其自身之為本質這一過程。因本質非在現象直接性下，而是在呈現中之"自身中介"，本質因而為在現象呈現背後，構成一事物其所是者。這在現象背後，即中介之間接性，非現象之直接性。從辯証歷程言，若本質對其自身揚棄，這樣揚棄必然體現為本質對自身之"作為中介"這一揚棄，因而是返回直接性之一種過程。然此時之直接性，不再可能是存有領域中之直接性，只能是一種"中介化了"之直接性，即一種由揚棄中介性而致之（中介化了的）直接性。這樣直接性，既非單純直接、又非單純間接，而是一在揚棄間接性後之直接性，而這即「存在」。「存在」無論是由本質抑由根據（揚棄自身）而致，其作為眼前直接性，已受本質或根據中介化，唯此時本質與根據，是由揚棄其自身之只為本質與根據、更進而為「存在」而言。（§122）若不從本質而只從根據這角度言，在這樣階段中之根據，是從物物間之根據 [2]、非從在其自身及為其自身這樣根據言。若是在其自身及為其自身義之根據，如此根據是作為一切事物最終目的而言；如是根據，故具確定內容，並為一切事物所由產生者。這裡所言根據不同：此在物物間之根據，只形式上、非內容上，因而

---

[1]　根據或充足理由，因而針對一事物之本質及目的終極而言，非只任何理由或偶然方面而已。

[2]　即一物以他物作為其本質。

也只從一物之"存在"、非從其本質內容言。這樣根據，故非最終目的。

　　無論從本質抑從根據所致存在，「存在」其辯証歷程均只相對「同一性」、「差異性」、「本質」、「根據」等（在純粹反思中）設置概念而有。若「同一性」、「差異性」、「本質」、「根據」等為純粹之反思確定性，那這樣確定性之反面即為「存在」。「存在」即"在自身反思"與"在他物中反思"①之直接統一。（§123）作為直接性，「存在」是全部（存在）事物不確定之總體。在其中，物物都曾被反思，換言之，非直接存有。在「存在」中，物物由其本質故與他物間接地聯係着，相互間都在「根據」與「後果」（Gründen und Begründeten）、「互相映照」、「互相依賴」、「互相相對」等關係中落實下來；此即物物在存在相對關係中之狀態：在「存在」中一切均為後果、亦為根據。

　　具體地統一「本質」（或「根據」）與「存在」者，即「物」。（§124）從哲學史發展或從一般日常觀點言，物應先行於存在與本質：本質也只物之本質、而存在也只由相對「本質」這類概念始有。然從黑格爾之處理反可清楚看到，在精神之辯証歷程中，現實具體事物反而後於抽象哲學概念。如在這裡先有「本質」與「存在」等概念，始有「物」。非由物而至本質，而是由本質而始有物。同樣，非先由有物始有所謂存在，而是由有存在始有「物」概念。這是說，在「存在者」與「物」兩概念間，「物」作為概念多於「存在者」。同樣，「物」概念意思所含較「本質」為多。所

————————————————

① 本質與根據。

多正為：在存在中物，較非在存在中之本質多出偶性。本質事物固然在對方內互相映照、互相依賴、互為根據與後果，然在這樣世界中，本質仍只具有本質，未有偶性。在本質外更擁有偶性者，即「物」。從具有偶性言，物始為具體"物自身"；即除本質外，更由特殊偶性而為一特殊自身之物。如是，「物」不但意思與內容上多於「本質」，它更多於「存在者」一概念。後者只言存在而已，未有言自身、未有在存在中之具體特殊性、仍未把存有內容轉化為在存在中可擁有特性（Eigenschaften）。

「物」是總體、是根據[1]與存在確定性之總體；然其為總體，又是作為一（物）體（in Einem）言[2]。也因為物"體"，故其所有確定性，為其所擁有。確定性因而為物所擁有、為環繞物而有。其中關係為「擁有」。（§125）物故為擁有性（Haben）之本。非由有物故有擁有，而是：由有「擁有」這一關係故有物。物更先是"擁有關係"之體現，由是故始有對物擁有之可能。「擁有」於此取代「存有」。（§125）

物所擁有"特性"，如物之存在那樣，也各自同一而獨立，甚至可脫離與物之聯屬。雖然如此，這些特性作為物之特性，其本身並非物，而是附屬在物之具體性上。物如是確定性，即「質料」（Materien）（§126）。作為附屬在物身上獨立之質料（確定性），它們構成物之「此在」，為物其持存性（das Bestehen）所

---

[1] 本質。
[2] 物因而是一確定的、具體的物："ein bestimmtes und konkretes Ding"（§125）。

在。物透過質料反見其自身，其存在因而非從自身、而是從質料之存在言。從這角度言，物反變得為只是質料之外在聯結，把不同質料表面地聯繫起來者。（§127）因不同質料可結合為一質料，它們間無分別性，其存在同一，故質料作為質料各在其自身時，彼此間相同，其差異因而外在。使質料有所差異者，故為「形式」（Form）。「形式」為在存在中聯結質料、為質料外在關係、因而構成其差異之確定性者。如同質料一樣，形式亦為存在性、為一「總體」（Totalität）。（§128）質料與形式因而構成物之兩面。這兩面各自獨立、亦為總體，為構成物其全部者。質料作為物之總體包含形式於其內；同樣，形式作為總體亦包含質料於其內[1]。從這點言，形式與質料關係在一起，二者亦差異。（§129）物這既為形式總體、又為質料總體，本身故是一種矛盾，如物本只由獨立質料構成，然質料又只是形式之質料，故矛盾。從這一形式與質料關係可見，物作為在存在中之本質，故是自身揚棄。這在存在中本質之自身揚棄，即「現象」（Erscheinung）。（§130）「本質必須*呈現*。」[2] 這裡所謂「呈現」，非指存在中之持存而已，而是連存在都必須轉化為一"現象義"之存在。

若康德為哲學史中重立現象之哲學家，那黑格爾繼之而對現象更有所肯定：所謂「現象」，非言在其背後有所謂本質[3]存

---

[1]　此形式為質料確定性之意思。

[2]　"Das Wesen muß *erscheinen*."（§131）。

[3]　或物自身（康德）。黑格爾以為康德現象背後仍有物自身，這對康德之理

在,若如此,現象仍只次等而無真理性。黑格爾與康德有關現象之看法實一致:現象背後非再有物自身或本質、現象非從背後物自身或本質言為現象。如對黑格爾,現象本身"直就是"本質之"呈現";這時呈現為本質對自身"在其自身狀態"之揚棄,因而以一直接性狀態呈現。而這有兩方面:於本質之作為「在自身之映現」(Reflexion-in-sich)時,其揚棄自身而轉化為直接性即質料之持存;於其為「在他者中之映現」(Reflexion-in-Anderes)時,其所有自身揚棄則為對持存之揚棄,即形式[①]。我們可簡單重述如下:在本質自身揚棄而為質料與形式這過程中,本質再非存有、再非定在狀態,而是一在發展中者;這在發展中之呈現,即「現象」。作為現象,此時本質只在呈現中,非在(現象)背後。這在呈現或現象中之本質,即質料與形式。現象作為在存在中之本質,故非只物物存在,而是本質呈現時之存在。從這意義言,現象其義高於單純存在,亦為真理性而非假象性。(§131)[②]

　　在現象中事物之呈現方式,為對持存者(質料)之揚棄;這

解仍不正確。

① 上面說過,形式為質料之反面、為質料之確定性。質料由無差異性至在形式確定性中產生差異,這是質料(自身持存者)對自身之揚棄。

② 黑格爾這現象之意思,是回復至柏拉圖或先蘇哲學前、古希臘對「現象」作為「本質之呈現」這原初意思。像柏拉圖從摹倣關係理解現象,始使現象為不真實。黑格爾從"本質之呈現"言現象,故為對現象真理性之重立。康德雖確立現象之真確性,然仍非從古希臘「呈現」之意思言;現象之真確性只經驗知識、非形上義地真。康德雖從美學力求對等形上義之現象,但始終未如黑格爾,能直接視現象為"本質"之呈現,絲毫再無假象意思。

被揚棄之持存者（質料），成為形式之環節：形式視質料為其確定性之一。質料之以形式為本質、及這作為質料本質之形式，構成現象之無限進程：持存者之被揚棄因而可視為形式（不持存者）本身之進程。因形式實質料之聯結，故朝向形式之進程，可視為形式之"統一"過程。如是現象之無限進程，故為一"整體"；現象因而為「現象界」（Welt der Erscheinung）、為一有限而整體的本質性反思世界。（§132）

形式本非持存者[1]，然當現象進程被視為朝向形式邁進、而形式又為現象整體，形式因而可視為現象之本質性持存。這樣形式，即「內涵」（現象界內涵 Inhalt）。從現象為發展言，這作為現象全部內涵之形式，即為現象之「法則」（Gesetz）。但從形式非為持存者這方面言[2]，形式又只現象之否定，即現象進程動力之否定性。此時形式，相對內涵言為外在而變化不定。形式故或就是內涵、或是在內涵外、與內涵無關之形式（現象動力）。從本質言，形式即內涵、內涵即形式。然從現象外在性觀時，形式與內涵分離而為外在偶然、與內涵似無關。（§133）形式這兩面：與內涵本質一致、又與內涵似無關（外在形式），其結合（統一）即「關係」（Das Verhältnis）。形式這對現象內涵言既本質又外在，其外在性故可視為現象之本質樣態[3]。又因內涵（持存者）為現象世界整體，故現象世界體現為一關係世界：即現象

---

① 質料始是。
② 即作為質料之外在形式確定性這方面言。
③ 現象此時從呈現、非從作為整體言。

內涵（作為整體）與外在形式（作為現象之部份）這一種關係。
（§134）內涵於此為整體，而形式（外在形式）則為整體之部份。
內涵由其部份而持存。

　　現象呈現為「整體」與「部份」這一關係，即內涵包含種種
形式於內這樣關係。此時，形式既作為其部份、亦作為其對立
面；同樣，整體亦為部份之對立面；部份相互間則獨立及差異。
（§135）整體與部份間實有着一種辯証關係：整體首先為部份
之整體，部份亦整體之部份。然從另一角度言，如一有機體非
只其肢體之總集，整體因而非只部份之總集，整體多於其部份。
除非我們說，整體只其部份構成之整體，否則整體無以等同其
部份。然當整體不直接等同其部份時，部份同樣也不等同整體。
如是而部份實在整體外，非單純為整體之部份。整體與部份這
兩種相反關係，其辯証統一因而在：整體對不作為其部份之部
份主動地涵攝於內，換一說法，整體於涵攝這些外於其自身之
部份時外化其自身。黑格爾形容這一外化為「整體拒斥其自身」
這一否定關係；也由這自身拒斥自身，故把在他者中之映現引
回自身中。這樣過程，黑格爾稱為「力」及其外化過程（die Kraft
und ihre Äußerung）。（§136）

　　「力量」即這樣外化過程：力量之外化揚棄雙方差異而返回
自身。力量使在其外者與自身同一；因而作為關係言，力所揭
示關係，即「內與外」（das Innere und das Äußere）。（§137）「內
與外」構成現象之兩面：內作為形式，為在自身中映現之空洞形
式；外作為形式，為在他者中映現時之存在。兩者實具有同一
內涵：內與外只同一內涵之兩面而已。在力統一下，內與外構

成同一整體，統一使兩者為內涵本身；內之內涵與外之內涵一致而同樣：內怎樣外亦怎樣，反之亦然。（§138）故從最廣層面言，現象（外）所呈現者即本質（內），本質（內）所是者即在現象（外）中呈現。本質與現象、內與外因而同一。（§139）若"從內涵"言，內與外為同一，那單純從形式言，內與外仍然對立。此時，內即自身同一這抽象狀態，而外即單純雜多或現實性之抽象狀態。（§140）內與外這同一與差異，其統一即「現實性」（Wirklichkeit），即：形式上不同之內與外，在內涵中達致同一，換言之，內實現在外而為"現實地"真實。[1] 從辯証關係言，力之外化使內設置自身在存在中，因而達致內與外之同一。內之揚棄自身而轉向外、及外之等同內，即「現實性」。（§141）「現實性」故為本質與存在、內與外之統一。這統一是作為直接性而呈現：現實事物同即本質性事物；其作為現實時，只"本質"事物（內）直接"存在"於外而已。（§142）

在§142之「說明」中，黑格爾對之前全部階段作了一總結性結論。黑格爾把之前辯証階段分為三：存有階段、存在階段、及此現實階段。三階段均從直接性向度言：存有是未經反思之直接性[2]；存在則是在反思下之存有狀態，存有與反思之統一[3]；而這統一於現實中則為設置狀態[4]。在存有階段中，事物轉化為

---

[1] 現實性因而為內與外之最高統一。

[2] 即質、量、尺度等事物。

[3] 如本質、同一性、差異性、根據等反思性事物。

[4] 這是說，在現實一階段中，過去一切範疇只作為在現實中之"設置"，而「設置」此時所指只為思想理路【思想二元對立性所形成之必然理路】之一

其對方、轉化為另一事物。在存在階段中，事物即作為現象呈現；此時，事物再非直接轉化為其對方，而是由根據回到根據這樣過程[①]。而在現實階段中，因事物已轉化為關係，故再無轉化於其對方而消逝、或由根據回歸根據這樣狀態可能[②]，而是自身與自身之一種關係狀態；這時關係，為自身與自身之表現、外在性為內在力量（Energie）之表現。在現實階段中，連「此在」亦為自身之呈現，非他物呈現；就連本質都作為直接存在事物而體現，而為具體。（§143）其中確定性，由於為力"設置性"之呈現與發展，故均作為假象而被確定下來。[③]

首先是，作為自身映現之「同一性」（本質），其在現實性中則體現為「可能性」（Möglichkeit）。可能性基本上仍從本質言，唯在現實中，作為對立現實之具體性，可能性呈現為抽象與非本質之本質性。可能性因而實對等以往範疇中之「內」；差別唯在：在現實中，「內」被設置為「外在的內」而已；如此「外在的內」，即「可能性」。其所以抽象，因如「一切不自相矛盾都是可能的」一原則所示，可能性沒有涉及任何具體內容，故為抽象。（§143）相對如此可能性，現實中事物只呈現為如可能性一樣，非本質事物。從對應及對等可能性言，事物均為「偶然性」

種虛擬、只為力之呈現與外化，非如後來概念階段（邏輯學第三階段）般真實，亦非本然真實存在，故全為"設置地"假象性。

① 如由本質至現象，現象回歸本質。

② 力及其外化過程並非根據回歸根據這樣歷程。

③ 在現實階段出現之事物，全是之前階段出現過之事物。差別唯在：在現實階段中，一切都從現實具體性角度觀而已。

（Zufälligkeit）。偶然性實即可能性而已，前者從現實（實現）之「外」、後者從未實現時之「內」言。又：偶然性之為偶然，往往取決於他物，由他物存在決定其自身是否存在。（§144）可能性與偶然性兩者嚴格言，只屬現實事物之外在性，非現實事物之本質必然性。可能性與偶然性亦只從現實事物之內涵言而已，可能性特別從如此內涵之是否存在言，而偶然性則從存在之偶然性言，兩者都只現實內涵之片面形式。（§145）因偶然性只另一事物之可能性、可能性只另一事物之偶然性[①]，故可能性與偶然性均為外在。因兩者都從現實事物之存在言，故偶然性與可能性又同為一事物（另一事物）其存在之「條件」（Bedingung）。（§146）事物如是各互為條件。若從條件連鎖關係整體言，此即條件連鎖之圓圈（Kreis）。從相互條件之"整體性"言，可能性即「實在的可能性」（die reale Möglichkeit）。從實在可能性所構成連鎖關係言，現實內涵之整體呈現為一必然整體，即「事情」（Sache）[②]相繼發生時「事實化」[③]（Tätigkeit）整體所形成之現實必然性[④]。這在發展中之現實、在一切內與外、及條件與假設之全部統一下所達致之現實，即「必然性」（Notwendigkeit）。（§147）

　　在§148節中，黑格爾總括必然性之三個環節為：條件、事情、及事實化（過程）三者。「條件」相對於事情言，為外在

---

① 或一事物之另一偶然性。

② 「事情」或「事物」。我們隨文義選擇其翻譯。

③ 事實化過程。

④ 在一切條件均已具備這情況下，事情必然發生；這樣發生之必然性，即「事實性」。

偶然；但作為事情之質料言，即為事情之內涵；因而條件實已含有全部內涵於其自身身上。「事情」由於條件而得到其外在存在、得到其內涵確定性之實現。從這點言，事情以條件為依據、並從條件而產生。至於「事實化」過程，其所以可能則由於條件與事情：事實化過程即把條件轉化為事情這一過程，亦即給予事情其存在之一種過程。三者所構成之獨立存在，雖從整體言為必然，但畢竟只（事情）整體之必然性，故只能說是外在地必然而已；從整體言之（外在）必然性，構成事情限制所在。（§148）

（事情）整體之必然性，是整一並與自身同一之必然性，因而為一充滿內涵之本質。其中差異性因只為獨立現實者之差異性，故整一同一者呈現為對這些差異性揚棄時之絕對事實化過程。在這過程中，直接者被揚棄而為間接者、間接者亦被揚棄而為直接者。必然化過程為一自身涵接過程：必然化過程既基於條件偶然性與事情及事實化等根據形成，又從條件至事情之必然過程中，事情如返回其自身一樣，條件再非其條件，而顯得如"無條件"。在這自身回返於自身過程中，必然性成為一「無條件之現實性」。這「無條件性」表現為：必然性之所以是如此，因一切（事情之）情況均如此：它是如此，因它就是如此。必然性之無條件性在此。（§149）

從自身返回自身這一角度言，必然性呈現為一絕對關係。在這自身關係中，過程揚棄自身而為一絕對同一性。這絕對同一性，即「實體」（Substanz）。「實體」既否定單純內在性一形式，因而設置自身為現實，但同時，實體亦否定這單純外在性，

因而把單純現實之外在性視為「偶性」（Akzidentalität）。因偶性相互過渡，故在過渡中之實體同一性，即「形式之（事）實化過程」（Formtätigkeit）[1]（§150）。「實體」既是偶然事物之總體、亦是這些偶然事物之否定，實體因而即一絕對力量、一涵攝一切內涵之總體[2]。「實體性」即形式之絕對（事）實化過程（absolute Formtätigkeit）；作為實化過程，亦一「必然性力量」（die Macht der Notwendigkeit），一切內涵只其環節。這一過程，故為形式與內涵之相互轉化。（§151）作為自身關係於自身之力量，實體即一在現實中之關係。

正如必然性第一種形式為實體，必然性第二種形式即為「因果關係」（Kausalitätsverhältnis）（§152）：實體作為對反其過渡於偶性言，是一「源始事物」（ursprüngliche Sache），即一獨立地源起事物——「原因」（Ursache）[3]。但作為自身揚棄而轉向其反面之現實性時，原因產生「效果」（Wirkung）（另一現實性）。效果因這樣過程而亦必然。因在效果中，原因之源始性已被揚棄，故原因與效果各顯得有限而獨立，原因由此也可視為效果，更有求其原因（另一原因）之可能。如此由「果」至「因」變為一無窮過程。同樣，「果」因與「因」同一，故「果」亦可為「因」；由「果」作為「因」（而有其「果」）之前進過程，亦同樣無窮。（§153）

---

[1] 從形式與內容這組概念言時，實體屬形式一面，猶如內外時之內即本質。因其為在現實中言之存有，故為形式之（事）實化過程。

[2] 有關力這界定，見前 §136。

[3] 原事物。

　　原因與效果之獨立性，使效果亦可為一實體而存在，一在其身上產生效果之實體。作為效果「被動」（passiv），但作為實體則「主動」（aktiv）。這在被動中之主動，即「反應」（Reaktion），為對第一個實體（原因）其活動（Aktivität）之揚棄。第一個實體也同樣作出反應，對另一實體其活動有所揚棄，因果關係因而過渡為「交互作用」（Wechselwirkung）。（§154）由交互作用，因與果同是主動亦被動；源始性、與因與果之相互設置性①因而等同為一。作為兩個原因、或作為原因與效果之區別，從概念言因而是空的。作為在其自身言，因即是果，既在果中揚棄自身之實體性、亦在果中使自身（果）成為獨立原因。（§155）因與果在自身中之統一性，故"為己"。因整個交互作用均由原因自身設置，這樣設置故是原因本身之存有。原因與效果間之無區別性，故再非只概念上或在其自身中，而是在交互作用中、相互對對方設置之揚棄。因源始性被設置為有效果，源始性因而也被揚棄；並且，原因之主動行動，也只變為反應作用。（§156）

　　至此，由本質發展出來之必然性、那在現實中內與外、條件與假設全部統一下所達致之必然性，在交互作用轉化為自身與自身純粹交替關係時，轉化為真正必然性。構成必然性內與外之兩方面，再非外在對立，而是自身與自身關係所產生者。換言之，這時之必然性是內在地、自由地必然的。內在地是說，這時必然性是獨立的。一切必然性，都在這獨立性下設置起來，

---

① 即果為因、因亦為果之設置。作為"設置"，二者都是從概念之現實虛構性言。

而實體從此就直接是這設置，即透過因果性及交互作用所達致之獨立設置；此獨立性為一無限自身與自身之"否定關係"。在這否定關係中，自身與自身差異化或中介化轉化為現實事物相互彼此間之獨立源始性。（§157）這樣必然性，即「自由」（Freiheit）；而這時實體，為「概念」（Begriff）。在自由或概念之獨立性中，自身與自身之排斥演變為獨立有所區別事物，其自身始終在自身內與自身交替而已。「自由」與「必然性」於此同一。（§158）

從整體環節言，存有階段之外在直接性、與本質階段設置之現實性[1]，在概念階段中，轉化為獨立的、在自身內之映現。這即「概念」。在概念之思中，必然性得到解消：「概念」並非逃到抽象性內，而是透過必然性之力量，使現實事物相互聯結起來，並把這一切視為概念自身之存有、為概念自身所設置。從作為"為己存在者"言，概念即「我」（Ich）；就其發展為整體言，概念即「自由精神」（freier Geist）；從其感受言，即「愛」（Liebe）；而從其作為享樂言，即「至福」（Seligkeit）。（§159）

---

[1] 本質階段為現實階段之"設置狀態"，見前 §142 之說明。

形上史論

修訂版　下部

譚家哲

責任編輯	胡瑞倩
裝幀設計	麥梓淇
排　版	肖　霞
印　務	龍寶祺

形上史論　修訂版（下部）

作　　者	譚家哲
出　　版	商務印書館（香港）有限公司
	香港筲箕灣耀興道三號東滙廣場八樓
	http://www.commercialpress.com.hk
發　　行	香港聯合書刊物流有限公司
	香港新界荃灣德士古道 220-248 號荃灣工業中心 16 樓
印　　刷	中華商務彩色印刷有限公司
	香港新界大埔汀麗路 36 號中華商務印刷大廈
版　　次	2023 年 11 月第 1 版第 1 次印刷
	© 2023 商務印書館（香港）有限公司
	ISBN 978 962 07 4689 5
	Printed in Hong Kong

版權所有　不得翻印

目次

形上史論 下部

本論

第十章　馬克思形上學研究

　　馬克思思想於形上學甚至於思想史至為重要，亦習哲學者首先必讀之書。撇開其對政治經濟學或資本主義之分析不言，由馬克思，形上學或真理探索首次完全轉移於現實世界，再不能單純以思辨建構為是。此外，超越性於西方均以純粹思辨建造：存有、神、理形實體、主體「我思」、絕對精神。然超越體非僅思想對象，更可落實於現實中而為真實事物，如資本、法制、國家；對如此確實之超越體，其構成機制與產生，於人類歷史中，獨馬克思一人能給出答案，教人見超越體如何形成、其假象為何。純從這點言，馬克思思想功不可沒而偉大。若超越體為人類至大誤向，能揭示其具體運作與形成，除馬克思外，再無第二人。（見下面「物之假象性：商品與資本之拜物教」一節分析）。

思想之假象性：思想形態

　　從黑格爾討論可看到，哲學最高理想：主客體或種種可能

對立之統一，縱使只透過概念與概念間理念性統一達致，但仍算已全面達致。黑格爾雖非在事物層面而只在事物概念層面進行統一，但畢竟已統一一切。黑格爾可說是為了哲學真理理想而放棄全部現實真實，縱然明顯在思惟之假象性下、縱然已知思惟為假象，但仍維護這樣假象，故在理解與辯証階段之上，更立一思辨之真理階段，以思辨之統一統一一切。面對黑格爾思惟這樣假象性、面對這透過黑格爾而見思惟本身之假象性，應怎樣反應？

對黑格爾哲學突破，可從三方面切入：一為從思惟本身假象性問題、二為從人之問題、三為從現實事物真實性（物之真實）一問題。費爾巴哈及青年黑格爾派先行於馬克思從人之問題對立黑格爾之絕對精神，這確實構成馬克思之前提，因就算我們當代對立黑格爾及哲學思惟之假象性，仍不會如馬克思時代那樣，從人角度着手。故我們可這樣說，從人之問題切入，這是馬克思時代的切入點，尼采與佛洛伊德在這點上與馬克思共同。而從思惟假象性一問題切入，這是一切對立黑格爾之哲學家之共同切入點，至今仍然。而從物問題切入，這則純然是馬克思個人之切入點，既非馬克思同代、亦非我們當代。故第一種切入法（思惟本身假象性問題）為黑格爾後哲學之共同切入法，第二種切入法（人之問題）為馬克思同時代之切入法，唯獨第三種（現實事物問題），則屬馬克思個人之切入法。人這在馬克思時代之問題，在馬克思思想中漸漸淡化為背景。非馬克思不再重視人，而只是，其理論不再以對人之特定分析為對象而已。構成馬克思思想之核心，因而一為思惟之假象性問題、另一即為

物之問題，前者是一有關黑格爾之普遍問題，後者則為馬克思個人思想之問題。

　　黑格爾雖已表面達致前所未有之整體或總體[1]，細想實不然。我們頂多也只能說，黑格爾所達致總體，只西方哲學概念之總體。黑格爾所以能總體地面對一切概念，是因西方思想本身乃二元地形成。思惟之二元性雖對我們今日言為思惟難於擺脫、並不得已之假象，但對黑格爾及馬克思言，假象問題非發生於此。正反兩階段本身就算對黑格爾言非真理，然二者始終必然及必要。一由於西方思惟事實如此，二因正反辯証階段為思辨統一真理所必需；從這必需言，雖其各自自身非真理，然從整體最終言仍為真理性。而對馬克思言，黑格爾思辨統一階段雖虛假，然正反之二元性非虛妄。甚至，馬克思仍因而肯定辯証法，非從正反合，而是從正反兩辯証階段。正因馬克思只以「合」一思辨階段為假象[2]，故當他批判黑格爾及哲學思想之假象性時，只能針對思想之視自身為真理、並以為能獨立於現實生活外掌握全部真理這一點言[3]。思惟作為精神及概念時之獨立性、思惟這樣假象性，其反面現實生活或物質生活，因而對馬克思言為唯一真實。思惟與現實生活這二分，在馬克思中只反倒過來而已，始終仍是二分的。類似這樣頭足倒置比喻，在馬克思文字中處

---

[1]　「真理就是**整體**」"…das Wahre（…）als *Totalität* ist…"（§14）

[2]　非從思惟二元性言假象。

[3]　辯証法「合」一階段所標舉的，正是思惟在存在二元性外所獨見真理。此思惟在現實存在外獨有真理性，亦黑格爾稱為「思辨」階段之原因。

處可見。對馬克思言，思想中辯証只現實中辯証之反映；思惟與現實生活始終仍為對立着的二分世界。

如是，馬克思如何批判思想？或更正確地說，馬克思能如何批判思想？問題實非那麼簡單。原因在於，無論我們最終以甚麼為最真實，真理最終仍必須透過思想始能肯定。若人類無法站在思想外反觀思想是否真實，那馬克思怎可能批判思惟？以往哲學批判其他思想時，只批判思想之某種形態或誤用，非批判思想本身。然在黑格爾後，哲學對思想進行批判時，再非批判思想之某種形態，而是批判思想本身。這樣批判如何能真？縱使馬克思在〈關於費爾巴哈提綱〉中說：「哲學家們只用不同方式解釋世界，然問題在於改變世界」，但始終，馬克思仍只能說，一切假象與錯誤只能「在人的實踐中以及對這實踐之理解中（in dem Begreifen dieser Praxis）得到合理的（或理性的 rationelle）解決」[①]。真理仍必須透過理解、甚至透過理性，馬克思也無法例外。問題仍然是，馬克思怎能批判思想及其假象性？馬克思這樣困難，一方面由於他是這樣批判之先驅[②]，另一方面，更由於他以物質現實生活為唯一真實，因而已把自身完全排除在思惟及其真理性外，如是格外顯得矛盾。對思想本身進行批判，無論哪一立場都本然困難；馬克思站在物立場，反倒過來否認思惟，只顯得更矛盾而已；馬克思是不應盲目地在理論思惟外以實踐

---

① 　〈關於費爾巴哈提綱〉。
② 　盧梭只批判人類文明歷史事實，非批判思想本身。批判思想本身、並視之為假象，這確始於馬克思。

為唯一真實並藉此批判思想本身的。馬克思所能，故只為証明思想為假象，或，所謂真理性思想，本身亦一假象性事實。而此非在証明思辨真理非為真理（而有其錯誤），而是証明：縱然是真理，仍實只一種假象。

讓我們從馬克思觀點說明這點：對馬克思言，真實發生並具有真理性的，是現實物質生活。若人類在這樣現實中有所虛假，無論是人類勞動異化抑資本主義剝削，甚至更大的，由生產力與生產關係矛盾所形成在存在上之虛假性，這一切（存在上之）虛假性，其唯一改變方法，只能透過實踐（革命實踐）、不能靠任何其他途徑達致，特別不能靠思想之改變或變革達致。現實本身之真理性，是不能透過思想之真理性達致。若重讀〈關於費爾巴哈提綱二〉①，我們可清楚看到，馬克思所以可無視思惟在真理性中本有特殊地位，並單純從實踐建立真理，原因在於：真理對馬克思言，即「現實中力量」，那在現實中具有改造性之力量。真與偽，都只從現實中真實性見。唯物論因而非以理論對立理論，而更根本地，以一種真理對立另一真理、以現實真

---

① 「人之思維是否具有客觀真理性，這並非一理論問題，而是一*實踐*問題。人應該在實踐中證明自己思維之真理性，亦即自己思維之現實性、力量、和自己思維之此岸性。關於離開實踐的思惟之現實性與不現實這一爭論，是一個純粹*經院哲學*之問題。」("Die Frage, ob dem menschlichen Denken gegenständliche Wahrheit zukomme - ist keine Frage der Theorie, sondern eine *praktische* Frage. In der Praxis muß der Mensch die Wahrheit, i.e. Wirklichkeit und Macht, Diesseitigkeit seines Denkens beweisen. Der Streit über die Wirklichkeit oder Nichtwirklichkeit des Denkens - das von der Praxis isoliert ist - ist eine rein *scholastische* Frage.")

實對立思惟之真理性。[①] 然對思惟而言，現實所構成的，也只事實而已，真與否非因其為現實而真，甚至，真理正由於現實非是而真，故往往與現實背道而馳。對這樣的思惟真理，像馬克思所言現實真理，由於否定了人類思想與心靈之真理性訴求，因而更非真實。馬克思立場能成立，除非我們有方法說明思惟其真理性為假象，否則是無以能單純肯定現實之真理性的。

我們都知道，馬克思從早期便已知曉並從事思惟之假象性問題。這問題與政治經濟學研究，貫穿馬克思全部思想。馬克思之唯物論[②]，我們這裡不打算重複。[③] 對下層政治經濟學分析，

---

① 馬克思因而迫个得已有其形上學：以為資本主義現實必自行瓦解，真理（共產社會）由現實本身自行實現，與思惟理論無關。

② 馬克思只用「唯物論」一詞，沒有用「辯証唯物論」這樣名稱。

③ 馬克思之唯物論，在 1859 年《政治經濟學批判・序言》中最為簡明扼要地總結了。其文如下：「法的關係正像國家的形式一樣，既不能從它們本身來理解，也不能從所謂人類精神的一般發展來理解，相反，它們根源於物質的生活關係，這種物質的生活關係的總和，黑格爾按照十八世紀的英國人和法國人的先例，稱之為"市民社會"，而對市民社會的解剖應該到政治經濟學中去尋找。（…）人們在自己生活的社會生產中發生一定的、必然的、不以他們的意志為轉移的關係，即同他們的物質生產力的一定發展階段相適合的生產關係。這些生產關係的總和構成社會的經濟結構，即有法律的和政治的上層建築豎立其上並有一定的社會意識形式與之相適應的現實基礎。物質生活的生產方式制約著整個社會生活、政治生活和精神生活的過程。不是人們的意識決定人們的存在，相反，是人們的社會存在決定人們的意識。社會的物質生產力發展到一定階段，便同它們一直在其中活動的現存生產關係或財產關係（這只是生產關係的法律用語）發生矛盾。於是這些關係便由生產力的發展形式變成生產力的桎梏。那時社會革命的時代就到來了。隨著經濟基礎的變更，全部龐大的上層建築也或慢或快

與對上層思想假象之分析，實一體兩面。若思想本身為假象性，這當然不再能單純從思想本身，而更須從政治經濟學或物質生活說明；然這樣作時，思惟實踐與物質生活這形上學二分始終仍存在。[1] 不只馬克思唯物論存在着這形上學二分，就連黑格爾之辯証對立，都為馬克思所採用作為思惟方法。如「異化」（Entfremdung）一概念便是：「異化」雖只用在人或人類身上，但

地發生變革。在考察這些變革時，必須時刻把下面兩者區分開來：一種是生產的經濟條件方面所發生的物質的、可以用自然科學的精確性指明的變革，一種是人們藉以意識到這個衝突並力求把它克服的那些法律的、政治的、宗教的、藝術的或哲學的，簡言之，思想形態的形式。我們判斷一個人不能以他對自己的看法為根據，同樣，我們判斷這樣一個變革時代也不能以它的意識為根據；相反，這個意識必須從物質生活的矛盾中，從社會生產力和生產關係之間的現存衝突中去解釋。無論哪一種社會形態，在它們所能容納的全部生產力發揮出來以前，是絕不會滅亡的；而新的更高的生產關係，在它存在的物質條件在舊社會的胚胎裡成熟以前，是決不會出現的。所以人類始終只提出自己能夠解決的任務，因為只要仔細考察就可以發現，任務本身，只有在解決它的物質條件已經存在或者至少是在形成過程中的時候，才會發生。大體說來，亞細亞的、古代的、封建的和現代資產階級的生產方式可以看做是社會經濟形態演進的幾個時代。資產階級的生產關係是社會生產過程的最後一個對抗形式，這裡所說的對抗，不是指個人的對抗，而是指從個人的社會生活條件中生長出來的對抗；但是，在資產階級社會的胚胎裡發展的生產力，同時又創造著解決這種對抗的物質條件。因此，人類社會的史前時期就以這種社會形態而告終。」

[1] 我們並非因此而說，馬克思唯物論因此不成立。馬克思之唯物論觀，從經濟生產這物質生活基礎所構成的一種世界觀或人類存在觀法，本身確是一完整的思想。由這一現實基礎而見國家機器、法律、甚至思想與宗教等等之錯誤，這都可以。唯必須注意，這時對思想之批判，仍只發生於一理論立場而已、仍只某一理論立場之看法，非對思想本身假象性之"証明"。

這明顯仍是黑格爾辯証法中外化或異化一階段。因而馬克思早期人道主義，至連政治經濟學研究，明顯仍基於或摹擬黑格爾辯証思惟進行。

縱使如此，馬克思確實以批判「思惟假象性」為其任務。思想之假象性，在《資本論》出現前，馬克思稱為「思想形態」[①]。若我們從《政治經濟學批判‧序言》中稍作歸納，「思想形態」一概念可有以下三點說明：

1. 思想形態包括「法律的、政治的、宗教的、藝術的或哲學的」這種種形態與層面。

2. 思想形態不能透過自身解釋，也不能透過人類精神解釋。其解釋只能透過物質生活始達致。從這點言，思想形態是社會經濟結構之上層建築。這些上層建築構成社會意識。而物質生活之生產方式制約及決定着這些政治的及知性的思想形態。因而非人之意識決定着存在，而是人們之社會存在決定着他們的意識。

3. 在上層思想形態中之一切變革，只能根源於生產力之變革始產生及可能。思想形態上之變革，是人們對生產力與生產關係矛盾之一種意識。對這思想形態其變革之解釋（erklären），故也只能透過生產力與生產關係之矛盾解釋，不能從這意識本身解釋。

---

① 馬克思 "Ideologie" 一詞，我們認為應譯作「思想形態」。原因見下。因而 *Die Deutsche Ideologie* 一書，我們亦譯為《德意志思想形態》。

　　從以上三點說明可看到，思想形態所以虛假，其原因在於：它們雖反映物質生活，但實掩蓋了在物質生活中所出現之矛盾，即掩蓋了生產力與生產關係兩者間之矛盾。若生產力變革是發展上之必然結果，與之對立之生產關係，即為此思想形態（特別是法律）所表象者，因而思想形態實掩蓋了生產力所有之衝激與革新需求，而從這點言，思想形態為虛假。

　　思想形態作為對現實情況之虛假化，嚴格言，只結論：這樣說明只指出思想形態其虛假所在，但沒有說明為何思想必然如此，及這思惟之虛假性怎樣產生。故問題仍在：意識怎樣變為虛假？意識不更應是真理獨立之場域嗎？為何反而會變為虛假？馬克思對這問題之說明，最為完整與清楚應在 1845-46 年《德意志思想形態》一書。

　　在《德意志思想形態》中，所謂思想形態，指的是人們對其自身、對其所是、及對其所應是等等之錯誤觀念或想法。如人通常由他們自身所構成有關神之表象、或有關人之典範等，組織其相互間關係；結果是，這些頭腦裡之純創造，制約及制服人類自身。人如同在其自身創造物前降為受造物一樣。這一有關思想形態之看法，非源自馬克思。在黑格爾後之青年黑格爾派，如費爾巴哈，早已提出類似觀點。青年黑格爾派認為，人們的宗教思想決定着人類其他主要思想，如形上學、政治、法律、道德等，因而把政治的人、守法或道德的人，均視為宗教的人；簡言之，把人本身直接等同宗教的人。青年黑格爾派故對這樣思想假象作批判，以為只需一旦改變這思想上之假象，人們的

現實生活便得以改變。①

　　馬克思與這些青年黑格爾派差異明顯。雖同樣視這些思想想法為假象，但這樣假象對馬克思言，非來自思想本身，而來自物質生活，其改變因而只能從物質生活之改變達致，非能從純然思想或意識之改變而改變。因而對馬克思言，思想形態除是思想假象性外，更多出一意思，而這是根本性的：所謂思想形態，非唯指思想想法上之錯誤與假象，而是那以為思想與意識本身為一切之本、以為思想與意識決定一切、以為真理與存在仍由思想或意識所決定，換言之，思想或意識以為自身是一切真理性基礎，這才構成思想形態，非單純是思想與意識上之錯誤。這對思想與存在在定位上顛倒之錯誤、這思想對其自身真理性所構成之假象，始是思想形態更根本意思。在〈關於費爾巴哈提綱四〉中，馬克思有關費爾巴哈所犯錯誤便曾指出說：「費爾巴哈是從宗教上的自我異化，從世界被二重化為一宗教的和一世俗的世界這一事實出發的。他致力於把宗教世界歸結於他的世俗基礎。但世俗的基礎使自身和自身分離，並自身作為一獨立王國在雲霄中固定下來②，這一事實，只能用這個世俗基礎的自我分裂和自我矛盾來解釋。這自身因而必須從其在其自身及從其矛盾中理解，並作為實踐性地革命化。因此，例如，自從在世

---

①　假若我們把思想形態及其錯誤視為人頭腦自身創造出來觀念之虛假性，這樣錯誤，是歷來哲學所批判的，非獨馬克思或青年黑格爾派始有。哲學正正是從批判人類思想上之錯誤始誕生。故這樣解說思想形態明顯不足夠。
②　這「在雲霄中固定下來」的獨立王國，指宗教世界。

俗家庭中發現了神聖家族的秘密之後，世俗家庭本身就應當在理論上及在實踐中被否定。」換言之，思惟世界或宗教世界之假象性，非只由於其內容虛假，而是由於其以為自身為獨立的、獨立地代表真理的。

然問題是，若思想之假象性在思想以為自身為真實或獨立真理之源，思想這假象性怎樣產生？在上述引文中，馬克思用「世俗的基礎使自身和自身分離」這方式解釋；然更具體時，這怎樣發生？

分離問題在《德意志思想形態》中是透過「分工」解釋。馬克思分析如下：從現實生活角度言，人類存在首先由生產生活所需而始，這是人類歷史第一創舉。隨着需要之滿足，人更進而創造需要，非只求為需要之滿足。在兩者後，人更由生產繁殖形成社會。在社會協作關係中，人類形成特定生產方式。協作關係本身也可視為一種生產力，以致人類物質生活，實為一定生產力與生產關係所構成之存在狀態；而人類歷史即由這種種生產方式形成之歷史。馬克思繼續說，「意識」隨前四者而為第五方面。意識伴隨人與人生產關係中交往而生，語言是其直接體現。從這點言，馬克思把意識視為社會產物，非一種原始或自身源起事物。這直接反映人類社會性之意識，在原初階段中並沒有假象性；它單純是一群體意識。然一切問題，包括意識之假象性，起源於「分工」。分工源於生產過程中，男女性別及種種自然狀態之差異。然分工於達致物質勞動與精神勞動分離時，始使意識獨立起來，並以為自身確然真實地獨立。在獨

立狀態之假象中，意識以為其所表象即真實①。這獨立之純粹意識，為神學、哲學、道德等純粹理論之根本，亦使這些思想觀念具有"真理"地位。故在物質勞動與精神勞動分離時，始有心物等二分可能。透過類同二分，精神之獨立性更成為現實外真理之獨立基礎。這即思想形態假象性之源起。意識之獨立，在現實中，促成孤立個體及其真理性如此假象：人以為自身存在獨立、以為自身是一獨立個體、以為意識是一獨立個體之意識，並有作為個體獨立意識之真實性。在〈關於費爾巴哈提綱〉中，馬克思不斷指出的，也就是孤立個體及由獨立個體構成之資產階級社會這類假象：以為人是獨立的個體人、及人之本質為由個體結合起來之類概念。個體與意識之獨立性，因而更為意識虛假性之原因。必須注意的是：馬克思非自始便以意識必然虛假。在意識原初階段中，意識作為與周遭事物關係之意識②，此時意識仍真實。意識成為假象始於想像自身非只存在實踐意識，因而可解離於世界，並由此形成種種如神學、哲學、道德等思想形態，如此始為意識之偽。對馬克思言，意識與思想並非本身必然虛假；唯當意識非為實踐意識、自以為獨立並根本，如此始使意識虛假。

「思想形態」一詞本指「法律、政治、宗教、藝術或哲學」種種思想形態，因這種種思想形態，由自以為具有獨立及在其

---

① 就算事實上此時意識沒有表象任何真實事物（如宗教中神靈，或哲學中實體）。

② 換言之，意識保持其為實踐意識而非理論意識時。

自身真理性，故偽。當馬克思提及思想形態時，他往往這樣說：
「因此，道德、宗教、形上學和其他一切思想形態，以及與它們
相對應的意識形式，便立即失去一切獨立假象。」[1] 換言之，「思
想形態」（Ideologie）只指思想理論之種種形態[2]，非指意識之形
式。若把「思想形態」等同「意識形態」[3]，不再給予意識其真理
性可能，及把本只思想（思想形態）上假象[4] 視為意識本然具有
假象，這將再無任何真理可能，包括馬克思唯物論在內，因此時
意識所表象之一切，均為偽。意識假象性雖由精神與物質勞動
之分工引起，然始終繫於思想形態及其所以為價值（世界觀）。
這些價值造就階級及階級對立，甚至往往為代表普遍利益之統
治階層（國家）所強化地執行，更為社會集體意識與觀念上之假

---

① 《德意志思想形態》「一、一般思想形態，特別是德國哲學」: "Die Moral,
　　Religion, Metaphysik und sonstige Ideologie und die ihnen entsprechenden
　　Bewußtseinsformen behalten hier mit nicht länger den Schein der
　　Selbständigkeit."。同樣參考《政治經濟學批判・序言》:「這些生產關係的
　　總和構成社會的經濟結構，即法律和政治的上層建築豎立其上並有一定
　　的社會意識形式與之相適應的現實基礎。」

② 思想以為自身獨立地真時之形態。

③ 一般對 "Ideologie" 一詞翻譯為「意識形態」因而錯誤。其錯誤在：以為意
　　識及其假象（錯誤）必然伴隨階級而生：因人人各有階級，故其思想想法
　　必然分歧、局限而主觀地錯誤。思想錯誤只伴隨思想形態而生，非伴隨階
　　級而生，非有意識上必然形態、更非意識必為偽。

④ 思想形態因而非特指思想之錯誤，更指思想形態，如法律、政治、宗教、
　　道德、哲學、藝術等形態本身之錯誤。這些形態與領域，都是在其自身之
　　思想所形成，因而始有偽化存在現實之可能。

象。^① 意識之假象性，歸根究柢，故為由分工使意識在物質實踐外獨立起來以為有其自身獨立真實性可能、為種種思想內容與表象（思想形態）所造成之假象。^② 意識因而在大多數情形下均假象性；然始終不能說，意識均本然為假象、為頭足倒置。意識或思想之假象性，只指自以為獨立地真實、自以為其獨立性可在物質生活外、在現實實踐真實外，有一更根本而獨立之真理性可能。假象指獨立真理性之假象而已，非其他。

思想之獨立性、其獨立於人類世界之上，我們在形上史中稱為「超越性」。馬克思對人類或西方思想所作之批判，故亦正為指出思想所具有超越性這樣共同形態，此宗教或形上學在西方構成一切思想本質之原因。法律、政治、宗教、道德、哲學（形上學）、甚至藝術，因而都是超越性之種種形態而已。對馬克思言，超越性之所以必然，也只因在人類過去生產關係模式中，存

---

① 分工不單形成個體及其意識之假象性，它更形成個體與個體間、及個體與個體所擁有財物之差異，因而為種種對立性之本。至今為止之一切生產方式，都是在上層與下層對立形態下產生之方式。這些個體或階級間之利益差異，更聚焦為個體與全體利益之差異與衝突；這全體利益，往往取形為「國家」：一既獨立又普遍（代表普遍）之意識真理狀態。統治階層之意識，那代表普遍者之意識，由往往支配其時代，故更使意識觀念中所表象之一切為假。然國家所以為普遍性，實非真實地普遍，只一「普遍」或「全體」姿態而已、一呈現為「普遍」或「全體」之個別利益而已。除生產力之普遍性外，一切現實實踐中普遍性均為偽，都只現實衝突中表現為力量之形態而已。

② 我們甚至可更具體地這樣說：從內涵言，一切以為有在其自身獨立真實性可能之思想與觀念，都是一種思想形態。今所謂自由民主仍然。

650

在着統治與被統治、佔有與無產這樣對立性關係。若非由於人對抗人而統治，本無超越性之必須。思想或意識之偽故非本然。若人類不求索思想之獨立性與超越性、若人類不藉思想求索及建立超越性，思想無必以超越真理性為姿態。馬克思說，在共產時代中，人仍可晚上進行思想批判工作，換言之，思想非必思想形態。批判工作是否真實地遠去思想形態，這可另作討論，然思想始終非必以獨立超越形態出現，仍可有人性現實真實性在。思想唯由超越而致虛假而已。

最後，有關意識假象性，我們可總結為四：1. 獨立意識之假象性。2. 孤立個體及其意識之假象性。3.（社會）普遍意識之假象性。4. 統治意識之假象性。前兩者為分工下意識本身所具有之假象，後兩者則為在分工後，社會關係於意識上所形成之假象[①]。前兩者是意識在主動狀態時[②] 所生，後兩者則是意識在被動狀態下、作為被普遍意識支配時所具有之假象。這兩種意識假象，形成一死結：若意識因其被動性或被條件化而假象時，其解決往往只求助於意識之主動力量及獨立性，因唯有獨立性始不受外來因素決定。然意識之獨立性又正是意識求其自身獨立這一假象狀態，故無論怎樣，人類一旦進入一錯誤生產關係時[③]，意識之假象與人類現實存在對抗性錯誤必然發生。故唯等

---

① 而這包括一切在階級、或在國與國強弱間所形成之階級性格與民族狀態意識之假象。

② 如在思想時。

③ 即以分工對抗性地構成之生產方式。

待生產力之普遍發展至完全無產或共產主義這一真實運動或歷史必然性成就時，始有解消可能。人類是無法能單純由思想改革或革命而致改變的。

物之假象性：商品與資本之拜物教

自 1846 或 1852 年後，馬克思越是少用「思想形態」一詞。思想形態及其相應之種種意識形式①雖對馬克思言始終構成人類存在上之假象性，但畢竟，這樣假象是思想與意識上之假象而已，在進行政治經濟學研究中，馬克思發現另一更根本之假象性，而這與物質生產直接有關。這時假象不只為上層思想形態所有，更直接為下層經濟生產所有、從物質生活言之假象。換言之，本是客觀真實之物質生產活動，在其真實性中仍然有假象可能。這樣假象明顯較思想形態上之假象嚴重：思想形態之假象由於非客觀真實故虛假，但經濟活動之假象更是在現實生活中、客體地真實的。因而就算人類不再有思想形態上之假象，由於現實存在本身假象性，思惟與意識所反映仍然為假象。

---

① 思想形態若為如法律、政治、宗教、道德、哲學、藝術等種種以為有自身真理性之思想形態，那相應之意識形式則應為落於現實生活中，人們由分工及對抗性生產方式所帶來在現實存在關係差異中、對存在所有之表象與反映（意識）。意識形式故非從思想，而是從人具體存在、或對具體存在之意識言，如教士、政客、學者、商人、藝術家等各所有心況。思想形態故從抽象、而意識形式則從具體言。

　　事實上，思想假象與現實本身假象各主導不同經濟生產時期。以往生產方式（如奴隸制）在很大程度上取決於思想形態之假象性，而在資本主義中，連生產方式本身都有着難以洞破之假象。原因在於，人（勞動者）在資本主義中表面均各自自由獨立，其中一切交換關係，似如 A＝A 地公平對等與自由自主。在這樣公平對等之物物交換與生產關係中、在這由物"理性"所構成之關係中，隱蔽着內裡既不平等亦不自由之人類存在事實。這直接由物作為商品而有之根本假象，本身即物之一種形上存有狀態。換言之，就算在現實真實中、就算在我們生存日常活動中，形上學始終存在；非作為思想對象[①]，而直接就在現實生活中、在人類賴以生存之日常生產活動中。

　　傳統形上學本以感性存在為虛假，馬克思雖已倒置傳統觀法而見思想之偽，但他仍然發現，現實存在一如形上學觀法所見為偽。這由物作為商品而成之假象，即「拜物教」（Fetischismus）。馬克思對拜物教之論說，首見於 1859 年《政治經濟學批判》，其完整討論則在《資本論》第一章。[②] 從《資本論》第一章多次重寫修改可見，其中欲處理問題是極困難的，這點馬克思在第一版序言中也有提及。《政治經濟學批判》第一章有關商品物所構成之假象，是以類同黑格爾辯証法之方式解說；我們可想像，必須以這樣方式陳展，商品所含假象性其洞見實多麼困難。

---

① 形上學之理論與思惟。

② 《政治經濟學批判》論商品這第一章為《資本論》第一章前身。

這由商品所構成之假象是怎樣的？在討論這問題前，讓我們先說明一點：《資本論》以分析（揭示）資本主義一經濟生產模式之假象性與虛假性為目的，假象性故非唯商品第一章所獨有，資本主義自始至終運作都為假象性。馬克思所以特別標舉第一章，並以拜物教一節終此章，因商品之假象性實為一切其他假象之本、為資本主義運作一切其他假象之基礎。從這點言《資本論》第一章故根本；我們討論也集中在其上。

由商品一物而有之假象是怎樣的？讓我們舉四點為例：

一、透過交換與交換價值，事物本然之差異性全然消失，存在因而變得抽象地同一化。價值此時表象事物之等值性與同一性，使事物間差異消失。事物及具體勞動轉化為抽象事物及抽象勞動。存在因而可社會性及商品性地抽象化[①]，再非具體而真實的人類存在。人類勞動之差異性、勞動者間之個體差異性等等，由化約為一般抽象勞動[②]，純然"抽象地"為社會所統一、平均化、及為社會所支配決定。

二、生產價值之勞動使人與人社會關係呈現為物物間社會關係。交換價值使人與人之社會關係偽化為物物間關係（拜物教）。

三、一物必須離開其作為使用價值而進入交換[③] 始能實現其自身

---

① 如生產只為資本之再生產、或只為交換而存在，再非為人之真實需要而存在。

② 抽象的社會勞動。

③ 因而異化。

之為使用價值。故成為交換價值是一物成為使用價值之條件。物本然之使用價值，為了成為交換價值，必須藉由社會市場認許之使用價值始得以轉化。換言之，它必須為對社會而言具有使用價值者。如此而形成使用價值與交換價值互為轉化之種種辯証假象。交換價值更呈現為對使用價值其價值之決定者。

四、由交換之支配性，普遍等價物（貨幣）出現。此時，貨幣是以"作為普遍"之使用價值這一姿態呈現。作為"普遍物"，貨幣決定一切事物為貨幣性質，而其自身（貨幣）故為存在之最高真實與範疇、為一切價值[①]之典範。人類一切價值，簡言之「價值」，因而商品化及價格化。

以上四例假象性，對等形上學中（抽象之）同一化、物化、異化、與普遍者（或普遍性）四種假象。把存在事物本有之差異性與個體性同一化、把人與人本然關係外化為物與物關係、使一切事物必須遠離其自身而異化、及最後，使貨幣呈現為一在一切事物中之普遍存有者，因而貨幣或價格化一切，這四種對人類存在之偽化，全繫於商品與交換這一資本主義生產模式。這些假象，都是現實地真實的，非只從思想與意識言。

現讓我們對《資本論》第一章（「商品」）作分析，從而見商品及價值這資本主義假象性之根源及根據。

---

① 　包括精神價值在內。

《資本論》「商品」這第一章分為四節：一、商品之兩個因素：使用價值和價值（價值實體 Wertsubstanz，價值量）。二、體現在[1]商品中勞動之二重性（Doppelcharakter）。三、價值形式或交換價值。四、商品的拜物教性質及其秘密。[2]

《資本論》一章第一節

在第一節有關商品兩個因素之分析中，所謂商品之兩個因素，指使用價值與交換價值。問題是，在《政治經濟學批判》第一章中，馬克思所用詞語是「使用價值」與「交換價值」，非如《資本論》第一章同時單用「價值」一詞言交換價值。之所以如此非偶然：交換價值指兩商品在交換關係中所有之等值關係；因而從理論言，交換價值只在交換"關係"中始呈現，非商品作為在其自身者時所有。馬克思在《資本論》中單用「價值」一詞故正為指出：在「商品」作為事物呈現背後，實隱藏着一如形上實體那樣真實。故在第一節標題中，馬克思直接用「價值實體」一語，並說：「作為共同社會實體之結晶，這些事物是價值 —— 商品價值。」[3]馬克思在這裡所指之"實體"，即人類勞動，或更準確，人之社會勞動。馬克思所以直接用「價值」一詞及用「實體」指稱，因人類勞動確構成作為商品之事物其為具有價值（交換價

---

① dargestellten。

② 以上四標題為《政治經濟學批判》第一章所無。

③ "Als Kristalle dieser ihnen gemeinschaftlichen gesellschaftlichen Substanz sind sie Werte - Warenwerte。"

值）者。不用「交換價值」，因交換價值嚴格言只"在交換中"始
體現，非屬"事物自身"（作為商品時）所有。當然，在交換過程
中，交換價值之等值性只能由人類勞動或勞動時間（即價值實
體）決定，因而在內容上「交換價值」與「價值」所指同一，然二
者在概念上則不然：「交換價值」只從交換言，而「價值」則直接
從構成事物為商品其背後因素言。創造（製造）商品者，同即為
創造商品之為"價值"者。價值固然只能透過交換始體現，但作
為實體（價值實體）則非在交換中，而在人類社會勞動中。在商
品背後、商品交換現象所隱蔽的，因而非交換價值，而是價值實
體，換言之，人類社會勞動。[1] 交換價值及交換現象故只表層，
價值及生產始深層。[2]

馬克思所以用「價值實體」這樣用語，目的故明顯在指出這
樣價值之虛假性。並非人類勞動本身虛假，而是，人類勞動一
旦作為物物交換中交換價值之確定因素，這則虛假。原因在於，
這時人類勞動使在交換中事物顯得不只是「偶然」及「相對」，而
如具有「固有」（innerlicher）並「內在」（immanenter）價值（valeur
intrinsèque）那樣。這在兩物間之共同第三者，使每物如有其自
身"內在價值"，使價值（交換價值）內化於物自身中，在事物使
用價值外[3]，形成其實體。價值如是似為物所有，形上地而非眼

---

① 因而我們可說，人類社會勞動力，作為世界一切事物之創造力量，在馬克
　　思中，實對等存有等級之原動力量，如此而確為實體性。
② 庸俗經濟學即從經濟之表層立論，政治經濟學或馬克思政治經濟學批判始
　　從深層立論。
③ 嚴格言，事物於自身所有唯使用價值而已，非交換價值或價值。

前使用地。本來，人類勞動與任何物品一樣，都在現實中具體而真實；物品亦由不同使用價值滿足不同需要，故都獨特無可比較。製造物品（使用價值）之勞動亦同樣：各屬不同活動範圍、各受着不同目的決定、各有其特殊運作方式、各有不同對象與結果。從這點言，人類勞動都先只是有用勞動而已，與市場交易無關。無論在物品抑在勞動間，人類世界本只具體而現實地真實，無任何由交換而致之形上性。從這點言，交換這一經濟關係，使實在世界形上化，由之呈現種種假象。

在交換關係中，物品（使用價值）轉化為商品（交換價值），而人類勞動亦轉化為價值實體，成就了商品獨立之價值性，及使交換價值如是事物內在本有之真實。確是如此，因本來在物品背後，是有着人類勞動這一事實。然縱使如此仍不能說，這在物品背後之人類勞動即其價值（交換價值）。交換故使物品在人類使用需要外如各有其自身價值那樣，為物品世界獨立性之形成，此即所謂商品價值世界。商品轉化現實為假象：拜物教使存在中人與人關係以物物關係呈現；而資本則以物為本對剩餘價值（利潤）作吸收，形成資本自身無窮膨脹（增值）①，財富與權力之集中與壟斷，使人類存在徹底奴役化。這一切假象都源於價值實體變得獨立、都源於「商品」，即具有自身（交換）價值之物。由是傳統本體物自身在經濟關係中再次呈現：非作為思想對象，而是具體地在現實中。

構成價值實體之「值」為勞動時間。勞動時間非從每人自身

---

① 物自身之自我膨脹。

勞動時間、而是從社會總體必需勞動時間計算，換言之，為社會總體之平均值。也因這必然性，故一切人類勞動、甚至一切人類活動及其成果，自然而然地跟隨社會總體狀態前進，以這總體之需要為需要、以這總體之真實為真實。人類存在因而在商品作為「社會物」下統一起來。如此統一決定人類一切，物亦由如此社會平均性而如從屬理形般變得平均而非為個別、只某一商品之平均樣品而已。一切社會地形上，非個體地真實。如是可見，社會實非由人集合、而是更根本由一本然共同統一性所成；是這樣超越統一性集合一切而為共體。物商品之價值及價值性在這裡即這統一者，一種體現為社會統一之價值量，唯透過物體現而已、如是物所有內在價值那樣。存在之前進與改變，都因而單一地受商品物之生產狀態決定。人類存在整體，如是而為社會生產之存在、為社會生產力所決定，莫之能外。甚至，連推翻人類這樣存在假象之共產主義，也只能等待這生產力達致一定程度與狀態始可能。人類存在故再非以人類自身為本，而是從屬於從社會言之物生產，簡言之，物商品之存有。

在這第一節最後一段，馬克思故再次提醒人類說：「物可只是使用價值而不是價值。[①] 在物並不是由於勞動而對人有用的情況下就是這樣。(…)物可以有用，而且是人類勞動產品，但不是商品。誰用自己產品來滿足自己需要，他生產的就只是使用價值而不是商品。要生產商品，他不僅要生產使用價值，更要為別人生產使用價值，即生產社會的使用價值。〔而且不只是

---

① "Ein Ding kann Gebrauchswert sein, ohne Wert zu sein."

單純為別人。（⋯）要成為商品，產品必須通過交換，轉到把它當作使用價值使用的人手裡。｝最後，沒有一物可以是價值而不是使用對象。如果一物沒有用，那麼其中所包含的勞動也就沒有用，不能算作勞動，因此不形成價值。」換言之，非一切使用價值與勞動本然必為商品價值與社會勞動，亦非一切物品與勞動對社會言必為有用的物及具有價值的勞動。唯能納入資本主義世界下之事物與勞動始是而已。

《資本論》一章第二節

在第二節中，馬克思除更清楚地指出透過商品交換達致之社會性如何自上而下地決定一切外[1]，他更指出一特殊現象：社會性除同一化及主導一切外，同一化同時亦使事物二重化[2]。原因也很簡單，仍舉勞動為例：勞動本只順隨不同事物或不同使用價值而為不同性質勞動，但藉由交換達致之社會統一，勞動同時轉化為一般平均勞動、為交換價值根據之勞動。這時勞動只從量、非再從質[3]言；這本只單一之勞動，因而二重化為：一、生產使用價值（實用性）之勞動、二、作為事物（商品）價值言

---

[1] 事物及一切勞動差異性在社會性下完全同一化，而這是透過對人類勞動化約為一般平均勞動達致。一切勞動因而均以一般平均勞動為計量基礎。在這勞動一般化過程中，本不可比較之勞動，都由化約為同一簡單勞動而同一化並可比較。

[2] 馬克思在這裡是從人類勞動言。但因人類勞動實是現實存在之根本，故勞動之二重化實亦一切之二重化，用哲學角度言，即存有之二重化。

[3] 使用價值所含有之不同性質。

之勞動（量）。前者從勞動所成就事物言，後者則從勞動持續多久之時間言；一者見勞動之差異性、另一者只從勞動之同一性言。

二重化非只使勞動一分為二，更使勞動與其自身自相矛盾並對立：假若在生產力提高狀態下，勞動時間因相對地減少致使價值隨之下降，然從勞動作為使用價值言，生產力之提昇表徵更多物品之制成；因而在同一生產力改變下，作為使用價值之勞動與作為交換價值之勞動對反。馬克思說：「隨着物質財富量的增長，它的價值量可能同時下降。這種對立的運動來源於勞動之二重性。」價值因而沒有表象生產使用價值其勞動狀態，甚至是其反面。此勞動二重性之對反與矛盾。[1] 推廣地言時，社會運作與事物本身（事實）運作往往相反。除抹殺其事本身差異性外，社會同一化過程甚至抹殺事之本質與真實。社會所以不真實，故往往源於這樣二重化。

從以上兩節可看到，商品與價值實構成在使用價值外、一種形上超自然世界。若價值由社會性始可能，這是說，社會本身是形上的。故馬克思稱在物物交換中之價值關係為「超自然」

---

[1] 若第一節所言為價值之同一化過程，第二節所言即為勞動之二重化，即勞動作為使用價值之生產與作為價值之生產二者之自相矛盾。如此矛盾為資本主義一切矛盾之源：故在物質越形富有中，物品越形無價值、價值越是低貶、存在越形貧窮；勞動越多，因而是其自身越無價值之原因。如此形成一惡性循環之自我否定。如此惡性循環為在同一性後另一形上機制，由馬克思首次發現。

（übernatürliche）。使這超自然性質可能之社會性，因而明顯亦為形上性格：若實在為由生產力及生產活動構成[1]，那在生產力外之一切關係，包括生產關係在內，都非本然實在地真實、都只相對直接生產活動言[2] 為形上。

思想形態雖構成在現實生活外之上層建築，然在下層生產關係與生產力兩者間，嚴格言唯生產力始實在地真實，生產關係（社會性）是形上地超自然者。上層建築之思想形態因而實建基於生產關係始有；如封建社會關係中地主與農奴一生產關係明顯為形上、超自然關係那樣。其中，思想形態起着極重要位置，由之而這樣生產關係始穩固下來。

一般言，由分工所反映之社會關係，本身已是一超自然關係。唯差別在：在資本主義生產關係中，社會性是透過物物交換而體現[3]、為價值所隱蔽，而在資本主義前之生產關係中，其社會性往往直接由權力達致、為思想形態之假象，非如在資本主義中，社會之形上假象直接體現在物中、在物物交換中。故在《資本論》第一章第三節中，馬克思所必須解決的問題，即為在資本主義生產關係中，這對立個體人之社會性如何形成或產生？如何從交換關係中見社會之主體性？馬克思故在第三節

---

[1]　這時生產活動單純從人類生產使用價值這方面言。

[2]　直接之生產活動指人作為勞動者對自然改造這一生存活動：自然提供物質，而人類付出勞動。勞動故為物品（使用價值）之父、大地為其母。二者均為生產力而非生產關係。（見《資本論》第一章第二節。）

[3]　「（⋯）因而明顯地，這社會現實，只能透過社會交易，在商品相互關係間始能呈現出來。」《資本論》法文版第一章第三節第二段。

中，重新總論上述全部問題。這長長的第三節，因而為上述全部問題之基礎。

《資本論》一章第三節

若在資本主義中交換是唯一最根本現象、若資本主義一切存在關係都建基於交換，那交換關係最原始方式是怎樣的？社會之形上性如何誕生於此？

《資本論》第一章第三節分四部份：A. 簡單、個別或偶然的價值形式。B. 總和或擴大的價值形式。C. 一般價值形式。D. 貨幣形式。我們說過，價值在馬克思中是超自然地形上；但這超自然價值並非沒有具體體現，其體現在貨幣。貨幣作為普遍物，為物中之至形上者。如何能從價值這形上狀態轉化至貨幣一具體狀態，對馬克思言至為關要。這一問題實即傳統形上學形上界與感性界關聯之問題，亦等同康德之「超驗演繹」。不可捉摸之價值如何能體現在貨幣具體形式中？形上之社會性如何能真實地在現實中體現，甚至因而等同現實本身，決定着現實中一切？嚴格言，這即馬克思《資本論》第一章之主要問題。價值之體現為貨幣，較價值之確定為人類勞動（時間）更是第一章之目的。拜物教所有假象，順承這一問題而有。

現讓我們對這四種價值等式逐一討論。

【A. 簡單、個別或偶然的價值形式】

在「A. 簡單、個別或偶然的價值形式」這第一部份，馬克思

指出一切交換之最原始模式。一切交換必首先是物物交換，除此再無其他可能。[①] 這原始的物物交換，馬克思以「20 碼麻布＝1 件上衣」一例子說明。雖然這仍未是貨幣之體現，但已含有「一切價值形式之秘密」。

首先，為何必須從這原始之物物交換形式開始？為何不直接說貨幣就是人類勞動之實物體現，因而一切商品之價值，自然以貨幣這形式作為其自身之價值而體現？問題為何不如此簡單？原因在於，我們本不應能直接地肯定，貨幣即"人類勞動"本身之實物體現；就如同本不能直接說，麻布即其自身價值之直接實物體現那樣。麻布作為實物所體現的，只是製造使用價值之勞動；同樣，貨幣（黃金或白銀）作為實物所能體現，也只其作為一物[②] 時生產過程之勞動。無論甚麼事物，都無法在自身作為實物（使用價值）中，體現價值；因這後者非任何物質屬性，而是在物物"關係"間者，非在任何一物作為物之自身上。是不可能有任何一物，其本身之使用價值即為體現在其他事物中、在物物交換中所有之價值性。[③] 馬克思甚至說，人類勞動雖形成價值，但它本身非即價值[④]。人類勞動始終只是勞動，在現實中

---

① 交換雖是最表層之社會關係，但也是唯一關連起所有個別或深層關係者。我們可說，由於一切人物之進入社會唯透過交換，交換故實即社會之本，為人與物一切接合點。社會故非由集合、而是由交換而成。

② 黃金或白銀之作為金屬物，非作為貨幣。

③ 價值故即物作為"社會物"時之本質屬性或唯一屬性，非任何物之物質屬性。商品世界，故即形上本體界；而現實中之形上性，即社會。

④ 勞動頂多只是使用價值之勞動而已，非為"價值"時之抽象或一般勞動。

也只是生產力，非即價值本身。

　　單純體現價值之實物，必須符合兩條件：一為必須是一單純體現抽象勞動（價值）之實物，另一雖亦如商品那樣為實物，但不能即為商品本身（體現使用價值之物品）。使無形之價值得以實物地體現，從而使社會之形上性現實，其全部關鍵就在「20碼麻布＝1件上衣」這等式上。馬克思分析說，在這等式中，麻布與上衣之功能形式不同：上衣並非只是作為使用價值呈現，而是作為對等麻布之價值、並作為此價值之實物體現而呈現。因而在這等值關係中，本只是使用價值之上衣，形變為麻布之價值形式，為麻布價值性之表達與實物體現。麻布因而以另一實物作為其價值性之體現，這一實物作為實物雖本是一使用價值，但在交換中，它只是麻布價值之體現者，非作為自身使用價值而體現。這分析指出，在表面物物交換中，所發生非只一物與另一物之交換而已，更是一物以另一物作為其價值之體現。在交換中，兩物所表達之意義故不同：一為使用價值、另一為此使用價值之價值。確實如此，因從任何一方交換者言，交換中兩物非同作為使用價值呈現，只一者為使用價值，另一者則為換取此使用價值時之交換價值、為此使用價值其價值之體現者。①

　　從以上分析可看到，物本只是一被使用物，一旦以之為交

---

①　我們仍須分辨，價值只藉由交換（交換價值）體現，但非價值從交換價值而得。一物因具有價值始能與另一物交換，然其價值非單純由交換確立，更非交換價值即一物之價值，否則價值便變得偶然任意，隨著交換之偶然性而偶然，無法社會地普遍一致。上述過程故只從價值之體現、非從價值之確立言。

換，即形成其形上性；物之形上性由交換體現。交換表面似只平凡而日常，事實不然：在交換中，一切必須形變為再無自身真實本性之"物"、單純物。這樣的物存有是形上的。若傳統形上學從物之使用價值（本質實體）言形上性，馬克思相反，在交換而非作為使用之物，更是形上的。物非由其本質實體、反而由失去一切本質屬性（使用價值）始更為形上，如貨幣無自我性之形上存有那樣。這"無（其）所是"之存有 [1]，是由交換行動而體現；交換如是正與使用相反。在交換中物物之無自我本質性，形成社會性之基礎或本質。社會之形上性，亦因而對立一切特殊性、對立一切不能化約為"物性"或物性價值者。[2] 交換如是實非單純"交換"，而是一"體現"過程：物體現其為形上物時之過程。非物因有交換價值而交換 [3]，而是：透過與另一物之交換，物說明並體現其形上性、其作為價值"真實性"之形上性。如此真實性，是在現實中發生、在另一物身上體現 [4]，甚至因而為一切物所共同，並凌駕物其個別性者。在交換之瞬間中，價值、抽象勞動、人作為抽象勞動者、物作為資本、社會作為物性而非人性社會……，如此一切，頓時體現。

---

[1] 若傳統形上性在「是其所是」，那在物作為交換物、作為價值之存有中，所體現即另一種形上性：「無其所是」時之形上性。而此即「社會人」及「社會勞動」之形上性。兩者均體現在物物交換中、在立於交換之社會中。

[2] 人本是獨特的，非能如物那樣可無自我地普遍。這裡所言"物性格"，指相反人性及人倫時之無自我本質性，如價值（交換）所體現之存有那樣。

[3] 如以為交換價值為物自然屬性。

[4] 價值故是一種他者存有。

交換作為社會生產之表層現象，本身故二重性：一方面，交換體現了那本無法體現之價值與社會之形上性；另一方面，交換現象又掩蓋了這時形上事實之真實。在「20碼麻布＝1件上衣」等式中，上衣作為（20碼麻布之）價值體現了麻布之形上性。表面雖涉二物，然正確言時，因麻布非作為價值，而上衣亦非作為使用價值，故實只一物其所有之兩面：作為「使用價值」與作為「價值」這兩面。正因上衣只為麻布價值之體現，麻布其價值非由與上衣交換始得，如是交換故又掩蔽兩者關係：使物之價值以為由交換建立，隱沒了價值其社會勞動根源。物本然只是使用價值，其能作為價值，因是人類勞動產物[①]，故物始有其價值、並作為價值物（商品）呈現。價值故為物之社會屬性。在任何集體存在中，縱使交換表層現象似自由自主進行，然生產關係或人類勞動均早已被社會機制[②]決定：上層與下層之分必然。似自由競爭之資本主義仍然。而在這樣集體存在中，勞動必然以為他或他者為目的。人其勞動故始終社會性地被決定，社會如是亦支配着每人之生存。從社會勞動言之價值，故不能以為是由於交換而得。價值只由交換而體現，非由交換而立。交換價值只價值之表象或現象形式，非價值本身。但由於是透過交換而體現，故價值顯得就是交換價值，由交換而立。交換因而掩蓋了價值在交換外之原有真實，使以為本各自獨立之事

---

① 社會抽象勞動產物。
② 特別是考試制度。

物①，由交換始得其價值。交換作為價值之體現，故假象地使人以為交換價值即價值之實體，因而掩蓋了價值之社會根源，使被決定之勞動顯得如自由②、使被社會形變為抽象之勞動顯得如個人自己之獨立勞動，那生產使用價值而非生產（社會經濟）價值之勞動。縱使在資本主義中，社會之決定性使勞動者由失去一切生產獨立性而必須社會地勞動。勞動者進入社會與進入交換為必然強迫之事，非如交換現象所以為，交換是在獨立或平等基礎上進行，以為一切只由於交換者之獨立意志。③資本主義除在剝奪勞動者一切生產工具而發生外，它本身更使資本家與勞動者無窮地停留在原有位置上，因而加深兩者之距離，使被剝削勞動者之存在情況永不消滅。這一切，都由既體現又掩蓋之交換現象所成就。交換中價值表面之對等關係，掩蓋了勞動者以其勞動力作為交換時剝削之事實。勞動者所付出之勞動，假象地如是對等其所得工資，以為這一切是在公平對等交換下進行。表層之對等交換，因而掩蓋了勞動者作為勞動力（商品性價值）與作為勞動價值創造者這二重面相、掩蓋了勞動力本身之價值與其所創造出來價值之差距，使對勞動者之剝削可能。工資與勞動力之交換這一等值關係，因而掩蓋了對勞動者其剩餘

---

① 可交換可不交換之事物。

② 可交換可不交換之自由。

③ 正因交換是兩交換者間意志之問題，故事實應是，這時之意志實早已被決定了，意志如"甘願地"從屬社會價值及法律關係。這被強迫或被決定之狀態，為交換表面之自由意志所完全隱沒。透過交換，社會使人之獨立性"自由地"受社會箝制。

勞動之佔有這不平等事實及現象。

　　交換這表層存有是形上地奇異的。一方面它似只是對已存在社會事實之體現，但另一方面，一切社會關係亦可說是由交換始存在：資本之為資本[①]、勞動之為勞動，都必然在交換中始有。這既構成資本主義社會之可能，又似只是這樣社會之一偶然形式，交換這既必然又似偶然之活動，塑造着資本主義世界之存有樣態。一切莫不是交換、一切莫不是價值與價格、一切莫不是社會地抽象一般（無本質性）、一切莫不是物性甚至商品性、一切莫不環繞商品市場而存在。交換其存有假象性在此。如是交換既是現象表象，又是事物之內在真實。就如一物之價值似在交換中而被決、以為就是交換價值，而實全然非如此。但縱使非如此，內在之價值又不得不在交換中始得以體現、始有價值之體現可能。交換這一幻象性格，使人類存在純然假象化。正因交換使價值假象化、使「價值」與「交換價值」混淆起來，故馬克思以《資本論》第一章為如此困難。就連在 1859 年《政治經濟學批判》第一章中，縱使已知「價值」[②]實體為人類勞動，但連馬克思自己仍未能提出「價值」與「交換價值」兩概念之劃分、仍未從價值之體現而見交換之真實。故在 1859 年時對由交換所生之假象，只視為是在使用價值與交換價值這辯証對立中，

[①]　即在 G —— W —— G（貨幣 —— 商品 —— 貨幣）這買然後賣之 G —— G 貨幣與貨幣交換過程中，含藏了資本之為資本之總公式。見《資本論》卷一第二篇。

[②]　馬克思此時仍用「交換價值」一詞。

非在「交換價值」作為「價值」之假象這一資本主義根本假象性上。由這後者，剝削始可能解釋。這亦是為何馬克思後來在《資本論》中如此重視這第一等式，因在這源始交換中，實已含藏一切價值問題之神秘性。

【B. 總和或擴大的價值形式】

　　若「價值之簡單形式」是對價值體現及對交換其內裡真實之說明，那價值之第二形式 ——「總和或擴大的價值形式」，即「20 碼麻布＝1 件上衣，或＝10 磅茶葉，或＝40 磅咖啡，或＝1 夸特小麥，或＝2 盎斯金，或＝1/2 噸鐵，或＝其他」這一等式，所表達的，是麻布這一商品其價值之完全體現。這等式所應注意的是，這時之等式，非如下地表達：「20 碼麻布＝1 件上衣＝10 磅茶葉＝40 磅咖啡＝1 夸特小麥＝2 盎斯金＝1/2 噸鐵＝其他」；換言之，這非所有商品相互在價值上等值時之等式、非所有商品相互交換這一現象，而只是麻布這一商品其價值之完全等式而已，即除透過上衣這一商品體現其價值外，麻布亦同時可透過其他一切商品體現其價值，因而麻布之價值，在一切其他事物前得到一完全體現。這樣的一種體現因而是說：價值之體現是無必須限定在任何形式或任何使用價值上。也由這無必然限定，故在現象層面上，麻布這一商品始呈現為社會性的，因其可同時關連於一切商品，非只限定在一特殊商品中始能體現其價值。在這等式中，雖仍未能說商品價值這價值本身已達到一社會性表象，但最低限度，麻布這一商品之價值確實已達

致一社會性表象，因而此時麻布之價值，其呈現非個別或偶然、而是社會或整體地必然的；這時之價值，從體現言故始完全或完整。麻布之價值沒有變更，只變為必然而已。也由於可同時體現在不同事物中，故此時麻布之價值更顯得獨立地在其自身。即無論在哪樣商品中體現，麻布之價值始終如一。如此更說明「價值」並非「交換價值」、非依從不同商品或物品之交換而有，而是相對於"一切"商品言，在其自身本有；無論透過哪一商品，都同一地體現，非隨着不同交換而不同。不過，在這樣等式中麻布之價值雖顯得必然，但體現麻布價值之其他事物相互間，仍然偶然而無關。它們間仍然相互排斥並無關連，統一的價值形式仍未呈現故。

作為結論故可說，在完全等式中所體現的，再非只是價值而已，更是價值其體現之普遍性。非價值本身作為一普遍者之體現，（這在第三等式中始呈現），而是價值（如麻布之價值）其在一切其他事物（使用價值）身上之普遍體現、價值其體現時之普遍性。也由於能普遍地體現，故一物之價值始顯得必然及在其自身。這體現之普遍性，為第一等式所無，亦是從現象言社會性之進一步即近與體現。

【 C. 一般價值形式 】

若把價值第二等式顛倒過來，即形成第三等式，如下：

　　這一等式似只前等式之反倒，然其意義實完全不同，其重要性僅次於第一等式。前一等式雖已達致一社會普遍性之出現，然這普遍性也只價值可普遍地體現這泛指之普遍性而已，非普遍性作為一普遍者之具體體現。在這反倒過來之等式中，當 1 件上衣、10 磅茶葉、40 磅咖啡、1 夸特小麥、2 盎斯金、1/2 噸鐵、及其他商品均共同地 = 20 碼麻布時，麻布此時是作為這一切商品之價值體現者，因而一方面首次呈現一切商品共同地在"一"對象中體現其價值，另一方面亦出現一作為所有商品各自價值之"共同"體現者（麻布）；因而在這價值體現關係中，首次出現一代表一切商品價值之"實物"，而因為"一切"商品之共同對象，故亦為一普遍者。如是體現價值之實物，首次作為普遍者呈現。[1] 簡言之，價值首次作為普遍者

---

① 　也因這一特殊位置，故在第三價值形式中，等式之兩端再不能互調。在麻布身上所體現的，是一切其他商品之「價值」，而這是以一普遍者姿態出現。沒有任何一商品能取代麻布而為普遍的價值形式，而麻布本身於此亦

"具體地"呈現。

在這樣價值之普遍者前，一切商品以「價值」這樣態關係起來。本只使用價值之商品，今均以共同代表為自身價值之體現；如此間接地，商品首次相互以「價值」這姿態關連起來。在這樣交換呈現中，商品不再以使用價值姿態存在。「價值」這形式因而首次為事物之主導形式，物之使用價值退隱於後。因價值已普遍地體現在眼前、並為一切事物關連之共同與唯一形式，故使用價值之實在世界讓位給「價值」之形上世界。「價值」之共同性因是一切商品共同所造成，非個別與其價值體現者間之事，故「價值」成為一社會形式，甚至為社會性深藏之基礎。

前一等式所實現，也只某一商品其價值之社會整體性體現；但在這一等式中，所成就則是價值本身之社會性；甚至，由價值之以一普遍者姿態出現，所成就的是價值社會性之主導地位：價值代表社會性唯一之普遍者。馬克思說，這作為一切商品其價值體現者之麻布，因而為價值形式之官方或公認形式。也由這樣價值體之出現，這作為一切商品等價形式之麻布，其使用價值與其作為價值之實物體現因而同一；這使用價值與價值之同一，非作為偶然個別情況，而是作為價值形式之社會性體現，一切商品均以麻布為它們之等價形式。麻布之自然形式故等同其社會形式，亦自然形式首次與超自然形式（社會性及價值性）等同起來。形上性與實在性如是具體地結合。

不再可能被視為一商品而使用。

同樣，製造麻布之勞動亦形變為社會勞動、一種等同其他一切勞動之社會性勞動。勞動之社會性，非從種種不同使用價值之勞動抽象出來，一如價值形式非從使用價值抽掉後所剩下來者。使用價值形式能得以等同價值形式，是經歷上述等式之轉化過程後，最終在一具體實物之使用價值形式中達致的。勞動之社會性亦同樣。使用價值之勞動所以能為社會勞動，非透過對使用價值勞動之抽象，而是透過生產某一使用價值（麻布）之勞動，本身同為一生產價值實物之社會勞動。因麻布之使用價值形式與其作為價值形式同一，故其作為使用價值之勞動與其作為價值形式時之社會一般勞動同一。透過這社會勞動之具體體現，一切其他物品（使用價值）之勞動，一旦以麻布作為價值體現時，自然地均與這社會勞動等同起來。價值之一般形式，因而為商品世界之社會性體現。一旦生產性勞動以共同之麻布作為其自身價值體現時，人類勞動即全然以社會勞動姿態呈現；生產麻布之勞動作為價值之社會性形式，使一切與之等同之勞動均自然形變為社會性故。

【D. 貨幣形式】

　　最後，若這獨一無二社會普遍價值體以黃金一實物體現的話，這即貨幣形式之出現，如下：

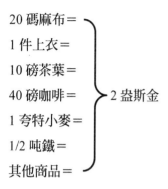

這一等式與前第三等式於道理上無大差異，唯以黃金為價值體而已，價值形式從此一了百了地穩定下來。這一固定的價值形式，即貨幣形式，而黃金即為貨幣。由貨幣之出現，一切商品於與黃金對換時，其價值即以「價格」一形式出現。一切商品因而都有價格。如此而商品存有世界完成。

讓我們對以上四種價值等式作總的討論。

人類存在從來都為社會性存在。問題是，社會是否應理解為由獨立自由人所組成？社會的社會性是怎樣的？社會作為現實怎樣形成？社會現實能以人性方式存在嗎？

社會對馬克思言是一階級社會，因而自始至終，人類存在都處於對立關係上。這對立關係非兩力量之對抗與爭鬥，而是在生存條件與關係上之對立，因而形成生存上之富與貧、優越與卑賤，簡言之，主奴般關係。盧梭雖察知人類這不平等與自由之喪失與私有制有關，然盧梭最終仍歸結於人類文明、歸咎於人類在存在中之知性覺識，因而最終歸咎於人類心靈狀態之

轉變，換言之，人類作為人之本質。① 這是說，盧梭仍未能如馬克思那樣，洞察人類現實本身之真實。現實其真實在於：存在之奴役狀態直接來源於生存中之生產關係，換言之，直接是物質而非精神心靈上關係。人類社會在最初形成時，已是在物質生存條件關係中奴役性或階級性的。這當然與私有財產或生產工具之佔有有關，如馬克思在原始積累中所說明的。但無論如何，社會之構成，絕非自由個體集合而成，如市民社會所表象。以往社會性大都建立在思想形態之假象上，但在資本主義社會中，人類表面確如市民社會那樣，是自由地聯合起來。問題是：這表面自由之社會，其社會性真實究是怎樣？這樣社會如何透過商品世界（自由經濟）確立？表面自由而獨立之物物交換，其所隱含之社會性是怎樣的？這些問題，即《資本論》以上部份力圖說明的。

　　資本主義與人類一切社會性同樣，並非自由與平等。② 唯差別在：奴隸制社會之不自由與被決明顯，資本主義則隱蔽而已。自由與公平在資本主義中只假象，就如資本主義經濟表面自由與公平交換所有假象那樣。由於勞動在資本主義中始終是社會勞動，其勞動等級、社會最簡單勞動等，都為社會所決定，非由人自決。馬克思故透過上述四種等價形式，試圖說明何以如此：若物物交換確就是物物實質之交換，是無需分別為四個等式。那時，一物之價值也只其交換價值，而社會關係也只如

---

① 　見前有關盧梭之分析。
② 　能為自由平等之社會，除非由人性建立，否則無論怎樣也只假象而已。

交換中邏輯所示，為自由、平等、合理之交換。然事實非如此。物物交換之等式並非一單純物物交換等式：第一等式（簡單、個別或偶然的價值形式）指出「價值」之體現或出現；第二等式（總和或擴大的價值形式）指出價值「普遍性」之呈現；第三等式（一般價值形式）指出價值可以具體「普遍者」姿態存在；而第四等式（貨幣形式）指出價值普遍者即「貨幣」，換言之，一切價值最終只以「價格」形態確定。我們應怎樣解釋這四個等式之意義？

第一等式所表達的並非兩物之交換。當一物與任何其他物產生社會關係時，它在關係中所體現的非其本身、非其使用價值，而是它作為一"從社會言"之價值物。在 A ＝ B 之交換中，縱使 B 非 A 而仍有交換可能，甚至如此交換以「＝」相等性表示，這已代表 B 是從 A 所體現之另一面（A 之價值）而觀，由是始有「＝」等值性可能。等值性是從 A 亦為勞動產物，故有對等可能。交換實建基於此。這是說，在交換中，B 從 A 身上所看到的，是 A 作為勞動（社會價值）時之社會性。物（使用價值）本無社會性可言，唯人始有。社會於人所看到的，故非其獨特個體、非任何如人倫般特殊之人性關係。[1] 社會於人所見，唯其作為勞動力而已，簡言之，其社會性而已。[2] B 所體現，即此。物物交換故實非物與物間之事，而是一轉化一切為「價值」（社會物價值）或社會勞動之過程，從而建立起在個別特殊性上之一

---

[1]　同樣，社會於物中所見非其特殊使用價值，只物之價值甚至價格而已。

[2]　在資本主義中，勞動即人作為人時之普遍性。人作為人，在社會中，非其人性，而只其作為勞動者而已。

種普遍性。交換使一切轉化為價值、為勞動、為社會地普遍之存有樣態。等值（＝）正就是事物間普遍共同性之確認，否則，無論交換抑社會共同性均不可能。若只是單純物物間交換，已是饋贈而非交換。交換必須基於普遍共同者，是社會地共同的。能有所交換，是因有此社會共同者，非以為物之價值可單純隨個別交換而確定。交換故是社會性在物中之體現。社會共同普遍性、勞動、與價值，三者為一體，一從存在、二從人類自身、三從物言。交換故為普遍性之體現、為社會存在之確立，而這藉物（生存現實）而體現。物所體現普遍性，故非如傳統哲學，從物類或知識言。在交換中，物所體現更是人與人存在關係。以物而體現，由之而對立人性真實性，這是西方獨有傳統，亦所以假象可能[1]。資本主義之形上性，故一如西方形上學，仍扣緊物而有，為馬克思所言拜物教。資本主義經濟學與其存在現實，因而仍為形上。關鍵就在「價值」這一實體上。

第一等式表面上只一偶然價值形式，事實非如此，其所體現已為一物之普遍性或社會性，甚至，已把這樣普遍性或社會性建立在經濟關係上，如是生存自然之事，非人類自身之事。事實上在 A＝B 中，「價值」之普遍性必須存在，否則交換不可能進行。A＝B 表面上只兩物間之事，如是偶然兩物間關係，然我們說過，交換是不可能基於兩特殊物體間進行。就算從勞動而非從物言，勞動仍可只是生產不同使用價值之勞動，因而無可比較。故若交換可能，必已存在「價值」這一共同普遍體，

---

[1]　直接人與人之事，難以言假象。

B 亦正為這實體之體現。第一等式故含藏一切與「價值」有關之神秘性與假象性、人類現實與社會之假象性。

第二等式並沒有較第一等式述說更多，唯把第一等式中價值之普遍性透過 A ＝ B、＝ C、＝ D、＝ E 等展示出來。在第一、第二等式間，差異故只在價值之普遍性於前者為潛存，於後者則為顯見這樣差異而已。若必須區分兩等式，第一等式所述說為價值一事，第二等式所體現則為價值之普遍性、價值在"一切"物中之等價體現。價值之普遍體現，即社會性或價值之社會性體現。若第一等式掩蓋了價值之社會性而使人以為價值單純來源於物物交換，那第二等式所掩蓋的，正是那使價值可能之社會性本身，使人以為由交換而致之社會性是立在平等與自由等值性上、使人以為社會也只由個體與個體之普遍性形成，因而社會中人與人關係，只如物物交換那樣，既平等亦自由；甚至，所謂社會存在，基本上也只交換關係、只物物關係，非在物物關係外先已存在人與人生存上之制約。若人與人關係始真實及更根本，那由交換所表象之社會性，只掩蓋了社會真實而已，使以為在物物交換外，人各是自由獨立的。[1] 社會非交換價值之社會，而是價值之社會，即在物與物之上，人與人透過勞動關係所成就。交換價值只來源於交換，但價值則必須來源於人類勞動，

---

[1]　人存在關係若非立於人倫或人性，其餘只能是形上的，如社會或國家關係那樣；物若非只使用價值而涉價值時，亦只能是形上的。社會是人與人之形上關係，交換則是物物之形上關係。若以為社會只物物交換，這實已掩蓋了社會之形上真實。

是從勞動與分工言之社會性，非從交換言之社會性；社會性因而是內在的，非外在表面的。社會這內在性，更是第三等式之本質。

第三等式所揭示，不再只價值之社會性與普遍性、不再只作為普遍意義之社會，更是一決定性或支配性之社會、一集社會性於一身而支配決定者。落在物物交換現象中時，即價值作為具體「普遍體」之體現 ①。第三等式中麻布所代表，非只價值之普遍性，而是一獨一者、一支配之獨一者 ②。支配者所具有之形式，為一切其他事物所不能有。兩者間故構成一種兩極化對立：唯麻布始是價值之代表，其他一切只商品而已，非再能為價值之體現者。麻布獨一之地位，塑成其獨有支配性。

最後，第四等式唯一改變在於：作為社會普遍地支配者，為「貨幣」。縱使社會已以價值為最高範疇並具體地體現在貨幣中、縱使連勞動亦已價格化，表面看來，貨幣也只一物而已、只價格之標誌而已，非社會及人類存在本身之事；作為一物，貨幣只在商品旁而偶然，甚至只一數量而非實物。如是貨幣顯得自然並且無害，既非主導支配一切、更與人自身無關，非如價值在物物使用性上，為從社會而來之實體性真實。若貨幣仍以麻布呈現，會使人對麻布作為普遍體感到質疑，質疑其特殊支配性（特權）。今普遍體以貨幣呈現，使連這特權性再不存在，完成全面假象化，再無絲毫痕跡。若價值是資本主義社會之形

---

① 個別物姿態之普遍者，如君主或政府。

② 普遍價值之支配性。

上內核，那貨幣即如此形上假象性顛峰。在這無本質之存有物下，一切流於交換與交易之表面，存在再無必然實體，亦似無絲毫支配性可能。若奴隸制或封建社會為人對人支配、若這樣支配無法假象地掩蓋，在資本主義社會中則不然：雖最終仍是人對人之支配，但這是透過把人作為勞動力價值化後所達致。非如奴隸制對人直接物化，而是透過對勞動力價值化後間接地物化。也因這價值化，支配再無需直接，而可透過對價值之形變達致：如透過生產力之提高使勞動力價值下降、使勞動力化約至簡單勞動、使簡單勞動力之水平降至單純生理生活水平等等。資本主義社會之支配性都非對人直接，而是透過對人賴以生存物品之支配、及對人作為勞動力之價值化支配達致。對人表面上無所支配因而是假象性的。此時人之關係轉移為物價值關係而已，如是而為一種拜物教式假象。在論拜物教一節開首，馬克思便直說商品世界充滿形上學與神學之微妙與怪異，因在這樣表面平凡性中，實隱蔽了種種不可思議人對人之支配性，藉着自由平等交換之假象，達成社會對人之剝削與壓迫。

價值這四種等式並非歷史中發展過程，只「價值」分解之四個方面，為指出價值與使用價值之差異、及價值之形上性等問題而已。四個等式雖非歷史發生過程，然以交換為本之資本主義生產方式，本身確是一歷史階段，因而勞動力之價值性與交換等現象，也是一歷史性社會形式。在「價值」假象之蔭庇下，人類存在進入前所未有虛假狀態。我們不得不佩服馬克思對這樣虛假性之分析，這裡只能列舉其中一些後果作為參考：

一、隨價值與交換之主導性，資本主義再非為使用價值與人類真正需要而生產，只為交換而生產、為價值之獲取而生產。物品是否"有用"，均以"價值之獲取"為目的與前提。

二、這以"價值"為目的的人類存在方式，事實上是對一切真正價值（精神與物質價值）之低貶與貶值，使一切本然價值"價格化"，成為商品。換言之，無其自身真正價值者。

三、從這樣分析可看到，社會實非人類存在真實模式，其中也只人對人之支配勞役而已。在《政治經濟學批判綱要》*Grundrisse* 第二稿本中 [1]，馬克思明白說：「社會並非由個體人組成，而是個體相互關係間其關係總和之表達。有些人會這樣說：從社會觀點言，是沒有奴隸與市民：兩者也只人而已。正好相反，他們只有在社會外始是人。作為奴隸或作為市民是社會屬性，是個體 A 與個體 B 之關係。A 這個體人本非奴隸，他只有在社會中及透過社會始是奴隸。」

四、勞動者所出售的非其勞動 [2]，而是其勞動力 [3]。勞動力之"價值"，如同一切商品價值那樣，從成本而被決定及定奪。勞動力本身價值（故＝工資）與其勞動所創造價值二者之差距，使剩餘價值（剩餘勞動）可能。人對人之剝削立於此。

---

[1]　即馬克思 1857 至 1858 有關政治經濟學批判手稿。有關資本一章，題為「產品與資本。價值與資本。蒲魯東」一節。

[2]　創造價值之活動。

[3]　勞動者其人作為商品、作為一物（使用價值）。

"勞動力"之價值也只商品價值而已，即對其作為勞動者之保存與再生產所需之必要價值而已，非這勞動力所能產生之勞動量（價值）。後者減去前者即剩餘勞動，＝剩餘價值，＝資本之利潤[1]。資本之增值根源於此。又在這人對人剝削關係中，表面自由交換[2]之對等性[3]，掩蓋了「勞動者工資≠其付出勞動所創造之價值」這不平等及不等值事實。交換表層對等等式（A＝A[4]之理性邏輯），掩蓋了內裡不對等關係（工資≠被僱勞動所創造之價值）。表面之公平交換與交易，掩蓋了勞動者被剝削事實。這沒有給付的勞動部份（剩餘價值）似已被給付。故在資本主義中，勞動力之價值似即就是勞動本身之價值，因而顯得如有已完全給付這一假象。

五、資本主義即以資本與勞動交換而成之生產體系。在這基於工資之生產體系中，其結果是求為永遠重現勞動者之為勞動者、資本家之為資本家這樣結構。資本家與勞動者間之差異與差距只會越深，不會越減。

六、資本主義生產因單純為獲取利潤（剩餘價值），若勞動時間只能固定而無減縮可能，那唯有從勞動者工資之減少，始能增加剩餘價值，換言之，盡可能使勞動者對其自身生存所需勞動時間付出減少，如此剩餘價值之生產始越多。資

---

[1] 剩餘價值為地租、利息、（商業）利潤三者所瓜分。

[2] 勞動者出售其（作為商品之）勞動力。

[3] 勞動者之工資＝其作為勞動力時之價值。

[4] 工資＝勞動者出售自身作為勞動力（商品）時之價值。

本主義生產故往往為生產力與必須勞動兩者之爭。生產力越高，人為其自身生存所必須付出之勞動將越少，剩餘勞動自然越多。機器故與勞動永遠處在競爭中。競爭之結果即為使勞動力價值下降，使勞動貶值。又因生產力之提昇，於其中耗費之勞動將越少，商品價值亦隨之下降。而這一切，指向生存所需價值下降，亦工資之下降。工資下降，利潤則上昇。

七、在資本積累過程中，資本之積累遠較對勞動力需求為大。表面勞動量之增長，在資本與勞動比例中，反只降低，換言之，工資必然朝向生理最低水平邁進。

八、若工資不足以跟隨生活指數上昇，勞動價格將低於勞動價值，如是勞動者之生活水平亦降低。勞動者對工資之爭，故並非必然為對剩餘價值之爭，可能只為下列改變之反應：生產量、勞動之生產力、勞動之價值、貨幣之價值、被抽取之勞動幅度與強度、隨着供求而有之市場價格變化等等。因這些變化而有對工資之爭，只反應而已，非必為對剩餘價值之爭。

九、勞動力價值由兩因素決定：生理的、及歷史社會性的。後者即一地之傳統生活水平。在極端剝削下，生活水平只能維持在生理需求而已，無以再滿足絲毫歷史傳統生活素質。故縱使商品價值沒有變動，勞動價值藉生活素質之減低仍可削減，這由歷史傳統生活水平消減而致。由資本與勞動之爭，資本家永想使工資降至僅只生理水平，或使勞動時間增長。如是而勞動者之生存狀態必然惡化，人類存在素

質必然下降：貧與富非只財富或生存能力差異而已，更是存在處境與素質之差異。社會階級如是、國與國亦如是，由兩極化而人類存在更形卑賤。

十、資本主義荒謬性有三，馬克思稱為三位一體：1. 本然無價值可能之「土地」[①]，具有地租這交換價值。2.「資本」有自身增值（產生利息與利潤）可能，即 100 元 = 110 元如此荒謬性。若視增值為由生產工具（如機器）所致，那本只具有使用價值之物品（原料、機器等），於自身亦能產生剩餘價值，如本只天然土地具有價值之荒謬性那樣。3. 工資作為勞動價值或價格，這本身荒謬：勞動本身為價值實體、為生產價值者，其本身故不應有價值或價格可能。三位一體之假象性在資本主義中，故呈現為下列三者：1. 從土地而有「地租」；2. 從資本而有「利潤」；3. 從勞動而有「工資」。各似有其獨立根源，然實掩蓋了大自然物（土地與生產原料及工具）本身無價值，甚至單純作為物，無價值創造性可能。一方面不可能 100 = 110，另一方面，自然本為與社會性不同存有，不可能於自然身上產生社會性，更不可能具有價值及價值創造性這超自然可能。而 "勞動之價值"（工資），這更是荒謬無意義之概念：價值即勞動（時間）、由勞動所產生，故不可能有 "勞動本身" 之 "價值"，如：價值本身之價值？價格本身之價格？那樣荒謬性。[②]

---

① 土地為自然、天予，其本身非社會性，本無價值性可能。

② 以上見《資本論》第三卷「三位一體公式」一章。

在終結有關馬克思思想討論前，讓我們最後作一總結。

形上學在馬克思思想出現前，雖不能說對人類存在沒有直接影響[1]，然因形上學本身都以追求形上真理為務，故形上學似與現實無關。從這點言，馬克思確實在形上史中前所未有地創立：直接從人類現實見其形上性[2]。如此形上學再非只關乎現實外真理，而形上體更不必然為真理性，可如資本那樣現實地虛假。若非馬克思，這一切不可能被發現。馬克思非僅發現現實中超越體，更是對超越體批判之第一人，其功不可沒。馬克思對思想形態（思想作為超越體）及資本主義假象性（資本作為超越體）之分析與批判，本身都正確，甚至極偉大。縱使 Foucault 指出馬克思對權力分析未盡事實，然始終，馬克思基本立論仍然正確：西方法律、政治、宗教、道德、形上學等，因以為人類有獨立現實外真理，確是思想形態性質；而《資本論》對人類生存之分析，以政治經濟與社會為超越體、為形上性模式，都十分正確。唯在有關存在及人應有真實這一點上，馬克思因受着西方傳統影響，未曾見深入反省。人類問題非唯在生存現實，

[1] 無論透過宗教抑透過知識模式，都對人類存在有直接影響，甚至結構著人類存在。就算只是以思想形態方式，人類存在都直接為形上思想所主導著。

[2] 若撇開可現實地被利用之宗教與藝術，現實可有形上性（或超越性）主要見於四方面：知識（如科技或大數據資訊）、權力【見 Foucault】、資本【見馬克思】、性慾【見佛洛伊德或精神分析學】。四者為現實中可有形上性之四層面。四者其反正故為：（利仁之）智、禮、義、及仁。前四者從現實形上性、後四者從人性言。

更可能在人類自身；生存只場域而已，人性問題始更根本。馬克思在《德意志思想形態》中提及在共產主義社會中，人再不會異己地與自身對立或異化、再不受到分工所壓迫，既可是獵人、漁夫或牧人、又可同是批判的批判者；所有這一切美好，仍單純從人生存現實言而已，還給每人生存上之自由與自主而已。然這始終非終極性。像尼采提出有關人類自身問題、關於奴性是否出自人性本身、而人（人類）作為真實的人時應怎樣、存在處境之負面性甚至悲劇性對人類之意義……，像這樣問題或提問法，非能見於馬克思。馬克思明顯知道，就算人類思想往往只是思想形態，然思想與人心及其精神性始終為人類真實。就如宗教這樣虛假性，尼采所見非只其現實功能而已，更是人心本身之虛假性，這些，都非專注於生存現實之馬克思所能想及。甚麼是「現實」？只單純物質生存問題？抑更可能是人心、人性狀態，而人本可不受限於此？這些都是尼采之後之問題。故縱使人類生存問題全然解決，若人自身不改變，人類存在問題始終未盡是。孔子曾說：「不仁者，不可以久處約，不可以長處樂。」（《論語・里仁》）這是說：人類仁與不仁，實可與其存在處境無關；「長處樂」者亦可不仁。人類存在處境故並非人類全部問題。甚至可能，人類處境問題只人類是否仁之問題而已，此所以「里仁為美。」（《論語・里仁》）無論怎樣，馬克思對人類現實如何不仁之指出，對人類「思想」之為超越體[1]、對現實中超越體之形

---

[1]　人類「思想」因只為超越體、只為思想形態，故更應在「思想」外，有其他更真實努力，如作為人時其人性與德行。人所未盡，唯其人性而已。

成與批判，這一切，始終是馬克思莫大偉大與仁心。人類問題最終能怎樣解決？甚麼是人類生存真正目的？這一切一切，都仍有待反省。馬克思非錯誤，唯未足而已。

有關馬克思，我們討論至此。

備註：現實中超越體之構成

我們在本章開首曾說，馬克思是在人類歷史中唯一對超越體其形成作分析者。我們故在這裡對此略加說明。

在形上學中超越體[1]雖由思辨及在體系之構作中建立，然超越體非僅純粹思想之事，亦可在現實中具體地出現，資本、法律、甚至國家、社會等便如此。上述馬克思《資本論》，便是對「資本」這一超越體之形成作剖析。我們對其原理作歸納。

一如商品由「使用價值」與「價值」兩面構成，後者為在交換過程中使事物能等值之實體；事物由這樣等值性始進入一共同或公共世界，以如此世界市場為自身（商品）存有背景、為事物自身〔新的〕所是，如是離棄並否定自身原本單純作為「使用價值」時物物間之差異性，以自身為與對方〔借由「價值」而〕同一化，由是形成一在物物各自自身外之共體世界，為超越性之體現。如是機制極為基本，亦超越體形成之方式。超越體必然

---

[1] 如存有、理形、實體、上帝、「我思」、單子、超驗主體性、絕對精神、超人、潛意識、他者。

在「共體性」這前提下始可能（始形成），沒有「共體」是沒有相互約制可能的。對超越體形成作分析，故即對其相關「共體」如何產生作說明，如「商品市場」之產生始有「資本」作為超越體形成那樣，亦所以馬克思對商品之二重性作分析，由是見由「價值」或「交換價值」之同一性，為「商品世界」形成之原因：商品其作為「價值」時之等值性，使物與物間等值性可能而同一，為相互間「共體」之產生。

若從「人類自身存在」反觀這樣問題，因人類存在必然為「共體性」、而「共體」又為「超越體」之場域，這似說：超越體及其壓迫必然，為人類存在根本，人類必然「共體地」存在故。並非如此。超越體所以〔對人類言構成〕壓迫，因此時之共體性"外於"人類自身，如「法律」之絕對性、如「社會」之公共性、如「國家」權力之自上而下、如「世界」之獨攬存在中一切……，如是種種，因"外於"『人類』自身、與人其性質無關，故始構成壓迫、始為超越。存在之「共體性」若單純為「人性」，藉由「人性」之同一性而"共"，如是無壓迫可言，「人性」內在於人、與人（或其本性）同質故。西方因沒有以「人性」為真實，於存在故無能見共同性，反而以共同性或同一性為壓迫，如以超越者「同一地」（同質地 homology）箝制一切差異性而致壓迫那樣，反以差異性或異體性（他者、異質性 heterology）始為真實自由。然壓迫本只由於「他」，非因共同；如人與人對立亦由於視對方為「他者」，非由於親近一體本身、更非由其共同人性[1]。如是可

---

[1] 此所以孔子說：「性"相近"也，習"相遠"也」(《論語・陽貨》)。

明白，「共體性」實有兩種：基於真正共通時之共體、與無共通性因而"自外而致"（所謂超越）強迫性之共體。中國所以以禮治國，因禮為人性事，非如刑法之與人性無關，其為共體基礎故內在而自然，非如法制之壓迫。共體能真實，故唯以人性而已①，再無其他可能。以為以理性，然理性仍實可不人性，只考量共體之利益為先，故始終非是。一切單純以共體為名者，如國家、政治、法律、社會、經濟，若缺少人性，必然非是，亦必然為超越體而壓迫。

　　馬克思對現實中超越體其假象性之分析故深邃。除揭示思想絕對化自身時之虛假外②，更對物（資本）及現實中超越體其形成與假象作剖析。現實中一切「超越體」，實即其「共體性」之代表或象徵物，如「資本」或「貨幣」為「價值」或「交換價值」之代表那樣③。若代表國家或社會公共性之至高者為政府，而這樣至高者只以法制（公權力）行事，非更本於人性共同性，其為超越體因而外在（外於人性），如此共體或超越體之存在與運作，即為壓迫，其為共體非建基於人性故。共體之至高者（君主）此

---

① 孔子故說：「夷狄之有君，不如諸夏之亡也」（《論語・八佾》）。言共體若無禮，只如夷狄之野，共體此時只壓迫性，非能人性。

② 思想之虛假性立於其以自身為獨立絕對（「思想形態」Ideologie），即孔子所指出「思想」移離「人性」本性真實、因而虛假一現象。縱使為西方思想家，馬克思仍見「思想」本身之不是，其作為超越體之虛假。人類今日（西方）發展出「智能之機器人」，實亦人類自身「智」之極端：既無人性、只單純智思時之結果，其弊害由此。

③ 見前「物之假象性：商品與資本之拜物教」一節分析。

時只為「共體性」落實具體化時之"代表"、其"象徵"。然若非更由於人性共通性，縱使為共體代表，仍實外於人人，因而本質為壓迫，人民及其存在必然屈居其下故。此資本、法律、國家、社會、君主等作為超越體時共同姿態。馬克思借助「資本」之形成過程，描繪並揭示這樣絕對者之產生：在一表面看似平等、對等之交換關係中（在一公共性之相互關係中），事物如此交換實已磨去各自之本質差異與真實，因而使各各落為「價值」，以價格化方式呈現。人同樣：由社會公共性、其價值定位，使人所是異化，為社會價值取決；於為倉庫管理員之孔子，其於社會中真實，亦只倉庫管理員而已，非真實之孔子。此社會價值及其共體性所造成假象，其為共體①純然虛假故。人與事物由是異化為社會人及交換價值（商品），由共體性之量化而致可比較：人由社會份位之上下（社會價值）、物由市場價格，而同一化，各去其本然真實與差異②。由共體性，人與事物其本然所是消失，餘下只社會同質化（同一化）時之人與物而已。此人與物離異自身進入一絕對共同體時為超越者箝制之原因，超越者此時為各各其於共體所是之代表故。「超越體」借由"為公共性之落實代表"一事實，使自身絕對化，凌駕於人人與社會上，為共體之絕對者、為各各欲求『公共性』時之代表，因而為「拜物」（如資本、如上位者、如知名公眾人物）。人在超越性下只離異自身本然所是。「絕對普遍者」之出現使人各遠離自身而「異化」，存在由是

① 若無人性於其中。
② 相互所是之差異，及，其自身之差異於社會價值。

成為「現實」而為虛假。「絕對者」所以絕對，因人人讓渡其自身，使普遍者高於個別性而已。若共體非以禮治、非人性地相互對向，人無以為真實之人、無以為真實之自己。此現實存在所以虛假：一切由於公共或同一化故。以上為超越體之形成及其真與偽。

第十一章　尼采形上學研究

送給日夕陪伴我
撰寫尼采之綠綠

　　若馬克思所關懷為人類現實生存上之被奴役化，尼采所關懷則為人類從精神價值言之被奴役化，而此首見於其對宗教道德之認定，至社會或世俗存在猶然。

　　以人（生命）為中心問題之思想，本應再無形上學可能。然若「人」非從人性作為其真實，而從其他為真實，人仍可有其形上學。甚至，縱使非從如心靈實體或主體等言形上，然一旦仍求為超越性，如此之人或人性仍只形上學。甚至，於尼采仍見形上學兩門：前期從人類集體酒神精神言之一般形上學、後期從個體超越性言之特殊形上學；因而如《人性、太人性》這中期，實為前期至後期之過轉，為對人類集團批判始致特殊個體之高揚。

　　對尼采思想進行討論，有着一種與別的哲學體系不同之困難：尼采哲學因以價值重估為核心，而價值一事本非客體對象，無法有一單純對錯可能，故除非能深入價值背後之意義真實，否則無以作公允判斷。尼采自身雖已對價值進行系譜學式源起

探究，然始終因本於西方角度與傳統，未能有更高體會或涵攝，故始終有商榷餘地。我們不能以為，像道德一必然現象，在不同文明存在背景中仍只同一之事。與人類作為有關之一切，都與存在特殊觀法難於分離，非能分割其存在觀法而視為同一。中國德行與其淡泊甚至自我居後之存在態度，有以人性為其所本，與西方以盡欲望自由所能之自我存在姿態背道而馳，兩者（道德與德行）差距故很遠，因存在態度故無以同一，非因為道德而一致。一切價值討論故須回歸存在態度之真實為本，是無法單就時代偏好或所以為"普世價值"而作定論。

其次是，因尼采思想主要以「人」為對象，若仍以其思想立於如多元差異性、永恆回歸、超人、求強意志、虛無主義等學說主題，是未足真正明白其思想究竟的。正因以人為主，對尼采作討論，故更應以尼采個人"作為人"為始點，非以其思想為始點。尼采自身也明白這樣進路之重要性；否則若只從觀念學說切入，難免產生誤解甚至曲解。為澄清這樣錯誤可能，尼采最終故撰寫《看哪這人》一書，為對自身真實究竟之說明。《看哪這人》故應視為尼采思想之總結，最低限度，尼采自己確如此觀。若非從其人細微閱讀與明白，可能也只誤解而已。有關尼采，我們故以《看哪這人》一書為主軸，亦輔以其對西方（古希臘）文明源起之探索：《悲劇之誕生》。

《看哪這人》

序言

問題首先是：尼采作為哲學家與以往一切哲學之差異何在？哲學若以「真理」為對象，尼采所言真理之基石在哪裡？這一基石，正在"真理"一問題上。對尼采言，故往哲學所言"真理"均只虛假或虛構、只為偶像，其所是實只謊言。對尼采言，真實性必須首先從"誠實"言，謊言無能為真實。尼采思想根基，故非在其對力量之所好、非在其虛無主義甚或對超人之向往，而單純先在如此微不足道之誠實性上。是極其誠懇地誠實，使尼采洞見一切哲學甚至道德與宗教之虛假，並從而明白人類歷史所有價值必須重新評估，否則人類再無真實性可能。

尼采自身深明這樣差異，故以《看哪這人》序言四節說明這一點。首節為後三節引言，指出人多對尼采誤解；二節言尼采自身所是、其思想基石；三節言哲學（真理）其條件與所應是；而終節最後指出尼采心目中之人：查拉圖斯特拉。

於首節，尼采指出其思想之關鍵，為對人類或人類本性（Menschheit）無比之要求；正是如此，其工作既偉大亦艱巨，亦為人們因渺小與狹隘故對尼采造成誤解。究其原因，實與人不明尼采「自身所是」（wer ich bin）有關。①

---

① 「聽我說！因我是如此如此，故別把我與他人混為一談！」"Hört mich! denn ich bin der und der. Verwechselt mich vor Allem nicht!"

第二節故立即說明這樣誤解：尼采非再以求「理想」或「價值」為真理者，而相反，眼前之「事實」甚至「現實」，縱使多麼毫無價值至醜惡地步，若人對事真正誠實，是應以此為唯一"真理"者。尼采並不求索理想、不求改造人類，這一切對尼采言只虛假偶像，過往哲學與真理正以這樣理想價值而否認或漠視現實真實：人以虛構世界取代眼前真實、取代現實，成就自欺欺人之謊言。人類如此虛偽、其所崇尚理想價值，反阻礙或桎梏人類真正發展與未來。尼采所以似特殊對道德批判，因道德之人為從"人"言最為理想。尼采故寧為酒神或薩提爾（satyr）也不為道德或聖者。

這理想與現實之對反，明顯為西方所求真理為超越真理而致：由真理之為超越真理，眼前世界故落為假象。然這樣對現實之低貶，實只由於哲學所求真實本虛構、由真與假（現實與理想）極端對反並顛倒始有：視虛構構造者為真實、眼前事實只落為假象世界。哲學所犯錯誤，故先在其不誠實、在其所言真理非現實事實故。

於第三節，尼采故言心中真正哲學所應是，而此一言蔽之，為 *"Nitimur in vetitum"*：追尋一切被禁止的。對禁限之追求，非必如後來巴塔耶那樣，指向卑賤事物。對尼采言，這樣追求仍是一種價值、甚或是價值之創造，唯這樣追求不再以人類過往價值為受限而已。對這未來之生命力，尼采形容為倨於高處、如在冰冷高山上、呼吸着強而寒冷空氣、有着強健體魄那樣。關鍵因而非唯在真理本身而已，而在人能"承受"怎樣的真理。過往真理所以誤向，非單純由於盲目無知，而更根本地，由於在

現實可怖性前怯懦。真知識之前進其條件故先在勇氣、在對己嚴厲、甚至在一種自潔（高潔）。

第四節故引《查拉圖斯特拉》，以之指點出尼采心中之人。尼采特別強調一點，查拉圖斯特拉之獨立獨體性：不但不依賴於人際關係，甚至連學生與門徒也只求拒斥，求為獨立而真實而已。[1]

在結束序言前，尼采補充了一小段感懷，說其多麼感謝其生命、多麼喜悅其眼前存在、其自身之在世存在。這一感言看似無理論重要性，實不然。若尼采仍對人類歷史有所批評，這與傳統批評現實世界而他求真理本毫無差異。正為指出如此差異，尼采故寫下此一感言。構成尼采與其他哲學之差異在：無論是否對人類現實有所批判，尼采所肯定的仍是現世生命與生活，因而絲毫無求索遠離世間之其他真理；其所視為真實者，唯眼前生命存在而已，再無其他。其所批判現實，只是其中那否定自身現實存在、肯定其他真理者。尼采這點與中國思想一致，唯不知人倫人性其平實真實，始言"現世生命"或"生活存在"而已。單純從對生命（生活）肯定這點言，尼采異常地正確，再非如故往哲學他求超世間真理而否定眼前存在。尼采以現實存在始為真實這一點，故為其與傳統最根本差異，亦尼采較一切西方哲學更正確之原因：眼下世界存在始終應為唯一真實故。[2]

---

[1] 「人之過也」，實「各於其黨。」（《論語・里仁》）

[2] 西方哲學，縱使如當代，仍明顯為形上學，始終以「存有」或「超越性」為真理向度。縱使現實如馬克思，在現實外無對超越者索求，然「現實」（資

《看哪這人》一書分四章：前二者〈我為甚麼這樣智慧〉與〈我為甚麼這樣聰明〉一言尼采怎樣"對人"或"與人"，另一言尼采"自身"[①]；二者構成尼采之「人」。後兩章〈我為甚麼寫出這樣好書〉及〈為何我是命運〉，前者勾勒尼采作品、後者則勾勒尼采思想核心，二章故為尼采思想之總述。書有四章故刻意：既言尼采其人自己、亦言尼采其思想與作品，故為"看哪這人"。因〈我為甚麼寫出這樣好書〉一章涉及多個文本，非能簡論，我們於此故略而不談。

第一章

　　有關〈我為甚麼這樣智慧〉這第一章，尼采歸納其面對他人之重點如下：第一至第三節：父母。第四節：與人輕微之善意關係。第五節：與人輕微之惡意關係。第六節：與人較嚴重關係中之怨恨。第七節：與人較嚴重關係中之戰鬥。第八節：我他關係之總結。[②]

　　本主義存在）對馬克思言仍只負面，非如尼采所望能為肯定，此尼采所以特殊：其所肯定者為對西方傳統言為否定故。

[①]　正因現實所以負面往往由於不得不"對向他人"，故尼采從"自身獨立性"一面言對生命之肯定。自身之獨立性、甚至其高遠，故為尼采所以強調之原因：為生命存在能肯定之本故。

[②]　撇開人與人關係多涉負面性，以此主題為先，除因現實負面性多由與人關係引致外，人倫關係在存在中始終最為根本，連尼采亦不得不以這樣主題為先。於此故亦可見，尼采對人倫關係之回答或看法。

一章第一節

　　像尼采如此強調個體獨立性，其與他人關係必然表面而不能深入。無論與人關係問題多麼重要，尼采反而只欲指出，與人關係實仍有深淺可能，縱使親近如父母仍然。與父母關係之討論所以分為三節，因除第三節為嚴格言與父母之人倫關係外，更重要的是：人與人關係首先應從更潛在的"影響關係"言，而這明顯有好與壞兩面，亦至親如父母所有事實。首兩節故透過父母關係先說明這一更重要問題：人從他人所受影響。這在人與人關係中「受他人影響」之根本事實，塑成人其所是與存有，而父母之影響最甚。

　　若萊維納斯以人與人為對"超越他者"之承擔、若對佛洛伊德言，父母為俄狄浦斯愛慾對立情結關係（Oedipus complex），那對尼采言，「父」「母」表徵了在"人受人影響關係中"最根本兩種形態、人類其兩根本類型：一者頹廢、另一者具有新生力量。前者為尼采父，後者為尼采母。從傳統言，人之二分若撇開種種偶然樣態不談，主要亦唯"善""惡"二類而已；此性善性惡問題所以根本。若如佛洛伊德那樣從生物之"感受"作二分，因而對象或為"愛"、或為"恨"[①]，始終，"愛""惡"終仍歸為"善""惡"兩種價值。尼采不然。正因尼采不認同善惡價值，故對人之分類，反從對反這樣價值言："頹廢"者即善良至如天使般、為尼采所視為懦弱、虛假不實、否定生命而病態者；其反

---

① 　能為我所吞噬者為"愛"、為"善"，不能為我所擁有者則為"恨"、為"惡"。

面即"對生命肯定"而體魄健全者。我們可約稱這二類為柔弱與剛強者。人之二分故非在"善惡",而在"強弱",後者正為前者之對反。[1] 人與人首先關係,故非在善惡行為之"承受",而在健康與頹廢程度之"相互影響";此人直接承自父母者。父母所表徵,故非先為人倫關係,而是人(個體)其本性或性格之塑成。人(個體)之心態性向由是形成。

因非善惡二元對立,從父母而來之性向故可並容於尼采一身,為其雙重誕生。正因合二者於一身,故縱使處於生命最頹廢狀態,尼采仍可由自身體魄而康復,一如處於二者間、不為二者影響之中介旁觀者那樣。人之優越性故非因沒有處於生命力之低潮,反而是能由這樣低潮狀態而自身康復。尼采更以此二重性解釋其所以更能洞察並辨別生命力之上升與下降,而此一般為人所未能。頹廢如影子般存在、其求遠去世界甚至直下如已死般無生命前進力量,於尼采,正是其能明白及轉向生命哲學之原因。正因病態如此扣緊人之生命甚於知性真理,尼采始知曉"生命"較一切"知性真理"為根本。價值重估故建基於因病態而求索健康、及由健康之充盈透視一切病態及其微細。價值重估實與這能雙重地觀見(Perspektiven)有關。假若我們仍援用傳統心與身體二分,傳統所以由心靈建立真理,正因不見身體存在為更根本真實而已。尼采倒轉所洞見故為:真實先在身體及其健康、在生命力而非在知性,後者若為真實,應先從

---

[1] 善者柔弱(尼采義"頹廢")而剛強者超越道德。【剛強於尼采非從外在暴力,而從內在堅毅言。】

能辨別生命之狀態言；知性非由拒斥身體及生命存在而能真。

一章第二節

第二節故從健康其意思之說明始。而此如已述，為能自主自發地、由生命病態而轉好；或利用這樣病態而達致生命力更充沛高揚狀態，此為一般頹廢者所不能。頹廢或病態於後者只能造成更大傷害，非更大健康。能擺脫日常操心而獨立、獨立至不接受他人關懷與照顧、一切均自發地成就、自發地康復，這是真正健康之所是與證明。如是而外來刺激無論好壞都只引致生命之上升；而對負面或低下狀態只求拒斥與逃避、一切但求樂觀之心態，故本身已是病態之表徵。而從正面言，健康者必予人喜悅之感，其欲求也止於這分際之內，不會因匱乏而貪婪地無窮索求；既能修復一切損傷、又能轉化負面為正。正向而獨立地面對及體驗一切、一切只大度而緩慢地回應、既無愧亦無怨懟、由忘懷而能處一切人、一切亦唯成就其強大剛毅、終對己言為有助有益……，這一切，均為健康者之標誌。

我們可把尼采所言健康歸為兩點：人其獨立自主自發、一切回歸人自體之善；及：對外來好壞不動心，因而無屈於任何現實狀況，再無世俗價值之貪好，而對生命所是無比肯定。尼采這健康人格，與古代中國所言君子人格一致[1]，唯尼采止於自

---

[1] 讀者可隨意翻閱《論語》與《孟子》便可得悉。《書》更簡言為：「直而溫、寬而栗、剛而無虐、簡而無傲」。直、栗、剛、簡對己，溫、寬、無虐、無傲對人。因能對人故始真正自己而頂天立地，亦能自守於善而不流於利

我個體，而中國更進於人性，因而有“對人”之仁義禮智。後者於尼采闕如，甚至極端地對立。從失卻人我之中庸言，尼采所求獨立性故往往反為刻意對立、只求為批判。然如此只使其顯得不理性，亦處處重蹈西方「對立性」覆轍。這一切，源起於西方視人唯有「自我」、沒有「人性」。縱使後者迫不得已，仍只隱沒於「自我」後，以「自我」為（人道之）本。

對人倫[①]之否認，緊接地見於第三節[②]。

一章第三節

第三節從尼采自身血統說起，以自身為純粹波蘭貴族，非德國血統。相反，從其母親及妹妹中，尼采所見只為庸俗卑下性，甚至為唯一使其無法肯定「永恆回歸」之原因[③]。尼采直指出：一切生理上“親屬關連性”至為侮辱荒誕：人最與其父母無關，與父母關連亦最庸俗不堪。偉大個體只源自遠古、從遠古繼承而致，如尼采由凱撒、由亞歷山大、甚或由酒神狄俄倪索斯（Dionysus）。

正因極端地強調自我個體，故尼采只能否認一切父母親屬

害爭奪。

① 特別是父母，因這至為根本，亦承上兩節而發。

② 尼采曾完全改寫此一節，可能與過於否定父母有關；然其改寫顧左右而言三，從父母拉扯至祖母、曾祖母。

③ 對母親與妹妹之批評，是從現實事實言，與第一節所言母親之生命力此性向沒有矛盾。對現實所有負面性本仍應肯定，唯母親與妹妹其現實真實對尼采言實難於承受，致對如「永恆回歸」這樣肯定性亦如有所不能與不是。

關係，擺脫人倫。然所謂人倫，非言父母所是即一己所是，而是因所對向者特殊、為人對其存在感謝致對如此特殊對象有所情感感謝，如人對天地恩澤之感謝那樣。若以為人倫只從 "一己所是" 言，實不免過於自我而狹隘。

一章第四節

於第四節，尼采首言其與人關係中較輕微之一面。如同討論父母非討論人倫關係，同樣，在討論與人關係時，重點只在 "自我怎樣在與人關係中" 能保持絕對獨立性，非在他人。而此有兩方面：他人對己之不妨礙干擾、及己不因任何憐憫感受為人傾力或有所付出。這兩點與子貢求為獨立時所言有所雷同亦有所差異：「我不欲人之加諸我也，吾亦欲無加諸人」（《論語・公冶長》）。有關第一點：與人關係仍能保有自身獨立性，不為人攻擊對立而能安寧，其關鍵首出於與人無所對立與怨恨，最低限度表面上無敵意與不滿。舜真切地「與人為善」（〈公孫丑上〉），然尼采所圖唯表面地與人善交，如是多使對方善意地回應、鮮惡意地對待。[1] 尼采甚至指出，無論對方怎樣野蠻，仍能為他所馴服，「連最懶惰學生也變得用功」；縱使是不協調樂

---

[1] 尼采提出這樣觀點有點奇怪：善意地待人，在古代中國屬禮範疇之下，亦人性相互和睦對待之態度。並非因而不能出自尼采之口及為其所贊同；而是，若這樣對待關係為尼采能保有獨立性之條件，那這是否說，自我個體之獨立，實仍需 "人性禮" 為前提，否則因無禮而成敵、失去善交之道，個體於現實中其獨立性將不再可能？

器[1]，在他彈奏下仍能發出意想不到之美妙，連其人自身也出乎意料之外。

我們說，尼采這與人善交，表面上與舜「與人為善」雷同。然舜所求為"借對方之善""去其自我而使之提昇"，成就善之真實。然尼采因從不以「為人」或相互之善為目的，一切只求為個己，故如他所用比喻，他人也只工具（樂器）、為其自我表現而設而已。從個己自我出發，人與人之善意也只能如「巧言令色」（《論語・學而》），背後仍只自我、甚至只求為一己舒適不被干擾時之自私，與萊維納斯對他者承擔極端地對反。

至於自己之對他人，若內心因憐憫而再無法自己、不能不出手行動，這明顯違反個己獨立性原則。尼采解釋說：憐憫或無我地為人之所以為脆弱，因它既毀棄自身之自我獨立、亦毀棄他人之自身獨立；既使自身脆弱、亦使他人脆弱；甚至對其個體獨立性無所尊重、破壞人與人基本距離而不感羞恥。人對人應首先建基於（人與人之）距離與獨立性，不應自我膨脹而以為善。這種善意極端時到處尋找可憐人，因而反以人之悲慘狀態為樂、求為一己滿足或自我滿足而已，其結果只使人與人因依賴而失去自己。憐憫心其背後因而有虛榮心在：使自己顯得偉大、而受助之他人由感恩而內疚，弱化人類心靈，亦毀棄生命對困難之肯定與承擔。超越憐憫心故對尼采言更是德行，亦是人能更高遠獨立之首先證明，如查拉圖斯特拉。從這樣立論故可看到：從個己獨立性出發必引致對「善」（善對人）之否定，

---

① 尼采明白喻「人」（他人）。

此尼采所以視道德為虛偽之根本原因。

然一切問題先在：非善對人是否虛偽，人自身縱使自己是否"本然虛偽"，此始為人真誠與虛偽其根本原因與所在。尼采所言雖正確，唯其想像人性仁時，只從憐憫心這表面感受[①]、只從為善者於善之奴性虛假甚至虛偽言，而忘卻：這一切可不如此。是否如此，關鍵仍出於為善者背後究是"單純人性"抑"出於自我"。出於自我而為善，其為與自我有關，因而可虛偽虛假[②]，所在乎為善之表面或表現而已。中國言「仁」而非只言「善」[③]，不單只背後想像的非只虛偽自我，更先是人必須「己立」，始能「立人」；此仁之道，故非只為"善"而已[④]。從「立己」與「立人」（成人）言，仁故先在一己之真實，非單純"善"而已、更非只出於憐憫。真正善故非只善對人，更切望他人自身能善、從人自身能善方面而作為，故非只"善行"之表面，更非只"一

---

① 「憐憫心」不等於「惻隱心」這點我們在討論盧梭時已說明。然就算是惻隱心，仍只心之四端而已，非擴充後之仁。仁更須自覺反省與學習、由自立達致，非單純感受、更與自我無關。真實之仁，故不可能發自"自我之虛偽虛榮"，更非由一時感受而忘卻人之道，故仁從「己立」「立人」言，非只個己滿足、更不可能為盲目，此所以「好仁不好學，其蔽也愚」（《論語・陽貨》）。

② 除非真如尼采認為，人之無我也只表面、仍出於自我。這樣結論，其前提仍先是：在自我背後，究竟有否人性心在。

③ 若真言善其背後仍必以仁為依歸，如「人而不仁，如禮何？人而不仁，如樂何？」（《論語・八佾》）那樣。

④ 縱使為"善"，"善"仍非單純從善良言，更須關注其事是否確實美好。「善」一詞故本然包含「美好」意在。若有對人類弱化之善，從非真正美好言，故實本非善。

己"遵守格律時之道德。

從尼采對偽善之批評，實仍見尼采對人類善之關懷，否則無須批評。其所批評，故實仍只善之偽、非善本身。從尼采這樣批評，故應辨別一般所言道德與善行之真偽事實：只出於社會需求、只社會求典範性表現、只盲目無所獨立反省、只出於自我求心靈滿足、甚至只由於信念信仰、或只求為個己缺失之彌補……，這一切都構成善之偽，終對人類言實無益。[①]

不過，若撇開虛偽道德對人類之弱化，人因困難而需幫助這仍是事實；中國稱此為「義」，非為「善」；換言之，只與事、非與人有關，故無弱化人類之嫌。

最後仍需一提：求為個己獨立性而表面善意、與求為個己（道德）表現而善對人，二者同樣表面、亦同樣虛偽。子貢曾問：「鄉人皆好之，何如？」孔子之回答是：「未可也。（…）不如鄉人之善者好之，其不善者惡之。」（《論語・子路》）人真正獨立應從實質言，非個己求獨立性之容易而已，這點尼采是應明白的。

一章第五節

若前節論人與人關係表面之善，那第五節則言人與人關係中較輕微之惡。一方面人與人關係不可能只善意而無惡，另一方面仍須說明縱使必須報復，怎樣才能保有個己獨立性。對這

---

① 一如資本主義非求為解決人類生存與貧困，同樣，道德亦可非求為使人善或成人，其首先偽在此。

樣問題，尼采之回答是：無論侵犯大與小，尼采不會刻求防護措施、甚至不求解釋。尼采只採取相反做法：對愚蠢行為示以聰明、對惡意示以善意、對為者報以感謝或友善之要求；若以上不能，終仍會以惡言相向，不會默然承受。默然接受欺侮既不誠實於心、亦只引至自身傷害。以粗野回應更是"人性"所是，非由過度保護而柔弱。尼采甚至認為，若有神靈存在，其於世更應為不正義之事：非為承受懲罰而顯示其神性，而是求為有罪，此始反顯其（神性）力量。

尼采這一回答揭示下列三點：1. 在惡之前無所畏懼逃避，始是真正獨立性。甚至，對惡之肯定可至不求對錯誤解釋地步。此所以尼采誇言不正義之事更是神性表現，力量之絕對性無感惡之為惡故。[①] 2. 以聰明、善意等回報愚昧與惡行表示：尼采力量早已超越這樣關係狀態，不為愚昧或惡行所動、不為此而反應。如是仍是自己，非處處反應他人。3. 若前者不可能，不得不回報以粗野，仍不會因粗鄙似有傷品格或形象而不敢為。報以粗野仍是"人性"常態，否則以為堅持品格終只傷害自己而已。於侵犯前以粗鄙回應而保有一己心之平衡，故較默然吞嚥更是對己重視、更無傷及一己之內在。

若我們回顧尼采這幾節之層層思路，讀者應明顯看到，假若尼采所言健康確是問題所在，換言之個體獨立性確是人真實

---

① 對絕對者言，善非必然善、惡非必然惡，故無須只能向善去惡、或受制於善。如是超善惡使得一切價值必須重估，價值至今均建基於「善」一向度故。

性之基礎，那從否認父母關係始，我們不難發現，尼采在之後幾節所言，漸已與成就個體健康之獨立性無關，反而只是尼采對"自我獨立性"概念之執着而已，非主體之真正獨立。事實上，像獨立性這樣問題必須透過父母、他人、甚至傷害者言已明白說明：人於現實他人中，本無這樣獨立性可能。非不可能。若是從一己作為如「我欲仁，斯仁至矣」（《論語‧述而》）或「為仁由己，而由人乎哉」（《論語‧顏淵》）言，獨立性仍是可能，為與不為在己而已，與他人無關。然若是從"人我關係"言個己獨立性，獨立與否將只是一種近如幻想空想之想法而已。[①] 一旦與人，實難切割一切關係；若能，也只如尼采否認父母那樣，只"自身想法"而已，非事實如此。中國言人之獨立故不從這樣空想否認言，反而"切實地作為獨立個體"怎樣對待父母與他人，非從"自我"言獨立。[②] 像在本節中，能以聰明手法凌駕而不反應他人，本身實已是一種反應，"自以為"凌駕而已。同樣，若不能凌駕，對人敢粗鄙而對，自以為如此能自己，明顯仍帶有自欺之意。子貢故問：「君子亦有惡乎？」孔子之回答是：「有惡。

---

① 稱為"空想"，因始終只人對人際關係之一種"想像"甚至類如哲學對如此問題之"思辨"而已。

② 從尼采討論故可看到：獨立性若單純從人德行自覺之作為或從君子人格言，如此獨立性始真實，本亦尼采所應求健康之意思，如此自我既有道有己亦非反應性；然若如尼采把獨立性轉向對外在否定、對向價值（善）而言"不"，以此突顯自我，如此非獨立性之真實，只如孩童拒斥父母善意時之執意而已。言自我獨立性故有兩面：真實地「立」及正面地創為；與：執意地說"不"。

惡稱人之惡者，惡居下流而訕上者，惡勇而無禮者，惡果敢而窒
〔室〕者。曰：賜也亦有惡乎？惡徼以為知者，惡不孫以為勇者，
惡訐以為直者。」(《論語・陽貨》)無論孔子抑子貢，所惡都與
這樣鄙陋有關，並視這樣反應性非獨立君子作為，單純反應始終
與一己所是非必一致故。換言之，尼采所言"與人"關係、或其
應對他人之侵犯，都與一己健康心態無關，而流為個人想法(想
像)之執着而已。一如其誤認"偽善"為"真實之善"，尼采對這
樣想法之執着，只停止於其對個體之表面理解，以為如此為自我
真實，完全誤認人存在之客觀事實：「人」非只「自我」這一事實。

那麼，對向人之侵害，怎樣始為正確獨立？若不考慮具體
情況之不同，單就侵犯言，「以直報怨」(《論語・憲問》)將是唯
一回答。此時對「怨」而以「直」回報，沒有要求德行、但亦不
會因怨而過度，如此始有真正獨立性：既不怨懟地報復、亦不
偽善地以為須「以德報怨」。尼采把「以德」說為是凌駕、把怨
懟說為是人性常態反應，這都只"想像"而已，與一己真正獨立
性無關。尼采這裡思想，故單純從"一般"個體之性向言，所失
明顯沒有從"作為人"之立場而思，此其所以錯誤。

一章第六節

本章第六、第七節主題，正與我們上述討論有關。在這兩
節中，尼采從較嚴重方面討論"與人關係"。第六節先言"自
己"一方，第七節則言"對人"這另一方：一在「怨恨」、另一在
「戰鬥」。

「怨恨」（ressentiment）直與個己之健康有關，唯此時個己之獨立性，是相關外在人事甚至世界言。能破壞個己獨立性，若不從特殊關係而從總體言，即心境或心態之怨。「怨」至是一種無法光明坦然之內心，為尼采視為最不健康者。怨非必從外來傷害至，連深情狀態因不能自拔，也算作對人獨立性之傷害。尼采故指出，一切無以擺脫（不知怎樣擺脫）、無以跨越或推卻者，如過於干擾之人與事、傷害太深之事件、傷口般之回憶、厭煩不奈、渴求報復或無力報復、種種毒品與欲望……，這一切，均對人獨立性（健康）構成莫大傷害。怨感實由是而成。尼采甚至極端地說：在無可奈何時，寧如死去般，再不作任何反應，使自己能暫時豁免其事，這仍較窮盡一切力量無效地反應為佳。尼采稱這為「俄國式宿命論」，甚或為釋迦牟尼之生理學。無論何情況、無論生命力充沛抑匱乏，怨感都有害生命、不應存在。無論情況怎樣，不作無力反應、不試圖作絲毫改變或他求、視眼前一切為不可改變之"宿命"，這仍是一種"理性"。

從上可見，怨感實人與外在關連時所生之負面性或負面狀態。正因負面，若無法超越，將構成生命前進莫大障礙；故寧視若無睹，亦不求無效回應。換言之，從個體獨立性言，保有自身完整性至為重要；若如下節言戰鬥[1]，戰鬥必須是與勝利者或勢均力敵者之戰，如此縱使失敗，仍無損於個己、亦不會引致怨恨。作為保護個體生命之完整性，尼采這裡所言正確。這與外在人事之距離，用中國說法，也即一種淡然處之之態度。不過，

---

[1] 戰鬥雖為對外關係，然因顯示一己力量與生命，故可為"個體"肯定。

尼采所以能致此，仍首先歸究於其從不以人倫為存在意義之本，否則是難以致此獨立地步的。再者，尼采所言"不該有怨"固然正確，怨恨亦確實可造成大傷害^①，然問題非在怨恨本身，而在尼采說明此不該時，忽略了一根本向度：尼采只從遠去對象言怨感之避免，但忘記，怨感除由對象產生外，更根本地與感受者其人心胸有關。人自身可有不同程度之修養、不同豁達之心懷。是否致怨故非只對象之事，亦與一己心懷有關。《論語》便常指出這點：「伯夷叔齊不念舊惡，怨是用希。」(〈公冶長〉)「求仁而得仁，又何怨。」(〈述而〉)「不怨天，不尤人，下學而上達。知我者其天乎！」(〈憲問〉)「躬自厚而薄責於人，則遠怨矣。」(〈衛靈公〉)句中所以無怨、不怨、或遠怨，明顯都是其人自己心懷之事，非無怨懟之人與事。能從自身明白怨懟之不是，較只知其影響而避免人事，更是人之立。從這角度觀，尼采之遠怨明顯不足；甚至，從其這樣說明可以看出，尼采重視對象實甚於重視自己，故只求遠去而不知求己寬大之心、於迫不得已無可逃避時只知伴死或視如宿命而不知人豁達時之更高真實與氣度。^②

一章第七節

有關「戰鬥性」，尼采以戰鬥為一切剛強者所有，剛強性則

---

① 因而如情愛，孔子所教誨亦為：「樂而不淫，哀而不傷」(《論語‧八佾》)。非不能有所哀樂，唯不傷不淫始是。

② 讀者可參考孟子〈公孫丑上〉〈公孫丑下〉，均與人自己心況有關。

以對手程度而衡量。戰鬥非特指對人，也可對事、對問題之挑戰。戰鬥非必為戰勝一切阻礙與困難，只求為戰勝與己勢均力敵之對手。尼采把戰鬥歸納為四點：1. 只與勝者比武；2. 只單獨應戰，不求盟友群黨；3. 不作人身攻擊；4. 不對由單純 "個性差異性" 形成之事物作攻擊，特別當其曾有一未善背景或經歷。如是戰鬥始光明正大、始是公平之戰。戰鬥因而反為對對手之嘉許甚至感激。

　　尼采這戰鬥理論，明顯純為力量之展示而有，非為克服任何外在客觀困難。從這方面言，尼采原則當然光明正大而公平，為真正強者之戰。但若撇開這點，從戰鬥性更深遠意義與真實言，尼采所言則未必。純為強者展示力量主觀而非客觀之戰，非戰鬥應有之道。戰鬥始終負面，若非必須，不應為人所用。公正地選擇對手、單獨而不求盟友等守則，已顯示其戰鬥本身無客觀必須。非因而怯懦，只應該與否而已。此所以《論語》有：「子路曰：君子尚勇乎？子曰：君子義以為上。君子有勇而無義為亂，小人有勇而無義為盜。」(〈陽貨〉)「君子尚勇乎？」明白問：因強勇為人人稱羨之素質，真實之人是否亦應對強勇有所崇尚？[1] 孔子「義以為上」明白指出：義（客觀真實需要）始是、非個人主觀之勇為是。同樣，「君子無所爭。必也射乎，揖讓而升，下而飲。其爭也君子」(《論語・八佾》)中「必也」兩字明白指出，除非其事必須，否則真實的人不會與人爭鬥；若爭鬥，仍盡禮之可能，故「揖讓而升，下而飲」。《易》亦曾用二卦說明戰

---

[1]　如此之問應為對比君子好仁、好禮等德性而問，故問君子是否亦尚勇。

鬥之道理：〈訟〉與〈大壯〉，後者言強勇之道。爭訟之事「有孚窒惕」（使心鬱悶）、「終凶」、「不永所事」（不宜長久）、「不克訟」（不求勝）、「貞吉」（自守則吉）。而強勇或強勇者更宜自守（「利貞」）；敢作敢為者（「壯于趾」）「凶」，慎悔失去一切（「悔亡」）；強勇無所利（「无攸利」），唯小人用強勇（「小人用壯」）而已。強勇之意義故唯二，一主觀、一客觀：主觀為「喪羊于易」（縱使有所喪失仍視為輕微），而客觀為「艱則吉」（強勇用於艱難之事則吉）。無論怎樣，自守始為爭鬥或強勇之道。尼采所言故只好強時之自我感而已。

一章第八節

在人與人輕微善意惡意、與嚴重之怨恨與戰鬥後，尼采最後故總結"我他關係"。在這我他關係總結中，尼采實借助他人總言其自己所是而已，而這相當啟發性。

尼采首句便指出，以上各節討論，為從"與人交往關係"言（im Umgang mit Menschen），"與人交往關係"故明為第一章論旨。尼采把所有困難歸究於一點：其特殊地能對人內裡通透明白、能敏銳地感受到人心或人本性之骯髒。尼采所言之"人"，指現實中人類。尼采把自己與這樣他人之差異，全歸究於自身之潔淨與人之骯髒。單就這點，與屈原雷同；然二者差異正顯西方與中國之差異：尼采之高潔拒他、屈原之高潔為他，甚至至犧牲自己地步。尼采與人這潔淨骯髒差異，使二者相互厭惡鄙視而無法相容。正因如此，尼采必須另覓高處，遠去世間世

俗。如我們已曾指出，對己絕對地誠實，是尼采思想首要的；絲毫謊言、不潔與虛偽，只使其無法生存而已。這樣的人，若單純從自我言，實亦美麗。然因對人有着厭惡，尼采故必須說明其"人性"所在：這時"人性"非指面對他人或對人憐憫時之人性，相反，在忍受自身對人憐憫、因而必須持續地自我超越（Selbstüberwindung）時所顯"人性"。正因與人唯如此，故尼采須遠離人類返回自己而獨自，求呼吸着自由而潔淨之空氣、輕鬆地遊戲……。因一切源起於我他差異、對卑微人性有所厭惡，尼采故以《查拉圖斯特拉》為對獨處之歌頌。尼采明白，真實的自己不能停止於厭惡本身；尋求遠世而獨立，故是唯一自由之法。在《查拉圖斯特拉》引文中[①]，尼采仍對其朋友呼喚，求以高處為家。而所謂高處，即強風、飛鷹、冰雪、陽光之地，為卑微群眾無法承受高遠之處。

尼采如此向往，在現今人人但求社會規範與權力、自我表現與滿足、相互摹倣並譁眾取寵之意義與價值中……，確然高貴而美麗。其所求真誠，如他所言，必引致對現實卑下者之厭惡，亦子貢問孔子「君子亦有惡乎？」時之原因。然孔子之惡非因人卑下；或，人之卑下不應由於生活現實迫不得已。故孔子所惡為：「稱人之惡者」、「居下流而訕上者」、「勇而無禮者」、「果敢而窒〔室〕者」（《論語·陽貨》）。稱人之惡、訕上、無禮、窒……，人之卑微故非在其自己作為與向往價值上，而在其對他人之態度。真正卑微，由此而生。至於子貢，其所惡為人之

---

① 《查拉圖斯特拉》第二部，「論烏合之眾」。

種種偽（"以為"）：「惡徼以為知者，惡不孫以為勇者，惡訐以為直者。」人之卑下故可總言為其對人及對事之不真實、對人與對己之不真誠。非只因柔弱不能剛強所致，更有其本然虛假性在。尼采強調懦弱與剛強，故始終未盡真實，仍只從"個體自我"角度言而已。不過，單就個體一方[①]，尼采心仍真誠美麗，特別當現實所見確為種種鄙陋現象，尼采思想更顯得必然。唯應明白：高潔者仍可各有其志，不能以己志抹殺人之志。無論屈原抑孔子之志向，均不因其「為人（為他人）」而不高貴、不因「為人」而失去自己，如尼采所以為。人性本身絲毫非為卑微價值、為人之仁善更是；反而，在我們所見現實中，能真誠至此，其人實多麼自覺地獨立、自覺地明白對錯、其生命多麼誠懇、其心靈多麼自由而強大……。

第二章

有關〈我為甚麼這樣聰明〉這第二章，尼采述說其自身對生命之肯定，分節如下：第一節：食物與營養。第二節：居處與氣候。第三至第七節：休養方式。第八節：自我保存。第九節：自我求索（Selbstsucht）。第十節：尼采生命哲學總結。因本章為尼采對其自身、與對所視為真實生命所在事情之述說，鮮涉道理，故我們不多作評論，但求扼要簡明地歸納其旨。

---

① 換言之，非就其應"對對象付出"這另一方面言。

二章第一節

尼采對自身所是 [①] 說明如下：1. 從不作多餘不實之思與想，如對宗教、上帝、良心等本虛妄事物作思想求索。2. 對切實困難，如拯救人類，只從如營養問題等作"實際實質"思考。3. 若有所反省批判，只從現實對"理想虛構"（如德國教育與食物）作反省與批判。4. 不放任自己，如不吸煙喝酒、不喝茶、咖啡等精神性物品。5. 了解自身限制與界限標準，依實況所是而行，如對氣候、身體需求（如不應久坐）之重視。

二章第二節

若前節從物（飲食營養）言生活，本節則從天地環境（氣候居處）等言生活，二者為從人方面言"物"與"天地"之世界層面。1. 最為影響甚至衝擊身體之精神狀態 [②] 者，莫過於氣候，特別是對新陳代謝影響至巨之"濕度"。氣候與濕度甚至使天才成為平庸、使肩負重任者意志消沉、失去能力。一如厚重油脂食物使內臟怠惰，新陳代謝之速度亦與精神遲滯成正比。縱使未必能如願抉擇，始終，選擇氣候乾燥、晴空萬里之地為居所至為重要，此亦巴黎、普羅旺斯、佛羅倫斯、耶路撒冷、雅典等地多產天才之原因。新陳代謝為生命力量之提供故。2. 德國＝平庸。"無我"實與"任何人"（群眾）無異。3. 對生活反省為一種

---

① 自身所以聰明。

② 「精神」只是「新陳代謝」之模態而已，前者之靈活性為後者速度之反映。

現實理性。此與精神（德國精神）哲學最為背道而馳。精神之理想主義，由漠視身體與生理而偽，亦使人病態。若非如此生病，尼采亦無能明白此中道理之真實、及發現理性真正所是。

二章第三節

若飲食為"物"與生存、氣候為"天地"與身體，那在二者外，生活亦與"休息休養"有關。有關此，尼采說明如下：1. 在工作必然性外之休息，至是人之生活與"精神"。選擇休息方式因而重要，而尼采以閱讀為休息法[1]。換言之，藉閱讀尼采游離其嚴肅的自己、進入他人心靈。嚴肅工作不容許絲毫外來干擾與刺激，而後者正是閱讀所是。2. 尼采所選擇書籍多為法國作家[2]，非德國。如蒙田 Montaigne、莫里哀 Molière、高乃依 Corneille、拉辛 Racine、莫泊桑 Maupassant、司湯達 Stendhal、梅里美 Mérimée。尼采閱讀亦不求多。

二章第四節

至於德國作家，亨利‧海涅之歌詩至為完美。尼采以神與薩提爾不可分割這樣構想衡量人與民族之價值。本節指出，閱讀必須極為深入，深入至知其人內裡真實。偉大詩人只由其自己真實而創造。讀者若非同樣深邃，是難於從作品得知作者其

---

[1] 尼采工作時不閱讀，無書本在旁。此喻其思想非從書本閱讀而得。

[2] 尼采只相信法國教育，其他一切均非為真正教育。德國尤是。

人的。如若尼采非以自身名字署名，人們鮮能得知《查拉圖斯特拉》作者即《人性，太人性》作者。世人所見唯表面，若是真理，人都只懼怕而已。

二章第五節

除閱讀外，與朋交往亦是生命休養部份。尼采舉與瓦格納友情為例。與朋能致生命愉悅，一由於能完全相互信任、能直抒胸懷而歡快、及亦可有崇高或深度時刻；二由於能有一共渡之時光；而三由於有共同性向與理想。與朋真正交往，使人能遠去身旁世人之虛偽。此所以友情為生命之休養。

二章第六節

藝術，如音樂，亦為生命休養之一。尼采亦舉瓦格納音樂為例。特別當生活具有無比壓力時，從音樂中，人得以突破日常平庸性而霎見：那既吸引亦可怖又甜美之無限。

二章第七節

若撇開生活壓力與平庸性，音樂其真實在：具有個體優異性、愉快而有深度、活潑、溫和、優雅……，如威尼斯船歌。尼采所肯定作曲家有：Schutz、Bach、Handel、Chopin、Rossini 及 Gast 等。①

————————————————

① 在初稿中，尼采否定刺激性音樂，亦不以音樂為消遣休息之用。其對音樂

二章第八節

最後三節，尼采回歸對自身"作為自我"之討論。先言"自我保存"，下節言"自我求索"，最後第十節則對"生命哲學"作總結。

「自我保存」非如傳統從生物之生存言 [①]，"存活"仍只外在現實，非尼采所重視。尼采保存只就"自我內在真實性"之保存言。這自我內在真實之保存，除涉食物營養、居處氣候、及休息三者外 [②]，更顯示為一種"自我保衛本能"，而此即不視、不聽、甚至是對外來事物之拒絕。能防堵外來侵入，自我唯如此始能保有其自身真實性，世間外來者均虛假虛偽故。尼采以能這樣防堵外來為人其聰慧首先原則，否則只與世同污而已。這防堵能力，先在"品味"。藉由品味之判別能力，人把其自我與世俗判分開。如此判分不單在拒斥外來、對一般人視為應然或肯定者說"不"，更是要求一己盡少接觸負面或否定事物、盡可能少用說"不"而保持身心正面（健康）。無論因外來抑由習慣而成之

之期望為：愉快而有深度、溫和而寬大、充滿陽光、一切均甜美、獨特、纖細而活潑等等。

① 雖非從生物生存言保存，然尼采仍視保存為由"本能"（Instinkt）所致；書中所言，均視為與"本能"有關。《偶像之黃昏》甚至視人類頹廢為由本能退化而致（見「一個不合時宜者之漫遊」第41節）。然尼采所言"本能"，只為自我、非族類本能。事實上，因尼采甚至西方從不以人性為真實，故一切自內（從人本身、從其自我）而致者，若非由於反省，均只能訴諸"自我"本身其內在"本能"而已，再無其他可能。尼采如是，佛洛伊德亦如是。

② 食物與氣候直與生物之新陳代謝生命有關，而休息則在工作現實性外，直與人自己生活有關。尼采故以三者為"生命要素"。

"否定性"，均只造成疲匱、均只生命之耗費。世俗外在世界往往即在對向種種負面或否定狀態、不竭止地"負面"求索或"否定"。自我能遠離其所視為負面之處境與狀態、無需日夕否定或逃避，這始對自我言，其真實性之保存。

除"防堵外來"這原則外，能越不置自身對外反應、使自身保有絕對自由，這是自我防衛之第二原則。尼采甚至舉學者之閱讀為例：人多以為學問必須博覽群書，然事實是，如此思想只完全反應性而已，絲毫無獨立真實性；若非藉由書本，便再沒有思想。如是之思想故也只種種對他人（思想）之反應：肯定、否定、批評……，與一己完全無關。

二章第九節

在言自我如何由防衛（自我保存）而致真實後，尼采故進言其"自我所是"，而於此，亦回答《看哪這人》一書副題：怎樣成為一己所是。「怎樣成為一己所是」（Wie man wird, was man ist）這一副題，更應譯為「〔人〕所是怎樣即成為怎樣」[1]。換言之，人最終所是（所成為），非但不為人自決，甚至可說，人所尋找真正自我（"自我求索"或"為己求索"，Selbstsucht）[2]，實如"非我"

---

[1] 因而張念東、凌素心譯本譯為：「我為甚麼成為現在的我」，見《看哪這人》，中央編譯出版社，北京，2000 年。

[2] 尼采 Selbstsucht 與 egoistisch 兩詞（後者如見於〈我為甚麼寫出這樣好書〉第五節）須分別開：前者從真實自我言，因而往往為深層本能；後者則從表層言，為自私自我與無私之我這樣差別；尼采否認有如此差異性、否認人可判別功利自私與道德無私這樣差異。正因私與無私非自我所在，故更

般，非但不為人所透識、甚至根本非如人所以為，必為“人我間”自私之我。如是而真正自我實在“自我意識”外、在種種自我執着狹隘之面相外，為更大而真實之自己，此「自我求索」真正意思：非“在人我間”自私狹隘之自我（私我），而在其上之“真正自己”。從尼采以「一己所是」（was man ist）切入便可得悉，其所言“自我”或“自我求索”，是從人之“所是”、非從其對自我之“意識”（私我）言。正因如此，尼采故說，提這樣問題實已表示：人一點都不知其自身所是。正因自我意識或意識只表面之事，故真正非凡之輩，若以為一切由其意識或志向取決決定，這只將危害其真正自我、為其偉大性之障礙。相反，人生命中微不足道之一切，如生命中之錯誤、歧路、耗費，都反而有其意義與價值。在刻求一己所是（私我），與忘卻、誤解、平庸化自己兩者間，後者更是真實而前者實只自我毀滅而已。尼采甚至一反其平素立論，以兄弟之愛、為人與事而活為保有真實自我之方法：由去表面之私己自私始保有一真實自己、成就真實之自我故。從這角度言，像“無我”這樣本能，實可為“自我求索”而服務，使人脫離人我間之私我而保有一己真正所是。人平素之自己、平素之自我意識，故不應為偉大命令（志向）所箝制。這一切過早地反使人迷失其真正自我、使從內而緩慢地成長、經由種種歧路而發展之真正自我無從實現。尼采舉自身為例：其對一切價值之重估這樣天命，實需很多能力集於一身；雖不

有真實自我或“為己求索”（Selbstsucht）一問題。對 egoistisch，我們故譯為私我或自私之我，保留真實自我對己之求索為 Selbstsucht 之意思。

構成自我毀滅，然往往顯得雜亂而矛盾：能力之不同層級、（與人物之）距離、能不致敵對之分離、能不致混淆之不妥協，如是"多元"但又非混亂之能力狀態，是尼采深層本能潛藏之自我真實，亦真實自我之先決條件。作為真正自我之本能應是如此：在表面無所志向向往中，深層之自我本能始內在地成長、以完美狀態有天成熟而顯見。從生命表層言，尼采故絲毫無為特殊目的而努力過，亦鮮有所追求，連願望或欲求也闕如。無論對未來、對人世及自身之改變，都未曾在乎過[1]。無論名位、財富抑女性，無論其教授職位抑其著述，都非尼采所刻求。此其生命自我之所以能真實。尼采如此對「自我求索」之表述，故意為指出一事：即自我非人意識表面所以為之我（私我與無私我），而先是深層內裡本能之事。從這點言，人以為"作為人"之一切、人其"對向現實"之生存與生命，都非能為人之真實所是、非與真實生命或真實自我有關。

二章第十節

於最後一節，尼采對「生命哲學」作總結。這總結十分重要，亦說出尼采心中真正意思與意圖：人類至今，只顛倒了真與偽，把不重要的視為重要、把重要的視為不重要。重要的直與人生命生活有關，如營養、氣候、居處、休養、自我之真實[2]，如此種種對人類言似微不足道之事情事物，其實始至為重要。

---

[1] 此所以尼采深愛眼前、深愛命運 amor fati，至求永恆回歸。

[2] 真實自我，非人們以為表面之私我自我。

人類以為其思想智慧所創造之事物：神（神性）、靈魂、德性、罪惡、來世、真理、永恆，為至高價值與真實，並由之塑造存在之偉大性，以如此虛假價值形構政治、社會秩序與教育，使人類由如此虛妄與謊言而病態，並對生命似微不足道並平凡事物漠視。對這樣真偽之顛倒重置，始是尼采價值重估之真正意思。種種姿態與偉大性都只虛假假象，真正偉大只顯而平易容易、只由愉悅與盈滿而生，如遊戲般。以此平易之心，尼采對人故仍然謙和、毫無對卑微者歧視、甚至對其視為優越、絲毫無所傲慢。真正偉大性故唯在熱愛命運（amor fati）：對存在不求改變、不求進步而向前、不求復古而後退、更不求有所永恆。非出於忍受[①]，而單純出於愛。

　　若暫不以尼采閱讀尼采，尼采這裡所言，非只顛覆西方，更是從中國立場言至為正確道理。中國古代思想全部關鍵，也先在去人類智思之偽，盡平實地回歸存在真實，以此為存在之道。正因如此，中庸始為存在道理之本，以平凡而人性生活為生命。尼采這裡所言，若撇開其仍有之思辨，實質本應如此。其顛覆西方偶像與虛構、其重視人類之病態與健康問題，意圖亦在此。尼采所有錯誤，只如西方一向傳統，以人性之一切均思想所造，因而虛假。人性德行故視同 "由思想想法虛構" 之道德，而尼采故求其超善惡；而不知：善惡與德行本為人性中庸平易之道，非從對人言之規限、更非對人有所桎梏[②]。一切人性之事亦然。

為擺脫西方智思超越性錯誤，尼采反重蹈西方覆轍，如求自我、求自我之高遠與距離（形同一種超越性[1]）、求對立一切（世間）價值、甚至求一深層本能真實，以此對立思想意識所（偽）造[2]。如此自相矛盾，可見於一面求無窮地探索一切極端可能[3]、而另一方面又強調熱愛命運，既不後退亦不求前進而肯定永恆回歸；同樣，於強調"人性"為病態及頹廢時，於自身又往往指出其與人關係之"謙和不敵對"、及種種近同人性之應對或交際手法。尼采學說，故如背叛尼采自身、背叛其心與生命，後者在：在思想所虛構理想主義或真理外，對平凡與平實存在（生命或生活真實）之肯定。尼采故在唯一地明白西方文明與價值之虛假性時，仍無以終究地透澈其非，此尼采思想所以遺憾。無法反省自身源自西方傳統之錯誤，故仍始終重複着西方對人性之否定、重複着物性世界義之生活、甚至重複着對自我超越性之渴求與個體本能"如此形上"真實。這一切，均見於尼采對自身「價值重估」這一核心思想總述之第四章。

第四章

《看哪這人》最後一章（第四章：〈為何我是命運〉）尼采總述

---

[1]　縱使尼采不以「超人」為一種高於人類之人或人類中之高等並理想者（見〈我為甚麼寫出這樣好書〉第一節），然始終，作為對立"現代人"、良善之人、基督徒或一切虛無主義者，超人仍因其毀滅道德之優異性而為"超越"。

[2]　見上第九節。

[3]　因而對反頹廢無生命創造力之虛無主義者。

其思想核心：「一切價值重估」這一主題。所以為「命運」，因對立人類如此長久價值偏見與錯誤對尼采自身言，已是如肉體般為其生命之全部，而這亦將使尼采被視為"怪物"、為"炸藥"而非人。縱使於價值如此創新，尼采仍無求為宗教創立，亦無需門徒或群眾。

我們仍先對每章主旨簡述，始作總體討論。第四章分節如下：第一節：尼采思想核心：對一切價值之重估或顛覆。第二節：破壞性之實。第三節：道德之虛假。第四節：善人之虛假。第五節：惡者之實。第六節：論基督教一。第七節：論基督教二。第八節：反基督。第九節：結語。

四章第一節

對過往一切真理重估，其所以恐怖，因宣告一切真理均為謊言。這對人類過往之對立，非單純出於如叛逆之性情，而是為人類帶來正面希望者。這如天搖地動般改變，使過往政治與權力力量因都為謊言故必須粉碎，從而真正偉大政治始將出現。

四章第二節

於人，這樣命運將使人必須為一破壞毀滅者。由破毀始有重建及創造可能。如尼采在《快樂的科學》所言 ①，最有害的人也是最有益的人，因他們由其行為效應保存了人之本能、甚至喚

---

① 　見第一卷第一節「闡釋存在意義之導師」。

起人之價值意識。人類存在之事實因而是：一切美好價值，必然伴隨負面邪惡價值。此亦酒神本質：一切肯定性必然與否定性連結在一起。此所以尼采命定為一破壞者、為非道德者。

四章第三節

　　所謂查拉圖斯特拉，所指正是第一個明見惡與善同為萬物存在背後之動力，因而把道德（善與惡）"轉化為形上學"的第一人。道德非只道德、非先從價值言；道德更先是作為力量、作為原因，為形上體而非只為價值。縱使從世界歷史之演進言，人類歷史一直否證"單純道德之世界秩序"，如此事實故說明甚至證明道德之虛假或虛構性，因與人類存在無事實上之關連故。問題因而是：人類是否對自己誠實而已、是否承認這樣事實而已。誠實因而為最高真理，否則只能如躲離現實之理想主義者那樣，怯懦地自欺。道德於查拉圖斯特拉，故由其誠實而被超越。

四章第四節

　　對道德之否定性，可從兩方面說明：一從人、另一從道德作為價值本身。前者所指為人們視為最高等級之人：聖人、善人、有益之人等等，對他們之否定（揭示），應從其心理切入。

　　構成善人其存在條件先在謊言，換言之，不求見現實真實。現實中縱使如危殆般重大事件事情，仍有其從大體長遠言之意義與必須，故不應因為"負面"而須立即消滅、更不應因其為苦難而予以同情，如為善或為義時所以為。現實之可怖，無論是

感受抑欲望甚至求強意志，都有其較所謂幸福更必然之意義，後者往往只渺小狹隘而已。"現實"幸好沒有只滿足人們之求幸福，否則人類只形更渺小無價值。善人、群畜動物、美麗心靈、為他主義……，這一切一切，只如同閹割人類那樣，使存在喪失偉大性格者，更剝奪人類之未來。善人無能創造更新價值，因而實只終止（終結）一切，其開始即終結（終結之始）而已。

四章第五節

相反於善人，查拉圖斯特拉故為惡者之友。善人正是對生命肯定強者之對反。在以善為群畜價值時，那獨特者將貶為惡。若虛偽為人所接受之"真"，那誠實而真實者將被視為虛假。如是而查拉圖斯特拉將被稱為惡魔、魔鬼，其求遠去人類而高聳超越，原因在此。超人因而正是直視現實如"真實"者，因而對之從不否定分離。現實所是、其中可怖與問題，均為其所有。亦唯如此對現實承受接受，人始能達致真正偉大。

四章第六節

第六第七節說明上述第二點：道德之作為自身價值，而這是從基督教道德言。正是這作為自身（在其自身）價值想法，使基督教道德從來為一切思想家之迷惑，使其在道德下而如奴隸般服務，因而全只為理想主義者，無一能為揭示人類心理之心理學家，如尼采。

四章第七節

　　從基督教道德可見，人類其良心實有着一種自我欺騙本能在、一種拒絕觀看所發生事實，因而有如犯罪者般之偽造心理。而在基督教前盲目、不見其如是事實，故始應是罪惡本身、那對立生命之首先罪行。以基督徒為道德者，這既荒謬、虛偽、甚至實對整個人類為有害並蔑視。這一切非只出於錯誤、非由缺乏善意而致，而是根本地既缺乏"自然之"本性、亦以對立自然為本性：道德、法律、定然令式（絕對命令）如是為"高於"人性或人類之上之最高光榮。這樣扭曲，非只與個人或一國國民有關，而是被視為"人類本身"之根本所是：生命最原始本能（如性欲）由此被蔑視。又為使身體變得可恥，故虛偽地發明靈魂、精神，以生命繁衍或"為己求索"（Selbstsucht）之事為惡，反以"無自我"、"去個體人格性"、"兄弟之愛"等墮落與自相矛盾本能為最高價值、為價值"本身"。事實上，對尼采言，人類從沒有如此地墮落，唯在教士之欺騙謊言中如此。教士藉由確定道德為人類最高價值而達成其求強意志。如是而一切教師、人類領袖、神學家均為頹廢者。道德因而可視為：頹廢者為對立生命而有之特質。

四章第八節

　　以上對基督教道德虛假性之發現因顛覆人類價值故使人類歷史一分為二。人類一切"最高價值"、甚至"真理本身"，都因此而為有害、為惡毒之謊言。以改善人類為藉口之道德因而實

只求為榨乾人類生命而已。「神」作為概念故與「生命」正反。同樣，「來世」、「真實世界」等詞亦只為否定現世價值而致；藉由「靈魂」、「精神」、「靈魂不滅」，人低貶現世中身體、甚至生活中飲食、起居、精神食糧、疾病治療、衛生、氣候等等。「罪惡」、「自由意志」、「無我」、「克己」等概念故求為對"本能"之抑制、對其不再信任、甚至使其自我毀滅，以此為人之"責任"、其神聖性。「善」因而與弱者、受難者、疾病者同群，一切只求為對立那對生命及未來肯定之人而已，後者從此稱為"惡人"。

尼采如是故歸納其思想行動為下列等式（第九節）：酒神狄俄倪索斯對立被釘十字架者。

有關尼采及其重估價值之思想，我們總體討論如下：

一、尼采思想要素

尼采思想要素或層級有三：1. 現實與生活；2. 善（神性道德與價值）與思惟理想（哲學之虛構性）；3. 人（人性與本能）。三者簡言之，即「現實」、「思想構造與價值」、「人」。三者為尼采思想所對向層面。

二、尼采思想之矛盾性

縱使尼采價值重估思想表面仍清晰，然若深究，仍見重重自相矛盾在：既求索生活之平實真實，但又否定一切人性之平實性，以超越高遠為真；既熱愛眼前命運，但又

主將無窮地探索一切極端可能，求索極致未來與創造；既否定人性一切善之可能，然在與人關係中仍求保有與人之人性謙和與交際手法；既全力否定人性對善之向往，但又極力求人類不落於頹廢時之善；既否定善，但又以自身始為成就人類真正善；既求人類之更真，但又對人性真實性（如憐憫心）全然否定；既否定群眾本性，但又肯定現實之一切；既肯定現實性，但又拒斥世俗性；既以世俗求好處（善）為一種頹廢價值，但又肯定一切現實生活中價值（如飲食、起居、疾病、氣候）並以之為生活真實；既求切近現實生命與存在，但又求高遠距離與超越感；既以毀滅為必然，但又以創新建立為目標；既摒棄人類由思想而致之理想主義或觀念性，但自身又為探入人類心理而思辨；既完全否定西方哲學傳統，但實又只順承其傳統而思（肯定物質生活與身體、肯定“世界存在”為客觀觀點並高於人類真實、肯定本能如此隱秘基礎為真理……）；既求本能作為人類根本（以對反思想所求價值），但又否定現實世俗人之本能（以之為頹廢墮落）。

三、尼采思想三要素之矛盾性

若我們簡化，尼采思想三要素：「現實」、「思想構造與價值」、「人」，其矛盾可陳構如下：1.「現實」作為世俗存在一方面對立道德之善，但作為人類存在現象又以道德（善）為一切價值標準與準繩，二者難以分別開。甚至，尼采以

現實生活為唯一真實，但又不接受人類（過往）現實中之一切，視之為非現實而是理想地虛構。2. 至於「思想虛構性」，尼采以基督教道德或善為虛構，但另一方面又求從創造創新（另一種虛構性）達成人類之未來（另一種善）。3. 有關「人」，尼采既否定從人性所感而言善，但實又對人性一切（生活中一切甚至人與人交往）予以肯定。

四、尼采思想之策略性

我們不難發現，如上述之種種矛盾，顯示尼采一種策略性，或可說為是：人類存在本無單一一致之形態，其中一切雖均為錯誤，然仍同時相互矛盾，以致對它們所有錯誤之批判，本身不得不亦顯得自相矛盾，或最低限度，不得不只為策略性。如此策略性亦顯示，真理本身如尼采所言，無一絕對或單一一致性可能。故一切不得不如策略般，對 A 言 B、對 B 言 A。尼采故對向「世俗現實」時相反講求超越與高遠、或講求思想創新與過往價值之毀滅[①]；對向「思想理想虛構」時相反只講求現實真實、講求 amor fati、甚至講求人性與存在（平凡生活之真實）；對向「人性」道德時則相反講求破壞與毀滅（價值創新甚至科學思想）。

---

① 世俗之"善"或"道德價值"之毀滅。

五、尼采思想核心

　　從以上思想特色可見，若不得不對尼采作"一言以蔽之"之歸納，那尼采雖表面上求為一種回歸人真實性之哲學，然其所針對或批判，均一切直與人有關之事：思想虛構性為"人或人類"之思想、道德與善為"人類"之價值、所批判現實為"人類"世俗性存在……；因而無論尼采肯定甚麼：現實、毀滅性（創新性）、生活、甚至個體自我 ①，都實只從"外於人"這一面言：「現實」為歷史所示存在之必然性甚至如命運般事實，與人類無關；「毀滅性或破壞性」（惡）為存在客觀規律，與人類價值無關；「生活」為飲食、起居、疾病等"身體"之事，與人類"精神"無關；自我為本能之事，與意識或理性無關。如是所謂尼采哲學，也只是求為對反由人類而致之一切而已、為對人類一切批判而已，如是所求，為在人類所及範圍內，去一切由人類作為所致之方面，再無其他。凡與人類有關者均為偽，一切與人類無關（不由人類而致者），始為真；此自然或本能所以重要、所以為唯一真實。若言尼采思想其批判性核心，應在此而已。如是更迫使我們不得不問：尼采為何如此？為何凡與人類有關者，均為錯誤或假象、均應予以批判或破壞？

---

①　個體自我從尼采所言"自我求索"（Selbstsucht）可見，實為一種在表層自我意識外，如物性般本能。見《看哪這人》第二章第九節。

六、尼采眼中人類

　　究其原因，在尼采眼中，現實中人類，從其自身至其一切作為，包含其思想與價值向往在內，均如尼采所言，為頹廢、病態、謊言、懦弱、甚至從生命內裡言，為對自身及外在存在事實抱以否定或負面態度。此時所謂人類，都只群畜動物或烏合之眾，毫無自我獨立性。放眼人類現實，人類確是如此：世俗現實確充斥着虛偽、虛假、謊言、種種自欺欺人之作為與價值，上至國家社會政府、下至所謂社會公民甚至社會所稱羨道德之人[①]均如此，其背後都有求為一己利益或聲名、或都以人人稱許之作為掩飾自身內在之怯懦與不思、因而都依順於人人價值而同流合污。對現實世俗人類、對一切與這樣人類有絲毫關連之事物，故都應為批判對象。此所以尼采合理並誠實地批判一切與人類有關情事。對尼采這樣看法與結論，我們一點都不質疑，因人類事實上如此，從來只以不同形式虛假而已。但我們唯一不能就此認同尼采的是：縱使稱為怯懦或好說謊、甚或本然自私與功利甚至盲目，尼采所言與所指出，無論多麼正確、多麼是事實，都只人類現象而已。尼采始終沒有真正說明，人類為何必然如此，換言之，尼采所沒有，為先細微地區別，在眼前人類中，是否仍有真實之一面；或：若人類都全然虛假，那人類怎樣始能真實？如尼采所求超

---

① 教士、修行者、教師、社會模範、社會中德高望重或顯貴與權貴之人。

人那樣破壞性便為人類真實？[①] 若不回答人類何以不真實，縱使批評完全正確，其相反主張則始終可能未必是。這始是全部問題關鍵。那麼，怎樣回答這一問題？

七、人與人性之差異

若我們從結論說起，使人類真實的是其人性，因而若歷史中人類全然錯誤及虛假，這只是：人類從不由自身人性存在而已，此人類全然虛假虛偽之原因。[②] 若事實實如我們所說，那在我們與尼采兩者間，差異在哪裡？這一差異，明顯就在人性本身：對我們言，人性是人類唯一能真實之原因，而對尼采言，人類一切錯誤，就在其人性說謊地懦弱。問題就在這裡。在辯說二者誰對誰錯前，我們必須先對「人性」一詞作一語意分析。

八、人性論總述

當人們提及「人性」一問題時，其關鍵在這樣人性是善抑是惡。通常所以以人性為惡，因這明見於人類大多數行

---

① 從這樣問題便可看到：從來，批評或指出錯誤易，但能說出正確回答或解決難，二者無必然關連。如尼采那樣能指出人類錯誤，仍未必能給出正確回答。

② 假若人類確無這樣人性真實可能，因而一切必然虛假，此時再言一切均虛假實無意義，人類怎樣都不可能真實故。若如是，實也無須如尼采所求，以為有一線真實性可能。存在本只人類存在，因而均純然虛假而已，再無其他可能。

為。就算如康德那樣[①]，以善惡出於自由意志，而性善性惡只能從人自身、非從其行為言，始終，人之性善性惡只相關其作為，非與其他有關。正因為人行為之善惡，而人又有自由選擇可能，故「性」作為決定基礎，如康德指出，只能是一"潛存基礎"，非明見如本能般之傾向，否則便無以言自由，因而亦無所謂善惡。正因始終從行為之決定因素言、正因人們言性善性惡時所關心只是人之作為，故人們始終不明白中國所言之「性善」。「性」指性向，但非如本能般之自然傾向，後者縱使言傾向，仍實從"行為與作為方面"言而已。中國言「性」非如此。作為性向，「性」只從"所感所覺方面"言，與行為作為或其決定因素無關[②]。當我們說人喜好和睦、喜好受人尊敬、在有情感關係時會對人有所思念與期盼等等時，這一切性向只是其感受，非其實際作為。而人作為人，是有着種種這樣感受上性向的。正因為感受上之事，故可自覺地明見，無須潛存。言潛存基礎，因以為人性為人"行為上"之決定因素，此因素又不能牴觸自由選擇可能，故始有言"潛存"，自由選擇始是意識明見事實故。但如此便正失卻從性向感受言「本性」之意思。換言之，一般言性善性惡，所在乎只是人實際行為是善抑是

---

① 見前「康德道德與人性惡論之關係」一節。

② 又：「性向」單純從"人人共同"性向本身言，非對個別具體特殊情況或原因有所考慮。如人對父母有所思念為人性性向，但於暴虐父母前無此性向，這只是個別特殊情況、有著特殊原因在，故不對後者言"性向"。

惡，但沒有在乎人之感受，然這始是真正"人性"甚至"善"所應在。「人性」正確所言故是：人或人類實有着種種"共同感受"，而這些是"作為人"言、非作為個體或不同民族性向言，後者始終有特殊或差異性在，非單純"作為人而共同相通"。若明白唯感受始能共同，行為實有着種種情況與特殊原因為條件，無法言共同性，那更應明白，「人性」實應只就此人"感受之共同性"言，非就"行為之決定因素"言，後者始終有着自由選擇在，換言之，可為可不為。但無論為抑不為，其感受始終如一：無論虐抑不虐，都由知對方痛苦感受而始有致；作為感受始終如一，唯行為（虐與不虐）差異而已。言人（行為）善與不善，正因以其知人感受上之善與不善：故刻意違背感受之善者其行為惡、從順於感受之善而為者善。善惡雖終指人及其行為，但仍先是從其知人性感受這方面言，若以為相反，那縱使所為為惡，然仍無以稱為惡，其以為對對方善故。作為人，我們是清楚這樣感受的，甚至也把這樣感受延展至天地萬物間，不傷害、不破壞，因這是萬物之共同感受故。故言「人性善」時，非言人類行為必善，而只是：他們都清楚知曉，對人或萬物感受性向言，何者為善、何者為非。言「人惡」所以有其意義，正因其必知善而已。之所以稱這感受上之善惡為「性」，正因唯從知覺感受，始有善惡可能；無知無覺如石頭，若非人感受上之投射，是無從言善惡者。如是反可見，若從行為決定基礎言「性」，這再無絲毫意義：一旦為決定基礎，便再無善惡可能，一切只如本能般，無以言善惡。

　　若明白以上，那更應明白，「性」唯有善可能；亦唯為善，始為「性」。善惡兩者是一種"單向性"關係。這是說：因「性」為從感受之性向言，故只能有向往善、不能有對惡之向往。感受上之向往不為人意志左右①，故只有向往善這一方、無向往惡這另一方。若有人以相反感受為向往②，那也只是說，對他而言，這些內涵仍對他而言為善者、非為惡者，而這必須從性向感受、非從個人想法言。是善是惡只由感受之性向取決，非有外於性向感受言之善與惡。如是作為性向感受，善惡因而為"單一方向"及亦必然，即"唯有"性善、無性惡可能。言人惡、言人行為不善，正因無論怎樣，善作為感受必然共同故，否則批評人為惡便再無意義。主張人性惡者，其背後故實仍以此善惡之性向感受為本，否則根本無以言惡。言人惡或人性惡，故實已假定人善惡之感受與意義相同，及從性向感受言，「善」「惡」為單向、非雙向③，否則無以對人指責。善惡作為性向感受，故始終根本。二者實單一，非為兩種價值、更無以言選擇可能。作為選擇，善惡只從作為言，非從感受（「性」）或價值言④。作為人感受性向，「性」故（對人言）必然為善，人是

---

①　「性」（人性）因而亦不為人意志所左右，故始為"本性"。

②　如向往他人不對其尊重、他人不與其和睦等等。

③　即從性向言，性唯向善、非能向惡；「善」「惡」二事非能對等，故只為"單向"。

④　作為價值，兩者非對等：唯「善」為價值，「惡」本然非是，此善惡單向之意思。

不可能喜好自身性向之相反反面故。[①]「善」與「惡」作為價值故只由「性向」決定[②]，其為善故為"人性"之善，非其他善，此「人性善」之正確意思。言「性善」，故不能說為人"向往"「善」「本身」[③]，如以為「善」此時可為從"外於人"而客觀地定奪，而人此時只"向往"這樣的「善」而已。[④]非如此。人不可能假定有一"在人性感受外"之「善」而仍為人所向往；若非本於人"性向感受"本身，無論甚麼，都非人所能"本然向往"者，故不能視為"對人言"為善。就算是理性，也只能從人感受言始為善，若超越這樣感受、甚至若對立這樣感受[⑤]，都不能稱為「善」，更不能強人視之為"善"。「善」與「惡」唯由"人性向"決定而已。作為結論故可說：人一切性向喜好，若為人人所共同，將對人類言為"善"、不能稱為"惡"，善與惡正由這樣性向定奪故。人一旦有"本性共同性"上的好惡，善與惡便依從這樣性向而生。如是，「性」與「性善」為同義語。「性」(性向感受)故根本地不能從「性惡」言，而「善」根本地亦不能不從性向感受言，不

---

① 愛而不愛、恨而不恨、既愛且恨只就對象之"不同方面"言，非"同一方面"能愛而不愛或既愛且恨。

② 佛洛伊德故以善惡好壞本於"感性"自身，與知性毫無關係。

③ 外於人(性向)而如"本然存在"之「善」。

④ 換言之，此時之「善本身」有其"本然"意思與真實。若真如此，那人便再無「性善」可能，因沒有任何"外於人之事物"能為"人人性向感受"所"必然"向往或意志故。

⑤ 國家法律與社會規範往往如此。

可能有違人性（人人）性向而仍為善者。如是「性」唯有善可能；亦唯「為善」，始為「性」[1]。問題因而唯在：「性」是從"性向"、抑從"行為決定基礎"解；前者必然「性善」、亦唯有「性善」可能；後者必為「性惡」，因多見行為為惡故。

　　從「性向」言「善」這點十分重要。若非如此，"善之為善"，將與人性感受無關，最低限度，可非本於此而言。此時，「善」或為超越之善[2]、或為理性索求之善、甚或只從存在整體[3]之"好處"言，都因外於"人作為人"這樣向度而以為更客觀。西方始終對「人作為人」貶抑、不以「人作為人」本身為真實向度；人之一切因而只主觀、其感受與性向尤是。正因只為主觀無真理性，故"善"必須在這樣性向感受外索求，與人性向感受無關。然一切非從"人性向"言之"善"，本身實際上均無所確指，頂多只流為從外在好處、從人人好處言，而這始終受着時代處境所限，為欲望功利而服務；若非如此，"善"便只為觀念、為特殊觀法所主張，始終虛想地任意，但都非從人其性向感受之"真實性"言。如國家法律所言之"善"，若非服務於權貴，便只能從國家整體秩序言，最終只能言"依法"，再不知人性感受而為真正善。不對人性肯定、不以「人作為人」為真實向度，其結果必然如此：因外於人，反而失去「人」為根本而變得任意

---

[1] 同樣，若只個人性向，始終不能稱為「善」，「善」必對人人言故。
[2] 如柏拉圖從理形、或如基督教從神存有言之善。
[3] 國家、社會、甚至所謂"普世"。

或相對、變得對人類言為不善，既無起着「善」對人應有作用、甚至可因各持善之不同而終變為惡。縱使如康德那樣以為可從「善之意志」言善之絕對性，始終，對不以理性為必然者言，"善之意志"非必為「善」，只理性之箝制而已[①]，或最低限度，這時"善"所缺，正是「善」應有內容，故從內涵言，一如柏拉圖，"善之意志"甚麼都沒有指出、沒有"善作為善"之意義。回歸人性向感受言「善」因而重要，既與人感受有關、亦可因人類共同性向而具體、使"好處"最終有所依歸，人性始終為價值與意義唯一定向故。如是，超越之"善"若不以人性為依歸，始終無「善」真正意義。「善」一問題故不離人性、不在人類外而絕對。人類感受是天地存在中至根本真實、存在真實唯一所必須依據者。若不為虛假理由或片面目的所蒙蔽，人感受之善惡實無絲毫主觀性可能。西方若非從來對感性否定、視感受只為主觀，是無以致對「人性善」問題如此扭曲。若非不承認「人作為人」有其真實向度、若非以人外之存有或事物始為客觀真實，否則不會發展出違逆人性之"現實"世界、扭曲着道理應有真實。而若明白「人性善」而仍不為，只孟子所言「賊人」而已。

---

① 若言理性，唯"基於人性"之理性而非"純粹理性"始與人有關。

九、性惡論之困難

　　若明白以上「性善論」:「性善」從性向感受、「性惡」從行為決定基礎言,是應更會明白:後者無法否證前者,甚至必須承認有「性善」在,否則根本無以言善惡[①]。那以"行為決定基礎"言性惡時,其本身是否有困難或問題?我們仍舉康德為例。由於善惡不從性向感受言、而「性」仍必須與人有關,康德故從「稟賦」說明:「稟賦」既與人有關、亦可為"善"。康德以人之稟賦有三:生命本能、理性、及責任感(道德)。人所有善,對康德言,唯此三者。三者所以為"善",因生命本能成就人作為生物之存在(生存)、理性成就人作為具有智思者之存在、而責任感(道德)則成就人作為群體共體之存在,三者之為善,明顯是從"存在"、非從人"性向"考量。[②]然問題是:正因非從性向言,違逆稟賦對人感受言不必為惡,依從如「理性」、「道德」等稟賦對人感受言亦不必然為善,此所以致使康德能以違逆稟賦者"仍出於"人性,「性」與「稟賦」無關故。然若非唯康德自身純粹理性,誰能毅然定奪依從人性向感受者"反而"為惡、非為善?何以善"必須依從"康德之純粹理性而非"人人性向

---

①　再一次簡化說明如下:由於善不能亦不應外於人言,否則無以說明其為"必然",那從人"性向"言善惡時,性向之順逆將為善惡所是,言善惡故實已假定如此:性所向者為善、其所拒者為惡。言善惡又言人性非善,故只自相矛盾而已。

②　從存在考量之善,往往忽略人性向感受,故有以「吾黨有直躬者,其父攘羊而子證之」(《論語‧子路》)為道德,忽略「父為子隱、子為父隱」之人性。

感受"？甚至，何以依從性向即為不善、如「性」為惡那樣？從人不依從稟賦而未感為惡、或從人以善惡本與稟賦[1]毫無關係，善與惡本與康德所謂稟賦實無關。以依從性向而為仍為惡（性惡），如此立論始真違逆人性、違逆善所有真實。[2] 若非為性向，何以能假定理性所言稟賦為"善"？事後從政治共體或社會言之"善"，何以必然為善？康德所言稟賦，故只康德"道德理性"之設想而已，存在之考量若非往往違逆[3]、始終與人性未必有關，最低限度，不能因之而反言人性為惡，顛倒着善惡對人所有意義。以人性惡為根本地依據"惡之格律"行為，如此對人性向感受（人心）之漠視，唯康德理性始能，人性必不能。稟賦之"善"實唯對康德（理性）言而已，與人類其人性無關。在違逆稟賦與違逆性向兩者間，"作為人"始終只抉擇後者。[4] 康德立論始終沒有反省：善之稟賦是否真正善？嚴苛責任之道德一如法律沒有違逆人性？若有違逆，康德便能稱人類本性為"脆弱"、"不純正"、甚至"惡劣敗壞"？人之一切只從康德所以為理性定奪，不理會人性感受？若不從人性言，善還能

---

① 　如理性、道德。

② 　未為政治共體或社會生存時之人類，如盧梭所言人類黃金時期，其善與惡絲毫與所謂稟賦無關。

③ 　「導之以政，齊之以刑，民免而無恥。」（《論語・為政》）

④ 　違逆稟賦與違逆性向而惡，二者似同一，實不然：性向為人性所在，其違逆故不再可能訴諸「性惡」；相反，若違逆稟賦結果為人性惡，這只代表，這時所言稟賦實與"人作為人"無關，故可為其本性（性向）所違逆。

有「善」應有之實？此所以善只與超越有關，可與人性性向無關而任意？[1]

十、尼采對人性之批判

明白以上，我們可回到尼采對人性及道德更嚴厲之批判。尼采所言價值重估並非去一切價值，而只是去善惡作為價值時之支配性，求返回對生命肯定這更真實價值而已，故以頹廢與健康為新價值向度。以健康取代善，其所改變結果如下：不再求超越理想而求平凡存在（生活）、不依據智思虛構而返回自然本能真實、不徒求幸福美好而亦肯定現實所有負面性甚至破壞性[2]。對尼采言，無論人性抑道德，作為價值都非如此，此其所以“為謊言”、為頹廢。若尼采對“人類現象”之批判基本上正確，那對尼采反省，重點應落在以下問題：尼采所言健康或生命肯定這樣價值，與人性“事實”其關係究竟如何？尼采有無對人性誤解？其所批判人性與道德、及其所肯定者，有無仍受西方傳統影響而致錯誤？康德所以對人性批評，因人性惡，未能理性地善；然康德所以錯誤正因以為理性為善，故失卻對人性真正明白；那尼采怎樣？尼采之錯誤與康德正相反：尼采

---

[1] 任意非言無原因、理由或目的，只相對人性感受言為無其必然或絕對性而已。道德與中國所言德行其差異故在：道德不必然依從人性性向，而德行唯由人性性向而立而已。

[2] 此始為自然律則。

過求"對反"理性之"理想性"而失卻人性中庸之真實，因而有關人類存在，極求擺脫與人或人性有關之一切，以之為人類智思制作、以為人性亦人類"智思虛構"、為價值上之"謊言"、為不敢正視現實與生命時之存在心態——基督教價值心態。把"人性心理"對反於"生命之肯定"、以這樣二分判定一切價值及人類過往存在，明顯過於簡化。舉尼采常言之"謊言與事實真實"這樣二分為例：尼采以人類一切智思價值因為理想虛構故偽，然縱使同為智思制作，尼采始終不敢稱科學為偽：科學有其實證上之真實性（事實性）故。也因如此[①]，尼采故常自比為"科學"，如價值重估為一種"心理學"、其自身思想為一種「快樂的科學」。然事實是，縱使科學所構築之真實為事實真實，然科學結果往往"對人類生存生活為有害"，非因為真實便無害。對肯定生命之尼采言，是不應不把科學亦納入其批判範圍，而以為"凡與事實"有關者必為真。我們甚至可對尼采所犯錯誤作更簡單說明：尼采雖批判一切人性價值，然尼采自身所言之頹廢與健康、或誠實而非謊言、現實（平實）而非理想、重視生命生活而非求知性虛構，這一切一切"不其實也是"一種人性性向？正因亦為人性性向，故閱讀尼采始能對他有所肯定，否則若處處只言負面反面、徒求對立人性性向，如此之尼采是無從確立任何道理的。無論尼采主張甚麼、甚至試圖顛覆一切價值，"然作為人"，尼采始終擺脫

---

① 即以科學為人類智思唯一真實體現。

不了"人性性向"，後者始終恆常地真實，為人類"首先事實"故。

　　那尼采何以犯如此錯誤？若非尼采所言生命價值實只是一種"對反性"價值、只求為"對反"人類過往善惡價值而始有，尼采本應明白，真實性問題應中立而客觀地定奪，是不能從"對反錯誤"而得。對人性"極端地"批判，只引致"對立性地"失誤而已，非能真實。此中庸中繩之道所以重要。縱使批評人性、對立世俗性向，尼采"作為人"始終知與人謙和之重要。人性所以不因現實世俗"事實不如此"便為"虛假"其原因在於，舉禮為例：作為人人性向，縱使世俗對人無禮，然人人仍對他人有此人性禮之要求或期盼，此"人性"所以"現實地真實"之原因。縱使似為理想，然現實對人性，無論怎樣，是無法單純言離棄的。故縱使夷狄或今日黑道，不以禮義而行仍是不行，皆人故。

十一、尼采對道德之批判

　　若「性」如我們所言作為"性向"解，如此之性因為人"感受及性向之本"，故實為一切可能價值與意義其"源起之本"，與事後之價值主張完全不同，除非"價值感"再不存在於世。此所以縱使顛覆一切價值，尼采仍無以去價值之"人性源起與根本"。換言之，無論怎樣、無論主張為何，人都無以能對"自身"人性及其價值"性向"有所否認，人始終無以否認其自身為人這樣事實故。

尼采對道德價值批判所以可能，因此時道德價值也只以一種"主張或想法"呈現而已，非從人性性向之根本言。康德所言理性道德如是、基督教道德亦如是，此尼采批判所以正確。作為善之價值，一切道德本應以人性性向為本，然西方道德不如是[①]。因西方從來對人類自身否定[②]，加上其對神性法律正義之崇尚，道德故在單純人性訴求外，既以格律規範方式執行[③]、其為善因「善」"概念"本身無一定所指，故若非代入社會國家所求規範，便只能是模糊之"善良"。如是道德，故既一面求超越（如規範禁制性）、另一面作為社會群體訴求，故顯得如尼采所言懦弱甚至虛偽。始終不知人性德行之具體細微，亦不知德行本與群體性無關，先在上位者之「正身」、或在有能者之「君子」人格與「為仁」而已，非在對人規範上。

　　若具體地說，尼采對基督教或理性道德之批判，可見於《看哪這人》第四章，主要如下：

1. 道德為謊言，非現實所見事實；道德如一切理想主義虛想那樣，逃避真實世界。

2. 道德對立生命，此其所以頹廢，亦唯能與弱者卑下者同群。對立生命，故可說為對立或蔑視人類、對立或蔑視人類存在。

---

① 道德於西方如法律之規範，其所由基礎在超越之善（神或理性）。
② 故古希臘以神靈神性為尚，而基督教於人則言原罪。
③ 如基督教十誡。

3. 道德對反自然本性與本能，去個體性格而求"無我"。

4. 以「善」為價值正是那無法明白「惡」與「破壞性」之意義為使人及人類存在偉大者，因而無法肯定「惡」與「破壞性」為存在根本力量（創造性力量）；如是亦造成人類之渺小狹隘與病態。

5. 總言之，道德對人類及人類生命根本有害。

　　以上五點非必然分立而可相扣一起：道德因對立生命，故亦對立自然本性；因不敢直視現實，故寧從理想虛構[1]求欺騙而說謊。這一切，均對人類言為有害，亦"善"無以明白「惡」真正意義之原因，後者始為人類偉大之根本，而善故只頹廢與弱者之事而已。

　　我們仍相對以上五點對尼采批評作回答：

1. 因人性始終為事實、亦一切道德於其"單純"講求善時所本，縱使未見於現實，仍不能視人類如此性向為謊言。謊言不謊言不能單純依據現實中有與無定奪，更應考慮其是否對人性性向言為真實，而這確為人人所求，非任意虛想或個人想法。[2]故若撇開基督教或西方道德

―――――――――――――――――――

[1]　如康德理性自律道德，因非建基於現實，故對尼采言仍為虛構，此所以為道德"形上學"。

[2]　這裡意思是說：人性因為人之事實，故不能說為謊言。若撇開這點，善是否謊言本不應從"是否對應"現實定奪，更應從其"本身是否真實"言；言善而實非善始是謊言，是否於現實闕如與善是否真實無關，不能因前者而

之偶然或特殊性格，單從向往善一點言，因始終為人性性向，故無偽可能。更進一步言，德行之事本求諸己而已，非求諸人者[①]。如是更無是否偽之可能，自己行與不行而已，與他人或現實是否行無關。善與現實兩者間關係故是：縱使無法現實地真，人性之善仍是善；相反，縱使能現實地真，惡仍只是惡。[②] 人性與世俗現實雖往往事實地差異，然對人言之真實（善），始終不因其非為現實而失去價值。非因為"理想"，因本於人性自身而已。

2. 若基督教道德因其誠律性有對人類欲望特殊禁制、若西方道德因求為神性而對人性生命有所否定[③]，那也只道德其求索超越性時之錯誤，與人性無關。人性道德因所考慮只人類自身、再無其他想法主張，故不能說為對立人類，更無以言蔑視。當孔子說「吾未見好德如好色者也」（《論語‧子罕》《論語‧衛靈公》）時，用「好」字已表示，其事是由人自己"所好"取決，絲毫無因是與非而規限制約；故孟子對齊宣王之問：「寡人有疾，寡人好色」亦回答：「王如好色，與百姓同之，於王何有？」（《孟

言後者（善）本身為說謊。尼采所以能批評善為謊言，因其所指善非真實地善而已、非切實地、人性地善而已。

① 故「我欲仁，斯仁至矣」（《論語‧述而》）、「為仁由己，而由人乎哉？」（《論語‧顏淵》）。

② 縱使為現實所無，善對人性言仍為真；縱使現實所有，惡對人性言始終為偽。

③ 如國家道德凌駕人倫關係與生活。

子・梁惠王下》）。人性德行從不"對立"人之事，只求
為其善或更善。故對舜不告而娶，孟子回答說：「男女
居室，人之大倫也」（《孟子・萬章上》）。善只盡對人性
保存而已，非對人類反而禁限、更非因外在目的或想法
妄顧人性而制約。若為人性道德，只對人類生命肯定、
只求德性能結合於生活，如生活之自然而非物質化那
樣。從來，人性生命與生活，唯與德性結合始為真實，
此生命感所由。西方所求生活，反往往由過於欲望地激
化 [1] 故無以見生活應有平淡平實之美、無以見德性與生
命生活之真實。

3. 人性本與天地萬物一心一體。若以某些動物性本能始為
   自然，只對人性、獸性無所分別而已。事實上，動物本
   能亦往往有其人性之一面，故不應以為濫殺濫伐始為自
   然本能；實只人妄欲而已，與自然無關。至於個體特殊
   性，連「聖」實亦有種種個體差異性可能 [2]。事實上，孔
   子便與堯、舜、周公不同，各仍是各，非因德行而劃一。
   存在之偶然始終偶然，與人性是否人人一致無關。

4. 德性雖對破壞力量無所首肯，但並非對存在負面性不能
   承擔。越是有德性者，其對負面性之承受力越強，故顏
   淵「一簞食，一瓢飲，在陋巷。人不堪其憂，回也不改

---

[1] 如是道德實亦一種欲望而已。

[2] 見《孟子・公孫丑上》第二章有關伯夷、伊尹、與孔子三人同為聖者然仍
有個體差異性可能。亦參考〈離婁下〉二十至二十二章。

其樂。」(《論語・雍也》)孔子更說:「君子固窮,小人窮斯濫矣」(《論語・衛靈公》,亦參考《孟子・告子下》第十五章)。然若非與承受力有關,對破壞性作為力量其問題仍非如此簡單,後來佛洛伊德便直把破壞性歸之自我本能,其發展為死亡(毀滅性)本能。換言之,破壞或毀滅性非人類可肯定或否定之"外在"法則或情事,而是內在於人潛意識本能中。這樣"本能"當然與"人性"無關,然佛洛伊德這樣論說時實已指出:尼采以為人(超人)能"肯定"破壞性一事本身非事實:破壞性非人能"肯定""否定"之事,其本為潛意識所"必然"具有,無選擇性可能。巴塔耶甚至指出,破壞性(如耗費)實更是人性現象或表現,儉樸反而只是物"經濟"法則,非"人性君主性"時之越度本性。巴塔耶所言"人性"固然非我們所言人性,但從巴塔耶之發現可見,破壞性非外於人類現象本身、非如尼采所以為為特殊創造者所有,反而為人人現實之必然。然就算否證了尼采以為破壞性顯個體力量,對三人理論仍須回答:破壞性其正面價值如尼采言,唯在創造性而已。然這樣必然性明顯只從"存在事物"一面言,非從人性存在這另一面言。若存在無所謂人性事實,言破壞性可必然;然若確有人性真實,依從人性性向始終為第一位,一切價值亦不能違逆其道:人其存在始終第一,非應為物創造而奴役。(至於視破壞性為神性般力量,我們留待《悲劇之誕生》再作回答)。

750

5. 最後，道德或德性是否危害人類，這將視乎此時所指
   "人"為何：若為人性之人，其是否偉大只從人性德行
   見；若所指只存在之創造者，其偉大只能力之偉大，與
   人無關。因虛構虛想地以神性始為偉大，西方故從來不
   明人其偉大性所在，故以創造力為高於德行。尼采於此
   仍只西方思想家本色而已：以為德性對人類有害，所言
   實只德性不應限制神性力量而已、對"神靈"言為有害
   而已①。尼采心中所求仍只西方"理想主義"對"神性"之
   求索，所不敢正視反而是人類現實：人不畏於現實而德
   行始為偉大，神無需言現實故德行反顯得神靈渺小。若
   非仍有求為神性而超越，否則不應不察人類之真正偉
   大，而誤與神靈自比。欲求為神性，如世俗一般從來所
   是，只渺小而已。超乎人性地對存在求"造""作"，非
   但往往有害於天地萬物、實只個體求突出時之渺小而
   已，與天地存在真實從來無關。

十二、結語

　　只講求道德與法律之社會仍可完全沒有德行與人性，
此道德世界秩序所以虛假。而本於人性而言善，必先對人
性（「道」）有所理解與反省，其為善故非單純任憑人對善之
主觀臆想而有。是由「道」善始為真正善，否則只如「巧言

---

① 《看哪這人》第一章第五節結尾故說：神若降臨此世，也只應為不正義之
事，而此始配其為神靈（…）。

令色」地表面、或如「好仁不好學」時「其蔽也愚」(《論語·陽貨》)。[1] 人倫存有上之特殊性，使善無以如人人相同地、規範地達成，必有情感親疏之別與程度之不同[2]。甚至，從「父為子隱，子為父隱」(《論語·子路》)中人性可見，由社會國家"共同利益"考量之善，往往非必為善。而宗教或單純理性所立道德，因多以對反現實之惡為目的，都非正面地求為對人性之興發與實現[3]。故如法律，絲毫無以成就人更高真實，更無對尼采所求個體生命與自由肯定[4]。從這點言，尼采對道德之批評完全正確，唯更應從"人性而作"、應求為人性真實性而已。

至於尼采自身，從其所言生命為生活中飲食、起居、精神食糧、疾病治療、衛生、氣候等等，其切望之真實本應為平凡而非人類智思構想之存在。無論尼采多似誇大，其批判背後心意，都較一切過往思想更為真實真誠；其所向往人類自由之生命，多麼與現今規限壓迫性存在有關。從人類歷久以相互壓制規限這奴性方式苟且生存，尼采價

---

[1] 故於「子張問善人之道」時，孔子之回答是：「不踐跡，亦不入於室。子曰：論篤是與，君子者乎？色莊者乎？」(《論語·先進》)意為：縱使為善，仍須跟隨前人做法，從中學習怎樣始為善。如對篤行德行者，仍須分辨：是真實者、抑只外表莊重者而已。

[2] 見「賢賢易色。事父母能竭其力，事君能致其身，與朋友交言而有信，雖曰未學，吾必謂之學矣。」(《論語·學而》)

[3] 「興於《詩》，立於禮，成於樂」(《論語·泰伯》)。

[4] 尼采所言自由非政治中民主自由，後者仍只政治中偽裝之權力索求而已，非遠離世間與世俗習性之大自由。

值重估確實必須，其思想在人類過往虛構虛假中多麼力求誠實真實。唯尼采不見我們人性平實傳統而已，故始仍講求如超人自我之超越性、人本能而非人性內在性、物性生活而非人性生活[1]、個體自我而非更闊大之德行人格、破壞性而非人性更正面之光明、甚至只誤以為現實中人"習性"即人性本身，始終受限於西方傳統與世界現實而已。若對向只為現實，尼采哲學將完全正確；其所以有誤，唯失卻人性真實而只知現實而已。

有關尼采思想誤向，仍須補充下列幾點：

1. 在價值重估中尼采所以選擇"頹廢與熱愛生命"而摒棄"善惡"價值，因前者始為"事實"，後者只為謊言。[2] 正因最終仍從"事實"言，故人類"是否有"其人性這一事實，將為問題關鍵。在這點上，尼采只跟隨西方、只言自身有辨別價值之天賦[3]，沒有自己深入探索反省，故一如西方理想主義，尼采自身也沒有正視事實，頂多只"現實"一面、非人性"事實"這另一面。又如其所言：若頹廢與生命為二分本能，那

---

[1] 從尼采仍以"精神食糧"為生活面相可見，尼采心中生活仍非止於純然物質性，此其強調居於高遠處之原因，所重仍為心靈之潔淨與精神之振奮而非物質之病態與頹廢。

[2] 如我們已曾指出：價值仍須從其自身是否真實定奪，非只由實現時之事實取決。故須先問：善是否真實地善、生命是否真實的生命等等。

[3] 見《看哪這人》第一章第一節。

為何本能之"事實性"可同為價值之肯定否定？[①] 性善作為"事實"仍可為"價值"，因對向人言而已；若離開對向或感受關係，「本能」再無善不善可言。「性」與「本能」其差異在此：一從人與人對向、另一單純從個體自身言。[②]

2. 價值重估中道德之所以有害，只針對人類作為"存在者"言，然為何不同樣考慮惡對人類"作為人"言之有害性，如首肯人類為惡那樣？為何人類作為存有者較作為人更重要？西方對「存在」之偏執不正應為肯定生命之尼采所應揚棄？若求為擺脫西方價值，尼采不更應言人性而非本能、人性德行而非道德形上學、人倫關係而非存在力量？⋯⋯

3. 若一切理想為非，那尼采為何仍有超人為理想？超人所以為理想因其勇氣：能對應一不確定未來、能肯定現實生命、能對己嚴厲並自身高潔、能遠離現實虛偽虛假習性而真實，這一切，不正為中國之君子人格？然「克己」後之「復禮」與「為仁」(《論語・顏淵》:「顏淵問仁。子曰：克己復禮、為仁。一日克己復禮，天下歸仁焉。為仁由己，而由人乎哉？」)，不始終仍為個己之事，與群畜性道德無關？孔子故明白說:「為仁由己，而由人乎哉？」要求人於社會能道德，與從自力(成人)要求人能人性德行，其所求相反：一者只

---

① 若為事實，佛洛伊德便不能對死亡本能作價值偏好上之否定。那何以尼采能對人類頹廢"本能"予以否定？

② 本能所強調非對向性，而是人自身內在傾向，故非能為肯定否定之價值。人性因從對向言，縱使為事實，作為性向仍有肯定否定可能；善不善亦從此言。

從眾、然另一者往往對反於人，此「由己」與「由人」之差異。要求人其人性，實對其個己要求更多。

4. 尼采在其其他論著中雖對種種主題作深入微細分析，但在某些基本方面，如對「生活」甚至「人類德行」，始終只簡化地或公式化地點說，沒有進一步深究其究竟。西方所缺正為如《論語》這樣對人類德行作全盤理解之反省（如《論語》，實非只道德訓誡，更是對人性及人類存在事實性之全盤分析）。道德理論故以為從根基（如自由意志、正義與「善」概念等）思辨便足夠，因而觀念地簡化事物，沒能回歸人性真實而立論，既不知「道」、亦使「善」往往流於與國家社會利益無所分別、甚或在違背人性感受時言法與制度，以後者即為善。尼采雖力求回返人之哲學，然對人為第一真實事實這樣價值始終闕如，故從不先反省"真實"究應從世界存在抑從人言，重犯着西方思想所有錯誤：以導向世界而非導向人類自身為先。對現實批判，因而即視為對人類人性之批判（價值重估）；對人類心理所作分析，所見亦非人性事實與真實，只人"於世存在"中現實而已。更根本的是，「存在」對尼采言，始終只如西方物性義之存在，「自然」「生命」「生活」均如此，都非從人之觀點觀見。如是而「自然」與「人」往往對立，非天地一體。中西兩方思想根本差異亦由此。尼采對西方思想之批判正確，其顛倒西方形上價值亦正確，唯所以為真實：現實生活與生命自然，始終落為西方形上世界之對立面而已，未切中「人與世界」一體之真實；其以為存在之偽均人性之偽，實仍西方從來思想，非事實真實。如是引致

在人性根本性外，不得不以「本能」之形上學①求對等，以人之真實在「本能」、非在「人性」之平實平常真實上；後者本為尼采所應夢寐以求②。

在結束前仍應讓讀者明白，尼采所以仍有其形上學，唯因跳脫不了西方傳統而已，故仍只講及世界、現實、物性生活與存在、個體獨立性甚至超越性、本能般人性習性、破壞性作為創新力量、永恆回歸之命運與事實等等，這一切，均出於西方傳統或求為對反如此傳統始有，非尼采本心必然如此，後者唯在人類心靈真正自由而已、遠去存在之奴役狀態而有作為人價值之真正自由而已。此尼采真正所是：非差異性哲學，心靈真正自由之哲學而已。故一如馬克思所求人於現實生存中之自由，尼采所求，為人心靈去一切偶像時之真實自由而已。

備註一：價值之源起 —— 尼采道德系譜學

縱使撇開尼采思想以價值重估為核心，「價值源起」③作為人

---

① 「本能」所以為形上，因像頹廢性這樣本能傾向，明白與生物生存本能無關，故只為形上思辨與價值。佛洛伊德本能理論仍然，請見下章。
② 作為對反人類智思或理想主義偶像式思辨。
③ 「(⋯)我的好奇心和我的疑問就總是停留在一個問題上，即究竟甚麼是我們關於善和惡的觀念的起源？」(《道德系譜學》〈前言第三節〉)「道德的起源只不過是通向一個目標的許多手段之一，對於我來說，問題在於道德的

類存在問題明顯重要。〈"善與惡""好與壞"〉雖似單一文章，然其於人類思想中之重要性幾近獨一無二：縱使人們並非不知「善」所指為何，然若非以人性為其源起、甚至非直以「善＝人性」，而如西方那樣在對人性否定這前提下試圖說明「善」所有起源或基礎，這明顯將十分困難。從柏拉圖視「善」為超越、甚至超越於理形上因而不可指說便可看到，試圖從否定人性這一西方傳統立場說明「善」之根源，這幾近不可能。中世紀有如上帝這樣超越存有，故「善」一如「良心」，明顯以之為基礎。然上帝始終虛構或思辨性，無法為「善」確實基礎。康德也只能訴諸如「唯善之意志始為善」這樣不確定性，而一般更只能以社會性解釋，以社會之共同好處為「善」之源起。然以「善」或價值與社會般功利利益混同，明顯不明價值之所以然，此所以尼采借由對英國心理學家之批評，對功利與價值問題之異質作討論，為〈"善與惡""好與壞"〉一文之起點。①

價值（…）」、「〔《道德系譜學》〕專門探討"無私"的價值，同情的本能的價值，自我否定和自我犧牲的本能的價值。」（〈前言第五節〉）「直至現今為止，人們毫不猶疑給予"善"人一較"惡"人更高的價值，所謂更高價值意思是對整個人類（包括人類的未來）有所促進、有所裨益、使之繁榮。倘若真理與此相反？倘若在"善"中同樣有退化的徵兆，並孕含著危險、誘惑、毒藥、麻醉物，那使目前以犧牲未來為代價而可能活得更舒適一點、危險性少一點，但同時以一更卑微、更低級的方式？…那正是道德的罪過，倘若道德使人類永遠無法到達本來是可能達到的強盛和壯麗的頂點？倘若道德恰好是危險中的危險？…」（〈前言第六節〉）

① 我們暫用三聯書店現代西方學術文庫《論道德的譜系》周紅 1992 年翻譯之版本。

功利與價值

以功利與利益作為對善根源之解釋縱使錯誤，然仍非為尼采感到反感：斯賓塞他們雖把「好」視為「那種迄今一直被証明是有用的；有用性因而被視為"高度珍貴"的、"在其自身地珍貴"的價值」（《道德系譜學》第一章第 3 節；下同），但他們沒有把這效益關連於人性之弱點而言。好壞價值對斯賓塞言，直就是一種在其自身效益，非與人性弱點有關。英國心理學家之描述相反：「『最初，不自私的行為受到這些行為的對象們，也就是這些行為的得益者們的贊許，並且被稱之為好；後來這種贊許的起源被遺忘了，不自私的行為由於總是習慣地被當作好的來稱讚，因此也就乾脆被當作好的來感受，似乎它們就是甚麼自身好的一樣。』」（第一章第 2 節）在這樣描述中可以看到，除人類好利益心態外，更有人類虛榮心、人類遺忘及慣性等弱點、及人類虛假本性在。正因有對人類如此低貶，故為尼采對英國道德史學家批評之原因。從這裡我們可看到，尼采對人類之期望[1]。

對英國道德史學家有關好壞價值之根源，尼采從心理及歷史兩角度指出其錯誤：從心理言，這解釋不可能：利益與功利

---

[1] 「假如允許人在不知情的情況下表達一個願望的話，那麼我真心地希望這些人能夠是另外一副樣子，希望這些顯微地研究靈魂的心理學家們能夠基本上是勇敢的、大方的、自豪的動物，能夠知道如何控制它們的心及他們的痛苦，並且學會為真理，為所有真理，為犧牲所有他們的願望，就算是為一種平凡的、苦辣的、醜陋的、抗拒的、非基督教的、非道德的真理…。因為這樣的真理確實存在。」第一章第 1 節。

為人類每日必遇見事情，故應越來越清晰地顯現在意識中，不應從意識中消失或遺忘。（第一章第 3 節）而從歷史方面言，善惡好壞價值之根源並非這樣。尼采《道德系譜學》一書正為探討這一問題而寫成。

價值之源起

「好與壞」、或人類價值怎樣產生？

「好」非來源於以利益為主而無真實價值向往之人，而應源自"創造價值"之人本身：「起源於那些"好人"自己，也就是說那些高貴的、有力的、上層的、心靈高尚的人們感到他們自己和認定他們自己的行為是好的，即上等的，相對於所有低下的、卑賤的、平庸的和粗俗的。充滿着這種保持距離的狂熱（*pathos de la distance*），他們才取得了創造價值、並且給予這些價值命名的權利。」（第一章第 2 節）尼采這一定義指出兩點：1.「好」本非用於對事物之評價，而是人用於自己及自己之行為上。人對自己行為要求好，這始是「好」之真正起源。2.「好」「壞」價值，是源自人類對價值之一種狂熱與激情（pathos）、源自人類對價值之向往志，非由於理性。人對價值之熱愛情感，為價值唯一真實源起、亦價值所以為真實之原因。價值是從人類情感、非從理性或知識而有。人類之激情有二：對事物盲目熱愛、及對真實價值之熱愛；前者為迷信之源，亦哲學對激情所以批評；後者為尼采所肯定：人由真實地熱愛價值始創造價值，非由於理性或利益心。利益與真正價值永遠背道而馳；而理性最終無

法與利益無關。若價值源起 ① 於人對「好」本身之熱愛、對「好壞」之自覺，那價值源起上非與"自私或不自私"有關。"自私不自私"只人群體存在後之事，只與群體意識與需要有關，非源自人類對價值本身之自覺。②

若真正價值源起於"高貴者"，那"高貴者"從甚麼而言？為何其所好為真實地"好"？

當尼采提出主人與奴隸、強者與弱者、高貴者與平民這樣對立時，一如馬克思，他實深明階層對立之嚴重性。在馬克思與尼采前，「人」之問題也只人性、主體性、心身二元等問題而已，與階層存在無關。從階層關係言「人」之問題實已表示：人之問題已與階層或群眾之"卑下性"有關。無論馬克思抑尼采故須解釋：為何"卑下之人類形態"成為歷史上代表人類自身之形態。

傳統政治學與倫理學，都把「人類群體」視為人類存在上更高及更真實之形態，如「國家」那樣。此時人之問題，只個體如何從屬於整體下，成就一更高之集體存在這樣問題而已。「群體」因而作為「國家」這一更高"集體"或"共體"被理解。這時之集體，是由自主、自由或自覺之個體集合而成。自柏拉圖至康德、

---

① 真實價值之源起，非一般虛假價值之事實源起。

② 作為價值創造者之人類，其創造若為單純正面之追求、為自身獨立人格所致，非出於群體存在利害之考量，如此之不自私仍為真正價值之本。尼采所批評之不自私，是在群體存在考量下始有，即為群體存在形態下倫理道德所要求者。如此之不自私，只利益之公平分予，只針對利益之自私擁有言而已，與人熱愛及向往價值時之創造無關。道德倫理上之價值，非人對自身、只人相互間之普遍要求，故與人對價值自身之熱愛及追求無關。

黑格爾均如是期望。十九世紀後思想非再如此：人類存在雖仍為群體存在，但"群體"非再由自主、自覺之個體集合而成，而是盲目、被動、卑下之「群眾」或「階層」；此時之「國家」整體，也只另一個體、代表着另一階層而已，非真正整體。人類群體由其崇高地位、由其為自覺之終極，轉化為卑下、盲目、潛在之"基層"。若在傳統中整體代表真理，那落為卑下階層之群眾（大多數）再非為真理。

群體之卑下性，對尼采言，非只物質上之貧困，更是心靈之卑下性，即卑劣心態之弱者。若尼采所關心為人類心靈，為了人類之美麗與真實，尼采必須否定群眾這樣心靈狀態。[①] 尼采所言君主或貴族、甚至強者，故都實質上從心靈或心理狀態、非從政治勢力或物質地位言。若尼采表面上仍如此，這只是借由這樣優越者所有心靈狀態，說明正確而健康之心靈狀態應怎樣而已，絲毫非對現實或階級上之優越性有所肯定。

有關群體之卑下性，舉正義為例。正義於傳統為代表"整體"之國家所掌持（"國家正義"），然於近代隨着「整體」下降為群眾，正義即轉化為下層階級（大多數）對上層（小數者）之對抗：正義由國家法律，轉化為弱者對抗強者之"正義"抗爭。這是我們今日之政治形態，甚至是我們之知識及生存形態[②]。我們非以抗爭性為不對當，只想指出：政治若沒有轉化於人民身上、大多數若非政治化，人民心靈仍有其自身獨立性；政治之普及

---

① 至巴塔耶（Bataille）始首見從人類卑下性言君主性。

② 如社會學、經濟學、心理學等以群眾事實為本之形態。

化，只腐蝕人心，反使政治與權力顯得獨一而無二，既統馭一切、亦使一切虛假化。社會越是政治化，人民心靈越被操控而變得盲目不自由，失去價值真正向往與心靈自主獨立。在階級對立之政治形態中，上層與下層均只為群畜性；如是人類現象，正為尼采所面對並反省。人類之群體性，其關鍵故在政治，為亞里斯多德視人類為政治動物之意思。人類心靈之病態，由政治性或群體性而生，亦在政治性中而敗壞。縱使尼采所舉為貴族階層，其所言君主性或貴族性，實意指在政治外、人心靈獨立時之強大，如查拉圖斯特拉那樣。唯在政治與群體外，人始是真實之人、非生存中奴隸。唯如此，人始能創造真正價值、始能真實地創造、始在生存外體會存在之生命力、並能有真正知識 ——「快樂的知識」。

尼采所以仍舉歷史上貴族為例，只借如希臘貴族求為對比基督教，對"心靈"作說明而已：健康心靈本不應從"心靈"或"精神"、不應從精神之內心性言。"內心性"或弱者之心靈，源自基督教傳統。本來，精神或內在價值只從外在價值之內化形成，精神意義之「好」只由社會等級意義之「好」轉化而來。所謂外在價值，所指本為"生存狀況"之好壞，與人格或心靈之好壞（善惡）無關。舉「壞」一詞為例：「"壞"這個字起初，毫無歧義地、無不直接或疑惑地，所指的正是普通的人、一般人，相對於高尚的人而言。」（第一章第4節）換言之，「壞」本非指「惡」，只言如簡陋、普通等存在狀況而已。如此好壞，故與善惡無關，更無"不善"之意。貴族因從自身存在之優越性（力量、權力、富有）自覺自身價值，其優越性只從自身言，非為階級爭鬥與對

立時之手段。尼采非常清楚這點，故說：「他們〔高尚者〕固然經常根據他們的優越力量而稱呼自己為"有力量的人""主人""領主"，或根據這種優越性最明顯的標記稱呼自己，例如為"有錢人""佔據者"。不過，這正是我們所感興趣的，他們也根據一種典型特性稱呼他們自己。例如，他們稱自己為"真實者"：最先這樣做的是希臘貴族，其代言人是麥加詩人蒂奧哥尼斯。用來表達這個意思的詞，ἐσθλός（esthlos）的詞根意味着一個存在的人（ist）、具有真實者（der Realität hat）、真實的（der wirklich ist）、真的（der wahr ist）。」（第一章第 5 節）高貴者之優越性只單純作為自身肯定，非作為對低下者對抗之手段。一切創造真實價值、或自身致力於真實價值之人，必然自覺這種獨立性。尼采稱此為 *pathos de la distance*（對距離之狂熱）：「特別注意希臘貴族為了和地位低下的人民分別開來，在所有有關的詞句中加上了幾乎是仁慈的語調，並且不斷地滲雜在這類詞中，包裹上糖衣的憐憫、關懷、容忍（⋯）」、「"出身高貴者"的確感到它們自己是"幸福者"，他們不是先和他們的敵人比較，然後才來人為地造就他們的幸福，或者使人相信、或者騙人相信他們的幸福。」（第一章第 10 節）價值之真正起源，實只人自己內在事，非在人與人間由較量始形成。

道德價值之形成

若價值源起於高貴者，道德或倫理價值其源起則與心靈病態有關。若好與壞本只存在境況之優越性，這樣價值並沒有如

善惡那樣，"對向人或人格"而言。對向人或人格而言之善惡，始對人類有所貶低及否定。對人類之低貶、或人類對自身之低貶，這即人類心靈病態之始。若貴族沒有因自身優越性低貶人、沒有判定他人之善惡，那"相關人自身價值"之善惡，其源起為弱者。在強者眼中，強是「好」、弱只是「壞」（非好或非處於好之狀態）。相反，在弱者眼中，強者是「惡」（道德意義之惡），而弱者始是「善」①。善與惡作為道德價值，也只相對強與弱兩種形態言而已。若好與壞本只直接就是強與弱之反映，那善與惡則掩蓋了其自身之根源，使人以為善惡本是一種自在價值、價值之在其自身，與存在狀態之是否優越（強弱）、是否好無關。換言之，善惡雖用在人身上，但它掩蓋了人與人（單純存在上）強弱關係這一源起，甚至掩蓋了這其實只弱者始有價值。"歸咎"他人為惡，這是人對人真正否定之始、亦人與人之真正對抗。對抗他人、反應他人、從他人身上建立自身之一切，這是奴隸被動心態。馬克思把奴隸從物質存在言故求解放，然對尼采言，奴隸先只一種心態之事、人從屬人（他人）而有之一種心態，那無自我肯定、並從屬外在而被強制之心態。奴隸因而必然是群體性的，其存在單純向外、並依賴於外故。

弱者之價值形態：以怨恨為本

　　若這與人有關之善惡價值是弱者對強者之一種價值評價與

---

① 尼采把善良歸之於弱者，實只扭曲了善良之真正意思：善惡應獨立於力量言；被壓迫或處於弱勢之人，非即就是好人。

反應，那這善惡價值之普及化及群體化，既取代人類本有真正價值、亦使價值之創造以奴隸方式建立起來。價值創造再非由於人對價值本身熱愛，而是由於面對優越性而有之「怨恨」或「怨感」（ressentiment）所產生。價值如是全然奴隸化，其創造亦以奴隸之怨恨、怨感為基礎。[①] 尼采深刻地看到，人類基本作為是從一怨恨之心態形成[②]，而「怨恨」這一種心態，幾近是人類存在心態中最為病態亦最普遍者。人類心靈之腐敗始於此；其所創造價值之偽，亦始於此。

「怨恨」這一種心靈之"內在性"，實是心靈純然向外時之極端地內化而已，為心靈純然對外在依賴而產生。「怨恨」本有二：一者直接以行動報復（君主或強者之怨恨）、另一者以想像的報

---

① 「奴隸在道德上進行反抗伊始，怨恨本身變為創造者並且娩出價值。（…）若所有貴族的道德都產生於一種凱旋式的對自身之肯定，奴隸道德則起始於對"外界"，對"他人"，對"異於自身者"的否定：這種否定就是他們的創造性行動。這種從反方向對價值的確定 —— 那必須向外界而不是向自身方向尋求價值 —— 這正是來自怨恨的：奴隸道德的形成總是先需要一個對立的及外部的世界，從生理學的角度講，它需要外界刺激才能行動 —— 他們的行動基本上是一種反應。貴族的價值評定方式則相反：它們是自發地產生和發展的，他只是為了更能喜悅地及更能感激地對自身肯定才去尋找其對立面。他們的負面的概念如"低賤"、"平庸"、"壞"都是在與它們基礎的、積極的、滲透於生命和熱情的概念相比較後產生的後起的、模糊的對照（…）」第一章第 10 節。

② 「這些具有貶低和報復本能的人，這些所有歐洲的和非歐洲的奴隸的後代，特別是所有前亞利安居民的後代，他們代表的是人類的退化。這些"文化工具"是人類的恥辱，它們使人懷疑"文化"，並構成一種對"文化"的反駁。」第一章第 11 節。

復求補償（奴隸或弱者之怨恨）。若對強者與弱者道德（道德：行為之依據）以與怨恨有關之三種情況比較，可見以下區別：

1.	於怨恨非明顯時，高貴者只會凝聚在自身幸福與快樂，無視對方之不善；奴隸則會從躲避外來，求取如安寧、平靜、性情修養、四肢伸展、麻醉、聰明等幸福快樂。
2.	若外來傷害非嚴重時，高貴者將由蔑視而遠離，奴隸則會宣稱「愛自己的敵人」。
3.	若外來傷害嚴重時，敵人力量之強大對高貴者言由於尊敬故不致相互傷害，然外來傷害對弱者言將使其視對方為"惡人"，善惡概念由是而生①。

在第三種情況中，強者與弱者所作反應都同樣"道德"、同樣非傷害性，然差別正在對對方之評價：對外來強大力量或傷害仍能肯定並尊敬②、抑由不能接受而在心態上想像、在價值命

---

①	「試想，一個充滿仇恨的人構想出來的"敵人"將是甚麼樣的 —— 這正是他的行動，他的創造：他構想了"醜惡的敵人"，構想了"惡人"，並且把它作為原則，然後又從摹倣及從對立面，想像出"好人" —— 也就是他自己！」第一章第 10 節。
②	存在或人所形成之恐懼，都非應為人類病態之原因。弱者由對人懼怕故對人類厭惡，並因此結合為群黨。群體性若從負面言，實由此而形成。【孔子故說：「人之過也，各於其黨。」(《論語・里仁》)】也因懼怕，弱者故把人類改變為溫馴的人。然懼怕（敬畏）對強者言，始是人類力量及尊重之始：力量只會促成更大力量，強者始終不構成威脅：「強者的災難並非來源於最強者，而是來源於最弱者。知道嗎？簡言之，我們絕不希望人不再

766

名上否定、低貶、排斥、並對立。^① 此外，弱者在上述三種情況中所創造"價值"均假象性：安寧麻醉等狀態、「愛敵人」、"惡人"等形態，均只假象性創造。佛洛伊德雖知愛恨相關，然二者始終為不同驅力本能。尼采更進一步：愛恨非只相關，更是一體兩面：愛是恨之假象而已。「愛人」及「對人憐憫」這樣道德價值或道德假象，實由弱者怨恨所創造。此弱者所有"創造性"。^②

若能如主人地統治世界，奴隸不能光靠怨恨；怨恨必須轉化為正面力量，以「愛」達成統治，如基督之自我犧牲所體現。然如此「愛」，只善之表面、一種誘惑，非真實之好、非為人類強健而作為。由自我犧牲成就之善，只求為使人歸向，非求為人類之獨立自主。^③ 基督的自我犧牲指向惡人（強者）之傷害，

構成恐懼，因這種恐懼迫使強者成為強者，而且在某些情況下成為令人畏懼的人，這樣的恐懼使那種成功的人保持直立。」第三章第 14 節。有所敬畏、對人有所敬畏，人由此始真實。

① 人之強弱正從面對存在時之心態而顯。尼采所關心，是人類面對存在是否能獨立地肯定、抑只能對立地否定時之心態而已。

② 奴隸非有自主志向之創造與心懷，故如習俗、敬仰、禮節、感戴等文化素質，對奴隸言，只一種束縛。奴隸若有對如此價值創造顯得溫柔、克制、忠誠，亦只能虛假而已；一切外來價值始終只束縛，非自發地自己而真實：「（…）同樣是這種人，他們被如此嚴格地束縛在習俗、敬仰、禮節、感戴之中，甚至被束縛在相互監視、彼此嫉妒之中，這些人在相互關係中之其他方面，卻又顯示出如此善於思考，善於自我克制，如此溫柔、忠誠、自豪、友好；一旦來到外界，接觸到各種陌生事物，他們比脫籠的野獸好不了多少。」第一章第 11 節。

③ 「甚麼東西的誘惑人、陶醉人、麻痹人、使人墮落的力量能和"神聖的十字架"這個象徵、"釘在十字架上的上帝"那恐怖的自相矛盾、上帝為了人類的救贖而把自己釘在十字架上這種無法想像的、終極的、極端的殘酷

後者因而為怨恨之對象。怨恨如是由弱者內心轉化為一種客觀的、對象式之怨恨，為群體存在不可或缺之真實。現今社會往往如是：縱使似善良地有"愛"，然如此對弱者之愛，只造就人類間相互更大怨恨而已，非真實地善。愛與善良只塑造並突顯惡、只一種善良之假象；愛恨兩面只更使人相互依賴，成就群體心態，使人難以獨立。如是而愛恨、對人之憐憫與厭惡[①]，只是人類之災難而已。

* * *

傳統倫理學對幸福之求索與依賴、其所謂善惡價值、及其以為規範始能成就人類真正存在，這一切，在尼采後，都明白為虛假。關鍵先在：人類只求為"存在上"之幸福與美好、抑求為"人類自身"之真實與美好，問題先在此而已。尼采《道德系譜學》，因而系統地思考道德三個基本問題：善與惡、人類對痛苦之態度、及人類在毫無創造或欲求中是否仍欲求一種負面性、一種虛無地自我毀滅之價值。虛無主義實非先來自人類對價值之否定，而是來自人對人之厭倦。生存無意義，非由世界及存在無意義、更非由於思想對傳統價值之摒棄，如言「神已死」，而是由於人對人厭惡或失去意義：「在我們停止懼怕人的同時，

這一奧義相提並論？…至少可以肯定，以這種情景，以色列的報復及其對所有價值的倒轉，迄今為止戰勝了一切其他理想，戰勝了一切更高貴的理想。」第一章第 8 節。

① 人類之病態，始於兩個原因：「(…)對人的巨大厭惡和對人的巨大同情。」第三章 14 節。

我們也失去了對他的熱愛、尊敬、期望，失去了對人的追求。自此，人所呈露的景象使人感到格外厭倦 —— 這不是虛無主義又是甚麼？…我們對人感到厭倦了…」（第一章第 12 節）。人類若把真正好的事物視為惡或厭惡之對象，他還能有甚麼可以肯定？[1] 弱者所有懼怕非由對方敬畏而強大，只以對象為厭惡與為惡而已；沒有如此懼怕，是根本沒有所謂「善與惡」的。[2]

尼采在終結論文前，回答形上學有關主體問題。「力」與主體或實體之關係有二：力於奴隸是奴隸對抗自身力量所形成之一種克制，亦由如此「自身克制」（主體），外來力量全然駕馭其上，奴隸因而被動。主體對奴隸言故為先在。相反，對主人言，人之主體（自己）只由避開外來力量時始形成，因而自我或主體只於對向外來力量、不欲受動而欲保有自己時始形成。在一般情況中，人作為力量只向外創發。主人故唯以力量為本，主體為

---

[1] 「誰要是把那種“好人”只認作敵人，那麼他除了邪惡的敵人就甚麼也不認識。」第一章第 11 節。

[2] 尼采在終結「善與惡」源起問題時說：「正好相反，高貴者預先及自發地，即從自身地，創造了“好”這原則，而後才由此引申出“壞”這一概念！這種起源於高貴的“壞”和那種產生於不知饜足的仇恨的大鍋中的“惡”——這看上去同樣是“好”的概念的反義詞的一“壞”和一“惡”，是多麼的不相同啊！前者是附產品，是一種附加成分，一種補充的色調，而後者卻是本源，是起點，在奴隸的道德觀念中是真實的行動。」第一章第 11 節。
“好”由主人原始而主動，“惡”（善惡之“惡”）則為奴隸原始之創造。「好壞」與「善惡」非兩種決定人之價值，而是兩種不同人心靈之創造、人自己所自決定之價值。此人類價值之真實。

次。無論是創造力抑生命力，「力」較「主體」故為先並更真實。[1]
主人之力量，因而無限地向外、毫無自身否定。奴隸或弱者之
力相反，只自身對抗性、亦對抗人類而自我毀滅或自我毒害。[2]
人類一切負面創造、人類為對抗自身所創制之規限，因而均只
奴隸性。創造性之力，亦意志之真實。而力之意志，故為「強力
意志」。[3]

以上為對尼采有關價值源起之扼要論述。

結語

我們說，從西方思想言，鮮有如尼采那樣能對善惡價值源
起作具體討論者。之所以如此，正因尼采對 "善惡" 價值否定，
始能以其源起歸究於人類（弱者）自身，否則，若 "善" 另有其
源起，則因其必為超越[4]而難確指其所由。若非由於對 "善" 否
定，是難以得見其源起於人類者。尼采因從反面或否定觀，始
見「善」與人之本然關係、亦始能對善惡其源起作如此具體討論。

尼采這對價值源起之討論、及其對人類價值現象虛偽性
之明白確然重要。如功利與真正價值之本然差異、價值源起
於人對價值本身之熱愛、價值所隱含等級差距（pathos de la

---

[1] 把「存有」視為「實體」抑為「力」，因而源自不同生命。

[2] 於奴隸，力故形成主體，為主體之自身困圍。而於主人，主體也只自身力
量之保持及保藏而已。

[3] 有關力與主體問題，請參閱《道德系譜學》第一章第 13 節。

[4] 若非為超越，「善」將又因源起於人而為人性善之主張。

distance）、心靈之健康而非奴隸被動心態、群畜性與人類卑下性之關係、群畜性或社會性"無私"之偽、現實對真正價值之扭曲、人對「強」與「好」（存在狀態之優越性）因怨感而視為"惡"、怨恨對人類心靈之毒害、由對人類否定（低貶、厭惡）而見之人類病態與虛無，如是有關價值與人類心靈之主題，確然重要，亦對當今及未來人類提出嚴厲指責與糾正。雖然如此，我們仍須對尼采這價值源起之論說其對錯作反省，分以下各點討論：

1. 價值與善惡源起問題：真正價值（從創制言之價值）確如尼采所見，為源起於熱愛價值之人自身，並為其所創造，因而非一般事物存在之功利或功用價值。然尼采誤把"一切"價值同視為人類之一種創造，因而"善惡"價值亦只有一主觀而偶然之基礎，非存在本然所有。文明中真正價值固然可視為單純人類之創制，然在這樣價值外，無論事物之功用、抑人性向所有對善與惡之覺識，都有其客觀必然性，不但與創造無關，甚至反而往往為人類創制所依據，非本身為主觀創造。事實上，尼采雖言真正價值源起於人之創造，然尼采仍知應盡量使價值立於一客觀基礎，否則有被視為任意之虞，故把強者所視為之"好"，為本於存在境況之優異而有、本於存在之強態，非主觀任意之創造。換言之，對尼采言，真正價值終歸為存在中強者所有之「好」或優越性，非其他。雖以價值本於人，然始終只是：價值也只從存在之「強」或優越性言而已，非真實從人作為人言。正因對價值有如是觀法，故對其他價值，如對「善惡」這樣價值，特別當這樣價值與「強勢」價值有所牴觸、本質相反、甚至對強者有所否

定而對弱者有所憐憫時，便直視如此價值本於弱者自身，因對反強者故。當然，若價值有對人本然否定，如尼采所指出怨感所有對人之厭惡、若價值確實如此負面，這樣價值明顯為不當；尼采所指出對人之厭惡若確為事實，那這樣價值明顯非為真實。然問題是：若尼采以善惡價值為弱者對強者之否定，同樣，尼采視為真實之價值 —— 強者之價值，也實只尼采對弱者之否定甚至厭惡，換言之，仍是一種人對人之否定與厭惡而已。若對人否定與厭惡本身不是，那無論弱者對強者、抑強者對弱者之否定與厭惡均同然非是，非只弱者價值如是而已。若以為強者價值有其自發性而弱者價值只反應性，這只是尼采不承認人有人性本然性向而已，若承認，那善惡價值同樣有其客觀源起甚至根本性[①]，不能視為一種價值上人特殊反應：若好壞價值因為優異創制而真實，同樣，善惡價值因為本然人性所是故亦同樣真實，一從人創制、另一從人性所本是言，是不應偏好地視一者為真、另一者為假。甚至，過於偏祖"存在事實"，如存在境況所有優越性，而視一切"由人者"均只主觀任意，這始終只西方對"存在事實之為唯一真實、人類真實非是"這樣一種偏執而已，是不應不以人本然亦為事實真實者。那麼，若確實地言，若善惡作為價值只與人性有關、只源起於人性，那所謂善，也即依從於人性，所謂惡，也即不依從或不人性而已，再無其他意思可能。善也只人性、惡也只不人性，這是善

---

① 本於人性客觀真實性，與弱者（特定之人）創造無關。

惡與人性之本源關係，非如尼采所以為，善為弱者、惡為強者。二者（強弱）無論怎樣，都無法取代善惡所有意思。若現實之強弱為好與壞，那善與惡其意思則在人性與不人性而已，與強弱好壞本無關。

2. 群畜性或奴隸心態問題：若以一切價值只人類創造非為正確，同樣，以人性人倫之心為社會群畜性甚至為奴隸被動反應性心態亦明顯不正確。社會或政治性往往只人一種群體甚至群畜盲目性，尼采於此確有其道理。然正因盲目任意而不真實，群畜性故與人性真實性往往有所違逆：社會集團始終主觀，非如人性性向本然客觀，非人作為個體或作為社會集體能左右與偏廢。對向社會或集體群體，故仍有「從」與「違」（不從）這樣問題，此所以孔子說：「麻冕禮也。今也純，儉，吾從眾。拜下禮也。今拜乎上，泰也，雖違眾，吾從下。」（《論語・子罕》）（亦參考：「宰我問曰：仁者，雖告之曰：井有仁焉，其從之也。子曰：何為其然也？君子可逝也，不可陷也；可欺也，不可罔也。」《論語・雍也》）人若依據人性本然真實行事，必有「從眾」「違眾」之可能。盲目地依從社會或群眾，反而只人作為個體時之事，非其“作為人”時所有真實：後者在人性而已，非在社會性、非為群畜之人。人依從其人性始真正自由，一切非本於人性之價值與想法，因均可主觀一時，其依從始為奴隸性或為被動。尼采以善惡由於人被動於人而反應，實人在善惡之自覺外始真有被動於人之可能。於真正德行之自覺中，人必真正獨立、其作為始非反應性，此孔子：「我欲仁」（《論語・述而》）與

「為仁由己，而由人乎哉？」（《論語‧顏淵》）所言。人若確只群畜性，尼采之批評正確；若確實對人之「好」與優越性諂媚而怨，尼采批評亦正確；然這些都與善惡無關：不能以「好」為「善」、以「壞」為「惡」；或以他人之「好」為「惡」、以自身因「壞」而為「善」。善惡正因與好壞無關始為真正善惡；於混同兩者價值時，尼采只使價值偏狹而已，反而泯滅真正價值創造之所由，後者在人性美與善、非在強勢價值上。

3. 德行之"無私"與社會群畜性問題：若人性與人倫非等同群畜甚至社會性[1]，德行中無我或無私更是。社會從求為共體而言之無私、公德、甚至道德，都只從社會中個體所有自私言而已、只針對個體言而已，其為無私只相對社會並作為個體私下之反面，非人真正無我時之無私。人無我其正面性只立於人性並單純作為人言；如是德行之無我，反而獨立於社會人人求為自我自私之心。連社會本身在內，其本質實有我而自私而已：事實上，國家始終仍只一集團，政黨政治更是如此，非無利害利益而德性者。社會之私與個人之私，只集團與個體之差異而已，非真如德行或無我般有無私之心。尼采以為道德即無私，這只混淆"集體性"與"無私"二者而已，以為非言個體而言共體者即為無私，不知如國家共體

---

[1] 社會或群畜性往往與政治或國家有關，然儒學反以政治應回歸人倫，非以政治為終極真實。故「孝乎惟孝，友于兄弟，施於有政，是亦為政。奚其為為政！」《論語‧為政》。亦參考《孟子‧離婁上》第二十八章。

實亦一種私我性質、非無我性質。從有統治者權力便實明白如此。無私故唯從依據人性、非能從依據社會言，後者始終可能只群畜之事，非必然人性。如是可見，社會因其私我性格更只為自我與自私之源起：人唯"於社會中"始與他者面對面故，自我自私亦由是而起。以社會共體為權力、以道德與法制為箝制性，甚至由此引申而以父母為權力代表，如是種種對社會權力之質疑，明白為因如此共體實只行私、非行人性，其私我性格如此。從拉康（Lacan）所言"自我實他人（他我）"可見，自我其本性與社會性一致無分：二者同為私我、為私我（私自）之源，非如人性與無我（無自我）始本然一體。能對社會群畜性批判，實因後者仍有私我在，如尼采所言奴隸心靈之私下怨恨那樣，然這正與人性無私時之真實坦然相反。道德所言無私，故只社會公共性時之利益，非人性無我時之真實，後者只從"作為人"言，與社會始終無關，與群畜性更無關。尼采對社會群畜性格批判正確，然以為德性無私或無我為群畜性，始終不明人性德行其真實所在，後者正與現今社會以公共利益為由而致之無私假象無關。

4. 真正價值之問題：尼采以真正價值源起於人對價值之熱愛，與絲毫利益甚至現實世俗性無關，這點十分正確。然以為「強」或存在狀態之優越性為真正價值之源，這始終仍只世俗心、仍只承續西方文明之世俗性格，非明白價值之真實終必與人性有關、終只能立於人性上。於存在，唯人性可在物質價值外而真實。在人性外之價值，是難與物質價值完全切

割開，因而難於不為功利利益。如尼采所強調強者之優越性、其存在處境之“好”，如此價值，始終實仍世俗，甚至明白與功利或享受難以分別，故無法作為價值能純然真實。由人性而致之美善，因與利益無關，故為真正價值之本：其中如禮與文之美，更為價值其價值性甚至德性所在，而此與尼采所以為強者之優越性正相反。強與弱，因同只為世俗之兩面，故與價值之真實性無關。此所以孔子以「富而好禮」與「富而（無）驕」作對比（見《論語・學而》），前者因人性而仍為美，後者因富有（強者優越性）之自傲而仍未是，未為美善價值之純粹故。

5. 怨感問題：尼采所言弱者對強者優越性所有怨感，確為事實。怨除由具體人事傷害或煩擾外，更主要由見他人較自己美好或有所成就所造成。孔子故說：「貧而無怨難」（《論語・憲問》）。事實上，若是小人，因「小人喻於利」、而「放於利而行，多怨」（《論語・里仁》），故因弱勢而有怨，這於人實自然。甚至，因居下而對上有所毀謗[1]，這都為人易見之偽，尼采批評故正確。唯問題是：若怨不怨與強勢弱勢多有關，這只代表，怨不怨只由於處境而已，與人其人性無關、非必因為“人”便必有怨。如是而強者一旦失去強勢便自然如弱者般怨恨，怨不怨由強弱、非由於人。居於強勢而不怨故也代表不了甚麼，其心始終被動，被動於強勢而已，始終不能說為是真正價值之創造者。如是可見，縱使為強者，亦唯其

---

[1] 「居下流而訕上者」（《論語・陽貨》）。

心本獨立於強與弱、甚至獨立於現實,始能為真正價值之創造、甚至始能為真實之人,否則,若心只為小人心,無論強弱,其心態始終同然,或驕或怨而已。故在「貧而無怨難」外,富者亦有驕不驕之問題。若如孔子指出:「富而無驕易」(《論語・憲問》),那這只是說:富者所以無驕易,純因富有而已,非與其個人之德行有關;其易因富,非為心之真實。故非強者因其強勢必有真實不怨不驕之心懷,只因強勢於現實較能獨立,不因匱乏而致心有所反應而已。強者非因強而必真實,如「富而好禮」(《論語・學而》)那樣主動有所德行;其不驕仍只由外在無匱缺致使心無怨而已。富者之不驕故與心之真實無關。正因如此,縱使居於弱勢,人仍可由其心之真實而致無怨,此所以「伯夷叔齊(⋯)求仁而得仁,又何怨」,及孔子「飯疏食、飲水,曲肱而枕之,樂亦在其中矣!不義而富且貴,於我如浮雲。」(《論語・述而》)成就不成就非必從外在言,外在之強弱亦非必與心之真實有關,尼采所言怨感,故只能針對無真實心懷者言而已,對心有所真正價值與志向者,無論外在境況怎樣,始終與其人心懷之真實無關。尼采所言怨感,只能針對一般現實,是未能及人心有所真實與德行者;只現實這一半,非真實之人這另一半。

6. 對人否定之問題:人類若有對人之根本性否定,這確如尼采所言,為人類之病態與虛無。然尼采所沒有指出,為西方思想事實始終如此,甚至亦為尼采自身於求為肯定人(強者)時仍然如此、仍然對人(弱者)有根本性否定與低貶。非人不能對人有所否定,故《論語・陽貨》記說:「子貢曰:君子

亦有惡乎？子曰：有惡。惡稱人之惡者，惡居下流而訕上者，惡勇而無禮者，惡果敢而窒〔室〕者。曰：賜也亦有惡乎？惡徼以為知者，惡不孫以為勇者，惡訐以為直者。」孔子甚至有如尼采所言，有對居下流者之惡；然無論怎樣，孔子與子貢都沒有「先在地」對人否定、沒有如尼采那樣對弱者「本然」否定。對人有所惡，只因其人確有所惡之方面，否則不會「先在地」對人否定。無論西方對人性、抑尼采對弱者，縱使似有理由，然其否定始終根本，非因見惡始如此。故或訴諸人習性之脆弱與惡劣、或訴諸弱者之卑下，都只求為對人性或對人「普遍地」否定而已，與個別人之惡無關。西方這樣對人及人性之普遍否定，始應是尼采所言病態；所謂病態，因其事由於己、非由於對方故。若非因對方確切有所惡而惡，那也只能有兩原因：或由於強弱關係、或如對人性低貶時，是由於對「外於人性」之真實更有所欲求而致。然後者事實上仍只是強對弱之貶抑，以超越者對人性貶抑而已。這在強弱比較下之貶抑與否定，因而始終與真實善惡無關。[1] 對人（個別人）與對人性（或如「弱者」這樣類別）否定故不能等同，後者始為一種病態、為孟子稱為「賊人」之心。因善惡而對人有所厭惡，由於人性本有「羞」「惡」

---

[1] 康德在言人性惡之傾向時，於人性惡劣敗壞前，先以人其脆弱與不純正為性惡所在。然這明顯是對比如純然理性者其優越性甚至超越性而言的，故始終仍是優越性比較下之貶抑，非單純因見惡而言。至於人之惡劣與敗壞，康德非只求為對個別人如此批評，而是對人類、對人性整體，因而明顯仍是一種高下之貶抑與否定關係，否則無須「普遍地」從人性整體言。

之可能，故仍非病態，唯因強弱而有對人之貶抑始是；如是貶抑始終與善惡無關，只因從“存有”或“存在”言、人有限或卑下而已。

從以上故可見，尼采分析所以正確，唯因以現實一般存在為反省對象而已。然其所有錯誤，亦正在於忽略、或如西方傳統對人及人性有根本否定。以強弱這樣向度觀一切，明白只是針對世界之現實情況而作。然強弱非存在最終價值所由在，人性與德性始是。雖能對價值其源起試圖具體說明，甚至於創制性價值知其與功利之本然差異，然始終，以人性德性（善惡）價值與強弱價值混同而言、甚至只從強弱這現實向度觀善與惡，由是對一切可能德行與人性低貶，這樣結論始終只偏見，亦尼采所以錯誤之原因。西方或現實只知以強者價值為尚，只把人類分為強者弱者之等級，如以往只從神人二分之高下等級言，這始終只西方價值觀之超越性、只一形上價值觀而已，非真回歸以人為本、非回歸人之真實。由神人差距至能對“人”作為強者有所肯定雖已是一種推進，但明白仍未徹底。馬克思雖沒有如尼采那樣肯定強者否定弱者，然對無產階級之解放，始終只求為現實間強弱之平均，仍非對人或人性真實有所肯定與致力。巴塔耶之能以人卑下性亦有其君主性可能，然如是之“人性”，始終只為超越向度下之人性，如神性般之人性而已，非人性真實性或平實人性本身。從人作為人本身向度言，人確然可二分，唯非如尼采那樣只從現實之強者弱者、而是從人作為人之真實性言，換言之，「君子」與「小人」二者。若把尼采中「強者」與「弱者」轉譯為「君子」與「小人」，那尼采將完全正確。此時，真正

價值創造者確為君子、從善惡價值言其善者亦君子、能不顧現實因而再無怨感亦君子、能獨立其人格與存在因而主動或不被動（不動心）者亦君子；尼采之分析如是始完全正確，其對現實中小人心態與姿態之批判亦正確。人之二分，實只一線之差而已。甚至，唯由對"善惡"價值有所肯定，人始能對人及對人性有所肯定，非因為強弱而始終有所否定。對人否定[①]，這實只對其"不作為人"或"未足為人性"有所否定而已，非對其作為人而否定。唯從善惡，對人之否定始非真正否定：求其為人而已。尼采只求為強者個體，然若能明白於天地間獨立而真實之個體，非只求個己之高遠與健康，更求人人真正獨立而人性地懿美與真實、對存在無所恐懼與否定，甚至與人、與天地為一體，如是之意志與力量，其所流露、創發與成就，亦唯仁而已：「仁者必有勇，勇者不必有仁。」(《論語・憲問》)

《悲劇之誕生》與希臘文明源起

在上述《看哪這人》[②] 個體形上學（特殊形上學）出現前，尼采早期已有一從人集體言之形上學（一般形上學）：《悲劇之誕生》中酒神精神[③]，而此貫徹尼采全部思想。

---

① 如對小人否定。
② 或《查拉圖斯特拉》。
③ 酒神或悲劇精神：縱使在生命最陌生和最棘手問題中仍對生命無比肯定、

對《悲劇之誕生》（1871）理解，仍須從尼采自身對此書之評論着手[①]：

一、此書真正價值在對希臘精神與悲觀主義之論述，即古希臘如何超越悲觀主義、或悲劇如何非為悲觀；日神與酒神傳譯為形上學、為（西方）歷史，二者提昇（揚棄 aufgehoben）為一體。

二、此書之發明有二：一為古希臘中酒神現象，其為希臘藝術之唯一根源；二為對蘇格拉底主義之析透，其為古希臘之瓦解與頹廢。從二者故見理性對本能之對立、及理性為危害生命之力量。

三、《悲劇之誕生》所唯一肯定為美學價值，即酒神所有對生命及存在一切（痛苦、罪疚、異常）最高及最喜悅之肯定。書中對基督教故始終保持緘默。基督教為對一切美學價值之否定，既非日神、亦非酒神，而是虛無主義。

我們下面僅對《悲劇之誕生》與希臘文明源起有關方面作論述。

藉由對最高類型之犧牲而喜悅於其自身無窮無盡之生命意志。悲劇非為逃避恐懼和憐憫、非對危險情緒藉激烈排泄求為自身淨化，而是在恐懼與憐憫上，使自身成為生成（Werdens）之永恆喜悅、那包含毀滅（否定）之永恆喜悅……。（見《偶像的黃昏》第十章第五節，及《看哪這人》「悲劇之誕生」第三節。）

① 見《看哪這人》「悲劇之誕生」一節。

《悲劇之誕生》其重要性不僅為尼采自身思想之源頭，更是在西方思想中，唯一對西方文明源起嘗試作解釋之反省。我們今日因已沉浸在西方文明中故不再覺察其非常態性，然始終這樣文明本色實怪異：若單純從生存存在言，物生產及人倫關係始為基本本有，縱使再有其他，仍只應順承上兩者而生。西方文明非如此：其為文明本於「表象」這樣觀法 ①、並以「向慕神性」為其唯一價值方向，「真理性」都純然立於二者中，非在人類平素生活。因二者實與人作為人及與人類一般生存無關，故其源起怪異、其解釋亦困難。

我們在《詩文學思想》卷一首章「論表象與文之存在形態」中曾指出，「表象」實與"生死"這存在中"超越向度"或事實有關；而人類則藉由「形象」②，體現（人與物）存在上之超越性；形象之創造使人在其生存有限性中，近似神靈般無限。形象藝術之創造，使人體會無限自由之生命感 ③，從而超脫死亡之可怖。形象所帶來之生命感，直就是「神聖性」及美本身：「藝術是以如此生命之美超拔於俗世存在，非俗世之延伸。一切藝術，因而本然有兩方面：其形象的一面，及其真理這另一面。」④

---

① 神靈或英雄之形象性、藝術、悲劇舞台上演等。

② 「形象」為從人與物作為具體實物中、由分離其形式而致，故與物之具體功能再無關。

③ 生命之無限自由感。

④ 《詩文學思想》第一章第三節：「藝術與宗教之超越性」。對尼采言，希臘藝術也只人類在創造中，發自生命力量之喜悅與幸福、一種健康心靈之存在方式；簡言之，從人自身而來之存在喜悅、「人」自身之美麗。藝術是

人類這一切，既與其作為人時之人性、及作為存在中生存活動毫無關係。[1] 但如何解釋這與 "存在超越性" 有關之「表象」其源起？及：「形象」如何又與「神聖性」有關？是這樣問題為尼采對西方文明源起之反省。

這於人中對「形象」及「神聖性」之追求，因正相反人其人性、然又如此歷史性地根本[2]，故尼采不得不訴諸於「本能驅力」，視這樣追求 "原始地" 為人（西方人）所有，如其本性那樣。因非與 "人性" 有關，故只能稱為「驅力」（Triebe）、為本能性。於人類中一切 "根本" 但與「人性」無關者，尼采均訴諸於本能驅力，視之為更根本，致晚期仍然，亦為後來佛洛伊德所繼承。

縱使能以潛在驅力解釋，然為何獨與 "形象" 而非其他向往有關？這與古希臘人又有何特殊關係？尼采故不得不仍訴諸於 "自然本有事實"，換言之，在人類創制形象前，自然本有「夢」一事實，而這正為「表象」或「形象」其源起所本。

若「表象」是人類在失去對象時求為重現對象之方法，這仍未能解釋何以（古希臘）有對 "藝術" 之求索、更未能說明何以有 "神話或神靈世界" 之創造。尼采之解釋是：「夢境」所體現，

從人這一形上真實、或從人類存在之方式而觀。尼采藝術觀如是故與柏拉圖對藝術之看法正好相反：柏拉圖視藝術為對「物」之摹倣或表象、另一種制作方式。藝術因而遠去事物本質、為存在虛假性之體現。對尼采言，真實在「人」及其所面對存在，非在物自身之真實。藝術是人之存在喜悅，非物之摹擬。

[1] 故始能體現人其 "神性"（非人性）、及存在其 "超越性"（非現實或平實性）。

[2] 換言之，再不有任何其他具體事實發生可作為解釋。

非只表象之自然源起而已，更是人對"假象"（Schein）本身之樂趣與索求，而這是根本的。非因表象反映「真實」，而相反，純因其為一"虛假假象"而已。是"假象性"本身為人所鍾愛，非其背後所反映真實（若有的話）。正由於「夢境」為"虛假"，故人始樂在其中、得以對「現實」紓解[①]，此亦「形象」本有意義。古希臘日神阿波羅由是而起：「阿波羅」為夢境之本、亦表徵一切形象性與假象性，故為藝術之源、為作為假象之「表象」於人類存在中之表徵。而由藝術與形象所帶來者，為虛構構造之「美」（假象中之美）對存在意義之證成。

阿波羅形象之所以美，因其為「個體化原則」（principium individuationis）、一種最高個體性之體現。如此個體或個體性，既由分格節制而優雅高貴、亦由無限力量而始終處於平靜靜穆，故尼采以之為"神性"之代表、甚至為眾神之父。藉由這樣神靈形象與藝術假象之創造，古希臘人始重獲其生命感，非因現實而死亡。神性之形象世界，其意義故深遠重大：使人類能超拔其現實有限性、使人類非只為卑微人類，而可企及神聖地步。藉由對古希臘這樣解釋，尼采達成其對西方文明特殊形態[②]之說明，並成就一種以「神性」高於「人性」之價值觀。西方文明由是而起。[③]

---

① 對「夢境」作為假象之愛，故非歌德「人生如夢，前人已多發此感觸」這樣嘆息。後者源起於畢達哥拉斯。

② 以假象性之表象、形象、藝術觀見為形態。

③ 尼采當然藉由「夢」而解釋「表象」之誕生，然夢仍可只是夢，形象與藝術之形成始終必須由「神性」解釋，無其他方法。神靈之形象性，無論是日

　　然縱使有本能作為基礎、有渴求形象這樣本能驅力、而阿波羅或神靈形象亦可滿足並解釋人類體現神性之事實，然這一切，其根本目的與意義何在？為何人類必須求其假象滿足？為何必須渴求神聖性（形象藝術之美）？尼采之回答是：從深層事實言，存在本然可怖[①]。對此事實，智慧的 Silenus 故說：最好是從來沒有誕生，次好則是盡早死去。是因為對向存在如此超越之不幸與痛苦，人類故不得不藉由假象、藉由神靈夢幻般生命力量之美好[②]，以重立對生命及存在之肯定；甚至，因神話中神靈亦存在於人世，其對此世之肯定，始能證成人類世間存在之意義、人類對世界存在之肯定[③]。

　　「神靈」對古希臘人之意義，故有以下幾點：

1. 從如阿波羅之靜穆與優雅高貴（個體化原則之節制與自律），見人亦可有之神聖性與神性姿態。

2. 從神靈形象之美（藝術）、從美本身，美學地證成存在。此美之假象所有意義與真實。

　　神節制之美、抑酒神一體之真實，故始為「表象」誕生唯一真實根源。換言之，獨立人格與至高德行之人，這人類現實夢寐以求之「人」（西方視為「神靈」之人），始為「表象」之源起，因現實"不見"而又為"最高真實"故。因而中西文明其源起差異故在：一者求為"自身"之如此真實、另一者只求為"表象"如此真實；一者仍視之為「人」、另一者則視之為「神」。對「人」是否有所肯定否定，遠古地由此。

① 存在之可怖，古希臘以泰坦神靈之自然力量表徵。

② 形象與藝術。

③ 若連神靈們亦存活於此世，此世存在故是可肯定的。

3. 人以神靈般健康與生命力量之充沛說明存在所應是。此時，神靈非從如善良、靈修性、道德責任等方面，而是單純從存在中之"優異性"、「勝者」「強者」之肯定言。此即為奧林波斯神系。

4. 從神靈亦存在於世，說明此世為一種能肯定並光榮之存在。人因而對存在可有所承受。

　　古希臘文明所以獨特，故非唯在藉由假象求為慰藉，亦非因失去而借用表象以求能永久地觀見失去者、與其始終同在；古希臘文明在這樣表象性外，更有「神性」這樣生命價值、為一種存在價值之建立：以生命力量高於現實性、以神性健康為唯一向往、以自由創造[①] 為優越。藉由這更高"神性"假象、一種由天才與藝術轉化之存在，古希臘始感到存在之光榮與意義。又正由於切望看見這一切，古希臘始藉表象形構神性世界，非為逃避現實而已。這"對生命之本然向往"、及古希臘人對存在可怖性之特殊感受，這視存在為在"生命與死亡"之間者，即為古希臘存在特殊性格、其"形上性"。古希臘（神性）「假象」之創造，故為其形上性之體現。「形上」所指認，為以下事實：在「現實」與「假象」兩者間本應以「現實」為真實，然從形上角度言，現實背後之「形上真實」始為真實，「現實」反只其假象而已，如哲學從來對世界視為只「現象」（假象）而非「物自身」那樣。神性假象因所反映直為形上真實本身，故始更為真實，其地位故

---

① 　對假象之創造：如神靈形象或藝術。

與現實顛倒。古希臘之（形上）真實，故全落在自然所有驅力、生命與神性藝術創造、及由這樣創造所啟示之神性優美，如阿波羅所體現之個體化原則。

　　然古希臘所見形上真實非只如此、非只由阿波羅所體現之創造性假象或虛構，正由於阿波羅仍只一種"虛構構造性"，故在阿波羅假象或夢背後，必深藏著另一同樣形上、但再非假象之真實：酒神之形上真實。日神作為對形象美之向往雖本身為一種（形上）真實，然其作為"虛構構造性"，始終非直接為一種"現實"真實；故在"虛構性"背後，仍應另有真實在，縱使這時"真實"與一般所謂「現實」（經驗現實）無關。這時之"真實"，迫使日神"假象性"產生，為古希臘酒神現象所示形上真實。酒神真理如是更極致，因連日神神性虛構性（西方表象文明）全以其為"實在"根本。

　　酒神現象因非虛構構造性、亦非如夢仍與現實有所背離，故更是現實地真實。一如渴求形象之虛構為一種本能驅力，酒神精神於人亦同樣為一種本能驅力。如日神有其自然生理機制 ——「夢」，酒神亦有其自然生理機制 ——「酒醉」。酒神作為真實雖現實地實在而非虛構構造性，但始終仍為超越、為在一般經驗存在外之超越性。若日神為在一般生活上以"虛構假象"體現之形上，那酒神即在一般生活外、從揭示存在本然分裂性及其痛苦所見之（形上）真實。二者之為形上，因非一般生活之事。然同作為在一般生活背後（因而形上），二者仍有一差異：日神之形上只為人虛構之假象（如藝術）而始有或體現，然酒神之形上非虛構性、非假象，而仍是一種"事實實在"（存在之分

裂性與痛苦），唯非從一般生活所感見故而為形上而已。

從「酒醉」之"渾然一體"現象反映，存在之分裂分離多麼是存在本然之負面性、為人類對存在無以肯定之根本事實原因。而酒神所反映"渾然一體"這形上真實，使人與人、人與物、甚至人與自然及與神靈間之分格分離得以化解、復歸為一。如是之（形上）真實，故更為存在之大喜悅，其為真實從"實在"而非從"假象"言故。就算從我們中國傳統言，像《詩》〈鹿鳴〉與〈湛露〉之「和樂且湛」「不醉無歸」，實都體現在人倫間渾然一體之美。"人與人渾然一體"這樣真實，雖未必見於日常現實、更與個體自我意識對反，但從"人性"言，人始終有如此渴望，故為尼采視為根本驅力 —— 酒神精神這一本能驅力。正因這「一體」訴求如此為自然根本事實，故於見存在現實分裂分離[①]而有之痛苦，其負面性對人言多麼不能承受、多麼為一種存在上之超越痛苦。此如死亡般可怖之存在分離性，故使日神自律或節制之美顯得只是彌補性，而對「一體」或自我瓦解而渾同之渴求（酒醉之混同一體），始是生命深藏「太一」（das Ur-Eine）之大喜悅、存在之最高喜悅。這一切正為"酒神"所表徵或反映之最高真實。其不得時人始以夢境（形象塑造與藝術）取代，求為生命慰藉與彌補而已。無論形象虛構性其治癒能力多大，在形象與酒神兩者間，後者始終更為根本：能混同一體直是存在分離性之解決，非從形象假象中取得生命感而已；其直下即生命本身。尼采故用如此比喻：於酒神中，人非唯創造藝術、非唯制造形

---

① 　而這又多麼是存在根本事實、為人類無可改變之超然事實。

象,其本身即為藝術。在酒神下,人突破自我界限與分格,達致人與人、人與自然之完美結合。亦由界限之瓦解,人得以重返自由、變得如神一樣有其更高存在,非從神靈形象霎見神性而已。

縱使一切如上所述、縱使透過神性形象與藝術美感人可證成存在意義、縱使存在本然分裂分離之痛苦唯從酒神「一體」或日神「夢般假象」始得以解救,換言之,縱使尼采對古希臘神性表象之文明其源起得以完全解釋,始終仍有一根本問題遺漏:為何古希臘這一切與"生命"或"生命力量"有關?從何見古希臘人對"生命力量"肯定,並視之為最高價值?神性形象與藝術只能說明美感存在及其正面性,奧林波斯神系也只能反映一種強者勝利般之存在,何以這些現象必與"生命力量"之肯定有關,由是完成尼采對價值重估之真正基礎?這最後問題,關鍵即在「希臘悲劇」一現象上。

有關希臘悲劇,我們必須注意下列幾點:

1. 希臘悲劇為一種舞台上演,若非刻意主動創制,是無必須有如此表象性發生。換言之,古希臘人必有對悲劇中"負面性"之肯定,始有對悲劇觀看之欲望。

2. 這對悲劇觀看之欲望,非如亞里士多德所以為,為一種"娛樂",亦不可能以"教育"為目的。原因在於:希臘悲劇其形成先單純為「合唱隊」,沒有"戲劇"舞台,故與娛樂及教育

無關[1]。

3. 如同後來悲劇英雄直為酒神之體現，單純合唱隊與悲劇中合唱隊均為薩提爾（satyr）之表象。「薩提爾」環繞酒神而為「自然」之反映、為對古希臘人言「人類原始」之原型、為人與人"原始一體混然狀態"。正因如此一體為存在根源上之安然狀態，故生命與存在因是而喜悅。由薩提爾合唱隊這樣表象，古希臘人達致對存在分裂痛苦之超越。

4. 作為"先於文明"而自然，薩提爾為尼采所視為"人性"之原型。這樣的人，有着最高激情、充滿熱愛與狂喜、對痛苦有同感心、有從「自然」核心而來之智慧、亦具有自然充沛之生育力量。如此之"人"既崇高亦神性，更無由文明而致之虛假虛偽（假象）。[2]

5. 由悲劇舞台所演出之英雄，則體現酒神強大生命力對痛苦之承受、其對存在分裂[3]而求超越時所致之痛苦。如普羅米修斯對人類之愛，是其"作為個體"之超越，故為原始痛苦。悲劇中英雄場景，故非史詩形象，而是個體回歸酒神一體時

---

[1] 表面上，希臘悲劇似可為教育而設，教導人們應敬神而明智，否則便引致悲劇發生。然無論俄狄浦斯抑普羅米修斯，嚴格言都非大惡之人，其仍受著悲劇，故非有所教育意義。若一切終為不可逆轉命運（moira），這與教育始終無關，頂多只是一種對人類存在現象之觀察反省而已。

[2] 自然如"物自身"之對反"現象"，對反人類文明這一假象。這樣"自然"，故與人類文明所塑造如"盧梭式自然"相反。後者只一牧羊人般溫馨想像之自然狀態，非人類原貌所有自然生命力。

[3] 連神靈與人類世界之二分，亦一種本然分裂，為酒神所力求超越。

之"瓦解場面"。

從悲劇以上特色可見，古希臘所以有對悲劇表象創造，因
除欲體現存在"本然自然之真實"外[①]，更對由酒神所承受之痛苦
及其超越有關[②]。尼采所以把古希臘一切最終歸結為「生命力」、
以酒神為對「生命」之至高肯定，其原因在於：生命或"生命滿
溢"所以與"痛苦或負面性之肯定"有關，非言生命對縱然痛苦
之事仍有所肯定，而是：縱使對一般言為痛苦之事，生命力滿
溢者因其生命力量之強大，故實"無感"其為痛苦。故是從"痛
苦之程度"反顯"生命力量之充沛強大"；如一般所言損失，對
富有者言毫不覺為損失那樣。故非生命滿溢者對痛苦"之為痛
苦"之肯定，而是：因其生命力量滿溢，故對痛苦"不覺"為痛
苦、對負面性"不覺"為負面。換言之，藉由痛苦與負面性，始
能指出生命滿溢者其生命力所以滿溢。由古希臘之有對"悲劇負
面性"之表象，故可見古希臘人生命力量之滿溢、及其對"生命
力作為價值"之肯定，此酒神精神所在。無論從日神形象之美、
抑從酒神所體現對痛苦之超越，古希臘藉由如是表象，顯其生
命力與對「生命」之肯定，至神性神靈地步。[③]

---

① 薩提爾合唱隊。
② 悲劇中"戲劇舞台"── 英雄劇情。
③ 此中縱使明為假象，然視"假象"為"真實"這點十分重要：非因舞台上演
　為如遊戲般"假象"故始能有所肯定，而相反是：古希臘人於這樣表象中
　所見為"真實本身"、以視為"真實"（更真實）之心情懷抱及觀看這一切，
　因而始有 Schlegel 所言「理想觀眾」一問題：此時觀眾，是"如真實體現

於此仍應分辨：如巴塔耶言人類「耗費」、「消盡」、「色情」等對負面性之超越，然因“明為負面”而“越度”、由“越度”而刻意體現君主性，故與尼采所言古希臘之“生命力”仍實不同：後者因無覺為負面故生命滿溢，前者正因“仍為負面”故始有越度可能。

又：現實雖亦從來分裂分離地對立，因而人有詩人桃花源之渴求或種種偶像崇拜以求麻醉滿足，然這一切始終只逃避、甚至一種沉淪與自我麻痺，故仍非古希臘因生命滿溢而有對表象假象之創造：現實只逃避而否定，古希臘始因肯定而創造。

《悲劇之誕生》仍有相當多重要內容，如有關歌詩（抒情詩）或民謠為酒神音樂，體現個體之無我性；又或如蘇格拉底與哲學理性對希臘悲劇之對立與對反，都為日後西方思想之重要延伸點。然單純從古希臘或西方文明源起一問題而觀，上述分析已指出其核要。尼采對古希臘之分析我們毫不質疑其正確性，唯這樣文明與價值觀法雖為尼采肯定，然是否仍有道理上商榷之可能，這是我們最為關注的。我們今承此對尼采這樣觀法作反省。

尼采雖從「生命」價值切入而回歸「人」之哲學，然存在對尼采言，無一事物能有其如本性或本然般價值，人性亦非是。正因如此，縱使對生命肯定，生命仍非從任何事物之本性生命

在眼前”地觀看，非只視如“虛構假象”而已。此所以對古希臘人言，無論藝術抑悲劇，都較現實為更真：二者直為「真實」（真理）之體現故。

言，"生命"故無法有確定所指。言生命滿溢或對生命肯定因而只能負面地、從生命超越一切時之表現而說，非從生命內容說。以「縱使在生命最陌生和最棘手問題中仍對生命無比肯定」[1] 如此公式性說法故迫不得已，生命再非繫於任何事物，只生命力本身之表現而已。如是說法其困難明顯有二：1. 生命作為力量始終有其限制、始終有其無力之時刻，故無以言絕對。對負面性肯定故只能相對地言，始終有無法克服或戰勝負面性之時刻，非能絕對地言肯定。2. 存在事物必有其性向所在，人類亦然，此存在差異性所由。從事物性向角度言，能否對負面狀態超越而肯定，這未必與生命力有關，仍可因對象之特殊而不言超越或肯定否定。若用上舉例子，對富有者言，喪失一貴重物品毫不構成其負面感因而為財富滿溢之表現，然若所失去是至親愛之人，無論富有如何，仍無以不視為負面。負面感故與生命是否滿溢未必有關。[2] 作為人，人始終有「不忍人之心」；對孺子將入於井，是難免不感負面的。

如是而存在始終有所負面。若真能"絕對地"肯定，其所言對象唯如"神"這樣絕對者始能，非有限之人。然神靈若非從個別形象言，其"高於存在"而無限，實只一種變相"對存在之否定"而已：神於存在具體言甚麼都不是，非能如人性或事物本性

---

[1] 酒神精神：生命於破壞性仍能有所肯定。

[2] 尼采心中所想唯如基督教般對現世或世俗生命之摒棄與否定。然基督教如此否定，歸根究柢，實只西方傳統對"人作為人"之否定而已。若以人為根本，無論怎樣都不致於對存在否定而求他世。尼采對生命肯定，亦只因為人類生命而已。

有特殊所指。神之超越性故反使其"於世存在"無所生命，而同時，作為此世中生命，亦必須在肯定否定中前進，不能言絕對。

如是可明白為何尼采必須訴諸形上真實或本能，因從日神「假象」與酒神「一體性」所反顯，明顯非為現實生命；酒神對一體性渴求，亦無從體現在人性間；人性所能唯禮而已，非能為無差別混同。西方所求始終形上，其真理始終思辨。然在人類存在真實中，個體間分離始終仍有和睦、敬重、甚至情感之美可能，而喪之分離亦可「致乎哀而止」(《論語‧子張》)，均非因為負面而視為酒神般痛苦與其超越(對生命之肯定)。「一體性」實有種種層次，非酒醉地唯一絕對。存在之美故非如荷馬在戰勝痛楚後以如神靈般靜穆展現於世人前，更先是人類作為人平實真實地活時所顯懿美。對希臘形上真實之肯定，實已是對人性平實存在之否定了。如是尼采仍然西方。存在本然平凡、平實，超越之求索，終仍有所否定而已。

同樣，自希臘以來之藝術與形象，作為生命力量雖似肯定，其美亦似證成存在，然為何存在必須由「假象」證成而不能直接在人與人間"真實地"達成其意義？如禮所見和睦、敬重、甚至情感？孔子「里仁為美」中「為」字實說明一切：既為人與人存在、亦為美之真實，非只表象之假象而已。縱使視假象為真實，始終，假仍是假，是無以為真實的。對神聖性之觀看(表象)這樣之美，始終外於人性存在，其所體現亦與人之真實無關。

作為結論，我們問：人應為神性地、獨體地存在於高遠，抑人性地平實？非必如萊維納斯所言對人之承擔，如此承擔始終只他者關係，如尼采對立人性而為自體他者那樣。平實存在

仍可如「里仁」，由人性而仁。在作為主體外，人仍可如《易》所言為承輔者（〈坤〉），民性地簡樸存在便如此。若〈乾〉表徵「上達」之德，〈坤〉則表徵「承輔」之德。故除"上達"外，人仍可從"承輔"言為德行地懿美。除作為主體外，人故仍可為承輔地客體。如此存在，一如上達之生命，可由不向慕現實世俗而光明肯定。形上所求「美」與「存在」，始終無法單純地美、無法單純為肯定之存在。此儒學於人類中所以獨一無二，求為人性存在之立而已。

作為對比尼采對希臘悲劇之明白，我們舉亞里士多德《詩學》前六章為例，以見理性哲學如何扭曲悲劇之真實。

備註二：亞里士多德《詩學》

若柏拉圖仍只"哲學式"地對文學反省，那自亞里士多德《詩學》始，文學首次成為"學科門類"地被研究，為西方對文學論說之首典。縱使之後有種種其他文學理論，然《詩學》始終被視為文學立論之鼻祖，奠定文學理論批評之典範，其影響力深遠。

從表面看，亞里士多德雖對反柏拉圖對文學之看法，以文學仍可有肯定，甚至有其真理性可能，然亞里士多德實仍繼續柏拉圖對文學的基本立場，以之單純為世俗創作，既不以文學真理高於哲學而更真、亦再非如古希臘那樣，以文學與神靈崇

高本事有關。正因文學完全失去其故有神聖性而落為世俗創作，故始有《詩學》如科學門類對文學之構成作分析，否則若仍為神性事、由靈感而創作，是無能對文學構成有所分析的。

亞里士多德這如學術般對文學構成之分析，表面純然科學地客觀，然內裡實隱藏其對文學之低貶甚至扭曲。若非尼采，我們是無以知曉《詩學》對悲劇分析之偽化，將信以為真地不知"如此客觀"語言仍有其偽之可能。《詩學》前六章為最重要部份，我們故以此作為討論。

《詩學》第一章

「關於詩藝本身和詩的類型（eidôn）、每種類型的潛力（dynamin）、應如何組織情節（mythous）才能寫出優秀的詩作、詩的組成部份的數量和性質，這些，以及屬於同一範疇的其它問題，都是我們要在此探討的。讓我們循着自然的順序（kata physin），先從位居第一者談起（prôton apo tôn prôtôn）。」[①]《詩學》這首句看似平凡並必然，然實隱藏着種種立場，甚至已批判了柏拉圖之摹倣論。若撇開「潛力」「情節」等詞不談，亞里士多德在這裡提出的做法，是對詩藝之類型、詩藝寫作如情節組織等技巧作分析，前者所指實為詩藝所有目的，「潛力」一詞故法譯為 finalité propre，意為由詩藝本身及其所有類型所可達致之目的與意義，而後者即詩藝之技巧問題。這兩者（目的意義與技

---

① 　亞里士多德《詩學》第一章，陳中梅譯，北京商務印書館，一九九九年第二次印刷。譯文略有修正。

796

巧），確然為任何人為創制（poiésis）主要之兩面。然在兩者外，亞里士多德補上「詩的組成部份」這樣問題。「詩的組成部份」指詩藝總體部份抑其中類型之部份雖沒有註明，然從之後討論，所指應為詩藝本身之部份，即媒介、對象、方式三者。三者為一切詩藝構成部份，亦為詩類型構成所基本者。如之後悲劇之六元素：情節、性格、言語、思想、場景、歌詠，其中言語與歌詠即屬媒介、場景屬方式，而情節、性格、思想三者則屬對象。如是可看到，亞里士多德所重視的，非先是如目的意義或技巧，而更先是詩藝其構成部份之問題。這所謂構成部份，實即一事物之深層構成素，而這屬一"物自身"所有，非相對人而言。如此可見，對亞里士多德言，詩藝之作為制作 poiésis，實更先是其"作為物自身"之構成部份（構成素），非其如目的意義及技巧等與人有關時表面或表層問題。詩藝非只對人言之藝，更是詩其自身之構成。我們都知道，《詩學》所分析對象主要為悲劇，然《詩學》非直接從悲劇切入表示：在詩藝種種類型外，詩藝本身之深層構成，更是亞里士多德所關注者，非只悲劇文學而已。

　　構成素或構成部份這樣概念與觀法，實已打破柏拉圖對文藝視為摹倣這樣看法：構成素已是從詩藝本身"作為一物"言，非如摹倣只從人角度言。更嚴重的是，有關事物之所是，柏拉圖雖由理形本質而自以為重視物自身，然事實是：其所言本質，仍只人（思想）之觀點，非事物自身之構成或構造，亞里士多德所言之「構成部份」始是。雖沒有明說，亞里士多德「構成部份」一概念或觀法，已突破並超越柏拉圖哲學之基石，非以事物"只為本質"，更從事物深層之"構成素"分析。甚至，事物類型（如

悲劇、喜劇）非因屬不同本質而不同，而是分享着相同構成素、是構成素中之微細差異使其分別，非本質不同使其分別。亞里士多德所開啟的，故是如科學般深層分析法，非只求洞見事物之本質而已。如是而悲劇無論其價值多高，其構成始終與低下之喜劇類同，分享着不同構成素而已。

表面上這樣分析法更為客觀真實，然其對事物物化之態度，已粉碎了悲劇或文學所有神性及真理性，因一旦能如是分解，文學只落為一物，與世間物無異，再無其特殊神性精神性，更遑論有真理性可能。文學一旦為詩藝（poiésis）所分析，其命運只落為世俗制作，與真理價值無關。此《詩學》真實之目的與意義：其對文學之物化定位、及其對悲劇特殊之低貶。如是，亞里士多德以構成部份為詩藝之「位居第一者」，實隱藏起莫大深義與意圖。以"詩藝"觀文學、只視文學為一"藝"，是文學世俗化及物化之創舉。類如詩藝這樣（作為知識門類或學科之）分析，非如表面以為之必然、更不應視為必然客觀。在這客觀分析之表面下，詩文學失去其如智性直觀之神性及真理性，只由作為制作之解開而落為世間（世人）一般事，只好與壞之制作、非真理或神性制作，後者如柏拉圖或後來康德所言，只由於靈感、非一般人之事。

同樣，在詩藝構成部份中以「媒介」先行於「對象」與「方式」，縱使「方式」確實非為最重要，然作品「對象」（內容）之討論始終應較「媒介」更為重要。除非我們已把文學之意義貶低至如娛樂，因而所表象或所敍述內容毫無重要性或決定性，否則

「媒介」問題是不應視為先行於「對象」者。三者次序之排列①，因而亦同樣反映亞里士多德對文學或詩藝低貶之看法：以文學首先只為虛構或構作之事，與其所表象"對象"之特殊性（或崇高性）無關。

若單純從詩學（詩之構作 poiésis）言文學便已含藏使文學非真理化這樣立場，因而以構成部份（構成素）先行於作品目的意義與技巧確然為"物性分析"自然順序之第一位，那麼以構成言 mimésis、以一切作品文體均只 mimésis②，此時之 mimésis，因已非只與對象有關，故再非單純摹倣義。當「媒介」、「對象」及「方式」均有所謂 mimésis 時，mimésis 於此再不能單純以「對象」之摹倣解釋。從「媒介」與「方式」言之 mimésis，只能為「表象」③，不再為摹倣。「表象」此時之意思是：如上演般之主動構作甚至虛構，非從對象之真實其摹倣言。舉例說，當亞里士多德以從事表象者所表象之「人物或優於我們④，或劣於我們⑤，或等同於我們這樣的人」時⑥，若「我們這樣的人」乃現實中真實

---

① 媒介、對象、方式。三者構成《詩學》第一、第二及第三三章之內容。

② 以文藝制作為 mimésis，這雖表面似跟隨柏拉圖而一致，然其意含已完全改變，再非從「摹倣」言。如是而亞里士多德實只是對柏拉圖作"摹擬"而已。

③ 故法譯者特別註明應譯為 représentation（表象），非摹倣。見 Roselyne Dupont-Roc 及 Jean Lallot 譯解之 *La Poétique*，Editions du Seuil，Paris，1980。

④ 如悲劇。

⑤ 如喜劇。

⑥ 見《詩學》第二章。

之人，那「優於我們」與「劣於我們」之人只為構作中虛構者，最低限度，非求為與「我們這樣的人」一致者①。換言之，非求為摹仿，更求為構作甚至虛構。是從這樣刻意構作言，mimésis故應為「表象」，非為「摹仿」。我們不應以為這只略為修正意思而已，若明白當初柏拉圖以文藝為摹仿是為針對"文藝之真理性"言、藉由摹仿以言文藝為虛假，那亞里士多德之改為「表象」，更已使文藝再與真理性絲毫無關，只落為對「優於我們」與「劣於我們」之人之"虛構性制作"而已。於mimésis問題中以「媒介」先行故明白是說：表象（mimésis）非先從對象言、非柏拉圖所言摹仿，更先應從"構作"言；表象之為表象，先在"構作"，非在（"對象"之）摹仿上。

那麼，除上述意圖外，為何在「媒介」、「對象」、「方式」三構成素中，「媒介」必須先行為第一位？若對「媒介」（《詩學》第一章）略為閱讀，其中討論內容似無多大重要性：所謂「媒介」，即繪畫之色彩形象、音樂之聲音或旋律、舞蹈之節奏等等。這些媒介可出現在不同藝術中，同一藝術亦可有多重媒介。從媒介之差異性，故可看出藝術類型之差異。像這樣有關「媒介」之討論，於今日已為極平庸常識，故問題再一次是：為何亞里士多德以「媒介」先行於一切構成素？以「媒介」先行於一切，實具有深邃意義與必然性。若明白在亞里士多德手中，詩藝"對象"只落為「或優於我們，或劣於我們，或等同於我們這樣的人」時，這非只是對象問題而已，更是詩藝能否成為詩藝之問題。

---

① 這亦亞里士多德強調相較於「我們」之用意。

若明白：在古代，詩藝成為詩藝正由於對象內容之神聖性，那若從亞里士多德觀點，這一切對象也只現實或世俗對象的話、只是略好（於我們）而非神性對象，那詩藝從何確立為詩藝？剝奪對象內容之神性，非只降低對象而已，實已使詩藝不再可能。為重新界定詩藝，亞里士多德故不得不從「媒介」言，縱使多麼平庸地常識，音樂因樂音（音調等）而為音樂、繪畫因色彩而為繪畫、舞蹈因節奏而為舞蹈……，都只由於其所用「媒介」而已，與“對象內容”無關。這樣界定雖似必然，然明白地已失去藝術原初成為藝術之真理意義。特別是詩藝，其原初是作為智性直觀之真理而為詩藝，若只從詩格律（「媒介」）界定，如此詩藝只世間平庸事、只落為一種世間技藝，再與詩藝本初崇高性無關。亞里士多德並非不知這樣批評，故反而似站在反駁的一方而說：若以格律寫醫學論文，這樣文章便與荷馬同為詩文，兩者無別。亞里士多德似結論說：詩藝故非因格律而為詩藝，由表象（“內容”）致而已。但始終，亞里士多德深明詩藝是無法以“對象內容”界定，提出「媒介」先行、並以不同藝術由「媒介」而區分，已暗中提示詩藝實亦如是界定而已。若反觀亞里士多德以列舉悲劇之一切構成素為對悲劇界定：「悲劇為對一完整、有一定長度的高尚行動的表象，其媒介為不同類型但經過修飾的語言，分別用於劇的不同部份；其作為表象是藉由人物戲劇行動（drama），非藉由敍述；並透過對憐憫與恐懼之表象，達成對這類情愫之渲泄（淨化 katharsis）」（《詩學》第六章）便可得知，能如此界定或說明的，只是詩藝之種種具體形態（類型）；詩藝本身，由於其普泛狀態，若非透過「媒介」，是無以能對詩藝自身

說明的。縱使詩藝類型須透過對象內容而細分，而詩藝"本身"只落為由「媒介」說明，亞里士多德也只好如此。無論怎樣，以「媒介」說明詩藝，這已遠遠地離開了以詩藝為真理之古希臘傳統，使詩藝落為世俗活動，連悲劇頂多也只能有淨化功能而已。

《詩學》第二章

至於「對象」問題，如我們已說明，一切只落為「優於我們、劣於我們之人」而已；詩藝之崇高性，再非與神性或神性之人有關。一切對象，或只是人及其事（行動）而與神性無關、或只是相對於現時之人之種種紛雜差異，使作品產生種種類型與風格、為不同制作者差異之所由。對象之稍好稍壞、制作者接近其對象程度之多少（近者多雷同、遠者多虛構），因而成為內容上差異性之唯一原因。對象內容只如此，再非有神性可能；而詩藝，亦隨着對象內容之降低而失去其神聖性。

《詩學》第三章

最後，有關「方式」，除以敍述或以戲劇行動兩者外，實無多大可說，其問題亦似無重要性。但若回顧柏拉圖有關文學之討論，反以「方式」一問題為首先重要。原因在於，柏拉圖只接受「直述」或「敍述」這樣方式，而以「摹倣」一方式為偽。摹倣對柏拉圖言只能以世間對象為對象，若為對神靈讚美（如酒神頌dithyrambe），那只能直述，無法以戲劇摹倣。方式本身因而含具詩歌文學之真理抑虛假性，非如亞里士多德以為，只世俗作品

"制作時"之方式而已。柏拉圖哲學無論多麼重視並轉向世俗，然其世界觀始終保留神性，仍有着神性與世俗如此二分。在這樣世界觀下，「方式」始終有其重要性：由「方式」可見"對象"之不同，由對象而見價值與真偽。像中國古代，本也沒有如悲劇上演這樣作品方式，原因也很明白，中國古代先以詩文為「言志」，真實在人及人性，非在神靈界上，其"方式"故為純敍述，如柏拉圖所肯定。問題因而是，在古希臘，究竟為何"戲劇"如此重要？甚至為真理之"方式"？像這樣問題，至尼采後始被覺識。對古希臘言，文學之真理性除以神靈為對象外，更重要的，是神性之"形象般"體現，其對人之"直接示現"：如夢般幻象那樣，在眼前親身地感受到，非只能由述說聆聽而已。這身體親臨之參與，由完全投入而使自我消失消解，由是直為一種酒神體驗。縱使只是如戲劇上演般虛構，但其仍如真實在場之體驗，對希臘人言為真實性之條件；非只能靠言說，更必須眼前感見，就算是舞台構作仍然。這對親臨感受之強調，對古希臘言與對象之真理性攸關。「戲劇形式」由是自然地形成，為夢之具體化，亦為觀見之外在體現。若明白這點，是必然明白何以「方式」問題如此重要，甚至明白何以古希臘文學真理以悲劇這"舞台方式"呈現。在"敍述"與"戲劇"兩方式間，"戲劇"始為文學真理唯一方式。相對這樣訴求，柏拉圖明顯錯誤，其神靈遠至無法現臨，故只為讚頌時之對象，以敍述而非戲劇方式進行。亞里士多德之以「方式」問題完全外在毫無重要性，故亦顯示其對文學真理性之否定，最低限度，對古希臘對「真實性」訴求之漠視，以真理只為知識推論，與親臨體驗感見無關。亞里士多德

並非不知自身對這戲劇方式意義有所忽視，故在第三章後半大部份中，拉雜地討論悲劇與喜劇 ① 之源起，甚至以「做」（dran）② 源起於被逐出城外、流浪於村里間伯羅奔尼撒（Péloponnèse）之多里斯人（Doriens），換言之，戲劇源起自極卑微之人，與神性絲毫無關、與民主之雅典亦無關 ③。方式問題與對象問題因而類同，其所涉真理性，為亞里士多德以"只制作方式"而完全解消。

《詩學》第四與第五章

順承方式問題之源起，亞里士多德必須對「表象」本身、及詩藝（悲劇與喜劇）於歷史中之源起作說明。「表象」本身問題：何以有表象？及：戲劇這特殊問題：何以有悲劇喜劇？是相關古希臘詩藝特殊性必須首先回答的。故在泛論媒介、對象、方式三構成素後，《詩學》以四、五兩章回答。

首先有關「表象」本身之源起。我們在〈論表象與文之存在形態〉一文（《詩文學思想》卷一）曾指出，表象之發生，非一般存活中制作，而是與生命死亡有關，因而為人類向往或接觸形上超越性之途徑與方式。宗教、及特別古希臘藝術宗教，其源起與之攸關。表象縱使是人類制作，然其所指向為超越者或神聖性，如古希臘藝術那樣。中國古代沒有如是向往，故沒有表

---

① 換言之，"戲劇"（方式）之源起。
② 戲劇（drama）中之行動。
③ 喜劇演員（kômôdous）一詞同樣，與狂歡（kômazein）無關。

象制作，只有反映人性自身之「文」。① 怎樣由原始表象（如洞窟壁畫）發展至悲劇戲劇雖不得而知，然應清楚的是，表象這類制作，本身不能如亞里士多德那樣，訴諸人類自然本性。②

亞里士多德以詩藝源起於兩個原因，二者均出於人之"本性"：一為表象、另一為旋律及節奏感。之所以舉此二者，因二者均為詩藝所必須。若以詩藝為人"自然本性"，無其他更高意義與源起，那二者必須同為"自然本性"。然如旋律及節奏感便非必與"自然本性"有關：我們不能把一切與人有關之制作均視為"自然本性"之制作，否則言自然本性便再沒有意義。事實上，亞里士多德對旋律及節奏感也無法進一步說明其何以為自然本性，故只能含糊地以詩藝中韻律為這樣節奏感更高水平。

至於更為突兀之「表象」問題，雖沒有明確指明，亞里士多德是借用孩童繪畫為例③，以說明表象之"自然性"。孩童繪畫之似為自然，一如旋律及節奏感，實是刻意教育後之事，非人類自然本初便如此。縱使視為自然原始，孩童所繪仍應只日常所見人物，除非特殊原因，否則不會對負面事物作描繪，如亞里士多

---

① 這亦是為何古代中國沒有戲劇或悲劇之原因。

② 亞里士多德把表象訴諸人之自然本性，明白是為貶低表象所有神聖性，以其為人人自然本有之事，毫不見特殊。尼采雖也把表象假象（如形象藝術）訴諸於自然本能驅力（如夢），然這樣驅力、及自然作為真正自然（如薩提爾所表徵之原始自然），對尼采本身為形上，非亞里士多德所謂自然。

③ 亞里士多德只點出「自孩提時候起」，沒有指明為繪畫。但從「表象」所涉及為"制作"而非單純"摹倣"問題，故不能只從"身體行動上之摹倣"、更須從"制作"言，故言繪畫；這亦是為何之後從「形象」（eikonas）問題討論，因表象為"制作"，非只"摹倣"而已。

德所舉屍體等事物①。亞里士多德清楚知道，這樣負面事物只帶來痛苦甚至厭惡，因而明顯與表象所帶來快感相違背。然若不提及負面事物則無濟於事，因如詩藝所有表象，或是悲劇、或縱使為喜劇仍帶有醜陋性，都非單純正面事物。換言之，縱使舉孩童繪畫為例，實仍未能說明（詩藝）表象之源起，因表象所涉多非日常對象、甚至往往負面而非正面故。以自孩提起、及以快感作為表象源起之自然性，因而無濟於事，表象實非如此。

亞里士多德亦知自身解釋欠妥，故始又以學習為名，舉屍體等見而痛苦之事物為例，以解釋何以有對負面事物之表象。但除非知識為人人之事、非只哲人所有，否則無以能為"自然本性"。亞里士多德雖明知如此，然仍硬以知識為一般人所好，唯其快感於人各有所限而已，如是一層又一層地自圓其說。若明知一般人"非以認知"為快感、若明知負面事物不能帶來快感，那怎能以這樣表象視為人"自然本性"？難道哲人之特殊愛好便即為所有人（應有）之自然本性？為說明哲人之愛好觀看形象，亞里士多德歸究於判斷：某某是某某，從人確認時之主控性作為認知時快感之解釋，而明知：若人沒有事先看見過其事物的話，這確認之判斷能力（及其快感）實非必然。不但戲劇本絲毫與此知識確認（之快感）無關，事實上，這樣確認之事，與表象所表象之負面事物甚至相違背：確認之主控性與在神聖性前之驚歎與喜悅毫無關連故。

---

① 尸體及負面事物，確是表象源起之對象，見我們上述〈論表象與文之存在形態〉一文；亦亞里士多德不能不提及之原因。

　　亞里士多德在這一討論中所犯錯誤主要有三：1. 以表象為自然本性；2. 以（世俗）快感解釋自然本性及表象之源起；3. 以為表象背後最終所涉為知識及判斷之事，因而最終實以 "知識" 解釋 "表象"。三點均漠視及掩蓋「表象」之真實：1. 掩蓋表象之神性源起；2. 掩蓋表象對象之負面超越性，及其帶來有關存在之喜悅，非快感之事而已；3. 掩蓋表象及藝術所首先為 "存在真理"（荷爾德林之智性直觀）而非（世間）知識。單就表象對象之 "負面性" 這點言，便足以使自然本性、快感與知識三者於解釋上不可能："負面表象" 既與本性、亦與快感甚至知識無關。以為由快感能解釋自然本性，然表象之負面性否證一般所謂快感，故亦不能為 "自然" 本性之事；以為（哲人）知識能解釋表象負面性，然非人人有對如此知識之喜好，因而亦無法以哲人知識確立自然本性。亞里士多德自己故之後有關悲劇不得不以「淨化」一意義取代並說明，而這又與認知無關。[1] 仍須一提，於認

────────────────

[1] 　有關「淨化」（katharsis），亞里士多德雖說會在《詩學》詳加分析，但由於缺佚，仍應以《政治學》第八卷第七章為最具啟發性者。亞里士多德在這裡論及音樂教育時指出，音樂目的有三：教育、淨化、逍遙：「音樂應以教育和淨化情感為目的，第三方面是為了消遣，為了鬆弛與緊張的消釋。」為達成這些不同目的，旋律亦應相對地不同：「顯而易見，所有曲調都可以採用，但採用方式不能一律相同【指在不同目的時應以不同旋律方式】。」此後，亞里士多德隨即說：「在教育中應採用道德情操型」。之後，當他繼續說：「在賞聽他人演奏時……」，這裡應指以淨化及消遣為目的的兩種情況，因兩者都同樣是對他人演奏之單純聆聽，非以教育為目的。對應這兩種情況，亞里士多德故說：「可以採用行為型和激發型的旋律。」之後，亞里士多德先從淨化與激發型旋律之關係開始討論：「因為某些人靈魂中有著強烈激情，諸如憐憫和恐懼，還有熱情。（…）」這些人，當他們

807

聆聽到「神聖莊嚴樂曲」時，「很容易產生狂熱衝動」，「如瘋似狂，不能自制」，因這時「樂曲使用了亢奮靈魂的旋律」。在述說完音樂之淨化後，亞里士多德繼而說：「與此相似，行為型旋律也能消除人們心中的積郁。」這裡所指，是音樂之消遣目的。亞里士多德解釋說：「觀眾【或聽眾】有兩類：一類是受過教育的自由人，一類是工匠、雇工和其他諸如此類鄙俗之人（…）」。這兩類觀眾，其實對應淨化與消遣兩者。淨化之作用因而專就受過教育的自由人而言；因其教養，故淨化針對靈魂。在莊嚴神聖音樂中，有受教育之自由人其心靈得以提昇，其情感隨著音樂而昇華，轉化其心靈中憂慮與恐懼。受過教育的人，由其教養易見人類苦痛，一方面對受苦者「憐憫」、另一方面亦對自己處於如此境況感到「恐懼」。【因事情可怕而「恐懼」。然亦由這感性可怕，始同時反映出精神之力量與崇高。至於「憐憫」，若所引起恐懼無需同情，對象罪有應得，其克服只會喜悅，不會憐憫。唯若恐懼同時有對對象之憐憫，始有精神崇高打救之力量。既同情又恐懼，而仍有所克服與自我（恐懼之）超越，如此始是精神崇高之表現。】其他非自由人，因非自由又鄙俗，故不應對存在有如此感受，心靈亦不會向往更高昇進，故不應與淨化有關。激發型旋律及其對心靈之淨化，應只就受教育之自由人言。至於鄙俗之非自由人（工匠、雇工、及參加競賽之人），亞里士多德認為亦應為他們「設立一些今後一類觀眾開心的競賽和表演。這些音樂應當投合他們偏離自然狀態的靈魂，由於這個緣故他們喜歡聽怪異的曲調，偏好緊張和過於花俏的旋律。」

以圖示總結亞里士多德音樂論如下：

【旋律型之三類】	【目的】	【對象】
1. 道德情操型（穩定的性情：如平靜、穩重等）	教育	青少年
2. 行為型（表象各種行為或作為〔如競賽〕之背景音樂）	消遣取樂	非受過教育的不自由人或鄙俗人（如工匠、雇工、參賽者）
3. 激發型（亢奮心靈、神聖莊嚴）	淨化情感	受過教育的自由人

知未必為表象所以為表象之快感時，亞里士多德以"執行時"之快感取代、以表象"制作過程時"之快感為解釋。但作品制作或演奏之快感與喜悅，只為制作者之事，與戲劇觀眾又無關；如是快感，故不能為戲劇發生之原因。

有關「表象」之源起，我們今日無法具體說明。然遠古洞穴壁畫作為表象應先於文字，由文字及教育始有孩童繪畫。在古代中國，傳說亦先有伏羲畫卦類如表象之源起，始有文字制成，但同樣不能以「幽贊神明」(《文心雕龍·原道》)之八卦為自然本性，更不能以孩提繪畫為八卦之所由起。亞里士多德以表象為自然本性之說，始終難以成立。表象與文字為人類所以獨特，為人類性靈之事，與自然本性或孩提繪畫應無關。[1]

在表象源起一問題後，亞里士多德嘗試討論悲劇與喜劇具體起源。我們必須清楚一點：縱使亞里士多德似在討論詩藝整體源起，但他所在意的，也只悲劇喜劇而已，非其他文學。原因在於，縱使其他文學形態先於悲劇喜劇，然由"戲劇形式"呈現之悲劇喜劇，始是古希臘文學甚至文藝顛峰。是為否定這代表"古希臘真理"之顛峰（戲劇），亞里士多德始藉着《詩學》似客觀類如學科（科學）之分析，以圖貶低其地位。正出於這樣企圖，故在提出"自然本性"作為根據時，亞里士多德所針對的非單純文學，而是由"表象"達致之詩藝，換言之，悲劇與喜劇；故始由繪畫或形象切入，所重視為"觀看"故。亞里士多德所關心的，

---

[1] 亦請參考劉勰對「文」源起之說明，見《文心雕龍·原道》篇。

只是這"作為古希臘真理形式"之戲劇文學，非其他。如是可明白，柏拉圖批評"摹倣"所針對主要為荷馬，但亞里士多德所針對則是"戲劇"（制作），故非只在對象摹倣上，更是作為上演之戲劇。亞里士多德所言「摹倣」（mimésis）故非只"摹倣"，而是"表象"。柏拉圖所針對雖較亞里士多德為廣，但亞里士多德所針對較柏拉圖更是核要、更是古希臘文學之顛峰。亞里士多德所欲推倒的是這樣價值，非只文學本身而已。但從這樣作為，反可見亞里士多德對悲劇或戲劇其價值之真實明白，最低限度，確實明白悲劇在古代希臘之地位。

於此我們可明白，為何似在討論詩藝源起時，亞里士多德多次強調文學源起二分之理論，以詩藝源起於兩種人：一者穩重嚴肅、另一平庸粗俗，前者讚頌，後者謾罵諷刺，二者為後來悲劇喜劇之先驅。縱使荷馬前詩人不得而知而亞里士多德仍堅持這二分源起論，明顯因悲劇源起本只崇高；若非連同喜劇、藉喜劇降低一切戲劇，否則無以能去悲劇之神性。亞里士多德故甚至以荷馬為喜劇之先驅，臆測《馬吉泰斯》（Margitès）為荷馬所作[1]，然二分源起論所涵作者品格之相反，何以能集中在荷馬一人身上，為悲劇與喜劇（《馬吉泰斯》）之同一作者？同樣，以悲劇對話所用短長格（iambic）[2] 其本義為諷刺（iambeion）、

---

[1] 因而荷馬更為戲劇之啟蒙，見《詩學》第四章。文獻學家 Zenodotus（公元前三世紀）指出，《馬吉泰斯》非荷馬作品。後 Plutarch 更指認為 Pigrès 之作。

[2] 「在對話（lexis）引進後，〔悲劇〕自然找到其適當格律，短長格正符合對話，證明是，在對話語言中，我們最常用的是短長格（…）」（《詩學》第

為喜劇原初形態，這語意歷史之說明，至今難以確定。由喜劇源起之卑下，作為"同樣戲劇"之悲劇，縱使所描繪對象較為高尚，對亞里士多德言，也只能同出於世俗，與神性無關。事實上，亞里士多德雖一方面以悲劇源起於酒神頌，但另一方面，又以悲劇從薩提爾劇演變而來。如喜劇前身為崇拜陽具之歌詠，這薩提爾劇本身荒唐滑稽，因而無論悲劇抑喜劇，雖作為戲劇是文學至高發展，然二者之源起，始終帶有卑下性。亞里士多德這些推斷今日已多被質疑，但如尼采所指出，事實應是：連喜劇甚至薩提爾劇，本身都既神性亦崇高。薩提爾（satyr）是古希臘人對自然之懷望。其所懷望之自然，是在文明前之生命力，較文明現實性更真實之自然本然存在。藝術若有所摹倣或表象，應是這自然現象、自然真正的真理。薩提爾有着最高激情、充滿熱愛與狂喜、對痛苦有着同感心、亦有從自然核心而來之智慧、既具有自然充沛之生育力、亦崇高神性，絲毫再無文明之虛偽與假象。薩提爾是人之原型、人更真正時之形象。從薩提爾身上，古希臘人建造了一虛構但更真實的"自然狀態"，藉此擺脫現實。薩提爾宗教性地提供一種再無（因文明而）分裂之形上安慰，揭示在文明外存在之可能，突破存在中一切藩籬與界限。一如崇高為對存在可怖性之克服，滑稽（das Komische）即為對存在荒謬性厭惡時之釋放與解消。如是薩提爾歌隊具有一如酒神之救贖性，其神性與崇高性由此。無論是薩提爾劇抑喜劇，因而都非如亞里士多德所言為卑下低俗或荒謬；只是現實

　　四章）。

理性對自然真實無以接納時之扭曲與惡意貶低而已。亞里士多德於《詩學》第五章雖補說「滑稽」非惡而只是醜陋，但他忘記，這樣醜陋正是"文明現實"之真實，為喜劇所反映表象而已，非喜劇本身所認同而是。亞里士多德只是以一旁觀者姿態自以為是而已。

於第五章最後，亞里士多德突然轉變話題，討論對悲劇或一切戲劇鑒賞之能力，以成分多少而決定，因而能辨識悲劇之優劣者定能辨識史詩之優劣，反之未必然，悲劇成分多於史詩故。這對"優劣"之評價，在後第二十六章（《詩學》末章）有更完整論述，在這第五章末段出現，若非表示亞里士多德正有着如此鑒賞力的話，是無多大意義；所有意義，也只為說明：亞里士多德對這戲劇或詩藝（二分）源起之論說，是依據鑒識而非妄作。這點正是我們所質疑。

《詩學》第六章

最後，我們對《詩學》第六章稍作分析，本章為對悲劇之總論。在這章開首，亞里士多德便對悲劇六個構成部份作定義性枚舉：「悲劇為對一完整、有一定長度的高尚行動的表象，其媒介為不同類型但經過修飾的語言，分別用於劇的不同部份；其作為表象是藉由人物戲劇行動（drama），非藉由敍述；並透過對憐憫與恐懼之表象，達成對這類情愫之渲泄（淨化 katharsis）。」亞里士多德補充說，所謂「修飾的語言」指由"節奏、旋律及歌詠"所伴隨者，三者在"言語"外，構成在悲劇中之音樂部份。

　　本章主要為對悲劇六元素之解釋，但更重要是，藉由"排列法"，亞里士多德嘗試說明六者之關係。悲劇六元素在本章中第一種排列法如下（見 1449b31 至 1450a6）：場景、歌詠與言語、性格與思想、情節。[①] 這一排列法，表面是依據「方式」、「媒介」、「對象」這樣順序而作。之所以方式先行，明顯因悲劇是一種"戲劇"，非只單純文字作品。然真實不僅如此：這一順序，始是古希臘對悲劇元素"從重要性言"正確之排列法，唯亞里士多德必然不認同始不如是說明而已。這點我們下面將作討論。

　　其第二次排列（見 1450a7 一段）為六元素之歸納性排列或枚舉，其順序如下：情節、性格、言語、思想、場景、歌詠。在這順序中，亞里士多德目的本為指出六元素實隸屬「媒介」、「方式」、「對象」三者下，但反而排列沒有依據三者先後而作。排列於此所顯反而是：「對象」第一、「方式」第二、而「媒介」第三，唯其中屬「媒介」之"言語"移插在"性格"與"思想"間，使排序顯得混亂。在作這樣枚舉時，亞里士多德心中應是把悲劇元素自行作了三分：構成其本體的是"情節與性格"，二者構成故事行動之發生，此外，"言語與思想"這人知性部份在戲劇中似屬內在，而"場景與歌詠"，則相對前各因素言為最外在表面，如添加或附加之元素那樣。縱使本應依據「對象」、「方式」、「媒介」而分更為合理，然亞里士多德似更希望從六元素之"性質"而分，故始有失序之表現。

---

① 　場景屬「方式」、歌詠與言語「媒介」，而性格、思想、情節三者屬「對象」。

在本段結束時，亞里士多德又再次對順序任意排列（第三種排列法），而這次是以「場景」包含一切而說。枚舉似在言：在"戲劇"（因而場景）中，是可見有人（性格）、故事（情節）、言語與歌詠，及最後也含有思想在內。換言之，"戲劇"作為「方式」實包含一切：「對象」中之性格與情節、「媒介」中之言語與歌詠，及「對象」中最內在之思想。

以上這幾次排列，都因微細意圖而有所變化，然亞里士多德最希望並視為正確的，是對六元素"從本質重要性"所作之排列（第四種排列法），而這構成本章最主要討論部份。從重要性排列，悲劇六元素之先後如下：情節、性格、思想、言語、歌詠、場景。這一排列，清楚是對應「對象」、「媒介」、「方式」這樣順序的。

若細察，這次排列正好與第一次排列相反，對比如下：

第一次排列：場景、歌詠與言語、性格與思想、情節
第四次排列：情節、性格與思想、言語與歌詠、場景

若媒介在兩種排列中都保持在中間重要性，那第一種排列則以場景「方式」為最重要，而亞里士多德對反地所認為的，是「對象」最為本質地重要、「方式」最不重要。這樣由排列而顯示之價值差異甚至對反性表示甚麼？讓我們先討論亞里士多德認為正確的排列法（第四種排列法）。

亞里士多德認為，當我們觀看戲劇時，最重要因而亦構成戲劇的本質應當是情節故事，人物的性格與思想因造就其中事

件發生原因，故既隸屬情節對象下，亦緊接其重要性。至於言語，這是文辭之表達（情節之表達），故緊隨對象情節因素後。歌詠是在表演中為其氣氛而添加，亦如是有助情節內容本身。然若絕對言，像這樣元素仍是可拿掉的。最後至於上演之場景，雖作為戲劇似重要，但若明白，縱使悲劇不上演而單純作為文學閱讀，實是無改其作品本身之好壞，因一切實只情節故事之事而已，與上演（場景）無關。這樣推論實就是我們今日的常識，亦是任何觀看戲劇者所重視之先後，我們稱這樣排列法為"本質"或"理性"排列法。

　　但若不依據這"本質先後"之排列，還能有怎樣排列的可能？讓我們更換另一種觀點：如教徒參與彌撒，其參與是一種親身即近之體驗或實行，無論已參與了多少次、無論對過程多麼熟識明白，參與本身就是參與，與一單純對彌撒觀賞者所求不同，後者只從不知而求見，非求為真正參與。古希臘人於觀看悲劇時一樣：上演的"情節"作為家喻戶曉故事本已人人熟識，因而"情節"反而構成最不重要因素；對古希臘人言，參與悲劇上演實如參與宗教那樣，雖更以藝術為形式與訴求 ①，但本實是體驗酒神及其真理之時刻，非只如旁觀觀戲般心情，只求為樂趣而作。從這點言，一如彌撒之執行，悲劇之上演（及因而其"場景"）至為重要，非從作為文學作品言，而是作為必須實現真理時之實

---

①　藝術此時必須為真實藝術始能成就真實體驗，是藉由其真實性始能伴隨宗教體驗、成就其真理性，如巴赫彌撒曲或歌德式教堂對宗教體驗其真實性之輔助那樣。

踐言，是如此實踐使其真，非其情節故事樂趣使其真。上演是否能達致對酒神或酒神精神之真實體驗，這是悲劇真理性所在，非在情節上。如是，"場景"及伴隨場景而有之"歌詠與言語"，是上演時體驗之真實與否首先重要因素，其中反映酒神之英雄其"性格與思想"居次，而"情節"反而最後，為人人已知故。這也是為何，縱使先有史詩等文學作品，始終必須等待悲劇作為"戲劇"之出現始達文學之顛峰，所求非只文學本身，更是"戲劇作為真理"能"真實體現"時這一模式：透過藝術之真實性體驗酒神真理之"親臨"。"場景"因而是真理體現之條件與頂峰，非"情節"為根本。

這兩種觀法，因而一者神性地宗教、另一者只求為樂趣地世俗。本以為極合理之排列（亞里士多德之排列法），其實也只順承世俗或現實價值觀法而已，事實非必如此。

悲劇作為"情節"抑作為"場景"，最好地說明並揭示給我們一重要道理：理性所以為之"本質自然"、以為合理，實不必然如此。在世俗以為"理性地必然"中，實仍有更為合理然完全相反之可能。我們今日視為理性地必然者，因而非必為真正正確，其反面亦非必為不理性、非必為不合理。尼采與當代哲學所求往往如此。因而，對以為本質地理性之思惟與說法，仍應多加反省，從其反面見是否有扭曲或掩蔽了更真實、更合理之可能，從而改變。今日所以為理性，其本實多只由於世俗功利與利益而已，非求為更高真實。

　　須附帶一提：對亞里士多德言，人物之"性格與思想"只是為構成"情節"而有；情節本只是行動之表象，而行動是由人物之性格與思想想法所決定造成，其在戲劇中故只是為引發情節而有。然從古希臘舞台言，英雄是酒神之代表；觀看者所着重，非其故事情節，反而是人物自身之偉大性格與崇高思想，這於內容對象中，較情節本身更為重要；"情節"只輔助使"性格與思想"得以體現，非性格與思想只為造成情節而有；前者如「詩言志」般見人，後者只世俗人行動所造成情節故事，二者取向不同，有着對藝術完全不同的價值觀法。

　　亞里士多德非不知如此差異，故在說明其認為正確之排列法時（第四排列法），便首先指出：「悲劇並非對人，而是對行動、生活與幸福之表象（不幸亦寓於行動中），〔悲劇〕所求目的，是行動而非〔人之〕品質。人依據其性格而有某種品質，但人是由其行動而致快樂與不快。人因而非為求其性格之表象而行動，相反，是透過其行動始勾勒出其性格。因而事件與情節才是悲劇的目的，而目的是在所有中至為重要的。」亞里士多德這裡之推論，是替自己立場辯護：若人人所求先為（生活之）幸福，那行動是為此而有；沒有人刻意為表現其性格而行動的。亞里士多德這樣推論仍明顯是世俗觀點，所重視只幸與不幸，非人其自身人格。然無論對中國古代君子、抑對古希臘神性英雄言都非如此；他們在乎的，是自身人格與道義多於幸與不幸，其行動也只由此道義品格決定，非由幸與不幸之利益心考量。亞里士多德從生活之幸與不幸言悲劇，只投世俗人心所好、只譁眾取寵而已。

亞里士多德好像知曉自身非完全對確，故又從悲劇史求證明說：「若沒有行動，是沒有所謂悲劇的；但縱使沒有性格，仍可有悲劇。事實上，當代大多數悲劇是缺乏性格的（⋯）」。在這辯解中，「當代」一詞已露出馬腳，因希臘後來藝術，或如歐里庇得斯悲劇（「當代悲劇」），都求為轉向群眾樂趣，非再能保持文藝原有高度。然悲劇前身如酒神頌等，甚至是沒有情節的⋯⋯。古希臘人參與悲劇，故非如我們今日只求為觀看情節故事之樂趣，而有別種更真實之藝術喜悅在。

有關亞里士多德《詩學》，其世俗性格及其對詩藝之扭曲、世俗性格之獨攬現實理性，使以為沒有其他（更高）觀點可能，這一切，我們不再作討論。以上有關《詩學》之討論，只求為見哲學理性如何扭曲古希臘悲劇真理而已。

有關尼采，我們討論至此終。

第十二章　佛洛伊德形上學研究 [①]

　　若馬克思所揭示形上性是從生存現實言、由物質生活所構成，那佛洛伊德所揭示，相反，為人類心靈其現實欲望中之形上性、心之形上性。對心形上性之探究，即佛洛伊德所謂「後設心理學」。「後設心理學」（meta-psychology）一詞正是「形上學」（meta-physics）之對反：一從心（psyche）、另一從物（physis）言，二者均為形上（meta-）；佛洛伊德本人察覺這點。他甚至如馬克思那樣認為，人類世界充滿假象性，差別唯在：人類投射在外在世界中神話般之假象，來源於內在心理因素、是潛意識的；因而對這樣假象之解決或發現，只能求助於一科學性潛意識心理學，如是形上學應被後設心理學所取代。[②] 佛洛伊德這有關心

[①]　為避免混淆，我們有關佛洛伊德之一些基本概念採如下翻譯：性或性欲（sex）、性欲能量（libido）、性本能（Sexualtriebe）、愛欲或愛欲本能（Erôs）、自我本能（Ichtriebe）、生命本能（Lebenstriebe）、死亡本能（Todestriebe）。

[②]　見佛洛伊德《日常生活心理病理學》第十二章第三節。亦參考 J.Laplanche et J.-B.Pontalis *Vocabulaire de la Psychanalyse*，PUF，Paris，1967 中有

靈之形上學是怎樣的？為何這樣心理學同是一形上學，並有着對世界存在之存有論觀法？有關這些問題，讓我們透過分析佛洛伊德一篇短文以作說明。文章（〈否定〉[1]）雖短，但其中內容極具哲學意義及意圖。

佛洛伊德論知性：〈否定〉

〈否定〉一文分九段。結構與內容如下：

1. 「否定」作為心理現象：在病患者中之「否定」即為潛意識之事實。

2. 「否定」作為精神分析之方法：分析師對「否定」作為揭示潛意識內容之方法。

3. 心靈中意念或映象同具有知性與感受這兩面內容；「否定」作為一種壓抑過程，是對潛意識內容所作之否定。藉由這樣「否定」，潛意識內容得以知性地認知；此時所壓抑之內容，其知性與感受兩面是分割開，因而被壓抑着的內容雖可知性地被認知，但仍實處於壓抑狀態。此「否定」所有功能。

4. 判斷（肯定與否定）之心理根源。「否定」為「壓抑」之（知性）替代。

關「後設心理學」（métapsychologie）一詞。

[1] *Die Verneinung*，1925。"Verneinung" 一詞除邏輯或知性上「否定」之意思外，亦可翻譯為心理義之「否認」，對等法文之 "dénégation"。

5. 判斷之兩種型態：一、「S 是 P」。這類判斷根源於自我對外在事物之肯定與否定，即根源於自我欲與外在事物一體化抑相互拒斥。

6. 判斷之另一種型態：二、「X 存在」或「X 是」。在這類判斷中，自我再非只欲與外物合體，更欲在外在現實中重見其存在，外物之客觀真實性因而仍根源於心理欲望，或最低限度，與這心理有關。

7. 判斷（及思惟）與行動之關係。判斷為一向外探索性行動，如感性向外之觸感那樣。判斷因而中斷思惟而進入行動，從心理義言，思惟實即行動。

8. 判斷與本能間根源性關係：判斷延續了在快樂原則下、本能之擁有（吞噬）與拒斥之行動。「肯定」根源於愛欲（Erôs）本能，而「否定」則根源於破壞本能。雖有這一與心理之根源關係，「否定」仍首次使思想獨立於壓抑之外、獨立於快樂原則強迫性外，而得到思想之自由。

9. 在潛意識中永遠沒有「不」這一否定性。而對潛意識本身之發現，換言之，潛意識之透露其自身，往往是藉着否定性而達致。

　　從以上內容可看到，佛洛伊德心理學思想可有之形上學向度。若用康德主體對現象世界之確立這一種存有關係而觀，我們可說，佛洛伊德存有模式實類同康德，唯差別在：這時建構外在世界之主體，非一自我意識的超驗主體、非一從知識論立場言之心靈主體，而是一心理性心靈，這心靈甚至非以意識為本，

而更先是一潛意識義之心靈。主客之存有論問題，因而落在潛意識與存在世界兩者間。但在心靈與對象世界關係外，更根本的，是此時之心靈，在佛洛伊德中，再非傳統義下、非以知性與意識為主之心靈，而是一以感受性為主、甚至是一如生物般潛意識欲望之心靈，非一自我意識意義下之心靈。佛洛伊德之存有世界圖像，是基於這樣心靈而有。

首先，這樣心靈所具有之一切意念，都非先是知性。心靈作為生物心靈，更先應從生存言，因而一切認知，非先作為客體真理而認知，而是作為生存之認知。這樣的認知，必然涉及好惡、愛與不愛等感受。一切有關對象之意念，故先是感受之意念，非先為知性意念。由於感受都根源於快感與痛苦這兩面、因而即為愛或惡之對象，故從一生物角度言，心靈之感受性，都先從其愛惡而立，即原始地或作為自我對其對象之擁有欲望、那欲吞噬此對象並使之成為自身內在一部份這樣欲望，或在對其對象有所厭惡時[1]，為自我對其對象極欲排斥甚至毀滅者。「我想吞食這」與「我想把它吐出來」因而為心靈與一切事物最根源之感受性關係。存有之「內」與「外」，是基於這本能欲望感受而始有。不單只存有上之「內與外」如此形成，價值上之「好與壞」、「善與惡」，終極地言時，都同樣根源於此。

在〈否定〉一文中，佛洛伊德利用「否定」這舉動說明這知性與感性微妙關係，從而確立潛意識之根本性及其機制。若回想傳統哲學追尋真理之過程，我們都可看到，對知性真理之肯

---

[1]　即對象對心靈自我言構成其痛苦時。

定與確立，是從對感性之否定達致。這從柏拉圖至黑格爾都沒有改變過。就算康德沒有對感性否定，但此時感性仍非從情感這方面言；而對象知識之客觀性，仍基本上建立在範疇與超驗統覺上，非在感性雜多本身。這以知性為主之西方哲學傳統，明顯不以存有為一情感式存有，如物之無情感那樣，真理首先只為知性存有之事，非如在人性存在那樣，以情感為本。佛洛伊德所提問的，因而先是這樣一種存有論問題：為何知性會對感受予以這樣根本性的否定？這樣的否定性，隱含了或試圖隱蔽甚麼？

若從精神分析學觀點觀，病患在作否認時，這往往正是其心理事實關鍵所在。正因這心理事實是在潛意識中被壓抑着，故在意識中必須以一否定狀態始可呈現。從存有層面言時，知性對感性之否定故如同精神病患一樣，反映及掩蓋了一壓抑着之根本事實：知性本身之根源，就在這心理感受中。在存有二分為知性與感性兩者時，否定只有一含義，即被否定者非本身為真實或具有真理性者。而這實即同於說，若知性為真實而感性為虛假的話，知性始是根本、感性非是。故知性對感性之否定，從存有論言，其意即為對感受性其根本性或根源性之否定。換言之，由否定性所顯之事實，反面地言時，即以下一點：在感受與知性兩者間，感受實較知性更根本，甚至就是知性之根源。知性所否定的，故即為其自身本身之根源。在存有論中，否定之意思指此。

在〈否定〉一文中，佛洛伊德更指出以下一重要事實：不單只知性否定心靈之感性性質與根本性，知性本身作為模式與樣

態，實就是感受模式之否定：「知性」＝「感受之否定狀態」，或＝「一否定了的感受狀態」。

假若自古以來知性之真理性是唯一顯露出來之真實、若「知性＝意識」，那這同於說，這以感受為根本之心靈，是一被壓抑着的、是一只能以潛意識狀態存在之存有，因而對立着意識及其世界。由這否定事實故可看到：存有是對立着的狀態、是意識對立着潛意識、及潛意識對立着意識的一種狀態。否定即為兩者間之關係。表面上知性與感性都同在意識中，但在意識中之感性，已非真理性及根源性。故一根源性的感性心靈，在知性下，只能是一已被壓抑起來的真實、一潛意識真實。真實的感性故不應為知性中之感性，而應更根本，為一在潛意識中感性；意識中感性只其替代而已。存有地被否定者，必已被隱蔽或被掩蓋；相對於意識言，即為潛意識。以往在現象背後隱藏着之"物"自身（本體），在佛洛伊德中，轉移為意識世界所壓抑着的潛意識世界（"心"之世界）。潛意識故等同傳統在現象背後之本體世界、一種隱而不可見之真實世界，唯差異在：這時潛藏之真實，是從心靈內言，非從事物世界背後之物自身言。

我們前面說過，西方思想與世界以否定性為本：或向外從超越、或向內從對立言。否定性可如在黑格爾中，是一正面力量，但也可如在馬克思中，是一負面現象與力量。在佛洛伊德處理否定性問題時，他是意識着這深遠向度的。在〈否定〉一文中，否定性有下列兩種：一為心靈（本我 ① 或潛意識）對外在世

---

① 「本我」id 為拉丁語之「他」或「它」。在佛洛伊德中以「牠」作為翻譯更為

界之拒斥與否定；另一為基於現實原則之自我、對潛意識所作之壓抑及對其感受之否認。這兩種否定都直接作為否定力量作用：一為破壞、另一為壓抑。壓抑作為否定性，往往轉化為中性姿態呈現：如思惟中之客觀性、或如知性無視於主觀感受時所有之中立性；這顯得沒有對立之否定性，實是那外於欲望與感性存在之「理性」與「思惟」誕生之原因。佛洛伊德〈否定〉一文，因而可視為是對這知性之系譜學研究，指出其潛意識根源，及把一切表面上表達客體（客觀）真理之判斷，還原至潛意識心靈之欲望與感受。這是一種對理性其非理性之回溯，亦因而揭示或指出理性與知性之假象。也因為知性這一中立（與欲望感受無關）假象狀態，故在潛意識中之意念與映象，可在這中性之知性狀態中呈現：即透過對這意念或映象加上一「否定」符號，作為在認知確認上被否認之事情呈現。[1] 否認或否定因而是潛意識透露其自身之一種方法，換言之，即作為 "被否定者" 而呈現。事實上，在意識中之「（必然）被否定者」，在存有中，也只潛意識本身而已；意識中之否定，故直指潛意識本身。這知性與潛意識間關係，因而為「揚棄」（Aufhebung）[2]：在知性狀態中，既保留潛意識內容，但又同時對這內容掩蓋，使其感受性切割於純然知性外。在這否認過程中，唯獨被壓抑了的 "意念本身"

恰當。除非需要，否則我們仍以「本我」一詞翻譯。

① 這能透露潛意識之否定性，必須是病患自身自發主動地作。在他人強迫其承認下之否認，不能算作潛意識自身之呈現。不過，分析師當然可誘導其作出這樣否定，這仍算作自發。

② 佛洛伊德在〈否定〉一文第三段中多次用「揚棄」一詞。

得以在意識中呈現，一切伴隨這意念而原本地存在的 "感受性" 真實，仍始終被壓抑着。佛洛伊德甚至說，在分析過程中，就算能使病患知性地接受或承認這意念，構成這意念其本質之 "感受性"，始終仍被壓抑着。否定性判斷故一方面是 "壓抑" 之知性替代，知性之 "否定性" 與潛意識之 "壓抑" 為一體兩面；但另一方面，知性之 "否定性" 亦同使自身（思惟）解放離開 "壓抑" 這一強迫性力量，使思惟顯得獨立而自由，與 "壓抑" 無關，因而遠去一切心理上之主觀性，形成思想之客觀真實性。

　　不單只知性及其否定性與潛意識及其壓抑有着揚棄關係，連由知性帶來之一切存有關係：如內外、存在之實在性等，都實根源於這本能性本我。「S 是 P」（或「S 並非是 P」）這有關一物（S）其屬性（P）之純然客觀肯定與否定判斷、這有關 S 是否擁有 P 屬性之判斷，是來源於心靈主體對對象欲求擁有之關係，即「主體欲吞噬其對象使之成為自己一部份」、或「主體排斥對象因而視之為外在者」……這兩事實之 "知性表達"。最低限度，這樣判斷形式，根源上是來自心理主體與其欲望對象之關係。差別唯在：「S 是 P」這樣判斷，是欲望 "知性化" 了（壓抑化了）後之結果。存有上之內在性與外在性，實根源於主體心靈對其對象原初之肯定與否定、根源於吞噬與排斥之內外（內化與外化）。不只內在性與外在性，存有上好與壞之價值性、自我與「他者」這樣存有範疇，都根源於心靈對外物欲求上之肯定與否定。故而在最初存有階段中，「外在性」、「他者」、及「壞的」（不好或不善的）三者實同一：凡是外在的即壞的、亦與我無關。存有因而是完全主體心理化、是欲望關係的。

不只在原初階段中客體價值性世界實只主體心理欲望之主觀世界，就算在承認一客觀存在世界時，心理主體與這樣世界事物之關係仍然是心理欲望性。換言之，就算在純然客體性判斷上，如說「Ｘ存在」，仍其實是心理主體欲望性、非客體的。此時，像「Ｘ存在」這樣判斷只是心理主體對一欲求事物（Ｘ）之再次確認而已。換言之，有關事物其存在上之真實性，實只是心理主體對其所欲對象事物之確認，確認這事物是否能"再為"心理主體所擁有這樣之心理欲望關係而已，故言「Ｘ存在」。

無論有關一物其所是之判斷、抑有關一物其是否存在之判斷，換言之，無論是一物之「存有」、抑其「存在真實性」，從根源言，實都只心理欲望性質、心理感受性而非事物客體真實性。真實性、客體真實性，因而全然主體心理欲望化，只相對這樣主體言真實與否、我欲與否。客體存有故純然來自心理主體這欲望存有。這也是為何探求客體真理之形上學須回歸後設心理學之原因。

佛洛伊德這裡所言兩種判斷，從客體方面言時，即關乎一物之「存有」與「存在」[①]；這兩面，是傳統哲學對一切事物所有提問，佛洛伊德正是把這兩者轉化為心理主體之兩面：一對應快樂原則下之心理主體、另一對應現實原則下之心理主體；後者

① 「Ｓ是Ｐ」這樣判斷雖表面上與「存有」無關，但當我們探討「甚麼是甚麼」時，這樣提問法，其極至即對一物其存有所是之提問。相反，在「Ｘ存在」這樣判斷中，當我們問一物是否存在時，這樣提問則與存有無關。故問一物之存有與問一物之存在，實構成一切提問法之兩大類型。佛洛伊德這兩種判斷，故是針對哲學傳統之「存有」與「存在」兩面言。

因在現實原則下，故此時心理主體不再能如在快樂原則下那樣，純從主體自身欲望觀，而必須顧及對象是否存在這一客觀面。不過，縱使涉及一物之存在，始終，對佛洛伊德言，這樣關懷仍然與心理主體之欲望有關，此時欲望為對對象之再現，非純然知性之求索。在這第二種判斷中，「內與外」這樣存有範疇仍然出現，唯差別在：第一種判斷中內與外對應心理主體之自身與其外之「他者」，因而同時伴隨喜愛與憎惡之情緒；然在第二種判斷中，內與外則不再從「是我的」與「不是我的」這主體方面言，而是從對象物是否真正存在、是否真實言，因而在價值上反倒過來表示：存在始真實（外），主體地主觀（內）非真實。主體之價值性於此讓位給客體價值；不過，一切仍在心理主體其欲望這一前提下發生，為心理欲求之確認而已。用佛洛依德語，非為（客觀地）「尋找」一事物，為（心理欲望上）「再次找回」一曾在之事物而已。「真實性」問題若從心理角度言，因而也只是對曾經帶來滿足與快樂之對象，其存在之再次確認而已。這一切仍先是心理主體、非對象客體的。

在論述完判斷之心理根源後，〈否定〉一文第七段對判斷作總結說：判斷實非本然思惟知性之事，而更先是一種「行動」、一終止思惟並進入行動之轉折點；判斷實已是一種取捨抉擇。佛洛伊德甚至說；知性認知知覺作為對外在事物探測之知覺系統，實只是生物對外在世界之主動探測，而在人中，即自我甚至潛意識 [1] 與外物在生存上之主動關係。也因是生存關係，故是欲

---

[1] 見《超越快樂原則》第四章。

望生理性、非知性精神性。生物一切認知活動，都應從生存方面、非從對象認知真理性理解；這是精神分析學對哲學真理之回答。

故在接着第八段中，佛洛伊德更明白地總結說：人類知性功能，實與其原始本能或驅力（Trieb）有關。[1] 不單只判斷之兩類型各有其心理欲望意義，連判斷作為判斷之「肯定」與「否定」兩面，實都根源於原始本能之兩類：愛欲（Erôs）與破壞本能（死亡本能）。換言之，肯定性與否定性根源上都與生理及生存欲望有關。於此須注意：當佛洛伊德以否定性本然為破壞本能時，這時否定性是從行動言，因而實仍是一種肯定性：潛意識只有肯定性而無否定性。[2] 若單純從生物生存本能言，一切也只行動而已，沒有非行動之純知性功能及由知性功能而致之（客體存有上之）「非存有」。佛洛伊德從肯定與否定判斷中所看到的，故是其行動性格。縱然表面為否定，然作為行動實已是一種肯定。如是連破壞本能作為本能行動時，仍是肯定性。肯定否定故非從本身形式、而是根源地從生物主體之原始構造言：來自生物主體、因而反映或表達其欲求與訴求的，就算是一毀滅性或破

[1] 佛洛伊德「驅力」（Trieb）一詞，英與中譯均用「本能」，佛洛伊德間亦有用「本能」（Instinkt）一詞。在沒有誤解可能情況下，我們仍隨英與中譯習慣，用「本能」一詞替代。

[2] 有關潛意識本身沒有否定性，見〈否定〉一文總結時最後一段。我們這裡所言之否定性，是知性在真實性與價值性上之否定、一種作為"無"之否定。這樣否定是知性、非潛意識的。這知性之否定性，為〈否定〉一文主要對象。

壞性行動，仍為肯定；相反，真正否定性非必以否定之形式呈現，而是從其是否對生物本能有所否定言，換言之，真正否定性亦唯知性及其所有真理世界與真理形態而已。[①] 這真正否定性、那再非作為行動言之否定性，佛洛伊德稱為「否定之象徵」；而這應理解為：非為對「否定性」之象徵，而是一作為象徵呈現之否定性，即知性本身之否定性，知性即構成此符號象徵之世界故。佛洛伊德所以用「否定之象徵」一語，是因其把知性與本能主體之關係視為一否定關係，而這否定關係，是透過「否定」之符號象徵達致者。換言之，當知性與思惟面對本能欲望而說「不！」時，知性思惟始獨立開來，形成與本能對立之位置，如是而再"非"本能驅力，而是所謂理性。理性對本能欲望而言之「不」、這一「否定」之象徵，使思惟獨立起來，既遠去本能欲望、亦隨之而遠去一切現實存在；思惟獨有之真理絕對性、其必然性與普遍性，由是獨立起來。思惟如是有其自身真理，甚至，真理由此而獨立為只是思惟之真理；因若是由快樂原則所支配，嚴格言，只能是欲望主體而非對象客觀的、非真理性的。佛洛伊德在此點上與馬克思看法一致：思想形態之獨立真理性為假象而已；這樣假象掩蓋了現實更根本真實，亦構成思想與現實之根本對立。二人之差異唯在：馬克思所言現實是從客體生存

---

① 若潛意識本身純然肯定，這潛意識從知性真理角度言，即相反地純為一否定事物；潛意識之被壓抑，即為此否定性之具體運作。如是，肯定性與否定性不單只根源於潛意識中兩種本能，更是潛意識本身之兩種存有狀態：其在其自身、及其在自我意識下之狀態。從這點言，精神分析過程中之否認，均為潛意識本身之顯示。

世界、而佛洛伊德所言現實則從心理欲望之主體言。在佛洛伊德中，除思想對心理現實否定外，更有由自我與超自我於從屬（外在客體之）現實原則這前提下，對心理主體作否定；這後者所依據的，非現實原則，而是快樂原則。這兩原則，雖並非從客體生存言均為現實[1]，但都是從生物之存在角度言廣義地為現實：因追求快樂，在一般理解上，非如道德求索那樣，而仍只是一種現實性。[2]

佛洛伊德之世界圖像因而較傳統更為複雜：在現實世界上，有一由超自我所代表之知性世界，這知性世界超越於依據現實原則之自我所處之現實世界，而自我之現實世界，又超越於本我之心理世界，後者只依據快樂原則，即從生物或心理主體欲望言之現實性、一種不現實[3]之現實性；這樣現實性（依據快樂原則之現實性），最終為死亡本能所超越，或融合於死亡本能中[4]。在佛洛伊德體系中，知性思惟雖由其超越現實而為假象，但更根本地，現實當中本已有層層超越性，而最終，一切可能之現實性均被快樂原則或死亡本能所超越，一如馬克思，作為現實之資本主義社會終為共產社會所超越那樣。

---

[1] 從客體生存言，現實原則始為現實，快樂原則非是。

[2] 我們這裡所言之「現實性」，非限於佛洛伊德所言之現實原則，而是相對或對反如理性無條件性之道德與理想言。從我們或從一般意思言時，佛洛伊德之現實原則與快樂原則均是現實的，與生物之現實生存有關故。

[3] 相反於現實原則。

[4] 見《超越快樂原則》一書。

佛洛伊德體系這層層超越關係，佛洛伊德這知性主體與心理主體、意識與潛意識、自我與本我等等之對立，換言之，其在傳統哲學真理外另立一更根源但對立性真理——潛意識與本能世界，而非把心理主體單純立於傳統意識世界內，此舉已使其思想為形上性質。就算不提死亡本能對一切存有現實之最終超越，單就潛意識本能世界對意識世界及其存有之超越、從而揭示傳統意識世界其真理之虛假性這點言，佛洛伊德本身思想已是一形上學向度之真理了。

潛意識本能之世界

　　若意識與潛意識、自我與本我這兩組概念都相對地建立在意識與自我這傳統哲學觀法上，作為其反面從心靈內在言之超越性、這潛意識或本我之內容、那屬潛意識與本我之是其所是者，即本能。本能主要為種種能量，其最主要者即為性欲能量（libido）。

　　由本能構成之潛意識世界是怎樣的？在討論這問題前，讓我們對「本能」一詞稍作說明。

　　傳統對「本能」之看法，舉康德為例，主要指在知性能力認知掌控前、由欲望（能力）內在強迫性所形成之一切行為與反應，如生殖本能、動物對其弱小保護之本能等等[①]。本能不同於

---

① 　見康德《實用人類學》§80。

「反射」（réflexe）之原因主要有三：1. 本能主動而自主，反射則被動，只為對外來刺激之反應。本能相對外來事物言因而獨立，反射則無如此獨立性。2. 本能是較為長久的一種行為，非只一時反射或反應，故往往亦為意識對其目的與意義有所自覺，非只一種不為自覺參與的反射活動。3. 外來刺激可以用逃避方式躲避開，但由內而至之本能，其刺激則無法逃避，必須滿足。也由於這滿足之必然性，故甚至往往引至對外在世界之改變。換言之，佛洛伊德以世界改變之根本原因與動力，非來自人類意識自覺之價值創造，而來源於對本能所產生之要求不得已之滿足。人類對存在之改造，因而只被動地反應性、非創造或價值主動性的。

傳統大致上把本能分為三類：生存本能、生殖本能、及社會或群居本能。佛洛伊德所言本能並非如此。作為驅力之本能，本質上只屬潛意識事，是潛意識深層之本然動力，故非如一般義本能，仍只是"日常意識世界中行為"之（先天性）決定或形成要素。作為驅力之本能，並非只是行為類型之解釋根據，正好相反，驅力是從對反意識行為而言的；就算如一般本能一樣是行為之決定因素，但始終是以對立或對反這些行為之意識取向而言，因而作為動力，是潛意識的、非意識中事情。正因這對立之特殊性，驅力故是被壓抑着的本能動力，非如一般本能那樣，是作為行為正常合理之決定根據。換言之，真正決定着人類行為之潛在本能，是為意識所對立地壓抑着，從而對意識而言，行為實有其從意識方面言之原因與解釋，而此完全在意識理性下、與潛意識本能無關。一切行為因而是在意識與潛意識兩者間交

錯而發生。

傳統所言本能只解釋生物整體之類行為，不能解釋其個別性；但作為驅力之本能，則非只為解釋類行為而有，更是為解釋個別或個體行為而有。因而作為本能，驅力對行為之解釋，其心理圖像複雜多。單純本能（一般本能）是生物性而非心理性，驅力作為本能雖亦有生理上根源，但基本上是心理性的[①]。作為驅力之本能，縱使與身體生理性或生物性有關，但因此時所言生物是一心理性生物、甚至可具有心靈與意識，故這生理性本能，仍是心理性、並作為驅力而言。從以上，潛意識與驅力因而都是作為"心靈事實"呈現者。

明白驅力與本能差異後，無論是否把「驅力」以「本能」翻譯，其意思應從這方面理解：作為驅力而言之本能，雖仍針對生物行為言，但是是從"心理性"、從一"潛意識心靈"言，非從在意識下之"行為根據"言。如是可明白，潛意識本能之提出，是為對行為在意識外更給予另一解釋、是為說明"心靈"之另一種樣貌、是為"對反意識"之主體決定性而提出。對在現實或意識理性解釋下之行為，潛意識本能之提出，使行為不再只是單純現實或理性目的性，更有着一從潛意識言之意義與形上性質。

佛洛伊德與全部傳統哲學最大差異源於以下一事實：對傳統哲學言，縱然物質世界之基礎未必在人類心靈，但心靈始終

---

① 不過，此時心理性基本上仍是生物性質，只非單純生物學問題、更是心理問題，唯此時心理是依據本能這生物學概念形構其圖像而已。

是在人類這一方最為根本者。人類自身之一切，都終究立在意識或精神心靈上；連外在物質世界，因須透過知覺，故亦立於人類意識心靈上。人類心靈意識故為原點、為存有地根本。馬克思雖質疑思想獨立狀態之真理性，但這不等同質疑心靈意識作為基礎：人類始終是一意識主體，唯這樣主體所表象者，可非真實而已。[①] 動搖心靈之作為意識、動搖人類作為意識主體，始於佛洛伊德。馬克思所質疑為人類現實外在世界，佛洛伊德所質疑，則是人類心靈內在世界。

除作為意識認知外，人類心靈在傳統中亦是行為之本；人與外在世界一切關係：對外來逼迫之自主、對自身欲望而自覺限制，都反映人內心世界之獨立性；心靈意識始終有其自主或主動性。佛洛伊德相反：其所言內心世界，作為更內在於意識，反而使人（意識）無法自主其自身。因又是從內而來、為人潛在本能驅力，故非意識可能掌控與拒絕。佛洛伊德所針對的故是心靈之主體性，並求對人行為作另一種解釋：非從人與其外在世界之關係言，而是從人內在潛在世界反觀人自身之一切。

佛洛伊德怎樣質疑傳統之內心世界？對他而言，甚麼是人類心靈？佛洛伊德所質疑非心靈之存在，而是其本質。若人類心靈再非如傳統所言，這只因為，心靈再非是心靈、再非為意識

---

① 馬克思並沒有對人作為意識主體質疑。他所質疑只是：意識所表象者是否真實？存在真理是否能單純立於意識表象上、是否全在其思想、在一獨立真理之思想上？馬克思所質疑只是真理問題，非對人類意識本身質疑，如佛洛伊德那樣。

主體或為精神。心靈也只一物性事物，其本質為物性，非精神性。心靈之物質性是從其作為生物言[①]；心靈作為生物雖與其他生物有所不同，然二者仍必須從生物性理解解釋。這時之分析，故為心理學。像這樣對心靈作分析，早已存在於強調物性格的史賓諾莎哲學中。

人類心靈作為生物性存有最低限度包括以下三層面：生理層面、生物層面、及感受層面[②]。

生理層面純從反射作用言，是物理性的；生物層面則從目的、動機、意義或意向性言，從主動性或如自覺般那樣而觀；而在感受層面中，生物不再從生存言、不再只是活之問題，而是精神性初始之"感受"問題。「感性」因而是精神性之關鍵。縱使對精神性本身否定，佛洛伊德仍以感受性為心靈本性[③]；故一如傳統，感性始終為心靈兩面（感性與知性）之其一。

生理層面為「刺激」（Reiz，stimulus）、反應與反射等問題。生物層面則為神經系統對刺激控制之問題，即如何使刺激降至最低程度，為佛洛伊德稱為「恆定性原則」。而最後，感受性層面為快感與不快感（感受）、及其背後「快樂原則」問題；快樂原

---

① 　作為物之心靈，明顯不能如石塊那樣是一死物，故只能是生物。

② 　我們很想把感受層面稱為心理（心靈）層面，但因心靈（psyche）同時包含這三面，故只能保留較不對稱之「感受層面」一詞以與前兩者併列。

③ 　固然，佛洛伊德必會盡可能生物性甚至生理性地解釋感受，但始終，感受或感受層面在人類中，仍為其精神性之最基層，（若我們把思惟視為人類精神最高體現的話）。

則為：生物所追求快樂或快感，實為刺激之避免與去除，痛苦感受即刺激而已。①

以上三層面為精神分析學對最基層生物存有之構想與假設。生物之存有因而為：依據着生物及心理性原則、在刺激間之活動②。這從生物言之三個層面，再加上作為生物時所有之外

---

① 快感與不快感原本為意識中感受；對快感之求得似為意識主動行動，與快樂原則所言復歸平靜無刺激狀態這一說法似有矛盾；然實不然：若細想，就算在意識中之快感狀態（快樂），歸根究柢仍只是對一切帶來不安之事物〔後者等同刺激〕求其解決而有之一種狀態。對生存上或人與人間之不安，其解決必然快樂。人對生命力之所以肯定，非由生命力本身作為感受，而因生命力量能解決存在中一切不安。故在《超越快樂原則》一書第七章結束及在《自我與本我》一書第四章結束時，佛洛伊德都把性滿足與死亡滿足等同起來，為對性欲能量之一種釋放。無論在意識或潛意識層面中，「快樂」一詞意義故仍同一，即為對一切構成不安之刺激之解決，回復一平靜狀態。這為「快樂」一詞之根本義。

② 有關生物，佛洛伊德非從生物之存活條件、而是從其活動言，即從其所受刺激及怎樣去除刺激這方面言。換言之，非從其作為“生物”、而是從其作為“心理物”而研究。心理性在生物最低層次中，即為對刺激之反應，後者故為生物最低層次之心理表現。之所以為最低層次，因若如欲望或意志般行動，已假設背後有心靈般行動主體，再非生物原始行動模式。從原始性言，對刺激之反應始是生物活動最原始而簡單者。甚至，其最簡單模式應為：生物對一切刺激盡可能避開及去除，求回復沒有刺激時之零點狀態；正因如此，「恆定性原則」故為生物第一原則。對佛洛伊德言，科學探究即盡可能以簡單及基礎性概念解釋一切複雜現象；這亦笛卡爾所謂「方法」。「對刺激之反應」因而為從生物言、最低程度之心理現象。這雖非從觀察而得之結論，但作為設定從理性言最為簡明。若從觀察言，行動多似主動，因而哲學傳統歸結為欲望，給予欲望其在反應外更多主動性。然在這點上，佛洛伊德對欲望之看法正好相反：在傳統觀法中，就算基於需要而產生，欲望仍然透過人意識主動性而有。佛洛伊德正好相反，欲望

與內 [1]，即生物可有之全部存有面相。這樣存有面相，落在精神分析學中，是怎樣的？

首先，從以上可見，佛洛伊德精神分析學全部基設由「本能（驅力）」、「恆定性原則」、「快樂原則」三者構成。本能為來自生物內之刺激，是"從內"對心靈本身產生作用者。之所以必須有此本能，因若沒有，生物將再無任何來自其自身之主動性，特別當生物心靈其意識再非主體地主動時。本能之主動性，非如意識那樣主動，而只是一種產生刺激之動力。在一般情況下，生物固然有着種種生存需要與本能，但作為具有複雜心靈之人類，更是有着構成其精神生活及心理狀態之特殊本能動力的。問題故在：這決定人類心靈之本能，究是怎樣？有哪些？它們

並非來自需要，而是源自本能（驅力），因而對心靈言非意識所欲，而是心靈"所承受"自內而至之刺激、由本能引起之刺激。從這自內而致之角度言，心靈面對欲望反而處在被動中、只能是一種反應。以往欲望之主動性在佛洛伊德中因而轉化為被動性。欲望非為外在需要而求解決，而是對源自內之刺激求其解決、求復歸平靜；就算藉幻想或夢仍然。在佛洛伊德中，欲望故是對來自內在刺激去除之行動，非主動有所求。就連快感也實非一種主動欲求，只被動地對刺激之去除、一種求保持原有狀態之行動而已。欲望為主動並求更多，這只欲望在意識下所表象者；若從心靈內在之真實言，欲望實只被動、只求恆定性或不變性。佛洛伊德故實仍沿襲哲學傳統存有其恆定性與不變性這最高狀態，甚至用於對哲學言至為不恆定、可變、偶然之「感受性」這層面上。從佛洛伊德這樣心靈言之人類，故實已處於一被動存在狀態、已是一再無主體主動性之存有；此時自我，只處於內在與外在要求間；其一切矛盾、無力、與不能自主，全根源於此。潛意識內心世界，故為主體不復可能後之存有。

[1] 外在世界與內在世界。

838

如何影響人類生命？精神分析學後設問題，全根源於此（本能問題）。之所以這樣說，因與本能有關之恆定性與快樂原則本身簡單，盡可能去除刺激或使之降至最低程度[1]而已。問題因而全落在本能上。

1915年討論本能問題之〈本能及其變化〉一文開首，佛洛伊德先指出本能之四個方面：其「壓力」、「目的」、「對象」、與「根源」：

1. 「壓力」即本能之作為動力；這力量性動力為本能本質。一切本能作為動力均主動。

2. 本能之「目的」即為尋求滿足、為對來源自本能之刺激與壓力消除。佛洛伊德指出，雖然一切目的均以消除刺激為終極，但其過程可有着不同途徑，甚至也可能達不到這樣終極；換言之，本能之目的可受到抑制。

3. 本能「對象」指的是本能達致其目的時之對象事物。對象在本能四個方面中具有最大變數：可與本能之本質本性無關、可一物同時滿足不同本能、或為某一本能所固着（固執着）、可不是外來事物而是自己身體一部份、可在本能變化中變換。

4. 本能之「根源」指其所由產生之身體部份或器官。對這身體根源之研究，與心理學關係最微。

本能這四個方面，壓力最為本質、目的為一切本能所同一、

---

[1] 這即恆定性原則。快樂原則也只是依從這樣原則在快感與不快感間言而已：刺激之增加為不快感或痛苦、其減少與消滅為快感。

對象往往可變、而根源則與本能作為心理學研究最無關。本能這四個方面，其實都是傳統思想在分析一事物其存有向度時之方面：事物之作為動力、其目的與對象、及其根源。本能因而取代主體而有其向度：作為主動者、作為具有目的性、及作為有其特殊對象與根源。本能雖非意識中事物，然佛洛伊德在對本能作分析時，實把主體身上之範疇用在潛意識本能身上。我們只能說，這仍是一種理論上之設定。使本能具有如以往主體活動之向度，一方面固然把這些本屬主體存有之向度生物化，但另一方面，亦同把這生物性本能以以往主體之能動性及其活動形式解釋。本能因而仍是一種主體性存有，唯在人意識主體性外而已，如是在我內、更有另一作為「他者」之主體（另一「我」）那樣。① 自我與本我之二分，實源於此、源於主體我之「他者」化。內在心靈之心理問題，因而全落在這兩「我」關係之間：作為「他者」之我、與作為自我意識之我兩者間。這具有我性之本能是甚麼？有多少種？

我們都知道，對佛洛伊德言，本能因為二元性故有二②。至於是哪二者，這則在其思想歷程中有着不同指認。由心理現象

---

① 之所以是"內"，因如前指出，由本能而致之刺激無法逃避避免。也由於無法逃避，故它教會生物接受刺激之事實，亦同時造成生物之全部變化。生物之變化與發展、其生命，故全由這內在本能引起，非如傳統思想以為，生命與變化來自外來世界。

② 本能之二元性明顯亦為設定、為最低限度之必須，原因在於：由心理而致之種種矛盾現象，必須由對立解釋；而對立最低限度假設兩者之對立，故本能最低限度有二。

之複雜性，本能問題故極為複雜，佛洛伊德本人也無法作最終結論。因這問題為精神分析學理論核心，故我們盡可能依據理路整理如下。我們所依據為文獻之先後，分以下幾個理論階段；先作簡單說明，然後始對本能理論作整體總結：

一、 1915 年〈本能及其變化〉

佛洛伊德於本文指出，兩種本能一為自我或自我保存本能、另一為性本能。兩者從精神病患引申出。自我或自我保存本能雖非如表面所以為簡單[1]，但有這樣本能亦非奇怪。性本能則較大問題。本能雖屬潛意識事，但其矛盾與衝突則反映在意識世界內。在移情性精神病患[2]中，可觀察到在他們身上性與自我之衝突，因而於此揭示兩種本能之存在。若自我本能是生物必具之自然本能，那從這些病患中則可看到另一同樣原始之本能存在。這同樣原始之性本能是怎樣的？作為本能而非作為意識現象，性透過生殖、為族類延續及保存之本能，故非如自我本能那樣，單純為對自我之保存。從這點言，性本能超越個體之為個體[3]。因性與個體本然對反，故有兩種可能狀態：或個體為根

---

[1] 即作為自我保存之本能而簡明。

[2] 即把內心衝突與感受轉移於對象上之精神病患；非如精神分裂症，為病患自身之精神分裂。

[3] 對個體性之超越，是形上學史重要主題：從理形作為類對個別事物之超越，至尼采酒神精神對日神個體化原則之超越，都為形上學建立其超越性之方向：普遍者對個別者所有之超越性。海德格爾存有與存在者之差異，亦在這樣脈絡下而言。佛洛伊德之性本能，撇開其在人類日常生活之意義

本、性只其滿足之一種；或相反，個體如由一種永恆不朽之原生物質生物所形成，雖獨立地產生然只一暫時與過渡之存在，性作為生物之結合始更根本。在提出這樣對反後，佛洛伊德在本文中再沒有對這對反作進一步討論。但從這樣對反我們可得出下列結論：若從生物本能而非從自我角度言、性為族類延續，那性本能即"生命永恆化"之一種本能傾向。相反，縱然自我本能本亦力圖保存一生物之個體生命，然從對立性欲這生命本能言，自我本能反而呈現為一種死亡本能[①]。但若從自我角度觀，性只一種追尋快感感受或快樂之本能而已、非保存自我生命者。性作為生命與作為快樂、自我作為死亡與作為自我之現實存在性，是這兩本能所有之兩面。我們可以這樣表象其關係：在意識世界或自我意識中，即為性本能與自我或自我保存本能；而在潛意識世界或生物族類角度中，則為生命本能及死亡本能。圖示如下：

| 意識世界 | 性本能 | ← X → | 自我或自我保存本能 |
| 潛意識世界 | 生命本能 | ← X → | 死亡本能 |

換言之，若生物之生命與死亡為其存在終極樣態，那從終極言，生命與死亡本能即為二者之本能化體現、為從本能言之深層或

外，是從生物方面言、唯一具有此形上向度者。性與自我作為本能，故同具形上性質。

① 自我本能怎樣是一死亡本能，這是後來之事。請見下面討論。

本體狀態；相反若從現象表層言，本能之樣態將為性與自我。問題故落在本能之本體性與現象性關係間。本能問題之哲學性，因而不只在性本能所代表之族類普遍性與自我所代表之個體性或主體性這樣對立，更在兩者本體狀態[①]之對立、形變與關連上。這問題，我們將在下面討論。

因本能之一切變化主要從性本能之觀察而得，故〈本能及其變化〉一文以此為主要討論對象。我們總結如下：

性本能雖最終言為族類繁殖性，但在原初階段中，性本能只以求得器官快感為目的，因而隨着不同器官有不同來源，非統一在生殖器上。換言之，性本能本非直接以本能樣態呈現。作為對自身性器官快感而有，性本能原初只依附在自我保存本能上，其對象之選擇，也依據自我之途徑而有。作為提供能量而言，性欲能量可之後貫注在自我身上，形成自戀，也可貫注在種種（與性似無關之）不同對象上，形成昇華作用。從這點言，性欲能量及性本能易於變化。在〈本能及其變化〉一文中，佛洛伊德舉其主要二者：「返轉為其對立面」（die Verkehrung ins Gegenteil），及「返轉於主體自身身上」（die Wendung gegen die eigene Person）。[②] 之所以有這些本能變化，說明本能無法以沒有變更之直接方式呈現。而這亦說明，正由於本能受到其他力量對抗，故始有所形變及變化。

---

① 作為生命與死亡本能。

② 佛洛伊德指出，性本能仍有另外兩種變化：壓抑與昇華。兩者在其他論文已有論述，故沒有在〈本能及其變化〉一文討論。

性本能之「返轉為其對立面」有兩種不同過程：一由主動轉變為被動、另一為內容上之變化（討論見後）。前者有兩形式：施虐狂轉至受虐狂、及窺視癖轉至裸露癖。兩形式都是目的上、由主動至被動之轉化。至於另一種本能變化：「返轉於主體自身身上」，雖從形態言與「返轉為其對立面」不同，然仍與施虐狂轉至受虐狂、及窺視癖轉至裸露癖有關。差別唯在：在「返轉為其對立面」中，轉變的是目的（施虐轉至受虐、窺視轉至被窺視），而在「返轉於主體自身身上」，轉變的則是對象（對象身體轉化為自身身體），目的（施虐與窺視）此時保持不變。若虐待狂明顯對向對象，那窺視癖不同。從窺視癖可見另一更根本階段：自身觀看自身身體，之後始轉化為觀看他人身體。這自身觀看自身身體之早期階段，佛洛伊德稱為「自體愛欲」（Autoerotismus），而這與「自戀」階段（Narzißmus）一致。如是對向對象之性欲，可視為是離棄此早期階段始有。甚至，由主動轉變為被動這最後一階段（裸露癖與受虐狂），因而亦可視為返回早期自戀階段中之對象（自身身體）；此時自戀之"主體"，則由他人（另一自我）代入而已。本能之一切形變，因而可視為環繞自我自戀構造而發生。換言之，性欲本能由對象返回自身（主動至被動）這一轉變，可是由有原初自我自戀階段而可能。而其發生原因，是因自我對自我採取保護或防禦而形成 [1]。性欲之由對象性轉變為自我性，故見自我本能之影響與存在。性欲本能

---

[1] 　對對象之性欲，往往會造成自我本身之危害；為求自我對自身保護或防禦，性欲故轉回自身身上而被動。而此所以可能，因先有自戀階段存在故。

之「矛盾心理」①（Ambivalenz，Gefühlsambivalenz），因而揭示本能之多元性與對立性；此「矛盾心理」一現象所以重要。不過，我們始終不能因有自體愛欲或自戀而無視性欲本能之根本性，以為一切可藉自我本能解釋。縱使有自體愛欲這最初階段，然對象性性欲②始終與這最初階段不同：施虐狂與窺視癖本質仍先在對象、非在根源（自身器官）上；就算窺視癖對象可是自身身體，然始終，此時對象非眼睛這器官本身，故仍為對象性，非必自體愛欲。如是可見，縱使從自體愛欲及自戀得出自我本能之存在，然性欲本能始終無以單純化約為自我本能，性欲仍有其對象性這獨立一面故。

　　至於從內容言之轉化，即愛轉化為恨這一種情況。因愛與恨對象往往同一，愛轉化為恨這一轉變更能揭示「矛盾心理」之存在。愛恨之轉化，故同樣揭示自我本能作為性本能之對立。自戀若是一切性欲本能最初階段，這是說，相反於自我（本我）③之外在世界與對象，對自我（本我）言，是既不相關亦毫無興趣，甚至，若外來對象帶來刺激，對自我（本我）言，這外在世界是其所恨、非其所愛。自我主體與對象或外在世界，作為對立關

---

① 自戀抑他戀、自我性欲抑對象性欲。

② 如施虐狂與窺視癖。

③ 佛洛伊德在〈本能及其變化〉雖只用「自我」一詞，但因是自戀或自體愛欲這最早期，故所言「自我」應作「本我」解。在這階段中，外在世界仍未為自我現實原則之一部份，故此時自我，仍純然依據快樂原則，換言之，此時自我仍本我而已。為免混淆，我們故在「自我」一詞後附上"（本我）"作為區別。佛洛伊德則偶用「自我—主體」（das Ich-Subjekt）作為區分。

係，因而一方構成快樂故是所愛、另一方因代表不快故是恨或毫無興趣。在自體愛欲階段中，自我（本我）本無需外在世界；然始終，自我（本我）必須從外在對象滿足其生存需求、滿足其自我保存，純從這點言，對象故亦可作為快感對象存在，唯必須被自我吞噬而已。從這分析可見，在原初自戀階段中，愛只從自我（本我）本身、而恨則從對象方面言。愛與恨原初非以同一對象為對象、非對同一對象之愛恨變化。唯由於自我保存本能，外在世界與對象始必需呈現；與恨相關之本能，因而實只自我保存本能而已，非性欲本能。恨即自我由於自我保存對外在對象之態度關係。[1] 更正確地言，「愛」是在自我與對象關係中、對象對自我保存言構成其快樂者；如此對象即被愛。相反，若對象構成不快，即為恨[2]。恨與愛指此拒斥與欲吞噬其對象之關係。愛與恨因而只是從自我保存角度言，自我與對象之關係。若更進一步細分，因若是單純從保存言，所用詞應為「喜愛」、「喜歡」、或「感到愜意」，因而用「愛」一詞已表示，此時雙方已為整一體：自我為整一體、對象亦為整一體。換言之，愛雖本於性欲本能，然由為整一體之愛，此時之愛已為從自我保存關係、昇華至性欲愛與恨之關係；已非只生存需求，更是性欲上之快與不快。「愛」作為與對象關係，故是整體自我而非任一本能、亦是性欲性質非只自我保存性質。愛故是本能結合並轉化

---

[1] 不感興趣只恨之一種形態，非根本的。愛與恨始為根本。

[2] 拒斥之強化為毀滅，為破壞本能之本。此所以破壞本能或死亡本能與自我本能有關。

後之結果，既在自我保存本能與對象之間、又是作為性欲關係言。作為性欲本能（自體愛欲期）統一後[1]之結果，愛故是自我在一切本能統一後，以生殖器為主導之對象關係：其本在性欲本能，經由自我保存本能，統一在自我與對象關係上。唯此時對象，因為自我據為己有，故與自戀之性欲本能結合。「恨」相反。「恨」因沒有與性欲結合之可能（與性欲本無關），故恨之對象單純為自我保存本能所拒斥者；換言之，單純為自我保存本能之事，與自我（本我）之性欲無關。「愛與恨」因而是在整體自我這核心下，自體愛欲本能階段與自我保存對象性階段之一種反映與結合。愛與恨因而體現了性欲本能與自我保存本能二者及其對立；表面似只屬前者，然實同時體現了後者[2]。於此可見，「愛」與「恨」各有其獨立根源與發展，愛源於性欲本能、恨則源於自我保存本能；兩者根源非同一。愛與恨這一「矛盾心理」，故是基於性欲本能與自我保存本能兩者本身之對立始有。在自體愛欲時期，愛與恨本結合為一：吞噬對象（愛）與毀滅對象（恨）為同一動作。唯在自我整體形成後，愛與恨始分別開而似為對立：自我（本我）對自身為愛、而自我（本我）對外在世界則為恨。前者單純體現在自體愛欲期之性欲本能中，後者則體現在自我保存本能及其對象中。施虐狂之性欲，因而是自我保存本能其破壞與毀滅性對性欲之控制。愛中有恨這一「矛盾心理」，故或是繼早期自體愛欲愛恨未分而致、或是由自我保存本

---

[1]　藉由自我整體而致之統一。

[2]　恨只單純為自我保存本能之事，與性欲本能無關。

能對對象之否定而致。

心靈狀態除「主體與對象」及「快與不快」外，還有「主動與被動」。此後者於愛中即為「愛與被愛」一關係，其變化與窺視癖或施虐狂中主動被動關係一致，故無需複述。

從性欲現象，故可看到性欲本能與自我保存本能之根本對立。本能之一切變化，由二者對立引起。性欲本能為自我（本我）之原初，而毀滅或破壞性 [1] 則屬自我保存本能。在〈本能及其變化〉一階段中，本能之二元對立，故落在性欲與自我保存這自我（本我）與對象關係上。

二、 1920 年《超越快樂原則》第六章

本章主要由兩部份構成：前半部份探討生命與死亡之種種辯証關係，後半則對本能理論作一總結，說明其演變過程。

在前半部份中，死亡與生命有以下種種圖像或解釋可能：1. 生物體之結合部份（軀體）可會死亡（自然死亡），其生殖細胞則不死不朽。[2] 換言之，單細胞生物沒有死亡，死亡只見於多細胞之複合生物上。對多細胞生物言死亡固然自然而內在，但對單細胞生物言，死亡並非絕對必然。生命之不朽因而是大地上原初狀態，死亡只對高等生物言。這一觀法無助解釋死亡本能之根本性。2. Goette 之理論並不視死亡為軀體（屍體）之事，而是把死亡界定為「個體發展之終結」，如是而原生動物

---

[1] 　後來之死亡本能。

[2] 　Weismann 理論。

（Protozoen）也會死。死亡為原生動物本有時刻，唯在繁衍時因生命延展至新個體，故被掩蓋而已。3. Woodruff實驗証明，單細胞生物之繁衍在新鮮水液中不會死亡。其實驗追縱至3029代繁衍。4. Maupas與Calkins則發現，除非有新生命補給，否則原生動物仍同樣會由衰老而死亡。這結論與Weismann理論正相矛盾。

對以上理論，佛洛伊德總結為兩點：1. 若兩微生物在其衰老前結合，它們將得到再生力量。這由結合而致之再生力，可用具有刺激作用之物品替代，甚至可從更換營養液而致。換言之，生命確與新刺激有關。2. 微生物若沒有新環境，仍會自然死亡，即死於其自身散發在周圍之新陳代謝廢物中。然他物之新陳代謝廢物，仍能引至生命。故生物只死於其自身內。死亡因由於內在，故死亡本能可是原始的。

在後半部份中，佛洛伊德對本能理論之演變作回顧，這些理論階段如下[①]：1. 性本能對向對象，自我本能則為保存個體自身。兩本能除一者為性欲能量外，二者主要差異為一者對象性、另一者自我性。2. 自我（本我）是性欲能量（libido）之原始儲藏庫，這能量首先以自我為對象，其後始轉向外在對象。作為自戀能量故從一開始便等同自我保存本能，因而自我本能與性本能之對立似不成立：自我本能有性欲能量部份，而性本能也作用在自我身上、非純然在（外在）對象。縱使二本能未必對立排斥，

[①] 對佛洛伊德言，無論本能其為二為何，始終是二元並對立。這裡所言演變，因而為二本能之所是、及它們間關係之演變。

然在移情性神經症病患中，其病因確由性欲能量貫注在對象與貫注在自我這一衝突引起。在此第二階段中，對立故再非在自我本能與性本能兩者間，而是轉化為自我本能（Ichtriebe）與對象本能（Objekttrieben）間之對立，兩者均性欲性質。3. 若如前階段所言，自我本能亦是性欲性質，那是否有非性欲性質之本能存在？本來，自我本能即死亡本能、而性本能即生命本能（這即第一階段結論），然由自我本能亦性欲性質一結論（即第二階段結論），自我與性本能間再不構成對立，本能之二元對立故應由生命與死亡二本能取代，二者再非自我與性本能。在自我（本我）中，除性本能外，因而可能有其他本能（死亡本能）同時作用。本能之對立，在這階段中，故落在性欲本能[1]與死亡或破壞本能這對立上，後者同樣存在於自我（本我）身上。這一對立，佛洛伊德最終稱為生命本能（或愛欲本能 Erôs）與死亡本能。二者關係可從「虐待」一本能傾向見。

因「虐待」為對對象之傷害，應源於死亡本能，故從虐待現象，可見死亡本能之存在。有關虐待，其解釋有二，一以死亡本能（虐待）順承性欲本能轉向對象身上、另一以性欲本能順承死亡本能之轉向對象而具有對象性格：1. 死亡本能本針對自我，然由自戀這一性欲能量，死亡本能順承自我愛欲之轉向對象而轉移於對象身上，形成虐待（性虐待）。死亡本能故藉由與性欲本能結合始有由自我轉移至對象之可能。2. 在原初性欲本能狀態中（如口腔期性欲），對對象之愛欲與對對象之破壞因為同一

---

① 而這包含自我本能與對象本能。

動作，故愛欲同具虐待性；然後來，由於死亡本能不再能對自我有所傷害，故死亡本能被迫轉移向外，亦連帶把性欲本能轉向對象，成就性欲本能之對象性格。甚至，由虐待性與愛欲本能分離開，愛欲得以成為單純生殖這最終功能與階段。故連性欲之轉向對象，也是由死亡本能所致。這兩種對虐待之解釋，前者以死亡本能（虐待）順承性欲本能轉向對象，後者則以性欲本能順承死亡本能而轉向對象。於性欲中而虐待，前者非本然、後者始本然（性欲反而依附其上）。①

這從虐待傾向對死亡本能作解釋，同樣也可從受虐傾向（masochism）解釋。受虐只是虐待由對象轉向自我本身而已。也因死亡本能本是對向自我自身，之後始轉向對象而成虐待，故受虐這一傾向，可視為一由虐待退回原初死亡本能狀態，差別唯在：原本是自我主動地對向自身，今則為對象對自我之施虐（單純受虐），二者動力均出於死亡本能。②

若從虐待或受虐傾向可窺見死亡本能之根本性，那生命本能又是甚麼？死亡本能與生命本能最終關係何在？生命本能、生命、性欲、愛欲若共同地從與對象結合而有，那麼，所謂生命，實即新刺激之引入與發生。③而若生物之主要生命歷程為對

---

① 就算不從虐待行為解釋，死亡本能與愛欲本能關係亦可見於「愛恨」這一矛盾心理狀態。故無論怎樣，死亡本能與愛欲本能始終關連著。

② 佛洛伊德於此甚至提及一「原初受虐」狀態之可能，換言之，受虐傾向並非只是虐待傾向退行後之結果，而是在虐待傾向前之一種原初狀態。若如是，那死亡本能無論如何都本然對向自我本身。

③ 生物死於其內在（見前），生物之內在本能故應是死亡本能。生命本能相

一切刺激之去除，那生物之歷程基本上為（趨向）死亡。這樣歷程，即「涅槃原則」（das Nirwanaprinzip），而這與快樂原則實一致。若死亡本能於生物歷程為根本，那麼，與死亡本能相反之愛欲或性欲本能，其於生物生命歷程中之解釋，應如《超越快樂原則》第六章最終所指出；對性欲原則，只能如下思辨：或這於生物只偶然發生、為物競天擇保留下來（死亡本能始生物根本）；或若本是生物必然部份，則只能如柏拉圖《會飲篇》神話所言，人本與其性欲對象一體結合着，只後來被分割開而已。愛欲本能因而仍如死亡本能一樣，為回歸或退行回一原初結合狀態。如是而一切本能之性格，始終為回歸性或退行性質。以這方式解釋退行，始能納愛欲本能為根本性。

三、1923 年《自我與本我》第四章

愛欲本能包括性本能及自我保存本能，後者本與「對象性之性本能」對反；死亡本能則由虐待狂（sadism）見。兩種本能（愛欲與死亡本能）都為保存性質：愛欲本能保存生命、死亡本能則保存生命誕生前之死亡（無生命）狀態。生命故同是朝向生命及朝向死亡之過程。生與死如是為生命本身之內在衝突與和解。在單細胞至多細胞聯結過程中，愛欲本能抑制死亡本能、並使死亡本能轉向外而為破壞本能。兩本能之融合使本能原有之危害性以減弱之形態呈現，如虐待即為在愛欲本能轉

反，是從與其他生物之結合而言。由結合所帶來刺激，即生命或生機。

化下、破壞本能之能量發泄[1]。一般而言，性欲能量（libido）之退行（regression），如由生殖器時期退回施虐肛欲期，為性欲本能之退回死亡本能狀態；而生殖器時期則為性欲本能之昇進，為達致性或生命聯結這樣功能。本能融合往往形成矛盾心理（Ambivalenz），為本能未完全融合所產生矛盾之反映。

能否把性欲與死亡本能視為有着同一根源，如愛恨相互轉化現象所啟示？[2] 愛與恨表面之轉化固然不代表其背後來自同一"本能"根源，然兩者背後確可出自同一能量，唯此時能量為可轉移能量而已。性欲能量（libido）由於較死亡本能能量更易於轉移，故應以性欲能量為根源，唯此時性欲能量應從廣義、非從性活動此狹義能量言。這能量仍從屬快樂原則、並作為促進種種能量之釋放而存在。如"本我"之性欲能量貫注那樣，對象往往非必固定或唯一；能量途徑與對象能有所固定或特殊考慮，是在自我後之事、與本我無關。而從自我方面言時，性欲能量又可藉昇華而再與狹義之性欲無關，成為一種（更高）聯結與統一力量、為昇華了的能量。自我挪用這能量時，把在本我中能量之性欲貫注，轉移貫注在自我本身身上[3]，既遠去性欲原初之對象性質、亦從而遠去性欲一目的；如是自我把這性欲能量，作為對抗來自本我本身之性欲本能與衝動。這在自我中昇華了

---

[1] 虐待較破壞為輕。

[2] 愛往往伴隨著恨、恨亦往往為愛之前驅；甚至，愛往往轉化為恨而恨亦往往轉化為愛。

[3] 這即自戀（Narzißmus）。自戀是從對象之性欲收轉回來貫注在自身身上時之結果。

的能量，因而可服務與性欲本能相反之其他本我本能[①]。佛洛伊德作結論說：若非由於虐待狂與《超越快樂原則》一書有關死亡本能之說明，那之前（前期）分析使我們只看到並以為：本能能量都只性欲能量而已，因而是難於作出有兩種本能存在這樣判斷：死亡本能始終緘默，生命之一切都似與性欲能量有關而已。[②]佛洛伊德進一步結論說：若快樂原則力圖去除刺激返回平靜狀態，而愛欲（Erôs）則求提昇生命能量與刺激，那最終而言，性欲所對立者即為快樂原則，後者與死亡本能原始地一致。從性欲本能角度言，生命為由種種刺激之提昇（生命力）而致；然從快樂原則角度，生命則為回歸死亡之平靜；反映在性欲中，即為盡快把一切性欲物質排泄掉：性欲物質排泄後所有滿足，實如死亡狀態；從這點言，性欲滿足所帶來快感，因而仍＝死亡。此所以死亡本能可能更為根本或原始。

四、 1938年《精神分析綱要》第二章

對"本我"言，生命之目的在滿足其內在需要，非為保存生命；生命保存是自我之事，與本我無關。自我故一方面力圖保有生命，但另一方面又盡可能滿足本我之需要。本我所產生之需求，即本能。本能基本上雖為保存性，然非必對生命保

---

① 佛洛伊德雖沒有明言是哪些本能，但明顯可猜想到，這應指死亡本能。而在這裡可再次看到，自我與死亡本能之關連。

② 因而連死亡本能之轉向外在世界而破壞，也可是由性欲能量之本然向外貫注所造成。

存、只求為原初狀態之保存而已。雖如此，本能仍可變更其對象，也可使其能量轉移至其他本能，形成本能間之替代。本能主要有兩類：愛欲本能及死亡本能。前者包括自我保存與族類保存，換言之，包括自戀（l'amour du moi）與他戀（l'amour d'objet）。在原初狀態時，愛欲與死亡本能能量同時並存於本我中，因而愛欲本能中和了死亡本能能量並暫時保存本我之生命。這是為何此時死亡本能之存在難於察覺；唯當死亡本能轉向外在事物而呈現破壞性時，我們始察知其存在。死亡本能之轉向外物，是個體自身保存之必要條件。如超我過於強大時，死亡本能只能對向自身、自我毀滅。自我最終之毀滅，是由死亡本能一部份能量始終貫注在自我身上，形成個體死於其自身內，故與族類死亡不同，後者只由外在原因致死（被毀滅）。與此相反亦相似，愛欲本能能量（libido）本亦只貫注在自我中，形成自戀之根本性；然愛欲本能能量之後貫注在對象上，甚至由完全貫注使對象（所愛者）等同自身，形成愛之無私狀態甚至犧牲。

以上為佛洛伊德對本能理論四個時期所言內容之簡述。

本能理論之形上意義

佛洛伊德本能理論，是精神分析學對心靈理論之核心。這一分析首次揭示心靈非理性狀態，亦為心靈其非理性意義之說

明。心靈之非理性，非從刻意對立理性而言[1]，而是單純就"生物本能"本身之必然性、對傳統心靈理性、自覺性、及自主性之超越言。

從現象表面言，生物本能都與生存有關。這與生存有關之本能無論多少，佛洛伊德都統歸為自我或自我保存本能。自我之依從現實原則，是從這點言。然必須注意，生物生存本能在傳統中正與心靈自我對反，故非如佛洛伊德，以生存本能全歸屬自我。原因在於，佛洛伊德因只切入心靈，故把哲學觀法中世界現實與人心靈（主體自我）這兩面，全收攝於自我或自我保存本能下，以自我保存本能涵攝存在之一切現實性，甚至其所有理性[2]。不過，仍稱這自我保存為本能，表明佛洛伊德把自我與其現實理性視為一種人自身無法否定與左右、人作為生物時之根本事實。換言之，人生存上之現實性，非自主地理性、只本能而已。從思想觀點言，佛洛伊德這從自我及自我保存觀存在可被接受。因從人作為生物生存言，其全部生存本能確可視為基於自我、基於傳統主體這樣存有觀法。[3] 但對佛洛伊德言，

---

[1] 刻意對立理性之非理性，如越度與耗費，首見於後來巴塔耶。

[2] 如是而現實既從切實性言為理性、亦從自我保存為死亡本能言為非理性：現實理性故實非理性而已。

[3] 於此我們可借佛洛伊德作一總結說：相對佛洛伊德，傳統只從現實現象對「性本惡」作現象歸納或假設，未有如佛洛伊德那樣更深入人心靈探究其實。故從佛洛伊德反而可看到：縱使發現人類心靈確有死亡本能為一切破壞性、現實對立或敵對性、簡言之，"惡"之本，然所得結論也只能是：這一切唯與自我（本能）有關而已，非能從人類其人性言。自我其否定或負面性，因為"本能"故近似人性（本性），為一般所誤以為"人性"惡之

問題更是：在這統一一切現實理性之自我本能及其世界外，是否仍有其他本能？若有，這樣本能必然超越現實及其理性，因而具有超越之形上向度。在人作為生物中，甚麼既體現超越性又作為本能而呈現？佛洛伊德之回答是：性欲本能。

性欲非首先作為生物繁殖功能而言，其原因有三：1. 作為繁殖言之性欲，只性欲統一在性生殖器後之事，然如佛洛伊德指出，性欲更先作為身體器官快感而有，是自體愛欲之一種性欲體現，非獨作為生殖功能而言。2. 言性欲時，是特別關注其快感感受，非其生殖目的。3. 性欲可體現在虐待與窺視等與繁殖無關之活動或行為上，而這與生物其整體存有一致，非限定在生存中特殊活動或功能上。

性在一般生物中雖似純然為繁衍之事，然在人類中，性欲非必與生育有關，甚至往往悖離生育目的與形式而體現。這超乎生殖意義之性欲，不應以（人類）理性為更高發展作解釋；因在現實理性下，反而沒有多於生殖功能意義言之性欲。性欲非但沒有體現心靈高度與理性性質，反而對立後者；因而從人這高等生物之性欲形態，更可見性欲原初樣貌、見性欲作為性欲、非作為生存或保存時這一本質。這始應是性欲原本的，如自體

原因；然實只人作為"生物"、甚至作為"自我"（非作為人）、並在生存保存（現實）下所有本能傾向而已，非人單純對向人時之人性。佛洛伊德因自始至終只從生物向度反思人類心靈，故無能在如此反思外、重新考察人性之意義與真實。但無論如何，縱使如佛洛伊德探入心理本能，所得仍只是："惡"之本能實也只「自我」及其保存之事、非人性感受自覺之事。此佛洛伊德無意中貢獻。

愛欲較性生殖器性欲更為原出那樣。若性欲這非生殖部份更是根本、原出，那於人作為生物中，可說為正是那體現超越其現實理性本能（自我保存本能）者。性欲作為生物本能，存有地言，有着超越理性現實性這深遠意義。若人類活動可全歸納在現實理性這範圍內，那在人類（作為生物時）根本活動中，唯性欲唯一超越現實理性範圍、超越個體生存及自我保存，為人類作為生物時唯一之超越活動。這是性欲在哲學理性傳統下，一直被視為非理性及為一切非理性行為源頭之原因。我們故可說，佛洛伊德正以此二本能作為在存在中，生物本能其現實性與超越性之根源、及其在現象中之體現。

　　從甚麼意義言性欲為超越性？明顯非從傳統哲學意思言。傳統哲學之超越性，或為確立世界物質事物其真理地位、或為確立自我在存在中之支配性與獨立性，都最終為對現實有所肯定。其模式更由於事物本身：如物自身與本質實體仍從事物現象而得，而神亦只類同人類生命。若馬克思指出人類經濟多麼背離人類生存理性、多麼不以生存之善為前提，那佛洛伊德更指出，人類本身之真實，本多麼背離現實性。非只從踰越社會道德規範、或透過性欲所體現權力與金錢言超越。性欲之超越性，更由自體愛欲而顯。自體愛欲非相關於現實原則下之自我，而是反身於自身器官快感、及對外在施虐與窺視，都同為對外在性之超越：或反身於內在快感、或對外在破壞與挑戰、甚或如窺視癖那樣，玩弄着內外分界及從窺視而變得內在；性欲之超越性，都從超越外在性言。性欲表面對他人身體之興趣，實只為求超越對方作為外在者而已。非如主奴在現實中求超越他

人，而是求為內在一體、一種去個體性而一體。本我之內在性從這點言，為生物心靈原始之存有樣貌。

透過性欲揭示之內在存有是怎樣的？性作為族類延續指的並非個體之延續；作為超越個體，如此狀態故先於任何主客或內外判分。性欲之內在性，所指即此無判分之存有狀態。作為生命本能言時，生命故本有兩種樣態：無判分之生命原始樣態、及判分後之生命樣態。若後者為個體保存，前者則單純為一種生命感。生命感與生命保存因而相反。生命感是自我超越與喪失，非使自我強化之保存。縱使似為個體之欲望與樂趣，然從根本言時，性欲是在個體現象中超越個體及復返一純然內在存有狀態與感受者。這樣本能，因而注定與自我保存本能矛盾與衝突。精神病並非單純來自外來現實壓力，更先來源自這內在性欲求。

若性欲能量（libido）即為生命力，那自我保存本能是無其自身另外能量的。性欲能量之貫注，只在身體作為部份（器官）上；貫注若在自我整體或在外物，將為個體性。本我故只能以此方式得其滿足，一旦與對象現實有關，本我只會與現實個體矛盾；如是矛盾，即性欲本能之形變（見〈本能及其變化〉一文）。〈本能及其變化〉一文所言之「返轉為其對立面」及「返轉於主體自身身上」這兩種機制，使對象世界整體"性欲化"。如在受虐與裸露中，雖所涉只為自身身體，然這樣被動性涵蘊世界作為對方對自己之全面性欲；世界因而在性欲關係上、全面主動化。被動之我，因而仍是自體性欲的。

若愛本於內在性，恨相反，其所標示為外在性：能內化者

為愛、不能者為恨。恨非由於對象，由只能為外在而已。快與不快同樣與對象本身無關，唯是否能達成內在而已。愛與恨故為心靈與外在世界之存有感受。縱使發生在自我形成後，愛與恨所言始終為本我之內與外、始終根植於自體愛欲。

恨非愛之反面：非得其對象為愛、不得其對象為恨。若明白內與外非從同一自我個體之內與外言，而是：唯本我始為內、自我則已為外，那唯性欲一體狀態始為內、為愛，一旦為自我與對象關係，如在保存關係中，即已為外、為恨；自我保存狀態之基調為恨故。愛與恨故為兩本能之情愫，本我不知恨、而自我亦無愛之可能。愛必然性欲性質，而自我與對象間一切關係必為恨。現實世界因而以恨為基本；愛則非屬現實世界，其本質超越現實與自我。[1] 由愛轉變為恨，這實非同一之我[2]、非基於同一本能。從愛恨故見本能之複雜性，亦見愛恨之非屬同一世界。性欲既解決不了現實問題，而在現實中亦無愛之可能。

自我對現實世界恨之關係[3]，使本單純以愛方式呈現之性欲，體現為施虐與窺視這些變態現象[4]。施虐與窺視本非單純性欲或自體愛欲方式，只以性欲呈現之自我與現實世界恨之關係而已。而在這些變形中，我們可看到性欲本能與自我保存本能之結合。若施虐與窺視為以性欲本能方式呈現之自我本能，那

---

[1] 「愛你的鄰人」這一理想，若非性欲，對佛洛伊德言因而不可能。

[2] 愛時本我、恨時自我。

[3] 自我對現實世界恨之關係，亦可以「不感興趣」樣態呈現。

[4] 施虐是恨的表現不用多說。窺視所以亦為恨，因若有所愛，是無需以窺視方式接近對方；窺視始終存在著敵意。

以自我現實本能方式呈現之性欲本能，即昇華，為種種在現實世界中，如藝術等超越現實價值之創造。始終，一切與生命感有關之事物，都與現實或自我保存無關，均本於性欲而已。

從以上分析可見，現實世界恨一本質，是從世界關連於性欲能量始有。"愛恨"作為存在根本模態，是以性欲為能量而言；而這是從生物及其本能之觀法而有。世界存有故只由本能化始以愛恨為其根本模態。此佛洛伊德對人類作為情感存有者之解釋。這時所謂情感，全收攝在本能性愛恨、及快樂痛苦感受下。情感故只以自我個體為基礎[1]，非以人性為基礎。若痛苦與快樂始終被動，愛恨則不同。愛恨在傳統思想中都立足在人主體身上：人主動地愛、主動地恨。佛洛伊德証明相反：愛恨若為本能性，人類一切情感，都實只被動：一方面愛只根源於性欲，而另一方面恨亦同然根源於自我，為自我及自我保存本能之模態。愛與恨故非由於對象之所是、亦非人類自決：故或只能愛而超越現實、或若現實則只能無愛。

佛洛伊德非只去認知之主體性[2]，更去情感之主體性；人類中一切，全還原為生物本能。現實存有只恨，愛只源於性欲之超越性。本能這存有二分狀態，為佛洛伊德之存有論：本能愛恨之存有論。若人類世界確只為自我世界，如此結論也可必然。

---

[1] 這裡所言為一般義之自我，即「自我」與「人性」這人兩種基本樣態中之自我，非與本我對反之自我。我們欲指出的是，本我其實仍只是從這樣「自我」角度、非從人性言。

[2] 見前對〈否定〉一文之分析。

此時，虐待與殘殺都是人類自我恨之現實，而本我對現實之超越，其愛也只性欲性質而已。然若人類非只自我更可是人性，佛洛伊德結論將不為真實。問題關鍵因而唯在：人是否只一生物存有、抑更是人性之人。若人所有只自我而非人性，作為自我意識之"生物"，其生物性自然落在潛意識本我上。此時，物類繁衍之性欲，自然為本我能量姿態：若非從性欲，生物便再無其超越現實之可能，餘下只生存中自我保存而已，如佛洛伊德所分析。正因西方唯從自我觀人，無視於人性，故致佛洛伊德分析為正確，而其結果是嚴重的……。

以上為佛洛伊德本能之存有論。我們再次總結如下：自我（本我）本是性欲能量之原始儲藏庫，這能量先以自我（本我）為對象，因而或是自體愛欲、或在自我[1]形成後，為自戀。性欲能量之後順承自我而對象化。性欲之對象化，由自我本能、非性欲本能本身達致。同樣，性欲能量亦隨自我保存對對象之敵意轉化為施虐與窺視，如是故採納了自我面向世界對象時之敵意態度（恨）[2]。性欲因而透過自我轉化為愛恨。這樣解釋說明何以性欲為對象性並延伸至現實世界，亦解釋何以對立性欲之自我有性欲化之一面。性欲與自我本能因而交錯矛盾：自體愛欲（內在）之性欲對象化為愛、對向對象（外在世界）之自我其保存又純然自我性。由這樣辯証，更見在性欲與自我外，自我與對象這一對立亦為根本，此亦佛洛伊德把本能區分為自我本能與對象

---

① 在現實中之自我個體。
② 敵意為自我保存對世界對象之態度。

本能之原因。此時，性欲能量透過自我進行貫注，或在自我身上（自戀）、或在對象身上（愛欲）、或順承自我保存態度而施虐窺視、甚或反身於己而成受虐與裸露。因一切貫注都以性欲為能量，故關鍵非在自我與性欲之對反，而在自我與對象之差異。性欲雖本源，然自我與對象始其體現。最低限度，自我對世界之恨或敵意這一基調，不能單就性欲而解釋，這解釋只能透過自我保存本身；本我之性欲愛而不恨、恨或破壞性只根源於自我必須對向（對反）現實而求保存。此實亦自我作為獨立本能時之本質。對自我本能其毀滅性作進一步探尋，是佛洛伊德晚期之事；我們透過《超越快樂原則》一書對這問題作一解說。

死亡（生命）之存有論

佛洛伊德性欲存有固然在思想史中首創，但對傳統或一般思想言，世界首先是自我與對象這一現象，而自我本身於佛洛伊德亦在性欲本能外獨立。自我與世界恨這一關係，於佛洛伊德，因而為世界存有之問題。

若不相對性欲內在性而言自我本能，那恨之現象怎樣解釋？佛洛伊德在《超越快樂原則》中，朝死亡或破壞本能這方向解釋。因相對死亡本能這樣概念，性欲本能故改稱為生命本能。兩時期中（從〈本能及其變化〉至《超越快樂原則》），前者故以性欲本能為本（自我本能只相對地言），後者則以死亡本能為主（生命本能只相對死亡本能言）。兩時期之本能理論，焦點明顯

轉移。以死亡本能言自我，非名詞改變而已，更有着重大理論變動。

更嚴重的是：若自我本能基調植根於死亡或破壞本能，這死亡本能是否有獨立能量與貫注？若沒有而仍援用性欲能量，那這與性欲本能（生命本能）對立之死亡本能，又是甚麼？其運作怎樣？

在討論前，須先指出一點：《超越快樂原則》對死亡本能之確認，是透過「強迫性重複動作」（Wiederholungszwang）一現象達致。強迫性重複動作是一深層現象，非死亡（本能）本身直接之意思。死亡本能直接意思，反應從虐待、破壞等方面確認；佛洛伊德立死亡為本能，當初也是從虐待這類負面行為而有。但問題是，當他發現死亡本能之本質在「強迫性重複動作」時，死亡之意思已由單純負面行為轉移至強迫性重複動作上，而強迫性重複動作本身沒有"死亡"這意思。換言之，佛洛伊德必須同時面對「死亡」意義上之轉變。若死亡及其本能由強迫性重複動作揭示，這表示：死亡及其本能非單一現象，有着深層與表層之差距，而強迫性重複動作正為死亡之"深層意思"。又因死亡這深層意思（強迫性重複動作）本身毫無性欲意涵，故死亡與性欲本能之二元性更形困難。以往是在性欲本能基礎上安立自我本能，今須反過來在死亡本能基礎上安立性欲或生命。在佛洛伊德後期中，死亡是本、生命只在死亡基礎上發生之現象而已。但怎樣協調二者、怎樣使生命與死亡本能運作達成一致？這些都非容易問題。

對佛洛伊德言，問題更先是：如何確定死亡本能之存在甚

至根本性？又：為何不單純接受自我因自我保存而對外在對象敵意這一解釋，而須另立死亡本能？從這樣提問可見，佛洛伊德並非只求為對負面行為（如虐待及破壞性）解釋，而更試圖離開性欲與自我這兩狹窄範圍，對生命死亡這更根本問題進行探索。若性欲也只從屬於生命、而自我恨之態度只從屬死亡，那此時甚麼是生命與死亡？性欲及自我與這生命死亡有怎樣關係？又：因對生物言，生命死亡實較性欲與自我更為根本，若生命必為生物之本能，那相應自我之死亡，是否同亦為本能？生物是否亦有死之本能？若有，死亡又與生物之生命（本能）有何關係？以上這些問題，是《超越快樂原則》一書所進行之思索。

這些問題，若相對哲學價值觀提問，亦可見其根本性：為對反現實及對象世界，佛洛伊德提出更根本之性欲內在世界，以此超越一切外在性與對象對立性，並使我們清楚看到，自我保存之世界，都只自我性及因而分裂、分離。這樣結論雖動搖哲學價值觀，但始終有着不足之處：就算性欲純然正面，始終，現實仍是現實，是一種不可磨滅之真實。就算其本質為恨，我們也只能無奈地接受，無能對如此世界基礎有所動搖。因而，面對存在，除性欲與自我外，有否更顛覆性之本能？從這點言，生命死亡明顯較性欲與自我更具深層意義。若現實世界是死亡性格的話，這樣結論，與言現實世界只以恨為樣態，其差異更大。對生物言，生命價值必然高於一切。然若這樣價值與死亡有關甚或一致，這一結論始真有所顛覆，一切再無以立故。轉向生命與死亡這組本能概念，可見佛洛伊德晚期思想之深邃。

再一次，佛洛伊德有關生命與死亡實驗之結論是：1. 若兩微生物在其衰老前結合，它們將得到再生力。這由結合而致之再生力，可用具有刺激作用之物品替代，甚至可從更換營養液而致。因而，生命確與新刺激有關。2. 微生物若無新環境，仍會自然死亡，即死於其自身散發在周圍之新陳代謝廢物中。然他物之新陳代謝廢物，仍能引至生命。故生物只死於其自身內。死亡因由於內在，故死亡本能可是原始的。

愛欲（Erôs）本能並非再如性欲本能那樣，從自體愛欲強調本我之內在性，而是單純從結合言。結合當然仍是一種對對方之超越，但所強調的，是新刺激之引入所形成再生力這一點。縱然在單細胞生物中，仍可洞見這現象，非必與高等生物之繁殖、或與性欲有關；性欲也只是這樣生命結合時之一種形態而已。不過，佛洛伊德並非為証成生命本能始如是說，他欲証明的，反而是死亡本能而非生命本能之根本性。從微生物死於其自身環境因而死於自身內，這反而說明了一切內在性只會引致死亡而已；因而從這樣觀點，若性欲是從內在性（自體愛欲）而非從與對象結合這一角度而觀的話，性欲是一種死亡傾向，非如對象性之愛欲那樣，為生命性格。從生命這樣價值而觀，對象性愛欲更為根本，非如性欲立場以為，自體愛欲始根本。但若撇開價值不談，死亡本能事實之根本性，反而肯定自體愛欲義之性欲：自體愛欲這樣性欲，縱使表面為快感，然因其內在性，故為死亡性質。不只自體愛欲如此，表面上是"保存"性質之自我本能，也同樣因保存之內在性而為死亡性質。一切生物若只是作為自身，如人之作為自我與主體時那樣，若不放棄自身而與對方結

合，只會引致死亡而已。傳統哲學之最高理想，這從「物」而來之「在其自身」典範，只死亡而已；物是沒有生命的。

佛洛伊德對傳統哲學自我之肯定所給予回答：死亡為自我深層之本能傾向，這點確實驚訝。若生命所指是生物走離自身與他者結合，從生物必是一"自身"這方面言，死亡對生物言既必然亦根本。然請注意，這裡討論的是死亡本能而非只死亡、非只說一切生物終必有一死這傳統說法，而是：生物之一切活動與傾向、其一切行為之目的與軌跡，若非走離自身而與他者結合，都只趨向死亡。這始是死亡本能真正意義。生物其一切自我性均是死亡性質。死亡本能因而非只一事（死亡），而及生物全部存有，若這非從與他者結合而言。自體愛欲如同自我保存那樣，因而也是死亡本能之一種結果，都只死亡性質。生物在其自身存有是死亡性質的，這是佛洛伊德對主體自我之回答。

若生物其自身存有均死亡性質，而死亡又非單純終結，那作為本能動力或傾向之死亡是甚麼？佛洛伊德之回答簡單：從本能言之死亡，即強迫性重複動作。甚麼意思？假若我們把死亡非視為結束而是一種動力或傾向，這時之死亡，應從對比生命作為動力言。若生命為不斷新生（創新）之力量，那作為動力之死亡應正好相反：雖仍是動力，但只不斷或不停重複這樣一種動力而已。不斷重複性與新生創新相反亦對立。死亡本能若有其主動意義，也只能從這重複性言，別此無他。

死亡本能因而只一種強迫性重複動作。這時重複性應有兩種形態：一為動作義之不斷重複、另一為返回原初狀態之傾向與動力；二者都從動力、非從終結言。如破壞，這即從回歸原

初狀態而言之死亡本能，為使某物回歸其原初狀態之行動。若如是，那甚麼事物是死亡本能性質？自體愛欲、自戀、自我等等明顯都是死亡本能性質，甚至，生物之最高原則——快樂原則，也是死亡本能性質，因它以使外來刺激盡可能降至最低為原則。[①] 如是而快樂作為一種生命力，實只假象而已：追求快樂只是一種死亡本能，非生命本能。[②] 這樣原則，佛洛伊德稱為「涅槃原則」（das Nirwanaprinzip）。

　　若不從思想而直接從現象，死亡本能這強迫性重複動作有怎樣的體現？這問題即《超越快樂原則》一書第二及第三章所處理。[③] 這兩章表面無結構關連，然實是強迫性重複動作（死亡本能）對向外在（他人）及對向自身這兩面。對向自身一面因自身為一故分析必然。但對向他人則不同，他人關係多而非一，故佛

[①] 這問題我們在下面將再作討論。由於死亡本能本應超越快樂原則，故不應為同一原則。但佛洛伊德確有把快樂原則與死亡本能結合或關連起來之意思，故這裡所涉及之種種問題，只能在述說完死亡是甚麼後，始能再作討論。

[②] 這結論與尼采結論好像一致：痛苦與面對悲劇始是生命力之表現，追求快樂與幸福非是。

[③] 《超越快樂原則》一書分七章，主題結構如下：
第一章　引言：由現實原則或壓抑等造成之不愉快，非必然超越快樂原則
第二章　強迫性重複動作一：Fort-da（兒童遊戲）
第三章　強迫性重複動作二：移情性神經症
第四章　心靈之模型：生物有機體之新模型
第五章　本能與強迫性重複動作：本能之保守性質及其向死亡之回歸
第六章　種種有關死亡之理論，及佛洛伊德之死亡本能
第七章　總結：快樂原則與死亡本能之關係

洛伊德選擇關係中最嚴厲情況：母子這至為緊密、親近的關係。這一關係最是愛之體現，似最不能有欲求他者死亡這樣動力。第二章目的因而非主在遊戲，在母子關係所體現死亡本能而已。因所涉為一歲半小童對母親死亡之本能性欲求，故此時死亡本能自然而原始，非受教育與環境影響。

在討論 Fort-da 遊戲前，佛洛伊德先指出：創傷性神經症患者之夢，往往不斷重現創傷時悲痛之事件與體驗；佛洛伊德藉此以見，心靈機制實是超越快樂原則，故始有對痛苦重複這樣傾向。所以舉創傷性神經症患者為例[①]，因佛洛伊德非欲以此証明死亡本能之存在，而是為指出：對"痛苦"之強迫性重複動作，即為對"快樂"原則之超越，因而同是死亡本能之揭示。之所以不能藉此証明死亡為本能，因這樣痛苦經驗外來，故不能視為自內而發（本能）。佛洛伊德甚至似自身反駁說，與其說超越，不如說在這些病患中，夢之機制已受到破壞或損傷，非夢正常功能運作。

之後，佛洛伊德便進入 Fort-da 遊戲之論述。而這次，兒子對母親之拒斥，是主動而非如創傷性神經症病患那樣純然被動。由這樣主動性，始可被視為是本能性質。

第二章中一歲半兒童遊戲有以下特點：

1. 其遊戲是一重複性動作活動。
2. 遊戲為小孩自身發明。

[①] 這一事例為對向自身而非對向他人，本屬第三章而非第二章之事。

3. 因只歲半，小孩智力仍未發展，故一切都出於本性本能。

4. 小孩與其父母無絲毫不良關係。

5. 小孩被周圍成年人視為乖小孩，毫無任性或不聽從命令。

6. 小孩由母親撫養，與母親情感親密，對母親毫無敵意。

7. 遊戲內容對小孩言帶有快感與滿足感。

　　"Fort" 為德語之「去了」，"da" 則是「在此」。遊戲因而是「消失與重現」之不斷重複。佛洛伊德指出，遊戲上演母親之離去，而這對小孩言，是一痛苦或不愉快體驗。但若小孩創造了這樣遊戲，這代表，他實本能地試圖拒絕自身所欲求之單純快樂滿足，因而可能為死亡本能之呈現，超越快樂原則故。若非如此，那遊戲對至愛者母親之拒絕，又怎樣能與快樂原則一致？這是問題所在。

　　對這遊戲，有以下幾種可能解釋：

1. 把「去了」只視為「在此」（回來）之前身，因「回來」帶來快樂，故遊戲沒有牴觸快樂原則。然佛洛伊德指出這樣解釋所以不當，因遊戲往往只有「去了」這前半部份，沒有後半部，因而目的非必在「回來」，可單純在「去了」這前半部份上。

2. 作為遊戲，小孩嘗試對其痛苦經驗掌控，由被動性轉為主動，這一切出於控制或權力本能。

3. 〔佛洛伊德自身之解釋：〕小孩把物體投擲出去並說「去吧」，是為滿足小孩對抗或報復其母親離他而去這一衝動。而這即死亡本能：主動意欲其至愛者之遠逝甚至死亡，並重複地重現此痛苦經驗。

　　佛洛伊德補充說：母親於小孩五歲多時確實逝去，但小孩絲毫沒有哀傷跡象。換言之，小孩確有意欲母親死亡這樣衝動。不過，因有上述第二種解釋可能，而其解釋沒有牴觸快樂原則，在試圖主動掌控過程中，甚至，若有第三者出現，如另一玩伴或如悲劇上演時之觀眾，小孩與悲劇家可在這第三者身上達成報復而得樂趣。因而仍不可由此推論說，負面經驗之重複必為超越快樂原則，換言之，非必出於死亡本能。

　　在第二章事例中，佛洛伊德只抱持不確定態度，沒有否証重複遊戲經驗並非死亡本能之表現。重複性遊戲經驗，作為強迫性重複動作，可為死亡本能之體現。佛洛伊德因而進至第三章，離開對向對象①。死亡本能其本質性體現，應在對向自身，此為第三章所分析。

　　對向自身之死亡本能是怎樣的？《超越快樂原則》第三章始於移情性神經症病患在治療過程中，把潛意識中曾被壓抑而形成病症之負面事件，在與治療師關係中重現出來。這一現象因而亦為強迫性重複動作。佛洛伊德指出，這一重複，非作為對過去回憶這樣態呈現，而是以現在發生或重新發生這樣態呈現。作為在現在中重現這負面經驗，其痛苦感必較作為在記憶中過去事件更難受。這時重複，是重新發生而非只回憶。這些負面經驗之重複來自潛意識，這點十分重要。因在小孩遊戲例子中，縱使小孩由其年齡不能視為意識刻意作為，但畢竟，遊戲與悲劇上演之重複性始終都是一種主動虛構，因而是否能在這樣主

---

① 因對象性仍可只控制性欲望之本能表現，非必為死亡本能。

動虛構中，視重複性為一種本能，這仍可以質疑。正因如此，故第三章所選例子與潛意識被動性有關。一方面這些負面經驗來自自身過去，非再是外來，但另一方面，這時重複是被動、被強迫的，非發明或虛構地主動。這兩點結合起來，莫過於從潛意識曾被壓抑之負面事件尋找。一方面潛意識中事件必然來自自身過去，而另一方面，潛意識必然被動及強迫性，非人能主動左右。選移情性神經症病患之強迫性重複動作作為死亡本能之說明，其原因在此。但關鍵非只這些事件是否負面而已，更先是它們是否會帶來快樂或快感，若是，這仍不能算作來自死亡本能，因死亡本能作為原則，是從超越快樂原則言。換言之，除非有打破心靈最高之快樂原則，否則不能視為有更高原則或本能傾向（死亡本能）存在。

那麼，在移情性神經症病患中之重複經驗，是否仍會帶來快樂？這問題並非容易回答。原因在於，快樂作為感受必然對應一感受者而言。然若人有潛意識與意識之分，而自我亦有潛意識本我與服從現實原則之自我，兩者關係又往往對立，那對一者言構成之不快，對另一者言則往往可為愉快。意識壓抑潛意識，是為了不讓潛意識突破時造成不快，意識仍順從着快樂原則行事。潛意識之突破，本也為了快感；之所以被壓抑，因潛意識之快樂會引致現實原則危害而已，非潛意識所求為對潛意識言為不快。這似是說，要找到完全不構成快樂之負面經驗、要找到完全超越快樂原則之經驗，幾近不可能。其唯一途徑，故只能從潛意識本身經驗尋找。換言之，除非能找到，連對"潛意識"言亦構成不快之事件與經驗，而這些經驗又不斷重複着，

否則不可能有指引死亡本能其存在之可能。佛洛伊德所以舉移情性神經症病患為例，因在這樣例子中，病患過去經驗對其愛之欲求構成痛苦；因而既相反現實、又對性欲本能衝動造成痛苦。換言之，既被意識壓抑[1]，又作為潛意識經驗言構成不快。佛洛伊德說，移情性神經症病患不停重複着這些不愉快經驗，非只在夢或回憶中，而是極為真實地摹擬着真實情況而在眼前再度發生（上演）。這些既不只在過去、也不只在現在而是永恆重複着之不愉快經驗，除非是為了這重複性本身之滿足，否則不可能有任何意義或解釋上之可能。

　　佛洛伊德繼續說，像這樣強迫性重複動作，非只在移情性神經症病患者中出現，在日常生活中也同樣。這些在人與人關係中如戲弄般重複着之命運（如命定般重複着之負面性），若是由人自己性格性情主動造成，則不足為奇。但這樣命運般重複性（在生活中出現之重複命運），往往在人完全被動狀態下發生，因而對承受者感受言，確實指認出一種強迫性重複動作之存在。

　　由此故可結論，創傷性神經症病患及兒童遊戲中之強迫性重複動作，均可作為強迫性重複動作之體現與說明。唯不應以為強迫性重複動作有其純粹體現；反而應說：強迫性重複動作可伴隨種種其他動機與目的發生，甚至如在強迫性重複命運中，有着理性原因之可能。純粹出現之強迫性重複動作極為罕見。而伴隨其他動機出現之強迫性重複動作，因着這些動機，往往也似與快樂原則有關，其所以似非必為超越快樂原則可以此解釋。

---

[1]　因對意識構成不快。

對以上事例，佛洛伊德結論是：以上事例雖各有其自身原因或動機，然強迫性重複動作始終瀰漫其中，而通常原因是不足作為全部解釋，因而強迫性重複動作仍是有足夠理由被肯定。

從佛洛伊德這一探討及結論可以看出，所謂死亡本能，並非如其他本能一樣，有其自身特殊目的與意義，反而是一種潛藏或依附在其他本能中之一種傾向。也因為依附在一切本能上，並暗中地支配着，死亡本能因而可視為是一切本能之本能，換言之，本能作為本能時之本質。佛洛伊德在《超越快樂原則》第五章總論本能之本質時，便直接把這重複性視為本能之特殊本質。這是說，死亡本能並非只是本能中之一種，而是（一切）本能本身之本質。若存有論以生命為存有之本，那死亡本能即為反存有之理論、一種反存有論。[①] 死亡本能理論明顯是一存有論，因重複性傾向非只心靈內在現象，更瀰漫在一切現象上：在生物與無生命界，如在命運之重複性現象上那樣。死亡本能這重複性，重複自身在一切事件與可能現象上，並藉着重複性，超越一切可能原因與理由，甚至超越了作為生物最基本原則 —— 快樂原則。死亡本能因而非由自身存在被証明，而是因強迫之重複性不斷重演自身在所有現象上；是這在所有現象上如惡靈般之重複性，使人不得不把這樣傾向給予一獨立命名；而事實是，死亡本能即本能自

---

① 這話非完全正確：西方存有理論都其實以死亡或死亡物為存有，因而說存有論以生命為本，實只一種反語。一切存有論均以死亡為本，而佛洛伊德死亡本能這存有論，與一切西方存有論實一致。

身。[①] 就算在個別情況下，我們對重複性可給予其他解釋可能，如兒童遊戲例子中重複性可解釋為控制欲望，但重複性一旦成為眾多現象之"普遍"傾向時，如此普遍性，使我們不得不把死亡本能視為一獨立現象、為瀰漫在一切上之強迫性重複傾向。死亡本能甚至無須囿限於負面現象之重複性上，唯負面現象之重複性最不可解、最易感受其重複性（難以解釋）而已。

死亡本能可有兩種姿態：作為存在上的（ontical）、及作為存有上的（ontological）。前者即強迫性重複動作，後者則為一種回歸性：回歸至原初狀態、或回歸至無生命狀態之驅力。從後一意義言，死亡本能即向死之力量。[②] 強迫性重複動作之所以只是「回歸至原初狀態」之表面現象，因回歸至原初狀態較強迫性重複動作更為根本，後者只前者「在時間中」之體現，即在不得已情況下，以重複代替回歸、或以重複延後而已。重複實是一種不再前進之動作，在不得不行動時之一種不動，因而實是回歸之間接體現。雖由行動而似活着，然實不再前進而已死。對佛洛伊德言，生命中前進動作，實只死亡之一種繞道而已，是沒有真正向前的。如是生命本身非目的、非存有真實，死亡始是；生命也只回歸死亡時之過程或延遲而已。

死亡本能這一回歸性本質，使一切本能都帶有保守意味。自我保存、自我肯定、控制或權力等本能，本因其保存性質似

---

① 佛洛伊德一旦從本能探討人之存有論，因本能正為強迫性重複動作，故死亡本能必為最終真實：為一切本能之本能、或直為本能之本質。

② 死亡本能作為回歸死亡之動力，即《超越快樂原則》第五章主題。

對立死亡，然事實上，它們只是確保生物以其本有（死亡）方式死亡而已，其本質實仍回歸性；此保守（保存）之意義或意思。

從一般言，新生命力是喜悅之原因；但從死亡角度言，快樂也只因回歸原本狀態、快樂原則也只去除刺激回歸死亡之靜止而已。不過，因死亡本能作為本能始終獨立，故縱使沒有達成快樂原則之徹底回歸，仍會以重複性動作表達，以此超越理性（理由）與價值、超越愉悅之訴求、純然強迫地，如在移情性神經症病患中那樣。

對於是否有別於死亡本能性格之本能，佛洛伊德之回答是：唯性欲本能。因與他者結合為新生力量，故唯性欲是生命本能。縱使如此，性欲本能仍為保守性、仍以保存並以回返生命為本。在性欲本能外，再沒有其他生命本能、沒有單純以發展與前進為目的而不試圖回歸原初狀態之本能。

佛洛伊德這死亡理論，不只把傳統理性生命體化約為生物，更把一切生物與生命化約為死亡。這對佛洛伊德言始是存有之真實及本然狀態。這樣圖像明顯對立人之存有，因人之為人正在其向上及有向上之可能。佛洛伊德在結束第五章時說：他不相信有自我完善化這樣本能、不相信人類真會追求完美。換言之，他不相信尼采超人之可能、甚至不相信人作為人。就算在某個體中如是，在人類整體中必不如是。

回歸性一直是西方存有之規律與軌跡，唯差別在回歸於甚麼而已。在佛洛伊德中，所回歸者非觀念之本體世界、非上帝、非物之真理，而是無生命之死亡；因在佛洛伊德中，全部問題只是生命而已、非其他。

　　有關佛洛伊德這生物死亡本能之世界圖像，我們可下怎樣結論？

　　對佛洛伊德言，自我保存及一切與自我有連帶關係之本能，從生命保存這角度言，都全只假象，它們全都是死亡之繞道或延後。由自我構成之現實世界，都只一種求為死亡之世界，非求為生命。在前期圖像中，現實頂多只由恨形成，然在後期中，現實只能是一種死亡性質的世界。在其中，一切生物及一切生命都趨赴死亡。生命對世界存在言故也只假象。原因在於，能為生命唯一體現之性欲本能，其世界（潛意識）正與現實無關：一方面，這樣世界（單純性欲世界）再無任何人性真實性；而另一方面，對自我現實言，這樣世界（性欲世界）仍只另一種死亡方式而已。若沒有人作為人之道，就算是生命表現，也只能如同死亡、如同行屍走肉。若撇開人倫之根本性，單純現實，確如佛洛伊德所分析，只一死亡世界而已。於現實前，佛洛伊德再不相信生命本能之原始存在。而愛欲若能為原始，除非如柏拉圖《會飲篇》神話那樣[1]，視男與男、女與女（同性戀者）、及男女原初地合體，唯後來判分開，使愛欲為男女各欲重現原初合體而追求之結合；如是之愛欲仍回歸性、並與死亡本能一致。換言之，唯在神話中，我們始能假設生命結合之根本性，否則，若刺激或結合為外來，終只構成危害而已。[2] 事實上，作為對刺

---

[1]　見《超越快樂原則》第六章結束部份。

[2]　於此，我們可如下總說：對精神分析學言，構成精神病之主要原因有二：

激防禦之身體，其為保護網是由自身之死化而形成，目的只為自身保存不致被外來強大刺激穿透而毀滅。[①] 這亦「保存」之真正意思：因一切外來刺激均非生命性質而是致命，故生物以死化保存自身。外來結合而致新生，故始終神話。我們的現實世界便明顯如此：於其中，刺激不再等同生命。人類藉性欲求為生命，故也只力圖回歸夢想的神話世界而已。

最後，就算人類存在並非生命而是死亡性質，存在仍有快樂？快樂原則仍是生物最高原則？從死亡本能角度言，明顯非

<hr>

一為外來創傷、另一為內致創傷。外來創傷非一般平常損傷，而是從心靈言，威脅其生命者。這與生死尤關之創傷，因而是超越的。相反，心靈創傷亦可由內而致，如神經症病患往往由源於內之創傷所致。這自內而致之創傷，亦同樣超越（超越性故非只外來，亦可源於心靈內在本身），為精神分析學視為「本能」問題。這從本能而來之刺激，同亦為精神病根本原因。對這自內而致之強大能量，其關鍵在是否能有所約束。能量之自由無約束狀態（超越狀態）往往形成創傷，故所謂現實原則，實正針對如此能量作約束，而此同於快樂原則。【見《超越快樂原則》第五章】。若在兒童遊戲中重複性為一種控制，因而作為約束沒有違悖快樂原則，那在移情性神經症病患中之重複性正好相反：在移情這一重複動作中，過去記臆痕跡並沒有被約束，故仍屬自由。這裡之重複性故＝自由狀態，亦直是潛意識本然狀態。而所謂快樂原則或快樂原則之支配性（Herrschaft des Lustprinzips），指的正是這由自由至約束之過程，即由原發狀態（Primärvorgang）至繼發狀態（Sekundärvorgang）這一過程。約束實是以延後方式體現之死亡，以本然方式而非突發偶然方式死亡而已。一方面，從病患之重複性中可看到在快樂原則外死亡本能這另一種原則，因而死亡本能確然在快樂原則支配外；但另一方面（亦最終而言），快樂原則作為對一切刺激之約束與降低，仍實只回歸性、使刺激能量回歸至零之一種原則而已，如是而實＝死亡本能。

① 有關這一生物模型，見《超越快樂原則》第四章。

如此。死亡本能這回歸性傾向，雖未必對立快樂原則，但始終完全獨立。其獨立性表示，快樂原則並非支配性（Herrschaft des Lustprinzips）。① 不單只非支配性，甚至相反：快樂原則只一種「傾向」（Tendenz），因而實服務於死亡本能這一「機能」（Funktion）下。② 而死亡本能作為機能是說，它力圖去除一切刺激、使刺激降至最低程度。從這點言，刺激越少、生物若越平靜，越是快樂。快樂原則因而也只是回歸時之內心感受狀態，非從更有所得言。佛洛伊德舉性行為為例說，其中快樂，也只一切刺激之釋放或興奮之寂滅（死亡）而已。快樂原則因而反服務於死亡本能而非支配性。無論是現實義之快樂③ 抑本我義之快樂④，一切快樂都從屬死亡本能。因而我們最終可結論說：快樂或一切快感，實也只一死亡感受而已；這是超越快樂原則最終意思。從生存現實回溯至原初性欲快感，都只死亡性質而已。生命與生存（存在），只死亡現象，其為生命只假象而已。

　以上為佛洛伊德死亡（生命）存有論。在結束前，讓我們對

---

① 《超越快樂原則》一書對快樂原則之討論，都是從這原則是否支配性這角度言。因而所謂"超越快樂原則"，並非說快樂原則不存在，而是，它再非支配性。死亡本能之獨立性，由強迫性重複動作而顯。

② 見《超越快樂原則》第七章。

③ 自我之繼發狀態（Sekundärvorgang）。現實義之快樂是對由本我而來本能衝動之約束而致，仍是由對刺激減弱而有之感受。

④ 本我之原發狀態（Primärvorgang）。本我義之快樂是從本能衝動釋放而致，仍是從刺激之解消言。本我義之快與不快感，因在無約束或仍未約束狀態下，故顯得更強烈。而對本能能量之約束，雖整體地減弱了快與不快感之感受，但實較穩定，因而可說為較為愉快，此現實原則所由立之根據。

以上佛洛伊德本能理論之意涵作一整理。

本能理論意涵總述

1. 佛洛伊德精神分析學基設有三：本能驅力、恆定性原則（盡可能使刺激降至最低程度）、快樂原則 [①]。

2. 人類存在問題先扣緊心靈形成，唯心靈非只意識，更是潛意識本能之事。人類意識所及者，如人性，不再能為問題最終解釋根據，潛意識本能始是。

3. 人類中一切，包括其心靈，全以生物本能為反省依據。而「本能」，即自內而致超越之能量刺激。

4. 生物作為感受體（心理感受）最高（最終）原則為快樂原則。快樂之根本義為：對一切（構成不安）刺激之解決，求回復一平靜狀態。

5. 本能為二元地對立；對立性故為心靈內在機制。佛洛伊德存有觀故一如西方傳統以對立性為本，唯內化於心靈本能言而已。本能之一切變化，由本能之對立引起。

6. 本能之二元先為：性欲本能與自我（保存）本能。性欲以生命永恆化為目的；自我本能因自我保存故對立外在世界、由如此保存亦對立本我無約束要求。自我本能此對立性格，故為死亡或毀滅性本能前身。

[①] 恆定性原則從作為生物、快樂原則從心靈感受言。

7. 性欲體現本我之內在性、為心靈原始之存有樣貌。性欲從其無視外在性言，為內在地超越，因而對立現實及自我之生存保存。性欲在個體現象中超越個體及復返一純然內在存有狀態與生命感受者。

8. 情感即愛恨、快樂痛苦這兩組感受。情感於佛洛伊德，以自我、非以人性為基礎。愛與恨為心靈與外在世界之存有感受，亦為兩本能之基本情愫：本我不知恨、而自我亦無愛。愛以性欲為本，而自我與對象關係則以恨為本。愛超越現實與自我，故非屬現實、亦解決不了現實問題（現實無愛之可能）；而現實世界因為自我保存，故以恨為基調。恨非由於對象本身，由於只為外在而已；快與不快同樣與對象本身無關，唯是否能內化而已。

9. 由於生物均死於其內在，故內在性只引至死亡，非如性欲以為是生命。性欲作為自體愛欲，所體現亦一種死亡傾向；同樣，自我保存本能因其對立性亦死亡性質而已。

10. 因死亡由內而致，從本能之內在性言，死亡本能故更根本。其體現在對象身上即為虐待與破壞。破壞與毀滅性故於人類存在根本。生命因須與外在結合，生命本能反而故非根本。

11. 從死亡本能可見，本能之本質為回歸性或退行性。若從快樂原則角度言，即回歸平靜。生物最高原則（快樂原則）因以使外來刺激降至最低，故屬死亡本能。追求快樂只死亡本能、非生命本能之事。

12. 死亡本能這回歸性本質，使一切本能都帶有保守意味。如自我保存、自我肯定及控制等本能，因其"保存性質"故似對

立死亡，然事實上，它們只確保生物以其"本有（死亡）"方式死亡而已；如此回歸性，為"保守"（保存）之根本義。

13. 若回歸性為死亡之本體狀態（或回歸至原初狀態、或回歸至無生命狀態），死亡於現象存活中則以強迫性重複動作呈現。由強迫性與回歸性，死亡故為本能本質，死亡本能亦為一切本能所本。

14. 佛洛伊德死亡理論，故非唯把傳統理性生命體化約為生物，更把一切生物與生命化約為死亡。對佛洛伊德言，自我保存及一切與自我有連帶關係之本能，從生命保存這角度言，都全只假象，它們全只死亡之繞道或延後。生命前進只死亡之繞道；生命非目的、非存有真實，只回歸死亡時之延遲或過程而已。由自我構成之現實世界，都只一死亡、非生命世界。

15. 從外在結合而致新生，故始終神話。人類存在並非生命而是死亡性質。

16. 死亡本能之獨立於快樂原則表示：快樂原則再非支配性。非只不為支配性，甚至相反：快樂原則從屬及服務於死亡本能，以去除刺激、使刺激降至最低程度為原則。刺激越少、越回復平靜，生物越是快樂。

17. 無論是現實義之快樂抑本我義之快樂，一切快樂都因而從屬死亡本能。快樂也只因回歸原來狀態、回歸死亡而已。快樂或快感實只死亡感而已。此生物生存之本。從最終言，生命與生存（存在），只死亡現象或假象而已。

有關佛洛伊德，我們討論至此終。

第十三章 西方形上學回顧與總論

形上學、超越性與人類存在

作為總覽性思惟，哲學本應以人類存在及其問題解決為目的。然哲學之為"形上學"非如此。構成哲學所求真理，非眼前事物與人，而是如神、物知識、甚至主體自我等超越對象。這以超越性為向往之思想，一如希臘悲劇精神，實以人類存在徹底為虛假，故須另求真理、亦超越性事物之所由生。然如是求索對人類存在之改變嚴重：一、因超越性對象本非在世，故只能以純粹思想（思辨）企及。思想由是成為人類存在中首位、為"真理"獨一途徑，德行非是。二、思辨雖似有所理據，然始終只理論構造性、仍屬虛構；世界故順承思想建構性而不斷形變，再非有所本然。三、超越性所真正對反，非世界中事物，後者作為「物自身」仍可為超越。超越性所對反，故唯人類之作為人而已，是為否定及貶低人類其存有地位、以之再非為存在中心，始有超越性真理之索求。本至為真實之「人性」，由是落為虛假、

甚至為惡。「性惡」故為西方一貫主張。存在價值與真實，由此落在「他者」上，與人絲毫無關。

以上三點（智思、虛構、與去人性）改造了人類歷史，亦為中西方思想分道揚鑣之始點，其影響鉅大。

首先，天地間本只「人」與「物」而已。「神靈」因同為性靈及超越者，其出現故取代人類及人性而為上、使人類為卑下。「物」由是可順承此超越性向度而提昇，甚至高於人類而為真理。於「人」與「物」兩者間，「人」本為中心，「物」只從屬人類下。然由「神靈」之介入，「人」失去作為中心位置，落在「物」知識真理下。「物」又因眾多而無窮，故滿足人類無窮追索之欲望、亦吻合智思求極變之心，使成一無窮變化世界，非為人而存在。雖說人類應以「善」為存在終極，事實非如此：一因「神·人·物」三者作為價值取向往往對立，非能一致；另一因「善」必須跟從世界變化，不能只對人類言。如西方早期古希臘，雖未為物化世界，然「神」與「人」畢竟對立[①]，存在故以「神性」為尚，非以「人」為本。由「神性」開啟之「超越性」，因為更高價值，故以對立「人性」為本。於哲學延伸至「物」知識時，作為超越性之「物」（本體界），更由知識向度高於人類而為客觀真理，由是人類更落為在「物」之後，其存有地位至低，僅高於（甚至等同於）禽獸而已。[②] 由「神」與「物」之出現，存在之「善」故變

---

① 見希臘神話與悲劇。

② 「形上」所指，故為「神·人·物」三者中之「神」與「物」，二者由"外於人類"而為形上。「超越性」故從對反「人性」言，為超越性根本意思。若

884

得相對而模糊。

「超越性」這樣價值向度，若深究，有以下影響：

1. 因「超越性」為對立「人性」時之存在姿態，人類轉向超越性故是為根本地對反其"稱為平凡"之平實存在，故唯以智思（而非德行）為高度、以智思（而非人性）為真理，蔑視自身作為人真實性之可能、亦蔑視存在應有美與善。因一味求為神性高度，故世界隨着並基於「神靈」、「物」、與「自我主體」①建構起來，成為"現實"而非人性世界。形上學亦隨着對這樣世界證成與反省而為真理。

2. 因「超越性」本唯由純粹智思始及，而純粹智思及其對象事物本身又為虛構構造性②，故須"作為真理"地被證成，否則無以為真實。人類故往往以「求為極致」、「求為一切可能性」之名"真理化"如此事物。人類這「求為極致可能」，縱使為虛構，仍具有如真理般莫大吸引力。如於古希臘，藝術形象縱使為「假象」，仍為神聖；神話與形上學縱使為虛構與思辨，仍為存在"至高"真理。③「超越性」本身即為一種「極致」。

神只為民間宗教之求利益與平安、若物只實用之器，如是神與物不會為超越。神與物以超越姿態呈現，說明其源起為對「人」價值地位之貶低，非單純為「神」與「物」二種存有而已。

① 「人」之超越模態。

② 如「神」、「辯証法」等明為虛構；而如法律、資本等現實中超越體，若非由理性構造，其為權力機器本無以有絕對性如此假象可能。此等現實事物其虛構性是從此言。

③ 縱使無能如神般創造，人類仍從虛構，使假象成為真實甚至真理。

3. 「超越性」於人類自身，反而形成以下三現象：自我優越性之膨脹、求為人如奴隸般從順、及達成現實為勝利而有之上下對立與爭鬥。至高性、奴役性、對立性（上下爭鬥），三者伴隨超越性而產生，為人類現實之模態。

從以上三點可見，縱使借由「超越性」人類可達成一無窮變化之智性世界，然於人類自身，只造成極負面影響與改變，如於存在：去人性人倫之真實、過度突顯智思聰明之作用[①]、及助長存在之現實性：以利益爭鬥競爭為主核，甚至使人類奴役於種種超越性（超越事物）下，失卻直道或對道理之真正明白。如是種種，其對人類自身傷害至大。由世界只為物之建構與求索，人再不知自立為人，人由是更為虛妄，此超越性所帶來弊害。智思之取代人性、虛構及虛假性之強化（真理化）、人類存在之落為現實爭鬥性世界，如是三者，雖本為人類現實流弊，然在超越性對人性人倫之泯滅下，更使人類存在無以復歸其正。其影響至巨，亦極為負面。

至於超越性本身，西方這超越性價值雖似神性而崇高，然一旦遠去如音樂與藝術等表象、遠去創造性時，所顯仍只人之世俗庸俗心。一因求為偉大本只一種世俗自我價值，另一因高尚若非從人品格而從外在事物言，始終仍只如求奢華華麗般欲望而現實、頂多只為階級與品味。人非能由對象之偉大而偉大；求對象之崇高偉大一旦落回人心智言，實只平庸心態而已。而思想想法

---

① 因而助長人類欲望，使人類自以為是並更形虛妄。

上之極致構築，非必對存在言為總覽地客觀遠大，縱使似優異，只往往一觀點之聰明，片面而非真實。縱使為科學，其客觀性仍只由物之"分析""分解"而致[1]、為特殊意圖與心態[2]所左右；其所言數據與歸納，仍只或然、非必然。因只對向物，科學真理故從無顧全「人類存在」本身；只考慮物科技，未同時考慮人或人類存在之善。故從存在角度言，無以為真正善[3]，只理性之樂觀主義而已[4]。物知識始終無助人作為人之道、無助人心之正。縱使偉大如哲學體系，若只各說各所見，始終與人性真實無關。[5]

西方思想（哲學）雖由「物」轉歸於「人」，如盧梭及尼采便似覺察「人」之價值。然盧梭所言人性，仍只從「自然」、非從人性言；雖如自然般純真，然失卻人作為人更高昇進可能：那由「己立立人」與「仁」而致之更大德行。尼采雖似回歸人性，然因仍囿於西方傳統下，故其所求「自由心靈」，仍只從超越性（超人）、非從人性言。尼采仍視人性為如群畜般奴性，非人性真實。

---

[1] 科學思想之分析性實為一種構造，故仍屬思辨虛構。

[2] 「分析」或「本質差異性」往往實由一種"分裂性"心態而致。

[3] 就算從科學本身言，雖帶來益處，然亦同時帶來破壞性甚至毀滅性。「物」知識無單純一面，必有好壞兩面。

[4] 「樂觀主義」即以人類世界在科學知識下必為進步、必去惡而明。「樂觀主義」一詞為尼采對西方理性之批評，其反面為「悲劇精神」，揭示現實存在之悲劇與負面性。

[5] 西方思想故唯以「思」面對世界，非學為人。然若不「學為人」，人也只隨世界之偶然而偶然、因應著社會時代之形貌而自以為是。一切只訴諸社會規範與約束，人自身無真正善。「學為人」與「求為對向世界」，其差距至鉅。

一如耶穌作為人典範也只人效法神而自我犧牲，尼采所崇尚查拉圖斯特拉也只人之神化，非教人學為人。西方所缺故始終為人道之思：若沒有"以人"為典範，人無以學。孟子故說：「人皆可以為堯舜（…），子服堯之服，誦堯之言，行堯之行，是堯而已矣。子服桀之服，誦桀之言，行桀之行，是桀而已矣。」（《孟子·告子下》）古代先王所言德行，因仍從「人」言，故始終人性地平實平凡，此「人皆可以」之意思。

若「神·人·物」三者中「神」與「物」可歸屬「存有」，那西方思想可總歸為「自我（主體）」與「存有（存在）」兩面，二者均從超越性言①，亦為西方真理之根本。相對地，中國古代始終以「人之道」為本：從人自身言為「性」、從存在整體言為「道」或「天道」。②上自《詩》《書》、下至《論》《孟》均如此。「存有」與「自我」故對反中國之「天道」與「人性」，後兩者非從超越性、而從人性言。③

中國	性	與	天道
西方	自我（主體）	與	存有（存在）

---

① 神靈由其神性而超越，物質世界由作為本體（知識）而為超越，而人自身亦由作為「自我主體」及相關者（如潛意識）而為超越。

② 「夫子之言性與天道，不可得而聞也。」（《論語·公冶長》）

③ 「天道」從人性、非人格義。人格或位格（person）實仍「自我」而已。從人性言之「天道」，是人性德行之表徵。自我因多背離人性，故人格義之神靈亦多背離人性，古希臘神靈如是、希伯來亦如是。「天」與「神靈」之差異，故同於「人性」與「自我」之差異。

「道」非因為天道而超越，神靈所以為超越亦非因為神靈。是否為超越取決於其「所是」（性質與價值）是否對反人性，如希臘神靈或希伯萊上帝那樣。天道雖似超越，然因內容只與人性德性一致，故始終人性、非超越性。相反，「存有」雖直與世存在有關、甚至為物之存有，然因其本性對反人性，故仍為超越。如是可明白，超越性始終只模態而已，仍可與現實有關、甚至在世，唯取向對人及人性否定而已。「存有」故仍可落實於現實，如法律與資本便是。

除對人類存在加深其負面外，超越體本身亦必然虛假：除哲學「存有」與宗教「上帝」為虛構外，連資本之自身增值、法律至高無上之絕對性、物知識之主導存在，都明為虛假。連人之作為「自我」或主體亦然：「我」其主體性雖源起於耶和華「我是自有者」或「我永是那永是者」（Èhiè ashèr èhiè），然事實只如拉康（Lacan）或佛洛伊德所言，為他人之鏡像反映或為對向世界之「毀滅及死亡本能」，非主體而崇高。於現實超越性駕馭下，「自我」甚至只一種「姿態」：非有所自我肯定，只虛無無所價值之姿態而已；中國所言「立身」始由自持與努力而真正獨立。超越性作為超越，始終虛構虛假。

超越性之歷史軌跡與實質

「存有」之歷程，可簡略如下：

於古希臘，神靈與世界結合。這樣結合，使神靈與人類都

在同一世界中而為世界性。哲學之誕生轉化了這樣宗教生命之世界存在，朝向物及死亡本能形態前進。至尼采始看清楚存在這「生命」「死亡」之差異。巴門尼德確立「存有」為哲學唯一真實。這樣確立其原因在於：古希臘以生命力量為本之世界浮沉不定，生命變化非能恆久固定，對哲學言故如無真理性。古希臘只期望生命，不期盼知識定形之真理。縱然只是神話，神性之形象仍能賦予人類生命肯定力量。然古希臘所肯定生命，非人倫人性生命，只神性形象與藝術完美表象（虛構或假象世界）所體現之力量，由此達致對生命欲望之奮發。縱使明白虛構非真實，古希臘人仍寧可活在美之形象世界生命中、活在人類創造與虛構時之理想與夢想力量中，活在酒神一體，以克服現實存在之分裂與分離。

柏拉圖清楚藝術這虛構性，故以知識真理對這樣存在作否定。其前泰利士雖已指出生命以物為根本[1]，然世界為形象虛構性這古希臘觀法直至巴門尼德始提出反駁：「存有」確然地真，非如形象表象地假。「存有」所以能擺脫虛假性，因縱使一切為虛構虛假，真實者仍必須存在、並永恆一致地真實。哲學真理故非始於"一般事物之真"，而是始於對真實者之思辨，以其所（應）是訂定真理之所是。這樣切入法確然深邃：在「是，並，不能不是」或「有，並，不能沒有」（殘篇2）這前提下，「有」或「存有」如是正相反一切虛假性而立為真實、為真理性首先條件。「"有"不可能沒有」指出：存在無論是否為假象，仍必須有

---

[1]　用佛洛伊德說法，生命以死亡為本。

一「是其所是」之真理事實。這在存在中之「有」（是其所是）、「有」之為「真」、是其所是，始終必然，真理性是從此言。所有故非只「存在」、非只存在中所見生而死、死而生、或生命力「是而不是」、「有而沒有」不定之假象性，而是相反變幻而恆常如一之「真」，「存有」。[①]「存有」這從超越世間生命（有與沒有）、從遠去生命本身言之真理性，故實同遠去人類，因對人類言，真理與否先在存活中之生命感、在此世。「存有」由是開啟出在人世外一真理可能，為後來物性之有定立其真理地位。

哲學史曾兩次作這樣轉向：一在巴門尼德、另一在笛卡爾，都從「有」訂立真理之可能與方向。若巴門尼德為：就算是假象仍必須另有「是」之真實[②]，那笛卡爾則為：就算眼前一切（客體）只假象或欺騙，仍必須有一被欺騙者（我）之存在（有）[③]；一從「存有」、另一從「存在」言。哲學史中重大轉向，都以「存有」或「存在」這樣絕對性而確立。客體真理與人主體真理，故都從對反現世假象性而建立，其為絕對在此。

「存有」或「是」（einai）一詞其印歐語詞源為 asmi，意為「活」或「氣息」（呼吸）。這詞源學上從「活」或「氣息」至「存在」或「存有」（「是」）之轉變，已把這歷史性轉變簡單地勾勒出來。

---

① 希臘式世界本然外在，沒有因主體內在性置存在與否有所質疑，真理故非從「存在與否」言。巴門尼德「存有」只開啟「是其所是」之必然而已：存在事物無論是甚麼，就算為假象，始終仍有一「是其所是」之真理事實。「存有」故非從「存在」言，而是在存在上之「是」，換言之，「存有」。
② 這是從客體立真理絕對性之方向。
③ 這是從主體立真理絕對性之方向。

哲學是在完全放棄人類"生命"與"人類"存在義真理性這樣背境下始誕生，只單純求為超越性或物性真理而發。雖如此，我們仍不能說西方早期（如古希臘）對生命之肯定正確。這時生命仍只從外在性、甚至從超越性取得，如藝術表象之生命力仍只神性性質那樣，否則無以為存在力量。從神性而非從人倫及人性德性作為存在意義，這本身實已錯誤，亦已使人類存在虛構不真實。[1] 生命始終仍應從人性而立，非外求或超越地求。古希臘與後來哲學傳統雖立場不同，然始終同出一轍，同從超越性立人類存在而已。

哲學史後來軌跡雖從物存有這死亡性質力圖回歸於人，然始終沒有放棄超越性這一真理形態，因而如死亡本能那樣不斷重複着自身這樣立場。哲學史之回歸表現為：從「存有」至「自我主體」或「存在」、從純粹知性至感性、從精神形上世界至現實或現象世界、從知識至生存、從物至人、甚至從真理至無真理……。但無論哪一種回歸，始終只超越性之延伸。就算是盧梭或尼采，仍只求索「自然人」與「超人」，仍無以遠去超越性、無以回歸平實人性之真實。這為超越性所涵蓋之人類歷史，長遠言始終虛假。人類無論能成就怎樣真理，若自身作為人不真實，始終毫無意義，都顯得自欺欺人地虛妄而已。

哲學中「物」之「存有」真理[2]，從希臘之「是其所是」（事物

---

[1] 外在地"追求"一更高理想，本身使人類存在變得虛假。這樣追求只源於欲望，非本於道。

[2] 見柏拉圖「理形」，為「存有」與「物」之結合：物之存有。

之本質性）於笛卡爾中轉化為由主體方法所分析、分解、解剖為「簡單體」之物素，為另一種與現代物理學或科學一致之物存有狀態，物由是而可量化、亦含空間性本質。主體性（去「存有」之客體性）因而實標示物由分解、分析綜合而致"建構性"之可能，為「物」新模態之成就。主體之精神性也隨物這新形態拓展為一人文物世界。主體性哲學故不必從對反物言，二者於形態始終如一，仍為一體兩面。

　　哲學史這兩時期，為存有論兩種形態：由希臘哲學至中世紀為客體性存有論，主體性存有論則始於笛卡爾。主體與客體兩極是否能結合，往往構成哲學之理想。

　　哲學基本上只擺動於超越客體與超越主體二者間而迴避人之問題。直視人甚至人性雖始見於盧梭，然也只曇花一現而已，迅即便轉回主體性場域。而人性於盧梭，始終只從「自然」及「自然人」這背景討論，無法直從人倫之道言。盧梭雖肯定"自然下"之人本性，但因對現實有所否定，故晚期只能退回人作為主體而言，為"孤獨漫步者"。一如上所言，盧梭所失在「人作為人」之昇進、那由「為人」而致德行之道，故縱使言人性，始終沒有完全擺脫自我，人仍扣緊社會言，未如中國直從人倫見人性。其以國家、社會、文明為先[1]，故始終未能單純以"人與人"「人倫之道」為本。此西方從來立場，亦人所以難擺脫「自我」之原因。不過，能對人性醒覺，並能在社會外知主體之真實，盧梭思

---

[1]　國家、社會、文明三者雖為盧梭所批判，然盧梭始終以三者為事實地根本，此點與中國思想迥異。

想仍前所未有。①

　　若自盧梭始，超越性由世界外轉移為世界內、為現實中超越體，那連神靈在內②，超越體始終與現實有關：物及物知識科技、法律與制度、道德倫理、資本、自然、藝術、主體自我、心理本能、「世界」、「此在」及「他者」均如是。超越性所涉事物，均與現實存在有關。西方文明所致力，因而也只把現實存在中事物"提昇為"超越體而已、以超越人性及其存在為價值，並以此主導一切。而此，或為對神性價值之求索、或直接為使存在以超越姿態而非人道呈現。通常所謂"現實"，其義始終仍從凌駕人性言，故實同於存在或存活之超越性。這樣超越性，其價值模式故始終在物：或為經濟、或為科技。在「人」與「物」兩者中，超越性始終以「物」為中心，此點可從上所列舉層面印證：

1.　知識：由物所形成知識科技、今所言大數據，均對人類或操控、或主導着其存在與價值。

2.　法律與制度：法律與制度作為人類"共體存在"根本，所有也只物性義規律、以財物保護為根本，甚至只為保障上層社會利益，非求為對人品格有所教育助益；後者唯在禮，非在法。

3.　道德倫理：西方道德倫理，或附屬於政治、或只摹擬法律性

---

①　至於西方文學思想對人性之討論（如蒙田），因西方對人之表象多負面而非正面，故只低貶而非肯定，未為人性平實真實。

②　若以神靈本於人類形象，那連神靈也實源起於現實存在。

質（自律道德），因而都只物格、只「自我」人格性，非從人性德性言。

4. 資本經濟：對財富之崇拜只使人奴化、使人類只為勞動力；資本增值與富有只構成人類生活更形貧困與惡劣；講求利益只引致更多造假與欺騙，使世界更形虛假與假象化，失去價值與真實之指向，既無「義」亦絲毫對人類存在無所幫助，一切落為權力與壟斷暴力而已、求為趨炎附勢而已。資本經濟與生產，及其自由民主政治口號，故都只以物品制作與物富有為首先目的，非求百姓生活真正安定與改善。人類勞役異化與貧困如是而加劇。

5. 自然：古希臘神話視自然為野性欲望而與文明對立、為遠去人生命時之「他者」。自然其後都只從物性義言，為物自身之體現，從柏拉圖、亞里士多德，至史賓諾莎、萊布尼茲均如是。盧梭雖知從植物靜謐生命形態見自然之美，然盧梭所言人性始終與自我有關、甚至可有文明之偽，非盡為自然。對盧梭言，人性由於自然始為美，非自然所以美在其人性體現。自然於盧梭故往往為一種形上緬懷，無法與人類或人文結合。康德雖繼承自然一切意義，既物理亦人美感義，然因人或只理性主體、或只經驗人類學之人，故自然始終非作為人性人文之美、更非為天之德澤。[1]

---

[1] 自然作為「生命」與作為「物質性」，是自然兩種根本不同觀法。尼采雖明白前者，從酒神、山林之神潘、森林之神西琳、及薩提爾（酒神侍從）身上見"人性欲"這一自然義，對等佛洛伊德性欲本能之自然，故較盧梭植

6. 藝術：藝術因只物性表象與形象上之開創，為個體觀法甚至觀念（意念）與物技風格上之突破，與人心性、品格與性情美善之興發無關，故仍為超越。音樂似為生命或心之期盼，然西方音樂所言感受，都根源於現實存在與痛苦，故多只為超越期盼與安慰、或只存在景象之寫意。其為作品因而仍有賴個人技巧風格，非能回歸天地間而悅樂：頂多只為個體、非天地之樂；甚至只孤獨內心表象、非對存在一體之懷抱。其為語多只聲響、非人語言；其為感受也只能形上地澎湃、非如〈韶〉樂地人性美善。書法、陶藝、繪事因寓於生活中、非外於生活而「為藝術而藝術」，中國故嚴格言無藝術，亦無在乎技藝超越性之表現力。

7. 心理：西方心理與人性心相反。心理都只生物性或動物性、只由於生存行為，非與人性心感受有關。心理故只如史賓諾莎般物性格。人性之心不可能有所謂心理學。心理及精神病之現實性已說明一事：現實存在中人與人關係與心態已非人性心之關係。在失去人性之現實中，始有精神病之可能。

8. 自我與主體：自我在哲學史中從來都與死亡有關：或由面對死亡（哲學之學習死亡）而為主體①、或如黑格爾及巴塔耶以自我意識為面對死亡始產生。在佛洛伊德中，自我本能更

物性自然更直與人類生命有關，然西方於人所見也只能如此，非能如《詩經》，見自然（鳥獸草木）之人性意義。

① 「修己」與「認識自身（面對死亡）」是極不相同之反思：一者在人作為人、另一者為遠離現實世界時、超越自我或主體之一種思。

直就是死亡本能。從本性本能與由反身言之自我，都與死亡有關。向死之自我，實即自我對自身之超越。同樣，主體也只種種死亡本能之形態：笛卡爾、康德之主體也只為對對象之控制 [1]、都只權力性或力量性，故為死亡本能之體現。盧梭主體雖從逃避世界控制言，然始終非人面對自身之 "作為人"。於西方，人面對自身也只面對自身之 "作為超越者"，如「我思」或自我意識那樣，而這都是從存在或死亡、非作為人言。故若從自我與世界關係言，自我也只能在 "世界"下存活、只能是一「在世存有」、所面對只為「他者」。自我之只能孤獨、只能求突出、只能講求個己、或只能卑賤地符應現實社會價值與行作，無由能真實自己，也只因其存有為「在世存在」而已。自我若如此，是無能見「里仁為美」、無能「己立立人」、並於人性生存中而為我。

9. 世界：人類所講求之世界，只對立、競爭、「他者」之世界、求力量與求強之世界現實、超越而去人性真實之世界。存活只歸向物，非歸向人。然存在應是人性淳樸天真而懿美、處處詩意地與天地自然為一、並人與人相近而文。唯在如「里仁」中，人生命意義始能確立，否則也只冷漠無情與利益爭鬥而已，頂多只刻苦地承擔或「他者」地面對面，無能人性地在禮中敬、和與愛。

　西方這求超越性之精神，明見於亞里士多德所言。有關理

---

[1] 佛洛伊德說，控制即施虐。

智知識，亞里士多德說：「這是一種高於人的生活；我們不是作為人而過這種生活，而是作為在我們中之神。（⋯）如若理智對人來說是神性的，那合於理智的生活相對於人的生活來說就是神性的生活。不要相信下面的話，甚麼『作為人就要想人之事情，作為有死的人就要想有死之事情』；而是在一切可能內，全力去爭取不朽，在生活中去做合於自身中最高貴部份的事情。（⋯）這也許就是每人的真正自我，因為它是主要的、較好的部份。（⋯）如若人以理智為主，那麼理智的生命就是最高的幸福。」[①]「在一切可能內，全力去爭取不朽」正勾勒了西方這樣精神。[②] 事實上，對物知識之開拓，只使人類對其自身作為人更加無知。西方所發展知識，問題非只內容多少，更是一種以物自身為名、無視「存在為人類存在」之思想形態甚至心態。只知拓展科技知識之超越性，無視天地事物其自身整全及相互間共存關係，故以追求超越為名而致分裂瓦解。[③]

西方科學與哲學思惟都同只思辨性質，唯對象不同：科學以物質性事物為對象，而哲學始終關懷存在整體方向與終極事

---

① 《尼各馬科倫理學》第十卷第七、第八章。

② 巴塔耶亦曾說（見 *L'Érotisme*），必須極盡一切可能性，就算超越知識仍然。極盡一切可能性這樣心態，使西方精神因而毀棄價值、甚至泯滅人性。尼采同然，見前「備註一：價值之源起」注一。

③ 所謂科學知識，也只由對物分解而致而已。縱使之後綜合，仍只已分解之元素，始終沒有保留事物原本整一性，沒有從完整事物之屬性對物作理解與運用，其思想形態，故始終如現實，以對立、分裂為本。此知識所有超越性：超越物之為物。

實，其對象故多似無可形狀概念：存在、現象、表象、經驗、思惟、自我、主體、神、本能、正義、感性……。雖同基於觀察與實證，然作為思辨都只由思想觀點構築起來。西方思想其體系性與理論性格由是必然。構架所以為構架，因必須使用假設與設定而作推繹，推論只構築之手段與過程而已。設定及特殊觀點之選擇，使構造必然為超越性質，非從周全事實而建立之客觀洞見。如笛卡爾所言「方法」：「從複雜事物歸結為"簡單體"[①]，再由簡單體推論至一切可能結論[②]」，其中「簡單體」已是一"觀點"之結果，因而分解（分析），於沒有保有事物原初整全性時，已非客觀[③]。對簡單體之求索（分析），故始終思辨性或設定性。觀點之超越性在此：不同分析法或分析所取不同面向層面，使觀點只能體系地主觀、非依據事物原初整全樣貌而客觀[④]：科學局部地對物分解建構、哲學整體地對存在分解建構，二者故始終為超越觀點。

　　人類本可在分解外單純對事物認知，知識亦非必然思辨性質。科學實証之純理論建構，使知識無需保有對象本身，反而

① 分析過程。「簡單體」對等以往「本質」地位。

② 綜合過程。

③ 「本質」於與「屬性」有所區別時，（一者必然、另一者偶然），已是對對象之分裂、一種觀點看法。事實上，經驗對象只有種種屬性，無「本質」與「屬性」這樣劃分。人之為人，也是一感性動物，非只理性而已。

④ 哲學對現象"根源"之探尋似整體、亦成就體系，然因哲學「對象」與其「根源」往往一體形成，（如康德現象與超驗主體性、或黑格爾現象與絕對精神），故哲學所成整體性，實只一觀點下封閉之整體。科學對象雖由物質性而似客觀，然因對象往往局部而支離，其所得結論始終片面而主觀。

創造着物質世界。科學建構性知識、與非建構性之經驗知識其差異故在超越性一點上。事實上，經驗知識可從極精微觀察達致，非必只能由思想設定與構築。中國本草醫學便如此。思辨構築性知識只一種形態而已，其所有用途也只一種形態而已，是仍可有其他形態及實用性可能。

對人性可否與知識結合一問題，關鍵故非在「人」[1]與「物」，而在超越抑非超越。事實上，無論人（存在）抑物，都可不從這樣觀點觀。以為必須從超越觀點觀，只人類自身奴化於物超越性構築而已，如其在經濟中奴化於資本超越性而已，是仍有單純"為義"之可能。植根於中國模式之物知識仍有待發明發展，唯這樣知識其實用性對人類始更可稱許、更是人性故。

"構築存在"非善亦非美，甚至從終究言非實用，非與「義」有關。人與物非必人性地有所對立，對立唯在超越性與平實性而已；物實仍可平實地面對、人性平實性仍可延展於物之認知。超越性非必根本，知識仍可有本然非超越性之可能的。

西方形上學非對上述超越體之虛妄沒有批判，這樣批判主要有兩種形態：1. 一形上學體系對另一形上學體系其超越體之批判；2. 對現實世界中種種超越體之批判。前者如亞里士多德對柏拉圖理形、或康德對一切本體界[2]之批判；後者如盧梭對人類政治社會、馬克思對資本主義、尼采對基督教等之批判。從

---

[1] 人性之道。

[2] 神、主體實體、現象作為物自身。

中可看到，超越體基本上分兩類：知性超越體、及現實存在超越體。「知性世界」與「現實或感性世界」之二分，本身源於形上學、亦反映超越性之形態。唯有由超越性，始有現實作為對反[1]。知性超越體[2]較現實超越體地位更高、更是根本。哲學本由這樣超越體孕育而成。

形上學對超越體之批判怪異。原因在於，批判所針對的，非超越體其內容，而是其超越性。如康德對笛卡爾主體之批判，非批判主體之作為自我意識，而是批判其作為實體；又或如馬克思之批判，非對物質經濟本身批判，而是批判體現為超越性之"資本生產關係"。從這點言，西方思想是自覺超越性之虛妄的。[3] 本來，若知超越性虛妄而批判，不應走回超越性懷抱內，西方非如此：從哲學批判神話始，只另一種超越性之誕生而已，從來沒有離棄超越性。其軌跡確越來越世俗化或現實化：理形較神靈更現實、亞里士多德個體實體較理形更在具體因果維度內、「我思」之自我較神之自我更近人、現象較物自身更不超越、涵蓋一切片面真理之辯証法較獨斷思想更能包涵現實一切……。雖仍為超越性，超越體之歷史確越來越世俗或現實化，「存有」越來越墮落。這樣超越體軌跡，故仍只一種死亡本能、一種強迫性重複動作而已。

---

[1] 「現實」本身如是實亦超越性，由物超越性（資本、權力、物欲等）所塑造之存在。

[2] 知性不必只傳統知識義，連海德格爾所言對「存有」之「思」，也屬這樣形態。

[3] 如康德自覺獨斷形上學錯誤（知性超越人類知識範圍）那樣。

作為歷史觀，西方歷史對超越性之批判，也只超越性延伸之過程而已。批判因而只一種假象，現實性對立超越性這樣對立尤是。[1] 是沒有"所謂現實"的，一切也只超越性而已，連現實在內。此所以德里達也只能解構、只能內在地以解構超越[2]；西方是無法脫離西方自身的。[3]「攻乎異端，斯害也矣」（《論語·為政》）。那怎麼辦？我想，唯等待人類對中國道理覺醒；而我們只能盡心盡力致力於這樣道理之真實而已：人性地、非超越地。

從以上可明白，一、看清錯誤並不代表就能看到正確道理，兩者無關。正確道理只能獨立體會，不能由錯誤推繹出。思想若仍有超越性，只能歸咎其自身欲望。其次是，二、思想之超越性非某理論或想法始有，而是思想本身現象。當孔子說：「性相近也，習相遠也。唯上知與下愚不移」（《論語·陽貨》），孔子所指出，人類「智思」往往遠離甚至移離其本性；思想之純粹無節限，必然遠去人性而為"超越"。思想難於自拔於自身作為思想，唯"學為人"之道理始能本然正確[4]。理論之"實踐"只真實性要求，始終與人性之學無關。單純由思所建立者，故鮮能人性而無超越性，能思者多不學故。儒學故非理論，非單純思想，

---

① 能對立超越性者，本身必已為超越性。唯力量始能對立力量。

② 如是，解構也只另一種超越性而已。

③ 這種無法脫逃結構，德里達稱為 "double bind"。見 Spéculer - sur《Freud》一文開首。 *La Carte Postale*，Flammarion，Paris，1980。

④ 孔子故說：「吾嘗終日不食，終夜不寢，以思；無益，不如學也」（《論語·衛靈公》）。思想只能判別思想之真理性，無法判別道理之正確性。

只"作為人"之體悟。正因非只思想，故可為一切思想最終正誤判準，因其所判定，非思想內容之對錯，而是其是否人性這更先事實。

形上學之源起

形上學因非人對自身人性與道之體悟，故本無必然，其源起故由人而偶然。我們借由與《老子》之比較，透過本然非形上學思想之中國傳統，說明其問題。

《老子》非如儒學，為對人性存在深遠博大之體會，也非如西方形上學，有由思「物」而致之嚴密體系性與多樣性，反而呈現為一種在日常素樸生活存在中之思想。這由平素而起之思惟，一如儒學，單純"針對人類自身存在"，與外在事物無關。老子思想基本上清楚：人類存在從來都無所安定，存在一切昏亂，其原因在人類欲望本身。正因如此，"遠去"欲望，這即形上學誕生之原因。於此可見，老子與西方形上學其根本差異在於：一者由遠去欲望（人類世俗欲望），另一者更求為形上事物之欲望；一者完全對欲望摒棄，另一者只轉化欲望，由形下而形上。

在以人類本身為欲望性格時，對人類之教，最自然莫過提出無為與虛靜無欲之道理。老子沒有如古希臘，在人類外另立一形上真實，以解人類欲望之追求。此老子所以更為素樸而真實：若仍有絲毫追求，必會導至原初虛妄。老子以形上體為「道」，非再為提出一物；「道」由來已久，甚至沿襲自儒學傳統。

然把「道」形上化、以「道」與天地自然對等起來，是為去除儒學「道」之從「人道」言，若非如此，無以說明人類不應有所作為，那時「道」與「人道」將同一故。老子以「道」為超越（人類），故是為指出，在人之上確有其他存有，人故無能視自身為終極真實而行。人也只能法地、（地）法天、（天）法道、最終（道）法自然而已，始終無能自視為終極者。如是可明白，一旦言形上，無論甚麼，其意仍單純為對人之否定；縱使只如老子般，以形上者只為無為之自然，非有為之神靈或另有價值與真實之本體，始終，在人之外超越地有所建立或主張，雖本只為遠去人類欲望，然畢竟仍須遠去「人之道」本身，故始終如西方，求為遠去人其所是。

不過，在言「道」之形上性時，老子是謹慎地避免任何再次欲望可能。「道」內容之不定、「自然」之非物與無作，都為指出：無為與無欲、返樸歸靜，這始存在唯一真實狀態。老子思想始終憧憬着這樣淡樸存在，甚於人性之美。[①] 我們更可看到，老子

---

① 歷來學者都把老子思想視為政治性，這非正確。所以似如此，只老子不得不用世人價值觀，指出無為無欲在現實生活上有多大價值與實用性，以此証成「道」之真實而已。假若世人均為上士，老子將無須如此辯解。老子思想因而有兩面：一從現實性、從政治說明恬淡無為思想之實用性；而二從無形無象不可名狀說明「道」之超越性。後者之所以必須，因老子不欲世人將「道」確實化，成為另一人類欲求對象。老子這恬靜無欲之存在觀其用心美麗：既以恬淡無欲狀態為（糾正人類欲望）真實，又不欲實化如此境界，使人以形上為欲望對象。不過，從形上言「道」，實仍對人所是只視為負面，此為一切形上學所共同。始終，老子較西方更為一致：於否定欲望時，不再保留「超越欲望」之可能。老子思想雖仍出自世俗觀，但從

所言「自然」，雖似同指眼前自然界，然意思正與西方相反。關鍵在人是否仍屬「自然」一部份、是否仍在「自然」內。正因「人」與「自然」對反，故「自然」始能為形上，教人遠去人自身。西方所言「自然」不同：因「自然」涵蓋一切，故人亦「自然」一部份、有其自然本性或本能等等。甚至相反：「自然」可完全為文明製作，如柏拉圖視宇宙為由工匠神（démiurge，見 *Timaeus*）所作工藝品、或史賓諾莎直視「自然＝神」那樣，都為「自然」之人文化，至盧梭甚至尼采仍然。反而，唯中國傳統始似有一非人文化之「自然」，老子明顯，儒學則有點模糊，如孔子所言：「子曰：予欲無言。子貢曰：子如不言，則小子何述焉？子曰：夫何言哉？四時行焉，百物生焉。夫何言哉？」（《論語・陽貨》），此時「自然」確似在人文或人類作為外，然若從「天道」與人性一致言，「自然」又仍與人類一體[1]，非如老子「自然」般超越。超越性「自然」（＝道），故唯老子始有，此其思想所特殊。

西方形上學相反，雖與老子同樣視人類為不是，但其根本非為去人類欲望，而反求欲望之更強大狀態、以能神性化或超越化為目的，以此始為高於人類世俗存在。一如從現實言之資本、權力、政治、性欲、科技資訊，強大始終為形上性之本。老子所否定只人類欲望，然西方所否定則直接為人及其所是，非其欲望性。若對欲望似有所否定，也只因為"人性"或"人習性"欲望而已。對超越性之"欲求"，於西方從來肯定，至萊維

貫徹無欲這方面言，實更誠懇而美麗。

[1] 孟子故引〈太誓〉曰：「天視自我民視，天聽自我民聽」（〈萬章上〉）。

納斯仍然。^①

形上學之產生，故有以下三因素^②：1. 對人類及其存在有所否定：或如老子之對人類欲望、甚或如西方對人性之所是，此一切形上學產生之根本原因。2. 人"世俗求強大之心"極致地延伸^③。求強之心，為"西方"文明其超越性形態之本。尼采故以人類「求強意志」（Wille zur Macht）為根本。3. 在以上兩原因外，因存在確然有上與下維度，無論從份位抑從價值言，人類存在這一"等級性"，故往往為人所利用，成就權力力量甚至暴力之上下對立，如古希臘神人對立所表徵，其絕對化（超越化）即形上學。形上學因而是在這上下絕對化框架或視野下始形成。我們在本論中常言「存有等級」或「完美度等級」，實亦此上下等級於存有者間之體現。

若人類從來沒有對人性（人其所是）^④ 否定之心，縱使有求強意志、縱使存在有上下維度與等級，形上學仍無以誕生：求強與上下仍可從德性、非必從超越性或從對立言。如是人類不會在人之道外，另求一超越之途：存有之路。

如是我們反可明白，像儒學所以沒有發展為形上學，原因也單純與其對「人」之看法或態度有關：視人類之惡為人類不可

---

① 西方如是實弔詭：本由去欲望（淡泊）始遠離世俗性，西方正好相反：反由追求超越性（超越地欲望）、求為強大或神性地高尚，以此為非世俗。直道與非直道，其分別由此。

② 人本身或思想心態因素。

③ 無論求控制一切、抑求完全不受控制（自由）而逃離。

④ 甚至對人（他人）。

逆事實，必與其人自己能力有關。若如王者能以德行改變一切，是不應會對人類善惡視為必然。又或若人自己始終仍能體會人類之美與善，非單純見其醜陋；又或若仍能對人倫與人性有所明白，仍是不會對「人」及其存在之平凡予以純然否定。人類醜惡可只是現實事實，與人性無關。若人自身仍為王者或為品格懿美高尚之君子，或更簡單，若人仍為仁者，是絕不會以人類為必然醜惡者，故曾子說：「上失其道，民散久矣。如得其情，則哀矜而勿喜」；子貢亦說：「紂之不善，不如是之甚也」、「君子之過也，如日月之食焉。過也，人皆見之；更也，人皆仰之」[①]。仁者不會單純從利害觀一切[②]，故不會對「人」予以否定。若思想家都為王者或君子人格，形上學將不會誕生。這樣的人，不會追尋有別於人類之懿美、不會求索人性外之其他價值。視惡為人類本性之事雖容易，然其結果不會致人類善惡有所改變，頂多只會在人類上，替人類立"另一"善之可能。老子與西方形上學於此共同。在結論政治之終極目的時，孔子故說：「善人為邦百年，亦可以勝殘去殺矣。誠哉是言也」、「如有王者，必世而後仁」[③]。「誠哉是言也」與「必」兩語，仍多麼是對人類之明白與肯定。此孔子之仁。

---

① 以上見《論語・子張》。
② 王者故正先不以絲毫"利益"對人民考量，其考量單純人性而已，非為利益而作為。
③ 以上見《論語・子路》。

形上學之理據：現實與人性奴性問題

對上節所言，我們仍須從形上學立場，討論其所視為理據者，而此主要有三：一為「現實」確然虛假虛妄，無真理可言，真理故須立於形上。這樣看法是形上學從來立場，自巴門尼德便如此。二為「人性本惡」，因而善只能從他求，此所以形上學必然。三為人類確然有一「自身奴化傾向」，由這樣本性，故自然有形上學超越性或超越者之形成。對以上第二點（人性惡問題），我們在本論中「康德道德與人性惡論之關係」一節及尼采《看哪這人》總論部份已有所討論，今不贅言。

首先有關「現實」問題。形上思想雖本然與「現實」及與「世界」有關，為「現實」之提昇性延伸，然哲學所視為真理，往往實基於「現實」之為虛假言，超越性故為對現實性之超越、或為對"單純現實性"之摒棄。然事實是，無論「現實」抑「現實性」，實非從單純對反理想性（形上真理性）言。上面曾指出的西方思想史為「由超越性回歸現實之歷程」顯示，哲學所言「現實」，只為一種矢向，非有其自身固然狀態、非有一種「現實作為現實」本然樣貌。並非完全沒有，而是"從思想史"這樣角度言沒有。若是從人人求為自我利益、對他人（外人與外在世界）視為敵對這些方面言，像這樣「現實性」，確實從來如此，但這樣「現實」不構成哲學形上真理之反面，故與哲學批判無直接關係。與哲學有關之「現實」，只一歷史中矢向，非"現""實"。如：柏拉圖所批判古希臘宗教及由荷馬等英雄神話所形成現實，只柏拉圖

所視為現實而批判而已，如其批判藝術摹擬世界那樣；同樣，柏拉圖所視為真實之人文手工藝世界，至亞里士多德時所肯定反只一由事物自然狀態生成之世界，縱使如國家仍有其由鄉鎮家庭等之自然生成，法律由風俗、道德由倫理倫常等自然因素，故非如柏拉圖所以為世界為純然人文制度化之事；中世紀由對神信、望、愛情感之純粹，故亦相對地對世俗存在視為一情慾現實；而笛卡爾等古典時期所崇尚物理理性，於十八世紀人文與自然素養者眼中，只落為如工業革命及其帶來機械物化與異化之現實世界而已；一如我們今日由於虛無價值觀因而有着一自我放縱、求為極盡聲色享樂之沉淪現實世界，處處唯見權力對向那樣。換言之，無論哪一時代，都各有其所面對"不同"之現實，「現實」實非一而是多，各相對其時代所欲立真理而見而已。

「現實」如是實有兩義：一從如人求為自我利益、對他人（外在世界）視為敵對這些方面言，這樣現實性出於人類自身，非屬時代；另一種與哲學有關之現實則為不同時代觀點下之虛妄、是相對其時之真理觀點言，甚至可說為是由這樣真理始塑成。如是，古希臘、城邦希臘、基督教信仰、古典理性主義時期、至我們今日等等，實各有其相對所見及批判之現實，無一盡然相同。哲學或形上學以為能借由對現實虛假而求索形上真實，這樣立論因而根本不可能：其所批判現實及現實性，只伴隨其（真理）觀點而生而已，現實非有其自身存在、非有其本然虛假性，可為形上真理證成之理據。形上學所批判現實，只一歷史矢向，無其固然面相，故不構成形上真理求索之原因。由西方思想史為一「由超越性回歸現實之歷程」可見，現實甚至為思想所證

成、非批判對象，此現實與哲學真正關係、其內裡事實。柏拉圖城邦故較古希臘神性世界更現實、亞里士多德經驗習性自然現況故較柏拉圖理想城邦更現實、我們今日社會再不可能是希臘城邦式共體，只如海德格爾所形容，為一焦慮沉淪的世界。哲學所言「現實」，不可能有自身終極之一日，必隨着西方文明而推進，甚而只是一更形物化之過程。對現實之批判故歸根究柢也只價值觀上之變革：更"現實"物性價值對較不現實價值之取代、以「現實」之名立真理而已。現實性本身始終非單一。從柏拉圖對古希臘批判可見，柏拉圖並沒有深究古希臘神靈世界之原因與目的，只關心其自身政治城邦這一現實而已。批判者往往只從"未來"對"過去"批判而已，從不關心過去事物本身源起意義與價值真實。批判故都只現實地功利、只從現在觀過去，非從事情本身觀。尼采故指出蘇格拉底根本不明白希臘悲劇精神、不明白古希臘神靈與神性。現實間批判故只是物展現其層層面相之過程、是存在更形物化過程，換言之，現實之現實化過程。如是表面上對立超越性之現實性，實即另一超越性本身。最低限度，從超越性至現實性，實等同現實事物之超越化，二者非對立而實一體，均為存在物化去人性之歷程。這是哲學源起之原因。「現實」始終仍只「超越性」而已。由是可見，是不能以"人活為人"之價值為"非現實"，人性存在是沒有理想致不能現實者。中世紀一千多年活在基督宗教下，實仍一種現實；是不能以中國古代求為活在人性下為不能現實者。是否現實故不應唯從眼前衡量，眼前所見雖可只一物化超越化存在，然人性地活，同樣可終有一日為現實存在者。

　　至於由人求為自我利益、對他人（外在世界）等視為敵對而言之現實，那與時代想法及物質處境狀態無關之現實，像這樣人類現實性，確然恆久。《論語》便特有〈憲問〉一篇對此作分析[①]，指出這樣現實所有虛假與流弊。然對這樣現實，人仍無須絕對地否定。對由外在性而致之現實性，實仍有其正確可能，即：人人各盡其份位之真實，「思不過其位」，如此縱使人與人關係外在，事仍能如實成就，不應以為現實只能爭鬥虛妄而無解。[②] 現實因而始終無必求為形上。由此可結論：無論現實及現實性怎樣，都不構成人類另求真理之理據。非現實必是，只其虛妄仍可改變，或甚至只是由時代想法主觀地形成而已，始終非必為人類"現實"，故無必另求為形上真理。此第一點。[③]

　　至於第三點：人是否本然奴性問題，實人對人性否定另一更深原因。藉由人性為卑下甚至為奴性性格，西方證成其對神性與超越性之崇尚。[④]

　　以人性為奴性，從思想言由來已久。若不舉古埃及之奴隸制，柏拉圖在洞穴喻中以人為兩類：真知之人及在洞穴中被禁

[①]　《孟子》於言道理時，更往往對比現實而言。

[②]　見《論語・憲問》最終五句：句四十至四十四。

[③]　第二點從人性惡證成其他善，我們已指出，在本論中「康德道德與人性惡論之關係」一節及尼采《看哪這人》總論部份已有討論，故不贅言。

[④]　人類對人性之低貶，視之為卑下，與人類是否醜惡應無關。如泰坦神靈般醜惡仍可為神性，醜陋故不必然與卑下性相關。甚至，連在孔子眼中人大多也只小人，然這仍不構成對"人性"低貶。

錮着的奴隸[1]；基督教下背負着原罪之人類；史賓諾莎所言為情慾所箝制而為慾望奴隸之人性；馬克思所見在資本主義生產下之無產階級及以資本為拜物教之資本家；尼采所向往自由心靈其反面之人性群畜奴隸性；佛洛伊德從潛意識言本能對人之強迫性（奴性）⋯⋯，如此所見人類事實，都與奴隸性有關。

然視"人性"為奴性嚴格言，不能從人知識有限（因而非全知）或人情感有所受制（如激情）這人之事實方面言，甚至不能從人受本能驅力驅使而有限、或人存活有限性等事實言。若是如此，所言奴性始終"與人性"無關，只外在或事實不得已而已，不能歸咎於人本性。人性若真有所奴性，故唯"從本性地"屈從於上位者言：在應有平等關係中，屈從於統治中之「上下」。[2]在人與人間"因其居上"而對人盲目屈從，這始為人性奴性所在，其他非是，人性唯從「人面對人」這事實言故。

在人類統治關係中，上位者幾近都視人民有如奴隸。若統治非以人性禮樂[3]、而是置人類上一絕對必須服從之命令，無論以宗教抑以法權為名，如此統治已為對人性否定、已視百姓只如奴性，為對人類作為人首先低貶之原因。我們意思是說：以人性為奴性，實非由人民事實如此，只居上者如此觀而已，換言

---

① 　人這樣分類，為柏拉圖城邦法律建立之根據。

② 　換言之，若如古希臘神人能力差異（神靈不朽而人類會死，其青春、力量等性質有所衰竭），這樣差異性雖為事實，然始終與"人性"無關，是不構成對"人性"低貶之原因。

③ 　以人性而治，縱使終言法，仍必先以禮與教為基礎，故《論語・子路》說：「禮樂不興則刑罰不中」。

之，一如超越者純由於人類欲望，非真有現實中必然原因，同樣，於人與人間之奴性，是純由超越者（居上者）而致，是超越者置對方為奴性，非人（民）本然為奴性。人類中宗教與政治法權之所由起，實求為對方（人民）為奴性地服從而已。以為依法因世間有惡而治理必需，均只借口而已。純以法治，所宣告實是：人無人性可言，故無可改變為善，只能言禁制，不能言禮、教[1]，人之為奴性由此。所謂自律（道德自律所要求），實只盲目服從於律則（遵守法制規範）而已，非求為人性地行為、更非從人性德性之自由言。[2] 對人類及人性低貶之關鍵，故出於不相信人性治理可能，而求以超越性統治。如此觀點，在性惡論外，亦自然以人為奴隸性，否則無以單純從法制言統治。

正因奴性實由上位者統治之無道引致，故不能以此為人性奴性之證成；唯上位者自身如是而已，非人性如是。中國古代先王所以為王者，因在他們身上，治理非以奴性而以人性之尊嚴進行，縱使對待被滅國仍然[3]。在其他一切統治中，統治多只如畜牧，始終有奴性在。由統治者如此觀點，人性為奴性於社會中故為一種泛論。

雖然如此，我們仍需從人民一面，見其本性是否奴性。有

---

[1] 在法制社會下之教育，只為達成社會分工功能、甚至只階級之分等，非為「成人」而教。

[2] 我們不應以為，言道德自律便非奴隸性格，原因有二：一為自律道德所要求仍與人性無關，只純粹理性之事；二為一旦人不如此自律，法律對人仍只如奴隸而已，非先作為人。

[3] 見《書經》。

關此，我們舉《論語》為例，見從「下對上」之表現中，人民是否為奴性？《論語》中有關語句如下：[1]

> 「子曰：道之以政，齊之以刑，民免而無恥。道之以德，齊之以禮，有恥且格。」〈為政〉
>
> 「哀公問曰：何為則民服？孔子對曰：舉直錯諸枉，則民服。舉枉錯諸直，則民不服。」〈為政〉
>
> 「季康子問使民敬忠以勸，如之何？子曰：臨之以莊則敬，孝慈則忠，舉善而教不能則勸。」〈為政〉
>
> 「子曰：君子篤於親則民興於仁，故舊不遺則民不偷。」〈泰伯〉
>
> 「顏淵問仁。子曰：克己復禮、為仁。一日克己復禮，天下歸仁焉。為仁由己，而由人乎哉。」〈顏淵〉
>
> 「子貢問政。子曰：足食，足兵，民信之矣。子貢曰：必不得已而去，於斯三者何先？曰：去兵。子貢曰：必不得已而去，於斯二者何先？曰：去食。自古皆有死，民無信不立。」〈顏淵〉
>
> 「季康子問政於孔子曰：如殺無道以就有道，何如？孔子對曰：子為政，焉用殺。子欲善而民善矣。君子之德，風；小人之德，草。草上之風必偃。」〈顏淵〉
>
> 「子路曰：衛君待子而為政，子將奚先？子曰：必也正名乎。子路曰：有是哉？子之迂也。奚其正？子曰：野哉由

---

① 解釋請參考拙著《論語・存在正道平解》。

914

也！君子於其所不知，蓋闕如也。名不正則言不順，言不
順則事不成，事不成則禮樂不興，禮樂不興則刑罰不中，刑
罰不中則民無所錯手足。故君子，名之必可言也，言之必
可行也。君子於其言，無所苟而已矣。」〈子路〉

「樊遲請學稼。子曰：吾不如老農。請學為圃。曰：吾不如
老圃。樊遲出。子曰：小人哉，樊須也。上好禮則民莫敢
不敬，上好義則民莫敢不服，上好信則民莫敢不用情。夫
如是，則四方之民襁負其子而至矣，焉用稼。」〈子路〉

「子曰：上好禮則民易使也。」〈憲問〉

「孟氏使陽膚為士師。問於曾子。曾子曰：上失其道，民散
久矣。如得其情，則哀矜而勿喜。」〈子張〉

「興滅國、繼絕世、舉逸民，天下之民歸心焉。」〈堯曰〉

從以上句子可看到：表面上，人民似必然跟從上位者，因
而似如奴性；然事實是，這實由於法制權力之壓迫而已，因而
身不能不從。在表面行為反應外，人民心仍是知曉人性善惡，
因而不能以人性本為奴性，最低限度從意識言如此。從知善惡
言[1]，人民百姓始終獨立：既知上位者之有道無道、亦以「有恥」
「無恥」回應。若單純為奴性，對上位者所作所為只會單純肯定
諂媚，"無分對錯是非地"首肯。

如是可見，所謂奴性，實是對一種超越在上者盲目無條件
屈從甚至崇拜、對權力力量之崇尚，無論在上者為人類抑非人

---

[1] 從人性言「是非之心」，非針對知識，而是對人是非善惡之知分辨。

類。從這點言，若只盲目遵守法律、不知人性應有是非道義，確是一種奴性表現。然人民始終如孔子指出，在法與正義前，仍先有着人倫人性之真實，故：「父為子隱，子為父隱」（〈子路〉）。對向上位者，若非有個人或黨派利益，人民對上位者之回應仍先在其自身（上位者）之對錯，非在其權力地位。對向權力而人民「免而無恥」及對向上位者德行而人民「有恥且格」（〈為政〉）所表示故為：「恥」與「無恥」雖言過錯在人民，但因落於上下關係中，故人民仍以上位者應先行、於對錯中應先主動，故縱使自身有過，若上位者同樣無道，人民是不會以自身之過為過者，故「無恥」，只因刑罰而求為「免」而已。其對自身過失承認而「有恥」，唯由上位者以德以禮人性地對待始可能。換言之，因上下關係有主動被動、先行後行差異，故一切仍須由是否人性對待取決，上下畢竟仍先只人對向人而已，其人性而非奴性在此。因而無論「有恥無恥」、「民服與不服」、是否能「敬忠以勸」、是否能「興於仁」或「不偷」、甚至是否「歸仁」、「歸心」、或「易使」，都單純取決於上位者是否以人性對待，是不會折服於其居上而使自身如奴性地屈從的。人民所對向，仍只人性而已，非權力地位。

正因人性只體現在"人與人"之間、先只齊平意識，非如奴性在"面對超越者"，人性故不能言為奴性。人性中一切只以"人為人"地對向，故無從言奴性。若真明白人性所是，是不會言人性為奴性者。百姓始終非以超越者看待上位者，故有「不服」「無恥」可能。人性之面對不從崇拜言故。奴性故唯體現在充斥着超越者之現實存在中、由此而造成人陋弊習性，使人與自身人性

相違。「面對人」與「面對超越者（他者）」因而可為人性與否差異之標誌：社會若只崇尚法制、崇尚強者與優異者、甚至只以"崇尚"為姿態；社會若所對向只為「他者」而不見「人」、人與人若只有人性表面假象而無實，如是社會再無人性可言；人其奴性唯從如此狀態而顯。然始終，這一切實非由於人性，由社會及現實為一超越性存在而已。

從上故可說，無論從「人民」抑從「人性」言，都本無超越性可能。「人面對人」這人性存在事實，若非由人自限為「自我」，否則無超越性可能。超越性唯在「自我與自我」對待中，特別當對方超越一己自我時，始對對方崇尚或對立；若單純為「人與人」，其關係始終人性。故若人能知不講求自我，此便其人性之回歸。王者亦唯由「克己復禮」而致「天下歸仁」（〈顏淵〉）而已。人性抑奴性，故始終由人「作為人」與「作為自我」①取決、始終在每人自己，與人性本身無關。人若仍有"心之自覺"，是不會對人盲目崇尚致失卻自身作為人之自主與獨立。以上為「人性非為奴性」之說明。

人對向存在而似再無人性，實只心於超越性前潛藏至連人自己亦如無所覺那樣。此孔子所以言「民興於仁」，民心其人性仍有興發與否可能。超越性存在對人之扭曲雖不可思議，然人無以完全失去其人性，此所以子貢與馬克思說：「文武之道，未

---

① 人所能取決，只其自身態度為人性抑非人性，人作為人之一切，始終由自身取決而已，非由他人決定，此所以「為仁由己」。「作為人」與「作為自我」這一取決，始人自主而自由，道德之自由意志非是。

墜於地，在人。賢者識其大者，不賢者識其小者，莫不有文武之道焉」(《論語・子張》)、「有些人會這樣說：從社會觀點言，是沒有奴隸與市民：兩者也只人而已。正好相反，他們只有在社會外始是人。作為奴隸或作為市民是社會屬性，是個體 A 與個體 B 之關係。A 這個個體本非奴隸，他只有在社會中及透過社會始是奴隸。」[1] 人可能以為社會即一切，然始終，社會只社會而已，在社會上，是仍有天與人性在。人心始終獨立，其獨立性非「我思」之作為主體；思想反而無真正獨立性可言，只隨着對象及自身心態改變而已。「自我」之獨立性始終相對，非如心之本然獨立。能知心之所是而行，人始真正自由。人之本心是無從言奴性的。

西方政治若只求為超越地統治，是無真正王者可能[2]。王者唯要求自己，非超越地要求對方。上位者之無我，始使人民亦以人性之美回應，成就「人面對人」之真實。若如萊維納斯那樣以為「面對面」為一種超越關係，實仍不明真正「面對面」。在超越關係中之我，也只自我而已，非人性。周所以偉大，因縱然「三分天下有其二」，然仍能「以服事殷」；其無我之德，故為孔子讚歎說：「周之德可謂至德也已矣」(《論語・泰伯》)。古代先王所以偉大，在其作為上位者仍絲毫無超越性，其為上位故獨一無二。人類存在是否能真實，終全繫於此。

---

[1]　馬克思 1857 至 1858《政治經濟學批判綱要》*Grundrisse* 第二稿本中，題為「產品與資本。價值與資本。蒲魯東」一節。

[2]　縱使為正義，若只從力量而非從人性德行言，仍非為王者。

儒學對形上學及超越性之回答

　　在結束有關超越性之討論前，讓我們對儒學對超越性問題、及孟子對人超越性問題之回答略作說明。儒學對超越性之看法與回應，可從三點見：

1.　無論於政治（人對人之統治）抑對向真理、無論是現實之構成抑現實中人與人關係，在西方存在模式下，都純然體現為與超越性有關。於政治，超越性體現為權力與法制，於真理以物知識與神性或神秘性為向度，現實則充斥着如資本、科技、形象、舞台、市場及大多數等超越物與現象，而人與人於現實中關係也只求為競爭與相互超越、都訴諸於各自之「自我」，因而以敵對對立為本。如是可見，存在都為超越性所滲透，而「人對向超越性」因而為存在"唯一"向度或模式，無論哪一方面均如此。縱使也知有「神・世界・物・人」等存有四維[1]，然《論語》所視為存在真實向度者[2]，實一而已：「人之對向人」。由「對向人」而非「對向超越者」，存在始能真實而無妄。存在所有真實向度，故可從四方面言：作為上位者、作為百姓（居下者）、人之對向他人、及人之對向自己。四者實即「人」存在所有向度，「超越者」因

---

① 〈述而〉最終四句：句三十五至三十八。討論請參閱拙著《論語》。

② 有關《論語》所討論「存在向度」，見〈為政〉首四句：句一至四。

虛妄故非是。單從《論語》對存在向度如此劃分與排列便可看到：《論語》刻意對超越性排斥，因超越性絲毫無所真實故。不僅如此，從上述四種存在真實向度，《論語》更小心翼翼地指出每一者於"去其超越性時"所有德行；「德行」甚至直就是「超越性」之反面，對人作為人言，德行直針對超越性而有，為超越性之正反。因而本然超越之上位者，其德行或其去超越性地駕馭他人之關鍵直在「以德」，此「為政以德」深邃意思：「德行」直為「超越性」之對反故。用『為政』『以德』言，其針對性再明顯不過：我們上面曾指出，在人與人間，政治或上位者之統治，正是超越性所由引起之首要原因。『為政』『以德』故是對上位者之教訓，教誨其居下之心與行。《論語》甚至作譬喻說：「譬如北辰，居其所而眾星共之」，一方面星辰確比喻至高者，但另一方面則以「北辰」這靜止而近隱晦之星辰，喻居上者無我之姿態與作為，絲毫不應由其超越他人之地位而致人性之失去，此「居其所」意思，由是賢人始承輔其政，致如「眾星共之」而治。同樣，若人民百姓構成現實之大多數，其中超越性由相互敵對對立（相互超越）而生，那百姓之去其超越性，應如《詩》中百姓之「思無邪」：《詩》所體現或致力教導百姓之心者，唯應絲毫爾虞我詐之心也沒有、復歸人性素樸平凡之真實，如是縱使為現實，始再無人與人間由敵對對立而致之超越性。〈為政〉更於論「人對向人」之第三句中：「子曰：道之以政，齊之以刑，民免而無恥。道之以德，齊之以禮，有恥且格」，藉由「道」（導）與「齊」字，總言人與人兩種根本關係：或

上與下（導）、或齊平齊等（齊）。二者為上述超越性之總結：
因高於人（導）而超越、或於齊平中相互敵對而超越；二者
之正故一仍在「以德」（非「以政」），而另一者之正則在「以
禮」而非「以刑」。「以刑」雖從上位者角度言，但實表徵人
與人此敵對爭鬥作法，唯因居上故可用刑而已。在人與人
間、在面對面中，其人性在「禮」而已；「禮」正是由人性而
去人與人間超越性（相互敵對而求超越）者[①]。最後，在個人
自己中，其由「自我」所形成超越性，正在自我欲望上。《論
語》故以「心」與「欲」作對比，橫跨人一生生命，教人由去
其"欲望之自我"回歸人性生命之真實，故：「十有五而志于
學。三十而立。四十而不惑。五十而知天命。六十而耳順。

[①] 禮之精神為「居後」而「讓」：禮讓，亦為人性「和」、「敬」、與「情感」之
體現。其目的除人性教化外，更針對上位者之驕橫及人與人間之爭鬥而
言，故：「季氏旅於泰山。子謂冉有曰：女弗能救與？對曰：不能。子曰：
嗚呼。曾謂泰山不如林放乎」、「子曰：君子無所爭。必也射乎，揖讓而升，
下而飲。其爭也君子」。作為共體理想之道，禮涵蓋一切層面，從個人之
立、平素為事、君臣之道、上位者為政與為國、至對道實行實現時之至
善狀態，均「以禮」而已。見以下文獻：「君子博學於文，約之以禮，亦可
以弗畔矣夫」〈雍也〉〈子罕〉〈顏淵〉、「文之以禮樂，亦可以為成人矣」〈憲
問〉；「生事之以禮。死葬之以禮，祭之以禮」〈為政〉；「事君盡禮，人以為
諂也」、「君使臣以禮，臣事君以忠」〈八佾〉；「道之以政，齊之以刑，民免
而無恥。道之以德，齊之以禮，有恥且格」〈為政〉；「為國以禮」〈先進〉、
「能以禮讓為國乎，何有。不能以禮讓為國，如禮何」〈里仁〉；「知及之，
仁能守之，莊以涖之，動之不以禮，未善也」〈衛靈公〉。禮作為人性道，
故為存在至美善理想，此所以：「先王之道，斯為美」。道之所以為美，由
禮之人性而已。有關禮，見《論語·八佾》。

七十而從心所欲，不踰矩」。人性生命應「從"心"所欲」，非「從欲而自我」，因而能最終「不踰矩」。此對向個己自我欲望之超越性言。以上四者所以為「人」之真正向度在此，由是見古代對「存在中超越性」反省之深邃。

2. 若從"如真理般"之超越性言，孔子舉在上之神靈（鬼神）為例，一語而說：「樊遲問知。子曰：務民之義，敬鬼神而遠之，可謂知矣」（〈雍也〉）。對如超越在上之鬼神，縱使似為真理，對我們僅是「人」言，仍唯應「敬而遠之」而已，「敬」言不敢對對立（如自我地）、「遠」則言不以其為真實之事而務。對人作為人言，其首先真實（而非求真理）也唯在「事人」或「事」而已，其總體即「義」（存在中真實或切實需要與必需）。縱使居上，仍唯應從「務民之義」求為真實，非求索其他、非求索超越真理以為真實。刻意特舉「義」言，故是為對比「鬼神」之真理性言：真實唯在「義」、在人民生活需要，非在其他徒只思想上信以為真實者。對「真實者」如此態度，故明針對"以真理言"之超越者而已，視其"對人類言"非為真實（非應視為真實）。此古代對向"作為真理般"超越性之回答。

3. 若非從真理或存在真實性，而"從價值方向"言，超越性仍非應為價值方向，故《論語》有：「季路問事鬼神。子曰：未能事人，焉能事鬼。曰：敢問死？曰：未知生，焉知死」（〈先進〉）。對中國道理言，因人類始終為存在中心，故存在一切目的，始終在人倫，非在其他。是不應以任何理由宣稱與人倫無直接關係者為價值求索所在。而所謂「人倫」，非只言

人與人關係，更是人以「人之事」為存在最終目的而已，故：
「《書》云：『孝乎惟孝，友于兄弟』，施於有政，是亦為政。
奚其為為政？」（〈為政〉）。「事人」故為一切「事」之所本，
亦儒學在「人之道」外以「事人」為首要之原因。此所以子
路求為反駁而問：「季路問"事鬼神"」。孔子之回答仍然明
白：「未能事人，焉能事鬼」。這裡用「鬼」而不提及「神」[1]，
因「祭神」仍為國家事，為上位者表達其對天地恩澤之感謝
（郊禮），故為人"於世存在"態度之教，其為事仍人性之表
達，此孔子所以說：「祭如在，祭神如神在。子曰：吾不與
祭，如不祭」（〈八佾〉）；雖為祭神，然語為「祭神如神在」
及「吾不與祭，如不祭」，故明白仍非從視為超越者真理言。
以「鬼」而非以「神」言，故明指在祭神之禮（郊禮）外，人
往往更求為虛假，以「事鬼」、非以人倫之事為重；甚至視
超越者為事，非事人為根本。子路明顯如此。句故以「事人」
與「事鬼」相對而言。對孔子回答而仍問：「曰：敢問死？」
明白以死生此價值向度為準以反駁；換言之，存在價值非唯
在眼前，更在一切不可知、不可見處，因而對一切超越者價
值作辯護辯解，以之亦為重要而真實。孔子之回答仍然：
「曰：未知生，焉知死」。作為價值、作為存在價值，是本應
先致力於當下者；若連此仍未能、未能盡知[2]，那求為與眼
前存在無直接關係者，又有何意義與價值。超越者作為價值

---

[1]　子路所問為「事鬼神」，然孔子回答獨舉「事鬼」。

[2]　如未能盡知人性之道與德行。

始終非真實，故不應本末倒置地、以虛構虛假者為崇尚，失卻人應有道義責任，甚至失卻人之真實性。在〈述而〉篇故更說：「子不語怪、力、亂、神」。「怪、力、亂、神」正是超越者之四種形態：其對存在平實性之背離（怪）、其以力量行事而違逆人性（力）、其所造成生活安定與存在價值上之混亂混淆（亂）、及其所引致存在之虛假與虛妄（神）。孔子此「怪、力、亂、神」故實是超越性形態與結果、及其虛假性之總結。四者不必然分割開，可為同一超越者之方面：既非平實平常、亦是力量權力；既致亂、亦是如神般虛構虛妄。此超越者往往所同是。如是可見孔子對超越者或超越性之透徹，其明白之深邃。子路「敢問死？」一語，實利用人對超越者必有所敬畏害怕如此心理，如人於刑法前「免」之事實為訴求而言，然這明白為偽、為超越性於存在之首先偽，如人於現實中「非其鬼而祭之，諂也」（〈為政〉）求為利與保身那樣。對因現實或個己利益而求為超越者如此虛偽，孔子故說：「子疾病。子路請禱。子曰：有諸？子路對曰：有之。〈誄〉曰：禱爾于上下神祇。子曰：丘之禱久矣」（〈述而〉）。對超越者而無待、無求為超越性而虛假，故始為真實價值甚至真實人格所在。

如是可總結說，中國古代對反超越性，可總歸為三方面：1. 在人與人對向或關係中言「禮」；2. 在現實物事中言「義」與平實切實之真實性；及 3. 在存在整體價值則言「中庸」之道。說明如下：

1. 若人類存在姿態可總歸為：或求為超越他人、或人性地對待二者，人類共體能致人性地立，亦唯由「禮」而已，非能由如法制般超越性，後者始終只人與人、或國與家之對立、只助長存在更深層權力與力量之爭鬥，非存在之人性實現。[1]在超越性模式下，一切都只超越地導向，沒有人性真實可言。而超越性作為超越性，始終對立着存在，因而終亦超越一切存在意義與生命喜悅；人類存在由超越性因而只更形可悲[2]。相反，真實之禮建基在人性向度，純為成就人與人間人性而有，故求為去除人與人相互超越，使存在和睦而敬愛。作為直在「人對向人」中，「禮」教人遠去超越性與對立，成就敬、和、與情感之美[3]，人故亦唯由「立於禮」始有心人性之真實。由敬、和、與情感，存在始亦有充足意義與真實，此禮根本美善所在，亦現實中一切超越之美[4]所不能。禮如此人性精神，故應為人文藝術內涵，超越之美始終未能盡善，故終對人作為人無意義。禮之對反存在超越性，故可

---

[1] 人性地對待不可免，存在無論怎樣仍須以人性為先。

[2] 如 Silenus 所言，存在之悲劇性命運，見前「《悲劇之誕生》與希臘文明源起」一節。

[3] 「和」非即「同」或「群」「黨」、「情感」非即愛慾、「敬」非即崇拜。後三者所以太過，因再次把人性導向超越性；如在性欲中之愛與崇拜、或「同」與「黨」中力量對他人之超越。

[4] 力量、物色、甚至思辨體系之美均超越。如物，唯回歸禮（如平和淡雅）始真實地美，否則或只幾何、或只自我欲望、甚或只如高聳入雲之建築地壓迫而已。「里仁」所以「為美」，故由敬、和與愛而致。

總結為三:「敬」(敬事)[1]對反知識盲目求索之超越性、「和」對反權力力量之超越性、而對人與物真實「人性情感」,則對反好惡與愛欲之超越性[2],三者使人類存在真實而懿美。禮如是唯一地成就人性存在之可能。

2. 至於「義」這第二點,其對反「利」之必求為超越性,如壟斷與極富,這實不用多說;正確獲取之道也只:「溫良恭儉讓」(〈學而〉)及「子釣而不綱,弋不射宿」(〈述而〉)而已。對存在境況之心境與態度,也只應如衛公子荊般「善居室」:「始有,曰:苟合矣。少有,曰:苟完矣。富有,曰:苟美矣」(〈子路〉)。

3. 最後,若西方所求真理為"絕對姿態",因而虛假無實,換言之,真理必須自明、不可疑、普遍及必然,因而為超越,那作為存在整體"正確"之道,亦唯「中庸」而已。人世間縱使沒有"超越性真理",仍不會失卻人作為人所有真實。「中庸」由其人性,始應為真理之道。「中」非只無過無不及適度之意,更須附上「切中」一意思,換言之,由切中其事而無過無不及、無絲毫主觀好惡或私意,因而實致事情最客觀狀態、事實最需要真實。正因切中事情真實、絲毫無妄執,故

---

① 「務民之義,敬鬼神而遠之,可謂知矣」〈雍也〉。

② 「性愛」若撇開繁殖一意義,於人也只一種超越性:自我個體藉由與對方結合而致之自我超越。基督教所言「博愛」亦然。博愛所以為超越,一由為神對人、二由為世界性地對向,因而往往往外表。博愛只愛之形式,非愛之真實;愛之真實在仁而已。西方從性欲之愛(erôs)至精神之博愛(agapé),故仍只超越性:一者超越地欲望、另一者超越地反欲望。

始為一切真理基礎，定奪真理所以為真；非如妄求絕對性或超越性那樣，仍只一種執着，與人世所需真理無關。存在之中道，故唯應從琢磨而善，不應追求超越之善以為善，失卻中道而虛偽。切中存在處境之義，如「周急不繼富」（〈雍也〉）地不過求，如此始人類存在之中道。至於「庸」，「庸」更直針對超越性而言。「庸」指"微細"、"微漸"、甚至"平凡"。「微」所有真實性，既涉存在背境之卑微（人之有限性）、亦教人用心之「微」、甚至從價值言，對反「大」而更為真實之「微」，三者始為存在之事實，亦由是見人平凡努力時平實之懿美，非以為超越地偉大始是。從存在言，卑微事物並不比超越事物價值為低，甚至往往相反，卑微較超越事物更是真實、更為根本、更由可親近而具有情感。至於作為之真實，真實作為往往從用心之細微、非從求為大事之心態見。追求大作為往往反只虛偽不切實而已。極致之真實，故不應從超越性、更應從平素用心之細微見。故《論語》教人：「浸潤之譖，膚受之愬，不行焉，可謂明也已矣。浸潤之譖，膚受之愬，不行焉，可謂遠也已矣」（〈顏淵〉）。人類真正遠大，非從追求遠大或超越事物、而是從身邊一點一滴微細自覺與反省而致。若連「浸潤之譖，膚受之愬」都能不行，如此始真正明達、真正遠大。事物之「本」始終在人類自身身上，以為在「存有」、「神」、「主體」、「精神」……，實與存在無關。以為存在唯由超越性始能改變，此思想之自欺。存在沒有不能即近之事實；「遠」實非根本，人不思而已。最後，從相反「大」而言之「微」，為「微」之總結性觀法。無論何事，

縱使為政，都不應誇大地看，不應以為須特殊能力，如從政，也只需果斷、明達、與能實務而已 [1]。從「庸」道言，真實故也只在平凡微漸中，非以為有所偉大特殊，此「庸」道所以對反超越性，為平凡日常所以為根本、為真實所在。

以上為儒學對超越性之回答。

《孟子》對人超越性之回答

人之超越性於西方主要從兩方面言：1. 因人類於現實中多只沉淪無道，其本性只現實習性，故若非從人性之心，人其真理性也只能從作為「超越存有者」言，此從人言超越性之第一種原因。2. 現實中人類，無論從個體自我之求為突出、抑從相互間現實利害，所見 "人與人" 關係，都只為敵對對立，此其所以為超越性：人與人間相互超越。這第 2 點我們在上節有關「人與人對向」問題中已討論，今不贅言。本節只集中討論第 1 點。

人作為「超越存有者」

因西方從來對人性予以否定，故不得不從超越性求索「人」之真理性，人作為「超越存有者」由是而起。無論作為對反人經

---

① 見《論語‧雍也》：「季康子問仲由可使從政也與？子曰：由也果，於從政乎何有。曰：賜也可使從政也與？曰：賜也達，於從政乎何有。曰：求也可使從政也與？曰：求也藝，於從政乎何有」。

驗習性之「心靈本體」、抑駕馭或超越現實性之「主體」與「精神」、無論心靈由「對向神靈或存有」而提昇、抑受制於現實而求「自我君主性」，人始終只由作為「超越存有者」而得為真理，非作為人性之人。西方對人性之否定，鮮以之為對象而反省，只由轉向超越性而漠視而已。人性如是直落為經驗中自私好利、慾欲、偶然、甚至空虛虛無之"於世存在"。

人作為「超越存有者」之歷程可簡略如下：或作為「靈魂」而不朽（實體）；或作為超越之知性心靈（智性直觀）；或作為位格「我性」[①]；或作為主體「我思」（知性及意志主體）；或作為經驗界或現象之立法者（建構者）；或作為（不受現實所限）藝術、宗教、與哲學創造之絕對精神；或作為社會及物質勞動之生產者、為自我奴化與異化之存有、甚至為階級之超越鬥爭；或作為如超人般之自由心靈、為超越之「求強意志」；或作為「自我」與「性欲」、「死亡」與「生命」潛意識本能，從心靈內在言超越；或作為"在世存在"及超越地提問「存有」之存在者；或作為對向他人如對向超越般「他者」……，如是種種作為「超越存有者」之"人"，由其如是多種可能，明見為只是思想思辨之結果，與人之真實絲毫無關；其虛構甚至虛假在此。

---

① 「人格」或「位格」，從其源起為上帝之「我性」，因而尊貴而獨立，為法律以人有承擔責任之依據。然事實是，「人格」只對人咎責時之藉口，求為豁免統治者之責任而已。這樣道德或法律人格，始終與德行無關，後者仍從人性、非從人之絕對性言。

人作為超越之「良心」

若上述人作為「超越存有者」明顯為虛假，那在道德善惡上，人作為「良心」其超越性似仍必須。對人善惡問題仍從超越性言，無論從如「良心」抑從如康德之道德形上學，此於西方始終難免，亦其思考所以為超越性格之原因。「良心」問題其源起涉及兩方面：1. 正因善惡問題對人既根本又不能單純從外來機制強迫，故須求一類同「心」層次之善惡意識與判準，作為社會道德之共同依據與判準；2. 這樣判準因不能歸究於人性本身：或因人性本惡、或因人性始終有着主觀性向①，故必須從超越之「良心」言。良心之"作為心"然又絕非"人性心"這樣矛盾，使良心問題顯得從來拮据。縱使明知善惡認知與抉擇不能單靠理性裁決強行，「良心」相對「人性」言，始終超越而絕對，因而或訴諸於如上帝於人內心之聲音②、或因對方為「他者」而絕對③，否

---

① 若非有這兩種前提，西方便無須在人性心外另立良心之必須。

② 盧梭說：「良心！良心！這神性本能，（⋯），這有關善與惡永不錯誤的裁判，它使人與神相像」"Conscience, conscience! instinct divin, immortelle et céleste voix, guide assuré d'un être ignorant et borné, mais intelligent et libre; juge infaillible du bien et du mal, qui rends l'homme semblable à Dieu"，良心在西方始終超越地神性。Rousseau, *Émile* IV, *Oeuvres complètes*, Tome IV, Bibliothèque de la Pléiade, Paris, p.600。

③ 萊維納斯於西方首次知道：良心應從人面對人言。見 Lévinas, *En découvrant l'existence avec Husserl et Heidegger*, Vrin, Paris, 2001 一 書中 La philosophie et l'idée de l'infini 一文第六節：L'idée de l'infini et la conscience morale。然萊維納斯所言「良心」，仍只一"絕對"對錯之心，非可有變化、或有人性向度可能。

則便只能如反對良心說法者般視之為外來教育在心靈中長久沉澱下來之慣性[1]。於此可見，縱使已為"心"之真實，良心始終超越而絕對，甚至可有違背或牴觸人性傾向之可能，非如人性心那樣，可有彈性變易而仍真實。問題非在主觀與客觀，而在對人（人性）言之善惡或心，是否應如良心般絕對而超越。

中國怎樣描述類如良心之「心」形態？我們舉《論語》為例。對等於良心之事實，孔子從「恕」言。「忠恕」之道，一為對人盡忠實地善（忠），另一若在他人對己有所不善甚至傷害時，此時之「恕」非言寬恕，而是"如""心"地、無愧於心地回應。此時回應，非必與善惡分辨有關，只關乎一己心之感受、心誠實之決定而已，其背後所依據，故為「人性」感受。無愧於心只是人自身對自身誠實時之考量，非必與善惡對錯有關。如是「恕」較良心更為人性、更單純從人心感受、甚至從一個體自身心考量，非與良心對錯之"普遍性"有關。「恕」因而更近於心之真實，非如良心往往仍有強制之意、甚至更有從外在社會一般規範言這樣角度。

「良心」作為對錯判準，因其所要求為現實地客觀，故往往與人性有所違逆，無視人性之偶然，不能對如「父為子隱、子為父隱，直在其中矣」之人性性向有所肯定。如此人性，對良心言往往只為主觀私意。甚至，若"人心本身"可有着發展，有着如由心之四端至仁義禮智德行這樣進一步自覺努力可能；又或如心可隨着人年歲生命體驗之不同而不同：十五之心唯「志于

---

[1] 如佛洛伊德便以道德感為後天外來形成並對立自我之「超自我」。

學」，非如七十心之能「從心所欲」等等，那若人心本可在不同階段或情況下而有所改變，是再無以言良心之絕對性者，後者所考量始終為事，非為人。

從人性心言「恕」，所考慮故是人心感受之複雜、其個體性或情況之特殊、甚至其人性所有事實，故非能以是非對錯為單純，以為能有一如良心般之絕對客觀性。心故可致如「民免而無恥」般如"無心"，縱使有過，然於無道上位者或對方前，仍可「無恥」；其「無恥」非有所不善或偽，唯所對者不善而已。

孔子甚至相反，以「恕」始為真正客觀，故於「子貢問曰：有一言而可以終身行之者乎？」時回答：「其恕乎？己所不欲，勿施於人」（〈衛靈公〉）。子貢問題所涉必有所極致，故：「有一言而可以終身行之者乎？」。本來，若從孔子一貫之道回答，應在「忠恕」（〈里仁〉），非唯在「恕」。若必二者取一，仍應在「忠」，非在「恕」，前者始正面對人對事，後者非是。「恕」之所以客觀，非因"外來而絕對"，而單純因人之存在為一「人與人」之相對事實而已：若心有所不欲（不欲人同樣施於己），那不應施與他人，否則便有違自身心本身真實。「施」從施予傷害及回報言。其客觀性正在：人與人對向非單方而是雙方，若考慮他人之對己為不欲，那亦不應施予他人。「恕」所以客觀故無需從如「良心」之絕對性言，以為有一超然之客觀性，而只需有一人我對等關係，從反身於己便可得知怎樣對人，其「恕」（如心）在此，始終不離人心自身、甚至不離人與人相對，故無須「良心」之絕對與超然。此「恕」作為道理時之極致所在，其更人性、亦人與人主觀中仍可有之客觀真實性。

　　若明白人心其真實如此，對人其善惡對錯考量，故不能只依據「良心」孤立對錯以為足夠，實更須從人性或人性心言。無論心、人、人性始終有其特殊，非能以「良心」一概而論，以為善惡對錯能如法律般絕對而普遍，忘卻人對人更是首先事實，對錯只順承其中人性之「恕」，非有所超越而絕對，人性地對向始是。

　　若明白"從超越性言"人非能真實，無論是從人作為「超越存有者」抑從「良心」言均如此，那人是否能本然視為真實？人性心如何不作為「超越存有」而仍有其真理性或真實性可能？我們借由孟子〈公孫丑上〉對此問題作討論。

孟子論「人」之真實性

　　有關孟子對人真實性之討論，可簡約為以下各點：

1. 作為個體可有真實性，如孟子自身，體現在對真與偽之知分辨：既知人功業之真偽、亦知事情表面與內裡差異之真偽[1]，此人心於知見中本然所有真實。若作為君主（上位者），其真實可如文王。文王之真在其心志之仁[2]，其心為為人民百姓王者之心，非齊王之求霸。而若從一般百姓言，心之真實仍可體現在承受者所有感受上，換言之，人其人性感受之真實上。三者（個體、上位者、人民）分別為人心靈「知」、

---

[1] 故孟子不求表面虛假功業以為一己之能事。

[2] 從性向言，唯正面者始為真實，一切負面性只見於現實而已。

「志」、與「感受」所有真實性，亦扣緊其人性方面言：孟子扣緊“人對人作為”之真偽、文王扣緊“對人民”之心志、而百姓更扣緊自身“人性感受”。人及人心所可有本然真實在此。故無論從人作為能力實有、抑從其人性方面，人作為人始終有其真實性可能，無須從超越性言。人非必為偽，其真與偽直在是否人性、是否作為人而已。（〈公孫丑上〉第一章）。

2. 縱使對向外來不得已，人實仍可保有其真實性。孟子舉外來威脅與欺騙性人事、及由自身身體而致如情緒、激動等錯誤為例。對向外來威脅性情事，人仍可如北宮黝或子夏、及孟施捨或曾子般「勇」致「不動心」，前二人之無懼一切出於性情、後二人之勇則出於思慮，四人均不受外來威脅而保有自身真實。至於外來他人之欺騙，則可由辨別其真偽而致不受騙，由是保有自身真實性。而知「人言」之關鍵在：「詖辭知其所蔽，淫辭知其所陷，邪辭知其所離，遁辭知其所窮」。換言之，偽者其「言」與「為」必有所偏頗不正、或過份放任、或邪僻、或閃躲，如是從人之態度，是可對人其真偽作分辨，無須知曉其事。此孟子稱「知言」。若人自身能無所偏頗、過份、邪僻、或閃躲，是必可對人態度明察其微細，不致受騙而落於虛假。至於由自身身體（如情緒、激動等事）而致之虛假性，平素若能事事行正，使自身習慣於正道，那在事情發生時，是不會毫無反省地任隨身體之盲目而致偽。此孟子「養氣」之意。故除人及人性可本然真實外，面對外來威脅與虛假，人實仍可由「不動心」、「知言」與「養氣」保

有自身之真。(〈公孫丑上〉第二章)。

3. 事實上，人可從三種向度而觀：作為「一般人」、作為「獨特個體」、及作為「歷史偉大者」。人層次面相不外此三者。舉孔子為例：孔子作為「一般人」而有之真實性也在「學不厭而教不倦」而已。此作為「一般人」所仍可有之平凡真實。生存故可如萊維納斯所言，為一種誠懇，因而真實：「生存是一種誠懇」[1]。至於作為「個體」雖人人不同，然仍可作為個體獨特地真，故伯夷之真在「非其君不事，非其民不使，治則進，亂則退」，伊尹之真在「何事非君，何使非民，治亦進，亂亦進」，而孔子之真則在「可以仕則仕，可以止則止，可以久則久，可以速則速」。換言之，個體之真實性無須一致、無須為普遍，甚至可相互對反。人之真實性，故無須從絕對性言。最後，人仍可由其歷史偉大性而真實。如此偉大性，非如個體之從個人風格等獨特創造言，而是與人類歷史有關、相對人類整體而言，如孔子之「出於其類，拔乎其萃，自生民以來，未有盛於孔子也」所言真實那樣。從上可見，無論作為一般人、個體、或歷史偉大者，人始終仍有其真實性可言，非因作為人必然無是。對人作為人而否定，故只虛妄：人仍可單純作為人而真實，無須作為「超越存有者」始能。(〈公孫丑上〉第二章)。

4. 除人本可有真實性外，「人性」作為性向亦然。首先，人是

---

[1] "Vivre est une sincérité." 見 *De l'existence à l'existant*,「世界」(le Monde) 一節。

"有着人性"作為根本事實者，此從人人必有「心悅誠服」與「受侮辱」這樣感受便可得見。這樣感受非與自我有關，自我只求為受肯定而已；而受侮辱雖似與自我有關，然始終必歸究於人性，人性不能對他人作為人侮辱故。自我故非從訴求於自我、而是從訴求於人性以言侮辱者之不是；由是所見，始終仍為其人性訴求、非其自我。從上故可見人心其「人性」之真實。人在自我個體之先，更是作為人性真實而存在；以為與自我有關，只一種混淆而已。(〈公孫丑上〉第三、四兩章)。

5. 非但「人性」本為事實，連於類如欲望之悅樂，仍可見人性真實。人多以悅樂為自我之事，與人性無關，然孟子所指出正相反：若從人人在乎之悅樂言，悅樂實為人性之一種，非個體悅樂所能比，以下所言悅樂便如此：「尊賢使能，俊傑在位，則天下之士，皆悅而願立於其朝矣。市廛而不征，法而不廛，則天下之商，皆悅而願藏於其市矣。關，譏而不征，則天下之旅，皆悅而願出於其路矣。耕者助而不稅，則天下之農，皆悅而願耕於其野矣。廛，無夫里之布，則天下之民，皆悅而願為之氓矣。信能行此五者，則鄰國之民，仰之若父母矣」。無論是天下之士、天下之商、天下之旅、天下之農、天下之民、及鄰國之民，換言之，天下之人，都有其根本而共同之喜悅(大喜悅)，此見悅樂之根本先在其人性、先為人性喜悅，非以為個體特殊悅樂始為悅樂根本。[1]

---

[1] 讀者亦可參考如《論語》之「學而時習之，不亦說乎」所言喜悅，為人人於

936

從悅樂更先應從人性言可見，人性實較個體性更為根本，故不應以為人之事均為虛假，如個體悅樂那樣。（〈公孫丑上〉第五章）。

6. 若連悅樂亦應先從人性言，那有關「人性本身」之真實應如何理解？此孟子以「人皆有不忍人之心」解釋。從「人皆有」言，所言感受故為人人之事，與人性而非與個體性有關。所以從「不忍人之心」言「人性」，除「人性」直與「人與人」有關外，不舉如「與眾同樂」等為例，因作為自我，人必有自我保存之心，於困難或災難前多只考慮自己；能亦「不忍人」，故再與自我無關，其為感受必出於「人性」（人之作為人），非出於自我；此所以「與眾同樂」未如「不忍人之心」更顯人性。「乍見孺子將入於井」例子指出，「惻隱之心」非只因見痛苦而有之「憐憫心」而已，更因是「人」故始有不忍。不忍人生命致於危殆，此「不忍人之心」意思，亦人性首先體現。「人性」故非如「人」為「理性動物」、「政治動物」、「使用工具之動物」等與"對人實質感受"無關方面言，而唯應從其對人感受見，故實即「人皆有不忍人之心」而已。曾子之「上失其道，民散久矣。如得其情，則哀矜而勿喜」或子貢之「紂之不善，不如是之甚也」（（《論語·子張》）因而均亦人性體現，對人不忍故。對人之不忍，故明為"人對

學得後、能於時致用而有之人性根本喜悅。此雖從個體而孟子則從天下人之求生活言，然二者本質一致類同。因與人生命生存有關，故為人性之事，非屬個體。

人超越"之正反。人性不人性由此。孟子以「不忍人之心」為人性故深邃。由此所見之「惻隱」、「辭讓」、「羞惡」、甚至「是非」之體現，由"對人"而落實，為人性心之「四端」。而其極致，在仁義禮智四者德行。人性如是為天地間最高真實。對人而言超越雖似高超，然只自我之事，其根本仍只如禽獸之相殘而已，是未能與人性這天地間最高真實可比。連王者亦由是而為王者：「先王有不忍人之心，斯有不忍人之政矣。以不忍人之心，行不忍人之政，治天下可運之掌上」。孟子最後甚至說：「有是四端而自謂不能者，自賊者也。謂其君不能者，賊其君者也」。而這明白是說：對人性心若不致力擴充、視如沒有，這只自我欺騙而已。以人無人性，因而須言超越性，這多麼是人類之自我欺騙。孟子對人性之明白，故是徹底而深邃的。（〈公孫丑上〉第六章）。①

孟子論「自我」之偽

在「人」與「人性」真實性後，因「自我」多虛妄，往往為人之偽所在，亦孟子對「自我」分析之原因。簡略如下：

1. 藉由矢人（製造弓箭之人）與函人（製造盔甲之人）之對立與矛盾，孟子述說個體自我間相互超越一問題。從現實言，

---

① 從〈公孫丑〉三、四、五、六四章可見，孟子先對「心服」「侮辱」感受作討論，明顯因由此可直見人性事實；至於「快樂」與「痛苦」（不忍人之心）二者雖多視為個人感受，然實亦同樣根本，可為人性感受其真實之體現。此孟子列舉四者之原因。

人都如矢人與函人那樣求為超越對方，故「矢人惟恐不傷人，函人惟恐傷人」。然事實是：傷與不傷非由於仇恨，只由於職業（現實）迫不得已而已。若自我能從人性反省，對「惟恐不傷人」及「惟恐傷人」明顯會有「恥」，羞恥心直關乎自尊，而自尊又直與人自我有關。孟子所言「恥」有兩方面：一為「人役而恥為役」、另一為「由弓人而恥為弓、矢人而恥為矢」。前者所指是：人因恥於為人所勞役驅使，故必須現實地從職業求取自身生存獨立性。後者所指則是：因職業有害或有與人對立故恥。二者均出於人性。從孟子分析可見，人之自我實起因於現實、起因於現實中之人對人（對立性），本無必須如此。故若仍只堅持自我，人實偽而已。孟子對這似迫不得已之虛假性故回答說：若因「恥為役」，那便應知「為仁」。「為仁」既使自我能回歸其人性肯定性，亦因是「仁」故再無對自身因否定而恥。若此時似有所未能，如射「發而不中」，仍只會「正己而後發」，不會對勝己者有怨，自己非作為自我與人對立故。雖不欲為人所勞役，然始終對立他人之事無以能不恥。孟子更舉「里仁為美」為例而說：現實中人求為超越人而對立，本無必須。仁始人尊貴性所在：「夫仁，天之尊爵也」，非超越他人為尊貴。能為仁而不為，這始人之不智，亦人為人所役真正原因。在相互間求超越，人始終無能擺脫勞役驅使，如是其「恥」始終難免。（〈公孫丑上〉第七章）。

2. 相反人其自我，「無我」始為人之真實、甚至其偉大，孟子舉三人為例：「子路人告之以有過則喜」、「禹聞善言則拜」，

二人都無執自我；至於舜其無我更形偉大：舜「善與人同，捨己從人，樂取於人以為善。（…）取諸人以為善，是與人為善者也。故君子莫大乎與人為善。」換言之，舜明白人自我與自我間必然對立甚至爭鬥，故求為鬆懈相互間自我，從強調對方所有善、甚至樂於學習他人善處，使對方由自豪自身之善而更善，再不執持自我。舜如是無我，因而更偉大。無論能謙下自我而改過與得聞善，抑如舜那樣更成就無我之善，孟子所指出正是無自我或無求超越他人始使人更真實、甚至更偉大，自我之超越性故非是。（〈公孫丑上〉第八章）。

3. 若「無我」為真而「自我」為偽，那「自我性」仍有二態：一處處表現為「自我」、另一"刻意"表現為「無我」，兩者只自我之外表。一如伯夷、另一如柳下惠：「伯夷非其君不事，非其友不友；不立於惡人之朝，不與惡人言。立於惡人之朝，與惡人言，如以朝衣朝冠坐於塗炭。推惡惡之心，思與鄉人立，其冠不正，望望然去之，若將浼焉。是故諸侯雖有善其辭命而至者，不受也。不受也者，是亦不屑就已。柳下惠不羞汙君，不卑小官，進不隱賢，必以其道，遺佚而不怨，阨窮而不憫。故曰：『爾為爾，我為我，雖袒裼裸裎於我側，爾焉能浼我哉！』故由由然與之偕而不自失焉，援而止之而止。援而止之而止者，是亦不屑去已。」孟子以二人一為隘、另一為不恭。由二人可見，「自我」多只人對其外表外在之關注而已，非為人自身之代表與真實。「自我」於人實非真實者，其人性始是。（〈公孫丑上〉第九章）。

　　無論作為「超越存有者」抑作為「自我」，從孟子以上分析可見，都無真實性可言。人於現實中之對立與相互超越更是如此，只使人奴役而失去尊貴而已、只落於自我之表面而已，無以使人更真實。相反，心之存在清楚說明，人本非超越存有，其一切在人性，非在任何超越真實上。甚至，人心不能以任何超越性對待，人不會因超越性而為人，後者只更塑成欲望與自我而已。就算所對為神靈，人仍不會因此而為人。在超越性下，人只奴役而已；物質文明只使人更奴役而已，非唯貧者如此、富者亦然；超越性無以成就人性故。人之真實故唯立於人及其人性感受，是無須棄此而求彼者。此中國古代對人其真實性道理之回答。

　　作為結論故可說：無論作為真理、抑作為現實之構成，無論是人之作為「超越存有者」抑作為「自我」而相互超越，超越性於人類存在均毫無意義、亦絲毫無真實性可言。[1] 人及人性之存在，本更是真實、更能美麗，非不能真實。甚至，存在若有所真實，唯在人性與人而已。人求為超越性、求為對人及對人性超越，終只偽而已，超越性是無以致人於絲毫真實者。

---

[1]　縱使體現為人自身個己求更高昇進而向往超越性，仍只個體之求為自我，背向自身人性突出於他人而已。至於物事之超越性，如資本、權力、法制、甚至宗教，明顯為人求為超越他人時之工具，非對人助益。知識雖可為實用，然作為科技實多求為強大而超越；實用亦多只與利益尤關，非必由於「義」。此所以孔子刻意對反地教誨：「仁者安仁，知者利仁」（《論語・里仁》）。人由仁而安，超越人非是；若非有助於仁，知識亦未必是。

當代形上學述評：形上學之未來

　　形上學因無扣緊人性這唯一真實，故有無窮發展或變化可能。形上學未來有怎樣方向？我們非試圖對未來作預測，只對當代形上學作一評述，從中反省形上學方向而已。

海德格爾：作為「存有」之世界存在之超越性

　　回顧西方思想對「世界」之看法，除古希臘外，表面上均對「世界」予以否定，視人類存在為本質上負面，無以為正。像萊布尼茲或黑格爾，雖以我們眼前世界為一切可能世界中最完美，然這只因為神唯一地創造，非只概念上可能世界，故始終不能說萊布尼茲對世界真正肯定。同樣，黑格爾雖言凡存在即合理，然現象始終只由"否定"及"否定之否定"所形成，故仍不能以世界存有為單純正面。這對世界之否定有着兩種不同樣態：或因世界為世俗性[①]、或因現實中"理性"為虛假，故對世界予以批判。前者為傳統立場、後者為近代當代看法。[②]無論哪一種，基本上都由見世界之假象性而有。對傳統言，世界之假象性對反理性及其形上真實，而對當代，理性則直是世界假象性本身。然當代哲學對世界假象性之批判，目的非為返回人性真實。如柏

---

① 這裡所言世俗性，為對反理性超越性而言。如柏拉圖視世界為感性映象或摹傚，仍因其本質為世俗性而已。

② 自馬克思後，或應說為自盧梭後，因盧梭為對人類理性文明批判之第一人。

拉圖否定眼前感官世界也只為建立理形知性世界，馬克思批判
資本主義，同樣也只為成就另一經濟世界而已。對世界之否定，
在哲學史中，始終只為成就另一更高世界、引入世界其更高存
有模式，非對世界摒棄或質疑，更非返回人性真實。

　　如是對海德格爾言，存有（如柏拉圖理形）、或存有對存在
者（感性世界）之超越，非真遠去存在者或世界現實；形上性之
「存有」，也只"現實實物"之形上化、「存有」也只"存在者"之
存有，非「存有」之存有、非「存有」自身。換言之，形上學從
來非真正形上；其內容也只現實世界之延伸，非與世界無關。
形上學對世界現實之批判，故只表面假象而已。〈時間與存有〉
一文開首說：「對有關存有之思，而不再回顧於一從存在者對存
有之建基，對這樣的一種探索，是有必須略作說明的。不再透
過存在者而對存有之思這樣的探索是必須的，否則，在我看來，
再沒有任何可能從其自身地觀見存有──那今天圍繞着地球而
存在（ist）的東西的存有，更不用說能充份確定人與那一直被稱
為『存有』者之關係了。」① 對海德格爾言，問題是如何成就一以
"存有自身為本"而非以"存有物為本"之存有論。過去存有論
雖在言存有，然都只存有物之存有論，非存有本身。存有者之
存有論，實也只「物」之存有論，非海德格爾引言所期望，為從
「人」對存有提問這樣關係進入。② 此傳統存有論所以錯誤。然

---

① 〈時間與存有〉。Heidegger, Zeit und Sein, *Zur Sache des Denkens*, Max
　　Niemeyer Verlag, Tübingen, 1969。

② 此有二義：1. 人從沒有直接對「存有」提問；2. 人從沒有從「人對存有提

世界也只「神・人・物」而已，不可能再有其他。除非真能離開存有者而思，否則海德格爾之提問不成立。怎樣始能離開存有物而思存有？這時存有是甚麼？這樣思惟其意義在哪裡？

在《存有與時間》這前期中，海德格爾清楚知道，存有不能單純在其自身而提問；對存有之提問仍須扣緊存在者。然存在者不必如傳統以為都只物而已，仍可有人之存在。關鍵只為：這時「人」再非物意義下之人，物意義下之人不會向存有提問。會"提問存有"之存在者，海德格爾稱為「此在」(Dasein，Da-Sein 存有在此)。透過其對存有提問，存有始可能展現。海德格爾前期，因而始於對「此在」分析[1]，唯有如此，始能碰觸「存有」本身。

雖對「此在」分析，但所揭示只從「此在」反觀「存在」而已。而這顯示出，從「此在」言之「存有」，實即「存在」或「存在性」本身。[2] 此時之「存在」，非如傳統從物事之存在[3]、而是從「此在」(人)之存在言；非有與沒有問題，而是如問「存在是否有意

問」這樣角度探討存有論。兩提問均海德格爾首言。

[1] 稱為「此在」而非「此在者」(Daseiendes)，因「此在」再非從個體先在性言，因而實去一切存在者其"個體先在性"。

[2] 海德格爾「存有」一詞之真正意思故應為「存在」。保留「存有」而不譯為「存在」，因海德格爾也只「存有歷史」之一環，故仍應只視為「存有」意思上之轉變。海德格爾用 "Sein" 而不用其他詞，也為不想脫離此存有歷史而言。

[3] 物事之存在為時空義之存在，時空此時代表存在性，為物體化存在者之存在樣態。縱使神非在時空內存在，然問神是否存在，仍只順承這樣存在義言而已，與從人言之「存在」無關。

義」時之「存在」問題。傳統因唯物體存在，故存有與物體向度
一致。海德格爾在《存有與時間》中所思的，正是事物存有外之
存在性、「此在」之「存在」。海德格爾對「此在」之分析已多為
人所說，我們於此只專注其在形上學史中意義與後果。

縱使存有（＝存在）[①]之展現唯在「此在」身上，然在海德格
爾腦海中，仍是代入"人及其世界"，因除世界外，人類實再無
其他對象可思。「此在」對「存有」之思，因而也只「此在」對「存
在」之理解（Verstehen）。[②]縱使此時之世界已與傳統世界面相
完全不同，非再以物體存在而以人存活為導向，然海德格爾以
「此在」之本質為「在世存有」（In-der-Welt-sein），實已對"存有
自身"問題有所僭越與代入：「此在」作為「"在世"存有」，其為
"存在者"已先行於存有本身；其所在之"世界"，畢竟只我們眼
前現實世界，與"存有自身"無關。

海德格爾以「此在」之世界代入存有本身，意味以下兩點錯
誤：1. 存有問題（基礎存有論）表面上更接近「人」存活世界，
使得存有問題似較傳統更為真實；然事實是，以「存有」（＝存
在）與「此在」言人類世界只更去除"人性"這一參照。海德格爾
雖似觸及人存活之生命，但已非以人性為實、甚至非以「人」為
名，只唯「存有」（＝存在）與「此在」、並以「在世存有」為參照
而已。人性世界非只如傳統為物所掩蔽，更為「存有」（＝存在）
與「此在」所取代。人也只「此在」、只在面對「存有」（＝存在）、

---

① 請切記：從「此在」言之「存有」，即（生命意義或感受之）「存在」而已。

② 理解非只對向對象之認知，更先是對存在本身之感見與明白。

再非作為人而言。若仍為單純之人，其日常存在性無法本真，與「存有」（＝存在）無關故。2. 海德格爾雖力圖擺脫傳統形上學，然仍以「存有」為最終，而這表示：超越性仍為唯一價值、仍為思想唯一格局；因而「存有」超越性之暴力實仍然存在。不單只超越性，傳統「物」實仍為海德格爾價值核心。如在後期中[1]，在天地神人[2]四者間，維繫一切者仍為「物」。物雖已非物自身，然仍是使天地神人相互切近者：既聚集一切、亦承受着一切。物之為物意義雖改變，然"物及世界存在"[3]始終為存有依據。這仍以"物及世界"為本之思惟、這仍對人類日常世界低貶之思惟、甚至，這仍只跟隨及助長當今世界"世界化"之思惟[4]，無論表面多反形上學，始終也只形上學而已、在「物自身」與「主體自我」後「世界」之形上學而已。此時之"在世界中"，正是一種在世界中"超越化"之現實過程：「在世"存有"」。存在者只能"在世界中"對"自身"超越，而世界之"存有"（＝存在），始終凌駕一切存在者而為超越。若存有即存在，那海德格爾所成就，也只「存在」或「存活」之"超越性"而已。[5]

---

[1]　見〈物〉一文，1950 年巴伐利亞藝術協會演講。

[2]　海德格爾於此仍不願用「人」一詞，只用「終有一死者」（die Sterblichen）。

[3]　〈物〉一文終句為：「唯那微漸地從世界而生者，始將有一天成為物。」"Nur was aus Welt gering, wird einmal Ding."

[4]　形上學從來跟隨並助長世界現實之改變；形上學從來只"世界存在"之真理，非人其人性真理。

[5]　海德格爾所言「在世存有」之面相，如「此在」種種現身情態（存在心情 Befindlichkeit）、事實性（Faktizität）、焦慮（Angst）、被拋狀態（Geworfenheit）、甚至如煩（Sorge）、煩忙（Besorgen）、良心（Gewissen）

從海德格爾可再次看到，形上學「…思想與〔思〕存有，這是同一之事」論旨之提出（巴門尼德殘篇3）。若為"本真義存在"，「存在」與「思存在」為同一之事。離開存在者對「存有」本身之思，必自然地轉向對「存在本身」獨立之思。形上學將以此為方向：不再以如傳統超越體為對象，亦求遠去一切存在者。超越性不只落於具體事物身上，反而，存在者將越過其「體」而前進。換言之，超越性將由名詞轉變為動詞，由「存有」轉變為「存在」。事實上，由笛卡爾主體至康德主體性已是這樣歷程。當代福柯對權力之微分，見權力之非為物、非如權力可擁有與奪取，實已直接視權力非為具體物，而是存在中之微分超越性。「存在」非存在者；存在之超越性亦再非存在者之超越性。作為存有（＝存在）本身，其超越性再無須繫於存在者。存在本身為超越、世界性為超越，二者再無繫於存在者、更與人及其模態無關。無論「世界」抑「形上學」，因而可無窮地自由，再無受任何存在者真理所約束。這樣存在之超越性，"對人類言"，終必然暴力。

存在之超越性於其無須立足於存在者時，必對後者有所否定與壓抑。因存在者亦可是人、非只為物，故海德格爾從否定存在者而否定傳統形上學時，實以存在之超越性否定人之根本性了。人（「此在」）除非面對「存有」（＝存在）、除非為「存有」（＝存在）真理之體現，否則無以為真實。人無法單純作為人而真實。對人作為存在者之否定、對日常平凡性之否定，「存有」

等，都是"世界化"甚至"超越化"之存在向度，非人性的。

這暴力，更甚於物對人地位之僭越。未來世界將會以這樣方式對人類及人性施以嚴厲暴力，以“世界”之名、化身為「存在」與「存有本身」。除非人能覺醒於「存有」之偽……。並非完全沒有。

萊維納斯：「他者」之超越性

在西方形上學史中，萊維納斯是明白形上學暴力之第一人。他甚至明白「存有」與「存在者」兩者均暴力性。故無論是面對存在者抑面對存有、無論是形上學抑存有論，於其或以存有或以一絕對存在者統攝一切時，都只暴力。可惜的是，正由於萊維納斯明白形上學其暴力在統攝一切，故以為唯反向地超越、走離一切統攝性時之超越性，始不再重蹈形上學暴力覆轍。如是萊維納斯提出另一種形上學，再非建基於存有與統攝性、而是建立在「超越性」或「無限」①上之形上學。在西方形上學傳統下也只能有這樣解決法。若不把問題視為“人與人”問題，只視為「存有」與“思想真理性”之事實問題，如此是無以得出正確解答可能。除非人性地明白人類存在，再不依靠任何超越觀點與觀法，否則人類存在問題無以真實地解決。萊維納斯所以錯誤，仍因只形上學而已。對人類存在觀法故唯有二：或人性地、或超越地（從存在之超越角度）。西方唯後者。人類於此只能被動與無奈，如壟斷對個體之壓迫那樣，「超越性」必奪去人一切

---

① 「無限」乃對反「整體」（Totalité）者。

主動真實性可能。

萊維納斯雖力圖對反這樣整體性，但他只看到超越性之一面、沒有看到其另一面。舉例說，為解釋「無限」，萊維納斯舉柏拉圖「善」超越「存有」、及笛卡爾「神」意念其無限性超越「自我」封閉性為例。表面上，柏拉圖之「善」確實超越「存有」、笛卡爾「神」之意念亦超越「自我」，然萊維納斯忽略，柏拉圖之「善」正使存有真理及其具體存在可能，如太陽之善照明存有而使人對存有知識可能那樣。善對存有之超越故只表面而已，其超越性反而支配一切，非對反（存有）而另求超越。同樣在笛卡爾中，神意念之無限性確實超越自我，然非超越自我之封閉性，只超越自我之有限性而已；無限只相對有限言，其出現正使有限者為"有限"，非解放其有限性。善對存有之超越、無限對有限之超越，一者更顯示超越性之絕對力量、另一者則顯示無限性之絕對地位，甚至其強弱差異。這樣差異笛卡爾十分清楚：故除無限有限關係外，也同時形容這關係為完美與不完美、或完美與錯誤（缺陷）、甚至視二者為根源於存有與虛無這形上等級之差異。在笛卡爾中，超越性並沒有使自我敞開而更肯定，反使自我更形脆弱而已。（見上笛卡爾《沉思集》分析）。表面超越「存有」與「自我」之"超越性"，若不單從超越性、而從作為（超越）「整體」時之超越性言，反只認定人類世界與存在為整體性、非敞開的存在。"超越性"表面上為超越而非整體，然作為相對整體之觀點，"超越性"只更封閉整體而為超越，非使整體敞開而不再為整體。

若把萊維納斯這錯誤放回其自身中言，我們可舉以下兩例

作討論：一為面對「他者」時之錯誤、另一為萊維納斯世界觀所引發之問題。簡述如下：

1. 萊維納斯所言面對「他者」，固指人與人之面對，然這只從人"作為存在者"言而已、「他者」也只一"存在者"而已，非作為人性義之人。若是後者，對萊維納斯言必已非「他者」，為人性共同性所統攝故。「他者」甚至是從其為"超越者"言，其神性在此。[①] 從這點言，宗教可是倫理的、神也可在人中，非必為超越。然問題是：這作為「他者」之他人，究是甚麼？把「人」視為一「類本質」固然是存有之統攝性，以為人之一切可收攝於本質本性下，無「面對面」這更根本而先在事實。然因統攝性對存在者言必如法律權力般制約、故而反面地以他人為「他者」、以為「他者」可越過一切統攝性，萊維納斯這樣反應我們已說，因過於極端故實與統攝性無異，犯着同一錯誤而已：當萊維納斯以他人為超越之「他者」故而必須承擔（responsabilité de l'autre）時，（人對人之）承擔明顯不能無止盡。傳統之無視「面對面」，正因人不可能無條件地對他人承擔，故須在人與人間求得一平衡點。萊維納斯故同樣不得不在「他者」理論外，仍以國家為人對他

---

① 以他人為「他者」，其好處是：對人類之醜惡，因視為與我們無關之「他者」所為，故其承受或面對面更為容易，非因為人而感受侮辱，而是因為無奈之超越者故可不動心，如《論語》說：「民免而無恥」。這樣解決人類面對面時問題，一如史賓諾莎視一切為沒有意志之命定必然性那樣，是人類對現實醜惡承受最"不動心"之方法。以他人為「他者」時之承擔，最低限度有此一意義。

人承擔、其無限慷慨性之一種限度與制約。國家雖不再是
對人性本惡時法律之強制性，然始終仍是作為第三者姿態
出現，使人對他人承擔不致過度：人由須對此第三者有所承
擔，故不能對眼前「他者」盡其"無條件"慷慨。這第三者因
而使「面對面」轉化為「交換」(l'échange)，而交換構成社會
之連結。[①] 這「在我們之間」[②] 或作為"我們"之第三者，其
終極依據仍然只「正義」而已。而「正義」，若我們沒有忘記，
正是西方自始至終有關人類存在"作為整體時"之最高及唯
一可能基礎。萊維納斯這樣結論，我們不能不說，已顯「他
者之超越性」其另一面：雖表面求為「他者」而去統攝性，
然一旦不得不考慮「在我們之間」這第三者之存在時，問題
仍然回復一"類似統攝性"之超越性，再非如原初「他者之
超越性」所以為。問題出在哪裡？「存有」無視「人面對人」
固然錯誤，然以「面對面」為"超越關係"時實仍然錯誤，因
其間再無"相互"人性之道可言，故最終只能引回國家正義
這樣超越性作為解決。故唯明白「人面對人」為人性之道時，
始能既不自我地無視他人或存有地統攝、亦不失去人性限
度而無須過份地承擔。人性正是內在於人「面對面」而調節
其相互間自我關係者，既非外來而極權[③]、又非無此內在共

---

① 當然，國家與社會都可是敗壞的，故道德正是對這機構性國家之批判與改
　正、對國家與社會施以控制。

② 見　*Entre Nous*：*Essais sur le penser-à-l'autre*, Editions Bernard Grasset et
　Fasquelle, 1991。

③ 所謂正義仍然；正義仍非單純以人性為本故。

同性而無法中道。[①] 過與不及之超越性兩者仍然錯誤，均失卻人性中道、未中於「人面對人」之真實故。無論超越於人而言之「超越性」、抑人作為超越「他者」，二者從超越性而不從人性言因而仍錯誤、始終只同一（le Même）。

2. 除「他者」問題引回形上學整體性外，「世界」問題亦然。萊維納斯對世界看法，於未來將形嚴重。形上學從來對世界貶抑；縱然海德格爾，仍視日常生活為非本真。世界所以變得難以生活，只因人類有求超越之欲望，而此既反映、亦為形上學「存有」所助長。「存有」這樣超越體，阻隔了人性之覺悟與努力。若形上體確為唯一價值，世界將不再可能人性地真實。面對形上學這樣錯誤，萊維納斯怎樣看待世界？有關「世界」，萊維納斯有兩種略微不同看法：一在 1947 年

---

① 在 *Autrement qu'être ou au-delà de l'essence* 之 "subjectivité et humanité" 一節中，萊維納斯對比「人性」與「他者性」而說：自黑格爾後有關人之問題，已離開意識與自我之優位性、已在意識與自我後呈現種種其他真實，如黑格爾絕對精神之內容、或如結構主義在活生生之人背後見數學般結構。萊維納斯對這樣看法之回應是：若從人之現實角度言人確如此被條件化、無法有單一同一性、無以單一地述說人本身，作為「他者」則再無這樣需要、無需求取人之「同一性」或「類別」等以說明其共同本質。縱使只為「他者」，其被虐待仍是我所必須負責與承擔；如是而人始再無疏離。若仍只從人共同性言人，人類存在困境無以解決。萊維納斯這樣結論清楚表明他在人之「作為人」與作為「他者」兩者間之選擇，更顯示「他者」一概念與人無關。若人性只為一本質類別而非從人面對人關係理解，萊維納斯結論將為正確；但若只從「他者」言人，人與人限度問題始終無法解決：與「他者」之面對面，若非從人性言，其承擔關係始終無以能中道而正確。

《從存在至存在者》①、另一在 1961 年《整體與無限》。在前者中，世界完全正面及肯定（這點明顯對反海德格爾而有），亦西方哲學史中鮮有。而在後者中，萊維納斯對世界表面上仍援用第一時期，但重心已轉向與「他者」超越性相關。在第一時期中，「生存是一種誠懇」②即其主要結論。在第二時期中，世界或生存之主題則可歸結為下列幾個判斷：「愛好生存非愛好存在（存有），而是愛好存在之幸福。被熱愛的生存，這即生存之享樂本身，一種滿足（…）」③，「生存即感受與情感。生存，這即享受生存。所以有對生存失望，因生存原本即幸福。」④「正因生存即幸福，生存故是個人的。」⑤「能成為我⑥（是說），這時之存在已超越存在（存有）而在幸福中。對『我』而言，生存既非對立或表象某物、亦非使用或向往某物，而是對它享樂。」⑦因「他者」構成第二

---

① *De l'existence à l'existant*, Vrin, Paris, 1986。

② "Vivre est une sincérité." 見 *De l'existence à l'existant*,「世界」（le Monde）一節。

③ "L'amour de la vie n'aime pas l'être, mais le bonheur d'être. La vie aimée — c'est la jouissance même de la vie, le contentement（…）" p.118, *Totalité et Infini*, Martinus Nijhoff, la Haye, Netherlands, 1971.

④ "La vie est affectivité et sentiment. Vivre, c'est jouir de la vie. Désespérer de la vie n'a de sens que parce que la vie est, originellement, bonheur." p.87, ibid.

⑤ "Et parce que la vie est bonheur, elle est personnelle." p.88, ibid.

⑥ 這裡所言之「我」，指我作為我自身。

⑦ "Etre moi, c'est exister de telle manière qu'on soit déjà au delà de l'être dans le bonheur. Pour le moi être ne signifie ni s'opposer, ni se représenter quelque chose, ni se servir de quelque chose, ni aspirer à quelque chose, mais en jouir."

時期主題核心，世界與存在故亦主要從這樣角度言，換言之，見世界存在之“自我性”（相對於「他者」而言之“自我性”）。由於存在（生存）“自我地內在”，故有「他者」外在性或超越性為其相對面。存在之“自我性或內在性”本於分離（séparation），故生存或生活也基於分離而有 ①。對萊維納斯言，世界事物非如海德格爾以為由工具，而是由“食物”（nourriture）構成。“使用性”一模態故非根本，“享受或享樂”（jouissance）始是 ②。這使生命再生之食物，是「他者」轉化為同一者之過程。在這享受過程中，「他者」成為我的力量與生命，而我亦於此成為「我」（moi）③。這從幸福享受言之「我」，直在生存或生活中產生分離。存在中一切：身體感受（感性）、居所擁有、勞動意識……，這一切都在我本身中成就我之分離 ④ 與獨立。生存中我性、我性之內在性，因而相對「他者」言必然。自我性、享樂與感性、一切內在性向度（那使分離可能之向度），是作為「他者」所對向之他人所必需，因若非相互分離開，「他者」將無以可能。唯在自我完全內在性中，始有「他者」之呈現。面對「他者」，故

---

p.92, ibid.

① 見《整體與無限》第二部份：「內在性與經濟」。

② 存在非必然幸福享受。然就算有所缺乏與不幸，這仍是在對幸福與享受有所向往中；是在幸福或享受可能中始有所不幸與缺乏。存在故以“幸福與享受”、非以不幸與缺乏為本。

③ 「我作為我自身」（＝自我）。

④ 我（自我）與其他存在者之分離。

意味我把我敞開、把家門打開而迎接、視「他者」為在我之上，再不受自我同一性所統攝。這自上而來、對自我封閉性有所質疑之「他者」，透過面孔與語言呈現。而在語言中「他者」之"高度性"，即教導（enseignement）。教導為一種外在無限性。在與「他者」之語言中，再無任何否定性，因在這樣關係中，同一者（我）再非同一者，而是一與「他者」相關連之同一者。道德故非自我同一者之事，而是質疑自我、質疑其同一性者。這與「他者」之面對面，非在世界之外、而是在家中、在經濟生活中發生。此時，自我仍可閉塞其門、拒絕一切超越性、分離地把自身封閉在自我主義之內。如是顯出，與「他者」關係正是使那單純"被擁有"之世界成為問題者。「他者」正使世界封閉性不再可能。所謂超越，實即向「他者」述說世界、由給予與餽贈與「他者」進入共同世界，非單純佔有與擁有；如是而始可與「他者」在共同世界中。語言本然是我把我之世界與他人分享共同；而自我對封閉世界之超越，非只是對「他者」之觀望，而是一種原始分享、一在世界中之原始給予。超越性及「他者」之超越性，因而是在世界中、在這本為自我內在地擁有之世界中。

　　從這簡短說明可見，「世界」對萊維納斯言仍先是自我地封閉者，如家之分離與內在那樣。「他者」與超越性雖唯在世界中發生，然這始終並非世界本身。世界存在只基於分離而有，一種內在性而已，其本質為享受與自我，非「他者」的。儘管萊維納斯對世界內容沒有低貶或否定，然從這第二階段可見，「世界」

仍只相對「他者」與超越性而為封閉地分離而已，非單純正面。世界之單純正面性，唯在第一階段始見：在《從存在至存在者》中，萊維納斯雖仍以「食物」為世界本質，但因此時沒有把世界直接關連於「他者」，故世界沒有從"自我性"分析；在世界中存在只與事物關連，非對存在本身之關懷。在世界中，我只欲望而已，而萊維納斯指出，此時之欲望極為誠懇。在生存欲望中，對象即一切：人非為生存而食，人因飢餓而進食而已。而意識，在世界中之意識也同樣誠懇，無所謂潛意識。雖事物為我而存在、雖世界向我給予，但因他人也在世界中、與我同樣在事物間，一切雖各有其特殊形式然非為超越者，故實都共同。世界這平凡與單純滿足性，顯示其非本然形上。試圖對世界作種種形上陳述、探究其存有，這已非在世界中、非世界本身之生存。像海德格爾把存在者從屬存有之下，這實非世界本身之舉。萊維納斯於區分「世界」與「存在」自身時，實見世俗世界之自足、見平凡存在其誠懇之一面。在這點上，除萊維納斯這時期外，其餘一切西方思想都無法這樣理解。如海德格爾從"工具性"理解世界，已是對世界存在之誠懇有所不明：一切欲望之對象，本身都已是"目的"，非"手段或工具"。這樣世界不單只沒有所謂沉淪，它甚至有其自身之和諧、有其自身脫離無以名狀存有時之正面性。稱世界為非本真（海德格爾），只無視世界存在之誠懇而已。萊維納斯這一時期之世界甚至已有自我，自我本身亦有內在與外在差異，唯非如後來那樣由於「他者」與超越性、而是單純由於有事物存在所致：事物是為（某）人而存在，直指向其內在性而給予，如同一切意義均指向內在性那樣。在世界

中之"理解"（光），既在世界中、亦使我們能暫時遠去世界事物：外於世界、外於歷史而欲求，或無窮後退地遠去存在而有自由之假象。

若《整體與無限》中「世界」是對向着「他者」之超越性而言，那《從存在至存在者》有關「世界」正面性之描述，實仍是為對向存在無可名狀之「有」（il y a）而言。這如黑夜般無以名狀之「有」、這無名之存在性，是相對「世界」言為超越的。若「他者」與「有」（il y a）均為超越，這樣超越性與傳統「存有」對「世界」之超越有何差異？傳統形上學縱然由對世界低貶而言超越[1]，然「存有」與「存在者」基本上仍同一。無論超越性多麼超越、形上性多麼遠去世界，其基礎始終"仍在世界內"。海德格爾之試圖分離「存有」與「存在者」，實已為未來形上學方向，就算這方向並沒有在海德格爾中達成。未來形上學方向簡言之，即給予形上者從內容言"完全獨立性"、完全"獨立於世界內容外"、完全"與世界無關"、因而再不立於世界事物上。若海德格爾"存有與存在者之分離"由於仍由「存有」一概念所維繫着、故無法達成這樣方向，在萊維納斯則不然。

當萊維納斯首次遠去「存有」而言「他者」之超越性時，此時之「他者」正可與"存在者之存有"無關。正因無關，故萊維納斯始能正面地述說世界。「他者」與世界再非存有與存在者這樣關係。這還原世界之光明正面、甚至其平凡與日常性之誠懇與真實，若非出於對"一切"超越性其錯誤之自覺，其為好事也

---

[1] 「存有」對「存在者」之超越。

只表面而已：在萊維納斯中「世間存在」因由與「他者」超越性從內容言"無關"而得以正面[1]，然其反面是：這作為「他者」而非作為存有言之超越性，從今以後可完全"與世界"再無關係；如萊維納斯於人所見唯「他者」，非這亦非那那樣。若西方對形上欲求無所終止，那從「他者」這樣模態，超越者可再無受同一性所羈絆，既非這亦非那，而永遠可為＝Ｘ：「他」。超越性從此可"遠離世界內容"，無止盡地變形，塑造着更不可思議之未來；不再只是同一地、而是異他地形上。未來世界可不再受「物」羈絆、可不承受任何"存在者內容"而言超越；如此「他者」之未來，將不可思議地恐怖。這恐怖性，在萊維納斯「有」（il y a）中已隱約浮現。這樣未來形上學雖非萊維納斯所直接言，但實已潛伏在其「他者」思想中。「他者」"絕對地"為「他」、"絕對地"無限。

《從存在至存在者》一書繼「世界」部份後，其接續部份萊維納斯命名為「沒有世界之存在」（Existence sans Monde）。這樣命名已顯示一切[2]。德里達在〈有關在哲學中曾經採用的末世語調〉[3]一文最終說：「終結臨近，再沒有時間述說末世真理。你可

---

[1] 因不再受超越性壓抑與否定。

[2] 萊維納斯在「沒有世界之存在」中主要論述二事：藝術與「有」（il y a）；一從抽離世界對象（一般物體）、另一從超越世界之存在言。雖非直接與我們這裡所言未來形上學有關，但從如「有」（il y a）這黑夜般無物無狀可名者可見，類如這樣"對象"，將為未來形上學"對象"、為未來人類"世界"。

[3] "D'un ton apocalyptique adopté naguère en philosophie", 見《人之終結〔目的〕》*Les fins de l'homme*, colloque de Cerisy, Galilée, Paris,1981。

能仍會堅持（而問）：仍能作甚麼？當人剛對你說，末世，這就是完結：在此、現在、去吧、來吧時，（你仍可能堅持問：）他是為何終極（fins[①]）而言這些？我對你〔解釋〕說：這就是所發生的。」[②]

　　形上學未來將會怎樣？若形上學經歷了兩個時期：一為超越體"基於世界"而有、另一為超越體"在世界現實中"，那未來形上學方向將會為："遠去世界"而言超越性。換言之，超越性純然超越、再不立於世界事物、與世界存有物再無直接聯繫。「沒有世界之存在」、沒有世界時之「他者」、非為世界而有之存在與「他者」，這在"末世學"基礎上之形上學，將會是形上學未來方向。從這點言，「世界」存有將會告終。過往之形上學、那建立在「世界」上之超越體，都只是「世界」這一歷史階段之形上學而已。未來將會是"沒有世界"、不為世界所羈絆、自由至不可思議者……。萊維納斯雖首次見「面對面」之真實，然由「他者」之無限，除世界外，實亦遠去人性之可能。「沒有世界之存在」實同於"沒有人性世界之存在"；所剩故唯"對向他者"而「面對面」而已。

---

① 目的、終結。

② "La fin approche, or il n'est plus temps de dire la vérité sur l'apocalypse. Mais que fait-on, insisterez-vous encore, à quelles fins veut-on en venir quand on vient vous dire, ici, maintenant, allons, viens, l'apocalypse, c'est fini, je te le dis, voilà ce qui arrive." p.478, *Les fins de l'homme*。

結語

巴塔耶與形上學之反向與誤向

　　作為形上學研究之結語，對巴塔耶略作論述最為恰當。巴塔耶可說為對西方形上學徹底越度（transgression），又在這樣傳統內，對形上學及其超越性完全繼承。這後一點使我們清楚看到，西方形上學這一種思想形態究是怎樣。

　　形上學一直以「世界」為存有根本事實而反省，因而有關「人類」這更根本問題，始終擺脫不離「世界」而論說，致使西方從來沒有正視人類及人性這更根本真實，亦造成西方思想錯誤之原因。萊維納斯雖已轉向人、甚至轉向人之「面對面」，但這時所面對實仍非人，而是超越之「他者」。巴塔耶不同。巴塔耶是在西方思想中唯一知把一切問題、一切人類及世界問題歸源於人類自身身上，再不以人類外物質世界之必需性與理性為根本，亦不以在人類上之任何真實為本。能把一切單純歸源於人類自身，這實史無前例。從這點言，巴塔耶已直指出形上學這一傳統之根本錯誤。正因完全抽離於世界存有之必然性、抽離於人所不能擺佈的客觀性，在巴塔耶中，「世界」亦史無前例地非理性。

　　若我們回溯這非理性問題，可看到：尼采中酒神之非理性，因酒神與日神精神均只針對生命本能言、為在單純理性外之生命樣態，故此時非理性始終仍是生命地正面。佛洛伊德之非理性問題明顯較尼采更負面，因決定性及對立性之本能根源，非

只日神與酒神這樣生命樣態，而是「生命」與「死亡」本能這更深層對立；此時非理性直落在死亡本能上，其結果顯明更負面：一切生命現象均只朝向死亡而已。縱使如此，死亡本能之非理性，從死亡為對立或外於生命言，始終仍非生命本身，只生命中之事實而已，非生命本質之樣態。

然巴塔耶所揭示之非理性，則徹底地非理性：既屬人類本性、亦直在人類一切生存活動中，形成在「佔有」（appropriation）活動 ① 外種種「排泄」（excrétion）現象。巴塔耶思想之切入點主要在禽獸與人類人性這轉變間。以此為切入點已顯示，巴塔耶與西方形上學背道而馳：不單只如尼采那樣只肯定人個體君主性（la souveraineté），甚至直肯定人類現象中“人類自身”負面之君主性；正是這樣角度使巴塔耶在西方思想傳統外，視人類種種現象為“人類自身獨立性”所致。② 我們說過，形上學都只以世界存在決定着人類，至海德格爾仍無例外。唯巴塔耶始見人類之獨立性：世界中一切都只由於人類、非由於事物自身之必然。萊維納斯「他者」之超越性只遠去世界，未有對世界瓦解。無論哪一哲學家 ③，都從未視世界本身內容、或“現實理性”為非理性，唯巴塔耶如是。世界中一切，因人類而為非理性。正是如此故巴塔耶關注人類由禽

---

① 「佔有」指一切在人類存在中，以“有用性”為原則所形成之活動與存在層面。日常生活與人類所謂理性存在基本上是基於這樣原則而形成。

② 我們甚至可說，正因一切能“歸究（歸咎）於人類”之負面性，無須從現實存在之負面性解釋，故巴塔耶其思想始能單純以人類為根本，非以世界存在為本。

③ 馬克思、尼采、佛洛伊德、海德格爾均然。

獸至人作為人之「立」這一轉變、人其禽獸根本與"人性"之間；而巴塔耶正以充足人類學資料作為其立論依據。如是可理解，「食、色」這人類"牲性"兩面，必然為巴塔耶所特殊關注。

人所以為人，非在其知性，甚至非在任何能力上；能力只相對事物言，非人作為人之"人性"。若人作為人其本性應從與禽獸之對比差異言，而與禽獸共同者唯「食」「色」（性欲）兩面，那對"人性"之探究，應從這二面求。巴塔耶指出：人類（人性）中「食」「色」非一般動物性生存本能，「色」以"色情"而「食」以"生產外"之「消費」（consommation）甚至「耗費」（la dépense）呈現時，其所反映，為人類"非理性地超越現實"之一面。正在這樣超越性中，人顯示其為人（"人性"）、及其"如君主"之獨立性。「食」「色」作為領域，一者標示「現實存在」、另一（色情）標示「神聖存在」；二者顯示人本性其非理性所在。

在人類現實存在之「食」[1] 中，巴塔耶揭示：人類在"有用性外"之根本「耗費」甚至「消盡」（la consumation）[2]，這樣事實對反一切"有用性"，為在生產與勞動積累外，人類"君主性"之展示。這對物質世界之毀滅性，直拔去傳統形上學物質世界之優位性這一基石，而這是以人之名義達致。巴塔耶之經濟學著述，故教人從現實性中見人類（人性）之"非現實性"。

同樣，在體現人類超越性之「色情」現象中 [3]，巴塔耶指出色

---

[1]　即一切經濟與政治社會等現實活動。

[2]　耗費與財物之毀滅。

[3]　「色」或「性欲」之本質在：個體超越自身溶入對方內而為一體。

情如何與宗教神聖性、神秘性等結連在一起：人類對來自超越之限制（禁忌、規範、戒律），反面地造就在色情中之種種「越度」（transgression）。對一切禁限之越度，在色情中，即「直在死亡中對生命之讚頌」[1]。若物質世界在耗費與消盡中被毀滅，那在色情[2]中，人與人存在上之分離（discontinuité）得以超越而連為一體。這去人之個體性，即死亡。色情與一切神聖性，故本然與死亡一體。而痛苦與恐懼所反映，正是這存有之分離狀態。色情故為對一切固有分離形式之瓦解。[3]存在之連續性因而為一種解救、救贖。人"作為人"之世界，其根本故在現實理性外、在生命"對死亡之讚頌與毀滅"中。[4]

從一般理解言，人所以為人源起於對自然之否定：或藉智能與勞動對自然世界改變、或透過亂倫禁忌抑制人類獸性。然對巴塔耶言，人性反而應如下理解：對獸性之禁忌，如同現實有用性那樣，只為成就一俗世世界及俗世義之人性而已，後者實非人類其真正人性君主性所在。真正人性應從人突顯人類自身獨立性時之面相、非從作為生物其求得生存之"現實面相"言。生存之現

---

[1] "De l'érotisme, il est possible de dire qu'il est l'approbation de la vie jusque dans la mort"。Bataille, *L'Érotisme*, Les Éditions de Minuit, Paris, 1957, p.17。

[2] 色情有三種形態：身體的色情（l'érotisme des corps）、心之色情（l'érotisme des coeurs ＝戀愛）、及神聖色情（l'érotisme sacré）。

[3] "Ce qui est en jeu dans l'érotisme est toujours une dissolution des formes constituées." Bataille, *L'Érotisme*, Les Éditions de Minuit, Paris, 1957, p.25。此即尼采所言對個體性原則瓦解之酒神精神，唯巴塔耶多出死亡一意思。

[4] 人性固然在人與人一體中，唯巴塔耶從"色情之一體"言而已，所見仍只身體這物性存在，非人性其心之一面。

實性非獨人之事，故與"人作為人"之人性無關。「俗世」（俗事物世界 le monde profane）由有用性（生存物品之生產）與禁忌（禁制：如道德法律）構成。而禁忌有兩面：其初始雖為對人獸性之禁限，使生產與有用性得以保存、使財物秩序不致破壞，為對俗世存在之維護；然其擴充則為對人類其非理性本性（如色情）之禁制，禁止那試圖越度俗世存在之分離狀態[①]者。禁忌所對故非只獸性，更是人性其超越性、其對財物之消盡與對個體分離狀態之突破與解體。「禁忌」如是本質上對向超越性與非理性，二者為人性其君主性所在；其本質與神聖、宗教性有關，非只對向自然而已。正因如此，對禁忌之越度往往為人其君主性之體現、為人類無窮地超越時其真正本性之體現。在這樣本性中，人不再圍限於現實[②]、不再圍限於必然性，而求突破或窮究一切可能，包括那不可能之可能性。人類作為人類，必然突破其"在世存在"、突破「俗事物世界」、突破在世界中之人及人性、突破物世界之理性與物生存中之有用性。巴塔耶因而以人類「人性」之名突破傳統形上學及其物世俗理性世界，由此而見人類前所未有之獨立性。

「形上學」作為形上學，從內容言在物世界、從形式言則在超越性。「物世界」之「超越性」："meta"-"physics"，即形上學。若巴塔耶由見財物之消盡、及返回無窮超越地越度之人類本性而突破傳統形上學所由建基之「俗事物世界」，那巴塔耶怎樣摒

---

① 人與人、物與物本然之區分狀態。

② 連現實也不能對人有所限制禁止。

棄形上學之"超越性"？對形上學超越性之突破，在「內在性」（immanence）或「內在體驗」（l'expérience intérieure）上。若經濟學與色情史研究[1]針對「俗事物世界」，那巴塔耶其他著述，特別《無神學大全》計劃，所嘗試，則為對「超越性」之突破。有關「超越性」與「內在性」，巴塔耶在《論尼采》一書附錄五中曾作如下說明：

> 「V 無，超越性，內在性
>
> 我的方法有這樣後果，長遠地言只為一無法忍受的混亂（特別對我自己言！）。若能夠，我將盡力彌補……。但目前我想確定一些詞彙之意思。
>
> 無（le *néant*）對我而言即一存在者之邊界（la limite）。超過了（au-delà）這些確定的邊界 —— 在時間與在空間中〔之邊界〕，一存在者再不存在。這非存有（non-être）對我們而言是充滿意義的：我知道它能把我消滅。有邊界的存在者只是一特殊存在者，但存在者之整體（若我們理解為所有存在者之總體）存在嗎？
>
> 存在者之*超越性*（*transcendance* de l'être）基本上是這無（ce néant）。若它顯似在無之上（dans l'au-delà du néant），從某意義言，如是無之給予（comme une donnée du néant）、或如一超越我們的對象。
>
> 相反，若在一存在者身上我所掌握的為存在之擴延性

---

[1]　主要見於《普遍經濟論嘗試》*La Part Maudite: Essai d'économie générale* 一計劃。

（l'extension de l'existence）── 而這首先顯示在我之中，這對象對我而言變為*內在的*（immanent）。

另一方面，一對象可以是主動的。一存在者（無論是否不真實，一個人、一個神、一個國家），當它威脅着其他存在者時，在它自身身上突顯出超越性這性格。對我來說，它的本質是從我邊界所界定出之虛無（le néant）所給出。它的活動則界定其邊界。它是那以虛無之名義表露者；那使它能被感知到的名狀（figure）正是優越性（la supériorité）這樣的名狀。若我想取笑它，我必須取笑虛無。而相反，若我取笑虛無，我已取笑它了。笑是在內在性這一邊，因虛無是笑之對象，但也正因如此它是被毀滅之對象。

道德是超越的，當它號召存有之善（en appelle au bien du l'être），那建立在我們存在之虛無上（édifié sur le néant du nôtre）時之〔存有之善〕（如被視為神聖的人類、眾神或一神、國家）。

一頂點（sommet）的道德，若這可能的話，相反地要求：我對虛無有所取笑。但並非以優越性之名：若我因我祖國而被殺，我是朝向着頂點的，但我永無法達致這頂點，因我已為我祖國之善而服務，而這是超過了我自身之虛無的（l'au-delà de mon néant）。一內在的道德則將要求，若可能的話，我無緣由地死去。以甚麼名義作這樣的要求？沒有名義（au nom de rien）[1]，這正是我應笑的！而我笑之：再

---

[1]　"rien" 與 "néant" 在巴塔耶中有所差異：前者形容君主狀態，後者仍只形

無任何要求了！若人應因笑而死，這樣的道德將會是一不可抗拒的笑之行動。」[1]

巴塔耶這幾段文字所表達意思非如表面艱澀：我們作為存在者由邊界而有限，亦只為特殊存在者。在我們作為存在者之外、在我之外，即「無」。這在我作為存在者外之無，作為虛無雖似無所意義，但事實非如此，因我作為存在者始終是一種「有」、非無，因而「無」對我而言正是我的對反，「無」甚至可消滅我作為存在者，因「無」即我之不再存在。如是「無」對我而言其意義重大，「無」正相反一切「有」故、「無」正是我作為存在者之反面故。我作為有限或有邊界之存在者因其有限性雖可有內在性，但沒有超越性之可能。作為"有限"存在者，因其有限性與具體特殊性都非超越的、都無形上性可能。巴塔耶甚至懷疑是否能有一包含一切有限存在者之總體，因這樣總體由其必須在我之外、在一切有限存在者之外，故實即「無」。所有的，也只具體有限之存在者而已，在他們之外，即「無」而已。而"在形上學中""具有真理性"之存在者，若有的話，都非在邊界內、都非如我那樣有限或有限定，而是在一切有限存在者"之上"或"之外"；即對我們作為有限存在者言，這樣形上事物"只在無中出現"，其本即此"在我之外"之「無」。若它呈現為"非無"，

上學之一種超越性。見 Bataille, *Oeuvres complètes* VIII, *La Souveraineté*, note p.259, Gallimard, Paris, 1976。

[1] Bataille, *Oeuvres complètes* VI, *La Somme Athéologique*, tome 2, *Sur Nietzsche*, Appendice V, Gallimard, Paris, 1973, pp.203-204。

即作為另一種存在者而在「無」之上，那這時之形上者即「超越者」。「超越者」故如由「無」給出，因其本非在界限內、非特殊而具體。這樣的超越者超越我們、超越我們之一切有限性。相反，若一存在者其呈現只在我之內、其存在界限為我所掌握，如此對象對我而言為"內在的"。也因為內在對象，故非超越於我，其存在再非無、再非無限、再非那能消滅我者。

　　另一方面，若從存在者之活動或作用言，一切存在者或對象都可是主動的，就算如超越事物（神或國家）那樣不真實物，仍可是主動。若從活動言一存在者威脅着另一存在者之存在，這樣的存在者即"超越的"。威脅突顯超越性。這對我而言本只是虛無或由虛無所給出之「超越者」，正由於是「無」而非有界限，故如無以名狀地優越。若我試圖無視這樣「超越者」、若我試圖無視其優越性、若我試圖取笑它，我只取笑虛無而已。但也相反，當我取笑虛無時、當我似無所對象或非認真地取笑時，我實已取笑了一切這樣的「超越者」，因它們實也只「無」而已。[①]「笑」是"內在的"，我而非對象的。「笑」並不以對象為對象；笑只以對象為「虛無」，如無視其存在、如其無所威脅而笑。雖如無對象地笑之，但此笑已置對象於毀滅中，因笑也只以對象為「虛無」而已，非如工作與知識之以對象確實為對象。唯由「笑」，「超越者」始化為「無」、始被毀滅。這些「超越者」，同樣也對我們施以毀滅。如道德：道德往往以善或一切存在者之最高善為

---

① 在巴塔耶中，笑如同狂喜、獻牲、色情、詩、醉、英雄主義等，為主體君主性耗費形式之一。

名，要求存在者犧牲其自己，為了國家、為了人類、為了神。「超越者」建築在有限存在者其毀滅上、建立在有限存在者之虛無身上。但從存在者本身其存有頂點言，此時道德只要求其「有」，非要求其「無」或不存在；因而對一存在者言，其頂點必然對「無」而笑、對虛無取笑、對一切本自虛無之「超越者」取笑。這樣的笑非因我優越、更非因我超越一切、非因我超越自身之有、非因我化自身為無而超越、非由於我為國家、為人類、為神而犧牲，而只由於我有限而已、在這有限性中達致其頂點而已。而我知道，縱然這樣的笑會置我自身於死地，這樣內在道德仍要求我，若可能的話，無緣由地死去：非因任何名義、非再超越地要求，只內在地、純然取笑地、如無要求地、內在而非超越地、在笑中與在生命中直至死亡，在死亡中而笑……。

以上複述已揭示巴塔耶「內在體驗」或內在性與超越性之關係。巴塔耶雖在西方深明「超越性」一事實，然巴塔耶沒有探討其源起與原因，只思如何面對而已。這應對有兩方面：一理論性、另一實踐性。[1] 理論性為對種種人類君主性時刻或消盡耗費現象之描述，以此說明人類對自身現實世界之超越；實踐性則如從「笑」所見，人從「內在體驗」言、思想與心靈之「越度」。巴塔耶未能探究超越性之源起，因在西方傳統中，超越性始終是超越性，只能言面對，不能言遠去，縱使在超越性下人類為奴性、世界為俗世仍然。巴塔耶內在性雖已類同中國遠去超越性

---

[1] 巴塔耶早年稱二者為「理論異質學」與「實踐異質學」。

而切近人類平凡存在 [①]，然差別始終在：巴塔耶內在性只相對超越性、為對超越性之反應，非有自身真實、非在超越性外有人類平實存在之真實。無法脫離超越性而思，使巴塔耶無法明白人類存在之平實性，因而仍把人類之一切只從超越性觀、只視為超越性現象；例如德行，始終脫離不了道德超越性這樣觀法，重複着西方所有錯誤。巴塔耶求為越度，如後來德里達解構那樣，始終只鞏固着超越性而已，非真能有所越度。若巴塔耶真能無視超越性、無須從越度而能自己，這將真實多。

面對超越性可有兩種態度：或如莊子庖丁解牛以神技化解、或如儒學以致力人性平實性為務。兩種態度都較西方為正確。巴塔耶兩種方案：一對等「一般形上學」而言「消盡」（"普遍"經濟論；對等理論異質學）、另一對等「特殊形上學」而言「內在體驗」或「內在性」（《無"神學"大全》；對等實踐異質學），二者一仍為存有論、另一仍為神學。那以色情或死亡之連續性為存有、及那以如神般頂點之主體自我君主性為最高存在者，這兩種對超越性之越度，始終仍是超越性。巴塔耶所求，仍只人類之超越性：即那在「物俗世存在」、及「神靈超越體」之上，一種"超越之人類人性"。縱使已為人類自身之超越性，但作為超越性始終沒有改變。巴塔耶對西方形上學之反向，仍只為形上學之取向或誤向。雖如盧梭、馬克思、尼采般誠懇，期望對形上體有所越度，然若能如孟子那樣，真正明白人心在食、色外之內在性，非只求索一

---

① 故對巴塔耶言，問題始終是：人如何再次「成為君主」而非奴性之人。在人性闕如之西方，問題只能這樣陳述，不能直接以「成人」言。

仍"在人性外"之內在性，如此巴塔耶始將明白：人作為人，仍是有一種真實地人性君主與自主性可能。告子以牲性之食色為人性，巴塔耶已知在這樣食色中，消盡（耗費）與色情始是人性，人之食色故非單純禽獸食色；然從孟子始見：在這屬人食色之性外，更有人心自主之真實，而這是其"更人性"之一面[①]：「惻隱」是於所感中人性心之獨立、「羞惡」是於所愛中人性心之獨立、「辭讓」是於所欲中人性心之獨立、「是非」是於所知中人性心之獨立。心這四面非只高於食色，更在一切外在性外而獨立[②]。而此始是人、始是人之君主性。孔子同樣說：「吾未見好德如好色者也。」（《論語・子罕》）[③]孔子用「好」字正為顯示人自主之一面；舉「德」與「色」相對，因二者同超離現實（生存）之必需性、同似屬偶然或只為可能[④]、同屬人自身之時刻。然差異在：人由德行而成人，非由對比禽獸現實性顯其「越度」時"超越義"之"人性"（色情）。「德行」雖如「越度」非本質為現實，然其所體現，為"人性所有"君主性、人更真實之君主性。再非離棄人性而外在，而直在人性內、在人之內。孔子之「吾未見」是說：好色者處處可見，唯未見好德者。在同似自主之「好德」與「好色」（越度）之間，如是可見孰真實地君主、孰虛假地君主；孰真實地內在、孰虛假地內在。巴塔耶這形上學之反向，實仍只形上地誤向而已。

---

① 詳見《孟子・告子上》之討論。

② 消盡與越度之外在性亦然。

③ 亦參考〈衛靈公〉篇。

④ 巴塔耶所謂之「可能性」。

*   *   *

這有關形上學史之討論也應告一終結。從分析可見，形上學非只一學問，從其對象可見人類存在之欲望與姿態，由形上學家具體地論述與勾勒而已。[1] 形上學中超越性實造成今日人

---

[1] 讓我們最後再次簡略地回溯：柏拉圖以為去神權宗教世界而重立現實之法治，然其法治去人性道義感（aidôs）而偽；基督宗教雖突顯個體心靈與位格性，然因以神為定向、非以人為對向，故偽；笛卡爾雖從人自我言，然只為思想者而非人性之人，故仍偽；盧梭雖見人性而非只人之自我（「我思」），然因對反文明故錯誤地回歸自然人，失卻人性「文」明之真實；康德與黑格爾雖強調律則性或自主性主體及精神，然一者仍遠去人性其有限性事實（人於"存在有限性"中其"人性感受與反應"之事實）、而二者遠去存在現實性之真實，故兩者仍偽；馬克思雖知返回現實存在，明白人勞動之人性真實，然只知從政治經濟之物質生產、不知從人自身之立言"改變世界"，故始終未能為理想真實；尼采雖知回歸於人自身，然始終只能從超越性觀人個體（超人），對人性仍然貶抑，其對人之肯定，始終只限於個人、非與人類及其人性有關；佛洛伊德雖知情感感受甚至人倫為本，然只能視情感感受為性欲、人倫為 Oedipus Complex，故更廢棄人性與天倫而已；海德格爾雖知人之「存在性」，然一切仍從"世界"存有、非純從人類自身言，故無以對人性有所明白；萊維納斯雖知「人對人」或「面對面」如此向度始人存在之本、非對向世界或存有，然因只以他人為「他者」、以為「他者」（他者與他者）可超越人「自我與自我」間對立，故失去人與人由「無自我」而致人性平實之本，無能對人性存在有正面明白，並回復人性此唯一根基；巴塔耶雖知人性超越一切而如君主，然其人性只從負面越度與破壞言，既不見平實存在之真實、亦不見人性真正君主獨立性所在，故更極端地遠去人性真實……。從以上回溯可見，西方思想史確然以回歸或環繞人之真實為軌跡，然無論怎樣回歸，始終因超越性之偏執而錯誤，結果只與人性之道背反。確實，理性、位格與心靈、自我意識、自然本性、主體、精神、現實勞動、人個體心志、情感感受、世界環境、面對

類存在中一切。然遠離人性與人道之存在，無論哪一方面，都無法真實。中國儒學與西方思想故非只些微差異而已：由不思超越者、不超越地思，故與西方超越性思惟相距很遠。人類除非由無視超越者重新再來，否則無以返回平實人性存在、無以明白人道理之真實。存在之無奈，非由存在本身、實由存在全然超越化所致。除非人能明白人性真實、覺察超越性之偽，否則存在無以為美善；只能苟且偷生、不能光明肯定地活。

人類之一切非在「存在」，在「人」而已。思想非應對「存有」而思，應對「人」平實地思而已。存在確如萊維納斯所說應沒有世界，然因活只"為人"、非"為世界"故。沒有世界之存在，故非存在之黑夜，而是存在之淳樸，一種返回單純人性存在時之淳樸。人類不應再思「存有」、亦不應思「他者」；人類不應為思而思、不應由思決定一切。「存在」之暴力與錯誤，往往由單純之思而致、為思所造成。人性存在只在人與人之間，由覺醒他人之為人、由立人時仁之努力而致。一切純由思所至之真理性，終也暴力與偽而已。這對形上學史之研究，也不得已而已。

在這最後之最後，我仍想問：作為人，我應怎樣活？並非對此已有所回答，只純然提問而已。我有怎樣的虛假性？若我是殺人犯，這樣錯誤獨我所有，非人人之事。每人作為獨特個體，都會有獨特錯誤與過失，程度不同而已。若能改過，這是我首先

面、人獨立君主性……，如此種種確為人類存在甚至人類面相，然其失向更只造成人類及其存在之虛假與假象。如此種種，形上學史甚至人類思想是難免其責的。

真實。事實上，若只從人倫觀每人，人都知孝悌、知對人忠信，否則其人已無可取。但在這人倫真實關係外，由生存而有之現實性、由現實習性而沾染之流弊，則幾近在人倫關係外人人或多或少之錯過：人難跳脫現實、難不言利益享受安逸，此在個體獨特錯誤外，又為人人而普遍。海德格爾以人於世日常存在為沉淪，所指在此。縱使如萊維納斯以「生存是一種誠懇」，然始終，在單純求為生存外，人實仍有種種造作、種種不知而作，其虛假或甚至虛偽難免。若對向現實言我們確已極誠，亦盡個人所能跳脫現實虛妄，那作為人，我們是否仍有偽？此時所仍有偽，即為「世界之偽」，特別當我們無力審視「世界」所塑造及提供之一切其偽所在，小至種種破壞性物素之使用、大至如我過往研習之哲學思想、及其所塑造之「世界」、那構成人類在人倫與現實生存外之全部存有。人未能真實，最終由此。故以為已極誠地追求真理，然怎知如此智思始正為虛假所在？無世界觀而現實者，雖亦難跳脫於如此虛假，然可能較走在世界尖端者為少。越是深入世界，其虛假性越深。人如是似難於真實，縱使本只為人倫而真實之人，仍無以終能遠去「世界」，知其非而反省並後退。故能知「道」者，確實「夕死可矣」。怎樣活、怎樣不虛假，除改過外、除盡不求為現實利益聲名外，因而仍須求為生命真實而「志於道」。盡明白「世界」而跳脫，力求返回人倫與人性道，如另一種超越那樣；又或如孔子，於對向世界而始終「坦蕩蕩」、如無世界地自在存在：只意識自身之為人，立己安人地頂天立地，再無作其他，此作為人真實之活；唯由是，始遠去世界之自我。求為作為「人」抑求為「世界」而世界化、全球化，活之真偽先由此。

附錄：形上學體系之結構

事物結構有不同形式可能。形上學因單純為人類思想產物，其結構與思路之必然性有所一定。

由於超越與被超越者必然判分開，形上思想之二元性由此自然地產生。若舉知性與感性世界這二分為例，感性世界於此必為知性世界作為對立面而形成。二分（或二元）因而為形上學對任何事物之必然分析法。然因形上學之二分是一超越二分，事物被分解出來之兩面將各有其相對之超越面。事物二分、及其相對超越面之圖像分別如下：

κ代表一切被分析或被分解對象。γ與σ則為被分解出來之二元或二分元素。由於形上學對象多是物形態，而物之分解確如亞里士多德所指出，由形式、物質兩面構成（二者為一物之是其所是），形上分解故唯形式與物質兩面。[1] 然因形上學對象非一般

---

① 亞里士多德所言為四因：形式、物質、源因、目的。源因與目的因只為一

事物，其形式與物質兩面仍各有其相對超越性質或層面作為原初二分（γ與σ）之究極原因或根據，形上對象因而可分解為四面：與對象（κ）"同質"之形式與物質（γ與σ），及與對象（κ）"異質"① 之形式與物質（見下α與ω），後兩者為前兩者之超越面，而前兩者則為後兩者與對象（κ）之中介或連結；"超越性"元素需中介始能為一物（κ）之根據故。一完整之形上分解其層次故應如下：

α：　與 κ 異質的形式〔超越性原形〕

↑

γ：　　　與 κ 同質的形式〔形式〕

↑

κ：　　　　　被分解對象〔現象〕

↓

σ：　　　與 κ 同質的物質〔物質〕

↓

ω：　與 κ 異質的物質〔超越性基質〕

今以柏拉圖、萊布尼茲、康德三人形上結構為例。

物與其他事物之關係，而形上學對象因為終極性對象，故再無這樣維度。構成形上學分解，故也只形式與物質兩元素而已。在終極對象上，源因往往等同物質、目的等同形式。舉例說，若眼前世界為我們形上地分解之對象，把世界分解為形式與物質兩面自然。然因世界已為終極整體，再無其他世界或事物可與之關聯，故在形式、物質外另立源因與目的再無意義。說神靈為世界源起（源因），對世界"本身"分析無濟於事。形上對象之分析，故也只形式、物質兩者而已。

① 由於超越性而異質。

一、柏拉圖（見《蒂邁歐篇》*Timaeus* 之宇宙論）

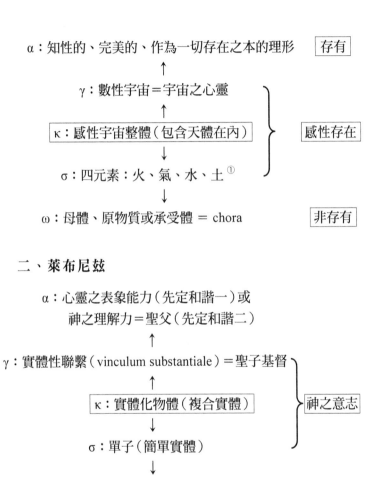

α：知性的、完美的、作為一切存在之本的理形　　存有

γ：數性宇宙＝宇宙之心靈

κ：感性宇宙整體（包含天體在內）　　感性存在

σ：四元素：火、氣、水、土 [1]

ω：母體、原物質或承受體 ＝ chora　　非存有

二、萊布尼茲

α：心靈之表象能力（先定和諧一）或
　　神之理解力＝聖父（先定和諧二）

γ：實體性聯繫（vinculum substantiale）＝聖子基督

κ：實體化物體（複合實體）　　神之意志

σ：單子（簡單實體）

ω：永恆真理、在神中之意念、神理解力中之現象

---

[1]　四者由等腰三角形及不等邊直角三角形所構成。

在萊布尼茲體系中，構成物質功能的「單子」，在「實體性聯繫」下，形成「複合實體」，即非只單子所表象物體，而是那在表象外，仍有其真實性或實體性的物體。作為組織功能或形式功能之「實體性聯繫」，與作為被組識材料的單子，其與此時實體性物體之同質性在於：三者同由神之意志、在以善為終極目的下所創造。非如可能之意念世界或永恆真理那樣，為非創造性，因而不涉神之意志。在柏拉圖例子中，雖同樣沒有創造義之神，然像神意志一類特性，仍為 γ 與 σ 兩者所共有。用柏拉圖之語，宇宙心靈及四元素無論是否可見，仍不能不為工匠神所造。此為與理形最大差異，後者非能被造成。

三、康德（見我們對第一《批判》之分析）

α：理解力（範疇）、可能經驗之形式、
可能直觀

↑

γ：超驗想像力、可能經驗、
純粹直觀（確定的直觀）

↑

κ：自然界或經驗界、經驗直觀及其對象　　感性的

↓

σ：感覺、經驗現象之雜多

↓

ω：一般雜多

有關形上學結構我們不再多說，唯想指出一點：形上學之

超越性往往完整地（二元地）結構起來；對任何一方面以超越
性試圖擺脫，不代表即能超越形上學本身。舉例說，若把超越
性視為「同一者」（le Même），那對其反面之肯定，如對「他者」
（l'Autre）、「差異性」（la Différence）、「物質性」（la Matière）等
肯定，以為如此能擺脫「同一性」，實仍無濟於事。形上學之超
越性是二元"對立地"構架起來。終極超越性故有兩面：α 與 ω。
若以為對立知性原形（α）便可擺脫超越性，那將只掉進其反面
物質基質這另一種超越性而已，後者仍然為超越。形上學故無
以從對立形上學而突破。這是一切反形上學思想必須深思的。

《形上史論》本論終

附 論 論 文

西方古文明性格略論

前言

　　我常感到，人類文明表面不可跨越之差異與分歧，實都來自人面對世界或存活時之態度、心態、心情，如孩童時微小習慣對成長後生命方向之影響那樣。儒學文化來自一種好學之心，希臘文明來自好勇性格，古埃及文明則來自尚物之性，而希伯萊文明則來自一種順從心態。也因如此心態都為人類所共通，

故人都受着文化之影響與塑造，如受着山川草木晨昏四季之薰陶那樣。

人類文明並非只是人種種創造之形態，它更是人活在其中之空間。人不單以其聰明轉化了萬物，亦被其自己所製造之事物轉化。人化物、物化人，這就是文化。在這物之人化、人之物化之整體一體中，縱然人一切作為根據於其性情或心態、並依從其聰明能力而成就，但我們仍不能說，這樣創造是人完全自覺其意義與價值而為的。人之自覺性是一種無限歷程努力之事，非一種能力上之有與無，非刻意而為便為自覺。人對其自身性情、心態、甚至能力之自覺（若撇開心志更重要之自覺不談），大部份都只模糊與被動。人雖不停地運用思惟能力以求創造及解決困境，但人鮮有靜下心來反省自身作為之一切、鮮有遠離生存之迫不得已反省其作為之意義。人鮮知止而反省，或由反省而止。〈大學〉之「知止而后有定，定而后能靜，靜而后能安，安而后能慮，慮而后能得」，鮮見用於人文化之作為上。若非心志、心懷有對美善反省與努力，縱然高度聰明與智思能力，仍不免由偏私而形成一種文明之偽。非只被外來事物轉化失去真實本心之人有偽，連自以為使人類進步或更美善之創造者亦往往偽；均由不知反省所以為價值之真實意義、不先反省自身心志心懷與人真實本性而妄求造作故。

《論語》於〈陽貨〉篇首，便已直接指出文明之偽。孔子說：「性相近也，習相遠也。子曰：唯上知與下愚不移」。性指人本然所具有美善。人性從內言，即人心淳然之美善；而從外言，即本心擴充時仁義禮智之德性。從擴充言為仁義禮智，但從人

心言即孟子所謂「四端」之心：惻隱、羞惡、辭讓、是非。無論惻隱甚麼、無論為何羞惡、無論因何或如何辭讓、無論以甚麼為是、甚麼為非，四者仍為人人所具有、為人作為人所共同。見不仁而惻隱、見不義而羞惡、見無禮而知辭讓、見不智而別是非，這本身雖非德行，但已是人心人性之美善了。

把人性歸納為仁義禮智並非偶然。反而，只把人之本質單從其能知界定，無論是理性動物、語言或符號動物，都實只片面。無疑，人與禽獸差異主要在理性能力，但人性不應只從差異、更應從人所可能之美善素質言。「人所以為人」不應唯從「本質」、更應從人所可達致之至善考慮，換言之，從「人性」、非從「本質」言。「人性」非只異於禽獸之「本質」而已。人之一切真理，應從其努力、非從其事實言。人之智力多只用在事實分析，鮮為仁與德性之實行而用。孔子故感歎：「由，知德者鮮矣！」（〈衛靈公〉），而「擇不處仁，焉得知」（〈里仁〉）中之「知」，亦就此而言。智除「利仁」外（「仁者安仁，知者利仁」〈里仁〉），再非人性德性之擴充。當孔子說：「性相近也，習相遠也。唯上知與下愚不移」（〈陽貨〉）時，孔子之「性」也就是此人所可能努力人性至美善之素質。這德性素質，在人為性，在天地萬物中即為天道。子貢所說：人只知孔子之博學多能，但都不知孔子所言性與天道始其真正偉大，故都只從表面易得易聞處以為其人，不知從不易得不易聞處識其人 [1]，這是世人聞譽之虛假。這裡所

---

① 「子貢曰：夫子之文章，可得而聞也。夫子之言性與天道，不可得而聞也。」《論語・公冶長》。

言「性與天道」，也即人自身、及從天地萬物言之至善。「性相近也」或是說：人所有本性為人人共通共同；但亦可解釋為：人所有本性使人相近、使人一體和睦。「習相遠也」故或是說：人之作為與實踐為人所不同因而有所差異；或是說：人非本於本性所作為的，使人與人相遠去、無法一體。「習」指人一切非本於本性時之作為，從個人至社會制度，甚至文明創造。作為（習）若非「據於德，依於仁」（〈述而〉），始終只偽而已。「唯上知與下愚不移」更說：人如此作為或制度文明所以偽，因單純憑藉聰明才智作為而已。上知者因知自省，故不移離其本性；下愚因缺乏聰明才智，無能受引誘，故也不移離其本性。移離本性者，故是上知下愚間之聰明才智，人一般之智能。孔子意故是：人類作為實只依據「知」而已，非依據仁、義、禮。如現今文明，也只由智建立而已，非本於仁、義、禮。人類至今文化，只如此形成，所求為名利，或純由性情反應；只表徵人之聰明能力與強大，鮮以仁為本、以義為質、以禮為文。西方今日雖知對理性批判，然又以人性即為理性，故始終沒有區分二者。人性非從實證言。古代中國所以歸納為仁義禮智四者，因四者為人於存在中所可能盡美善之四個方面：禮義從客體方面、而仁智則從人自己主體方面言。又，仁與禮屬人自己：仁為人一切善之基礎，禮為人與人交接之道；智與義則與事物事情有關：智為對事物之明白認識，義則為存在中物質需要、為人存活之事。四者關係如圖：

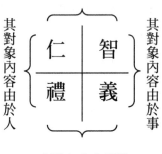

人與人之道在「禮」，存在由需要而致之義務在「義」，人性善之本心在「仁」，而人修學認知之能力在「智」。仁、義、禮、智故人類德性之四個方面。稱為人性德性，非因人無其他性向①，只因無助於人之真實、無助於人其存在之美與善而已。孔子稱頌三代，也只因其治本於人性德性而已。人類其他文明雖不乏有德行個體，然其文明形態，始終都非以德行而立：或如希臘之好勇好強、或如古埃及之好物、甚或如希伯萊文明之好求超越。如是文明之智，只人種種意欲傾向或偏私，非利仁之智、更非仁之德性。如是歷史非已過去：神權般統治猶在、交易所仍為我們的教堂、資本財富仍如上帝、由科技而仍有拜物、於法律只見"禮教"……。文明形式雖改變改進，然其意欲傾向與性格始終如一。

文明其「知」之形式無論多高明，始終仍只本於意欲微小之

---

① 如好勇、好剛、好色、好逸、好名、好得等等。

根，後者於人難去，甚至更被聰明之高度所掩蔽、更為鞏固而理所當然。故藝術仍免不了聲色表現力之譁眾與諂媚，法律仍只是十誡之命令，自由人也只自由之奴隸，資本主義也只人與人競爭甚至鬥爭之社會……。若明白今日文明與過去歷史相差不遠，更應知自省而努力真實。

一次，「子張問十世可知也？子曰：殷因於夏禮，所損益，可知也。周因於殷禮，所損益，可知也。其或繼周者，雖百世，可知也」（〈為政〉）。子張問孔子，若是正道（如三代禮樂之道），在經歷十世人為之損益後仍可得知？孔子回答說：若道確是人心志所欲探求（知）及所欲承繼者[①]，雖百世，道仍可為人所知可繼。所以似有所失落而不知，也只因人無求知、求繼之心志而已，非時代損益能對道埋沒。故殷承接夏禮，雖損益，其禮仍可知；周承接殷禮，雖損益，禮之道仍可知。如是雖經歷百世損益，正道仍始終可知。對文明求索是為承繼正道，抑只為求知時代損益，這一切都只在我們心志而已。若仍有心，雖百世損益，道仍可知可繼。一切終在心而已。

謹以此為序。一九九四年二月二十八日。

一

古希臘是基於競爭而形成其文明的。是一種競爭文化。從

---

① 往前曰「因」，住後曰「繼」。

古神話天地諸神之間之爭鬥、荷馬史詩及希臘悲劇中人神及人與人之間之爭鬥，至蘇格拉底之「辯」、奧林匹克之競技、悲劇詩人之比賽等等，部是以競爭為生命唯一力量的。縱然在能獨立地面對天地大自然的農民哲人赫西俄德（Hésiode）中，在他所嚮往的眾神之和諧（奧林波斯山之諸神）、神人之和諧（黃金種族的人類）及對人與人之間之爭鬥之摒棄中，仍保留了一種好的競爭，並以之作為「大地之根」[1]，即人與人在工作成就上之競爭。

赫西俄德是古希臘第一位個人作家。在他手裡也第一次把希臘諸神的系譜系統地整理出來，奠定了希臘神話的統一並為其集大成者。赫西俄德的《神譜》以奧林波斯神系為歸宿，致使希臘流行的三種宗教之一的奧林波斯崇拜成了佔統治地位的宗教。除此外，赫西俄德亦是古希臘思想及自然哲學的首創者，系統地成為希臘思想的第一人，較泰利士或畢達哥拉斯更早。更有趣的是，除了中國的某些文人外[2]，赫西俄德可視為是人類文明獨一無二的農民哲人，既是農民出身的，又是哲人及詩人。他詩歌美善之心及其思想與智慧，都是在農民及牧人淳樸而勤勞的生活體驗中形成的。故非如一般思想家與詩人，只是作為文人階層的人而存在。

赫西俄德主要寫了兩本書：《神譜》一方面是對希臘神話的系統整理[3]，但另一方面，而且是更重要的，透過天地諸神之爭

---

[1]　見《農作與時日》一書。

[2]　如陶潛。

[3]　赫西俄德其實是藉著神話傳統及表達方式把他對人類存在之種種方面，例如人類之惡、人類善之方法、神性素質之美善與人性素質之軟弱、女性之美及人對女性之欲望、天地萬物對人之意義等等人存在之真實及生命體驗

鬥最終亦無法抵禦宙斯與奧林波斯神系的統治，首次正面地肯定了文化之意義與價值。天地諸神代表了人類世界種種爭鬥的醜惡，人性原始的野蠻；而以宙斯為首的奧林波斯諸神，則代表了人類，文明的正義、美善與和睦。希臘的種種思想家，荷馬、赫西俄德、悲劇詩人，以至後來的柏拉圖，其實都是面對着人類存在中之種種殘暴及爭鬥而思索人類可能之善及命運的。在這些人類最早期的思想家中，文明與我們今日的物質進步與索求毫無關係。文明並非指人類由其聰明才幹在物質生存及物性需要上的創造，而是人存在的一種狀況或人與人存在之關係。其至美者即如在宙斯正義統治下奧林波斯眾神和諧之美。而此種美，主要亦以兩方面言：由神女們[①]形成的女性素質之美，及由男性神祇構成的種種技藝才能之美；前者如人文藝術之美，後者即為生活需要之技藝才能之美。所謂文化，即人人文藝術地及技藝才能地存在的一種實際狀態，遠離天地原始及人性野蠻爭鬥的一種如神般和睦安逸的存在狀態。從這文明的意義言，我們今天的社會，雖然表面上於物質文明是非常進步的，但總的來說，縱然是從事人文藝術者，都內裡其實只求一己之突出與名利，種種由人聰明而來的創造與知識，不單沒有導引人類於和諧中，甚至只加深了種種爭鬥，使人類之爭鬥更「文明」、更進步、更表面地理性而已。對古代思想家言，我們今日的文明，

述說出來。從生命體驗及深刻反思中述說人存在的真實，非只是迷執於某些物質因素作為世界之根源而物化人存在之一種學說。

① 特別是繆斯 Muses。

其實仍非真正文明的，缺乏美與真實的和諧快樂故。若我們先不談理想與否，若見人人都文質彬彬有禮有文之美，若見人人能見義而為，若見人人和睦愛人，這不是較我們今日縱然科技發達，但人人只貪圖名利、只造作賣弄地創造、只弱肉強食、只充滿暴力與自私自利的慾望、心危憂或只僥倖地沾沾自喜的存在，更真實、更實在及更是人性的存在？文化從這一意義言，不是更有意義、更美更善嗎？古代中國及孔子《論語》之以禮樂治國，視「貧而樂，富而好禮」（〈學而〉）為人類存在境況之道，與此古希臘文化之概念，其實相差不遠。子游甚至把這禮樂文化之道，如其理念地真實地實現出來：「子之武城，聞弦歌之聲。夫子莞爾而笑曰：割雞焉用牛刀。子游對曰：昔者偃也聞諸夫子曰：君子學道則愛人，小人學道則易使也。子曰：二三子，偃之言是也，前言戲之耳」（〈陽貨〉）。為甚麼孔子視子游之作為有偽而笑之？因對孔子言，雖然為國之終極在禮樂上，「立於禮，成於樂」（〈泰伯〉），但為政仍是有次序先後的，即庶之、富之、教之[1]。教之即指禮樂或廣義「文」之教育。如人為事中之「苟合」、「苟完」之後之「苟美」之地步[2]。先解決生存困境之需要，於富庶後然後禮樂，先義後禮，這是孔子視為為政之序。子游大概好成，故直從禮樂下手，而不顧事成之順序，引至孔子之笑。

---

[1] 「子適衛，冉有僕。子曰：庶矣哉。冉有曰：既庶矣，又何加焉？曰：富之。曰：既富矣，又何加焉？曰：教之。」（〈子路〉）

[2] 「子謂衛公子荊善居室。始有，曰：苟合矣。少有，曰：苟完矣。富有，曰：苟美矣。」（〈子路〉）

固然以禮樂為政，這是為政之成，但仍必須是真實的，在人民食事之後的。孔子之說：「先進於禮樂，野人也。後進於禮樂，君子也。如用之，則吾從先進」(〈先進〉)，亦是就此而言的。故於〈學而〉篇論道之本時，其前半部份，都主要從事人及為士之義方面言，其下半部始提及禮樂之道。但無論如何，在這些歷史文化源頭中，人對文化之理解，都是以其為人類存在的切實狀態、人文人性美善之狀態而言的，非單從物質之進步或知識技能之拓展這單方面言。若我們稱我們的時代為資本主義或科技世紀的時代，那赫西俄德期盼的，是一文明或文化時代，如三代及孔子之禮樂時代那樣。從這角度言，在這期盼的文明時代之後之人類歷史，嚴格地言，都已非真正文明的，都只是以種種人類欲望之對象及創造支配着人類之存在，形成宗教、制度、主義等等而已。在這背後，仍只是人類野蠻的爭鬥殘殺，非文化的人。

事實上，赫西俄德自己好像也明白到，真正的文化是無法實現的。故一方面他只把這美麗和睦的存在關係視為奧林波斯神的存在，神的存在而非人的存在，而另一方面，他更撰寫另一本著作：《工作與時日》，一方面藉著普羅米修斯與潘多拉的故事、及人類的五種族類這一神話，說明人現今之存在狀況，其勞累、疾病、罪惡之根源，都只是來自人類的智慧（知）與狡猾而已（足智多謀的普羅米修斯之報應），而另一方面，教人：縱然人類無法不活於如此罪惡及殘暴的狀態中，縱然人類無法不爭鬥及勞動，但人仍應選擇那有益於人類的「不和」，即「陶工與陶工競爭，工匠與工匠競爭；乞丐忌妒乞丐，歌手忌妒歌手」、那「刺激怠惰者勞作」、使「鄰居間相互攀比，爭先富裕」的「不

和」。換言之，踏實地「工作」[1]。工作是唯一正義的競爭。特別是農耕之勞動，因它再非藉著暴力或假借狡猾騙取等攫取財富，而是透過與大地（天地之神）之勞動與競爭[2]獲得其富有的。西方的整個歷史，都在赫西俄德這簡單的模式下演變出來。就算我們不把這對人類存在境況及文化形態的構思歸功於赫西俄德的生命體驗，最低限度，我們仍必須說，在赫西俄德身上，如此之人類存在狀態及文化形態，第一次清楚地被刻劃出來，而且還對後來的思想家們於重思人類文明時，起著不可磨滅的限制[3]。

讓我們列舉一些較明顯的例子：

1. 文明只是神的世界（奧林波斯山），人類是無法完全實現此理想。這為理想與現實差距之始，亦神與人差距而已。

2. 之所以形成這種不可踰越差距，因構成文化的特質，雖基本上仍由人素質所構成，但是是由在人群中那突出或顯赫表表者，而非人平凡的德性。視為神性的或文化的，都是人類素質中之特殊現象，非平凡的人性素質。

3. 對人類及人類世界的構想，因其無法實現神性的文明，故始終都只能是負面的，始終不離爭鬥、殘殺、罪惡、災難、痛苦。對人性的構思亦然，人本性是自私、欲望及爭鬥的，非善良的。

---

① 《農作與時日》一書中「工作」一詞取名於此。
② 《農作與時日》中之「時日」便指此與大地競爭的急逼性，是人與天地，或人與神切實而正義的競爭之急逼性，非如普羅米修斯那樣，只以狡猾之智慧與宙斯爭鬥。
③ 思惟視野與理解上的桎梏。

4. 人所能唯一創造的「文明」，也只是透過智謀、工作勞動及技藝才能（techné）之競爭所成就者。而此三者，也就是人類歷史中所體現之「文明」之全部要素了。我們今日的資本主義及科技世界，亦是基於此三者形成的。連藝術也不能離其知性 [①]、訓練、及技巧創造之競爭言。

5. 這三者的極至，在人中，也就是個體超離群眾而神化的自我創造過程。西方文明的形成，因而只在種種個體的自我突顯與創造中，在種種創造者之「名」之下形成的，是人中之神聖者之文化，特殊異能個體造成的文化。柏拉圖、笛卡爾、牛頓、巴赫、蕭邦、馬克思……，也只是種種名而已，種種個體而已。

6. 文明也只是個體與個體 [②] 之間之自我表現與相互競爭之延續而已，是神人之間之競爭而已（無論是以狡猾抑以勤奮勞動達致），或是後起之神與先前之神之間之爭鬥而已，甚至是後來的人性對先前的神性之鬥爭而已。這是十分驚訝的：西方文明都一直在下墮，從以往之神性下墮至人鄙陋本性之肯定、從對美之向往下墮至對醜陋之熱愛、從大自然下墮至機械世界、從理形之完美至潛意識、從上帝至資本……。皆因在古希臘中，文明本是神性的，非人的，故在人欲求此文明狀態過程中，不能安然對人自己美善素質之單純肯定，而只能透過對這不切實（不能實現）的神性狀態的否定達

---

① 心靈對象之知性。
② 或今將有之國與國，甚至民族與民族。

致。換言之，對一切神性素質之否定，這也就是「人」之文化進程之唯一可能與方向了。人類歷史價值之下墮，也由於這對一切神性素質之否定心態構成的。思想對思想的批判、價值對價值的否定、理論對理論的推翻、藝術形式的相互超越，都是種種下墮之歷程而已。遠離神及神性素質而下墮，這也就是西方文化唯一的進程與方向了。而這現象的根源，不能說與赫西俄德及古希臘之視美善為神性而非人性這觀法無關。若連宙斯也只能透過與天地諸神之爭鬥始形成其文明的正義與和諧，若連神也必須透過爭鬥而始能美善，人是更不用說的了。故人也必須與諸神性價值鬥爭、否定或批判，連工作也本質上是一種競爭或鬥爭而已，非盡己力使事成之心態，非德之行。與神鬥爭，遠去神性價值，因而反面地把人自限於對立美善的現實狀態中，把人自限為充滿弱點與醜陋的人性之內，從負面桎梏著人類本可單純而正面的美善，這與古希臘精神及赫西俄德之模式不能說沒有關係。若鬥爭是神的方法，那人與神的鬥爭，這對人而言，已是其神化自己之唯一方法了。人對抗而自立，這是西方視為肯定的一種力量，因神之方法，也是力的。工作、勞動之歷程，特別那知性化解一切對立而達致絕對的艱苦歷程[1]，是西方文化建立唯一的方法，是人之神化或即近於神唯一的方法，

---

[1] 如柏拉圖的辯論、中古神學的問答、笛卡爾的沈思、史賓諾莎的幾何論證、黑格爾的否定之否定、馬克思的階級鬥爭、尼采的全部價值之重估，甚至德里達的解構。

是神性的、英雄的，但也是悲劇的。文化的一切進程與努力，其價值之建立，始終是悲劇的。在向前邁進中，同時墮下。越是努力於神化自己，人類越是人性地醜惡與墮落。赫西俄德解釋這為少女潘多拉神對人的報復。文化，在西方，因而也只是人性欲望之延伸而已，人渴望神及神化自己之歷程而已，在人性鄙陋欲望下美善之假象而已。簡言之，人類文明，亦神話而已。歷史也即人性格的神話、上帝的神話、物質的神話、社會的神話、資本的神話、機構制度的神話、慾望的神話……。如此而已。

7. 當我們說，希臘文明及其於文明對人類構成的限制，都只把文明視為由爭鬥所形成，這並非說，在希臘或希臘所影響的文明以外，人本來是沒有爭鬥的。爭鬥明顯是人類自然性格之一種。希臘文明，只是把爭鬥形變為一種文化，為文化的動力與根源，並因而文明地肯定了爭鬥，或以文化肯定了人這一爭鬥的自然性格，使爭鬥變為一種正面的生命力或事物建造之動力，使這一本然醜惡的人性格能有一種更正面的表達與抒發，這一切，是希臘文化的特色與精神。爭鬥或競爭性的工作勞動，如赫西俄德所說的「陶工與陶工競爭，工匠和工匠競爭；乞丐忌妒乞丐，歌手忌妒歌手」，基本上，是男性青、壯年之性格，如孔子所說：「及其壯也，血氣方剛，戒之在鬥」(〈季氏〉)，是憑藉身體力量而成就的。故希臘文化，也就是身體的文化，於人中也就是男性青、壯年性格之文化。人的自我，自我個體的肯定，阿波羅神（太陽神）的

個體化原則，在水倒影中自戀的那爾基索斯①，刻意埋藏自我的悲劇面具，至現代精神分析學拉康所說的由鏡像階段所形成的自我，哲學中之現象、表象、意象等結構，都統統本於希臘此身體文化而形成的。我們今天的個體或個人主義，在資本主義中合法了的自由競爭，甚至改變了藝術本來意義而變為只是形軀與技巧之比賽之表演藝術，或依據身體之延展而形成的科技，這一切一切，都是來源於希臘精神的。換言之，肯定了人之自我，把每人自己之個體（「我」執）形變為一種文化，這是希臘的文化性格 —— 性格與身體表現之文化。文化，在這種觀念之下，也只是個體性之自我突顯而已，即人對不平凡的素質與創造之肯定而已，視不平凡為價值之一種文化而已。

當古代中國單從仁義禮智四方面建立人本性及人一切可能的德性時②，這只是力從人民百姓平凡的存在中求人存在之可能更美更善，使美善落實在人民生活及人之存在中，非苛求把人的平凡提昇至一不平凡的神性素質，使價值心崇上，如子路之只知尚個體之勇，而不知「義以為上」③。個體文化只是異能者之素質之文明。作為個體之代表性（如風格），這些素質往往只是一種外表表現力而已，非對人性情之內在修養，更非人為他人而致力

---

① 甚至後來柏拉圖哲學中「映象」之地位。

② 從這點言，人文文化也應只是一種德性而已，若非作為德性，是沒有其意義的。

③ 「子路曰：君子尚勇乎？子曰：君子義以為上。君子有勇而無義為亂，小人有勇而無義為盜」（〈陽貨〉）。子路也即希臘的宙斯了！

之德行之文化。如此而有之文明，故仍是基於有形或無形之爭鬥的，即個體之自立時所需之種種對立。歸根究柢，這性格的文明，無法如禮義那樣和睦及必需。真正的為他人之義，是在人去其個體自我始見的，如「克己」與「復禮」(〈顏淵〉) 之關係那樣。否則，人類歷史也只是諸神性格的、上帝的、資本的、物科技的種種，非人生命的，非人性生活的。在古代中國，個體之意義也只在「務民之義」而已。孔子之「務民之義，敬鬼神而遠之，可謂知矣」(〈雍也〉) 正把這人民之事與鬼神之異於人事兩者清楚地分辨開來。人應「務民之義」，非求一己之創造與突顯；道亦人民之道，非超越者之道。如此而文化才是美善的，德性的，即對人而言，仁義禮智的，非單純智謀與狡猾之力量而已。固然，西方之個體也不無善意之創造，但大都只止於一種個體之善，成一種個人之美而已，其美善仍非從離開個體而言之禮義，故非仁的。本於仁抑本於知，這就是中國古代文明與西方之文明最基本的差異。這差異，對於處於文化混雜的今日的我們，更應是深思的。

赫西俄德對文化的構思與歌頌 (奧林波斯山)，視真正文明為人所無法徹底實現者，限制了人對文化意義的真正理解，更限制了文化與個體之關係。文化只是個體之表現力而已，但非是在無法客觀化的情況下，仍可為個人內在人性德性的努力。在理想與現實之間，仍應是有個人自己獨立其人格與堅守仁義之可能的。無論理想的人文狀態能否實現，「我欲仁，斯仁至矣」(〈述而〉)。對古代中國而言，文化本非人外在存在狀態，而更先是人對自己之「修己以敬」(〈憲問〉)。非只是個人能力的發展與肯定，而是使自己心志與人格回返於人性善時之一種「博學於文」

及「約之以禮」（〈顏淵〉）。文化先是從個人自己言的，非從客體之建立言的，故不受任何外在條件與情況所限制，亦無理想與現實之差距。赫西俄德及古希臘之錯誤，也正把文明規限於神的完美世界之成就上，如柏拉圖之理想國或基督教的天國那樣，遠而不可達致。於此，以完美的奧林波斯山為人類文化的典範，無形地在說，文化也只是神的文化而已，非人的文化。如此而相反於古代中國對文化的期望，亦人的文化而已，非神的。文化只是神的文化，這是說，文化也只是神話而已，無法真實的。與個人之修己無關故。文化之偽亦在這裡了，習而已，非性。

當我閱讀《工作與時日》一書時，最感動我的，反而是赫西俄德作為農人時對天地大自然的深愛與體驗，從大自然之種種徵象中勸勉人及時勞動工作。他對奧林波斯山（文明）之正義與和諧之渴望，我想，也是來自此大自然的體驗的。唯一可惜的是，他一方面仍受到古希臘爭鬥的性格所影響，繼承着希臘人的殘暴與好鬥，而另一方面，在自覺地對抗這一殘暴好鬥之性格，他崇尚了一些性格外表上的素質，把這些人神性外在美麗素質視為所謂文明的至高價值，因而把文化移離其德性意義，反落為對這些美質之欲與追求而已。文明之藝術味因而重於其禮義之意義，而對性格美之歌頌又使人性之仁失去其根本性。這一切，為日後西方文明遠離仁本之原因。在這不知不覺的欲望中，縱然淡泊無爭的農民，也流露出其與天地爭時日及與人爭財富積累的欲望與性格。這使我想起，那默默的農民，與那默默的天地：「日出而作，日入而息。鑿井而飲，耕田而食。帝力何有於我哉！」真正的文化，應縱然處窮獨而仍無絲毫爭心的。若這

非文化的充足體現，那最低限度，這該是文化修養的始點吧！

二

　　古埃及沒有把競爭及身體作為其文化形成之基石。其文化並非建基於充滿力量及青春的身體，而是建基於死亡及嚴格而言絲毫沒有生命的物（死物）上，因而是死亡及物的一種文化。在古埃及，生命與死亡是同一的，時間與空間是同一的，人與物也是同一的。生命與死亡之同一，如一圓圈一樣，生而死，死而生。存在一直在生死之間過渡而已。故死非異於生，而是同一之事之兩個階段而已。如日之出與沒，出時就在這個世界，沒時則在另一世界，死人的世界。而人之能再得回其生命力亦由此世界而已。這使生命能得以再生的死亡，是沒日所回到的母體。人之死亡，也就是此回到母體內之狀態。金字塔就是母體，而木乃伊也就是在身體中再待誕生的嬰孩。作為母胎的金字塔，是一切死者再待得回生命之源，另一更理想的生命之源。故在古埃及中，是沒有真實死亡的，一切只是生命永恆之再生而已。但也正因為這樣，也同樣是沒有真正生命的，因生命再非在死亡外生生不息（如中國）或無窮變易、恆變不定、多而非一（如希臘）之世界之事。生與死之一體，使生命也只為一種死亡而已。連人之生存、生活及生命也只是一種已死之狀態而已，而人的生命也只是一種死人的生命而已（活也只是一種死而已），即奴隸。古埃及的奴隸，並非我們所以為的人從屬於人之下而

形成的奴隸。從屬於人之下的仍始終是人，可反抗而仍有其生命者①。埃及的奴隸是由從屬於沒有生命的死者而致的，從屬於死亡或引申地言時，從屬於物（死物）之無生命而致的②。奴隸心態非由人而致，而是由物（死物）而致。此奴隸真正之根源與意義。面對着物而已的生命，而非面對着人③，或從死人眼裡觀看世界生命，這就是古埃及人的性格與心態了。故古埃及之經典，也就是《死亡之書》，從死者或死神眼裡觀看的一本經書。事實上，希臘及希伯萊文化本來都沒有突顯了死亡之真實為其文化之對象。希伯萊之他世或所期待的神的國土或福地，本非死後之事，非於死亡後或人此世之生命後另一世界之生命，死而復生的生命。同樣，當柏拉圖把真理世界與錯誤世界（理形界與感性界）關乎死生而言時，以人死後或生前之世界始為真實，而其現世所活的世界為錯誤，這與《新約》的希伯萊都同樣是受了埃及文化很深影響的。柏拉圖崇尚古埃及，故古埃及形變為他的理形之真實世界，永恆的、無時間的、視覺空間的觀念世界④。相反，《新約》中的古埃及，是人神由愛再締結為一體生命所排斥及超越的死亡及其可腐朽的世界。埃及在《新約》之希伯萊中是其所否定之對象，而在柏拉圖的希臘中，則是其所肯定的對象。古埃及文明雖然表面上在歷史中很早便消逝了，但其對死亡及

---

① 如希臘神人對立下之人那樣。

② 故古埃及文明崇拜死亡及一切死亡物。

③ 無論是中國的父母，或是希臘的人的身體，或希伯萊在愛情思慕中的對象。

④ 希臘的爭鬥、動變、軀體、感官、映象、不純粹的世界，則落為他哲學中的恆變的感性界。

物之文化精神，則糾葛不清地透過柏拉圖及《新約聖經》遺留下來，直支配着我們今日的現代世界及其精神。在柏拉圖形上學中仍只是超越地存在的「死亡物」(理形界)，透過笛卡爾而內化於我們這個世界內，成為數學及科學面對的「物世界」及「物」之真理。從十五、十六世紀始，「理」與「物」結合起來，使物理為理的典範，即科學之真正建立。如此，我們這個世界的物，才以一種絕對的理成為人所追尋及崇拜的對象。我們今天對種種物之崇拜，視物之真理為真理(理性或科學理性)的一種崇拜，無論是科學、科技的物世界，抑是資本及商品的物世界，都是透過希臘的觀念之表象或貨幣的代表關係(二者都是身體體現時之關係)，對古埃及「死亡物」為真理與價值的一種重現。而在這種工業、商業及科技下之人，在這些死物所塑造下之人，也只是種種奴隸而已。馬克思以為人之奴隸性是由人而致，其實這是更根深蒂固地本於一種人心之取向的。沒有這種心態取向，任何人是無法使他人永為奴隸的，或使其心與性情為一奴隸性格的。奴隸是在物之下自身物化為一種物(如物地運作與存在)之一種人而已。在這種世界中，人再沒有生活，沒有人與人活潑的生活交往，故在古埃及中，自耕種至性愛，都是神人一致地日復一日永恆如一的。工作再沒有希臘的競爭，性愛亦沒有希伯萊永不可能竭止與滿足的思慕與欲望。古埃及若連神之世界亦必須耕種，那人也再無需藉競爭而獲得可逃避勞動的富有。若在皇室中之婚姻也只是兄妹或父女同姓近親之婚姻，那性愛再無任何思慕與欲望可言了。沒有生活、生機而同於死亡的生命，這就是古埃及文化的價值與取向了。因沒有了生命，故也

沒有人所懼怕的死亡，古埃及文化故是不死的，永恆不止的，超越死亡之終止的，對某些人來說，是他們生存下去唯一的力量。

三

　　若古希臘文化可比喻為男性文化，而古埃及文化可比喻為死者或物之文化，那麼，希伯萊文化則可比喻為女性文化。若男性的生命力量在其強壯身軀之表現與競爭上，若物之力量在其永恆如一之持續力（持久力或能耐性）上，那女性的生存力量則在其內心盲目的信念之堅定上。《古約聖經》是一本對這種內在盲目信念考驗的種種記載與說明之經籍。如男性對女性忠貞考驗一樣。希伯萊文化認為，人能否存在下去，是靠這樣堅定的信念所支持的。希伯萊文化之正面力量在內，非在外。故當他們不得不面對一種使他們絕望的外在黑暗與憂晦不明時，他們仍能單純地依賴於內心純然內在信念及一種堅定力量以存在，並使其存在得到肯定。希伯萊的存在不靠任何外在事物之正面性為肯定力量，非如希臘一樣，以身體之表現與競爭之勝利為肯定，或在存在中創造種種欲望競爭之對象以求滿足。故希伯萊文化否定偶像崇拜[①]，否定身體赤裸的表現力與誘惑力[②]，更否定

---

① 　見〈出埃及記〉。「出埃及」，即遠去一切世間外在地存在的物，遠去物之世界。
② 　自〈創世記〉始便一再重複這點。

理性的邏輯與解釋性之要求 ① 與理性對世界的建造與肯定力量 ②。
猶太民族必須終生流徙，其在此人世中，也只是過渡而已。希
伯萊文化是不能對空間有所佔有及建造的。因其目光不能於眼
前有所終止，其心不能有所安定下來，不能對此世之任何事物
有所欲求，不能於此世有所安定。希伯萊文化盲目遵從的內在
命令，那不可屈服的無理信念，並非如古代中國明德致道心懷
之明與安。希伯萊的內在性，非從人自己主體之致道修德而來，
非使其自己對自己有所肯定的。這內在性仍是不自己的，不屬
於人自己的，不使人自己有所立的。故外無所立，而內亦無所
立。如此漆黑一片之服從，如此不明之信仰，才是真正盲目的。
這一種力量，既不從外在事物找到，亦不從人自己內在心懷肯
定，其外較外在更外，其內較人自己之內在更內。這外在之外及
內在之內，即所謂「超越」。超越者，即神（耶和華）。基督教傳
統下神之超越性，是來自這一希伯萊傳統的。超越，是從外於
當世之外在存在，及更內於人自己主體之內在而成其為超越的。
超越並非只是一種「上」，或一種高高在上而已，而是在人所接
觸到的外在世界之外的，同時亦是在人自己內在存在之更內的。
換言之，在人可感知、可明白、可體驗、可推拷之外的。從這
觀點看，希臘文明，直至柏拉圖的理形世界，都非超越的。無論
人神的一體共在（赫西俄德的黃金時期）或對抗（希臘悲劇），抑
柏拉圖的理形世界，都或是透過人格、意志，或是透過理性思

---

① 　合理性之要求。
② 　如神對亞伯拉罕及約伯之非理性考驗。

辨所可接觸，故二者都非絕對在人可接觸之外，非超越的。

若我們以康德為例，其超驗主體，一如理形世界一樣，並非超越的。其純然視為負面概念的「物自身」，才是超越的。但物自身在康德哲學中無其正面意義，非如耶和華在希伯萊信仰中，是唯一正面者。基督教神學中的信仰與理性之問題，人承認有一完全超越人能力所及的「至高者」，抑一切存在最終亦只本於人可理解的「存有」，這一形上學之根本問題[①]，都是來源自這希伯萊傳統所信仰的超越者的。希伯萊之肯定這樣的一種超越的存有，反面地，也即是對人之完全否定，無論是對人之世界及對人自己所可能人性地成就的一切事情，全面否定而已。人不能有自己，有屬人自己之任何事物，連人自己的內在，都非屬人自己的，而是祂的聲音而已。人的一切，連他之存在在世界中這事實，也只是他不可明白理解或肯定之事實而已，換言之，人必須接受命以存在，在任何人可肯定之情況外。西方今天的父權或一切權威主義問題，也就是根源於希伯萊文化的。只有當人能置身於如此超越位置時，他才能對其他人有如此權力上的壓制。對父權、男性權力等之反抗，因而是對希伯萊文化的一種反抗而已。人與人之間之奴隸關係故非來自古埃及，反而是來自希伯萊的。古埃及只成就泛奴隸現象，即一切人莫不同是「死物」之奴隸而已，非為「人」之奴隸。透過希伯萊的「超越者」，人始真成就人與人之間制約的奴隸關係。

當我這樣說時，我的意思並非說，若沒有希伯萊文明，便沒

---

① 「特殊形上學」及「一般形上學」之關係之問題。

有人與人之間之奴隸關係。人與人之奴隸關係，是人無道時之一種普遍現象，在任何歷史時空，在任何文化或民族背景中都存在。如同人與人之爭鬥、競爭，或人物化之傾向，都是無道時人類共同普遍的現象。當我說，這些現象根源於某文化時，也只是說，這些現象是被這文化肯定及加以發展而已。若嚴格地說，應是某文化是根源於某一人類普遍現象而形成其特色、價值觀及性格內容的。西方文化，直至今天，都共同有一特性，即文化所正面肯定之事物，正是在人類現象中種種負面之事物。如希臘的競爭，埃及的物化，希伯萊的主從關係，資本主義的貪財好利，自由民主或民權的個人主義，傳播媒體與藝術上的慾欲，科技的欲速、急功及好強等等。西方的種種文明，也就是人類種種負面現象之一種形變，使其以文化創造及自身強化之姿態出現之一種正面性、肯定性，或價值。佛洛伊德稱這為「昇華」，不是沒有理由的。這樣形成的文化，其好處在，因本於人自然甚至必然的種種不善，故其基於此而形成的文化之正面性，是容易建立起來的，順人自然之樣貌故。如資本主義的自由競爭，較弱肉強食之爭鬥，有規律多了，有秩序多了，「文明」多了。但其偽亦正在於此，因歸根究柢，其賴以成為文化者，本是人類的一種不善，故縱然於此有所建設與形變，其終仍只為一種不善，非人類真正美且善之文化，非使人真有所教養的正面價值。中國古代文化之特別，正由於是純然基於正面道義而建立的，為人之善與美的，雖非順承人之任其性，雖非容易成就，但其成是光明的，合道義而為的，非仍有所悖離人性與道義的。

若希伯萊文化就是建基於對超越者之肯定，那麼，惡或不

善，在希伯萊中，就是一切試圖背離或背叛此超越者之行為了。無論是試圖從當前之外在世界中求得滿足與肯定，抑從自己中求得自立自主之依據，在希伯萊中，都是惡或不善的。亞當夏娃（人類）之欲自立而不聽命，欲求自我之覺識力而背叛了耶和華的禁令；巴別城所象徵的「人類統一」與「語言（方言）統一」以成就人類自己的世界[1]；亞倫及以色列人造犢神背叛了摩西及神十誡的法律；神對亞伯拉罕及約伯之試驗，甚至，神對人類的種種降災與毀滅[2]，並非單純由於人類之惡，而是由於人類在神前作惡是直背叛了神之命令的。神之降災是由人類之背叛所致，非由罪惡本身。故神與人之立約，是本於此背離之惡而回復未背離前之善的一種盟約。這種人背離神時之惡，在《新約》中[3]，即為猶大對耶穌的出賣[4]。在古希臘，惡並非這樣的。希臘人以爭鬥為萬物之本，這並非他們無視於爭鬥之惡，而是他們認為萬物本身是惡的，即惡是宇宙之本。宇宙始於混亂（Chaos）及神與神之鬥爭。故赫西俄德的兩本書，一者始於諸神之間之爭鬥（《神譜》），而另一者則始於人間之爭鬥（《工作與時日》）。宇宙始於惡，始於爭鬥，故善也只是由惡中掙扎出來的，或由惡中所孕育出來而已，非另有其自己之根源，非在惡之外之別的事物。正義的宙斯神也只是從與其他神之爭鬥中脫穎而出而已。同樣，

---

[1]　另一種對耶和華之背叛。

[2]　如挪亞方舟一事。

[3]　「約」也就是神與人復歸結合時之盟約。

[4]　門徒對主人的背叛。

由人相互之鬥爭，人始知工作競爭之善。故希臘文化教人，善仍是本於惡的，基於惡，並以惡之方式（鬥爭）所成就，非本身不同於惡的。善只是惡之後之努力，透過種種競爭方式[1]所達到或創制的善而已。我們今日對世界的種種改造[2]，以此改造之法為善對惡之戰勝，以戰勝或對抗惡之方法為善，這都是來源自希臘文化精神的。宙斯聰明與力量之強大，我們今日對強者之崇拜，以強力對抗惡而以為立善，這都是希臘文化所肯定的，人由身體強力之比試至爭鬥之一種性格而已。英雄主義而已。希伯萊以善為本，但非在目前世界本身中，非在人自己本性中，而是在神那裡，在此世之前的樂園中，簡言之，在超越處。只有神才是善的，神所造的一切都是善的。從神之創世始，神所作的一切都是善的。而人的善，也只是純然聽命而已，遵守神之一切，努力回歸於這超越的本來而已。神與樂園都是平靜的、豐盛的、和諧的、逸樂的、內在的。惡只由人試圖背離神，求自己的獨立，求自己的能力與知識；只有當人試圖自立時，他才墮落。人的一切自立或立他，都是種種墮落而已。故人之創造、改造、制定，甚至科學的戰勝自然，都是種種背離善而作之種種惡而已。連工作勞動，也只是人墮落後之一種惡而已，其本身非善的，因只是從神而來的懲罰而已。固然，人若不工作，是再次背離於神的，但工作本身並非善，只神對人的懲罰而已。只有當人努力回歸神之懷抱，回歸神指定的福地，回歸天國，如女性之

---

① 　如工作，如創造等。
② 　無論是政治上的、科學上的、生產上的種種批判與改革。

回歸其丈夫之下，人始遠離惡而回歸善。於人，善故非人為的創造或建立之努力，而只是回歸之一種歷程而已。這種回歸的努力，對根源之懷望，也就是愛了。於人中，也就是孩子對母親或妻子對丈夫的愛慕了。愛是在人世中，唯一的善，因她不着形體（非人為之物），亦是回歸於愛者懷抱之唯一力量。如血在體內一樣，雖無定形，但是是其內在的唯一生命力量。希臘人肯定身體，但希伯萊只肯定體內的血；如同希臘人肯定奧林波斯山、城邦、理形界，但希伯萊只肯定使人締結在一起（使人神締結一起）、無形的愛那樣。生命樹才是善的，知識樹只帶來惡而已。人於此世中失去的，也就是生命樹而已。希臘以為善從惡中而誕生，故透過種種創造、生產、製造、工作、競爭欲成就此孕育過程，但希伯萊以善只為從惡中向善之一種回歸而已，是超越者的，非人為之事，是愛之努力，非物之創制發明。事實上，對希伯萊民族來說，一切人為的惡，如人由強弱不等而產生之爭鬥，都只是人類背離於神時之無知而產生的惡而已，如耶穌說：「他們不知他們在作甚麼」。故對希伯萊文化而言，是沒有世界本身的惡的，沒有人類本身之爭鬥的，爭鬥也只是人背棄神之後之事，非本來的。故《古約》的第一個人與人之爭鬥之故事[1]，是在人墮落後之事，非人本有的。甚至該隱之所以殺其弟亞伯，也只是出於妒忌及失寵，並非由於強者之爭鬥的。這更說明，赫西俄德視為善的競爭[2]，在希伯萊中，仍是不善的。

---

[1] 該隱殺其弟亞伯之故事。
[2] 由妒忌而致之工作上之競爭。

希臘男性強者之性格，與希伯萊女性弱者之性格，在對同一事情之解釋上，是有深遠差距的。爭鬥，在希臘，是男性爭強之表現，但在希伯萊，爭鬥則只是本於妒忌的。故在希伯萊，根本沒有強力外在表現時之爭鬥之惡，惡非從外在而來，非一種外在性，而只是人自己不能固守其內在生命及超越的命令而產生的。希伯萊文化根本無法定住在一種外在世界上，根本見不到這樣的世界。其一切向外建立之欲望，在其達到有所成就前，都已被耶和華所粉碎摧毀了。故希伯萊民族，一直只擺動於此遵從神與背離神之欲望之間，只在內在與超越者之爭恃上，在踰越上[1]。但也因為這樣的惡只是人自己之是否堅守約定之問題，是否遵從命令的問題，故惡非本來的，非必然的，而只是偶然短暫的，歷史性的，此世的，非終極的。惡在希臘中與善為一體，不可究分，客觀而且必然，是本亦是終，但惡在希伯萊中與善超越地判分開，一者偶然，另一者必然，一者屬人，另一者屬神，一者短暫，另一者永生。

　　若希臘是男性性格的文化，那麼，希伯萊便是女性性格（特別少女）的文化。女性之生命主在歸向一所屬的男性，而非在世界中向外的開展與自我建立。整本《聖經》都是基於這女性性格而寫成的。事實上，連耶和華神本身，也只是女性心中嚮往的男女一體結合的一種投射而已。《聖經》之針對耶和華而用眾數的「神」字，我想，亦正是由於男女這二性之複數，因耶和華明顯

---

[1]　如人對法律、對禁制、對社會規範、對父權之踰越。

又是一神，非多神或泛神的 ① 。當《聖經》記載神創造天地時，每次提及神依據其形像造人時，必補注說，祂創造了男人及女人。男女是神之肖像，依據神之形像而造成的，這即是說，這眾數（複數）的「神」，也即一種男女合體之原型而已。希伯萊以此男女之合體或夫妻之締結為最高完美之真實，這非獨立個體或如希臘諸神的和諧 ② ，而是兩性的結合，一種終身的盟約，換言之，是從女性性格所渴望的一種終極。希伯萊心靈自始便被男女愛情與結合這懷想攝握住，如同古埃及被物攝握住或古希臘被個體身體之表現力及力量所吸引着那樣。連耶和華之創造世界，也是男女合體之事：一方面，創造是依據男女二性之關係而有統治與被統治者 ③ ，而此創造過程，如女性之生殖一樣，都在一滋養生長及統治關係下，亦如人之生殖一樣，是形像上肖似的。但另一方面，由於神需要第七天的安息，故創造實帶有勞動之意味，是男性的一種工作。其於每事中而辨其為美好，也是一種男性統治事物時所需之知識。神之創造萬物，故是摹擬男女

---

① 故關聯於這複數的神而用的動詞，在《古約聖經》中，仍只是單數動詞，非複數的。

② 和諧是相對於爭鬥而言的。

③ 第四天的日月之光體統治第一天的光與暗、第五天的鳥與魚這生物體統治第二天的天與水、第六天的野獸、昆蟲、牲畜等生物體統治第三天的地、植物與海。一、二、三這三天之事物象徵女性，具有對四、五、六三日的物體滋養生長之能力，而四、五、六這三天的「體」則象徵男性，對一、二、三這三天之事物有統治能力。神之創造天地萬物及人，故都是依據男女二性而為的。

二性而為的。人後來的誕生[①]，透過勞動而治理世界，及最終不能免的死亡，也就是此神之創造歷程的再版。只不過，於人中之死亡，於神中，也只是安息而已。神仍未失去生命之永生。於神中，男女仍是合體的，非如人墮落後，是分體的。這男女一體的神，從力量上說，是同時具有判別及統治事物之知識，及生養萬物之生命力的。知識樹（或分別善惡樹）與生命樹亦就是男性與女性各本有之存在力量。在樂園中，當耶和華神禁止人吃知識樹之果實時，這是禁止他們[②]知男女二性之分別，並由知此分別而把原先一體之存在分裂為二[③]，但另一方面，神禁止人吃禁果，這是因為如蛇所說，吃了知識樹之果實，人便會如神一樣有知識，並能統治萬物，如神以其善惡之知識統治人一樣。故當人類吃了禁果後，耶和華只能把他們驅離於伊甸樂園，因不能再讓他們接觸到生命樹帶來之生命力，否則人類便與神同等了，失去神人一體之可能，成為多神統治，或多元存在。為使這已具有知識的人類不能等同神，為了使神人主從這一關係仍能維繫下去，神只有把人類的自生生命（永久生命）切除，使人有所死亡，亦因其死亡而必須依賴於神以得永生，藉此而使人永恆地在神之統治或蔭庇下存在。這一知識與生命之分離，也同樣反映在男女之間，具有統治知識的男性，因失去生命（女性的

---

① 生殖或生產。
② 男女之合體，亞當與夏娃之一體。
③ 故當亞當夏娃吃了禁果後，他們始知相互赤裸之別，即男女二性之別，而判分為二，失去本來的一體，而墮落為男女二分之人。

無限生殖力），故只能以勞動維繫其存在，相反，具有生命及生殖力的女性，則只能無知地戀慕其丈夫，並受他的統治與管轄。男女的二分，也就是神人的二分；神人的二分（人背離神），也亦就是男女的二分。神人或男女本然之一體，轉變為神人之間之超越關係與男女之間之統治關係。知識為人帶來了知男女之差異，更知神人之差異；知男女性別之差異及神人超越之差異。神與人這一不可踰越的差異，神這一超越性，只是從希伯萊傳統始有的。由這種差異而立之不可踰越之「法」，對這種「法」之權威確認與肯定，也只是來源於希伯萊文化的。希臘精神敢於挑戰一切權威，其個體之自我肯定與自立，無視於任何法律，就算這禁令來自神。故普羅米修斯仍違反宙斯神之命令，為人類而盜火炬。無論悲劇英雄抑神話英雄，都是希臘無視於神之超越而有之對抗。因希臘人相信，只有在這種種對抗與爭鬥中，更善與和諧才能誕生。而在希伯萊，二性一體合體是生，是至善，而二性分體則是死亡，是惡。無論是神人分體或男女分體均然。亞當夏娃之所以見己之赤裸而感到羞恥，所羞恥的，其實就是人向外的自我表現與向外意圖之意識，對身體之外在表現之否定，及對使人有所建立的知識的否定。這種羞恥，是女性心態的，非男性的[①]。只有希伯萊文化，才有對此赤裸之身體之禁制，對性之絕對否定，因性與性別差異，都是惡的，背離善的。連一切欲望，都由於是一種向外之圖索，故為不善。對赤裸之羞恥，

---

① 今天的女權主義與男女平等，及性解放，都是希臘男性精神的，非女性自身的。

對一切外在性之否定，對一切向外之強力之摒棄，對一切外在欲望之節制，對一切對抗及反叛精神之禁止，這雖為希伯萊女性文化的性格，但也正是透過這種觀法與心態，成就了一種善惡的價值觀與道德規範之教誨。

四

我們以上如此概括地刻劃了古希臘、古埃及及希伯萊三種古文化的特色，目的主要是為教人見文化的一些根，及表面上已逝去的古文化，其生命力、其來源及其對我們今日仍深藏着的影響力與決定性。其次是，我們實是希望透過對不同文化的自覺而更深入地明白我們自己古代中國文化的意義與價值的。

文明，簡單地說，都是人類存在的種種方向，一種存在方向。她一方面為人提供了其存在的目標（生命目標），並因而塑造了種種生命樣貌及價值，使人脫離了單純動物性的存在，而進入了在人與人複雜關係下、在人與人相互依賴而不能獨立的狀態下，那只有在人與人共同努力下，所可能創造出來的一種存在關係與方式。但另一方面，透過這種種存在方式，她創造出種種人，種種人之性情，人種種行為之作風，及人由他人之存在所引至之問題與困難之解決方法。存在是必須在人與人緊密關係下始可能的，存在是在人與人共存及息息相關這基礎下形成的，這是一切文化之大前提，亦是文化於人存在中所造成的必然現象。我們也可反過來說，人類之必須有文化，之所以必

須以文化之方式存在，或依賴於文化以存在，這是因為人的存在必然是在人與人息息相關的緊密依存關係下始可存在者。

古埃及文明以人與人這種依存關係為依賴於物而形成的，是為物之建造與開發而導致的。我們今日的社會分工，在分工中所形成的人與人之依存關係，即面對着物及由物（如資本）所決定的人相互之依賴與從屬，與古埃及文明是一致的。由物之複雜性多面性所導致之科學之分化及科技之分工，亦都是本於物而對人與人緊密依存關係這一事實所作的一種塑造。從屬於物之下之分工，故是人與人依存關係之一種形式，由物之存在所造成之一種存在形式。

古希臘透過人與人的競爭，透過強力所取得的勝利及其對人自己之個體之肯定，安置了其文化建立的基礎。這一人對立人或人對立神的比試與競爭，雖表面上是一種人與人之對立關係，但也正在此，其本身實已是一種人與人緊密依存的存在關係。人能與人比試而競爭，這已是人與人之間緊密關係之表現了。沒有這種依存關係，競爭根本是不可能的。古希臘利用這由競爭達致之勝利帶來的滿足，使人所具有的強弱不等中之力量，集中為文化建立的力量。表面上是破壞的爭鬥，其實是有所建立的，藉強者而有所建立的。但其限制也在於此，因由強者所能建立的，也只是人與人外在關係上的事物而已，如表現力之美，如力量感，換言之，在強弱之間之一種強力事物而已。蘇格拉底的理性，也只是在這競爭的辯論中之強力能力而已。理或理性之正面性或建造力，所成就的事物，仍只是一種以強力所達到的凌駕與壓倒，及一種個體的突出與統治，使弱者服從強者所

成就的規律與方法，由弱者服從強者所形成的一種秩序與形態。理性於此也只是一由合理性所形成的一種更大強力而已，其本身並非必然朝着更大善之努力而發展的。其實，人類的知識、科技，甚至藝術等活動本無需朝着求標新立異、求更強之力量，或在比試競爭之關係下以求發展，把其原有對人更大的意義囿限於人與人或國與國競爭關係這狹隘目的之下，或甚至依據這樣的目的構造其理。故縱然希臘文化是較其他文化更自覺城邦建立之努力，甚而有柏拉圖《理想國》、《法律》等對理想城邦建造之探討，但我們仍可清楚地看到，城邦所由建立的人民，都是從其相互強弱不等之競爭之私欲關係中而構思的，以至所謂城邦（理想國）的秩序，也只是在如此強弱不等的前提下求一合理的平衡與運作之可能而已，非別有城邦本身為人更善之道理與存在，非從城邦本身之道之美善而教導其人民存在努力上之德行可能。人的私欲競爭，限制了城邦真正的理想與美善。故在理性下所可能達到的一切，連正義等，都只是反應人類負面現象而形成的方法與手段而已，非善道本身。而理性所建造的城邦，也只是一強邦而已，非一善國或一仁國（有道之國）。城邦與城邦之間，城邦內人與人之間，仍只是強者勝而統治之一種關係，一種強弱關係。而理性也只是達到更高的統治與秩序的一種強力而已，非德。所成就者，也只是行事之宜而已，非為人更真實的善或人更人性的人倫存在所作的努力。

希伯萊傳統所教誨人的依存關係，非如埃及的分工或人外於其自己之自我之疏離，亦非如古希臘的透過競爭而達到的個體肯定，或理性對人外在行為私欲之不善之箝制與規約（強勝弱

而形成的秩序）。由人於神之下一體結盟的愛 —— 博愛或基督之愛所締結的人與人之關係，其基本非人直對人的，非本於人倫自身的，而是從人對神之愛而來的。其為愛，故非由於愛人，亦非由於親友的情感，更非希臘對身體之美之性愛。其為愛雖是於人中的博愛，但其實仍是超越的。所愛雖表面為人，但非真在人，在愛本身而已，在愛與被愛之間而已。這樣使人相互依存的愛，仍無以為人而有善及無私之努力的，如父母對子女無私之愛那樣。希伯萊的愛仍是超越於人倫之上，是人所從屬的，非在人倫之間有真實基礎的。在這樣超越的愛之下①，愛並非一種使人更善之道，其善也只因其為愛而非為爭鬥而已，但並非切實於人之存在中或人性本善中，對人自己之德行及人格之更大教育與昇進。希伯萊的愛，止於愛而已，仍非對人之化育之道。如夫妻之愛一樣，只是一終生的締結力量，但非父母對子女的教化之愛。故無論是《古約》的盲目信仰對神的從屬而形成的人之間的結盟，抑是《新約》以愛形成的對神的從屬時人相互之結盟，所成者始終只是在超越者之下的人抽象之一體而已，即在一超越者之下所形成的一種人之抽象共體而已。其為共體，故非本於人自己或人性本身。而是基於此超越者之抽象性格的。社會本身亦可成為這樣的一種超越者。故如盧梭之社會契約或「法」之下的人共體，其市民性格，是本於此法律契約的超越性，而於人，為一種人之在人倫具體關係外之抽象共體存在。這社

---

① 神之愛之下。因神人非一，故神之愛，非人性人倫間之愛，而仍只能是抽象的，即非因人之為人而愛，而是因愛之為愛而愛人，或愛一切存有。

會契約只是一例子而已，在歷史中，還有無數類同的超越者作為人共體存在的依據及規範，亦由這種種超越者（即與人本性異質者），故人的共體存在有着種種不同的性格及歷史面貌。

從這西方文明所本的三種古文化，我們可以看到，人相互依存的共體關係，是依賴於外於人自己之事物以成就的。或是物，或是人自己從身體而來之外在表現力及力量，或是一與人性異質的超越者。也因為這外在性，故在西方所可能具有的最高人格（理想人格），都是與此在人自己之外之事物關連起來而立的。換言之，從人心所嚮往的價值至存在的種種肯定與滿足，從人行為所獲得的意義至人存在的整體終極，都是遠離單純的人，遠離人自性及人倫本然關係而向外求其依據的。希臘、埃及及希伯萊這三種文明之至高者之形態因而是：

希臘：人自己的外在，或外在的自己（如藝術精神）

埃及：「他」的外在，或外在的它（如科學精神）

希伯萊：「他」（祂）的內在，或內在的祂（如宗教精神）

若用同一種方式表達，那古代中國文化的形態應是：

古代中國：人自己的內在，或內在於人自己者（此故為真正的道德精神）

換言之，從文化言，西方沒有任何一文化，其理想人格是一能獨立的主體人格，或人的主體獨立。或由於求一種外在性，

或由於有所依賴於一「他者」（神的「祂」及物的「它」）。人的整體或相互依存之存在關係，在這些文化下，是無人單純作為人之獨立性可言的，即人的整體存在，是無法不依賴外於人或外於人本性之事物以存在的。故人存在之最高價值及真實，非在人本性自己身上，而都在人之外。儒學教人的主體，即「人不知而不慍」（〈學而〉）或「不患人之不己知」（〈學而〉、〈憲問〉、〈里仁〉、〈衛靈公〉）時「君子」之人格，才直是無求任何外在性[1]，亦不依賴於一「他者」以成其內在肯定的[2]。西方哲學中之主體，因而只虛說，非實說。縱然在以主體哲學著稱的康德中，其超驗主體也只是一種個體式的客體世界（現象界）而已，非真正的主體，非能獨立的人之主體。

從以上對西方幾個古代文化理想人格的討論中，我們可以看到，這些文化都共同認定，人的一切作為，都是有所偏私的。他們的文化，甚至建基於這一偏私之上：希臘肯定個體自我的偏私，希伯萊肯定人共體時的權力與愛慾之偏私，而古埃及肯定物之偏私。我們並非否認這些文化為人創造了極美麗的成果。他們都為人類創造了不可取替的美麗：藝術的美麗、文學與詩的美麗、形上學真理之美麗、科學物質世界之美麗……。但如孔子面對武樂時說：「盡美矣，未盡善也」（〈八佾〉），從文化之於人與人存在關係言，無論個體之表現力多麼美，無論權力多麼雄偉或愛情多麼甜美，無論物質如何改善人之生活素質，但

---

[1] 來自外的肯定或向外時獲得之肯定。

[2] 如中世紀的神秘主義者，由與神的一體始致其生命之獨立。

於人存在中人與人之基本關係上，他們都是無盡其善的。而這
人與人之關係，才是人類文明所應首要地致力的，非個體之美，
非物之美。若如我們前面所說，文化是本於人與人緊密的依存
關係而形成，那人與人存在關係上的至善之道更應是文化首要
的目的，非先在物質世界的開發或個體自我的創造上。更非以
物所需之分工，或在人之上的超越者之統攝下，或由個體競爭
而形成的強弱關係，塑造一種扭曲了的人與人共體的存在關係。
從古代中國所致力的文化可以看到，人與人的存在關係，也只
在人與人之間之禮及人與人之間人倫之樂二者上而已。換言之，
這禮與樂才是人相互依存之正道與美善，是人其他文化作為所
本的始與末。若人不得離人這一依存關係而活，那人更不應離
禮樂而生活。禮樂是人作為人的基本文明，是唯一成就美善的
人倫關係的。而所謂禮，無論是事人之禮抑為事之禮，都主要只
從三方面言：敬、和，與情感。一切禮都本於此三者而成。而
敬，既不失人自己，又不失對人之尊重，故較對超越者之崇拜與
盲目遵從更正面、更是人之正道。和，故不爭，各自行其所能，
各盡其力而已，如「射不主皮，為力不同科，古之道也」（〈八佾〉）
那樣。情感，故非如物之無情無心，其哀與樂，亦人性存在之美
而已。中國古代禮此三方面，故糾正了西方三種古文明之性格。
非偶然之吻合，而是對人性格偏私與弱點有深切反省而致的。
本文至此終。

神倫與人倫：
西方與中國倫理根源之差異

目次

I. 希臘「明智」與哲學「智慧」之對立

人所以求取學問，本只為人能更美善，為更能切近地對人努力。學問本即人倫倫理之學問。知識之轉向對外物認知，這非學問之本，亦非其目的。人倫是如此地日常，致每當人返回自己作為人時，必然真實。也因人及人倫對人言是首先真實，故在所有知識之先，應是倫理之反思而已。

古希臘也不例外。在統稱為科學文明的西方遠古中、在思惟創始其形上性格前，西方思想亦只倫理思想而已。

在較泰勒斯更早的希臘七聖中（泰勒斯也是其中一人），先也只是一些像人生智慧的日常倫理思想而已。這種倫理或人生智慧，無論在遠古的神話傳說、抑在後來希臘悲劇中，都是希臘人思惟之根本內容。蘇格拉底的道德學說，也是承接着這樣傳統而形成。從蘇格拉底及柏拉圖，或更早，從米利都人的自然哲學始，思想實已背離希臘原先傳統，代表着一種思想新創樣貌。換言之，哲學思惟實非希臘遠古或其傳統的，而相反與其傳統背道而馳。因而對希臘傳統言，這是一種大逆不道、一種不敬神。蘇格拉底及後來亞里士多德之被處決（亞里士多德幸好逃過厄運），實根源於此。先蘇哲學於其替萬物尋求一更真實根本時，已間接否認人及人倫之根本性。哲學知性認知這新興知識，甚至對傳統所公認智慧予以否定或對立。

希臘本來倫理思想，在希臘文中，往往環繞 phronésis 一詞而表達。這詞有譯為「明智」，有譯為「聰明」、「思想」、「智度」

（見吳壽彭亞里士多德《形上學》），有譯為「實踐智」、或生命及「人生智慧」。亞里士多德於《尼各馬科倫理學》（如在第六卷中）首次在人類歷史中系統及全面地討論這種智慧，因而首次以哲學之系統性處理自遠古希臘而來之公認智慧——倫理思想或「明智」。亞里士多德雖沒有否定明智之地位，但他如同一切哲學家一樣，以哲學之純粹思惟為人類至高價值，甚至為至高德性。於《尼各馬科倫理學》終結時，他如此描繪及比較這兩種智慧，說：

> 我們聽說的自足性〔指哲學思辨及其生活〕，最主要地應歸於思辨活動。智慧的人和公正的人一樣，在生活上都不能缺少必需品。但在這一切得到充分供應之後，公正的人還需一個其公正行為的承受者和協同者。節制的人和勇敢的人以及其他的人，每種人也都是這樣。只有智慧的人靠他自己就能夠進行思辨，而且越是這樣他的智慧就越高。當然，有人伴同着他活動也許更好些，不過他仍然是最為自足的。（…）幸福存在於閒暇之中，我們是為了閒暇而忙碌，為了和平而戰鬥。（…）理智的活動則需要閒暇。它是思辨活動，它在自身之外別無目的追求，它有着本身固有的快樂（這種快樂加強了這種活動），有着人所可能有的自足、閒暇、孜孜不倦。還有一些其他的與至福有關的屬性，也顯然與這種活動有關。如若一個人能終生都這樣生活，這就是人所能得到的完美幸福，因為在幸福之中是沒有不完全的。
>
> 這是一種高於人的生活，我們不是作為人而過這種生活，

而是作為在我們之中的神。（⋯）如若理智對人來說是神性的，那麼合於理智的生活相對於人的生活來說就是神性的生活。不要相信下面的話，甚麼作為人就要想人的事情，作為有死的人就要想有死的事情，而是在一切可能內，全力去爭取不朽，在生活中去做合於自身中最高貴部份的事情。（⋯）這也許就是每個人的真正自我，因為它是主要的、較好的部份。（⋯）如若人以理智為主，那麼理智的生命就是最高的幸福。

合於倫理德性的活動是第二位的。合乎倫理德性的活動是人的活動。公正、勇敢，以及我們在契約、協作和一切其他這類行為以及有關情感的事務中互相對待與共同遵守的德性，這一切都是屬人的德性。（⋯）明智與倫理德性相依，倫理德性也和明智相依。可以說，明智的原則本乎倫理德性，而倫理德性以明智為準繩。這些德性既然與情感相聯繫，那麼，它們也就脫離不開組合物。凡是組合物的德性都是人的德性。（《尼各馬科倫理學》第十卷第七、八章）

亞里士多德在這裡所對比的：哲學之思辨智慧與倫理德性之明智、思辨之自足性與倫理之互相依存性、神性的生活與人性的生活、理智至福之快樂與倫理德性之快樂⋯⋯，其實正就是從哲學觀點，對哲學與希臘傳統所肯定的明智的一種對比。儘管表面上亞里士多德似仍肯定明智，但這已非單純如希臘傳統那樣，更非來自其思想之大前提。傳統希臘明智及一切智慧

的大前提是：作為人就只應想人的事情、作為會腐朽的人就只應想會腐朽的事情。亞里士多德的：「不要相信下面的話，甚麼作為人就要想人的事情，作為有死的人就要想有死的事情」，正是針對此希臘傳統之明智而發的。雖然人並非神，但人仍必須「在一切可能內，全力去爭取不朽」。而這，簡言之，也就是哲學了。哲學之對立明智，猶如神之對立人、或神性對反人性一樣。人倫問題因而是扣緊神及其種種變形（鬼神種種變形）而有。

不僅亞里士多德對傳統希臘明智揚棄，在赫拉克利特及巴門尼德等早期思想家中，亦可見對明智之低貶。赫拉克利特在其殘卷 2 中說：

> 因而必須跟隨那共通的。但雖然智理（logos）是對一切而言共通的，世人仍只以其個別的明智而生活。

也因人各以其明智而生存，故反面地，明智又變為是在一切人中共同的或普遍的現象：

> 明智是人人所共同的。（殘卷 113）

甚至當他把雷電或火視為一切事物之支配者時，他更說：

> 火亦具有明智，並為一切事物之秩序之原因。（殘卷 64）

在殘卷 64 中，「明智」一詞只是借用或比喻而已，而在殘卷 113 中，人人所共同的明智，只是人類現象中之一種普遍性而已。畢竟，對赫拉克利特言，「智理」是與「明智」對立而相反。前者始是事物真正共通基礎，後者只人個別智慧與原則而已。

巴門尼德也同樣。巴門尼德在其有關「虛偽之路」中說：

> 如同每人各有其混合，使其肢體運動，同樣思想亦在所有
> 人中體現。因對一切人而言，明智（或明識）與肢體之自性
> 是同一的。只有思想（noéma）才有所超過。

換言之，「明智」與「思想」均共同地在所有人中而有，差別只
在：對一般人言，其肢體活動與其求明智之本性，都一致而
相同，唯在人中之「思想」始使人人各異、有所更多、有所超
過、甚至超越。巴門尼德因而亦把「思想」（noésis）與「明智」
（phronésis）對立。前者是真實之道，後者只是虛偽之路。

當我們說，哲學之出現正是對立傳統希臘明智形成時，這
屬傳統希臘之明智與後來在《尼各馬科倫理學》中系統地討論的
明智不盡同。在早期思想家中，如在巴門尼德及赫拉克利特中，
「明智」一詞基本上仍去傳統希臘意思不遠，但在後來蘇格拉底
及亞里士多德中，「明智」已轉化為在哲學理性下，為倫理學一
部份。我們固然在亞里士多德中仍可見希臘傳統「明智」之意思
（但這完全為他所否定），如上引「作為人就只應想人的事情、作
為會腐朽的人就只應想會腐朽的事情」，但亞里士多德再不稱這
種道理為「明智」，而把「明智」一詞保留給自己的倫理體系。這
兩種相關但又不同的「明智」其基本差異在哪裡？簡單地說，希
臘傳統「明智」是從人這一存有言，即從人與神存有上之根源差
異言，而「明智」在亞里士多德中已涵攝在哲學之下，為一種知
性智慧或知性德性。換言之，明智在亞里士多德中已單純從人
言、從人面對世間現實存在之智慧言，非人面對神而言之智慧。

這一轉變，在德謨克利特中已可察覺。德謨克利特說：

> 從明智中流露出這三種性質：深思熟慮、言忠信、行其所應行。（殘卷 2）

> 人們對「偶然」假造了一種圖像以掩飾其自己之不智。因偶然鮮與明智衝突，而在生活中，很少事情是不能為精微洞察力所不能達致的。（殘卷 119）

換言之，連命運之偶然也可為明智所預防或解除。若人認定偶然之限制，這也只是其自己不明智而已。這明智之用法，已突顯了其智性地位，那可洞見一切之智性。故非如希臘傳統所言明智：「明智」正教導人接受命運安排，不圖絕對知見、不踰越人之份位。德謨克利特所批評的「人們」，故正是希臘傳統中一般人，那自限為人而不圖為神之人。

從此，明智便轉化為單純人自己面對現實存在之一種智慧。故亞里士多德在《尼各馬科倫理學》第六卷第五章中，首次如此對明智作界定：

> 所謂明智，也就是善於考慮對自身的善以及有益之事，不是對於部份的有益，如對於健康、對於強壯有益，而是對於整個生活有益。甚至人們善於計較以得到某種益處，我們也稱之為一種明智。（…）總而言之，它就是關於對人的善和惡的真正理性的實踐品質。所以，我們認為，像柏里克利那樣的人，就是一個明智的人。他能明察甚麼事對他自己和人類都是善的。像這樣的人才是善於治理家庭、治

理城邦的人。

從亞里士多德對「明智」這界定，我們可觀察到以下幾點：1. 明智是關乎自己及他人的益處與善的，它甚至可只是為得到某種益處所作之計較。2. 明智是對整體生活、非對任何特殊事情而言。3. 明智背後仍是一種「見」、一種「觀察」、或一種「明察」，即與知性有相當關係的 théorein。（見亞里士多德對柏里克利的形容）。

以上三點，全與希臘傳統「明智」意義相悖。在希臘傳統中，明智主要用於人於其面對神祇或神性事情時之一種節制與自限（人對自身之克制），故是一反面概念。但亞里士多德則把「明智」完全運用在人自己事情上、在生活一般事情處理上，與任何神性關係無關。且是正面的一種概念。亞里士多德更從哲學如神性般（或取代神性時）之「整全性」及「觀看性」（智性、知性）解說明智，把明智收攝在哲學前提下。若在亞里士多德倫理體系中找一相似希臘傳統之「明智」，這應為「節制」（sophrosyne）或亞里士多德「中道」一觀念。但「節制」與「中道」觀念仍非完全等同希臘傳統之明智，因後者是從人面對神或外於人能力之事物時，人對自身之節制，而前者則單純是人自身之一種倫理德性。對亞里士多德言，倫理與一切德性基本上是單純人自身或人性存在之問題，與神或神性毫無關係。但對傳統希臘言，倫理問題是神人間之問題，非單屬人自身的。

我們可粗疏地說：哲學之出現，正在於把神人問題從倫理層面轉移於純粹知性層面。在知性中之神性，這也就是哲學或

形上學之本源了。而這一種新的神人關係，亦由人「倫理地」不能踰越神，轉變為人「知性地」自身神化。在倫理中，人只是人，不能為神，其存在與實踐均有所限制；但在哲學或知性中，人可是神性的，或甚至取代神。實踐所無法踰越的，知性可。知性之踰越，這也就是形上學了。亞里士多德倫理學[①]之所以單純只是人自己之事，亦因其哲學或形上學始是一種神學。故縱然倫理仍可是一種德性，但只能退居「第二位」而已。第一位為哲學理智德性，即神之德性。倫理德性只為「第二位」，因只是人之德性而已，非神性的。亞里士多德之中道與節制，故只是倫理德性之準則。而所謂倫理德性，實只對應或源於靈魂非理性部份，其理性部份德性，是一種知性或理智德性，非倫理的。固然，「明智」對亞里士多德言，非只是其所謂倫理德性，而是知性或理智德性之一種。但雖如此，「明智」只是實踐上的，非如理智那樣，

---

① 亞里士多德對德性作如下分類：

德性：I. 倫理德性（對應靈魂非理性部份）：

    a. 德性之準則： 1. 中道

    b. 人自己的：   2. 勇敢 3. 節制

    c. 人群生活中的：4. 慷慨 5. 大方 6. 自重 7. 榮譽 8. 溫和

                  9. 友善 10. 平實 11. 分寸

    d. 純為他人的：   12. 正義

II. 理智德性（對應靈魂之理性部份）：

                  1. 明智 2. 智慧 3. 理智

    亞里士多德還在以上各種德性外，在《尼各馬科倫理學》之下半部討論三個主題：1. 激情與人之不能自我克制之問題（即人之所以不能德性之原因）。2. 友愛，即人倫間之種種德性關係。3. 德性生活或最高幸福。以上為亞氏倫理學體系。

如神一樣地、單純自足地思辨。明智之所以為靈魂理性部份的一種德性，因它不只是「意見」，其慎思明辨在面對「可變事物」時，為人帶來真理，否則人只會於可變事物之實踐中，單憑「意見」而永遠錯誤下去。故「明智」實從「意見」之內而為德性：

> 在「意見」方面有兩類德性：聰明與明智（…）。①

也因明智只針對實踐及可變事物，故低於那認知不變事物，或事物之根本與終極的智慧與理智。從靈魂這一更高部份言，即從純然知性這一神性部份言，「明智並不是智慧的主宰，也不是靈魂更高部份的主宰」②。於此，

> 明智與理智對立。理智以人無法提供理由的定義為對象，而明智相反以最終只為個別特殊的事物為對象。這些事物，並非科學的對象，而只是感覺的。（《尼各馬科倫理學》第六卷第八章）

故若假設人只有倫理問題，只有生存問題，那當然明智便為人類最高智慧。但對亞里士多德言，正因人類非只政治動物、非只有倫理之真實，簡言之，非只是人，故明智便不能被視為最高理智德性。有關這點，亞里士多德說得很清楚：

> 有的人認為，政治和明智是最優越的，這完全是無稽之談。

---

① 《尼各馬科倫理學》第六卷第十三章。
② 同上。

因為在宇宙之中，人並不是最高貴的。（…）智慧對所有人來說都是同一的，而甚麼是明智則各人不一。因為任何存在物如果能對自身照顧得很好，能夠對自己的生活有明顯的預見，就可以說是明智的。（…）有人也許會說，人優於其他生物，但這並不使問題有所改變。因為還有許多在本性上比人更為神聖的東西，最明顯的就是那些構成宇宙的天體。

　　從以上所說，就可以明白智慧是對涉及本性上最為高貴的事物的科學和理智而言的。正因為如此，所以，人們稱阿那克薩哥拉和泰勒斯為有智慧的人，而不稱為明智的人。人們看到，他們對自身得益之事並無所知，而他們所知的東西都是罕見的、深奧的、困難的、神聖的，但卻沒有實用價值。因為，他們所追求的不是對人有益的東西。明智是針對人的事情，人們對它可加以考慮之事情。（《尼各馬科倫理學》第六卷第七章）

這段話總結了亞里士多德對明智之看法與態度。哲學之出現，正在於人否定人優越之地位，以在人之上有更高貴而神聖之事物與真理，而這，正是人自身中純然理智或知性之部份。明智之為智，也只是屬「人」本身存在之一種智而已、人倫理存在之智而已，非神聖的、非神性的。哲學之出現，即哲學對希臘傳統明智之揚棄，其根本在此。我們不難看出，這其實是傳統希臘精神的一種變形。如若根本沒有在希臘傳統倫理中之神人關係、如若希臘傳統沒有於倫理中以神之優越性壓抑了人之

自我肯定，哲學也可能不會有其對人進一步壓抑之新途徑。於對人之限制中，希臘傳統之倫理觀與哲學之知性智慧故一致。亦在這點上，它們都共同是希臘的，即以神始終在人之上。差別只是，其神不同而已、其領域已轉移而已，一者倫理、另一者知性或知識。

II. 古希臘倫理思想

希臘傳統中之倫理思想是怎樣的？

家的問題，大概是倫理問題之本。家在古希臘詩人手中，往往是悲劇性的。也因此，我們很容易以為，家及由家而有之人倫關係，自遠古希臘，已是一悲劇性或被否定的事實。如此而至柏拉圖《國家論》，更直接以國家取代家。正好相反。正因希臘傳統極重視及深愛倫常與家，故詩人在訓戒人之過度罪惡或人之過份時，往往以最重視之倫常或家之悲劇為災難之後果。從悲劇可清楚看到，悲劇往往源於人不想見到倫常破壞而致。而這反映出人對其家人之深愛。俄狄浦斯不想弒父及與母亂倫，始造成如此悲劇。安提戈涅深愛其兄，始與國家之法對立。安提戈涅妹伊絲米妮因深愛其姊，始不願協助她違悖國法等等。事實上，悲劇所以構成，是因人對其家人及對其祖國之愛而產生。「國家」在悲劇中，往往不只是一法制的城邦而已，更先是每人自己祖先之家國，或如母體之土地。城邦之理論，確實只在後來柏拉圖哲學中始有，非傳統希臘的。我們甚至可

說，當赫西俄德把眾神系譜描繪成相互加害的關係時，如克洛諾斯（Cronos）對立其父烏蘭諾斯（Ouranos 天），或宙斯神對立其父克洛諾斯等，這仍只為描述在宙斯及其奧林波斯神系建立過程中，最終和諧如何戰勝以往一切爭鬥，及本是混亂的自然狀態如何逐漸分格開而有其秩序與層次。所肯定的，仍是和平與和睦，一種倫常秩序而非悲劇或爭鬥。我們今天離開倫常關係以明希臘悲劇，或把人之存在先從其在政治生活中關係而觀，這其實是在柏拉圖及後來城邦及國家論興起後之看法：以政治為人存在關係之本，或以政治（國家）涵攝倫理（家）而成之泛政治化。倫常一直是人類日常及自然存在之真實。其若有困難，都本非來自如此自然關係本身，而是來自政治、國家、社會之介入。家之問題與困難，非單純家自身產生。其困難與問題，幾全是社會及國家與家之矛盾與對立所致。家內部之分裂，只外部矛盾之內化或反映而已，非其原本。就如俄狄浦斯弒父與亂倫之罪，亦非人倫內部之不和與對立所產生。希臘悲劇故是希臘人對那時城邦及國家興起之質疑。國家法律與人倫之矛盾、君王與神祇之對立，都在說明，國家之制定，是違反神所定立之人倫世界的，因而也必然帶來人所至為重視人倫關係之破壞與悲劇。希臘悲劇不是為加速家庭瓦解以助城邦之形成，相反，它是以家庭倫常之破壞來批判及警告城邦之建立。從人倫悲劇中，我們因而更可看到，在傳統希臘中人倫或家庭之根本性及希臘人對此之重視。「哲學」一詞中「愛智」philo-sophia 之「愛」字（philia），我們都慣譯為「友愛」或「友情」。但在希臘文中，這「友愛」之典範，本是家庭內父與子、子與父、兄弟姊妹間親情

所特有的一種愛。在這種愛之下，所愛者與愛者本身一體，如父把子、子把父視作其自己一樣。反而，男女之愛情（erôs）只一異性間之愛。在 erôs 中，所愛者與自己本不相同，亦不能同一，故是一種對「他者」之愛。然在 philia 中，所愛者與自己本為一體，非作為「他人」之愛或情感。在亞里士多德《尼各馬科倫理學》後部份中，人倫全部情感，都收納在「友愛」下。並非朋友間友情高於一切或包含一切，而是，在種種人與人德性關係中，基於家庭而有之情感，是一切人倫情感關係之最高理想與模型。希臘人根本無法想像佛洛伊德對家庭之看法，連在家庭內部也只愛慾（erôs）問題。Philia 與 erôs 兩詞之區分，正說明這種不可能性。

古希臘雖以家為倫理終極，但它並沒有以家或人倫為倫理思想反省之本源。相反，希臘之倫理思想，仍在人神這一對立關係下形成。也正因如此，故西方與古代中國之倫理思想形成兩種相反觀法。讓我們先探討希臘傳統之倫理思想。

A. 赫西俄德《工作與時日》中之倫理思想

赫西俄德以五個種族這神話故事把人類存在境況分為五個階段。五個種族分別為：金、銀、青銅、英雄，及黑鐵。在黃金種族時期，人類如神靈般生活，既無勞累、亦無悲傷。由其善良，故於死後，他們成為凡人的守護者。白銀種族之人類在體格及心靈上都不如前一種族。他們只是長時間在母親身旁的孩子，其幼稚無知使悲傷始終與之伴隨。他們間既難避免互相傷害，

又不願意崇拜神靈或獻上祭品。第三之青銅種族可怕而強悍。他們喜歡暴力，不食五穀，心如鐵石。他們有強大的力氣，結實的雙臂，又以青銅為自己製造盔甲、工具、房屋。他們終為黑死病所征服，離開了陽光普照的大地。之後，宙斯又創造了半人半神、高貴而且公正的英雄種族。他們有些為了俄狄浦斯、有些為了美貌的海倫而戰死。但其他則被安頓在遠離人間之幸福島上，享受着土地豐厚的果實。最後也就是我們人類的黑鐵時期。這時期的人類沒完沒了地日間勞累而夜間煩惱。善與惡摻雜在一起。父與子不和；主客間、朋友間、兄弟間再不友善。子女不尊敬年老之父母，且以惡言相對，也不回報父母養育之恩。再沒有對承諾、正義及善之嚮往，唯一所謂"正義"也只力量而已。人們再沒有良心，只惡言相向，人與人只有忌妒、樂於作惡、及討厭的面孔。「羞恥」及「敬畏」遠去人類，而他們陷入深重痛苦及悲哀之中，面對罪惡無處求助。故赫西俄德說，寧願不活於此狀，或更早死亡、或更晚誕生。

這五個種族，分別可對應少男、少女、惡之壯年人、善之壯年人、及人之老年。其關係如右圖所示：

若我們對此圖作一歸納可說：在白銀與青銅時期中之惡，基本上只是人對立神所致：前者對神不敬、後者與神爭鬥。然在黑鐵時期，惡已非只由於對立神，更是人對立人而致，故為人倫之敗壞及人性之喪失。赫西俄德在神話中把惡追究其一切根源，即為白銀時期之「不敬」、青銅時期之「暴力」、及黑鐵時期之「人性及人倫情感之瓦解」。前兩種惡因仍非人性之喪失，只對立在上神靈之無知與自大，故仍可有其善之反面，即黃金及英

【善】　　　　　　　【惡】

【天真無知　　黃金族　←　≠　→　白銀族
柔弱時期】　（純樸、和平、知足者）　　（無知、不敬、無節度）

【力量與勇敢　　英雄族　←　≠　→　青銅族
強壯時期】　（正義、高尚、勇毅）　　　（好鬥、暴戾）

───────────────────────

黑鐵族

（狡猾虛假、好強、好鬥、喪失人倫、

無敬無義、衰老腐敗、勞累悲傷絕望）

〔圖一〕

雄族。（黃金時期人類年少無知，是其天真純樸、不自大為敬神之原因。同樣，英雄時期之力量，是其勇敢德性之原因。這兩種不善——無知與力量，因而仍有其善之一面）。至於黑鐵中人性及人倫之全然泯滅，對赫西俄德言，無法再有其善之可能。在黑鐵時期中，人類非只對立一外於人類之事物，而是自身相害、自我毀滅、及對立自身之人性。如此之惡始是大惡，純然人性的、人為的。前兩種惡，作為對神之不敬及與神祇爭鬥，仍是人性中一種力量——人自立時之力量。黃金時期，人之身體生存仍如神一般，而英雄心靈、其對正義之嚮往亦如神一樣。白銀時期，人類只心靈上不善（無知與不敬），而青銅時期，人類則唯身體之不善（好鬥與暴戾）；獨黑鐵時期，人類心靈及身體全然敗壞，既無人性與正義、又衰老而暴戾。

從赫西俄德《工作與時日》這神話，我們可清楚看到古希臘倫理思想之原型：儘管人倫和睦與快樂是人類幸福之基礎，但希臘之倫理學並非始於對人倫之道進一步反省，反而只是對人類之惡（或「過度」hybris）作反省，因而西方倫理學源頭，可說為是一種負面思想，即針對負面現象而產生之道理。「人」於此也自然地從其作為「過度者」被認定。這「過度」（即今日所言「踰越」）之反面，在赫西俄德及其他倫理思想中，也就是正義或公正（dikè）。人類之不正義，在赫西俄德中，是依據一定過程發展的：人類所以最終失去人性、對立人倫及自我毀滅①，先在其暴戾與好鬥；而人類所以暴戾，又是源於其對神或廣稱「上」之不敬。（在希臘中，不敬通常只用於對神，鮮用於對人或對上位者。在神靈為至上者之思想中，人無論其居上居下，都基本上只平等。上下因而往往等同不朽與會死者 immortals & mortals）。

《論語・學而》第二句「有子曰」亦有相類似洞察：

> 其為人也孝弟，而好犯上者鮮矣。不好犯上，而好作亂者，未之有也。

有子與赫西俄德具有深遠意義之差別在（而這也構成或反映出中、西文化或倫理思想之根源差異）：西方把人倫之破壞及人性暴戾歸源於對神或對上之不敬，因而人神關係為一切倫理德行之本。中國相反：一切暴戾（作亂）雖來自對上之不敬（犯

---

① 這在後來佛洛伊德思想中則正面地被理解為「死亡驅力」（death-drive），為與「生命驅力」或「性驅力」同為人類兩種根源驅力之一。

上），但源起上、更根本地，是來自人倫之破壞。故孝弟為一切倫理德行之本。西方以敬神為倫理之本，而中國則以人倫為倫理之本。兩種觀法差異圖示如下：

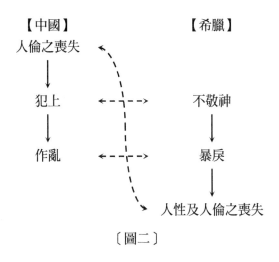

〔圖二〕

希臘傳統所以以「正義」為一切德性之本，實來源於這一神與人之倫理基礎。中國之鮮言「正義」，正因在家庭倫常中，正義與不正義這樣問題根本不存在。赫西俄德及希臘傳統以正義為一切德性之本這種想法，都為後來希臘悲劇及柏拉圖所繼承。於赫西俄德，人類所總稱為「過度」（hybris）之惡，主要亦三而已：對神之不敬、暴戾、及人性之喪失。從赫西俄德這神話結構，故可窺見德性或倫理德性問題於希臘傳統之看法：首先，人心靈之無知是來源於對神之不敬，這是心靈第一種「過度」。人另一種「過度」則來自身體力量之強暴。以上兩者，可視為人

性喪失這一極惡之基礎，因縱然有力量，但沒有失去敬神之心，是不會導致人性之喪失。同樣，若失去敬神之心，但又沒有強力的身體（可強暴地為惡之身體），人類仍無法過度地施惡於他人。故第五種族這時期所以可能，實基於二、三兩時期而形成。人性之喪失，是基於心靈無知因而不敬、及身體強力暴戾而始有。對反此兩種惡之兩種善 —— 敬神及勇敢，一者故為一切德性之本、為赫西俄德放置在第一時期之原因 ①，而另一者，則是對暴戾（惡）對抗時之一種德性，其本身並非德性，而只是由於對抗惡始為德性，故為赫西俄德放置在第四時期中，為在第三暴戾時期後。勇敢因而是人面對惡時不懼之美德。從赫西俄德這一神話可見，人倫之善，是希臘德性之結果或終極，換言之，德性並非直從人倫之美善而言。反而，人之德性或德性基礎，或則在敬神、或則在勇敢上。「勇」是作為不懼怕「暴力」之惡而為正義的，而「敬神」則是作為懼怕神所帶來災難而為正義。「正義」，這西方一切德性之根源概念，因而是基於兩種相輔相成亦相反關係而形成：對神所帶來惡（災難）之懼怕、及對人所製造惡（暴戾）之不懼怕。

　　「正義」，希臘文即 dikè，而這往往對比於另一與正義相關之詞 thémis。Thémis 所指正義，是在家或家族、部族內的，如家庭內之家禮或家規、一種家之秩序。家或家族是藉着這秩序建立起來。Thémis 一詞因而與「基礎」、「根基」等意思相聯繫。這一種正義，是人為了家之建立而有，為一切「創制」之秩序或

---

① 因而相對地言，不敬神也就是失去德性之本。

根基：正義。舉凡一切秩序，如宇宙天體、四時節氣、神人、及人與人等秩序，其創制所必須正義，即 thémis。這種在家族內、使家族建立起來的正義，雖沒有明文規定，但其本源是神性的。家族之父決定着家庭內部一切應行之事，無論是日常義務抑特殊事件（如婚姻、家難之應對決策等）。Dikè 則相反。Dikè 所言正義，是在家之外的，如在社會中、在國家中、在人與人無任何親屬關係狀態中。而從其語根可見，dikè 是一種透過語言、關乎事情之應為、並具權威性之指示。這種具權威性的命令或規定，故只能以神祇之權威性為本，人本身本不應對他人有任何如此權威性故。君主之命令與規定，也應只是承繼此自神靈而來之正義而已。在《工作與時日》一書中，在述說完兩個神話後，赫西俄德向當時君主們告誡其正義，而這亦同樣是從他們掌握審判權力時而言的。君主若不遵從神靈之正義而判決，他們即將受到神靈正義之報復，災難會隨之而來。相反，若君主於其命令與判決中正義，則神靈會賜福於人類等等。連個人（赫西俄德轉向其弟佩爾塞斯而說）之正義，也是從其是否敗壞君主們公正判決而言，如為利益而賄賂在位者、或官商勾結而敗壞正義等。希臘傳統這正義觀念，因而有三方面：

1. 因正義不能單純建立在人的主觀判斷上，故其正確性必須假借自上而來之權威；即由正義，人不得不相信神靈世界及對其崇敬，此赫西俄德撰寫《神譜》其一原因。

2. 德性若先從人之正義與否而言，這是說，德性之終極與目的，也只在尋求幸福及躲避災難與悲劇而已。赫西俄德之把黃金時期描繪為人生存之無憂無慮、飲食飽足，及甚至當他

明說:「我與我的後代也再不願為公正,若為正義只會帶來不幸,或若不正義者都同樣具有正義者之利益時」(《工作與時日》270),都清楚說明,西方倫理學是無法擺脫幸福這問題的;德性之所以為德性,歸根究柢,故也只是存在幸福與否之問題而已。正義為德性之本,是基於此而言。

3. 若正義或則是對神靈之惡之懼怕(故而敬畏)、或則是對人們之惡之不懼怕(故而勇敢),那正義這種德性,也只是面對惡時之一種反應而已,即基本上是一負面概念。正義作為德性,歸根究柢,也只是對惡之反應,非對善之建立。其為德性,只從反面、非從正面言。

在希臘德性中,賞善罰惡因而為德性之終極,而神靈則為賞善罰惡之唯一客觀依據。德性因而必須首先建立在神靈世界上,非在人倫世界內。赫西俄德故把《工作與時日》分為兩部份:前一部份討論正義這自神靈而來之德性,而後一部份則討論人因生存需要而不得不有之勞動或工作之德性。兩者結合起來,也就構成人類存在幸福之基礎。

赫西俄德在這書中對希臘傳統倫理德性之整理,至柏拉圖及亞里士多德甚至整個西方,仍為主導性思想。柏拉圖在《國家篇》中把德性分為四種:智慧、勇敢、節制及公正(正義),其中勇敢、節制及公正是直承赫西俄德對希臘倫理之整理而來。勇敢與公正不用再分析了,而節制實即赫西俄德規勸人不應過度時之德性。若在赫西俄德中,「公正」及「不過度」為德性之兩種根基,其一從神作為德性之基礎言,另一從人德性之基礎言,那「敬神」及「勇敢」(即第一及第四種族所體現之德性)則為德

性之體現或表現。一者為對神靈世界之德性，另一者則為對人類世界之德性。這是說，公正或正義言從神靈而來德性之基礎，而「不過度」則是從人自己言德性之基礎。這「不過度」或「節制」，故直接針對第五種族時期單純現實或人性存在而言。「節制」是人於其欲望中獨有之德性，是純屬人性世界的。這一節制，在後來亞里士多德中，更被指認為「明智」：

> 我們把節制也稱為明智，因為它保持了慎思明辨。（《尼各馬科倫理學》第六卷第五章）

若柏拉圖四德說其中三者（公正、勇敢及節制）明顯可回溯至赫西俄德與希臘傳統之倫理思想，那有兩點則與赫西俄德不一致。其一是：自柏拉圖始，再沒有「敬神」這一種德性 [1]；其二是：在德性之列舉中，增多了「智慧」一項。

B. 希臘悲劇之倫理思想

智慧這種德性，非柏拉圖首創。固然可說，在赫西俄德中已有智慧問題，即第二種族不知敬神時之無知，但此敬神之智，仍非單純由人之智性，非嚴格義下之智慧，如人生命智慧那樣。赫西俄德故很少教誨人智慧，只規勸人「聽從」正義而已。智慧成為一種主要德性，應在後來希臘悲劇時期中。若赫西俄德作

---

[1] 這明顯是柏拉圖之意圖，因在其著作中，如在《國家篇》等，多次他扭曲地批評赫西俄德之神話學。柏拉圖及亞里士多德雖清楚知道「敬神」在傳統希臘德性中之重要性，但他們刻意迴避而不再視之為德性。

為農牧人其倫理思想基本上素樸，那希臘悲劇不然。從希臘悲劇可見，希臘人開始重視智慧。「智慧」（sophia）原初與「明智」（phronésis）等詞所指同一，即人生命中倫理智慧。二者分別開是後來之事，特別在哲學智慧提出後。在這之前，連辯士職業的人，亦稱為「智者」，即具有智慧之人。在柏拉圖及亞里士多德對「智慧」重新界定前，「智慧」或「明智」在希臘悲劇中究指怎樣的一種智慧？

在哲學發生之前，代表真理者，主要有三類人：立法者、預言家、詩人。這三種人各以其方式代表神靈說話：立法者傳達神靈判決之公正或正義，預言家傳達神諭或對君主們之規勸，而詩人透過其詩歌教育人們真正智慧。這詩人之智慧，簡言之，也就是倫理智慧或明智。我們今日已習慣把事物知識看成為真理，甚至是真理之唯一模式。但人類本初所關心的，本不應是事物真理，而是人行為倫理真理。人是如此一種生物，其智慧不足以預見自己行為之後果，其聰明無法預測仍未發生之悲劇。故對人而言，真理也就是在其全部過去體驗中，最終結局時之結果。真理如是是一過去之「終結」，並當下事情。故希臘文「真理」a-létheia 一詞，本為「不遺忘」意思。Léthé 是「遺忘」，a-létheia 是「不遺忘」。換言之，真理只從對過去不遺忘言，非當下與事實之對應或實證關係。若真理主要從過去言[①]，那在三種掌握真理之人中，唯詩人始與過去真理息息相關。預言家所言真理

---

① 倫理行為之真理，也只能事後才知曉結果，這是人類行為真實性之唯一形態。真理作為「終結」，故也只能相對過去言。

是從未來言，立法者或君主真理則為當下公正判決，唯詩人其真理始與過往有關。詩人所述說之真理，或是歷史傳統中事蹟（如對英雄之歌頌）、或是傳說中之神話。詩人語言來自謬斯神 Muse。謬斯由記憶神 Mnémosyné 所生。這是謬斯「詩歌」歌頌與「記憶」之緊密關係、口傳傳統與記憶之根本關係。詩人之歌頌對象，或為不朽神靈、或為英勇者事蹟，前者為神譜或神話、後者為史詩。但除歌頌神靈及英雄而保留傳統真理外，詩人真理對世人有着兩種更直接意義：一是詩人透過詩歌之讚揚與貶抑，判定人之真偽；人賢否與否，都全此褒貶而定斷。人之所是，故由他人（詩人）語言決定：在詩人讚美中得以永恆，如神靈般、不朽地永為人所記憶與懷念。不被世人所遺忘、不消失於死亡中，這是人之真實、其「真理」，a-létheia（沒有被遺忘）。二是詩人透過其詩歌或劇作，把過去生命之種種倫理智慧體驗，作為人存在真理述說出來。這是智慧或生命智慧之最原初形態，亦是道理之原初面貌。唯如此，人類所關心善惡真理，始作為後果而被覺悟。體驗（如人生體驗）作為真理，因而從過去而立。事物之究竟是其當下事，人之究竟則不然，如希臘七聖之一的君主梭倫所說：

> 只有在我聽到你幸福地結束了你的一生的時候，才能夠給你回答〔你是幸福的抑不幸福的這個問題〕。毫無疑問，縱然是豪富的人物，除非是他很幸福地把他的全部巨大財富一直享受到他臨終的時候，他是不能說比僅能維持當日生活的普通人更幸福的。（希羅多德《歷史》第一卷 32）

換言之，人行為或其存在之真實，只在終結或事情過去後才成為真實。正因人之真實必是一過去之事，由過去體驗凝結下來的真理，便作為格言智慧呈現。這就是在哲學之前，希臘傳統唯一一種真理，也即倫理或生命智慧而已。明智其意思在此。在《安提戈涅》悲劇之結束，索福克勒斯說：

> 明智在一切事物中是幸福的首要條件。人絕不應犯對神靈不敬之罪行。驕橫者之大言不慚必遭受命運之禍殃。只有隨着歲月，人才學會明智。

明智與智慧因而必然是事後的，在人生命中是作為生命體驗所累積下來之結果。明智或智慧故是對過去之總結，它之真實性非從眼前證明而得。若沒有生命歷練或沒有生命感受，其真實性無從啟導[1]。人類是無法以其他方式獲得對生命之真理，唯懷着全部過去、在不遺忘中、對生命真實而反觀。格言真理從來如此，尼采格言亦不例外。

希臘悲劇雖表面上為故事情節佈局，然若撇開情節不談，其他全也只是格言式智慧而已。舉索福克勒斯《安提戈涅》為例，其中格言式智慧內容，主要也只下面幾類：

一、生命道理體驗。如：

「若人心思只會想那些邪惡或錯誤的念頭，這將是多麼可

---

[1] 面對如此真理，人故只能聽從，無法從證明而見其為真實。此聽從所以重要。

怕！」（323）

「在時間到來前死亡，這對我而言是幸運。」（461）

「我是屬於那愛人者，非與人為敵者。」（524）

「人只應堅守為秩序而有之規律，而不應為一女人而喪失自己。」（676）

「智慧是神靈給人類的禮物，在一切價值中至珍貴的。」（683）

「沒有任何事物對人而言較知識更好了，但若無此，聽人善的教誨這仍是很好的。」（721）

「沒有瞎子不需要領路人的。」（988）

「明智是必需的。」（1098）

「我應為甚麼？告訴我，我必遵從的。」（1099）

「對人而言最好的，莫過於至其結束其生命時，仍守着神靈的法律。」（1113）

「沒有人之存在如此穩定，以至人或完全滿足，或完全怨尤。命運可打擊幸福者，也可把不幸者復興起來。人所欲求之穩定，沒有任何預言家能作保證。」（1156）

「失去理智這是對人而言最大的不幸。」（1243）

「那不明智的明智呀！」（1261）

「生命之結束，這是最大的幸福！」（1330）等等。

二、對人性之體會。如：

「對人心、其感情、其原則之認識，莫善於從其具有力量、在統治及在制訂法律時。」（175）

「沒有人會對帶來壞消息的人會有所喜愛的。」（277）

「對神靈尊敬無疑是虔敬。但誰具有權力時亦不想見其權力被踰越。」（1330）等等。

三、對世俗事實之體會。如：

「誰不是因被指責而即有罪。」（321）

「微薄的利益有時帶來莫大的災禍。」（326）

「把我視作瘋子的才真正是瘋子。」（470）

「落入他人手中時，人再無權利驕傲。」（479）

「有人認為你明智，但也有人認為我明智。」「但兩者之錯誤不盡是相同的。」（557）

「對孩子來說，還有甚麼能較其父親的成就更感到自豪？如同一父親對其兒子之成就所感一樣？」（703）

「那些自以為明智，及具有他人沒有的言辭能力者，若打開他們，我們所見亦唯空無一物而已。」（707）等等。

四、其他，如對人類欲望之體會：

「對利益之期望往往使人喪失。」（221）

或如對人不正義之體會：

「沒有國家是屬於任何一人的。」（737）

「多麼卑鄙的人啊！你譴責你父親！」（742）

「當我盡我君王之職權時，難道我違反了正義嗎？」（744）

「難道盡君王之職權時便應把對神靈之尊敬踐躪嗎？」（745）

如對神靈之尊敬或對命運宜謹慎之教誨：

「未來及過去都證實這律則：人存在之絲毫過份都會帶來災難。」(611)

「人對抗命運是無望的。」(1106)等等。

從以上格言可見，希臘悲劇智慧基本上仍與希臘傳統一致，教人必須節制而敬神，並由此而正義及明智。人以為能踰越神靈之聰明，只虛妄而已。此外，希臘悲劇亦往往教誨君主，不能仗持國家之名或法律，破壞來自神靈之人倫道義。希臘悲劇與赫西俄德之差異，唯在智慧之提出而已。赫西俄德語言始終與立法者命令或誡律相似。希臘七聖之倫理格言都與赫西俄德或人類早期倫理訓示形式一致，如十誡般命令。事實上，赫西俄德是代表宙斯向當時腐敗君主訓示，其真理故與立法者判決相同。希臘悲劇以智慧方式表達，故是詩人而非立法者真理。詩語言之素樸，是由詩人感受之深刻與細微而致，為詩人於表達時所下功夫。

III. 蘇格拉底之「知識即德性」

倫理格言以生命智慧或生命反觀方式表達，非唯在希臘悲劇中，在如赫拉克利特或德謨克利特之哲人中亦然。早期哲學家以格言方式表達思想，反映出其時思想仍基本上為生命反觀之智慧，非後來蘇格拉底之論辯與推理形式。

若必須為蘇格拉底辯證之哲學方式 ① 求其根源，這大概就是希臘悲劇對話中辯證與推論這方式了。然二者之差別在：希臘悲劇教人任何一事物或事情之兩面性，換言之，一切事物之歧義性，因而沒有單一真理，一切都超乎人類理解之外；然蘇格拉底辯證法正好相反：它試圖從世俗意見想法之自身矛盾或無法自立中、從一切觀點之片面性中，試圖推論出事物自身之真理，使多歸於一，而非如希臘悲劇及希臘傳統思想那樣，從一見歧義之多（事情真實之不一）。希臘悲劇故啟示人見其自身無知、及知不知時之智慧；相反，蘇格拉底則教人一切事物之可知性、及知識無上之力量。事實上，無論蘇格拉底是否只教人關注道德、無論其有關道德之思想是否如柏拉圖所記載那樣只為對立世俗想法而沒有結論，抑如色諾芬所記，是以一更知性方式肯定時下一般道德想法，因而沒有對立一般理性道德觀，有一點始終確定：即蘇格拉底無條件地肯定知識，並認為連道德與德性，也只知識問題而已 ②。亞里士多德故說：

---

① 哲學之全部思惟方式，甚至人類其後之一切知識方式，都只是蘇格拉底辯證法之演變而已。

② 「務求自知」這德爾斐神廟格言在希臘傳統至蘇格拉底都只在向人訓說：人不應自以為神靈，應知人亦只人而已，因而應知節制，不應過度地行為。換言之，「自知」是訓示人知其自身之限制，並非如後來哲學詮釋那樣，把這理解為「自我知識」，並由此自我知識成就自我作為一切事物之根據。不過，希臘傳統對這「務求自知」與蘇格拉底之理解仍有所差異。對希臘傳統來說，這等同明智與節制之「務求自知」，其意思只從人對其自身之限制言，其為德性正在內在地自身限制，非如蘇格拉底所理解，人應正面地自知人能力所在，並依據這能力成就對人之益處與幸福。「務求自知」

1048

蘇格拉底的探索，有時是正確的，有時是錯誤的。在他認
為全部德性都是明智時，他是錯誤的；在他說德性離不開
明智時，他就是完全正確的。（⋯）蘇格拉底認為德性就是
原理（因為全部德性都是知識）。（《尼各馬科倫理學》第六
卷第十三章）

正在這點上，蘇格拉底背離了希臘傳統。希臘傳統之明智只從
人自限自己、只從知識非能知一切言，非從「人自身認知」及「知
識之絕對性」言。故表面上蘇格拉底雖沒有離開道德問題，（甚
至可能亦如希臘傳統那樣，認為人不應探討神靈及命運（自然
界）之知識），但在對知識之肯定上，蘇格拉底不能說沒有背離
希臘傳統。蘇格拉底及哲學在希臘中掀起震撼，與此不無關係。
對希臘傳統言，每當人自以為智[①]、每當人大言不慚、每當人試
圖對不知事物窮追極索、每當人試圖以自己權力與想法妄加在

對傳統希臘言因而只是對人類知識欲望之限制甚至否定（否則人將如神一
樣，欲求知識一切），非如蘇格拉底那樣，為對知識之肯定（透過知識成就
人之事、達成人之願望）。色諾芬對其師蘇格拉底有關「務求自知」這樣
說：「人知道自己便會享受許多幸福，對於自己有錯誤的認識便要遭受許
多禍害。因為知道自己的人，會知道甚麼事情是適合他們的，並會辨別他
們所能做的事情與他們所不能做的事情；而由於做他們知道怎樣去做的事
情，於是便替自己獲得自己所需要的東西，並且事事亨通順遂，同時由於
禁絕做自己所不知道的事情，便可以過活得沒有罪過，並避免成為倒楣不
幸的人。由於有這自知之明，他們也就能夠鑒別別人，同時，由於閱歷過
其餘的人，他們便能替自己獲得好的東西和防止禍害。」（色諾芬《蘇格拉
底回憶錄》第四卷第二章）
① 如俄狄浦斯及後來之克瑞恩，都自以為智，不聽從他人，故犯下嚴重錯誤。

人性事情上①、每當人試圖求一超人之智慧以與神靈比試……，人必然嚴重地犯下不明智或不知節制之罪行。當蘇格拉底自稱無知時，這故只虛有其表，只他以無知為藉口，證明傳統希臘人之明智始是真正無知。無知在蘇格拉底中只是手段或策略而已，如色諾芬描述蘇格拉底其他策略一樣②，結果只是，對方始是無知，而他自己為有智慧者。希臘傳統則會如俄狄浦斯在覺悟後所說：

> 唉！唉！明智是多麼可怕呀，若它沒有帶給擁有它的人任何〔幸福〕時。（《俄狄浦斯王》(316)）

或如歐里庇得斯所說：

> 有理智的人絕不會給予其孩子一超乎常人的智慧。（《美狄婭》(294)）

希臘傳統之明智或智慧非教人只思考人世間事情而不思考神靈之事，若是這樣，蘇格拉底之思考道德問題也符合傳統要求。希臘傳統之明智非在思考之對象上作限制，而更先是從人「怎樣思惟」本身作限制，即人應如人地、人性地思考，不應如神靈地、不應超越平凡的人性而思考，無論其對象是甚麼。換言之，

---

① 如以國家法律對抗人倫情感。

② 色諾芬說蘇格拉底有兩種論證方式：1.「把整個論證拉回到基本的命題上去」，及 2.「從大家公認為真實的命題出發，以為這樣就是能讓他的論證得有一個穩固的基礎」。《蘇格拉底回憶錄》第四卷第六章。

人若如神靈地思考人類之現實存在或德性，這已是不智；相反，人只有作為人地、人性地思考，不超出平凡智慧，如此人才真是明智。因此，形上學史中人性，無論人是那摹倣超越之理形者（柏拉圖）、抑是神之映象或肖像（中世紀）；無論人是實體主體（笛卡爾）、抑是自然之立法與建構者（康德）……，無論哪一種形上學的人性，單從其追求形而上言，全已悖離此希臘真正傳統。在形上學或哲學中之人性，作為求自身神化之過程，其根本，是悖離人倫倫理之道的。哲學因而從兩點而興起：對神靈之不敬、及背離人倫之本。希臘人定蘇格拉底兩條罪：對神不虔敬、及毒害當時青年人思想，前者並非因蘇格拉底探索神及宇宙自然之奧秘，在先蘇其他哲學家中，從沒有因對神及宇宙之探索而有罪。蘇格拉底對神不敬之罪故是來源自其主張靈魂不朽，即人也其實是不朽的，換言之，人也是神靈之一。這是哲學把人性神化的第一種表現。至於毒害年青人思想，這大概與他單純重視知識有關。如我們說，希臘傳統只肯定作為生命智慧的明智，並視之為對人其智慧與知識之一種限制，不以知識試圖超越平常人性。對希臘人來說，人由此明智而始具有德性。蘇格拉底相反，其以知識取代德性，此所以與傳統背離而全異。我們今日所謂蘇格拉底，主要是其兩個學生色諾芬及柏拉圖所記載者。色諾芬之蘇格拉底較為溫和，柏拉圖之蘇格拉底則較為激烈。例如，有關蘇格拉底對知識之態度兩人有着不同描述：色諾芬以蘇格拉底只揭示一般人想法之片面性或相對性，沒有藉着事物之絕對性或在其自身之本質否定一切在相對狀態下之真實。對色諾芬而言，蘇格拉底只一而再、再而三地把一切對

確性歸源於知識，並由此突顯知識之特殊地位與價值。如有關明智與節制、對神之虔敬、公正、智慧、勇敢，這樣的一個蘇格拉底會說：

> 知道甚麼事情光榮和善並知道怎樣去做它，並知道甚麼事情不光榮並知道怎樣避免做它的人，就是明智而又節制的人。
>
> 凡是能夠辨別、認識那些〔公正的〕事情的，都決不會選擇別的事情來做而不選擇它們；凡是不能辨識它們的，決沒有能力來做它們，即便要試着做，也要做錯的。（《蘇格拉底回憶錄》第三卷第九章）

又例如：

> 知道甚麼是合乎敬神規矩的人定義為虔誠的人。
>
> 我們把那些知道甚麼是合乎待人的規矩的人定義為公正的人。
>
> 倘若不是憑自己的知識，人還能憑別的甚麼而成其為有智慧的人麼？
>
> 所以每一個有智慧的人，都只在他有所知的事物上為有智慧的。
>
> 凡是知道在可怖的和危險的情況中怎樣使自己行動進行得很好的人是勇敢的人。

等等（見同書之第四卷第六章）。尼采稱蘇格拉底這種對知識及理性之過度信任為知識之「樂觀主義」，說：

這種樂觀主義因素一度侵入悲劇，逐漸蔓延覆蓋其酒神世界，必然迫使悲劇自我毀滅——終於縱身跳入市民劇而喪命。我們只要清楚地設想一下蘇格拉底命題的結論：「知性即德性；罪惡僅僅源於無知；有德者即幸福者。」——悲劇的滅亡已經包含在這三個樂觀主義基本公式之中了。因為現在道德主角必須是辯證法家，現在在德性與知識、信念與道德之間必須有一種必然和顯然的聯結，現在埃斯庫羅斯的超越的公正解決已經淪為"詩的公正"這淺薄而狂妄的原則。（《悲劇之誕生》14）

對蘇格拉底言（自他之後亦然），人類一切錯誤，也只由於無知而已。連欲望等等，也只由於知識能力未足而已，知識是不會自我欺騙的，其全然樂觀在此。人類之惡因而由於無知。此對知識之肯定，於笛卡爾中，故縱然已感受為知識對人之欺騙，然欺騙所以可能仍因自外而來，非知識或人自身之事，人自己之「我思」始終是真理基礎。知識或人自身之自我欺騙，至康德才被承認，即理性對自身之欺騙、及人自我之欺騙。康德於其〈論有關神之正義一切哲學嘗試之不成功〉一文結尾說：

人之善良將會是十分足夠的，若非在他身上同時存在一自我欺騙這不好之傾向。

希臘傳統所見往往亦人類世界這一知識或聰明智慧不可完全明白或理解之一面，如此始有對明智之需要及教誨，並見人真正德性所在。蘇格拉底之完全信賴知識，實是其不再以人為有限及

有所不知者。把德性視為知識,這實已否認德性,因此時所謂德性,已非人自己事,而是人如何從事物知識達存在上之幸福。這種以人力成就之幸福及完美,簡言之,存在之至高善,因而為哲學所唯一肯定及信賴之真實。在柏拉圖所描述之蘇格拉底中,蘇格拉底不只以其辯證法肯定知識地位,他更以事物 [1] 在其自身時本性或本質、其定義,否定事物在日常世界中之種種變化。如智慧不再是行為舉止溫文爾雅、不再是節制或克制、不再是對每人言做好自己之事等等。同樣,正義也不再是對神靈尊敬或對人償還所欠、也不是敵友分明之「直」、或人倫親疏不同等次之對待關係。求取概念自身之定義,這只是否定其在具體情況中之種種真實變化。因而,蘇格拉底若有所教人,也只教人「德性」這詞之定義而已、或如何辯證地思考事物而已,非教人德性本身、非教人任何具體德性 [2]。以語言之真理為真,這同即以真實具體之真為假。其實,當語言一旦轉變為求取定義與本質時,也只服務於事物世界,一種求為事物精確性時之工具而已。然這非應為語言之本。語言之本應為對人,非只對事物。以生命智慧向人規勸、誨人以德行,這與界定「德性」或辯論甚麼是德性相差很遠。蘇格拉底辯證法之求普遍定義,已完全使語言及其所探究對象 —— 德性,遠去人了。此時,縱使可對「德

---

[1] 如正義、如智慧、如美、如德性等等。

[2] 故在蘇格拉底辯證法散文式對話中,除可看到辯駁之聰明及思惟推理之精密性外,我們再也看不到如悲劇詩人之智慧或任何形式之倫理教誨。在蘇格拉底或後來哲學家中,縱使在討論德性與道德問題,始終再無任何德行之真正教導。

性」下精確定義，然這與人具體實踐再無關。對人真實教誨始終須具體，非普遍定義之事。若言對德性理解，仍須以人為本，非以事物自身為本。其實，人所以主觀與片面，往往於心中非先懷着人，只懷着事物而已。人之主觀故非在其沒有客觀地認識事物，在各懷着自己事物與想法而已，此人主觀之根源。西方哲學所以演化出種種體系，亦因失去「人」為中心而已。哲學直至康德，始明白沒有事物自身這一事實，因而一終極普遍基礎實不可能。若仍以為有物自身，如問正義之客觀或超越基礎，這都無以為真實，已遠去人及人倫這唯一中心故。是沒有任何事物能為人之前提或條件，是沒有任何事物在人之外而必須。

我們應重新理解普羅塔哥拉斯之名言：

> 人是一切事物之準繩。無論是存在的事物其存在，或不存在之事物其不存在。（殘卷 1）

我們都隨着柏拉圖之解釋，把這說話視作對人主觀性與片面性之肯定，這只柏拉圖用以對人否定而已，以成就其物自身知識真實而已。普羅塔哥拉斯沒有從人主觀感覺視為事物準繩，而是說：一切事物應以人為依歸，如以對人之善為善、對人之益處為益處等等。這是一價值上之依歸，與事物知識對錯無關。柏拉圖刻意把問題轉向人感覺之主觀性，這只是扭曲。普羅塔哥拉斯另外兩殘卷，其智慧形態更明顯：

> 教育需要自然稟賦及練習，因而人必須自年少時便開始學習。

有關神靈，我不知祂們存在抑不存在，也不知祂們從祂們自身言是怎樣的。太多事物阻礙我們知曉這問題：神靈的看不見，及人類生命的短促。

普羅塔哥拉斯並非主觀主義，他只更人性而已、更知人為一切價值之中心而已，此「人為一切事物之準繩」意思。

從以上有關蘇格拉底敍述可見，希臘傳統以來之智慧或明智，在蘇格拉底手中已轉變為「知識」。故在柏拉圖及亞里士多德中，智慧已直接等同哲學知識。對亞里士多德言智慧的人其例子故是泰勒斯及阿那克薩哥拉這類哲人，而非任何對生命智慧有所體驗者（見《尼各馬科倫理學》第六卷第七章）。柏拉圖《國家篇》智者作為愛智者（philo-sophos），那以其知識替國家立法及監護者，都源自蘇格拉底對智慧意思之改變。哲學是從此轉化出來。尼采把哲學視為對反希臘悲劇而形成（此《悲劇之誕生》重要論旨。對尼采言，哲學之誕生亦就是一種悲劇），非從天體或自然之反省而來，故是很深洞見。

希臘傳統「智慧」與自蘇格拉底「知識」[1]，兩者實亦真理為

---

① 我們認為知識始於蘇格拉底辯證法之原因在於：在先蘇哲學家們對天體或對宇宙本源之反省中，雖內容已近乎自然知識，然"方法"仍只如倫理思想，為由反思及回觀（觀望）而得，非如蘇格拉底以定義界定事物本質，並作推論。與其說先蘇哲人之思想是知識，不如說他們的思想是渴望知識的一種智慧。作為只是智慧無法自身證明或辯解，然已如知識本性那樣，非只對體驗作總結，更有所欲望或期望。所期望的，就是在存在事物偶然性上之一種普遍性，無論這普遍者是水、是火、是共通者、是無限、是氣、是知性之神、是存有、或是後來柏拉圖之理形。知識之為知識，是與如此

倫理抑為哲學知識之根本差異。若二者反面都同為無知，兩者之無知仍有所不同：智慧從不知至知，也只「學」、非創造問題。學必承認人類過去努力，並謙虛地面對。這基於他人努力之學，使人類得以更智慧、更美好。此亦孔子所以言：「吾嘗終日不食，終夜不寢，以思，無益。不如學也」（《論語‧衛靈公》）。其所以「述而不作，信而好古」（《論語‧述而》），也因知一切美好，均來自過去智慧，非自己發明創造。知識非如此：知識唯面對未來，非過去；知識獨朝向未知，非已知。知識故為對完全未知事物求為控制或支配，非對「已知為美好」事物之學習與繼承，知識其本態故為一種欲望。無論對象如何，縱使為國家、正義、或德性，都無改這一本性。如此欲望，故仍只代表一個人或一時代。正因如此，故知識於創發時，必亦對其他真理知識否定，求為他人認同以確立。論證或證明故為知識普遍化之力量。知識如此普遍性，於物故須為物自身，非物之偶然，而於人則必求為論證與爭辯，不能等待他人覺悟而學。蘇格拉底所創知識，故必求為取代傳統。而其存在表示：人類只被知識之普遍性所箝制，而世界更是被知識欲望所塑造。人與世界由是難脫去其偶然性，更難單純地認同人類存在之美好。

　　知識於自立為真理因不能任意，故必須如智慧那樣，求為回溯於本源，此即知識之「返回物自身」。然創制何以有本源？知識故必須亦連其根據與本源也同時虛構地創造出來，視其所

　　普遍性渴求密不可分。沒有普遍性，也即沒有知識。不過，因先蘇思想仍只一種反觀而非推論，故未能作為知識看待。其形態仍只智慧而已。

由為先在地存在。縱使不為人知見，哲學知識所對真實，故都「先在地存在」，只"被遺忘"而已。柏拉圖理形、亞里士多德實體與範疇、中世紀上帝、笛卡爾之天賦概念與思惟及擴延等本質、史賓諾莎之神實體、萊布尼茲之單子、康德之超驗主體、黑格爾之精神、馬克思作為價值本源之勞動力或勞動時間、佛洛伊德之潛意識、甚至海德格爾被遺忘之「存有」，都為「先在地存在」。對如此被遺忘真理之發現，故仍為 a-létheia。因由隱藏至被揭露，真理故為物自身，非表象、現象或假象。哲學之必有現象與物自身對立，因唯由此，真理始為揭示故。「本」因而有二：或人類過往生命經歷努力之「本」、或作為事物真相時之「本」；前者為智慧所回觀，後者則為知識所創發；前者從累積而來，後者從向前推論而得。如是連「善」，在哲學中，也不再是人從生命經歷中體會出來之「善」，而只如柏拉圖那樣，為人仰觀求索在其自身之理形或超理形。在知識世界中，善故也只思想之創造、由知識定奪，非由人體驗或感受。若智慧回歸於「人」，那知識相反，必由遠去人類、人性及人倫而為知識。若智慧以「人」為主，知識則必以無窮無盡之「物」世界為主。希臘傳統之明智或智慧其所以為智慧，因而正為對知識如此欲望之限制。人類明智與否，全繫於其於知識求索中，是否知止。此希臘傳統之智慧。

IV. 柏拉圖後之倫理思想

在明白「智慧」(明智)及其演變(知識)後,讓我們返回柏拉圖四德論,及其後之倫理思想。我們先把自赫西俄德始之希臘德性列表如下:

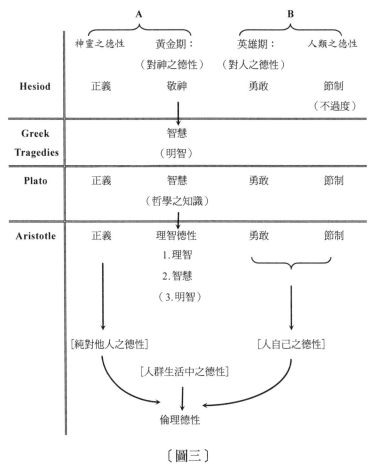

〔圖三〕

我們可大致地說，德性從希臘傳統至哲學之出現，其主要改變在與神靈有關之德性上，即圖三之 A 部份。至於那與人自身德性有關之 B 部份，雖有所發展，然基本上始終如一、無大改變。所以如此，因哲學之出現直針對神話與神靈，其為大變動主要有兩方面：

一、從敬神之明智與自限之智慧，轉變為取代神靈或即近神靈之「哲學知識」，即那包含一切而為最高普遍性之智慧。柏拉圖在《國家篇》對哲學家及哲學之定義，所強調即先這點：

> 哲學家就是那渴求有關存在事物之全部整體智慧者。（475B）

亞里士多德於《形上學》第一卷中更清楚地把這轉變述說出來：

> 哲人知道一切盡其可知的事物，雖於每一事物的細節未必全知道；誰能懂得眾人所難知的事物我們也稱他有智慧（感覺既人人所同有而易得，這就不算智慧）；（⋯）這些就是我們關於智慧與哲人的詮釋。這樣，博學的特徵必須屬之具備最高級普遍知識的人；因為如有一物不明，就不能說是普遍。而最普遍的就是人類所最難知的；因為它們離感官最遠。（982a）

亞里士多德甚至把哲學與傳統有關神靈之智慧作比較，說：

要獲得這樣的知識也許是超乎人類的能力；因從許多方面想，人類的本性是在縲紲之中。正如西蒙尼德所說：「只有神靈才有這特權」，而人類應安份於那只屬人類之知識。若真如詩人們所說，神靈本性也是會妒忌的話，那誰在這樣的知識中越優越，誰亦將會最不幸。但神靈不應是會妒忌的，（古諺有云：詩人多謊話），而且沒有任何一門學問較這一門更為光榮。因為最神性的學問也同是最為光榮的。這學問在兩方面是最為神性：因那為神靈也應具有的學問是神性的，而且那處理神性事物的學問也是。而哲學這門學問同時具有這兩性質：因神被認為是一切事物的原因之一，並且為第一原理；這門學問或是神所獨有，或是神超乎人類地所知最多。其他學問確實是更切需要，但沒有比哲學更優越。（982b-983a）

二、若全部德性在傳統希臘中是以神靈之正義為最高，那隨着神靈地位之轉變，必亦對正義一德性有所影響：正義從對神靈之虔敬及相信一超然公正力量，轉變為以國家或城邦法律為基礎之正義。這正是柏拉圖《國家篇》之首創。如此正義，亦駕馭西方之後全部倫理思想，為德性嶄新基礎。

柏拉圖《國家篇》以全部德性建基於國家，個人德性[①]反只由國家德性取決。故「國家怎樣地和靠甚麼成其為有智慧的

---

① 這始是希臘傳統及一般倫理思想所首先重視。

國家，個人也就同樣地和靠同樣的東西成其為有智慧的人。」（441c）等等。在智慧、勇敢、節制及公正四者中，前三者為第四者所總合。它們分別對應人靈魂及國家階層之三個部份：於靈魂中，智慧對應理性、勇敢對應意志、而節制對應欲望；而在國家中，智慧對應立法者、勇敢對應軍人、而節制對應商人。三者之統一在公正或正義。所謂公正或正義，所指是：「使國家成為合乎公正的國家的，是其中三個階層各自做自己份內事這事實。（⋯）每個個人也一樣，倘若他的靈魂各個部份各自做本分的事，他憑着這一點便成為一個合乎公正的人，做他本份的事的人。」（441de）公正因而是各盡其份時之和諧一致，而這是因為各個部份均服從於理性及智慧立法者之命令。教育便是為達成此服從之手段或工具。勇敢故是：

> 在快樂與痛苦中都堅持理性關於甚麼該畏懼和甚麼不該畏懼的命令，那我們便因他本性中勇敢因素的緣故而稱他為勇敢的。

智慧則是：

> 由於人內部存在着一個實行統治並發號施令的小部份，而此小部份又知道甚麼是有利於這三個元素所組成的集體整體，和甚麼是有利於其中的每一個部份，所以，我們稱人為有智慧的。

而節制則是：

由於相同的這些元素的親睦和和諧的緣故，就是說，倘若被統治的那兩個和作統治者的那個同意把理性這元素看作為合法的元首，並且不反抗它的權威，我們不就稱他為有節制的嗎？（以上引自同書442c）

而所謂正義，即以上三種德性之體現。

柏拉圖這一正義論，完成了西方以正義為德性之本兩種形態之一：一者把正義建立在外於人類或超越於人性及人倫之「神靈」上，而另一者則如柏拉圖，把正義建立在超越家庭倫理之「國家」中。正義或則是超越的、或則是政治性的。柏拉圖這正義論，以正義為一切德性中最高、及以正義回歸於國家政治，一直為西方倫理思想所繼承。西方無論神靈抑國家正義，其本都在人倫及家庭之外、甚至對立後者。也正因如此對立，故柏拉圖甚至認為初生嬰孩應直屬國家所有所育，不應有其父母與家庭（見《國家篇》V 460）。由是可見，家與國家，如同人神差異那樣，根本上對立。柏拉圖瓦解家庭與人倫，也只為消解此根本矛盾、消解廣義的國（政府）與人民這一對立，單純以國家為極端存在。黑格爾在其《法哲學原理》一書中為柏拉圖這一極端如此解釋：

柏拉圖在他的理想國中描繪了實體性的倫理生活的理想的美與真，但是在應付獨立特殊性的原則時〔指家庭倫理之特殊性〕，他只能做到這一點，即提出他的純粹實體性的國家來同這個原則相對立，並把這個原則從實體性的國家中完全排除出去，無論這個原則還在採取私有制和家庭形式的

最初萌芽狀態中，或是在作為主觀任性、選擇等級等等的較高發展形式中。正是這個缺陷使人們對他理想國的偉大的實體性的真理，發生誤解，使他們把這個國家通常看成抽象思想的幻想，看成一般所慣稱的理想。（185 節附釋）

黑格爾之所以這樣替柏拉圖解釋，因他如一切西方思想一樣，視國家為高於人倫倫理之一種發展，甚至是最高的發展階段。在進入「國家」這精神最高倫理體現之第一節附釋中，黑格爾返回希臘神話作為比喻說：

家神是內部和下級的神；民族精神（雅典那）是認識自己和希求自己的神。恪守家禮是感覺和在感覺中體現的倫理；至於政治德行是對自在自為地存在的、被思考的目的的希求。（257 節附釋）

黑格爾援用自柏拉圖以來之知性或精神與感性之差別及二元對立，來說明國家之優越性與家庭倫理之片面性。

國家是倫理理念的現實 —— 是作為顯示出來的、自知的實體性意志的倫理精神。這種倫理精神思考自身和知道自身，並完成一切它所知道的，而且只是完成它所知道的。國家直接存在於風俗習慣中，而間接存在於單個人的自我意識和他的知識和活動中。同樣，單個人的自我意識由於它具有政治情緒而在國家中，即在它自己的實質中，在它自己活動的目的和成果中，獲得了自己的實體性的自由。（257 節）

換言之，國家即倫理實體完全自覺自身或完全自知之狀態，亦精神作為倫理實體時返回自身而自知之最高階段。而家庭因其只為「愛之情感」這種倫理體現，故如一切情感或感性之低於知性與精神那樣，家庭必然低於國家。有關家庭及家庭與國家之關係，黑格爾說：

> 作為精神的直接實體性的家庭，是以愛為其規定，而愛是精神對自身統一的感覺。（…）所謂愛，一般說來，就是意識到我和別一個人的統一，使我不專為自己而孤立起來；相反地，我只有拋棄我獨立的存在，並且知道自己是同別一個人以及別一個人同自己之間的統一，才獲得我的自我意識。但愛是感覺，即具有自然形式的倫理。在國家中就不再有這種感覺了，在其中人們所意識到的統一是法律，又在其中內容必然是合乎理性的，而我也必須知道這種內容。（158節）

黑格爾也清楚意識到家庭與國家之對立，並透過希臘悲劇《安提戈涅》指認出來：

> 一本非常推崇家禮的著作，即索福克勒斯的《安提戈涅》，說明家禮主要是婦女的法律。它是感覺的主觀的實體性的法律，即尚未完全達到現實的內部生活的法律。它是古代的神的法律。它是「永恆的法律，誰也不知道它是甚麼時候出現的」。這種法律是同公共的國家的法律相對立的。這種對立是最高的倫理性的對立，從而也是最高的、悲劇性

的對立。該劇本是用女性和男性把這種對立予以個別化。
（166 節附釋）

黑格爾對家庭這種主觀性，更帶有取笑意味地說：

> 一個父親問：「要在倫理上教育兒子，用甚麼方法最好？」
> 畢達哥拉斯派的人曾答說：「使他成為一個具有良好法律的
> 國家的公民」。（153 節）

而家庭之所以在法律面前解體，其原因在於：

> 因為婚姻所依存的只是主觀的、偶然性的感覺，所以它是
> 可以離異的。相反，國家是不容分裂的，因為國家所依存
> 的乃是法律。（…）家庭的倫理上解體在於，子女經教養而
> 成為自由的人格，被承認為成年人，即具有法律人格，並有
> 能力擁有自己的自由財產和組成自己的家庭。兒子成為家
> 長，女兒成為妻子，從此他們在這一新家庭中具有他們實
> 體性的使命。同這一家庭相比，僅僅構成始基和出發點的
> 第一個家庭就退居次要地位，更不必說宗族了，因為它是
> 一種抽象的，是沒有任何權利的。（176-177 節）

這種新家庭對原本家庭的脫離與獨立、或個體從家庭中獨立出
來，使家庭瓦解，故使黑格爾不得不說：

> 子女是自在地自由的，而他們的生命則是僅僅體現這種自
> 由的直接定在。因此他們不是物體，既不屬於別人，也不
> 屬於父母。（175 節）

必須指出，總的說來，子女之愛父母不及父母之愛子女，這是因為子女正迎着獨立自主前進，並日益壯大起來，於是會把父母丟在後面；至於父母則在子女身上獲得了他們結合的客觀體現。（175節補充）

對黑格爾這有關家庭倫理向國家倫理轉化過程之說明，我們可歸納如下：一、黑格爾實如柏拉圖及整個西方傳統想法，以家庭倫理必須最終為國家所解體及揚棄。差別唯在：柏拉圖是極端地作，絲毫不為家庭保留其相對意義與位置，而黑格爾則透過時間先後之可把根本矛盾化解開一方法，把家庭與國家置於兩個不同階段中，雖最終仍必須把家庭解體，但仍能在之前保有其位置、意義及真實性。二、家庭之解體及國家之建立，主要有兩原因：1. 個體為求其實體性自由，必然獨立於家庭外，使家庭解體。2. 國家是精神體現自身時之更高狀態，即作為自知自身而非只是自身感覺時之精神更高真實。（見前引第257節）。這兩原因，其實都是形上學基本索求，一者求自我個體之實現、而另一者求自外而來神性知識或普遍知識（絕對精神及其至高之反身認知）之體現。這後一者，明顯與蘇格拉底對知識之肯定有深遠根源上關係。存在之最高狀態，對哲學及其世界言，亦唯知識及自身認知而已。在《哲學全書》〈精神哲學〉這部份（即精神哲學作為其前兩階段（邏輯科學及自然科學）之最高統一）開首中，黑格爾便立即指出：

精神之認知是在一切中最具體的，因而是最高及最困難的。「認知自身」這絕對格言，無論於作為關乎自身或在其形成

的歷史情況中，不應依據個體特殊的能力、性格、傾向及其弱點這一「自身認知」之單純意含而有其意義，相反，它意含在人中那真實的，及那環繞自身或為自身時真實的的認知，換言之，作為精神時之本質自身。精神哲學亦不應理解為人們稱為關於「人的知識」，那只力求探索人之特殊性、其激情、其脆弱，那為人們所稱為人心靈之深處之知識。這種知識一方面只有當它假設有關人之普遍知識及本質地有關精神之知識時始有其意義，而另一方面，它只是對偶然的、無意義的、沒有真理性的心靈存在之認知而已，非滲透至於那實體的，或精神自身時之知識。（《哲學全書》第 377 節）

這是說：西方自哲學始，均以精神或知性自身及其超越獨立性（"實體性"）為最優等，其優越性甚至超越任何人倫倫理之上。"精神"此自身性與"國家"之普遍性幾近一體兩面，前者為後者之根據、後者為前者之體現。"精神"取代古希臘神靈、其普遍性及其優越性。因精神如神靈一樣，活生生地為在"人"之上之另一更高存有，故精神之存在及其現實性，較人之存在及其現實性更重要、更根本。家庭之解體並轉化為國家，亦因人倫（其存有地位）只特殊而片面，不及精神重要與根本。故，精神之安頓安樂（精神之在其自身）較人之安頓安樂更為重要。若家是人及人倫安頓之所，那國家便是精神安頓之所。後者之安居較前者安居更為重要。這是對國家及精神肯定時之荒謬，把精神與國家視為一種神靈時之荒謬，如馬克思所說，一種拜物教。黑

格爾說：

> 如果精神要達到它的現實性，那只有在它自身中進行分解，
> 在自然需要中和在這種外在必然性的相互關聯中對自己設
> 定界限和有限性，並且就在這界限和有限性內使自己受到
> 教養，以便克服它們，並在其中獲得它的客觀定在。因此，
> 理性的目的既不是上述的自然的質樸風俗，也不是在特殊
> 發展過程中通過教養而得到的享受本身。理性的目的乃在
> 於除去自然的質樸性，其中一部份是消極的無我性，另一
> 部份是知識和意志的樸素性，即精神所潛在的直接性和單
> 一性，而且首先使精神的這個外在性獲得適合於它的合理
> 性，即普遍性的形式或理智性。只有這樣，精神才會在這
> 種純粹外在性本身中感覺自己安若家居。（187 節附釋）

讓我們簡單複述整個問題。

西方自古希臘始便把人類存在之德性建立在一外於人類
的神靈之正義上。人類自己之德性，也只能是一種反面的、由
自我節制而致之明智而已。在這神人二極中，因希臘傳統仍認
為人不應踰越人之有限性、不應試圖上達神靈或希及神靈，故
希臘傳統仍對人倫予以肯定，以人倫之人性存在重於知識。正
因知識或哲學智慧試圖憑藉人之聰明取代神靈之超越性與普遍
性，故希臘悲劇之教誨相反是：人應對自身之聰明有所限制，如
此才真正是明智的。當蘇格拉底以知識掌控一切事物時，知識
首次被絕對地肯定，亦為人類憑藉其知性上達神靈及取代神靈
之始。故於柏拉圖中，正義轉變為國家之正義，再非神靈正義。

這構成其後整個西方德性想法之基礎：視人類德性、其基礎與根本，在"國家"中、非在"人"自身（每人自己或人倫關係）中。先前在古希臘中人自己節制之德性，於國家則外化為國家或社會對人欲望之種種規範、制度、法律與刑罰。其最具體體現為司法制度與警察（《法哲學原理》第三篇第二章）。在論及柏拉圖理想國時，黑格爾所作補充，就是國家作為正義外之"另一面"，其制約功能（司法制度與警察）。黑格爾說：

> 補充　（作為社會正當防衛調節器的國家）特殊性本身是沒有節制的，沒有尺度的，而這種無節制所採取的諸形式本身也是沒有尺度的。人通過表象和反思而擴張他的情欲，並把情欲導入惡的無限。但是，另一方面，匱乏和貧困也是沒有尺度的。這種混亂狀態只有通過有權控制它的國家才能達到調和。（185 節補充）

「國家」與「司法制度」因而取代及延展了古希臘傳統德性中之「正義」與「節制」。

傳統通常認為，柏拉圖與亞里士多德哲學最大差異在於：前者因其理形論故求一超越之真實，後者則把真實視為現象本身發展中之本質，本質非在另一世界，而直在事物存在中、在實現中。換言之，柏拉圖如拉斐爾所示，指向上，而亞里士多德指向下。其實，柏拉圖之所以索求一理形或本質世界自身，也只為終極地於回歸此世時，能以一自上而下之真實全面地主控世界，特別以知識為其「國家」政治論建立根據、為國家支配一切時之依據（理性與法制）。柏拉圖之向上故只為求回頭駕馭一

切而已[①]。

柏拉圖思想分早晚兩期。早期仍以理形論為主，晚期則以
「族類」（genos）概念取代「理形」之地位。「理形」個別自身獨
立存在，然「族類」則相互交織，並由交織使世界現象種種變化
可能。「族類」因而既是世界現象之構成素與基本結構、又是種
種職能與階層之人其系譜根源。無論是人抑物世界，故都可回
溯於其系譜或基素根源。「族類」一詞在赫西俄德中即用來形容
人類存在五種時期之「種族」一詞，又是當時希臘日常語中「家
族」一詞，指具有同一出生根源者。「族類」genos 於柏拉圖晚
期，或取其「類」意思而為事物之知性基素、或取其政治意思
而變為「階層」（出生系譜）。這明顯是對家族及其系譜根源意
義之一種變形，或從「類」基素（因而視如物性）這本體式根源
言、或從國家「階層」之不同本性、教育、職能言，都是對「家
族」這一以人倫系譜為本之傳統一種揚棄。一切超越而且在其自
身之理形，於晚期中，也只是此世中事物之構成素或其來源之
「類」而已。無論是宇宙 *Timaeus*、或城邦 *Critias* 之形成、甚或
是哲學真理之現實存在 *Hermocratus* 均如此。在此種種此世現

---

① 柏拉圖因而反不如亞里士多德，後者始肯定知性知識在其自身之獨立性，
　並由思惟之獨立性，一方面肯定一完全在其自身超越之神，開啟哲學為神
　學及形上學；而另一方面肯定人在其倫理與政治生活外、另一種最高生
　活 —— 純然思辨靜觀之生活及其幸福。如是，亞里士多德始真正向上，
　求為知識之純粹及獨立生命，柏拉圖反只向下求為政治現實而已。史賓諾
　莎因而是繼亞里士多德後，第一個把倫理生活與純粹知性思辨結合為一之
　哲學家。

象中，首先與人存在有關，唯倫理與政治兩者。而柏拉圖也正是以「政治」（「國家」）對立「人倫」之第一個哲學家。其在哲學史中首創，因而非只理形論，更是其「國家論」。當亞里士多德在《尼各馬科倫理學》開首把政治學視為最高科學時，這也只西方不得不對柏拉圖對德性問題轉變之繼承而已。亞里士多德說：

> 人們也許認為〔研究最高善的科學〕屬於最高主宰的科學，最有權威的科學。不過，這種科學顯然是政治科學。正是這門科學規定了城邦需要哪些科學，哪一部分人應該學習哪些科學，並且學到甚麼程度。我們看到，那些高貴的功能，如戰術、理財術和講演術都隸屬於政治學。政治學讓其餘的科學為自己服務。它並且制定法律，指出甚麼事應該做，甚麼事不應該做。它的目的自身就包含着其他科學的目的。所以，人自身的善也就是政治科學的目的。這種善對於個人和城邦可能是同一的。然而，獲得和保持城邦的善顯然更為重要，更為完滿。一個人獲得善不過是受到誇獎，一個城邦獲得善卻要名揚四海，更為神聖。討論到這裡就可以知道，以最高善為對象的科學就是政治學。（《尼各馬科倫理學》第一卷第二章）

若政治學是在現實世界中最高科學，那亞里士多德怎樣安頓其自己之倫理學？他說：

> 要對整體事物進行判斷，須要受到全面的教育。因此，政治學不是青年人所適合學習的科學，他們對生活尚無經驗，

而政治學理論卻是來自生活經驗，並且說明生活經驗。此外，青年人為情感所左右，因而學不到任何有益的東西。因為這門科學的目的，不是知識而是實踐。青年人不但在歲數上年青，而且在品格上也幼稚。他們的缺點不在於少經歷了歲月，而在於縱情使氣，在生活上去追求那些個別的目的。他們和那些不知約束自己的人一樣，對於他們，知等於不知。但是，對於那些想使欲望服從理性的人，道德科學在他們的行為和活動上卻是有所幫助的。我們設定了前提，確立了對象，對於聽講者來說，這已經足夠了。（《尼各馬科倫理學》第一卷第三章）

換言之，倫理學與政治學之差異在於：政治學是從整體之善言，而倫理學則只從個人及其個別之事情言，非國家之整體事情。甚至，倫理學特別是針對青年人之不知節制，或推而廣之，人之不知節制而有。因而若政治學作為整體之善對應古代希臘"自神靈而來"之正義，（故而為至高善），那倫理學之出現，也只因"人"不知節制、其欲望有所過份而已，而此故對應"人自身"而有之科學。政治學與倫理學，因而為求索善之兩極：前者以國家政治對應及取代神靈、後者對應人類。自柏拉圖轉化神靈正義為國家正義後，西方倫理思想故也只能把倫理學從屬於政治學下，如個別之從屬整體、或如黑格爾，主觀特殊性（人倫）從屬精神普遍性（國家）。連史賓諾莎於其《倫理學》也只能把「人性」及人之自我還原於一種「物性」之自然與必然，又於其《神學政治論》把政治與國家建基在人"自然"本性上。史賓諾莎對自然之肯定，

以自然物質為至普遍之真實，實亦以另一方式轉化了自希臘以來於人外求索一超越者這一訴求，以在「人性」外之「物性」，取代神靈之超越性。以「物」世界在「人倫」外並為其更高真實這一點上，史賓諾莎仍如西方傳統，對人性及人倫有所否定。

* * *

作為以上總結，必須指出：西方這一國家理論，因以人習性本惡（人性惡）為由、或最低限度以人人自私而欲望，故在國家與個體（市民）間，始終以國家為本；人類存在因而是在「以國家為本」這前提下而有。所以如此，如我們所說，唯國家始有"代表一切"之理性可能，市民個體各為私欲營私，無法成其為共體之道者。存在秩序故唯由國家理性而立，公權力亦為正義所本。

然若從現實事實言，國家始終非必理性[①]。一旦只落為營私之國家機器而對立人民，其惡更大。若如上所言，國家與人民必然對立，無論是否為理性，國家將只獨裁而暴力，無一能免。今日以為對民主政治向往，所見即此：代表國家者，實無能為共體真正依據。在國家與人民、超越普遍者與個體間，均只對立而已。

然無論獨裁（國家）抑民主，二者都只順承這樣政治理性而有，都只訴諸權力力量與對立，無以人性為存在真實。國家理性獨裁，然自由民主下之百姓則自我恣欲地無道：人民視國家為不是，國家亦視人民為不是。對反獨裁故也只種種個體自我

---

① 　或：理性非必人性。

之盲目，一如敗壞之獨裁統治，同樣敗壞而墮落。如是人民非真實人民，只索求權力與權利之自我，為權力者所塑成，同樣無道義而貪婪慾欲，追求着同樣價值與享樂。此時所謂正義，也只「權益」或「利益」之爭，絲毫無正義之實，只虛有其表，亦無改人類存在之不平等、無改富之為富、權力之為權力、上位之為上位者。如是政治，故與治理絲毫無關。在人民被塑造為假象地自由、仍懷着同樣虛妄腐敗本性、如被收買而腐蝕後之正義口號那樣，無論怎樣似權力普及化，結果只同樣敗壞，永恆回歸地腐敗而無道。

對反於這樣歷史傳統，其正者（正道）在：人民不應從個體自我言、代表共體普遍者亦不應從所謂國家理性言，二者始終有對人性否定，故無以為正。若非由人性，神靈、國家、與自我主義也同樣虛構、同樣偶然。一如國家理性，自我主義也可只獨裁，此一切超越者之必然事實。無論主義為何，執行者始終只人而已，若其為無道，一切始終只外在表面而虛假。無論怎樣，因理性本與人性無關，講求理性始終無以對人有所立，人其腐敗仍然、無從改易。若非由仁而己立立人、若非由「克己復禮，為仁」，存在將無以為真實、無以為人性。真正能為普遍者，故唯人性。人類存在如是只應以「禮」人性地成就，由百姓回復作為人性之人民、以人性倫常而非以政治經濟利益為存在關懷，不再講求自我個體，否則存在無以為人性地真實、無以為正道。真正民主故唯在古代中國始有，唯古代人民始為人性、以直道而行並「思無邪」。若以講求權益與自由之自我為主義，無論國家抑人民，始終只權力力量而已、只朋黨匪非與結黨營私、或

個人慾欲任性而虛無而已，終只「居下流而訕上者」，是無以不同樣敗壞而沉淪。故無論國家極權理性、抑自由民主，因二者前提同樣錯誤、同樣不承認人性真實，故所形成共體，始終無以為正。此時，國家只求為瓦解人性與人倫（家）之國家權力，而人民也只各求為主體權力之個體。個體始終只國家之一體反面，二者之一體排斥人性與人倫，以「國家」與「世界」為絕對。獨裁與自由民主始終一體兩面，始終只求為政治、求為存在之對立性，非以人性人倫為真實。所謂「人倫」，非只言人與人關係而已，而是於一切人與人關係中，先以人事"為主"，非以國家政治（政治經濟）或神倫為主。唯從政者「以禮」為政而無為，而百姓亦只講求人倫、不訴求於政治而淳樸，否則無以成就人性共體之真實。在人性共體真實中，絲毫再不能有所謂超越性，一切也只由人之真實而已。古希臘從神倫始、柏拉圖從國家理性始，故都帶給人類存在至為錯誤方向；以為「正義」而非「以仁」為德行之本，如此亦始終錯誤。一切均只自我而已，如尼采所批判，群畜而已，此法制性國家與求為自由民主者共同事實。

V. 孔子遠鬼神之智

當孔子說「敬鬼神而遠之」（《論語・雍也》）時，這實是對以上神倫或超越性問題一非常深刻之回應。其全文為：

樊遲問知。子曰：務民之義，敬鬼神而遠之，可謂知矣。

問仁。曰：仁者，先難而後獲，可謂仁矣。

子曰：知者樂水，仁者樂山。知者動，仁者靜。知者樂，仁者壽。（《論語》〈雍也〉）

孔子這兩句說話，目的在說明：若舉「知者」「仁者」這人之兩種形態為例，智與仁（故德行）二者作為存在致力向度、及由之而有之存在意義，其正究應怎樣。換言之，從智及從德行言之人類存在，其正道應怎樣？如此問題故直與上述「知識（智慧）」與「德行」作為"存在之道"有關 ①。

首先，有關存在之主觀面：存在之道非必只有客觀為人之一面，亦有主觀性向感受所求可能，孔子從不排斥後者。若暫不從客觀面言，存在之主觀面實亦有其正，此「知者樂水，仁者樂山（…）」句所言。無論知者抑仁者，都可從快樂而各有其存在主觀感受與意義可能，非必只求客觀意義而已（此亦存在「庸道」所在），故「知者樂水」而「仁者樂山」。非只能主觀地樂，作為人，兩者亦可有性情上之主觀差異，故「知者動，仁者靜」。連人所求幸福，也可為兩者所求，甚至有其主觀差異，故一者求為「樂」、以快樂為幸福，另一者求為「壽」、以健康為幸福：「知者樂，仁者壽」。樂與壽這人人所求幸福，雖非如「務民之義」為道義上客觀應然而必須，然仍可單純為人主觀所求。此存在「庸

---

① 二句見於〈雍也〉，為論中庸（「中道」與「平凡」）一德性，其內容故可與希臘德性觀相互比較。兩句一從存在客觀面、一從存在主觀面（存在感受與意義）言。人類生存意義正在此兩面間。

道」平凡之一面。故在「務民之義」及「先難而後獲」這純然客觀道義外，人仍是可有其對存在之主觀期盼的。孔子唯以「樂」與「壽」為幸福，但沒有把福（幸運與僥倖）、祿、富貴等視為幸福。樂與壽仍始終人性，非欲望求索。而所言樂，也只大自然之樂，山與水而已，非聲色。此外，樂與靜實人生命兩種正面心境，都同在憂戚外。樂相反憂悶，而平靜更在兩者外。仁者所以樂山，因山潛隱寧靜。仁者性平靜，其心境非在憂樂之間，故由此平和本性而壽。壽從生命平靜而來。樂雖為生命之一種正面心境，然未如平靜淡泊真實，故仁者靜而壽。靜非性情好靜而已，更是心境之平和寧靜。從本句可見，孔子實亦認為人應有幸福，唯此幸福非如西方政治倫理思想那樣，以為幸福必須是整體之圓滿，而不亦可為人自己個體之事。孔子所言幸福，故平凡而平常，非究極或極端地圓滿。我們甚至可觀察到，《論語》沒有從我們所謂家庭天倫之樂言，因這樣快樂仍有待他人始有，非單純自己可期望。〈盡心上〉之「父母俱存，兄弟無故，一樂也」仍只從「俱存」與「無故」、非從天倫之樂言。非中國古代不肯定如此人倫之樂，只非個人所必得而已。西方以樂園式想像存在之幸福、或如基督教聖家家庭（若瑟、瑪利亞、耶穌所組成家庭）之溫暖與圓滿，都近乎欲望，非德行。若西方以此為道德與倫理目的，如此道德與倫理，實難離欲望而不偽。故對古代中國言，家庭中人倫德行，亦孝悌而已，非存在之滿足或從感覺言之快樂。

然除以上主觀面外，更先有存在從客觀面言之道義，而此即在：為人而致力而已。孔子更言：「敬鬼神而遠之」，即止於"人性"之事情道義，不應更求鬼神之事以為存在之本。〈雍也〉兩

句故指出：無論是人客觀致力、抑其主觀幸福，都應止於人及人性所及者，不應從其他價值而立。孔子如同古希臘一樣，認為人亦只人而已，不應試圖企及神靈世界。然兩者差別在：希臘傳統雖否定人類應自身神化，然它仍保留神人這兩極關係，以神為在人外之一種力量真實、以另一種力量超越於人上，以之作為人存在最終根據。相反，孔子不只教人有此神人區隔，他甚至教人必須「遠之」。從「可謂知矣」一言我們甚至可清楚感到，孔子是針對人圖知鬼神或如鬼神地知時、自以為智之極致而發之道理，故始反過來說：「敬鬼神而遠之」才是真正之智。事實上，智慧之唯一對象，亦只人及其事情而已：或為知「務民之義」、或為「知禮」「知仁」「知德」[①]、甚或為知皋陶與伊尹之賢而舉之[②]。對古代中國言，人全部智慧，也在是否對人（民）之需要有所認知、是否知人之賢德、甚或是否知人倫德行之道而已。這與自古希臘而來之西方倫理，相去甚遠。西方縱然在如希臘傳統，仍只把人類存在建立在自外而來神靈之正義上。故除卻節制，人"自身"無法有其正面德行可能。個人如是、國家社會共體亦如是。故雖表面言正義，然單純由經濟（政治經濟）之求為藉由經濟而強大、甚至藉由經濟（人之生存）對人操控、達階層地位之超越性，如此一切，實違逆「民之義」、其所需。由此可見：「正義」只高論而已，非人之「義」，神倫其虛假於此可見其實。

---

① 「子曰：由，知德者鮮矣。」（〈衛靈公〉）
② 「舜有天下，選於眾，舉皋陶，不仁者遠矣。湯有天下，選於眾，舉伊尹，不仁者遠矣。」（〈顏淵〉）

VI. 孟子性善論

人是否正面地被肯定、抑只為負面存在者，是性善性惡問題更深一層根源。

在西方思想傳統，人都被視為不善。若似有把人看得太高，也只對人低貶之反面而已，而此有二：1. 或如希臘哲學那樣，把人視為理性動物，而理性（logos）是一切存在者中至高稟賦。2. 相反，縱使因原罪而墮落，人由本然是上帝肖像，故仍能回歸天國而超越，這是人另一種優越性。然無論理性抑神性，因二者非即人性本身，只人同具有而已，二者於人雖似提升其地位，然事實只能是對"人性自身"更低貶而已：人非純然「理性存有者」、其救贖只由基督、非由人類（人性）自身。正因如此，故西方所謂「善」，始終非從人性善之善言。「善」高於人而為超越，像「正義」這西方最高德性，所要求於人，正是一種對反人性情感而有之公正：或是單純依據普遍理性、或是以全體人類為考量。孔子故反說：「吾黨之直者異於是。父為子隱，子為父隱，直在其中矣。」（《論語・子路》）如子路「片言可以折獄」似近於西方公正而無私，那孔子則相反，只「聽訟吾猶人也，必也使無訟乎。」（《論語・顏淵》）。「猶人也」仍是作為人地、人性地、人情地、為人地，非單純從事情本身、非如神靈判分那樣，不考慮人性及其事實。在人性外以另一種道德對人類要求，實也只以人性非＝「善」、如非本然公正無私，言人性不善實由此。故如康德，其所言道德正為對反人性自然性向而有，因而顯得

誠律性。所謂義務，即遵照至高無上普遍命令行動：

> 我一定要使我的行動的準則，同時成為一個普遍的法則。
> 而這種法則，並不是一種結果，而是一種法則，它不是依賴
> 於自然的愛好，而是克制自然的愛好，至少，不讓愛好對我
> 的行為的進行有任何影響。如果由於尊重義務的行為，完
> 全不受自然愛好和其對象所左右，那麼，決定意志的東西，
> 在客觀方面就只有法則（或規律）本身，而在主觀方面則只
> 有對行為法則的純粹尊重了。於是產生一個行為準則：即
> 使犧牲一切自然的愛好，也要服從道德律。（《道德的形而
> 上學基礎》第一節）

這法令般的道德律，其對象不僅是人，而是一切如有自律可能
的意志。康德說：

> 不容爭辯，除非我們否認道德有任何真理，否認它和某一
> 個可能的對象有關，否則就得承認道德法則的應用，是這
> 麼廣泛，以致它不僅可適用於人，而且可適用於一切有理
> 性者，不僅在偶然的情況下或某種限度內要遵守，而且還
> 是絕對地、必然地要遵守。顯然，憑經驗，決不能使我們
> 認定這種具有必然性的法則是可能的。（…）所以，真正的
> 最高道德原則，無不超於一切經驗，並完全以純粹理性為
> 根據。假如我們要有一種道德的哲學，而不是通俗的道德
> 哲學，那麼，我們可以不待作進一步研究，就可以肯定：
> 道德概念，以及從它引申出的原則，都是先於經驗（或先驗

地）而存在的，並必然具有普遍或抽象性。（同上）

德行應從人言、只單純針對人性、是人性之事，抑德性應從在人之上其他存有言、或如康德從一切理性存有者言，這是問題關鍵。康德這樣道德，與前述國家理論一致，以家之倫理從屬國家理性下，即康德以人性好惡純然從屬理性普遍性下。問題是，這對康德言之「自然愛好」，從「自然」一詞，明白指人性本然之性向（人倫人性之特殊性），如人有對家庭、有對父母親人、甚至有對友朋之特殊情感，故不得不言孝悌；若是神靈，則完全無這樣人倫人性特殊性，那時，人只行公正、只行如神靈般普遍德性便是，再無人倫人性責任，故「父攘羊而子證之」。道德若為絕對及無條件，必超乎人性之上，人性向是無道德法則絕對性可能。故若求為理性道德，始終必須對人倫道義瓦解，否則其愛好之特殊性，與理性道德或國家正義必然相違。

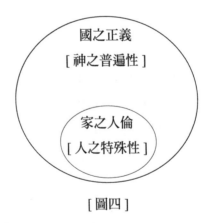

[圖四]

　　然從孔子「敬鬼神而遠之」之智可見，之所以必須遠鬼神，因人類所作為應切實對人言為善而已，不應另有價值準則。若道德作為理性道德"有違"此人性人倫真實，如此道德對人言始終不善，仍應為人所遠：人非為德性而德性，人為人言德行而已；人故應首先盡人倫德行，此為人性之道義。這是西方倫理思想與儒學倫理思想最根本差異。

　　這一問題，其關鍵焦點有三：1. 人是否應以對人言之善為首先？2. 理性道德或國家正義之「善」是否對人言為真正善？3. 人性本身是否可有善、是否為善？問題關鍵只此三者。對1，回答實必然：無論甚麼，終究地言，始終必須對人言為善始能稱為「善」，是無以對人言「不善」為「善」者。此實人性第一首則；亦從這樣首則故見人性性向始終為不可逆事實，是無以視對人之「不善」為「善」者。問題因而落為第2點：理性道德或國家正義之「善」是否對人言為真正善？這問題非如此簡單。理性道德或國家正義之所以「善」，因對"一切人"言故，此其所以代表「公」、非為「私」。然因人性向對人言實亦為人人本然普遍性向，故對立此性向之"私"而言"公"，其為"公"只能對人性否定。否定人性性向，其結果是：再無能使人為真正善，頂多也只「道之以政，齊之以刑，民免而無恥」（〈為政〉）而已，故不能稱為真正善；其為「善」只能從國家利益或大多數言、非從對「人」言。因而縱使能真實地理性、真實地國家正義，其作為形式（法制性形式），因背逆人性故始終無法成就人性善、「人作為人」之善，頂多也只一表面存在秩序之善而已，以「國家」為本是從此言。然若從反面極端看，如因國家戰事而人民必須為此而犧牲一切，

其為"善"明顯為非，既違人性、亦違為民之實，只求為對"國家利益與權力"而已，此言「國家」時亦可有事實。如是從國家言之「善」，在無突顯國家自身時確似對人民為善，然一旦有對國家自身突顯，換言之，當國家有與人民處於對立位置時，即不能再稱為「善」，最低限度不能稱為對人民善。我們甚至可不用如此極端例子，而應明白：國家之運行，始終非能處處順承人性或人民，因而不能以國家為盡善或必然善；政府仍由人組成而已，始終有着人之利益在，無法大公無私。由國家一旦為獨裁，其惡更顯然；就算為黨派政治，然明顯仍有結黨營私或黨派偏見之爭在，離大公無私或單純為人（為民）之心仍遠。更進一步言，從今日人類存在形態已可見，無論政治抑經濟，實也只社會中上層對下層階級之爭鬥與控制而已，國家法律因而始終有為鞏固上層權勢地位而設，如以治安為由之警力，實為政府權力之保障機制而已，從來沒有因其存在而罪惡消滅；對佔大多數之人民下層階級言，「正義」絲毫非為「義」，反而下層對上層對抗始為社會正義所在。如是種種可見，以為單純普遍而理性之代表，始終非是。無論理性抑國家，都無以稱為「公」、更非能稱為普遍而絕對。甚至，若對康德之「應如此行動：藉着你的意志，彷彿你行為的格律應當成為普遍的自然法則那樣」（《倫理道德形上學之根基》AK IV, 421）這樣普遍法則代入人性視之為普遍，這對康德理性言若非荒謬，已使一切法則落為種種偶然格律而已，再非道德之形上必然。如是可見，無論純粹理性或所謂「國家正義」，若非對人（民）言切實為「善」，便必然落為偶然而特殊、甚至有對人與人民刻意對立之嫌，絕非國家論者所以為

為「善」之體現或代表。國家始終從利益言而已，因而無從以為真正善道。

如是只剩第 3 點，即人性本身是否可有善、是否為善？以國家及理性為「善」，實是以此第 3 點為不可能始有，否則直從人性善言、以人性之善為「善」之依據便可，無須繞道於理性及國家。故問題始終在：人性本身是否善？若連國家及理性也無以為善，人性善便為問題之最後回答。西方雖始終抱持否定態度，然人性其究竟應如何？此孟子性善論所求為說明者。

性善論故非唯對人性是否善之討論而已，在此之先，更是對「人性（因而人類）應被肯定抑否定」這樣問題之回答。告子與孟子之辯論分六點，《孟子·告子上》文本如下：

〔11·1〕告子曰：「性，猶杞柳也；義，猶桮棬也。以人性為仁義，猶以杞柳為桮棬。」孟子曰：「子能順杞柳之性而以為桮棬乎？將戕賊杞柳而後以為桮棬也？如將戕賊杞柳而以為桮棬，則亦將戕賊人以為仁義與？率天下之人而禍仁義者，必子之言夫！」

〔11·2〕告子曰：「性猶湍水也，決諸東方則東流，決諸西方則西流。人性之無分於善不善也，猶水之無分於東西也。」孟子曰：「水信無分於東西，無分於上下乎？人性之善也，猶水之就下。人無有不善，水無有不下。今夫水，搏而躍之，可使過顙；激而行之，可使在山。是豈水之性哉？其勢則然也。人之可使為不善，其性亦猶是也。」

〔11・3〕告子曰：「生之謂性。」孟子曰：「生之謂性也，猶白之謂白與？」曰：「然。」「白羽之白也，猶白雪之白；白雪之白，猶白玉之白與？」曰：「然。」「然則犬之性猶牛之性，牛之性猶人之性與？」

〔11・4〕告子曰：「食、色，性也。仁，內也，非外也。義，外也，非內也。」孟子曰：「何以謂仁內義外也？」曰：「彼長而我長之，非有長於我也。猶彼白而我白之，從其白於外也。故謂之外也。」曰：「異於白馬之白也，無以異於白人之白也。不識長馬之長也，無以異於長人之長與？且謂長者義乎？長之者義乎？」曰：「吾弟則愛之，秦人之弟則不愛也，是以我為悅者也，故謂之內。長楚人之長，亦長吾之長，是以長為悅者也，故謂之外也。」曰：「耆秦人之炙，無以異於耆吾炙，夫物則亦有然者也。然則耆炙亦有外與？」

〔11・5〕孟季子問公都子曰：「何以謂義內也？」曰：「行吾敬，故謂之內也。」「鄉人長於伯兄一歲，則誰敬？」曰：「敬兄。」「酌則誰先？」曰：「先酌鄉人。」「所敬在此，所長在彼，果在外非由內也。」公都子不能答，以告孟子。孟子曰：「敬叔父乎？敬弟乎？彼將曰敬叔父。曰弟為尸則誰敬？彼將曰敬弟。子曰惡在其敬叔父也？彼將曰在位故也。子亦曰：在位故也。庸敬在兄，斯須之敬在鄉人。」季子聞之曰：「敬叔父則敬，敬弟則敬，果在外，非由內也。」公都子曰：「冬日則飲湯，夏日則飲水，然則飲食亦在外也！」

〔11‧6〕公都子曰:「告子曰:『性無善無不善也。』或曰:『性
可以為善,可以為不善。是故文、武興則民好善,幽、
厲興則民好暴。』或曰:『有性善,有性不善。是故以
堯為君而有象,以瞽瞍為父而有舜,以紂為兄之子且以
為君而有微子啟、王子比干。』今曰性善,然則彼皆非
與?」孟子曰:「乃若其情,則可以為善矣,乃所謂善
也。若夫為不善,非才之罪也。惻隱之心,人皆有之。
羞惡之心,人皆有之。恭敬之心,人皆有之。是非之
心,人皆有之。惻隱之心,仁也。羞惡之心,義也。恭
敬之心,禮也。是非之心,智也。仁義禮智,非由外鑠
我也,我固有之也,弗思耳矣!故曰:『求則得之,舍
則失之。』或相倍蓰而無算者,不能盡其才者也。《詩》
曰:『天生蒸民,有物有則。民之秉夷,好是懿德。』孔
子曰:『為此詩者,其知道乎!』故有物必有則,民之
秉夷也,故好是懿德。」

孟子以上分析極為精微,較一切西方有關討論更為深遠通
透,其思想之成熟無可比擬,我們分以下幾點討論:

1. 思想家及一般人均以為,人性所以為惡,可直由人類作為或
   行為多為惡定奪。然這樣立論最不可能,故孟子列於最終一
   點討論(〔11‧6〕)。原因在於:人類行為現象,非單只歸結
   為性惡而已,更可有種種看法可能,如「性無善無不善」、
   「性可以為善,可以為不善」、及「有性善,有性不善」,公都
   子之說:「今曰性善,然則彼皆非與?」明白指出:這種種

現象均可為結論，是不應以一者獨為對確而其他為非。無論性與善惡之程度怎樣：或性與善惡無關、或性於善惡可任意偶然、或性若有所必然一致，仍有性善性不善類型之分別，都表明性惡論非單一地為唯一可取結論。如是觀法之多樣性，已間接為對性惡論之否證，因行為之多樣性與複雜性，是難歸究於單一原因，特別「性」若如本能地潛藏不可見，更無以知其究竟。非僅如此，孟子甚至更進一步指出：就算不從這種種觀點之歧異性言，單就性惡論言，因行為原因複雜、可在多種環境背景下形成、甚至有主動被動（受影響）可能，故不能以行為必然歸究為惡。從事實言，實有「文、武興則民好善，幽、厲興則民好暴」、「以堯為君而有象，以瞽瞍為父而有舜，以紂為兄之子且以為君而有微子啟、王子比干」。換言之，在幽、厲之時代中，好暴似普遍現象，然若換以文、武為統治，則民多好善。人之為惡故非必然，其不必然甚至可完全獨立自主，因而堯為君亦可有如舜弟象這樣不肖之人，以瞽瞍之頑父仍可有舜如此賢德兒子等等，因而無論行為受影響抑個體地獨立自主，都無以普遍而絕對地以行為歸究於一如本能般本性，甚至根本不能以行為必然普遍地為惡，此言性惡論之根本錯誤。

2. 若從人行為言性惡錯誤，那從行為言性善亦同樣錯誤，理由相同。中國傳統（及孟子）故從來不從行為之決定因素言性，而是從性向感受言性；人之行為，故可逆其自身性向而為，此即為惡。首先，善惡這兩種屬性非如 A 與 B 那樣無關，而實是單向關係：從感受言，只有好善、不能好惡，善

惡非對等二事。若真有好「惡」（而此若不是自欺），那也只能說：其所好者（他人以為不善者），對其人言實為善故好，是不可能明感其為不善而好者。善惡於人（人人）故只單向性價值，從性向感受或從價值言，無以能選擇、亦非二事。若明白這一點，是應明白性唯有性善可能，即人人所向往之價值必對他們言為善、若對人言為惡者亦必為人人所拒，無所例外。從感受性向言時，性善故為唯一可能，無可異議；所可異，唯各所視善惡內容不同而已，善惡作為價值向度始終如一，是不能好「不善」而惡「善」者。所謂性善，故是從「人人」共同性向感受視為善者言，非從特殊情況或個人特例言。如人人都喜愛受人尊敬、和睦關係、甚至有所情感；為父母亦喜愛子女孝敬、作為人亦對親愛者有所思念、對受苦難者哀憐等等。「善」從內容言，故基本上不能背離人之性向，唯須是人人共同性向（因而構成人性）、非個人性向而已，後者只個人主觀偶然，非人人必然。「善」從此點言，故必然＝人性性向感受；性善是從此言。「人性」與「善」故非二而實一，「善」非能外於人言故。若對「性」明白，是必見人性善為道理；若只從行為言為惡，只無視於人感受之根本性、不以人及其感受為重要、為存在一切基本而已。而這應是西方忽略「人性善」之原因：心本欲求其他，無視人人本然感受之重要性、無為人感受而作為而已。人性確然善；其所感受（向往）者，必為善，中國言性善是從此言。

獨從行為之惡言人性惡，若非自相矛盾①，便只能歸究於其本有對人純然否定之心，此時，言性惡只借口而已。

3. 如是性善論本無以逆可能，性惡論亦無以為性善論之否證。告子之辯，故較性惡論更為深入，非只從行為之惡言，而直從人性向感受與善無關言，此二人對話之本。為說明「性」與「善」無關，告子故甚至非從「善」、而直從「仁義」言，因後者更是德行，故難為人性向所在：人鮮見對德行有所"好"故。舉「杞柳」（木名，枝條可用於編製物品）「桮棬」（飲器，屈木而成）而言，只為比喻「性」與「仁義」二者本無關，只屈就而成，非如性向本然如此。我們可注意到：孟子非就仁義是否人性向而回答，而是說：若以仁義非人性向，那使人為仁義，反而只是對人性或人有所戕賊而已，即對人及其人性有所殘害（有所逆）而已，此時構成傷害者，正為仁義，非其他；換言之，仁義實害人之事物，非善所在，此所以「率天下之人而禍仁義者，必子之言夫」。雖非說明仁義是否人性向，然孟子回答更重要的是：1. 仁義是善、非惡的；2. 人是至為重要，無論甚麼，均不應對人有所傷害、不應扭曲其本性性向。光從這點便可看到，言性惡者，本身已實對「人」有所否定、以「人」為不是，其之後使人為仁義道德，也只是進一步對人扭曲（糾正地扭曲）而已，非肯定。以上兩點，

---

① 既知"人性向"「好善」「惡惡」，亦反言人本性「好」為惡、為自己所感為惡者，因而視人類本然為矛盾。人為惡只迫不得已而已、只不能自己而已，非既「好」善（因而知「善」之所以然）又「好」為惡。

1090

無論視仁義非善（此時假定人性向為善）、抑直對人及人性否定（此時假定仁義為善而人性非是），都從基本言為不正：或否定仁義、或否定人及人性，二者其本心都有偽，非以為只言事實而已，其本心更非為正。若言仁義為惡，這本自相矛盾；若言人性為惡，因為"性向"，故若惡，是再無須求其善者，求善只牴觸其本性而已，實非"善"。故無論怎樣，言人性惡，只自相矛盾而已。孟子所舉出，故始是根本：對「人」（人作為存有者）必須肯定、亦對仁義之為善必須肯定，二者無其他可能。對「人」作為存有者不肯定，其他再不用說，也無須求為使人善，本已對人否定故、人本然惡故。

4. 正由於所涉為善與惡這單向性價值，除非確有對「人」否定之心，否則無以對性善能有所質疑。面對孟子之回答，告子故唯對「性」另作解釋，盡量使「性」不落於單向之二極，而從像東與西既無關、亦偶然任意之兩方言，故「性猶湍水也，決諸東方則東流，決諸西方則西流。人性之無分於善不善也，猶水之無分於東西也。」換言之，「性」與善惡之必然性無關，如「水之無分於東西」。孟子之反駁故明顯是：善惡對性言為必然，故以東西比喻不恰當，應以上下這不可逆轉（因而仍單向）特性比喻始是，故「水信無分於東西，無分於上下乎？」。為何如此確定？原因在於：正因此時所討論為"人性"、人人共同之性向，非某個體自身之性情，故無以從偶然屬性（性向）言，必唯從人人共同者言，而此明顯亦善而已：此時一切性向，均必為對人言為善，因對人人言共同故，「善」作為屬性是從此言。換言之，如孝，因

為對人人言為善，故為「性」、人人所喜愛期望之性向。「性向」若非從個體而從人人（人性）言，必然如此，故「人無有不善，水無有不下」。若有不善，故非「性」，只「搏而躍之，可使過顙」而已，然此非水之性，勢而已。

5. 若仍求為反駁，告子故不能從性向之非必然，而唯另行從對此必然性作解釋，盡可能以向往善之性向指出其無善自覺性或必須性之可能；告子故提出「生之謂性」之立論，而這是說：人一切性向，均生而有如本能之事，與人求善時之自覺性無關；縱使本有，然再不能因此而言「人」為「善」，性本自然而有故。以性為自然本能，這是對人向往善之最大否定可能，因其與人自覺努力無關故。孟子之回答故必然是：非指出「性」有不同意思，而是指出，縱使為同一意思（生物本能之性），然由其生物所不同，故連帶其性之樣態亦可不同：故若犬與牛因只共同為禽獸、為動物故「犬之性猶牛之性」，那是不能因此而結論說：「牛之性猶人之性」，二者作為生物非同一，其「性」之意思層次亦非同一：犬牛之性向不能從善惡言，然人之性向則明白為善惡這樣意識，故不能因詞之同一而視其內容意思亦同一。換言之，若「生之謂性」是就動物之本能言，那人性縱然亦為必然性向，然不能只稱為「生之謂性」而已，其為人性涵蘊意思更多：人與犬牛不同故。

6. 於此，告子若仍想反駁，只能直從人性內在言，非再能舉犬牛與人之外在比較。從人自身內在言，仍似有與善惡無關之"性"，食色便是；二者仍為人性向，然與善惡無關；人之

"性"可從此言。舉食色之性反駁，因二者既是人自覺、亦因為欲望故與善惡無關。然之所以在食色外仍說：「仁，內也，非外也。義，外也，非內也」，因若單言「食、色，性也」明顯不足夠：人可同有二者，既有食色、亦有仁義，不能以前者否證後者之可能，故須更作說明。其說明如下：仁雖為人本性所有，然因如食色只內在主觀事，故不能視為善；善必須從人對向外在他人言故。相反，義因與外在"必需性"有關，故必然涉及外，因為"外"故又不能稱為"性"，非源自人自己故。換言之，若為"性"，如食色，則與善無關；若與善有關，如義，則非為"性"，此借食色之性所啟發者。告子立論之關鍵故在內外，借由內外以說明「性」與「善」二分並無關，故孟子問：「何以謂仁內義外也？」。告子以「仁內義外」辯說實精明：所以「仁內」仍無以為性善之說明，原因在於：除「義」外，事實上，「仁」甚至「禮」「知」三者雖表面為德性，然始終可如食色那樣只為人其自己滿足，若必須言為（對他人言有所）「善」，是應有「善」真實之客觀性，非因只被視為德行便足夠。若回顧本篇開首，告子所言確先只「性，猶杞柳也；義，猶桮棬也」；他所明白正是：「義」因指客觀需要，故其為德行始真為「善」；「仁」「禮」「知」三者雖表面為德性，仍可因與客觀性無關，故雖為人性向，仍可如食色那樣，因其主觀性故與「善」無關。此所以本節舉食色為例之原因，非言「性」而已，更是作為「性」其主觀性與「善」其客觀性差異之說明。問題因而完全扣緊在「義外」上：若真有「仁內義外」，那縱使仁為性向，仍無以因此而證

明「性善」，「善」必須從客觀言、非只主觀性向所好故。此所以孟子問：「何以謂仁內義外也？」。告子之回答明顯指出「外」其客觀性（外來性）之意思：「彼長而我長之，非有長於我也。猶彼白而我白之，從其白於外也。故謂之外也」：對長者必須以長者方式對待，因其有如此客觀需要，故不能隨一己所好而主觀任意。孟子之反駁是：對老馬之照顧與對老人（長者）之照顧同樣有其客觀必需，然其差異仍在人與馬態度上之差異；這態度上之差異，故只能說為由於人自己，非由於對象之需要而已。從這點可見，「義」表面從客觀必需言，然實仍有人自己之一面在，不能說為單純客觀。義之「善」因而始終與「性」有關。告子之回答是：對我自己之弟則愛、秦人之弟則不愛，此見「愛」之為內。然對楚人長者與我自身長者，由於求為其喜悅，故對待方式一樣，此所以為「外」；「外」從對待方式言故。對此，孟子最終回答說：「耆秦人之炙，無以異於耆吾炙，夫物則亦有然者也。然則耆炙亦有外與？」換言之，對愛吃燒肉之人言，吃秦人燒肉與吃自己燒肉沒有差異，好吃不好吃非在我，而在事物客觀本身。嗜炙似主觀，然實仍有客觀性在。人之愛惡故不能不同亦考慮其對象，非能以為仁只主觀、而義始為外：仁亦有其外、而義亦有其內、有人自身方面之心意。一切德行，包含義，始終有人心之一面，非只迫不得已之外在而已。孟子舉嗜炙言，因而實回應食色之事：縱然似內在純主觀，然實仍必有外在客觀一面，內外無以絕然劃分，「性」與「善」亦無以絕然分割，此所以性善。告子仁內義外之說故不成立：

縱使為愛好之事，仍都有其對象之客觀性在。

7. 正因「義」之為外抑為內是性善問題最後關鍵，故〈告子上〉多舉孟季子之問以進一步澄清：孟季子問公都子曰：「何以謂義內也？」。之後更以單純敬與酌反應上之差異說明：縱使有敬（有內），仍會因外在情況不同而有不同反應，如雖先「敬兄」，然若為酌則「先酌鄉人」，敬之內與酌之外不同故，此所以為「義外」意思。孟季子所指出是：人之內心或內在其實都只視乎外在對象而改變，是沒有內心自身（因而亦無所謂人性本性）。於人中之一切，均視乎外在而反應。敬與長之互變、兩者又隨着對象之不同而改變，都說明內在性無其自身本然所是。孟子之回答故同樣舉外在情況不同為例：「敬叔父乎？敬弟乎？彼將曰敬叔父。曰弟為尸則誰敬？彼將曰敬弟。子曰惡在其敬叔父也？彼將曰在位故也。子亦曰：在位故也。庸敬在兄，斯須之敬在鄉人。」孟子所舉例子與孟季子實類同，故孟季子以為可結論說：「敬叔父則敬，敬弟則敬，果在外，非由內也」，這是說：該敬叔父時敬叔父，該敬弟時敬弟，故敬仍是由於外，非由於內。孟子之回答表面上看似類同，然實不然：作為親疏表示，孟季子舉的是兄與鄉人，孟子舉的是叔父與弟。換言之，以為本來對自己親密者先敬，在孟子例子中則變為後敬；而對弟本不有如此敬意，然若弟為尸則對其敬越過一切人之上。不只如此。孟子回答刻意點出在位與斯須（庸）這時空上之差異性，而這代表，表面上不同情況其敬先後是由外在對象決定，然正因外來情況實無一定：對弟後敬而作為尸則先敬、

對兄敬但作為長則鄉人為先、對兄先敬但若是叔父則更應敬在先等等，故反而顯示：在外在情況無窮可變前，敬人之道實內存於每人人性中，非單純由於對象。對象之變化無窮正表示：此時之原則或道，實內在於每人自己，非純只是反應而已。像敬弟一情況，若弟為尸則先敬，其敬高於一切人之上，而這代表，人心中對位之敬清楚明白，不因其為弟故不敬。而對兄之敬是平素長久的，不會因鄉人偶爾出現之先長先酌能有所改變。表面改變不會影響內裡固有之道。這表面與內裡之差異、這體現為平素長久（庸）與斯須之差異，正反映出人心內在與其面對外在一時時之差異。非因對外在有所改變而再不見內在，反而從只是一時與是長久這樣差異，更見內在之真實。既非只能從一時、亦非只能從對象（如弟之只為弟）而考慮，更有人內在敬人之道先在。人之內在性因而既長久、亦知輕重先後。此人性內在性之真實。公都子之說：「冬日則飲湯，夏日則飲水，然則飲食亦在外也」總結了一切：表面隨冬與夏之改變，不正因人身體有其內裡狀態之必需，故非可任意地跟隨對象，始冬日必飲湯、夏日始飲水，非任意地夏日飲湯、冬日飲水。甚至，因始終冬日必飲湯、夏日必飲水，冬夏變化之一時，在長久中反顯得再無改變、再非外在地任意。此長久性，亦「性」而已。若身軀有其內在必然，人性心更是。以上為孟子對人性善之分析說明。

作為結論，若「性」不應從行為決定因素，而應從性向感受

言，那性善由以上討論可見為必然。「善」故唯從人性言、非能外於人性而以為有所善。此性善論之所以重要，為以上神倫、人倫討論之終極結論依據。作為人，人故是一切存在價值之本，對人性向及其善之肯定，其意義在此。善與惡之差異，亦唯根源於此。人性非只善惡問題而已，更是否是根本這樣問題，其為善所證在此，非在善惡本身。存在之德性故非能從神靈或外於人言，唯從人及人性言而已。仁義禮智如是實依據人性而有，神靈無需有惻隱、羞惡、恭敬、甚至是非之心。事物德性故不應外於其本性言，如此德性，始為德性之至美者。人德行之終極故在人，先面對人而言。面對神靈或國家，再無所謂「不忍人之心」。此人性及人性德性之根本。

人性本善抑惡一問題，因而實非問人是否善而已，更根本地，它問人是否為存有根本。人故非事物之其一，更對人言為首先唯一。此孔子「務民之義，敬鬼神而遠之」較古希臘明智更為真實之原因。希臘傳統之人倫，故仍悖離人倫人性、只「遠人」而已。我們可把中國及西方倫理觀簡表如下：

古代中國	1. 肯定人性	從而遠神
	2. 限制知性	從而人不應為神
希臘傳統	1. 否定人性	從而肯定神
	2. 限制知性	從而人不能為神
哲學傳統	1. 否定人性	從而肯定神
	2. 肯定知性	從而人可取代神而神化

〔圖五〕

VII. 孝悌問題

明白這基本差異後，讓我們進一步探討中國古代倫理基礎。在前〔圖二〕我們曾指出，古希臘傳統把人類存在之亂歸咎於不敬神，人倫解體只其最終結果。相反，有子於《論語》反過來說，人類作亂是其犯上之後果，但犯上之原因則在人類失去人倫之道，因而人倫之道並非結果，而是最根本原因。換言之，人類之一切問題，其根本在人自己、在人怎樣面對他人，而非如古希臘所認為，在人如何面對神靈上。也因人類犯上作亂之全部關鍵實歸源於人自身、其如何面對他人，故人類全部德性問題，都與孝悌這人與人最親近人倫關係有關。故「君子務本。本立而道生。孝悌也者，其為仁之本與。」那麼，讓我們從「孝」問題言起。

假若古代中國把人類問題歸源於孝悌（特別是孝），而西方相反把這存在問題歸源於人神間問題，那西方怎樣看待孝悌？如同西方沒有對等「仁」一觀念之詞語，西方亦沒有對等「孝」這一詞語。正因沒有，故西方無法不以神靈為人類存在德性基礎，孝悌這人性德行基礎於西方闕如故。對如此必然且真實事情之闕如，西方思想必以別的事情取代，致使似無此需要。西方如何取代「孝」？讓我們舉黑格爾《法哲學原理》為例。

黑格爾把家庭分為三個辯證環節：

家庭是在以下三個方面完成起來的：1. 婚姻，即家庭的概念在其直接階段中所採取的形態；2. 家庭的財產和地產，

即外在的定在，以及對這些財產的照料；3. 子女的教育和家庭的解體。(《法哲學原理》第 160 節)

這些成份，在亞里士多德中已清楚提及：

家庭主要由人及財產所組成。(⋯)因而對赫西俄德來說，「首先，弄到一所房屋、一個女人和一頭耕牛」，前者是有關生活需要，而後者是關乎自由人的。(《家政學》卷一第二章)

亞里士多德所引赫西俄德說話，其全文為：

首先，弄到一所房屋、一個女人和一頭耕牛。女人我是說的女奴，不是說妻子，她也可以趕牛耕地。你得在家裡置備好各式各樣的農具，免得求借於他人而遭到拒絕時，你會因缺少耕牛農具而錯過時令，誤了農活。(《工作與時日》405)

赫西俄德作為遠古素樸哲人，其所關心，首先仍只「工作」這一人性德性而已[1]。亞里士多德在《政治學》中更詳盡地把家庭構成素列舉出來：

我們如果對任何事物，對政治或其它各問題，追溯其原始而明白其發生的端緒，我們就可獲得最明確的認識。最初，互相依存的兩個生物必須結合，雌雄(男女)不能單獨延續

---

[1] 「正義」則是神性德性，二者為赫西俄德《農作與時日》一書視為全部德性之兩大類型。

其種類，這就得先成為配偶，—— 人類和一般動物以及植物相同，都要使自己遺留形性相肖的後嗣，所以配偶出於生理的自然，並不由於意志（思慮）的結合。接着還得有統治者和被統治者的結合，使兩者互相維繫而得到共同保全。凡是賦有理智而遇事能操持遠見的，往往成為統治的主人；凡是具有體力而能擔任由他人憑遠見所安排的勞務的，也就自然地成為被統治者，而處於奴隸從屬的地位。（…）由於男女同主奴這兩種關係的結合，首先就組成「家庭」。赫西俄德的名句的確是真切的，他說：「先營家室，以安其妻，爰畜牡牛，以曳其犁。」這裡次於妻室所說到的牛，在窮苦家庭中就相當於奴隸。家庭就成為人類滿足日常生活需要而建立的社會的基本形式。（《政治學》卷一第二章）

一個完全的家庭是由奴隸和自由人所組合起來的。（…）就一個完全的家庭而論，〔最單純的基本要素〕就是：主和奴、夫和婦、父和子。（…）在這三項要素以外，還有另一項要素，即所謂「致富技術」。

前三要素，亞里士多德在同卷第十二章更詳細地解釋：

有關家務管理，我們已經看到，有三個部份，其一是主人對奴隸的管理，我們已經對此討論過，其二是父權的運用，另一是夫權的運用。我們看到，做為丈夫和父親，他統治着妻子和子女，雖然這兩者都是自由人，但其統治又各有不同，對子女的統治是君主式的，對妻子的統治則是共和式

的。（⋯）父親對子女的統治是君主式的，因為由於年齡的關係，既憑藉着愛又憑藉着尊敬而實施他的統治，體現某種君主式的權威。所以，荷馬恰如其份地把宙斯稱為「眾神與萬民之父」，因為他是所有神和人的王。君主在本性上優越於他的臣民，但應當和他們同一種族，這種關係也是長幼關係和父子關係。

從以上黑格爾及亞里士多德對家庭基本要素分析可看到，對西方傳統言，家庭主要有三方面：1. 男女之結合或婚姻；2. 財產；3. 一種潛在的政治力量①，而這，在黑格爾中，構成家庭解體並向市民社會與國家之轉化，而在亞里士多德中，則是父對子、夫對妻之統治。政治與家庭無法分開，這是西方長久對家庭之看法。故在父子與夫妻間，仍有一定統治關係。我們今日對父權或夫權之對抗，實與政治與家庭連體有關。從家庭三要素可以看到，潛在於家庭看法內，是西方思惟把對象均視如物地分解之看法。從男女結合或人對人之統治關係，都只把家庭看作一物，求其組織構成而已。作為物，它必為另一物所取代及解體，物與物間，只言結合或分解而已。家庭於古代中國非組成或構成問題，而是人與人問題、孝悌問題。家庭從孝悌抑從婚姻而觀，其差異很大。從婚姻而觀，必然聯繫於愛情或愛惡，無論是男女抑父母，家庭之構成只欲望而已，與性愛生理

---

① 對西方思想言，家庭永只是國家或政治之一組成部份，故必具有政治性於其中。

無法分開，因而只一倫理事實，非人對人德行之本。相反，若從孝悌人面對他人需要觀，則是一種「務民之義」：安人。這點西方家庭思想從來沒有。又在西方家庭思想中，財產所以構成一核心要素，其原因在：

> 財產是家庭的一個部份，獲得財產的技術是家務管理技術的一個部份（一個人如果沒有生活必需品就無法生存，更不可能生活美好）。（《政治學》卷一第四章）

黑格爾更進一步說：

> 家庭不但擁有所有物，而且作為普遍的和持續的人格，它還需要設置持久的和穩定的產業，即財富。這裡，在抽象所有物中單單一個人的特殊需要這一任性環節，以及欲望的自私心，就轉變為對一種共同體的關懷和增益，就是說，轉變為一種倫理性的東西。（《法哲學原理》第 170 節）[1]

換言之，家庭非但沒有從安人而言人倫關係，更透過財產，家庭只為自身安樂之一種倫理事實，財產只求為需要滿足及生活美好而已。黑格爾雖非從個人需要及滿足、而是從家庭在法律中人格言，然這只是把家庭中財產視為社會財富而已。當黑格爾把個人利己心對反「共同體的關懷和增益」時，實仍只把家庭視為個人、而社會國家始為普遍關懷，換言之，仍是否定人倫如

---

[1] 「家庭作為法律上的人格」（第 171 節）是說：家庭仍從政治性考量，非只人倫意義。

「孝」之奉養真實。就算社會需要與增益只另一種私心與欲望，社會之普遍性始終較人倫德行更為真實，其普遍性仍凌駕人對父母之奉養。家庭在西方思想中，縱然為倫理事實，然只全然從欲望考慮、只政治之一環或先前階段而已，西方故沒有正視家庭為人倫關係之本，更沒有視家庭為人德行努力之本。中國從孝悌言家庭及人最基本德行，故全異於西方。

也因此根本差異，故對孩童教育，一者以完成國家德性、另一者以教人人倫德行為本。亞里士多德說：

> 由於任何家庭都是城邦的一個部份，而且這些關係又是家庭的組成部份，部份的德性必須要關係到整體的德性，對兒童和婦女的教育必須着眼於政體，如果他們兩者的德性被認為能對城邦的德性產生任何作用的話。他們必然能產生影響，因為孩子們長大成人後便是城邦的公民，而婦女佔據城邦自由人口的半數。（《政治學》卷一第十三章）①

① 亞里士多德因而亦於卷八中專門研究這種教育，並於卷八第一章中重申說：「（…）應該教育公民適應他生活於其中的政體，因為每一政體一開始就形成了其固有的習慣特徵，起著保存該政體自身的作用。（…）既然整個城邦有著唯一的目的，那麼很明顯對所有的公民應實施同一種教育。對教育的關心是全邦共同的責任，而不是私人的事情——今天的情況則是各人關心各自的子女，各人按自己認可的準則施教。然而對於共同的事情應該實施共同的教育。同時不能認為每一位公民屬於他自己，而要認為所有公民都屬於城邦，每個公民都是城邦的一部份，因而對每一部份的關心應當同對整體的關心符合一致。以此而論，斯巴達人應該受到讚揚，因為他們盡了最大的努力來訓練兒童，把兒童的教育作為全邦的共同責任。」

黑格爾亦同樣說：

> 一個父親問：「要在倫理上教育兒子，用甚麼方法最好」，畢
> 達哥拉斯派的人曾答說：「使他成為一個具有良好法律的國
> 家的公民」。（…）個人只有成為良好國家的公民，才能獲
> 得自己的權利。（《法哲學原理》第153節附釋及補充）

對黑格爾言，家庭必須擔負起對子女教育，其原因與家庭之解
體並非無關。對子女之教育，矛盾地，是為其獨立，即為家庭解
體而有：

> 子女是自在地自由的，而他們的生命則是僅僅體現這種自
> 由的直接定在。因此他們不是物體，既不屬於別人，也不
> 屬於父母。（…）〔國家公民這種倫理教育〕還具有否定的
> 目的，就是說，使子女超脫原來所處的自然直接性，而達到
> 獨立性和自由的人格，從而達到脫離家庭的自然統一體的
> 能力。（175節）

> 從孔子及子夏所言（「弟子入則孝，出則悌」、「事父母能竭
> 其力。（…）雖曰未學，吾必謂之學矣」《論語‧學而》）可見，
> 古代中國教育，亦純然以孝悌為本而已，即以人對人需要之致
> 力為德行之本而已，非教人遠去真實的「人」而從屬「國家」下，
> 更非為任何普遍權力政體所作之保存。教育若只為迎合一時代
> 之普遍存在狀態與固有特徵，非為人成真實之人，如此教育，亦
> 偽而已。
>
> 若家庭應從孝悌、非從婚姻及財產言，這樣孝悌如何回應

西方家庭之功能？甚麼是孝？

　　若西方家庭可歸納為婚姻、財產、政治性三方面，那從孝言之倫理德行，對以上三點之回應如下：

1. 家庭非以成長者之締結為中心，非基於夫妻及父對子之關係，而是子對其父母、及兄對其弟之關係。前者以一家之主為中心，所形成為一「自我」、為一法律人格。如是家庭也只一自我個體之延伸而已，亦因為自我個體，故只從權利及欲望言而已，家庭之政治性根源於此。後者相反，家庭再非從一家之主其我、而是從外於我之父母兄弟言，如是人倫關係非以我為中心。我因而再非自我、非一統一性力量，而只為對依賴我及幼弱於我者所作之努力，人單純為他人之付出，此所以家庭倫理為德行，非為男女愛之欲望或生活之美滿。家庭故非自我之延伸，而是無自我而真實地對人、對父母。

2. 孝悌非為求生活之美好，而是對老者弱者之照顧。孝悌故求為他人安定，非求為自身安定。雖亦針對生活需要，然是從他人需要言，故仍為義，非為享受或安逸欲望。如此求得故仍為德行。縱使非為養而為承繼，仍只對人而非自我擁有問題，故「子曰：父在觀其志，父沒觀其行：三年無改於父之道，可謂孝矣」(〈學而〉)，意思如曾子所言：「吾聞諸夫子：孟莊子之孝也，其他可能也，其不改父之臣與父之政，是難能也」(〈子張〉)。因兒子獨立及家庭解體，故在西方，父母之養若非由自身、則只國家福利問題。在家庭解體後，父母也只如子女為獨立個體，其存在需要只從社會他人、從國家福利獲得。黑格爾在家庭解體而進入市民社會一階段開首說：

利己的目的，就在它的受普遍性制約的實現中建立起在一切方面相互倚賴的制度。個人的生活和福利以及他的權利的定在，都同眾人的生活、福利和權利交織在一起，它們只能建立在這種制度的基礎上，同時也只有在這種聯繫中才是現實的和可靠的。這種制度首先可以看成外部的國家，即需要和理智的國家。（《法哲學原理》第 183 節）

現代國家之本質在於，普遍物是同特殊性的完全自由和私人福利相結合的，所以家庭和市民社會的利益必須集中於國家。（同上第 260 節）[1]

一旦人作為個體在社會中出現，其需要也變為只是個人生存之利益而已。在人各求其自己利益而相互不得不結合在一起時，他們也只能倚賴國家制度以保障自身生活需要；本是人性真實之義（需要），在家庭解體後，只落為人與人利益問題。故：

國家的目的就是普遍的利益本身，而這種普遍利益又包含着特殊的利益，它是特殊利益的實體。（同上，第 270 節）

在人倫中之「義」，於國家社會中，也只利益而已。中國孝

---

[1]　亦參考：「個人從他的義務說是受人制服的，但在履行義務中，他作為公民，其人身和財產得到了保護，他的特殊福利得到了照顧，他的實體性的本質得到了滿足，他並且找到了成為這一整體的成員的意識和自尊感；就在這樣地完成義務以作為對國家的效勞和職務時，他保持了他的生命和生活。」（第 261 節）

對老者之安養，與西方老人福利，其差異故為人性德行與只利益之別：人性德行唯在人倫中，非能在國家與政治中，後者也只權力與利益而已，別無其他。家庭之解體因而同亦德行及人性之解體，此其真實。

3. 在孝中，人回向其本初，非求遠去本初而自我獨立。以孝為本之家庭，故是對人之承傳、非對人之瓦解；是家之承續、非家之解體。孝悌只對人奉養、非對人統治。藉由孝悌，人回向於人、回向於家、回向於人倫，非朝往政治或在人倫上之普遍力量、亦非順承權力之擴張而瓦解人倫人性。故《論語・為政》記說：「或謂孔子曰：子奚不為政？子曰：《書》云：『孝乎惟孝，友于兄弟』。施於有政，是亦為政。奚其為為政？」。為政對古代中國言，除使人民生活安定外，也只人倫及人性德行之教導而已，非為國家或超越價值之建立。有子之：「君子務本，本立而道生。孝弟也者，其為仁之本與」（〈學而〉）用「務」一詞，所指亦在此。「務民之義」、君王之領導人民，故也只「道之以德，齊之以禮」而已，非「道之以政，齊之以刑」（〈為政〉）。也因為政只引領人民返回德行，故君王自己，亦只能以德、非以政為政：「為政以德。譬如北辰，居其所而眾星共之」（〈為政〉）[1]。為政或居上，故非以力量統一，「帥以正」而已：「季康子問政於孔子。孔子對曰：政者，正也。子帥以正，孰敢不正」（〈顏淵〉）。如此

---

[1] 亦參考：「子曰：無為而治者其舜也與。夫何為哉，恭己正南面而已矣。」（〈衛靈公〉）

為政，與希臘宙斯多麼不同。如亞里士多德所言：

> 荷馬恰如其份地把宙斯稱為「眾神與萬民之父」，因為他
> 是所有神和人的王。（《政治學》卷一第十二章）

「父親」於西方，故始終只統治者，此父所以亦為王。希臘
悲劇之弒父，故實是一種弒君，君與父本質上一致，弒父故
為政治事，如俄狄浦斯王之亂倫亦然。人倫與政治於西方
始終無以劃分開。城邦政治之建立，與由弒父而致家庭之
解體，故同一。弒父與孝，故一以神靈政治、另一以人性
德行及人倫為主。前者為宙斯、後者為舜。人與人之維繫，
故非從平等、正義或制度之普遍性達致，而單純是人對人
時人性心與德行。[1] 對以上討論，我們圖表如下：

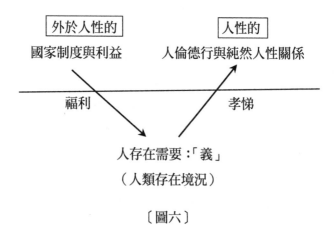

〔圖六〕

---

① 有關孝，亦參閱〈為政〉五至八句及〈里仁〉十八至二十一句。

　　若從人類存在形態而非從現實言，「平等」也只共體各求自身利益而已，「正義」也只以在人外之力量制衡人欲望而已，都只功利與欲望之措施，非真實德行。人之德行，唯在純然人性中始有。如孝悌，因所對為老弱者，此時所付出努力，始真單純為人，非人對欲望之反應。其為人性德行在此。國家正義及制度始終未能離利益考量，非如孝悌，既在滿足生存需要時，仍有「人性對人」這根本真實，故非能以對父母之養視如犬馬之養，更須有人性德行在。人性故始於孝悌。非因奉養，而因須有超乎奉養之人性體現。在其他情況下，人難不言利益與欲望。而人性，先由孝悌此對人之性向而起。[①] 若在國家或社會中，人性亦唯仁與禮而已。於孝悌，人首先所見，故為在存在利益與自我欲望上另一領域：人倫與人性真實。所謂人倫，非人存在之幸福或天倫快樂，而是君臣、父子、夫婦、兄弟、朋友等單純人性之對向，再非在國家或利益欲望關係下，而是人對人"作為人"之致力、人單純面對人之德行。而這也只平素人德行應有之道而已：在家之「孝悌」、為人謀之「忠」、與朋友交之「信」、居上時之「敬事」「節用」「愛人」、為事時之「謹而信」、「愛眾與親仁」、及在為事外之「學文」等等。[②] 人對人之道故較面對存在境況更為基本。人唯如此，始為真實之人；人類世界亦唯如此，始是真實人之世界，非鬼神世界。

---

① 同樣，「父母唯其疾之憂」（〈為政〉）亦人性另一種體現。對人之擔憂及對人之敬愛，這也就是「孝」作為德行時之人性懿美。

② 有關人倫之道，見〈學而〉前半部份。

VIII. 後記

　　本文勾勒了古代中國與西方有關人倫與人類德性之不同看法。人類歸根究柢須對人類德性有所肯定，然兩者實極為殊異。以國家力量行事雖似容易，然人性將在不知不覺中被取代，再不見人之真實德行。理性作為力量，只成就優越者之善而已，無論是個人、階級、抑一國之優越性；故仍非如仁那樣，真實地為人。性善問題只關係於是否對「人」肯定，並對善與人性向認識；若相反只肯定其他存有而自我否定，那人類將只被決定、甚或只是欲望地惡。

　　從《論語》可見，「仁」與「禮」二者均存在德行。「禮」從共體整體言，對等西方國家與政治層面，故其道為「為國以禮」（〈先進〉）。「仁」則從人人作為個體之德行言，其為德行所涵蓋，故為天下而普遍。兩主題分別見於《論語》三、四兩篇。若「禮」對等法制，那「仁」則對等正義此西方最高德性。中、西對此相關問題看法之根本差異，可列表如下：

中國	西方
人	神
德行	力量
禮	法與制度
仁	正義
孝悌	理性、知性
安人	幸福
（…）	（…）

　　當我們說禮與仁對等西方法與正義而為共體普遍事時，這一普遍性，非如法或神權之普遍性那樣，為從統一整合力量言。在古代中國，至普遍與至上者均不從統一力量、而如舜之「無為而治」(〈衞靈公〉)或孔子之「為政以德。譬如北辰，居其所而眾星共之」(〈為政〉)那樣，由承輔者甚至百姓自發「共之」而成，非上對下之權力統一。故於顏淵問如何實現天下德性時，孔子仍從君王自身努力回答，非從國家與天下統一言：「顏淵問仁。子曰：克己、復禮、為仁。一日克己復禮，天下歸仁焉。為仁由己，而由人乎哉」(〈顏淵〉)。天下之歸仁，應從君王自身做起，而此有三：克己、復禮、為仁[①]。君王若能「克己」「復禮」，天下自然「歸仁」；至於君王之「為仁」，則其自己事，非與他人有關[②]。古代中國不言力之統一，只言百姓之「歸」而已，故〈堯曰〉有：「天下之民歸心焉」。居上者之無為而使民歸向，可見於亞里士多德神之「不動而動」或「無為而為」，唯神只形上學知性對象、非於世真實。政治倫理於西方，始終未能離統治力量言，而人民亦只各以其力量，欲望存在之至大程度而已。德性之從

①　「為仁」非「謂」字意思。於《論語》，「為仁」如「為政」、「為力」、「為禮」、「為國」、「為樂」、「為君」、「為臣」、「為邦」，指人於其職能之致力；故有：「子貢問為仁。子曰：工欲善其事，必先利其器。居是邦也，事其大夫之賢者，友其士之仁者」(〈衞靈公〉)、「曾子曰：堂堂乎張也。難與並為仁矣」(〈子張〉)、「子張問仁於孔子。孔子曰：能行五者於天下，為仁矣。請問之。曰：恭寬信敏惠。恭則不侮，寬則得眾，信則人任焉，敏則有功，惠則足以使人」(〈陽貨〉)等等。「君子務本，本立而道生。孝弟也者，其為仁之本與」(〈學而〉)中「為仁」，故與「君子務本」之「務」有關。

②　見〈里仁〉「有能一日用其力於仁矣乎，我未見力不足者」。

正義、國家之從法律言，都見如此立場。中西方對此看法，可圖示如下：

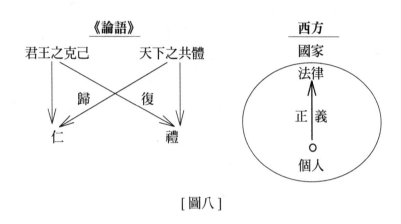

[圖八]

　　換言之，在西方，國家政治與個人德性是同一事，個人是否正義只從是否遵守國家法律與社會規範言；國家與個人，只一單向關係。相反，在古代中國，個體性反而只從君王自己言，人民始是那共體者；且兩者各自獨立，其關係亦雙向：天下（百姓）之歸仁，由君王自己克己復禮而致，即：最高個體放棄其個體優位性而從屬共體禮，是百姓復歸仁及人性德行之本。非如西方，以最高者等同普遍者，人民只偶然個體而已，必須無條件從屬整體下。至高性之只為個體、與至高性之為整體；人民之為整體、與人民只為個體；這兩者，亦古代中國與西方對存有者關係之根本差異。從中可見，形上學中存在者（人與事物）之個別性、與存有普遍性之關係，其孰是孰非。禮與仁問題、孝悌至為邦為政問題，因而實本於人倫抑神倫而已。我們所盼望

指出，亦「人」（人性）這唯一真實基礎而已。世界存有若有所真實，亦唯此而已。在匆匆撰寫此文之際，迴旋於我腦海，亦此。

一九九七年五月二十六日

從〈堯典〉之啟發論中西音樂形態之差異並重構歌詠之句法結構

前言

　　這是一篇未完成文章。這文章主要敍述西方音樂形態及其美學，並從〈堯典〉有關音樂之論述中，說明音樂另一更真實型態。古代中國以人性為基礎之音樂，與西方以節奏及聲音物素為基礎之音樂極不相同。在今日追求藝術時，基於人性發展之藝術可能早已為人所遺忘。而這樣藝術，是我一直所期盼的。故這文章，除總結這兩種音樂形態及其美學外，還嘗試把音樂中歌詠一本質[①]，具體地構造其在樂句中體現時之基礎。這「音體」理論，是一切句法學之本，亦是音樂樂句能被如說話般說出來之依據。因唯有如此，音樂始能是一種「言」之「詠」，而這後者，是音樂內化為人心之唯一可能。人本之音樂，故應以此為其最初音樂上之元素。

　　這文章所仍未完成，是有關古代中國對音樂之看法，特別是禮樂在共體及在人類存在中之意義。若禮從身體行為言，那樂則從心及其感受言。兩者均以體現人性中「和」、「敬」及「愛」三種人性懿美為實質。這些人倫情愫，應為音樂之真正意義。這問題我在有關《論語》之著述已有討論，故今不打算補足其缺。雖然如此，這文章仍可算是我對音樂美學總論之嘗試。若能喚起人們對藝術回歸於人之自覺，這便已是我心願之達成。

---

① 　這是一切人性為本音樂之根基。

I

音樂中「心志」之地位

有關音樂之討論，中國最早文獻應為《尚書・堯典》。其文為：

> 帝曰：「夔，命汝典樂，教胄子：直而溫、寬而栗、剛而無虐、簡而無傲。詩言志，歌永言，聲依永，律和聲。八音克諧，無相奪倫，神人以和。」夔曰：「於！予擊石拊石，百獸率舞。」

因音樂於《尚書》是關連於詩而言，故〈毛詩序〉在論及詩時，亦依據《尚書》而引申：

> 詩者，志之所之也。在心為志，發言為詩。情動於中而形於言，言之不足故嗟歎之，嗟歎之不足故永歌之，永歌之不足，不知手之舞之，足之蹈之也。

〈毛詩序〉最後一句，應由孟子〈離婁上〉而來：

> 孟子曰：仁之實，事親是也。義之實，從兄是也。智之實，知斯二者弗去是也。禮之實，節文斯二者是也。樂之實，樂斯二者。樂則生矣，生則惡可已也。惡可已，則不知足之蹈之手之舞之。

《禮記‧樂記》對音樂起源則這樣形容：

> 凡音之起，由人心生也。人心之動，物使之然也。感於物
> 而動，故形於聲。聲相應，故生變，變成方，謂之音。比音
> 而樂之，及干戚羽旄，謂之樂。

這幾段文字給予我們甚麼啟示？表面上，這些文獻均認為
音樂起源於人心及其情感，然《尚書》及〈毛詩序〉所言，與後
來《禮記‧樂記》明顯有一差異：於《尚書》，詩與歌之共同根源
為「志」，而在〈樂記〉，音樂則起源於「情」，即一般所謂情感。
兩者差異在哪裡？〈樂記〉說得很清楚：音之產生雖由人心而
來，然心所以產生音聲，是由外來事物引致：「人心之動，物使
之然也。感於物而動，故形於聲。」若暫把「感於物而動」之心
稱為「情」（〈毛詩序〉已見『情動於中』一語：有所感動之心為
情），那這明顯與《尚書》所言有所差別：《尚書》只言「詩言志」，
沒有把音樂根源視為從物之感動而生。〈堯典〉與〈樂記〉故一
從心志之主動、另一從人心之被動言詩歌之源起。於此故可見
音樂源起之第一個問題：若音樂根源於人心情感，那這是怎樣
的情感，「感於物而動」之情感、抑〈堯典〉所言心志？這是音樂
非常根本問題。〈樂記〉對「情動於中」作如下解釋：

> 樂者，音之所由生也。其本在人心之感於物也。是故其哀
> 心感者，其聲噍以殺；其樂心感者，其聲嘽以緩；其喜心
> 感者，其聲發以散；其怒心感者，其聲粗以厲；其敬心感
> 者，其聲直以廉；其愛心感者，其聲和以柔。六者非性也，

感於物而后動。

換言之，〈樂記〉所謂情感，即我們一般哀、樂、喜、怒、敬、愛等情緒。〈樂記〉以此為音樂之本，為音樂所表達對象。這些自然情愫對〈樂記〉言，非人自身本性，而是由外物引起。「六者非性也」是就此而言。〈樂記〉更明白地說：

> 人生而靜，天之性也，感於物而動，性之欲也。(⋯)夫物之感人無窮，而人之好惡無節，則是物至而人化物也。人化物也者，滅天理而窮人欲者也。(⋯)是故先王之制禮樂，人為之節。衰麻哭泣，所以節喪紀也。鐘鼓干戚，所以和安樂也。

對〈樂記〉言，因人易受外物影響感動，故有喜、怒、哀、樂、敬、愛等情慾，禮樂之制定，一為使人行為有所節制、另一透過音樂而使人心和樂：「欣喜歡愛」。若總結，可這樣說：〈樂記〉雖指出音樂與人心情感之根本關係，然只以負面功能觀音樂，視音樂為對人情欲之糾正，而有關音聲所表露情感，只從「感於物」或「人化物」這情感被動狀態言，即常人平素所有之喜怒哀樂。〈樂記〉明顯知道，這種情愫並無常理，只隨外而偶然起伏：「夫民有血氣心知之性，而無哀樂喜怒之常。應感起物而動，然後心術形焉」。正因如此，禮樂故為君王對百姓心淫亂之制度。

反觀〈堯典〉對音樂之理解並非如此。〈堯典〉不從「情」而從「志」言。若細讀，「志」指「直而溫、寬而栗、剛而無虐、簡而無傲」而已。〈堯典〉意思如下：

「夔啊！我委任你制定音樂，以教育我們的年輕人：要正直真實但仍能溫和不苛刻，能心胸廣大但對自己仍嚴謹不懈，剛強堅毅但不會以力虐人，能力雖強然仍知求簡易，不會以能力勝人而有所傲（或：對外在事物不應有所欲求而知儉簡，亦不因自己所得而傲示於人）。〔能教導百姓這樣心志性情，唯詩歌音樂而已。因：〕詩述說人之心志，歌詠唱詩之文字，器樂聲音使此詠唱更形茂盛 [①]，而音律則使聲音之繁盛和諧一致。種種聲音應能克制自己而和諧，不應相互侵奪使美好關係失去。如此，連神與人也可藉此而和諧一體〔事物再不會有所分裂〕。」

〔夔聽畢舜這一論說後，感歎地說：〕「真是如此啊！我曾敲拍石磬，百獸也〔不再相殘，和睦地〕被音樂帶導舞動起來！」

從〈堯典〉這討論可見，音樂之本沒有歸結於情感，而是源於人心志。心志非求為現實成就之意志，而是對人類存在更高真實之期盼，因而為於世俗中之獨立心懷。藝術及音樂情感之真實，應以此為本。一般情感只如〈樂記〉所言，為對外在人事喜怒哀樂之反應：喪所欲則哀、得所欲則樂；順其心則喜、逆

---

① 「聲依永」中「依」字，非作依據解。「依」為「殷」字之雙聲通假，在《詩經》中常見，故《毛傳》說：「依，茂木貌。」《毛詩傳箋通釋》亦說：「依、殷古同聲，殷，盛也。」《管子・宙合》之「不依其樂」亦解作「不使其音樂盛大。」如此始見志、詩、歌、聲、律之層層開展。此「聲」使歌詠茂盛，亦對應〈樂記〉所言「比音」階段。

其心則怒；於所畏則敬、於所悅則愛等等。然音樂真正情感，應唯上述心志。若無向往人類美善心懷，是沒有真正音樂情感、亦沒有真正藝術的。單純喜怒哀樂情愫，或強弱緩急之表情變化，是無法形成藝術之偉大性與真實。這點西方與中國古代音樂共同。二者差異唯在心志所向往對象、及心志本身形態及教育不同而已。

藝術與心之真實都在其對美善嚮往之心懷，非在反應；故是作品回應人心、非人心反應作品。除非聆聽者心已先有如此心懷與努力，否則作品無以產生真正感動。意義非聲音本身所具有，此點嵇康〈聲無哀樂論〉已說明；若非人心懷如此，否則無以見作品之感受與意義。作品感受與意義於人人不同，非作品不同，只人心對美善之自覺不同而已。於心志有對美善更高訴求時，作品感受將不再如以往。非作品有所改變，人心更真實而已。

II

聽覺或聲音質料之形上性格

在討論中西方音樂心志之不同前，讓我們先略為解說音樂在人心靈中所可具有之向度，即聽覺作為心靈能力其所有對象模式及內容。

人類感官能力：眼、耳、鼻、口、觸，其對象及形式都無

一共同。這五種感官能力映射在心靈時，繼有五種形態：視覺轉化於心靈的，是光之「強弱」與「光明（明白）黑暗」、及形色所具有之「簡單與複雜感」；聽覺及聲音轉化於心靈的，是強弱內在的「力量感」[①]、「有與無」、從無至有之「生命昇進」、及從音高所啟示空間之「高遠與遼闊感」；嗅覺轉化於心靈的，是「好惡」或慾望之「吸引力與拒斥性」；味覺轉化於心靈的，是「滿足感」、「快感」、或「痛苦快樂」感受；最後，觸覺於心靈內之轉化，是「溫、冷、柔、硬」等與事物交接時之感受，此即人心之「安定或親近感」、「不安或寂寞感」等等；寂寞，即失去接觸。觸覺所形成心之情愫，更可代表心靈自身、其感受、其性向、其價值、甚至人性本身之真實。以上特性可列表如下：

視覺	外在之強弱、光明（明白）與黑暗、簡單與複雜感。
聽覺	內在力量之強弱、有與無、生命之躍昇、空間之無限感。
嗅覺	好惡，或吸引力與排斥性。
味覺	滿足感、快感，痛苦與快樂。
觸覺	溫柔冷硬之接觸感、安與不安、親近與寂寞、心之內在感、人性之真實、對心自身之感覺。

　　從以上感官特性分析可見，在聽覺官能模式下，其特有對象（聲音）形態，較其他感受與人渴求一形上真實更有關。形上

① 光之強弱所形成的是外在強弱，聲音形成的強弱則內在，如生命力或意志力之堅強剛毅、或如態度上的沉實穩重感。聲音中之強，若非內在力量，便將是暴力的。

學若以存在之有與無為本，那能在物質質料中顯示如此「有與無」，獨聲音而已。聲音最大特色，在其有及在其寂靜之無這一對比上。色彩是從「同與異」言，光是從「明與暗」言，味覺是從喜愛不喜愛言，嗅覺則從吸引不吸引言，都非本質上從「有無」言。手掌握物體雖類同有無，但只感受為「擁有與失去」，非有與無。聲音不能擁有，其存在為單純的「有」，其消失為單純的「無」。此聲音投射在心靈中首先事實。人對孤寂之感受、及對一更真實之「有」之渴求，都可透過聲音而體現在感覺中。音樂因而是人類形上心懷最自然質料。其次是，音高（特別高音）幾近是質料上唯一能顯示空間高遠特性者。色彩本身不能；而繪畫之空間性，也只從其所摹倣事物之空間性類比地感受而已，非從質料本身體現。聲音所體現之遙遠感，往往與形上真實之遙遠性相結合，更替人類對另一更幸福、更美好存在之懷望與凝視提供質料上具體而可感之依據。不僅如此，聲音之強弱往往與聲音近遠成正比，強大有力的聲音或感受為非常接近、或如直接發源於自己：在說話中聲音往往由自己發出，故聲音之力度，往往可轉化為自己心靈或意志力之堅強與勇毅，再加上自己之期盼及對困難克服之力量，成為戰勝世間罪惡與紛亂時力量之表徵。光之強弱始終外來，人自己無法發出光芒，且光之強弱亦未必與遠近有關，故光之強烈感，只感受為外來、非人自己內在力量。相反，由聲音所感受到自己內在之力量，在音樂中，往往被運用為自己或人類對存在黑暗之戰勝力量，或廣義地，為一切對黑暗戰勝之力量與喜悅。如此更與聲音之其他形上感受配合，成就人類對形上真實渴求時之媒介。在人

類遠古歷史或在原始部落中，聲音與神靈之體現、或音樂被視為從神靈世界和諧而來之迴響、甚或音樂在宗教祭祀中之不可或缺，都與聲音質料之形上性有關。而從聲音相續所產生之運動，更為一切運動或活動之物質形象，故可體現為生命之躍動、大自然之生機、人行為之優雅、及喜悅時之舞蹈等等。聲音之運動，故或為明確的節奏感、或為不明確的變幻、或為生命的輕盈、或為生活之沈重等等。一切內心張力，如輕鬆、緊張，都可由聲音運動直接表達。

明白聲音這一質料與其他感官質料性格上之差異後，讓我們討論西方音樂心志之對象問題。在古代中國，從有關文獻觀察，音樂中心志是以「人」之懿美為內容，非對象性格。

西方音樂以器樂為本

有關音樂之源起，一般都會認為在歌詠上，器樂音樂只後來發展。並非如此。我們認為，西方音樂與中國古代音樂從心志言，前者以「物」為對象、後者始以「人」為對象，故西方並非始於歌詠，而是以「器樂音樂」為理想與根本，非如中國以「歌詠」為本。我們並非否認音樂由歌詠產生這說法有問題[①]，但有

[①] 不過，也有研究指出，樂器音樂較歌詠更根本，其原因有：1. 人類聲音不應先作為歌詠而為人所自覺，而應更先是作為對周圍原始環境（如禽獸或大自然）所發出聲音之摹倣。2. 準確地唱出音高實較拍擊或吹奏出準確聲音更困難、更非人人所能。3. 人類最原始的「音樂」，應是歌詠？抑如非洲原始部落那樣，是「節奏」？若是節奏，那樂器（如鼓）自然較人聲更為適合，人聲是難純為節奏而製造聲音。

兩點不能忽略：1. 並非一切以人聲發出來的都必然是歌詠，人聲也可單純作為樂器地發出聲音，此時聲音，縱然由人發出，仍只能被視為是樂器聲響之一種，非所謂歌詠。2. 若考察古代歷史，除個人詠唱之抒情歌曲外，構成任何時代主要之音樂形式，均非個人抒情詠唱，而是合唱隊之詠唱；無論是酒神音樂或悲劇合唱音樂、抑中世紀教堂詠唱音樂均如此。在這樣詠唱之旋律中，因是合唱而非個人詠唱，故無法以個人內心情感作為音樂情愫，此時音樂情感，都由旋律內部因素所取代，旋律因而充滿表達或模擬情感之裝飾性部分，如自古典期後旋律中之經過句或華采因素那樣，連遺留至今最古拜占庭教會旋律亦復如是。以裝飾表達情感，這實非常遠古，如原始部落以圖案色彩塗漆在身體及面部時那樣，一方面是為把人作為單純的人埋藏起來、另一方面便是為作為表情而始進行之裝飾。人類情感若先由外物引起（喜怒哀樂敬愛懼），其情感將非由人自己心志發出，更應純然是這類喜怒哀樂情緒之描寫，即以種種外在手段或裝飾所達成之情感表現，是本於外在事物，非本於人心志自己。事實上，對人心志之自覺而非只對外來事物恐懼、驚訝等情緒，應屬更高發展階段，原始地，人只能有反應性情緒、非反省性情感。音樂也不例外。如亞里士多德指出，個人獨唱所以悅耳，因其時伴奏必然簡單，若換以複雜或多個樂器伴奏，非但不增加我們快感，反只會減少；多個樂器只會使獨唱被淹沒（見《問題集》卷十九問題九）。同樣，若旋律非個人詠唱而是合唱隊整體歌詠，這時詠唱所訴求，實已非個人從心志抒發出來之思念與想法，而只能是一種以人聲形成、如樂器般音色及表情之美而已。

故純如格里哥利聖樂，實也只是一在中世紀教堂作為共鳴箱下、如天國般之回音音樂而已，非真正人性歌詠。這種回音式歌聲，實也就是後來在歌唱中對人聲之技巧要求，即以樂器模式對人聲作訓練及轉變，使人聲成就樂器音色及技術上之美及完美。此即藝術歌唱法之根本。遠自亞里士多德，已對此有所察覺。他曾問：若人聲真較樂器聲更悅耳，那為何在沒有曲詞之哼唱中，人聲反不如樂器聲悅耳？亞里士多德推論地再問：那是否是說，樂器若同樣不表達意義，將不那麼悅耳[①]？對前一問題，亞里士多德試圖回答說：人聲較樂器更難準確地發音，這是樂器之優點，亦是樂器較單純哼唱之人聲更悅耳之原因（見《問題集》卷十九問題十）。這對樂器聲及其美感形態之肯定，是西方音樂之內在本質。除上述有關人聲之樂器式訓練及轉化外，若觀看在自然音階傳統下之旋律發展[②]，旋律更是以樂器旋律形式為主導，如「樂器曲」（Sonata）及「交響曲」所清楚顯示。若後來在蕭邦等浪漫旋律中重新重視一種歌唱性，我們不應忘記，這已是在巴赫及莫札特等樂器旋律後之事，非本來在先的。但縱使在蕭邦等如歌般旋律中，這些如歌般旋律，非為人聲而譜寫，而是為樂器的（即為鋼琴的）。故應反過來這樣理解：音樂發展

---

① 亞里士多德這一推理雖似只類比地作，但實是在藝術及特別音樂體驗上，很深刻及真實之美感判斷。在人世界或以人性為中心之世界，都實環繞著「意義」而形成。失去意義，不只失去人之知性與感受，也同時失去人心，因而失去一切藝術。藝術不能只是技術，亦不能只以效果與表現力成就。藝術之本仍在心志及其意義而已。

② 即自巴赫或十六世紀以來。

至此似正式宣告：樂器已可取代人聲而歌詠了，「無言之歌」因而更是歌詠之純粹體現，完成以樂器美感為音樂美感這一理想。因而，在反抗旋律的二十世紀當代音樂中，我們更清楚看到，這是器樂音樂膨脹之結果。若我們回溯至巴赫之前，巴赫樂器旋律是跟隨蒙特威爾在旋律上之改革而有。蒙特威爾及其時代認為在中世紀聖樂歌詠中旋律往往不依據文字之結構而形成，使得人無法從歌詠中清晰辨認出文字意思，因而造成文字為次、音樂為主之錯誤關係。蒙特威爾等故提倡旋律之口語化，即旋律依據口語文字之節奏模式寫成，形成一種在節奏上更自然、更多變、更活潑之旋律形態。像這樣變革，表面上看來，旋律之音樂部分確實服從文字語言了，但問題是，這時所服從於所謂語言之特性者，實也只是語言之「節奏」而已。若語言中「節奏」因素並非其人性部分，只語言之物性因素或規律，如此使音樂服從於口語節奏，無疑更使音樂旋律遠去人性的一面、使旋律更接近樂器之要求及特色而已。這種似是而非的變革，在思想上亦常出現。如自文藝復興以來，表面上對人性自然之回歸，內裡實只是對物理世界或生理世界之肯定而已，人性本性反而被物質性所包含（隱藏），因而無法挽回或洞見。西方音樂自始至終故都只嚮往樂器之美及特性而已，對人聲之肯定，亦只對其中如樂器般完美性之肯定而已。歌詠技藝之高度表演性、「美聲」（bel canto）之出現、甚至男性女高音（castrati）[①] 等等，都是人聲樂器性追求之最好例子。

---

① 以閹割保持童聲之男高音。

我們可更簡單地明白這樂器性與歌唱性之差異。縱使在人聲歌詠中，若一旦人所關注是所發出來聲音之素質、而非單純為表達內心心志而詠唱，此時，詠唱即已以聲音本身為主，所關注也只聲音之物性素質，已非再是詠唱。音樂之作為藝術（art），在西方，先是從對聲音本身之關注而來。音樂之作為藝術，因而與聲音之技藝（technique）不可分割開。歌詠與否並非在是否由人聲詠唱出來，而是在詠唱中，所關注為聲音本身及其效果、抑單純是自己心志與心懷。這點我們在下面再作討論。

視聲音為對象地關注而成之音樂，若非只表面從音高（和聲）發展、節奏變化、音色開拓等聲音物素層面而為藝術，其所有心靈意義，仍只能從對象言，即我們在本章開首對聲音質料所列舉特性時所言意義，換言之，從聲音質料所感見萬物存在之「有與無」、節奏之「生命躍動」、及聲響內在「力度」而顯之人「內心生命堅毅」等等。西方音樂心志，是以此為對象。如此意義，因仍只從聲音特性而得，故仍為物性；雖以萬物及存在為心志，然始終非人心性志向的。

器樂音樂形式面問題：對比

若如我們所說，西方音樂與古代中國音樂差異先在二者心志一為「物性對象性」、另一為「人性」時，對前者言，音樂之物性對象性格，如何透過音樂因素體現？音樂物性格因素之體現有兩面：形式面及對象面。我們先討論前者。

因一切物性因素之美或生命必仗賴物質之多樣性與變化而

得，故音樂藝術若從物質因素言，其美感必與在時間進程中因素間之「對比」而得。音樂藝術從物質方面言，也即種種音樂因素間之對比變化如此技藝而已。一個平凡旋律無論多美因此是無法被譽為偉大作品的，一如簡單而動人之情歌無法被列為古典作品那樣，所缺正是音樂質料因素上之不平凡性，換言之，音樂因素上之對比與變化。構成偉大作品之首要條件，故必與其（技巧之）複雜性有關，即其音樂因素之強烈對比技能。連一首蕭邦夜曲，實也充滿着種種強烈對比而已。對比手段之不同，因而也為作曲家風格與作品之不同。如貝多芬往往把各因素之對比收攝在「潛在性與實現性」這樣對比下，使力量時而如伺機待發地抑制着、時而則完全壓倒性地勝出。蕭邦則從不利用如此「潛在性與實現性」對比，反而用「哀傷與慰藉之喜悅」、或「如歌地傾訴與激動的情緒」等對比法。又例如在舒曼中常有一種「內心孤寂與如火焰般激情或動蕩」、或一種「健康明朗與瀕臨分裂狀態」之對比，連莫札特也常見利用高音區與中音區之性格差異，描繪空間上之遙遠或時間上之過去回憶與中音區近在目前這樣對比 [1]，或以短時值音體與長時值音體並置在一起，忽而快、忽而慢、忽而在高音區、忽而在低音區，但始終秩序井然，保持其高貴的節拍重音。莫札特音樂之生命就在這樣一個一個對比着的音體之層層前進中展開，形成音樂躍動之生命。李斯特對比方法則主要是音色上及技術上的，故彈奏必須特別注重音色效果之勾勒及技術上之準確性。此器樂音樂從形式面言因素之美學問題。

---

[1] 巴赫之音區差異則沒有這種對比意含。

器樂音樂對象面問題：摹倣與心靈感受

因對象或從外、或從內言，故在器樂音樂中之對象面問題，主要亦「摹倣」與「感受」二者，一從外、另一從內言。

一、「摹倣」：摹倣其最基本者，即以聲音直接重現事物世界對象、其聲音或聲音之某一方面。梅湘之「鳥歌」對雀鳥歌聲之摹倣最為明顯。又如古琴低音對寺院遠處傳來敲鐘之摹倣、甚或以大鼓之聲對大地雷鳴或禽獸奔騰聲之摹倣等等，均由聲音直體見其對象之手法。運用摹倣亦可只引導性，如由標題或其他輔助性因素引導我們從聲音聯想於某些事物或景象，使我們感見其存在，如「海」、「田園」、「月光」、「高山流水」、甚或「船歌」等等標題所有引導與聯想作用，使想像力得以激發、藉此而彌補摹倣之不足與缺憾。藝術如是無須直接指認其對象，人想像力往往可基於線索而構想其餘一切，使事物如真實地在人心中，為人人所共同接納，成為一種共通語言與想像。甚至，越是激起想像力而成之對象，較對象本身直接呈現更為藝術性、更有意義。此所以詩詞較直接繪畫更形豐富。藝術所求，非事物之存在、非真實事物之置於我們眼前，而只是我們在毫無現實性顧慮與心境下、能自由地觀賞（想像）對象而已。現實事物故較想像物更無藝術性，藝術品故往往亦不能為現實物品、不能與現實生存有關。越是想像對象，越能符合藝術要求。藝術中摹倣與引導等手法，其目的在此。

二、「心靈感受」：若外在事物之表象如上述為透過"伴隨着引

導"之摹倣所達成，那心靈內在對象則不然。內在對象主要
有兩類：心靈感受（如喜怒哀樂等感受本身），及單純為心
靈所體會但不存在於外在世界之對象，一切形上對象屬此
（此亦即本章開首所言聽覺特性轉化於心靈之對象）。形上
對象（見下面討論）因本不存在於此世，故實都是心靈內在
對象而已。縱使外在摹倣可能，音樂由於本質上為內在感
受，故其對象始終為內在對象。故縱使所寫為大海，所描
繪仍不離內心之澎湃；所寫為田園，實不離心在大自然前
之自由喜悅、甚或田園作為上天恩澤時之神聖；所寫為月
夜或月光，也只詩人心之寧靜或一透明孤寂心境。故當德
布西或梅湘呈現種種色彩之美時，這實是人在色彩前內心
之讚歎、由色彩而致之生命躍動。音樂絕非以摹倣或表象
外物為目的，其本質只心靈內在感受而已。如是，音樂如
何以內心事物為對象？與摹倣相反，音樂並不作為中介表
達或表象其對象。美學理論常犯之一個錯誤正在於：把藝
術視如語言功能，表達一在語言外事物對象。表象必然向
外，如摹倣那樣。然內在感受則無法為表象、或由語言般
指認達致。唯一能做的就只是製造一事物（音樂），藉此再
次激起其感受。聆聽一段音樂而感到哀傷，並非這段音樂
摹倣或指認出那使我們哀傷之事物或情景，而是音樂作為
我們的對象激發起與哀傷事物同一之感受。感受可從不同
事物而來，或直接由其事、或由音樂引起：製造音樂因而
也為製造一能激起同樣感受之樂句樂段（音樂之質料），非
以音樂因素為語言或顏料，表象出其事物。音樂無法傳達

事物本身、無法有語言之意指功能，只能激發起內心"同一感受"而已。人故可各自想像不同情景，然其內心感受始終如一。音樂之為「普遍語言」，其意義在此。正因內心感受不受限於對象事物之內容差異，故其所傳達意義更為普遍、更為直接：無論引起哀傷之事物是否相同，哀傷始終一致而共同。

從音樂內心感受故可明白，除實物創制外，人類所創制廣義之「文」，主要有三種形態：1. 摹倣或反映外在事物之文，如繪畫；2. 不摹倣但激發起"對事物表象"之文，如文字語言；及 3. 只激發起"內心感受"及其特殊對象，但與外在事物無表象關連之文，如音樂。三者圖示如下：

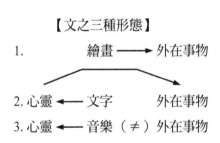

【文之三種形態】
1.　　　　繪畫 ——→ 外在事物
2. 心靈 ←— 文字　　　外在事物
3. 心靈 ←— 音樂 （≠）外在事物

在三者中，獨文字為任意（約定俗成）。若是摹倣，必須力圖重現對象，不能任意。音樂同樣也必須激發起同一感受，也不能完全任意。獨文字語言既不摹倣事物本身、也無感受之約束，而可純然虛構地作為意義符號。如是而文字語言本身基本上與感受無關，其所意指對象，只對象作為內涵而已，非求為心靈感受。故只需約定俗成地形成相關符號，無須顧及人心靈怎樣感

受。「符號」其意義在此。摹倣與音樂，二者故非符號。一者與外物有關，另一者與人心有關，都非純然任意。

感受之主觀性與一體性問題

音樂作為內心感受之激發，因感受人人不同而似主觀，故對音樂所表達之一致性（意義之一致性）往往抱以質疑。感受之主觀性（美感之主觀性）一問題可以以兩種方式陳述：人之感受是否共通？人對事物之感受是否與事物一致？這一問題，即莊子與惠子「魚之樂」之辯論。見魚快樂地游動，這感受是對確的嗎？像這樣問題，我們其實不應強求事物是否與我們感受必然一致，事物之生命構造本相差很遠。不過，魚自在地游動與魚被圍困着之情境，對魚本身言，確實有很大差別。縱使我們無法知曉萬物間之感受，但在它們間，應存在着一種感受上之和諧、一種相對上之一致。我們感受魚快樂，這不只我們作為人時所特有感受，而是我們作為在萬物一體存在中，對這一體存在喜悅之感受。喜悅感受是相對這存在一體情態言，是萬物相互相對之感受，非特指人感受言。從存在之整體觀，萬物相互間自然意思之表達，故一致同一。魚之樂之表達、與我之樂之表達，所流露出來之自然狀態都是同一。此萬物共同之自然語言。喜則喜，哀則哀。人類表達之所以不一，只有兩原因：或由人刻意之偽，如欺騙 ①、或由人有所謂思想。思想非必表達或感受之

---

① 所謂偽，即對此共同性、一體性之破壞；在我你間刻意造成差異及不和諧。刻意違反自然而差異、不和諧，故都為偽。

流露，反而是一種在我之內之可變性，那與萬物存在分離而獨自之變化性。當人各有思想慾念時，人各像躲藏着的秘密一樣，使天地萬物原先一體之自然表情與感受語言，有所分歧與破裂，甚至使人以為天地萬物間本無此自然一致與一體、各各埋藏着如秘密之思想那樣。故由思想而有自我、由有自我而有單純是自我之欲求與快樂、由有如此私密而無法一體之情欲而變得偽。我們並非否認人與人間感受之差異性，但仍須確認兩點：1. 感受有自然簡單、及複雜人為程度之分；2. 各自感受之差異性並非純然任性或主觀，必也有原因或環境之差異在其背後。人從過去及需要而有不同欲求、由不同欲求而有對事物不同感受，但始終，若擺開這些過去與欲求上之差異，人對自然簡單事物之原始感受，仍應是自然地一致。

音樂中「感受」與「心境」

音樂作為人內心感受之激發，固然非一兩音符之事。音符需如文字句子，在旋律和聲等複雜關係下始得。正因可過於複雜，故無法清楚地辨認其感受①，致有聽者感受各自之不同，甚或毫無感受等情況。也因這緣故，若體驗及感受越深，人對音樂之感受亦自然越深。詮釋所貴，故非音色等物素之美，而更是感受深刻之感動。又因在純然感受中，人仍會替其感受憑形象或情景之想像賦予意義，並從如此意義回頭加強其感受，故學養

---

① 而這可由作者缺乏足夠能力造成之現象。

對藝術有關鍵性影響。心思越遠大、心靈世界越豐富，感受也越宏大、越充實精微而感動。又因心靈自然會對感受賦予具體形象，視此形象為音樂本有意思，故在聆聽時，面對其形象，人如在觀賞般，既投入又如有距離，二者使人遠去現實性，提供人在現實外無限力量。這在現實外之真實感，即所謂「心靈」。「心靈」除對反物質，更對反現實。藝術因必然對反現實，故與心靈密不可分，為在現實外另一種更真實存在。藝術如是而形上，在感官世界中而形上。這也說明，世俗心靈無法真確地體會藝術感受及其美。藝術之深奧在此。

若人必對其感受賦予形象，在音樂中所體會之感受，故往往轉化為形象所給予之感受，此音符與形象兩者感受所以同一。由音符而致之感受，如喜悅，故非只是單純喜悅，而是對一喜悅形象或情景之喜悅。音樂中感受故非直接，而是觀賞性的，即對喜悅（情景）之喜悅、對哀傷（情景）之哀傷。音樂所激發起因非單純感受本身[①]而是感受之感受，如此距離，故使我們又如置身其外，自由地及隨意地投入與遠離，始終可保持一旁觀心態。縱使面對哀傷甚至悲劇，仍不拒斥或逃避。這旁觀心態，使感受轉化為「心境」或「情景」。心境故即感受之感受。音樂感受故必伴隨着心境情景，非只感受本身。音樂對人之影響，故非只一時感受而已，而是沈澱下來、塑造着人心靈之「心境」「情景」，使人於回向世界時，形成特殊心態態度。從感受而至心境，這是說，如此感受，再非伴隨一實物實情而來之偶然喜悅

---

① 單純感受必由真實原由引起，非由虛構原因引致。

與哀傷，而是廣闊至包含一切事物時之心境，即面對存在整體而言之喜悅與哀傷，其為喜悅與哀傷，是生命本身的。由心境浮現之感受極其廣闊，既涵蓋存在與生命、亦是一達致無限境況之感受，如一切均是喜悅或一切均是哀傷那樣。如此之喜悅故更大，如此之哀傷亦更深。唯在藝術中，人始能體會感受如此般存在與生命感。非得巨富而喜悅或失去至親而哀傷，而是萬物存在之喜悅、萬物存在之哀傷。藝術教人之偉大感及其心懷之美，也在此而體會。固然，在這一切背後，仍有賴作品及演奏本身所創作出之感受與心境怎樣[1]，然作品與演奏之偉大與否，全繫於此，即其所體會心靈、心境、心懷是否確然偉大而已。

至於激發起愛意之情曲，無疑如此感受較其他感受更普遍地動人[2]，然除非開拓至對存在與生命之愛，否則過於有限及短淺，無法成就心靈本身。

又在喜怒哀樂愛惡懼等等感受中，唯獨較正面之感受始能為音樂內容。「惡」鮮見於音樂，而「怒」及「懼」也只能短暫地作為勝利感受之過渡。作品故由種種感受交織及對比地形成，其相互融入又至難分辨，至如愛中有哀、哀中有樂那樣。音樂之感受、人存在之真實感受，都如此複雜；故對淳樸之渴求，更成為人生命及存在之理想與目標。

---

① 這固然亦與聆聽者自身生命素養有關。

② 在感受中，「愛」作為肯定性最是一般、又最有一生命存在真實性假象，故最動人。

心靈之形上對象、及音樂與形上學之關連

「內心感受」之「感受」一面若如上，那其「對象」一面又如何？前面我們已指出，西方音樂其心志對象為形上性，而形上對象正因非存在於外、非能體現在感官下 ①，故可為心靈內在（音樂）對象：內在感受之對象。人類何以有如此形上渴求？音樂又與形上渴求有何關係？讓我們先對形上學作簡略說明。

人類所面對存在必然有所不善，縱使非由人之惡，仍有如生老病死等有限事實。若人類不能安於此，不能如中國思想那樣知命而安份，仍從日復一日平凡真實中而得存在意義，那也只有對形上欲望地求索，以形上（超乎現實外）對象為向往，此形上價值所以形成。

音樂所以與形上渴求特殊地有關，因如上指出，心靈心境及感受之宏大、其超乎具體事物之表象，正與形上如此真實一致，為在現實外高遠境界或心靈向往之體現。音樂質料中「有無」「遠近」「強弱」（力量）等之變化、由其塑造成之形象作品，正可為形上真實其"感受上"之表達；心靈之形上性由是而得到滿足。若不從當今形上性以「他者」方式呈現，西方音樂自遠古始，故都與宗教及崇拜密不可分。音樂正是體現心靈之形上性最佳媒介，而此正與音樂所表達僅為內在感受、絲毫不求為摹倣外在事物有關。固然，音樂之形上對象非必為宗教性神靈，連德布西一首〈月光〉，在月光之皎潔清明背後，其心境仍如形

---

① 如是，數學仍非形上事物，因仍能作為量化事物體現在感官中。換言之，數學因其仍可感性地在直覺中構造，故仍非形上事物。

上地透明平靜。正因如此，在主題陳述後，即見心現實潛存之不安。心境之形上性，故亦可為在失去形上真實後之孤寂感，借自然景物投射而已。音樂中之痛苦與喜悅、其平靜，故都非一時一物，而是存在上或生命上的。如是而音樂感受非只感受、非只喜樂，其中更如見「真」與「偽」；音樂故非只從美言，其美亦必須有「真」與「偽」之向度。樂曲其偉大感故往往從此真實性而來。唯美音樂之所以表面，因正與此「真」「偽」感無關。音樂除美外，故更先為本真。

　　西方藝術內容所以有時代性，因與西方思想之發展同步，均為形上思想於感官上之表達而已。音樂故藉由聲音之有無體現存在之有無、藉由聲音之遼闊體現存在之無限遼闊、由聲音之律動體現生命之律動、由聲音之力量體現意志之力量、由聲音之和諧與對立體現萬物之和諧與對立、由聲音色彩及剛柔之變化體現萬物之變化……。聲音如此真理性，亦相反為萬物所含有，故在宇宙萬物中，我們亦同樣聆聽到聲音之一切：存有亦如同聲音一樣在有與無之間、黑夜星空亦如聲音一樣寂靜無聲、宇宙與萬物又如同聲音之律動一樣有着一原始而基本之律動……。音樂故直是此存在有無、生命律動、宇宙無限性之化身。若在世俗存在中再感受不到形上真實，那在音樂中，這形上真實又如其所如地呈現：聆聽巴赫詠歎調是不難感受到神親臨地存在，而在貝多芬所仰視漆黑一片黑夜中，不也直見那超越而神性力量之透顯？蕭邦夜曲不也常常在生命動蕩喧嘩外，呈現夜間之神聖？（見《夜曲》第六、十一、十二、十四各首）。事實上，浪漫時期之「黑夜」本身已是一形上對象。在黑夜中，

存有復歸於無；事物亦在黑夜中無不可能地混淆在一起、為黑夜所吞食：生與死、善與惡、潛在與必然、意識與無意識、夢與現實、幻想與真實、回憶與絕望……。黑夜隱沒一切、使一切復歸於無，但又作為一切存在之重新開始。對浪漫時期音樂來說，黑夜故較白日更為形上，為潛藏或死亡般之真實。若日間為現象，夜間將會為本體。對星夜之仰觀故是崇高的，其寂靜更涵蓋一切而普遍，直為無限之體現。如這樣「形上真實」之感受，唯由聲音（音樂）而致。由聲音有無而見之存在、由音樂律動對宇宙心臟之洞見、在樂句進退間所有回憶與期盼、從高音之上昇而感見無限，這一切，使內心情感變得深不可測，如詩人之遠俗幽居、或如哲人對形上之期望。若如此真實再無法在此世中實現，那唯由音樂，我們始能再次霎見，如是真實地、更為真實地……。

III

西方音樂以節奏為本源

　　一如西方文學，在浪漫主義出現前，都沒有視抒情詩或歌詩為大文體，同樣，如上分析，西方音樂亦沒有以歌詠為音樂之本。若從外在言，西方音樂物性或器樂性格所對反正為「歌詠」；而從內在言（即從音樂作為旋律內在言），對反「歌詠」者，即「節奏」。從音樂內在言，西方音樂故以「節奏」、非如古代中國，以

「歌詠」為本。從旋律（因而音樂核心）基本因素言，在「音高」
與「節奏」二者間，「節奏」往往佔更根本地位，其原因有二：

一、在旋律或甚至一切聲音中，音高無法獨立於節奏而存在，
　　但節奏則可獨立於音高（旋律）而存在。托赫及瑪采爾說：

> 音高線是幅蒼白如蠟的圖像，節奏使它有了生命，節奏
> 使它有了靈魂。（…）一條旋律，如果沒有節奏就很難或
> 者根本不能成為旋律，相反，經驗說明，單單節奏在許多
> 情況下，就能足以成為旋律。當我在桌子上盡可能精確
> 地敲出下列的節奏時（…），人們會很容易地感覺到其中
> 蘊藏着的旋律。由此可知，節奏是旋律的靈魂。[1]

> 旋律，正如音樂的音調一樣，脫離節奏就不能存在。但
> 相反地，節奏脫離旋律卻能夠存在，例如，不能發出明
> 確音高的打擊樂器就能奏出節奏樂來。（…）節奏善於
> 異常有力地、直接地、幾乎是從生理上感染廣大聽眾：
> 鼓聲甚至可以從情感上感染完全不懂音樂的人。由此可
> 見，節奏的表現力比起音高的表現力來，是較基本的方
> 面。（…）旋律的節奏方面，是旋律的易於使人感觸到的
> 「有形的」方面。（…）如上所述，沒有節奏，旋律就根本
> 不能存在；節奏的貧乏和混亂能夠使旋律抽象化，失去
> 生命力，相反地，節奏的鮮明性和肯定性能夠使旋律具

---

[1] 《旋律學》人民音樂出版社。一九八四年，北京。第 10-11 頁。

有特殊的浮雕性、「易感性」、通俗性，使人易於接受和記憶。[1]

也因瑪采爾最終仍以音高為旋律最基本方面，故有關節奏之根本性，瑪采爾不得不視為音樂的史前時期：

> 我們應將遠古時音高關係定形化之前打擊樂器的應用看做音樂的史前階段，這一階段是與音樂的節奏要素相聯繫的。（同上，第35頁）

二、節奏所以被視為音樂中最基本因素另一原因在於，西方詩學理論都把詩所以為詩歸源於其音樂性，視詩為音樂性文學，非如單純口語般文字。而詩之音樂性，只能建基在「節奏」上：詩即有節律之文字。正因文字沒有音高而只有節奏，故從詩中所體現之音樂性，更說明「節奏」作為音樂要素之基本性。

亞里士多德曾一度記述說，德謨克里特認為處於底層的物體，其質料都是相同的，而其間所以產生差異，主要由於以下三者：節奏、姿態、接觸。亞里士多德說：

> 德謨克里特似乎認為有三種區別，處於底層的物體，在質料上是自身同一的，區別只在節奏上，即形狀；在姿態上，即位置；在接觸上，即次序。（見《形上學》卷一985b，及

---

[1] 瑪采爾《論旋律》人民音樂出版社。一九八三年，北京。33-34頁。

卷八 1042b）

在古希臘中，「節奏」一詞同於「形式」一意義，即事物或底層質料間之結合方式。故亞里士多德隨即舉「混合」、「綑綁」、「黏在一起」及「釘在一起」等結合方式為例子說明「節奏」之意思。人可感到奇怪，為何作為「律動」之「節奏」會被理解為「結合形式」？我想，德謨克里特及亞里士多德非在這裡改變「節奏」原本意思，只進一步說明「節奏」所有真實而已；我們故可於此進一步對「節奏」其真實理解。德謨克里特為原子論始祖。有關節奏在音樂中真實，他明顯以原子論方式思考，即音符如原子一樣，為在音樂中之底層質料。節奏故正是一種結合形式，把這些零散音符結合為有意義的句子或旋律。節奏作為結合形式，應是從這意思言。德謨克里特這一說明實已把節奏之本質勾勒出來。換言之，在音樂中，音符與音符之結合，是基於時間之長短近遠而形成；由時值長短而成之節奏，為音符結合之原始基礎。如此，節奏即一事物內在之結合方式，事物自身由此而形成。

這一把音樂或旋律看成為「節奏形式」與「音符（音高）質料」結合而成之看法，明顯是一對音樂"物性的"看法與剖析。西方有關音樂之種種理論分析，因而都一再地重複這種物性觀法，如梅湘對節奏之特殊重視便是。以「節奏」為音樂之本，對物性西方言，故既必然亦自然。

詩與歌之本質：詠

音樂若以人性心為本，必與物性地言音樂有顯著差異。當

《尚書》說「詩言志，歌永言」時，古代中國沒有把詩之為詩歸源於其音樂性，因而也沒有以「節奏」為音樂之本。相反，詩之為詩在其為人心志之表達。這是說，平素人們之語言雖也出自心志，但語言（說話）之目的仍主要在對事物事情作表述、以外在對象為目的。詩雖因字詞亦指涉外在事物，然其目的非在對象、而單純在人自己心志，為人心志心懷之表達而已。詩之為詩故非從物性形式、非從節律之音樂性，而是從其是否單純表達人心志言。詩因而突破種種文字形式上侷限，回歸人心志為根本。同樣，音樂之本亦非在任何物性要素上，非在節奏、音高、音色等等上，而單純在「歌」。「歌詠」並非只人聲對旋律之詠唱，人聲也可只如西方理解那樣，為器樂之一種而已，（見前）；在「歌永言，聲依永」一語中，「歌」較「聲」更為根本：器樂之聲（含人聲作為器樂聲）只使歌詠更茂盛而已，歌始終為本。歌之本質在哪裡？歌之本質在「永」，對言之長詠。所謂「永」或「詠」，即發自心志而有之嗟歎，故〈毛詩序〉在解釋「詩言志」而說「詩者，志之所之也。在心為志，發言為詩」後，對「歌永言」一語這樣疏解：「情動於中而形於言。言之不足故嗟歎之，嗟歎之不足故永歌之」。

〈毛詩序〉雖以「嗟歎」放置在詩與詠歌之間而為一獨立階段[1]，但三者間之本質關係使我們清楚看到：歌詠中之「詠」，其本質實感歎而已。人心由對事與物之感歎，形成歌詠。感歎從其形為歌詠而非哀嚎，應為對美善事物而有之感動，由感動而

---

[1]　這大概是受〈樂記〉影響，故亦有「情動於中」等看法影響在內。

欲其永留存在，故為「永」。「詠」因而是人面對美善事物時，內心因感動而欲其永恆存在所作之長歎。歌詠是從此而產生。把「歌」從音高與節奏理解，與把「歌」從人心懷之詠歎理解，兩者差距很遠。從音高、節奏等理解，只是旋律之形式因素或物性因素問題而已；從人心長詠與感歎理解，則一方面突顯藝術與人心感受之關連，故非只物性分解，更須對人性感受及心志嚮往有所明白：藝術只人心志之外化，非物質因素之創造性問題。另一方面，從詠歎始可明白：音樂之內容對象，應為美善事物，非一般情緒對象，亦非存在之悲劇性或形上性。由見人心志嚮往之美善①，故見人心自身之懿美。能深深感動人，故唯人真實之懿美而已。從詠歎而見事物及人心志兩者之美善，此藝術及詩之根本意義。歌詠故應從人心與美善之關係以明，此在言為詩、在詠為歌。詠歎故為心與美善對象交接時刻，其二者之永恆結合在一起。故嗟歎之不足，自然會是「足之蹈之手之舞之」。心之美及其樂，故為音樂根本：非在物質素材之構造，而在人心之人性感受及向往上。藝術與否，應從此言。

若音樂之本在歌詠而非在節奏，其結果應是：朝向歌詠之音樂應同亦遠去節奏。這並非說，歌詠可全無節奏；沒有音樂可沒有節奏；而是說：朝向歌詠之音樂不會對節奏有所重視，視節奏為音樂本色。歌詠不應突顯節奏感，或隨節奏之特殊性而發展。從古琴音樂之毫無節奏規限及標記可確信，歌詠本性

---

① 故孔子說：「〈韶〉盡美矣，又盡善也。謂〈武〉，盡美矣，未盡善也。」藝術，特別音樂，應從美善而立。

為遠去節奏及其表現力。古琴沒有節奏標記並非記譜上之一種落後，而是對人心歌詠再無規約，絲毫不以外在形式限制心之感歎，使詠歌能純然為心之詠歌，非聲響上之變化構造，更非借由節奏求取旋律之鮮明或易感性等等。於歌詠中，我們所感，為歌者之心，非音樂本身變化或對比等特色。歌詠故必然平易，非器樂音樂性。

若器樂音樂與歌詠有如此大差異，能否使器樂音樂亦轉化為歌詠，以心而非以聲響物素為本？對如此問題，我們列表對應如下。以下對應或轉化只為大略，它所欲說明的是：縱使在純然器樂音樂中，我們仍可致力以心之美與境界為主，非必求索聲音物性美與變化而已。

音樂之物質因素	音樂之人性根本
1. 音體、句子	心之言
2. 音高、旋律	心之歌詠
3. 節奏	心之韻動
4. 觸鍵	心之感歎
5. 強弱	心之強調與平靜
6. 速度	心行之速度
7. 音色、音區	心氣魄之高遠闊大或親近
8. 和聲	心之心情（明、暗、哀、樂）
9. 輔旋律	心與心之和
10. 樂曲之美	心之善
11. 音樂之生命	人性之生命

論感歎及「音體」

　　若歌本質在「詠」這感歎性，那「詠」怎樣具體實現？「詠」作為對說話之詠，建立在樂句語法上。若相對於句子是樂句，那相對於句子中「詞」即我們這裡欲建構之「音體」。音體為在旋律中自然之「說話法」，即旋律所以能如語言般述說之基礎。對樂句作音體分割，是樂句成為語言之唯一方法。音樂之能詠，因音體對等「詠」之長音、以長音為核心。

　　若「詠」之本質在「感歎」，那音樂中「感歎」主要有兩形態：1. 轉化為長時值音之感歎，是落在單音上；因為單音，故感歎之長吟，自然以一長時值音體現。此即我們所言「音體」。2. 感歎若以多個短時值音表達，那此時感歎即如一經過句。

　　在這兩種形態中，「感歎」主要以第一種形態體現，亦我們所言「音體」。對此「音體」，我們舉例如下：

在以上三例中之△，均為藉由長時值音所表達之感歎。音樂句子本有一自然分割法，我們稱由這樣自然分割而成之音段或句段為「音體」。在樂句中，「音體」即文字中之「詞」，為除單個音（單個字）外，樂句中最小及最基本"意義"單位（故為「詞」）；在上列例子中，我們以方刮號"┌─┐"表示。音體與音體間之分割，由「音高」及長「時值間距」兩自然因素劃分。即若一組音其音高鄰近、或其時值間距接近，便自然組成一音體。音體與音體之分割，故或是由於明顯的音高差異、或是中間間着一較長的時值空間，但一般大多是兩種因素同時併存。一個音體"理論上"可支解為三部分：起音(v)、本音或重心音、及收音(u)。

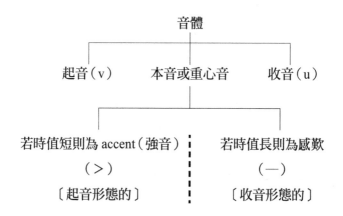

起音(v)與收音(u)均是輕音，唯「本音」為重音而已：「本音」必為重音，「起音」與「收音」必為輕音，音體即由這音調輕重之自然內在關係形成。因而音體這原始構造，除是音高及時

值空間之自然分割外，內在地言，它是樂句中節拍及節奏之真正根本：節奏本質上由「重輕」構成，非時值長短之事故。

至於音體中「本音」，可分為兩類：或為短時值之「強音」（accent）、或為長時值音符之「感歎音」，後者即我們所言之「感歎」或「詠」。對此後者，音樂往往以一持續音（tenuto）表示，為一長時值之"強音"；故若以"短時值強音法"演奏這樣音符，便將失去其感歎味，為詮釋上很大錯誤。蕭邦故往往以一"長寫的"強音記號（>）表示。短時值之「強音態本音」為從手足跳躍活動之強弱而來，故為器樂式音體；而長時值的「感歎態本音」則為歌詠之本、為呼氣之徐徐釋放。感歎音故類同收音，因收音為音體之消退或遠逝；而強音態本音則類同起音，因起音之興起具有一起奏之進取力量。以上為音體"理論上"所具有部分。但實際上，在樂曲中，音體或可省去起音、或可省去收音，故可有種種類型，主要為六，如下：

（I）單純本音自己： 或 等。

（II）起音＋本音： 或 等等。

（III）本音＋收音： 或 等等。

（IV）起音＋本音＋收音： 或 等等。

（V）起音＋本音之先現＋本音＋收音： 等等。

（VI）起音＋本音＋本音之延伸＋收音： 等等。

以上類型均只音體變化之舉例而已，但可肯定，每一音體必有本音；至於起音與收音，則無必然性。音體因環繞本音而形成，故以本音為主。環繞本音重量而成之音體，是音樂（樂句）意義組成之最小單位。從它形成的句法，最為自然及基本。唯當我們明白及感受到這自然句法意思後，始能進一步理解，作曲家以圓滑線所標示出句法，可另有着主觀詮釋意思。舉蕭邦夜曲為例：

Chopin Nocturne Op. 9 No. 2

在第 2 小節內，蕭邦以單一圓滑線（句子線）把三個半音體包含在一起，這是其對此三個音體之一體連貫性之表示，因而蕭邦自己實已作為第一個演奏者那樣，對此自然之意義單位（三個音體）作了一主觀之詮釋。蕭邦特別喜愛對樂句這自然邏輯作種種詮釋上之變形，其圓滑線因而極豐富而且往往不規則地不斷改變。事實上，圓滑線在如莫札特及貝多芬這古典期中，其功能主要為標示出旋律中之重音位置（即圓滑線內第一音為重音），故在圓滑線內之音，除第一音外，其他音通常不能具備獨立重量者。圓滑線內其他音之力度重量，只承續圓滑線首音重量而有，非獨自的。圓滑是由此而形成，即沒有自身獨立之重量。在貝多芬中，排斥在圓滑線外之異質因素則有以下幾種：

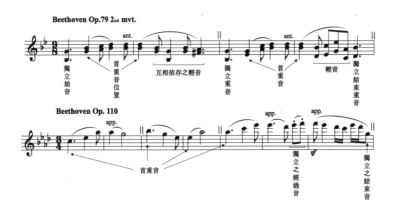

1. 先現音（anticipation），為圓滑線外之引入音。

2. 句子結束時之倚音（appoggiatura）及其解決，不包含在圓滑線內，而另立為一連結線（slur）。

3. 一切獨立的重音和弦或音調，均不包含在圓滑線內。

4. 一切非如連奏（legato）般之連奏或互相影響而變化之音群，均無圓滑線使之與其他句子分割開。這些音調故如非連奏（non-legato）一樣地彈奏。

　　換言之，在莫札特及貝多芬這古典時期，圓滑線之主要功能與運用，也只為勾勒出那些依附或跟隨一「首重音」之"音群"，圓滑線中首音即為重音，圓滑線是為標示此重音及其跟隨而來之輕音而存在。因而可說，在古典期中，樂句本是基於重音或音調之重輕關係而形成。重音為句法之核心因素，而圓滑線只依據重音之位置而作。而有關「重音」之形態則有：獨立的句子始音與終音、倚音、突出獨立的強音、及為圓滑線之首重音（此往往為

先現音所期待着）。圓滑線之首重音因而為重音之一種，它帶領着跟隨而來之其他輕音，統攝在一圓滑線內。在蕭邦及舒曼中，我們仍可看到圓滑線作為首重音標示這一功能[1]，即把一音體中之起音歸屬前一音體圓滑線內，因而使下一圓滑線起於音體本音、起於一重音位置。若明白圓滑線這一書寫習慣，我們便不會再誤把音體起音視為其前音體之最後一音，而始終保有「起音─本音─收音」這音體之自然邏輯為樂句之基本結構。在後來書寫習慣上，如格里格等，我們再也看不到這自古典期而來圓滑線書寫之習慣。此時，圓滑線與樂句之自然邏輯分割完全一致地配合，即音體之起音，必包含在此音體圓滑線內：

明白樂句音體結構之重要性在於：因音體是樂句之自然構造，並是樂句中最小意義單位[2]，故由此自然而有之意義與意思，

① 見上引蕭邦《夜曲》Op.9 第二首例子中第一小節之第一音、第二小節之最後一起音、及第三小節中唯一起音處。

② 所謂最小意義單位是說，構成音樂中意義之最小單位，不能單純是音高結構或節奏結構，而必須包含一切因素在內而為最小單位；故一單純的節奏

始能真正明白，作曲家利用圓滑線標記在意思上所進一步作之詮釋與變化。透過圓滑線，作曲家以其新的意思講說，雖文字人人同一而基本，但圓滑線所重新講說的，才是講者其人心中之意思，非單純文字本身意思。

音體之另一重要意義在於：由於音體乃基於重音而形成之最小意義單位，故可看到，歌詠與器樂式這根本差異之來源。若音體中本音為長時值重音，即為「感歎音」，此時所成樂句，即為歌詠性。相反，若本音為一短時值強音，則為器樂性格。從這長時值之感歎重音，故見人心志轉化在音調中之詠歎或讚歎。「感歎音」是在歌詠過程中，心感歎之實現。而歌詠，也就是環繞着（朝向及結束）這內心感歎（「感歎音」）而有起音與收音之承續與起伏，一種迎向之昇起及慨歎後之平伏滿足。「詠」即此起伏而已，隨着感歎音而作之種種迎向與平伏之起伏而已，心之迎向其讚歎及隨之而平伏安息而已；或在聽者身上，心隨着此歌詠而高而低而激動而平靜而已。歌詠之所以如說話般地有意思，除歌詞文字意思外，反而是由作者怎樣迎向其感歎及怎樣平息其情感而有之心言語意思。心怎樣迎向或塑造其感歎、心怎樣感歎或感歎甚麼、及心怎樣復得其平靜，如此透過音體與音體無止盡之承續，完成人心之讚歎與歌詠。音樂故是與內心感歎有着如此內在關連的。

型只是句子節奏上之最小單位，但並非其最小"意義"單位。一最小意義單位必然內含音高、節奏、並為重輕所結構起來。是一最小的完整單位，非一抽象因素單位。

在「論感歎及「音體」」一節我們曾說過，感歎或歌詠主要以兩種方式進行：一為對長時值感歎音之歌詠[1]、另一為在多個短時值經過音之詠歌。此後者，指在詠唱種種起音與收音這些較短時值音調時之詠歌。它並非在一單個音中直接體現之長歎，而是在起音及收音中，心之開啟與收斂。此時心非在一單個音上延長（「永」），而是如內在於音調進程之中，無窮向前的開展，一種在所經過之音調中之全神貫注、如以詠唱之認真及文字對音調之分割，「如是個別地」詠唱每一經過之音調；是"詠唱"每一音調，非彈奏每一音調，因彈奏與音調間關係，往往只一整體地掌握、一整體技巧地實行，非音個別的詠唱。故除本音詠唱外，在其他縱使短時值之經過音中（起音與收音），心仍是詠歌的；即在旋律內，個別地自覺每一音調之獨自性地詠歌。如如心在音調前進中無窮開啟，非一種整體掌握統攝。個別音歌詠此向前層層開展[2]，是心上昇或平伏本身之運動。音調之高低及起伏，如是始為心本身之上昇與下降、為心之起與伏。此心之起伏，也就是心行之另一種「永」、心生命開展無窮之「永」，如生生不息那樣。「歌言永」故非只以歌聲誦唱文字，而是心感歎及生生不息前進之「永」：心之永恆，無論從心志對象、抑從心自身生命之開展言。心之「詠」，故再非只如節奏那樣，只為音調結合之形式因素；歌詠內在地"講出"每一音調，在心生命之感歎中、在心生命之自覺生生不息中。

一九九七年九月二十一日

---

[1]　此即為感嘆形式本音之詠唱。

[2]　唯在如此開展中，收束始有其意義。在沒有心靈向前之開啟，收束也只表面結束而已，非心靈真正平息。

存有與仁

I

存在之道，指人類存在真正方向。孔子在《論語》中首次明確指出，人類存在之道應以仁為依歸，這是〈里仁〉在論述仁時之主要道理。[①]

仁，即人以「己立」「立人」[②]（成人）為本對人善之致力。我們總稱這為「為人之致力」。這為人致力，既是每人存在最終真實，亦是人類存在最終真實。作為每人自己之真實，為人致力

---

① 除〈里仁〉外，其他篇有關「仁」之討論，主要環繞四個方面：仁與其他德行之關係、仁與為政關係、仁與個人自己關係、及仁與人外表之關係。然在〈里仁〉中，《論語》完整地論述「仁」作為「存在之道」這一觀點。「里」字直指此而言。

② 「夫仁者，己欲立而立人，己欲達而達人。能近取譬，可謂仁之方也已。」（〈雍也〉）

無需任何外在條件。孔子故說：「我欲仁斯仁至矣」（〈述而〉）[1]。從個人言，仁實盡力於人之事，不以得獲為先；且在求他人之立前，先求自己作為人之立。仁因而扣緊人之立，非只善待人而已。正因仁非只善良，更可有所作為，故《論語》常用「為仁」一詞。仁因而實為從人類整體言，其存在應有終極方向。仁所成就，故即「道」。仁作為存在之道，是從此言，而這有兩特點：

一、對比西方思想中種種存在之道，仁不同的地方在於：仁所成就之真實，始終沒有遠離人性及人現實存在之範圍。仁與義雖與利相反，但它們都同樣沒有從「人」外之其他真實而立，都只在人性現實中、非超越的。這是說，它一方面單純以人及人之事為對象，而另一方面，又單純是作為、非思惟中真理之事。仁只是人怎樣作為之事而已，即是否以「為人致力」作為自己作為之心志與意向而已，絲毫與物質甚至世界價值、或與超越者之真理性無關。這是仁與西方存在價值首先差異：一者單純在「人」之真實、另一者則在「人」外之真實；一者只德行實踐問題、另一者則必然涉及思惟或知識理論（theôria）問題。西方所以必然依賴於思辨式思惟[2]，因其所視為至真實者，非人類自己，而是在人類之上或之外之其他事物。若於西方找對應「仁」一事[3]，那

---

[1] 亦參考：「為仁由己，而由人乎哉」（〈顏淵〉）、「有能一日用其力於仁矣乎，我未見力不足者。蓋有之矣，我未之見也。」（〈里仁〉）

[2] 連科學在內，從思惟言時，都實只思辨性質。

[3] 非對應其真實，只對應其事；西方沒有「仁」之真實。

應是「工作」（erga），如赫西俄德《工作與時日》所始言、或如馬克思所視為人之本質；二者都以「工作」為人類存在首要真實。若「仁」是為人而致力，那「工作」則是為自己或為事物之製造與生產而致力。連神創造世界宇宙、或絕對精神之現象開展，故都從「工作」言。

二、存在之道雖是存在整體之事，然仍應是每人自己所能自主主動，不應為人能力所不及。亞里士多德雖亦期盼人能自主獨立，然非從倫理生活、而只從思辨生活言。這是中西對人自主獨立性之根本差異。中國以人之自主獨立在其仁之致力，而西方只從思惟言此，笛卡爾「我思」及康德「理性」自主性即最好例子。亞里士多德故說：「我們聽說的自足性，最主要地應歸於思辨活動。智慧的人和公正的人一樣，在生活上都不能缺少必需品。但在這一切得到充分供應之後，公正的人還需一個其公正行為的承受者和協同者。節制的人和勇敢的人以及其他的人，每種人也都是這樣。只有智慧的人靠他自己就能夠進行思辨，而且越是這樣他的智慧就越高。當然，有人伴同着他活動也許更好些，不過他仍然是最為自足的。」[①] 從活動本身言，亞里士多德固然對確：思惟無需依賴他人；然從對象內容言，亞里士多德則錯誤，思惟必須依賴其對象，「能思」（noèsis）無法擺脫「所思」（noèma）。「仁」之自主獨立性，單純在為與不為而已，無須任何條件。仁只人類自身之事，非如思惟仍有

---

① 《尼各馬科倫理學》第十卷第七章。

對世界事物之依賴。人真正之自主獨立性在此。

「仁」非從利他主義或愛人[①]言。利他主義只自我與自我之間，然「仁」則為人性本身事，從「立人」之德行而非從「利他」言。事實上，因「人」為終極，故「仁」於中國是作為存在終極之道言。然在西方，存在之道則落於政治學、社會學、法律學、經濟學等等，非主要在倫理學。因存在此時主要只為種種實踐活動或領域，與事物事情有關，非獨以「人」為本。人類行為對錯（倫理學）故非主要學問，其領域非等同存在整體。政治學、社會學、法律學、經濟學等始是。而這是說，西方始終非以「人」為本，故始有以事物事情之分科為本。倫理學只個人行為問題而已，與存在活動本身無關。如亞里士多德，對存在（人類活動）故三分：理論、實踐、與創制[②]；而實踐包括政治、倫理、經濟等活動，與人德行無關。西方存在之道故非回歸於「人」，而是隨種種活動而分化。存在之道以事物為本，非以人為本；存在之道亦隨着活動而遠離人性真實。與物質存在有關之生產、經濟、技術知識等活動因獨立於德性，故與人性或德行無關。人生活故可如中世紀，分化為精神與世俗生活兩面。從事世俗生活者，與精神德性無關，此商人與祭司作為人所以極不相同。

---

① 「愛」或基於親屬、或為君對人民關係。愛非為一般人與人之道，仁始是。「愛」一詞於《論語》，故只用於君或為仕者與人民百姓之間。言「仁民而愛物」（《孟子・盡心上》），用詞故正確。

② 參考《形上學》第六卷第一章，亦可參考《尼各馬科倫理學》第六卷第四章等等。

柏拉圖亦然：當柏拉圖從國家功能劃分人階層時，這實已不從「人作為人」而觀。存在故非首先為成就人性真實，人只活動者而已、社會或國家不同功能而已，人性於西方闕如，先由此。

「仁」非只行為或態度之事[1]，而是人類存在之道，即人應以「人」之真實而致力之道，一切事由此：故共體之道在「禮」、物事之道在「義」，均以人為本，非以事為本。仁故為人類存在唯一方向，無論從個人自己、抑從人類整體言均如此。仁故為所有存在層面之本，此仁為存在終極之意思。

我們知道，哲學思想主要是對存在作反省。若舉柏拉圖為例，柏拉圖為希臘當時所提出以「城邦制度」為存在之道而立論，故以建立「正義」及「公共性」[2]為目的。若對比後來亞里士多德[3]，縱使亞里士多德亦以城邦政治為主，但他沒有如柏拉圖那樣，以實現「正義」及建立一種「公共性」為存在首要目的。相反，因城邦政治最終目的亦不外人之生活，故其終極仍以「幸

---

[1]　故非「巧言令色」（〈學而〉、〈陽貨〉）之外表。

[2]　這社會之「公共性」與「普遍性」，超越於人及其生活，如理形（eidos）超越於感性事物那樣。

[3]　亞里士多德同樣以城邦制度為存在最高狀態，故在一切實踐科學中，以政治學為最高：「政治學讓其餘的科學為自己服務。他並且制定法律，指出甚麼事應該做，甚麼事不應該做。它的目的自身就包含著其他科學的目的。所以，人自身的善也就是政治科學的目的。這種善對於個人和城邦可能是同一的。然而，獲得和保持城邦的善顯然更為重要，更為完滿。（…）討論到這裡就可以知道，以最高善為對象的科學就是政治學。」《尼各馬科倫理學》第一卷 第二章。

福」為主。柏拉圖在《理想國》中沒有以幸福為存在最高目的，若有，也只城邦整體幸福、非個人幸福[1]。柏拉圖始終只以宇宙秩序和諧及一超越共性為最高理想，因而城邦之最高善，亦應是為實現此理性超越秩序與和諧而有。而這，只能以正義達致。所謂正義，非言人與人公平平等，而更先是：不同階層之人各盡其份、實現各自本質與本性，使城邦中各種功能都得以完美地達成。[2] 因而個體是不能要求其自身之幸福的。亞里士多德沒有如柏拉圖那樣對人不重視，實現幸福對他而言，始終為存在終極。[3] 然無論怎樣，西方始終沒有以人自身德行為存在之本。存在之道只關連於政治，非關連於人倫與人性。為何如此？[4] 其實不難發現，政治所實現，若非個人之權力欲望，也只與人性美

---

[1] 柏拉圖清楚個體在其國家非必幸福。見《理想國》第四卷。不過，他從不肯定此世任何幸福快樂，其思想性格基本上剛烈及超越地高貴。

[2] 「正義」與「分工」兩者，故是國家之基礎與根源。而這，明顯與事物各具其自身本質這一種觀法有關。柏拉圖觀法，無論有關事物知識、抑有關城邦之建立，都離不開「事物各有其自身差異性」這樣前提。事物之「相遠」，是西方思想之共同根本。柏拉圖之正義，故非以人之公平為目的，只為達成一宇宙式整體之完美而已。

[3] 「那麼政治學所要達到的目的是甚麼呢？行為所能達到的全部善的頂點又是甚麼呢？幾乎大多數人都會同意這是幸福；不論是一般大眾，還是個別出人頭地的人都說：善的生活、好的行為就是幸福。」《尼各馬科倫理學》第一卷第四章。

[4] 孔子說：「為政以德」，又說：「書云：『孝乎惟孝，友于兄弟』，施於有政，是亦為政。奚其為為政？」（〈為政〉）。對孔子及古代中國言，為政不單只以德行而為，更是以人類德行之實現為目的。我們通常會認為，為國以德是一種常態及應然道理。然若西方非以德行為為國之道，我們必須問，為何如此？

善無關之理想甚至夢想而已。這理想可如柏拉圖那樣，以存在超越性（國家）之完美為目的，也可如亞里士多德那樣，以世俗或現實人類好求幸福為目的，與人之成人及人之懿美無關。其他如基督教傳統對神之崇拜、或對人類自由平等之追求等等，都非直接與人自身有關。若連政治作為人類存在之道其終極非與人類"自身"之懿美有關，那人類其他一切活動，都隨而與人性無關、非以「仁」為終極。故當哲學更提出「存有」這樣最高真實時，人類及其存在更是無法回歸於「仁」及人性之真實。

　　「存有」在人類存在中之意義有三[①]：

一、「存有」為人類在世界外另立之真實，與人類自身作為人無關，因而首次使存在之一切努力與價值，非朝向人及其真實，而是朝向「存有」或其他事物而立，「存有」指向此其他故。之所以是「存有」如此抽象不實之對象，原因正在於：若是任何與人類有關或為人類可直接理解或掌握事物[②]，必無法達到超離人類世界外這一目的。「存有」這樣真理，因而完全對反人類世界所本有真實、對反人與「仁」。從「存有」開啟出來之人類文明，無論物質科技、藝術、宗教、抑政治國家與經濟等，都只遠去人之真實。存有之不確定性、其無特殊內容，使所有事物都可能代入其位置，成為駕馭人類之事物。「存有」這種真實，因與德行無關，故無法教

---

①　這三點，前兩者對應前面有關「仁」作為存在之道之第一點，第三點則對應第二點。

②　連「天」或神靈，都只在人類理解內。

育人類、無法引導人類去除力量爭鬥，甚至更造就存在之欲望而已。此「存有」首先真實。

二、「存有」使人類活動以知識認知為終極，因人類與存有唯一可能關係，也只「思惟」「思辨」這一知識認知關係而已。而知識因求為物事發展，非以人自身為目的，故終必對德行有所否定或遠去；知識本身非行動實踐，亦無所謂道德與否。[1]

---

[1] 當亞里士多德視思辨活動為最高活動時，清楚地明白，思辨活動非人性生活而是神性的，故說：「這是一種高於人的生活，我們不是作為人而過這種生活，而是作為在我們之中的神。他和組合物的差別有多麼巨大，它的活動和其他德性的活動的差別也就有多麼巨大。如若理智對人來說是神性的，那麼合於理智的生活相對於人的生活來說就是神性的生活。（…）合於倫理德性的活動是第二位的。合乎倫理德性的活動是人的活動，公正、勇敢，以及我們在契約、協作和一切其他這類行為以及有關情感的事務中互相對待與共同遵守的德性，這一切都是屬人的德性。」（《尼各馬科倫理學》第十卷）不過，亞里士多德在終結《尼各馬科倫理學》時仍是說：「鑒於立法問題是一個被前人留下來尚沒有研究的問題，所以我們最好把它和整個城邦制度問題一并考察，以便盡可能來完成人事哲學（he peri ta anthropina philosophia）。（…）那麼，我們還是從頭說起吧。」（第十卷 第九章）。思想對反於德行這一事實，在一千多年後盧梭身上，有更深刻形容：「理性產生了自尊心，思考強化了它。理性使人斂翼自保，遠離一切對他有妨礙和使他痛苦的東西。哲學使人與世隔絕，正是由於哲學，人才會在一個受難者的面前暗暗地說，你要死就死吧，反正我很安全。只有整個社會的危險，才能攪擾哲學家的清夢，把他從牀上拖起。人們可以肆無忌憚地在他窗下殺害他的同類，他只把雙手掩住耳朵替自己稍微辯解一下，就可以阻止由於天性而在他內心激發起來的對被害者的同情。野蠻人絕沒有這種驚人的本領，由於缺乏智慧和理性，它總是絲毫不加思索地服從於人類的原始感情。當發生騷亂時，或當街頭發生爭吵時，賤民們蜂擁而至，明智的人們則匆匆走避；把廝打著的人勸開，阻止上流人互相傷

形上學之本性，實與此對純粹思惟之肯定有關。形上學是
人類對一在人類世界外、另一被視為更真實者之"思惟"。
我們所強調，是「思惟」一詞，而這是說：天或神靈若只為
人類崇拜而非為"知識"對象（非以"思想"使它建立為一種
"知識"），天與神靈仍不會是「存有」、仍不會構成形上學，
因而不會形成如今日以超越者為尚之一種人類存在。西方
早期已有神話，但這仍非形上知識；唯當「存有」為「思想」
所視為真理時，形上學始真正誕生。「天」或「神靈」故非
必為形上學思惟依據、非必為形上基礎。這一基礎，唯在
「存有」之思上、非在「神靈」上。①「存有」雖提昇思惟與知

害的正是群氓，正是市井婦女。」（《論人類不平等的起源和基礎》第一部
分）。「存有」與思惟之關連，在海德格爾晚期〈時間與存有〉一文，如同
在巴門尼德詩篇那樣，清楚地被述說出來：「不顧存在者而思存有（Sein
ohne das Seiende zu denken）的企圖是必要的。因為否則，在我看來，就不
再能夠合乎本己地把今天那些圍繞著地球而*存在的*東西的存有帶進我們的
視野，更不用說充份確定人與那種一直被叫做『存有』的東西的關系了。」
「存有 —— 一個事情，也許是思的*根本*事情（die Sache des Denkens）。」
海德格爾晚期固然進於對「有」（Es gibt）之思，但無論怎樣，「思」仍是較
一切為重要，連人之為人，仍是如傳統一樣，不離其思：「人就站在在場狀
態之中，而這是如此的，即他對在場（Anwesen）、有（das Es gibt），如贈
禮地接受，並在其中關注那讓在場中（im Anwesenlassen）顯現的東西。
假如人不是持續地那接受從『有在場狀態』（Es gibt Anwesenheit）而來的贈
禮者、若那在贈禮中所已達到者達不到人，那麼在這種贈禮缺失時，存有
不僅是依然遮蔽著，也不僅是依然鎖閉著，而是，人仍然是被排斥在『有
存有』的範圍之外。這樣，人便不再是人了。」被排斥在「存有」外之人，
這便不再是人。西方思想對人之明白，始終只如此。

① 形上學或哲學，由「存有」始成立，非由於神靈。我們因而認為，中國儒

識，然已遠去人及其應有真實，此存有第二種意義。

三、從西方思想所發展出來之一切理論，上自哲學下至科學，都共同有一特色或基點：即認為真理或真實都對人言有所限制，或在人之外、或在人之上，均非來自「人」自身。自希臘悲劇對神靈之依存關係、至哲學對存有、形上實體、經驗界、歷史必然性等對人類言為外在真實，以至潛意識本能之決定性或人類於世存在之事實性、物質科技世界、社會、法律、資本、資訊、以至生存困境之不得已等等，西方都一致地指出：在人類自身外，是有着種種制限人類存在之真實者。人無論怎樣努力，都無法達致作為人時之真實。人只能對外來真實反應，而這是人類唯一生存方式：

學沒有及無需形上學。一切只在人之世界內、只在"人樣態"之限度及範圍內，連天亦然，故無在人世界外另一種世界真實。周於商所繼承而來之「天」或「天命」，因而只針對上位者之統治，為人民百姓之代表、反映人民百姓自身。孟子故引《古泰誓》說：「天視自我民視，天聽自我民聽。」【請參考王德培先生《西周封建制考實》，1998年光明日報出版社，北京】。對中國而言，存在本平凡、平凡始存真實；故非如西方，真實或真理必不能平凡、必對人而言為超越。言科學知識之"客觀性"，故是為溢出人樣態之外。中國沒有科學，因中國不講求「存有」這樣真理、不講求與人無關之物質世界。物質作為自身世界，這即形上學 —— meta-physics（在物之後）。科學因而實與形上學一致。「物」於中國也只「器」，人用之器；而自然本草，一如天地，也只人之恩澤，為相關人類、非從其自身言。當泰勒斯說萬物由水而成時，他實已開啟科學對物之觀法，視「萬物」為（由於）物質、以物質為涵蓋性、為在"人類"世界外，"另一種"真實。物世界因而自成一獨立世界，在人之外。知識真正意思在此：即對人世界外另一種物其"真理性"認知與肯定。西方以知識為本，故實由於先對超越者肯定，以之為最高真理準則而已。

反應外來真實，不能單純作為人存在。在這樣前提下，理論思惟變得重要。因唯理論，人始能對決定人類之事物掌控而改變。戰勝自然，此始為人類力量，由是而「對立性」為存在之本，存在亦被定調為對抗惡。非如中國傳統，以人與天地和諧為美。人類如是反而無真正自主主動性可能，無單純作為人之真實。然若人類無法單純作為人、無法只言人性人倫，人類於價值及存在努力必然失落甚至盲目，"外來真理"既無止盡、亦無必然、更無法使人心安。故唯對善惡價值之自覺與努力，是人作為人最高獨立性及真實性。人一旦能獨立地自覺並致力於善，這是其最高存在、人作為人之最高存在，亦人性最真實體現。這對善之致力，即唯以「仁」為基礎、以「為人致力」為本。這是說，「人」是人類存在真實之本；一切真實應環繞人而有、以人為依歸。在天地萬物中，人這一根本性與終極性，使一切努力最終應建立在人身上：以人之價值為價值、以人之真實為真實。人之一切努力，因而先在仁而已，在「己立立人」、「己達達人」而已。能致力於此，是人真正自覺及獨立性之始。無論從個人抑從人類整體言，仁都為人最高真實、為人最高獨立性與自覺性。一由於知真正目的與終極、另一由於真正獨立無待[1]。人自覺及獨立性應從此言。這一切，即仁。人其真實，故在「我欲仁」（《論語‧述而》）而已。此時之自己是最真實之自己，既是最真實之「我」、亦是最真實之

---

[1]　若真實在人自己之外，人類將永無法獨立，更無法於存在而心安。

「欲」[①]。人之真實故非遠至無法達至。一旦「我欲仁」，仁必「至矣」。唯人是否切望自己真實而已、是否切望他人真實而已。仁如是無待，人之真實亦如是無待。非如存有之真實，是被給予（Es gibt）或只作為事實地（factum）先在。人之美善及真實，無法透過其他事物達致。以「人」抑以「存有」為真實，這非事實問題，而是價值問題，甚至只人類心是否真實之問題而已。

我們認為，西方文明及其存在都只基於以上前提形成。若撇開埃及不談，西方文明是由希臘及希伯萊兩傳統形成。希臘帶來「存有」，希伯萊則帶來超越而單一之「神」。對向神，人只能信仰而不思。希伯萊傳統故反哲學及反知識。相反，唯面對一不定但又超越地真實之對象：「存有」，「思」始無窮無盡地成為人類首要及根本事情、始無窮無盡地塑造人類存在與命運。「存有」於希臘哲學之形成，是對立古希臘神話傳統而有。神話中神靈所反映，也只現實中人之本性及大自然力量而已，換言之，人眼前世界而已。古希臘傳統故始終仍以人世為本。相反，無論希伯萊之「神」抑希臘哲學之「存有」，其首要目的先在轉移"以人為本"之真實，使存在導向「他者」。「存有」是以"在人之

---

① 「我欲仁」孔子用「欲」一字，明顯為對比人其他一切欲望言。人都以為在種種欲望中始有真實之自我、以為欲望之自由始為真實獨立自主，故孔子說：「我欲仁」，由「欲」始成真實之自己、始為真實獨立自主。作為自我最真實欲望，也即「我欲仁」而已。

外之真實"為真實而言,「人」因而再非那真實者。「存有」必然
對反「人」,必然對反人性真實。若沒有「存有」,在人類身上唯
一可見真實,亦唯人性及人類德行而已。除人性與德行外,再
無其他更為真實了。德行故非只道德倫理之事,而是「人」之事、
人類其全部事。同樣,「仁」亦非只表面之愛人,而是人類"在
其一切作為中"之「道」。仁使人類一切活動真實;而"為人而
致力",始能真正成就人性之懿美。^① 西方從社會言人行為之德
性,本身已是對人作為一「德行存有者」之否定。同樣,若以德
行只個人為達成完美之修身而非為仁之努力,這實已對德行限
定。宋明心性之學故非必為仁。把仁視同形上之「理」與「體」、
視之為"萬物"生生之德,這都只掩蓋仁之單純真實而已^②。正因
德行只從個人行為規範而非從人其一切存在層面言,故始有道
德為禮教傳統這負面看法。無論仁抑德行,都非只存在一環,
而是存在之道本身。在此之外,再無其他更真實者。^③ 若人類再

---

① 「為人」之相反應是「為物」、「為富有」、「為利」、「為真理」、甚至「為國
  家」、「為正義」、「為自由」等等。「為人」之相反若為「為己」,如「利他」
  「利己」主義所言,其錯誤非只在「利」,更在以「我」對反「他」。由是人
  對立人,存在由此而分裂。仁因只從人性真實、非從自我言,故本沒有我
  他對立,只單純自己人性努力而已,非為社會中我他對立而有。仁故無對
  立性,只「己立」「立人」、「己達」「達人」而已。

② 形上之「心體」與「性體」,只再一次遠去人與仁之真實。人之真實在為人
  致力而已,非在人或心性之自體。試圖把中國德行形上化,是當今儒學之
  錯誤。一方面不明西方形上學之真實、另一方面不明人德行之真實。

③ 正因存在一切層面離不開人,故存在之真實唯以人為依歸,故孔子說:
  「人而無信,不知其可也。大車無輗,小車無軏,其何以行之哉」《論語·

不虛妄地在自身外虛構存有，始將發現，人即全部存有、即存有在其真實中。此時，「存有」與「人」始是同一的。

讓我們重新閱讀。①

為政》。意思是說：縱使已有拉動之力量或動力（牛馬）及所拉動之貨物或車子，若沒有使兩者連結起來因而使行走可能之輗與軏，一切行走均不可能。「行」雖解行走，但也比喻一切事情之行作。「信」指人之真實。故唯當人類有所真實，始能成就天所賦予者，否則一切也只罔然而已。人類故非只作為存有而真實，亦是存在中一切真實性之本：他以其存在、其心志、其作為關係著一切，或使一切為真、或使一切為假。他既如輗軏那樣駕馭在事物上，亦如輗軏一樣傳達天地之力量使萬物運行。仁故非只個人德性而已，更是萬物其真實之本。

① 以下為《論語・里仁》1 至 7 句之解譯。其原文為：

1. 子曰：里仁為美。擇不處仁，焉得知。

2. 子曰：不仁者，不可以久處約，不可以長處樂。仁者安仁，知者利仁。

3. 子曰：唯仁者，能好人，能惡人。

4. 子曰：苟志於仁矣，無惡也。

5. 子曰：富與貴，是人之所欲也。不以其道，得之不處也。貧與賤，是人之所惡也。不以其道，得之不去也。君子去仁，惡乎成名。君子無終食之間違仁。造次必於是，顛沛必於是。

6. 子曰：我未見好仁者、惡不仁者。好仁者，無以尚之。惡不　仁　者，其為仁矣，不使不仁者加乎其身。有能一日用其力於仁矣乎，我未見力不足者。蓋有之矣，我未之見也。

7. 子曰：人之過也，各於其黨。觀過，斯知仁矣。

II

在人相互為對方致力鄰里之間①，這不是人類存在最美麗景象？這不是人最美麗而真實之時候？美不就是如此？

人類若不選擇這樣存在方式、不以「為人致力」為存在之真實，以為還有更高遠之所及、以為在此簡單「為人致力」之外還有其他更真實世界，這是人類之智慧嗎？

若人不自覺為人致力，外來約束與限制能使人安於存在？外來任何悅樂與滿足，能使人長遠地滿足？人能安於外來之真實或存在真實嗎？而人自身之「好壞」，是由物質存在境況而致？抑只由人自己而已？人真實之滿足，不應只在見自己為人致力之真實而有所安？人還有其他心安之可能嗎？人之智慧不只是為更能幫助人、及為成就這為人努力而有？這不始是智慧之用途？若人不安於人自身之存在境況，這不就是人及人類不仁真正之原因？

人若能為他人而致力，縱使對人有所好惡，這不才是無傷害的嗎？相反，不致力於為人之其他一切愛惡，無論所好多似崇高真實，不仍會造成對人類更不真實之厭惡嗎？因而仁者之

---

① 「里」非天下之大、亦非個人之小；「里」為人與人接近相鄰、非人與人相互對立。「里」即在人存在之漸近中，人親鄰之真實。

好惡不才是人類唯一真實之好惡？由為人之心而明白其所應好者及其所應惡者？

人類之善惡好壞，難道只是道德規範或法律制度之事，而不更真實地，先是人自覺為人之善而志向而已？人若曾志向為人而努力，他還會為惡嗎？德行不應就是這為人致力時之切實？是還會只是個人外表之行為修養或人類對其他真理之致力？

存在之富與貴，是人類都希望求得的；存在之貧與賤，是人人厭惡而逃避的。但人類若非以求為他人致力為方向，縱使能有所富貴，都本不應為；縱然有所貧賤，都本不應避免。真實之人其一切作為，都心在為人致力而已。縱使有所成就，若與為人致力無關，真實之人不會喜愛這樣成就。真實之人不會在任何時刻對人有所傷害，不會違悖為人致力這一種努力，無論是自己順境抑逆境之時。為人致力之人，將安於如此生命。

在我們今日，我已不見人類對仁者之喜愛、不見人對不仁者之厭惡了。我們今日之喜愛與厭惡，都不是對「為人而致力」之向往。人類能喜愛為人致力之人，這是沒有更好的了。而人若能對不為人致力之人有所不喜愛，從為人致力這方面言，最低限度，他不會讓這些不為人致力者對自己有所影響、不會為了這些人而有妨礙自己真正之努力。而人自己，若能有這為人致力之一天，是沒有人會有不能的，為人致力故是無所謂能力之高低。人類確實是有似不能為人致力之事實，但我是未見這

不能為人致力是由於能力之不足。人類不為人致力而存在，這確實是我們今日所見，但非人類不能，人類沒有以此存在而已。

人類之過失錯誤，亦只由於各自有其自己之喜愛、各自有其所以為真實，並由這樣喜愛與真實，在人類之間分裂並有所對立（黨）。既以為自己對人（某些人）仍有所愛及有所致力，又以為自己之愛與所致力是真實的，因而更造成人與人間因這樣愛與真實更大之相互傷害。若非由於這些所以為之真實、若非由於自以為為人，人是不應不見真實之為人而致力、人是不應不見「人」這唯一真實、人是不應會由於所以為之真實及所以為之為人而對人傷害。人類之過失、人類之所以對人類造成真實傷害，都各由於人集結時（黨）力量之強大而已。看見這些錯誤，我們應明白：縱使在無一定理念真實或存在事實關係之人對人人性互助與致力中、在人類這「里」之平淡存在真實中，那無強烈愛惡或"更高"真實之存在中，「人為人致力」──仁，這人之美麗與真實，是多麼美麗、多麼真實。

公元二千年十二月三十日

懿美與美

前言

在探討美一問題時，人們通常都有一假設，即人類歷史中藝術創造，無論評價怎樣，都默許其價值，並以由藝術作品所體現之美，在自然美外，為美最基本形態。藝術美好像即美最高體現，甚至，藝術美是美唯一真實。對此，我們應重新反省，藝術在人類存在中，其事實真實究竟怎樣；並且，美是否應往藝術之方向實現，抑在人類存在中，美另有其更根本意義與真實，而這正與藝術美相反。在本文中，「美」一詞除廣義地泛指一切美外，主要代表藝術美及物性美，而「懿美」一詞，則代表人及人性之美，及由此而來「文」之美。我們認為，此後者始美最真實形態，亦是美在人類存在中本來意義，前者非是。

一、美學存有論問題

我們對美之探索，是從美在人類存在中之價值與意義言。從人類存在言，「真」有兩種意思：或價值上之真、或事實上之真。從價值言真，所期盼是事物之更美更善；而從事實言真，則只強調事實之現實性及可行性，非從更美更善之意義言。若從這現實觀點觀美，美此時也只感性中之一種取悅而已、只一種快感而已，其本身與真實性無關、亦與生命及感動無關。如此之美，因而與「真」分離，是「真」單純被知性所統攝後，貶義

言之感性美：「色」。如此之美，只感官之愉悅，非一種存在價值與真實。美若有其真實與意義，故須從人類對存在更高向往言，非能只現實之事。任何現實心，故都與美學無關，亦與人心之真實無關：人心因其人性故須為感受性，非只知性或現實之事。美學如是必須為美學存有論，即美作為價值必須從人類存在之真實與意義言。而從此對「美」之思考，主要有兩方向：以物之美為存在之美、及以人之美為美之終極；前者為西方文明，後者為古代中國。「美」與「懿美」此差異，為本文目的。①

二、藝術形上性問題

我們先從藝術源頭說起。

我們都知道，藝術與美並無必然關係。反而，藝術往往醜陋，最低限度，其所表象非必日常、非必以美為本，反而多不可思議地帶有震撼力。若藝術確以美為目的，此時之美仍先為一種震撼力。藝術美是從震撼力、非單純從美言。稱藝術為美，只因其為表象之事、為觀賞對象，非因其為美。

若從源起言，藝術最初也只人類創制活動之一種。而人類

---

① 從物性言之美學，非只物質創造，亦可有其人心對應：如蕭邦心孤寂之美、或貝多芬心力量之美。但這樣美，始終非從人性人倫或人格言。心可只為外在事物之反映，非即人自己努力，故可只存在之美而已，非必與人自身努力或人性有關。相反，意境景物雖可由物而來，但其體現則可為人性與人格，如田園之淳樸、或山水之高逸，二者均人之美，非物之美。

之製造，都先與生活必需有關。正因如此，物品之美先從其使用性而來：越為使用上之善、其物品越美。使用因越簡單淳樸，越有助於使用上之單一與方便，亦越為原初心意之體現；從這點言，簡樸為物品最原始之美；一切裝飾之意圖，故與此美背道而馳。美故先是人心意之美，如物品之簡樸所反映，為人心之簡樸，其美在此。人刻意為美之意圖，因而反顯得不美。藝術作為對美或外表之刻意追求，故顯得矛盾；藝術避開美而不美，可能與此有關。

若藝術作為表象由模擬而產生[1]，因而與物品使用性無關，單純只事物中之"表象"，為事物之形象、偶像性、摹倣性，我們必須問：為何在人類初始，除使用物品外，人類亦同然創制此單純表象性而非實用性之物？人類為何為表象而表象，非單純為實用性而創制？物品實用性與表象性這兩面，原始地已標示人類存在兩面：其現實或形下存在、及其存在之形上性這另一面。藝術因而與存在之形上性本然地關連在一起。我們甚至可說，人類之形上性，本質及本然地，是以藝術之方式呈現。形上性後來轉向現實世界、相對現實世界而言形上，始於哲學。故如在柏拉圖中，哲學本質上與藝術對立。這一對立，非現實世界與形上界之對立，而是一種形上與另一種形上之對立：哲學形上與藝術形上之對立。藝術與哲學形上之對立，直是表象與反表象問題：對表象形上性之肯定為藝術，求為超表象之形上性為哲學。哲學之形上因而正對反藝術所揭示之形上。而藝

---

[1] 柏拉圖摹倣論因而正針對藝術這一原始事實而發，非對藝術任意批評。

術之形上，直從表象體現。這一點，至尼采始為人所明白。

三、表象之存有意義

哲學之形上性其本性始終現實，與物有關。正因如此，哲學世界裡形上事物之超越性往往只「超驗」而已[①]，非絕對地超越或超絕。相反，藝術或形象在人類初期之誕生，則是為在此世事物中，體現那不可見之神聖者、是不可見神聖性之體現。[②] 此時之神聖者，正相反現實與世俗性而言，故亦對反哲學中之形上性。

固然，人類初期「偶像」作為表象物，可單純只宗教性，即對不可見逝去者及鬼神力量之重現。這重現仍可只人類對超越事物之控制方式：透過一象徵性或相似性表象，得以對不可見世界事物之掌控，並借助如此隱蔽力量，塑造其自身世俗與政治力量，或最低限度，虛擬生命及死者之延續。偶像非只對不可見者之顯現而已，更是對此不可見者之私有化、進一步隱藏

---

① 即與此世仍內在地相關連。

② 在這裡，我們是從西方之角度言。中國象形文字則不同。象形文字主要由兩因素構成：形與聲。形是文字之外在因素、聲為文字之內在因素，分別對應視覺與聽覺。文字之衍生，故是由此外在內在因素構成。在象形文字中，形象只為事物之形象化、只表象事物時之方法（文字），非藉由形象指涉一不可見之神聖者。西方文字非象形性，可能與他們對形象神聖性之看法有關。形象本身即為“真實者”之代表，故不能為文字工具。

化。象徵物（偶像）使公開性與隱蔽性更形突顯[1]，而這為一般事物所沒有[2]。公開性、顯現性、與隱蔽性，這也就是表象原始之意義了。而哲學原始之「存在與不存在」問題，只相應地源於此。若"宗教中"「表象」為世俗力量之體現、或為生命力之延續[3]，那藝術與哲學，即人類此兩種力量之更高形態：哲學強調不可表象者之真實，並由此真實形構種種世俗存在力量[4]，而藝術則從表象本身，體現存在之生命力；一者以真實及神聖者在"不可見者"身上，另一者則以真實及神聖性直在"可見者"（如藝術作品）身上。藝術，故亦即種種可見性或表象性之神聖性而已。哲學世界否定生命與眼前表象，而藝術則肯定生命與此眼前表象世界。兩者本性，始終仍不離其對象之"神聖性"。此藝術在西方中之本性真實。藝術亦存有之生命力及表象之神聖與神奇（thauma）而已，一種在世之奇蹟（thaumasia）。如此，我們始明白，為何縱然只表象而非實用物，藝術在人類存在中仍具有如此地位。表象之真正意義，亦由此而明。

　　希臘所以為西方藝術之源頭，正因希臘人天性對形象有特殊鍾愛。希臘人從形象見生命之神聖性，亦從形象立存在力量。[5]

---

[1]　因由不可見者之偶像化，人們可具體地公開或隱藏這本不為人所能控制之超越者。偶像使公開性與隱蔽性此世化、人間化。

[2]　一般物品只有用無用、貴或賤、雅或俗，但非隱與顯。

[3]　前者為個人在世界與他人中之生存力量（權力），後者則為人自己生存之內在生命力。

[4]　連知識亦只一種存在或生存力量而已。

[5]　尼采說：「詩人之為詩人，就在於他看到自己被形象圍繞著，它們在他面

從藝術世界所見，故亦生命力量而已。此藝術之根本。但是，生命力雖為生存最高力量，然因只關連於物，故始終只一種生物力量。由於一切生物之生命均從其周遭物資而來，故表象對人類言，始終只一種物資而已，仍與物有關。人類固然必須有其生命喜悅，然如此喜悅是從“事物表象”抑從“人倫”而來，其真實性差距很遠。人從人而得之喜悅，這始是人類更高真實。從物或表象而來之喜悅，由其仍只虛構或構造性，始終非對人作為人言本然真實。藝術及其美，終究地言不及人之美美。孔子故明白指出：「里仁〔始〕為美」。故在藝術美之上，是仍有人懿美之可能的。

四、從希臘悲劇探討藝術之形上性

若西方藝術源於希臘對形象之熱愛，那希臘藝術則源於悲劇精神，或最低限度，以悲劇為其表象內容[①]，故亦於悲劇中，凝聚了其全部本質。從柏拉圖對神話及悲劇詩人之攻擊可見，悲劇在希臘藝術中、對希臘人言，是多麼地根本。尼采所言作為藝術精神之本之悲劇，實由兩方面構成：一為藝術形式之表

前生活和行動，他洞察它們的至深本質，這是再確實不過的了。」尼采《悲劇之誕生》第八節。

[①] 希臘藝術或以悲劇、或以神話為內容。但神話與悲劇，二者始終一體。從神話與悲劇內容之一致，實可體會，人或人與神之問題，始終為藝術最原初內容對象。「人」如是始終為根本。

象性或形象性①、另一即為使藝術發生之原因：人類存在之痛苦與恐懼②。藝術源於人類存在之恐懼，而其形式則為表象。美因而是由人類試圖擺脫其存在恐懼始誕生。愉悅與美亦因而關連着：優美使人再見不到恐懼、而崇高（壯美）則使人超越恐懼。若千篇一律③本身是一種死亡現象、並因而帶來恐懼感，那美相反：美帶來生命，無論使人遠去恐懼、抑由其創造性使人感到存在生命力量。

但為何是悲劇？為何這使人克服存在恐懼之藝術形態為"悲劇"？悲劇所以高於一切其他藝術類型，因作為表象所涉，非只"物"之摹倣而已，更是"人"之問題。悲劇表象之美，正是人之美。不過，由於形象原始地與神性結合在一起，悲劇所言"人"，故仍只神性之"人"，換言之，"神"——悲劇英雄。英雄由承擔人類痛苦而為「神性」。作為形象，是日神的；但作為神性，則是酒神的。悲劇英雄因而體現酒神精神，為酒神之形象④。

---

① 在悲劇中即舞台上演及英雄等形象。藝術中構成素幾近全是表象因素。

② 尼采把藝術這兩方面歸結為日神與酒神，為人類兩種原始及自然本能。人類面對其存在恐懼，故只有以藝術一形式解決；而尼采以此為自然及必然的。然這樣觀點仍須討論：相對人類存在困境之解決言，藝術為唯一必然、抑只為偶然？同樣，美本質地與藝術相關、抑只偶然地關連起，這亦須重新反省。

③ 佛洛伊德之「強迫性重複動作」，為死亡本能之一基本現象。

④ 「希臘悲劇在其最古老的型態中僅僅以酒神的受苦為題材，而長時期內唯一登場的舞台主角就是酒神。但是，可以以同樣的把握斷言，在歐里彼得斯之前，酒神一直是悲劇主角，相反，希臘舞台上一切著名角色如普羅米修斯、俄狄浦斯等等，都只是這位最初主角酒神的面具。（…）一個真實

尼采發現，悲劇在其最初期，只有悲劇歌隊，未有悲劇英雄形象。歌隊所表徵，為希臘人心中人之本真形象；這樣之人，是酒神氣質的。① 若無論歌隊抑英雄，酒神氣質始終對希臘人言為人之本真真實，那這真實是怎樣的？簡言之，人應是在文明外，生命自然力量之一種存有，在其神聖極致中（如酒神或悲劇英雄那樣，縱使在生命極度痛苦中），仍無比樂天及積極、無時不對生命及生存有所肯定。所以能如此，因對酒神精神之人而言，存在痛苦是形上的、快樂亦是形上的。在悲劇英雄中，一切人類痛苦非人類因墮落造成，而是由神所降。因而如此痛苦，仍偉大、非人類地低俗。相反，在文明人中，無論痛苦抑快樂，其本性都只世俗，因而難以忍受。存在問題因而非在痛苦快樂，而在神聖抑世俗。世俗性使存在無意義、使存在虛無。而人之真實，因而也只能從其神聖求索、非能由世俗性。兩者差異就只

的酒神顯現為多種型態，化妝為好像陷入個別意志羅網的戰鬥英雄。現在，這位出場的神靈像犯著錯誤、掙扎著、受著苦的個人那樣說話行事。」尼采《悲劇之誕生》第十節。

① 「希臘人在薩提兒身上所看到的，是知識尚未制作、文化之門尚未開啟的自然。因此，對希臘人來說，薩提兒與猿人不可相提並論。恰好相反，它是人的本真形像，人的最高最強衝動的表達，是因為靠近神靈而興高采烈的醉心者，是與神靈共患難的難友，是宣告自然至深胸懷中的智慧的先知，是自然界中性的萬能力量的象徵。希臘人對這種力量每每心懷敬畏，驚詫注目。薩提兒是某種崇高神聖的東西。（⋯）這裡，人的本真形象洗去了文明的鉛華。這裡，顯現了真實的人，長鬍子薩提兒，正向著他的神靈歡呼。（⋯）我們可以把原始悲劇的早期歌隊稱作酒神氣質的人的自我反映。」尼采《悲劇之誕生》第八節。

在「存在力量」而已,因神靈所以為神靈,也只在力量而已。對
反悲劇之柏拉圖,其心目中理想國之理想人,也只世俗人而已:
一旦依賴法律與知識規範而活,人也只能是世俗,再無獨立性
或獨立力量。正如尼采對普羅米修斯之形容:「這位泰坦藝術家
懷有一種堅定的信念,相信自己能夠創造人,至少能夠毀滅奧
林匹斯眾神。這要靠他的高度智慧來辦到,為此他不得不永遠
受苦來贖罪。為了偉大天才的這個氣壯山河的『能夠』,完全值
得付出永遠受苦的代價,藝術家的崇高自豪──這便是埃斯庫
羅斯劇詩的內涵和靈魂。(⋯)人要自由地支配火,而不只是依
靠天空的贈禮例如燃燒的閃電和灼熱的日照取火,這在那些沉
靜的原始人看來不啻是一種褻瀆,是對神聖自然的掠奪」(尼采
《悲劇之誕生》第九節),人之世俗性正在其存在之依賴性上。尼
采所以對力量如此肯定,因唯於此,人始是神聖的。相反,柏拉
圖所以對神話批評,正因神話中神靈形象,對柏拉圖言,與神本
質相違;神之本質應在:「神不肯定是實在善的嗎?(⋯)關於
諸神的法律,故事要在這個標準下說,詩要在這個標準下寫──
神是善的原因,而不是一切事物之因。(⋯)神和人都盡善盡美,
永遠停留在自己單一的既定形式之中。」(柏拉圖《理想國》第二
卷)換言之,神話及神靈形象應受國家法律(理性)限制,因唯
國家法律始為以「善」為規範。神與人對國家之依賴,這是另一
種存在之始──人與神世俗存在之始。而國家,亦存在上世俗
性之本或世俗性普遍化之機制而已。尼采所指"人類文明",亦
如此一種既無獨立力量、亦純然在制限中之存在而已。人之世
俗性,因而正在其單純依賴人為制定之規範與形式、以之為價

值與真實而向往上。並非人類不能有所共同，而是，人類之共同處若非來自其自然本性本身、而是來源於人為地制定之事物（法律規範），如此依賴與自我否定，將使人失去自覺及自身獨立性之可能與真實。人之自覺與獨立（中國所言之「己立」），始人真正價值。言世俗心態之偽，實言此人性自覺性之放棄而已、人不再為自身之真實而反省而已。藝術對反世俗時之神聖性、其對創造之渴求，對西方世界言，所求正在此。

若哲學觀下之世界乃一世俗世界、若後來之悲劇舞台及戲劇（Euripides 後之悲劇與戲劇）只是世俗現實世界之反映[1]，那哲學對藝術之反省與解釋，換言之"美學"，正是對藝術形上真實之抹殺過程。藝術後來歷史，多少受到這樣方向改變。光看亞里士多德《詩學》，悲劇英雄再非從人之本真形象解釋，而只從相對現實時之"好人與較差之人"言：「既然摹倣者表現的是行動中的人，而這些人必然不是好人，便是卑俗低劣者（性格幾乎脫不出這些特性，人的性格因善與惡相區別），他們描述的人物就要麼比我們好，要麼比我們差，要麼是等同於我們這樣的人。（…）此外，悲劇和喜劇的不同也見之於這一點上：喜劇傾向於表現比今天的人差的人，悲劇則傾向於表現比今天的人好的人。」[2] 日常人之世俗性，於此已是人唯一自然樣貌。而詩（悲

---

[1] 寫實主義問題非在寫實本身，而在其所寫之「實」究竟是甚麼。我們是不應以為，現實世界是必然地或自然地世俗的、以為世俗世界是唯一的。表面的現實，並非必然是真實本身。

[2] 《詩學》第 2 章。同樣參考第 13 章：「首先，悲劇不應表現好人由順達之境轉入敗逆之境，因為這既不能引發恐懼，亦不能引發憐憫，倒是會使人

劇詩）之為詩，非再是人自身形象，而只故事情節（mythos）而已。柏拉圖反對悲劇中人之神性，因在他心中，人也只社會性或國家性；亞里士多德所以能對悲劇肯定，因對他而言，連悲劇英雄也只日常人物而已。亞里士多德之所以能對藝術肯定，因藝術也只世俗悅樂、只提供快感，再無神聖性。這樣觀法，為《詩學》首創。《詩學》對藝術觀法之世俗化，總括地言，有以下幾點：

1. 人性（人）也只日常人之世俗性。

產生反感。其次，不應表現壞人由敗逆之境轉入順達之境，因為這與悲劇精神背道而馳，在哪一點上都不符合悲劇的要求 —— 既不能引起同情，也不能引發憐憫或恐懼。再者，不應表現極惡的人由順達之境轉入敗逆之境。此種安排可能會引起同情，卻不能引發憐憫或恐懼，因為憐憫的對象是遭受了不該遭受之不幸的人，而恐懼的產生是因為遭受不幸者是和我們一樣的人。所以，此種構合不會引發憐憫或恐懼。介於上述兩種人之間還有另一種人，這些人不具十分的美德，也不是十分的公正，他們之所以遭受不幸，不是因為本身的罪惡或邪惡，而是因為犯了某種錯誤。這些人聲名顯赫，生活順達，如俄底浦斯、蘇厄斯忒斯和其他有類似家族背景的著名人物。」但事實上，對亞里士多德言，悲劇並非以人、而是以故事情節為主。而人更非從其人格、只從其作為行動言而已：「事件的組合是成份中最重要的，因為悲劇摹倣的不是人，而是行動和生活〔人的幸福與不幸均體現在行動中；生活的目的是某種行動，而不是品質；人的性格決定他們的品質，但他們的幸福與否卻取決於自己的行動。〕所以，人物不是為了表現性格才行動，而是為了行動才需要性格的配合。（…）此外，沒有行動即沒有悲劇，但沒有性格，悲劇卻可能依然成立。」《詩學》第6章。我們這裡暫不討論亞氏《詩學》，但《詩學》確實決定了後來從哲學觀點對藝術及美學之一切觀法。其要不外否定藝術及美學之形上性，而以種種快感及世俗欲望作為藝術唯一基礎；換言之，否定人自身之形上性及神性，代之以世俗性而已。

2. 悲劇只表象行動、情節、故事①，而非人之偉大性格與生命。然事實是，悲劇本來只以舞台表象為本體，特別以歌隊為本，非如亞里士多德以為，以情節為本體（ousia）。

3. 藝術再非是生命之形上活動，而只是一種作品制作。「詩學」（poièsis）一詞本只「制作」意思。《詩學》一書亦只為對悲劇作為制作之描述，從其元素及技巧方法等，因而開啟了藝術與 "技藝" 之內在關連。②

4. 藝術之目的或功效（ergon），只為對現實中恐懼情緒之淨化、只一種快感之事，非人類在現實外，從存在而見之更高真實及其所帶來之形上喜悅。③

5. 藝術之情愫只是日常幸與不幸所生之情愫而已。連悲劇逆轉結構之快感與痛苦，也只是由此幸與不幸所生之恐懼與憐憫而已。

---

① 事實上，在平素中，人無法透視他人及人性、無法對他人（陌生人）理解，唯透過小說故事（事情情節）前因後果之敘述而已。文學與小說之意義因而在此：藉由故事對人性作勾勒。然這種理解，最終目的非為明白人心，只為明白所謂世俗人性或人性事實而已；對誰是誰非故事性之求索，因而只為滿足好奇心、非為對人真正明白。亞里士多德以悲劇只為情節，所言正在此。

② 當柏拉圖把藝術視為摹倣，已實從技藝觀藝術。不過，把一切人類活動只視為技術，這是柏拉圖之世界觀，視一切均只為物而已。工匠故是理想國之英雄，亦是後來製造宇宙之唯一神靈 —— 工匠神（démiurge），見 *Timaeus* 一書。

③ 酒神之喜悅，正是對反在國家社會中人之個體化、及人與人分離這樣現實。酒神之喜悅，因而是對反世俗生活中幸福而言的。

6. 最後，詩所言真理，只是歷史中人事所有之普遍事實、只人世事情，非人之更高形上真實。①

以上幾點，已把藝術對象、內容與形式、本質、目的、情愫、意義定型了。藝術一旦被視為只是對現世（現實）之表象，其一切只盡於此。在哲學所期盼形上世界下，現世（現實）之一切，也只能具有世俗價值而已。

五、藝術與存有

若如我們所說，哲學以物性現實性對立藝術本有神性，因而求為對藝術轉化，那在哲學之後，藝術及美學在歷史中有怎樣的改變？柏拉圖及亞里士多德固然把藝術只視為技藝制作甚至一種摹倣之兒戲，但假若仍從可有之真實性與價值言，在哲學中之藝術，將怎樣成其真實？這時明顯，藝術也唯有以「存有」之真實為內容或對象。仍舉柏拉圖為例：對柏拉圖言，存在中至美的，仍先是「理形」而非任何感官事物②，因而藝術若有其真實，也只能是以表象求為對「理形」或「意念」（ideas）真理之

---

① 有關柏拉圖及亞里士多德所言真理，可圖表如下：

柏拉圖	亞里士多德
理形（物之普遍性）	詩（人事之普遍性）
↑	↑
具體物（技藝）	具體人事（歷史）

② 見《理想國》第 5 卷及《會飲篇》。

體現而已。由於哲學以「物」存有為至高，「理形」也只「物」之理形，故藝術其真實性也必然落為只是對「物」之表象、一種以「物」為對象之藝術，再非以人（神）之美與真實為內容。而作為「理形」，藝術所追求對象，變為一種「理想」事物、事物在其至理想狀態；換言之，「完美」為表象唯一價值。藝術失去作為使現存事物呈露出種種生命力及使見存在正面性這一重大意義，更失去以人其神性真實性這一根本目的。藝術中之「完美」雖仍似一種真實，但再非是存在上的。因而自哲學始，藝術雖仍為對真理之一種體現或表象，然都再無法擺脫「存有」這一種真理模式。「存有」所指，為存在「事實」之真[1]，非存在生生「生命」之真。「真」本身之改變，不再相關人與存在之真實、而只是意念的、物性本質的（eidétique），甚或只是其反面，現世事實之描繪（寫實），但都非引領人見存在之真實致有所肯定與喜悅、非再是對存在美與善之「實現」，只對存在事實真實（存有）之一種「觀見」[2]而已。藝術只一種「觀」，如知識之「觀」那樣；因自哲學世界始，真理只能透過「觀」而得，非從實現、體現而有。

---

[1] 存在或世界"構造""構成"之真，其「是怎樣」之真，非其「應怎樣」或生生喜悅之真。換言之，只是「真」而非再是「喜悅」。此「知性」與「感性」之真所有差異。

[2] 近代之藝術存有論，故以藝術作品為時代存有觀法之體現，如："La peinture peint les conditions de la visibilité selon leur modalité historiale (…). L'espace du tableau est avant tout un espace de la manifestation et non un espace de la représentation. L'espace pictural est la mise-en-oeuvre de l'exercice du regard, selon ses modalités historiales." Eliane Escoubas, *L'espace pictural* (Encre Marine, La Versanne, 1995) p.15

一旦至真實者乃理形或“意念”，藝術與人之存有關係，只落為人心靈中“意念”與作品間之關係。“意念”或美學意念^①因而支配着藝術，並成為其真實。從單個作品言藝術意念雖似為創造，然從整一時代言，始終只其時代存有之反映而已。

舉文藝復興繪畫為例：文藝復興在遠去中世紀以心靈內在性為真實時^②，與其時代存有觀一致地、以「空間之外在性」為真實。一方面這是回歸希臘哲學中「物世界」之地位，另一方面亦是配合其時物理學（自然科學）「物」之真理性。「透視法」之出現，正為表象人心靈再非內在自身（如中世紀）、非割離於自然界外之純然精神，而是滲透於空間內而與空間一體相連者（故為透視）。透視法之存有意涵故如下：

1. 空間性乃事物之本質特性，亦結構着世界之存有。

2. 透視之穿透性，把空間提昇為在物質之上，而物質無法阻隔存有，一切通體透明。人之觀看，因而可直穿透事物，而及其內在真實。解剖學之意涵亦相同。事物之內在與外在因而一體。透視使內在外在化、亦使外在內在化。物質之立體性與空間之平面性同一，借由空間，物質世界本身同為觀念性（idealistic）。物質之物理世界，由此而達其形上真理性。

3. 人心靈內存於空間，與事物世界一體連結。心靈只空間中一

---

① 康德稱美學意念為作品之靈魂。見《判斷力批判》§49。
② 中世紀唯以內心真實為真實，否定一切感官物質性，因而藝術只能是一種象徵。在他世思想中，真實無法從現世事物而得，現實中之一切表象，故只能為象徵，無法有表象上之真實關連。

觀點位置而已，非超越之精神存有。這樣心靈，也只一觀者而已、一認知心而已，非精神之內心世界。

4. 由空間而致之世界結構，本身是一種技術性、數學比例上之存有。存有本身是一種「藝」（technê）。存有之認知因而為方法性，存有論也只一種 mathematica universalis[①] 而已。

5. 表象不再是對實體本身之表象、不再是對看不見神聖者之表象，其自身即真實本身。由於表象即為存有之模式，故世界為一表象界。如此表象，已失原初表象之意涵：再非神聖者之體現、再非具有神聖性；因世俗世界內之一切事物，正就是此表象本身。之所以仍是表象而非是事物，因這時事物，只相關於主體觀點而言。表象由對神聖超越者客體義之表象，轉移為主體及主體義之表象，為表象神聖性轉移為世俗性之關鍵。隨着此意涵之轉變，所表象內容亦相應地轉變：藝術體現世界中之明暗、距離、角度，換言之，藝術是一種假象之美學（une esthétique de l'apparence），而存有本身也只表象之遊戲而已。若藝術為從表象中而得之生命力，那從文藝復興後，生命力變為在表象遊戲前之一種愉悅、一種遊戲力量、遊戲之健康，再非形上之生命力。[②]

6. 存有由是是清楚分明的（笛卡爾之 clear and distinct），非隱蔽躲藏的。

---

① 笛卡爾之概念。見《心靈之指導原則》一書。

② 這是為何在美學中，特別自康德美學後，健康性、遊戲性、想像力之自由遊戲（從康德、席勒至海德格爾）等成為美學及存有之基本觀念。

　　於此可明白，為何自文藝復興始，藝術與自然（Nature）如此緊密地連在一起。因此時「存有」，實亦自然界而已。[1] 自然與其規律，對立心靈之形上性（spirituality）。柏拉圖視為崇高之理念（Idea），只落為在人心中之一物，連「神」對笛卡爾言也只其心中一意念而已。不過，我們不能因這一存有觀法上之轉變，以為人對藝術之看法已有別於柏拉圖對藝術意義之改變，反而我們應視之為同一的，即藝術之真理也只「存有」之真理，唯「存有」有所差異而已：希臘時期哲學求一種物自身（理形、實體）之形上真實，而自文藝復興始，所求則只為在自然界中之物，並以此為真。西方歷史與文明，都只在如此形上性與世俗性之間。西方「存在」，只在「存有」之中而已。

　　若文藝復興把存有事物只視為在空間中及作為被看而言[2]，相反，在浪漫主義中，空間不再是白日的空間，而是黑夜的。白日的空間是物理空間、形的空間，而黑夜的空間則是心靈內在的空間、情愫及精神力量的空間。原因在於，自康德後，在德國觀念論中，主體及其內心再一度為存有之最高真實。世界雖仍只當下眼前之存在真實[3]，但是精神化了的。因而世界之人文

---

[1]　自然界之美學意義在：在自然界前，人心靈是優美、光明清透的。在此時期，自然界是「存有」在現象中之體現，為物之新形態。

[2]　因而事物不再是物自身，而是表象。

[3]　對德國觀念論言，眼前世界為世界唯一真實內容，因而真實的是「現象」、非「物自身」。德國觀念論的公式因而是：「中世紀精神性 ＋ 文藝復興現世事物（現象）之真實性」；現象雖為真實，但非物理化、而是精神化的。

性，對反世界之物理性。讓我們同樣對浪漫主義存有觀作歸納：

1. 浪漫主義之精神性，非來自面對另一更高心靈（神），而單純來自自我本身。自我確實自笛卡爾後已突顯為主體，亦為第一個真理。然因內心再無更高對象，故也只能是面對現實存在之心境而已，由是而自我之心變得暗晦。「存有」先前形上地隱蔽（不可見），今則轉化為心靈或內心黑夜般隱蔽。固然自我於其正面時（作為主體）仍自由及主動，然在現實前，自我無能自由及主動，除非如謝林說：「自由之至高無上的意義以及最高的勝利，便在於此，即：甘願忍受因不可避免的罪愆而招致的懲罰，以期以其自由之喪失正是証實這一自由，并以捐生顯示其自由意志。」（《藝術哲學》下部論悲劇部份）。事實上，無論是正面的自由自主抑負面的存在心境，都是以人所感為真實、非以存在事物為真實。因而由人心境所致之種種現象，從夢境、個人主義、民族熱情、至內心之種種激情情愫①，雖均無客觀性，然都變為首要真實。從浪漫時期之繪畫與音樂即可見此。

2. 對等心靈之暗晦，存有同樣無區別地混為一體。存有再非清楚分明，而是一種神聖的混亂（divine confusion）：主客體同一、善惡失去差異性（超善惡）、自由與必然性結合、無意識與物欲世界等同，連黑格爾之辯証法（否定之否定）及尼

---

① 在浪漫主義中，情感或情愫是不確定的、無特殊原因的。縱使是喜悅仍會帶有憂傷。在如此心靈深處，也即愛而已。此時，愛非對對象之欲求，而是本性為愛之心靈自身，一種對生命之愛，如在死亡之邊緣上那樣。

采酒神"醉"之精神，都與此在根源上有關。如是，非存有為存有、負面性為正面性^①，而惡、死亡、病痛、錯誤、罪均有其正面意義與真實。事物世界再無秩序，時而對立、時而溶為一體。種種極端在無中介情況下碰擊在一起，既不協和、亦無解決。其結束往往只是死亡、消逝、或沉睡了。^②這樣的矛盾有時被偽裝地化解為較快的追逐（passages）^③或由多采的 "Carnaval"（見舒曼鋼琴曲），雜技般地解消了；有時則直接顯現為無極端之中介，中間者本身之獨立（見布拉姆斯之「間奏曲」Intermezzi）。但正如辯証法一樣，在解消種種二元對立過程中，其自身已變為一種極端、一獨立個體、另一絕對，再非只是過渡或消解。此浪漫精神下之世界存有。

3. 若黑夜為浪漫主義真理，這是因為，在黑夜中，世界均被淹沒，所浮現的，是另一在現實外之形上真實 —— 人心靈之形上真實。黑夜使心靈收斂凝聚，為心靈自然地神聖之時刻。心靈深化其自身，亦自身提昇，如從感官至意識、由意識至自我意識、由自我意識至理性、由理性至精神之絕對性（參考黑格爾《精神現象學》）。人心靈自身因而是宗教性

---

① 負量為正量這一看法，始於康德。見其早期 1763 論文 Versuch den Begriff der negativen Grössen in die Weltweisheit einzuführen 。

② 睡眠非只是白日之反面、非只是休息，而是如母體一樣，生殖一切；也是夢境之時刻，"另一種"生命之源、另一個晦隱的世界。

③ 見蕭邦如《練習曲》（*Etudes*）之作品或快速之樂節，如《b 小調奏鳴曲》Op 35 之 Finale 。

的，而宗教再非外在超越神靈之事。若神聖性在古代本是從超越者而來、若在文藝復興中神聖性降為現世事物本身之真實，那在浪漫主義中，心靈本身是神聖的，非由其對象，而是由其自身。真實是心靈之真實、靜默而誠之真實（見舒曼之 "sehr innig"）。黑夜之真實，如同黑夜之光一樣，沒有照明一切之力量。黑夜中火光如是，星光、月光均如是，仍保留一種暗晦，無法使人完全見呈露之物自身、無法使人遠去夢境，如此而永遠保留着黑夜，使人永只見黑夜，永遠深藏在一種隱蔽當中。這種在黑暗中之生命，非單純的「有」、非單純的「在」。非從有至有時之因果生產關係，而是一種從無至有或從內至外之生力（force germinale），或在虛無中之生命力。（佛洛伊德之生力（force libidinale）及其死亡驅力（death drive）；心靈之潛意識狀態，都實源於此）。

4. 浪漫主義這樣之世界存有，一種完全精神化或內心情愫化之存有，其精神並非一種相反於物質時之觀念性（ideality）。奇怪地，這時之精神性反而是物質性的，如同在這時期之繪畫中，連空間本身也是厚重的物質一樣（見 Rubens 等油畫）。精神本身若非一種「形」、精神若是一種極動之力量，這樣的精神是物質性的，因物質作為重力與質量，只為一強度量（intensive quantum），非「形」之外延量（extensive quantum）。（形或形式從來相反於物質）。在浪漫時期中，繪畫中之一切事物形體（例如人體），因而是物體性（corporal）、非空間性的（spatial）。如同物體以重力或強度為本性，一切世間事物均在力之重量與動態中、都在變形扭

曲中、都是起伏地流動的（fluxionnel）。沒有任何浪漫的精神體不在流動變動中，沒有任何浪漫精神體不同是一種力、一種重力、一種物質力。精神化了的物質世界同使精神物質化，一如以往，以事物形象為對象之知性心靈同使物質世界觀念化。[1] 以上為浪漫主義精神及其時代之存有真實。

六、從存有之美過轉至人之懿美

從以上文藝復興與浪漫主義簡略敘述可見，藝術在西方是存有真理在形象表象上之體現。美因而仍只是存有之美、受存有支配，非美本來之真實。藝術原創性也只一種假象而已，一切仍實源於存有本身。[2] 我們不應以為，心靈之靈性可獨立在世界上。事實上，心靈作為知性或因其對象之必然性而非獨立、或如在浪漫主義中，縱使漆黑一片無真理對象，然此時心靈，仍始終只是反應存在之一種心境而已，仍非獨立。一如人仰望黑夜無對象之星空那樣，其心境仍是屬存在的、從存在而來的，換言之，在星空之下。縱使為自我意識，心靈仍只是存有或存在之一種反應反映，如是心靈並非一能獨立之事物，更非能在存有外而獨立。從存有及存在言，無論是人心靈抑事物世界，

---

[1] 在浪漫主義前身之康德中，主體與對象世界已是相互創發之一種動態關係，再非只一靜態的認知關係。

[2] 在人類世界中，一切創造性或原創性均假象而已，科學如是、藝術亦如是。

均有所依賴而不能獨立地真實。[①] 能真正獨立於存有外，唯「人」及其真實（人性、人倫）而已。[②] 在「存有」下心境之美麗與高貴，故仍非人自己的，只美而已，非懿美。人之懿美見於或立於人與人之間：或從其為人之心志與生命努力（仁與德行）言、或從其直立為人之真實（君子人格）言。讓我們重新回顧整個問題。

七、藝術、表象與人

我們今日事後從已成事實之藝術實踐理解美與美學問題，縱使在此之外亦知有大自然之美，然這一切，始終只視美為「表象特徵」，美於人類存在中因而只落為外在表象之事、屬表象而非屬事物本身，如藝術那樣；如是之美，在人類存在中，故只具次等價值與意義，非如「存有」本身，為價值所在。縱使我們嘗試把藝術提升其地位，以之為至真實者「存有」之表象，除非我們能同時提升「表象」地位，否則，若只是對真實者之表象，「表

---

① 我們這裡所言真實，是從「心」之真實言，即從其純然自主獨立言。物之真實性只事實之真而已、非心"向往"真實時「心」之獨立真實。我們所說的是：心一旦只是面對存在或存有，此時之心或心境，是無真實可能。

② 若相對存在（命）言人無法獨立，那相對人言則可：而此所以能自主自決，亦唯對向他人時（人倫關係），自身人性及仁而已，人其獨立在此；故孔子說：「我欲仁斯仁至矣」（〈述而〉）。西方所謂自由，因仍只從存在始求得，故也只一種感受、非真實；對向存在是無終究獨立自主可言。獨立自主故唯對向他人而已、唯自身是否人性或仁而已，人是無在自身作為人外其他自主獨立性可能。

象」始終只次等而已。「美」從何而言，其價值根本？在如古希臘，藝術作為表象因具有神性，其意義根本而無可取代；今於哲學「存有」後無論藝術抑表象只落為「存有之表象」，地位與價值次等，那「美」是否仍有根本性、抑只能如今日現實，其價值只能從商品言，始終居現實之下？像這樣問題，在古代中國中，即「文」與「質」價值上之不等，故有疑：「君子質而已矣，何以文為？」（《論語·顏淵》）

在回答這樣問題前，仍須分辨清楚：西方思想史後來確是從「存有」走回「現象」本身（見康德及之後哲學），因而「表象」再非從屬於「存有」下，亦可純然為表象自身。但不可忘記：於表象或現象取代存有或物自身時，其價值沒有因而提升，只更低貶而已，原因是：現象只經驗雜多或只精神之歷程，非有真實價值者；去除「存有」只去除「存有」而已，表象或現象價值沒有因而提升。就算是現象學，也只視現象為事實地真實，「返回現象自身」始終沒有對現象價值提升。我們當然可從表象（美）對人之意義求其價值，如古希臘時視表象為生命力激素，故為一種存在價值。然這樣意義，始終只存在偶然價值而已，特別作為生命激素仍可根本地被現實其他激素所取代，故非如神性根本地為古希臘人所肯定。如是表象縱使對人言為有其意義，始終無以為真實。唯一根本性可能故在：非作為表象、非作為他事（如藝術），而直接作為「人」自身之美言，如言人之善那樣。縱使如「文」那樣只由「人」而衍生，因而類同表象，然因是人性本身之體現，其意義直對人、非只作為（事物）表象，故其意義仍根本而重大。唯如此，「美」始根本地重要，並無可

取代，因直是「人」之美故。「美」作為價值，故必須從人而立、相對於「人」及人性而非相對於「存有」言。美及美學之終究意義與價值因而在人自身及人性之建造上（如「文」），非在存在或作為生命力激素言。此始是美本然意義與真實。在「人 ⟷ 表象 ⟷ 存有」三者間，無論是美抑是善，其本然真實仍在「人」而已，非作為表象。而「自然」之美，也只天地之「文」而已，如天地恩澤之善那樣，仍非作為事物之表象言。西方因哲學而導入存有，使美這原始價值與真實只落為景象之美、或藝術美，都無以見美本然真實。尼采雖見悲劇對「人」之意義，然或只作為神靈、或只從生命力量，始終非從「人之作為人」言。此後者，始真正為「美」之真實。讓我們分別從西方及中國討論這一問題。

八、西方中人之形上性

在西方對人之觀法中，其所想像為至美者，如由悲劇所示，也只一形上人格而已。人之形上性，若非從認知能力或位格性等與美（人之人格）無關方面，那也只能從神性，即人其獨立於現世之上，無論如普羅米修斯抑如俄狄浦斯那樣。作為人格，始終仍須從作為人言，若只為神性屬性，仍未必為美，可只一種事實而已。人之形上性故仍只能從其作為人、非作為神時言。因而人之美，是從其無懼之作為、其對痛苦之承受、其超越人性懦弱時之偉大性言。西方所言人之美唯如此。

如此之人固然美麗，但仍非從人性本身言。人之美始終應

在人之限度內、從人性本身，不應從超越人性時之偉大性言 [1]。人之美故應與人性、非只與如神靈般人之偉大性有關，此後者仍非人、非人普遍事實。超越存在之偉大性始終只相對存在，然「人」之平常性、其怎樣人性而美，始「人」之美所應在，人之懿美是從此言。

九、人之懿美

若美作為本然價值在人之美，那人之懿美是怎樣的？

如前所說，藝術作為表象立人類存在之生命力；這是說，人類在美前自然感到生命喜悅、興奮與感動，特別當此喜悅與感動是相關於事物環境及存在境況時，美使我們感到存在意義。稱為生命，是從存在是否值得活而言。藝術能有此意義，也唯因相反現實或存在醜陋而見人心有所向往而言。但我們仍應先明白生命正確意思，始能評估這一切。 [2]

---

[1] 這種偉大性，從美言，即崇高（sublime）。崇高源於兩種意思：或為從最高點觀望時之氣度、或為那超越表象或反表象者。繼亞里士多德《詩學》對人性之世俗化，詩學必然本能地回歸對人性偉大性（換言之，神性）之肯定，故立即有 Pseudo-Longinus 之 *Περί Ὕψους*（*Of the High* 或 *Of the Sublime*）一書。亦由如此作品，重新奠定「崇高」為美之最高形態。從這故可見，人之美仍是美學首要對象。崇高與優美（beauty）所不同，正在於：一者指人自身之美、另一者指存在事物之美；一者從人心靈之美、另一者只從人感性言。

[2] 縱使是來自事物表象之生命感或生命力，然如此生命感，仍先因人對事物

人類生命，若撇開對外在存在反應，其本然真實，先在自身生命成就之立，生命應先從自身努力言。而在一切努力中，為人致力（仁）是努力中至懿美者。仁之心志與生命努力，是人至美麗之心與生命，因其時之心與努力，純一在人而已，再無其他對象、目的、或理由。事縱使可關涉於人，然未必以人之真實為前提，亦未必在人性限度內，可只由於欲望，故非必出於人之懿美。

人之懿美有三方面：人性懿美之本：仁、人自身之懿美：君子人格、及人性懿美之"彰現"：文與禮樂 [1]。

（一）人性懿美之本 ── 「仁」

首先有關懿美之本 ──「仁」。求為人或人類之為「人」，如此致力至為真實、至為懿美。人是不應在他種自覺或求他種真實之心志下存活的。「里仁為美」，這確是美學所應重新肯定之首要原則。當尼采舉普羅米修斯為人之美時，他必然對此為人而致力有所自覺，唯尼采所有自覺，為人之力量而已：「這位泰坦藝術家懷有一種堅定的信念，相信自己能夠創造人，至少能夠毀滅奧林匹斯眾神。這要靠他的高度智慧來辦到，為此他不得不永遠受苦來贖罪。為了偉大天才的這個氣壯山河的『能夠』，完全值得付出永遠受苦的代價，藝術家的崇高自豪 ── 這

確有所愛、先在人心實已懷著美與善，換言之，先在人性自身之美上，非單純表象外來之事。

[1]　中國若有藝術或表象之美，應從此方面言。

便是埃斯庫羅斯劇詩的內涵和靈魂。（…）人要自由地支配火，而不只是依靠天空的贈禮例如燃燒的閃電和灼熱的日照取火，這在那些沉靜的原始人看來不啻是一種褻瀆，是對神聖自然的掠奪。」（尼采《悲劇之誕生》第九節）普羅米修斯之「自己能夠創造人」、「能夠毀滅奧林匹斯眾神」、及「人要自由地支配火」雖都是人類偉大現象，但始終非仁之現象、非與立人（人之真實）有關。當孔子從「里仁」言時，他必自覺到這點。仁非從天下之仁或個人之仁言、非從人之偉大性言，而是從平淡之日常關係、在人與人之間，非在人與神或人與物之間，如此之仁再無存在上或外在之依賴，故得以顯人類自身“作為人”時之真實與獨立自立，既再非存在之反應、亦非自我之顯赫，如此始屬人性之真實。「里仁」非偉大景象，更非人類其神聖時刻，故為人性至平和平實懿美之體現：在天地間至懿美之景象、人懿美之景象。美本然價值及意義應立於此。能使人如此地美，這始美之意義與真實；從表象言美，故只如不能時之彌補而已。對人之美，尼采實也明白，故說：「沒有甚麼是美的，只有人是美的。在這一簡單的真理上建立了全部美學，它是美學的第一真理。」「如果試圖離開人對人的愉悅去思考美，就會立刻失去根據和立足點。『自在之美』純粹是一句空話，從來不是一個概念。在美之中，人把自己樹為完美的尺度。（…）他在美之中崇拜自己。」又：「如果把道德勸誡和人性改善的目的從藝術中排除出去，那麼，不用多久就會產生一個後果：藝術完全是盲目的、無目標、無意義的，簡言之，為藝術而藝術 —— 一條咬住自己尾巴的蛔蟲。」然尼采在這些話背後所理解的，仍未正確，因而有：

「人出於他自身的豐滿而使萬物充實：他之所見所願，在他眼中都膨脹、受壓、強大、負荷着過重的力。處於這種狀態的人改變事物，直至它們反應了他的權力，直到它們成為他的完滿之反應。這種變得完滿的需要就是 —— 藝術。」「藝術是生命的偉大興奮劑，怎麼能把它理解為無目的、無目標的，理解為為藝術而藝術呢？(…)悲劇藝術家傳達自身的甚麼？難道不正是在他所顯示的可怕可疑事物面前的無所畏懼的狀態？這狀態本身是一種崇高的熱望；凡了解它的人，都對它懷有最高的敬意。」(以上引文，見《偶像的黃昏》「一個不合時宜者的漫遊」第 9、19、20、24 幾節)。

(二)人作為個體自己時之懿美

　　若美本然在人，那作為個體自身之美又是怎樣？相反於普羅米修斯，個體從至沉默之德行言，如《論語・學而》首句所言人格：「學而時習之，不亦悅乎。有朋自遠方來，不亦樂乎。人不知而不慍，不亦君子乎。」為何個體真實性、其懿美從「人不知而不慍」言？若人生命本然真實非在其對向存在(如恐懼與困難)而在其怎樣立己而為人，人格之懿美亦應相對此而言。如同悲劇從反面情況見人自己之美，在孔子句中，人自己如此為人致力生命及心志全不為人所知見時，其懿美由如此生命至困難時刻而顯[①]；由此可見，一如徒然"為人"之生命而仍無怨無尤無

[①] 困難非從對象，而從一己生命言；於對象之困難自己仍可有所顯赫，故未如「人不知」時困難。

慍悔之心，其為個體生命、其默然為人無己之心與努力①，故為人其個體至懿美時刻。人之偉大不應從其外在成就言，成就之偉大仍有涉份位與命運，非單純人自己之事。甚至，成就之偉大仍可由求為自我而致，非仁無我之努力。故唯當人純然為人、絲毫無己之心志、甚至生命不為人所知所明時，其作為個體之懿美，最是偉大而真誠，非有所外在成就或知見時。此個體生命之偉大與懿美，一如父母為其子女無限付出那樣。如泰伯：「子曰：泰伯其可謂至德也已矣。三以天下讓，民無得而稱焉」、或如堯：「子曰：大哉堯之為君也。（…）蕩蕩乎民無能名焉」（《論語‧泰伯》）。人個體之懿美如此而極致。

（三）人性懿美之彰現

除人性及個體外，最後，我們應怎樣理解人性懿美"作為彰現時"之現象？這對等表象、亦如景象般呈露之美，當其從人性而非從事物形象之美言時，主要有兩方面：一為直接在人與人間之「禮」、另一順承此禮之美而於事物中體現為「文」。我們先討論前者。②

人與人間關係主要有三形態：如朋友般平輩關係（亦含人一般關係）、上下份位或職能間關係、及親屬或有親情之關係。體現在這三種人倫關係中人性之美分別為：「和」、「敬」、與「情

---

① 相對生命力言，生命努力更屬人自己；生命力仍可只一種生物力，唯努力始屬人自身，並是其人性的。
② 有關禮詳盡之討論，請參閱我們對《論語‧八佾》之解說。

感」。三者直為由人性向而有之懿美，而禮因而即在人與人間如現象般 [1] 呈露之「人之美」。人性是說，非來自其他，而直是人所感、其性向所在，因而亦是人作為人之真實。無論是以儀式、抑只平素言行，故都應有此「和」、「敬」、與「情感」之人性，如是一共體始以禮行。禮故非行為規範，直是人性感受所求而已。不以禮行只違逆人心，為行為之惡與醜陋。禮如是於人必然，人其存在之美在此。

如禮這樣人性性向，若更體現於事物、於作品、甚或如音樂樂舞般為文化制作，即為「文」。文即人性懿美在事物或在景象中之體現與反映。所體現為人性之美始稱為「文」，否則只「藝」或其他美而已。而若非為人倫間禮之美，仍須最低限度為人其人格之美，如上言君子那樣。

作為禮及作為「文」之體現、其體現時之形式形態、其形態

---

① 　禮或體現在人對待人之行為中、或體現在儀禮中（如喪與祭），均為可觀見如表象般層面；雖為人自己行為，然為對方及他人所觀見。禮如是似有對等悲劇中 drama 表象（mimèsis）這一面：因 drama 本即行動意思，而戲劇及悲劇所表象或上演，正是人之行為與作為。西方把這人之行為以一虛擬方式展示，而所展示只為行動開展時之故事情節，這實只把人之行視為如情節般因果關係而已，非視作人性之體現。作為虛擬表象，故非如禮於生活中真實，其美亦與真實無關。又因作為表象只求為顯示神聖性，故如一般戲劇，更不以人性為對象，所求多只人之惡或存在所有惡而已，因唯對惡之恐懼始有超越性可能。直接而真實事物本無需表象，表象只與不真實者（不能平素直見者）有關。人類行為被表象化及戲劇化，這是人類行為偽化之始。「戲劇化」一詞本含「偽」之意。如是，我們實不應稱禮為表象或現象。

之美，在「居後」之謙讓或在素樸之雅正，由此而正力量與自我之突顯。禮與「文」之美故與人性德性有關，為德行之體現而已。中國藝術及詩文，所啟導興發亦在此：或以君子人格生命為對象、或以人倫和、敬、愛之美為內容；於景物所求，亦此人心之懿美與境界而已。「居後」與素雅故構成「文」形式與態度之本質。一如「仁」在先人後己，人性德性之懿美在其表現時，亦在「後」而不居不驕之美、素或「後素」之美 [1]。事物之美，故唯在「居後」，否則無以為美、無以為德行地美；美之極致唯從此言。事物之為「文」，故是在其自身外，更體現萬物此不爭而居後之德性。文之美是從此言：為事物自身美之上更高一層美之體現，美至高和諧境界。

西方藝術在所表象內容外，若從作為存有之姿態言，如文藝復興之透視法及浪漫主義之物體精神性，實為我們這裡所言「文」所對等；「文」對等存有在表象中或在存在中之姿態。存有之姿態 ——「藝」是在表象中存有體現自身時之樣態，而「文」則是人懿美在表象中體現時之樣態，因而「藝」與「文」分別為「存有之美」與「人之懿美」在表象中、在表象自身之美上，導引其美達更高形態而真實者。存有在其自身突顯其自身，而人本性居後並一體和愛，故唯在相互間體現。二者可圖示如下：

---

[1] 參考《論語・八佾》有關禮與文之本質說明：「子夏問曰：『巧笑倩兮，美目盼兮』。素以為絢兮，何謂也？子曰：繪事後素。曰：禮後乎？子曰：起予者商也。始可與言《詩》已矣。」如同禮之為禮在「後」一德性，「絢」之所以美亦唯在「素」上；「巧笑」之善故由「倩」、「美目」之美故由「盼」。絢之素與禮後精神，因而為「文」之本質。

存有 ⟶ 表象 ⟶ 藝

人性 ⟶ 表象 ⟶ 文

西方與中國之藝術精神，盡於此差異。

若西方藝術為對存有之顯露，那中國藝術除是人懿美之體現外，其意義更在興發人這本然人性真實，此「興於《詩》」所言。非求為生存之生命力，求為人性之美善而已。

表象確本有顯露真理之意思，但人類視甚麼為其存在中真實，這決定著表象之形態，甚至決定著美與善本身。現今人類及其歷史，非人決定其自己、其存有，而是存有決定著人。存有之偽及人之偽由此。悲劇與藝術之誕生，在哲學前，已促成這一切、已促成人類悲劇之命運。雖然如此，存有仍可一日不在，唯人始終是人。

我們雖只草草從美學中回觀這歷程，然在我心中，始終仍懷著人之懿美而已。

公元二千零二年四月二十日

在存有中之主體，與作為人之主體：
我與存有

前言

人類縱使擁有對萬事萬物知識，但若缺乏對人自身之反省，如此知識對人類存在仍無善。古希臘格言「認識你自己」確然根本。但在西方全部學問中，這樣反省始終闕如。西方因以「存有」始為真理，故思惟只知向外，不知反身自省。有關「人」一問題，西方也唯有問「人之存有」，非直對「人」作反省。「人」與「人之存有」故屬兩不同問題，如同面對人與把人視作對象而思是兩完全不同之事一樣。

西方哲學史軌跡雖從「物」真理回歸「人」真理，但這樣表面正確歷程，沒有達到對人真正了解，反越形錯誤，原因在於：「存有」正構成人類對自身認知或反省之阻隔，「人之存有」並非對人真正理解，只更虛假而已。「存有」怎樣阻隔了「人」？我們應怎樣理解真正之人？這是本文章之目的。讓我們先簡略地回顧「人之存有」這一歷程。

希臘人與世界之本質關係

韋爾南（Jean-Pierre Vernant）在其晚期著作中：《神話與政治之間》①，有關希臘人作了非常深刻之分析。一方面，對希臘人

---

① 余中先譯，北京三聯書店 2001 年 1 月出版。

言，人與神不可跨越地絕對分隔開 ①，但另一方面，因希臘人完全無個體自我之私下內在性，故一旦當人進入世界或城邦時，是可致力如神靈般之美善，唯此美善只從城邦、非從個體自己言。希臘人生命與存在之一切，都從客體世界而來、從客體世界而立。世界本身因非由種種自我利益所匯集而成，故是一神靈與宗教「無我世界」。②

> 「這世界『充滿着神明』。（⋯）被激活的、受啟迪的、生動活潑的自然以其活力而近似于神（⋯）。自然確實是 daimonia 的，即『精靈附身的』（⋯）。世界是美的，如一個神一樣。（⋯）
> 表現出世界並不一定要使它現存於我們的思想之中。倒是我們的思想與世界有關，存在於世界之中。人屬於世界，他與世界有關係，他通過共鳴或默契認識世界。人之存在，從根本上說，就是一種存在於世。」（《神話與政治之間》p 197 至 p 199）

自我個體或後來西方之主體性，不存在於希臘。韋爾南說：

> 「人類主體在世界中的介入，要求個體有一種與自己關係和

---

① 人及人性無法轉化為神及神性。然在基督教思想下，人死後則具有神性可能。「靈魂不滅」因而已表示：人不只是會死的人。希臘人則沒有活在他世之可能，不朽者與終有一死者本質上無法跨越。
② 若從世界本身而不從人性考慮言，宗教性世界為世界中至美善者。此宗教之意義：從「世界」與「存在」方面言之至美善者。

與其他人關係的特殊形式。德爾斐神廟（Delphes）的格言『認識你自身』，並不像我們傾向於猜想的那樣，宣揚一種向自己的回歸，以期通過自我內省和自我分析，走向一種隱藏的、不為他人所見的『我』——它可能被當成一種純粹的思想行動，或者當成個人隱私的秘密領域。笛卡爾的我思，即『我思故我在』，對希臘人對於自己的認識來說，恐怕要比對他對於世界的經驗更為陌生。兩者都沒有被放到他的主觀意識的內中。對於神諭，『認識你自身』意味着：弄明白你的局限，要知道你是一個終有一死的凡人，不要逞能與神明去媲美。（⋯）

眼睛不能夠看到它自身：它必須永遠把它的視線導向一個位於外界的物體。（⋯）神『對於那些想評判靈魂質量的人來說，它是人類事物的最好鏡子，我們正是通過它才能最清楚地看見我們，認識我們』。（⋯）因此，我們的本質，我們的形象和我們的靈魂，我們通過觀看他人的眼睛和靈魂，我們都看得到。每一個人的本體都在與另一個人的交往中得到揭示，通過目光的交織和話語的交流。（⋯）

靈魂（就是我們）沒有轉達出我們存在的特點、獨特性，相反，作為靈魂，它是無人稱的、超個性的，在我們內中的同時，它又在我們之外，它的作用不是保証我們作為人類的特點，而是把我們從中解脫出來，讓我們融入到宇宙與神明的範疇中去。（⋯）

每人都處在他人的目光下，每個人都由這一目光而存在。人是別人看到的那個樣子。個體的本性與他的社會價值化

相吻合。（…）個體始終表現得不是作為不可剝奪的普遍權利的體現者，不是作為一個擁有其特殊的內心生活的個人（在這一詞的現代意義上），作為他主觀性的秘密世界，作為他的自我的基本獨特性。（…）當個體面臨着他的死亡問題時，他恐怕不會把希望寄託在死後再生，（…）對希臘人來說，所謂的不死（non-mort）意味着，那個離開了太陽光的人永遠存在於社會的記憶中。」（《神話與政治之間》p 204 至 p 209）

徵引此文，因它除能恰當地描述希臘人及其世界外，更能勾勒出西方對人存有之初始看法。世界對希臘人言純然光明正面，因而人也無須從對立世界而有自我；再加上希臘對視覺、形象、表象這些外在存有之重視，人自身之存有及人在世界中之存在因而純然外在，一如表象之外在性那樣，在觀看與被觀看中而立。這一外在無自我地溶入社會與世界他人中，其最高體現，故為酒神精神無個體性之一體存在。希臘這一純然外在存在性、希臘人這一純然外在無自我性，除非在客體世界本身確實是神性般完美外，否則對人言不真實。[①] 人之世界唯應從人與人「人倫關係」言，非任何意義之「在世之中」，縱使是一純然正面如希臘黃金時期或《古約聖經》伊甸樂園仍然。

---

① 神性完美世界固然最好，但這只從存在、非從對人作為人言。

自我與世界問題

　　人有兩面：其「人性」與「自我」。西方自始因以神性為真
實，故始終沒有對「人性」肯定，甚至沒有對「人性」特別關注，
人也唯從「自我」言而已。而從「我性」言，希臘與中世紀代表
兩基本立場：一者否定、另一者肯定「我性」。否定「我性」者
自然以「世界」為真實，「我」與「世界」是一體關係之兩面。①
此時「世界」自然為神性或力圖為神性者，如希臘。相反，若以
「我性」為真實，並因而否定「世界」，必以「我性」為神性，如
中世紀以「三位一體」位格性為神自身主要問題一樣。西方有關
人之問題，往往只擺動於這兩者間：究竟是「世界」存在為真實
而人應無個體自我性？抑人之自我個體性（或主體性）為唯一真
實因而「世界」再非真實、只主體之附屬體而已？這兩組問題，
即：「世界」之真實是怎樣的？及：人其「自我主體」之真實又是
怎樣的？對這兩問題之回答，不單只左右人對其存在之態度，
更決定人類對其自身作為人之看法。

　　古希臘思想之奇特處正在於，唯獨這一時期人類思想所面
對的「世界」是光明正面的。古希臘所以能如此，因其思想與存
在心態是美學或藝術性的，即從形象之美觀一切萬物存有，而
透過形象之美與從中所透露之生命力，「世界」得以肯定。② 之

---

① 「我‧世界」是一組關係，「人‧神」是另一組關係。

② 對古希臘言，世界即種種形象之總合：世界即形象界。形象之正面性使得

後，人類再無法單純肯定「世界」，因對人「我性」之肯定，再不可能肯定任何形象：「我」沒有形象可指、更在形象之外及之上。故自中世紀把「真」轉移至神之「我性」時，西方思想再無法有一單純正面的「世界」。「世界」漸漸轉化為無底的存有，一切可能正面性只落在自我性上。

主體自我歷程簡述

讓我們從中世紀、笛卡爾、盧梭、康德、海德格爾及萊維納斯有關「主體與世界」回顧西方這主體自我歷程：

一、中世紀以神三位一體之位格我性，首次突現了「我‧你‧他」這一存有事實。「我‧你‧他」作為一體三位標示出存有並非一孤立體，而是一關係體。以往無論是理形抑亞里士多德個體實體，都只是無「我‧你‧他」時「物」之一種孤立存有、一種只「在其自身」之存有，其關係只外在。透過「我‧你‧他」這內在關係，不但突顯了人之存有特性[①]，更徹底地毀滅了「本質」與「知識」之首位性，因「我‧你‧

形象神性化，為神靈世界之直接體現，此「現象」及「表象」原初所指。

①　人所以為人先在人倫關係、先在人與人之面對，此人性之本。在西方，人這存有上之關係性，由「我‧你‧他」顯示。名、動詞與「我‧你‧他」之代名詞在西方語言中反映存有之兩基本事實。其他如介詞等語法詞彙，只語言本身之事、非存有之事實。

他」位格性並非本質[1]，甚至超越本質之割裂，其內在關係使其相互進入，使本質之割裂性不可能：由此而神"亦是"人（耶穌）、人"亦是"物（聖體與聖血），一種超乎「實體自身」之「實體轉化」（trans-substantiation）。實體之能轉化，這已否定其本質性這一事實。其次是：「我‧你‧他」這一內在關係性，同時否定知識關係，因知識關係基本上為外在的、對向外在事物的，非內在一體關係。內在一體關係，即情感。由此位格性所揭示，除「我‧你‧他」這人存有之基本特性外，更揭示了情感而非知識始存有之基本真實，對存有之愛故先於並高於對存有之知識。「博愛」因而是對存有之愛，因此時[2]存有既是一心靈面對另一心靈時獨特之「你」[3]，又是一至高普遍者，既是「愛」、亦是「博」。中世紀教父們故以三位一體位格之內在關係性超越了自希臘以來之「世界」存有真實。

二、我們知道，笛卡爾標示了自我主體之另一重要階段。他解決了主體我性與物世界之相互排斥與對立，使自中世紀後，縱使在主體之非物化中，「世界」[4]仍得以再次確立起來。笛卡爾把神位格中之我性挪至人之我性中，並由人之有限性，

---

[1] 我、你、他均非本質，而只是一原始不可解之關係項而已。

[2] 在神中。

[3] 情感是心與心之面對面，而知識只是心與物之面對面。

[4] 此時「世界」，由原先藝術性形象世界轉化為物質科學世界。「世界」一存有姿態雖仍保留著，但已徹底地改變：由神性轉移為世俗性、由藝術轉移為認知。

使原先內在的三位一體外置為相互獨立而超越的「我・你・他」關係：即「我思・神・物體世界」這一「我・你・他」關係，成為既相關又獨立的三實體。在歷史中，「我思・神・物體世界」三者只有在笛卡爾哲學中並同獨立地確立起來；在其他一切哲學時期，三者或只化約為兩端、甚或只收攝在其中一者下，如史賓諾莎、或如康德、黑格爾。在笛卡爾中，「我」再非心靈相互面對時之「我」，而是在意識中之「我思」。這「我思」由自身空無一物[①]，因而必須於外在物體世界求其對象內容，引致外在世界之證成。由「我思」之只為「我」，故一方面須對物體世界肯定[②]、另一方面又由「我思」只「思」，故成就心與物之判分：心一旦只為空洞無物之「思」，物體便得其共同本質 —— 物體之「空間性」[③]，而這樣本質，再非物物各自之本質區別，而是物物共同之特性，唯與「心」區別而已；「心」「物」故由「思」與「空間性」而判分開。作為以「空間性」為共同本質，物質首次在歷史中具有「本質真實性」地位；非只是某某物體之不同本質（如理形或實體），而是"物質本身"之本質。[④] 史賓諾莎哲學正是

---

① 見《沉思集一》我思所有之徹底懷疑。

② 否則存在即為徹底的虛無狀態。

③ 心與物體各以時間與空間為本：心為時態性、物體為空間性。

④ 縱使希臘哲學也曾對物體世界肯定，然所肯定始終仍只一物與另一物之本質區別而已，非對物質性本身給與一「空間」之本質特性。物與物之本質差異（理形）仍可視為心靈中觀念（心之事物），然物質性本質（空間）再與心無關，故為對物質性之首次肯定。此為物理學證成之依據。

針對笛卡爾這一下降為人之「我思」而發。一方面完全摒棄
「我」之自我性①、另一方面更進而物性或物理化一切，連神
在內（神只自然而已）。在保留傳統神之地位時②，史賓諾莎
在主體性上倒退於笛卡爾，但在物體性上則過之；心與物之
平行作用，使心靈首次落為物、為心理學之始。若希臘柏拉
圖無我性，這只因其世界為物體理形世界（觀念界）而已，
然史賓諾莎之無我性，則因其世界為物質世界、在物質因果
性中之世界。存有之全盤物質化，由史賓諾莎始。

三、「我性」更進一步發展，在盧梭主體自我中。若笛卡爾主體
去「我・你・他」位格之情感真實③而立一知識之「我思」，
盧梭則把人之自我重放回情感真實中、從人性情感立人之
主體。盧梭這一主體性，完全展現於其晚年《孤獨漫步者之
遐想》中，主要有兩方面：一為從感受言之主體自己、另一
則更從人性內在真實言主體。「在感受中之人性」，這就是
盧梭之主體性。對盧梭言，人之「我」不應從其與外界事物
之知識關係言，甚至，若這是一完全自主並自由之主體，
這更應從其遠去一切社會現實、從其遠去世界這客體言。
主體應單純是自身面對自身者，這是盧梭對希臘「認識你
自己」之解釋。「孤獨者」、「漫步」與「遐想」三者正造就
了這樣一種主體：主體必然在「孤獨」及在「遐想」反思中

---

① 思也只是種種意念而已，非「我思」。
② 笛卡爾「我思」已破壞了神之優越地位。
③ 情感較知識更是人性真實。

始顯露。唯在徹底「孤獨」中，特別當人被社會與他人拒斥而獨自時，人才不再需要在他人前偽裝與虛偽，其真實之自己始得以呈現。「漫步」意謂此時狀態並非遠去人世間生活，故仍是在日常生活中，但又與生活之必需性（現實性）無關；如此始能在生活中而仍無所對象而自由。漫步既遠去人與物事、又在自然中最能自己而人性。最後，「遐想」並非任何理性反思、亦無確定對象；主體之「想」只能是遐想。遐想是於自身中之隨想、順從自身感受而想，因而所揭示為感受中之真、非客體對象上之真。[①] 盧梭之主體，故是主體尋找其自身真實時之主體，非如笛卡爾，其主體「我思」只在尋找客體真理途中始發現自己。盧梭此感受主體之所以亦是人性，因人性實非任何客體知識、非休謨《人性論》或康德《實踐人類學》，而是人從其自身感受（之反省）始見者。離開人面對其自身之心，是無人性真實可能。盧梭「人性」之唯一缺點，因只能單純從自身、非更能從人倫真實言，後者始人性根本真實所在，前者只彌補性而已。盧梭主體故只從接近大自然、從沉浸在個人幸福感受中言，雖仍為人性，然始終只個人存在感受而已。[②]

---

① 遐想亦非夢，因夢仍是對象性的，是對對象之渴求，非自身對自身如無自身之「想」。

② 盧梭在《遐想五》中說：「假如有這樣一種境界，心靈無需瞻前顧後，就能找到它可以寄託，可以凝聚它全部力量的牢固的基礎；時間對它來說已不起作用，現在這一時刻可以永遠持續下去，既不顯示出它的綿延，又不留下任何更替的痕跡；心中既無匱乏之感也無享受之感，既不覺苦也不覺

四、主體性哲學在康德達致高峰（德國觀念論），原因在於：縱
使主體之形態與特性已為之前哲學所言、縱使笛卡爾「我
思」已再次達致對世界作為物質物體之肯定，然始終沒有一
哲學能把世界之真實（其真理性）純然建立在主體身上、使
「世界」溶入「我」中，因而一反希臘式世界之「自我」溶入
「世界」中。康德不單只把世界收攝在主體內，他更使世界
種種層面與現象同樣主體化，因而除知識對象外（自然界或
經驗界），主體更為道德與美感現象之基礎。這能統攝一切
現象之主體明顯不能只是經驗中之「我」，康德之主體性故
論說心靈作為能力時怎樣為世界構造之根源（如時空與範疇
等形式），而心靈此等構成素，又如何最終統攝在「我」下。
主體「我」因而維繫一切，而心靈之功能與能力又是客體真
實之唯一基礎，如此而世界與存在純然建立在主體上，為

樂，既無所求也無所懼，而只感到自己的存在，同時單憑這個感覺就足以
充實我們的心靈：只要這種境界持續下去，處於這種境界的人就可以自稱
為幸福，而這不是一種人們從生活樂趣中取得的不完的、可憐的、相對
的幸福，而是一種在心靈中不會留下空虛之感的充分的、完全的、圓滿的
幸福。這就是我在聖皮埃爾島上，或是躺在隨波漂流的船上，或是坐在波
濤洶湧的比埃納湖畔，或者站在流水潺潺的溪流邊獨自遐想時所常處的
境界。

　　在這樣一種情況下，我們是從哪裡得到樂趣的呢？不是從任何身外之
物，而僅僅是從我們自己，僅僅是從我們自身的存在獲得的；只要這種境
界持續下去，我們就和上帝一樣能以自足。排除了任何其他感受的自身存
在的感覺，它本身就是一種彌足珍貴的滿足與安寧的感覺，只要有了這種
感覺，任何人如果還能擺脫不斷來分我們的心、擾亂我們溫馨之感的塵世
的肉欲，那就更能感到生活的可貴和甜蜜了。」

主體性哲學高峰。於這樣超驗主體 ① 中，主體雖具有世界 ②
及人 ③ 存有之內容，但這一切已與真實而具體之人與世界無
關：世界非存在之世界、而「我」又非在存在中之人。由人
自身之如此主體化，其所面對世界不再是一人生命世界。
主體只世界構成素而已，非活在世界中之「人」。康德主體
因而是一切理性存有者（rational beings）所有，非獨從人
言。而理性亦只世界事物構成時之理，非作為人時真實之
理。因非作為存在中具體之「我」與對象，康德之「我」與
世界，純然只世界形式，非世界內容真實。康德雖有對世
界建構地肯定，甚至視世界為表象（現象），但都再非事物
形象；人也無其經驗真實，無論是從神性抑從世俗生命言。④

五、無論在海德格爾抑在萊維納斯中，「存有」與「存在」仍然根
本。這是在德國觀念論精神（馬克思所言思想形態）破滅後

---

① 超驗主體之「我」並非經驗存在中「我」，而只是一統攝在「我性」下心靈
之種種綜合機制，由這樣機制，現象所提供雜多得以成為具體事物、對象
世界亦由是而形成。超驗主體之「我」只一種「我性」、只世界建構時之功
能，非存在的「我」。

② 如時空或種種範疇。

③ 如感性、情感等。

④ 在《純粹理性批判·超驗分解》結束前康德指出，對超驗哲學這樣體系言，
最高概念應為「可能與不可能」，即從「我性」之理言有與非有，其所涉只
「一般對象」、只不定之「某物」（etwas）或「無」。康德以此不定之「一般
對象」（對象性）為至高概念，取代傳統「存有」地位。因「有」也只「對象
性」（可能對象）而非具體之「有」，故實可有可無；問題故非在其是否存
在或實有、非在其內容怎樣，只在其是否可能而已，即是合乎我性之理
而已。

之必然事實。然此時存有或存在，揭示甚麼？它所揭示的正是人類在漫長主體性理論後之事實。海德格爾《存有與時間》起始便指出：人類於以知識及手前事物之本質世界為存在真實時，遺忘了「存有」。[1] 若主體也只是相關於這樣一種事物世界而言之主體，「存有」更在此中被淹沒。「存有」並非先是事物本質世界、人亦非先是人性之物。「在」應先於任何「是」（如本質），而人作為對「存有」明白、甚至讓「存有」呈現者，應先作為顯露「存有」之「此在」（Dasein），非僅只存在者。「此在與存有」使傳統「人與世界」或「主體與客體」完全移位：存在由對事物世界之關注，轉移至人類自身之「在」問題[2]：即生存或存活真與偽問題、非事物知識真假問題。縱使海德格爾因「人」一詞易誤導而不用，我們仍可說，當代哲學唯以「人及其存在」這樣問題取代傳統「物及知識」問題，之前馬克思與尼采已如此。然這由「物」至「人生存」問題之轉移，始終沒有擺脫自希臘以來對「世界」之突顯，因而所謂「此在」（人），也即「在世界中之存有」而已。差別唯在：希臘世界是神性光明的，而海德格爾所言日常生活世界則非本真。正因世界再非形象而是生存，故「在世」之存在事實亦只「煩」而已[3]，其本真故仍須

---

[1] 另一對存有之遺忘，即在日常生活上。

[2] 「在」或「存在」一詞，即海德格爾與萊維納斯譯者常用之「生存」（existence）。

[3] 「此在的存在整體性即煩，這等於說：『先行于自身而已經在（一世界）中』並作為『寓于（世內所遇的事物）』的存在。」《存有與時間》H.327。

從「自身」言:「只有在本真的能是自身那裡,亦即在此在存有之本真性乃煩那裡,自我性才被視為是存在的。」[1] 海德格爾關注的因而始終仍是「自我」之本真性,而這唯從明白或思存有始得。萊維納斯相反。對萊維納斯言世界無論多麼平凡,然是誠懇的[2]。生存問題本非在本真與偽,人問題亦非在本真與偽,而單純在人與人之面對面、在他人作為一超越「他者」與自己作為一「主體」自身兩者間,故與世界或煩無關。而主體問題非在主體"自身"而已,更在主體與「他者」間、在「我們」之間。世界從生存言雖本誠懇,然作為整體,仍可是暴力。萊維納斯所關心,是由世界及存有所帶來暴力與封閉性。主體之真實故唯在「整體」之暴力與封閉外、在自身主體外、對他人作為「他者」之承擔(responsabilité de l'autre),此即其「無限」。「他者」由其自由無法為「我」所統攝,面對「他者」故只能承擔而已。「他」必然在「我」外、超越地要求着「我」。自我故非康德式「統覺」,因在他人前,「我」必踏離自身,縱使非接受其命令,然仍已聆聽了。在「他者」前,自我之統攝性應讓位於「他者」,因而超越地敞開。如是存有論非形上學根本,倫理學始是。若「思」對海德格爾言是「此在」回歸對「存有」及"自身"本真性之路途,對萊維納斯來說,「思」則始於對一外於「我」言、自由可能之構想,因而一切把"自身"視為一

---

① 《存有與時間》H.322。

② 見 De l'existence à l'existant, Paris Vrin, 1986。

切存有者之 "中心" 並把自身與存有視為一種 "整體性" 之存有與存在者,實只無思或不思而已。「思」之為「思」只在當它與一外在者產生關係時,如同在傳統哲學中,思想本先是對一外在世界之思那樣。思之真實為在對此外在者敞開之努力,故絕非只如知識般統攝其對象。若有所謂絕對,也只「面孔」或「他人」(personne)而已。面孔破毀一切體系,而「超越」(transcendance)正是那以面面對着我們者。在面對面間,我再無法否定他人。這無法否定對方使相互互相肯定,在相互肯定中而互相超越。再非敵對或友善,而是「敬重」(respect)。敬重是在對等者之間的、是正義的,雖被命令,但無卑下性,因命令人者亦同時對自身命令。對萊維納斯來說,這樣的「我們」[①] 是在整體與歷史之外。整體是由暴力與腐敗所構成,而「我們」則相互要求對方致力於一為整體而作之作品(oeuvre)、一服務,而這即為正義而戰。由於正義本只以經濟平等為對象,它雖自外而來,但始終仍是在經濟關係中、非只在空想理想中。海德格爾與萊維納斯思想總的差異可歸結為以下一點:海德格爾雖似否定日常世界,但實仍以「在世界中」「煩」之存有結構為「此在」存在本質;而有關主體,仍一如對存在其存有之期待那樣,有待其自身之本真性。有關「世界與主體」,雖轉化於生存,但仍保有世界與主體兩者之基本存有論。

---

① 見 *Entre Nous:Essais sur le penser-à-l'autre*,Editions Bernard Grasset et Fasquelle, 1991。

其前期若較偏向「此在」主體一方，晚期則較偏向「世界存有」這另一方。相反，萊維納斯由對反海德格爾「存有」而見 "il y a"（有⋯）、見一在實體義「存有與存在者」背後「沒有存在者之存在情狀」其根本性、見「存有」先為動詞而非名詞，故連自我主體，萊維納斯所見仍先是其自身之超越性，即在主體外（或內）「他人」之根本性：「他」在我之內，因而使我不為自我封閉者。無論世界抑主體，其真實由必面對「他者」、無所封閉，故非單純自身。兩者均是從行動言（故為倫理），非實體存有。「世界與我」在海德格爾與萊維納斯中雖同已轉化為生存，但海德格爾仍未能去掉實體性（substantive）及收回自身而本真這來自傳統之中心化思想、仍未遠離 "中心化" 暴力與封閉。然萊維納斯於「我與世界」兩者間雖已遠離 "自身" 而達倫理真實、雖已見人與人之面對面，然仍只是在生存層面而已，非作為人、非從「人」言。⋯⋯

人之問題

在西方歷史傳統下，人之問題究竟怎樣？這一問題明顯與「世界」或「存在」有關。從我們回溯可見，西方把真理這樣最高價值放置在「世界」或存在事物上，以這樣價值否定一切其他更重要、更真實價值。生存對人雖然重要，但人類存在意義與價值，仍先在其人性與人倫美善。所謂人倫，即以人性對向種種

具體人關係，以此為先，非以國家或神性為先、非以世界為先。人應從這樣真實而致力，人亦應自覺這樣價值而存在。西方相反，自希臘早期，存在價值已被投射在世界與外在事物、非在人性與人倫上，故沒有對人作為「人」正視或重視。縱使後來覺識到人，仍只「我」或主體而已，既非人性、更非人倫。「我」及主體性因而取代了人。西方回歸人之歷程，始終受着主體而誤導。而主體又與「世界」明顯有關，故或言自身獨立自主、或言對對方操控，其背後實由於生存只對立性，人不得不相互求超越；西方向往超越性，亦由此而致。然這一切，均與人倫無關：人倫既不言超越、亦不言對立或操控，唯人性對待而已。「自我」故只從人存在於「世界」言：或與他人競爭而超越、或求為事物而知識，簡言之，「我」只從對向外在客體言，非從我自覺自身為「人」言。人之「存有」非「人」之真實，因這只從「存有」或「存在」觀人而已。人之問題故有兩面：其人性一面、及其「我性」這另一面。讓我們先討論前者。

一、人性問題

人們都知道，無論好與壞，人類都有種種性格特性。心理學、人類學都告訴我們這樣事實。然人性本非從這樣性格特性，而從人人普遍方面、特別從其善惡言。人們往往於見之惡時歸咎於人性，以人性惡為本，以為此便可解釋何以有惡存在。而事實只是：人無能解釋惡而已、不知何以明為惡而人類仍如此行為而已。若明白人本有上與下向度，而一般百姓於存在是

鮮有所主動、甚至其欲望也無多大貪婪，是應明白，所以有惡，
非由於人性、非由於人民，只由於上位者藉其權力妄作而已。
人民之不善或只因倣效、或由於根本地散失其直道始致，如曾
子說：「上失其道，民散久矣」（《論語・子張》）。從百姓之不善
言人性惡，故只一種錯覺，甚至往往反而助長權勢而無視其真
正惡，故以惡由於人性、非由於個體自我。若撇開善惡，人性
甚至不應從行為現象言，因行為背後決定因素無窮，多出於特
殊價值與好惡，故與時代取向甚至生存現實有關。此時，人類
之智思，多為其行為之決定原因。然人性應獨立於智思言，智
思之偶然取決本不應視為「本性」。人性應從人感受之性向言，
多見於人對人之期盼與思念，其對他人所有情狀之感受等等。
故孟子從惻隱之心、孔子從「性相近」（《論語・陽貨》）、《詩》
從人對人之思念與期盼等方面言；言人性應如此，非從行為觀、
而從人人本然性向觀。如是，人性必然為善，因亦人人性向期
盼故。故如和睦、尊敬、情感，如是性向方面，始為人性所是。
言惡故只從違逆人此性向言而已，非人性向本為惡；若是後者，
已無善惡可言，性本向惡、以惡為心所向故。

　　作為人，人期盼於人者，只其作為人（人性）而已、非其存
有。期盼人成真實之人，也只期盼（個體自我）其人性而已，非
更多。若從人對待他人言，人性主要故不外三，此即古代中國
所言禮之根本：敬、和、與情感。三者故較萊維納斯所言對「他
者」之承擔更為真實、更是人性性向真實，承擔始終負面，非如
人性正面。人性故應行於一切中：對人、對事、對物、對其他
生命；於家、於國、甚至於天下仍然；人性故為一切人倫基礎，

是否為道亦從此言。此人性所以為存在之道。

「敬」若轉化為對至高者與優越者之崇拜、「和」若為一種統攝同化性、「情感」若為外在擁有欲望，這都只對人性之扭曲，如「巧言令色」為仁之偽那樣。人性作為價值取向故重要，否則如西方以神性為向往、無視人性真實，如此所成存在，以為以法治，實偽而已，其對人及人性根本否定而已，人是無從如此外在真理而立。人類故不應以「存有」為真，應以人性為真。人性之真平凡而真實，人性存在亦平淡地美麗，而人倫更是人存在唯一意義。若以「存有」取代人性，使人類存在盲目圖索超越性，只致人類存在醜惡而已，如今日世界那樣；縱使智力多麼高度，人仍邪惡而已。不肯定人性這唯一真實、不以人性對待人、不以人為唯一目的與終極、不試圖拓展及實現人性其善，如此種種，始人類真正問題所在。人類若只外在地欲求存在之善、一種外在世界之善，如此，實為人類全部惡之始、實為惡之根本。

二、主體自我問題

正因人性於西方闕如，故有關人之問題，西方不從人性、而從主體之我性討論，而這實已偏向存在與世界。「我」與「世界」為存在兩端；人性只於人，非從相關「世界」或「他者」言。從主體我性言，因我性可不止於人，更可是神，故西方以此為更高，以為主體始自主獨立故。然事實非如此。

討論希臘時我們已指出，希臘世界無主體自我，一切只城邦、一切只公共體，因而存在只偏向「世界」，對人作為人從無

肯定。中世紀位格「我‧你‧他」關係所言主體，實對神言而已、非對人其自我。[①] 人只神自我性之肖像（image）而已，非本為真正自主、非本為真正主體。笛卡爾確實首次從「我思」確立人之地位，其主體性；然這樣主體，除作為「思」意識外，本身毫無具體內容，笛卡爾甚至說，這「我」並非是人（見《沉思集二》）、亦非為理性動物。若如西方以心靈自我或為意志、或為知性，意志作為欲求能力必然對向世界，其本身無法擺脫世界，而知性雖表面為「我」，然始終仍只一在世界前之意識，非真正獨立或作為人之「我」。「我思」只知識關係中之主體項而已，非具體而真實。於盧梭，「我」確實落實下來從具體生活、感受言，但這時之我，其主體性，由於不再能溶於現實世界，故不得不孤立起來，其主體性只從自我存在感受、非從人真實自我之主動性或自主性言。在盧梭孤寂自我中，其主體性始終見為世界與社會所摒棄，因而仍為世界所支配。如此自我仍非單純真實，仍非作為人言。康德「我思」更不用說，只知識結構及經驗世界統一功能之一種「我」（超驗主體），非任何具體而真實之自我。康德主體只世界（經驗界）之「我性」而已、只相對世界之世界性（統一性）及對象性而言之「我」而已，其不能脫離「世界」由此。與其說為主體，不如說為與現象世界密不可分之一體結構、世界與「思」關連時之結構。稱這為「我」、為「他」都無不可，故康德說：「透過這『我』，透過這『他』或這『這』思想（物），我們所表象的，也只是一思想的超驗主體＝ X……」（《純粹理性

---

① 「我是那是者」（"Je suis celui qui suis"）只神對自身之形容。

批判》A346/B404)。這與「他」、與「這」幾近無差別之我,因而只「世界」結構之我性,再非「我」作為真正主體。而在海德格爾與萊維納斯中,縱使已幾近擺脫知識與「我思」這無真實性之自我,甚至似已返回人存在或生存層面,然海德格爾作為「此在」之人主體,仍實一「在世界中之存有」而已。世界透過「煩」完全滲透及佔據「此在」;縱使主體能從面對死亡而本真,然如此主體,頂多也只一拒絕世界與他人(they)時之自我,徒面對死亡不可能有所真實、甚至不可能有真正自主。個體可因死而真,但人作為人不可因死而真,人由生非由死而為人故。人真實主體,仍應從在人之間、非單純在己之內言。萊維納斯在這點上洞見較為正確。但由於「無限」、「他者」、以至「有…」(il y a)等觀念仍只由對反「整體」、「世界」與「存有」之封閉性而有,故縱使明白人與人面對面之重要,然為了對反「世界」之封閉性,萊維納斯故仍過份地強調超越性之意義,視人與人非由於人性而近或共同,只超越者或超越性而已。如是而使人與人間人性接近之真實磨滅掉,過於突顯「他者」之自由、及過於突顯「我」這一面。「我」非只能在「我與他者」間,更可單純從"作為人"時之「我」言,如下面〈子罕〉之分析。由於體會人對人之種種壓迫與暴力、由於只針對存在或世界中之人類現象與處境,非單純從自己之作為人或他人之人性言,萊維納斯有關人主體性之理解,故只能從對「有…」(il y a)之體會理解、只能強調人與人之超越性與承擔,無能平實地見人性所是。

從以上西方對人主體性之回顧中,我們可總結:在西方,嚴格言,"作為人"之「我」或主體根本不存在。西方之種種主

體，都只相關於世界、客體對象、存在、存有、「他者」而有，非相關於人、亦非相關於我自身作為人而言。希臘之無自我、笛卡爾與康德之「我思」、自我存在感受中之我、面對死亡或面對「他者」超越性之我，這一切我，都只種種非我而已。希臘自始客體世界之主導地位，在存有論中從沒有改變過。縱使似回歸於主體，實仍未然。故佛洛伊德深明如此在意識中之我（ego），實也只在現實世界前之「我」而已；此「我」其真實，也只在世界存在中無窮欲求之「它」（id）而已、非「我」。世界超自我之非我、現實中自我之非我、與盲目地欲求本我之非我，這實是非我或西方去我之三種形態：世界或存有、「我思」之主體、欲望，人在此三種時刻都非真實的「我」、非真實作為人時之「我」，因「我」此時非真實作為人故。

三、中國傳統中之「自我」——〈子罕〉分析

從我們中國傳統，例如從《論語》，有關人其自我，可有怎樣啟發？人若非從人性而從「自我」言，其道理應怎樣？

《論語》把人自我一問題，以孔子個體為例，安排在〈子罕〉篇處理。有關自我問題，主要有兩方面：一為我在種種現實存在前之無我、二為我在作為自身時真實之自我[1]。讓我們簡略地歸納其要點：

一、現實存在前之無我：子罕言自身之利、命與仁（德行）、

---

[1] 〈子罕〉前半部份：1 至 16 句，及後半部份：17 至 30 句，分別對應自我問題之兩方面。

孔子「博學而無所成名」、執御而非執射（服務而非統領他人）、孔子想法中無我：「毋意、毋必、毋固、毋我」、孔子無論於客體大事之成就（如文與聖）、抑在個人之成就（如知與藝）均無我（無於成就中自居自己）、孔子於自身地位前無我[①]、孔子以一無我之方式而偉大，亦教人以一無我之方式而偉大[②]、對自身一生亦只平凡地看待，從不求自身生命之顯赫、既不美己亦不視貴者為貴、亦不貴己而賤他、其於生命致力之事中無我、亦於日常平素事中無我。《論語》編者對在現實存在前之無我這樣結束：「不為酒困，何有於我哉！」這是說，最後有關於事物中之自我：人不應自我地沉迷於任何事物，亦不應借酒醉之喪失自我而以為無我。酒醉之無我實仍只一種自我而已，希臘酒神以為無自我個體之精神（酒神精神），實仍只一種自我主義而已，非真正無我。徵引酒醉一事作為自我無我之討論，可見編者對自我問題反省之深邃。

二、真實自我若非從現實存在方面言，那相反，作為一真實的人自己，人應有其自我。而真實自我其最重要者為「自我努力」，無論是努力一真實之自己、抑努力於種種真實之事。從努力之日常性、從「好德」與「好色」這自我致力之

---

① 無論是面對歷史傳統而言自己之位置、抑從在他人前自己社會身份地位。

② 「仰之彌高，鑽之彌堅。瞻之在前，忽焉在後。夫子循循然善誘人」形容孔子之大無我。「博我以文，約我以禮，欲罷不能。既竭吾才，如有所立卓爾，雖欲從之，末由也已」形容孔子教對方之大無我。

兩面^①、以致對努力之分析(〈子罕〉19 至 23 句)，《論語》編
者有關人之自我分下列幾點討論：1. 真實自我必須內外一
致，自我並非人個人內在主觀性而已（句 24）。2. 真實自我
仍應有作為人之道理、仍有他人於心中、仍是對己過失有
所自覺與改過（句 25）。3. 真實自我是從其「志」而立（句
26）。^② 4. 自我雖不恥自身之卑微、雖能真實地及自信地肯
定自身，但自我實無需與他人比較而為自我（句 27）。^③ 5.
自我非一時之事，而是一生內在潛在的堅毅，是生命持久
的、非一時的（句 28）。6. 自我於其建立自身時，其真實者
有三方面：知、仁、勇。由此三者，人之存在於世（於現實
前）因而始能不惑、不憂、不懼（句 29）。^④ 7. 最後，若一
真實自我之立是從知、仁、勇三方面言，那有關自我最根
源之源起 ──「我思」^⑤，孔子又有怎樣回答？對孔子而言，

---

① 「德」與「色」本身均無必然強迫性，因而更顯人其自我選擇（所好）之兩
面。【《論語》以「食」與「德」作對比時，這是從二者對人類存在均必須
之面言。而以「色」與「德」作對比時，則從二者對人均無必然強迫性言。
「德」因而有兩面：一為表面上與「色」一樣無立即必然性，但另一方面則
與「食」一樣，為人類所必須必然者。】

② 志指對他人及對自身善之期盼與致力時之心懷，非個人意志。

③ 真實自我因而非在面對他人自我時之自我；我非在人我之間，而是在自我
之中、在自身面對自身時。

④ 這故與自以為本真之「此在」其存在於世之存在情緒相反。存在情緒由自
我自身之正面性而正面，非由世界之負面而負面。而其正面性又非與世無
關時之自我超脫與超逸。

⑤ 自我無論其真實應是甚麼，其源起仍在「我思」上，即在人有一自我意識、
一自我覺識這事實上。自我與自我意識因而幾近是同義語。問題因而由

甚麼是「思」？「可與共學，未可與適道；可與適道，未可與立；可與立，未可與權。『唐棣之華，偏其反而』，『豈不爾思，室是遠而』。子曰：未之思也，夫何遠之有。」（句30）共學、適道、立、權是從人類及人自己之事言，非從客觀命運必然之事言。孔子之意思是說：人類變好或人與人（含人自己）之變好，從共學、適道至立與權（權即對個別事情之處理），其實都無必然距離與差異性不能跨越。自我與自我間之距離、「思」存有上之分離性，並非如唐棣這花那樣，偏與其他植物晝夜不同時段地開花。那表面分離性的「思」，其實正是那使一切結合、並連結一切之力量。若有所遠而未能近者，亦只是未思而已，非思之不能，更非思本然必然事實。此孔子對「思」存有上之觀法。思並非只是一使存有事物由遠去而始呈露真實性之能力[1]，思非由「判分」、「距離」[2]而真，相反，思正是那超越一切距離、分隔、阻隔之力量，思使一切接近，思和諧一切，使一切自我之距離消除，並為一切接近與和諧努力之最終方法。思為一種

「我思」中之「思」而來，因由思，人始可遠去外在事物，成就一內在之我。思使我與對象存有地二分開來。這一種存有上二分之判分，即為思之本質。

[1] 如由洞察表面現象而揭示那深遠真實者。

[2] 思作為判分性之判斷，無論是物物間本質之判分、抑心與物之判分，這是西方對思根本之看法。連海德格爾與萊維納斯在內，都基本上如此，一者視思為一種「返回步伐」、一種於世間存在物前之「退回」行動，由此「存有」之真實始得以呈露；而另一者則視思為那面對絕對在我外「他者」之道，因而不見此「他者」超越之遠，是不思或未思者。若如此，那「思」仍始終是從見「遠」之真實言，非人類近之努力其最高表現與依歸。

致力、為人類之一種努力之本與終極，思正應為那使思之差異接近者，那使「我思」之自我接近而無我者。此始為思之真實：作為一種自我與自我間之努力，而非作為一自我內在觀照他物之狀態與能力。思為人向往善時之一種努力，非人面對真時之觀照與認知能力。思作為一種努力（作為人其真實性之努力），而非只是作為對真實者之表象，這在《論語》中更可從以下一句見：「孔子曰：君子[1]有九思：視思明、聽思聰、色思溫、貌思恭、言思忠、事思敬、疑思問、忿思難、見得思義。」（《論語・季氏》）思非只視聽時知之顯，而是在此顯中更進一步之努力，一方面使視與聽更明更聰，但另一方面更是使自身更美更善之努力、如反身時思之努力、人其自身更上時之一種努力。思非先是自我與他人他物之間者，更先是自我對其自身者：在人與人之間、在人其作為更真實的人之努力中，非在人與存有之間……。此思之真實。思作為自我之本，故非存有地言、非「我思」，而是作為一在真實地努力其人性時一真實自我之本言。西方雖思、「我思」雖思，然仍未思而已、不思而已。

四、有關西方主體我之結論

當我們說，西方主體我實只一種去我時，現在我們更可反過來說，這表面上以世界或「他者」存有為唯一真實者之去我，

---

[1] 君子，人作為一真實之人。

其實是一種自我。從《論語》已看到，真正無我是從人現實存在中自我不自居或無我時之一種努力言，這樣努力才是真正的無我。相反，由單純對物世界或生存、存有之肯定而致之無自我，其實反而間接助長了種種自我：或是現實中「人之自我」^①、或是在存有論層面中種種世界統攝性之「主體自我」、甚或那超越地駕馭人類「世界」之自我^②。西方這一「世界或存有」上之無自我性，從「人」真實無我之德性言，實仍只種種自我而已。其次是，這種種現實意義下之自我^③，隱蔽了人自己作為真實之人時之自我，那在無我中努力之自我、那在對人真實志向、自己真實地自立於知仁勇、生命堅毅如松柏之後彫之我；那真實地思之我。非思存有之我、非「我思」之我，而是因努力而思之我，為人類作為人而思之我，我作為人時之我，簡言之，「仁在其中矣」^④時之我與思。本文至此終。

公元二千零三年四月二十七日

---

① 因西方無自我只從存有論（ontological）、非從現實存在言（ontical），故現實存在中仍有種種自我。人真正無我，故應從現實存在、不應只從存有論層面言。

② 世界之種種超越模式，於其駕馭著人類這點言，與自我主體之統攝性實相同。種種哲學體系、種種形上學、種種藝術風格、種種現實形態，因而都只種種自我而已。

③ 我們反而應說：連存有論及其層面，其實也只是現實存在（ontical）中一部份而已；作為世界整體時之存有，畢竟也只是現實世界內之事而已。對人類而言，真實唯有一：現實存在而已。存有（Being）因而也只是現實存在的（ontical）。

④ 「子夏曰：博學而篤志，切問而近思，仁在其中矣。」（《論語・子張》）

跋

年過五十，身體日感不適，再不敢怠惰。日以繼夜，在一年半間，完成這有關形上學史之論述，亦補上一些相關文章。因盡可能扼要，很多以往研究的資料與結果都沒有錄入。辭達而已。在這短短年半間，曾兩度動了手術，因而想內容必有很多不足與未善之處。不過，我對形上學及西方思想之基本看法，已在這論述中清楚地表明。這亦是我原本心願。

我認為對哲學之研究，應扣緊原典一字一句地閱讀與思索。我從不鼓勵學生概念式地把理論只視為理論，而不能明白人類思惟，無論多麼抽象，實仍是從現實源起並具體地真實。當我細微地閱讀時，往往使我感到驚訝的是，過去對這些基本文獻之研究，多麼隨意與粗陋疏懶、多麼人云亦云，甚至往往為了一時譁眾取寵，多麼造作賣弄或教條化。這是對思想最大危害。思想若失去真實之心，再沒有較此更為虛假。心之不真誠，較物之不真實更不真實。故除了對文字盡其深入反芻外，我常教學生，就算是思考哲學，都必須十分具體地真實。若不能在文字背後直見其事與物、若不能看着這樣事與物而與哲學家平等

地下判斷、若未能直接從掌握其事與物而明了一哲學思想，這都無益，甚至毫無真理性。哲學之真理，在事與物之間，非在文字上。不能穿透文字概念而具體地見其事與物、若不能遠去文字概念而從這樣事與物而思，思將無可進展、甚至無可喜悅。

除具體而微外，學哲學是為明白道理與真實，故不能自封為專家而自限其興趣，亦不應把哲學研究只視為學術而求形式上之考據功夫。作為對真實道理之明白，學哲學更需人作為人自身人格與心態之真實。從不同哲學，明顯可看到不同的人，非不同思想而已。從事思想工作而只有一現實之心、或只怨悔地現實，都非人類心靈可有自由之美與真實。非必從原創而始自由，亦可從心懷遠大與真實而自由。孔子故說：「溫故而知新，可以為師矣。」(《論語·為政》)為師之真實、師之典範，也在「溫故而知新」而已，而這有三點意思：1. 於知中不應有所限、不應只好今而賤古、或好古而拒今，不應於中西思想有所偏廢，只從現實價值定斷思想與文明之真實。2. 作為正確充實之理解，必須具歷史性、具歷史向度。人類中一切創為，都在歷史時間中繼往與承續，創新也只相對歷史言而已。沒有從歷史而明白，其理解無以深入及自信地肯定；未見完整整體而片面，心所下判斷無以能安。真理必須由經驗累積體驗之深始有所達，是未能靠他人之愚昧與眾以為聰明之聰明有所成就。3. 於人自己方面，「溫故而知新」所代表，是一心懷廣遠、有所向往之心志。非言以力量勝人，而是確對人類其偉大性有所愛慕與崇尚、對縱未能為現實之價值肯定。失去價值性，縱使是真理，對人類始終無意義。非好高騖遠，而是在「溫故而知新」中遠大。既非

囿限在眼前之「新」，亦非無「故」而好遠好大。真實價值始終不離現實真實。

　　在我一生中，有着無數老師對我悉心教導。在這裡，我希望能一一對他們作感謝。我在初中時已很喜愛哲學。耶穌會會士　鮑善能神父（Rev. Father Matthew Brosnan, S.J.）在每日課後都與我單獨進行答問式之哲學討論。我的哲學生涯啟蒙於斯。在進入大學初年，時值牟宗三老師在中文大學退休之際，我有幸修習其康德研究，也同時旁聽了一些其他課程。牟老師以其認真感動於我，無論從成績抑親自對我的鼓勵，都使我感受其人之氣度。在法國留學初年，本計劃攻讀兩個博士學位。一跟隨克莉絲蒂娃（Julia Kristeva）對巴塔耶研究，另一在索爾邦大學（Sorbonne）作傳統哲學研究。後因無法兼顧兩者，始選擇放棄巴塔耶論文。不過，克莉絲蒂娃對我悉心的教導，指引我對Henri-Charles Puech之閱讀，並對我文章之鼓勵，都是我深感難忘的。我之所以選擇索爾邦大學學位，其中一原因在於，索爾邦大學之教授們，有着過往長久以來深厚作學問之傳統。特別在如 Maurice de Gandillac、Pierre Aubenque 及我論文指導老師尚·德普倫教授（Jean Deprun）課堂中，我學會學問通貫古今時歷史向度之深厚與氣魄。這為保守派學人及現代派思想家所共同尊敬之學者：在 Maurice de Gandillac 課堂中，貫穿着自柏拉圖至但丁之思想，及不時喚醒着我們，身邊曾經的聖多瑪斯、Duns Scotus、及笛卡爾、馬勒伯郎士等講學之所在及日常行經之道路，這一切點滴，都使我置身於歷史真實之空間內，並體會

學問扎根於古代時之意義。我最喜愛在這寥寥不到十人的課堂中、在 Gandillac 平靜而謙恭的語調與態度中、在巴黎這日色昏暗的傍晚中，穿越着不可思議之歷史過去。而我的老師，這在索爾邦大學十八世紀思想之掌門——德普倫教授，雖有着百科全書式學問但謙虛至不可想像之老教授，他在學問中之誠懇與氣量，是我深為敬佩。在他大學部課堂中，使我前所未有地明白笛卡爾與奧古斯丁、巴斯卡爾、馬勒伯郎士等思想之關係，亦讓我見古代傳統是怎樣理解及研習這些古代哲人。而對我們幾個博士生，縱使七十高齡的老人，他仍每星期晨早天未亮從巴黎外郊坐火車來上課。那時，我們都在他離開索爾邦大學十分鐘路程之私人藏書館上課，館內藏有種種十六及十七世紀前之手抄本。德普倫教授常拿出來讓我們參閱。那年，他開授的課名為「最高存有」（L'Être suprême）。德普倫教授拿出厚厚捆綁着的紙塊向我們說：我已老了，只能把我一生收集得來有關「最高存有」一詞之資料交託給你們，讓你們從中進行理論，而這，是我再無能為力的。此後就在這一年中，對一條一條「最高存有」一詞之出處略作說明。在這表面似毫無理論內容之課堂中，使我感到驚訝，德普倫教授所收集，非只自中世紀至今一千多年之資料，更是橫跨哲學之外，在神學及文學、及一切其他重要典籍中「最高存有」一詞之出處。德普倫教授之升等論文，更是跨越文學、詩學、音樂、醫學、神學、及哲學，對法國十八世紀「不安哲學」（philosophie de l'inquiétude）進行研究[1]。無論在這樣主

---

[1] 見 Jean Deprun, *La Philosophie de l'Inquiétude en France au XVIIIe Siècle*,

題本身、抑在其研究所涵蓋之幅度,從其所關懷的是整一時代之不安而非只一兩哲人之思、及所關懷的是人之「不安」而非其欲望對象,像這樣哲思,是我視為為學最高典範,亦是我在學問上永不敢怠惰之原因。從德普倫教授身上,我學會一字一字地閱讀,在未能涉獵一切出處前,再不敢假設對任何概念之已知、不敢妄下判斷。德普倫教授這樣為學之認真與嚴格,是我之後學問之全部基礎。若能極微細地在字裡行間而具體真實地感受、若能立基在人類真實之存在而明白文字與文字之心意、若能從文字之微細中開拓出視野之無窮止、若能從無止盡之關懷與周慮而明白一眼前之片言隻字,這對我而言,始是真正的明白,如此明白,始是讀書之意義與真實。書無需多讀,但必須精讀,通透博思地讀。孔子雖只教人以《詩經》,然顏淵仍說「博我以文」,我想,孔子之閱讀也必然如此。在索爾邦大學及在法蘭西學院(Collège de France)等地方,我還修習及旁聽了米歇爾・塞爾(Michel Serres)、萊維納斯、韋爾南(Jean-Pierre Vernant)、德里達、福柯、羅蘭・巴爾特、列維-施特勞斯等人之課程。這些精彩的大師們,都是我所歎為觀止。對這一切老師之啟發與教導、對他們在學問中之真誠,始終是我不敢忘記的。

最後,我希望把我的努力獻給三位在我生命中起着無限影響的人:我年少之太極拳老師 馮仙逸女士及我的父母。馮老師待我如親子般教導,並開啟我對中國文化之全部理解與深愛,使我看到,中國傳統恬靜與人格獨立之懿美,更使我明白人平

Vrin, Paris, 1979。

凡存在之真實與意義。我父親對哲學與音樂之愛，以身作則地讓我感到它們的生命與美麗，使我自小已向往這些精神價值；而我母親，無論在多麼艱困的生活中，對辛勞之無怨無艾，她捨己從人般之愛護與教導，她的溫順與對我的信任，是我今日能站立自己之全部力量來源。對他們，是我一生無以報答的。此著述之努力，只能是極微薄之心意而已，只表我對他們無限之懷念而已……。

二零零六年春